쇼핑몰 제작 & 유지보수 디자인 DIY

조은주 지음
onshop_biz@naver.com

BM 성안당

세상의 모든 쇼핑몰 디자인을 위한

쇼핑몰 제작 & 유지 보수 디자인 DIY

2008년 10월 1일 1판 1쇄 발행
2011년 8월 5일 1판 4쇄 발행

지은이 | 조은주
펴낸이 | 이종춘
펴낸곳 | **BM** 성안당
주 소 | 경기도 파주시 교하읍 문발리 출판문화정보산업단지 536-3
전 화 | 031-955-0511
팩 스 | 031-955-0510
등 록 | 1973. 2. 1. 제13-12호
출판사 홈페이지 | www.cyber.co.kr
ISBN | 978-89-315-4999-7
정 가 | 23,000원

이 책을 만든 사람들
기획 · 진행 | 김도연 · 김중락
교정 | 신정진
표지 · 편집 디자인 | 네모기획(nemo@ne-mo.co.kr) · 봉선화
홍보 | 박재언
제작 | 구본철

비용은 절감되고, 효율은 증대되는
쇼핑몰 디자인 DIY를 목표로!

저는 수년 전부터 단순히 몇 개의 이미지 만들기만 따라 하는 쇼핑몰 책이 아니라, 소호 쇼핑몰 창업자들에게 디자인 감각을 길러주고 실제로 업무에 적용할 수 있는 쇼핑몰 포토샵 책을 써봐야겠다고 생각해 왔습니다. 이 책에는 쇼핑몰 창업 준비부터 구축, 운영에 이르기까지 모든 단계에서 활용할 수 있는 쇼핑몰 디자인 요소에 대한 정보가 담겨 있습니다. 이 책은 쇼핑몰 포토샵 책이지만 단순히 포토샵 스킬을 배우는 것에만 머물지 않습니다. 마케팅이 녹아든 아이템을 선정하고 퀄리티 높은 쇼핑몰을 자신이 직접 디자인할 수 있는 노하우를 전해줌으로써 디자인에 대한 갈증을 느끼는 독자님들에게 한 모금 시원한 생수 같은 책이 될 것입니다.

♥ 선정한 아이템에 가장 알맞은 쇼핑몰 솔루션 선택하기

쇼핑몰을 창업할 때 아이템 선정과 공급처 확보만큼 많은 고민을 하게 되는 것이 쇼핑몰 솔루션의 선택입니다. 쇼핑몰 솔루션을 잘못 선택하면 나중에 운영상 여러 가지 불편한 일들과 문제점이 발생하기 때문입니다. 대부분의 쇼핑몰 솔루션 회사들이 데모 체험하기 서비스를 제공하지만, 쇼핑몰 솔루션을 사용해 보기는커녕 구경조차 해본 적 없는 초보 창업자들에게는 데모 체험하기부터 풀기 어려운 숙제처럼 느껴질 것입니다. 그런 상황에서 몇 개의 솔루션 기능을 혼자 비교 분석한다는 것은 쉬운 일이 아닙니다. 이 책에서는 국내 쇼핑몰 솔루션 시장의 80~90% 이상을 점유하고 있는 3대 임대형 쇼핑몰 솔루션의 주요 기능과 특징들을 실제 쇼핑몰 구축에 적용하여 아이템에 알맞은 솔루션을 선택하도록 안내합니다.

♥ 쇼핑몰 솔루션의 디자인 기능으로 최적화된 쇼핑몰 디자인하기

쇼핑몰을 창업할 때 상품 구입비, 광고 홍보비 그리고 쇼핑몰 구축(디자인) 비용이 지출의 가장 많은 비중을 차지합니다. 이 책에서는 쇼핑몰 솔루션의 디자인 기능을 활용하여 여러분이 스스로 쇼핑몰을 디자인할 수 있게 하는 것을 목표로, 디자인 적용 방법이 각각 다른 3대 쇼핑몰 솔루션의 구축 원리를 따라 하기 방식으로 자세히 설명합니다. 이 책을 잘 공부하면 쇼핑몰 디자인 비용을 절약할 수 있기 때문에 상품 구입이나 광고 홍보비에 약간의 여유를 가질 수 있을 것입니다.

♥ 구축보다 더 중요한 쇼핑몰 유지 보수 디자인 배우기

쇼핑몰은 처음 만드는 과정도 중요하지만, 끊임없이 업그레이드하고 보수하는 관리 과정이 더 중요합니다. 쇼핑몰을 구축하고 유지 보수하는 작업을 외부 업체에 의뢰하면 편리하지만, 자신이 직접 하는 것만큼 신속하고 만족스럽지는 못합니다. 자신이 운영하는 쇼핑몰에 대해 가장 잘 알고, 가장 애정을 가지고 있는 사람은 그 누구도 아닌 바로 자신이기 때문이죠. 잘나가는 쇼핑몰, 살아 숨 쉬는 쇼핑몰은 고객들의 편의를 위해 늘 변화하는 모습으로 발전합니다. 이 책을 통해 계절이 바뀔 때, 이벤트를 할 때, 로고나 메뉴를 바꿀 때 등 쇼핑몰의 유지 보수와 관련하여 독자들의 디자인 역량과 포토샵 내공을 향상시킬 수 있습니다.

이 모든 내용을 한 권의 책에 담아내는 것이 쉽지는 않았습니다. 하지만 그동안 만나왔던 많은 쇼핑몰 디자인 의뢰 고객, 포토샵 수강생들, 블로그와 메일을 통해 문의해 온 분들의 쇼핑몰 디자인과 포토샵 활용에 대한 고민들을 떠올리며 기존에 출간된 그 어느 책보다 실질적으로 도움이 되는 책으로 만들기 위해 노력했습니다.

또한 책만으로는 설명에 한계가 있을 수밖에 없기 때문에 다소 부족한 부분이나 한 가지라도 더 알려드리고 싶은 내용에 대해서는 부록 CD에 동영상 강좌를 포함하여 독자들에게 제 노하우를 모두 알려드리려고 했습니다.

막막하기만 했던 포토샵, 전혀 감을 잡지 못했던 쇼핑몰 디자인이 이 책을 통해서 즐겁고 쉬운 작업으로 느껴질 수 있기를 소망합니다.

저자 조은주

♥ 이 책을 보는 방법

이 책은 세상의 모든 쇼핑몰 운영자와 디자이너를 위해 쇼핑몰 디자인의 처음부터 끝까지 알려주는 책입니다. 이 책을 공부하는 동안 'Shopping Mall Sense', 'Design Master', 'Hot Sauce' 등의 요소들이 나타나는데, 각 구성 요소의 의미를 미리 알고 공부하면 훨씬 더 쉽게 이해할 수 있습니다. 이제부터 책에 표시되는 각종 구성 요소를 어떻게 활용하는지 자세히 살펴보겠습니다.

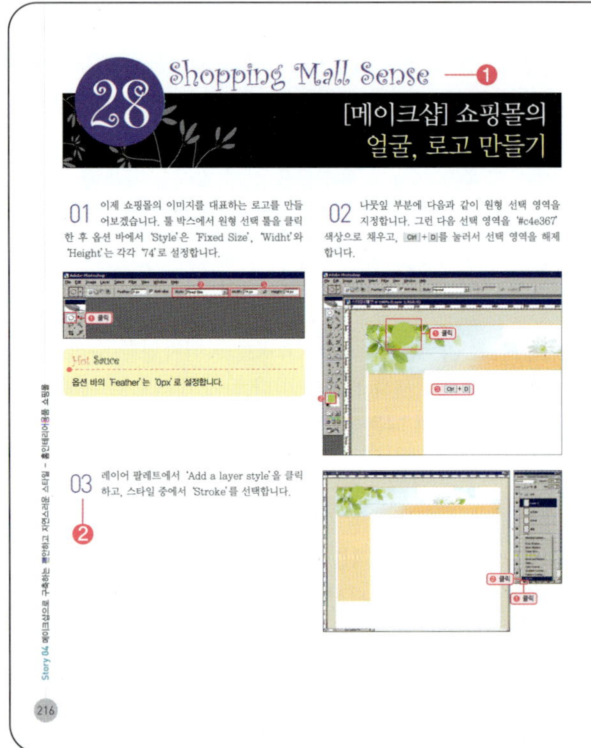

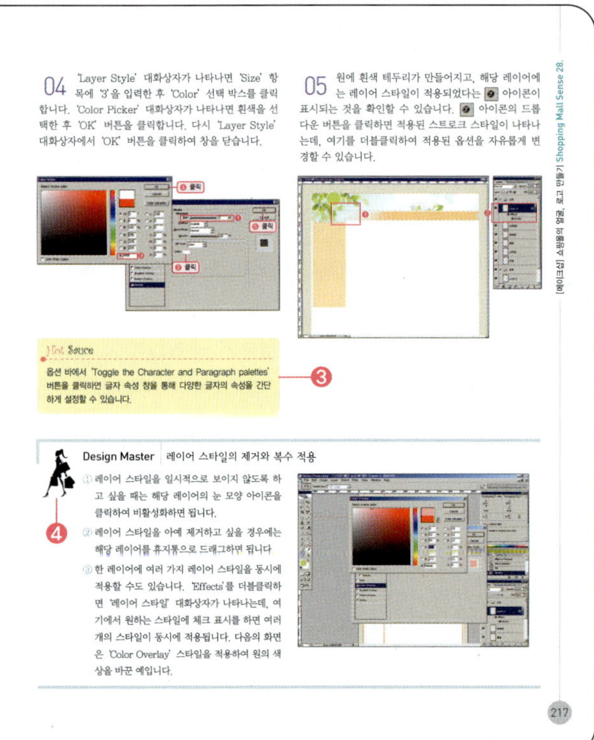

❶ Shopping Mall Sense

이 책은 총 8개의 'Story'로 분류되어 있으며, Story는 총 72개의 'Shopping Mall Sense'로 구성되어 있습니다. Shopping Mall Sense는 책의 내용을 주제별로 묶어서 설명했습니다.

❷ 따라 하기

이 책은 누구나 쉽게 쇼핑몰 디자인의 감각을 익힐 수 있도록 3가지 유형의 쇼핑몰을 따라 하기 방식으로 만들어봅니다.

❸ Hot Sauce

따라 하기 과정에서 추가적으로 알아야 하거나 주의해야 할 사항들을 꼼꼼히 짚어두었습니다.

❹ Design Master

쇼핑몰 전문 컨설턴트이자 디자이너인 저자의 노하우를 가득 담았습니다.

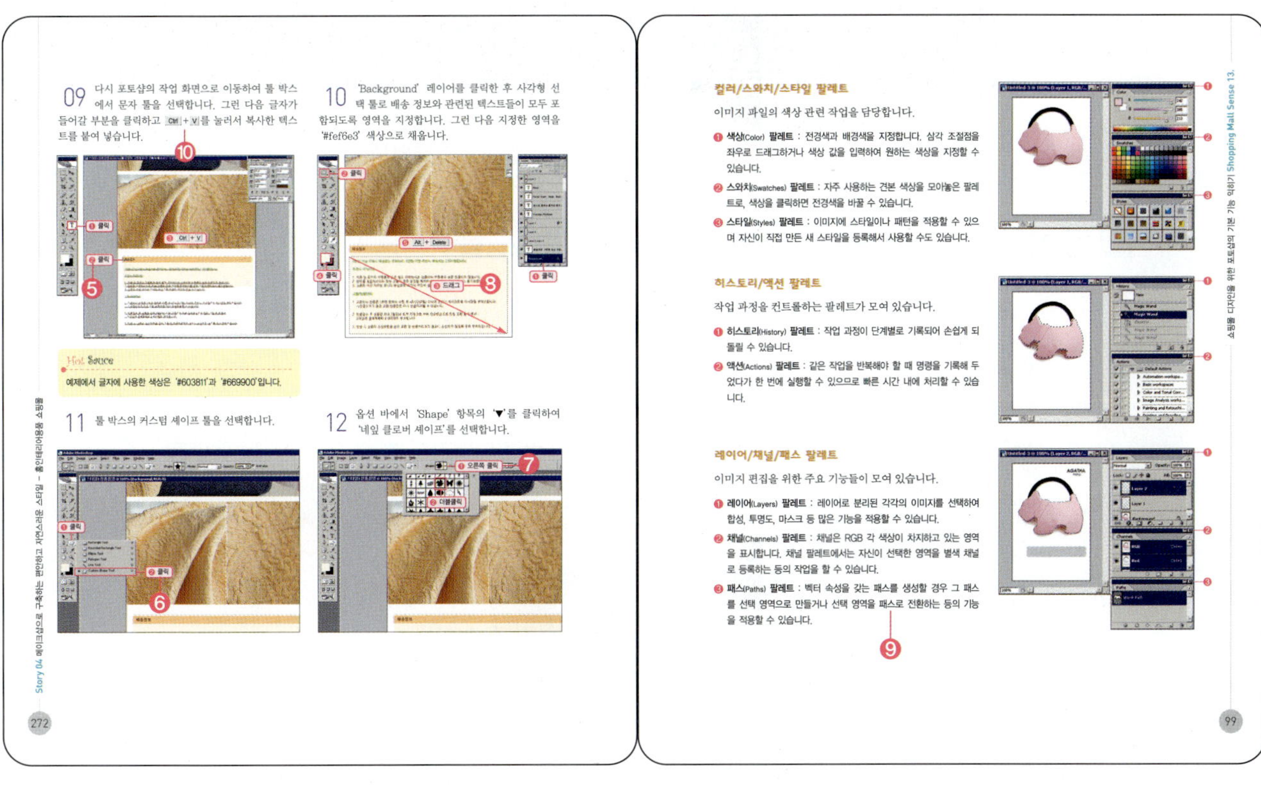

❺ 따라 하기 번호

번호 순서대로 예제를 따라 합니다.

❻ 클릭

마우스로 클릭합니다.

❼ 오른쪽 클릭

마우스의 오른쪽 버튼으로 클릭합니다.

❽ 드래그

마우스로 드래그합니다.

❾ 선 뽑기

창, 대화상자, 화면 등에서 각 메뉴가 어떤 역할을 하는지 확인합니다.

❿ 키보드의 키

키보드에서 해당 키를 누릅니다.

♥ 이 책의 부록 CD

이 책의 부록 CD에는 책을 따라 하기 위한 예제와 각종 이미지 소스, 완성 페이지 등이 담겨 있습니다. 또한 포토샵에 익숙하지 않은 독자들을 위해 책만으로 배우기에는 어려운 포토샵의 '패스' 작업과 '펜 툴' 활용법을 저자가 직접 만든 동영상 강좌에 수록했습니다.

펜 툴 정복하기 동영상과 예제   Story 03   Story 04   Story 05   Story 06   Story 07   Story 08

Gallery

♥ 메이크샵으로 구축하는 편안하고 자연스러운 스타일의 쇼핑몰

Gallery

쇼핑몰 디자인 갤러리 2

♥ cafe24로 구축하는 트렌디한 스타일의 쇼핑몰

♥ 후이즈몰로 구축하는 깔끔하고 모던한 스타일의 쇼핑몰

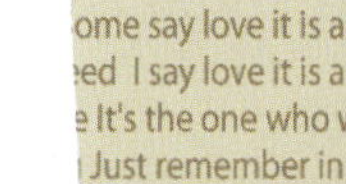

Style Before & After

Style 01 로모 효과 만들기

Style 02 불필요한 배경 지우기

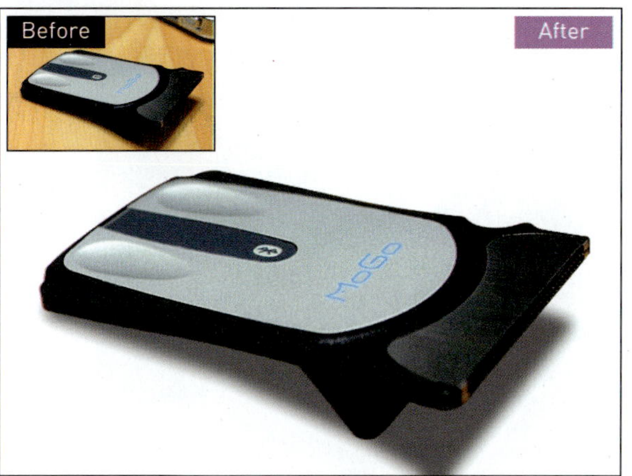

Style 03 가로 이미지 연장하기

Style 04 배경 색상 보정하기

Before & After

Style 05 반사 이미지 만들기

Style 06 밋밋한 이미지 기울이기

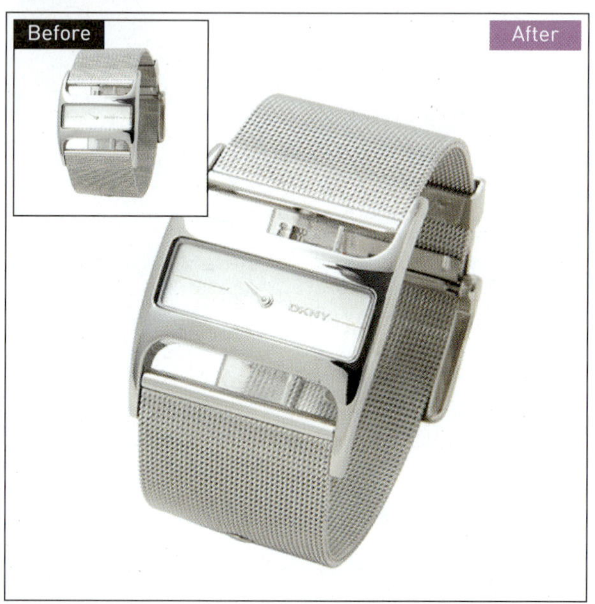

Style 07 이미지의 전체 톤 보정하기

Style 08 이미지의 채도 높이기

Contents

Story 01

후회 없는 쇼핑몰 솔루션 선택하기

Story 05

cafe24로 구축하는 트렌디한 스타일의 쇼핑몰

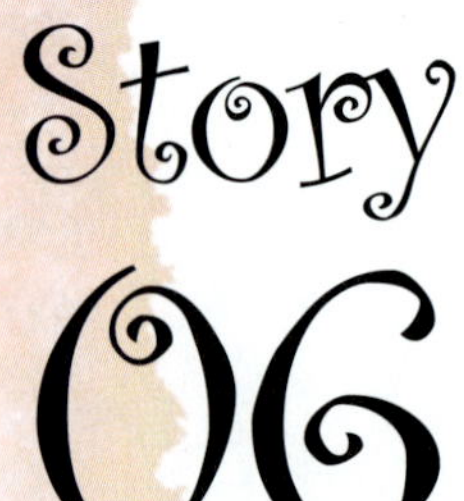

후이즈몰로 구축하는
깔끔하고 모던한 스타일의 쇼핑몰

Story 07

구축보다 더 중요한 쇼핑몰 유지 보수 DIY

Story 08
쇼핑몰을 위한 아주 특별한 프로그램, 그리고 UCC와 블로그

후회 없는
쇼핑몰 솔루션
선택하기

예전에는 온라인상에서 쇼핑몰을 시작하는 것이 그다지 쉽지 않았습니다. 아이템 선정, 사이트 기획 등이야 잘 생각해서 어떻게 해본다고 하더라도 웹 디자인과 프로그래밍이 동반된 사이트 구축 과정이 만만치 않았기 때문이죠. 전자상거래 시장이 폭발적으로 증가하자 소호 쇼핑몰 창업자들이 좀 더 쉽게 사업을 시작할 수 있도록 도와주는 쇼핑몰 솔루션 업체들이 생겨나기 시작했습니다. Story 01에서는 쇼핑몰 솔루션은 어떤 것들이 있고, 어떤 차이점이 있는지 살펴보겠습니다.

Shopping Mall Sense

01 쇼핑몰 솔루션은 무엇이고, 왜 필요한가요?

▶▶▶ '정보통신대국' 대한민국에서 살고 있는 우리에게 인터넷으로 필요한 상품을 구입한다는 것은 이제 매우 익숙하고 자연스러운 일입니다. 그런데 요즘에는 쇼핑몰에서 상품을 구입하는 단순 고객에 머무르는 것이 아니라, 자신이 직접 쇼핑몰을 창업해 상품을 판매하려는 사람들이 많아지고 있습니다. 이런 사람들은 인터넷상의 크고 작은 쇼핑몰들이 어떤 방식으로 만들어지고 작동되는지 무척 궁금해 합니다.

쇼핑몰에 대해 꾸준히 관심을 가지고 있었다면 '쇼핑몰 솔루션'이라는 말을 들어본 적이 있을 것입니다. 처음으로 쇼핑몰을 구축하기 위해 이것저것 정보를 찾다 보면 '쇼핑몰 솔루션'이라는 용어를 반드시 접하게 되는데, '쇼핑몰'을 모르는 사람은 없을 테고, 그렇다면 솔루션은 무엇일까요?

♥ 쇼핑몰 솔루션이란?

'웹'과 관련된 '솔루션(Solution)'은 인터넷 비즈니스 업무를 원활하게 하기 위한 소프트웨어 패키지를 의미합니다. 웹 솔루션에는 중소기업 경영 관리 솔루션, 구인 구직 솔루션, 부동산 솔루션, 모바일 사이트 구축 솔루션, eBook 솔루션 등 여러 종류가 있습니다. 그중에서 전자상거래 분야의 성장에 힘입어 가장 활성화된 솔루션 분야가 쇼핑몰 솔루션입니다.

▲ 각종 웹 솔루션을 판매하는 사이트 웹프로그램(http://www.webprogram.co.kr)

♥ 쇼핑몰 솔루션의 장점 및 구성

적은 비용으로 단기간에 쇼핑몰을 구축할 때 유용

쇼핑몰 솔루션은 쇼핑몰이 정상적으로 작동하도록 하는 총체적인 프로그램이라고 생각하면 됩니다. 쇼핑몰을 구축하고 정상적으로 운영하기 위해서는 사이트에서 반드시 구현해야 하는 여러 가지 기능들이 있습니다. 꼭 필요한 기능들로는 회원 관리, 게시판 관리, 상품 등록, 장바구니, 주문, 결제, 배송 관리, 접속 통계, 각종 판촉 기능(할인 쿠폰, 적립금, 포인트, 경매 등)이 있습니다.

그런데 이런 기능을 운영자가 직접 제작하려면 엄청난 비용과 시간, 전문 인력이 필요합니다. 그러나 아주 특수한 업종을 제외하면 온라인에서 상품을 판매하는 사이트들이 사용하는 기능들은 거의 비슷하므로 미리 솔루션을 개발하여 소호 창업자들에게 판매, 임대하는 것입니다. 따라서 쇼핑몰 솔루션은 적은 비용으로 단기간에 쇼핑몰을 구축하려는 사람들에게 아주 유용합니다.

사용자 모드와 관리자 모드 한 세트로 구성

쇼핑몰 솔루션은 고객(방문자)이 주로 이용하는 사용자 모드와 운영자만 접속할 수 있는 관리자 모드가 한 세트로 구성되어 있으며, 이 두 모드는 실시간으로 연동됩니다. 즉, 관리자 모드에서 디자인을 수정하면 쇼핑몰에 수정 내용이 즉시 반영되고, 고객이 상품을 장바구니에 담은 후 결제하면 운영자는 곧바로 관리자 모드에서 주문 정보, 배송 정보를 확인할 수 있습니다.

사용자 모드(Front Shop)	관리자 모드(Back Office)
쇼핑몰 방문자들이 이용하는 공간입니다. 상품을 구경하고 주문하며 결제하는 공간으로, 우리가 흔히 말하는 쇼핑몰입니다.	사이트 디자인, 상품, 주문, 결제, 회원, 매출, 접속 통계, 상품 이미지 업로드와 다운로드 등 쇼핑몰 운영에 필요한 기능들이 모두 포함되어 있습니다. 접속 시에는 아이디와 비밀번호가 필요합니다.

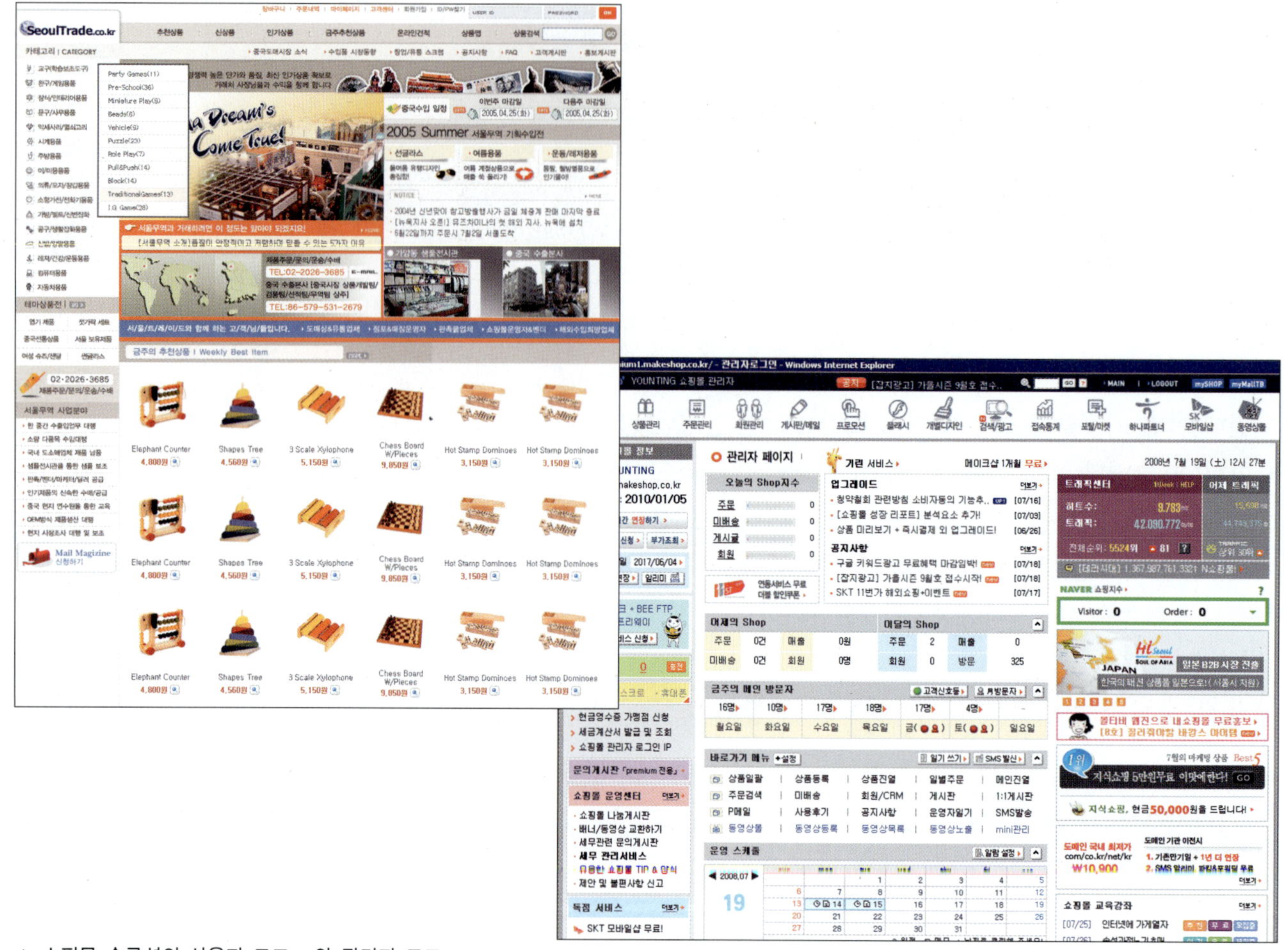

▲ 쇼핑몰 솔루션의 사용자 모드(위)와 관리자 모드(아래)

일단 마케팅이나 홍보에 대한 내용은 옆으로 밀어두고, 쇼핑몰을 운영하기 위해 기본
적으로 갖춰야 할 내용부터 살펴보겠습니다. 우선 고객의 눈에 비치는 사이트의 모양
새(디자인)가 잘 갖춰져 있어야 합니다. 또한 상품 등록, 주문 및 결제 확인, 배송 관리
등 쇼핑몰을 통해 고객과의 쌍방향 커뮤니케이션이 실시간으로 이루어져야 합니다.
현재 우리나라에서 일부 대형 종합 쇼핑몰이나 오픈마켓을 제외하면, 중소형 쇼핑몰
의 대다수가 '쇼핑몰 솔루션' 에 의해 구축·운영되고 있습니다. 그러므로 쇼핑몰 솔
루션에 대해 확실한 개념이 잡혀 있지 않으면 창업 준비 단계에서나 쇼핑몰을 운영하
는 동안 많은 시행착오를 겪을 수 있습니다.

Shopping Mall Sense

쇼핑몰 솔루션의 종류 살펴보기

▶▶▶ 앞에서 설명한 것처럼 소호 쇼핑몰을 구축할 때는 쇼핑몰 솔루션을 활용하는 것이 여러모로 효율적입니다. 쇼핑몰 솔루션에는 매월 일정 비용을 지불하고 사용하는 임대형 시스템, 아예 구입해서 사용하는 독립형 시스템이 있습니다. 어떤 방식을 선택하는가에 따라 투자 비용, 인력, 마케팅에서의 장단점이 달라지고, 비용도 차이가 납니다.

♥ 쇼핑몰 솔루션, 빌려 쓸까? 사서 쓸까?

임대형 쇼핑몰 솔루션

말 그대로 쇼핑몰 솔루션을 임대하여 사이트를 운영하는 방식입니다. 임대료는 서비스 제공 회사마다 다르며, 같은 회사라도 서비스 옵션에 따라 차등을 두어 다양한 상품을 제공하는 경우가 많습니다. 임대 쇼핑몰 회사를 선택할 때는 서비스 제공 회사의 안정성을 중요한 요소로 고려해야 합니다. 서비스 회사에 공간을 빌려 내 쇼핑몰을 운영하는 것이므로 해당 회사의 안정성이 곧 내 쇼핑몰의 안정성과 직결되기 때문입니다.

독립형 쇼핑몰 솔루션

쇼핑몰 솔루션을 구입하여 사이트를 구축하고 운영하는 방식입니다. 이 방식은 프로그램을 구입한 것이기 때문에 완전히 운영자의 소유가 됩니다. 그러나 아쉽게도 프로그램 개발사로부터 솔루션의 지속적인 기능 업그레이드 혜택을 받을 수 없는 단점이 있습니다.

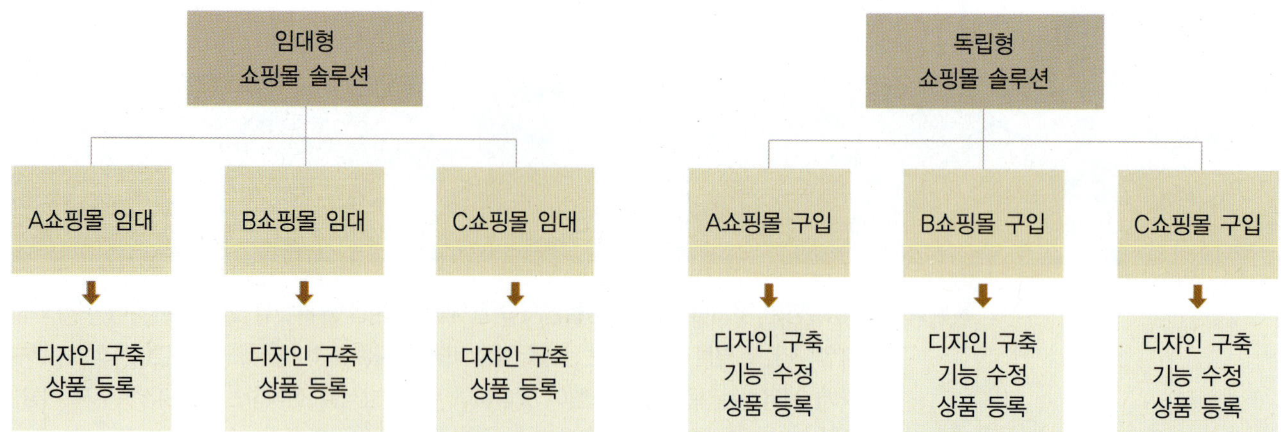

♥ 임대형 솔루션과 독립형 솔루션의 꼼꼼 비교

장점과 단점

	임대형 솔루션	독립형 솔루션
장점	• 초기 비용이 적게 들어간다. 　– 필수 : 솔루션 임대 　– 선택 : 디자인 변경, 이미지 호스팅 • 솔루션을 임대해 준 회사에서 쇼핑 트렌드를 반영하여 기능을 지속적으로 개선, 추가한다. • 트래픽 관리에 신경 쓰지 않아도 된다.	• 솔루션을 다른 쇼핑몰과 공동으로 사용하지 않으므로 원하는 대로 쇼핑몰 기능을 변경할 수 있다(단, 추가 비용 발생). • 솔루션 판매 회사가 없어져도 내 쇼핑몰의 운영 안정성은 영향을 받지 않는다.
단점	• 여러 쇼핑몰이 함께 사용하기 때문에 프로그램을 개조하는 것이 불가능하다. • 서버 관리, 기능 업데이트, 쇼핑몰에 문제 발생 시 즉각 대응은 임대 회사의 자질에 의해 좌우되므로 안정성이 중요하다.	• 초기 비용이 많이 들어간다. 　– 필수 : 솔루션 구입, 웹 호스팅 　– 선택 : 디자인 변경, 이미지 호스팅, 프로그램 개조 • 기능 개선, 추가가 필요할 경우 별도 비용을 책정하여 전문 인력을 통해 작업해야 한다. • 검색 포털이나 오픈마켓을 연계한 판로 확대와 마케팅에 취약하다.

내게 적합한 쇼핑몰

임대형 솔루션	독립형 솔루션
• 소자본으로 쇼핑몰을 구축하려고 하는 소호 및 중소기업 • 쇼핑몰에 특수한 기능이 필요 없는 대중적이고 일반적인 쇼핑몰	• 사업 방향이 자주 바뀌거나 외부 제휴 등 쇼핑몰 기능 개발의 여지가 많은 일정 규모 이상의 기업 • 자체 디자이너와 프로그래머를 안정적으로 유지할 수 있는 기업 • 본사와 대리점 홈페이지를 한꺼번에 구축할 필요가 있는 기업

초기 디자인 비용과 작업자

	임대형 솔루션	독립형 솔루션
장점	0원(직접 디자인)~통상 200만원대	0원(직접 디자인)~통상 300만원대
단점	임대형 쇼핑몰 디자인을 전문으로 하는 회사나 프리랜서가 많아서 작업자를 구하기가 쉬우며 비용도 저렴하다.	프리랜서로 활동하는 작업자가 많지 않으므로 솔루션을 구입하면서 그 회사에 디자인을 의뢰하는 것이 효율적이다.

지속적인 기능 업그레이드

임대형 솔루션	독립형 솔루션
상점 운영자들의 요구에 의해 전자상거래 최신 트렌드를 반영하여 쇼핑몰의 기능 업그레이드가 지속적으로 이루어지므로 프로그래머를 고용할 필요가 없다(단, 임대 서비스 제공 회사의 자질에 따라 크게 다르다).	일단 솔루션을 구입하고 나면 그 이후 기능 개조는 해당 쇼핑몰의 몫이다. 필요한 기능이 생길 경우 전문 인력을 통해 자체적으로 업그레이드해야 한다.

쇼핑몰 디자인 변경과 프로그램 개조의 허용 범위

	임대형 솔루션	독립형 솔루션
디자인 측면	• 쇼핑몰 솔루션에 따라 디자인 변경의 허용 범위와 디자인 변경 난이도 차가 크다. 프로그램과 연동되지 않는 단순 디자인일 경우 비교적 자유로운 변경이 가능하다. • 쇼핑몰을 리뉴얼할 때 디자이너를 구하기가 쉽고, 비용도 독립형에 비해 저렴한 편이다.	• 디자인 변경이 자유롭지만 이 장점을 최대한 활용하기 위해서는 HTML에 대한 지식이 풍부해야 한다. • 초기 구축 시에는 솔루션 구입 회사에 디자인 변경을 의뢰하면 되지만, 나중에 해당 회사가 없어지면 리뉴얼할 디자인 인력을 구하기가 어렵고 비용도 임대형 솔루션에 비해 비싸다.
프로그램 측면	• 다수의 쇼핑몰이 사용하는 공용 솔루션이므로 임의 개조가 불가능하다.	• 원하는 대로 프로그램을 개조할 수 있으나 이는 별도의 비용이 들어간다. • 초기에는 통상적으로 솔루션 구입사에 프로그램 개조를 맡기면 된다. 그러나 운영하다가 기능을 수정, 추가할 경우 해당 회사가 없어지면 프로그래머를 구하기가 어려우며 비용도 많이 든다. • ASP 언어를 이용한 솔루션은 비용이나 유지비가 비싼 편이므로 PHP를 기반으로 한 솔루션을 선택하는 것이 좋다. PHP 기반의 솔루션이 다양한 기능을 제공하고, 프로그래머를 구하기도 쉬워서 작업 비용이 상대적으로 저렴하다.

웹 호스팅

임대형 솔루션	독립형 솔루션
임대형 솔루션을 사용할 경우에는 웹 호스팅을 별도로 신청할 필요가 없다. 트래픽 무제한 상품을 고른다면 매월 고정 임대료가 나가기는 하지만, 트래픽이 아무리 급증해도 그에 따른 추가 비용 부담이 없으므로 방문자가 많아지고 장사가 잘될수록 이익이다.	독립형은 트래픽이나 쇼핑몰 호스팅을 자체적으로 관리해야 하기 때문에 사전 지식이 없으면 호스팅 비용을 과도하게 지출하는 경우가 있다. 임대료를 아끼려고 독립형을 선택했는데 엉뚱한 곳으로 돈이 빠져나가는 상황이 되지 않도록 유의해야 한다.

쇼핑몰 운영과 마케팅

임대형 솔루션	독립형 솔루션
• 쇼핑몰 운영에 도움이 되는 각종 강좌를 지속적으로 제공한다. • 가입 상점들의 마케팅을 지원하는 외부 제휴 사업을 활발하게 진행한다. • 매월 사용료가 부과된다(일부 임대형 솔루션은 무료).	• 자사의 솔루션 구입 상점들의 마케팅 지원 활동에 대해서는 임대 회사보다 미약한 편이다. • 웹 호스팅 비용이 지출된다.

Design Master 쇼핑몰 솔루션, 이 정도쯤이야~ 원래 알고 있지!

① 임대형 쇼핑몰 솔루션은 구입할 수 없으며 임대 전용으로만 서비스됩니다.

② 쇼핑몰에 갑자기 접속할 수 없거나 오류가 발생할 경우 임대형 솔루션은 임대 회사에, 독립형 솔루션은 호스팅 회사에 문의해야 합니다.

③ 임대형 솔루션으로도 홈페이지를 겸한 쇼핑몰을 구축할 수 있습니다.

④ 쇼핑몰의 도메인은 임대형이든 독립형이든 모두 연결이 가능합니다.

⑤ 신용카드 결제 대행(PG) 회사는 임대형 전용이나 독립형 전용이 따로 있는 것이 아니기 때문에 조건이 좋은 PG 사를 선택하면 됩니다.

⑥ 100% 완벽한 쇼핑몰 솔루션은 없습니다.

▶▶▶ 쇼핑몰을 성공적으로 운영하기 위해서는 쇼핑몰 솔루션의 기능이 매우 중요합니다. 아이템과 운영자의 취향에 따라 쇼핑몰 운영 전략이 달라지는데, 쇼핑몰 솔루션은 효과를 가장 극대화할 수 있도록 기능을 최대한 지원할 수 있어야 합니다.

♥ 쇼핑몰 솔루션 임대(EC hosting) 서비스

전자상거래 시장이 커지면서 더욱 쉽고 간편하게 쇼핑몰을 구축하고 운영할 수 있는데 대한 수요가 많아졌고, 쇼핑몰 솔루션을 개발하여 임대해 주는 회사가 생겨나기 시작했습니다. 현재 국내에서 쇼핑몰 솔루션 임대 서비스를 하고 있는 회사는 매우 많습니다. 그러나 임대형 쇼핑몰 솔루션은 임대 회사의 영속성과 안정성, 사용 상점이 얼마나 되느냐가 가장 중요한 요소입니다. 이런 요소들을 반영하여 랭키닷컴에서 선정한 국내 3대 쇼핑몰 솔루션 임대 회사를 살펴보겠습니다.

▲ 랭키닷컴(http://rankey.com)의 임대형 쇼핑몰 솔루션 순위

(http://makeshop.co.kr)

메이크샵은 ㈜코리아센터닷컴이 2000년 처음 선보인 임대형 쇼핑몰 솔루션입니다. ㈜코리아센터닷컴은 이와 함께 전자상거래 교육 기관인 샵인사이드, 쇼핑 UCC 사이트인 몰티비닷컴을 운영하면서 전자상거래 비즈니스 전문 기업으로 확고한 인지도를 구축하고 있습니다. 솔루션 홍보 방법으로 스타 마케팅을 이용하기 때문에 쇼핑몰을 창업하는 유명 연예인들은 메이크샵을 활용하는 경우가 많습니다.

특징/장점/단점

디자인에 대해 잘 모르는 비전문가들도 비교적 손쉽게 원하는 디자인을 구현할 수 있도록 편리한 기능들을 제공한다는 점이 소호 쇼핑몰 창업자들에게 어필하고 있습니다. 그러나 간편한 만큼 디자인을 디테일하게 수정하는 것은 취약하다는 단점도 있습니다.

cafe24는 심플렉스인터넷㈜의 호스팅 브랜드입니다. 2003년 사업 영역 확장 차원에서 쇼핑몰 호스팅을 처음 선보인 이래, 월 사용료가 없는 무료 호스팅임을 강력한 무기로 내세워 가파른 상점 가입률을 보이며 급성장했습니다. 하지만 아무리 월 사용료가 무료라고 해도 솔루션의 퀄리티가 많이 뒤떨어진다면 지금처럼 성장하지는 못했을 것입니다. cafe24 쇼핑몰 솔루션은 무료임에도 불구하고 사업용 쇼핑몰을 구축하고 운영하는 데 큰 불편함이 없는 기능을 갖추고 있습니다.

특징/장점/단점

무료라는 점을 감안하면 솔루션 기능이 무척 우수하다고 할 수 있습니다. 단, 개인적인 생각으로는 관리자 모드의 인터페이스가 조금 어수선하고 조잡하다는 느낌이 있긴 합니다. 디자인 변경 기능은 매우 자유롭지만, 모듈이라는 개념이 조금 생소하여 컴퓨터에 능숙한 사람이 아닐 경우 디테일한 부분까지 수정하기는 힘듭니다.

♥ 후이즈몰(http://www.whoismall.com)

국내 최초의 도메인 전문 사이트인 후이즈를 만든 ㈜후이즈에서 2002년 론칭한 임대
형 쇼핑몰 솔루션이 후이즈몰입니다. 도메인 전문, B2B 웹 비즈니스 전문 기업이라
는 기존의 입지가 탄탄해서인지 개인이 운영하는 소호몰뿐만 아니라 기업체에서도
쇼핑몰을 제작할 때 애용하고 있습니다. 후이즈몰은 각 부분별로 디자인 변경의 여지
가 매우 자유로운 편이라서 이 기능들을 잘 활용하면 상당히 규모 있고 특색 있는 쇼
핑몰을 구축할 수 있습니다.

특징/장점/단점

후이즈의 다양한 비즈니스 영역인 메일 솔루션, 호스팅, 인트라넷 솔루션을 함께 활
용할 수 있기 때문에 소호 쇼핑몰은 물론이고, 규모가 있거나 체계적인 쇼핑몰 구축
및 관리를 원하는 기업체에서 사용하면 효과적입니다.

앞서 설명한 3대 회사 외에도 티움(http://www.tiuum.com), 와이즈카트(http://wisecart.co.kr),
골든샵(http://goldenshop.biz) 등의 업체에서 쇼핑몰 솔루션 임대 서비스를 제공하고 있습
니다.

Design Master 고도몰(http://www.godo.co.kr)

㈜플라이폭스에서 운영하는 쇼핑몰 솔루션인 e나무에서는 독립형과 임대형 상품을 모두 서비스하고 있습니다. 또한 임대형에도 무료형과 유료형의 다양한 서비스를 제공합니다.

· e나무 무료형 : 설치비, 사용료가 무료지만 상품 등록 200개, 하드 용량 100M의 제한이 있습니다.
· e나무 500 : 월 사용료 33,000원의 임대형으로 상품 등록 500개, 하드 용량 300M를 기본으로 제공합니다.
· e나무 무제한 : 월 사용료 55,000원의 임대형으로 상품 등록 무제한, 하드 용량 500M를 기본으로 제공합니다.
· e나무 독립형 : 프로그램 판매 가격이 660,000원이고, 쇼핑몰 호스팅은 별도로 신청해야 합니다.

04 Shopping Mall Sense
3대 임대형 쇼핑몰 솔루션의 디자인 기능 비교하기

▶▶▶ 소호 쇼핑몰 창업은 혼자 또는 둘이서 하는 경우가 많은데, 창업 자본도 빈약한 데다가 1~2인이 모든 일을 처리해야 하므로 상품 판매와 직접 관련되지 않은 일은 최대한 줄여 운영의 효율성을 높이는 것이 매우 중요합니다. 이를 반영하듯 요즘 소호몰은 80% 이상이 임대형 쇼핑몰 솔루션을 사용하여 쇼핑몰 창업을 합니다. 초기 투자 자본이 적고, 임대 회사에서 기술적인 부분의 관리와 유지 보수를 해주므로 전문 인력을 따로 고용하지 않아도 되는 장점을 갖고 있기 때문입니다.

♥ 국내 3대 임대형 쇼핑몰 솔루션의 주요 서비스 비교

임대형 쇼핑몰 솔루션은 다수의 상점들이 공동으로 사용하는 프로그램인 만큼 운영자 개개인의 요구를 100% 만족시킬 수는 없습니다. 따라서 자신이 만족하는 쇼핑몰을 구축하기 위해서는 프로그래머를 고용해서 쇼핑몰 프로그램을 자체적으로 개발하든지, 독립형 쇼핑몰 솔루션을 구입하여 원하는 대로 최적화해야 합니다. 그러나 독립형 쇼핑몰 솔루션은 프로그램의 수정이 가능한 장점이 있는 반면, 지원하는 기능 면에서 임대형 쇼핑몰 솔루션보다 많이 뒤떨어져 있다는 것이 개인적인 생각입니다. 또한 쇼핑몰 시장의 트렌드를 반영하여 기능을 추가하거나 업그레이드하는 부분, 외부와의 제휴 마케팅이나 프로모션을 하는 부분이 매우 취약합니다.

간혹 저에게 쇼핑몰 상담을 의뢰하는 분들 중에는 임대형 쇼핑몰 솔루션을 선택했는데 기능 변경에 제한이 많아 불편하다는 불평을 하거나, 심지어는 솔루션 선택 자체를 후회하는 분들도 있습니다. 이것은 독립형과 임대형의 차이점이 무엇인지 미리 파악하지 않고, 각 쇼핑몰 솔루션의 관리자 체험도 해보지 않은 채 성급하게 선택했기 때문입니다.

투자비도 적게 들고, 쇼핑몰 기능도 훌륭하고, 기능 업그레이드도 잘 되고, 기능 수정과 추가도 쉬운 쇼핑몰 솔루션은 어디에도 없습니다. 자신이 선택한 아이템을 효과적으로 판매하기 위해 어떤 기능이 우선적으로 필요할지 잘 판단하여 가장 적합한 솔루션을 선택해야 합니다. 혹시 잘 판단이 서지 않을 경우에는 전문가에게 상담을 받거나 각 쇼핑몰 솔루션 회사에 문의하는 것이 좋습니다.

여기에서는 국내 3대 임대형 쇼핑몰 솔루션의 주요 서비스에 대한 차이점과 디자인 수정 기능의 원리는 어떤지 살펴보겠습니다.

쇼핑몰 솔루션의 주요 기능은 서비스 업체에 따라 세부적인 옵션이 붙는 경우가 있으므로 서비스를 신청할 때 반드시 각 회사에 전화를 하거나 홈페이지를 방문하여 자세한 사항을 정확히 확인하는 것이 좋습니다.

기능	메이크샵 프리미엄	후이즈몰 프로 2 스탠다드	cafe24
초기 1회 세팅비	33,000원	55,000원	무료
월 사용료(VAT 포함)	55,000원	55,000원	무료
트래픽	무제한	무제한	무제한
등록 상품 수	무제한	500개	무제한
게시판 수	20개	30개	7개

[2008년 5월 기준]

Design Master | 임대형 쇼핑몰 솔루션을 잘 선택하는 방법

① 반드시 데모 체험을 한 후 선택합니다.

② 데모용 쇼핑몰 관리자에는 공지 사항이나 기능 업그레이드 게시판이 있습니다. 이 게시판을 유심히 살펴보면 얼마나 자주, 그리고 어떤 기능들이 추가되거나 수정되는지 알 수 있습니다.

③ 다른 인터넷 쇼핑몰을 방문해 보면 고객 입장에서 매우 편리하다고 생각되는 기능, 내 쇼핑몰에도 꼭 있었으면 하는 기능들이 있습니다. 그러한 것들을 메모해 뒀다가 자신이 원하는 기능들을 제공하는 쇼핑몰 솔루션을 선택하세요.

④ 판매할 상품의 특성을 돋보이게 할 수 있는 기능이 있는지 확인해 보세요.

⑤ 네이버, 다음 등의 포털 사이트에는 각 임대 서비스 회사에서 운영하는 공식 카페, 쇼핑몰 운영자 카페가 있으니 이곳을 자주 방문하여 유용한 정보들을 얻으세요.

♥ 쇼핑몰 솔루션의 디자인 원리와 변경 과정

쇼핑몰의 전체 화면은 일반적으로 다음과 같이 4개의 프레임으로 구성됩니다. 쇼핑
몰은 각 부분별로 스킨을 적용하거나 맞춤 HTML 소스 입력을 통해 구현된 디자인이
한데 모아져서 보이는 것입니다.

<table>
<tr><td colspan="2" align="center">상단</td></tr>
<tr><td align="center">왼쪽 메뉴</td><td align="center">메인(중앙)</td></tr>
<tr><td colspan="2" align="center">하단</td></tr>
</table>

쇼핑몰 솔루션의 디자인 수정 원리는 대부분 비슷합니다. 그러나 구체적인 수정 방법
과 기능은 제각각이어서 이를 익히는 데 적지 않은 시간과 노력이 필요합니다. 다음
은 후이즈몰의 솔루션을 이용하여 쇼핑몰 메인 페이지를 디자인한 경우인데, 이해하
기 쉽도록 작업 순서를 간략하게 정리했습니다.

01 포토샵을 이용하여 쇼핑몰의 전체적인 디자인을 합니다.

02 포토샵에서 이미지를 작게 분할한 후 알기 쉬운 파일명으로 저장합니다. 이때 파일명은 영어와 숫자를 조합하여 지정하는 것이 좋습니다.

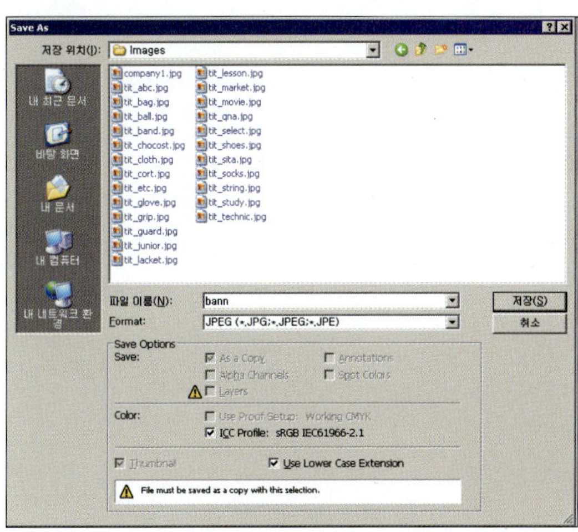

03 드림위버에서 상단, 왼쪽 메뉴, 메인(중앙), 하단에 대한 HTML 소스를 각각 제작합니다.

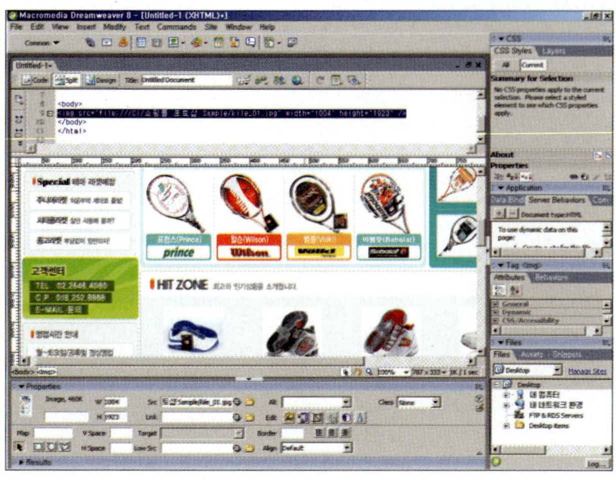

04 관리자 FTP에 접속한 후 2번 과정에서 작업한 이미지 파일들을 업로드합니다.

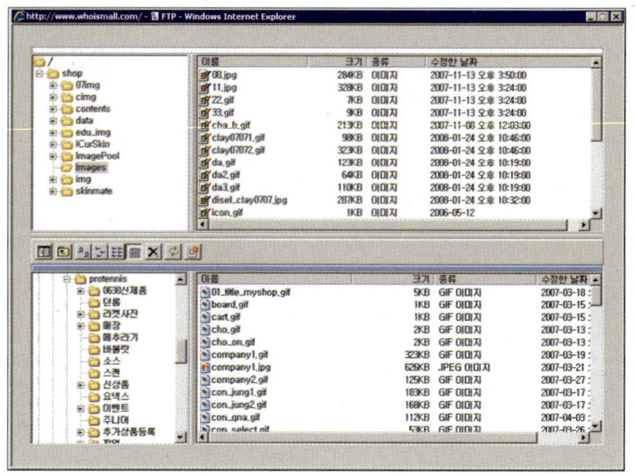

05 드림위버에서 작업해 둔 HTML을 관리자의 각 부분별 디자인 소스 입력란에 넣습니다.

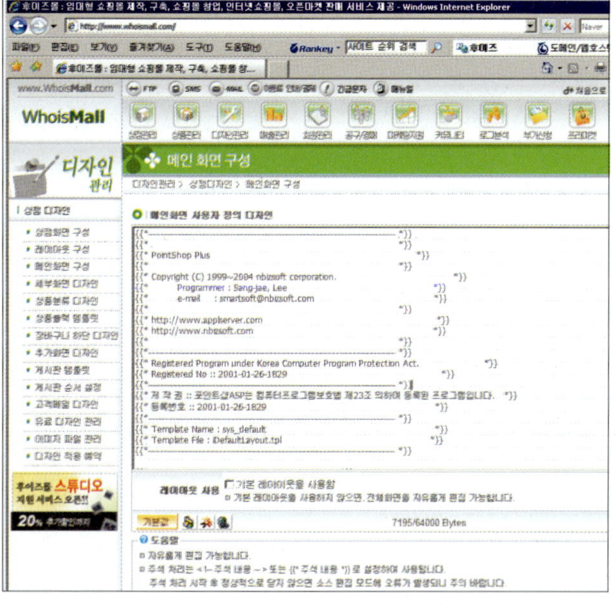

06 인터넷 익스플로러를 통해 완성된 쇼핑몰을 확인할 수 있습니다.

♥ 쇼핑몰 신청부터 제작까지의 단계

데모 체험을 거친 후 사용할 쇼핑몰 솔루션을 최종 결정합니다.

쇼핑몰 디자인을 전문가에게 맡길 경우	쇼핑몰 디자인을 직접 할 경우

쇼핑몰 디자인을 전문가에게 맡길 경우

① 디자이너에게 어떤 솔루션을 사용할 것인지 알려줍니다.

② 디자인 시안이 최종 확정되면 임대 서비스 회사 사이트에서 회원 가입한 후 쇼핑몰 임대를 신청합니다(유료일 경우 비용 결제).

③ 신청자의 쇼핑몰 세팅이 완료되면 접속 아이디와 비밀번호를 임대 회사에서 이메일로 알려줍니다.

④ 디자이너에게 관리자 접속 아이디와 비밀번호를 알려주면 디자이너가 관리자 모드에서 디자인 변경을 진행합니다.

⑤ 쇼핑몰 디자인 구축이 완료되면 상품을 등록합니다.

쇼핑몰 디자인을 직접 할 경우

① 임대 서비스 회사 사이트에 회원 가입한 후 쇼핑몰 임대를 신청합니다(유료일 경우 비용 결제).

② 신청자의 쇼핑몰 세팅이 완료되면 접속 아이디와 비밀번호를 임대 회사에서 이메일로 알려줍니다.

③ 템플릿을 사용한 쉬운 디자인으로 할 것인지, HTML 작업을 통해 전면적인 디자인 변경을 할 것인지 결정하여 포토샵으로 디자인을 하고 HTML 제작도 직접 합니다.

④ 관리자 모드로 접속하여 디자인 변경 작업을 진행합니다.

⑤ 쇼핑몰 디자인 구축이 완료되면 상품을 등록합니다.

메이크샵의 디자인 기능은 전문 디자이너가 아닌 일반인이라도 구축·변경이 용이하도록 하는 데 중점을 두고 있습니다. 메이크샵에서는 각 페이지별로 맞춤 디자인 적용이 가능한데, 이 기능이 복잡하게 느껴질 경우 '쉬운 디자인 서비스'를 활용하면 됩니다.

'쉬운 디자인 서비스'는 배경 설정/복사 방지, 메인(중앙), 오른쪽, 상단, 왼쪽, 텍스트 속성, 게시판 스타일 등 쇼핑몰에서 가장 기본이 되는 요소들을 쉽고 빠르게 디자인하는 방법입니다. 하지만 쉬운 방법으로 작업을 하는 만큼 자체적으로 디자인하는 맞춤 디자인은 불가능합니다.

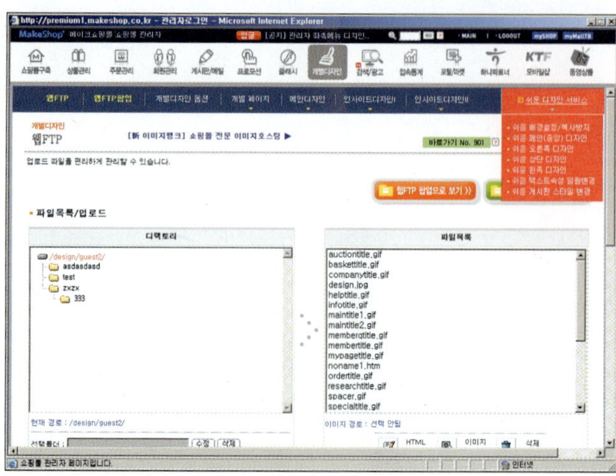

▲ 메이크샵의 쉬운 디자인 서비스

이미지 작업은 조금 할 줄 알지만 쇼핑몰 구축이 처음이거나 HTML 코딩에 자신이 없는 사람들은 쉬운 디자인 서비스를 이용하여 템플릿보다 훨씬 나은 퀄리티의 쇼핑몰 디자인을 할 수 있습니다.

cafe24의 디자인 확장성

cafe24의 쇼핑몰 디자인 설정에는 템플릿을 이용한 방법과 HTML을 이용한 방법이 있습니다. 템플릿을 이용한 디자인은 특별한 사전 지식이 없어도 간단한 이미지 수정만으로 디자인을 바꿀 수 있는 간편한 서비스로, 메이크샵의 쉬운 디자인 서비스와 비슷한 기능입니다. 좀 더 세부적으로 자유롭게 제작하고 싶은 경우에는 HTML 디자인 기능을 사용해야 합니다.

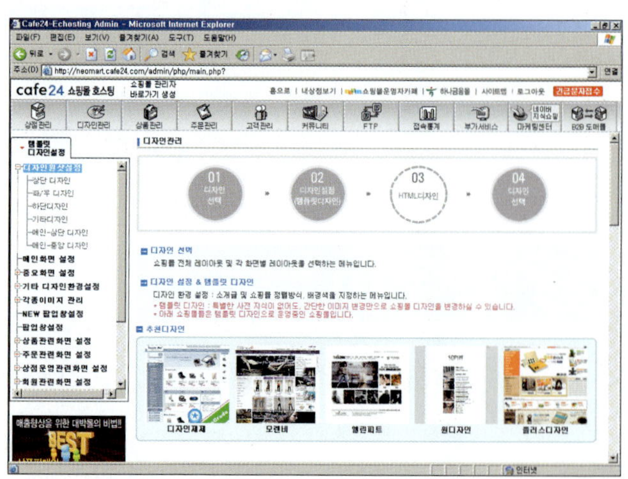

▲ cafe24의 원샷 디자인

♥ 후이즈몰의 디자인 확장성

후이즈몰의 경우 메이크샵의 '쉬운 디자인 서비스'나 cafe24의 '원샷 디자인' 같은 기능을 별도로 제공하지 않습니다. 하지만 각 요소나 페이지 레이아웃을 수십 개의 기본 디자인 중에서 선택할 수도 있고, 사용자 정의 방식을 이용하여 자신이 직접 디자인을 수정할 수도 있습니다.

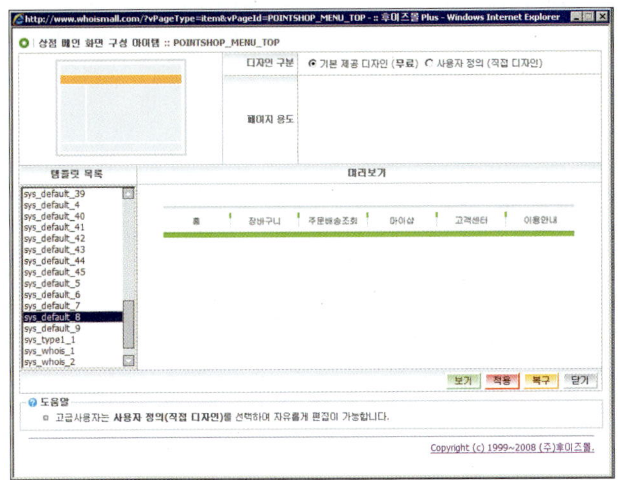

▲ 후이즈몰의 기본 제공 디자인

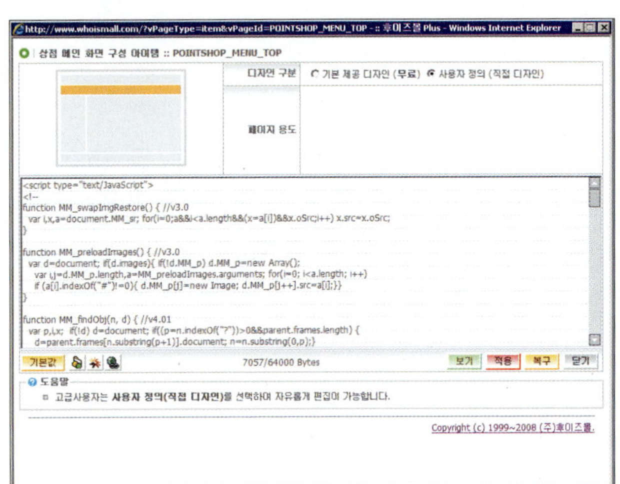

▲ 후이즈몰의 사용자 정의 디자인

♥ 이미지 파일 때문에 추가로 유료 호스팅 서비스를 신청해야 한다?

제 개인적인 생각으로는 기본으로 제공되는 쇼핑몰용 파일 업로드 서비스는 메이크샵이 가장 인색한 것 같습니다. 메이크샵 관리자의 기본 제공 FTP 서비스를 사용해본 결과, 한 번에 최대 10개까지만 업로드할 수 있어서 수십 개의 이미지 파일을 한꺼번에 올릴 때는 몇 번으로 나눠서 작업해야 합니다. 또한 업로드하는 파일의 용량이 150K로 제한되어 있기 때문에 이를 초과하는 메인 화면 플래시나 메뉴 플래시 같은 경우 업로드가 불가능합니다. 그러므로 메이크샵 프리미엄을 이용하여 쇼핑몰을 구축하려면 별도의 유료 이미지 호스팅 서비스를 신청하는 것이 좋습니다.

후이즈몰의 '프로2 스탠다드' 서비스와 cafe24는 기본으로 제공하는 용량과 업로드 파일의 크기 제한 조건이 상대적으로 괜찮기 때문에 기본 서비스만으로도 큰 불편함 없이 이용할 수 있습니다. 즉, 결론을 내리자면 쇼핑몰과 오픈마켓 판매를 병행할 경우 별도로 이미지 호스팅을 추가하는 것이 필수이지만, 쇼핑몰만 운영할 경우에는 굳이 사용할 필요가 없다는 것입니다. 단, 메이크샵 프리미엄을 이용할 때는 오픈마켓

판매를 병행하지 않더라도 작업 과정에서 불편한 점이 많기 때문에 별도의 이미지 호
스팅 서비스를 받는 것이 좋습니다.

기능	메이크샵 프리미엄	후이즈몰 프로2스탠다드	cafe24
이미지 업로드 (무료)	· 기본 제공 용량 : 10M · 한 번에 최대 10개까지 · 파일 한 개당 용량은 150K로 제한	· 기본 제공 용량 : 200M · 파일 한 개당 용량은 2M 이내	· 기본 제공 용량 : 600M · 파일 한 개당 용량은 2M 이내
별도 추가 이미지 호스팅 (유료)	① 500M/월 75,000원 ② 100M/연 99,000원 (쇼핑몰, 오픈마켓 업로드 가능) ③ 100M/연 55,000원 (쇼핑몰 업로드만 가능)	200M/월 3,300원 (일 전송량 1G)	① 50M/연 118,000원 ② 100M/연 178,000원

Design Master | 이미지 호스팅 관련 용어

- **하드 용량** : 이미지를 업로드할 수 있는 공간의 크기입니다.

- **트래픽** : 이미지 호스팅을 사용하는 가장 큰 이유는 트래픽입니다. 트래픽이란 네트워크를 통해 전송되는 양을 의미합니다. 오픈마켓 판매 시 하루 평균 5G의 트래픽이 필요한데, 많은 경우 10G 이상을 사용하기도 합니다. 예를 들어 1M 용량의 사진을 쇼핑몰에 올렸는데 하루 100명의 고객이 방문하여 그 사진을 봤다면 100MB의 트래픽이 발생한 것입니다. 트래픽을 초과하면 접속이 제한되므로 이미지가 정상적으로 나타나지 않습니다.

- **이미지 에디터** : 이미지 호스팅 업체에서 웹 FTP와 함께 제공하는 이미지 편집 기능입니다. 이미지 자르기, 글자 삽입 등의 기본적인 기능을 사용할 수 있습니다.

- **FTP** : 인터넷 자신의 계정에 접속할 수 있도록 도와주는 프로그램입니다. 대표적인 범용 프로그램으로는 알 FTP가 있으나, 대부분의 이미지 호스팅 업체에서는 자체 FTP를 지원합니다.

- **백업** : 원본을 복사하는 것을 말합니다. 혹시 서버에 이상이 생길 경우를 대비하여 미리 다른 곳에 파일들을 저장해 두었다가 문제가 생겼을 때 복구용으로 사용합니다. 이미지 호스팅 업체에 따라 백업 서비스를 지원하는 업체가 있고, 지원하지 않는 업체가 있으므로 미리 확인해 보는 것이 좋습니다.

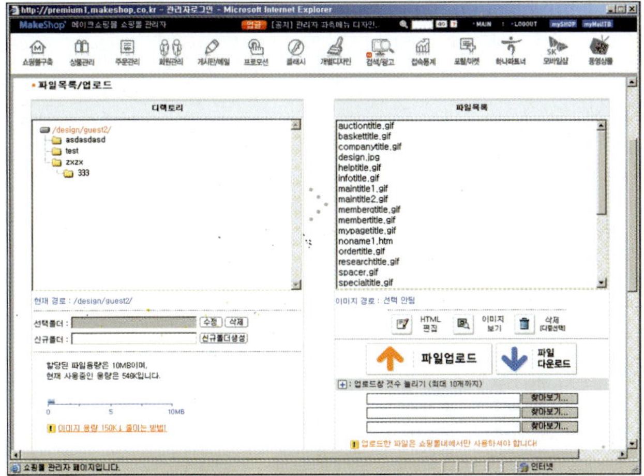

▲ 메이크샵 프리미엄의 기본 제공 FTP

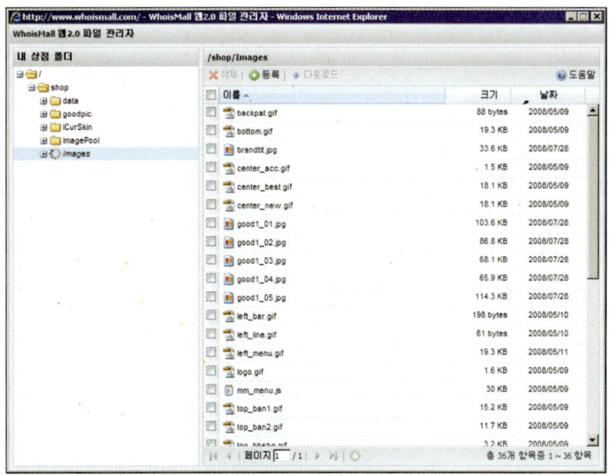

▲ 후이즈몰 프로2 스탠다드의 기본 제공 FTP

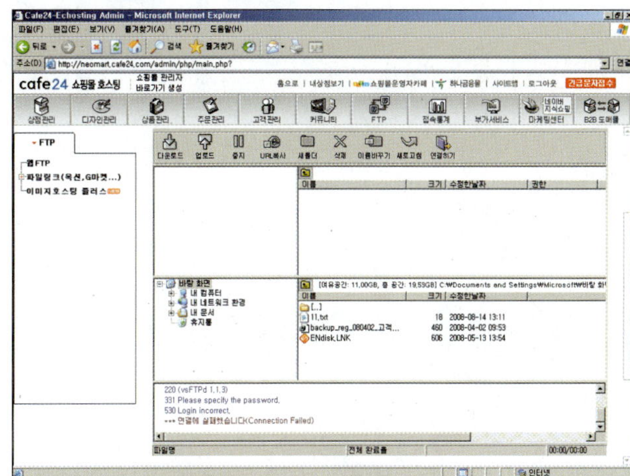

▲ cafe24의 기본 제공 FTP

쇼핑몰 구축의 첫걸음, 디자인 감 잡기

Story 02

저에게 쇼핑몰 구축 요소 중 가장 중요한 것을 선택하라고 한다면 주저하지 않고 '디자인'을 꼽을 것입니다. 물론 상품의 콘텐츠, 퀄리티 그리고 웹 사이트를 원활하게 운영할 수 있는 프로그래밍 등도 중요한 요소입니다. 그러나 아무리 좋은 상품이라도 일단 고객에게 시각적으로 어필하지 못하면 외면받기 십상입니다. '보기 좋은 떡이 먹기도 좋다'라는 속담이 괜히 있는 것은 아니겠죠? Story 02에서는 한 번 쇼핑몰에 들어온 고객이 반드시 다시 찾아오도록 쇼핑몰을 디자인하는 다양한 노하우를 배워보겠습니다.

▶▶▶ 소호 쇼핑몰을 구축할 때 창업 초기에는 쇼핑몰 디자인을 전문가에게 맡긴다고 해도 결국 디자인의 큰 줄기인 기획은 운영자가 직접 해야 합니다. 그리고 창업 초기를 지나 운영 중에 발생하는 디자인의 유지 보수도 스스로 해야 하는 경우가 대부분이죠. 따라서 쇼핑몰 운영자도 반드시 다음과 같은 기본적인 디자인 마인드를 갖추고 있어야 합니다.

♥ 1. 운영자가 아닌 고객의 입장에서 디자인을 점검하라

쇼핑몰 운영자는 그 쇼핑몰의 구조나 배치에 대해 자세히 알고 있겠지만 쇼핑몰 방문자, 즉 고객은 그렇지 못합니다. 고객이 쇼핑몰에서 판매하는 상품에 대한 문의를 하려고 하는데 전화번호가 눈에 잘 띄지 않거나, 고객 게시판 메뉴를 쉽게 찾지 못한다면 그 쇼핑몰의 디자인은 잘못된 것입니다. 운영자 자신에게는 너무 익숙해져서 뭐가 불편하고 어떤 부분이 어색한지 판단하기 힘들고, 객관적으로 분석하기가 어려운 경우가 있습니다. 따라서 고객의 입장에서 쇼핑몰 디자인을 점검해야 합니다. 주위 사람들 혹은 관련 동호회에 자신의 쇼핑몰을 소개하고, 디자인에 대한 평가를 부탁하는 것도 좋은 방법입니다.

♥ 2. 쇼핑몰은 개인 홈페이지가 아니라 영업장이다

내 취향대로 꾸민 쇼핑몰이니까 좋아하는 사람은 사고, 아니면 말라는 식으로 운영한다면 요즘처럼 경쟁이 치열한 쇼핑몰 시장에서 살아남기가 어렵습니다. 소수의 마니아들을 위한 상품을 판매하는 쇼핑몰이라고 할지라도 불필요한 내용을 지나치게 많이 소개하거나 경박한 언어를 사용하는 것은 자제해야 합니다. 친근한 설명과 경박한 설명은 분명히 다른 것이죠.

3. 효율적인 내비게이션의 중요성을 인식하라

내비게이션은 방문객의 이동을 안내하는 역할을 합니다. 방문객이 원하는 위치에 빨리 도달할 수 있도록 하는 것이 내비게이션의 목적입니다. 아무리 좋은 콘텐츠를 판매한다고 하더라도 쉽게 찾을 수 없다면 고객은 5초 안에 모든 것을 판단하고 사라져 버립니다. 1차적으로 쇼핑몰 디자인에 많은 공을 들여야 하지만, 그것은 처음 방문하는 사람에게 해당하는 얘기일 뿐 고객을 두 번, 세 번 방문하도록 하려면 내비게이션의 효율성에 많은 관심을 기울여야 합니다. 쇼핑몰에서는 방문객이 알아보기 쉽도록 정보를 체계적으로 묶어두고, 타이틀만으로도 어떤 상품인지 알 수 있도록 해야 합니다.

4. 예쁜 쇼핑몰보다는 편리한 쇼핑몰이 우선이다

디자인이 예쁘면서 이용도 편리한 쇼핑몰이라면 금상첨화겠지만, 디자인과 기능성 둘 중 하나를 선택해야 하는 경우라면 기능성을 우선으로 해야 합니다.

5. 경쟁 쇼핑몰의 디자인을 모방하는 것은 피하라

쇼핑몰 디자인 제작 의뢰를 받다 보면, 창업자가 동종 업계 상위권 쇼핑몰의 디자인과 거의 비슷하게 만들어 주기를 요구하는 경우가 간혹 있습니다. 창업자에게는 많은 매출과 방문자 수를 기록하는 그 쇼핑몰이 부러움의 대상이기 때문에 디자인까지 완벽하게 느껴질 것입니다. 아무리 차별화된 디자인을 연구해 봐도 그 디자인이 최선이라는 생각밖에 들지 않게 되는 것이죠. 하지만 많은 방문객들이 다녀간 만큼 디자인을 모방하면 금방 탄로나기 마련이고, 그 쇼핑몰의 단골 고객들에게 심한 비난을 받을 수도 있습니다. 그러니 경쟁 업체의 디자인이 아무리 좋더라도 벤치마킹의 대상으로는 삼되 반드시 차별화하도록 해야 합니다.

Design Master | 상품 설명도 콘텐츠다!

좁은 의미의 쇼핑몰 콘텐츠는 쇼핑몰이 방문자에게 제공하는 각종 상품 관련 정보를 말하지만, 넓게 생각하면 상품 설명의 정보도 콘텐츠에 속한다고 볼 수 있습니다.

♥ 6. 쇼핑몰 디자인의 통일성을 중시하라

우리가 어떤 건축물의 디자인을 평가할 때는 외관이나 입구만 보고 점수를 주는 것이 아닙니다. 내부 디자인, 장식 소품들과의 조화, 각 공간들의 동선 설계, 통일성과 변화의 조화로움 등 여러 가지 요소들을 복합적으로 고려해 평가합니다. 쇼핑몰 디자인도 마찬가지입니다. 메인 페이지는 그럴듯하게 잘 꾸며놓았지만 서브 페이지들을 조잡하고 어수선하게 만들었다면, 그 쇼핑몰은 잘 만든 사이트라고 평가 받기가 어렵습니다. 쇼핑몰을 디자인할 때는 메인 페이지와 서브 페이지의 퀄리티가 차이 나지 않도록 하고, 디자인의 일관성을 유지하는 것이 좋습니다.

♥ 7. 나무만 보지 말고 숲을 보라

사이트 디자인의 좋고 나쁨은 전체적인 느낌에서 오는 것이지 작은 이미지나 어떤 단편적인 부분으로만 판단하는 것이 아닙니다. 조화는 디자인의 기본 원리 중 하나이므로 각 요소별 디자인도 사이트와의 조화에 기준을 두어야 합니다. 그래서 쇼핑몰을 디자인할 때는 부분적인 완성도도 중요하지만, 전체적인 레이아웃에 더욱 신경을 써야 합니다.

♥ 8. 가공을 거쳐 자신만의 이미지로 만들어라

디자인을 하다 보면 자신이 갖고 있는 상품 사진만으로는 부족함이 느껴져 웹에서 떠도는 이미지나 유료로 구입한 이미지를 사용하게 되는 경우가 있습니다. 길을 가다가 자신과 똑 같은 옷을 입은 사람과 마주쳤을 때 왠지 모를 무안함과 쑥스러움을 느껴본 적이 있을 것입니다. 쇼핑몰의 이미지도 마찬가지인데, 자신의 쇼핑몰에 사용한 이미지와 똑같은 것을 다른 쇼핑몰에서 우연히 보게 된다면 비슷한 느낌이 들겠죠. 그러므로 인터넷에서 흔하게 구할 수 있거나 이미 많은 사람들이 구입한 디자인 소스는 그대로 사용하지 말고 편집하여 쓰는 것이 좋습니다.

Design Master | 서브 화면(서브 페이지)

어떤 쇼핑몰에 접속했을 때 처음 나타나는 화면을 메인 페이지라고 합니다. 서브 페이지는 해당 쇼핑몰에서 메인 페이지를 제외한 나머지 모든 페이지를 의미합니다.

♥ 9. 과다한 색상, 이미지, 폰트 사용을 자제하라

'지나친 건 모자람만 못하다.'라는 속담이 있는데, 쇼핑몰 디자인에서도 이 속담은 예외 없이 적용됩니다. 대형 쇼핑몰이나 오픈마켓은 워낙 상품과 배너 이미지가 많아서 통일감을 느끼도록 하는 것이 어렵지만, 전문 쇼핑몰일수록 색상, 이미지, 폰트의 가짓수를 적절히 사용하는 것이 중요합니다. 물론 쇼핑몰의 전체적인 콘셉트와 분위기에 어울리는 선에서 사용해야겠죠. 특히 초기 쇼핑몰 디자인을 전문가에게 맡겼다가 운영 과정에서 팝업 창을 띄우거나 배너나 로고 등의 수정을 운영자가 직접 하면서 디자인이 뒤죽박죽되는 상황이 자주 발생합니다.

♥ 10. 최고보다는 최선의 디자인을 선택하라

쇼핑몰 제작 당시 전문가에게 의뢰해 상당한 퀄리티의 디자인이 완성되었다고 가정해 보겠습니다. 하지만 퀄리티가 높은 메인 화면일수록 전문 디자이너가 제작한 이미지나 플래시가 많이 포함되어 있기 마련입니다. 쇼핑몰에서는 이미지와 플래시 상품 배너가 자주 바뀌어야 활발하게 운영되는 쇼핑몰이라는 인상을 줄 수 있습니다. 그런데 이미지와 플래시 상품 배너를 업데이트할 웹 디자이너 직원이 없거나 운영자도 그것을 할 줄 모른다면 멋진 쇼핑몰을 만들어 놓고도 얼마 가지 못해 운영이 어려워질 것입니다. 그럴 바에는 초기에 쇼핑몰 디자인의 욕심을 버리고, 직접 유지 보수하기 편리한 스타일로 만드는 것이 훨씬 낫습니다. 즉, 쇼핑몰을 만들 때는 향후 운영에 대한 부분도 고려하는 것이 중요하다는 것이죠.

Design Master │ 비전문가도 수정이 쉬운 XML 연동 플래시

고급스러운 움직임과 다양한 액션 기능을 구현할 수 있다는 장점 때문에 많은 쇼핑몰에서 플래시 상품 배너를 중요하게 활용하고 있습니다. 플래시 상품 배너를 만들려면 어도비 사의 플래시 프로그램을 다룰 줄 알아야 하는데, 상품 사진을 보정하기 위해 포토샵도 배우기 벅찬 상황에서 플래시까지 배워야 한다는 것은 부담이 클 수밖에 없겠죠. 그러므로 쇼핑몰에 상품 배너 플래시를 넣으려고 계획했다면 처음 사이트를 구축할 때부터 디자이너에게 XML 연동 방식으로 제작해 달라고 요구하여 나중에 직접 업데이트를 할 수 있도록 하는 것이 좋습니다.

06 Shopping Mall Sense

디자인 감각을 키우는 3가지 방법

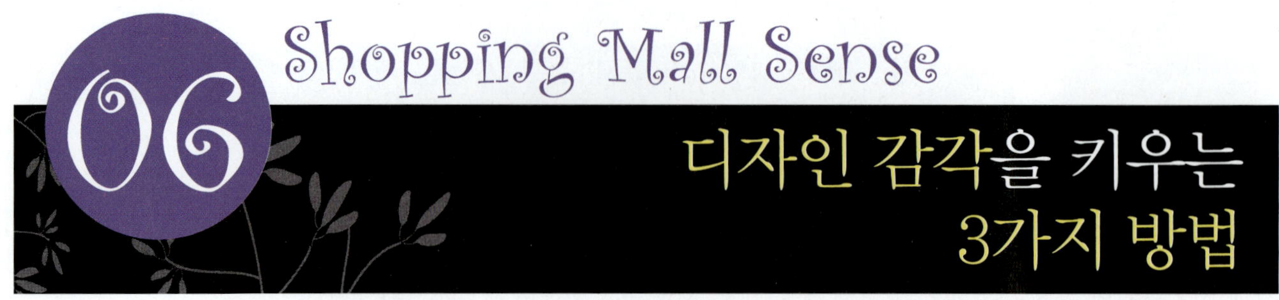

1. 많이 본다

인터넷 사이트, 책, 잡지, 미술 작품, 각종 포스터 등 시각적으로 자극을 받아 디자인 감각을 키울 수 있는 것이라면 무엇이든지 많이 보는 것이 좋습니다. 그중 업무를 보면서도 짬짬이 가장 쉽고 편하게 할 수 있는 것이 인터넷 서핑이죠.

국내 쇼핑몰과 순위 사이트

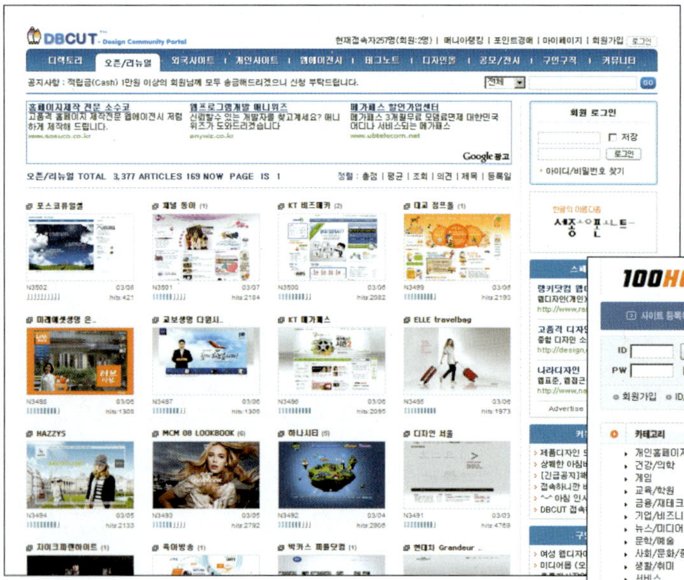

▲ DBCUT(http://dbcut.com)

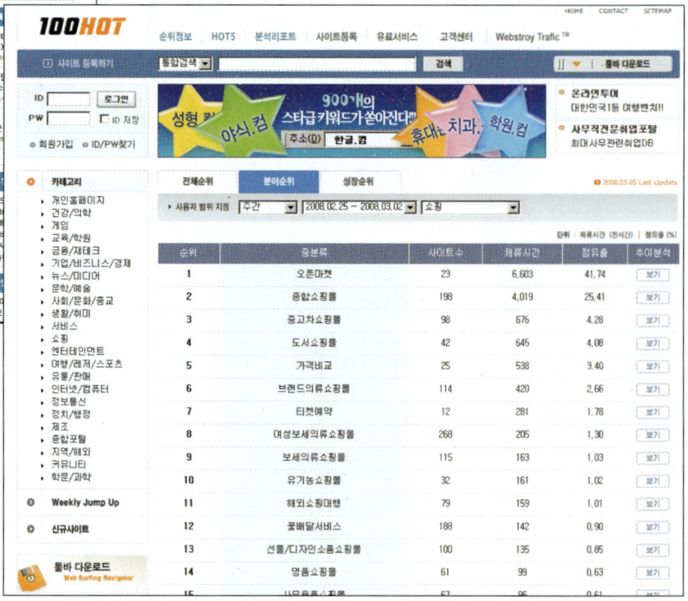

▲ 100HOT(http://100hot.co.kr)

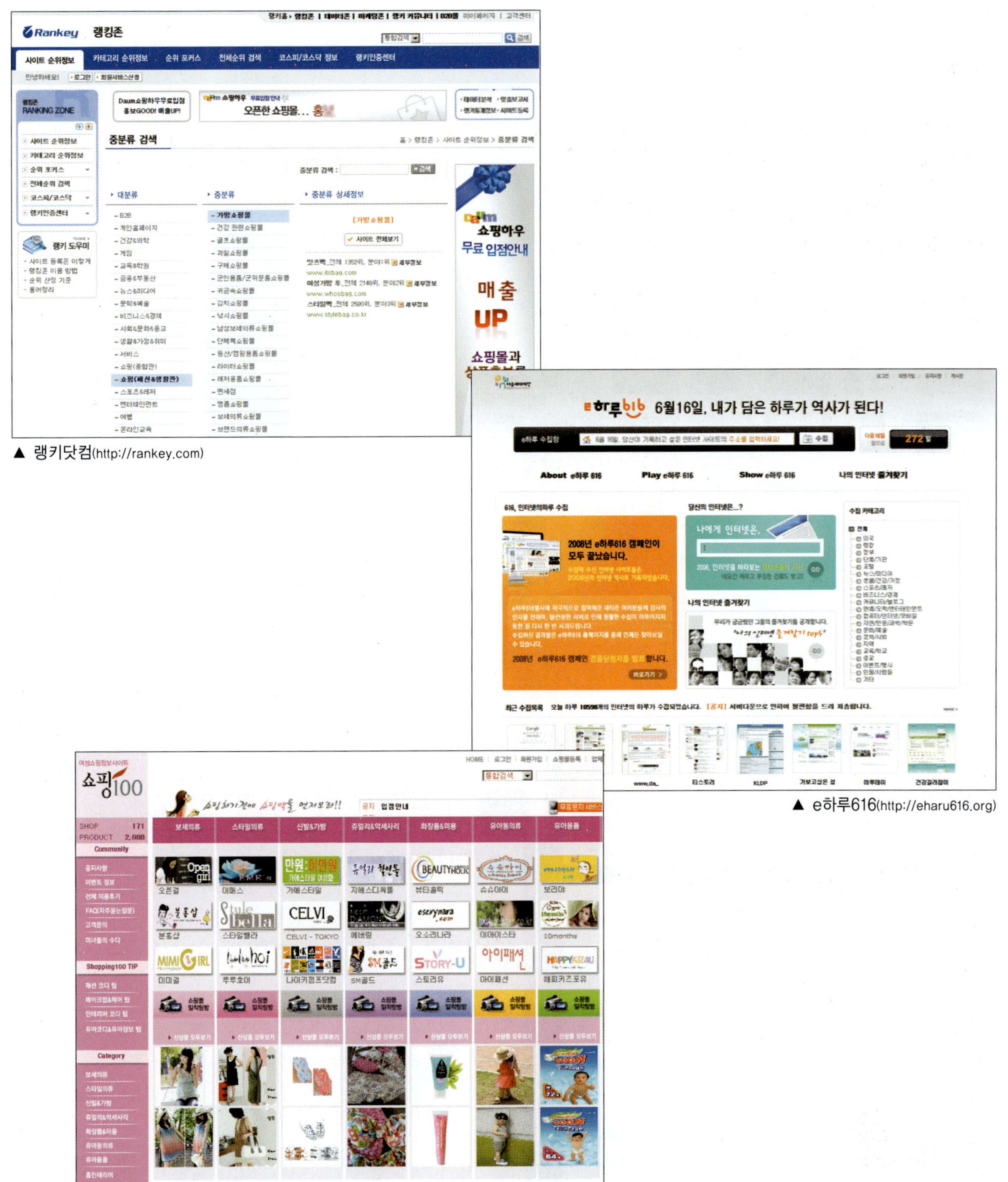

▲ 랭키닷컴(http://rankey.com)

▲ e하루616(http://eharu616.org)

▲ 쇼핑100(http://www.shopping100.co.kr)

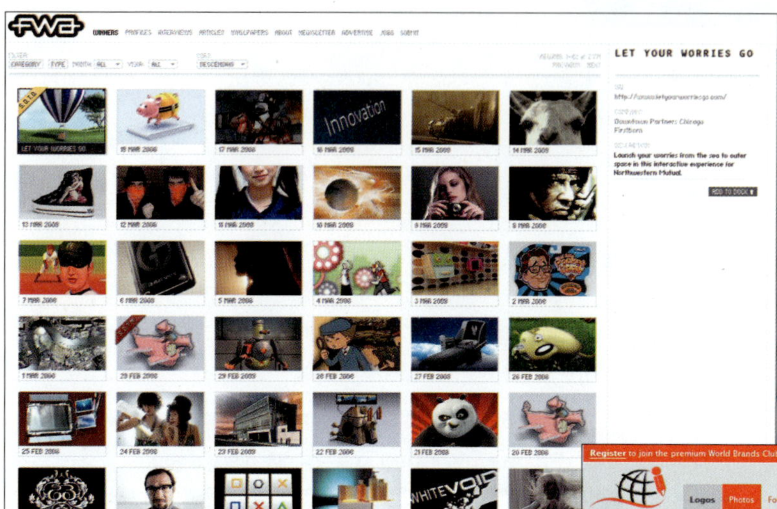

▲ The FWA(http://www.thefwa.com)

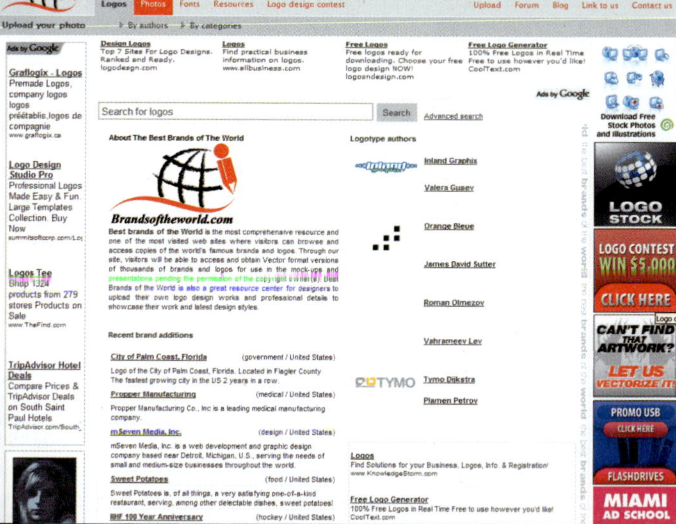

▲ Best Brands of the World(http://www.brandsoftheworld.com)

▲ Netdiver Imaginative(http://netdiver.net/imaginative)

♥ 2. 많이 수집한다

- 좋은 디자인을 보면 본 것으로 그치지 말고, 필요할 때 바로 찾아볼 수 있도록 정리
해서 보관해야 자료로서 의미가 있습니다.

- 인터넷 서핑 중 마음에 드는 사이트나 이미지를 봤다면 즐겨찾기에 추가하고, 그
사이트가 리뉴얼할 경우에 대비하여 화면 캡처까지 해두는 것이 좋습니다.

- 잡지에서 멋진 배색을 보거나 레이아웃을 발견했다면 페이지에 책갈피를 꽂아둡니
다. 또는 해당 페이지를 스캔해서 이미지 파일로 보관하는 것도 좋은 방법입니다.

- 일상에서 직접 찍은 사진이 유용하게 쓰일 수도 있습니다. 풍경 사진, 접사 사진,
인물의 부분 사진, 흔한 사물 사진 등도 나중에 디
자인 작업을 할 때 훌륭한 소스가 될 수 있습니다.

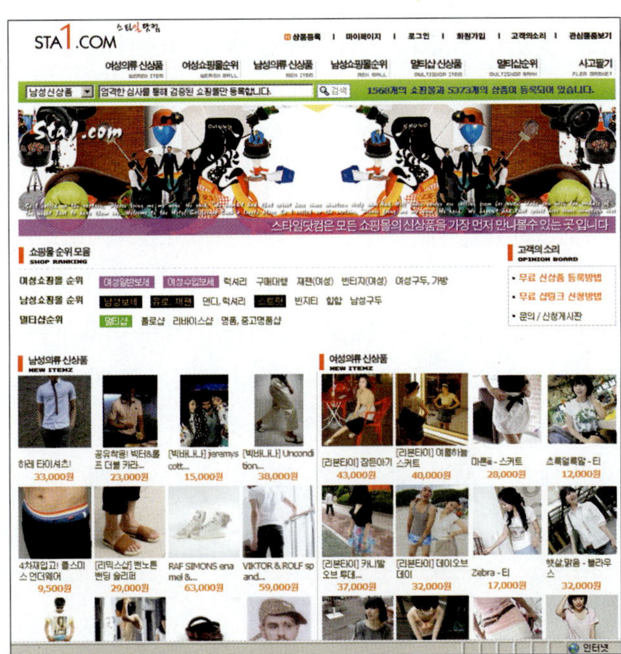

▲ 스타일닷컴(http://www.sta1.com)

♥ 3. 많이 응용해 본다

디자인 작업 전에 원하는 분위기, 스타일이 결정되면 그것을 가장 잘 표현할 수 있는
요소들을 선택합니다. 여기서 디자인을 표현하기 위한 요소는 색상, 레이아웃, 특정
사물 등 어떤 것이라도 될 수 있습니다.

Shopping Mall Sense

최신 쇼핑몰 디자인 트렌드 5가지

♥ 1. 사이트의 전체적인 통일감과 밸런스를 중시한다

예전에는 쇼핑몰을 만들 때 서브 페이지의 경우 기본으로 제공되는 몇 가지 템플릿 중에서 적당히 골라 사용하고, 메인 페이지를 예쁘게 디자인하는 데 많은 노력을 기울였습니다. 그러나 쇼핑몰들이 늘어나면서 고객과 운영자 모두 사이트의 퀄리티에 대한 기준이 높아졌습니다. 메인 페이지부터 각종 서브 페이지까지 고른 퀄리티와 통일감, 밸런스를 갖추는 것이 중요하게 여겨지고 있는 것이죠. 고객들이 자주 이용하는 로그인, 이용 안내, 상품 상세 설명 페이지 등의 요소를 솔루션에서 제공하는 평범한 것이 아니라 쇼핑몰의 전체적인 색감, 분위기와 어울리도록 새롭게 디자인하는 추세입니다.

▲ 일러스트로 꾸민 메인 페이지 / 스쿠퍼(http://scooper.co.kr)

▲ 메인 페이지와 통일감 있게 디자인한 이용 안내 페이지

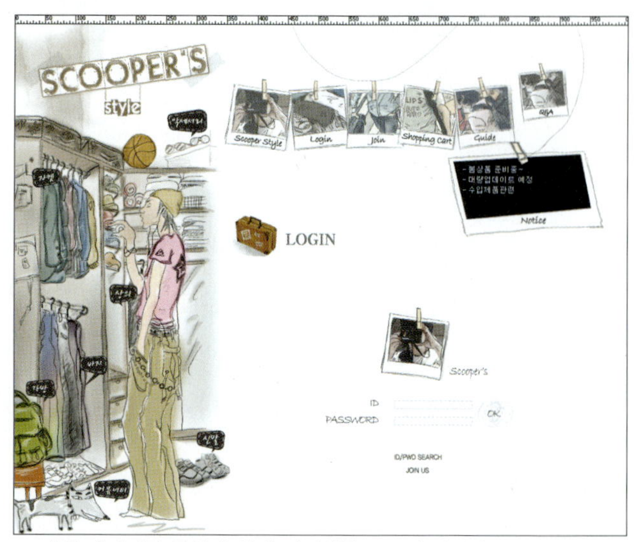

▲ 메인 페이지와 통일감 있게 디자인한 로그인 페이지

♥ 2. 레이아웃이 다양화되고 있다

레이아웃은 쇼핑몰의 전체적인 인상을 좌우하는 데 큰 영향을 끼칩니다. 메뉴, 이미지, 각종 버튼을 어떻게 배치하느냐에 따라 쇼핑몰의 분위기가 전혀 달라지죠. 가장 인기 있는 쇼핑몰의 레이아웃을 그대로 따라 하면 고객들에게 익숙하다는 장점이 있지만, 신선하고 독특한 느낌을 주기는 어렵습니다. 요즘은 평범한 레이아웃을 탈피하여 개성과 고급스러움을 살려 디자인한 쇼핑몰이 속속 등장하고 있습니다.

특히 요즘 들어 제품의 상세 페이지를 디자인할 때 각 요소를 다채롭게 배치하려는 노력은 디자인과 편의성을 모두 반영하려는 운영자와 디자이너의 의지가 강하기 때문입니다. 하지만 일반적인 쇼핑몰 레이아웃에서 크게 벗어난 독특한 쇼핑몰을 만들기 위해서는 작업을 담당하는 디자이너의 코딩 능력이 우수해야 합니다.

▲ 쇼핑몰 디자인의 틀을 벗어난 파격적인 레이아웃의 '펀샵' 사이트(http://www.funshop.co.kr)

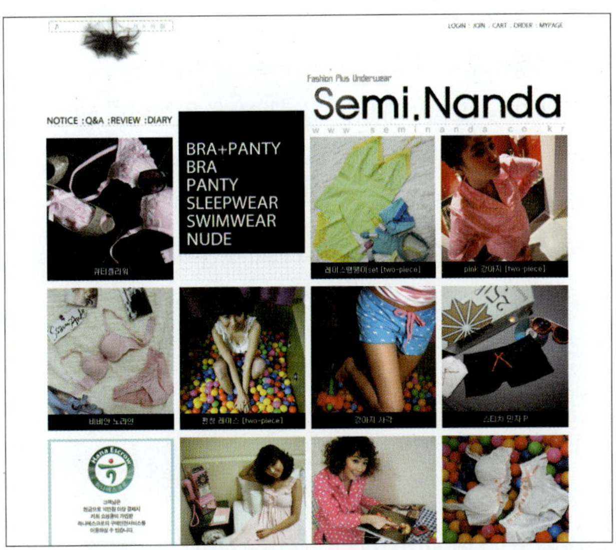

▲ 기존의 쇼핑몰 디자인과 전혀 다른 내비게이션이 돋보이는 '세미난다' (http://www.seminanda.co.kr)

Design Master | 레이아웃이란?

시각 전달을 목적으로 조형미를 고려하여 타이포그래피, 사진, 일러스트 등의 제반 요소를 효과적으로 구성, 배열하는 것입니다.

메인 이미지는 시각적, 감성적으로 쇼핑몰 메인 페이지의 전체적인 느낌을 좌우하는 중요한 역할을 합니다. 초창기에는 메인 페이지의 위쪽에 큼직한 메인 이미지를 삽입하는 것이 기본적인 디자인이었습니다. 당시에는 쇼핑몰의 수가 많지 않았기 때문에 고객이 선택할 수 있는 범위가 제한적이었습니다. 그래서 메인 페이지에 커다란 이미지를 배치함으로써 처음 방문한 고객들에게 깊은 인상을 남기는 것이 중요한 포인트였던 것이죠.

그러나 요즘은 한 업종 내에서도 수백여 개의 쇼핑몰이 경쟁을 해야 하는 시대이므로 금쪽같은 메인 페이지를 이미지로만 채우는 것이 비효율적이라고 생각하는 운영자들도 많습니다. 그 결과 메인 페이지의

▲ 커플마켓(http://www.couplemarket.com)

이미지를 상품 사진으로 대체하는 쇼핑몰이 늘어나고 있죠. 특히 취급하는 상품의 종류가 많은 쇼핑몰일수록 하나의 상품이라도 더 방문자에게 노출시키기 위해 메인 이미지 대신 이벤트, 공지 사항, 상품 배너 등의 실용적인 공간으로 활용하는 것이 두드러지는 추세입니다.

한정된 공간에 여러 개의 상품을 순환 노출시킬 수 있으며, 역동적이고 고급스러운 디자인이 가능하다는 장점 때문에 상품 배너를 플래시로 많이 제작하고 있습니다. 그러나 메뉴, 상품 배너를 플래시로 제작하면 나중에 수정, 업데이트를 할 때 플래시 프로그램을 다룰 줄 아는 사람이 있어야 가능하다는 단점이 있습니다.

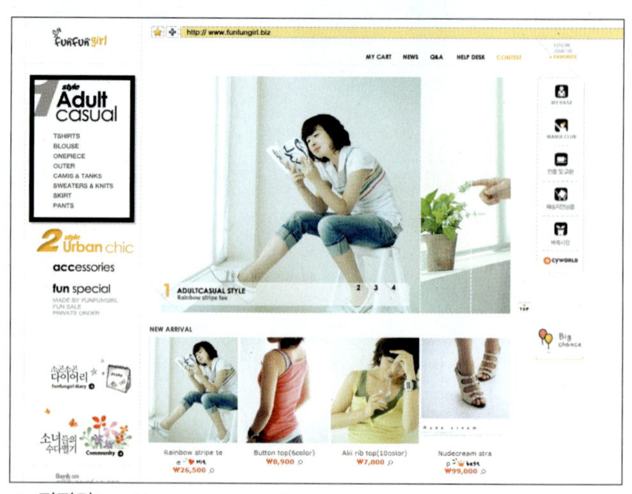

▲ 펀펀걸(http://www.funfungirl.biz)

♥ 5. 디자인에 사용하는 이미지도 유행이 있다

3~4년 전까지만 해도 쇼핑몰에서 사용하는 이미지 중에는 라인 일러스트, 디테일 일러스트가 많았습니다. 인물 일러스트는 사진과 달리 모델이 필요 없어서 상품에 어울리는 이미지를 만들어 내는 것이 쉽고, 한 컷을 응용하여 사용하기도 쉬웠기 때문입니다. 그리고 당시 유행이다 보니 깔끔하고 감각적으로 보인 이유도 있었죠. 하지만 직접 의뢰해서 그림을 그리기보다는 주로 디지털 소스를 판매하는 콘텐츠 몰에서 구입하여 사용했기 때문에 다른 쇼핑몰에서도 같거나 비슷한 일러스트를 사용하는 경우가 많았습니다. 또한 일러스트 이미지를 여기저기 사용하다 보니 쇼핑몰이 생동감 없고 촌스러워 보이는 단점도 있었죠. 그래서 요즘은 일러스트보다 실사(사진)를 주로 이용하고, 일러스트를 쓰더라도 손그림 느낌이 나는 고급스러운 일러스트를 선호합니다.

▲ 요즘은 잘 이용하지 않는 스타일의 디테일 일러스트

▲ 손그림 느낌의 개성 있는 일러스트

Shopping Mall Sense

기획 없는 디자인은 사공 없는 배, 기획 포인트 11가지

♥ 1. 인트로 화면 넣을까 말까?

인트로 페이지는 사이트의 메인 페이지로 이동하는 관문 역할을 하는데, 방문객이 해당 사이트의 스타일과 콘셉트를 한눈에 알 수 있도록 하기 위해 만듭니다. 일반적으로 감성적인 아이템을 다루는 회사(패션, 디자인 등)나 개인 홈페이지에서 플래시로 제작하여 삽입하는데, 인트로 페이지의 디자인 퀄리티가 높고 아이디어가 신선하면 홈페이지에 긍정적으로 작용합니다. 하지만 방문객들이 필요한 정보를 곧바로 보여주는 것이 아니기 때문에 자칫하면 번거롭다는 느낌을 줄 수도 있습니다.

쇼핑몰을 방문하는 대부분의 사람들은 상품 검색과 구입이라는 뚜렷한 목적을 가지고 있기 때문에 멋보다는 사이트 이용의 편의성을 우선적으로 고려해야 합니다. 그러므로 기능상 반드시 필요한 경우가 아니고, 단순히 멋진 인트로 화면을 넣고 싶은 운영자의 개인적인 바람이라면 인트로 페이지를 포함하지 않는 것이 좋습니다.

▲ 쇼핑몰에서 인트로 페이지는 성인 쇼핑몰, 회원 전용 쇼핑몰일 경우에만 넣는 것이 좋습니다.

❤ 2. 메인 이미지를 넣을까 말까?

메인 페이지 디자인으로 메인 이미지를 활용할 것인지 아닌지는 운영자가 선택할 문제입니다. 하지만 상품 가짓수가 무척 많은 쇼핑몰이라면 무의미한 메인 이미지 대신 그 위치에 주력 상품의 배너를 넣는 것이 훨씬 효과적이라는 것을 잊지 말아야 합니다. 단, 상품의 배너를 넣을 때는 메인 이미지에 버금가는 퀼리티로 제작하여 조잡하거나 복잡해 보이지 않도록 주의해야 하고, 방문객들에게 시각적인 포인트가 될 수 있도록 만들어야 합니다.

만약 스타일, 분위기를 강조해야 하는 업종이라면 메인 이미지를 넣는 것도 좋습니다. 이때 스크롤 바를 아래쪽으로 이동해야만 진열된 상품들이 보일 정도로 커다란 메인 이미지를 사용하는 것은 좋지 않으므로 주의해야 합니다.

▲ 메인 이미지 사용 예 / 스타일유어스(http://styleyours.co.kr)

❤ 3. 메인 페이지에 상품 진열은 몇 개 정도가 적합할까?

메인 페이지에서 노출하는 상품은 가로로 4~5칸, 세로로 5~10줄 정도가 적당합니다. 세로 줄이 긴 경우에는 인기 상품, MD 추천, 신상품 등 2~3개의 섹션으로 나누는 게 좋습니다. 그런 다음 섹션별로 적당한 제목을 붙이면 시각적으로 분리되어 훨씬 깔끔하고, 보는 사람도 편안합니다.

▲ 상품 진열을 섹션별로 구분한 예

상품 분류는 대, 중, 소 3단계 이상으로 하지 않는 것이 좋습니다. 분류 단계가 많아질수록 고객이 원하는 상품을 찾기가 어려워지고 메뉴 디자인도 복잡하기 때문입니다. 고객들이 많이 찾는 아이템일 경우 소분류에 해당하더라도 눈에 잘 띄는 곳에 노출시키는 것도 좋은 방법이겠죠.

▲ 1분류–메뉴에서 대분류만 노출한 사례

▲ 2분류–메뉴에서 중분류까지 노출한 사례

전문 쇼핑몰에서도 플래시를 사용하는 경우는 메뉴, 메인 이미지, 상품 배너 정도입니다. 플래시로 제작한 파일들은 화려한 효과를 만들 수 있지만 수정, 업데이트가 쉽지 않고, 너무 많이 사용하면 혼란스럽기 때문에 적당히 사용하는 것이 좋습니다. 또한 상품 분류가 깊지 않을 경우(1~2단계)에는 롤오버 기능만으로도 얼마든지 멋진 효과를 만들 수 있습니다.

메이크샵, 후이즈몰, cafe24에는 자체적으로 플래시 메인 이미지, 상품 배너를 삽입할 수 있는 기능이 있으므로 이 기능을 잘 활용하면 플래시 문외한이라도 쇼핑몰 메인 화면에 멋진 플래시 파일을 넣을 수 있습니다.

▲ 후이즈몰의 모자이크 디자인을 활용한 상품 플래시

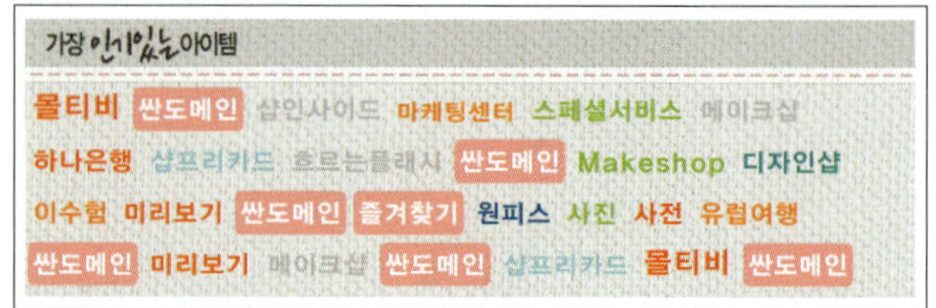

▲ 메이크샵의 태그 클라우드 플래시

♥ 6. 상품 목록 페이지의 상품 노출은 몇 칸, 몇 줄이 적당할까?

모니터의 해상도를 '1024×768' 기준으로 했을 때, 상품 분류별 상품 목록 페이지에서는 상품을 세로 4~5줄, 가로 4~5칸 정도로 노출하는 것이 적당합니다. 판매하는 상품이 매우 많을 경우에는 조금 조절해야겠지만, 고객이 페이지를 넘기면서 상품을 구경하는 재미도 생각해야 하고, 쇼핑몰에 상품이 풍부하다는 느낌을 주는 것도 고려해야 하기 때문입니다.

Hot Sauce

판매하는 상품의 수가 많은 쇼핑몰의 경우 카테고리별 베스트를 상품 리스트의 위쪽에 노출시키면 주목 효과가 높습니다.

▲ 판매하는 상품의 수가 많은 쇼핑몰 / 멍멍몰(http://mongmongmall.com)

♥ 7. 상품 사진 규격은 정사각형이 좋을까, 직사각형이 좋을까?

쇼핑몰 솔루션에서 상품 사진을 등록할 때 기본 규격은 정사각형입니다. 그러나 상품에 따라 직사각형으로 보여줄 때 특징을 표현하기가 더 효과적인 제품들도 있습니다. 의류 쇼핑몰에서는 모델의 전신 사진을 보여주는 경우가 많기 때문에 직사각형 사진을 많이 사용합니다. 하지만 가로와 세로의 비율이 너무 많이 차이 나면 페이지가 아래로 길게 늘어져서 안정감이 없으므로 사진의 크기는 '가로 1:세로 1.2' 정도로 맞추는 것이 좋습니다. 이때 세로는 아무리 길어도 '1.5배'를 넘지 않도록 합니다.

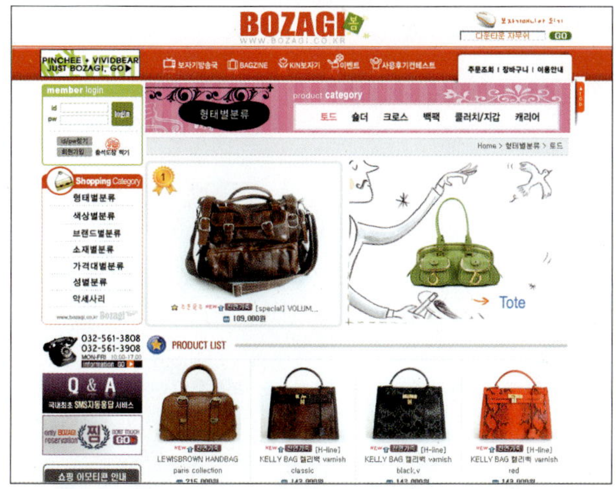

▲ 정사각형 상품 사진 / 보자기(http://bozagi.co.kr)

▲ 직사각형 상품 사진 / 맨즈라이프(http://www.mans-life.co.kr)

상품 사진에 배경이 포함된 것은 사진의 퀄리티와 상품의 특성에 따라 좋을 수도 있고 나쁠 수도 있습니다. 중요한 것은 상품 사진들의 일관성이죠. 메인 화면에 노출된 상품들이 어떤 것은 배경이 있고, 어떤 것은 없는 등 뒤죽박죽이라면 보기에 좋지 않습니다. 그러므로 가능하면 상품 사진에서의 배경은 있든지 없든지 일관되게 통일하는 것이 좋습니다.

▲ 배경이 있는 상품 사진 / 금상첨화(http://www.gumzzi.co.kr)

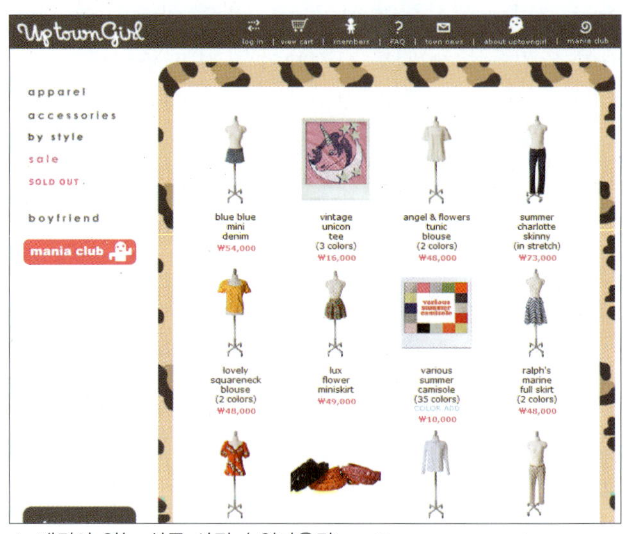

▲ 배경이 없는 상품 사진 / 업타운걸(http://www.uptowngirl.tv)

9. 상품 확대 보기는 만드는 게 좋을까, 안 만드는 게 좋을까?

가능하면 상품 확대 보기도 만들고, 상세 설명 페이지에 이미지를 삽입하는 것도 좋습니다. 하지만 굳이 둘 중 하나만 선택하라면 상세 설명 페이지에 이미지를 넣는 것이 더 효과적입니다. 방문객 입장에서는 마우스를 클릭하는 것보다 스크롤을 이용하는 것이 설명과 함께 사진을 볼 수 있기 때문에 훨씬 좋습니다. 섬네일 이미지를 사용할 때는 사진의 크기가 다르면 깔끔해 보이지 않으므로 가로 세로 규격을 맞춰 똑같은 형태의 사진들을 올리도록 합니다.

▲ 상품 사진의 상세 보기 / 윰(http://yoom.co.kr)

💜 10. 내용이 긴 경우 스크롤과 페이지 링크 중에서 어떤 것이 더 좋을까?

쇼핑몰에서는 페이지의 내용이 길 경우 페이지를 분리하여 클릭으로 이동하는 것보다 스크롤을 내려서 정보를 볼 수 있도록 하는 것이 좋습니다. 하지만 이럴 때는 다른 메뉴를 클릭하기 위해 스크롤을 다시 위쪽으로 이동해야 하는 불편함이 있죠. 이런 경우 곧바로 페이지의 가장 위쪽 화면으로 이동할 수 있도록 '톱(TOP) 앵커' 버튼을 페이지 하단에 만들어두는 배려가 필요합니다.

▲ 페이지의 가장 위쪽으로 이동하는 '톱 앵커'

💜 11. 디자인 템플릿으로 쇼핑몰을 만들어도 될까?

쇼핑몰이 세팅된 초기에는 디자인이 매우 열악합니다. 몇 가지 종류의 디자인 중에서 선택할 수는 있지만, 템플릿을 통해 만든 쇼핑몰로 전문성과 경쟁력을 어필한다는 것은 사실상 불가능합니다. 따라서 기본 디자인에 운영자가 원하는 컬러, 이미지, 레이아웃, 메뉴 구성을 적용하여 맞춤 디자인으로 완성하는 것이 일반적인 쇼핑몰 제작 방법입니다. 이때 직접 쇼핑몰 디자인을 수정할 경우에는 포토샵 툴, HTML 중급 정도의 실력, 쇼핑몰 솔루션의 디자인 구축 원리를 알아야 가능합니다.

모든 걸 직접 다 하기는 어려울 것 같고 100% 맞춤 디자인을 하기에 비용이 부담된다면, 우선 쇼핑몰 디자이너들이 판매하는 디자인 템플릿을 구입한 후 디자인 적용까지 의뢰해도 괜찮습니다. 하지만 템플릿 중에서 마음에 드는 디자인이 없거나 다른 쇼핑몰과 비슷하게 만드는 것이 싫을 경우 디자인 작업만 직접 하고, HTML 코딩은 전문 프리랜서에게 의뢰하는 방법도 있습니다.

Design Master | 쇼핑몰 디자인 작업의 다양한 방법

- 직접 제작할 경우 : 포토샵, HTML, 사용할 쇼핑몰 솔루션의 디자인 원리를 알아야 합니다.
- 디자인 템플릿의 구입과 완성 : 쇼핑몰 디자인 템플릿을 구입하여 완성까지 의뢰합니다. 단, 저렴한 가격으로 템플릿을 구입했다고 해도 욕심이 생겨 이곳저곳 수정 옵션을 추가하다 보면 처음 예상보다 비용이 높아지는 것을 감안해야 합니다.
- 직접 디자인+코딩 의뢰 : 경험이 없으면 쇼핑몰 솔루션의 디자인 관련 기능을 사용하기가 쉽지 않으므로 포토샵에서 디자인만 직접 하고, 코딩은 코딩 회사나 프리랜서에게 의뢰합니다.
- 전문가에게 맞춤 제작 의뢰 : 해당 솔루션에 대한 작업 경험이 많은 전문가에게 원하는 스타일의 쇼핑몰 디자인을 의뢰합니다.

▲ 메이크샵에서 운영하는 디자인마켓

▲ cafe24에서 운영하는 디자인센터

▲ 후이즈몰에서 운영하는 디자인센터

Shopping Mall Sense

09

고객을 사로잡는 메인 페이지 디자인 노하우 4가지

▶▶▶ 대부분의 쇼핑몰 방문객은 메인 페이지로 접속합니다. 그리고 그들은 3~4초라는 짧은 시간에 메인 페이지만 보고 이 쇼핑몰을 계속 구경할 것인지, 나갈 것인지를 결정합니다. 그러므로 쇼핑몰 운영자들은 어떻게 하면 그 짧은 시간에 방문객들의 시선을 끌어서 그들을 계속 머물게 할 수 있을지 고민해야 합니다.

♥ 1. 메인 페이지의 타이틀 이미지, 상품 사진의 매력을 부각하기

인터넷 쇼핑몰에서 사진의 위력은 매우 막강합니다. 고객이 상품을 직접 보고 살 수 없기 때문에 상품 사진은 구매 결정에 큰 영향을 끼칩니다. 그러므로 상품 사진의 퀄리티는 항상 다른 쇼핑몰과 비교하여 뒤처지지 않도록 일정 수준 이상을 유지해야 하죠. 또한 메인 페이지의 타이틀 이미지는 정보성을 띠든, 단순히 쇼핑몰의 분위기를 나타내든 목적에 맞게 구현해야 합니다.

♥ 2. 쇼핑몰의 특징이나 장점을 잘 부각할 수 있는 마케팅 전략 세우기

쇼핑몰의 성격에 따라 부각해야 하는 부분이 달라집니다. 고객들의 사용 후기가 판매에 큰 영향을 미치는 상품이라면 사용 후기 게시판이나 우수한 상품 평가를 메인 페이지에 일부 노출시키는 것이 좋습니다. 계절에 따라 판매량의 폭이 크게 차이 나는 쇼핑몰이라면 계절에 맞는 상품들을 적절하게 노출시키는 것이 유리하겠죠. 또는 상품의 가격 비교나 증정 등에 민감한 고객들을 상대하는 쇼핑몰일 경우에는 메인 화면에서 다양한 이벤트를 집중 부각하는 것이 좋습니다.

3. 주요 고객의 성향에 맞춘 디자인과 메뉴 구성

쇼핑몰을 창업할 운영자는 자신의 연령대, 성별, 취향이 비슷한 고객층을 대상으로
한 상품을 선정하는 것이 유리합니다. 그 이유는 고객의 성향, 눈높이에 맞춘 디자인
구현, 쇼핑몰 운영 전략 수립, 고객 응대를 할 때 유리한 점이 많기 때문입니다. 만약
주요 고객은 40대 남성인데 자신이 20대라고 해서 쇼핑몰을 20대 여성의 감각으로 꾸
며 놓는다면, 아무리 디자인이 예뻐도 주고객들이 불편하고 부담스러워할 수 있겠죠.

4. 자동 노출 상품과 배너의 적절한 조화

쇼핑몰 메인 페이지에 자동 노출 상품만 기계적으로 배열해 놓는다면 운영자 입장에
서는 관리가 편할 것입니다. 그러나 고객들에게는 딱딱하고 생기가 없어 보일 수 있
겠죠. 메인 페이지를 자동 노출 상품 위주로 구성하더라도 기획전, 이벤트 홍보 배너,
상품 배너를 적절히 배치하여 메인 화면이 짜임새 있고 활기차게 보이도록 연출해야
합니다.

Shopping Mall Sense 10

매출을 올려주는 상세 페이지 디자인 노하우 8가지

▶▶▶ 잘되는 쇼핑몰들의 상품 소개 페이지를 둘러보면 대부분 매우 공들여 제작한 흔적들을 엿볼 수 있습니다. 오프라인 가게라면 고객이 직접 전시된 상품을 눈으로 보고 선택하기 때문에 걱정이 없지만, 온라인 쇼핑몰은 특성상 상품 사진과 설명 글이 절대적으로 중요합니다. 특히 의류, 패션 관련 제품을 판매한다면 상품의 디테일한 사진, 모델 착용 사진, 코디 사진까지 제공하는 것이 좋습니다.

♥ 1. 상품 설명은 텍스트와 이미지를 적절히 조합하여 알기 쉽게 한다

① 상품의 크기를 표시할 때는 일반인이 쉽게 파악할 수 있도록 익숙한 단위로 설명해야 합니다. 예를 들어 인치, 평, 마, 자 등의 단위를 써야 한다면 밀리미터 혹은 센티미터를 함께 표기해 주는 것이 좋습니다.

② 중요한 설명에는 별도의 강조 표시를 하여 구매자의 관심을 유도합니다.

③ 비교 자료를 이용해서 상품의 우수성을 알리는 것도 좋은 방법입니다.

④ 설명을 할 때는 너무 긴 문장을 사용하지 말고, 상품 특징의 우선 순위대로 번호를 지정하여 고객들에게 알리는 것이 좋습니다.

⑤ 상품 설명을 할 때는 글보다 이해하기 쉽고 오래 기억할 수 있는 그림을 적극 활용합니다. 이때 그림만 달랑 넣는 것보다 그림의 옆이나 아래쪽에 간단한 설명글을 넣으면 더욱 효과적입니다.

⑥ 제품을 여러 각도에서 촬영한 사진들을 올려 고객이 구매 결정을 하는 데 도움을 주도록 합니다.

고객들에게 상품의 색상을 설명하려고 할 때 사진으로 보여주면 글보다 훨씬 더 빨리 이해하겠죠. 사이즈나 다른 정보를 알려줄 때도 구체적인 수치와 사진을 함께 제공하는 게 더욱 직관적입니다. 더구나 상품의 크기를 설명할 때는 사진만큼 좋은 것이 없습니다. 일상에서 흔히 접할 수 있는 생활용품을 옆에 놓고 비교 촬영하면 쉽게 크기를 판단할 수 있습니다.

사진 자료는 양도 중요하지만 질이 매우 중요합니다. 사진의 퀄리티가 높을수록 상품이 좋아 보이고 사고 싶어지는 것은 당연한 일이겠죠. 실제로 쇼핑몰을 운영해 보면 좋은 상품 사진이 포함된 제품이 그렇지 않은 것보다 훨씬 더 많이 판매된다는 것을 알 수 있습니다.

상품의 사양에 관한 정보는 고객들이 한눈에 파악할 수 있도록 표를 이용하는 것이 좋습니다. 표에는 주로 숫자 등을 표시하기 때문에 다소 딱딱할 수밖에 없죠. 그러므로 표는 설명의 가장 마지막에 위치시켜서 고객으로 하여금 볼 것인지, 아닌지 선택하게 하거나 단숨에 읽을 수 있도록 하는 것이 좋습니다.

요즘 쇼핑몰의 상품 설명은 사진이 여러 개 포함되기 때문에 분량이 무척 많아지고 있습니다. 따라서 읽는 사람을 배려하고, 내용을 효율적으로 전달하기 위해서는 비슷한 내용들끼리 큰 덩어리로 단락을 구분하는 것이 좋습니다. 자세하고 정확한 정보를 전달하는 것도 좋지만, 요즘 인터넷 사용자들은 복잡하거나 긴 글을 무척 읽기 싫어하므로 보기 편하게 만들어 주는 것이 중요합니다.

♥ 5. 상세 설명 페이지에는 정지된 사진을 사용하는 것이 좋다

상세 설명이 너무 길어지지 않도록 하기 위해 GIF 애니메이션을 이용하여 사진이 자동으로 바뀌게 만드는 경우가 많습니다. 하지만 고생해서 만든 상품 설명이 고객들을 오히려 불편하게 한다면 안타까운 일이겠죠. 상세 설명 페이지를 살펴보는 고객은 시간 여유를 가지고 자세히 확인하겠다는 것이므로 설명이 길게 늘어지더라도 꼼꼼히 살펴볼 수 있도록 정지된 이미지들을 큼직하게 나열해 주는 것이 좋습니다.

♥ 6. 상세 설명도 웹 디자인이라는 점을 명심한다

상세 설명 페이지는 사이트의 분위기를 반영하고, 웹 디자인의 기본 룰을 지켜 만들어야 쇼핑몰이 전체적으로 세련된 이미지를 풍길 수 있습니다. 초보 판매자들은 설명을 강조하고 싶을 때 밑줄을 긋거나 붉은색을 사용하는 경우가 많은데 이런 요소들은 보는 사람의 눈을 피로하게 할 수 있으니 주의해야 합니다. 글자의 색상을 100% 검은색(#000000)으로 하면 너무 진해서 답답해 보이므로 진한 회색 계통을 사용하는 것이 보기에 편합니다. 또한 행과 행 사이의 간격은 너무 촘촘하지 않도록 적당히 조절하는 것이 좋습니다.

♥ 7. 구매자의 상품 평가를 노출시킨다

요즘 인터넷 쇼핑몰을 이용하는 사람들은 이미 구매한 사람들의 사용 후기를 보고 상품을 선택하는 경우가 많아지고 있습니다. 그러므로 상세 설명 페이지에 상품 평가, 사용 후기를 노출하는 것이 좋습니다. 이 경우는 혹시 좋지 않은 평가 글이 올라와서 판매에 악영향을 끼치지는 않을까 걱정하지 말고, 긍정적인 사용 후기가 올라오도록 평소에 노력해야겠죠.

♥ 8. 추천 상품이나 관련 상품을 상세 설명 페이지에 노출한다

다소 번거롭더라도 상품을 등록할 때 해당 제품과 연관 있는 상품들을 상세 설명 페이지에 함께 노출시키면 판매 촉진에 큰 도움이 됩니다. 특히 상품의 종류가 많아서 고객이 원하는 아이템을 찾는 것이 어려운 쇼핑몰일수록 효과가 높겠죠. 패션 쇼핑몰에서는 메인 상품과 코디에 활용한 보조 상품들을 함께 노출시키는 방법으로 매출을 올리는 경우가 많습니다.

업종별 베스트 디자인 쇼핑몰 리뷰

♥ 선물용품/디자인 소품 쇼핑몰 – 텐바이텐

이름	텐바이텐
도메인	http://www.10x10.co.kr
품목	선물용품, 디자인 문구와 소품 등

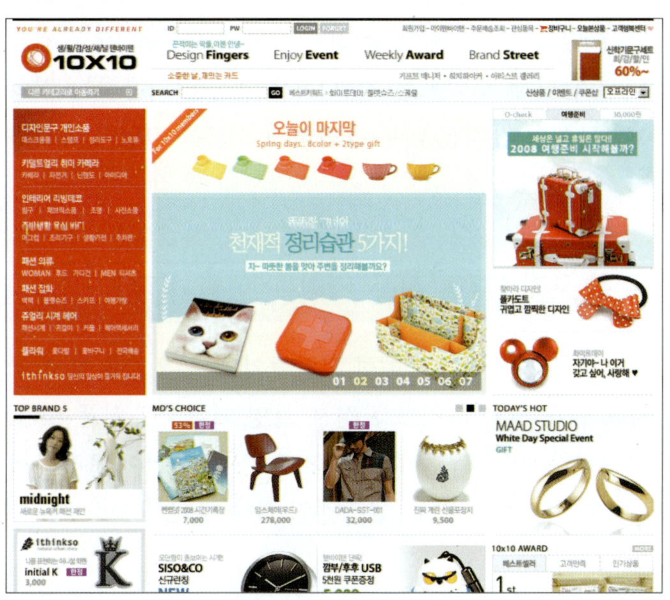

선물·디자인 소품 쇼핑몰인 '텐바이텐'의 상품 분류는 3차 하위 메뉴까지 이동하도록 구성되어 있습니다. 등록된 상품의 수가 엄청나게 많아서 시즌별, 테마별로 콘셉트를 정해 메인 페이지에 노출된 상품을 자주 바꿉니다. 메인 페이지에서 워낙 많은 상품을 소개하기 때문에 상품이 눈에 잘 들어오도록 텍스트는 최대한 간략하게, 색상은 메뉴 부분에만 붉은색 포인트를 주는 것을 원칙으로 하고 있습니다. 또한 한 공간에 여러 개의 상품을 순환 노출하는 방식으로 공간 활용을 극대화하고 있죠.

판매하는 상품이 많고, 상품들의 색상과 디자인이 화려할 경우에는 쇼핑몰 디자인을 심플하게 하여 상품을 돋보이게 하는 것이 더 효과적이라는 것을 기억하세요.

상품을 찾아서 이동하지 않아도 마우스만 올리면 인기 높은 상품군을 한눈에 볼 수 있도록 했습니다.

하위 페이지에서 상위 페이지로 쉽게 이동할 수 있도록 따로 메뉴를 배치했습니다.

중분류 메뉴 페이지의 위쪽에서는 베스트 추천, 최고할인, 베스트 상품평 코너를 통해 주력 상품을 강조합니다.

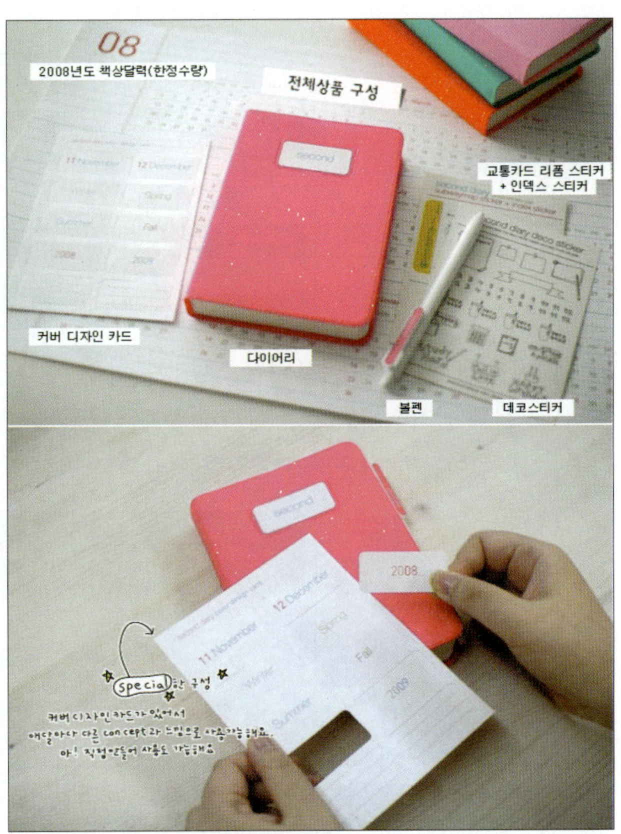

직원이 고객의 바로 앞에서 상품 소개를 하는 것처럼 친근하고 자세하게 상품을 설명합니다.

이름	봄봄하우스
도메인	http://bombomhouse.com
품목	인테리어 용품

인테리어용품 쇼핑몰인 봄봄하우스를 방문하면 마치 잘 만든 한 권의 잡지를 보는 듯합니다. 젊은 감각의 20~30대 신세대 주부들을 주요 고객으로 하기 때문에 '봄봄'이라는 쇼핑몰 이름과 어울리게 산뜻한 색감과 시원한 레이아웃을 볼 수 있습니다.

플래시 배너는 큰 글자와 적절한 이미지로 동적인 효과를 구현하여 주목성과 디자인적 요소 두 가지를 모두 만족시킵니다.

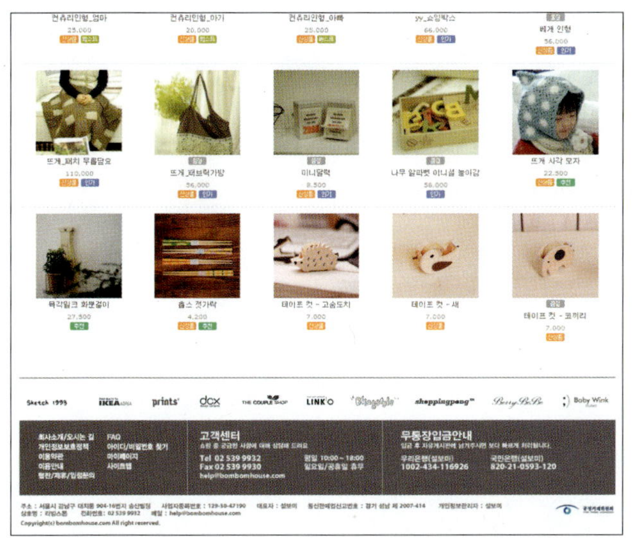

상품 사진의 퀄리티가 다소 고르지 못하지만, 판매하는 상품 자체의 디자인이 워낙 매력 있기 때문에 단점을 보완해 줍니다. 쇼핑몰의 아래쪽도 전체적인 디자인과 조화를 이루고 있습니다.

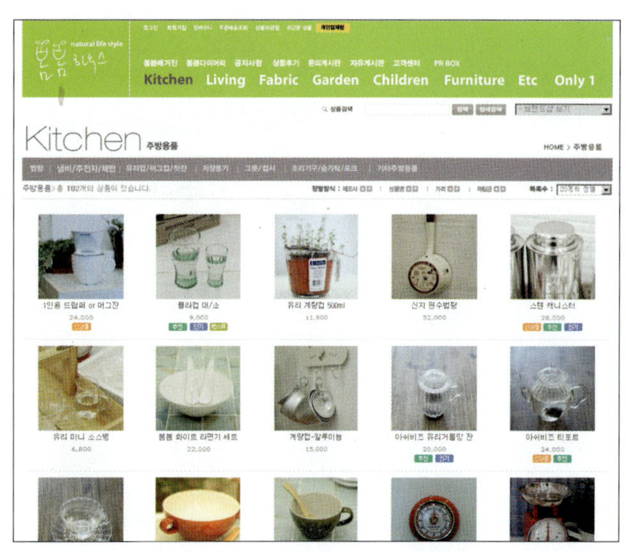

주요 메뉴를 모두 위쪽에 배치하고 가운데 부분을 분할 없이 통으로 사용하기 때문에 시원한 느낌을 줍니다. 특별히 타이틀 이미지를 넣지 않아도 분류명 글자와 배경색이 충분히 디자인 요소의 역할을 합니다.

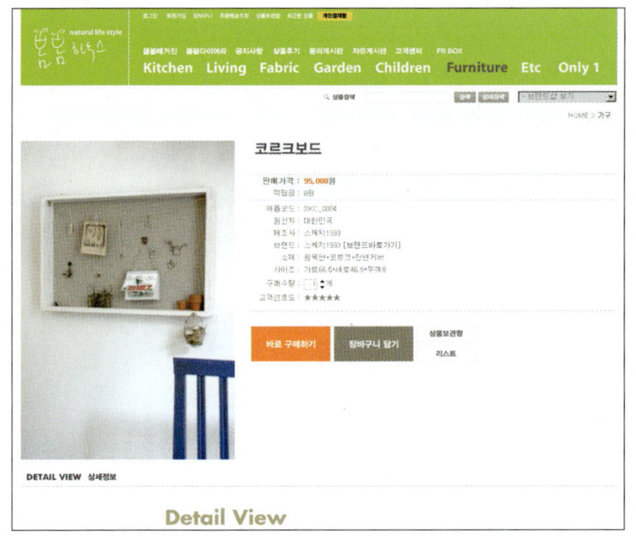

Detail View

상품 상세 페이지의 디자인도 심플함과 컬러 감각을 일관성 있게 유지하고 있습니다.

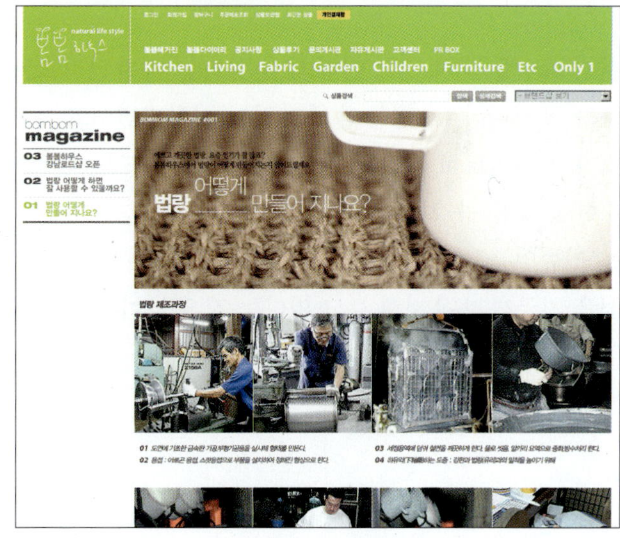

봄봄하우스 쇼핑몰이 잘 만든 인테리어 잡지를 보는 느낌을 주는 이유 중 하나는 바로 매거진입니다. 주부들이 관심 가지는 유익한 생활 정보를 기사 형식으로 제공합니다.

이름	윰
도메인	http://www.yoom.co.kr
품목	여성 의류

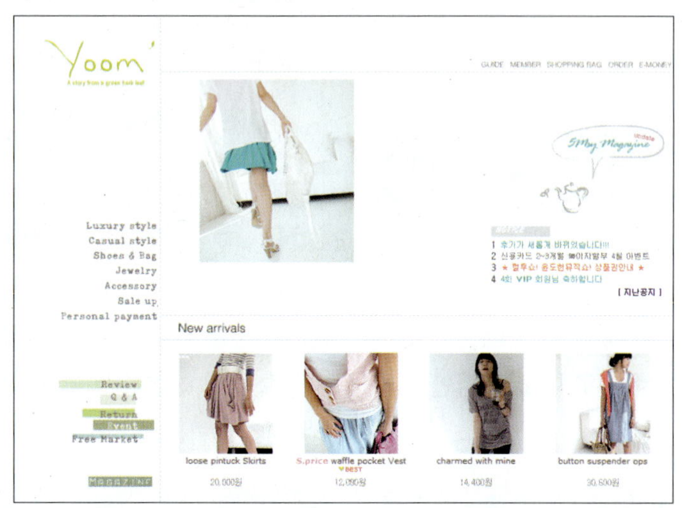

전체 쇼핑몰 중에서도 여성 의류 분야는 디자인적으로 가장 우수한 업체들이 경쟁을 하는 곳입니다. 쇼핑몰의 스타일도 천차만별이죠. 따라서 어느 한 쇼핑몰을 베스트 디자인 사이트로 꼽는 것이 어렵습니다. '윰'도 베스트 디자인 사이트라기보다는 우수한 쇼핑몰 중 하나라고 해야 할 것입니다. 초기부터 일관된 디자인 콘셉트로 쇼핑몰 리뉴얼을 계속해 왔고, 유행에 민감한 여성 의류 쇼핑몰 분야에서 사이트의 정체성을 지금까지 유지해 오고 있다는 점은 높이 평가할 수 있습니다.

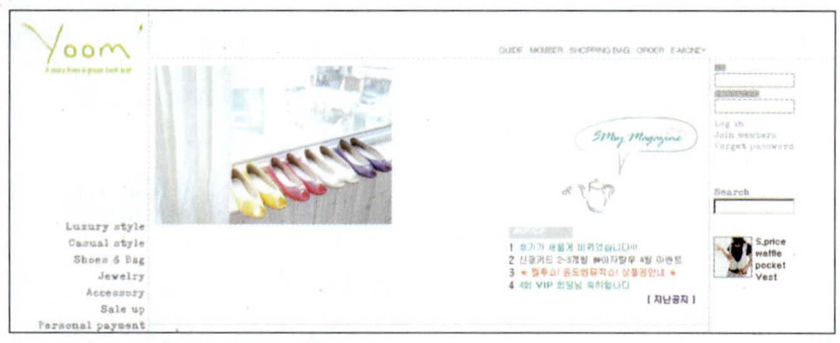

윰 디자인의 가장 큰 특징은 기존 쇼핑몰과 차별화된 레이아웃입니다. 메인 페이지에는 로그인 폼과 검색 폼을 오른쪽에 배치해 색다른 느낌을 줍니다.

상품 상세 페이지의 구성도 평범하지 않습니다. 일반적으로는 페이지의 아래쪽으로 설명을 길게 하여 스크롤바를 이동하면서 봐야 하는데, 윰은 첫 로딩 화면에서 모든 내용을 볼 수 있도록 구현했습니다.

숫자 버튼에 마우스를 올리면 사진이 바뀌는 방식으로 공간을 활용했고, 디테일 뷰와 피팅 뷰를 분리하여 깔끔하게 정리했습니다. 상품 옵션과 장바구니 버튼도 페이지의 가장 위쪽에 배치해 고객들을 배려하고 있습니다.

상품 설명 페이지의 아래쪽에 필수로 들어가는 '교환/환불'에 관련된 내용도 곧바로 노출시키지 않고, 마우스로 클릭해야만 내용을 볼 수 있도록 하여 페이지를 깔끔하게 했습니다. 리뷰 게시판도 쇼핑몰의 깔끔한 분위기에 맞춘 디자인으로 바꾸어 사용하고 있습니다.

이름	홍대언니
도메인	http://www.hongsis.com
품목	여성 신발

여성 신발 전문 쇼핑몰인 홍대언니는 깔끔한 컬러와 폰트, 아기자기하게 디자인된 아이콘이 여성스러움과 심플함을 물씬 풍깁니다. 판매하는 신발들의 스타일과 쇼핑몰 디자인이 참 잘 어울리죠. 상품 사진이 최대한 돋보이도록 그 외의 이미지는 최소화하려고 노력한 점이 돋보입니다. 메인 페이지의 중앙 이미지 공간이 좀 크다는 느낌도 들지만 쇼핑몰 디자인의 전체적인 콘셉트와 어울리기 때문에 부정적인 느낌이 들지는 않습니다.

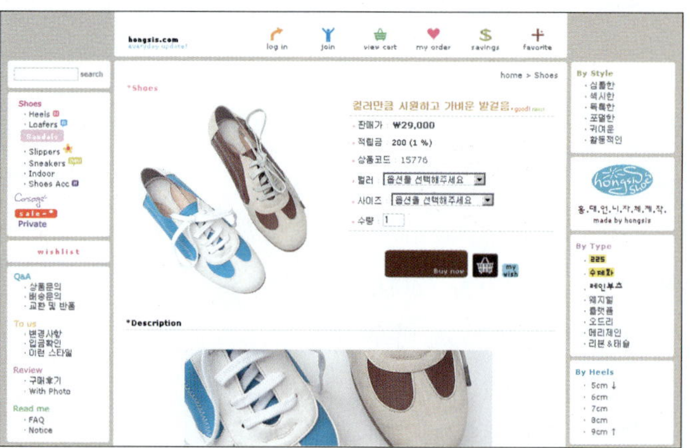

상품 상세 페이지에서도 메인 페이지의 간결한 디자인 콘셉트를 일관되게 유지하고 있습니다. 심지어는 타이틀 이미지도 생략하여 상품 사진에 가장 먼저 시선이 가도록 유도하고 있습니다.

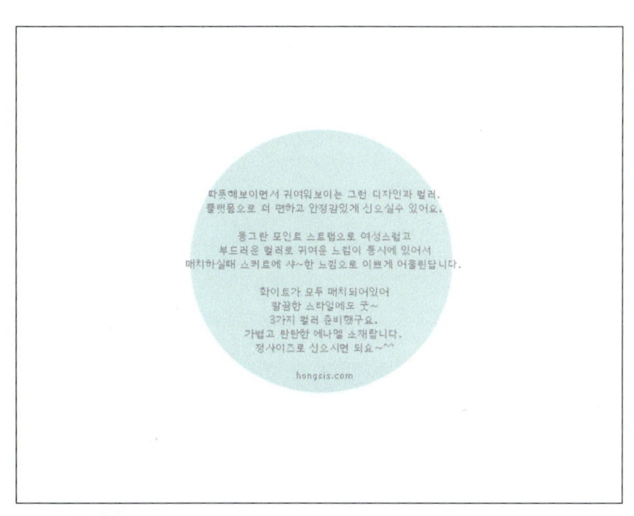

홍대언니의 상품 사진은 모두 우수한 퀄리티를 가지고 있습니다. 또한 각 색상별 전체 컷, 디테일 컷, 피팅 컷을 일관성 있게 업로드하는 정성이 돋보이네요.

상품 설명 글도 전체적인 디자인 콘셉트와 맞게 깔끔한 웹 폰트를 사용합니다.

상품 설명 페이지에는 각 신발마다 사이즈를 정확히 표기하여 인터넷으로 구매하는 데 불안함을 없앴습니다.

힐, 로퍼, 샌들, 슬리퍼, 스니커즈 등의 기본 카테고리 외에도 스타일별, 타입별, 힐 높이별, 컬러별 등의 분류를 사용하여 고객들이 상품을 다양한 방식으로 찾을 수 있도록 세심하게 배려하고 있습니다.

이름	트래블 메이트
도메인	http://travelmate.co.kr
품목	여행용품

많은 정보를 한정된 공간에서 보여주려고 하면 자칫 구성이 산만해지거나 조잡해 보일 위험성이 높습니다. 하지만 여행용품 전문 쇼핑몰인 트래블 메이트는 메인 페이지에 많은 상품과 기획전 배너를 노출시키면서도 짜임새 있는 구성과 색상의 선택으로 복잡해 보이지 않도록 했습니다.

메인 페이지에서의 상품 노출을 브랜드, 태그, 인기 검색어, 카테고리, 각종 기획전 등으로 다양하게 구성하여 고객들이 선택할 수 있는 폭을 넓게 했습니다.

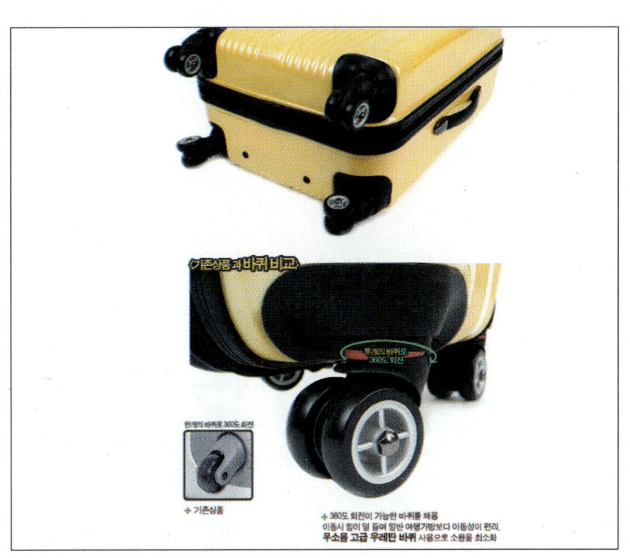

상품 상세 페이지에서도 기획전 배너를 삽입하여 고객의 클릭을 유도하고 있습니다.

상품 사진의 퀄리티가 우수합니다. 또한 사진마다 간단한 설명을 달았으며 기존 상품과의 비교 사진을 통해 상품의 우수성을 설득력 있게 전달하고 있습니다.

상세 페이지의 아래쪽에는 여행 필수 팁, 상품 포함 이벤트 링크, 사용 후기 게시판을 삽입하였습니다. 이처럼 풍부한 콘텐츠를 제공하기 때문에 트래블 메이트는 단순히 여행용품을 구입만 하는 곳이 아니고, 유익한 여행 정보를 얻을 수 있는 사이트로 인지도를 높였습니다.

쇼핑몰 디자인
DIY(기초편)

Story
03

쇼핑몰을 자신이 원하는 형태로 직접 디자인하기 위해서는 몇 가지 사전 지식이 필요합니다. Story 03에서는 쇼핑몰 디자인을 위한 포토샵의 사용법, 사진 보정 방법, HTML의 기본에 대해 배워보겠습니다. 물론 디자인 관련 프로그램들을 달인처럼 잘 사용할 줄 안다고 해서 멋진 디자인을 만들 수 있는 것은 아닙니다. 멋진 디자인은 복합적인 요소에 의해 만들어지므로 여기서 배우는 기본기 외에도 좋은 쇼핑몰 디자인과 작품들을 인터넷을 통해 자주, 많이 접하여 평소에 감각을 키워두는 것이 좋습니다.

▶▶▶ 쇼핑몰 디자인을 하기 위해서는 이미지 제작과 보정, HTML 문서 제작, 관리자에서 디자인 적용 이 세 과정을 거쳐야 합니다. 이미지 제작과 보정을 할 때는 포토샵, HTML 문서를 제작할 때는 드림위버를 흔히 사용합니다.

♥ 최강의 2D 그래픽 툴 포토샵

포토샵은 2D 그래픽 툴 중에서 인지도가 가장 높은 프로그램입니다. 웹 디자인, 출판 디자인, 사진 편집 및 수정, 이미지 합성 등에 필수가 된 프로그램이죠.

최근 주로 사용하는 포토샵의 버전

• **포토샵 CS** : 포토샵 CS는 안정적인 작업 성능을 가진 버전입니다. 데이터 처리 속도가 빠르므로 자신의 컴퓨터 사양이 높지 않으면 이 버전의 사용을 권장합니다.

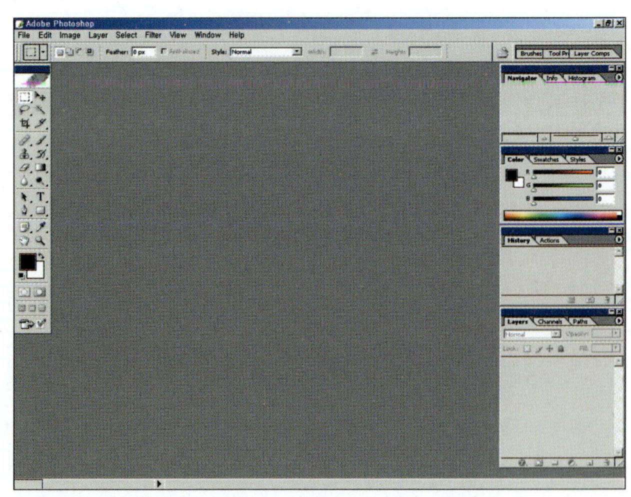

- **포토샵** CS2 : 인터페이스는 포토샵 CS와 큰 차이가 없고, 몇 가지 편리한 기능이 추가되었습니다. 그러나 제 개인적인 생각으로는 기능상에 특별한 차이가 없으면서 처리 속도가 많이 떨어지는 것 같습니다.

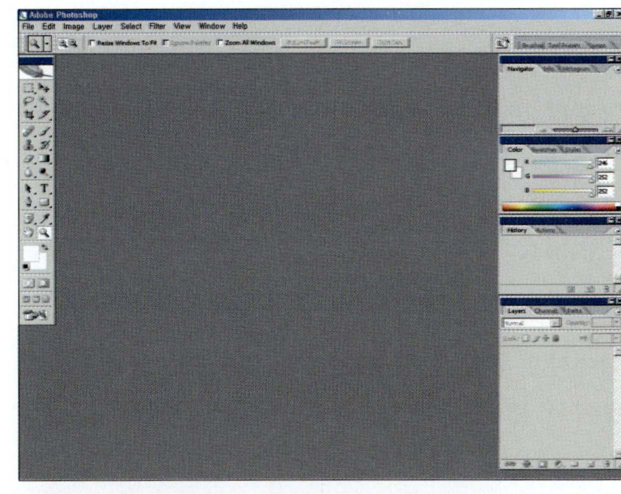

- **포토샵** CS3 : 포토샵 CS3는 두 가지 버전이 있는데, 일반인을 위한 '포토샵 CS3'와 3D 및 모션 디자이너, 의료 전문가, 건축가, 과학 연구원처럼 전문적인 이미지를 다루는 사람들을 위한 '포토샵 CS3 Extended' 버전이 있습니다. 이전 버전들에 비해 인터페이스가 많이 달라졌는데 팔레트 창의 정렬, 도구 상자의 변화가 눈에 띕니다. 하지만 아직까지는 사용자가 많지 않습니다.

쇼핑몰 디자인 작업에 적합한 포토샵 버전

프로그램의 버전이 높아질수록 더 많은 기능이 포함되기 마련입니다. 그러면 어쩔 수 없이 소프트웨어 용량은 커지고 프로그램을 실행했을 때 컴퓨터의 리소스를 많이 차지하게 되죠. 일반인은 디자인 전용 PC가 아닌 다용도의 표준 PC를 사용하는 경우가 대부분입니다. 따라서 일반인이 사용하기에는 포토샵 CS 버전이 가장 빠르고 안정적이라 할 수 있습니다. 물론 사람에 따라 다른 버전이 편할 수도 있긴 합니다. 이 책에서는 전체적인 설명을 포토샵 CS2 버전으로 하고 있지만, CS 혹은 CS3 사용자라도 공부하는 데 크게 불편하지 않을 것입니다.

그래픽 파일 형식은 이미지를 저장하는 파일의 형태인데, 파일명 뒤에 .jpg나 .gif 등으로 표시합니다. 각 파일 형식의 특징을 알아야 용도에 가장 적합한 파일 형태로 저장하여 사용할 수 있겠죠.

JPEG(JPG)

웹에서 흔하게 볼 수 있는 파일 형식으로, 압축률 대비 화질 손실이 적기 때문에 가장 많이 쓰입니다. JPEG는 1,600만 가지 색상을 표현할 수 있기 때문에 사진 등의 이미지를 저장하는 데 적합합니다.

- **JPEG 파일 용도** : 이미지의 퀄리티가 중요한 실사 사진, 그러데이션을 정교하게 표현해야 하는 이미지(예 : 상품 사진, 모델 촬영 사진 등)

GIF

JPEG와 함께 웹에서 가장 많이 쓰이는 파일 형태입니다. GIF는 256가지 색상만으로 이미지를 표현하기 때문에 파일의 용량이 무척 작아집니다. 또한 JPEG와는 다르게 배경을 투명하게 처리하거나 애니메이션 이미지를 만들 수 있다는 장점이 있습니다. 그러나 색상이 256가지로 제한되기 때문에 그만큼 이미지의 퀄리티가 많이 떨어지는 단점도 있습니다.

- **GIF 파일 용도** : 배경이 투명한 이미지, 색상이나 라인이 단순한 이미지, 화려하지만 크기가 작고 빠른 로딩을 해야 하는 이미지, 움직임이 필요한 이미지, 텍스트 위주의 이미지(예 : 판촉 아이콘, 소형 배너, 버튼 등)

PSD

PSD 형식은 포토샵 프로그램의 전용 파일입니다. 단순히 이미지만 저장하는 것이 아니라 포토샵에서 적용한 모든 레이어, 채널, 패스 정보 등을 함께 저장합니다. 많은 데이터를 담고 있기 때문에 파일 용량이 크며 포토샵 이외에 다른 프로그램에서는 열어 보거나 수정할 수 없습니다. 하지만 디자인 작업을 완료하지 못했더라도 PSD 파일로 저장하면 다음번에 해당 파일을 불러와서 계속 작업할 수 있습니다. 그러므로 나중에 디자인 수정을 대비하여 포토샵에서 작업할 때는 JPG 혹은 GIF로 저장하더라도 PSD 파일을 함께 보관하는 것이 좋습니다.

- **PSD 파일 용도** : 최종 완성한 결과물의 원본으로서 보관해 두면 나중에 디자인을 수정할 때 효과적으로 활용할 수 있음

Hot Sauce

작업한 배너 이미지를 PSD 파일로 저장해 두면 쇼핑몰을 업데이트할 때 이미지와 텍스트를 수정하기가 편리합니다.

♥ HTML 문서 제작 프로그램 드림위버

웹 페이지를 만드는 프로그램은 나모 웹에디터, 드림
위버 등 몇 가지가 있습니다. 그중에서도 드림위버는
주로 웹 디자이너들이 사용하는 전문 프로그램이지
만, 쇼핑몰 디자인에 필요한 기본 기능 정도로 사용할
거라면 누구나 쉽게 배울 수 있습니다.

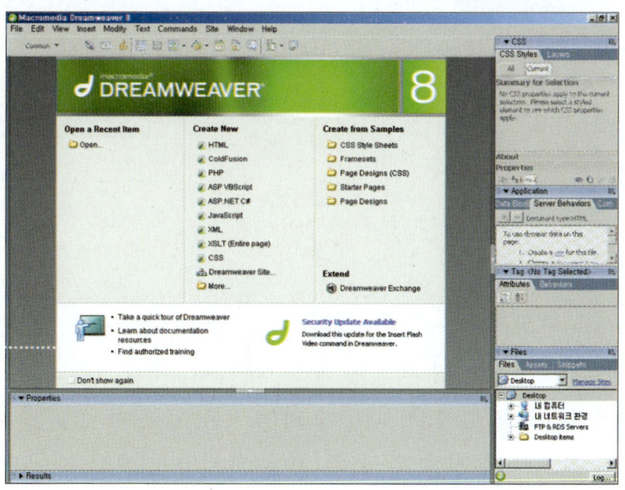

Design Master | 코딩과 코더

코딩은 HTML 태그를 입력하여 웹 페이지를 만
드는 작업을 의미합니다. 디자인은 하지 않고
HTML 코딩만 전문으로 하는 사람도 있는데 이
런 사람을 코더라고 부릅니다.

♥ 메모장과 워드패드의 활용

윈도우에는 메모장과 워드패드가 기본으로 포함되어 있는데 이 프로그램들을 이용
해도 HTML 문서를 만들 수 있습니다. 하지만 드림위버와 같은 웹 에디터처럼 작업
과정을 웹 브라우저를 통해 직관적으로 확인하지 못하기 때문에 비전문가들은 사용
하기가 어렵습니다. 단, 간단한 소스를 수정할 때는 쉽고 빠르게 처리할 수 있습니다.
어떤 웹 페이지의 소스가 궁금할 경우 인터넷 브라우저에서 '보기' 메뉴의 '소스'를
클릭하면 메모장을 통해 HTML 소스를 확인할 수 있습니다.

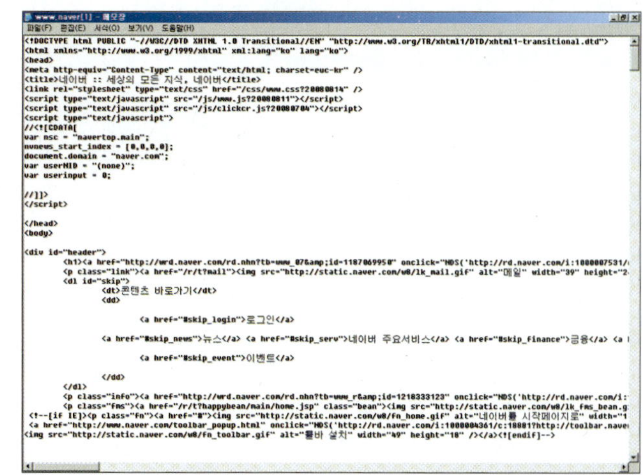

Shopping Mall Sense

13 쇼핑몰 디자인을 위한 포토샵의 기본 기능 익히기

♥ 작업 화면을 자신에게 최적화하기

01 포토샵을 사용할 때 'Ruler'의 단위가 'cm'로 설정되어 있으면 무척 불편하므로 작업을 시작하기 전에 단위를 'pixels'로 바꾸는 것이 좋습니다. 'Edit' 메뉴의 'Preferences-Units&Rulers'를 클릭합니다.

02 'Preferences' 대화상자가 나타나면 'Rulers' 항목의 드롭다운 버튼을 클릭합니다.

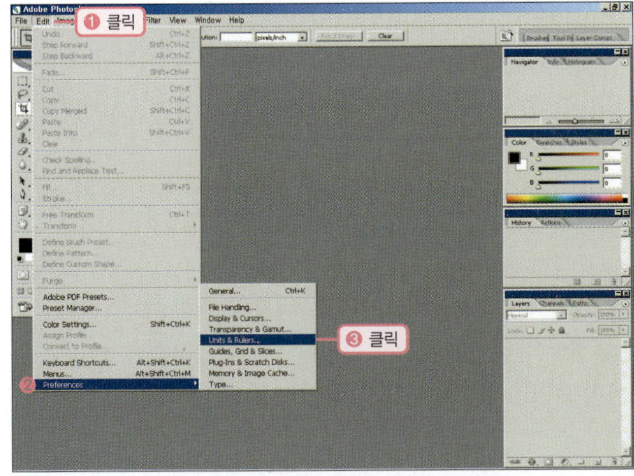

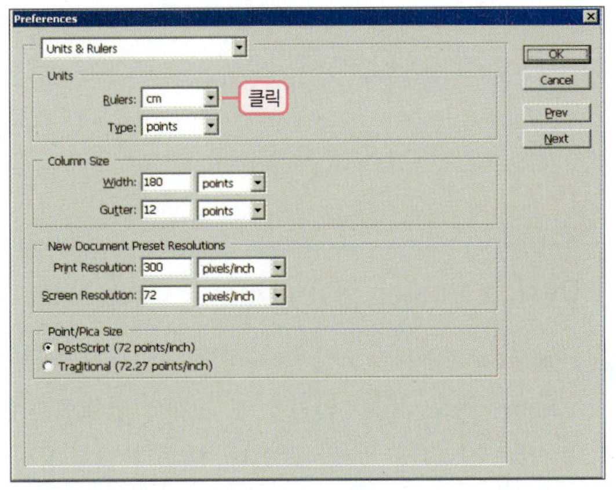

03 'pixels'을 선택하고 'OK' 버튼을 클릭합니다.

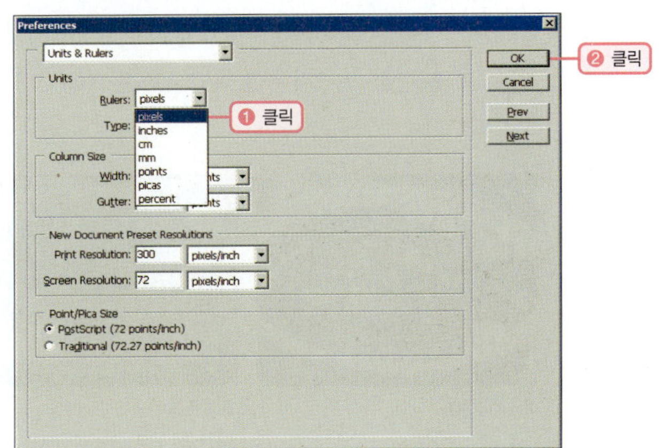

04 이제 포토샵에서 새 파일을 만들어보겠습니다. 'File' 메뉴의 'New'를 클릭합니다. 'New' 대화상자가 나타나면 'Width', 'Height' 항목에 각각 원하는 작업 창의 너비와 높이를 수치로 입력합니다. 그런 다음 'Resolution'이 웹 이미지용인 '72', 'Color Mode'가 'RGB'로 설정되어 있는지 확인합니다.

05 'Background Contents' 항목에서는 작업 화면의 배경색을 지정할 수 있는데, 배경이 투명한 gif 이미지를 제작할 때만 'Transparent'를 선택하고, 일반적으로는 'White'를 선택하면 됩니다.

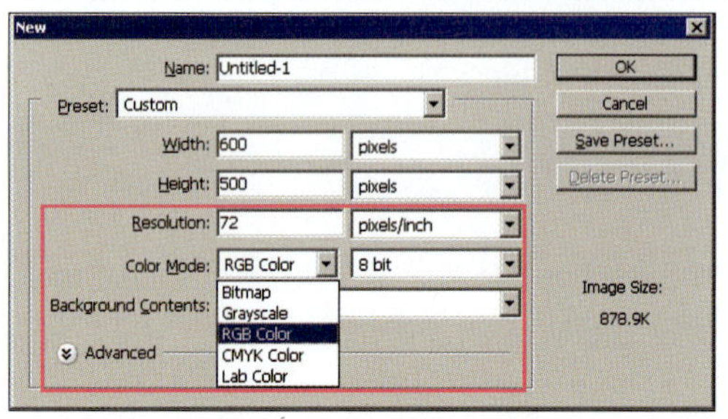

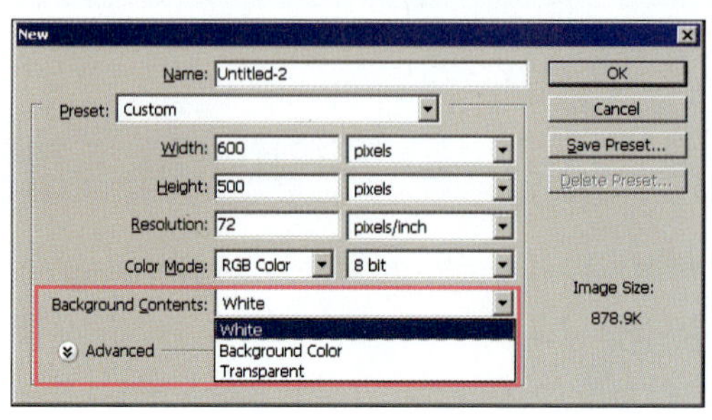

Design Master | Resolution과 Color Mode

Resolution은 해상도인데, 해상도는 일정한 공간 안에 몇 개의 픽셀로 이미지가 구성되는지에 따라 달라집니다. 72dpi는 가로, 세로 1인치 안에 72개의 픽셀로 이미지를 표현한다는 의미입니다. 픽셀의 숫자가 많을수록 이미지는 더욱 정교하고 선명해지는데, 대신 파일의 용량은 그만큼 커집니다. 일반적으로 웹용 이미지는 72dpi, 높은 퀄리티가 요구되는 인쇄용 이미지는 300dpi를 사용합니다.

포토샵에서는 몇 가지 Color Mode를 선택할 수 있습니다. 이 중 'Bitmap'은 흑백, 'Grayscale'은 흑백·회색, 'RGB Color'는 빛의 3원색인 빨강(Red)·초록(Green)·파랑(Blue), 'CMYK Color'는 물감의 4원색인 하늘(Cyan)·자주(Magenta)·노랑(Yellow)·검은색(Black)으로 구성됩니다. 일반적으로 웹용 이미지는 RGB, 인쇄용 이미지는 CMYK를 사용합니다.

▲ 비트맵

▲ 그레이

▲ RGB

▲ CMYK

♥ 포토샵의 화면 구성 살펴보기

❶ **최소화/최대화/닫기 버튼** : 포토샵 프로그램 창을 최소화, 최대화, 종료할 때 사용합니다.

❷ **메뉴** : 기본 메뉴 바입니다. 포토샵의 전체 기능들 중 유사한 항목들을 묶어놓은 것으로 클릭하면
해당 메뉴들이 나타납니다.

❸ **옵션 바** : 툴 박스에서 선택한 툴의 세부 속성을 설정할 수 있습니다.

❹ **툴 박스** : 이미지를 만들거나 편집할 때 사용하는 다양한 툴을 모아놓은 박스입니다. 도구 상자라고
도 부릅니다.

❺ **제목 표시줄** : 작업 중인 이미지의 이름, 색상 모드, 화면 배율 등을 표시합니다.

❻ **작업 영역** : 포토샵에서 실제로 이미지 작업이 이루어지는 공간입니다.

❼ **팔레트** : 포토샵의 다양한 기능이 그룹으로 묶여 있습니다.

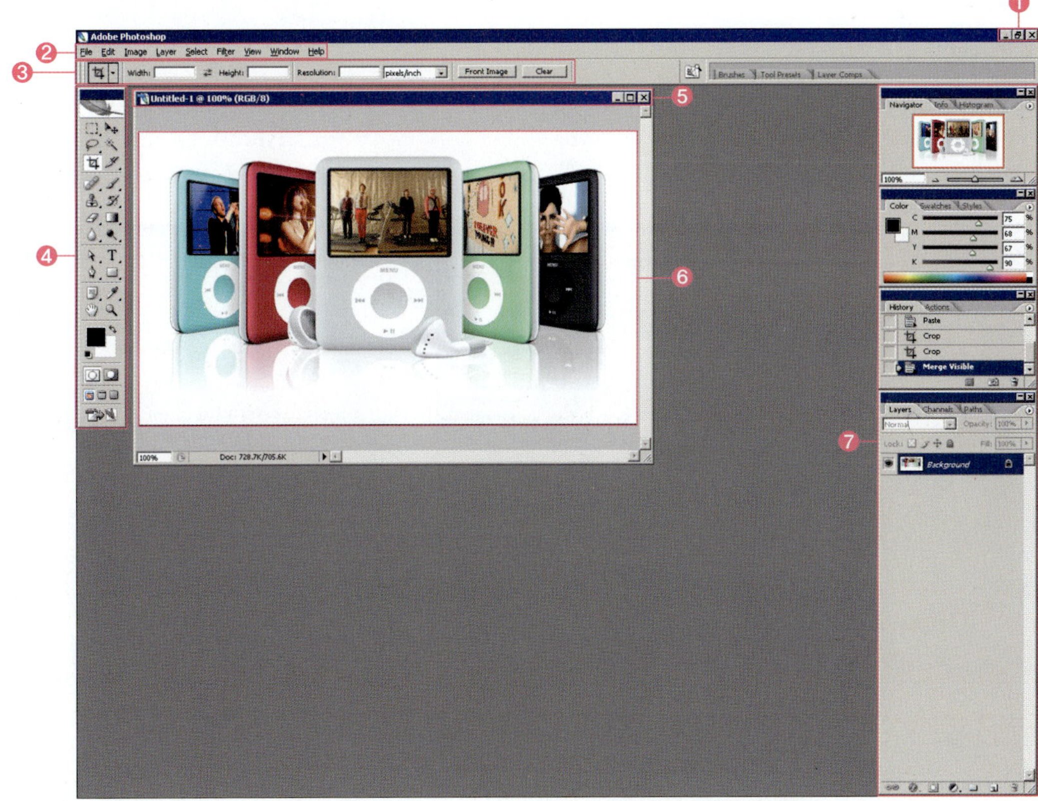

저는 포토샵을 쓸 때 위쪽의 메뉴는 잘 사용하지 않고, 주로 툴 박스와 팔레트 위주로 작업합니다. 그래서 오른쪽에 툴 박스를 모아놓으면 툴 박스와 팔레트 사이를 왔다갔다 하는 동선이 줄어들어 편리하더군요. 포토샵에서는 사용자가 화면 구성을 자신에게 편리하도록 배치한 후 이 세팅을 저장해 두면 다음에 불러와서 사용할 수 있습니다.

01 'Window' 메뉴의 'Workspace-Save Work space'를 클릭합니다.

02 'Save Workspace' 대화상자가 나타나면 'Name' 항목에 임의의 이름을 입력합니다. 그런 다음 'Save' 버튼을 클릭합니다.

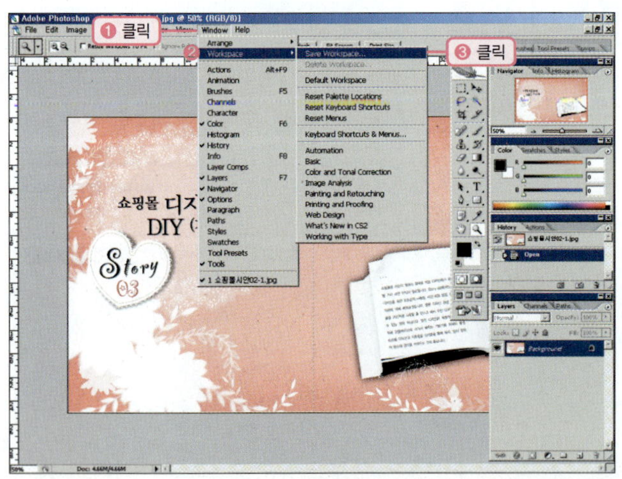

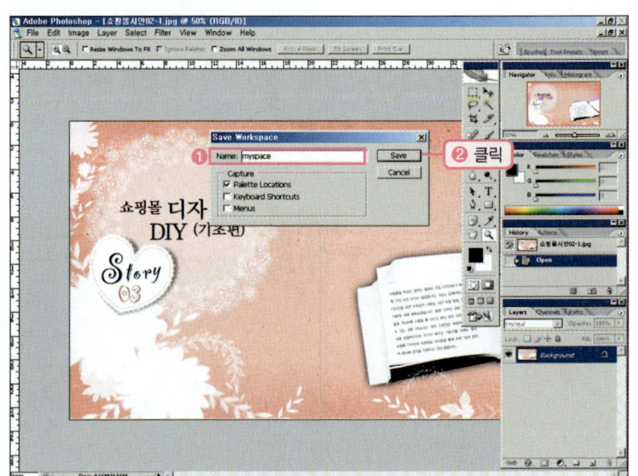

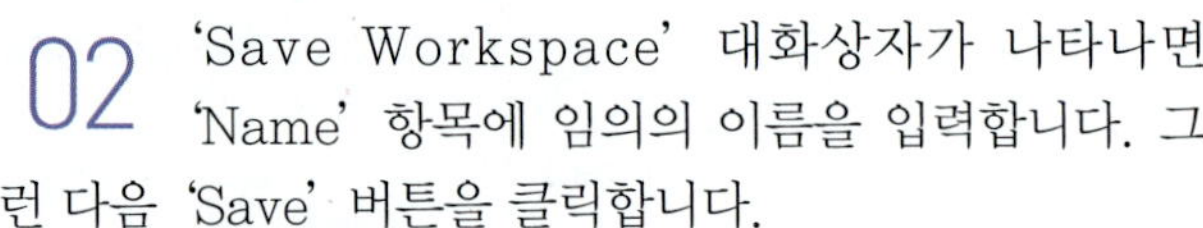

Hot Sauce

툴 박스는 가장 위쪽의 파란색 부분을 드래그하여 원하는 위치로 이동시킬 수 있습니다.

03 이제 'Window' 메뉴를 클릭한 후 'Workspace'로 이동하면 자신이 지정한 이름이 나타나는 것을 알 수 있습니다.

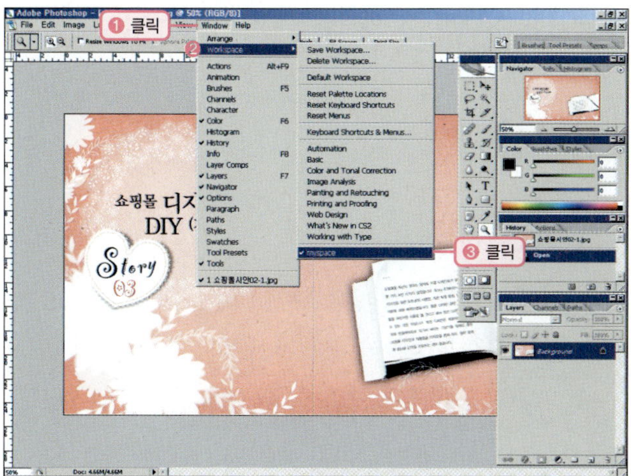

04 작업을 하다가 화면 구성을 다시 기본 세팅으로 바꾸고 싶을 경우에는 'Window' 메뉴의 'Workspace-Reset Palette Locations'를 클릭하면 됩니다.

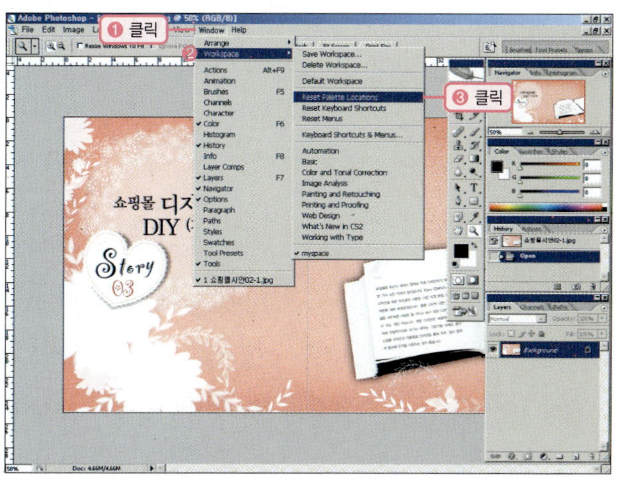

05 저장한 세팅을 삭제하고 싶은 경우 'Window' 메뉴의 'Workspace-Delete Workspace'를 클릭합니다.

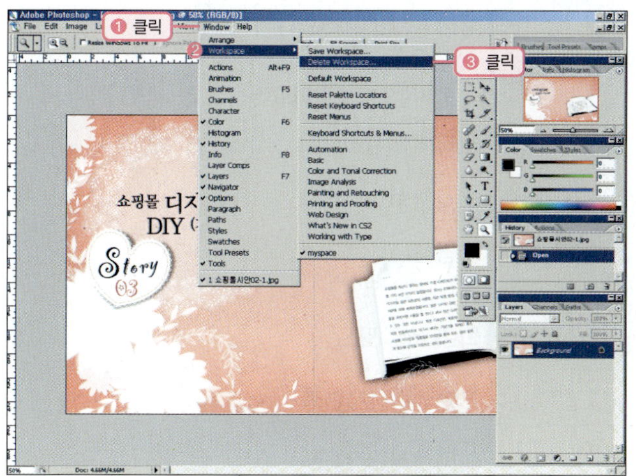

06 'Delete Workspace' 대화상자가 나타나면 삭제할 화면 세팅의 이름을 선택한 상태에서 'Delete' 버튼을 클릭하면 됩니다.

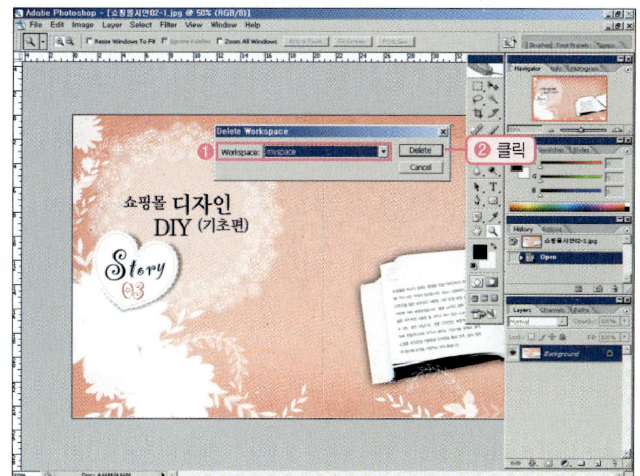

툴 박스의 툴 중에서 삼각형 표시가 있는 경우는 비슷한 기능의 다른 툴이 숨겨져 있
다는 의미입니다. 이것을 확장 툴이라고 하는데, 마우스로 클릭한 상태를 유지하면
확장 툴 리스트가 나타납니다.

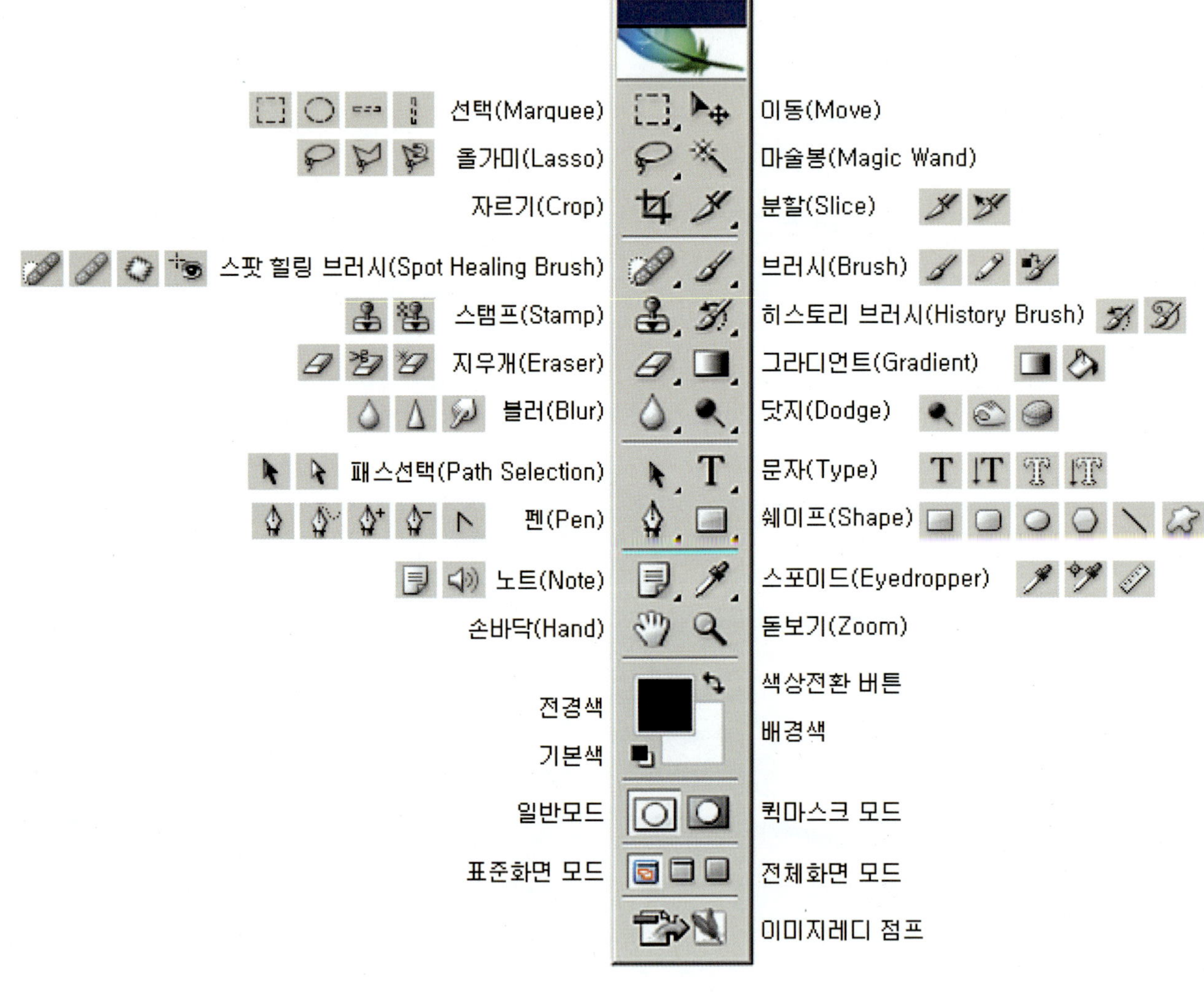

툴 박스의 숨은 도구 펼쳐 보기

- 선택 영역을 사각형이나 원형 등의 모양으로 지정합니다.

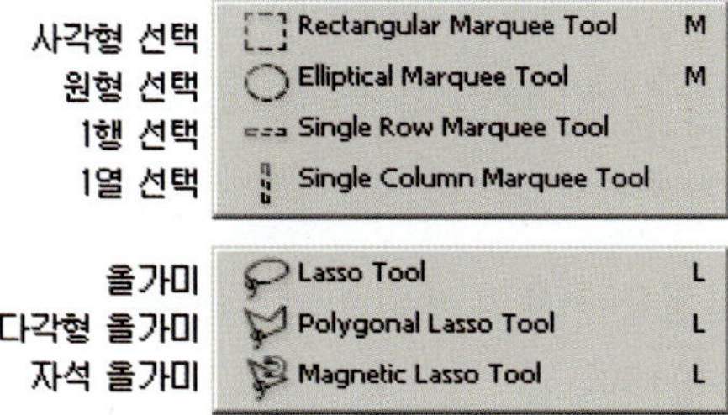

- 이미지를 리터칭하거나 적목 현상을 제거할 때 주로 사용합니다. 선택 영역을 곡선, 다각형 등 불규칙한 형태로 지정합니다.

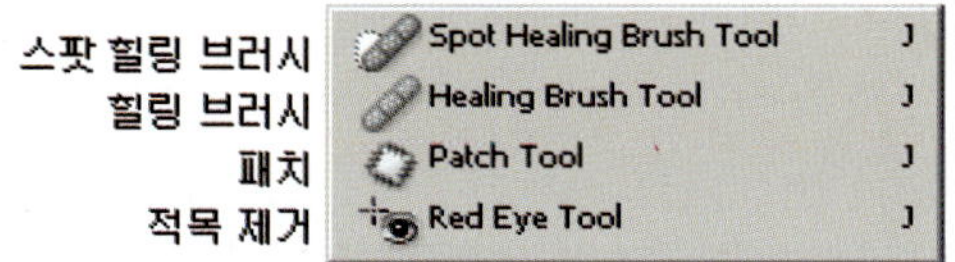

- 특정 이미지를 다른 위치로 복사할 때 사용합니다.

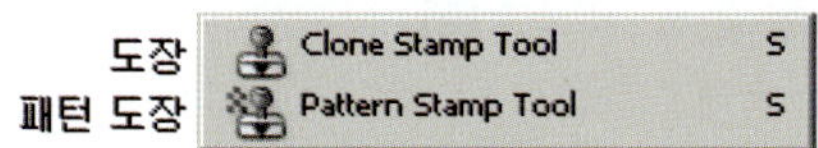

- 이미지를 지우거나 특정 색상을 삭제할 때 사용합니다.

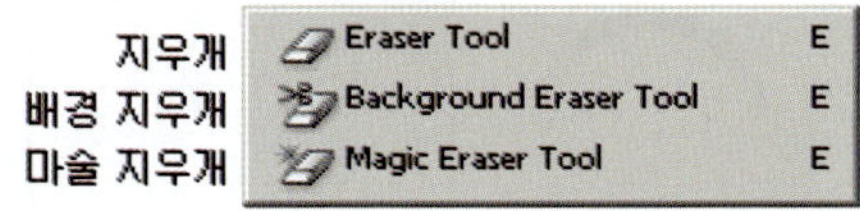

- 이미지의 일부를 흐리게 할 때, 선명하게 할 때, 뭉개고 싶을 때 사용합니다.

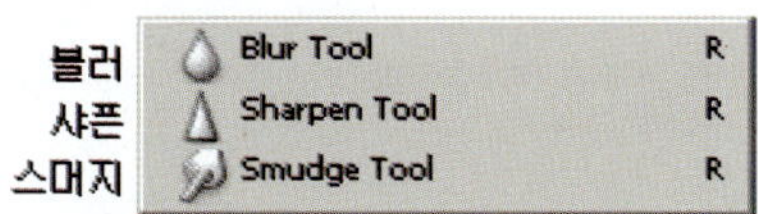

- 패스 선이나 셰이프를 선택하고 이동할 때 사용합니다.

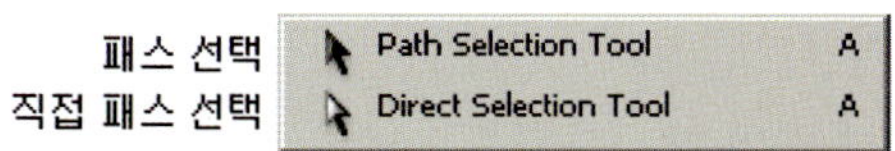

- 벡터 형식의 패스 선을 그리거나 수정, 변형할 때 사용합니다.

- 이미지 파일에 문자나 음성으로 주석을 남길 때 사용합니다.

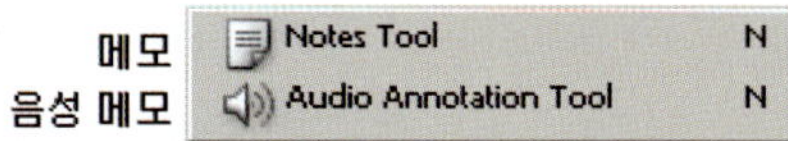

- 이미지를 웹용으로 분할하여 저장할 때 사용합니다.

- 이미지에 붓이나 펜 터치를 적용할 수 있습니다.

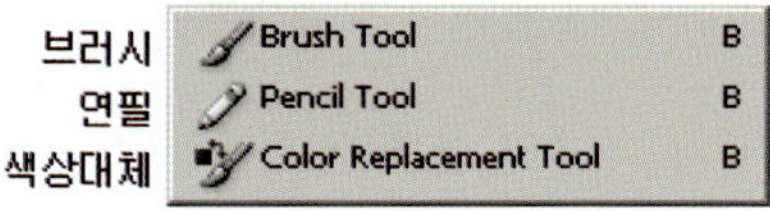

- 이미지에서 특정 영역을 원본으로 복구하거나 독특한 붓 터치를 적용할 때 사용합니다.

- 특정 색상이나 색상띠로 색을 채울 때 사용합니다.

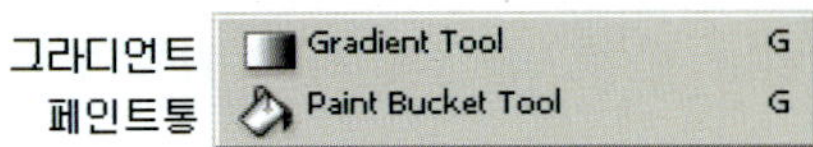

- 이미지의 특정 영역을 밝거나 어둡게, 또는 채도를 가감할 때 사용합니다.

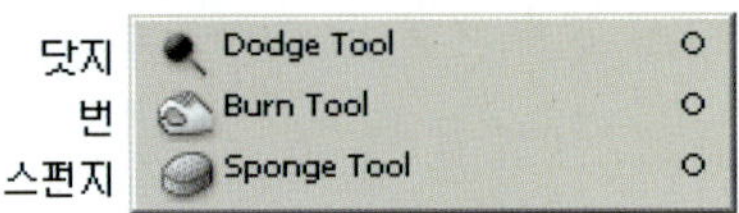

- 가로, 세로 방향으로 문자를 입력하거나 선택 영역을 문자 형태로 만들 때 사용합니다.

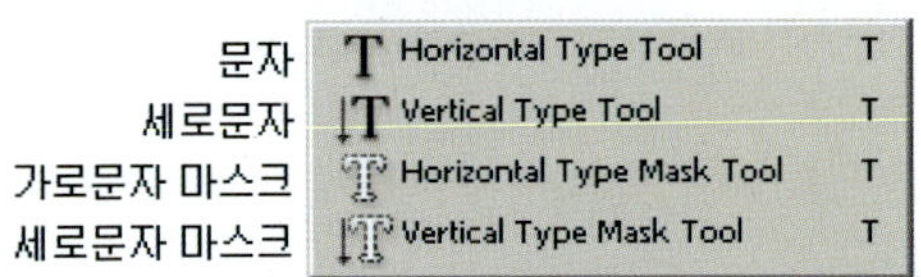

- 사각형이나 둥근 사각형, 기타 다양한 형태의 셰이프 이미지를 만들 때 사용합니다.

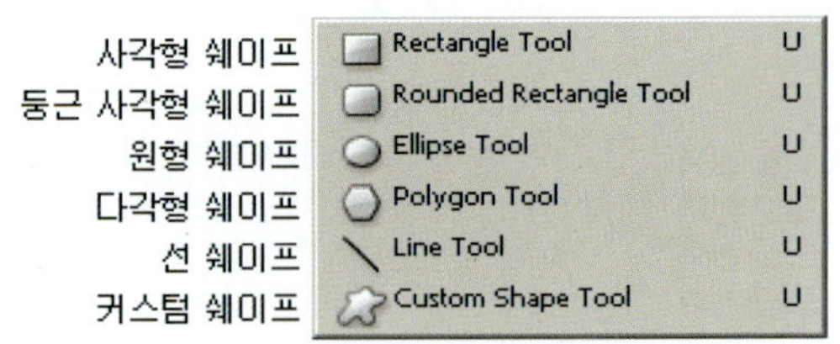

- 특정 색상을 추출하거나 이미지의 각도, 길이를 잴 때 사용합니다.

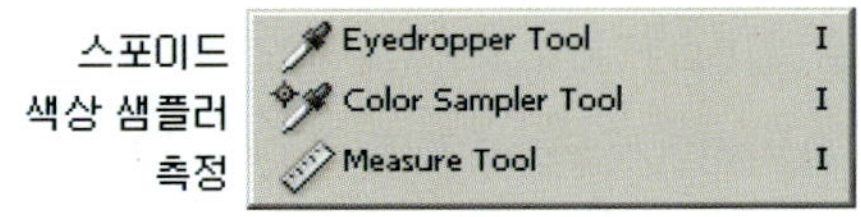

♥ 그래픽 작업 시 세부 옵션을 조절하는 팔레트 살펴보기

포토샵에서 그래픽 작업을 할 때는 팔레트를 통해 세부 옵션을 조절할 수 있습니다. 툴 박스에서 선택한 도구의 세부 옵션을 조정하거나 팔레트에서 제공하는 기능을 이미지에 적용할 수 있습니다.

내비게이터/인포/히스토그램 팔레트

이미지 파일의 이미지 정보를 표시합니다.

❶ **내비게이터**(Navigator) **팔레트** : 작업 중인 이미지를 확대, 축소할 수 있습니다.

❷ **인포**(Info) **팔레트** : 작업 중인 이미지를 스포이드 툴로 클릭하면 클릭한 부분의 색상 정보가 나타납니다. 선택 영역의 가로, 세로 픽셀 값을 표시합니다.

❸ **히스토그램**(Histogram) **팔레트** : 작업 중인 이미지의 색상 분포도를 표시합니다.

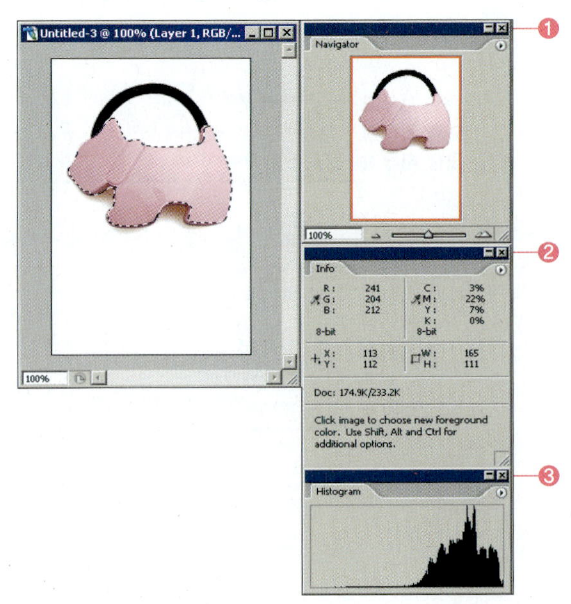

컬러/스와치/스타일 팔레트

이미지 파일의 색상 관련 작업을 담당합니다.

❶ **색상(Color) 팔레트** : 전경색과 배경색을 지정합니다. 삼각 조절점을 좌우로 드래그하거나 색상 값을 입력하여 원하는 색상을 지정할 수 있습니다.

❷ **스와치(Swatches) 팔레트** : 자주 사용하는 견본 색상을 모아놓은 팔레트로, 색상을 클릭하면 전경색을 바꿀 수 있습니다.

❸ **스타일(Styles) 팔레트** : 이미지에 스타일이나 패턴을 적용할 수 있으며 자신이 직접 만든 새 스타일을 등록해서 사용할 수도 있습니다.

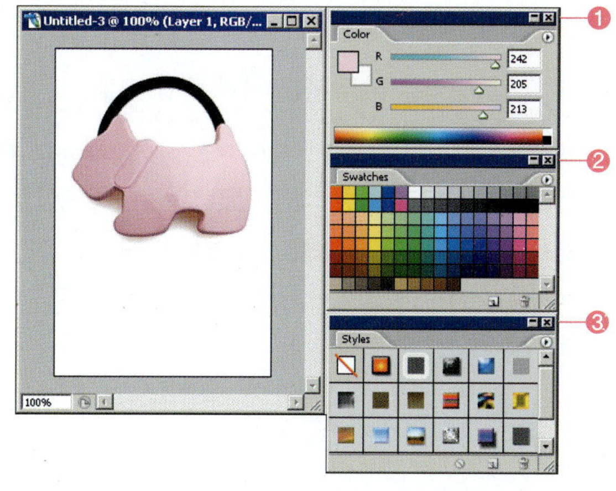

히스토리/액션 팔레트

작업 과정을 컨트롤하는 팔레트가 모여 있습니다.

❶ **히스토리(History) 팔레트** : 작업 과정이 단계별로 기록되어 손쉽게 되돌릴 수 있습니다.

❷ **액션(Actions) 팔레트** : 같은 작업을 반복해야 할 때 명령을 기록해 두었다가 한 번에 실행할 수 있으므로 빠른 시간 내에 처리할 수 있습니다.

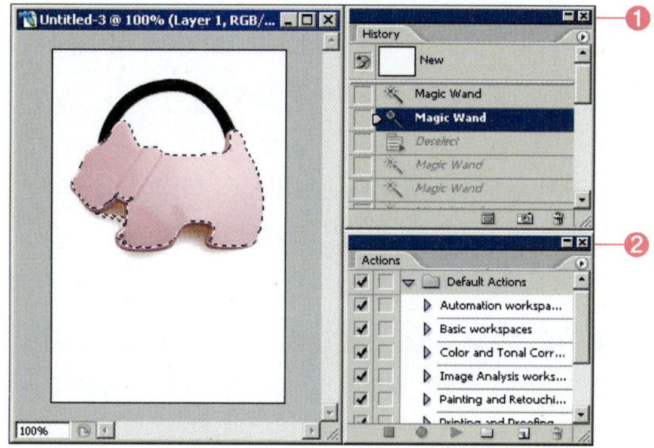

레이어/채널/패스 팔레트

이미지 편집을 위한 주요 기능들이 모여 있습니다.

❶ **레이어(Layers) 팔레트** : 레이어로 분리된 각각의 이미지를 선택하여 합성, 투명도, 마스크 등 많은 기능을 적용할 수 있습니다.

❷ **채널(Channels) 팔레트** : 채널은 RGB 각 색상이 차지하고 있는 영역을 표시합니다. 채널 팔레트에서는 자신이 선택한 영역을 별색 채널로 등록하는 등의 작업을 할 수 있습니다.

❸ **패스(Paths) 팔레트** : 벡터 속성을 갖는 패스를 생성할 경우 그 패스를 선택 영역으로 만들거나 선택 영역을 패스로 전환하는 등의 기능을 적용할 수 있습니다.

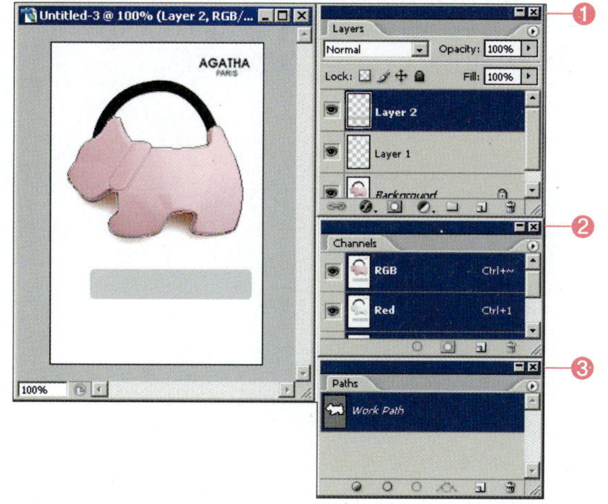

캐릭터/패러그래프 팔레트

문자 관련 기능을 담당하는 팔레트입니다.

❶ **캐릭터**(Character) **팔레트** : 문자 편집과 수정 기능을 제공하는 팔레트로 문자의 크기, 종류, 색상, 행간, 자간 등을 지정할 수 있습니다.

❷ **패러그래프**(Paragraph) **팔레트** : 입력한 문자의 단락 간격 조절, 들여쓰기, 내어쓰기, 정렬 방식 등을 지정할 수 있습니다.

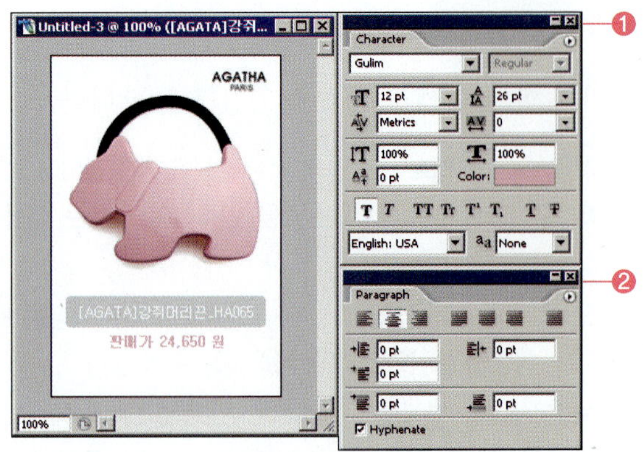

브러시/툴 프리셋/레이어 컴프 팔레트

툴 프리셋과 레이어 컴프는 잘 사용하지 않지만 브러시 팔레트는 무척 중요합니다.

❶ **브러시**(Brushes) **팔레트** : 브러시의 다양한 옵션을 설정하거나 새 브러시를 등록해 사용할 수 있습니다.

❷ **툴 프리셋**(Tool Presets) **팔레트** : 자주 사용하는 도구를 저장해서 다른 작업을 할 때 편리하게 이용할 수 있습니다.

❸ **레이어 컴프**(Layer Comps) **팔레트** : 레이어 위치, 블렌딩 모드, 효과 등 현재 레이어 상태를 저장해 두었다가 필요할 때 불러올 수 있습니다.

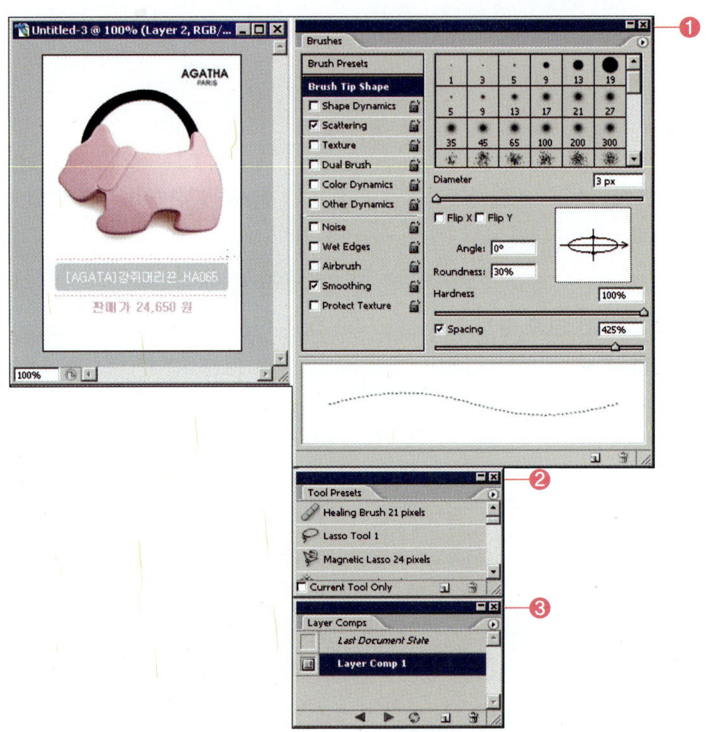

♥ 이미지 불러오기

01 'File' 메뉴의 'Open'을 클릭하거나 포토샵 화면의 회색 배경을 더블클릭합니다.

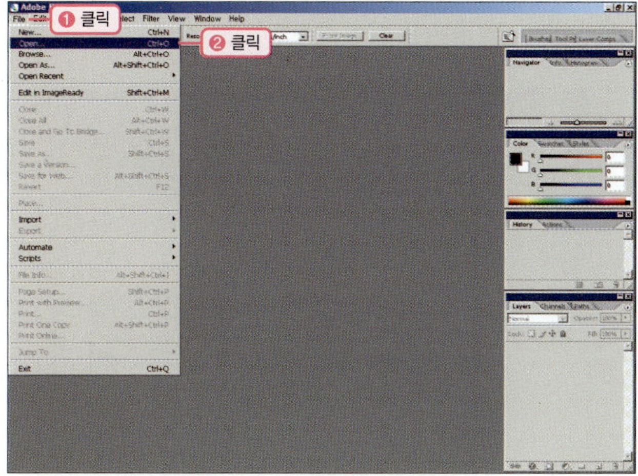

02 'Open' 대화상자가 나타나면 불러올 이미지를 선택한 후 '열기' 버튼을 클릭합니다.

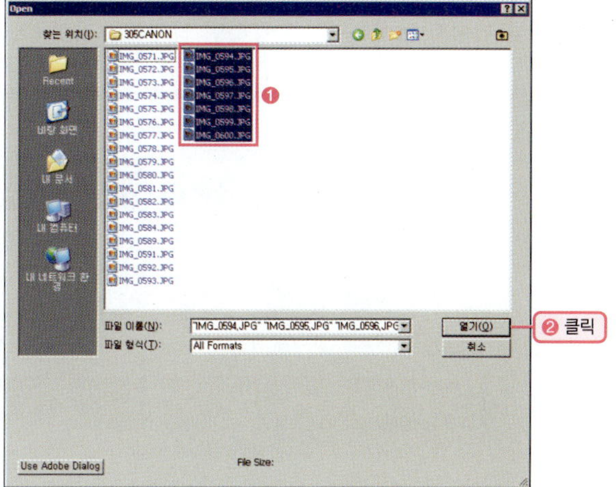

키보드의 Ctrl + O 을 눌러도 됩니다.

03 어도브 브릿지는 포토샵과 연동하여 사용할 수 있는 일종의 이미지 브라우저입니다. 포토샵에서 옵션 바 오른쪽의 브릿지 실행 버튼을 클릭하면 브라우저가 나타납니다.

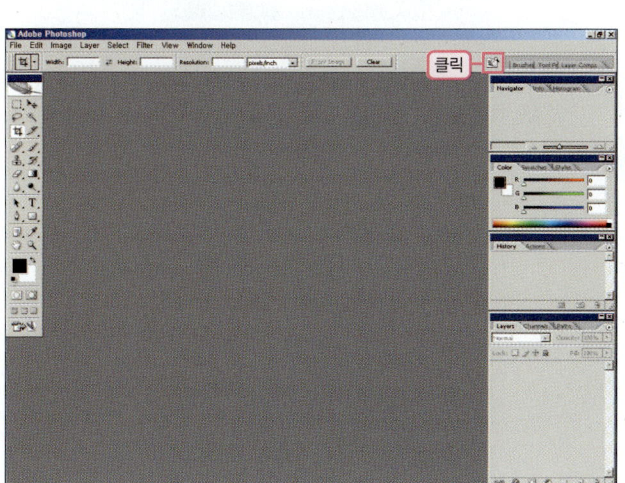

04 어도브 브릿지는 'Window' 메뉴의 'Workspace'를 클릭하여 브라우저 형태를 원하는 대로 바꿀 수 있습니다.

사용하는 컴퓨터의 사양이 낮을 경우 포토샵과 어도브 브릿지를 동시에 실행하면 시스템이 무척 느려질 수 있습니다. 이럴 때는 어도브 브릿지보다 윈도우 탐색기를 활용하는 것이 좋습니다.

Design Master | 어도브 브릿지의 다양한 뷰 타입

포토샵에서 여러 개의 이미지를 한 번에 불러오고 싶을 때는 키보드의 Ctrl 을 누른 상태에서 원하는 파일을 클릭하면 됩니다. 포토샵에서 파일을 불러올 때 'Open' 메뉴를 이용하면 창이 너무 작아서 여러 개의 파일을 한꺼번에 불러오기가 불편합니다. 특히 요즘처럼 디지털 카메라로 촬영한 사진들을 불러와서 작업할 때는 더욱 그렇죠. 이때 이미지 브라우저를 활용하면 섬네일로 확인하면서 많은 파일을 쉽게 불러올 수 있습니다.

▲ Lightbox

▲ File Navigator

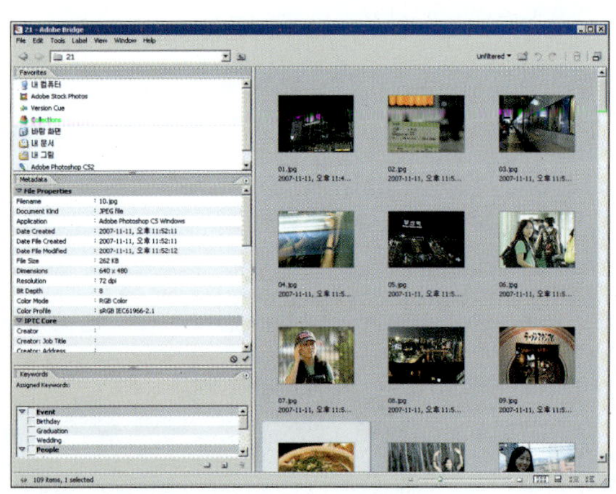

▲ Metadata Focus

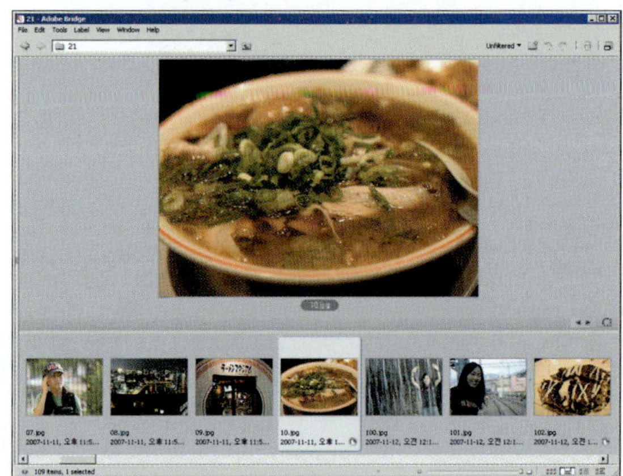

▲ Filmstrip Focus

 ## 이미지와 캔버스 사이즈 조절하기

쇼핑몰에 올릴 이미지는 저장 공간을 많이 차지하지 않아야 하고, 이미지 로딩 속도
도 빨라야 하므로 작게 줄여서 업로드하는 것이 좋습니다. 이제부터 디지털 카메라로
촬영한 상품 사진의 크기를 줄이고, 여백을 만들면서 이미지 사이즈 조절에 대한 기
본 개념을 익혀보겠습니다.

01 'File' 메뉴의 'Open'을 클릭하여 부록 CD의 'Story 03' 폴더에서 'IMG_3063.jpg' 파일을 불러옵니다.

02 상품인 귀고리의 크기에 비해 너무 넓은 배경을 잘라보겠습니다. 툴 박스에서 자르기 툴을 선택하고 사진에서 남겨둘 영역만 드래그한 후 키보드의 Enter 를 누릅니다.

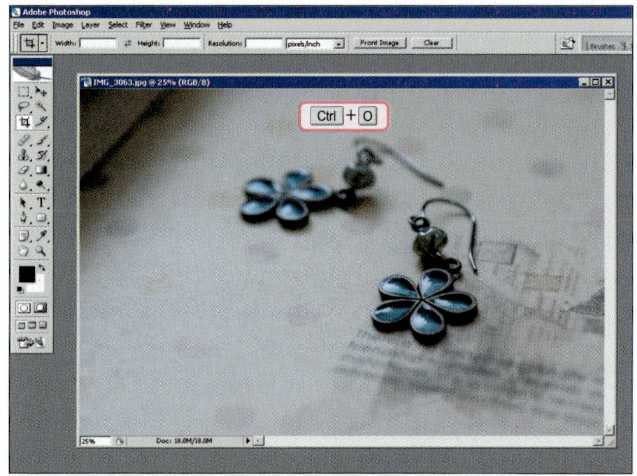

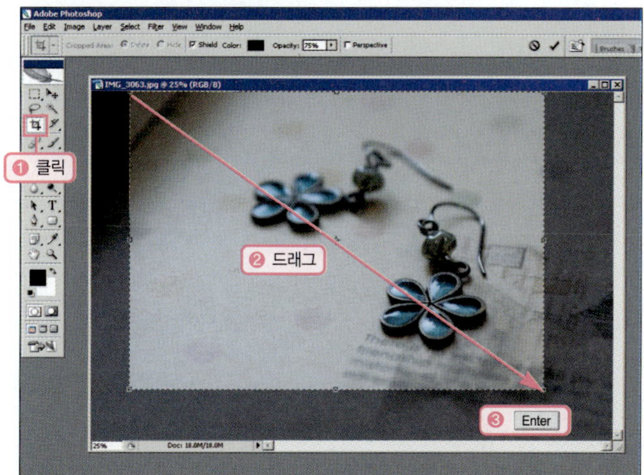

Hot Sauce

1. 디지털 카메라로 촬영을 하면 사진의 파일명, 파일 크기가 예제
   이미지의 파일명과 비슷하게 저장됩니다.

2. 키보드의 Ctrl + O 를 눌러도 예제 파일을 불러올 수 있습니다.

Hot Sauce

키보드의 Enter 를 누르지 않고 선택 영역을 마우스로 더블클릭해
도 됩니다.

03 이미지 창에서 제목 표시줄을 마우스 오른쪽 버튼으로 클릭한 후 'Image Size'를 선택합니다.

04 'Image Size' 대화상자에서 'Width' 항목에 '600'을 입력하면 'Height' 항목의 값이 자동으로 지정되는 것을 알 수 있습니다. 'OK' 버튼을 클릭합니다.

05 작업 창을 살펴보면 이미지 사이즈가 작아진 것을 확인할 수 있습니다.

06 이번에는 캔버스 사이즈를 조절해 보겠습니다. 캔버스 사이즈는 이미지 사이즈와 헷갈리기 쉬운데, 이미지가 아닌 작업 창을 말합니다. 툴 박스의 배경색을 클릭한 후 'Color Picker' 대화상자가 나타나면 색상 값 입력 상자에 'ececec'를 입력하고, 'OK' 버튼을 클릭합니다.

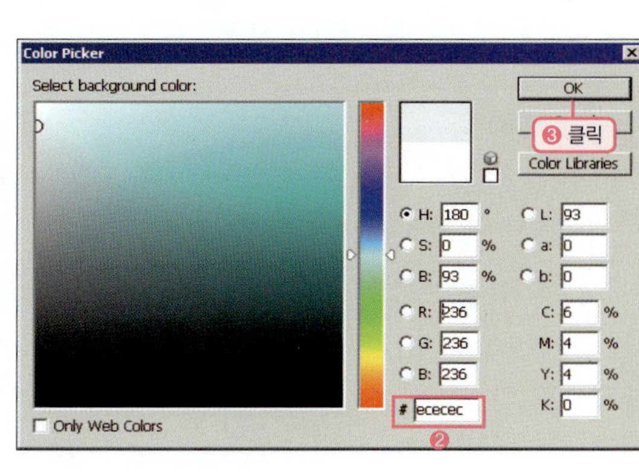

Hot Sauce

책에서는 돋보기 툴을 이용하여 작아진 이미지를 100%까지 확대했습니다.

07 이미지 창의 제목 표시줄을 마우스 오른쪽 버튼으로 클릭하고, 단축 메뉴에서 'Canvas Size'를 선택합니다. 'Canvas Size' 대화상자가 나타나면 'Width : 610', 'Height : 440'을 입력한 후 'OK' 버튼을 클릭합니다.

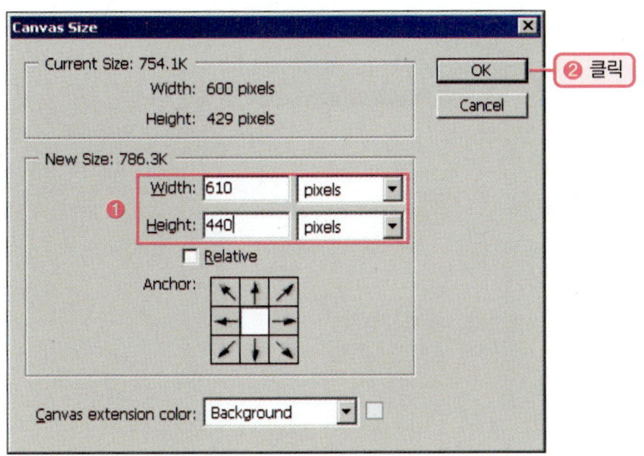

09 히스토리 팔레트에서 이미지 사이즈 축소만 실행한 단계를 클릭하여 되돌아갑니다. 그런 다음 이미지 창의 제목 표시줄을 마우스 오른쪽 버튼으로 클릭하여 'Canvas Size' 대화상자를 열고, 'Height'는 '450', 'Anchor'는 상단 중앙으로 선택합니다.

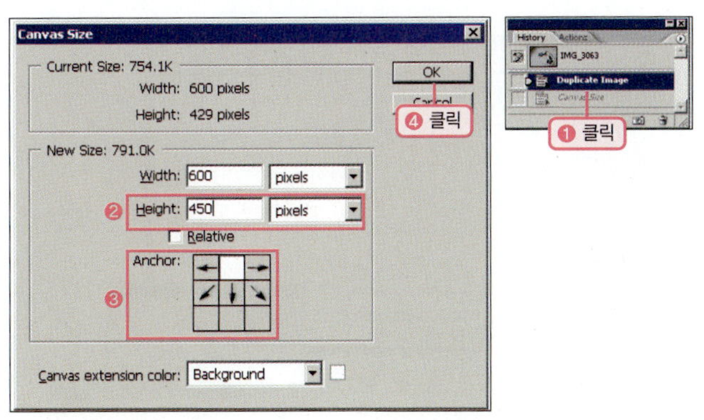

08 이미지의 가장자리 여백이 앞서 지정한 색상으로 채워지고, 캔버스 사이즈는 가운데를 기준으로 늘어난 것을 확인할 수 있습니다.

10 이미지의 아래쪽에 세로로 픽셀이 늘어난 만큼 여백이 생긴 것을 알 수 있습니다. 이 여백은 상품의 이름과 가격을 입력하는 공간으로 활용할 수 있습니다.

01 'Save As'는 새 파일을 처음으로 저장할 때, 이미 저장한 이미지를 다른 폴더나 다른 파일 형식 혹은 다른 이름으로 저장할 때 사용합니다.

02 'Save' 메뉴는 이미 저장한 파일을 불러와서 수정한 후 덮어쓰기 할 때 사용합니다.

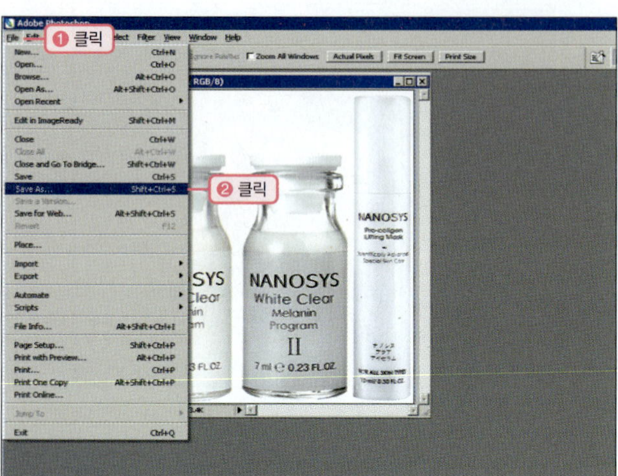

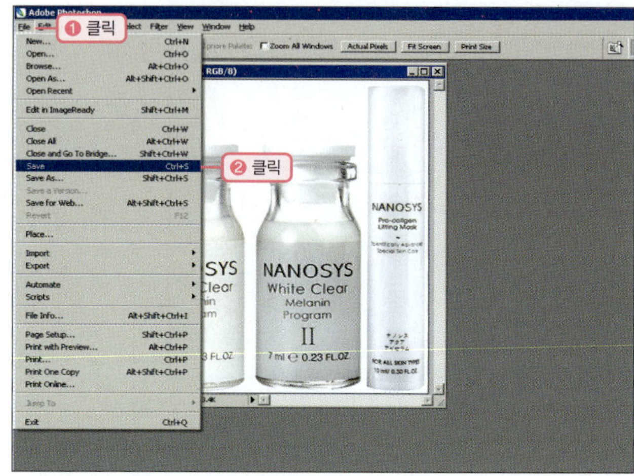

Design Master | 파일 형식에 따른 저장 옵션

• **JPEG 파일 형식으로 저장할 경우**

슬라이더를 조절하여 이미지의 퀄리티를 Low, Medium, High, Maxium 중에 선택하여 저장할 수 있습니다.

• **GIF 파일 형식으로 저장할 경우**

레이어들을 병합할 것인가를 묻는 대화상자가 나타나면 'OK' 버튼을 클릭합니다. 그런 다음 설정된 옵션 값을 그대로 저장합니다.

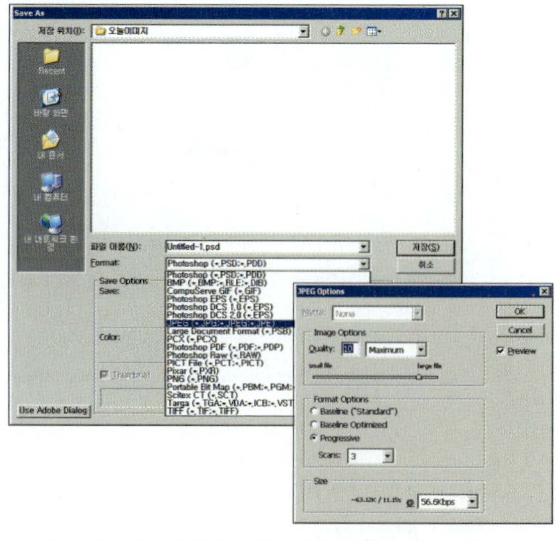

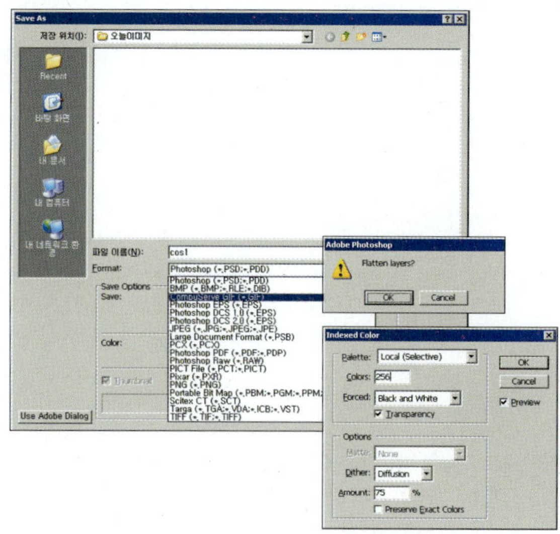

03 'Save for Web' 메뉴는 이미지를 웹용으로 최적화하여 저장할 때 사용합니다.

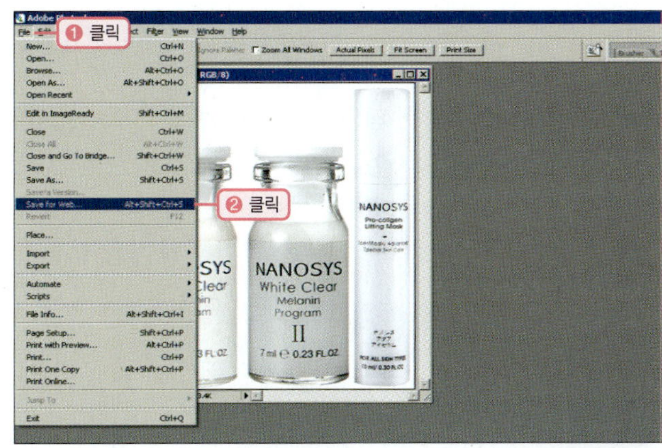

Design Master Save for Web 저장 옵션

Save for Web 저장 옵션 창 위쪽의 '2-Up' 탭을 클릭하면 왼쪽에서는 원본 이미지, 오른쪽에서는 옵션의 선택에 따라 저장될 이미지를 미리 확인할 수 있습니다. 또한 '4-Up' 탭을 클릭하면 원본 이미지와 옵션에 따른 이미지의 품질을 4개 화면으로 확인할 수 있습니다. 원본 이미지 창을 제외하고, 3개의 가상 이미지 창 중에서 원하는 파일 형식을 선택한 후 'Optimized' 탭을 클릭하면 최종으로 저장할 이미지가 나타납니다.

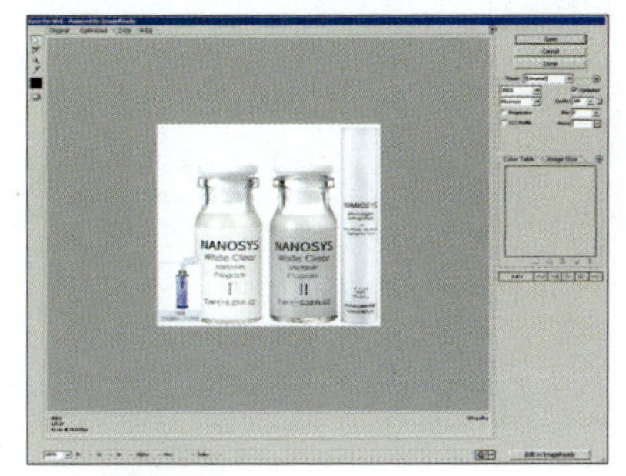

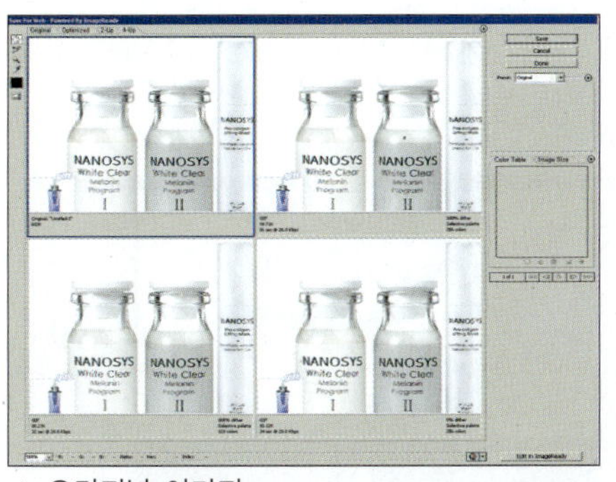

▲ 오리지널 이미지

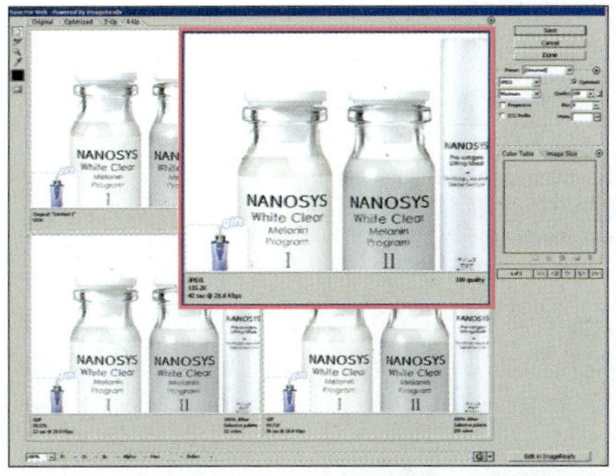

▲ JPEG Maximum(최대) 퀄리티로 저장했을 때

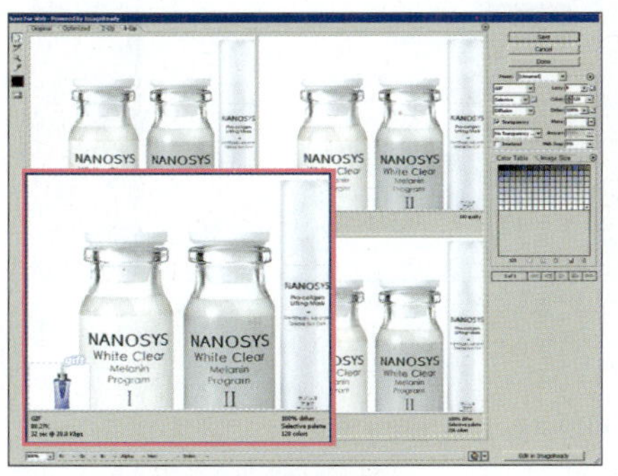

▲ GIF 128Color로 저장했을 때

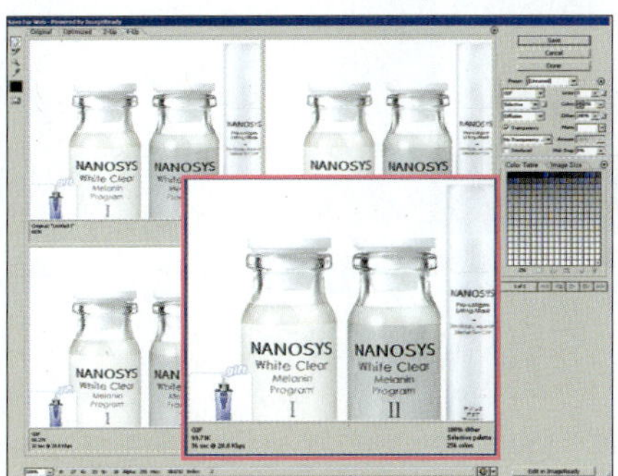

▲ GIF 256Color로 저장했을 때

01 제품의 상세 설명 페이지에서 주로 사용하는 방법으로 이미지가 길어질 때 여러 조각으로 분할하여 저장하는 방법에 대해 알아보겠습니다. 부록 CD의 'Story 03' 폴더에서 'cloth.jpg' 파일을 불러옵니다.

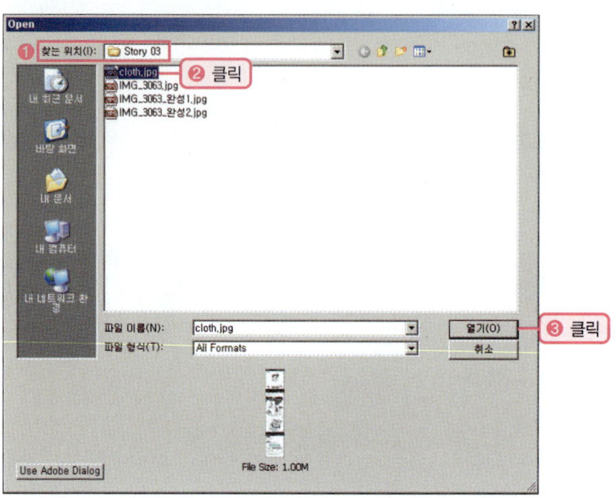

02 작업 화면에 이미지가 100%로 나타나도록 키보드의 Ctrl + Alt 그리고 숫자 0 을 동시에 누릅니다. 그런 다음 작업 파일의 모서리를 드래그하여 작업 창의 크기도 알맞게 맞춥니다.

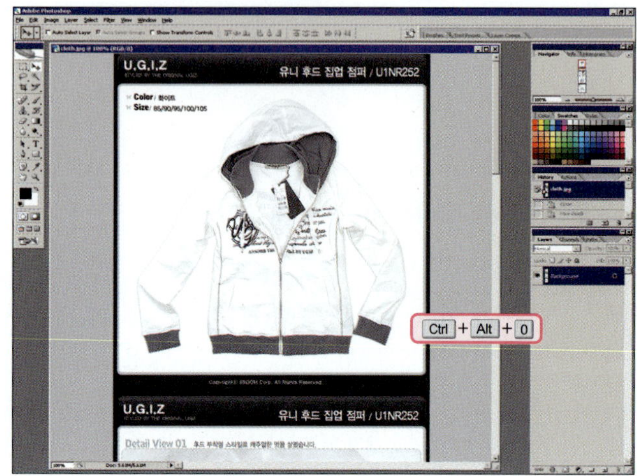

03 다시 키보드의 Ctrl + R 을 눌러서 룰러가 나타나도록 합니다. 위쪽의 룰러를 드래그하여 다음과 같이 가이드라인을 만듭니다.

04 스크롤바를 아래쪽으로 드래그한 후 다음의 위치에 가이드라인을 하나 더 만듭니다.

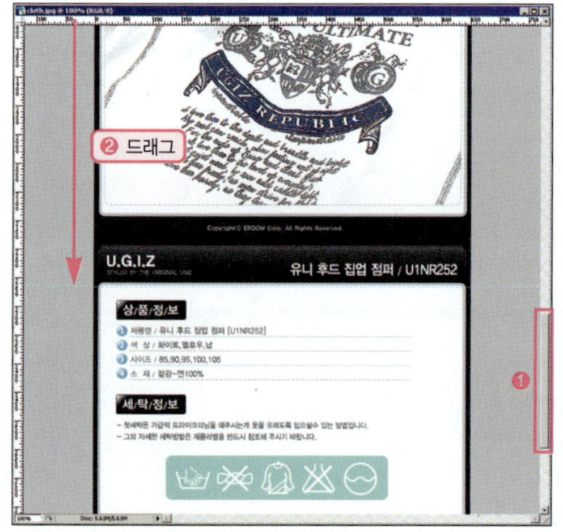

05 키보드의 Ctrl + Alt + Space bar 를 동시에 누른 상태에서 마우스로 클릭하면 이미지가 작아지는데, 축소해 보면 가이드라인이 2개 그어져 있는 것을 확인할 수 있습니다.

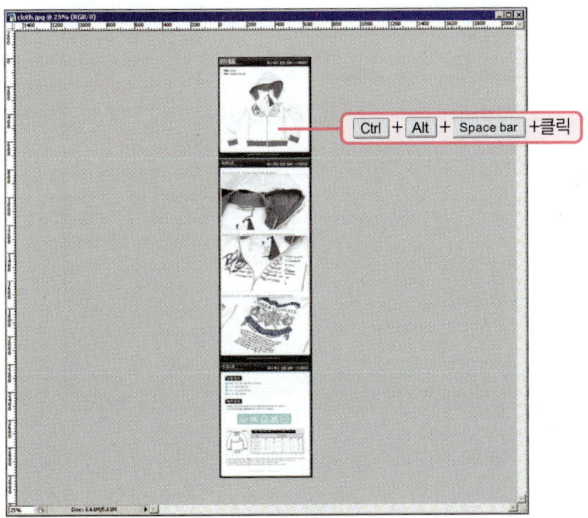

06 이제부터 가이드라인이 그어진 대로 이미지를 3조각으로 분할하는 작업을 해보겠습니다. 툴 박스에서 분할 툴을 선택한 후 상단 옵션 바에서 'Slices From Guides' 버튼을 클릭합니다.

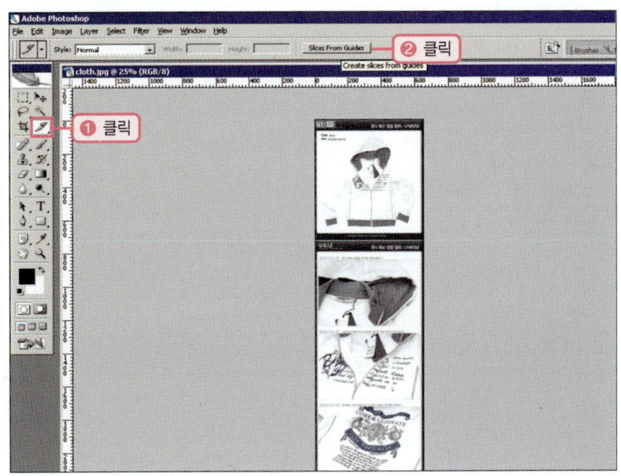

07 분할된 이미지에 번호가 나타나면서 3조각으로 분리되는 것을 확인할 수 있습니다.

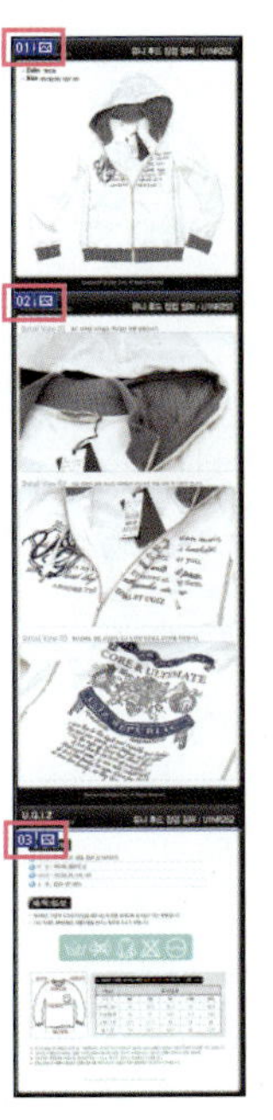

08 분할 영역 선택 툴을 선택하고, 첫 번째 이미지 조각을 더블클릭합니다. 'Slices Options' 대화상자가 나타나면 파일 이름을 'cloth_detail_01'로 수정한 후 'OK' 버튼을 클릭합니다.

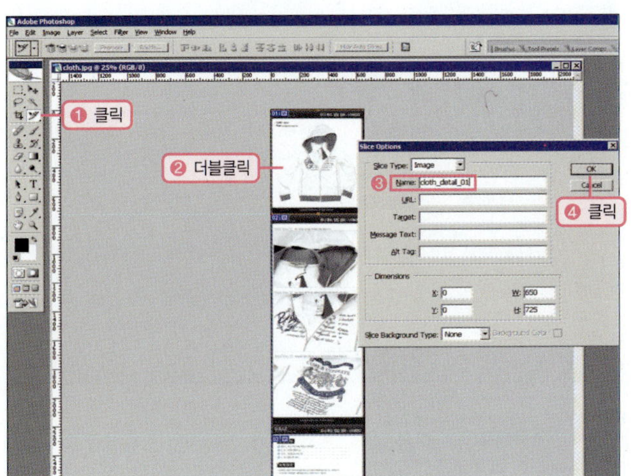

09 같은 방법으로 나머지 2개의 조각도 이름을 각각 'cloth_detail_02', 'cloth_detail_03'으로 수정합니다.

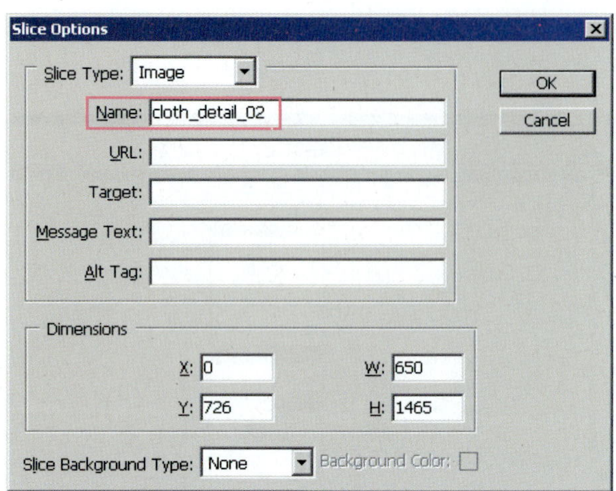

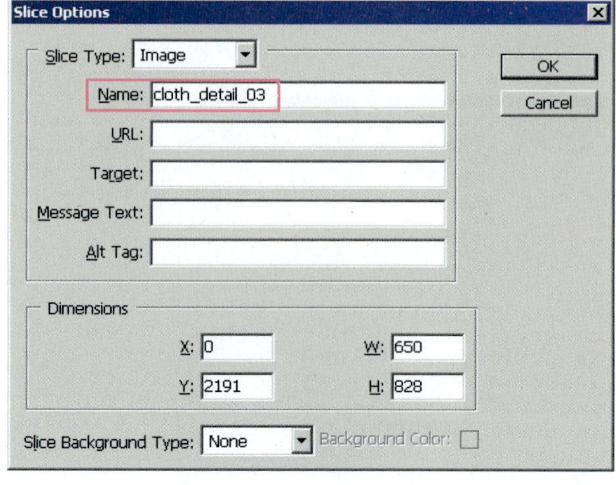

10 'File' 메뉴의 'Save for Web'을 클릭합니다. 옵션 창이 나타나면 Ctrl + Alt + Space bar 를 누른 상태에서 마우스로 이미지를 클릭하여 전체 이미지가 다 보이도록 축소합니다.

11 분할 영역 선택 툴이 선택된 상태에서 첫 번째 조각을 클릭하고, 저장 옵션을 'JPEG', 'Very High'로 설정합니다.

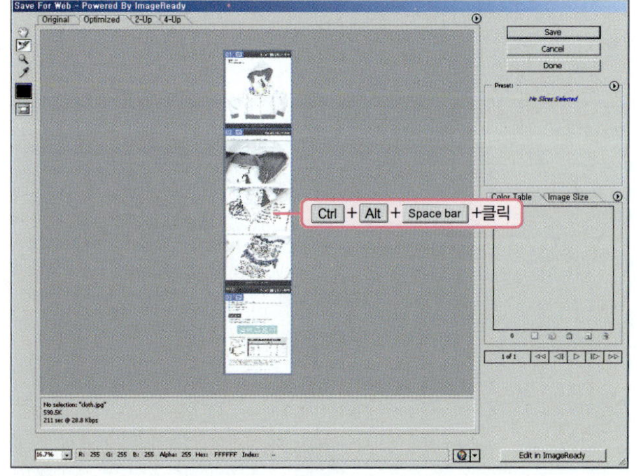

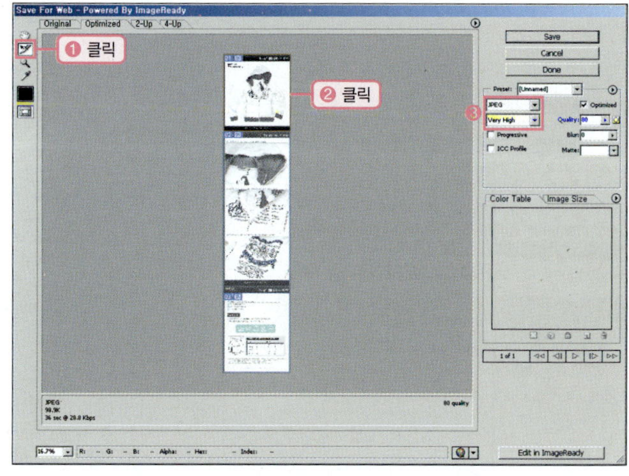

Hot Sauce

키보드의 Alt + Shift + Ctrl + S 를 눌러도 'Save for Web' 창이 나타납니다.

12 두 번째 조각에도 첫 번째 조각과 똑같은 옵션을 적용합니다.

13 이번에는 세 번째 조각을 선택한 후 저장 옵션을 'GIF', '128Color'로 설정합니다.

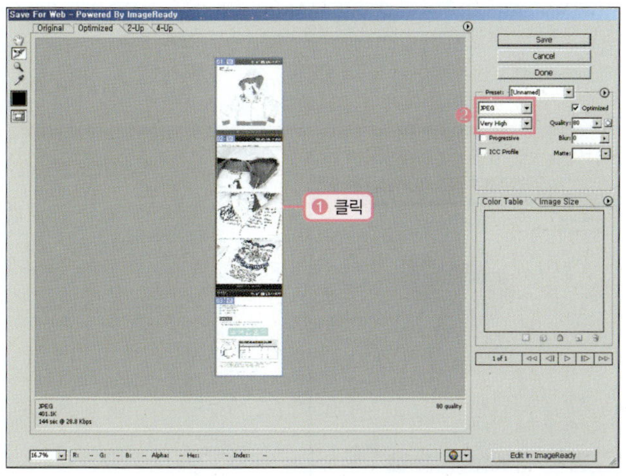

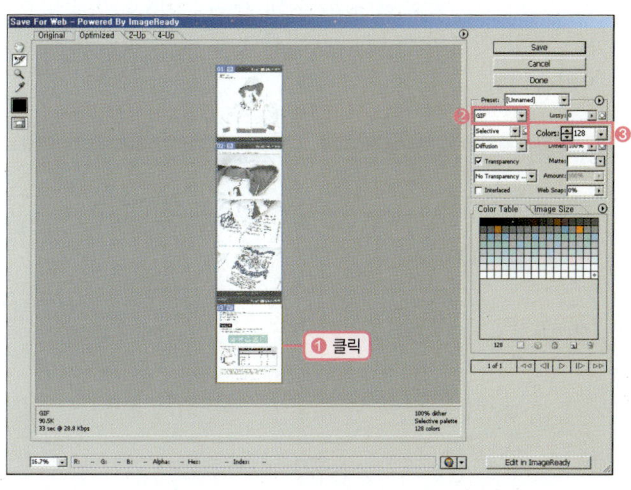

14 이미지 전체를 드래그하여 모두 선택한 후 'Save' 버튼을 클릭합니다.

15 'Save Optimized As' 대화상자가 나타나면 파일 이름은 원본 작업 파일과 같은 이름이고, HTML과 이미지로 동시에 저장되는 것을 알 수 있습니다. '저장' 버튼을 클릭하여 파일을 저장합니다.

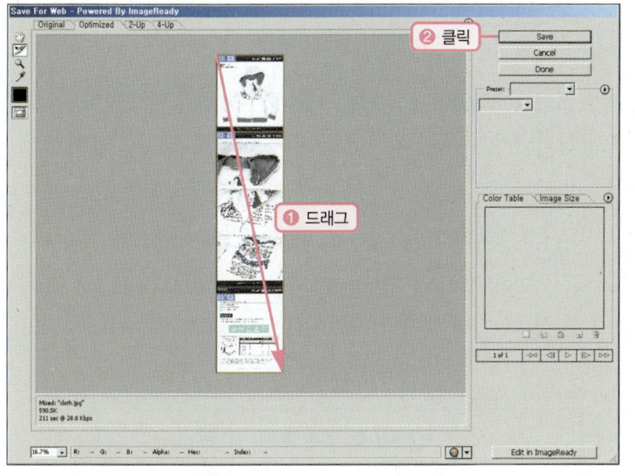

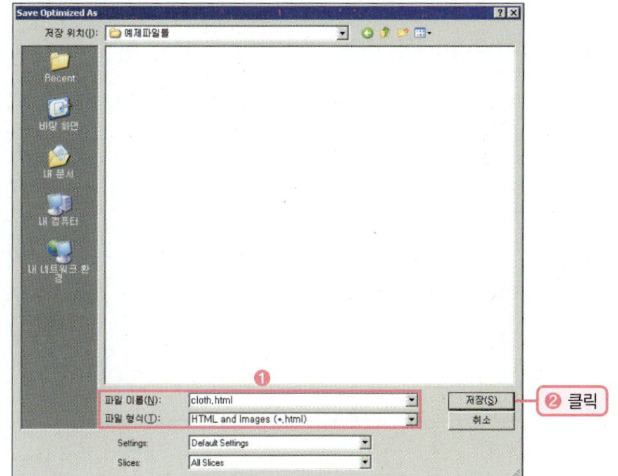

16 저장한 폴더를 살펴보면 HTML 파일과 이미지가 함께 만들어진 것을 알 수 있는데, 다시 'images' 폴더를 더블클릭해 보면 세 개의 이미지 파일이 지정한 파일 이름과 포맷으로 만들어져 있는 것을 확인할 수 있습니다.

17 HTML 파일을 더블클릭하여 웹 브라우저에서 확인해 보면, 연속된 분할 이미지들로 웹 문서가 만들어진 것을 알 수 있습니다.

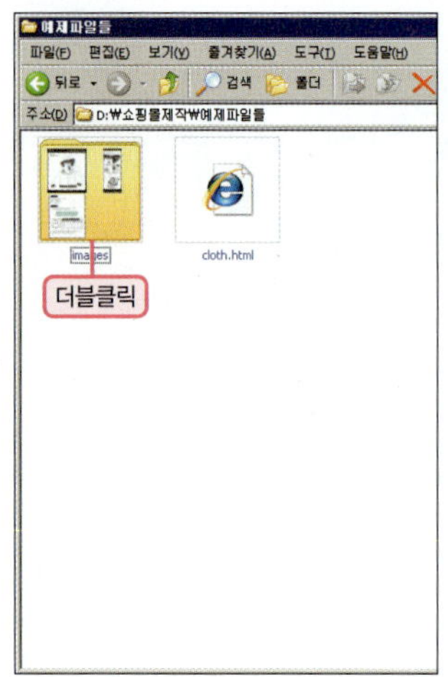

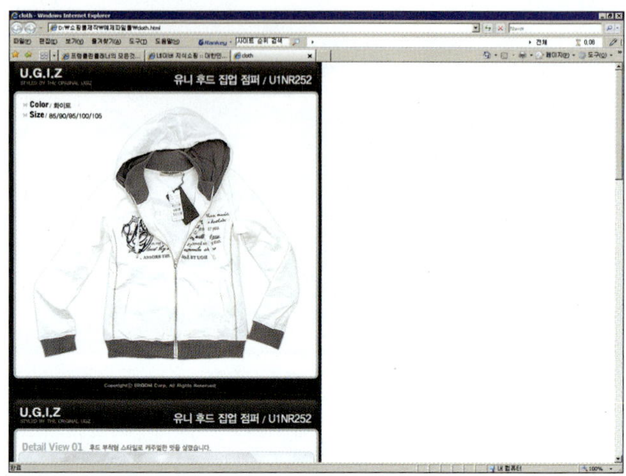

Design Master | 이미지에 따라 달라지는 최적의 저장 형식

움직이거나 배경이 투명한 이미지를 제외하고, 대부분의 이미지를 무조건 JPEG로 저장하는 경우가 많습니다. 그러나 어떤 이미지는 GIF로 저장하는 것이 용량도 적으면서 퀄리티가 나은 경우가 있습니다. 색상을 많이 사용하지 않고 텍스트 위주로 만든 이미지들의 경우가 그 예입니다.

• 다음은 JPEG 파일을 High 퀄리티로 저장한 이미지입니다. 용량은 36.18KB인데, 이미지가 깔끔하지 않고 지글지글하게 잡티가 있는 것을 눈으로도 확인할 수 있습니다.

• GIF 파일을 32Color로 저장한 이미지입니다. 용량은 28.88KB인데, JPEG로 저장했을 때보다 용량도 작고, 잡티 없이 깨끗한 이미지를 확인할 수 있습니다.

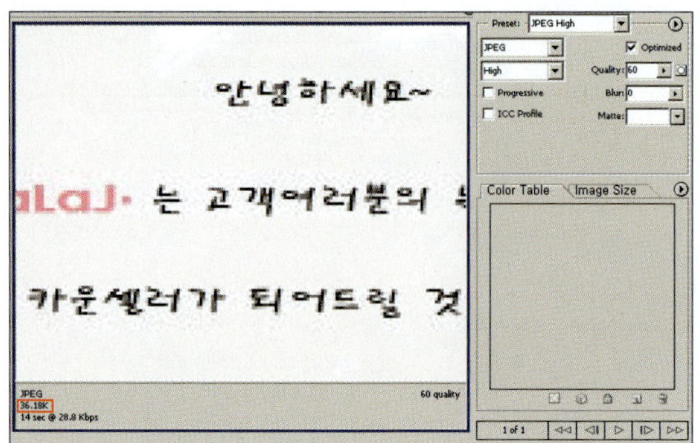

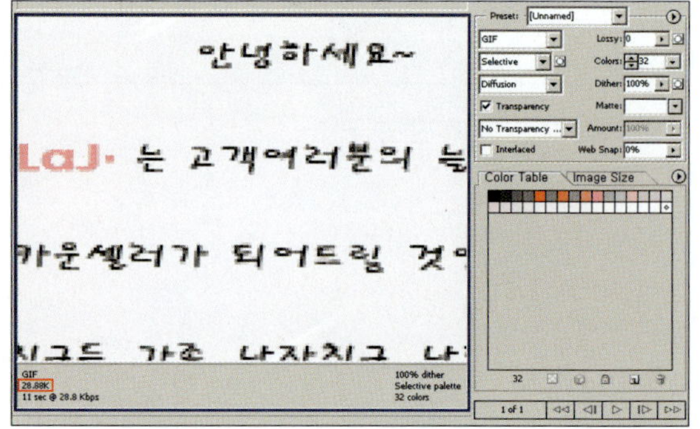

♥ 이미지 닫기

'File' 메뉴의 'Close'를 클릭하거나 작업 창의 종료 아이콘을 클릭하면 간단하게 이미지를 닫을 수 있습니다. 열려 있는 여러 이미지를 한꺼번에 닫고 싶을 경우에는 'File' 메뉴의 'Close All'을 선택하면 됩니다.

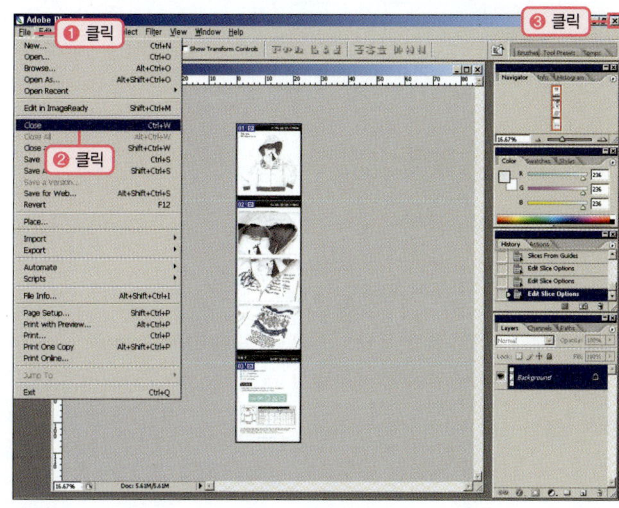

♥ 포토샵의 필수 단축키

디자인 실력은 퀄리티와 함께 얼마나 빠르게 작업하는가에 따라 평가할 수 있습니다.
효율을 높여서 작업 시간을 단축시키려면 단축키를 외워서 사용하는 것이 좋습니다.
특히 빨간색으로 표기한 단축키는 사용 빈도가 매우 높으니까 꼭 외워두세요.

포토샵 문서

새 문서 만들기 : Ctrl + N

이미지 불러오기 : Ctrl + O

이미지 닫기 : Ctrl + W

이미지 저장하기 : Ctrl + S

다른 이름으로 저장하기 : Shift + Ctrl + S

웹용 이미지로 저장하기 : Shift + Ctrl + Alt + S

레이어 복사 : Ctrl + J

새 레이어 추가 : Ctrl + Shift + N

작업 취소 : Ctrl + Z

눈금자 나타내기 : Ctrl + R

가이드선 나타내기 : Ctrl + ;

포토샵 종료하기 : Ctrl + Q

선택 영역 관련

선택 영역 추가 : Shift +마우스로 영역 선택

선택 영역 제외 : Alt +마우스로 영역 선택

정원/정사각형 영역 선택 : Shift +마우스로 선택

가운데에서 시작하는 영역 선택 : Alt +마우스로 선택

선택 영역을 복사하면서 이동하기 : Ctrl + Alt +마우스로 이동

선택 범위를 전경색으로 채우기 : Alt + Delete

선택 범위를 배경색으로 채우기 : Ctrl + Delete

복사하기 : Ctrl + C

오려내기 : Ctrl + X

붙여넣기 : Ctrl + V

전체 선택 : Ctrl + A

선택 영역 해제 : Ctrl + D

선택 영역의 Feather 수치 입력 창 표시 : Ctrl + Alt + D

선택 영역 반전 : Shift + Ctrl + I

이미지 보기

이미지 확대 : `Shift` + `Ctrl` + `Space bar` +이미지를 마우스로 클릭
이미지 축소 : `Shift` + `Ctrl` + `Space bar` +이미지를 마우스로 클릭
이미지를 100% 크기로 볼 때 : `Ctrl` + `Alt` + `0` (숫자)

포토샵 작업 영역

동작 실행 중지 : `Esc`
툴 박스와 팔레트 감추기 : `Tab`
선택 영역의 크기 조절 : `Ctrl` + `T`
손바닥 툴로 이미지 이동하기 : `Space bar` +마우스 이동
레이어에서 현재 선택된 레이어만 볼 때 : `Alt` +레이어 눈 아이콘 클릭
레이어를 선택 영역으로 만들 때 : `Ctrl` +해당 레이어 클릭

이미지 보정

Levels : `Ctrl` + `L`
Auto Levels : `Shift` + `Ctrl` + `L`
Curves : `Ctrl` + `M`
Color Balance : `Ctrl` + `B`
Hue/Saturation : `Shift` + `U`
Desaturation : `Shift` + `Ctrl` + `U`
Invert : `Ctrl` + `I`
RGB 모드를 CMYK로 변환 : `Ctrl` + `Y`
가장 최근에 적용한 필터 효과 적용 : `Ctrl` + `F`

Design Master | 웹 이미지 캡처하기

인터넷 서핑을 하다가 멋진 패턴이나 배경 이미지, 디자인 소스로 쓸 만한 이미지를 발견했을 때 화면을 통째로 저장하고 싶은 경우가 있죠. 이때 화면 캡처 프로그램을 사용할 수도 있지만 키보드의 `Print Screen Sys Rq` 를 눌러서 캡처하는 방법이 간단합니다. `Print Screen Sys Rq` 를 누른 후 포토샵에서 새 파일을 만듭니다. 그런 다음 단축키 `Ctrl` + `V` 를 눌러서 캡처한 파일을 붙여넣기 하면 됩니다. 노트북에서는 `fn` 과 `Print Screen Sys Rq` 를 동시에 눌러야 화면을 캡처할 수 있습니다.

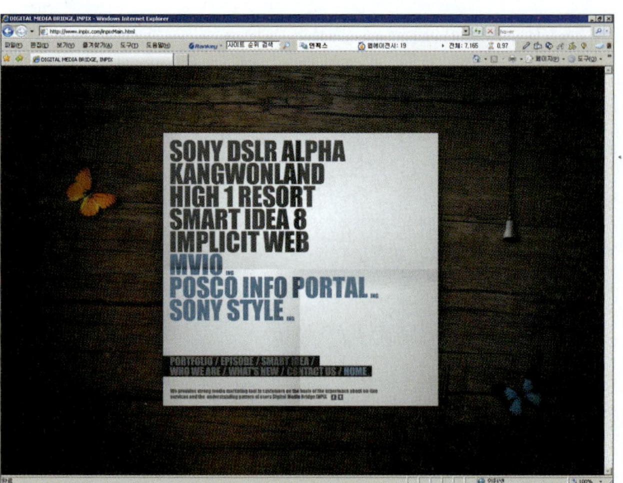

Shopping Mall Sense

14

사진 보정의 기본, 이미지에서 원하는 부분만 깔끔하게 추출하기

▶▶▶ 사진에서 원하는 부분만 추출하는 작업은 상품 사진에서 지저분한 배경을 제거할 때, 특정 부분의 컬러나 선명도를 다르게 할 때, 사진을 자연스럽게 합성할 때 등 다양한 보정에서 사용합니다. 이런 보정을 하기 위해서는 오브젝트를 정교하게 선택해야 하는데, 포토샵에서는 이 작업과 관련된 여러 가지 툴을 사용할 수 있습니다. 오브젝트에서 선택해야 할 부분이 어떤 형태인가에 따라 가장 적합한 툴을 이용하면 됩니다. 이미지에서 필요한 영역을 자유롭게 선택하고, 추출하는 방법은 여러 가지가 있지만 주로 퀵 마스크와 패스 툴을 사용하여 작업합니다.

쇼핑몰에서 사용하는 사진은 크게 상품 사진, 모델 사진, 배경 사진 세 가지로 구분됩니다. 포토샵으로 사진 보정을 하기 전에 다음과 같은 사항들을 알고 있으면 작업 시간과 노력은 최소한으로 줄이고, 더욱 좋은 이미지를 얻을 수 있습니다.

① 상품 사진의 보정은 최소한으로 하는 것이 좋습니다.
② 자연스러운 사진이 가장 좋은 사진입니다.
③ 포토샵의 필터 효과를 남용하지 마세요.
④ 각 사진의 촬영과 편집은 감성 사진, 정보 사진 등 용도에 따라 콘셉트를 명확히 해야 합니다.
⑤ 궁극적으로는 촬영 연습을 많이 해서 사진의 완성도가 높아지도록 해야 합니다.

♥ 단순 영역 선택하기

다음의 툴들은 복잡한 오브젝트를 정교하게 선택하는 것은 불가능하지만, 사용 방법이 간편하기 때문에 폭넓게 활용하는 선택 툴들입니다.

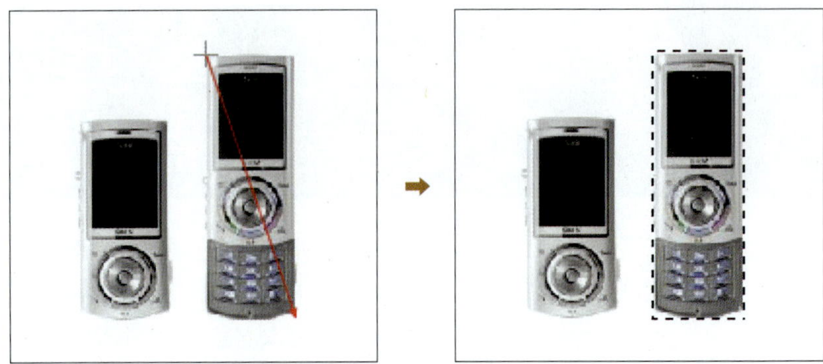

이미지에서 원하는 부분을 마우스로 드래그하면 간단하게 사각형의 선택 영역을 만들 수 있습니다.

- Shift +드래그 : 선택 영역을 정사각형 모양으로 지정합니다.
- Alt +드래그 : 클릭한 지점을 중심으로 하여 선택 영역을 사각형으로 지정합니다.
- Shift + Alt +드래그 : 클릭한 지점을 중심으로 하여 선택 영역을 정사각형으로 지정합니다.

원형 선택 툴 (◯)

이미지에서 원하는 부분을 마우스로 드래그하면 간단하게 원형의 선택 영역을 만들 수 있습니다.

- Shift +드래그 : 선택 영역을 정원으로 지정합니다.
- Alt +드래그 : 클릭한 지점을 중심으로 하여 선택 영역을 원형을 지정합니다.
- Shift + Alt +드래그 : 클릭한 지점을 중심으로 하여 선택 영역을 정원으로 지정합니다.

1행 선택 툴 (▭)

원본 이미지 | 1픽셀 가로선택영역

이미지에서 수평선 형태(세로)로 1픽셀 높이의 라인을 선택할 때 사용합니다.

1열 선택 툴 (▯)

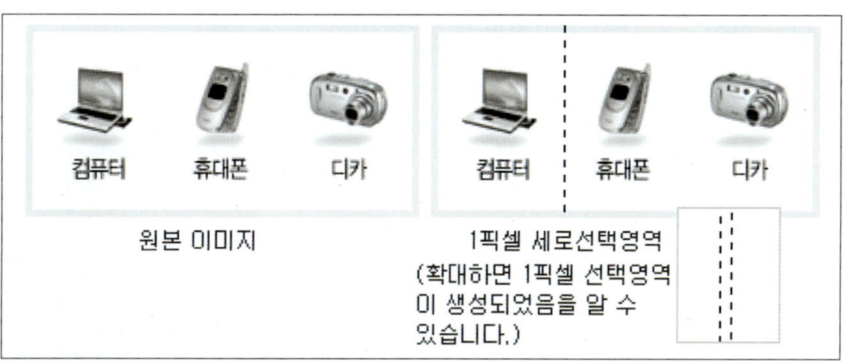

이미지에서 수직선 형태(가로)로 1픽셀 폭의 라인을 선택할 때 사용합니다.

♥ 선택 툴의 옵션 바 살펴보기

선택 영역의 추가와 제외, Feather(페더) 값 등은 선택 툴의 옵션 바에서 지정할 수 있습니다.

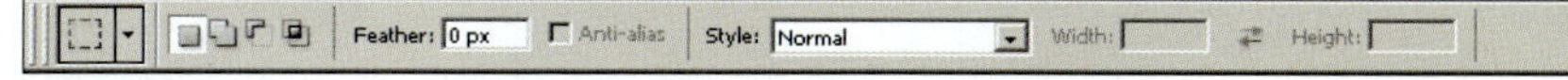

선택 영역 추가 (　)

선택 영역을 추가합니다(합집합 개념).

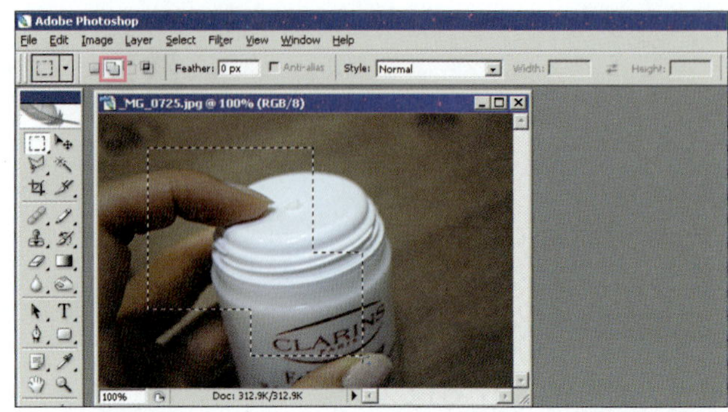

선택 영역 제외 (　)

선택한 영역 중에서 특정 부분을 제외합니다(차집합 개념).

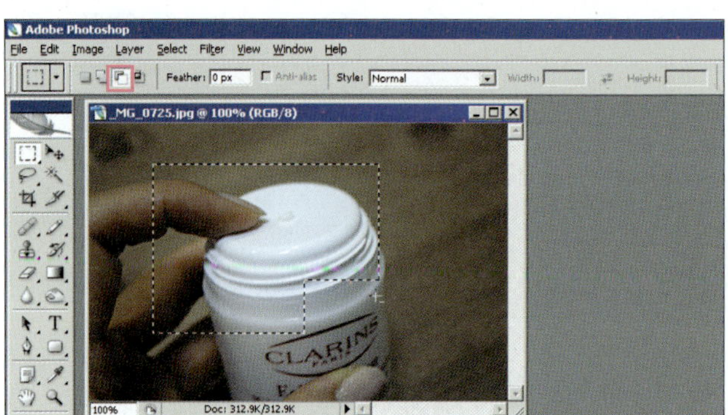

공통 선택 영역 (　)

두 개의 선택 영역에서 공통된 부분만 남깁니다(교집합 개념).

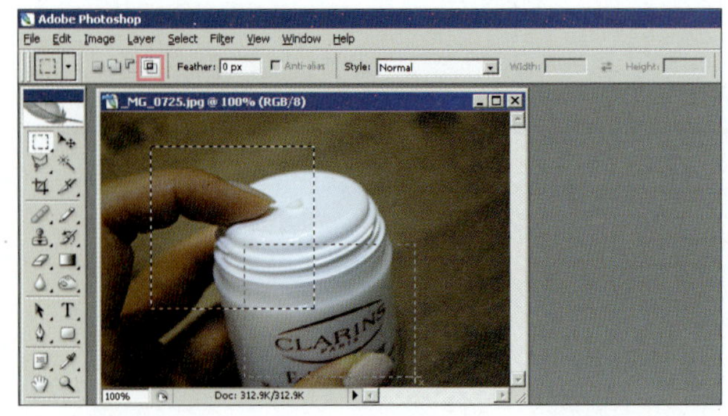

Feather 수치 입력

선택 영역의 테두리가 흐릿해지도록 Feather 값을 조절합니다. 먼저 Feather 값의 수
치를 입력하고 영역을 선택하면 페더 효과가 적용됩니다. 선택 영역을 흰색으로 채우
고 영역 선택을 해제하면 효과가 적용된 것을 확인할 수 있습니다.

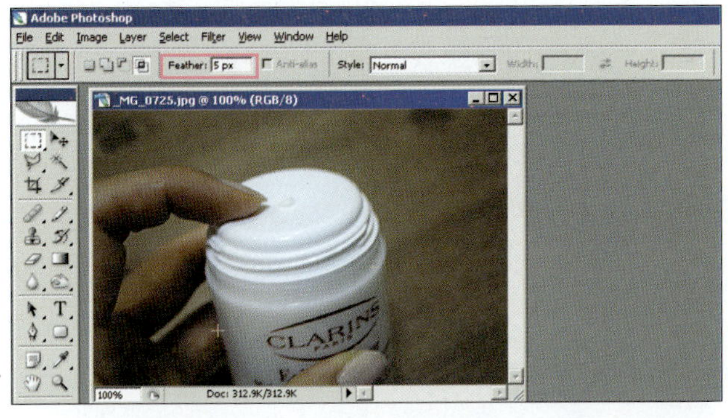
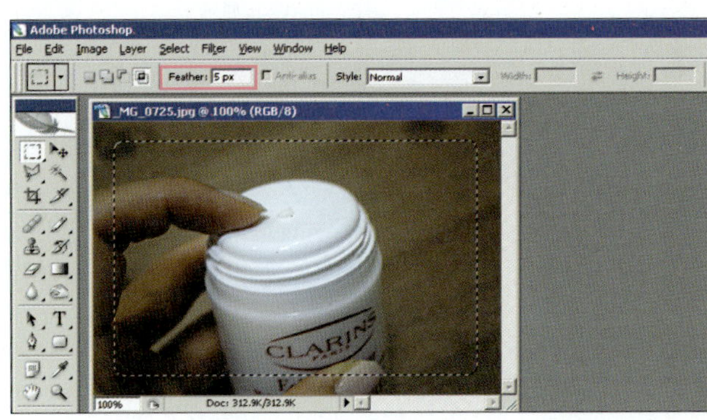

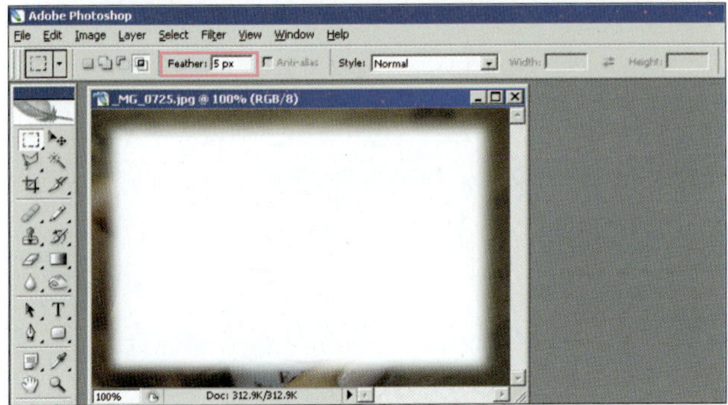

Design Master | 선택 영역에 Feather 효과를 적용하는 또 다른 방법

영역을 먼저 선택한 후 'Select' 메뉴의 'Feather'를 클릭하여 Feather 값을 지정하는 방법인데, 저는 이 방법을
더 선호합니다.

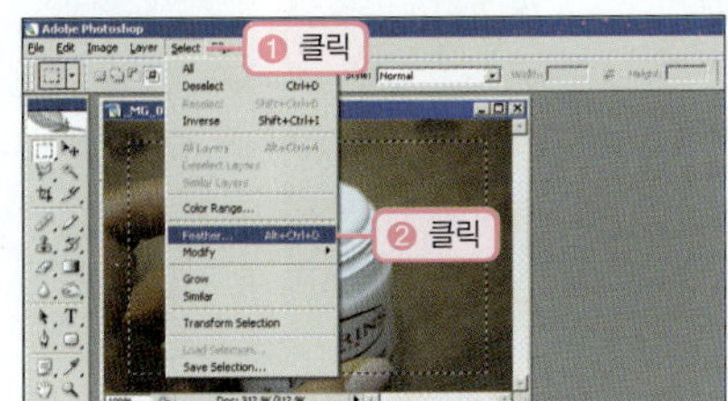

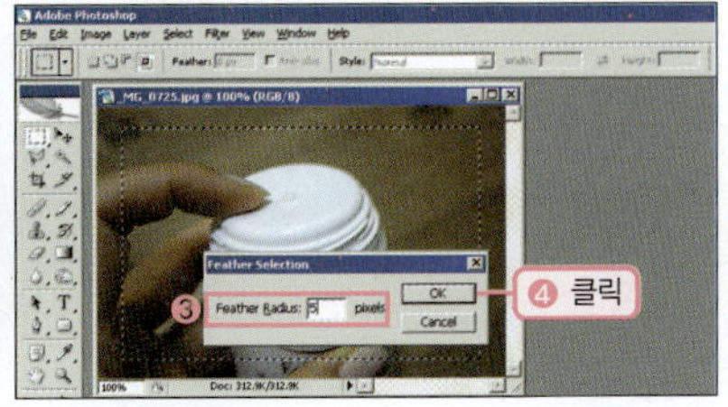

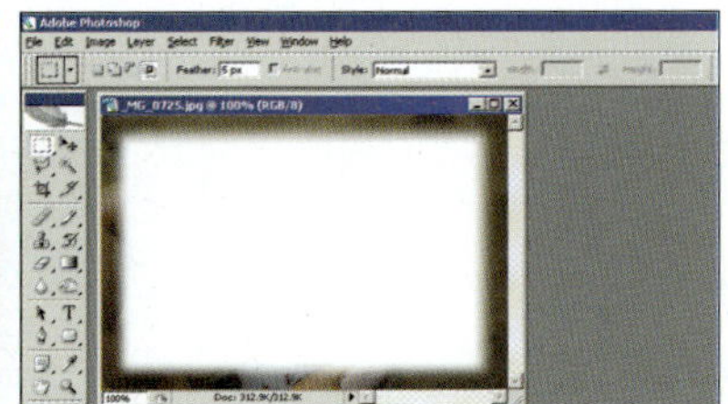

Anti-alias(안티 에일리어스)

선택한 영역에서 테두리의 색상 경계가 또렷하게 보이도록 할 것인지, 부드럽게 보이
도록 할 것인지 결정합니다.

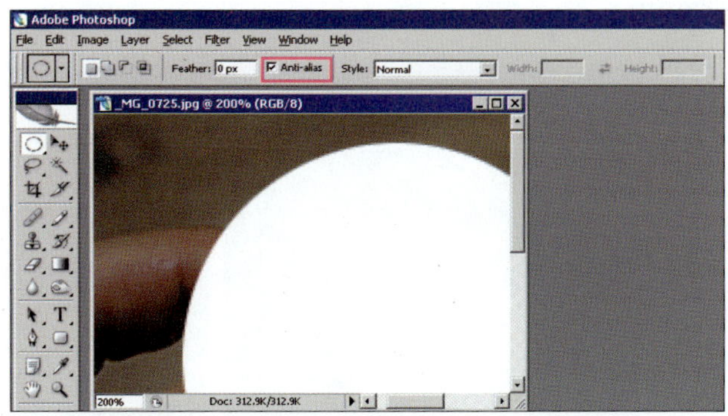

▲ 안티 에일리어스에 체크 표시를 한 경우

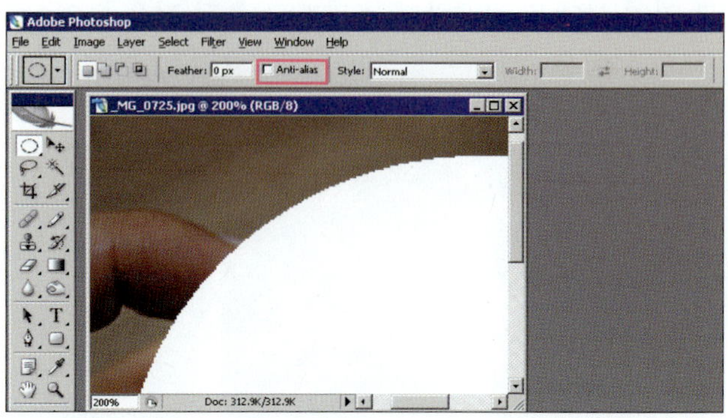

▲ 안티 에일리어스에 체크 표시를 하지 않은 경우

Style-Fixed Aspect Ratio

사각형, 원형으로 선택한 영역의 크기 비율을 미리 지
정합니다.

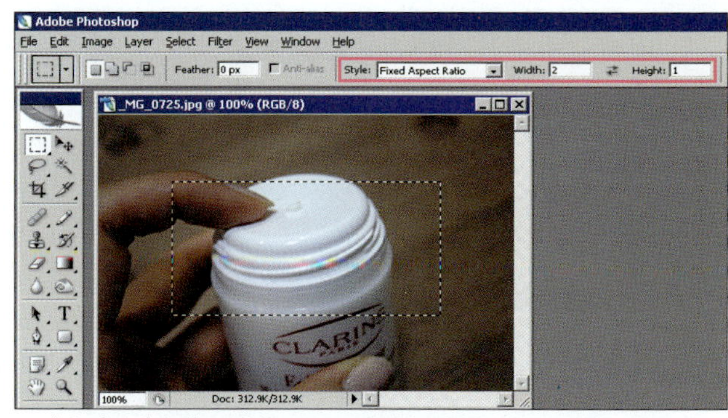

▲ '가로'와 '세로' 비율을 2:1로 지정한 사각형 선택 영역

Style-Fixed Size

수치를 직접 입력하여 원하는 선택 영역을 사각형, 원
형 모양으로 지정합니다.

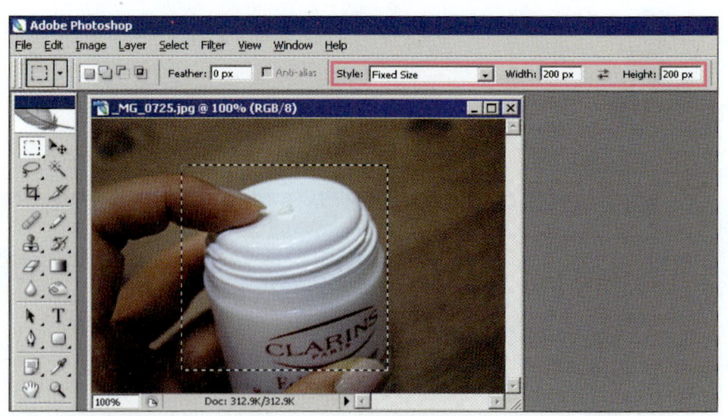

▲ '가로 : 200px', '세로 : 200px'을 직접 입력하여 지정한 선택 영역

♥ 선택 영역의 해제와 이동

선택 영역 해제

'Select' 메뉴의 'Deselect'를 클릭하거나 키보드의 Ctrl + D 를 누르면 선택한 영역을 해제할 수 있습니다. 또는 이미지에서 선택한 영역이 아닌 다른 곳을 클릭해도 간단하게 선택을 해제할 수 있습니다. 단, 1행 선택 툴과 1열 선택 툴의 경우는 예외입니다.

선택 영역 이동

지정한 영역의 위치를 이동하고 싶을 때는 선택 영역을 클릭한 후 원하는 위치로 드래그하면 됩니다. 이때 선택 툴이 아닌 이동 툴을 사용하면 선택 영역만이 아니라 영역 안의 이미지까지 이동됩니다.

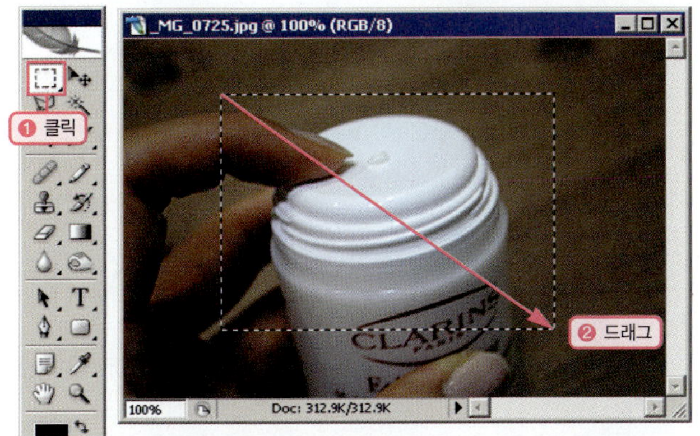

▲ 선택 툴로 선택 영역을 지정합니다.

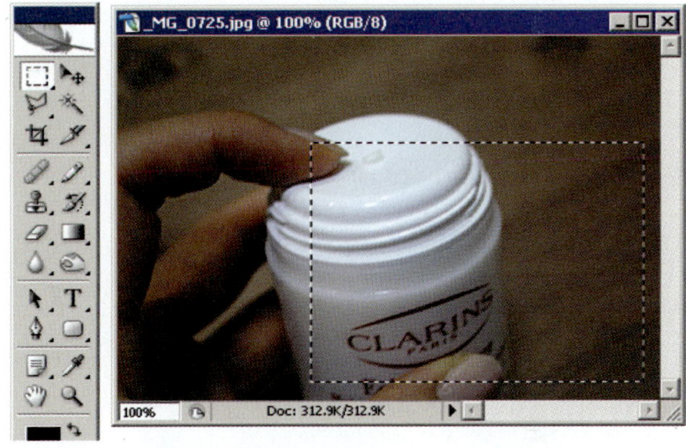

▲ 선택 툴 상태에서 선택 영역을 마우스로 드래그할 경우

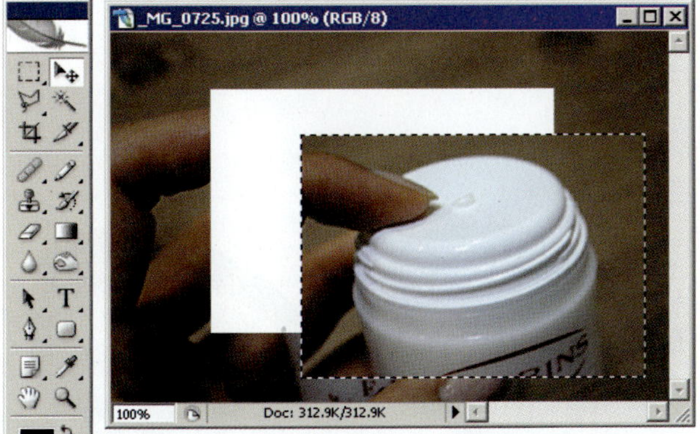

▲ 이동 툴 상태에서 선택 영역을 마우스로 드래그할 경우

올가미 툴 ( )

시작 위치를 마우스로 클릭한 상태에서 자유롭게 드래그하면 원하는 형태로 선택 영역을 지정할 수 있습니다. 단, 마우스를 클릭한 상태에서 손가락을 떼지 않고 선택해야 하므로 초보자에게는 조금 까다롭고, 영역을 정교하게 선택해야 할 때는 적당하지 않습니다.

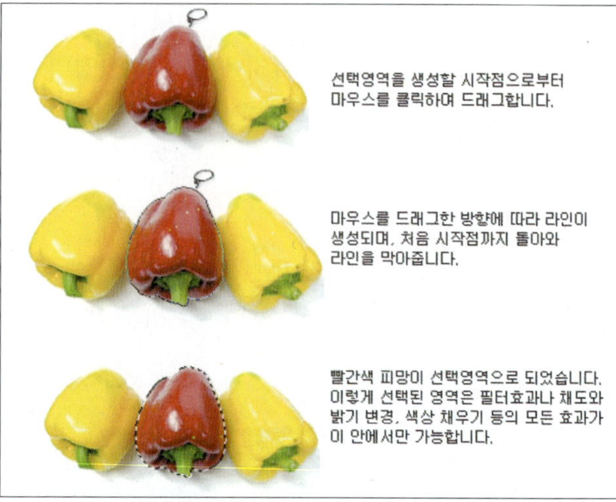

다각형 올가미 툴 ( )

클릭을 할 때마다 선택 영역이 직선으로 지정됩니다. 마우스로 클릭한 상태를 유지하는 것이 아니기 때문에 올가미 툴보다는 사용하기 쉽지만, 곡선은 불가능하고 다각형 영역을 선택할 때 적합합니다.

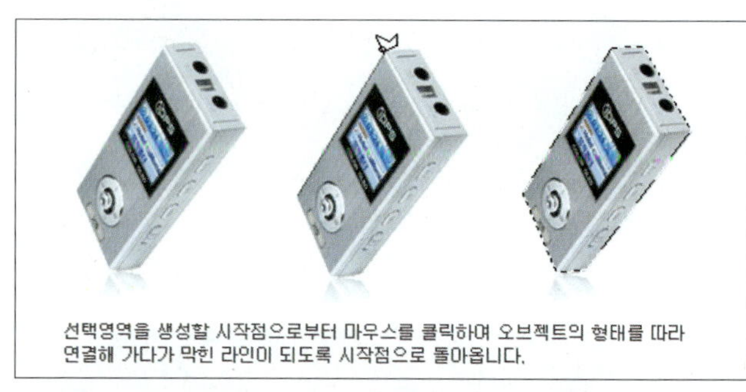

자석 올가미 툴 ( )

이미지의 윤곽선을 따라 드래그하면 윤곽선과 비슷한 색상 정보를 인식해 자동으로 선택 영역을 지정합니다. 옵션 바에서 자석 올가미 툴의 색상 반응 폭과 색상 대비차 등을 설정할 수 있으나 배경과 오브젝트가 비교적 단순한 색상으로 구성되어 있고, 두 대상의 색상 대조가 선명해야 영역 선택을 깔끔하게 할 수 있습니다.

♥ 가장자리가 복잡하고 뚜렷한 영역 선택하기

펜 툴 (🖊)

외곽선이 뚜렷하면서 복잡한 형태의 오브젝트를 선택할 때 가장 유용한 툴인데, 능숙
하게 사용하려면 충분한 연습이 필요합니다. 펜 툴을 사용하기 위해서는 패스(Path)라
는 개념을 이해해야 합니다. 패스는 포토샵에서 선택 영역으로 전환할 수 있는 모양
(사각형, 원형, 불규칙한 형태 등)을 검은색 선으로 표시한 것입니다. 패스는 선택 툴과 다르게
직선, 곡선을 자유롭게 바꿔 가며 선택 영역을 세밀하게 지정할 수 있다는 것이 장점
입니다. 이렇게 패스를 그릴 때 선택해야 하는 툴이 펜 툴입니다.

펜 툴 활용하기

▲ 패스 예 1 : 원하는 형태대로 패스를 그린다.

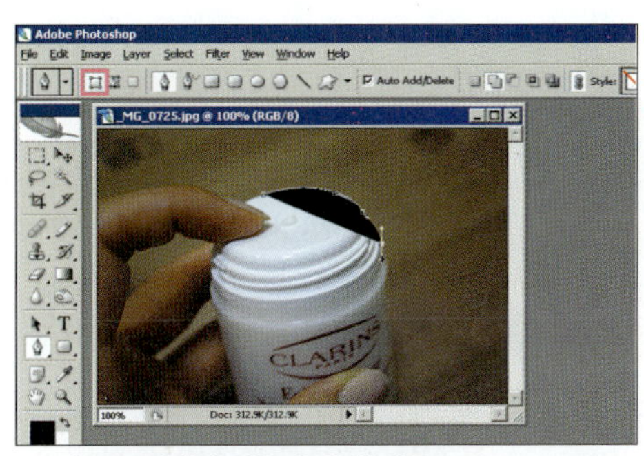

▲ 패스 그리기와 채우기 옵션 사용

▲ 패스 예 2 : 패스를 선택 영역으로 전환한다.

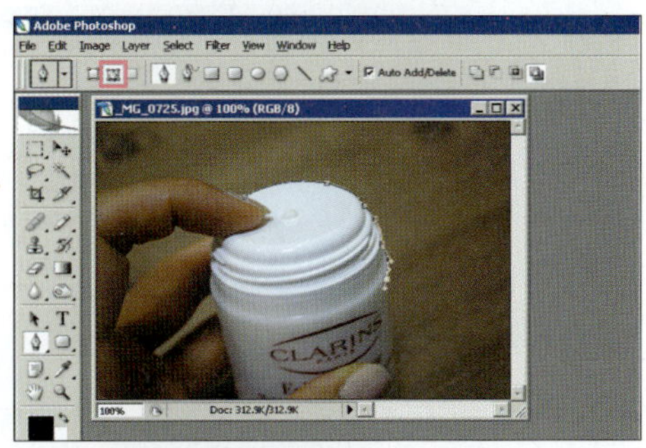

▲ 패스만 그리기 옵션 사용

▲ 패스 예 3 : 원본 이미지의 배경을 제거하고 그러
데이션 배경으로 채운다.

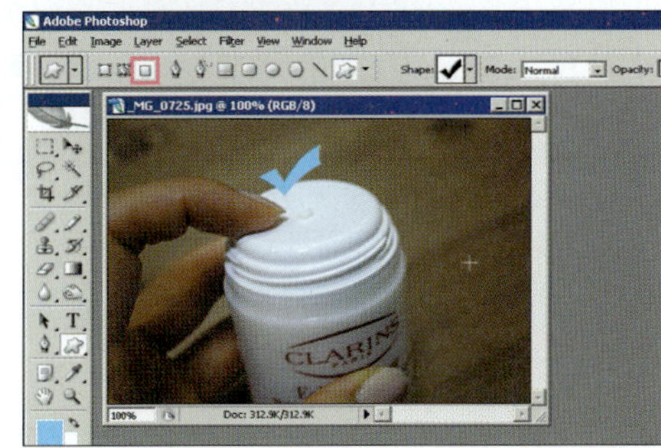

▲ 패스 채우기 옵션 사용

초보자가 포토샵 책만 보고 펜 툴로 패스 그리는 방법을 터득하기란 보통 어려운 일이 아닙니다. 그래서 이 과정을 필자가 직접 동영상으로 제작하여 부록 CD에 수록했습니다. 책으로만 공부하는 것보다 화면과 음성을 통해 동영상으로 배우면 훨씬 쉽게 따라 할 수 있을 것입니다. '부록 CD-펜 툴 정복하기 동영상과 예제' 폴더의 'pathdong1. avi~pathdong4.avi' 파일을 실행하여 공부하세요.

 **Design Master** | 펜 툴처럼 패스 개념을 갖고 있는 셰이프 툴

셰이프 툴은 사각형, 타원형, 원형, 선, 다각형 등 다양한 형태의 오브젝트를 간단하게 만들 수 있는 툴입니다. 셰이프 툴에는 사각형 셰이프 툴, 둥근 사각형 셰이프 툴, 원형 셰이프 툴, 다각형 셰이프 툴, 선 셰이프 툴, 커스텀 셰이프 툴이 있습니다.

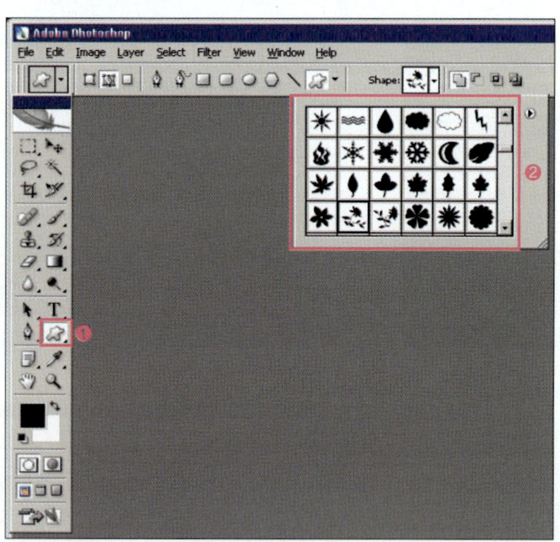

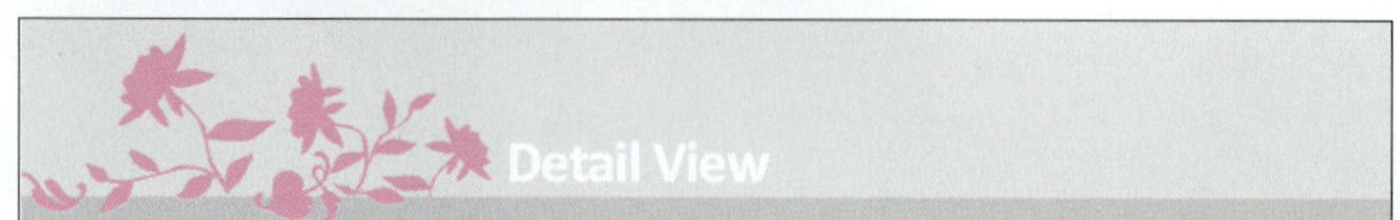

▲ 꽃 셰이프 – 커스텀 셰이프 툴로 쉽게 그린 꽃무늬

♥ 가장자리가 복잡한 영역과 불분명한 영역 선택하기(퀵마스크)

퀵마스크를 사용하려면 일반 모드와 퀵마스크 모드의 관계에 대해서 이해해야 합니다. 일반 모드는 포토샵에서 일반적으로 작업하는 모드인데, 여기서는 선택 영역이 점선으로 표시됩니다. 영역을 선택한 상태에서 퀵마스크 모드 전환 버튼을 클릭하면 선택 영역을 제외한 나머지 부분이 붉은색 마스크로 가려지는 것을 알 수 있습니다. 이렇게 퀵마스크 모드에서는 선택 영역 이외의 부분이 반투명의 붉은색 마스크로 씌워져 있는데, 붓 툴을 이용하여 선택 영역을 정교하게 제외하거나 지우개 툴로 문질러서 선택 영역을 추가할 수 있습니다.

퀵마스크를 편하고 쉽게 그리기 위해서는 타블렛을 사용하는 것이 가장 좋습니다. 하지만 요즘은 마우스의 감도가 워낙 좋아져서 조금만 연습하면 마우스로도 제법 정교한 퀵마스크를 그릴 수 있습니다.

▲ Before

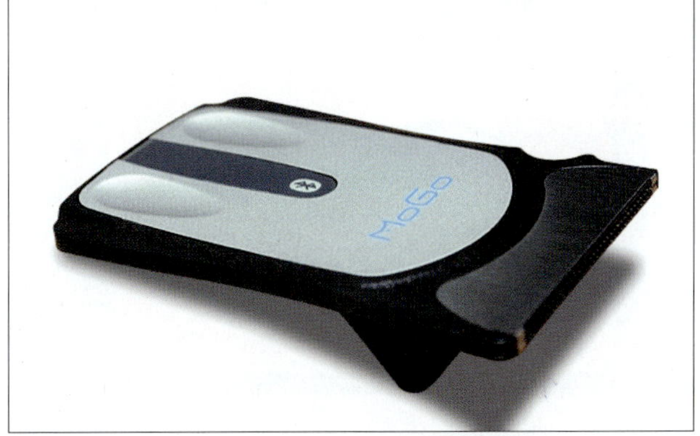

▲ After

01 부록 CD의 'Story 03' 폴더에서 '마우스.jpg' 파일을 불러옵니다. 예제 파일이 나타나면 툴 박스에서 '퀵마스크 모드' 버튼을 클릭합니다.

02 툴 박스의 브러시 툴을 선택하고 상단 옵션 바에
서 가장자리가 선명한 타입의 브러시를 선택합
니다. 그런 다음 'Master Diamater' 항목에 '100'을 입
력합니다.

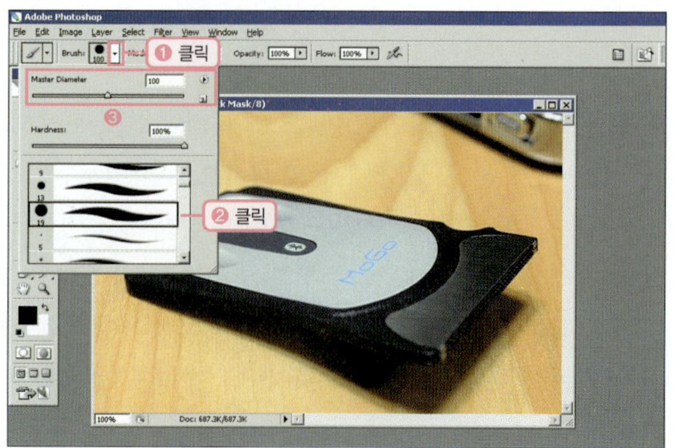

03 마우스를 제외한 배경 부분을 브러시로 칠합니다. 이때 이미지가 작아서 정교하게 칠하는 것이 어려우면 이미
지를 확대하고, 키보드의 ⬜를 눌러서 브러시 크기를 작게 한 후 작업하면 쉽습니다.

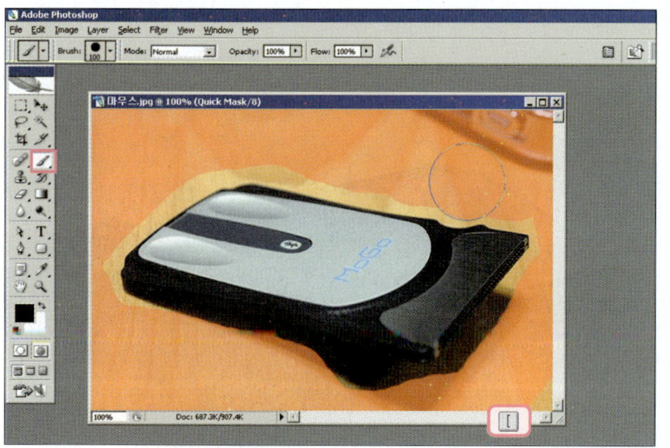

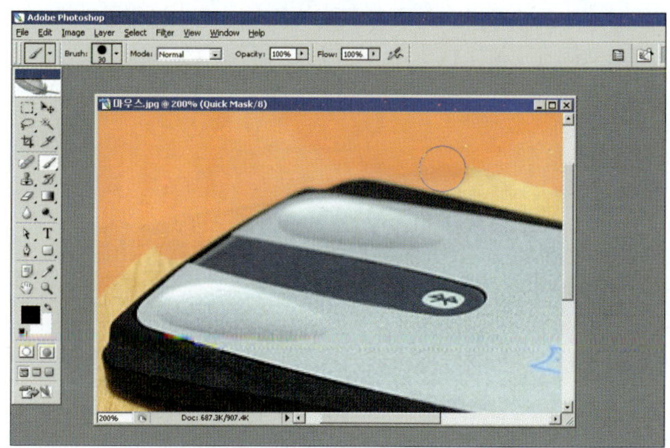

04 실수로 마우스까지 칠을 했다면 지우개 툴을 이용하여 수정할 수 있습니다. 툴 박스의 지우개 툴을 선택하고
옵션 바에서 가장자리가 선명한 타입의 지우개 브러시를 선택합니다. 그 후 잘못 칠해진 부분을 드래그하면
빨간색의 퀵마스크가 지워지는 것을 확인할 수 있습니다.

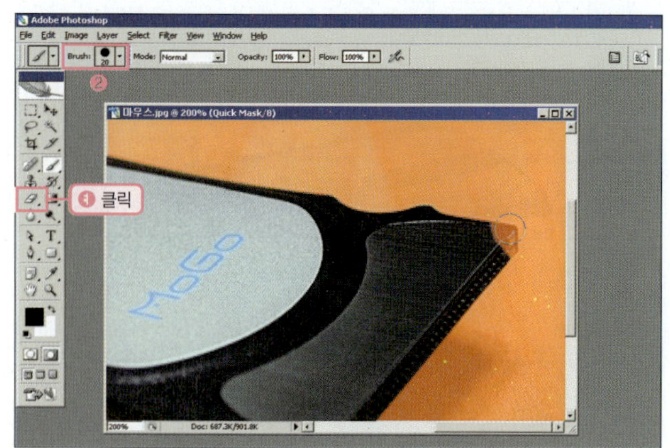

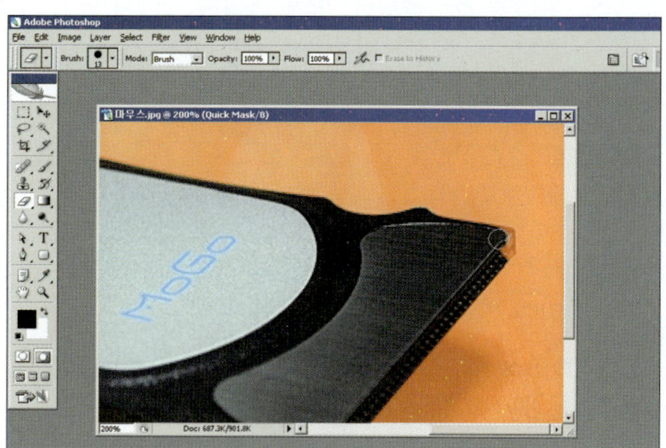

05 자, 이제 마우스를 제외한 배경 부분이 반투명의 붉은색 퀵마스크로 채워졌습니다.

06 툴 박스의 일반 모드 툴을 클릭해 보면 마우스만 선택 영역으로 지정되어 있는 것을 볼 수 있습니다. 이 상태에서 Ctrl + C 를 눌러 선택 영역을 복사합니다.

07 Ctrl + V 를 눌러서 복사한 선택 영역을 붙여 넣으면 마우스만 있는 새 레이어가 만들어집니다.

08 툴 박스에서 다각형 올가미 툴을 선택하고, 그림자 부분을 따라 마우스를 클릭하여 선택 영역으로 지정합니다.

09 배경 레이어 위에 새 레이어를 추가하고 전경색이 검은색인 상태에서 Alt + Delete 를 누릅니다. 선택 영역이 검은색으로 채워지면 다시 Ctrl + D 를 눌러 선택 영역을 해제합니다.

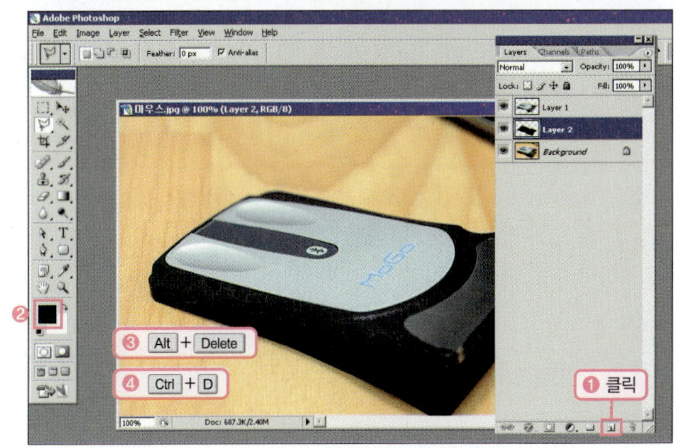

10 'Filter' 메뉴의 'Blur-Gaussian Blur'를 클릭합니다.

11 'Gaussian Blur' 대화상자가 나타나면 'Radius' 항목에 '6'을 입력하고 'OK' 버튼을 클릭합니다.

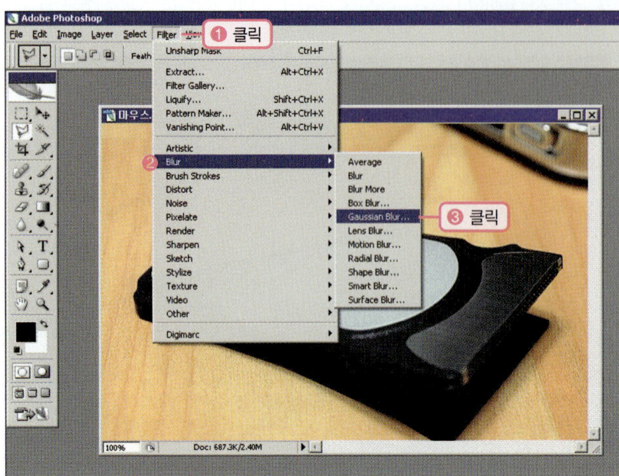

12 그림자 레이어의 투명도를 '60%'로 조절합니다.

13 배경 레이어를 선택하고, Ctrl + Delete 를 눌러서 배경색을 흰색으로 채웁니다.

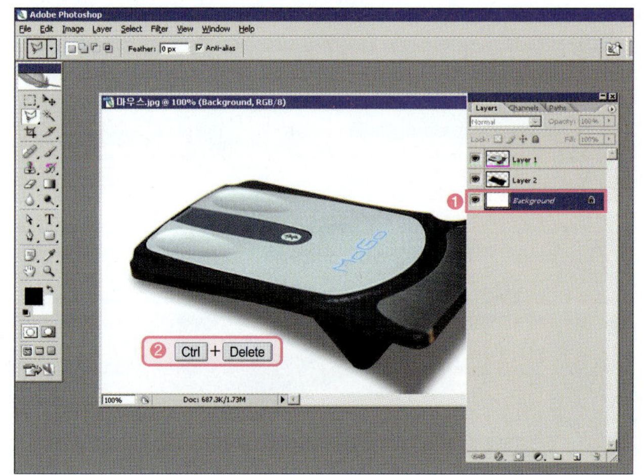

14 퀵마스크 모드를 활용하여 사진에서 마우스만 추출하는 작업이 완료되었습니다.

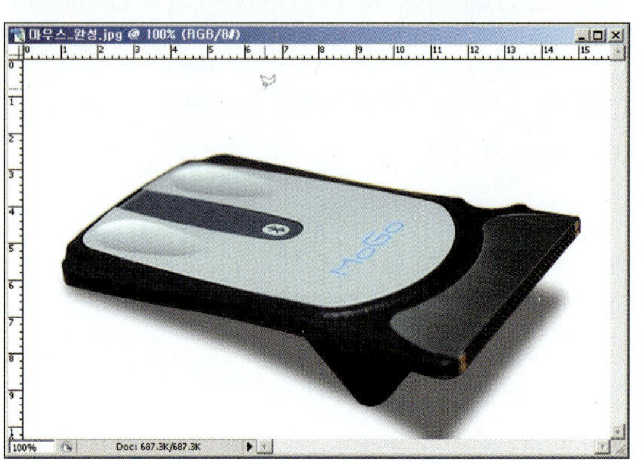

♥ 머리카락을 자연스럽게 추출하기

형태가 가늘고 복잡하며 경계도 불분명한 머리카락이나 털은 퀵마스크 모드에서 선택하는 것이 가장 쉽습니다.

01 붉은 톤이 강한 이미지일 경우에는 퀵마스크의 빨간색과 구분이 가지 않으므로 '퀵마스크 모드' 버튼을 더블클릭하여 보색인 초록색으로 바꿔줍니다. 또한 'Selected Areas'를 선택하여 기본 설정과는 반대로 선택 영역을 브러시로 칠하도록 바꿀 수도 있습니다. 추출한 오브젝트에 그림자나 외곽선 효과를 주기 위해서는 Selected Areas에 브러시 칠을 하는 것이 편리하므로 저는 이 설정을 주로 사용합니다. 이렇게 하면 나중에 선택 영역을 반전할 필요가 없어서 편리합니다.

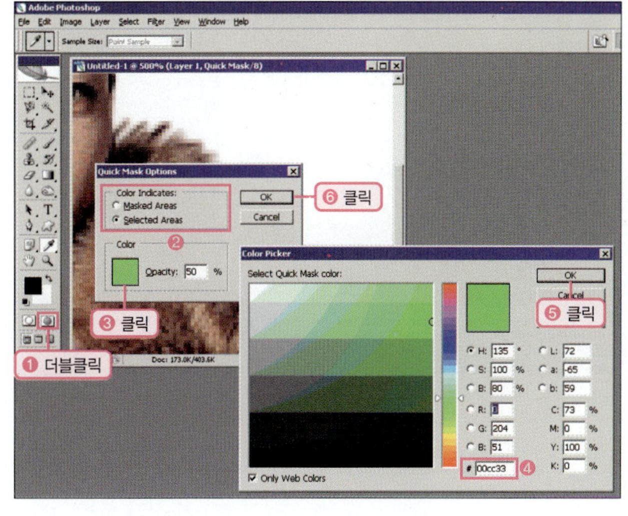

02 가장자리가 흐린 적당한 크기의 브러시를 선택한 후 퀵마스크 모드에서 오브젝트(모델)를 칠합니다.

03 털의 끝 부분은 브러시의 투명도를 60% 정도로 낮추어 칠하면 자연스럽게 선택하는 것이 가능합니다.

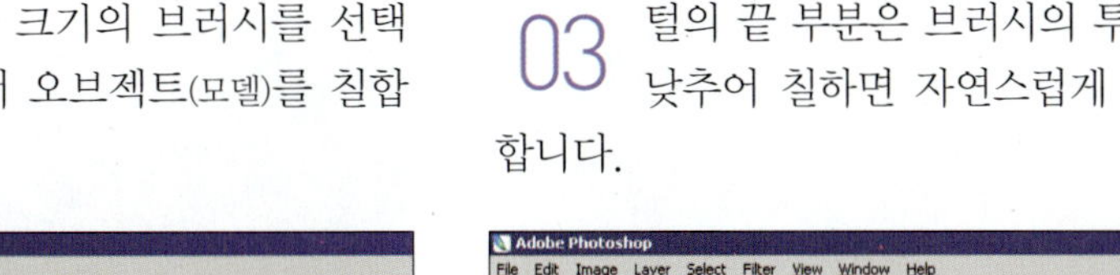

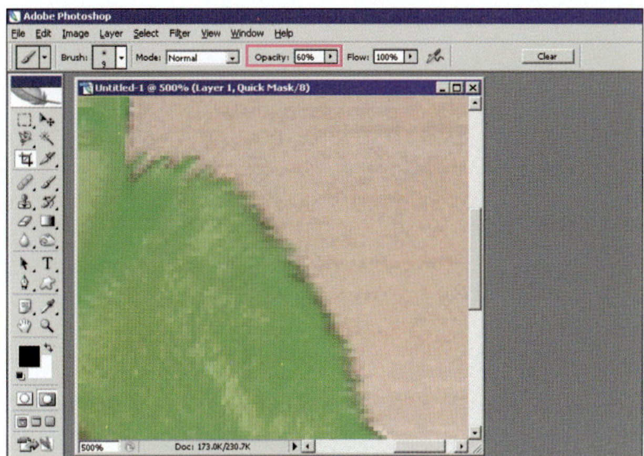

04 다시 일반 모드를 클릭하여 되돌아오면 모델만 선택된 것을 알 수 있습니다.

05 앞의 마우스 이미지 추출 작업에서 했던 것처럼 선택 영역을 복사하여 새 레이어에 붙여 넣은 후 백그라운드 레이어를 흰색으로 채웁니다.

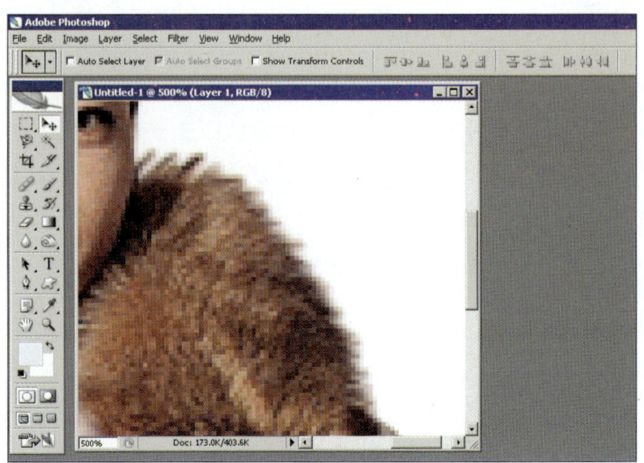

06 털의 끝 부분이 매우 자연스럽게 추출된 것을 확인할 수 있습니다.

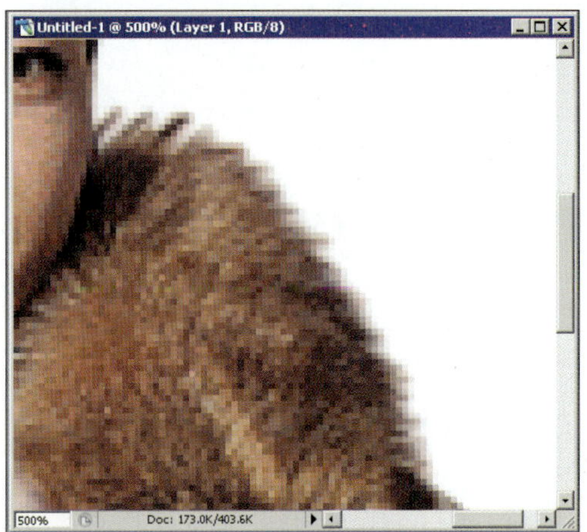

Shopping Mall Sense

15 짧은 이미지를 긴 이미지로 감쪽같이 보정하기

▶▶▶ 가로 폭이 짧은 원본 소스 이미지를 더 길게 만들어야 한다면 감쪽같이 보정할 수 있는 방법이 있습니다.

▲ Before

▲ After

01 가로로 긴 이미지를 만들어야 하는데, 원본에서 배경이 되는 풍차 이미지의 가로 폭이 짧습니다.

02 이럴 때 쉽게 생각할 수 있는 방법이 사각형 선택 툴로 영역을 선택한 후 Ctrl + T 를 누르고, 조절점을 드래그하는 방법으로 이미지를 좌우 양쪽 모두 늘리는 것입니다.

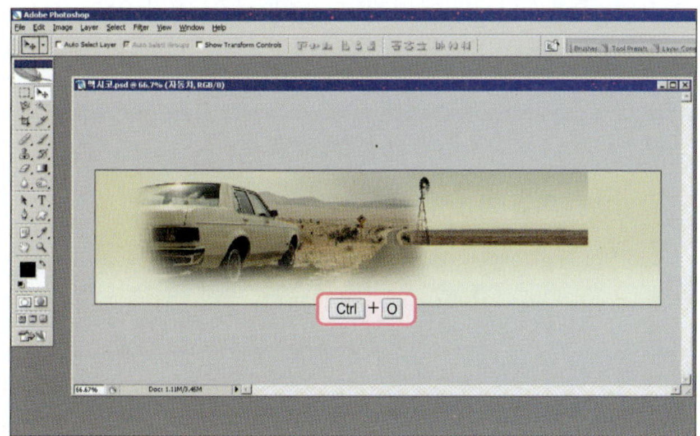

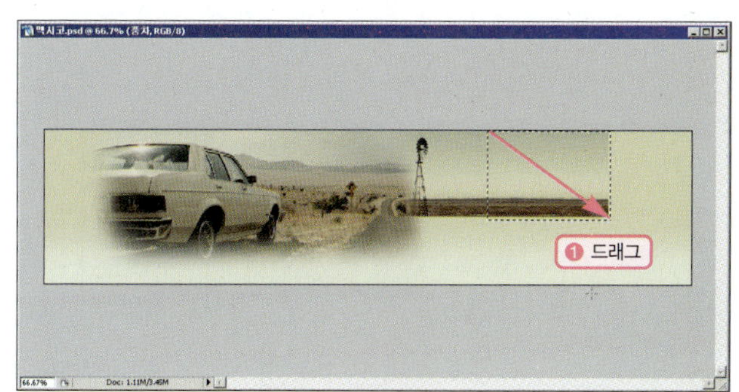

Hot Sauce

부록 CD의 'Story 03' 폴더에서 '멕시코.psd' 파일을 불러오면 됩니다.

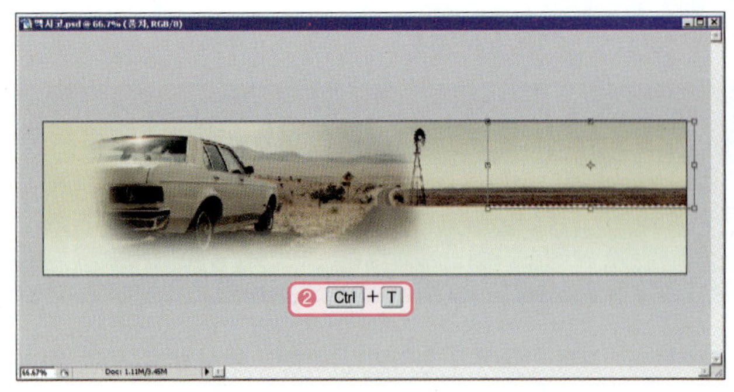

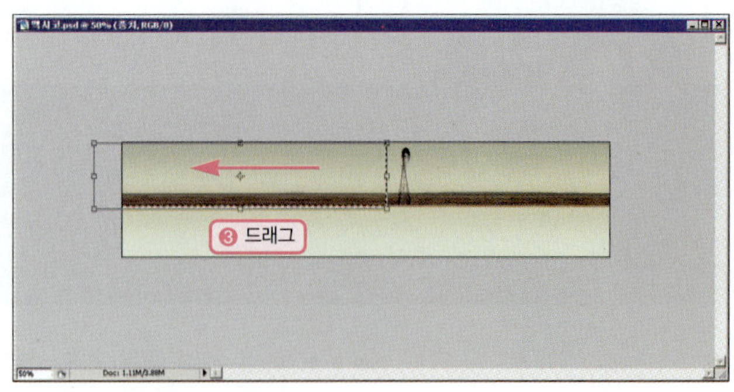

03 하지만 이 방법은 이미지를 약간 늘릴 때는 괜찮지만 길게 늘리면 이미지가 망가집니다. 그러므로 이미지를 강제로 늘리는 것이 아니라 자연스럽게 연장시키는 방법을 사용해야 합니다.

04 앞서 Free Transform 기능을 적용했다면 히스토리 팔레트에서 사각형 선택 영역이 활성화되고, 풍차 레이어가 선택된 상태로 되돌아갑니다.

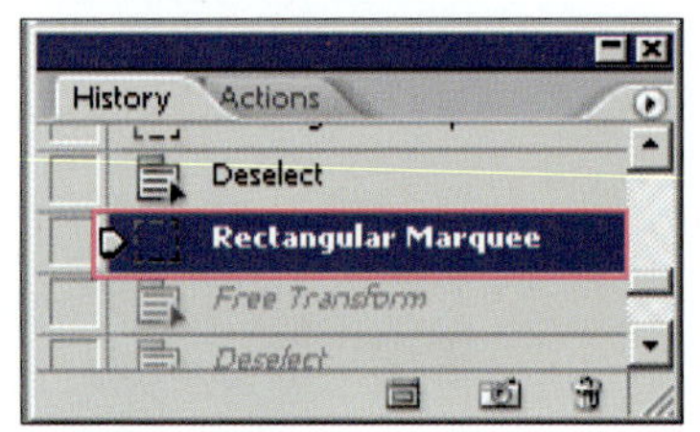

05 이전 상태로 되돌아가면 Ctrl + C 와 Ctrl + V 를 차례대로 눌러서 선택 영역을 복사한 후 다시 붙여 넣습니다.

06 이동 툴을 이용하여 복사한 이미지의 끝선을 잘 맞춥니다. 그러나 이미지를 확대해 보면 풍차 이미지의 끝과 복사된 이미지의 끝이 서로 맞지 않는 것을 알 수 있습니다.

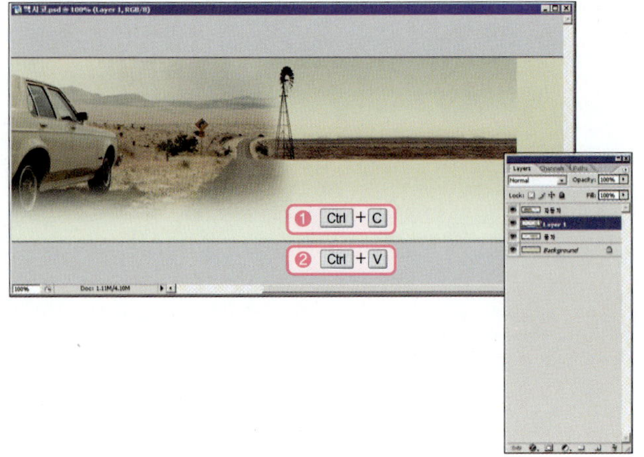

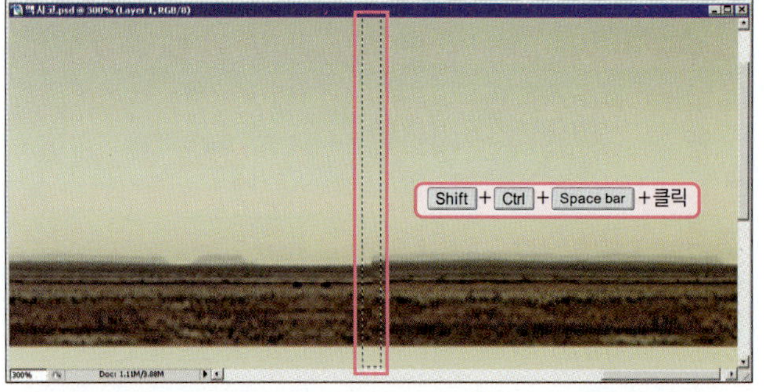

07 두 개의 이미지가 자연스럽게 연결되도록 하기 위해 'Layer 1'이 선택된 상태에서 'Edit' 메뉴의 'Transform-Flip Horizontal'을 클릭합니다.

08 'Layer 1' 이미지의 좌우가 바뀌면서 풍차 이미지의 끝이 자연스럽게 연결됩니다.

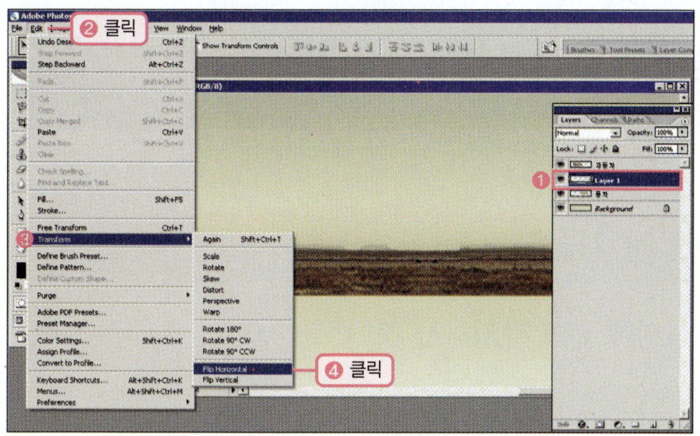

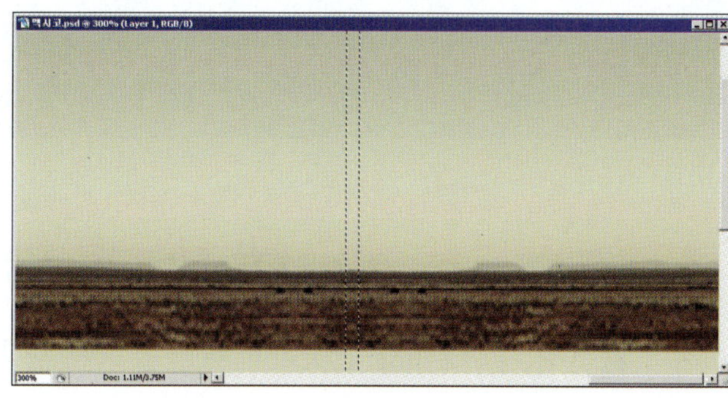

09 키보드의 Ctrl 을 누른 상태에서 '풍차' 레이어와 'Layer 1'을 클릭하면 두 개의 레이어가 동시에 선택됩니다. 이 상태에서 키보드의 Ctrl + E 를 눌러 선택한 두 레이어를 병합합니다.

10 사각형 선택 툴로 풍차 옆의 넓은 들판을 선택한 후 다시 툴 박스에서 이동 툴을 클릭합니다.

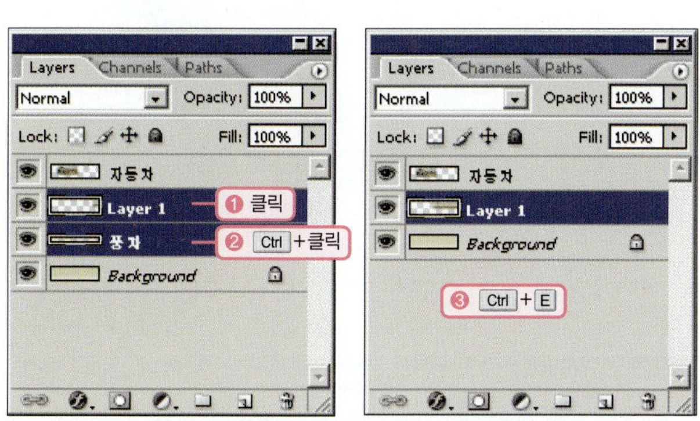

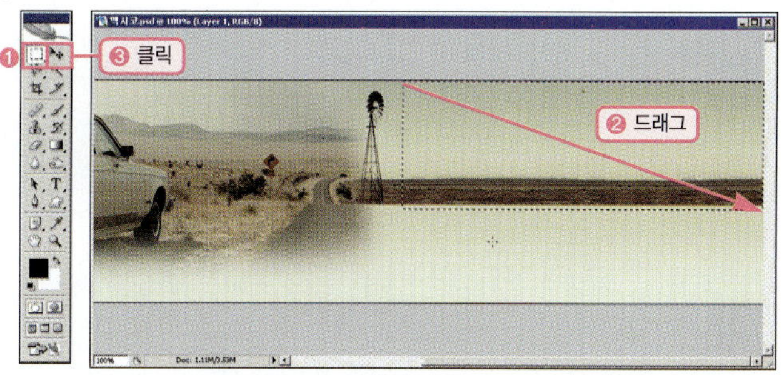

11 Alt + Shift 를 누른 상태에서 왼쪽으로 드래그하면 선택 영역이 복사되어 수평으로 이동하는 것을 확인할 수 있습니다. 키보드의 Ctrl + D 를 눌러서 선택 영역을 해제합니다.

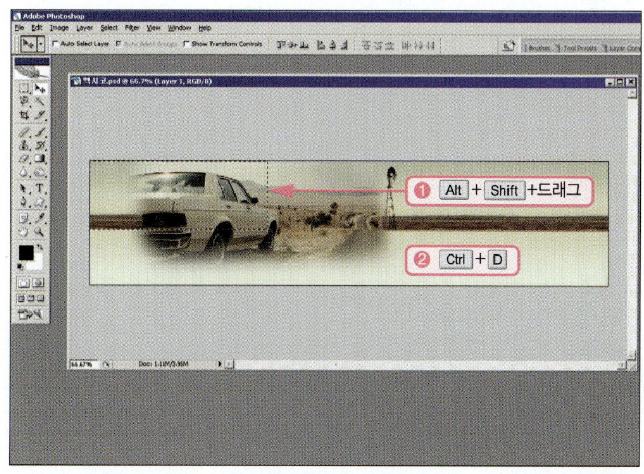

Hot Sauce

완성된 예제는 '부록 CD-Story 03' 폴더의 '멕시코_완성.psd' 파일입니다.

Shopping Mall Sense

상품의 구도를 바꿔서 고급스럽게 표현하기

♥ 상품 이미지를 자연스럽게 기울이기

시계나 반지 등의 소품류는 반듯하게 놓는 것보다 약간 경사지게 놓고 촬영하는 것이
훨씬 고급스럽고 세련된 느낌을 줄 수 있습니다.

▲ Before

▲ After

01 부록 CD의 'Story 03' 폴더에서 '시계.jpg' 파일을 불러옵니다. 예제가 나타나면 키보드의 Ctrl + A 를 눌러서 이미지 전체를 선택합니다.

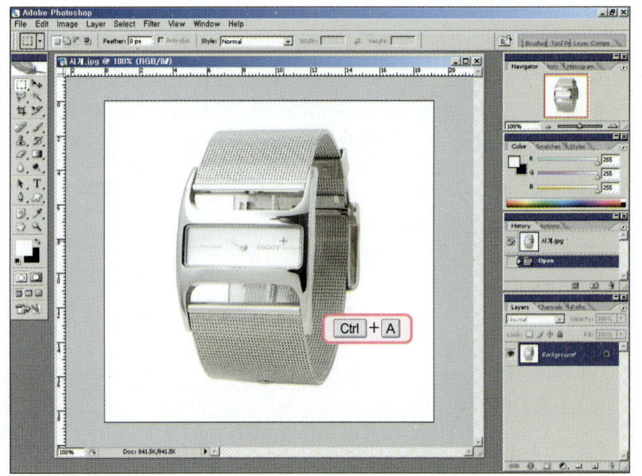

02 [Ctrl]+[T]를 눌러서 자유 변형 조절 박스를 표시합니다.

03 자유 변형 조절점의 모서리를 시계 방향으로 드래그합니다. 이때 [Shift]를 누른 상태에서 드래그하면 이미지를 15도 단위로 회전할 수 있는데, 15도 지점에서 멈춥니다.

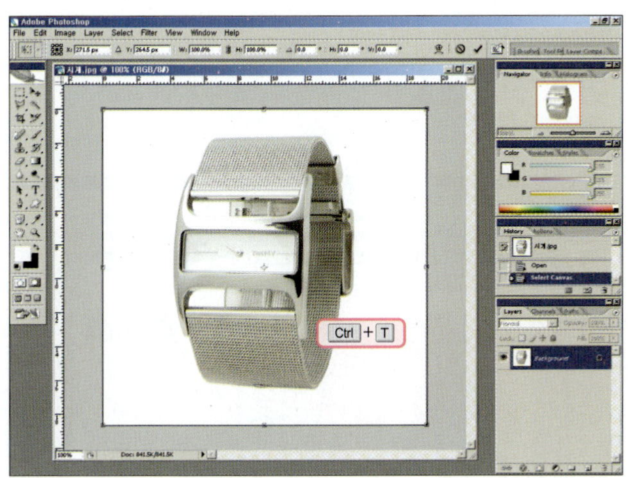

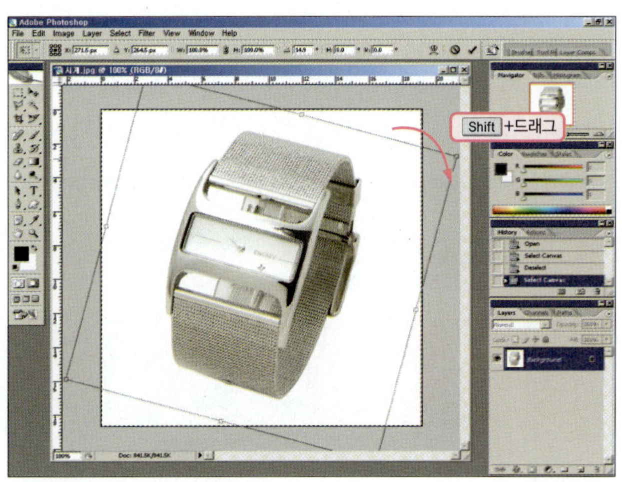

04 [Enter]를 누르면 자유 변형 조절 박스가 사라집니다. 다시 [Ctrl]+[D]를 눌러서 선택 영역을 해제합니다.

05 간단하게 상품 이미지를 기울이는 작업이 완료되었습니다.

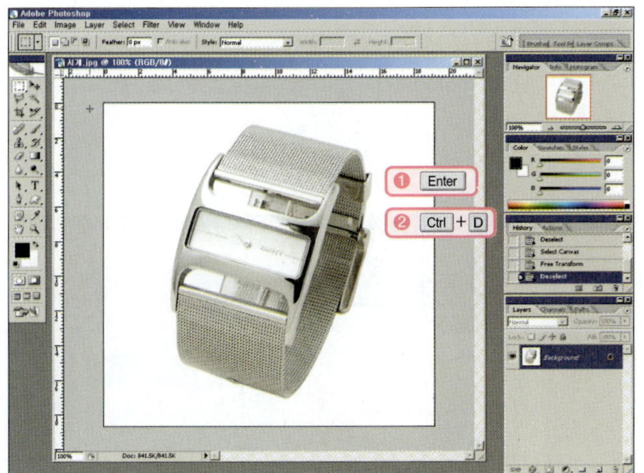

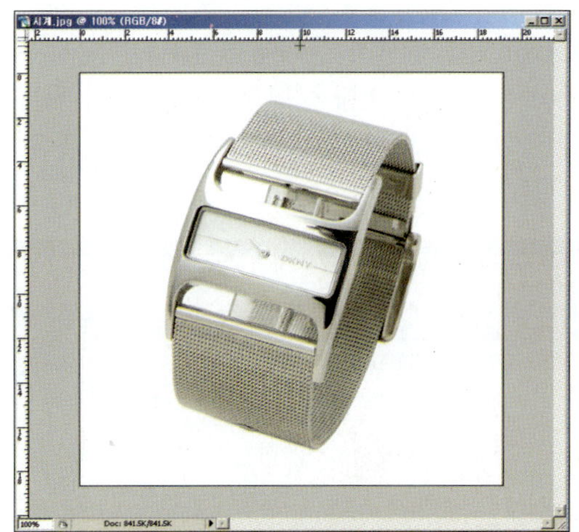

Hot Sauce

'부록 CD-Story 03' 폴더의 '시계_완성.jpg' 파일을 더블클릭하면 완성된 이미지를 확인할 수 있습니다.

가구나 대형 가전제품처럼 부피가 크고 모양이 직선으로 이루어진 상품 사진은 가능
하면 수평·수직을 정확히 맞추는 것이 구도상 안정감 있어 보입니다.

01 부록 CD의 'Story 03' 폴더에서 '의자.psd' 파일을 불러옵니다. 그런 다음 'View' 메뉴의 'Rulers'를 클릭하여 작업 창에 룰러를 표시합니다.

02 의자 다리의 끝 부분에 가이드라인을 지정합니다.

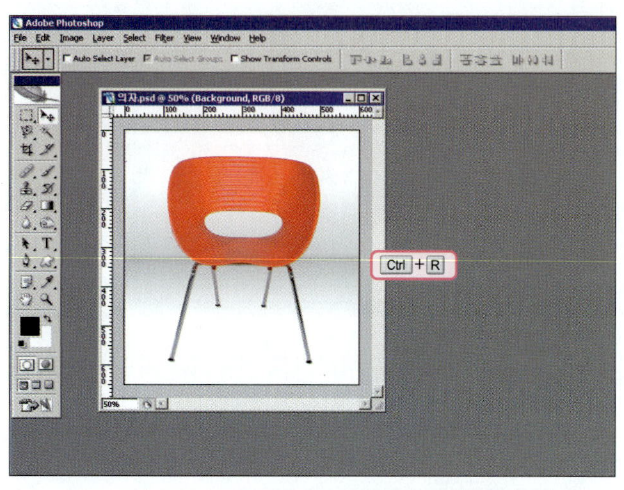

03 'Layer 1'을 선택한 상태에서 Ctrl + T를 누릅니다. 의자 주위에 자유 변형 조절 박스가 나타나면 가이드라인과 의자 다리의 끝이 수평이 되도록 의자를 회전시킵니다.

04 Enter를 눌러서 자유 변형을 완료합니다. 가이드라인은 작업 창 바깥쪽으로 드래그하여 제거할 수 있습니다.

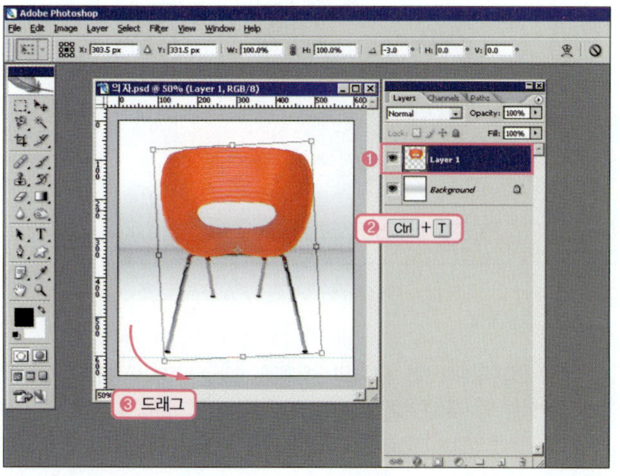

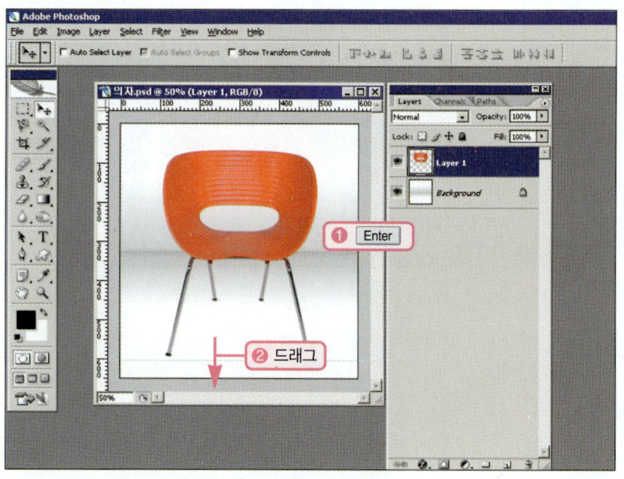

Shopping Mall Sense 17

이미지의 밝기 보정 노하우

▶▶▶ 노출이 과다하거나 부족할 경우 사진은 너무 밝거나 어둡게 촬영됩니다. 여기에서는 포토샵을 이용하여 간단하게 사진의 밝기를 보정하는 방법에 대해 알아보겠습니다.

♥ 밝기 감소

▲ Before

▲ After

01 부록 CD의 'Story 03' 폴더에서 '전체밝기.jpg' 파일을 불러옵니다. 사진을 살펴보면 핸드백의 가죽이 노출 과다로 인해 고급스럽게 표현되지 못한 것을 알 수 있습니다. 'Image' 메뉴의 'Adjustment-Brightness/Contrast'를 클릭합니다.

02 'Brightness/Contrast' 대화상자가 나타나면 'Brightness' 값을 '-20'으로 지정하고 'OK' 버튼을 클릭합니다.

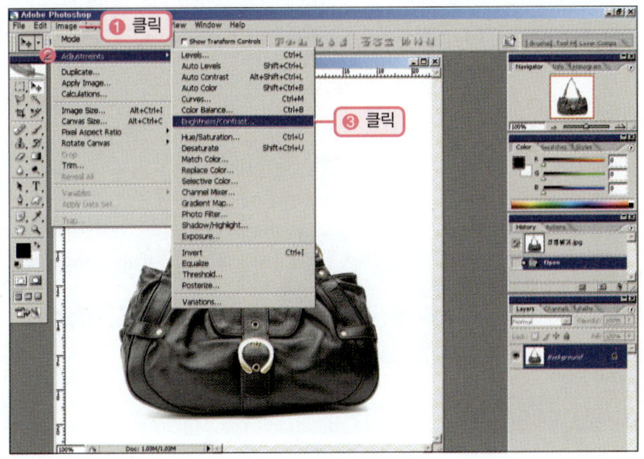

예제 사진을 보면 노출 부족으로 인해 핸드백
의 디테일한 부분이 제대로 표현되지 못한 것
을 알 수 있습니다.

▲ Before

▲ After

01 부록 CD의 'Story 03' 폴더에서 '전체밝기2.jpg'
파일을 불러옵니다.

02 'Image' 메뉴의 'Adjustment-Brightness/
Contrast'를 이용하면 다음과 같이 간단하게 보
정할 수 있습니다.

03 'Image' 메뉴의 'Adjustment-Levels' 기능을
이용해도 원하는 효과를 얻을 수 있습니다.

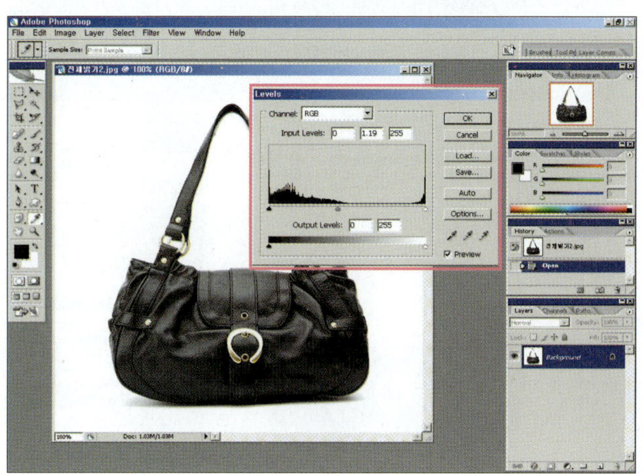

💜 이미지 일부분의 밝기 보정

조명을 직접 받은 핸드백의 윗부분은 밝고, 바닥 부분은 다소 어두운 상품 사진입니
다. 번 툴과 닷지 툴을 이용하여 핸드백의 밝기를 고르게 맞춰보겠습니다.

▲ Before

▲ After

01 부록 CD의 'Story 03' 폴더에서 '전체밝기_완성.jpg' 파일을 불러옵니다.

02 툴 박스에서 번 툴을 선택하고 상단 옵션 바의 브러시 크기를 '400px', 'Exposure'는 '30%'로 설정합니다. 그런 다음 핸드백의 윗부분을 짧고 가볍게 클릭하여 밝은 부분을 약간 어둡게 보정합니다.

🔥 Hot Sauce

브러시 크기는 키보드의 [[ ]과 [ ]]로 조절하고, 브러시의 강도는 'Exposure' 수치로 조절합니다.

03 이번에는 어둡게 나온 오른쪽 아랫부분을 보정할 차례입니다. 툴 박스에서 닷지 툴을 선택한 후 위쪽의 옵션 바에서 브러시 크기와 Exposure를 적당히 조절합니다.

04 핸드백의 가운데와 오른쪽 아랫부분을 가볍게 클릭하여 어두운 부분을 약간 밝게 보정합니다. 전체적으로 균일한 밝기의 상품 사진이 완성되었습니다.

♥ 기타 간단한 밝기 조절 메뉴

Image-Adjustment-Auto Levels

이 기능을 이용하면 옵션 설정을 할 필요 없이 자동으로 이미지의 밝기가 보정됩니다. 그러나 간혹 명암이나 채도가 어색해지는 경우도 있으니 주의해서 사용해야 합니다.

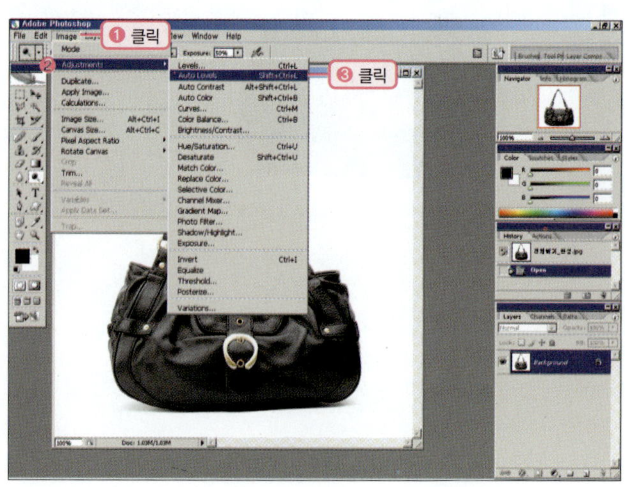

Image-Adjustment-Levels

Levels는 어두운 부분, 중간 부분, 밝은 부분의 수치를 직접 조절할 수 있다는 장점이
있습니다.

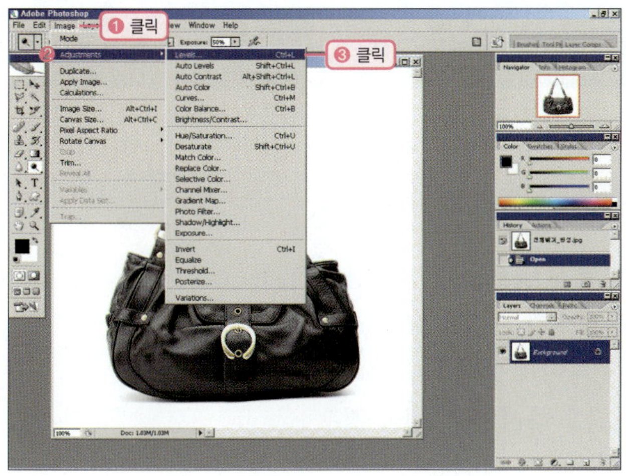 

Image-Adjustment-Curves

'Image-Adjustment'에 포함된 밝기 조절 메뉴 중에서 가장 세밀한 보정이 가능한 것
은 'Curves' 기능입니다. 'Levels'는 직선 슬라이더를 좌우로만 움직여서 밝기를 보
정하지만, 'Curves'는 그래프 선에 포인트를 찍은 후 상하좌우로 자유롭게 이동하여
정밀하게 보정할 수 있습니다.

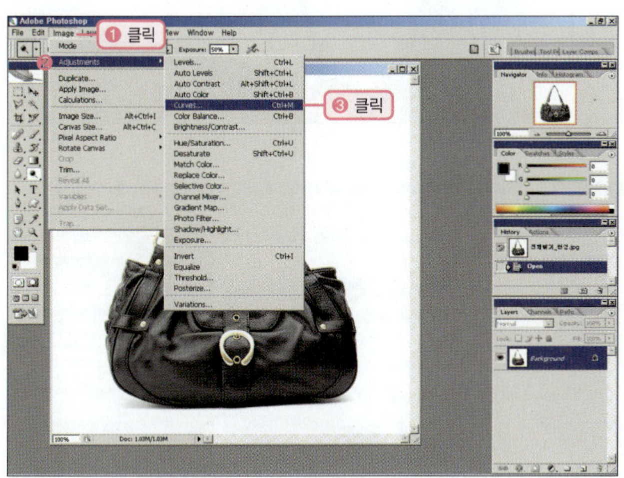 

이미지의
색상 보정 노하우

♥ 흰색 배경이 푸르게 나온 상품 사진의 보정

상품 사진을 촬영하다 보면 실물의 색상과 사진의 색상이 다르게 나오는 경우가 종종
있는데, 그 이유는 화이트 밸런스(색온도)가 맞지 않았기 때문입니다. 상품 사진에서는
실물에 가장 가까운 색상을 표현하는 것이 중요하기 때문에 화이트 밸런스를 정확히
설정하고 촬영하는 것이 좋습니다. 그러나 이미 촬영한 사진을 다시 찍기 힘들 경우
포토샵으로 색상 보정을 하면 됩니다.

▲ Before

▲ After

01 'File' 메뉴의 'Open'을 클릭하여 '부록 CD-
Story 03' 폴더에서 '라켓화밸.jpg' 파일을 불
러옵니다.

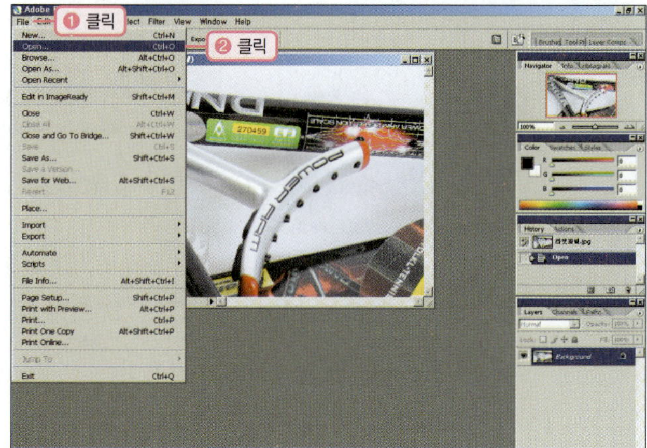

02 우선 'Image' 메뉴의 'Adjustment-Auto Levels'를 클릭하여 이미지의 밝기를 자동 조절합니다.

03 이미지의 명암이 살아나면서 사진이 또렷해 보이기는 하지만, 배경의 푸른색 톤은 아직 그대로입니다. 이번에는 보정 레이어를 사용하여 원본 이미지를 변형하지 않고 색상을 보정해 보겠습니다. 레이어 팔레트에서 'Creat new fill or adjustment layer'를 클릭한 후 'Levels'를 선택합니다.

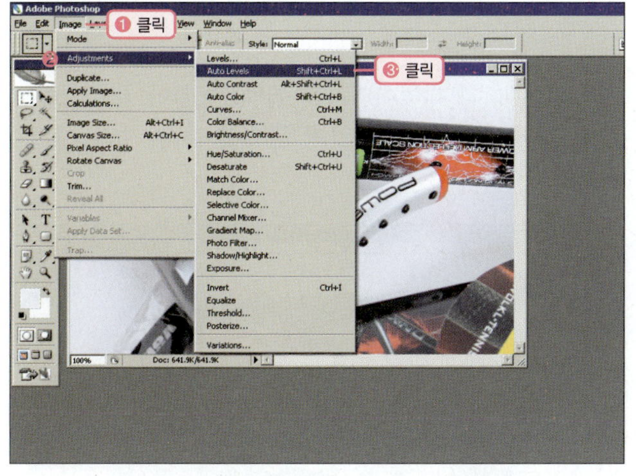

04 'Background' 레이어 위에 Levels 보정 레이어가 생기면서 'Levels' 대화상자가 나타납니다. 'Channel'에서 'Blue'를 선택합니다.

05 'Set White Point' 스포이드를 선택하고 이미지의 배경 부분을 클릭합니다. 배경의 여기저기를 클릭해 보면 밝기에 따라서 'Blue' 채널의 밝은 부분 레벨 값이 약간씩 달라지는 것을 확인할 수 있습니다. 클릭하는 지점에 따라 이미지가 즉각 변화하므로 배경에서 푸른 톤이 가장 자연스럽게 제거되는 지점을 선택한 후 'OK' 버튼을 클릭하면 됩니다.

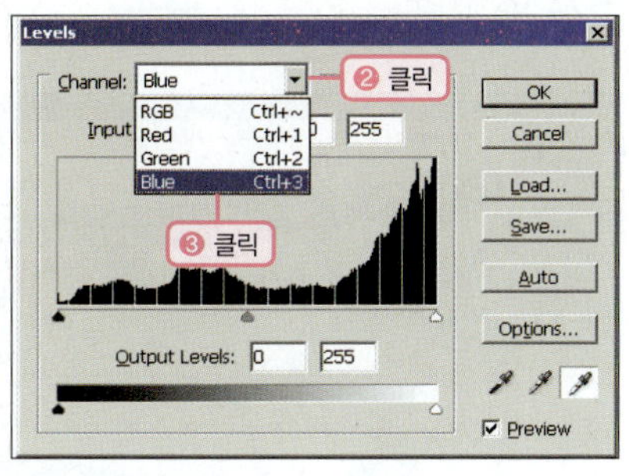

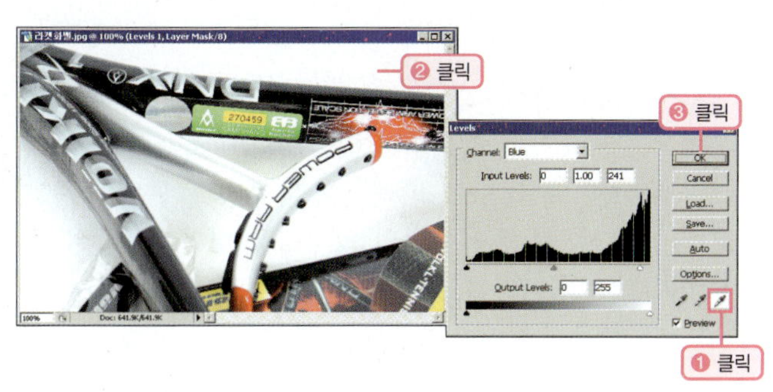

Hot Sauce

완성된 예제 이미지는 '부록 CD-Story 03' 폴더의 '라켓화밸_완성.psd' 파일입니다.

Levels, Curves 등의 기능을 이용하여 이미지 레이어에 직접 보정을 한 경우, 보정 효과를 수정하거나 제거하기 위해서는 작업 단계를 되돌려야 합니다. 그러나 보정 레이어를 사용하면 이미지에 변화를 주지 않고도 보정을 할 수 있기 때문에 쉽게 수정할 수 있습니다. 보정 레이어의 다양한 종류는 Story 04에서 따라 하기 실습을 통해 자세히 배울 수 있습니다.

01 보정이 필요한 이미지의 레이어를 선택한 상태에서 보정 레이어 생성 아이콘을 클릭합니다. 그런 다음 단축 메뉴에서 보정 종류를 선택합니다.

02 이미지 레이어의 위쪽에 보정 레이어가 만들어지면서 보정 작업에 필요한 옵션 대화상자가 나타납니다.

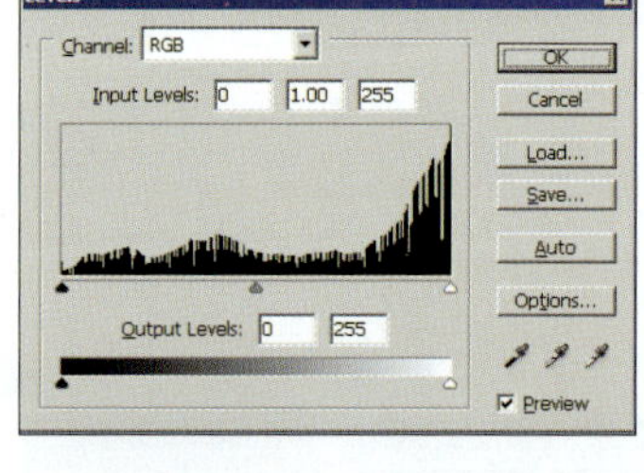

03 보정 레이어의 눈 아이콘을 클릭하여 없애면 보정 효과가 적용되지 않은 'Background' 레이어만 보이게 됩니다. 보정 레이어의 보정 옵션을 수정하고 싶을 경우 보정 레이어의 섬네일을 더블클릭하면 옵션 대화상자가 나타나므로 언제든지 수정이 가능합니다.

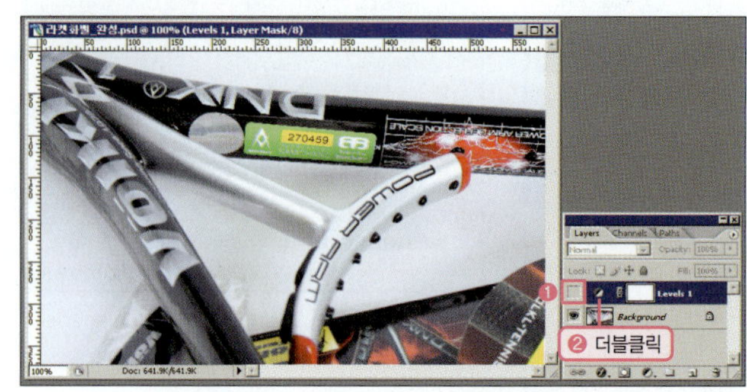

Hot Sauce

일반 레이어처럼 보정 레이어도 삭제가 가능합니다.

♥ 흐릿한 색감의 이미지에서 채도를 높이고 싶을 때

사진의 전체적인 색감이 흐릿해서 상품의 퀄리티가 많이 떨어져 보이는 경우가 있습니다. 특히 음식 사진에서는 색상이 식욕을 자극하는 역할을 하기 때문에 채도를 적절히 증가시키는 것이 좋습니다. 단, 실제 상품과 동떨어지게 채도를 너무 많이 조절하면 고객들에게 항의를 받을 수 있으므로 주의해야 합니다.

▲ Before

▲ After

01 부록 CD의 'Story 03' 폴더에서 '파프리카.jpg' 파일을 불러옵니다. 예제는 파프리카 사진인데 빨강, 노랑, 초록 등 다양한 색깔의 파프리카는 채도가 높아야 신선하고 맛있어 보입니다. 원본 사진은 이러한 색감이 제대로 살아 있지 못하므로 채도를 약간 높여서 이를 보정해 보겠습니다.

02 'Image' 메뉴의 'Adjustment-Hue/Saturation'을 클릭합니다.

03 'Hue/Saturation' 대화상자가 나타나면 'Satu ration' 항목에 '20'을 입력하고 'OK' 버튼을 클릭합니다. 간단하게 채도의 보정이 완료되었습니다.

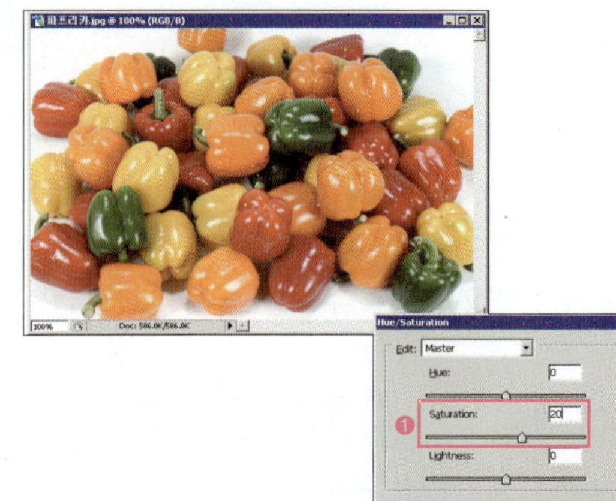

Hot Sauce

완성된 예제 이미지는 '부록 CD-Story 03' 폴더의 '파프리카_완 성.jpg' 파일입니다.

Design Master | Hue/Saturation의 세 가지 슬라이더 살펴보기

• Hue

슬라이더를 좌우로 움직이거나 숫자를 입력하여 이미 지를 다양한 색상으로 바꿀 수 있습니다.

• Saturation

슬라이더를 좌우로 움직이거나 숫자를 입력하여 이미 지의 채도를 가감할 수 있습니다.

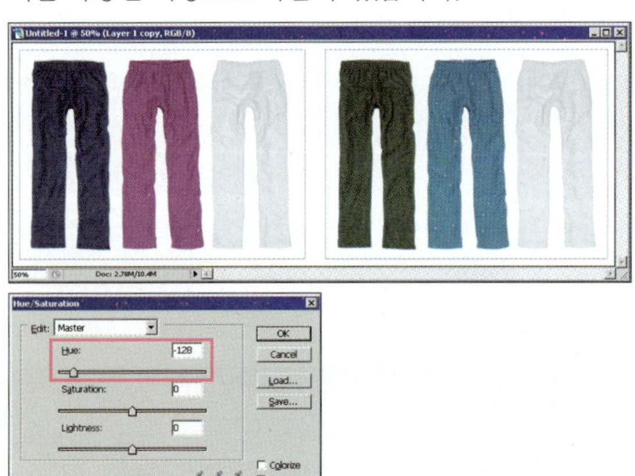

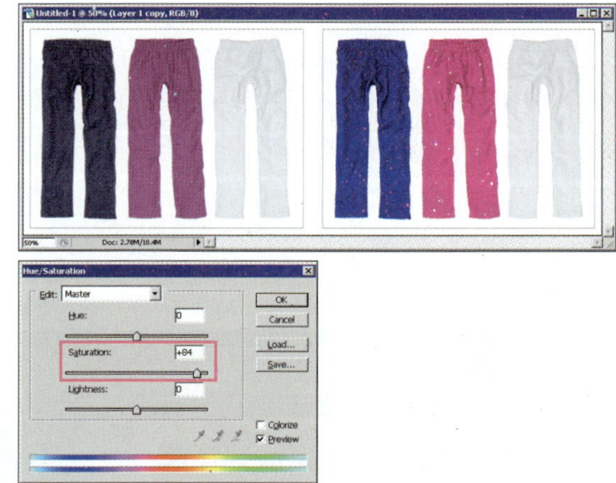

• Lightness

슬라이더를 좌우로 움직이거나 숫자를 입력하여 이미지의 밝기를 조절할 수 있습니다.

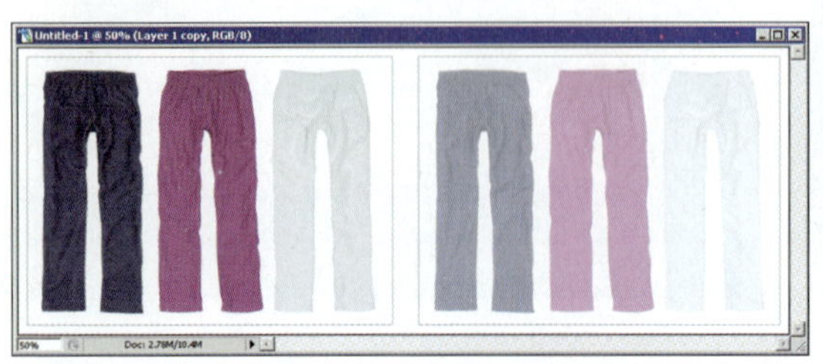

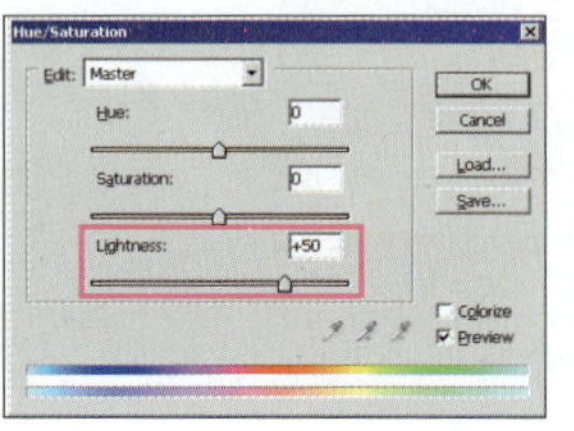

♥ 사진 분위기에 맞는 색상 톤으로 변경하기

▲ Before

▲ After

01 부록 CD의 'Story 03' 폴더에서 '컬러밸런스.jpg' 파일을 불러옵니다. 예제 이미지를 살펴보면 전체적으로 노란색과 초록색 톤이 강하므로 보정이 필요한 상태인 것을 알 수 있습니다.

02 'Image' 메뉴의 'Adjustment-Color Balance'를 클릭합니다.

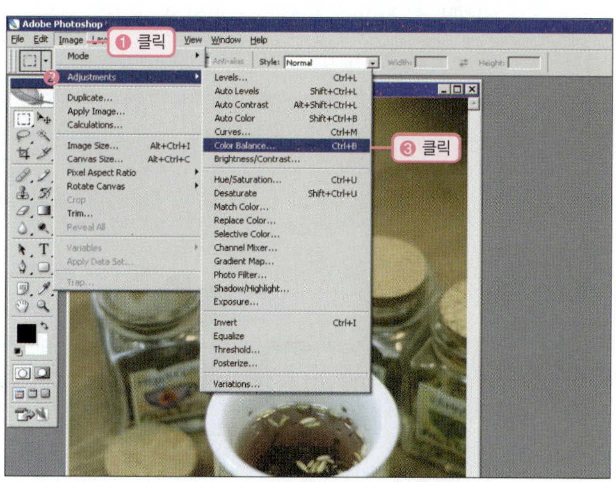

03 초록색을 줄이기 위해 두 번째 슬라이더를 왼쪽
   으로 '-20'만큼 움직이고, 노란색을 줄이기 위
해 세 번째 슬라이더를 오른쪽으로 '40'만큼 움직입니
다. 'OK' 버튼을 클릭합니다. 자, 사진이 내추럴한 분위
기의 색감으로 보정된 것을 확인할 수 있습니다.

Hot Sauce

완성된 예제 이미지는 '부록 CD-Story 03' 폴더의 '컬러밸런스_
완성.jpg' 파일입니다.

Design Master | 다양한 색상 톤을 비교하며 설정할 수 있는 Variations 살펴보기

포토샵에서는 'Image' 메뉴의 'Adjustment-Varia
tions' 기능으로 쉽게 색상 톤을 보정할 수 있습니다.
'Variations' 기능을 이용하면 모든 색의 변화를 비교
하면서 조절할 수 있다는 장점이 있습니다.

또한 그린, 옐로, 사이언, 레드, 블루, 마젠타를 선택하
여 증가시킬 수 있으며, 밝기 보정도 함께 할 수 있습니
다. 오리지널 이미지와 커런트 픽(현재 보정을 하고 있는 상
태의 이미지)을 동시에 볼 수 있기 때문에 편리하게 작업
할 수 있습니다.

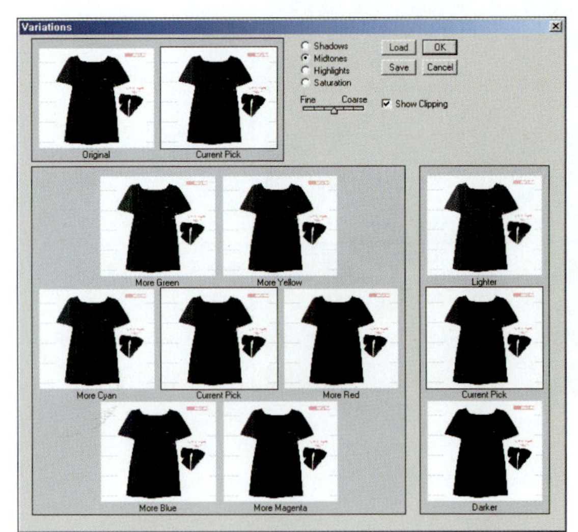

Shopping Mall Sense

19 이미지의 선명도 보정 노하우

♥ Sharpen, Sharpen More, Unsharp Mask 기능

'쨍한 사진'이라는 말을 들어본 적이 있을 것입니다. 쨍한 사진은 선명도가 높은 사진을 말하는데, 포토샵에서 사진의 선명도를 높일 때는 일반적으로 'Sharpen' 기능을 이용합니다. 선명도를 좀 더 강하게 적용하고 싶을 경우에는 'Sharpen More' 기능을 사용하고, 선명도를 수치로 직접 지정하고 싶을 때는 'Unsharp Mask' 기능을 사용합니다. 하지만 지나치게 선명도를 높이면 이미지가 훼손되기 때문에 'Unsharp Mask' 수치는 '가로 : 500px', '세로 : 500px' 이미지 기준으로 '40~80' 정도를 적용하는 것이 적당합니다.

01 부록 CD의 'Story 03' 폴더에서 '침대시트4.jpg' 파일을 불러옵니다. 예제 이미지는 원단 상품의 디테일한 사진인데, 선명도를 약간 높여보겠습니다. 'Filter' 메뉴의 'Sharpen-Unsharp Mask'를 선택합니다.

02 'Unsharp Mask' 대화상자가 나타나면 'Amount' 항목에 '60'을 입력합니다. 이때 'Preview'에 체크 표시가 되어 있을 경우 이미지가 선명해지는 것을 실시간으로 확인할 수 있습니다.

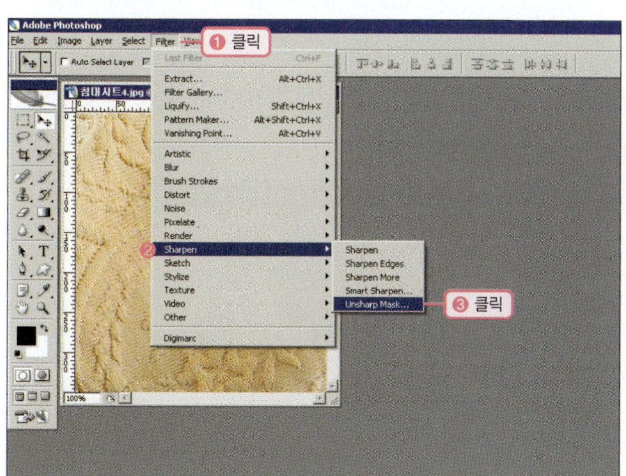

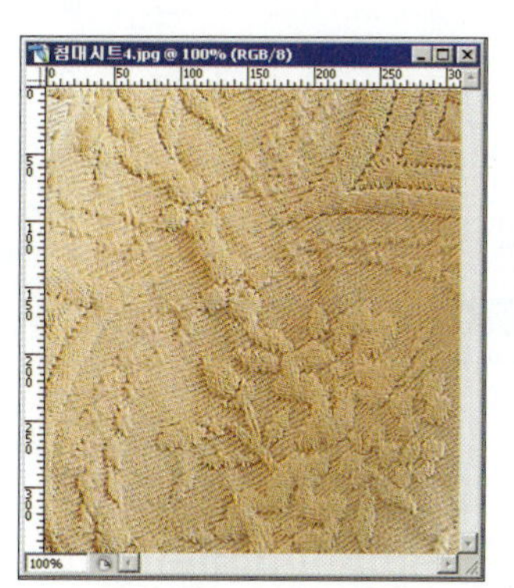

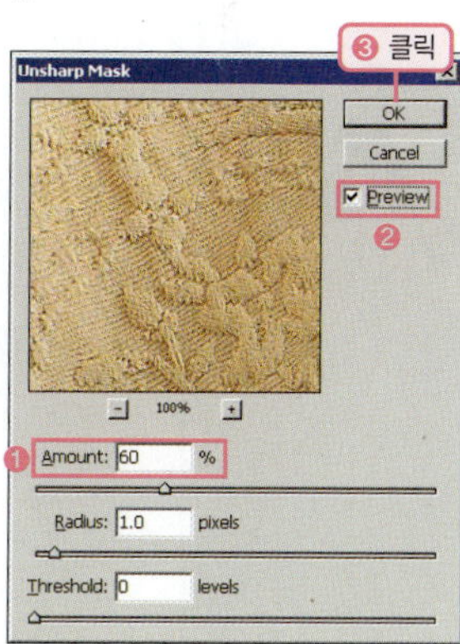

Hot Sauce

어떤 경우에는 선명한 이미지를 흐릿하게 만들고 싶을 때가 있습니다. 이럴 때는 'Filter' 메뉴의 'Blur', 'Blur More', 'Gaussian Blur' 기능을 이용하면 됩니다.

'Filter-Sharpen' 메뉴는 이미지 전체의 선명도를 강하게 할 때 사용하지만, 툴 박스의
샤픈 툴은 마우스로 드래그하는 영역에만 효과가 적용됩니다.

01 부록 CD의 'Story 03' 폴더에서 '원형.jpg' 파일을 불러옵니다. 툴 박스의 샤픈 툴을 선택하고, 상단 브러시 옵션에서 브러시 스타일 아이콘을 클릭합니다. 그런 다음 가장자리가 둥근 '65px' 브러시를 선택합니다.

02 마우스로 톡톡 클릭하거나 드래그해서 이미지의 선명도를 높입니다.

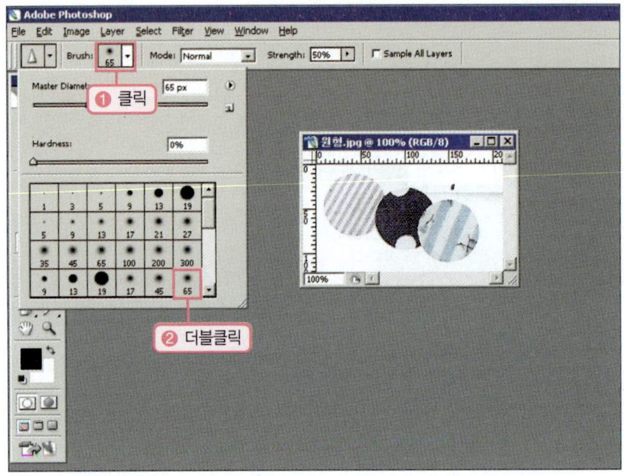

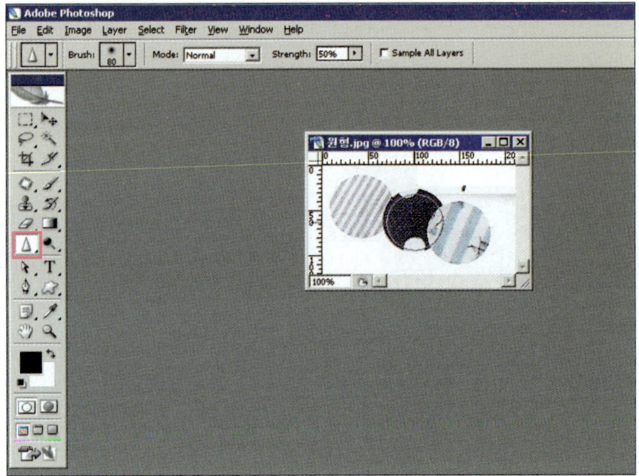

Design Master | 툴 박스의 블러 툴, 스머지 툴

툴 박스의 블러 툴은 이미지를 흐릿하게 할 때 사용하고, 스머지 툴은 마우스를 드래그하는 대로 방향감을 느낄 수 있도록 흐릿하게 만드는 경우에 사용합니다.

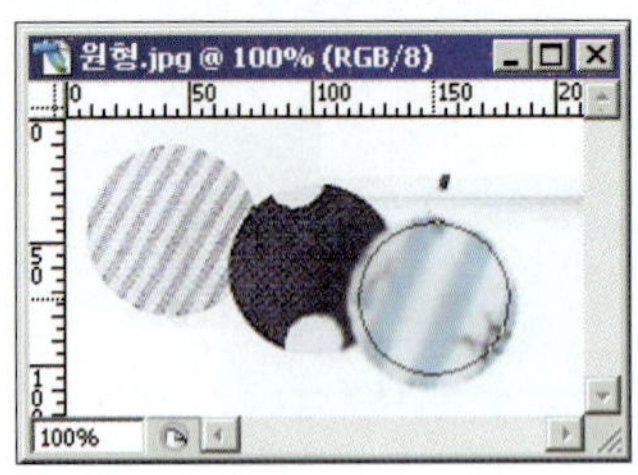

▲ 블러 툴

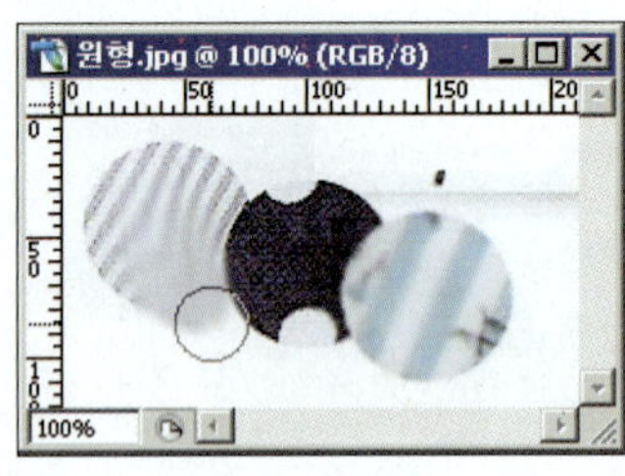

▲ 스머지 툴

Shopping Mall Sense

20

상품의 잡티와
원하지 않는 부분 제거하기

♥ 툴 박스의 도장 툴

도장 툴은 이미지의 특정 부분을 다른 영역이나 다른 작업 화면으로 복사하는 도구입니다. 키보드의 Alt 를 누른 상태에서 복사할 부분을 클릭한 후 원하는 위치에 드래그하면 간단하게 특정 부분을 복사할 수 있습니다. 도장 툴을 이용하여 복사할 때는 브러시의 크기에 따라 복사 영역의 크기가 달라집니다. 그러므로 이미지의 크기에 따라 적당한 크기의 브러시를 선택해야겠죠?

01 이제부터 도장 툴을 이용하여 풍선 이미지를 복사해 보겠습니다. 툴 박스에서 도장 툴을 클릭합니다. 그런 다음 키보드의 Alt 를 누른 상태에서 초록색 풍선을 마우스로 클릭합니다.

02 다음과 같이 빈 공간을 클릭하면 초록색 풍선이 그대로 복사되는 것을 확인할 수 있습니다.

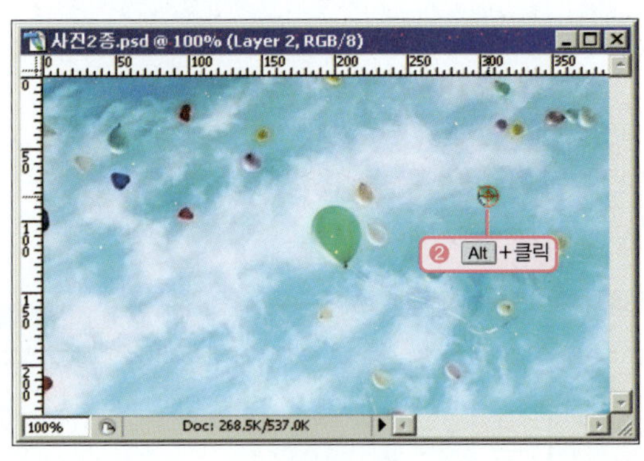

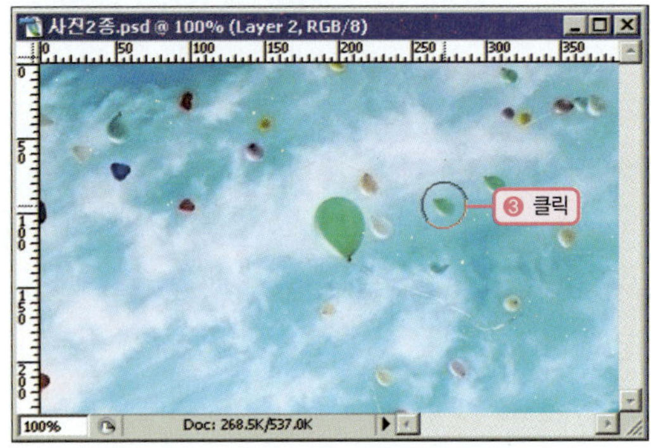

Hot Sauce

부록 CD의 'Story 03' 폴더에서 '사진2종.psd' 파일을 불러오면 됩니다.

♥ 툴 박스의 힐링 브러시 툴

힐링 브러시 툴도 도장 툴과 같은 방법으로 이미지의 일부분을 복사할 때 사용합니다. 하지만 똑같이 풍선을 복사한다고 해도 도장 툴은 풍선의 배경인 파란 하늘까지 복사하여 다소 어색해 보이지만, 힐링 브러시 툴을 이용하면 배경인 구름과 자연스럽게 어울리도록 복사할 수 있습니다.

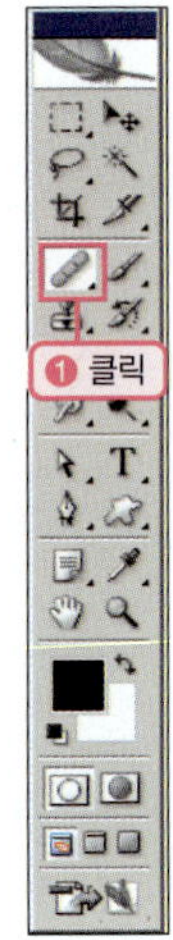
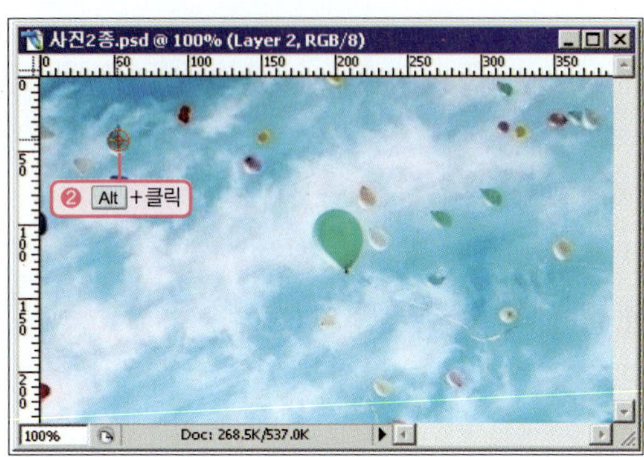

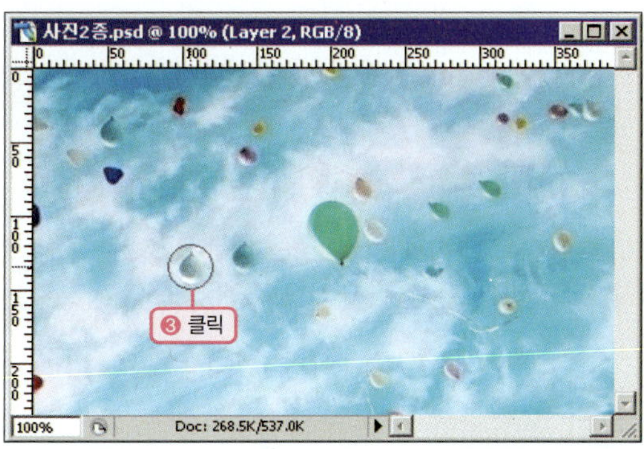

♥ 툴 박스의 스폿 힐링 브러시 툴

스폿 힐링 브러시 툴은 포토샵 CS2에서 추가된 기능입니다. 앞서 설명한 기능과는 다르게 이미지를 다른 곳으로 복사하는 것이 아니라 클릭만으로 점이나 얼룩 등을 손쉽게 제거하는 기능입니다. 스폿 힐링 브러시 툴을 선택한 상태에서 초록색 풍선을 클릭하면 풍선은 없어지고, 주변의 하늘과 비슷한 색상으로 대체됩니다.

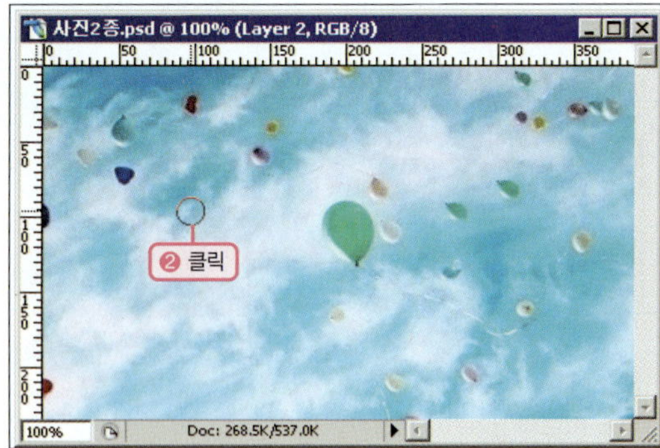

♥ 툴 박스의 패치 툴

패치 툴도 힐링 브러시 툴과 같은 방법으로 이미지에 효과를 적용하는 툴입니다. 단,
이미지의 선택 영역과 같은 패치 영역을 지정하여 적용하기 때문에 힐링 브러시 툴보
다 훨씬 넓은 영역의 이미지를 효과적으로 복원할 수 있습니다.

다음과 같이 패치 툴로 2개의 풍선을 선택합니다. 이 상태에서 마우스를 오른쪽으로
드래그하면 간단하게 이미지가 복사됩니다.

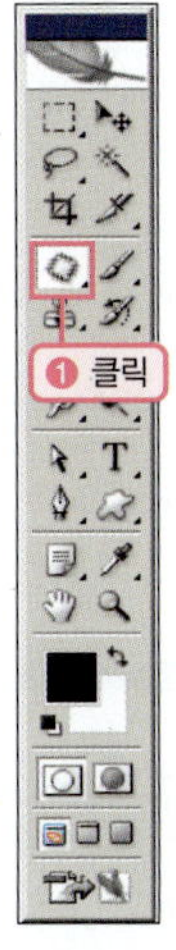

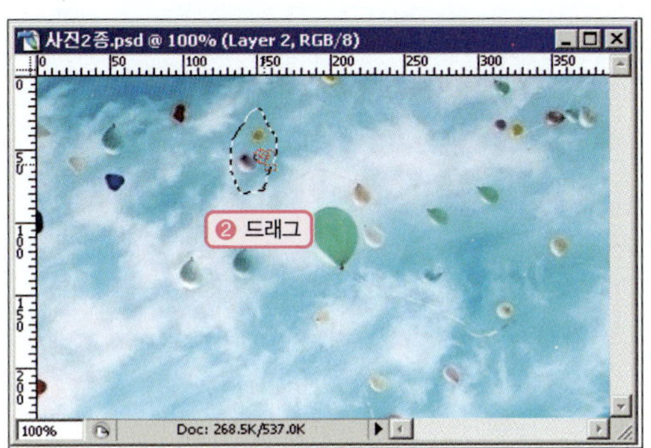

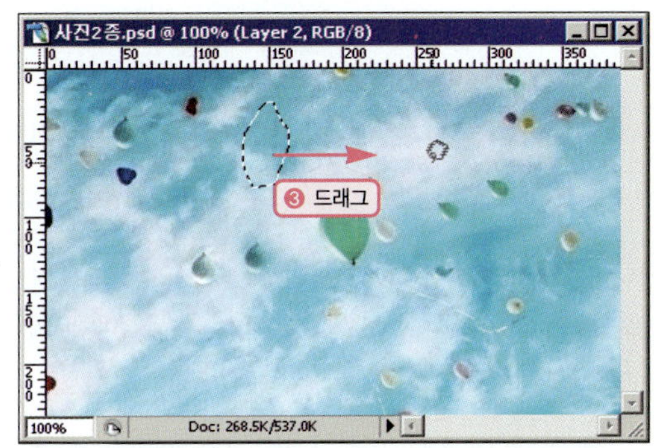

Hot Sauce

책의 예제는 패치 툴로 선택한 영역을 원하는 이미지로 복사하는
경우입니다. 이와 반대로 패치 툴로 선택한 영역을 다른 곳에 복사
하기 위해서는 옵션 바에서 'Destination' 항목을 선택하면 됩니다.

♥ 분위기 있는 흑백 사진 만들기

포토샵에서 컬러 이미지를 흑백 이미지로 전환하는 방법은 여러 가지가 있지만, 가장 쉽게 사용하는 기능이 'Image' 메뉴의 'Adjustments-Desaturate' 입니다.

01 부록 CD의 'Story 03' 폴더에서 '사진.jpg' 파일을 불러옵니다. 그런 다음 'Image' 메뉴의 'Adjustments-Desaturate'를 클릭합니다.

02 흑백 사진은 대체로 명암 대비가 뚜렷해야 개성과 분위기가 살아납니다. 'Image' 메뉴의 'Adjustments-Brightness/Contrast'를 클릭합니다.

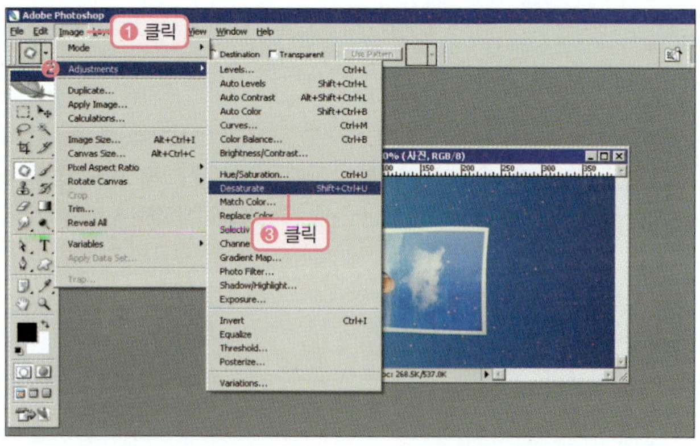

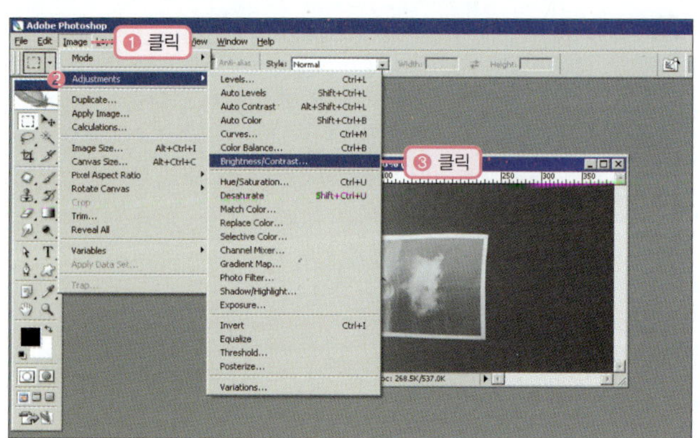

03 'Brightness/Contrast' 대화상자가 나타나면 'Contrast' 항목에 '20'을 입력한 후 'OK' 버튼을 클릭합니다.

04 사진의 흑백 대비가 선명하게 보정된 것을 확인할 수 있습니다.

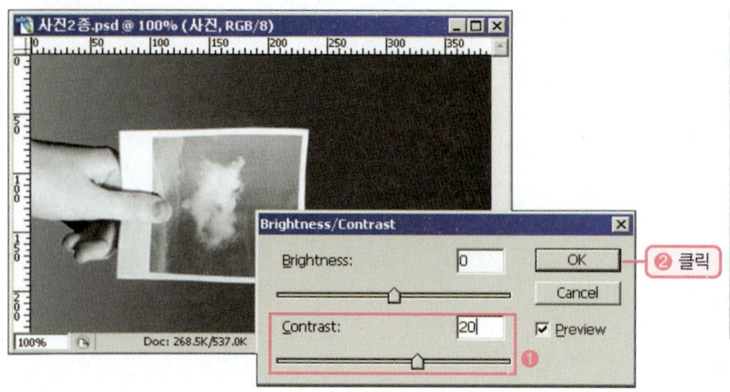

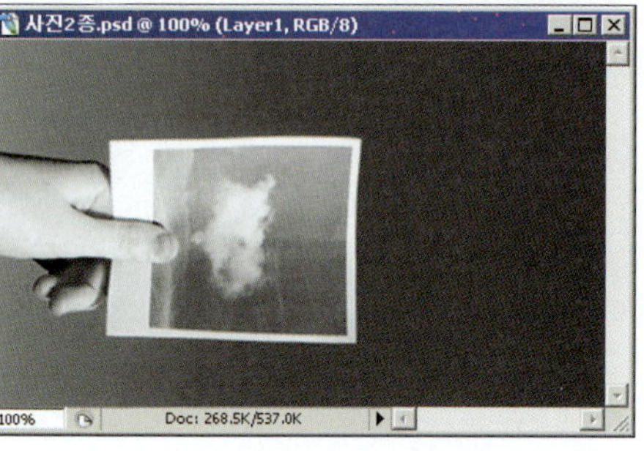

💙 듀오톤 이미지 만들기

듀오톤은 하나의 통일된 색조에 명암만 다르게 한 사진을 말합니다. 갈색 톤으로 이
루어진 사진이 대표적인 예이죠.

01 부록 CD의 'Story 03' 폴더에서 '듀오톤.psd' 파일을 불러옵니다. 그런 다음 'Image' 메뉴의 'Mode-Grayscale'을 클릭합니다.

02 만약 2개 이상의 레이어가 있는 파일이라면 레이어를 병합할 것인가를 묻는 대화상자가 나타납니다. 이럴 경우 'Flatten' 버튼을 클릭하여 2개로 분리된 레이어를 합칩니다. 이때 레이어를 살려두고 싶다면 'Don't Flatten' 버튼을 선택합니다.

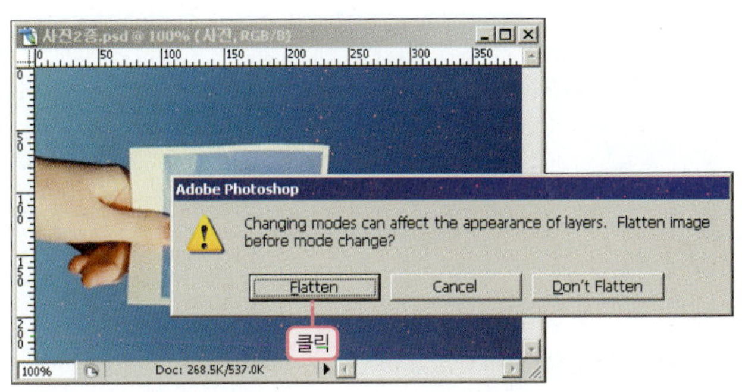

03 'Image' 메뉴의 'Mode-Duotone'을 클릭한 후 'Duotone Options' 대화상자가 나타나면 'Type' 항목에서 'Duotone'을 선택합니다. 그런 다음 'Ink2' 항목의 색상 섬네일을 클릭합니다.

04 'Color Libraries' 대화상자가 나타나면 원하는 색을 선택한 후 'OK' 버튼을 클릭하여 보정을 마무리합니다.

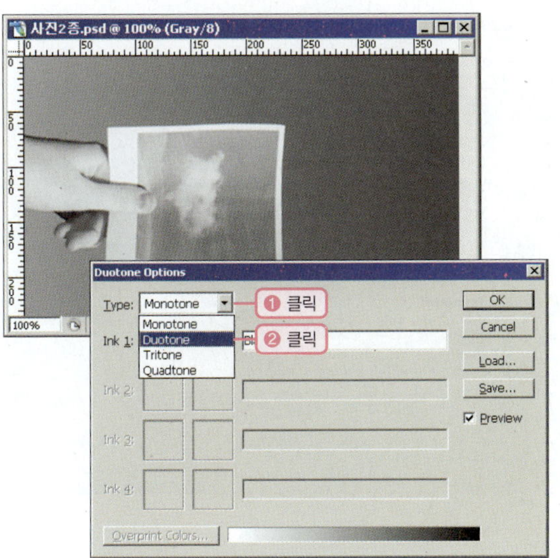

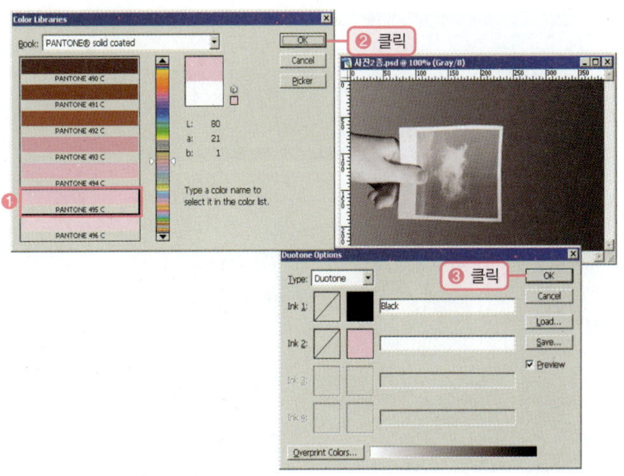

흑백 사진 중 특정 부분에만 색을 넣어 강렬한 느낌을 전달하는 사진을 본 적이 있을
것입니다. 이 방법은 중요한 메시지를 전달하거나 인상 깊은 사진을 만들려고 할 때
주로 이용합니다.

01 부록 CD의 'Story 03' 폴더에서 '사진.jpg' 파일
을 불러옵니다. 먼저 이미지를 흑백으로 만들어보
겠습니다. 'Image' 메뉴의 'Adjustments-Desaturate'
를 클릭하여 채도를 제거합니다.

02 툴 박스에서 히스토리 브러시 툴을 선택합니다.
이때 상단 옵션에서는 가장자리가 선명한 '19px'
브러시를 선택합니다.

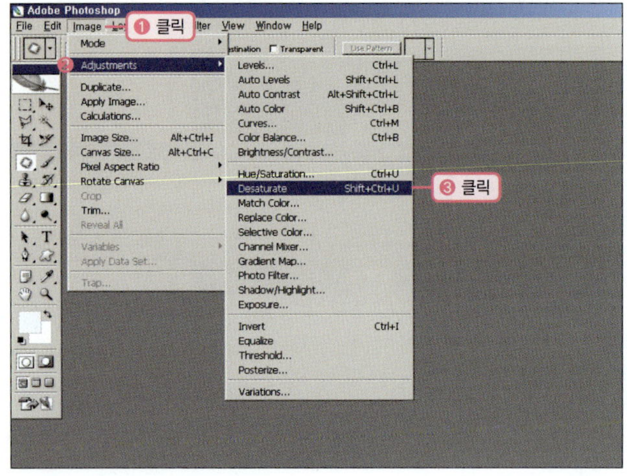

03 히스토리 브러시를 이용하여 손과 사진 부분만
슥슥 칠합니다.

04 사진과 손 부분에만 원래 색상이 되살아나 포인
트 있는 이미지가 완성되었습니다.

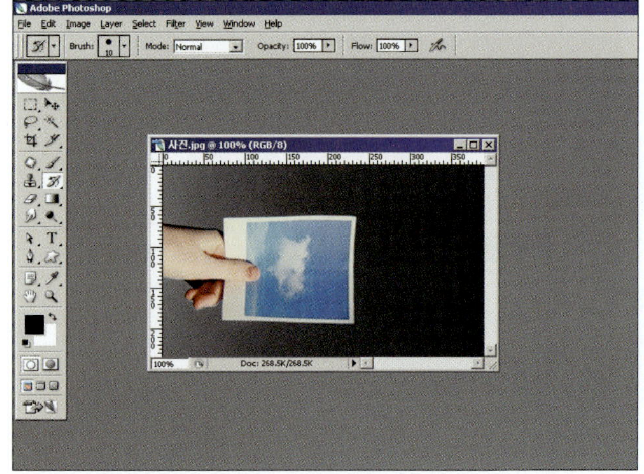

♥ 로모 사진 효과 내기

번 툴 이용하기

▲ Before

▲ After

01 부록 CD의 'Story 03' 폴더에서 '로모.jpg' 파일을 불러옵니다.

02 툴 박스에서 번 툴을 선택하고 상단 옵션 바에서 브러시 크기를 '200px', 'Exposure'를 '50%'로 지정합니다.

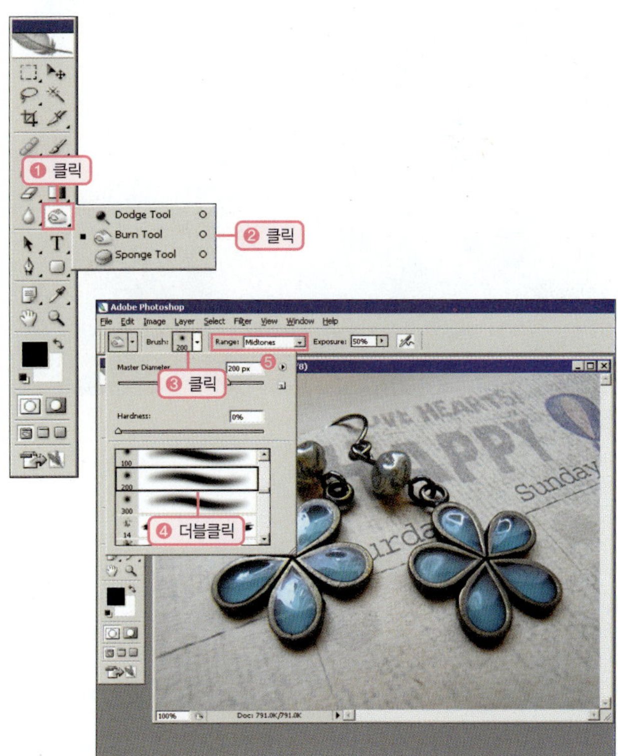

03 이미지의 가장자리를 마우스로 드래그하거나 톡 톡 찍어서 음영을 만듭니다.

04 키보드의 ▢, ▢를 눌러서 브러시의 크기를 조 절하고, 'Exposure' 값으로 브러시의 강도를 조절하면서 보정을 완성합니다.

Feather 옵션 이용하기

▲ Before

▲ After

01 부록 CD의 'Story 03' 폴더에서 '로모.jpg' 파일을 불러옵니다.

02 키보드의 Ctrl + J 를 눌러서 백그라운드 레이어를 복사한 후 'Image' 메뉴의 'Adjustments-Levels'를 선택합니다.

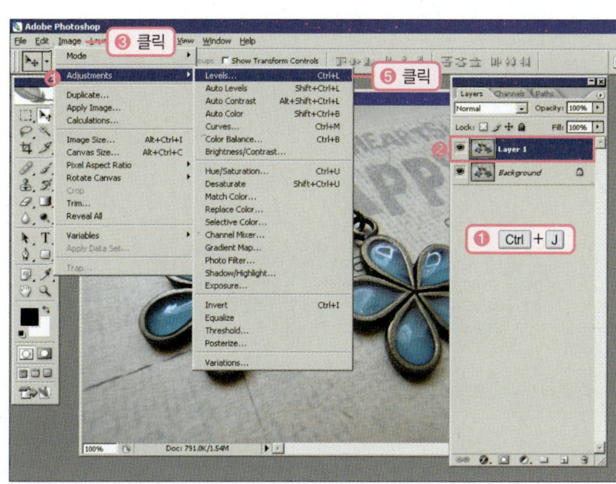

03 'Levels' 대화상자의 'Input Levels' 항목에 '29', '0.62', '255'를 입력하여 복사한 이미지를 어둡게 만든 다음 'OK' 버튼을 클릭합니다.

04 사각형 선택 툴을 선택한 후 상단 옵션 바에서 'Feather' 값을 '40px'로 지정합니다. 그런 다음 전체 이미지의 '80%' 정도를 드래그하여 선택합니다.

05 Feather 값이 적용되어 선택한 영역의 모서리가 둥글어진 것을 알 수 있습니다. 'Layer 1'을 선택한 상태에서 Delete 를 누르고, 다시 Ctrl + D 를 눌러서 영역 선택을 해제합니다.

06 가장자리에 더 강한 음영을 만들고 싶을 경우 'Layer 1'을 복사합니다. 이때 음영이 너무 어두울 경우에는 복사한 'Layer 1 copy'의 투명도를 조절하면 됩니다.

Hot Sauce

완성된 예제 이미지는 '부록 CD-Story 03' 폴더의 '로모_완성.psd' 파일입니다.

♥ 반사 이미지로 고급스러움 더해주기

선글라스, 시계, 주얼리 등 금속이나 유리 재질의 상품에는 반사 이미지를 만들어서 넣어주면 한결 돋보일 수 있습니다.

▲ Before

▲ After

01 부록 CD의 'Story 03' 폴더에서 '목걸이.jpg' 파일을 불러옵니다. 키보드의 Ctrl + J 를 눌러서 'Background' 레이어를 복사한 후 'Edit' 메뉴의 'Transform-Flip Vertical'을 클릭합니다.

02 복사한 레이어의 투명도를 '50%'로 조절하고, 백그라운드 레이어의 목걸이와 맞닿게 이동합니다. 위쪽의 검은색 여백은 사각형 선택 툴을 이용하여 제거하고, Ctrl + D 를 눌러서 선택 영역을 해제합니다.

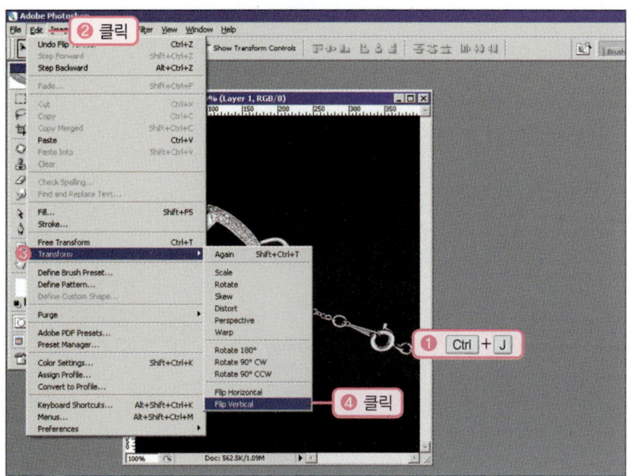

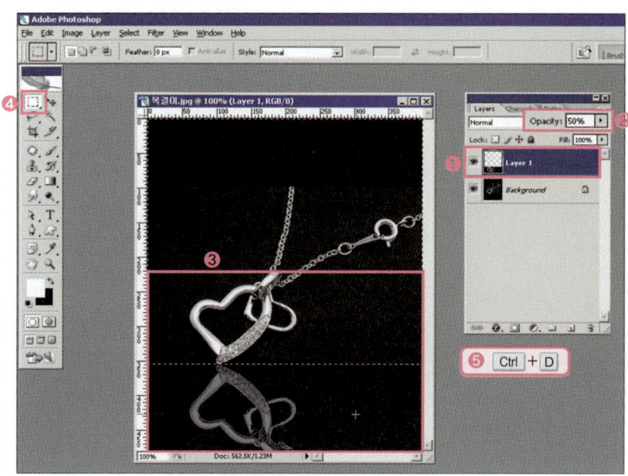

03 복사한 이미지의 끝 부분에는 Feather 값을 넉넉히 설정하여 원본 이미지와 자연스럽게 이어지도록 해야 합니다. 다음과 같이 사각형 선택 툴로 영역을 큼직하게 선택한 후 'Select' 메뉴의 'Feather'를 클릭합니다. 'Feather Selection' 대화상자가 나타나면 '40'을 입력한 후 'OK' 버튼을 클릭합니다.

04 키보드의 Delete 를 눌러서 선택 영역을 제거한 후 다시 Ctrl + D 를 눌러서 영역 선택을 해제합니다.

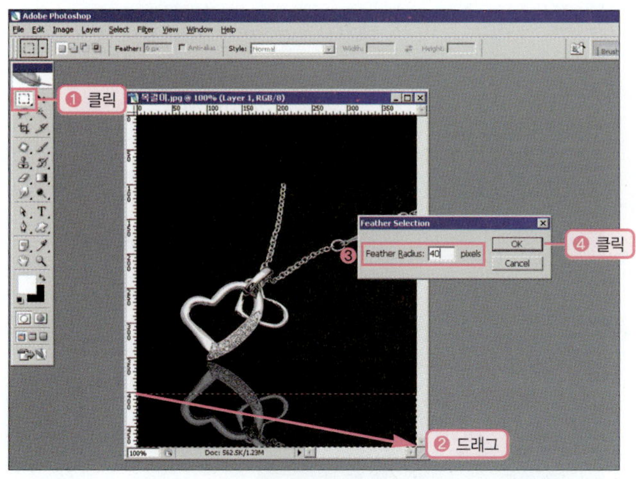

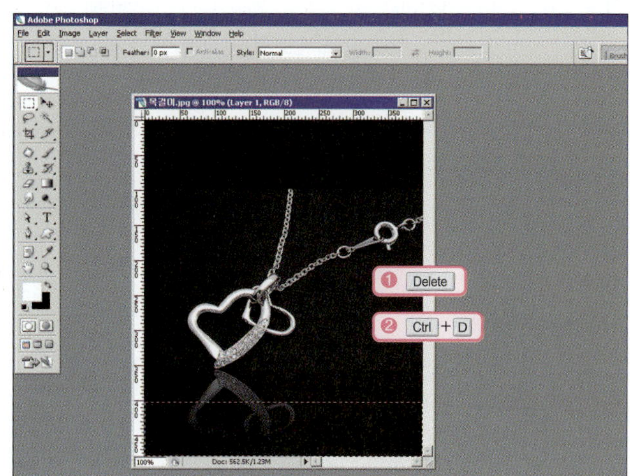

05 이미지의 위쪽을 큐빅 패턴의 글자로 장식해 보겠습니다. 부록 CD의 'Story 03' 폴더에서 '큐빅.jpg' 파일을 불러옵니다. 먼저 불러온 이미지를 패턴으로 등록해야 하는데, Ctrl + A 를 눌러서 큐빅 이미지 전체를 선택한 후 'Edit' 메뉴의 'Define Pattern'을 클릭합니다.

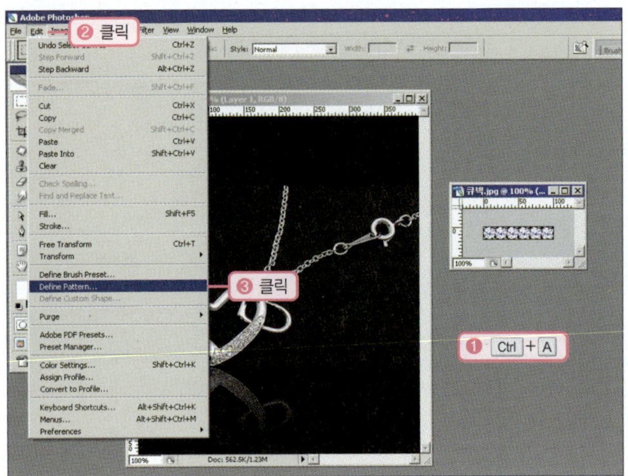

06 'Pattern Name' 대화상자가 나타나면 'OK' 버튼을 클릭합니다.

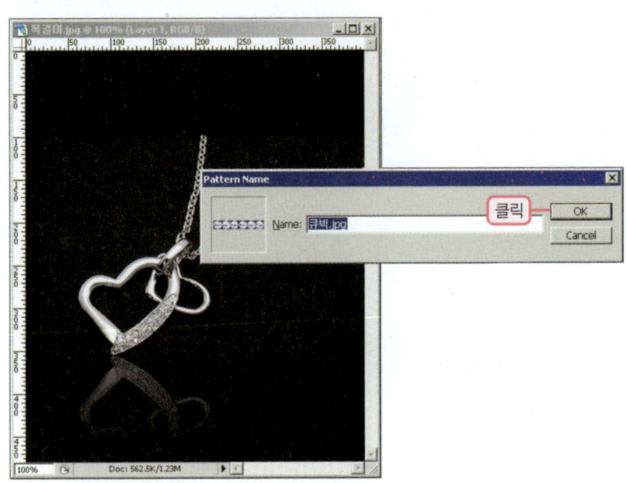

07 이제 '큐빅.jpg' 파일은 닫고 '목걸이.jpg' 파일에 새 레이어를 추가합니다. 그런 다음 'Edit' 메뉴의 'Fill'을 클릭합니다.

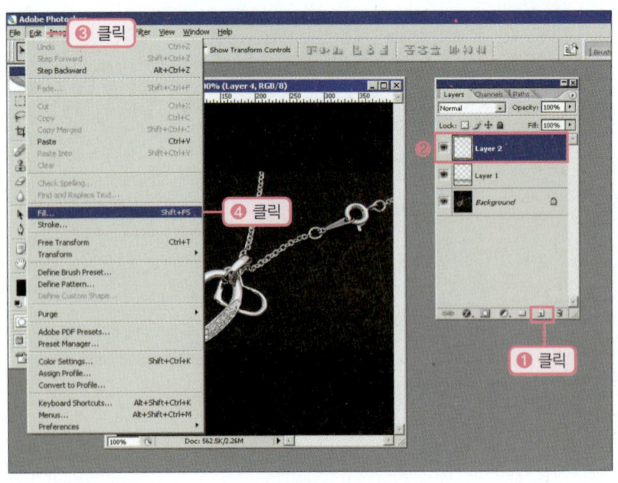

08 'Fill' 대화상자가 나타나면 'Use'는 'Pattern', 'Custom Pattern'은 '큐빅.jpg'로 선택한 후 'OK' 버튼을 클릭합니다.

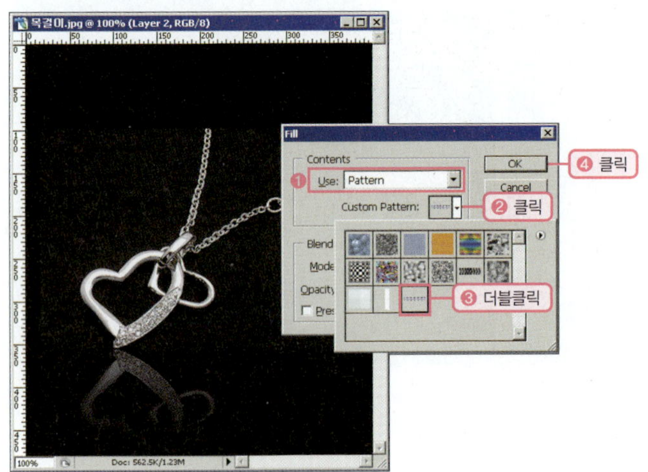

09 큐빅 패턴으로 새 레이어가 채워진 것을 알 수 있습니다.

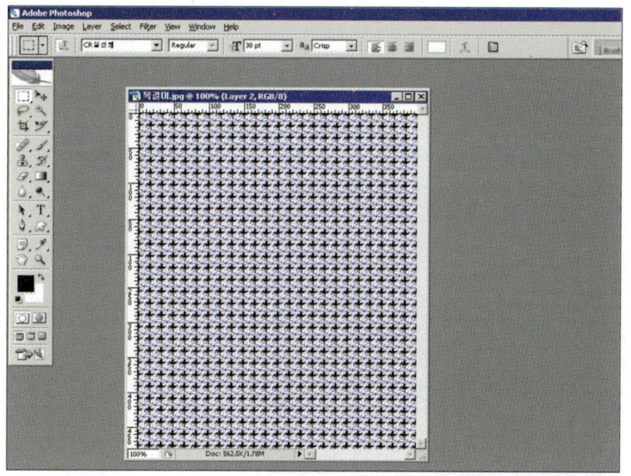

10 툴 박스에서 수평 타입 마스크 툴을 선택하고 이미지의 위쪽에 다음과 같이 'CUTI BIG'을 입력합니다. 이때 큐빅 패턴이 잘 보이도록 하려면 굵은 폰트로 크게 입력해야 합니다.

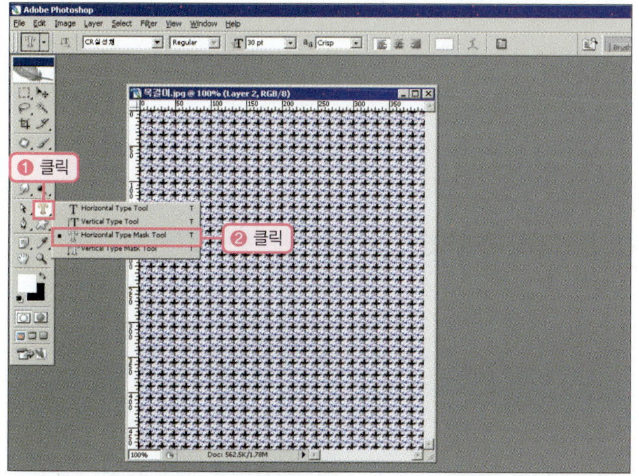

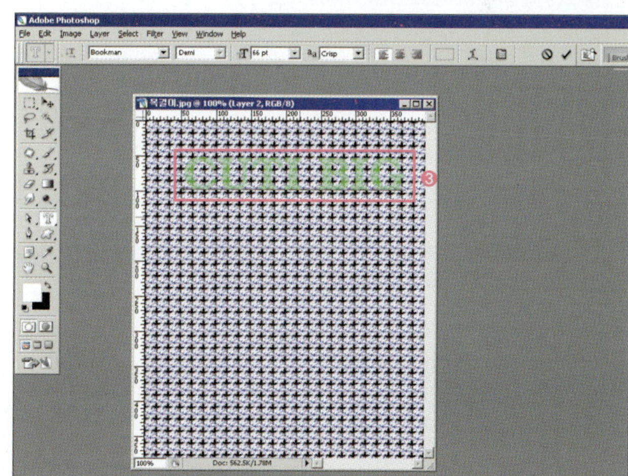

11 툴 박스에서 이동 툴을 선택하면 글자가 선택 영역으로 전환됩니다. 이 상태에서 Ctrl + C 와 Ctrl + V 를 차례대로 눌러서 선택 영역을 복사한 후 붙여 넣습니다.

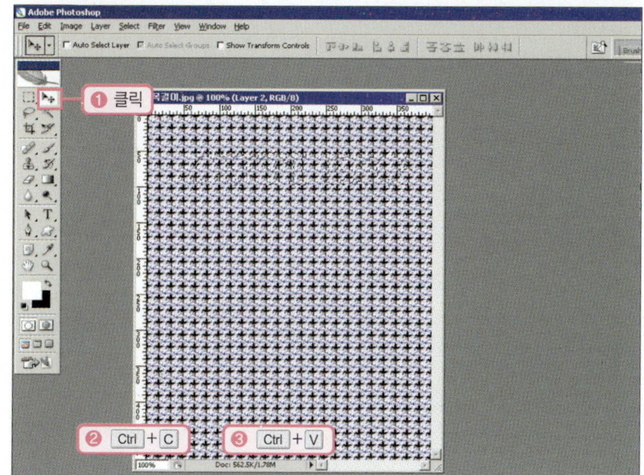

12 큐빅 패턴 레이어는 휴지통으로 드래그하여 삭제합니다.

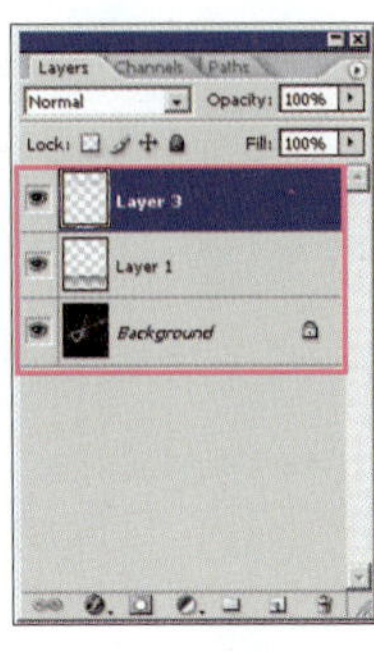

13 레이어 팔레트 아래쪽의 'Add a layer style'을 클릭한 후 단축 메뉴에서 'Stroke'를 선택합니다.

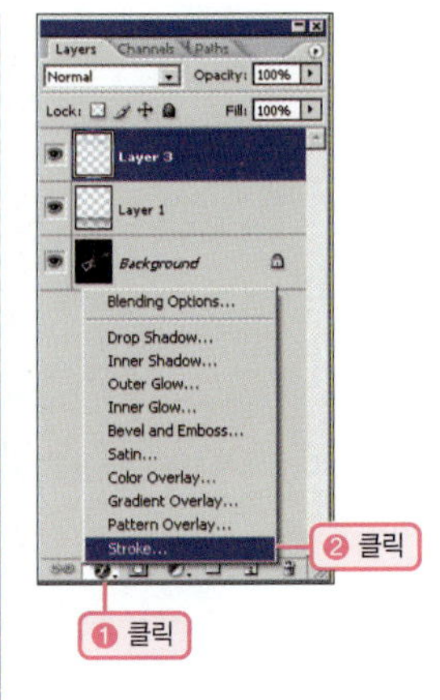

14 'Layer Style' 대화상자가 나타나면 'Size : 2', 'Position : Outside', 'Opacity : 90', 'Color : #ffffff'로 설정한 후 'OK' 버튼을 클릭합니다.

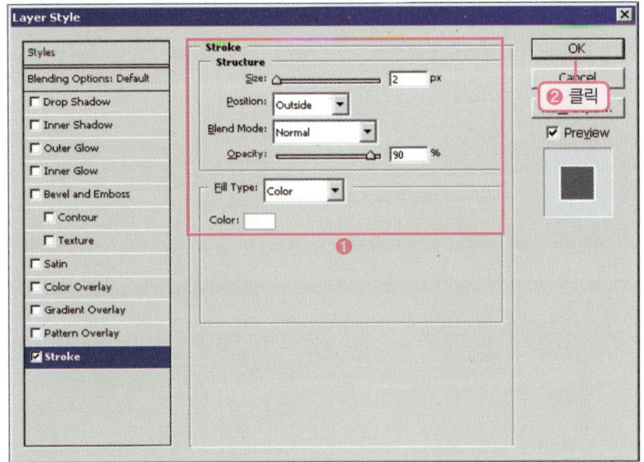

15 마지막으로 목걸이의 큐빅이 반짝거리는 효과를 연출해 보겠습니다. 툴 박스에서 브러시 툴을 선택하고, 상단 옵션에서 'Assorted Brushes'를 클릭합니다.

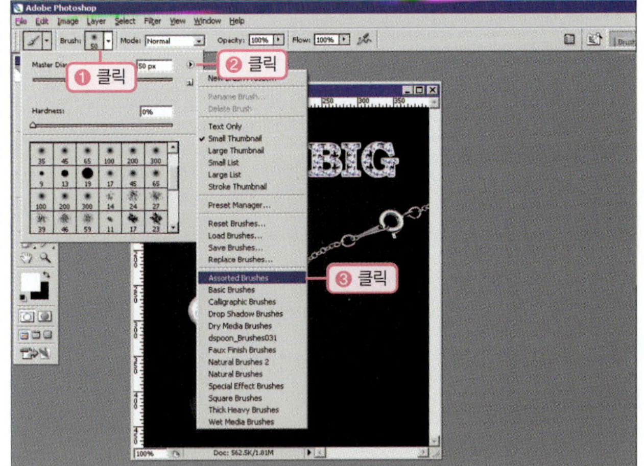

Hot Sauce

'Assorted Brushes'를 선택하면 브러시 세트를 바꿀 것인지 묻는 대화상자가 나타나는데, 여기에서 'OK' 버튼을 클릭합니다.

16 브러시 세트가 바뀐 것을 알 수 있습니다. 브러시 세트에서 별 브러시를 선택하고 툴 박스의 전경색을 '#ffffff'로 바꿉니다.

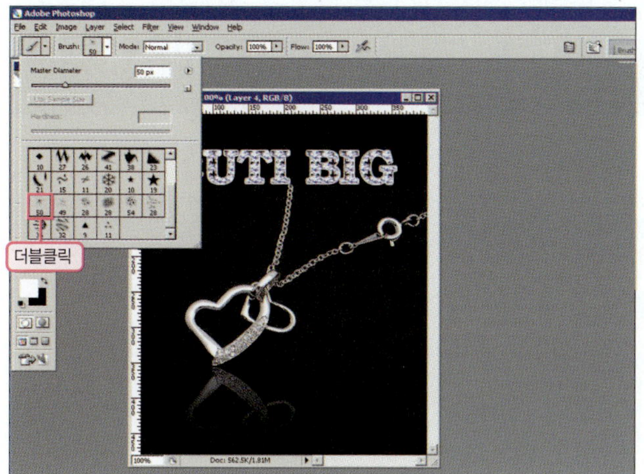

17 새 레이어를 추가한 후 적당한 위치에 마우스를 클릭하여 크기가 다른 반짝이는 별 3개를 만듭니다. 자, 이제 이미지가 완성되었습니다.

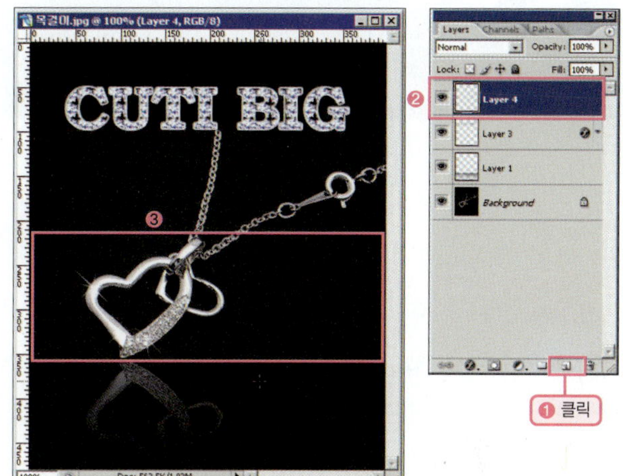

Hot Sauce

완성된 예제 이미지는 '부록 CD-Story 03' 폴더의 '목걸이_완성. psd' 파일입니다.

HTML의 개념과 원리 이해하기

♥ HTML이란?

HTML(Hyper Text Markup Language)은 그래픽, 멀티미디어, 텍스트 등의 기본적인 웹 페이지 구성 요소들을 웹 브라우저가 인식할 수 있도록 하는 언어입니다. 인터넷에 접속했을 때 우리는 웹 페이지를 보게 되는데, 인터넷 익스플로러에서 '보기' 메뉴의 '소스'를 클릭하면 웹 페이지를 표시하기 위해 HTML 소스를 어떻게 코딩했는지 확인할 수 있습니다.

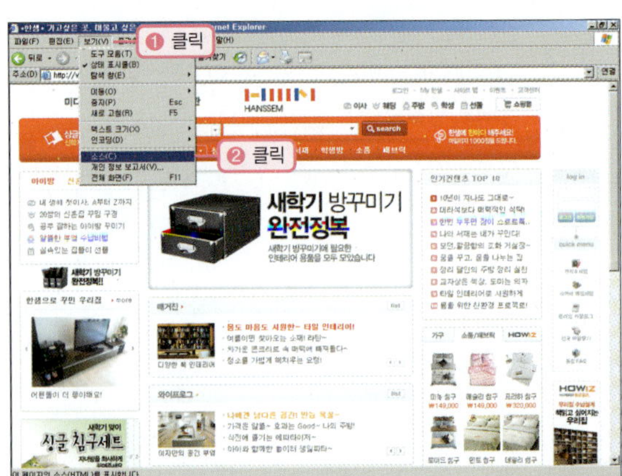

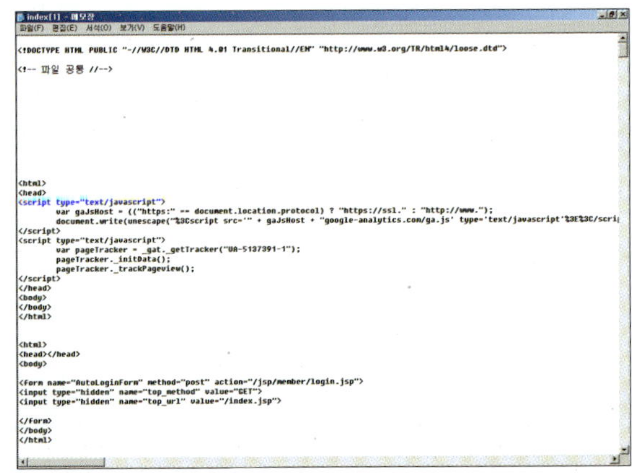

♥ HTML 제작 프로그램

HTML은 텍스트로 구성되기 때문에 텍스트를 편집할 수 있는 프로그램이라면 무엇이든 사용할 수 있습니다. 윈도우에 기본으로 설치되어 있는 메모장만으로도 HTML 문서를 작성할 수 있죠. 그러나 HTML 문서를 작성할 때는 일반적으로 전문 웹 에디터 프로그램을 사용합니다.

텍스트 에디터

프로그래머처럼 주로 코딩에 익숙한 사람들이 사용하며 메모장, 워드패드, EditPlus,
UltraEdit, AcroEdit 등의 프로그램이 있습니다.

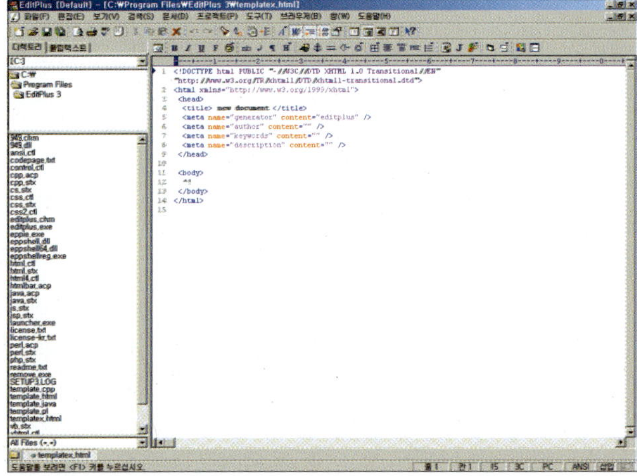

▲ EditPlus

Hot Sauce

하드 코딩은 위지윅 방식의 웹 에디터를 사용하지 않고, 텍스트 에
디터만으로 웹 페이지를 제작하는 것을 말합니다.

위지윅(WYSIWYG:What You See is What You Get) 에디터

명령어를 입력하는 방식이 아니고, 워드프로세스처럼 아이콘을 클릭하여 기능을 적
용할 수 있기 때문에 HTML 코딩을 편하게 할 수 있습니다. 대표적인 위지윅 프로그
램으로는 나모 웹에디터, 드림위버가 있습니다.

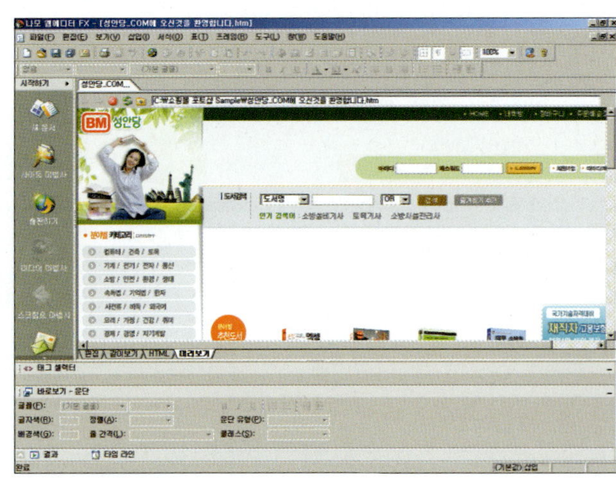

▲ 나모 웹에디터 FX

Hot Sauce

쇼핑몰 운영자는 HTML의 기본 문법과 구조를 이해하고 이미지 올
리기, 글자 입력하기, 링크 걸기, 정렬 방식 설정하기, 기본 수준의
표 그리기 등 몇 가지 기본 기능만 알고 있으면 됩니다. 각 태그의
용도와 원리를 알고 있다면 굳이 해당 태그를 외울 필요도 없습니
다. 처음에는 외계어인 양 난해하고 복잡해 보일 수도 있으니 굳이
외우려다가 스트레스 받지 말고 이해만 하고 있으면 됩니다.

HTML 문서는 태그들이 모여서 이루어집니다. 태그란 HTML 문서를 작성할 때 문장, 그림 등을 지정하는 언어인데, 보통 여는 태그와 닫는 태그가 한 쌍으로 이루어집니다. 단, 〈hr〉, 〈br〉, 〈p〉, 〈img〉, 〈tr〉, 〈meta〉 등 몇몇 태그는 단독으로 사용합니다.

```
❶ <html>
❷ <head>
❸ <title>문서의 제목이 들어가는 곳</title>
   </head>
❹ <body>
   웹 브라우저의 화면에 보이는 내용
   </body>
   </html>
```

❶ 〈html〉〈/html〉 : HTML 문서의 시작과 끝을 정의합니다.

❷ 〈head〉〈/head〉 : HTML 문서의 헤더에 속하는 부문으로 〈title〉과 〈meta〉 태그가 여기에 속합니다.

❸ 〈title〉〈/title〉 : 웹 페이지의 제목(타이틀)을 표시합니다.

❹ 〈body〉〈/body〉 : 웹 브라우저 본문의 내용들을 모두 태그 형식으로 입력합니다.

❤ **메모장, 드림위버에서 HTML 확인하기**

메모장으로 확인하기

01 '메모장'을 실행한 후 다음과 같이 HTML을 입력합니다.

02 '파일' 메뉴의 '저장'을 클릭하여 바탕화면에 'test.html' 파일로 저장합니다.

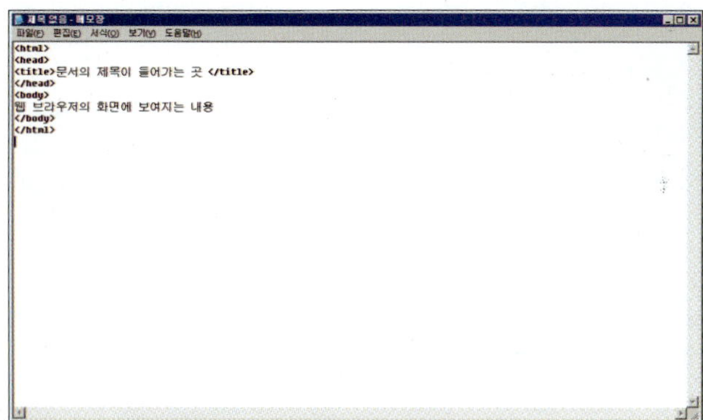

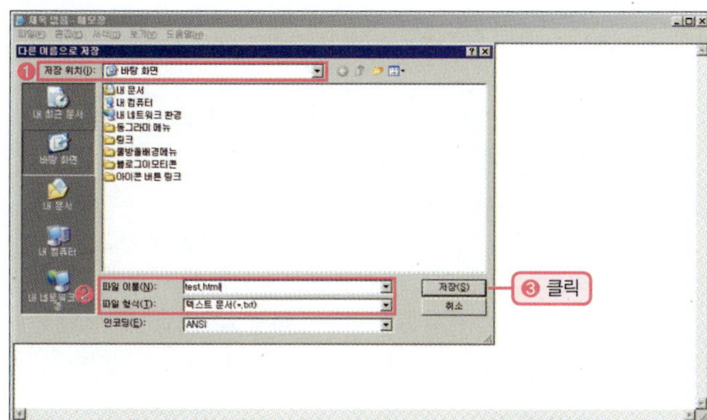

03 바탕화면의 'test.html'을 더블클릭하면 웹 브라우저가 실행되면서 작성한 HTML 문서를 확인할 수 있습니다.

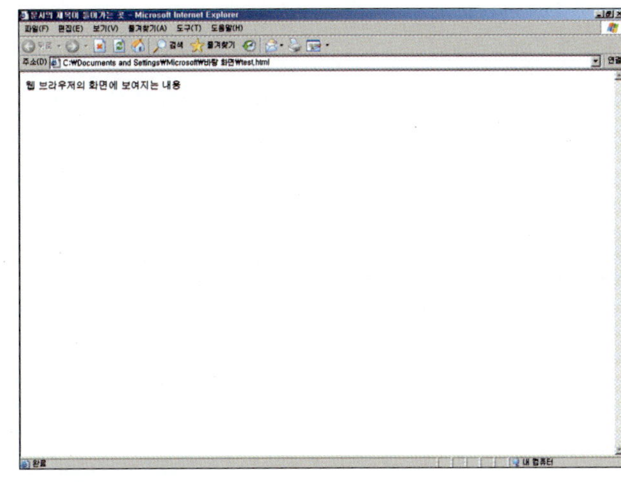

드림위버로 확인하기

HTML 문서를 만들 때 메모장보다는 웹 에디터 프로그램을 이용하는 경우가 많기 때문에 이번에는 드림위버로 HTML 문서를 만들어보겠습니다. 드림위버로 HTML 문서를 만드는 자세한 방법은 뒤에서 다시 배우기로 하고, 여기에서는 원리만 간단히 살펴보죠.

01 드림위버를 실행한 후 'Creat New' 항목의 'HTML'을 클릭합니다.

02 새로운 HTML 작업 창이 만들어지면 HTML 태그의 큰 틀이 자동으로 입력되어 있는 것을 확인할 수 있습니다.

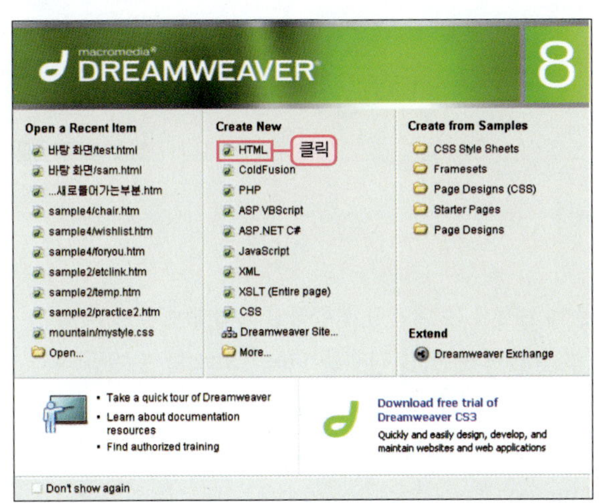

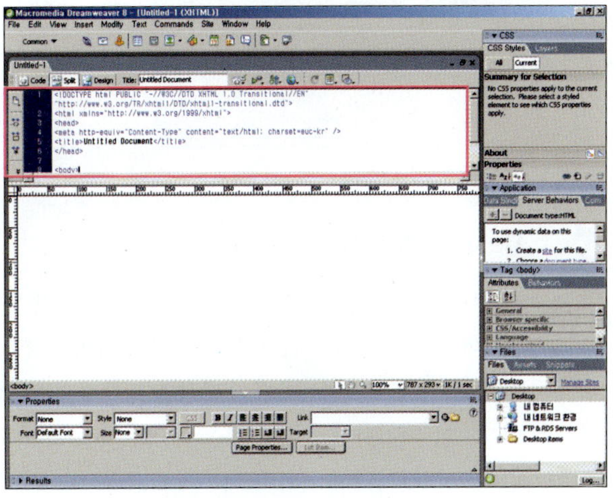

169

03 가로로 나눠진 화면에서 아래쪽의 디자인 뷰 작업 창에 '쇼핑몰 포토샵 DIY' 텍스트를 입력합니다. 글자 입력과 동시에 위쪽의 코드 뷰 작업 창에서 <body>와 </body> 사이에 입력한 내용이 자동으로 태그 사이에 위치하는 것을 확인할 수 있습니다.

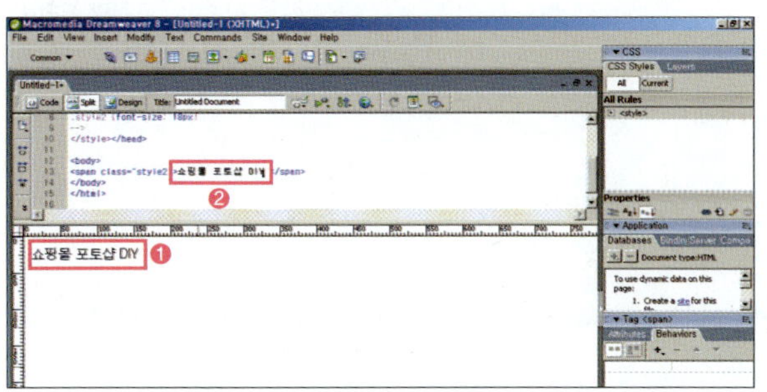

04 웹 페이지를 만드는 동안 굳이 HTML 문서로 저장하지 않아도 작업 내용을 곧바로 확인할 수 있다면 더욱 편리하겠죠. 'Edit' 메뉴의 'Perferences'를 클릭합니다.

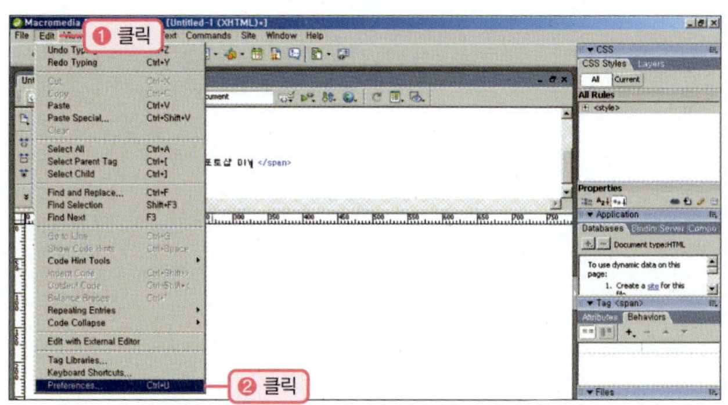

05 'Perferences' 대화상자가 나타나면 왼쪽 카테고리에서 'Preview in Brower'를 클릭하고 다음과 같이 옵션에 체크 표시를 한 후 'OK' 버튼을 클릭합니다.

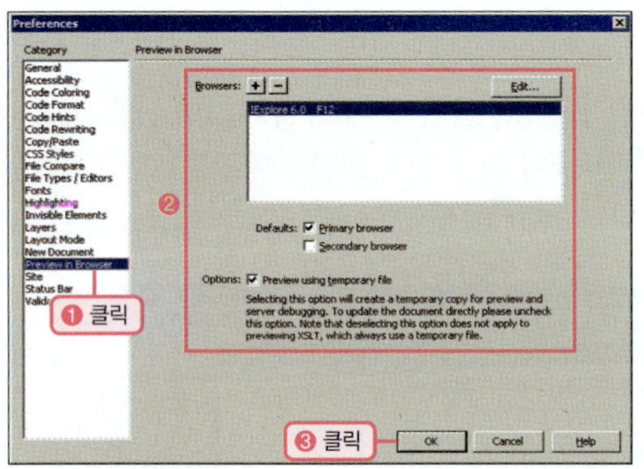

06 이제 키보드의 F12를 누르면 인터넷 브라우저가 실행되면서 작성 중인 웹 페이지를 간단하게 확인할 수 있습니다.

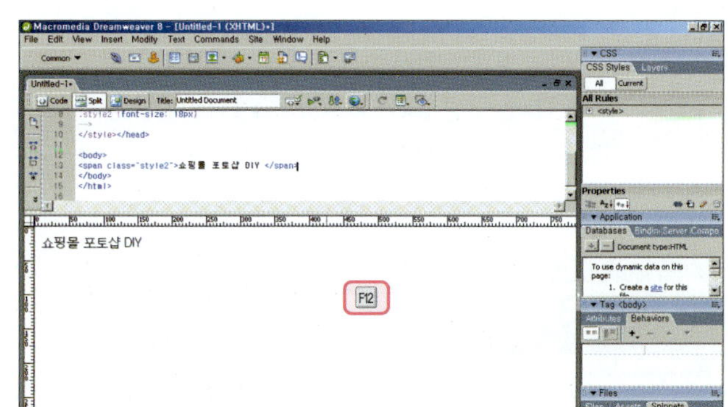

Design Master | 자바스크립트(Java Script)

웹 브라우저는 기본적으로 HTML밖에 인식하지 못합니다. 그런데 HTML은 대단히 제한적인 작업밖에 할 수가 없죠. 이것을 보완하기 위해 개발한 것이 자바스크립트입니다. '스크립트'는 어떤 작업을 연속적으로 할 수 있도록 만든 작은 프로그램이라고 생각하면 이해하기가 쉽습니다. 예를 들어 접속한 화면에 끝없이 튕겨 돌아다니는 공, 마우스를 따라다니는 문양 등은 자바스크립트로 만드는 경우가 많습니다. 그러나 자바스크립트는 웹 브라우저가 단독으로 인식하지 못하기 때문에 HTML 사이에 '<script language="javascript">~</script>' 태그를 삽입해서 사용합니다. 자바스크립트 태그를 사용하면 웹 브라우저가 그 부분을 자바스크립트로 인식하여 연산 작업을 따로 하게 됩니다. 웹 서핑을 할 때 흔히 볼 수 있는 팝업 창 제어, 롤오버 버튼, 이미지 순차 변환 효과 등은 자바스크립트로 구현하는 경우가 대부분입니다.

Shopping Mall Sense

23

HTML의 기본 태그 배우기

♥ 폰트 태그 배우기

HTML 문서에서 텍스트는 '〈font〉' 태그를 이용하여 다양하게 꾸밀 수 있습니다. 폰트 태그는 글씨의 크기, 색깔, 글자체 등을 설정할 수 있습니다. 〈font〉와 〈/font〉는 반드시 한 쌍으로 사용해야 하는데, 〈font〉와 〈/font〉 사이에 입력한 글자만 설정이 적용됩니다.

font size

글자의 크기를 조절하는 속성입니다. 크기는 '1, 2, 3……' 이나 '8pt~12pt' 형식으로 지정합니다. 'pt' 단위가 더 작은데, '2'와 '10pt'는 크기가 같습니다.

소스	결과
<font size="1">포토샵</font>	포토샵
<font size="2">포토샵</font>	포토샵
<font size="3">포토샵</font>	포토샵
<span style="font-size: 8pt">포토샵</span>	포토샵
<span style="font-size: 10pt">포토샵</span>	포토샵
<span style="font-size: 12pt">포토샵</span>	포토샵

font color

글자의 색상을 조절하는 속성입니다. 색상은 영어 단어 red, green, black 등으로 직접 지정해도 되고, '#0000cc' (파랑), '#FFFFFF' (흰색)과 같이 코드로 지정해도 됩니다.

소스	결과
`<font color="red">쇼핑몰</font>`	쇼핑몰
`<font color="black">쇼핑몰</font>`	쇼핑몰
`<font color="0000cc">쇼핑몰</font>`	쇼핑몰
`<font color="008000">쇼핑몰</font>`	쇼핑몰

font face

글씨체를 조절하는 속성입니다. 웹에서 주로 사용하는 글씨체는 돋움체와 굴림체입니다.

소스	결과
`<font face="궁서">궁서체</font>`	궁서체
`<font face="굴림">굴림체</font>`	굴림체
`<font face="돋움">돋움체</font>`	돋움체

font 속성 사용 예

〈font〉 속성을 종합해서 써보면 다음과 같습니다.

소스	결과
`<font size="2" color="#0000cc" face="굴림">쇼핑몰 포토샵 DIY</font>`	쇼핑몰 포토샵 DIY

Design Master | 글자에 쓰고 싶은 색상의 코드를 어떻게 알 수 있나요?

색상 코드는 RGB 값으로 표현되는데, 사용하고 싶은 색깔이 있다면 포토샵의 툴 박스에서 스포이드 툴을 선택하여 이미지에서 원하는 컬러 부분을 클릭합니다. 그러면 툴 박스의 전경색이 클릭한 부분의 색상으로 바뀌는데, 전경색을 클릭하여 'Color Picker' 대화상자가 나타나면 16진수로 표현된 색상 코드 값을 알 수 있습니다.

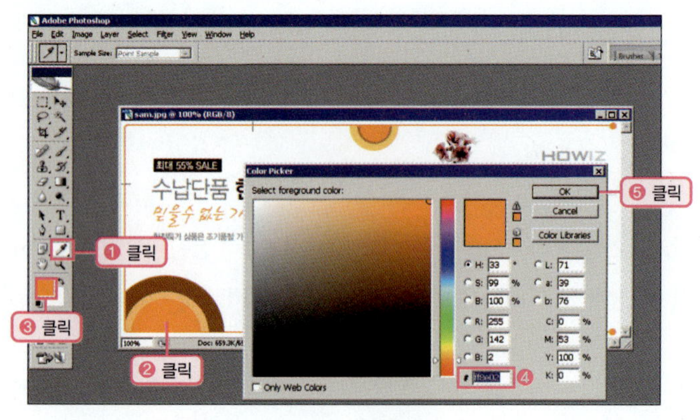

♥ 이미지 태그 배우기

텍스트만으로 이루어진 웹 페이지는 단조롭기 때문에 이미지와 텍스트를 적절히 조화하는 것이 좋습니다. HTML 문서에서 이미지의 속성을 정의하는 태그는 <img>입니다.

이미지를 삽입할 때 <img src="이미지 파일 경로" width="가로 픽셀" height="세로 픽셀" border="0"> 형식의 태그를 사용하게 되는데, 'width', 'height', 'border'를 생략하는 경우도 많지만 가능하면 적는 것이 좋습니다.

01 드림위버에서 새 HTML 문서를 열고, 디자인 뷰에 마우스 포인터를 위치합니다. 그런 다음 'Images' 아이콘을 클릭합니다.

02 '부록 CD-Story 03' 폴더로 이동하여 'sam.jpg' 파일을 선택한 후 'OK' 버튼을 클릭합니다.

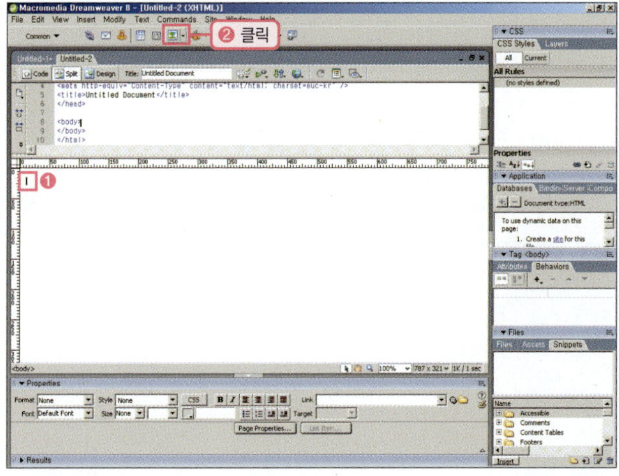

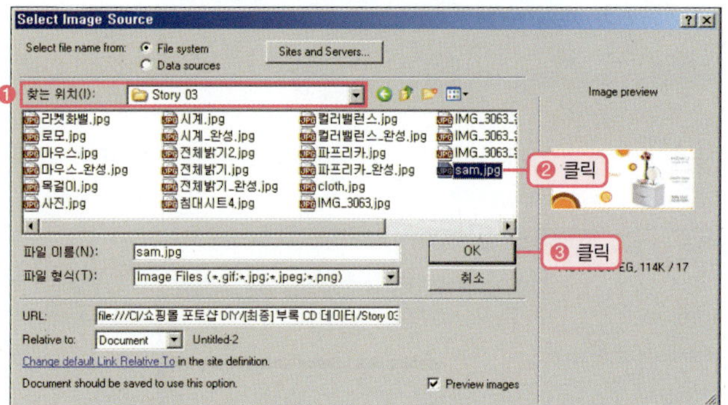

03 'Image Tag Accessibility Attributes' 대화상자가 나타나면 무시하고 그냥 'OK' 버튼을 클릭합니다.

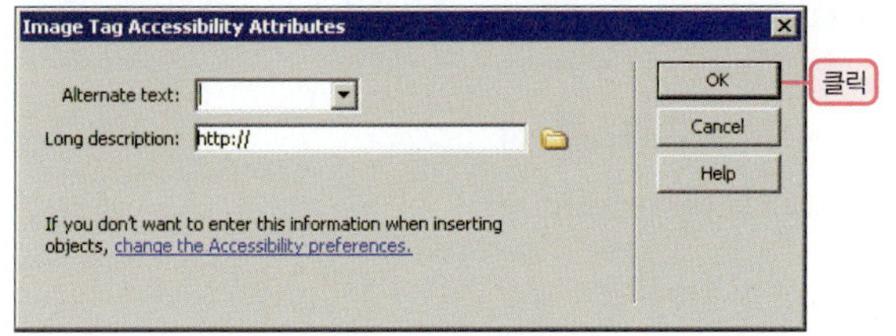

04 위쪽의 코드 뷰를 살펴보면 이미지를 삽입하는 소스가 생성되었고, 아래쪽의 디자인 뷰에는 이미지가 삽입된 것을 확인할 수 있습니다.

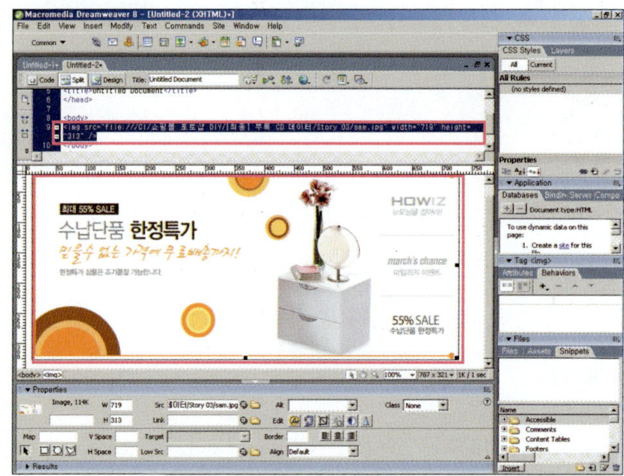

05 디자인 뷰의 이미지를 클릭하여 선택한 후 하단 'Properties' 창의 'border' 항목에 '0'을 입력합니다.

06 이제 키보드의 F12를 누르면 인터넷 브라우저가 실행되면서 이미지가 삽입된 것을 확인할 수 있습니다.

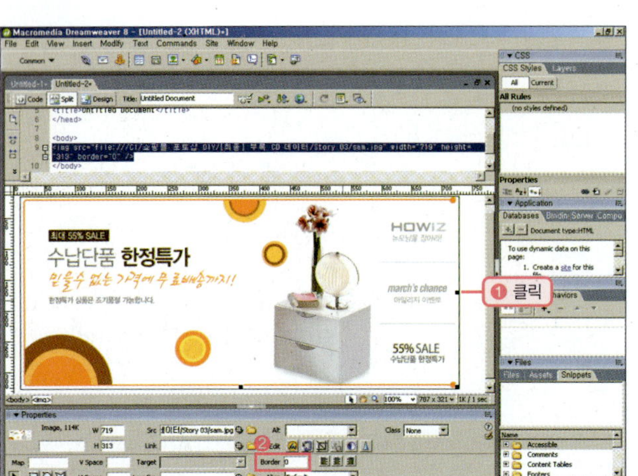

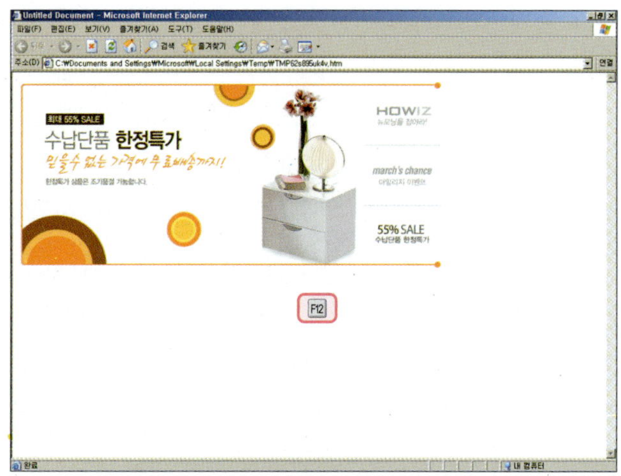

07 'File' 메뉴의 'Save As'를 클릭하여 바탕화면에 'test.html' 파일로 저장합니다.

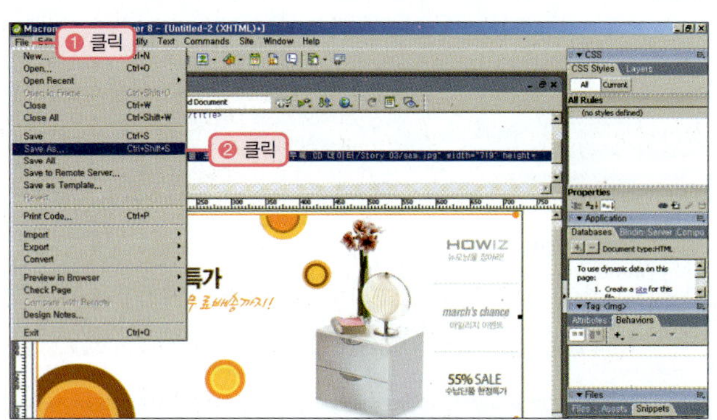

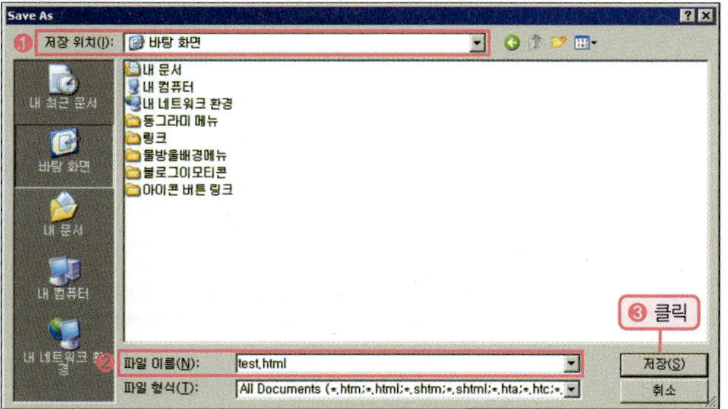

♥ 하이퍼링크 태그 배우기 1 – 이미지에 링크 설정하기

하이퍼링크는 다른 문서나 미디어 파일을 연결(Link)시키는 것으로 'anchor(닻)'를 의미하는데, 일반적으로 간편하게 '링크'라고 줄여서 얘기합니다. 다음과 같이 이미지 삽입 태그의 앞뒤로 링크 태그를 덧붙이면 삽입된 이미지에 링크가 설정됩니다.

• 형식

```
<a href="이미지를 클릭하면 나타날 웹페이지 주소"><img src="이미지 파일 경로" width="가로 픽셀" height="세로 픽셀" border="0"></a>
```

01 드림위버를 실행하여 앞에서 바탕화면에 저장해 둔 'test.html'을 불러옵니다.

02 디자인 뷰에서 이미지를 선택하고, 'Properties' 창의 'Link' 항목에 'http://www.naver.com' 을 입력합니다.

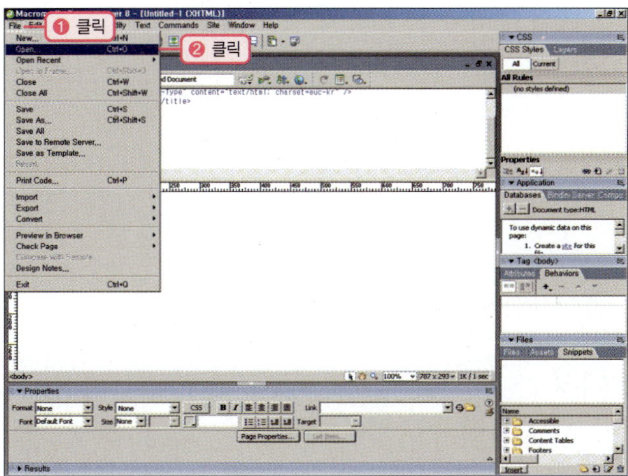

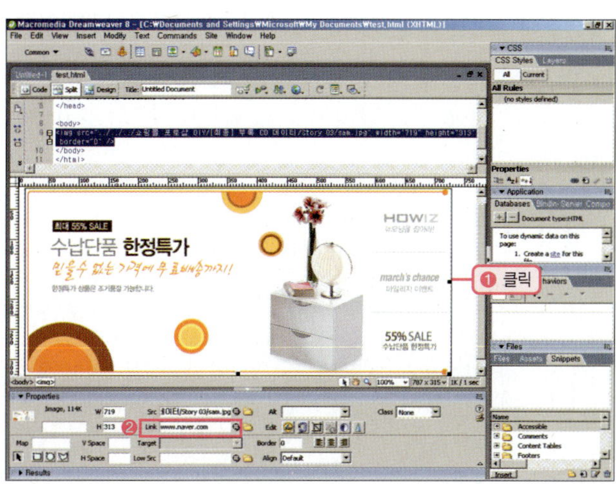

03 간단하게 이미지에 링크를 설정했습니다. 링크 가 설정된 이미지를 클릭하면 이미지의 테두리 에 점선이 생기는데, 이 점선이 생기지 않도록 하기 위해 서는 링크 주소 다음에 'onfocus="this.blur()"' 태그를 추가하면 됩니다. 특히 다각형의 이미지 맵을 사용할 때 는 맵 설정 영역이 실선으로 나타나 매우 보기 싫은데, 이 태그를 사용하면 깔끔하게 보이도록 할 수 있습니다.

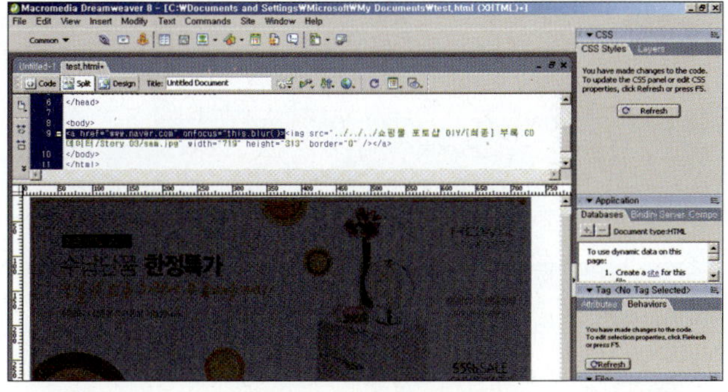

링크가 설정된 이미지에 테두리가 생기지 않도록 하려면 다음과 같은 형식으로 태그를 입력하면 됩니다.

```
<a href="http://www.naver.com" onfocus="this.blur()"><img src="이미지 파일 경로" width="가로 픽셀" height="세로 픽셀" border="0"></a>
```

Design Master | 이미지 맵이란?

이미지 맵은 하나의 이미지 파일에 여러 개의 링 크를 설정하여 클릭하는 위치에 따라 각각 다른 페이지로 연결되도록 할 때 사용합니다. 또한 원 형, 다각형 등 원하는 영역 형태로 링크를 설정 할 때도 사용합니다.

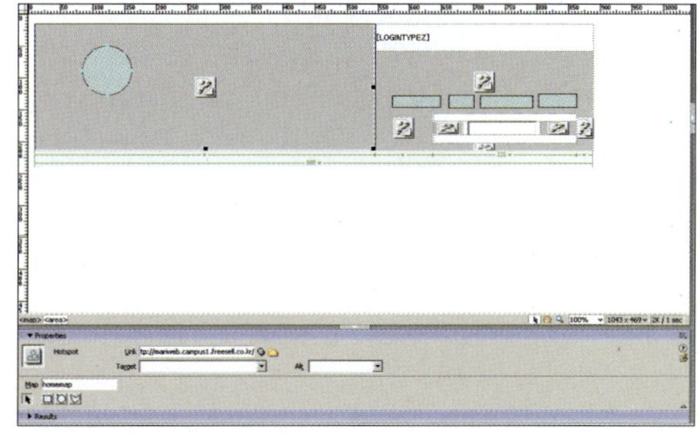

텍스트에 링크를 설정하는 것도 이미지에 링크를 설정하는 방법과 같습니다. 'target="_blank"'는 링크된 페이지가 나타날 창을 지정하는 속성입니다. 아무 지정도 하지 않으면 현재 창에 나타나고, 'blank'로 지정하면 새 창에 링크된 페이지가 나타납니다. 예제 소스처럼 텍스트에 링크를 설정하면서 폰트 태그를 함께 사용할 수도 있습니다.

- **형식**

```
<a href="http://www.naver.com" target="_blank"><font color="0000cc">네이버로
이동</font></a>
```

01 바탕화면에 저장해 둔 'test.html'을 불러옵니다. 디자인 뷰에서 이미지의 끝에 마우스 포인터를 위치한 후 Enter 를 눌러 줄을 바꿉니다. 그런 다음 '네이버로 이동' 텍스트를 입력합니다.

02 입력한 텍스트를 마우스로 드래그하여 선택한 후 'Properties' 창의 'Link' 항목에 'http://www.naver.com'을 입력합니다. 이때 'Target'은 '_blank'로 지정합니다.

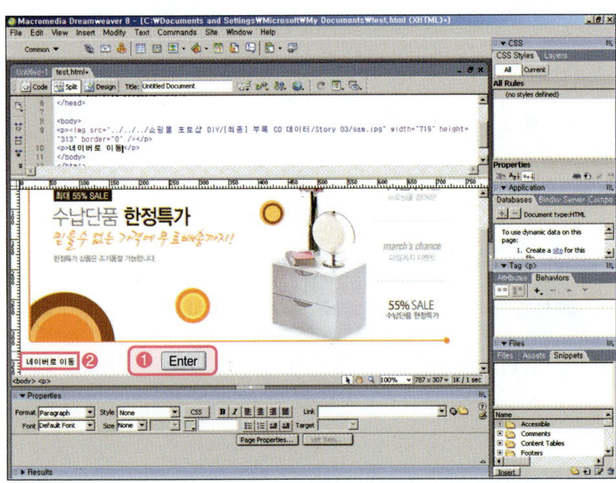

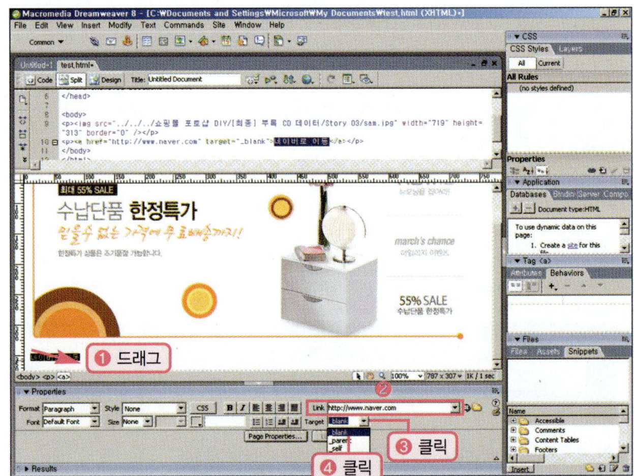

03 키보드의 F12 를 눌러 인터넷 브라우저에서 링크를 확인합니다. 텍스트를 클릭하면 새 창에서 네이버 사이트가 나타나는 것을 확인할 수 있습니다.

♥ 표 만들기 태그 배우기 1 – 이용 안내 페이지 만들기

표를 만드는 태그는 〈table〉〈/table〉입니다.

표(table) 태그의 기본 형식과 속성

• 형식

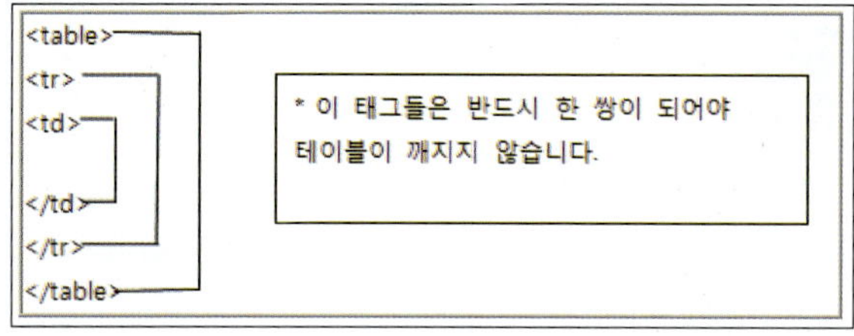

• 속성

속성	정의
width=50%	표나 셀의 폭(너비)을 50%로 지정합니다.
width=400	표나 셀의 폭을 400px로 지정합니다.
height=400	셀의 높이(세로)를 400px로 지정합니다.
border=0	표 테두리의 두께를 지정하는 것으로 숫자가 클수록 테두리가 두꺼워집니다. 'border=0'으로 지정하면 웹 브라우저에서 표의 테두리가 보이지 않습니다.
colspan=2	가로의 열(column) 2개를 합칩니다.
rowspan=3	세로의 줄(row) 3개를 합칩니다.
align="위치"	셀 안에서의 가로 위치를 정렬하며 left, right, center로 지정할 수 있습니다.
valign="위치"	셀 안에서의 세로 위치를 정렬하며 top, middle, bottom으로 지정할 수 있습니다.
bgcolor="색상"	표 전체 또는 선택한 셀의 배경 색상을 지정합니다.
background="주소"	표 전체 또는 선택한 셀에 배경 이미지를 삽입합니다.
cellpadding=10	셀의 안쪽 여백(셀의 테두리와 문자열 사이의 간격)을 10px로 지정합니다.
cellspacing=5	셀과 셀 사이의 간격을 5px로 지정합니다.

01 드림위버의 표 작성 기능을 이용하여 깔끔한 이용 안내 페이지를 만들어보겠습니다. 먼저 새 HTML 문서를 만듭니다. 그런 다음 코드 뷰에 나타나는 기본 소스를 모두 지웁니다.

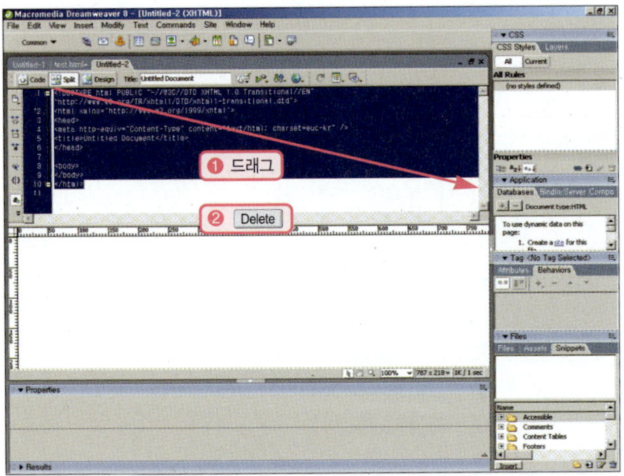

02 'Table' 아이콘을 선택하고 다음과 같이 옵션을 지정한 후 'OK' 버튼을 클릭합니다.

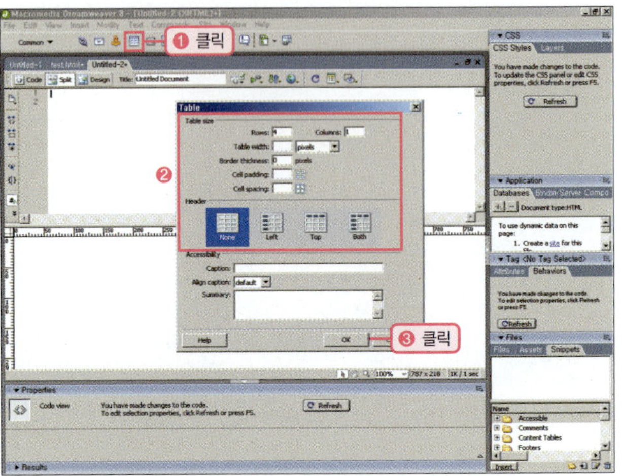

Hot Sauce

'Rows : 4', 'Columms : 1', 'Border thickness : 0'으로 지정했습니다.

03 표가 나타나지 않을 경우에는 디자인 뷰를 마우스로 클릭하거나 'Properties' 창의 'Refresh'를 클릭하면 됩니다.

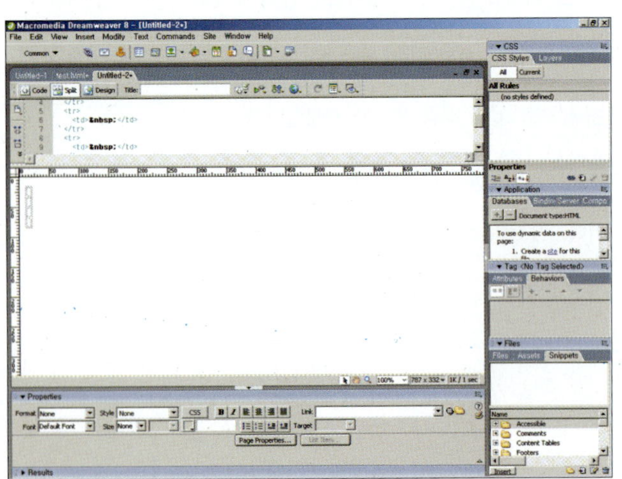

04 표의 첫 번째 칸에 마우스 포인터를 위치한 후 'Images' 아이콘을 클릭합니다. 'Select Image Source' 대화상자가 나타나면 부록 CD의 'Story 03'에서 'info1.gif' 파일을 불러옵니다.

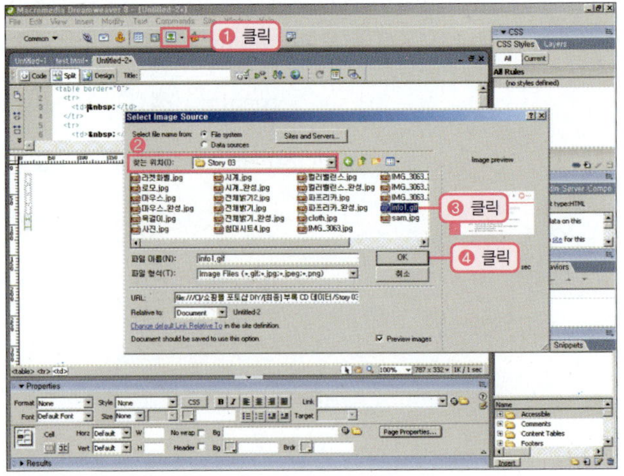

05 불러온 예제 이미지가 표의 첫 번째 칸에 들어간 것을 확인할 수 있습니다.

06 같은 방법을 이용하여 부록 CD의 'Story 03'에서 'info2.gif~info4.gif' 파일을 불러와 각각의 칸에 차례대로 삽입합니다.

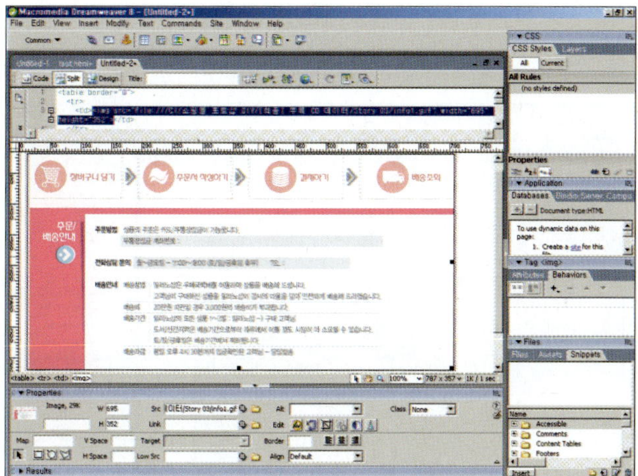

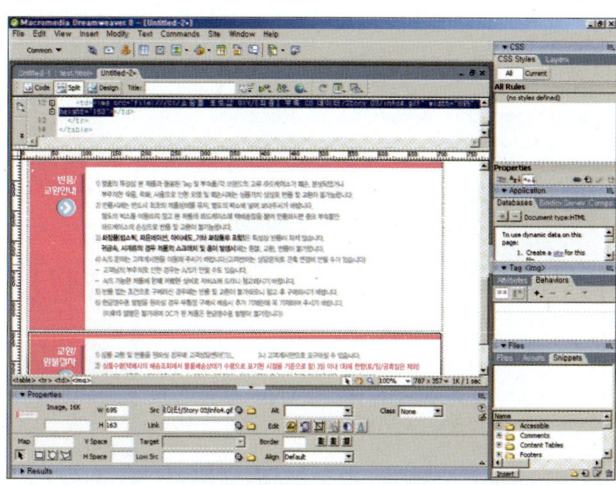

07 키보드의 F12를 눌러 웹 브라우저에서 확인해 보면 테이블은 보이지 않고 이미지가 모두 연결되어 나타나는 것을 확인할 수 있습니다.

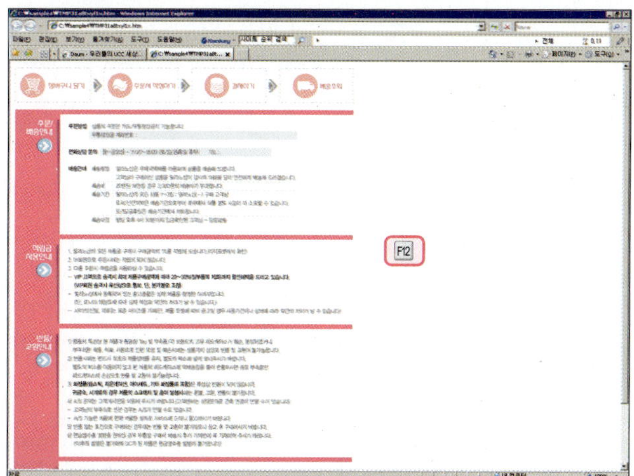

Hot Sauce

웹 페이지를 제작할 때 용량이 큰 이미지를 분할하지 않고 넣을 경우 페이지 로딩이 느려지므로 이런 방식으로 이미지를 조각 낸 후 표에 삽입하는 방법을 사용하는 것이 좋습니다.

01 드림위버에서 새 HTML 문서를 만듭니다. 그런 다음 코드 뷰에 나타나는 기본 소스를 모두 지웁니다.

02 'Table' 아이콘을 선택하고 다음과 같이 옵션을 지정한 후 'OK' 버튼을 클릭합니다. 다시 디자인 뷰를 마우스로 클릭하면 표가 나타납니다.

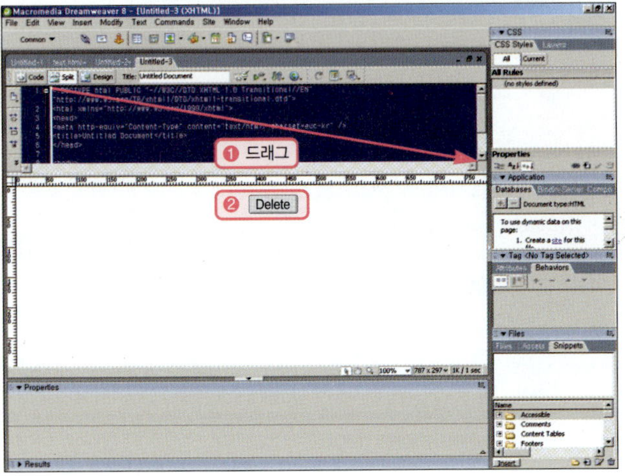

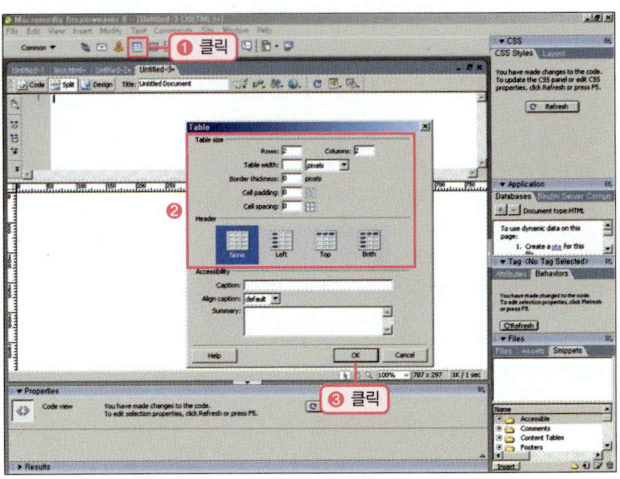

03 디자인 뷰의 표에서 왼쪽 위, 아래 셀 2개를 다음과 같이 드래그하여 선택합니다. 그 다음 'Properties'의 'Merges selected cells using spans' 아이콘을 클릭하여 선택한 두 셀을 하나로 병합합니다.

04 병합한 셀에 마우스 포인터를 위치하고 'Images' 아이콘을 클릭합니다. 'Select Image Source' 대화상자가 나타나면 부록 CD의 'Story 03'에서 'chair.gif' 파일을 불러옵니다.

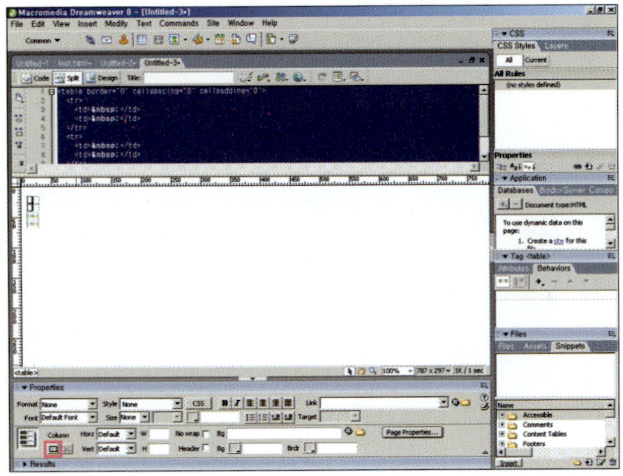

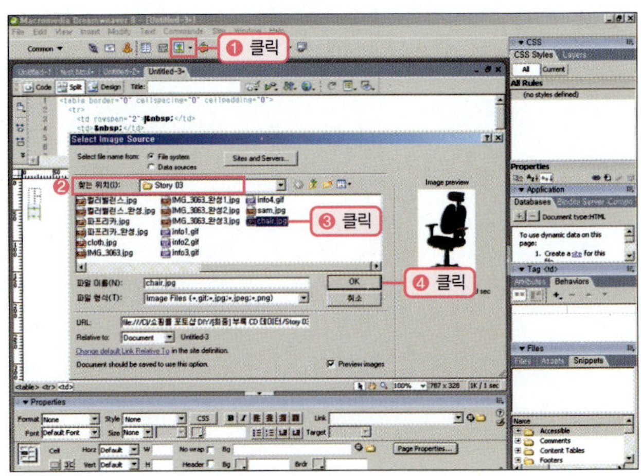

05 선택한 예제 이미지가 나타나는 것을 확인할 수 있습니다.

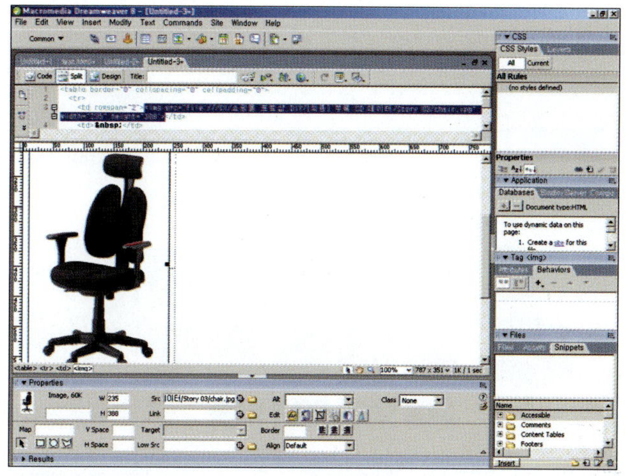

06 같은 방법으로 오른쪽 아래의 셀에는 'chair2.jpg' 이미지를 삽입합니다.

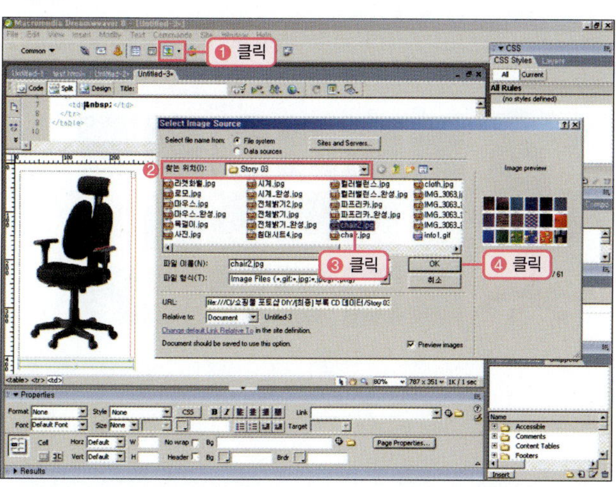

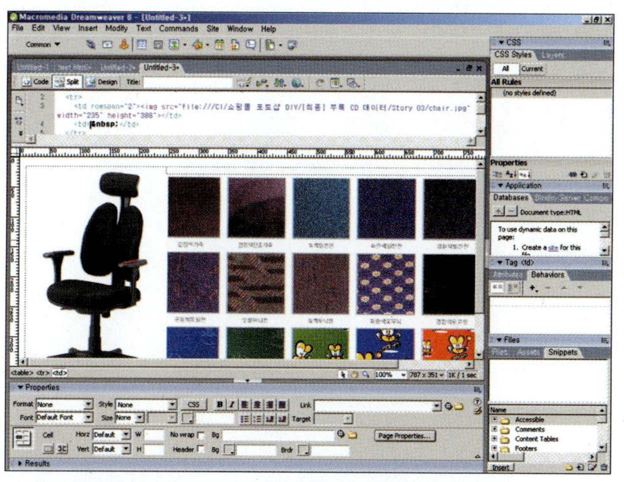

07 오른쪽 위의 셀에는 '★ 아래의 원단 중에서 선택 가능합니다.' 텍스트를 입력합니다.

Hot Sauce

먼저 한글로 'ㅁ'을 입력한 후 키보드의 [한자]를 누르면 모니터의 오른쪽 아래에 특수 문자 리스트가 나타나는데, 여기에서 '★'을 선택해 입력합니다.

08 'Properties' 창의 'Horz' 항목에서 'Right'를 선택하여 입력한 글자를 오른쪽 정렬합니다.

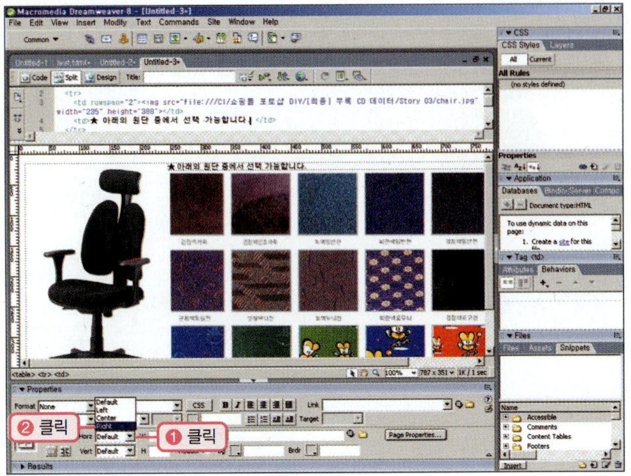

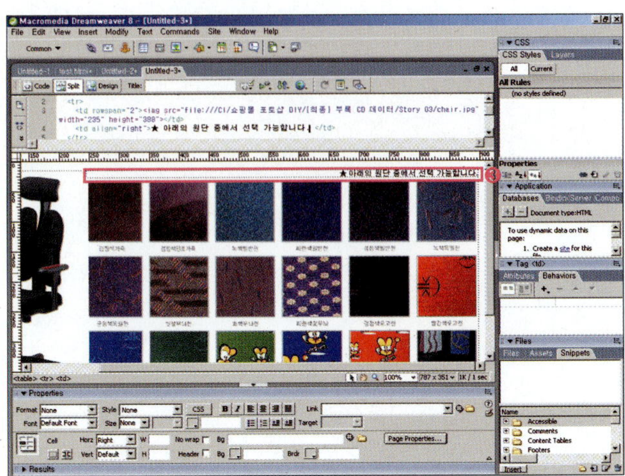

09 키보드의 F12를 눌러 웹 브라우저에서 확인합
니다.

Design Master | 글씨, 이미지, 테이블 등의 위치를 정렬하는 태그

소스	결과	
<div align="right">오른쪽</div>		오른쪽
<div align="left">왼쪽</div>	왼쪽	
<center>중앙</center>		중앙

Shopping Mall Sense 24

디자인 작업에 자주 사용하는 포토샵의 6가지 기초 핵심 기능

▶▶▶ Story 04에서는 쇼핑몰 디자인 DIY를 위한 본격적인 실습을 해볼 것입니다. Story 04를 공부하기 전에 포토샵을 능숙하게 다룰 수 있을 정도로 배워두면 좋겠지만, 그렇게까지는 못하더라도 쇼핑몰 디자인에서 자주 사용하는 기능들을 어떻게 하면 효율적으로 사용할 수 있는지 알아두는 것이 좋겠죠. 이제부터 쇼핑몰 디자인에 꼭 필요한 포토샵의 7가지 기본 기능을 하나씩 짚어보면서 작업 효율을 높이는 방법에 대해 살펴보겠습니다.

♥ 1. 작업 화면 마음대로 주무르기

작업 중인 파일의 이미지를 확대/축소하기

쇼핑몰 디자인을 수정하다 보면 정교한 디자인 작업을 할 때, 가이드라인을 눈금선에 정확히 맞춰서 그려야 할 때 등 이미지를 수백 % 크기로 확대해야 할 경우가 종종 생깁니다. 이미지를 확대할 때는 툴 박스의 '돋보기 툴'로 클릭하는 방법이 가장 일반적입니다. 그러나 실제 작업을 하다 보면 작업을 잠시 멈추고 돋보기 툴을 선택해야 한다는 것이 번거롭게 느껴지는데, 이럴 때는 단축키를 쓰는 것이 편리합니다. 키보드의 Ctrl + Space bar 를 누른 상태에서 마우스로 이미지를 클릭하면 이미지가 확대됩니다. 이미지를 축소하고 싶을 때는 Ctrl + Alt + Space bar 를 누른 상태에서 이미지를 클릭하면 되죠. 만약 이미지를 100% 크기로 보고 싶다면 툴 박스에서 돋보기 툴을 더블클릭하거나 Ctrl + Alt + 0 을 누르면 됩니다.

작업 중인 이미지의 원하는 부분으로 이동하기

길이가 아주 긴 파일(상품 설명 등)의 디자인 작업을 할 때 원하는 위치로 빠르게 이동해야 하는 경우가 많습니다. 이때 일반적으로는 '스크롤바'를 드래그하거나 툴 박스에서 '손바닥 툴'을 선택하여 위치를 이동하게 되죠. 그러나 현재 어떤 툴을 사용하고 있어도 키보드의 Space bar 를 누른 상태에서 마우스로 드래그하면, 임시로 손바닥 툴로 변하면서 더욱 빠르고 간편하게 원하는 지점으로 이동할 수 있습니다. 이때 Space bar 에서 손을 떼면 원래 사용하던 툴로 되돌아갑니다.

링크로 묶인 레이어들은 이미지를 이동할 때 같이 이동하고, 크기 조절도 동시에 적용됩니다. 여러 개의 레이어가 다중 선택된 상태에서 작업을 해도 같은 효과를 얻을 수 있는데, 레이어를 다중 선택하는 방법은 윈도우 탐색기에서 파일을 선택할 때와 똑같습니다. 키보드의 Ctrl 을 누른 상태에서 원하는 레이어들을 클릭하면 됩니다.

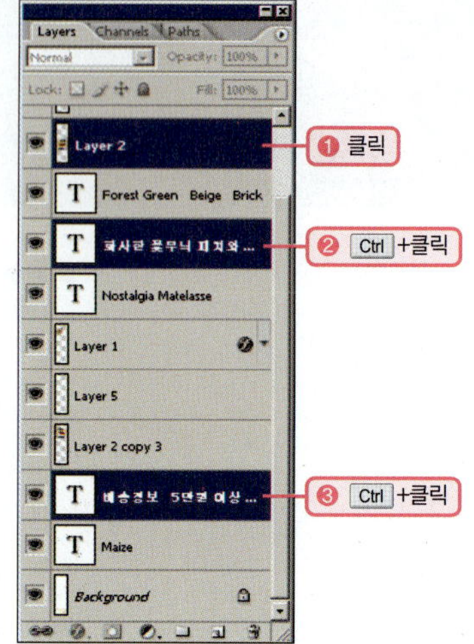

만약 계속해서 이런 작업을 해야 한다면 레이어를 다중 선택한 후 아래쪽의 링크 버튼을 클릭하여 링크를 적용합니다. 링크를 해제하고 싶을 때는 링크 버튼을 한 번 더 클릭하면 됩니다.

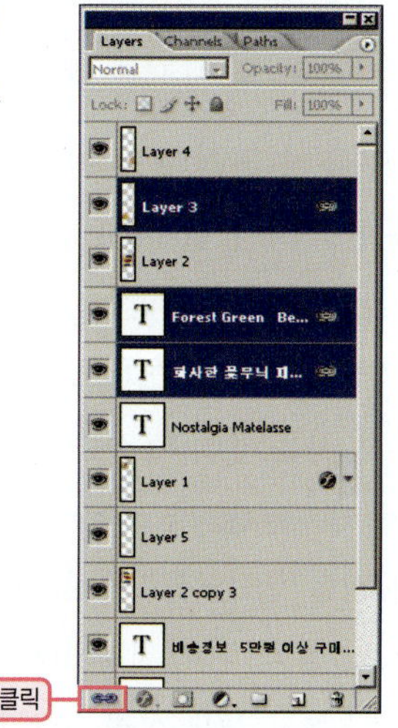

특정 부분에 색을 칠해야 할 때는 보통 페인트통 툴을 사용합니다. 그러나 자주 사용하는 색상일 경우 전경색과 배경색으로 지정해 놓고 단축키를 이용해 전경색 또는 배경색으로 채우기를 하는 것이 작업 효율을 높이는 방법입니다. 키보드의 Alt + Delete 를 누르면 선택 영역에 전경색을 채울 수 있고, Ctrl + Delete 를 누르면 배경색을 채울 수 있습니다.

❤ 4. 패스 자유롭게 그리기

패스의 기본 개념

직선과 곡선을 마음대로 그릴 수 있는 펜 툴은 세밀한 드로잉이나 영역을 선택할 때
매우 유용합니다. 펜 툴로 만든 패스의 활용도를 살펴보겠습니다.

패스를 선택 영역으로 전환할 수 있습니다.

패스를 브러시나 연필 라인으로 전환할 수 있습니다.

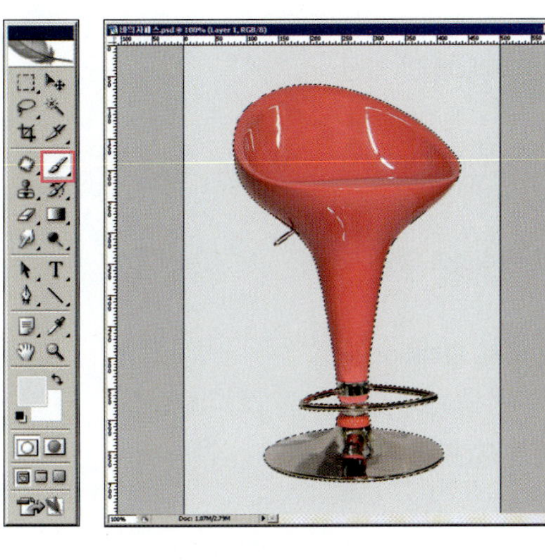

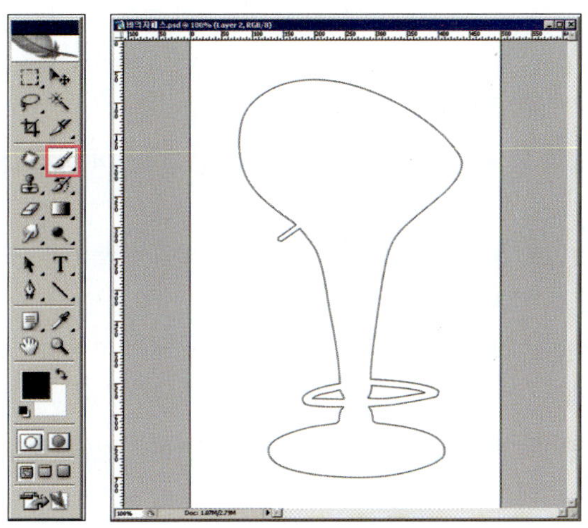

패스는 다음과 같이 앵커 포인트, 방향선, 디렉션 포인트로 이루어집니다. 펜 툴로 그
린 직선이나 곡선을 패스(Path)라고 하는데, 포토샵에서 만든 패스는 패스 팔레트에 저
장하여 관리할 수 있습니다.

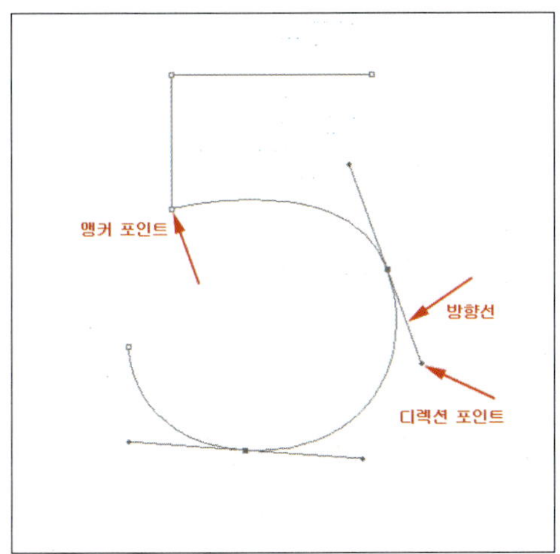

▲ 패스 라인

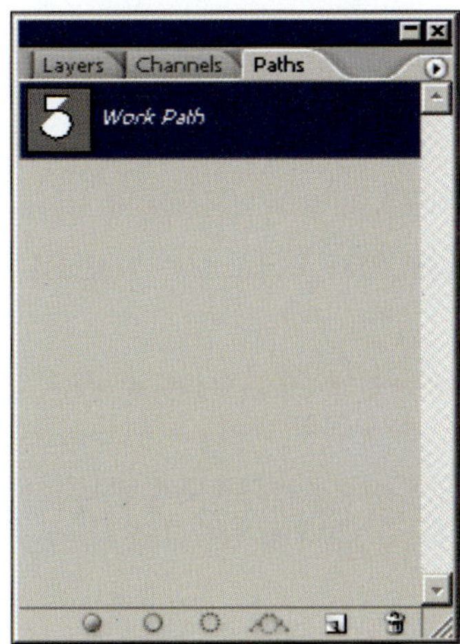

▲ 패스 팔레트

패스 그리기

패스를 만들거나 수정할 때 사용하는 펜 툴은 총 5가지 종류가 있습니다.

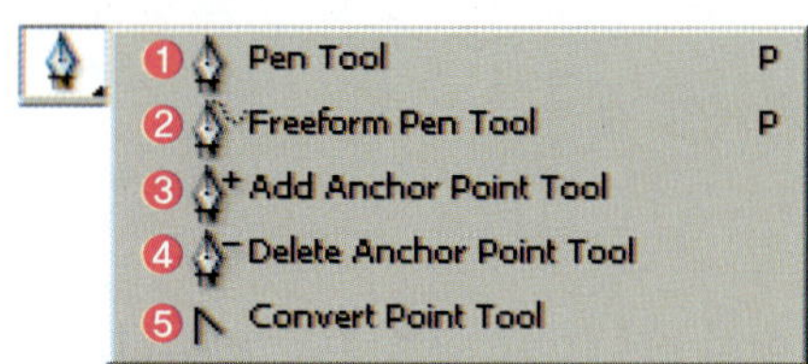

❶ **펜 툴**(Pen Tool) : 패스를 만드는 가장 기본적인 툴로, 원하는 지점에 마우스로 클릭하여 앵커 포인트를 추가하면 직선 패스가 만들어집니다. 또한 마우스로 클릭하여 생긴 포인트를 드래그하면 곡선 패스가 만들어집니다.

❷ **자유 형태 펜 툴**(Freeform Pen Tool) : 연필로 그리듯이 마우스를 드래그하면 패스 라인이 만들어집니다.

❸ **앵커 포인트 추가 툴**(Add Anchor Point Tool) : 이미 만들어진 패스 라인을 마우스로 클릭하여 앵커 포인트를 추가합니다.

❹ **앵커 포인트 삭제 툴**(Delete Anchor Point Tool) : 이미 만들어진 패스에서 앵커 포인트를 클릭하여 삭제합니다.

❺ **앵커 포인트 변환 툴**(Convert Point Tool) : 방향선 제거/추가/이동 및 패스의 디렉션 포인트 선택/이동, 앵커 포인트의 속성을 변경합니다.

패스 이동/삭제/복사하기

만들어진 패스를 이동하거나 삭제하려고 할 때는 툴 박스의 선택 툴과 직접 선택 툴을 이용합니다.

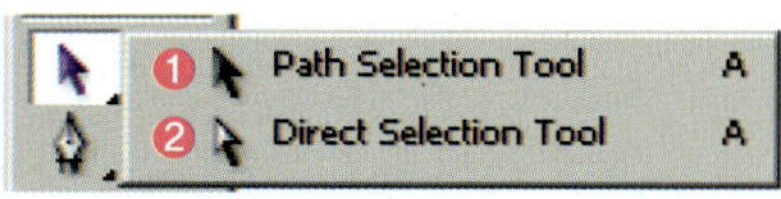

❶ **선택 툴**(Path Selection Tool) : 패스 전체를 선택하여 이동/삭제/복사할 때 사용합니다.

❷ **직접 선택 툴**(Direct Selection Tool) : 패스의 일부 앵커 포인트 또는 방향선을 선택하여 수정하거나 삭제할 수 있습니다.

Hot Sauce

글로써 펜 툴로 직선과 곡선을 오가며 자유롭게 패스를 그리는 방법에 대해 설명하기에는 어려운 부분이 많습니다. 쇼핑몰 디자인 DIY에 있어서 패스는 무척 중요하기 때문에 부록 CD에 동영상 강좌를 기초부터 활용까지 총 3편에 걸쳐 수록했으니 꼭 참고하세요.

♥ 5. 글자 입력 자유롭게 하기

쇼핑몰 디자인에서 글자 사용의 중요성은 아무리 강조해도 지나치지 않습니다. 한정된 공간에 눈에 띄는 홍보 문구를 삽입하기 위해서는 문자 툴의 다양한 옵션을 자유자재로 사용할 줄 알아야 합니다. 문자 툴을 이용하여 문자를 입력한 후 옵션 바의 'Toggle the Character and Paragraph Platte' 버튼을 클릭하면 팔레트가 나타납니다. 여기에서 입력된 문자의 크기, 폰트, 색상 등을 수정할 수 있습니다.

캐릭터 팔레트

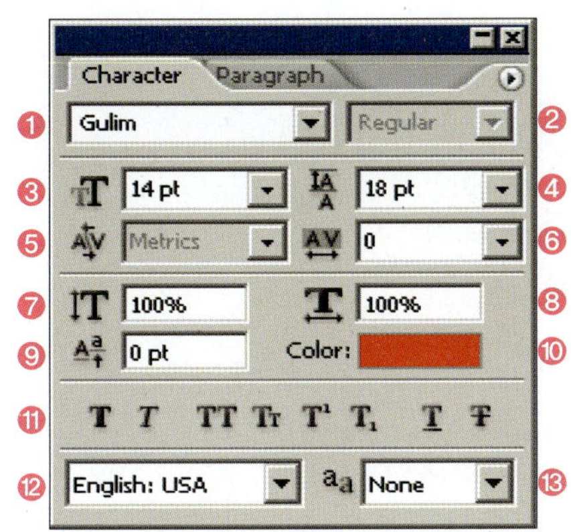

❶ **폰트**(Set the Font Family) : 문자의 글꼴을 지정합니다. 폰트의 종류를 고를 때는 마우스로 문자를 드래그하고 폰트 이름을 클릭한 후 키보드의 ↑, ↓를 누르면 폰트 종류가 한 줄씩 바뀝니다.

❷ **폰트 스타일**(Set the Font Style) : 문자의 굵기, 기울임 등을 선택할 수 있습니다.

❸ **폰트 크기**(Font Size) : 문자의 크기를 선택하거나 직접 입력하여 지정할 수 있습니다.

❹ **행간**(Leading) : 문자의 줄 간격을 조절합니다. 'Auto'로 설정되어 있을 경우에는 문자의 폰트 크기에 따라 자동으로 줄 간격이 조절됩니다. Alt 를 누른 상태에서 키보드의 ↑, ↓를 누르면 줄 간격을 '1pt'씩 조절할 수 있으며, Ctrl + Alt 를 누른 상태에서 키보드의 ↑, ↓를 누르면 줄 간격을 '10pt'씩 조절할 수 있습니다.

❺ **간격**(Kerning) : 문자와 문자 사이의 간격을 조절합니다. 마우스 포인터가 글자와 글자 사이에 있어야만 활성화됩니다. 'Metrics'로 표시되는 경우에는 글꼴 및 크기가 자동으로 조절되는 상태입니다.

❻ **자간**(Tracking) : 글자와 글자 사이의 간격을 조절합니다. 문자를 블록으로 지정하고 Alt 를 누른 상태에서 키보드의 ↑, ↓를 누르면 자간을 '20pt'씩 조절할 수 있습니다. 또한 Ctrl + Alt 를 누른 상태에서 키보드의 ↑, ↓를 누르면 자간을 '100pt' 씩 조절할 수 있습니다.

❼ **세로 확대**(Vertical Scale) : 블록으로 지정한 문자의 세로 크기를 백분율 값으로 조절합니다.

❽ **가로 확대**(Horizontal Scale) : 블록이 설정된 문자의 가로 크기를 백분율 값으로 조절합니다.

❾ **기준선 이동**(Baseline Shift) : 문자를 입력할 기준선의 세로 위치를 조절합니다. 문자를 블록으로 지정하고 키보드의 Alt + Shift 를 누른 상태에서 ↑, ↓를 누르면 '2pt'씩 이동할 수 있습니다. 또한 Ctrl + Alt + Shift 를 누른 상태에서 키보드의 ↑, ↓를 누르면 '10pt'씩 이동할 수 있습니다.

❿ **문자 색상**(Text Color) : 입력할 문자의 색상을 설정하거나 이미 입력한 문자들의 색상을 변경할 수 있습니다.

⓫ **문자 스타일**(Type Style) : 문자의 굵기, 기울기, 대/소문자, 밑줄, 취소선 등을 지정합니다.

⓬ 텍스트의 철자를 체크할 때 기준 언어를 선택합니다. 'Edit' 메뉴의 'Check Spelling'을 클릭하여 오타 여부를 확인할 수 있습니다. 하지만 한글은 지원되지 않습니다.

⓭ **안티 에일리어싱** : 문자 경계의 선명함과 부드러움을 설정합니다.

♥ 6. 이미지 경로의 설정

경로 설정은 가장 기본이 되는 것임에도 불구하고 틀리는 경우가 무척 많으므로 특별히 주의해야 합니다. 다음과 같이 자신의 컴퓨터에 저장되어 있는 이미지 경로를 그대로 쓴다면 웹 페이지에 정상적으로 나타나지 않습니다.

```
<img src="file:///D|/diybook/book_img/CD/예제/part4/style2_img/top/bottom.gif"
 width="840" height="181">
```

웹에 올릴 때는 다음과 같은 형식으로 경로를 설정해야 합니다(경로는 쇼핑몰 관리자 FTP의 어떤 경로에 올리느냐에 따라 그 주소가 달라질 수 있습니다).

```
<img src="http://www.mariweb.co.kr/shop/Images/bottom.gif" width="840" height=
"181">
```

Design Master | 디자인 구축 작업 순서

임대형 쇼핑몰 솔루션뿐만 아니라 대부분의 홈페이지들도 구축 원리는 모두 비슷합니다. 각 부분별 요소들이 결합되어 전체적인 사이트를 완성하죠.

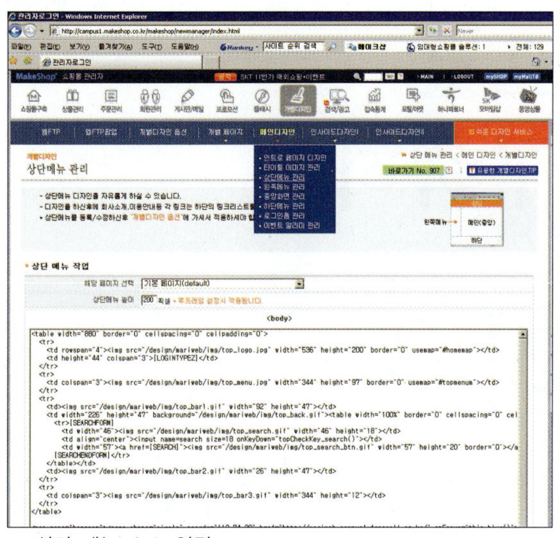

▲ 상단 메뉴 소스 입력

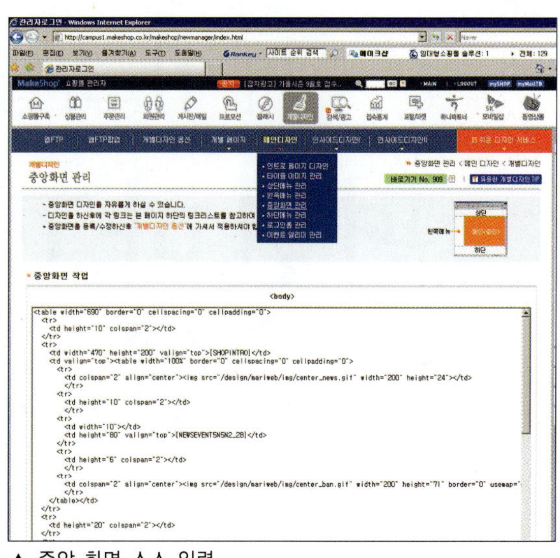

▲ 중앙 화면 소스 입력

우리 눈에 보이는 쇼핑몰의 화면들은 이렇게 각 부분이 모여서 전체 화면을 구성하는 것입니다. 따라서 쇼핑몰 디자인을 할 때는 포토샵에서 전체적인 디자인을 잡고, 각 부분별로 HTML 소스를 만들어서 합친 후 HTML 문서를 완성합니다.

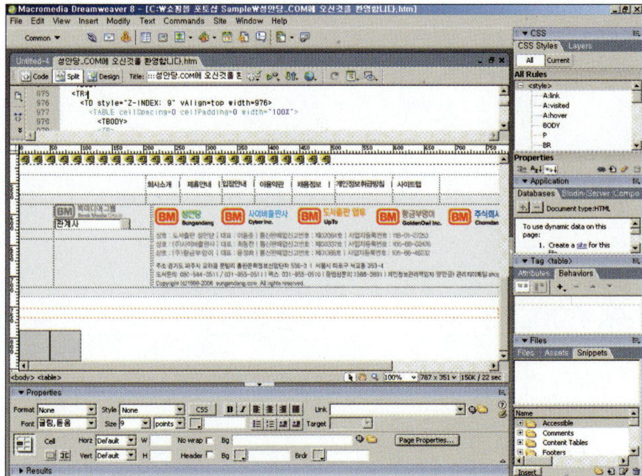

▲ 드림위버에서 HTML 작업하기

메이크샵으로
구축하는

편안하고
자연스러운

스타일의 쇼핑몰

Story 04

Story 04에서는 3대 쇼핑몰 디자인 솔루션 업체 중 하나인 메이크샵의 쇼핑몰 솔루션을 이용하여 직접 쇼핑몰 페이지를 디자인해 보겠습니다. 메이크샵 서비스를 통해서는 편안함과 자연스러움을 콘셉트로 하여 홈인테리어용품 쇼핑몰을 만들어볼 것입니다. 스타일 분석과 디자인 기획을 거치고 각 서비스 회사의 특징을 반영하여 메인 페이지를 완성하면 어떤 모습의 쇼핑몰들이 만들어질까요? 자~, 이제부터 시작하겠습니다.

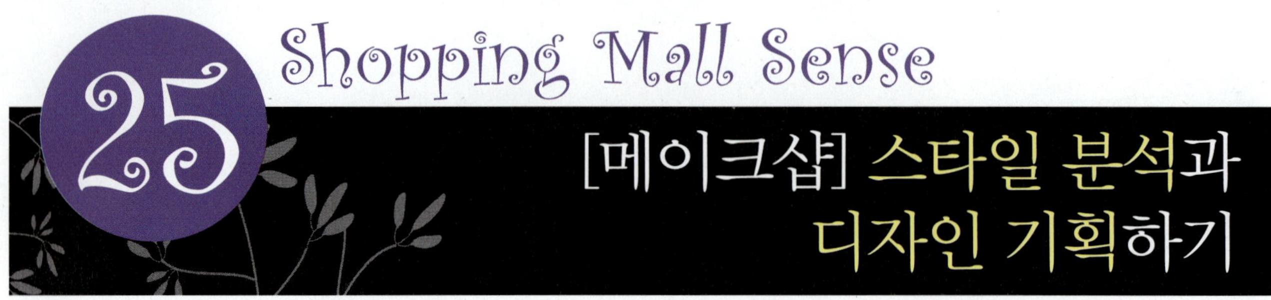

♥ 스타일 분석하기

[1단계] 천생연분 아이템

편안하고 자연스러운 스타일의 쇼핑몰은 자연 친화, 웰빙, 건강과 관련된 상품이라면
무엇이든 잘 어울립니다. 인테리어용품, 홈패션, 원목 가구, 퀼트나 십자수 등의 수공
예품, 원예용품, 유기농, 아로마용품, 건강식품, 생식, 요가용품 등을 예로 들 수 있습
니다.

[2단계] 천생연분 컬러 배색

▲ 내추럴 배색

[3단계] 샘플 사이트

▲ 원룸데코(http://oneroomdeco.com)

▲ 담너머예쁜집(http://www.damzip.com)

▲ 바닐라스푼(http://vanillaspoon.com)

▲ 코튼타임(http://cottontime.com)

▲ 홈앤데코(http://homendeco.com)

▲ e홈베이커리(http://www.ehomebakery.com)

[1단계] 사용할 쇼핑몰 솔루션

편안하고 자연스러운 스타일의 홈인테리어용품 쇼핑몰을 구축하는 데 사용할 솔루션은 메이크샵입니다. 홈인테리어용품 쇼핑몰을 창업하는 사람들은 보통 20대 후반 ~40대 후반이 많은데, 메이크샵은 디자인 부분이 다루기 쉽게 설정되어 있어 기본으로 제공되는 플래시 콘텐츠를 활용하면 초보자라도 상당히 멋진 쇼핑몰을 구축할 수 있습니다.

[2단계] 완성할 메인 페이지 디자인

자연스럽고 밝은 느낌, 따뜻하고 편안한 컬러 배색을 적용하여 홈패션 쇼핑몰에 적합한 디자인을 해보겠습니다.

Hot Sauce

완성된 메이크샵 쇼핑몰의 인터넷 주소는 'http://mariweb.campus1.freesell.co.kr' 입니다.

[3단계] 쇼핑몰 메인 페이지 기획

① 로고

상호는 '데코인', 도메인은 'decoin.co.kr' 로 하겠습니다. 데코 인테리어의 약자이고, '인' 은 사람 냄새 풍기는 따뜻한 인테리어용품 쇼핑몰을 의미하기도 합니다.

② 상품 분류

상품 분류 체계는 대분류와 중분류 2단계로 나뉩니다. 아이템의 특성상 자잘한 상품들이 워낙 많고 상품명이 구체적이어서 자칫하면 고객들이 필요한 상품을 찾는 데 애를 먹을 수도 있습니다. 따라서 대분류와 중분류를 특별한 마우스 조작 없이 한눈에 볼 수 있도록 노출시키는 방법을 사용할 것입니다. 단, 시각적으로 2단계 분류이지만, 쇼핑몰에 실제로 등록할 때는 중분류가 대분류인 셈이고, 하위 분류는 없습니다.

대분류	중분류	대분류	중분류
Fabric	침구		주방용품
	커튼/발란스		욕실용품
	쿠션		라탄바구니
	러그/매트	Flower	리스/포푸리
	슬리퍼/앞치마		화분&화병
	패브릭 소품		플라워
Deco	인테리어 소품		액세서리
	시계	Furniture	선반
	액자		소가구
	초/촛대	Special	
	스탠드	세일 상품	
		맞춤 결제	

③ 톱 메뉴

인테리어용품은 계절과 시즌에 따라 인기 상품의 변동이 많습니다. 따라서 '위클리 베스트' 메뉴를 만들어 인기 상품을 집중 부각하도록 합니다. 이외에도 인테리어 관련 정보를 제공하는 '데코인 매거진' 게시판, 고객들이 사진을 올려서 직접 꾸민 인테리어를 자랑할 수 있도록 '스위트홈 갤러리'를 운영합니다.

④ 플래시 배너

메이크샵에서는 플래시를 전혀 할 줄 모르는 사람도 플래시 배너를 만들 수 있는 간편 기능을 지원하고 있는데, 이를 적극 활용해 보겠습니다.

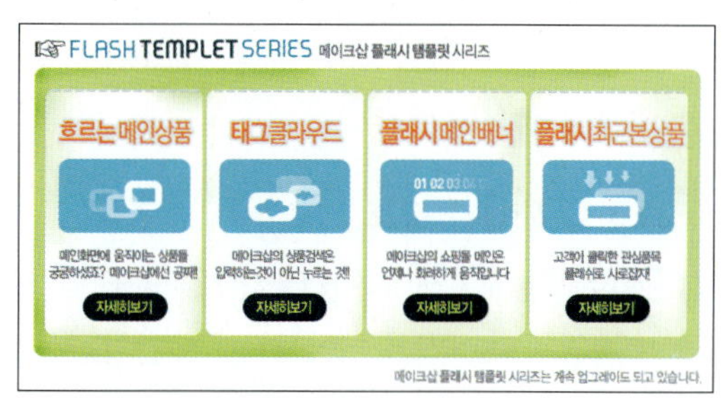

· 플래시 메인 배너

한 공간에 여러 개의 이미지가 순환되어 나타나는 것으로, 이미지를 클릭하면 클릭한 상품의 소개 페이지나 이벤트 페이지로 이동하도록 링크를

설정할 수 있습니다. 최대 5개의 이미지까지 등록할 수 있는데,
16가지의 플래시 효과 중 하나를 선택하여 화려한 플래시 메인
배너를 만들 수 있습니다.

・흐르는 플래시 상품 배너

쇼핑몰 메인 페이지의 한정된 공간에 많은 상품을 노출하기 위한 방법으로 최대 32개
까지 등록하는 것이 가능합니다. 11개의 플래시 효과, 7개의 상품 배경 이미지, 각각
의 옵션 설정을 통해 다양한 디자인 조합을 할 수 있습니다. 쇼
핑몰 등록 상품과 연동하여 간편하게 플래시로 메인 페이지를
꾸밀 수 있습니다.

・플래시 태그 클라우드

태그 클라우드란 인기 있고 중요한 태그들이 한눈에 들어오도
록 좋은 위치에 배치하거나 시각적으로 강조한 키워드를 말합니다. 태그 클라우드에

는 이미지, 콘텐츠 등을 찾아갈 수 있는 링크가 설정되어 있습
니다. 태그의 링크를 설정할 때는 게시판, 회사 소개, 특정 상품

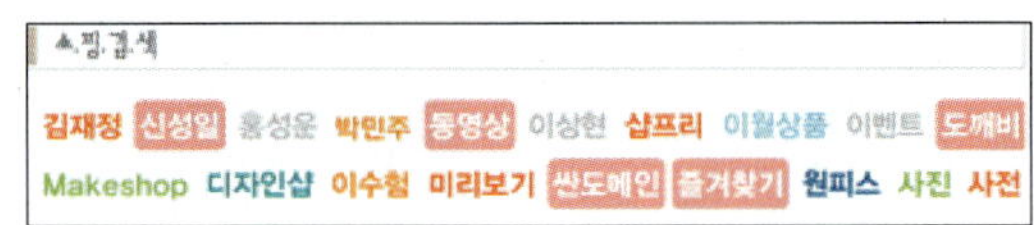

등의 개별 링크가 가능하기 때문에 이를 통해 개별 프로모션을
할 수 있습니다. 쇼핑몰 메인 화면에 여러 가지 색의 태그 클라우드를 적용하면 시각
적으로 화려한 효과도 얻을 수 있습니다.

⑤ 신상품, 인기 상품 선정

메인 페이지에 자동으로 노출되는 상품 리스트가 '신상품'과 '인기 상품' 두 가지 섹
션으로 나누어 노출되도록 합니다.

⑥ 사이트 내부 링크 배너

톱 메뉴에 링크된 버튼이 있지만, 주목성을 높이기 위해 메인 페이지에도 매거진과
위클리 베스트 링크 배너를 삽입하겠습니다.

⑦ 고객센터 정보

고객 상담 전화번호, 업무 시간, 계좌번호 안내가 들어간 배너를 화면 왼쪽의 상품 분
류 아래에 배치하겠습니다.

⑧ 쇼핑몰 사업자 정보

쇼핑몰의 아래쪽에 들어가는 사업자 관련 정보들도 쇼핑몰 디자인에서 빼놓을 수 없
는 부분입니다. 꼭 넣어야 하는 사업자 정보가 누락되면 검색 엔진 등록이나 신용카
드 결제 시스템을 연동할 때 신청이 거절될 수도 있으므로 주의해야 합니다.

Shopping Mall Sense

26 [메이크샵] 메인 페이지의 레이아웃 디자인하기

▶ ▶ ▶ 메인 페이지 디자인에 사용할 주요 색상

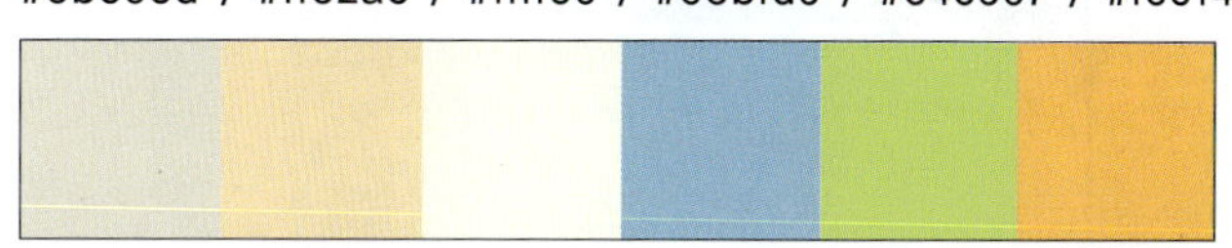

#ebe5cd / #ffe2ac / #ffffe6 / #93bfd5 / #c4e367 / #fec144

01 포토샵을 실행하고 `Ctrl`+`N` 을 눌러서 'Name : 스타일1메인', 'Width : 970px', 'Heigth : 1370px'의 새 파일을 만듭니다.

02 사각형 선택 툴을 이용하여 가로 '880px' 크기의 영역을 지정합니다. '인포' 팔레트를 참고하여 '880px' 크기의 사각형 영역을 지정하면 됩니다.

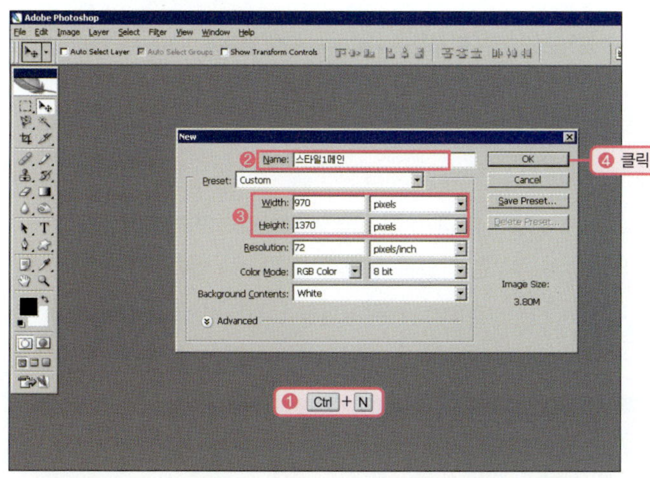

Hot Sauce

메인 페이지의 실제 가로 폭은 '880px'이지만, 배경색을 넣을 것이기 때문에 좌우 여백이 보이도록 작업 화면의 가로 너비를 '970px'로 여유 있게 잡았습니다. 실제 메인 페이지의 테두리에는 가이드라인을 지정한 후 작업하는 것이 좋습니다.

Hot Sauce

사각형 선택 툴로 영역을 지정할 때 세로 픽셀은 신경 쓰지 않아도 되는데, 화면 오른쪽 상단의 '인포' 팔레트를 클릭하면 드래그하는 것에 따라 W 값을 실시간으로 확인할 수 있습니다. 만약 영역의 크기가 Cm 단위로 표시될 경우에는 ▶ 버튼을 클릭한 후 'Palette Options' 대화상자에서 'Ruler Units' 항목의 설정을 'pixels'로 바꿉니다.

03 선택 영역에서 1픽셀도 어긋나지 않도록 정확히 가이드라인을 지정하기 위해서는 스냅 기능을 활용해야 합니다. 'View' 메뉴의 'Snap'에 체크 표시가 되어 있는지 확인하고, 'Snap To'로 이동하여 'Guide', 'Layers', 'Document Bounds'에 모두 체크 표시를 합니다.

04 작업 화면에서 사각형 선택 영역을 가운데로 정렬한 후 선택 영역의 좌우로 가이드라인을 드래그합니다. 이때 스냅 기능이 작동하기 때문에 가이드라인을 선택 영역 근처로 드래그하면 자석에 이끌리는 것처럼 자동으로 맞춰지는 것을 알 수 있습니다.

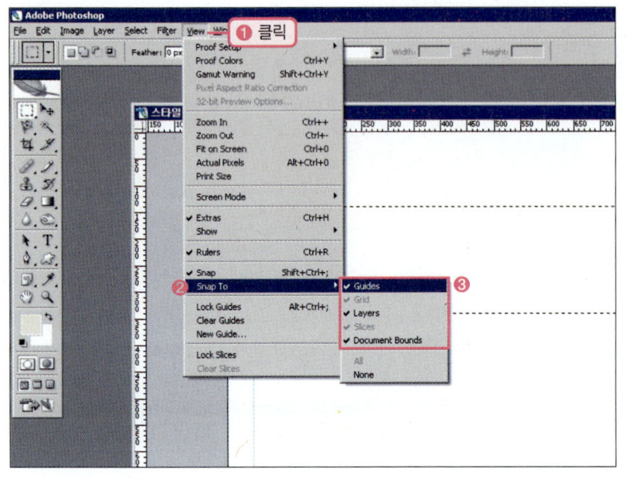

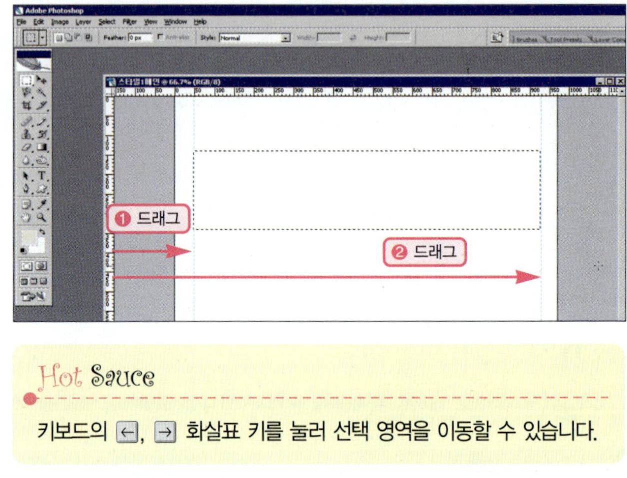

Hot Sauce

키보드의 ←, → 화살표 키를 눌러 선택 영역을 이동할 수 있습니다.

Design Master | 가이드라인의 색상 바꾸기

포토샵에서 가이드라인의 기본 색상은 하늘색입니다. 그러나 이미지의 색이 하늘색 계열이라면 가이드라인이 눈에 잘 띄지 않기 때문에 작업하는 데 불편하겠죠. 가이드라인의 색상은 작업자가 직접 선택할 수 있습니다. 'Edit' 메뉴의 'Preference-Guides,Grid&Slices...'를 클릭합니다. 'Preferences' 대화상자가 나타나면 다음과 같이 원하는 색상을 선택한 후 'OK' 버튼을 클릭하면 됩니다.

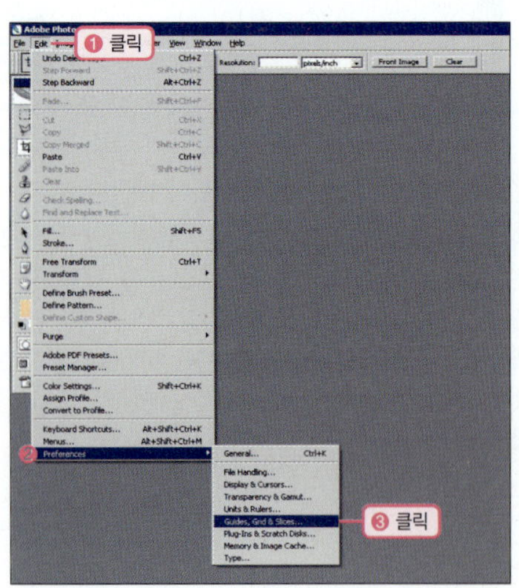

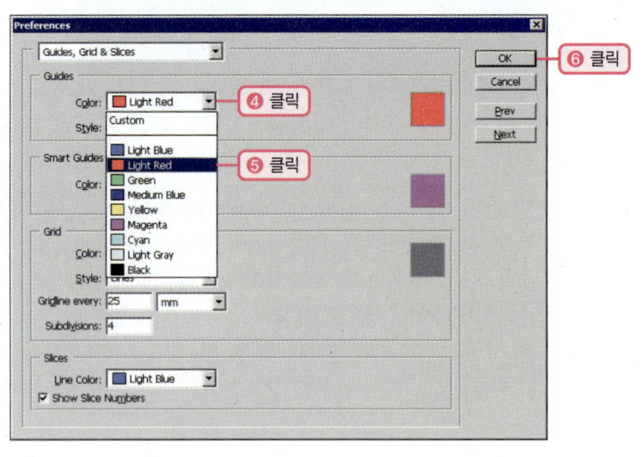

05 이번에는 위쪽의 메뉴 영역에 가이드라인을 만들어보겠습니다. 다음과 같이 '세로 : 200px'의 사각형 선택 영역과 가이드라인을 차례대로 지정합니다.

06 같은 방법으로 왼쪽의 메뉴 영역에 가이드라인을 만들어보겠습니다. 실제 메인 페이지가 시작되는 지점의 가이드라인을 기준으로 '가로 : 190px'의 사각형 선택 영역과 가이드라인을 차례대로 지정합니다.

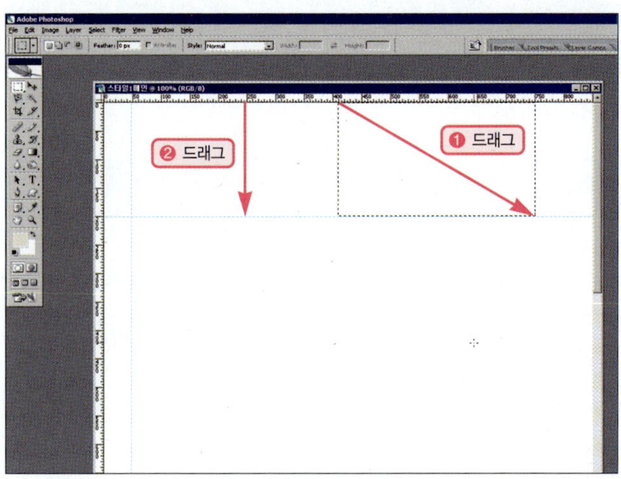

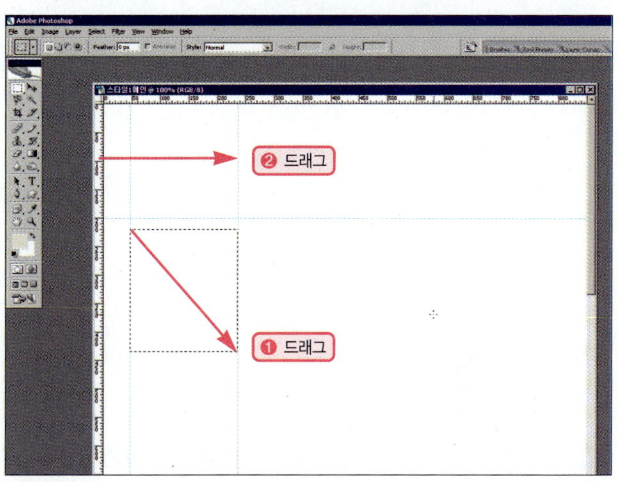

07 간단하게 가이드라인이 완성되었습니다. 자신이 작업한 것과 같은지 각 영역의 수치를 확인하세요.

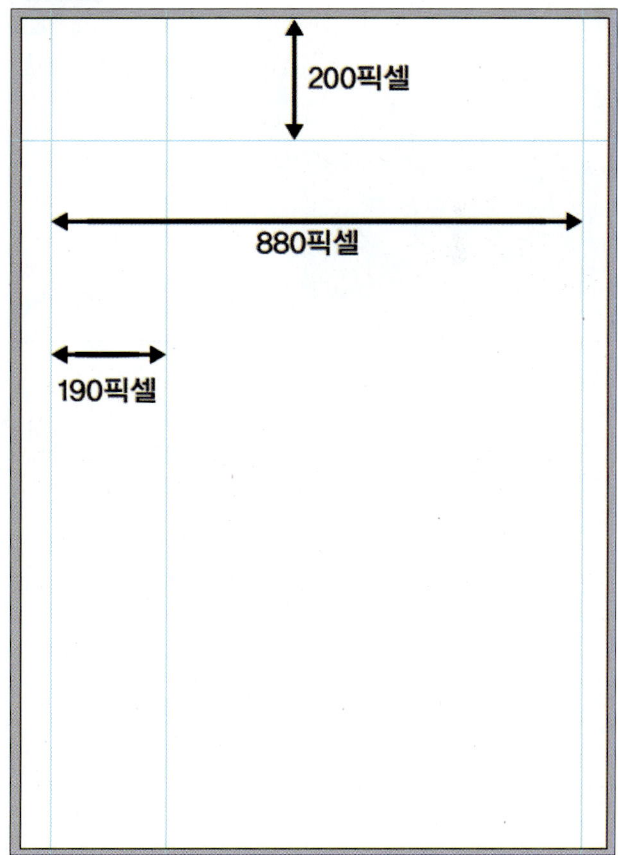

27 [메이크샵] 메인 페이지의 상단 디자인하기

♥ 메인 페이지의 상단 디자인 1 – 꽃과 하늘과 나무 디자인

01 툴 박스의 전경색 툴을 클릭하면 'Color Picker' 대화상자가 나타나는데, 여기에서 색상 값 입력 항목에 'ebe5cd'를 입력합니다. 그런 다음 'OK' 버튼을 클릭합니다.

02 키보드의 Alt + Delete 를 눌러서 'Background' 레이어를 바꾼 전경색으로 채웁니다.

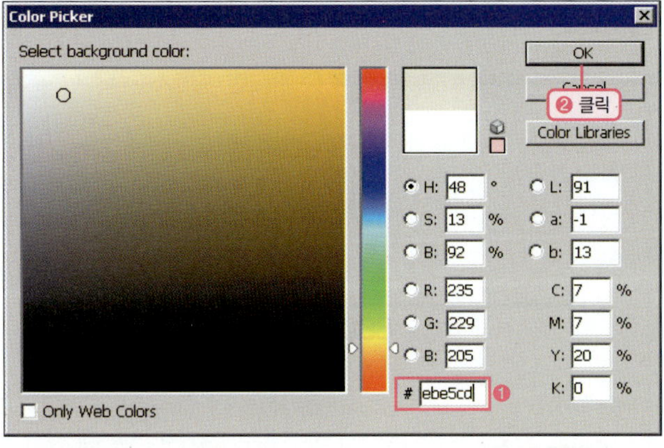

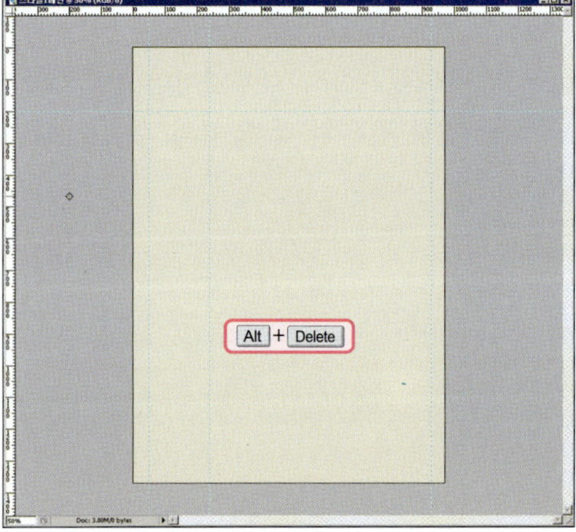

Hot Sauce

'Color Picker' 대화상자의 'Only Web Color' 항목에 체크 표시를 해제해야 웹 컬러인 256색 이상의 색을 자유롭게 지정할 수 있습니다.

Hot Sauce

단축키는 무작정 외우기보다 실제 작업을 하면서 자주 사용하는 것이 익히기 쉽습니다. 그러므로 이 책에서도 되도록 단축키를 이용하여 작업을 진행하겠습니다.

03 레이어 팔레트에서 'Create a new layer' 버튼을 클릭하여 'Background' 레이어 위에 새 레이어를 추가합니다. 그런 다음 선택 영역을 실제 메인 페이지 크기인 '가로 : 880px'로 지정합니다. 다시 선택 영역을 아래쪽으로 '44px' 이동한 후 Ctrl + Delete 를 눌러서 배경색인 흰색으로 채웁니다.

04 Ctrl + D 를 눌러서 선택 영역을 해제합니다. 'Layer 1'의 위쪽에 '3px' 높이의 사각형 선택 영역을 지정하고 '#f5c982' 색상으로 채웁니다.

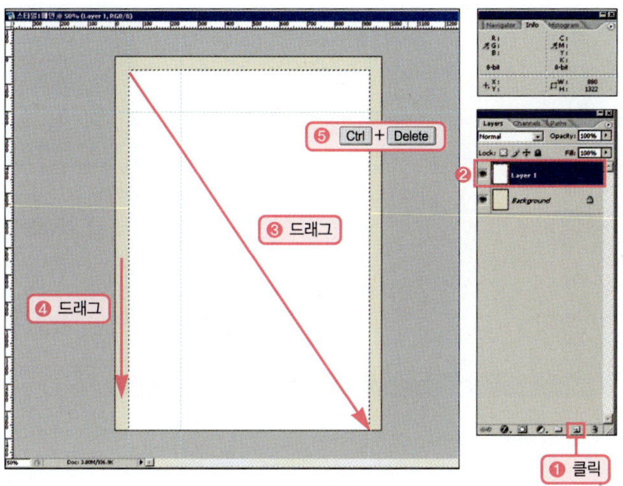

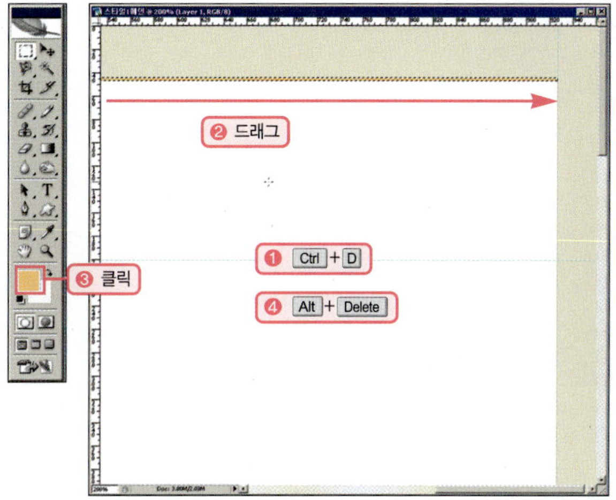

05 선택 영역을 해제하고, 레이어 팔레트에서 'Creat a new group' 버튼을 클릭하여 새 레이어 그룹을 만듭니다.

Design Master | 선택 영역을 원하는 픽셀만큼 정확하게 이동하는 두 가지 방법

1. 미리 정확한 위치에 가이드라인을 지정한 후 그에 맞춰 선택 영역을 드래그하는 방법이 있습니다.

2. 작업 화면의 크기가 100%인 상태에서 선택 영역을 드래그한 후 키보드의 Shift + ↑ ↓ ← → 를 눌러서 선택 영역을 이동하는 방법이 있습니다. 이때 Shift + ↑ ↓ ← → 를 누르면 선택 영역을 '10px' 단위로 이동할 수 있고, ↑ ↓ ← → 만 누르면 '1px' 단위로 이동할 수 있습니다.

06 그룹 이름을 더블클릭하여 그룹 이름에 '좌측'
을 입력한 후 Enter 를 누릅니다.

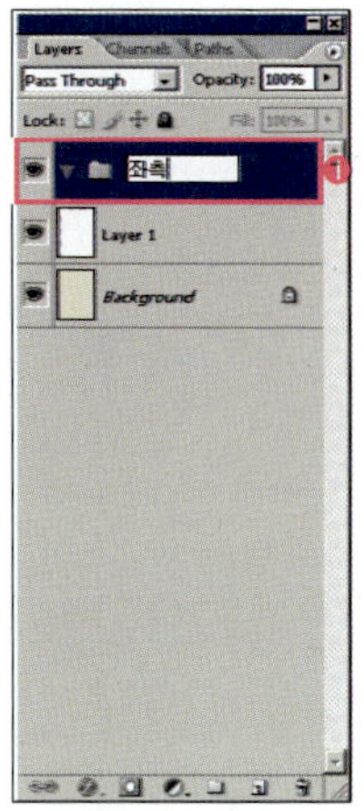

작업을 하다 보면 레이어가 무척 많아지는데, 이렇게 그룹을 만들
어서 레이어를 관리하면 보기에도 좋고 작업을 효율적으로 할 수
있습니다.

08 선택 영역을 해제하고 '좌측' 레이어 그룹의 위
쪽에 '상단' 레이어 그룹을 만듭니다.

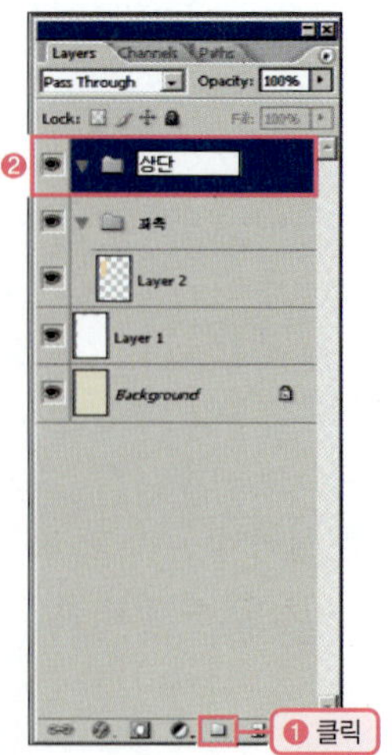

07 레이어 팔레트의 'Creat a new layer' 버튼을 클
릭하여 '좌측' 레이어 그룹 안에 다시 새로운 레
이어를 추가합니다. 그런 다음 앞서 만든 '3px' 높이의 바
가 끝나는 지점에서 '80px' 아래쪽부터 '가로 : 174px',
'세로 : 523px' 크기의 사각형 영역을 만들고 '#ffe2ac'
색상으로 채웁니다.

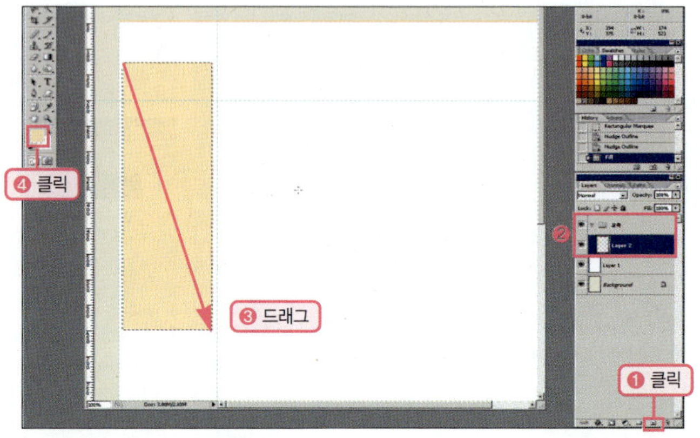

이 영역은 좌측 메뉴의 한가운데에 위치해야 하므로 좌우 '8px'의
여백이 되도록 위치를 조절합니다.

09 메인 페이지의 상단에 사용할 이미지를 불러오기
위해 작업 화면을 더블클릭합니다. 'Open' 창이
나타나면 부록 CD의 'Story 04-style1소스이미지' 폴더
에서 '꽃.jpg', '나뭇잎.jpg', '하늘.jpg' 파일을 불러옵니
다. 그런 다음 각각 작업 화면으로 드래그합니다.

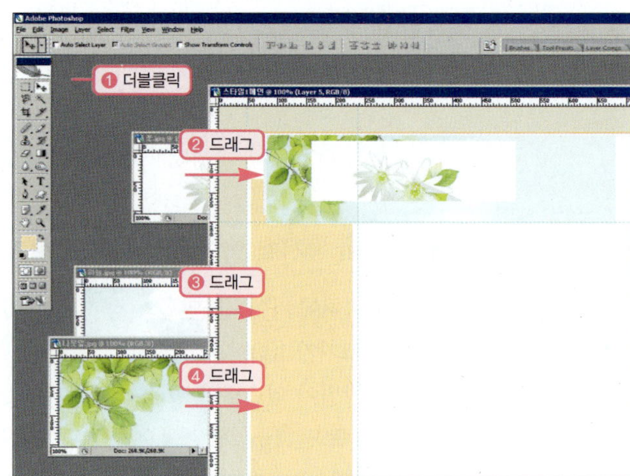

10 작업 화면에 이미지가 나타나면 각각의 레이어 이름을 '꽃잎', '나뭇잎', '하늘'로 바꿉니다.

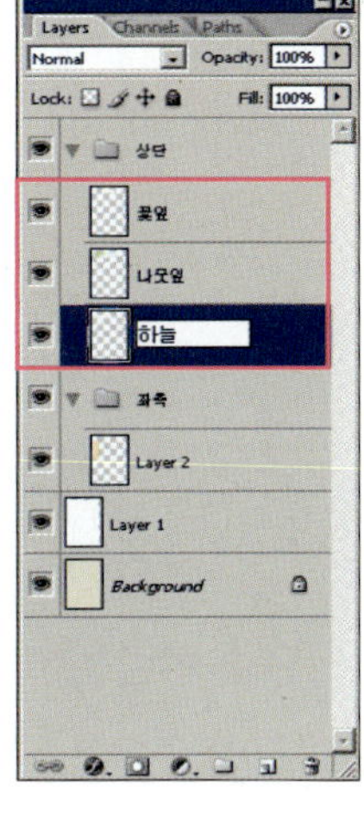

11 레이어 팔레트에서 '꽃잎', '나뭇잎' 레이어의 눈 아이콘을 클릭하여 비활성화시키고, '하늘' 이미지의 모서리를 메인 페이지 오른쪽 위에 정확히 맞춥니다.

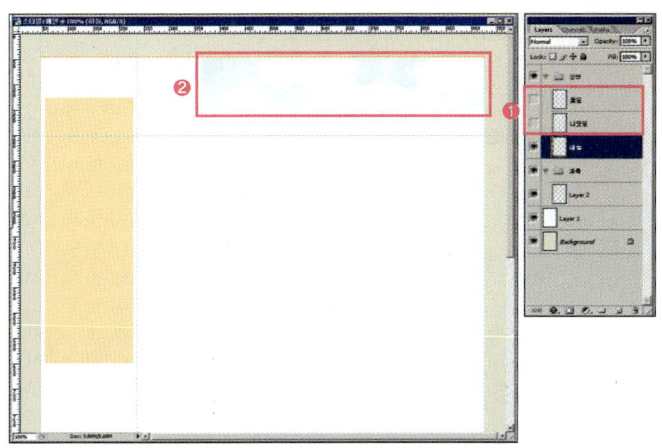

Hot Sauce

'꽃.jpg', '나뭇잎.jpg', '하늘.jpg' 파일은 각 창의 '닫기' 버튼을 클릭하여 창을 닫습니다.

12 같은 방법으로 '나뭇잎' 레이어를 활성화한 후 다음과 같이 정확하게 위치를 지정합니다.

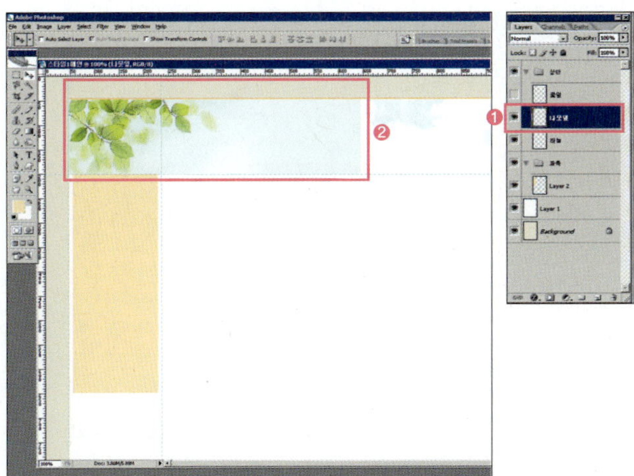

13 '하늘'과 '나뭇잎' 이미지가 이어지는 부분을 자연스럽게 처리할 필요가 있습니다. '나뭇잎' 레이어를 선택한 상태에서 '세로 : 400px', '가로 : 350px' 크기의 영역을 지정합니다. 그런 다음 'Select' 메뉴의 'Feather'를 클릭합니다.

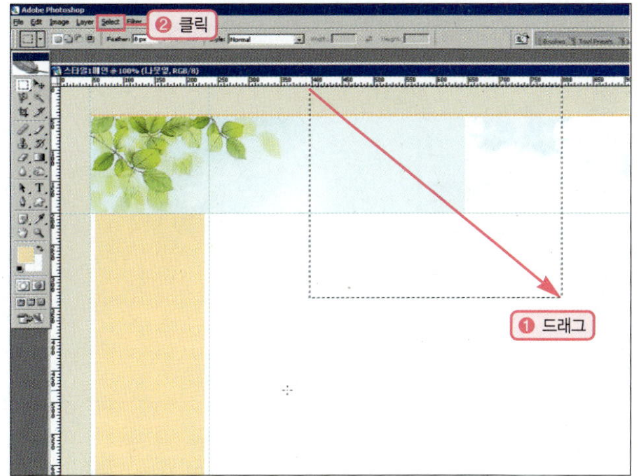

Hot Sauce

'나뭇잎'과 '하늘' 이미지의 위치를 정렬할 때 위쪽 오렌지색 바를 가리지 않도록 주의하세요. 또 레이어는 위에서부터 '꽃잎', '나뭇잎', '하늘' 순서로 배치합니다.

Hot Sauce

하늘 이미지와 나뭇잎 이미지가 만나는 중간의 어색한 부분을 선택 영역으로 지정하면 됩니다.

14 'Feather Selection' 대화상자가 나타나면 '30'을 입력하고 'OK' 버튼을 클릭합니다.

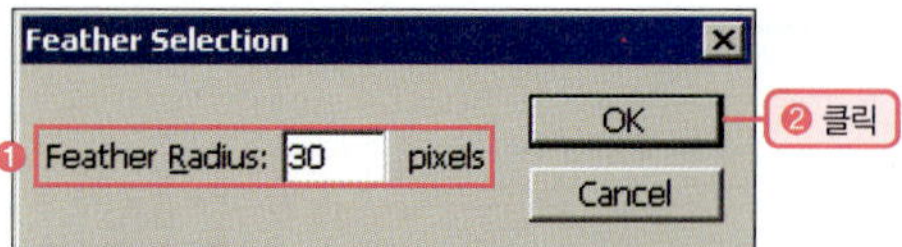

15 Feather 값이 적용된 사각형 선택 영역을 그림처럼 위로 이동시킨 후 키보드의 Delete 를 누르면 나뭇잎 이미지와 하늘 이미지가 자연스럽게 연결됩니다. Ctrl + D 를 눌러서 선택 영역을 해제합니다.

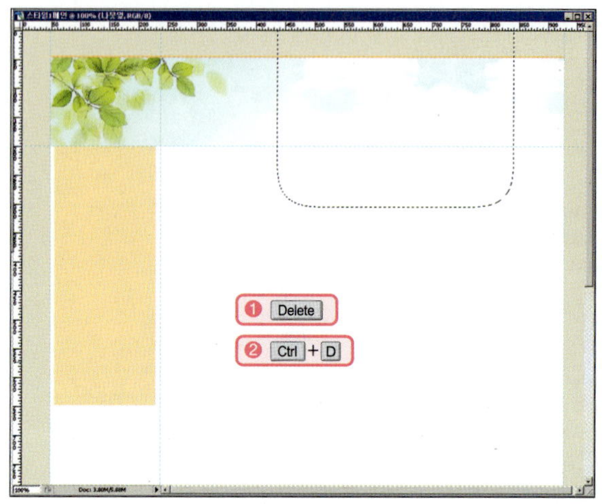

16 '꽃잎' 레이어의 눈 아이콘을 클릭하여 활성화하고, 다음의 위치로 이동한 후 올가미 툴을 선택합니다. 올가미 툴의 옵션 바에서 Feather 값을 '10px'로 설정하고 다음과 같이 꽃을 대강 선택합니다.

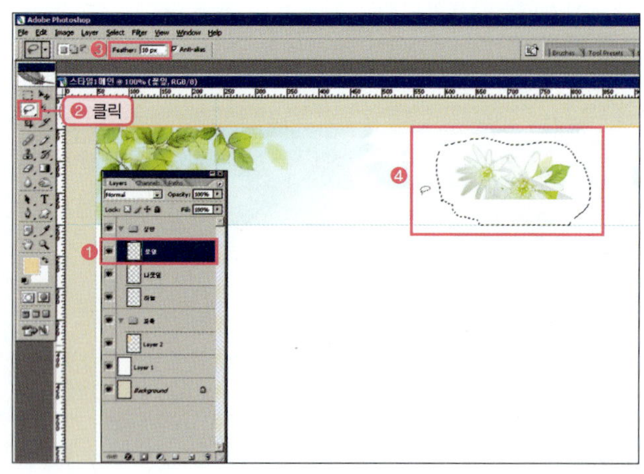

17 키보드의 Ctrl + Shift + I 를 눌러서 선택 영역을 반전시키고, Delete 를 누릅니다. 이 작업은 꽃 이미지에서 불필요한 흰색 여백을 삭제하는 과정입니다.

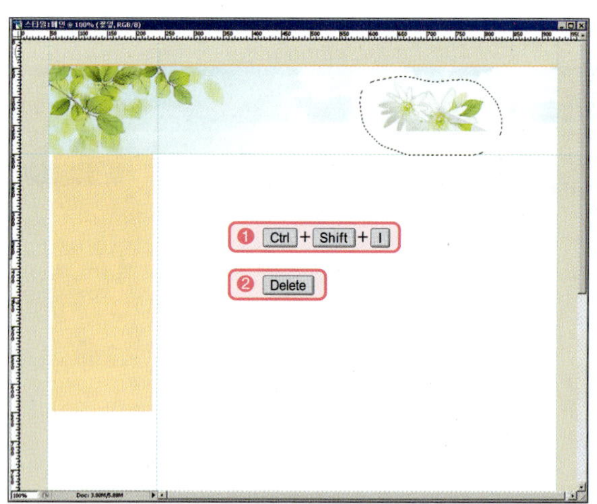

18 꽃과 하늘이 자연스럽게 어우러지는 것을 확인할 수 있습니다.

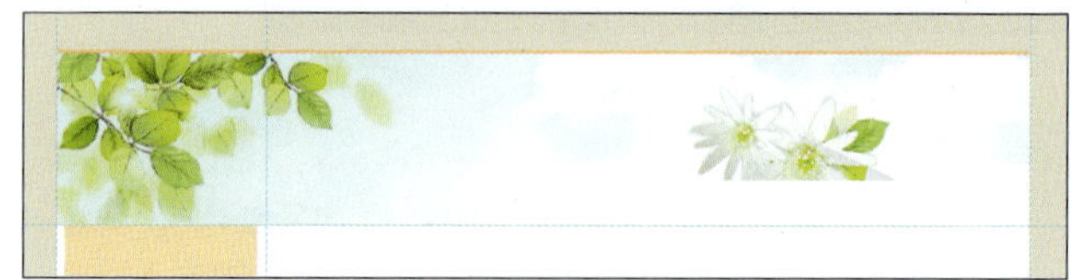

♥ 메인 페이지의 상단 디자인 2 – 리본 바 디자인

01 상단 이미지에서 검색 창이 위치할 곳에 리본 바 모양의 디자인을 만들어보겠습니다.

02 '상단' 레이어 그룹에 새 레이어를 추가합니다. 툴 박스에서 사각형 셰이프 툴을 클릭하고, 옵션 바의 'Fill pixels'를 선택합니다. 그런 다음 전경색을 '#f9d08b'로 지정합니다.

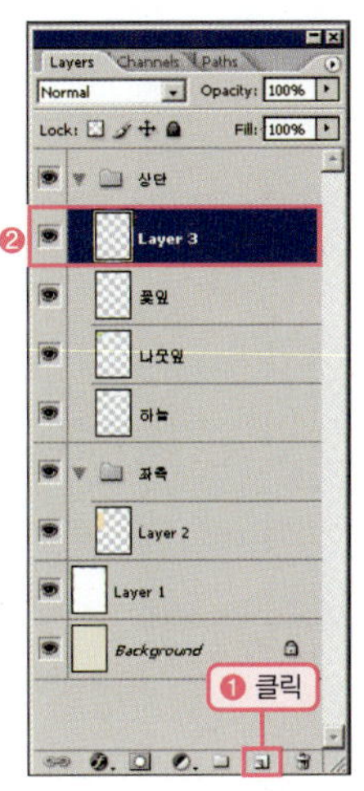

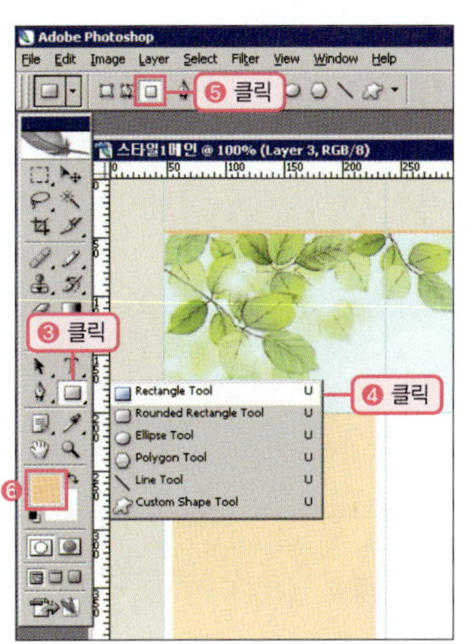

03 메인 페이지의 영역에 다음과 같이 '세로 : 110px'인 사각형 셰이프를 그립니다.

04 이번에는 툴 박스에서 둥근 사각형 셰이프 툴을 선택하고, 옵션 바의 'Paths'를 선택한 후 'Radius' 값은 '5'로 설정합니다.

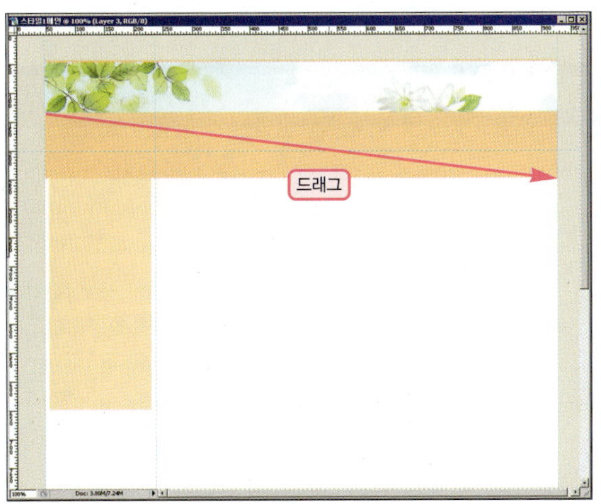

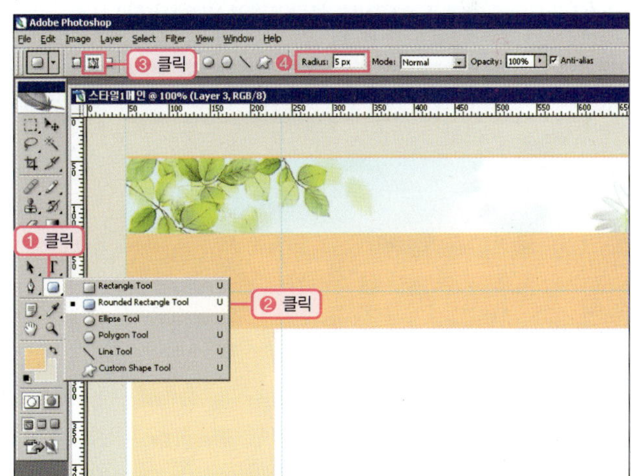

Hot Sauce

사각형의 모서리가 '5px' 라운딩 처리된 사각형 패스를 그린다는 것을 의미합니다.

05 다음과 같이 모서리가 둥근 사각형 패스를 그립니다. 마우스의 왼쪽 버튼을 누른 상태에서 키보드의 Space bar 를 누르면 그리고 있는 둥근 사각형 패스의 위치를 마음대로 조절할 수 있습니다.

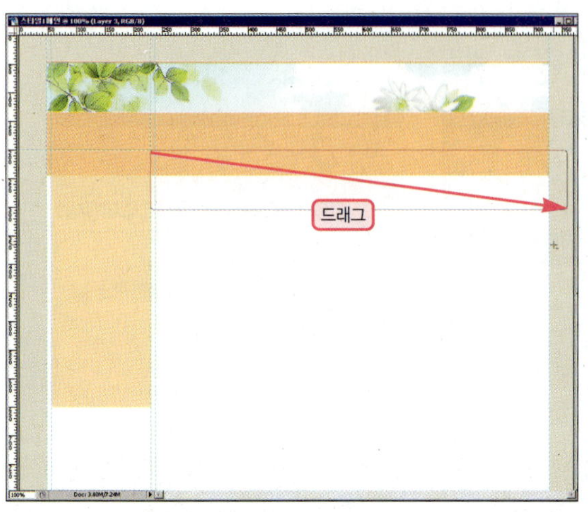

06 'Paths' 탭을 클릭하여 패스 팔레트로 이동한 후 'Load path as a selection'을 클릭합니다. 모서리가 둥근 사각형 패스가 모서리가 둥근 사각형 선택 영역으로 바뀌는 것을 알 수 있습니다.

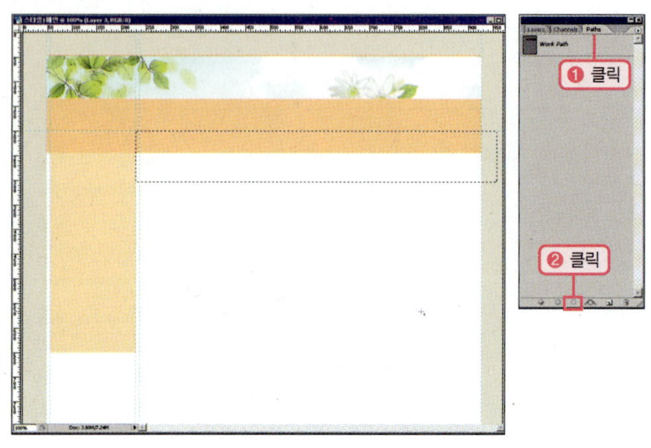

Hot Sauce

좌측 메뉴 박스의 좌우에 가이드라인을 지정한 후 둥근 사각형 패스를 가이드라인과 일치하는 위치에 그려야 합니다.

07 Delete 를 눌러서 선택 영역을 제거한 후 다시 Ctrl + D 를 눌러서 선택 영역을 해제합니다.

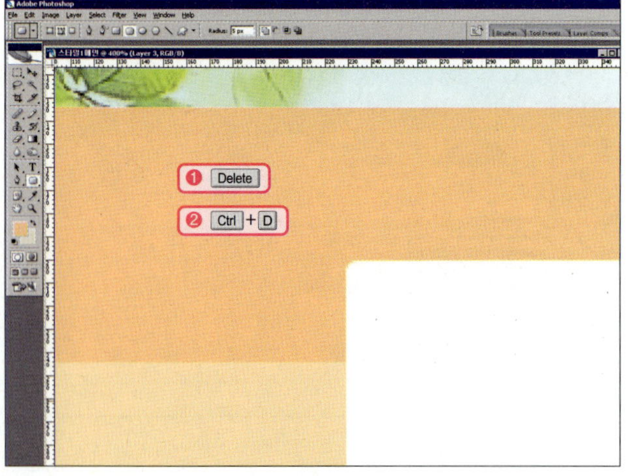

08 같은 방법을 이용하여 리본 바의 왼쪽 모서리도 라운딩 처리합니다.

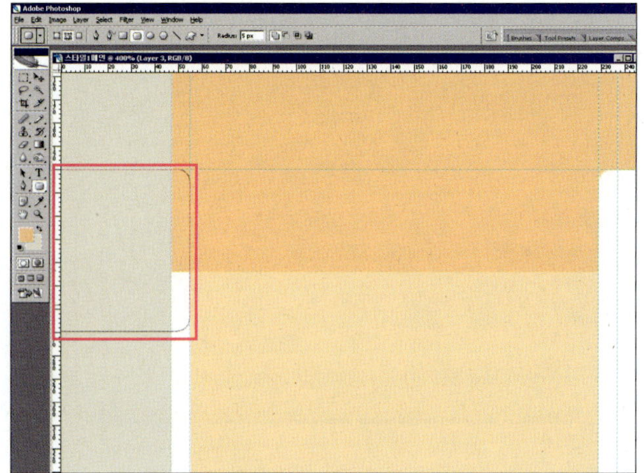

09 리본 바의 높이가 '47px'이 되도록 불필요한 부분을 선택해서 제거하고, 상단 영역을 구분하는 가이드라인과 리본 바 사이는 '12px'의 간격이 되도록 조절합니다.

10 이제 리본 바의 오른쪽 끝을 뾰족하게 만들어보겠습니다. 툴 박스에서 커스텀 쉐이프 툴을 클릭한 후 옵션 바의 '쉐이프'에서 화살표 모양을 선택합니다. 그런 다음 리본 바의 오른쪽 끝에 '세로 : 47px'의 화살표 패스를 그립니다.

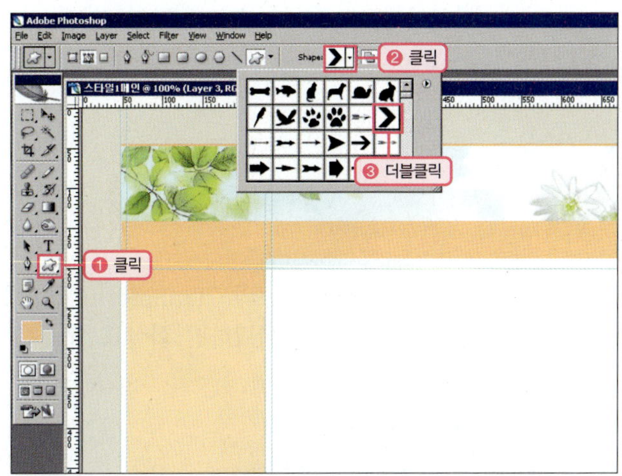

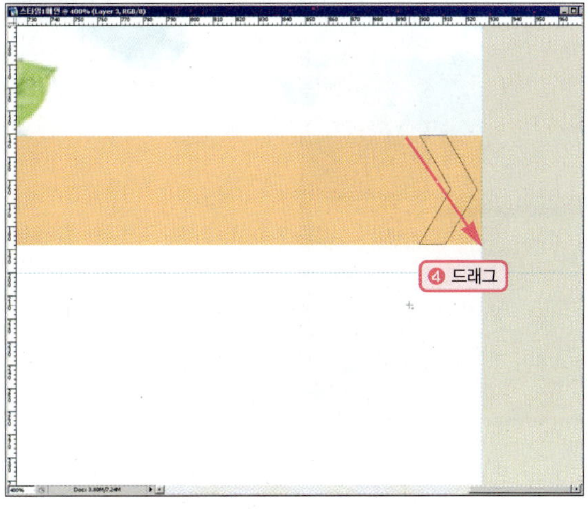

11 화살표의 방향을 반대로 바꾸겠습니다. 툴 박스에서 패스 선택 툴을 선택하고 화살표 패스를 클릭합니다. 패스의 모든 조절점이 나타납니다.

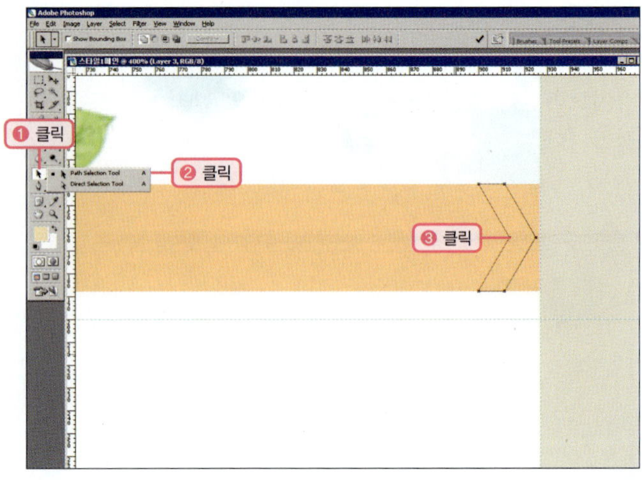

12 이 상태에서 'Edit' 메뉴의 'Transform Path -Flip Horizontal'을 클릭하면 화살표 패스가 수평으로 반전됩니다.

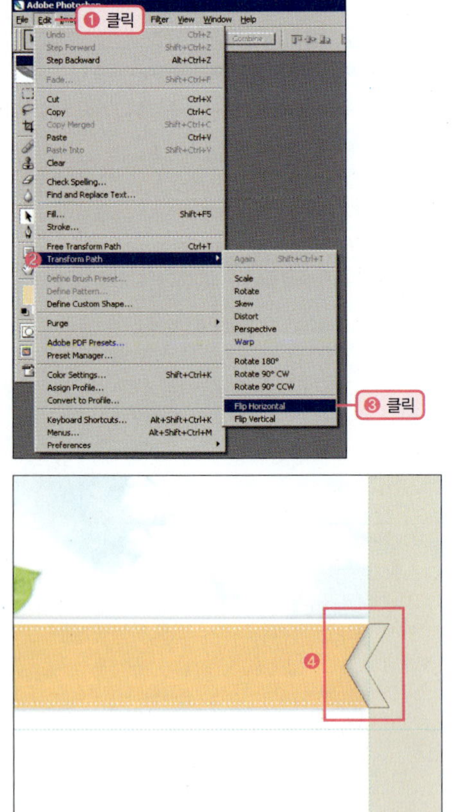

13 툴 박스의 직접 패스 선택 툴을 클릭합니다. 화살표 뒤쪽 가운데의 조절점을 클릭하여 선택한 후 키보드의 Shift+→를 눌러 다음과 같이 오른쪽으로 '10px' 이동합니다.

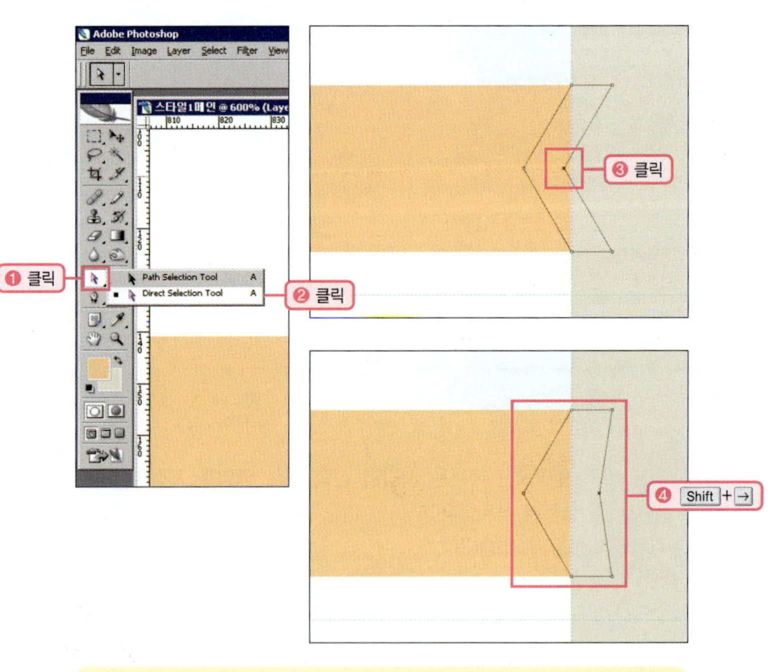

Hot Sauce

화살표 패스를 수평으로 반전한 후 패스 선택 툴을 이용하여 화살표 패스의 위치를 화면과 같이 약간 이동합니다.

14 'Paths' 팔레트로 이동하여 'Load path as a selection'을 클릭합니다. 화살표 패스가 선택 영역으로 전환되면 Delete 를 눌러 제거합니다.

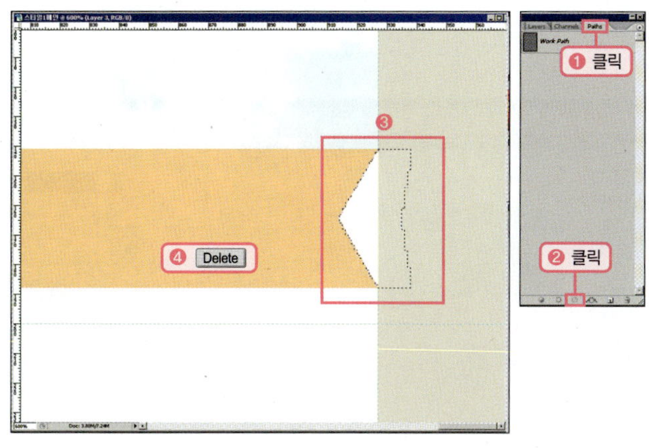

15 선택 영역을 해제하고 전체 화면을 살펴보면 다음과 같이 리본 바가 완성된 것을 알 수 있습니다.

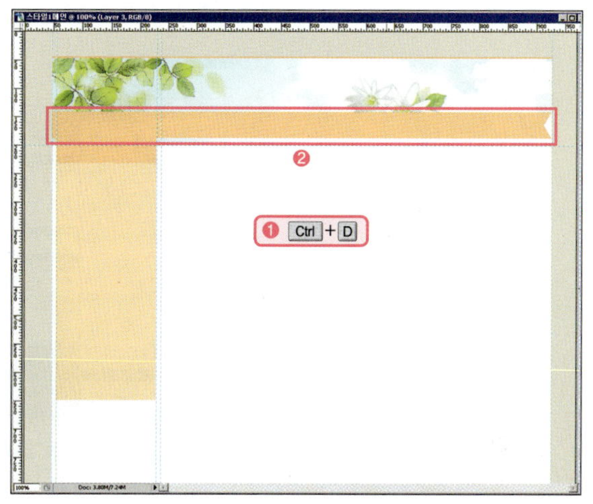

16 이제 리본 바 위에 '1px' 크기의 점을 찍어보겠습니다. 새 레이어를 추가한 후 툴 박스에서 연필 툴을 선택합니다. 그런 다음 '크기 : 1px', '전경색 : 흰색'으로 설정한 후 위에서 '2px' 아래쪽에 점을 10개 정도 톡톡 찍어줍니다.

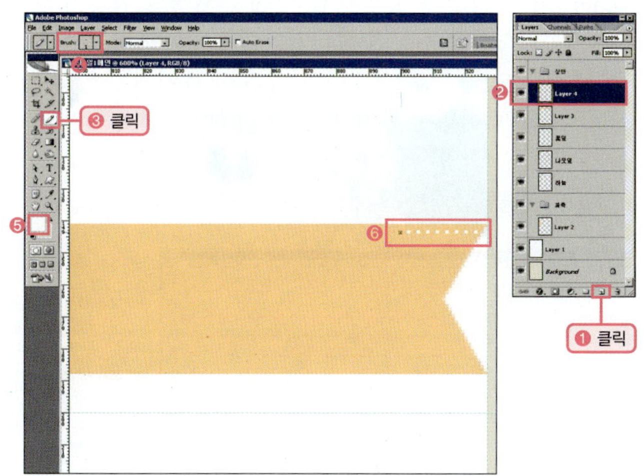

17 점이 찍힌 레이어를 두 번 복사하고, 다음과 같이 왼쪽으로 이동합니다. 레이어 팔레트를 확인하면 점과 관련하여 3개의 레이어가 만들어진 것을 알 수 있습니다. Ctrl 을 누른 상태에서 클릭하여 3개의 레이어를 모두 선택합니다.

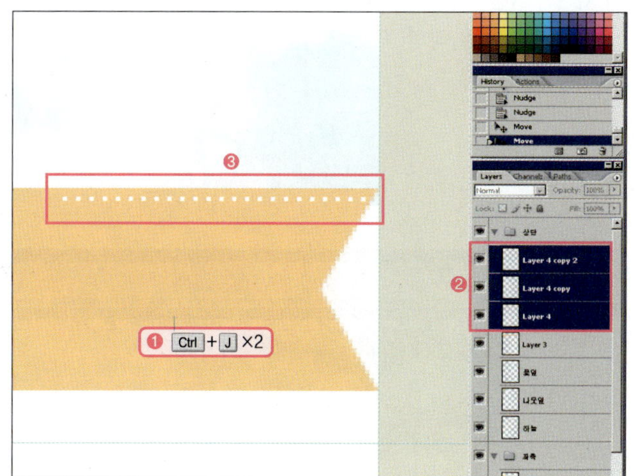

Hot Sauce

복사한 레이어를 선택한 상태에서 이동 툴을 이용하여 점을 왼쪽으로 이동합니다.

18 이 상태에서 마우스 오른쪽 버튼을 클릭하고, 단축 메뉴의 'Merge Layers'를 선택하면 3개의 레이어가 하나로 병합됩니다. 이 과정을 몇 번 반복하면 리본 바의 위아래에 '1px' 점을 빠르게 그릴 수 있습니다.

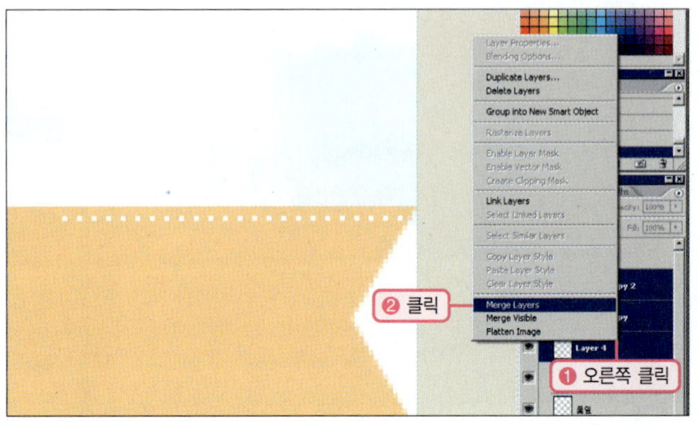

Hot Sauce

연필 툴, 브러시 툴, 도장 툴 등 칠을 하거나 그리는 속성의 툴들은 키보드의 [를 누르면 브러시 크기가 줄어들고,] 를 누르면 브러시 크기가 커집니다.

20 리본 바의 아래쪽에 가이드라인을 벗어나는 영역은 선택한 후 삭제합니다.

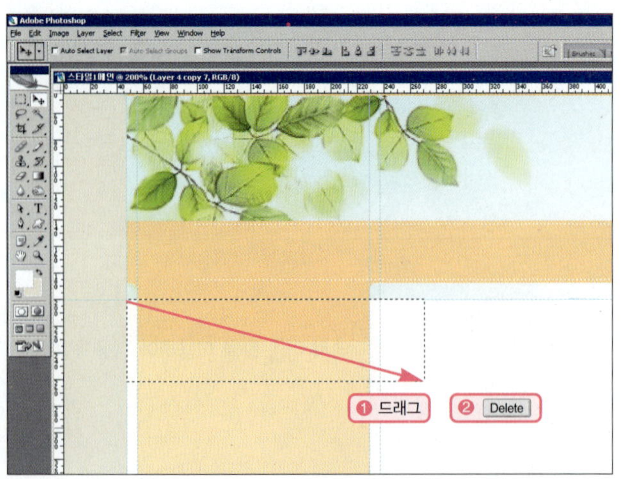

19 리본 바에서 위와 아래쪽에 '1px' 점을 다음의 위치까지 복사합니다. 그런 다음 리본 바 레이어와 1px 점 레이어를 병합합니다.

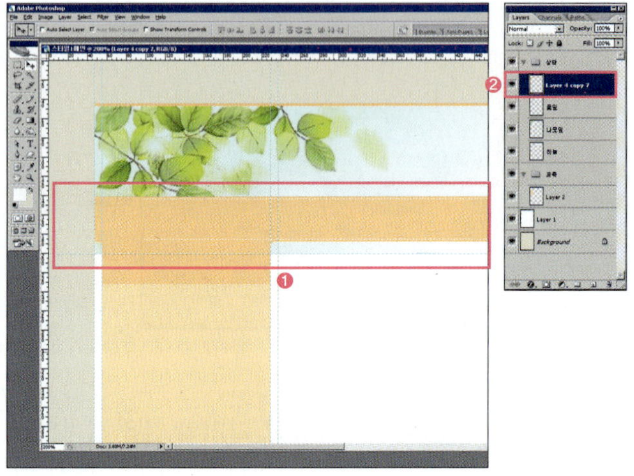

21 이번에는 밋밋한 리본 바에 그림자를 만들어 꾸며보겠습니다. 헷갈리기 쉬우니 잘 따라 하세요. 키보드의 Ctrl 을 누른 상태에서 리본 바 레이어의 사각형 섬네일을 클릭하면 리본 바가 선택 영역으로 지정됩니다. 이 상태에서 '꽃잎' 레이어를 선택한 후 'Create a new layer' 버튼을 클릭하고 새로운 레이어를 만듭니다.

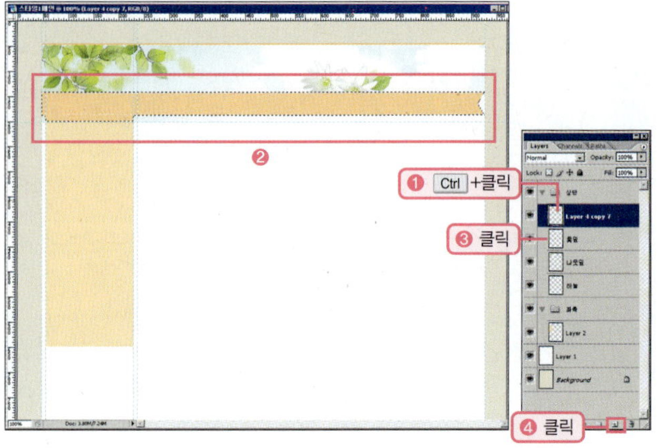

22 새로운 레이어가 만들어지면 선택 영역을 검은 색으로 채웁니다. `Ctrl`+`D`를 눌러서 선택 영역을 해제합니다.

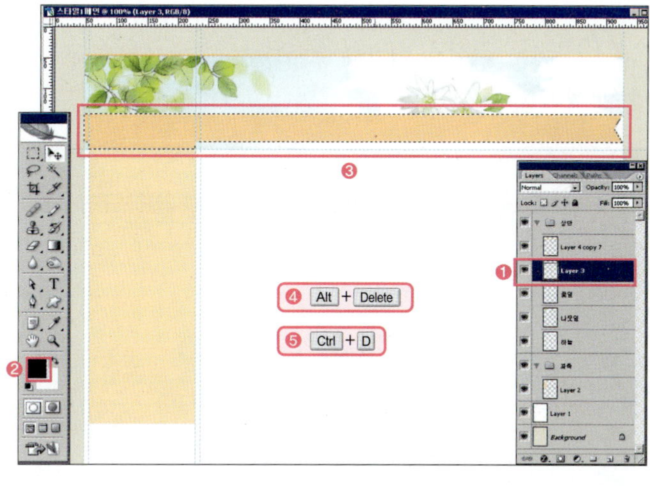

23 'Filter' 메뉴의 'Blur-Gaussian Blur'를 클릭합니다. 'Gaussian Blur' 대화상자가 나타나면 'Radius' 항목에 '2'를 입력한 후 'OK' 버튼을 클릭합니다.

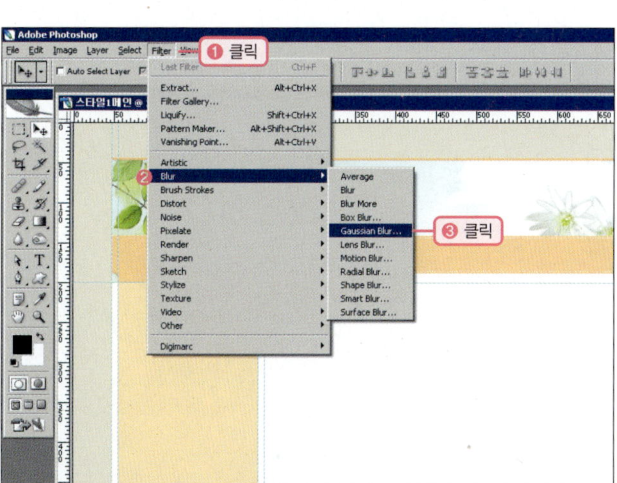

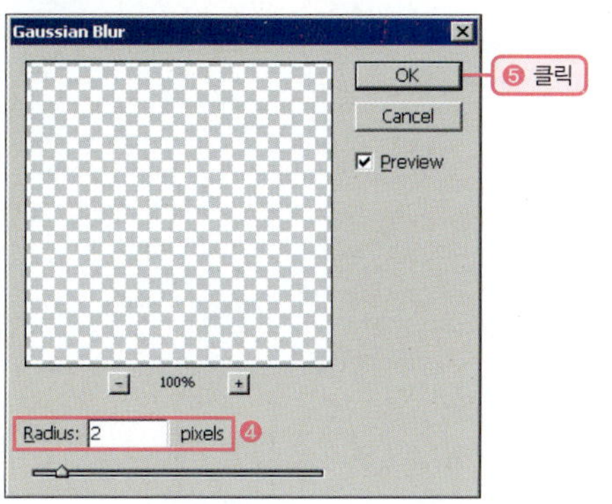

24 리본의 선을 따라 희미한 그림자가 만들어진 것을 확인할 수 있습니다.

25 리본 바 오른쪽 끝의 오목하게 파인 부분은 아이보리색으로 채우는 것이 더욱 자연스럽습니다. `Ctrl`을 누른 상태에서 제거해야 할 리본 끝의 삼각형 흰색 여백을 마우스로 클릭하면 'Layer1'이 선택됩니다.

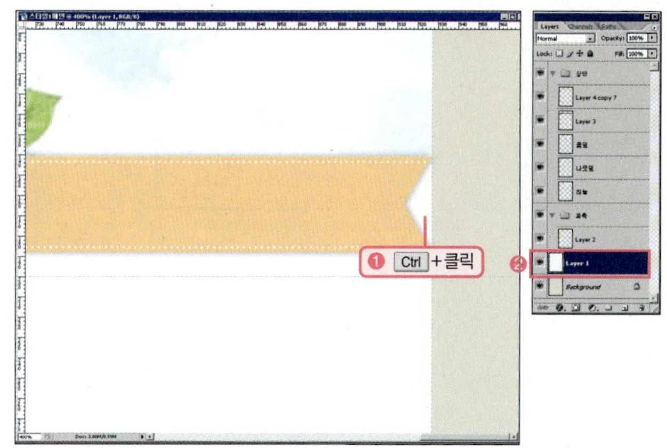

Hot Sauce

툴 박스의 이동 툴을 선택한 상태에서 작업을 진행합니다.

26 툴 박스의 사각형 선택 툴을 클릭하고, 다음과
같이 영역을 지정한 후 키보드의 Delete 를 눌러
흰색 여백을 삭제합니다.

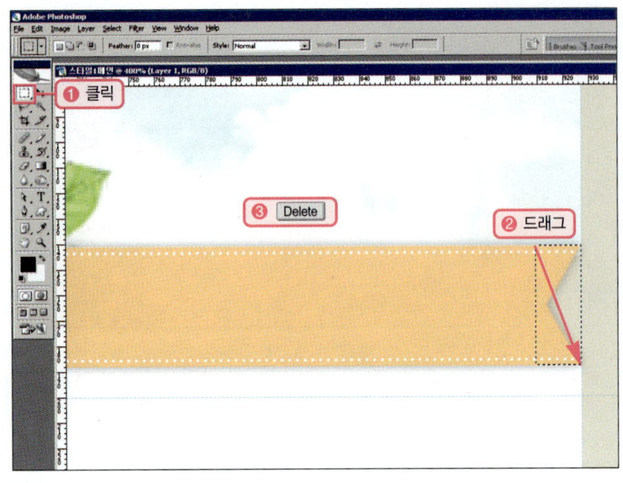

27 '하늘' 레이어를 선택하여 리본 바 끝을 살짝 넘
어온 하늘 이미지도 깨끗하게 제거합니다.

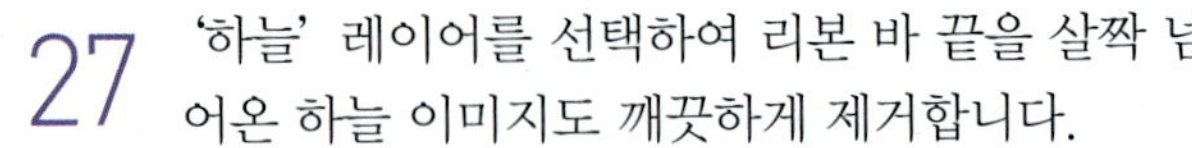
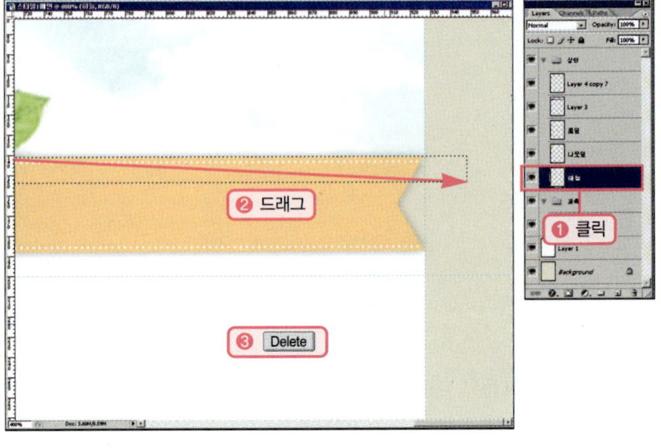

28 자연스러운 그림자 효과를 위해 리본 바의 그림자 레이어를 선택한 후 다음과 같이 사각형 선택 툴로 선택
영역을 지정합니다. 그런 다음 이동 툴을 이용하여 위쪽으로 '3px' 이동합니다.

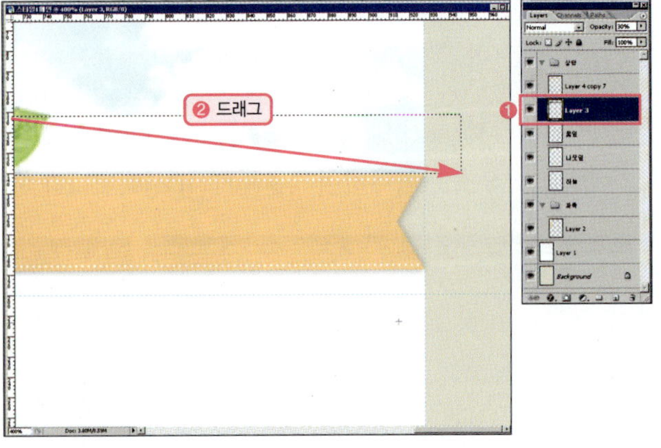
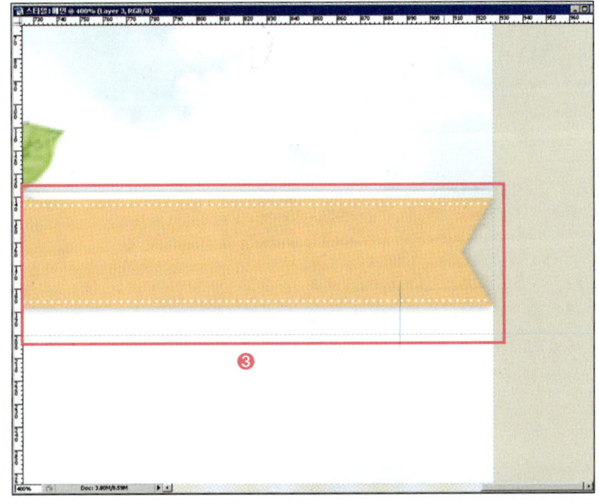

29 다시 리본 바 레이어를 선택하여 리본 바와 그림자 사이에 생긴 '3px'의 공백을 흰색으로 채웁니다.

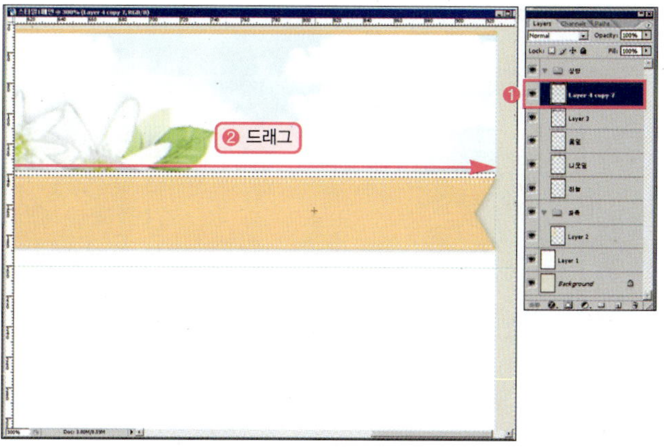

30 그림자 레이어를 선택하여 다음과 같이 리본 바의 양 끝 그림자를 깔끔하게 제거합니다.

31 그림자 레이어와 리본 바 레이어를 선택해 키보드의 Ctrl + E 를 눌러 병합하고, 이름을 '리본 바'로 바꿉니다.

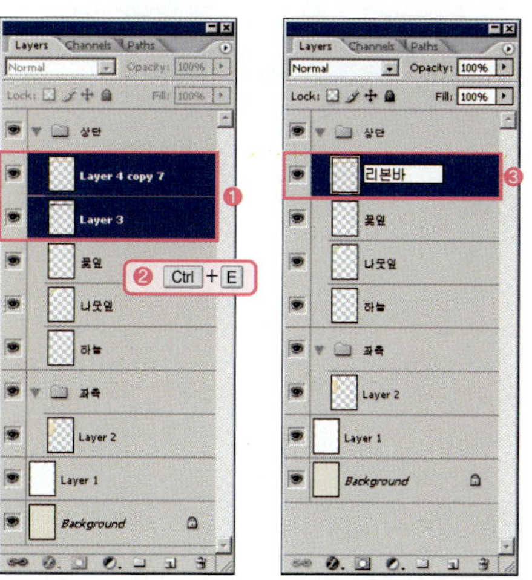

32 '나뭇잎' 레이어를 선택한 상태에서 리본 바에 가려진 부분을 사각형 선택 영역으로 지정한 후 Ctrl + X 를 눌러 잘라냅니다.

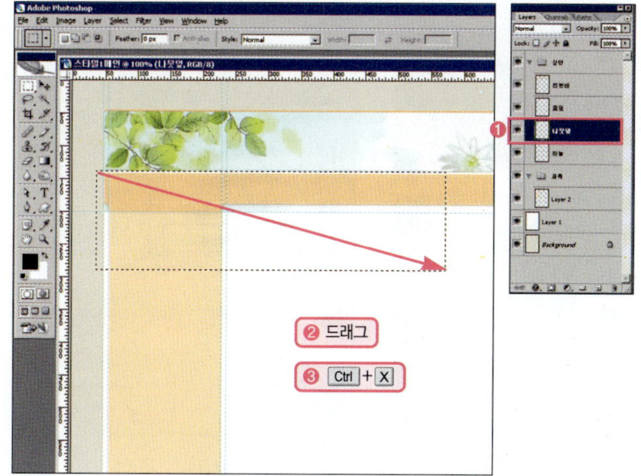

33 Ctrl+V를 누르면 리본 바 레이어 위쪽에 새로운 레이어가 만들어지면서 잘라낸 이미지가 붙여 넣어집니다.

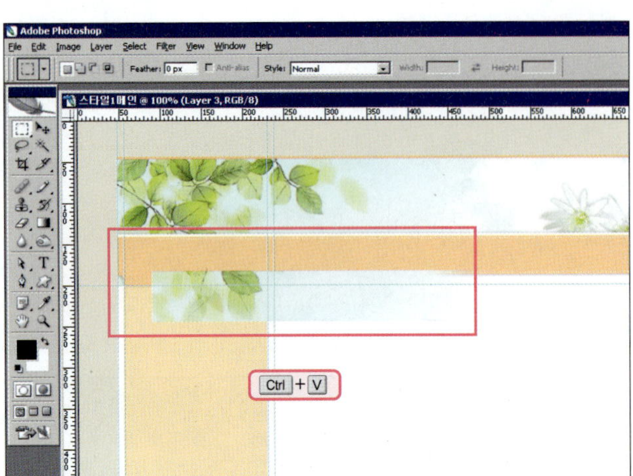

34 붙여 넣은 이미지를 다음의 위치로 드래그합니다.

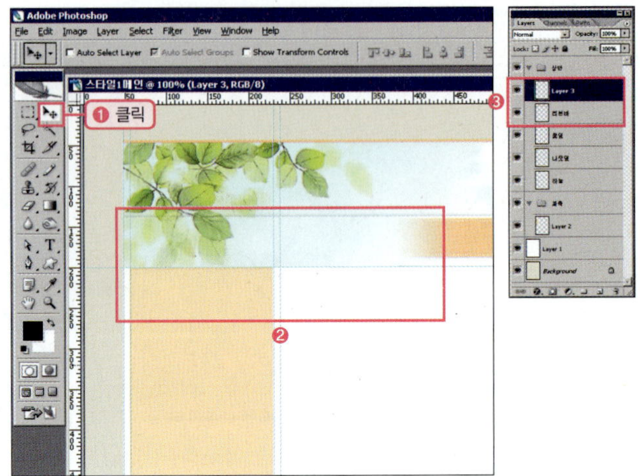

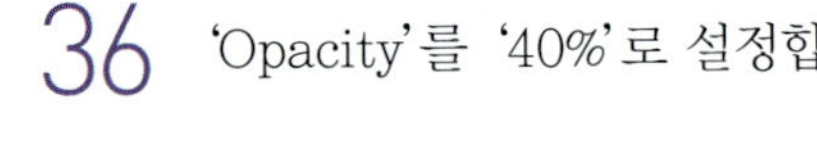

35 툴 박스의 지우개 툴을 선택한 후 옵션 바에서 가장자리가 부드러운 브러시 중 크기가 가장 큰 것을 선택합니다.

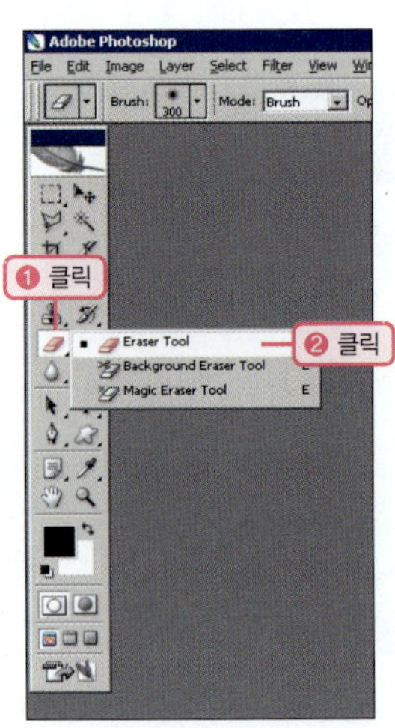

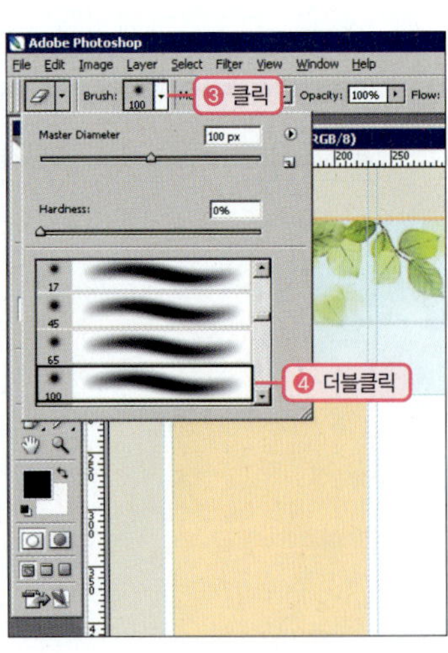

36 'Opacity'를 '40%'로 설정합니다.

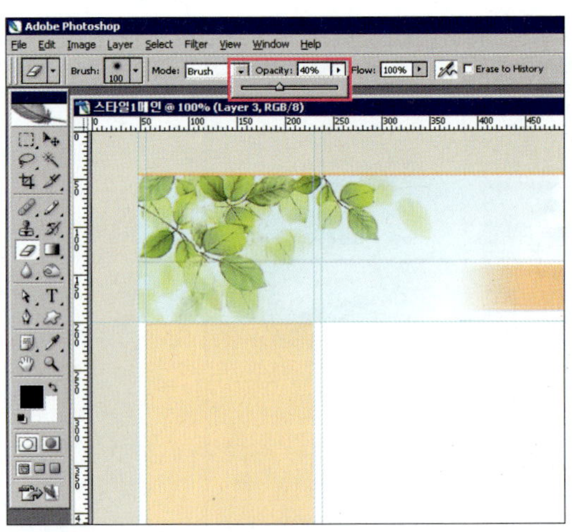

37 '나뭇잎' 옆의 하늘색 배경을 마우스로 가볍게 톡톡 찍어서 자연스럽게 지웁니다.

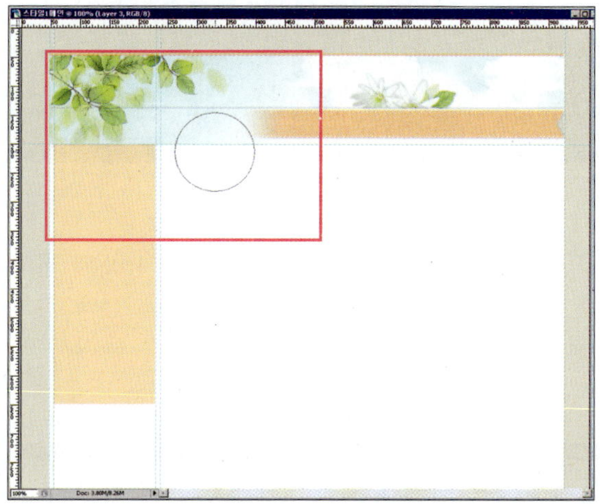

38 'Layer 3'을 선택한 후 [Ctrl]을 누른 상태에서 리본 바 레이어의 섬네일을 클릭합니다.

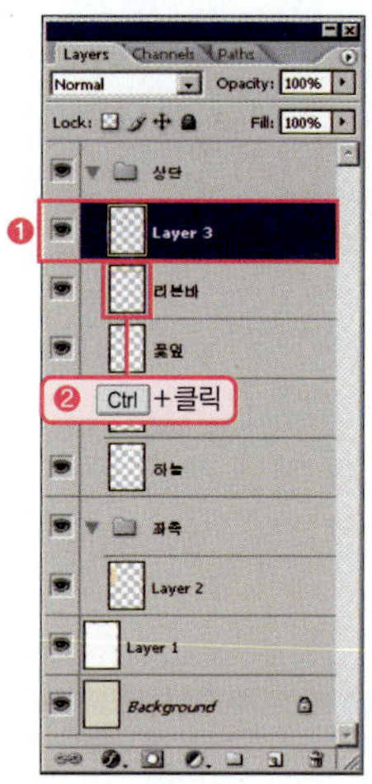

39 키보드의 [Ctrl]+[Shift]+[I]를 눌러서 선택 영역을 반전시킵니다. 다시 [Delete]를 누르면 나뭇잎의 아래쪽 이미지에서 리본 바 영역을 제외한 부분이 제거됩니다.

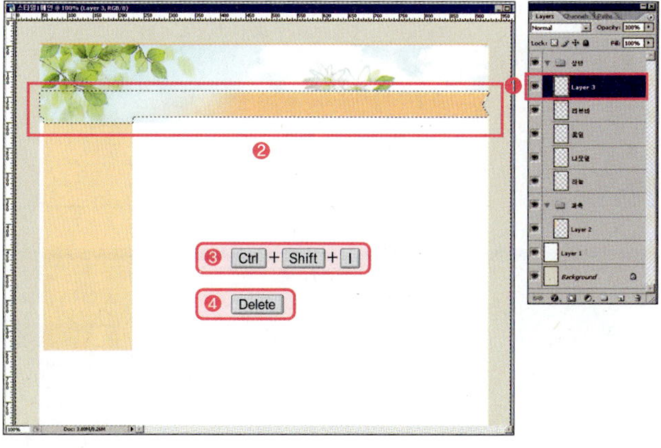

40 'Layer 3' 레이어를 더블클릭하여 레이어의 이름을 '나뭇잎2'로 바꿉니다.

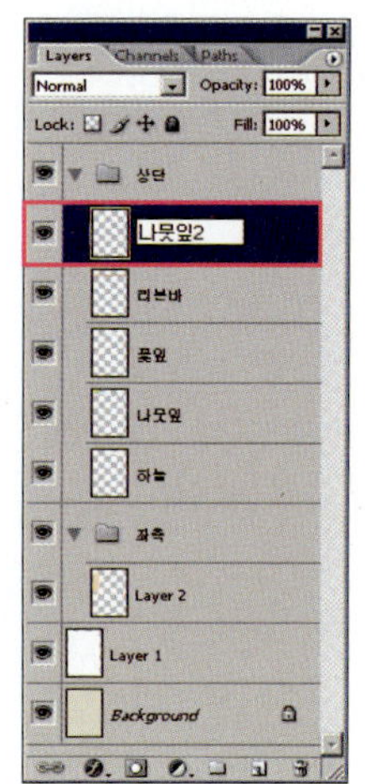

Hot Sauce

레이어 팔레트에서는 'Layer 3'이 선택되어 있지만, 선택 영역은 리본 바 레이어의 형태대로 지정되어 있는 것을 확인합니다.

28 [메이크샵] 쇼핑몰의 얼굴, 로고 만들기

01 이제 쇼핑몰의 이미지를 대표하는 로고를 만들어보겠습니다. 툴 박스에서 원형 선택 툴을 클릭한 후 옵션 바에서 'Style'은 'Fixed Size', 'Width'와 'Height'는 각각 '74'로 설정합니다.

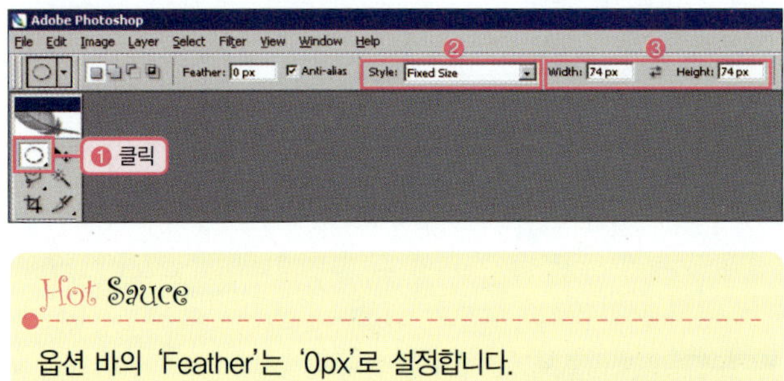

Hot Sauce

옵션 바의 'Feather'는 '0px'로 설정합니다.

02 나뭇잎 부분에 다음과 같이 지름 '74px'의 원형 선택 영역을 지정합니다. 그런 다음 선택 영역을 '#c4e367' 색상으로 채우고, Ctrl + D를 눌러서 선택 영역을 해제합니다.

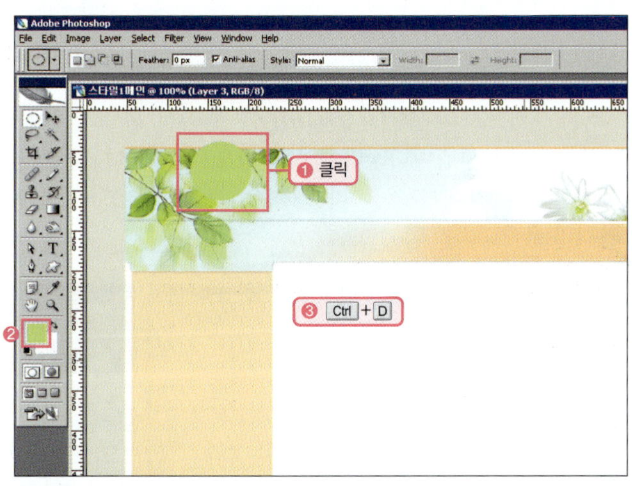

03 레이어 팔레트에서 'Add a layer style'을 클릭하고, 스타일 중에서 'Stroke'를 선택합니다.

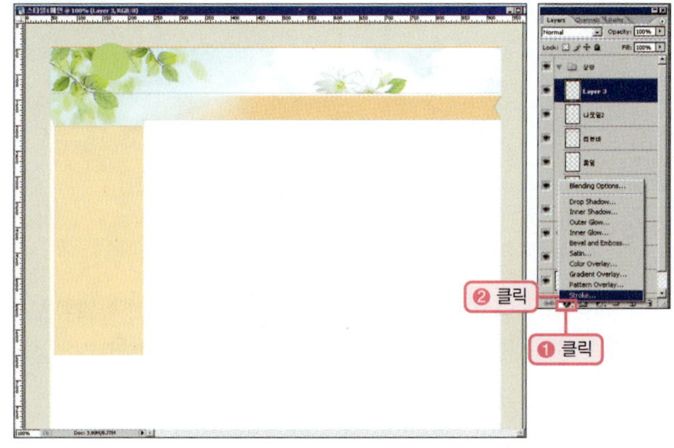

04 'Layer Style' 대화상자가 나타나면 'Size' 항목에 '3'을 입력한 후 'Color' 선택 박스를 클릭합니다. 'Color Picker' 대화상자가 나타나면 흰색을 선택한 후 'OK' 버튼을 클릭합니다. 다시 'Layer Style' 대화상자에서 'OK' 버튼을 클릭하여 창을 닫습니다.

05 원에 흰색 테두리가 만들어지고, 해당 레이어에는 레이어 스타일이 적용되었다는 아이콘이 표시되는 것을 확인할 수 있습니다. 아이콘 옆의 '▼'을 클릭하면 적용된 스트로크 스타일이 나타나는데, 여기를 더블클릭하여 적용된 옵션을 자유롭게 변경할 수 있습니다.

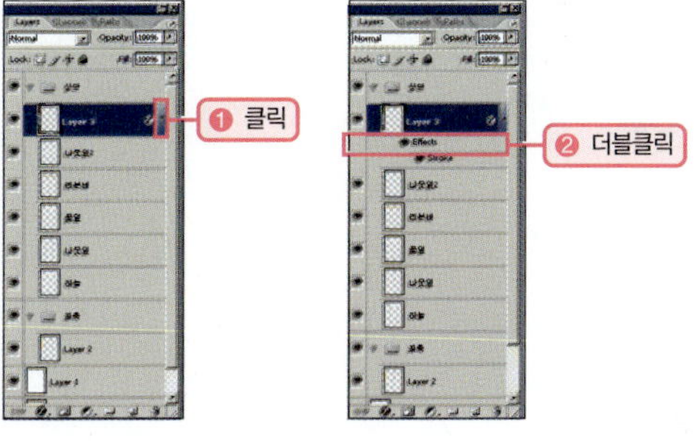

Design Master | 레이어 스타일의 제거와 복수 적용

① 레이어 스타일을 일시적으로 보이지 않도록 하고 싶을 때는 해당 레이어의 눈 모양 아이콘을 클릭하여 비활성화하면 됩니다.

② 레이어 스타일을 아예 제거하고 싶을 경우에는 해당 레이어를 휴지통으로 드래그하면 됩니다.

③ 한 레이어에 여러 가지 레이어 스타일을 동시에 적용할 수도 있습니다. 'Effects'를 더블클릭하면 '레이어 스타일' 대화상자가 나타나는데, 여기에서 원하는 스타일에 체크 표시를 하면 여러 개의 스타일이 동시에 적용됩니다. 오른쪽 화면은 'Color Overlay' 스타일을 적용한 예입니다.

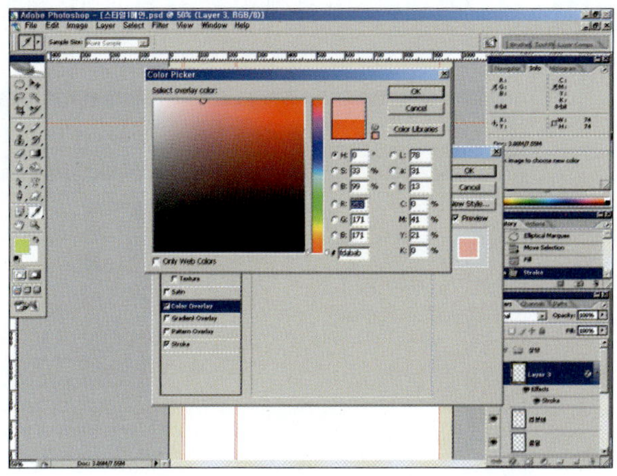

06 툴 박스에서 문자 툴을 선택한 후 원 안에 텍스트 'in'을 입력합니다. 이때 글자의 종류, 크기, 색상은 디자인과 어울리는 것으로 선택하면 됩니다.

07 이번에는 'deco' 텍스트를 'in'보다 작은 크기로 입력합니다. 이때 'deco' 텍스트는 'in'과 분리하여 다른 레이어에 입력합니다.

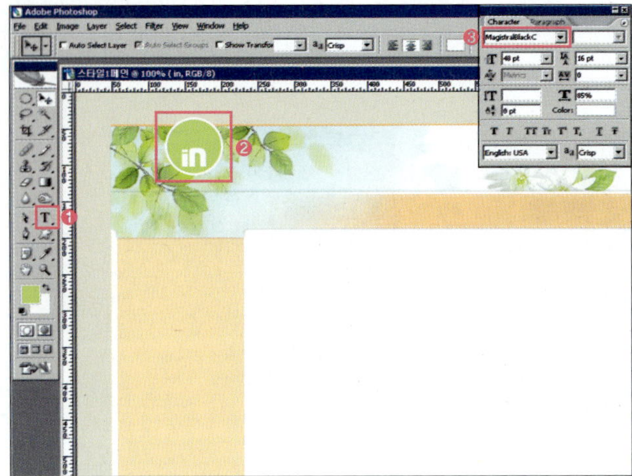

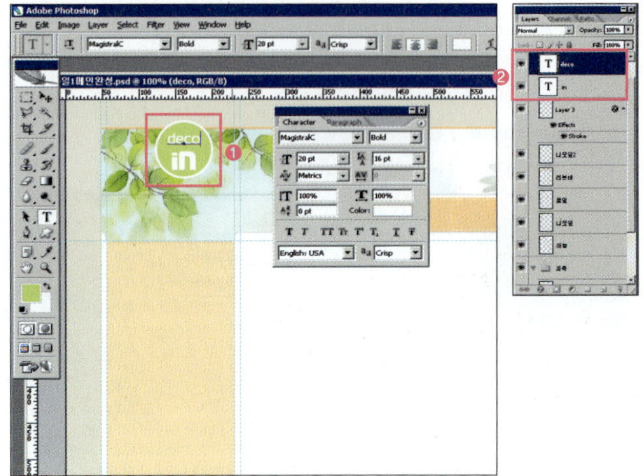

Hot Sauce

옵션 바에서 'Toggle the Character and Paragraph palettes' 버튼을 클릭하면 글자 속성 창을 통해 다양한 글자의 속성을 간단하게 설정할 수 있습니다.

Design Master | 알파벳의 크기를 각각 조절하여 디자인하기

알파벳은 'n'보다 'i'의 세로 길이가 더 길지만 두 철자의 높이를 맞추기 위해 각 글자의 세로 폭 비율을 다르게 설정했습니다.

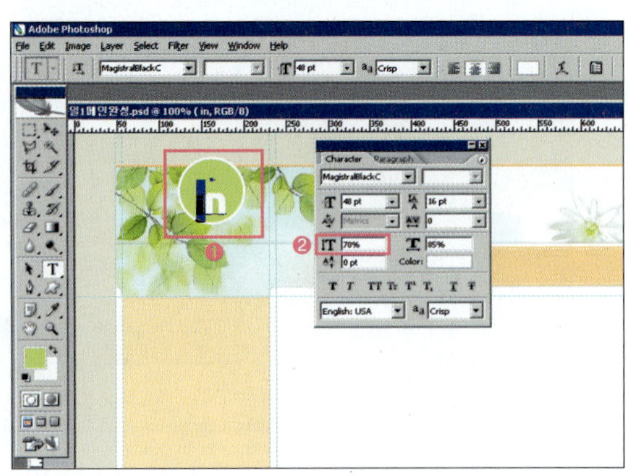

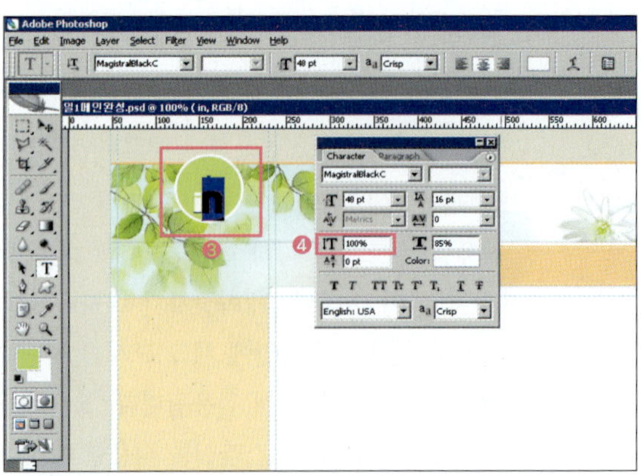

08 'deco' 텍스트에 아치형으로 휘어진 효과를 주기 위해 드래그하여 선택합니다. 그런 다음 옵션 바에서 'Creat warped text'를 클릭합니다. 'Warp Text' 대화상자가 나타나면 'Style' 항목에서 'Arc'를 선택합니다.

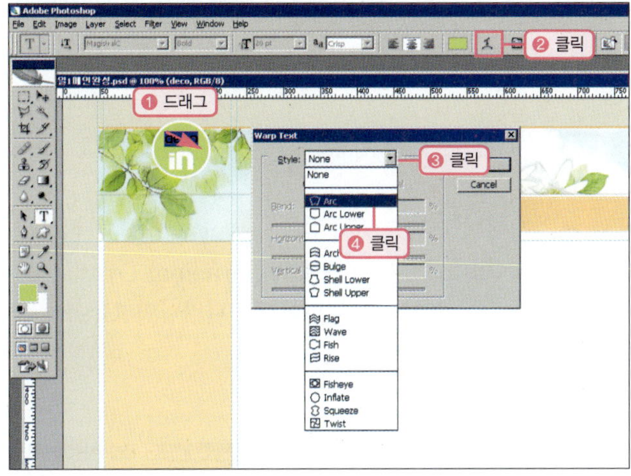

09 다시 'Warp Text' 대화상자에서 'Bend' 항목에 '+50'을 입력하고 'OK' 버튼을 클릭합니다.

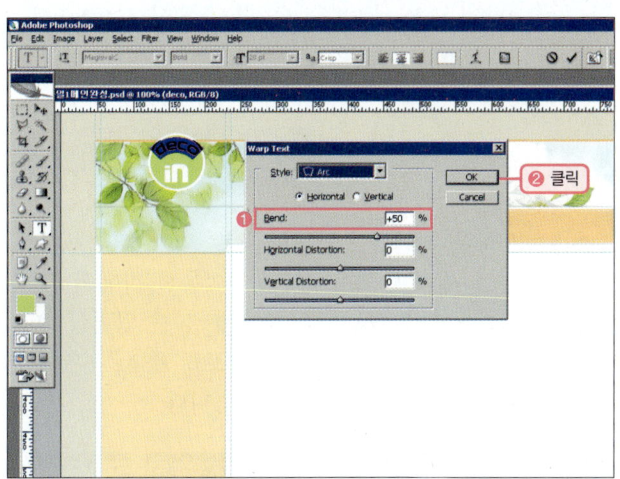

10 'deco' 텍스트가 아치형으로 휘어진 것을 확인할 수 있는데, 옆으로 너무 퍼져 보이므로 글자의 세로 비율은 '110%', 가로 비율은 '85%'로 조절합니다.

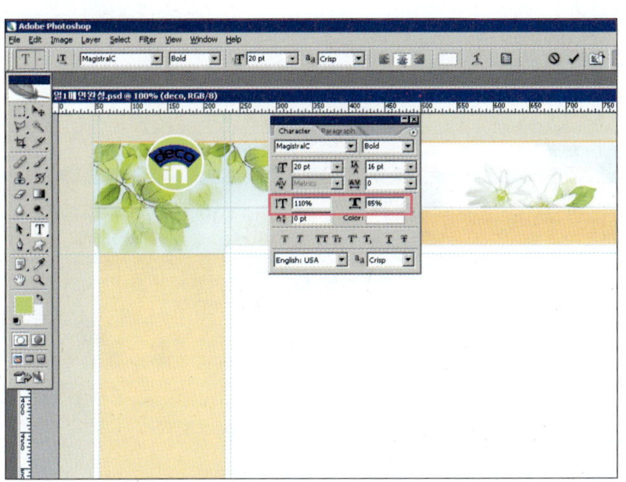

11 툴 박스의 이동 툴을 선택한 후 Ctrl + T 를 누릅니다. 자유 변형 조절 박스가 나타나면 Shift 를 누른 상태에서 조절 박스의 조절점을 다음과 같이 '-15도' 드래그합니다. 회전을 완료한 후 Enter 를 누르면 자유 변형 조절 박스가 사라집니다.

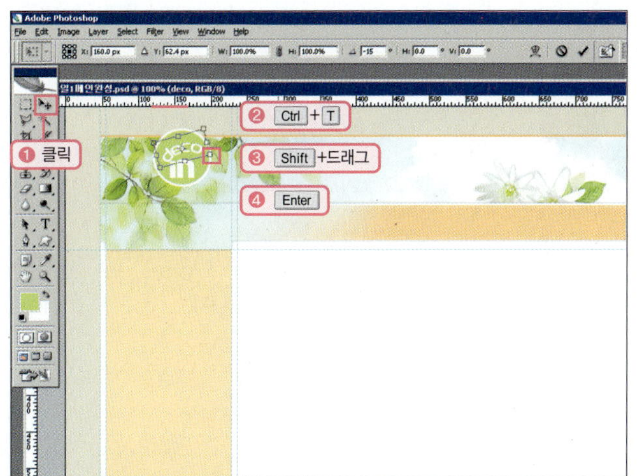

Hot Sauce

Shift 를 누른 상태에서 자유 변형 조절 박스의 조절점을 드래그하면 '15도' 단위로 회전할 수 있습니다.

29

[메이크샵] 메인 메뉴와 상품 검색 창 만들기

♡ 메인 메뉴 만들기

01 새로운 레이어를 만듭니다. 툴 박스에서 둥근 사각형 셰이프 툴을 선택하고, 옵션 바에서 'Fill pixels'를 선택한 후 'Radius' 항목에 '5'를 입력합니다. 그런 다음 상단 영역의 오른쪽에 '가로 : 68px', '세로 : 25px'의 모서리가 둥근 사각형을 그립니다.

02 레이어 팔레트에서 'Add a layer style' 버튼을 클릭하고, 스타일 중에서 'Gradient Overlay'를 선택합니다. 'Layer Style' 대화상자가 나타나면 'Gradient' 색상 바를 클릭합니다.

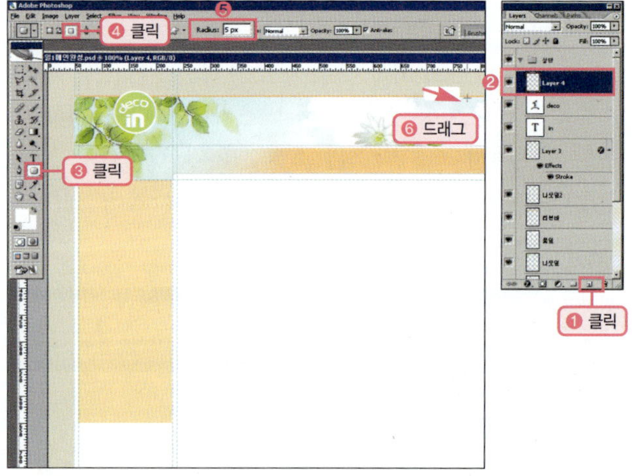

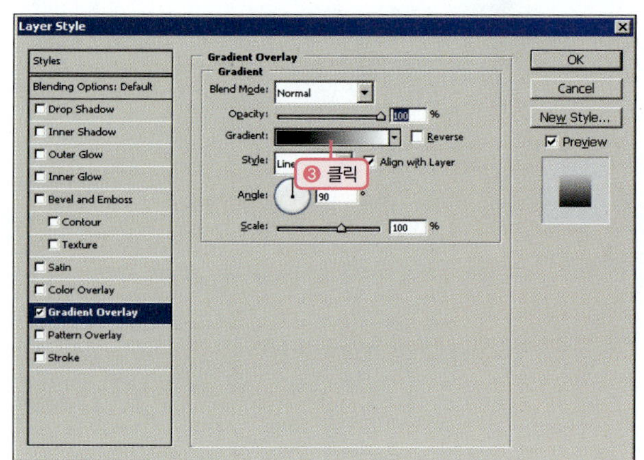

Hot Sauce

선택 영역의 색상은 어떤 것이라도 상관없습니다.

03 'Gradient Editor' 대화상자가 나타나면 왼쪽 아래의 페인트통을 선택하고, 'Color' 박스를 클릭합니다.

04 'Color Picker' 대화상자가 나타나는데, 색상 번호 입력 상자에 'e7dbb7'을 입력한 후 'OK' 버튼을 클릭합니다. 그런 다음 'Gradient Editor', 'Layer Style' 대화상자에서 차례대로 'OK' 버튼을 클릭하여 모두 닫습니다.

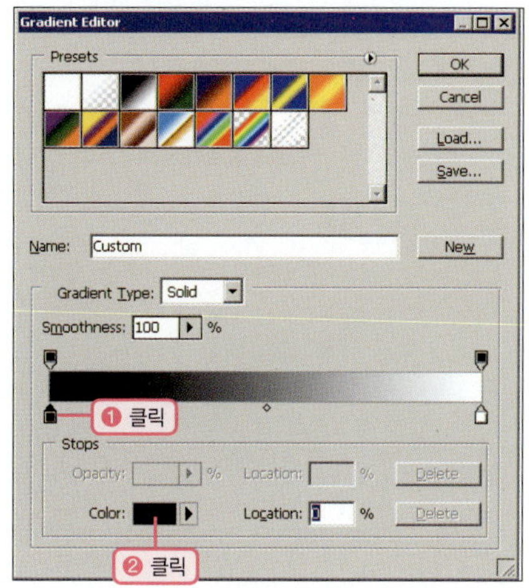

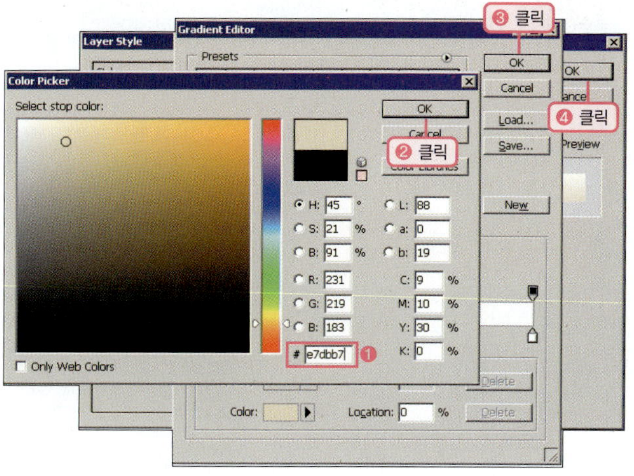

05 Ctrl+J 를 네 번 눌러서 둥근 사각형 그레디언트 레이어를 4개 복사한 후 '1px'의 간격을 두고 나란히 정렬합니다.

06 레이어 팔레트에서 둥근 사각형 그레디언트 레이어 5개를 모두 선택합니다. 그런 다음 Ctrl+E 를 눌러 하나의 레이어로 병합합니다.

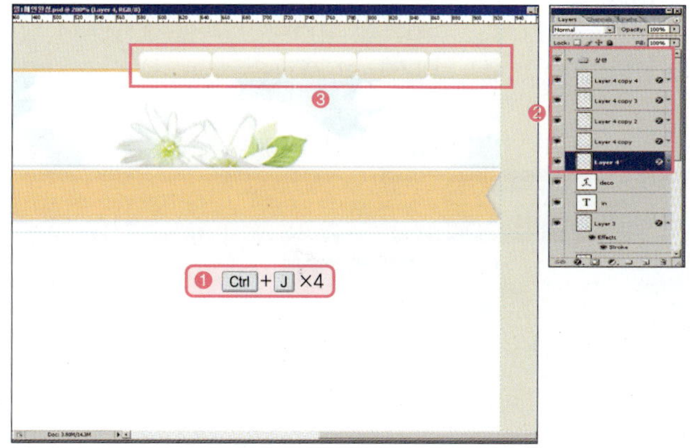

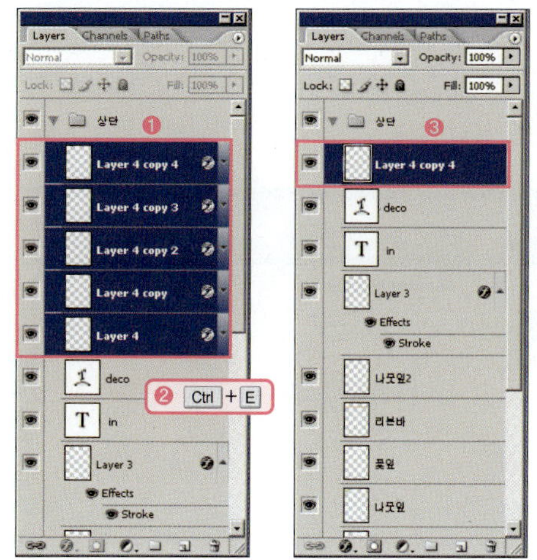

07 버튼의 높이가 '19px'이 되도록 하기 위해 사각형 박스의 아랫부분을 다음과 같이 선택한 후 Delete 를 누릅니다. 그런 다음 Ctrl + D 를 눌러서 선택 영역을 해제합니다.

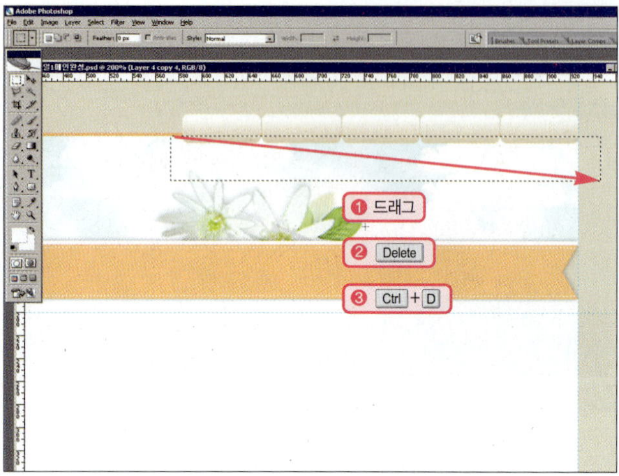

08 툴 박스의 이동 툴을 이용하여 둥근 사각형 버튼이 오렌지색 선을 가리지 않도록 위쪽으로 이동합니다.

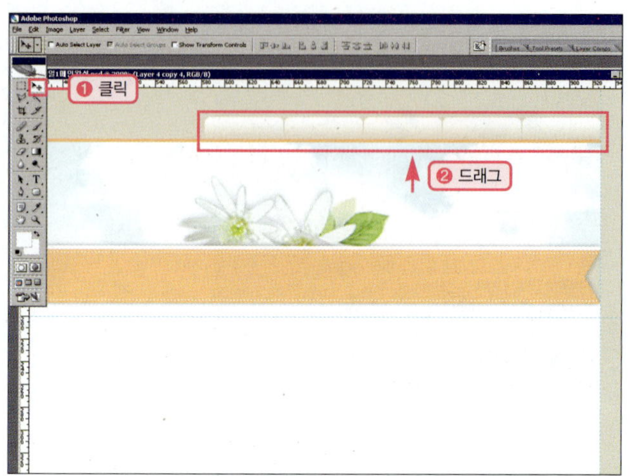

09 툴 박스에서 문자 툴을 선택하여 각각의 버튼 이미지에 '로그인', '회원 가입', '마이 페이지', '장바구니', '주문 조회'를 입력합니다. 이때 텍스트의 색상은 '#957f5e'로 지정합니다.

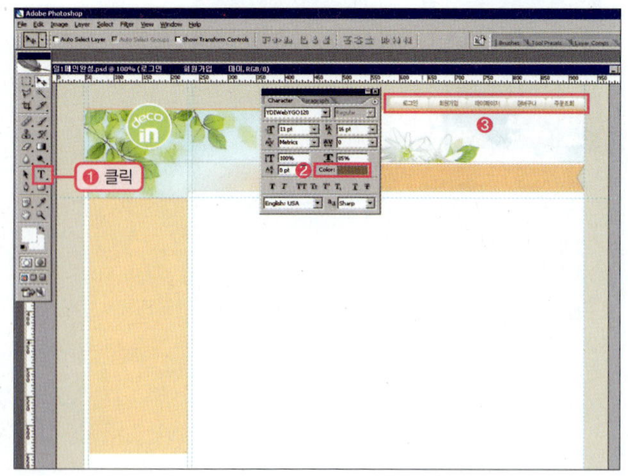

10 사각형 메뉴 버튼의 아래쪽에 '위클리 초이스', '매거진', '스위트홈 갤러리', '고객 게시판'을 입력합니다. 이번에는 텍스트의 색상을 '#3bafd8'로 지정합니다.

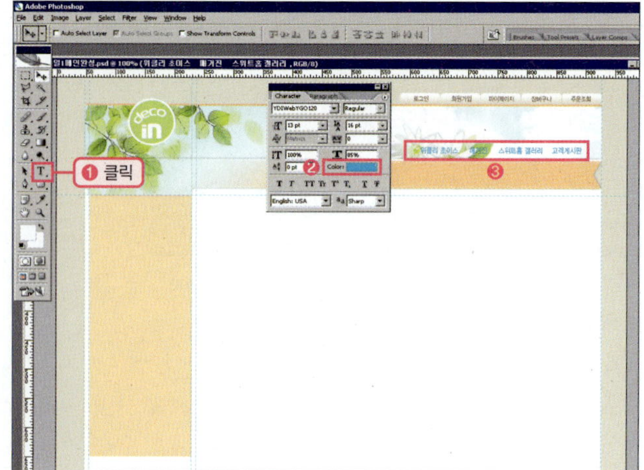

11 꽃잎 배경 때문에 글자의 가독성이 떨어지므로 글자에 흰색 배경을 넣어보겠습니다. 레이어 팔레트에서 'Add a layer style'을 클릭한 후 'Stroke'를 선택합니다.

12 'Layer Style' 대화상자가 나타나면 'Size'는 '2'로 지정하고, 'Color' 박스를 클릭합니다. 'Color Picker' 대화상자에서 흰색을 선택하고 차례대로 'OK' 버튼을 클릭하여 대화상자를 모두 닫습니다.

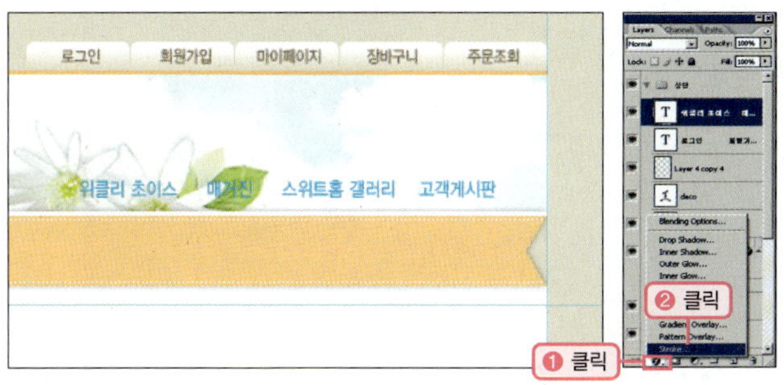

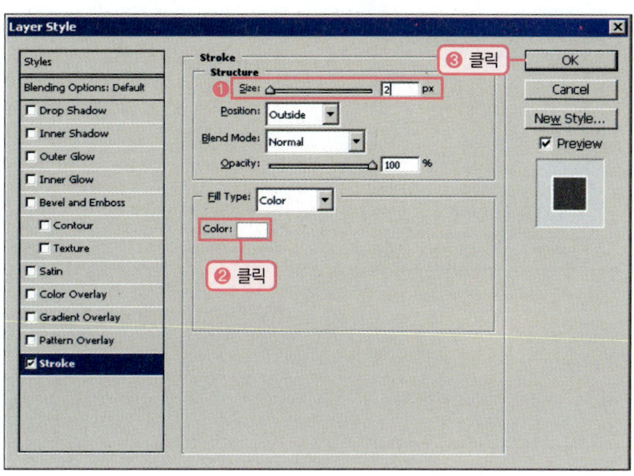

♥ 상품 검색 창 만들기

01 리본 바 위에 '#a14a2e' 색상의 '상품 검색' 텍스트를 입력한 후 새로운 레이어를 추가합니다. 그런 다음 사각형 선택 툴을 이용하여 '가로 : 101px', '세로 : 19px' 크기의 선택 영역을 만들고 흰색으로 채웁니다.

02 툴 박스에서 둥근 사각형 셰이프 툴을 클릭하고, 옵션 바에서 'Fill pixels'를 선택합니다. 또 'Radius' 항목에 '15'를 입력한 후 전경색을 '#ed7136'으로 지정합니다. 이제 새로운 레이어를 추가하고 '가로 : 61px', '세로 : 22px'의 둥근 사각형 버튼을 그립니다.

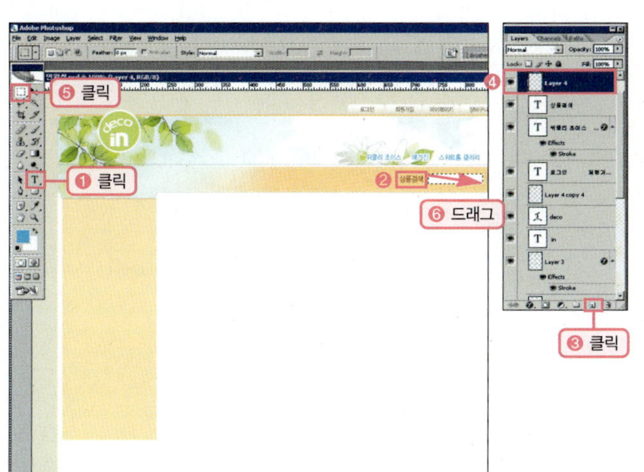

Hot Sauce

검색 창 선택 영역의 작업이 완료되면 Ctrl + D 를 눌러서 반드시 영역 설정을 해제한 후 다음 작업을 진행합니다.

03 다음과 같이 둥근 사각형 위에 흰색으로 'search' 텍스트를 입력합니다.

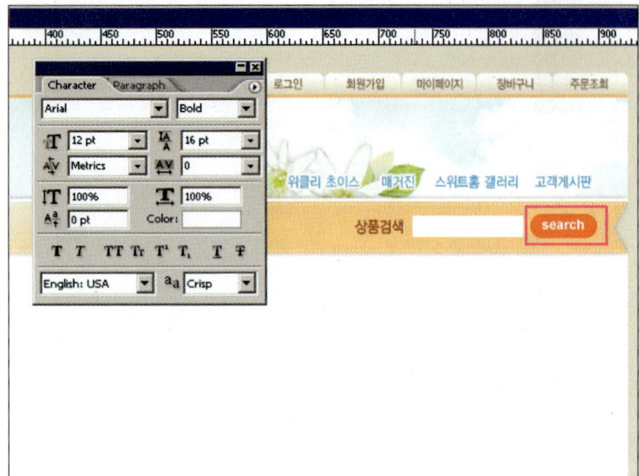

04 Ctrl + ; 을 눌러 가이드라인을 숨긴 상태에서 전체 작업 화면을 살펴보면 메인 화면의 상단 영역 디자인이 모두 완성된 것을 확인할 수 있습니다.

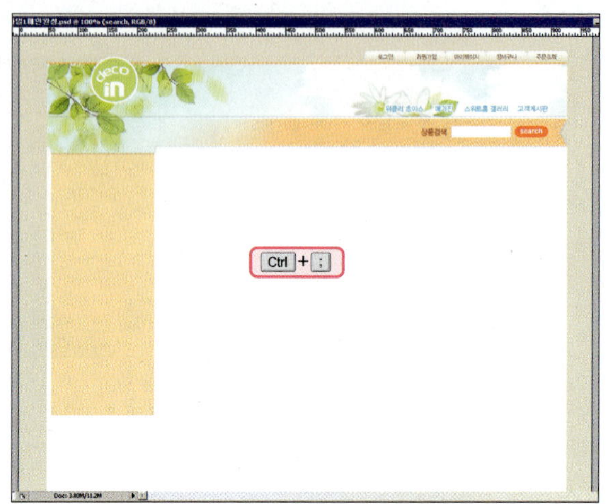

Shopping Mall Sense

30 [메이크샵] 상품 카테고리 메뉴 디자인하기

01 레이어 팔레트에서 '좌측' 레이어 그룹을 클릭한 후 문자 툴을 선택합니다.

02 다음과 같이 왼쪽 메뉴 상자에 '#ffffe6' 색상으로 'Fabric', 'Deco', 'Flower', 'Furniture', 'Special', '세일 상품', '맞춤 결제' 텍스트를 입력합니다. 이때 소문자로 입력한 영문 텍스트는 'TT' 버튼을 클릭하여 모두 대문자로 바꿉니다.

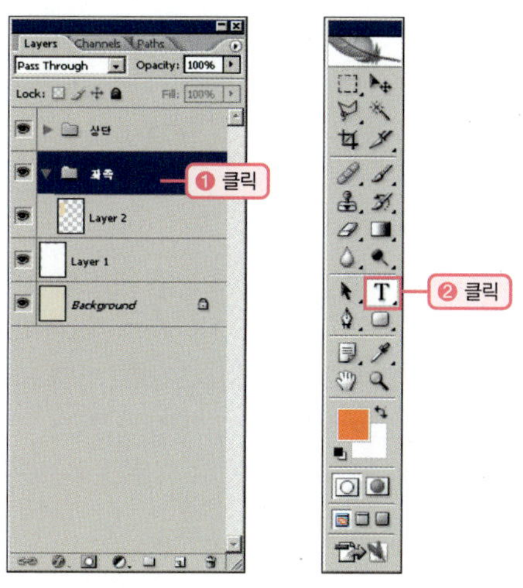

Hot Sauce

'부록 CD-Story 04' 폴더에서 '스타일1메인_상단.psd' 파일을 불러와서 사용하면 됩니다.

Hot Sauce

'Special', '세일 상품', '맞춤 결제' 메뉴의 색상은 '#a67c51'로 바꿉니다.

03 새 레이어를 추가하고, 툴 박스에서 둥근 사각형 셰이프 툴을 클릭합니다. 옵션 바에서 'Fill pixels'를 선택한 후 'Radius' 항목에 '5'를 입력합니다. 그런 다음 '#ffffe6' 색상으로 '가로 : 154px', '세로 : 60px'의 사각형을 그립니다.

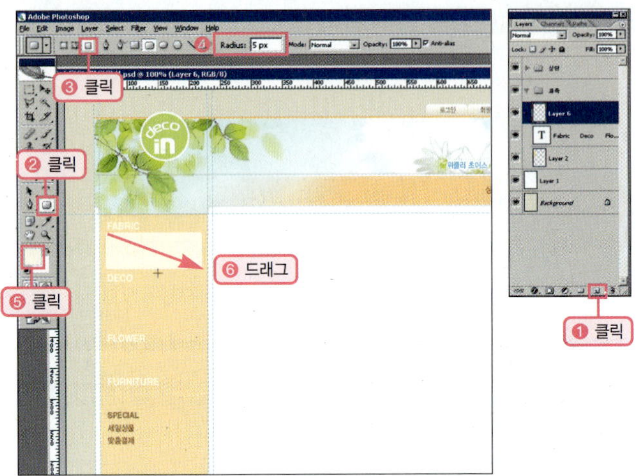

04 Ctrl+J를 3번 눌러 사각형을 3개 복사한 후 다음과 같이 정렬합니다.

05 툴 박스의 문자 툴을 이용하여 '#b56b2e' 색상으로 2차 상품 분류명을 한 줄에 2개씩 입력합니다.

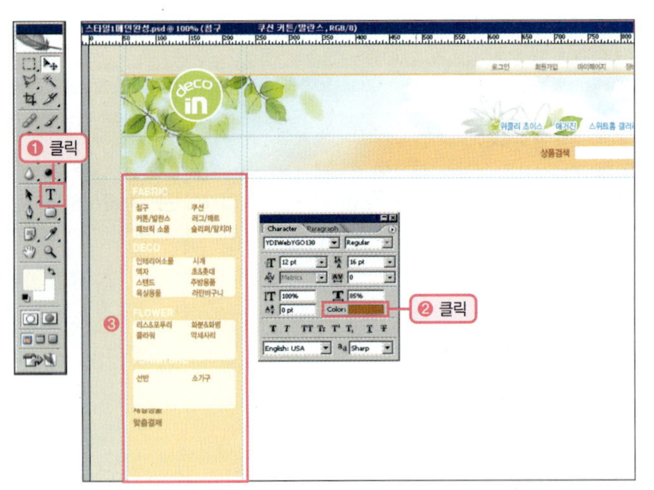

06 2차 상품 분류 텍스트의 길이에 맞춰 사각형 박스의 길이를 늘리거나 줄입니다. 사각형 박스의 아래쪽을 사각형 선택 툴로 지정합니다. 그런 다음 이동 툴로 바꾸고 Alt+Shift를 누른 상태에서 아래로 드래그하면 간단하게 사각형 박스의 세로 길이를 늘릴 수 있습니다.

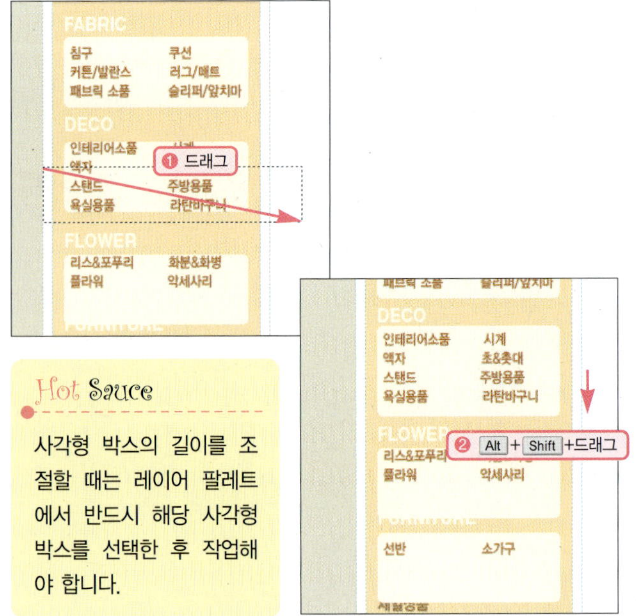

Hot Sauce

사각형 박스의 길이를 조절할 때는 레이어 팔레트에서 반드시 해당 사각형 박스를 선택한 후 작업해야 합니다.

07 이번에는 사각형 박스의 아래쪽 빈 공간을 줄여 보겠습니다. 사각형 선택 툴로 아래쪽 빈 공간의 영역을 지정하고, 이동 툴을 선택합니다. 그 다음 키보드의 ↑를 누르면 '1px'씩 위쪽 여백을 줄일 수 있습니다. 이때 Shift 를 누른 상태에서 ↑를 누르면 '10px'씩 위로 이동할 수 있습니다.

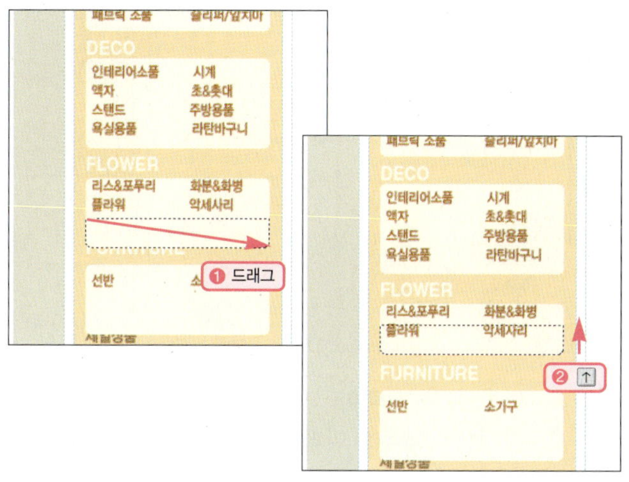

08 사각형 메뉴 박스 레이어 4개를 동시에 선택한 후 Ctrl + E 를 눌러서 하나의 레이어로 병합합니다.

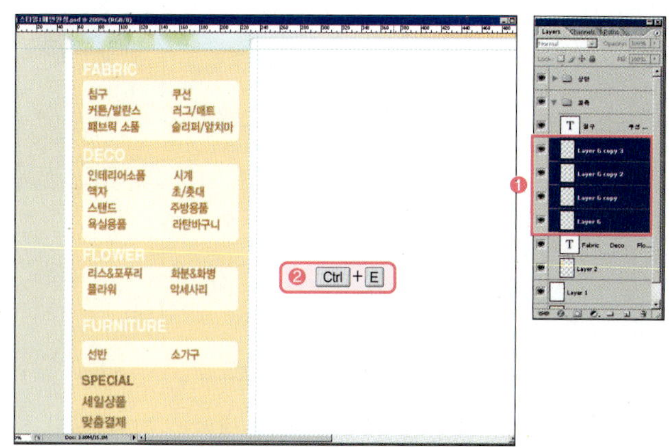

09 2차 상품 분류의 줄 간격을 세밀하게 조절해 보겠습니다. '침구' 글자 레이어를 마우스 오른쪽 버튼으로 클릭한 후 단축 메뉴에서 'Rasterize Type'를 선택합니다.

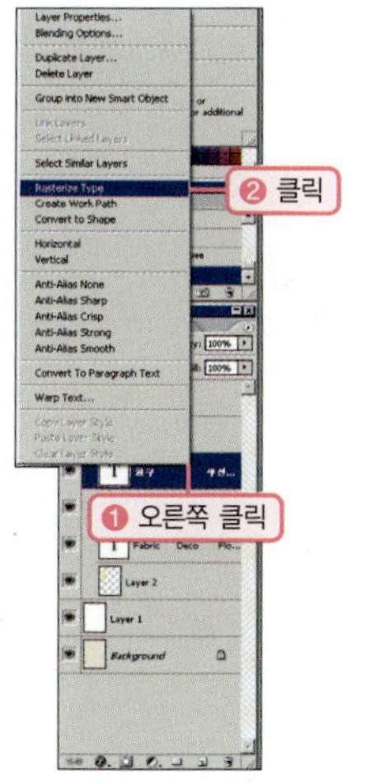

10 글자 레이어가 일반 레이어로 바뀐 것을 알 수 있습니다. 사각형 선택 툴로 글자들을 선택하고, 다시 이동 툴로 바꿔서 글자와 박스의 위아래 간격을 적당히 조절합니다.

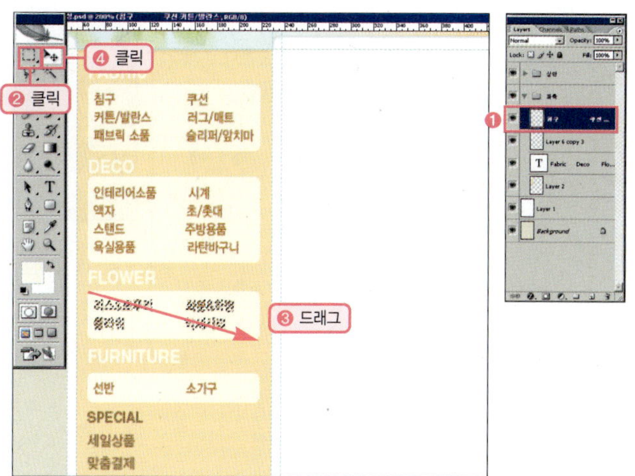

11 둥근 사각형 레이어, '침구' 레이어, 'Fabric' 글자 레이어를 모두 선택한 후 Ctrl + E 를 눌러서 병합합니다.

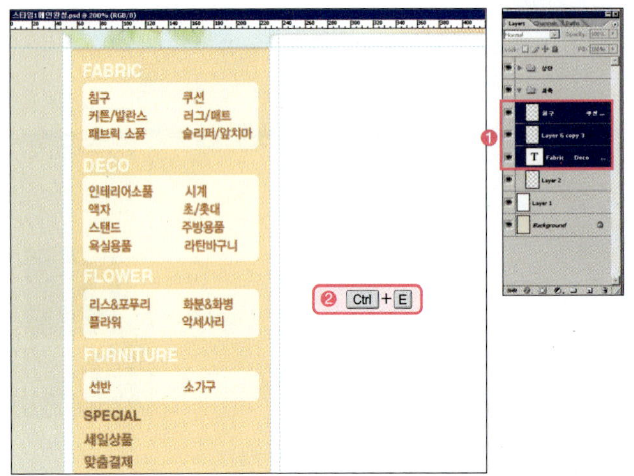

12 레이어 병합이 완료되면 사각형 선택 툴과 이동 툴을 이용하여 상품 분류의 간격을 세부적으로 조절합니다.

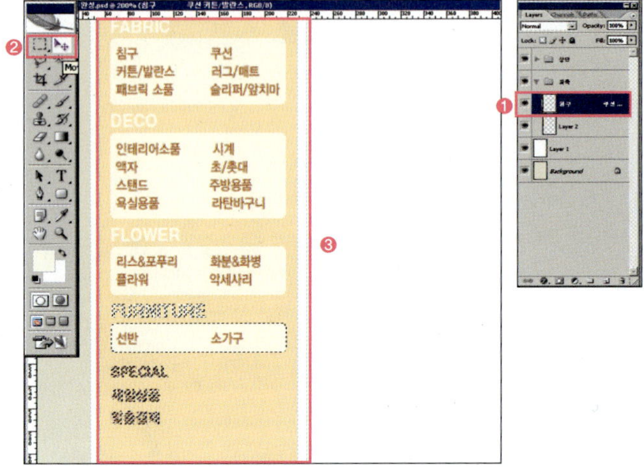

13 메뉴 구분선을 만들기 위해 새로운 레이어를 추가하고 툴 박스의 사각형 선택 툴로 다음과 같이 '가로 : 163px', '세로 : 1px'의 영역을 지정합니다. 전경색을 '#ffffe6'으로 바꾼 후 Alt + Delete 를 눌러서 선택 영역을 전경색으로 채웁니다.

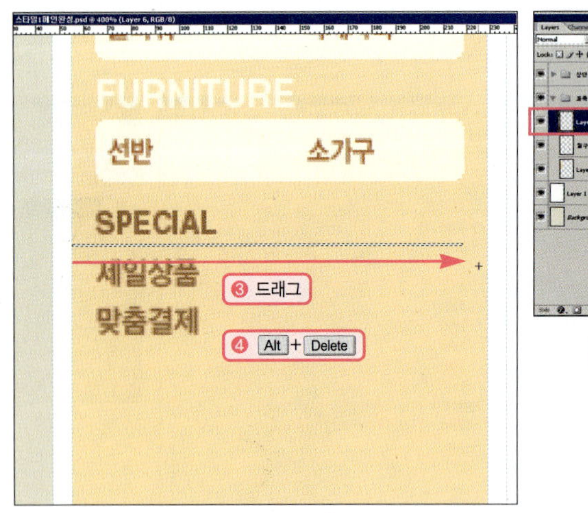

14 이동 툴을 선택하고, Shift + Alt 를 누른 상태에서 선택 영역을 아래쪽으로 드래그하여 다음과 같이 메뉴 구분선을 복사합니다.

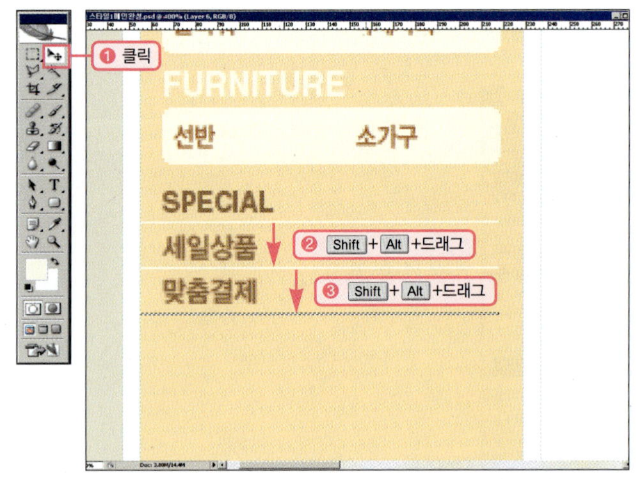

15 레이어 팔레트에서 메뉴 구분선을 모두 병합합니다.

16 이제 마지막으로 상품 분류 배경에서 불필요한 부분을 삭제해 보겠습니다. 레이어 팔레트의 좌측 메뉴 배경 레이어를 선택한 후 마지막 메뉴 구분선에서 '28px' 아래 이후의 영역을 삭제합니다.

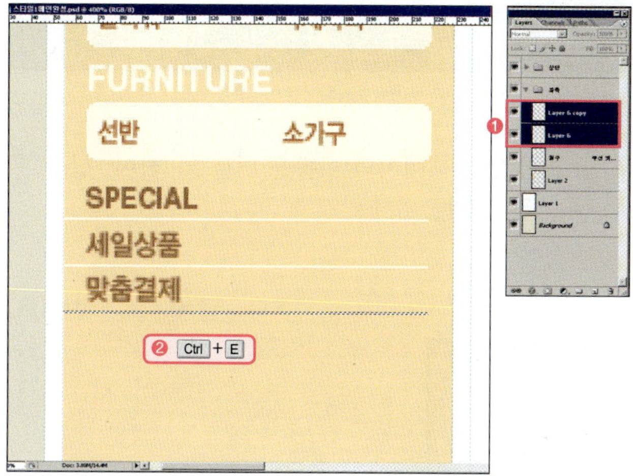

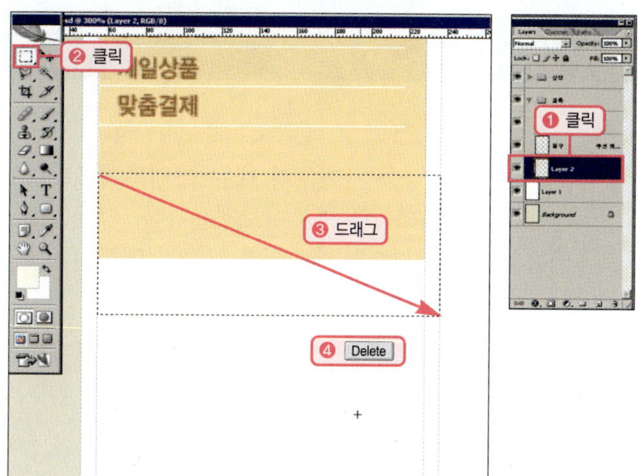

17 자, 이제 상품 카테고리 메뉴 부분이 완성되었습니다.

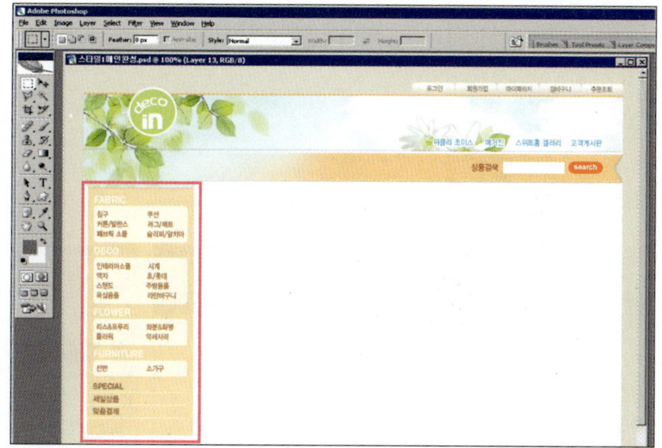

31

[메이크샵]
고객센터 배너 만들기

01 이번에는 상품 카테고리 메뉴 아래쪽에 고객센터 관련 배너들을 만들어보겠습니다. 상품 카테고리 메뉴와 관련된 3개의 레이어를 모두 선택하여 병합합니다.

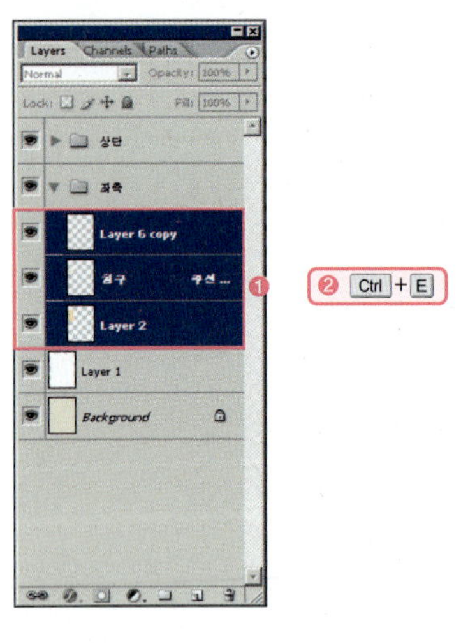

02 병합한 레이어의 이름을 더블클릭하여 '상품 분류'로 바꿉니다.

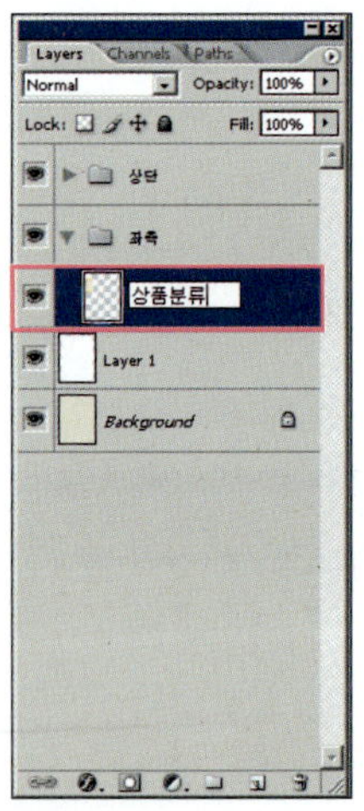

03 새로운 레이어를 추가하고 전경색을 '#fef6e3'으로 지정합니다. 툴 박스의 사각형 셰이프 툴과 옵션 바의 'Fill pixels'을 차례대로 선택한 후 상품 카테고리 메뉴 아래쪽에 '가로 : 174px', '세로 : 147px'의 사각형을 그립니다.

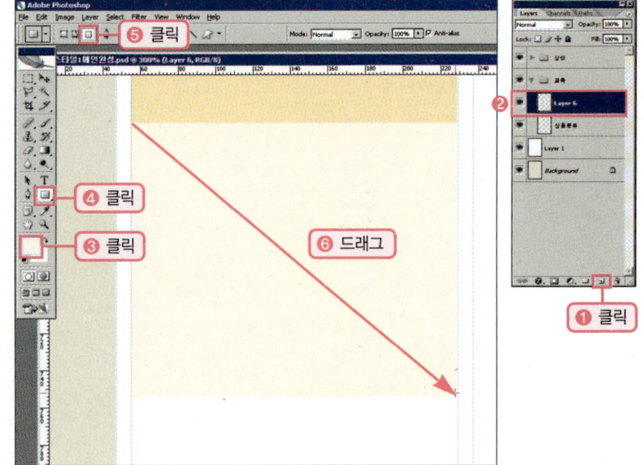

04 이동 툴을 이용하여 새로 만든 사각형 박스를 '35px' 아래로 이동합니다.

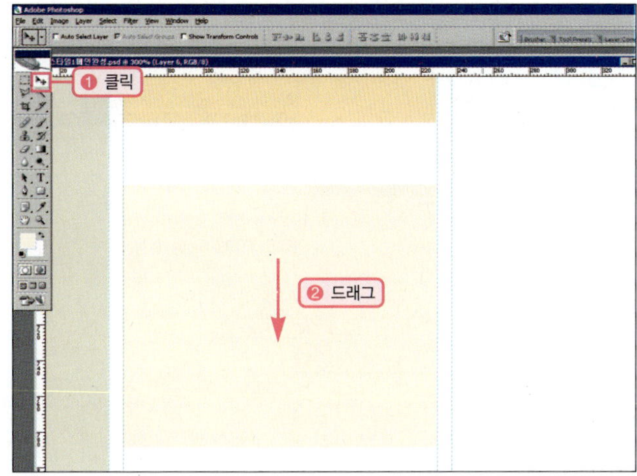

05 사각형 박스 가장 위부터 '2px' 높이의 영역을 지정하고 '#ffffff' 색상으로 채웁니다.

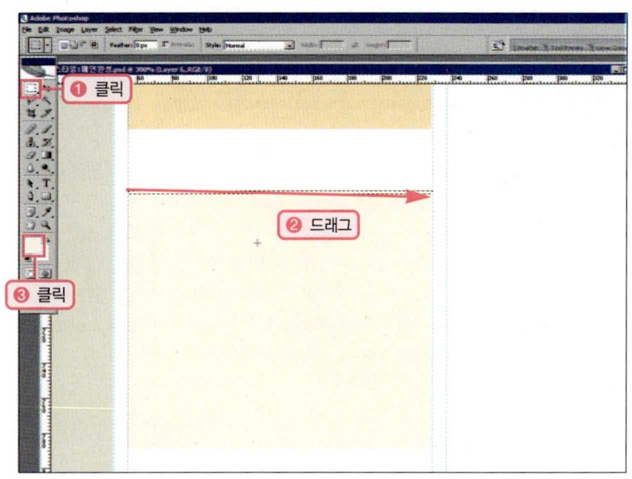

06 같은 방법으로 '2px' 아래쪽부터 '27px' 높이의 영역을 지정하고 '#f5c982' 색상으로 채웁니다.

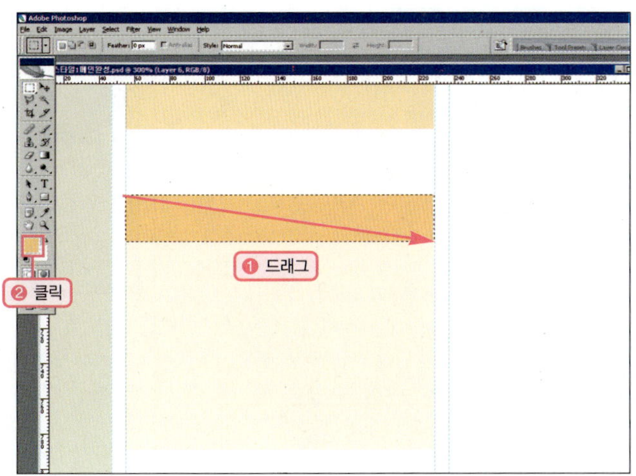

07 Ctrl 을 누른 상태에서 'Layer 6'의 섬네일을 클릭하여 선택 영역으로 지정한 후 상품 분류 레이어와 'Layer 6' 사이에 새로운 레이어를 추가합니다.

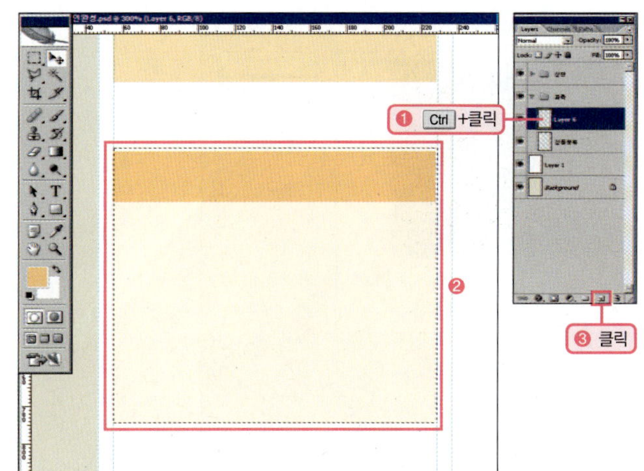

08 전경색을 '#000000' 색상으로 지정하고 Alt + Delete 를 눌러서 채웁니다. Ctrl + D 를 눌러서 선택 영역을 해제합니다.

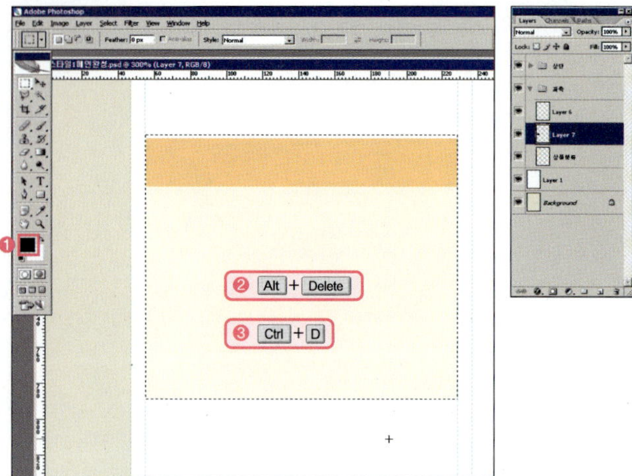

09 'Filter' 메뉴의 'Blur-Gaussian Blur'를 클릭합니다.

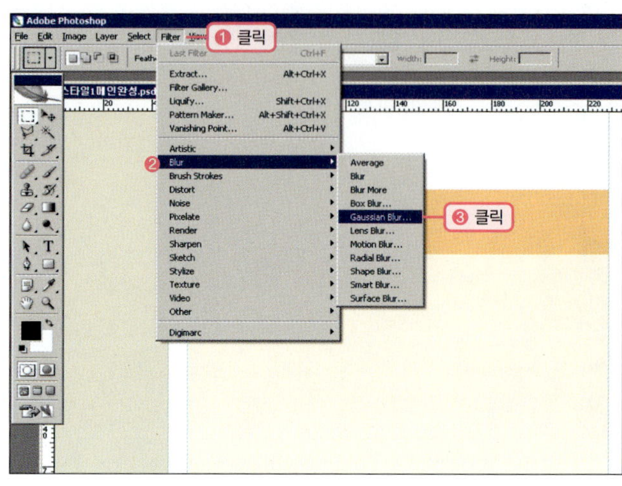

10 'Gaussian Blur' 대화상자가 나타나면 'Radius' 항목에 '2'를 입력하고 'OK' 버튼을 클릭합니다.

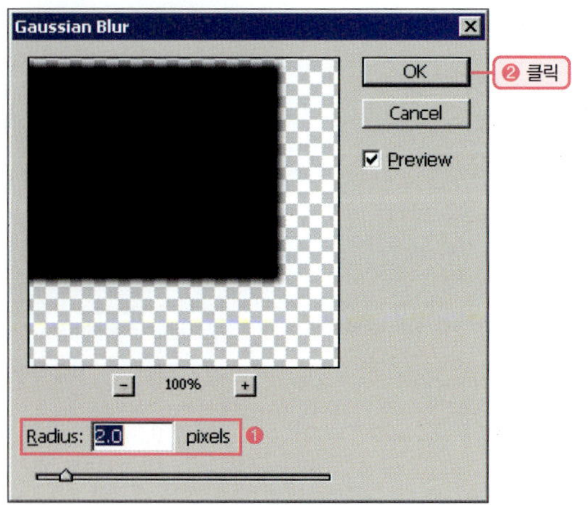

11 레이어의 투명도를 '40%'로 지정하여 그림자 효과를 만듭니다.

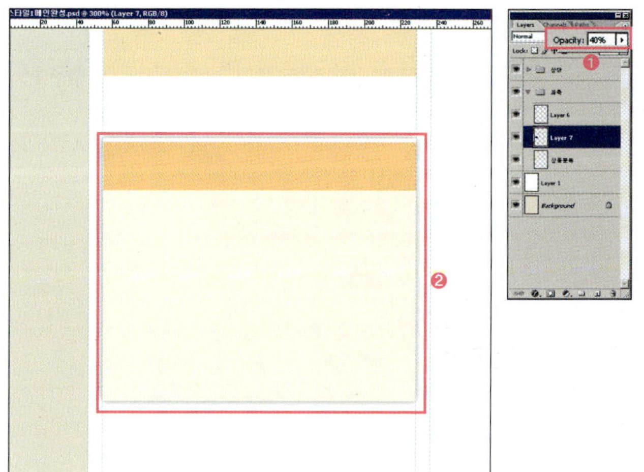

12 그림자를 위쪽만 남겨두고 나머지 부분은 모두 선택 영역으로 지정한 후 Delete 를 눌러서 지웁니다.

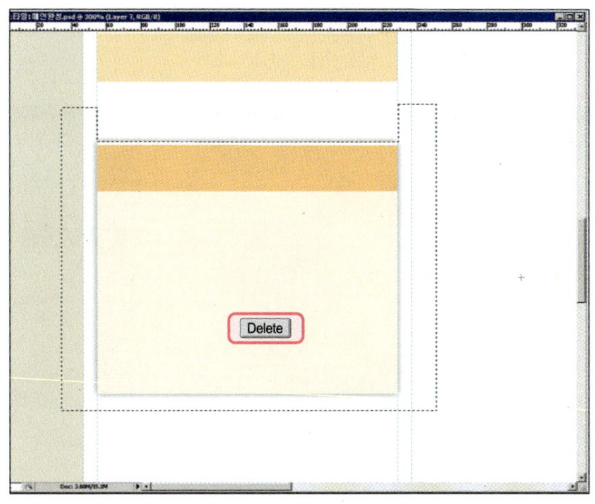

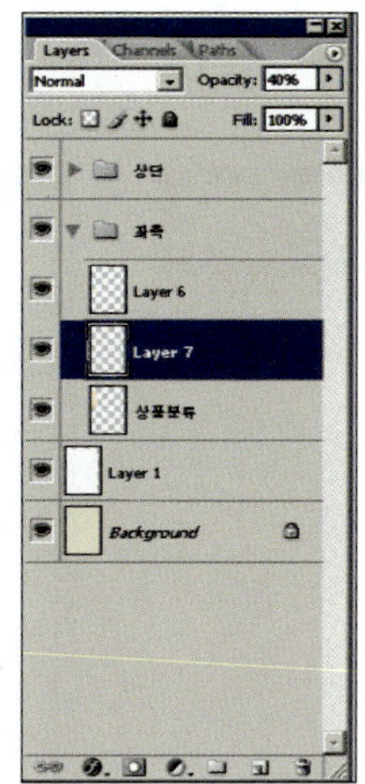

13 Ctrl + E 를 눌러서 'Layer 6'과 'Layer 7'을 병합하고, 이름을 '고객센터배경'으로 바꿉니다.

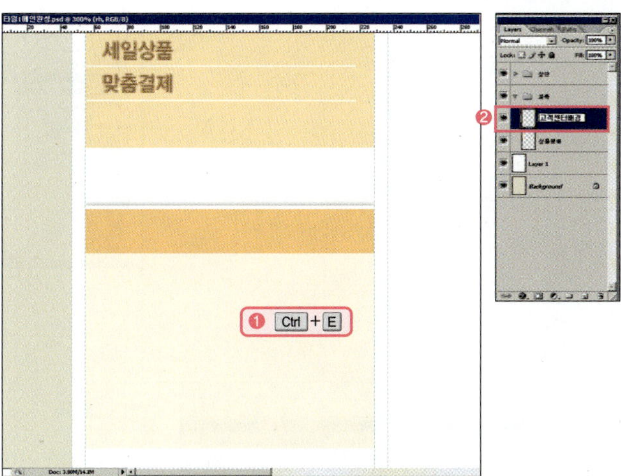

14 '고객센터배경' 레이어를 선택한 상태에서 Ctrl + J 를 두 번 눌러 복사합니다.

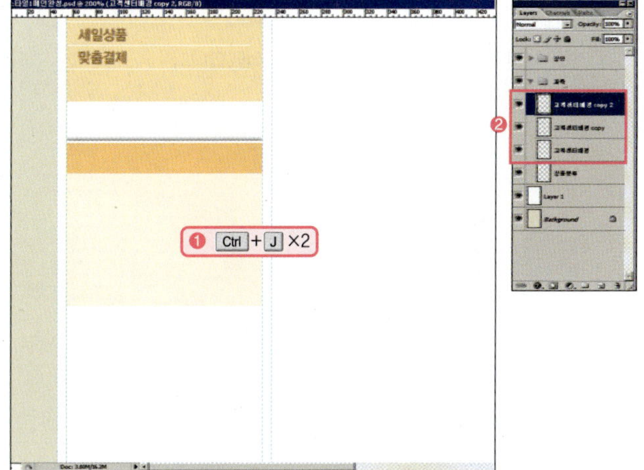

옵션 바에서 'Add to selection' 버튼을 클릭하면 다중 영역을 지정할 때 더욱 편리하게 작업할 수 있습니다.

15 이동 툴을 이용하여 복사한 '고객센터배경' 레이어들을 다음과 같이 나란히 정렬합니다.

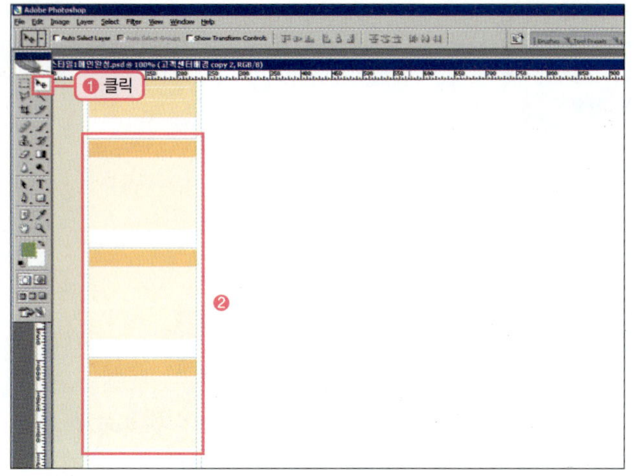

Hot Sauce

각 배너 사이의 간격은 '높이 : 30px'이 적당합니다.

16 '고객센터배경 copy' 레이어의 길이는 '세로 : 137px', '고객센터배경 copy 2' 레이어의 길이는 '세로 : 117px'만 남겨놓고, 나머지 아랫부분을 선택 영역으로 지정하여 제거합니다.

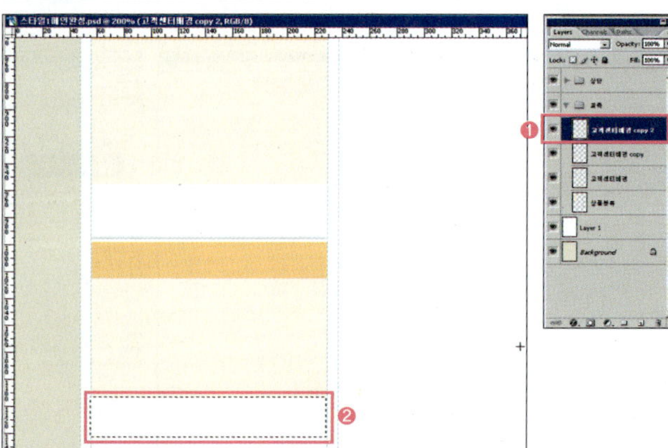

17 '고객센터배경' 레이어 3개를 병합하여 한 개의 레이어로 만듭니다.

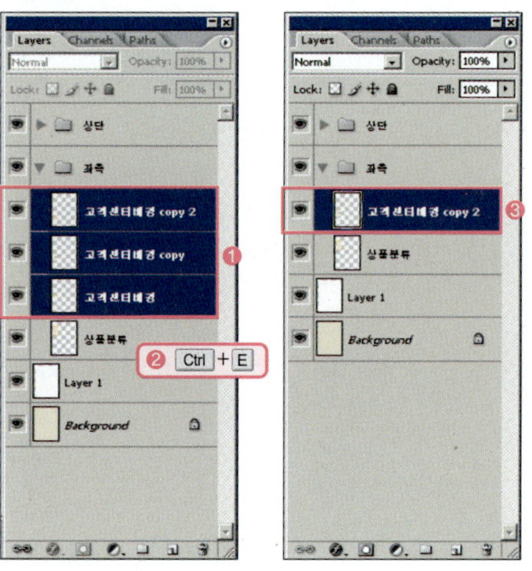

18 이제 고객센터 배너에 사용할 아이콘을 넣어보겠습니다. 'File' 메뉴의 'Place'를 클릭합니다.

19 'Place' 대화상자가 나타나면 부록 CD의 'Story 04-Style1소스이미지' 폴더로 이동한 후 'style1 _icon.ai' 파일을 선택합니다. 그런 다음 'Place' 버튼을 클릭합니다.

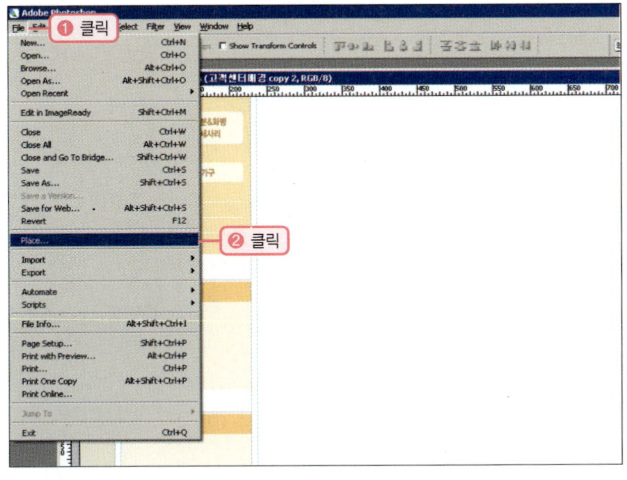

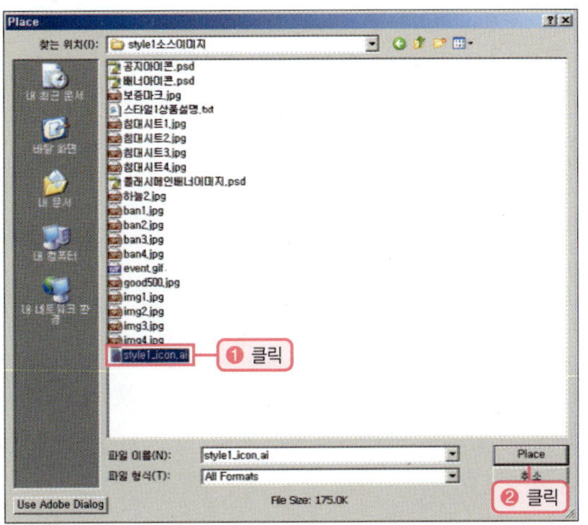

20 다시 'Place PDF' 대화상자가 나타나면 'OK' 버튼을 클릭하여 'style1_icon.ai' 파일을 불러옵니다.

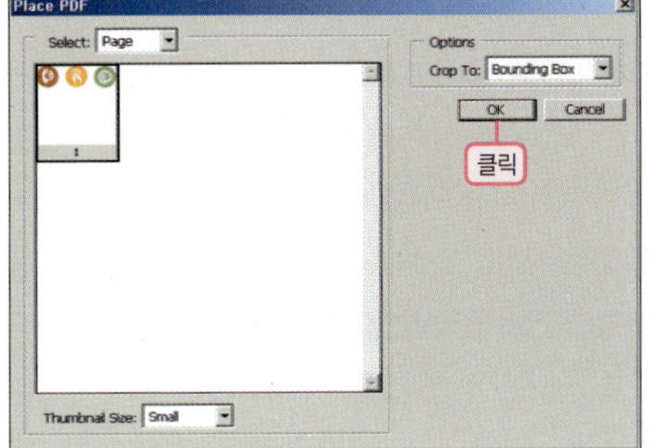

Design Master | 벡터 파일을 불러올 때 'Open'과 'Place'의 차이점

'Place' 메뉴를 이용하면 현재 작업 중인 창의 레이어로 이미지를 불러올 수 있고, 'Open' 메뉴를 이용하면 이미지를 투명한 배경의 새 파일에 불러올 수 있습니다.

21 현재 작업 창에 '바운딩 박스'가 표시된 벡터 아이콘이 나타납니다. 조절점을 드래그하여 크기를 조절하거나 이미지를 회전할 수 있습니다. 불러온 파일을 그대로 사용할 것이므로 Enter 를 눌러서 '바운딩 박스'를 없앱니다.

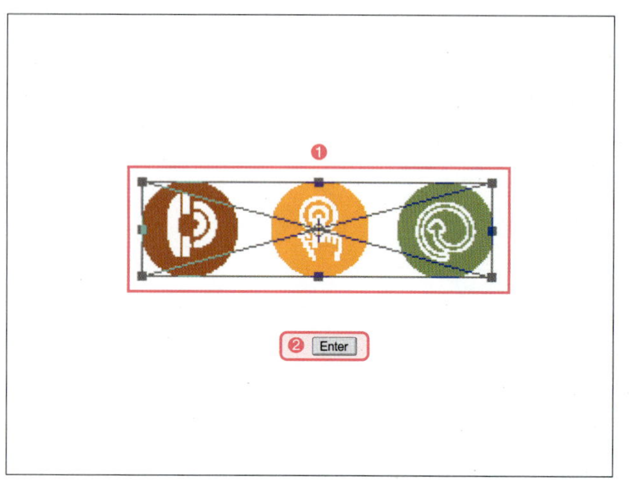

22 불러온 아이콘이 아직 벡터 속성을 가지고 있으므로 이를 비트맵 이미지 속성으로 변화시키겠습니다. style_1.icon 레이어를 마우스 오른쪽 버튼으로 클릭하여 'Rasterize Layer'를 선택합니다.

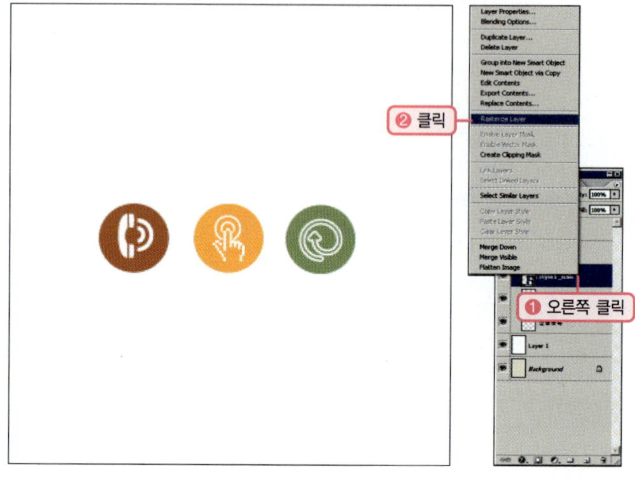

23 아이콘의 아랫부분을 다음과 같이 선택 영역으로 지정한 후 Delete 를 눌러서 제거합니다. 그런 다음 이동 툴을 이용하여 아이콘을 고객센터 쪽으로 드래그합니다.

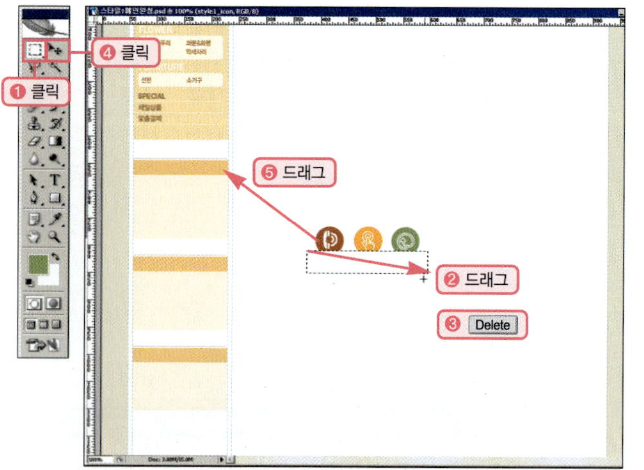

24 사각형 선택 툴로 두 번째와 세 번째 아이콘을 선택하고, 이동 툴을 이용하여 아래쪽으로 이동합니다.

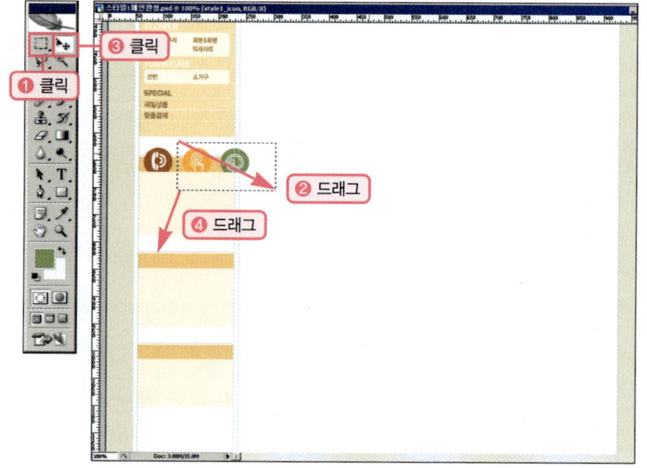

25 같은 방법으로 세 번째 아이콘은 가장 아래쪽으로 이동합니다.

26 새로운 레이어를 추가하고 전경색을 '#ffffff'로 지정합니다. 툴 박스에서 둥근 사각형 셰이프 툴, 옵션 바에서 'Fill pixels'를 차례대로 클릭한 후 'Radius' 항목에 '8'을 입력합니다.

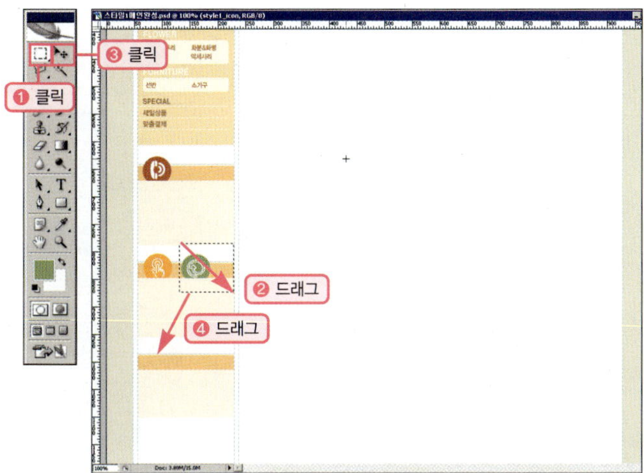

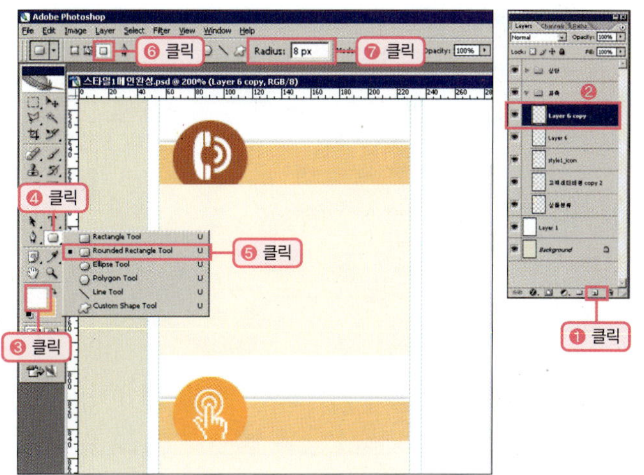

27 이제 '가로 : 154px', '세로 : 45px' 크기의 흰색 사각형을 그립니다. 같은 방법으로 새로운 레이어를 추가하여 '가로 : 154px', '세로 : 74px'의 사각형을 하나 더 그립니다.

28 두 번째 그린 'Layer 6 copy' 레이어가 선택된 상태에서 'Add a layer style' 버튼을 클릭하고, 단축 메뉴에서 'Inner Shadow'를 클릭합니다.

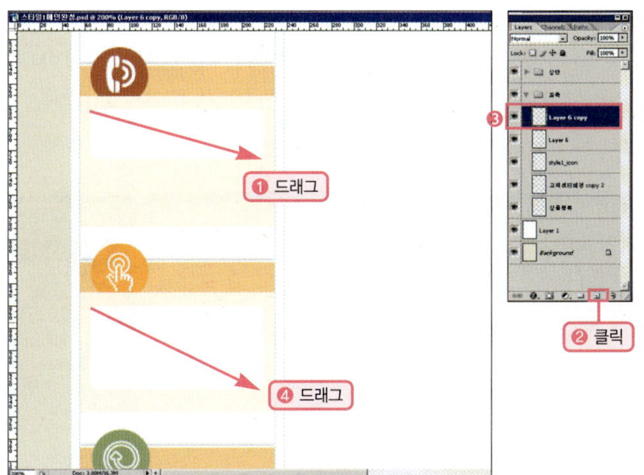

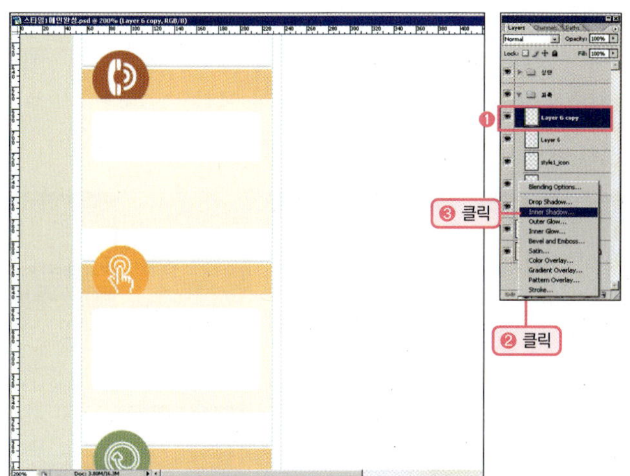

29 'Layer Style' 대화상자가 나타나면 옵션을 다음과 같이 설정하고 'OK' 버튼을 클릭합니다.

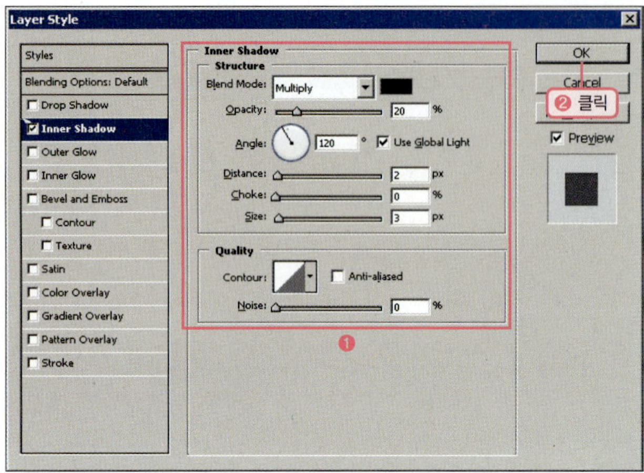

30 모서리가 둥근 사각형의 안쪽으로 그림자 효과가 적용된 것을 확인할 수 있습니다. 레이어 팔레트에서 Inner Shadow 효과를 마우스 오른쪽 버튼으로 클릭한 후 'Copy Layer Style'을 선택합니다.

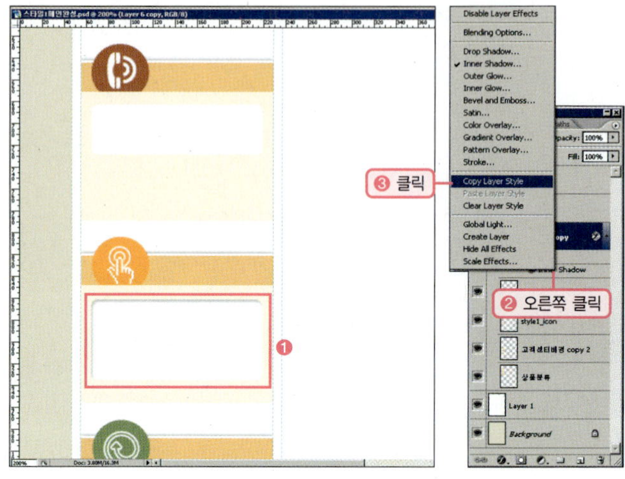

컴퓨터의 클립보드에 금방 적용한 'Inner Shadow'가 저장된 상태입니다.

31 첫 번째 사각형인 'Layer 6'을 마우스 오른쪽 버튼으로 클릭한 후 'Paste Layer Style'을 선택하면 첫 번째 사각형에도 같은 효과가 적용됩니다.

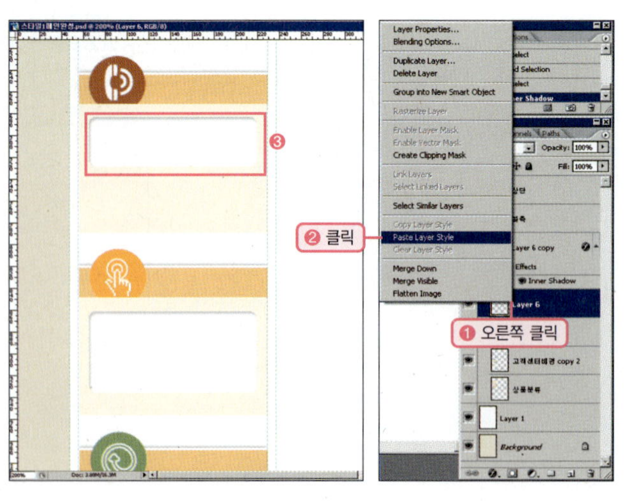

32 이제 고객센터의 정보를 입력해야 합니다. 각각의 배너에 알맞은 고객센터 텍스트를 입력합니다. 예제에서는 글자의 색상을 '#5396cf'와 '#a67c51'로 지정했습니다.

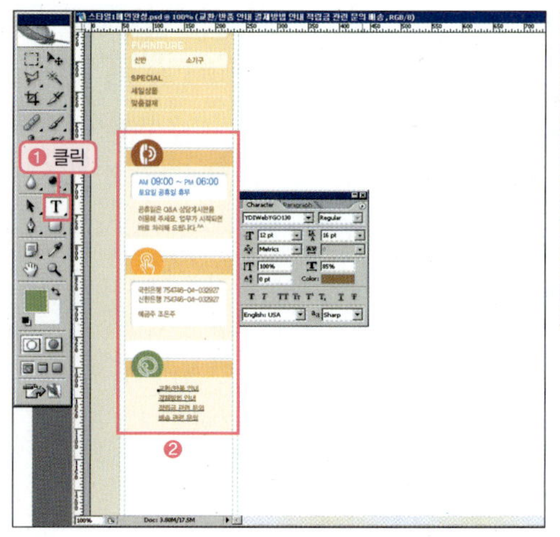
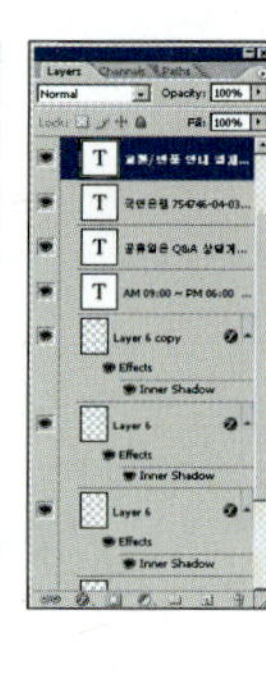

33 계좌번호 안내 텍스트의 줄 간격은 '15'로 설정
되어 있습니다. 그러나 계좌번호와 예금주 사이
의 줄 간격은 더 넓어야 하므로 '신한은행' 줄과 '예금주'
줄의 간격을 '24'로 설정합니다.

34 고객센터 배너들의 제목 텍스트는 '#ffffff' 색상
으로 입력합니다.

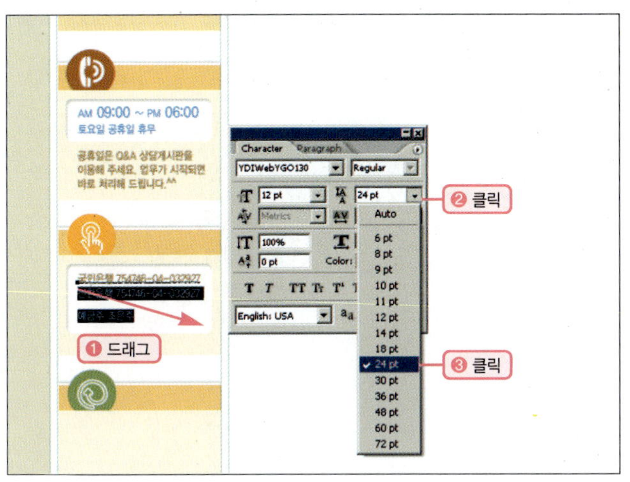

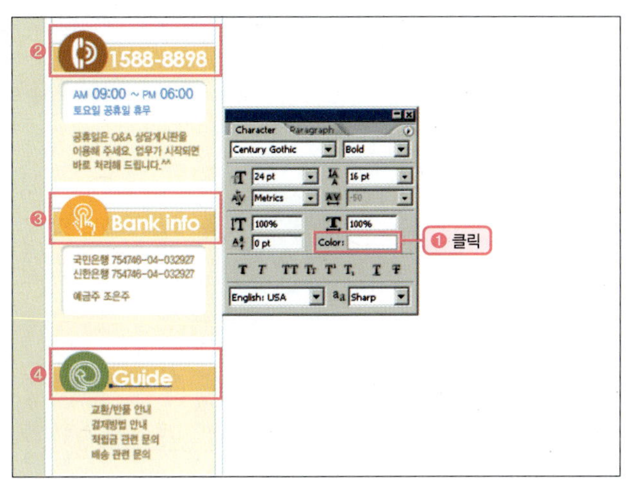

35 'Layer 6 copy' 위쪽에 새로운 레이어를 추가한
후 툴 박스에서 연필 툴을 선택합니다. 그런 다음
'계좌번호'와 '예금주' 사이에 '#a67c51' 색상의 '1px'
점을 나란히 찍습니다.

36 새로운 레이어를 추가하여 '가로 : 53px', '세로
: 1px'의 사각형 선택 영역을 지정하고, '#f5c982'
색상으로 채웁니다.

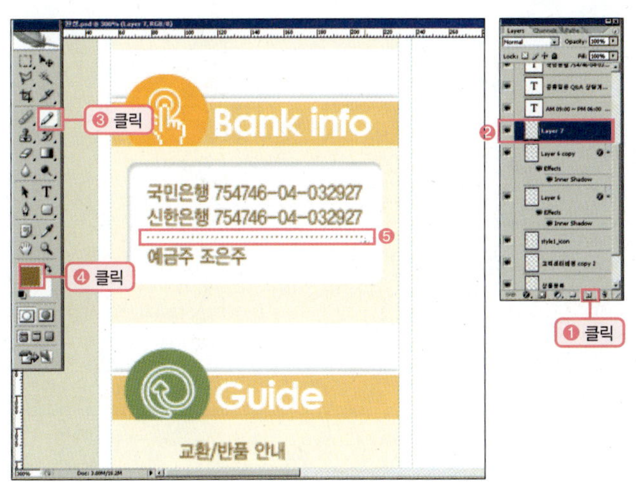

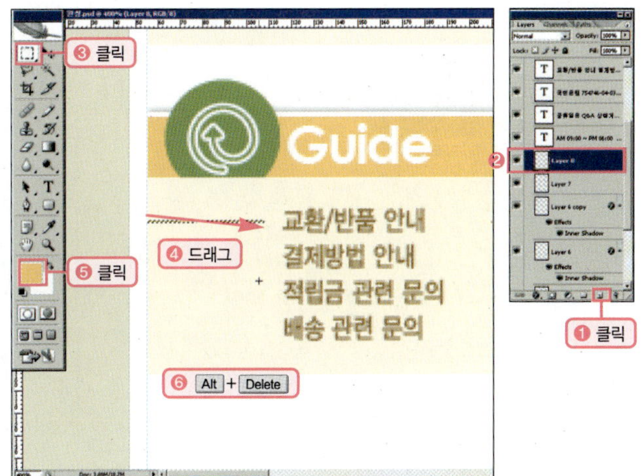

37 툴 박스의 원형 선택 툴을 선택하고 옵션 바에서 'Style'이 'Normal'로 설정되어 있는지 확인합니다. 만약 이전에 작업할 때 했던 설정이 그대로 남아 있지 않다면 'Style' 항목을 'Normal'로 설정합니다.

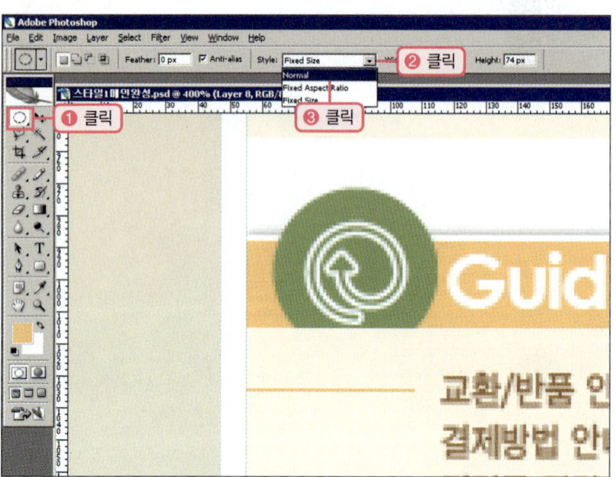

38 다음과 같이 '지름 : 4px'의 작은 정원 선택 영역을 만들고, '#f5c982' 색상으로 채웁니다.

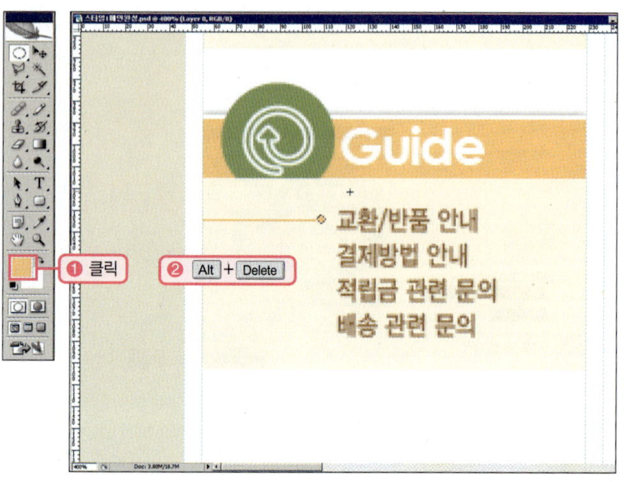

39 이제 바 이미지를 사각형 선택 툴로 선택합니다. 그런 다음 Alt + Shift 를 누른 상태에서 아래쪽으로 수직 드래그하여 총 4개의 바 이미지를 복사합니다.

40 돋보기 툴을 더블클릭하여 작업 화면을 100% 크기로 맞춰보면 고객센터 배너까지 완성된 모습을 확인할 수 있습니다.

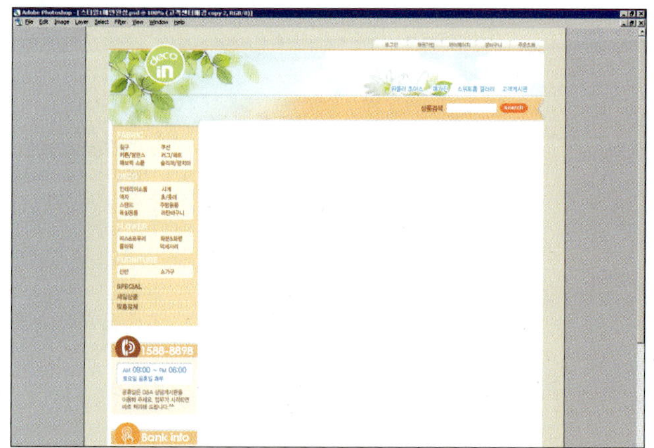

Hot Sauce

상단과 좌측까지 완성된 예제는 '부록 CD-Story 04' 폴더의 '스타일1메인_상단과좌측.psd' 파일입니다.

Hot Sauce

툴 박스와 팔레트를 숨기면 넓은 화면에서 작업 파일을 확인할 수 있습니다.

툴 박스와 팔레트 숨기기 : Tab
가이드 라인 숨기기 : Ctrl + ;
룰러 숨기기 : Ctrl + R

Shopping Mall Sense

32

[메이크샵] 중앙 메인 배너를 위한 4개의 이미지 만들기

01 이제부터는 메인 페이지 중앙의 플래시 배너에 들어갈 4개의 이미지를 만들어보겠습니다. `Ctrl`+`N`을 눌러 'New' 대화상자가 나타나면 'Width : 470px', 'Height : 200px'의 새 파일을 만듭니다.

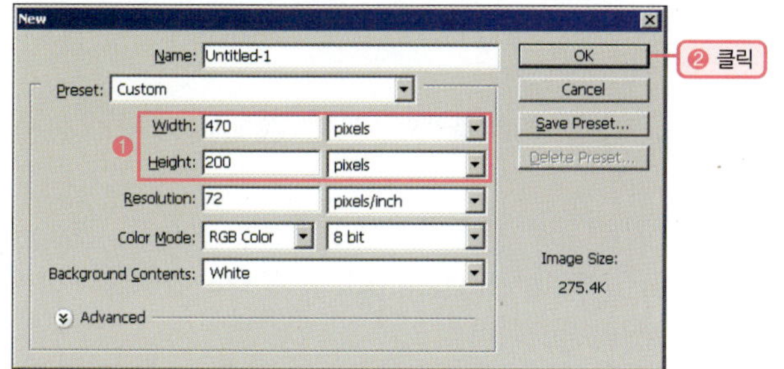

02 'File' 메뉴의 'Open'을 클릭합니다. 'Open' 대화상자가 나타나면 부록 CD의 'Story 04-style1소스이미지' 폴더에서 'img1.jpg~img4.jpg' 파일을 모두 불러옵니다.

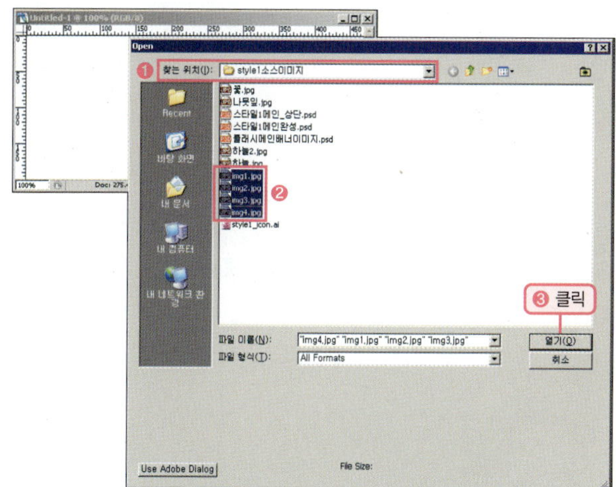

03 불러온 'img1.jpg~img4.jpg' 이미지를 작업 화면으로 차례대로 드래그합니다.

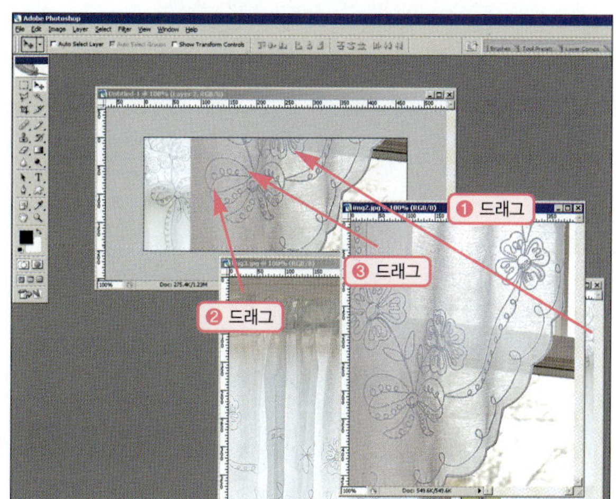

04 'img1.jpg~img4.jpg' 파일을 모두 닫고, 작업 중인 파일에서 각 레이어의 위치를 다음의 순서 대로 정렬합니다.

05 부록 CD의 'Story 04-style1소스이미지' 폴더 에서 '하늘2.jpg' 파일을 불러온 후 작업 화면으 로 드래그합니다.

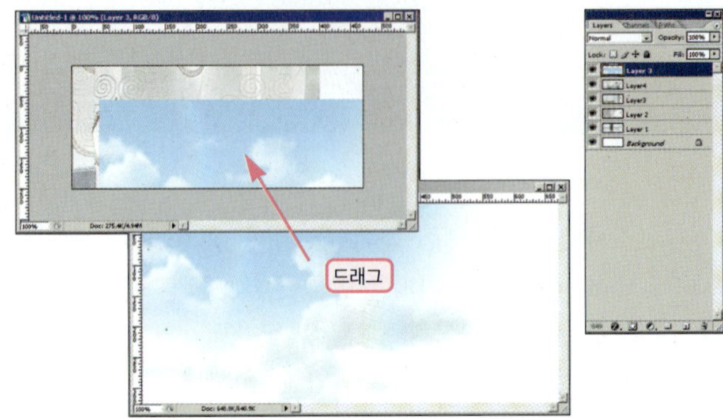

Hot Sauce

'하늘2.jpg' 파일은 레이어 팔레트의 가장 위쪽에 배치합니다.

06 '하늘2.jpg' 파일을 닫고, 'Edit' 메뉴의 'Trans form-Flip Horizontal'을 클릭하여 하늘 이미 지를 좌우로 반전합니다.

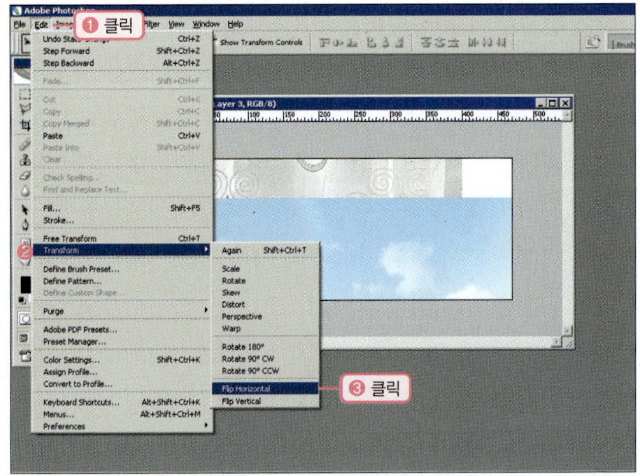

07 Ctrl + T 를 누르면 자유 변형 바운딩 박스가 나타납니다. 이때 Alt + Shift 를 누른 상태에서 조절점을 드래그하여 가로, 세로 비율을 정비율로 줄이고, 위치를 조절합니다. 그런 다음 Enter 를 눌러 자유 변형을 완성합니다.

08 하늘 이미지인 'Layer 3' 레이어가 선택된 상태에서 'Add layer mask' 버튼을 클릭해 마스크를 씌웁니다. 툴 박스에서 그레이디언트 툴을 선택하고 옵션 바에서 'Click to open the gradient picker'를 클릭합니다.

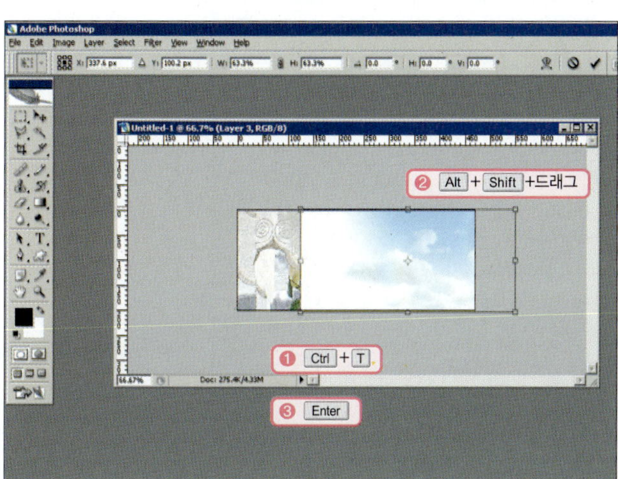
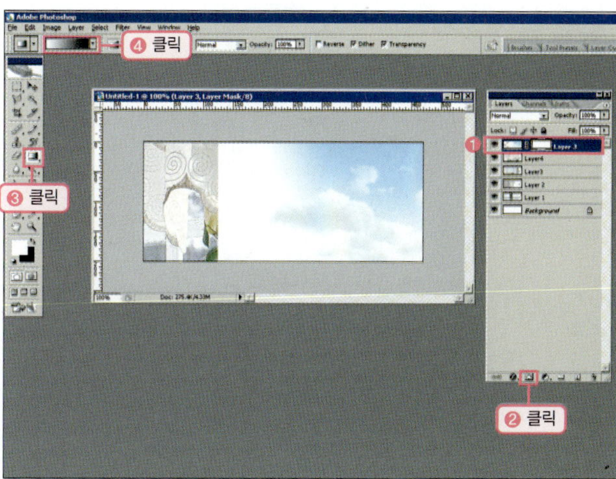

09 'Gradient Editor' 대화상자가 나타나면 'Presets' 항목에서 첫 번째 섬네일을 클릭합니다. 그런 다음 슬라이드 바에서 왼쪽 아래 흰색 페인트통과 오른쪽 아래 검은색 페인트통의 위치를 서로 바꿉니다.

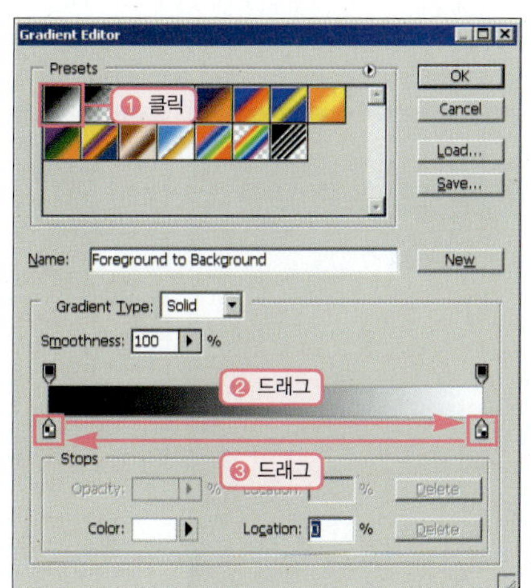
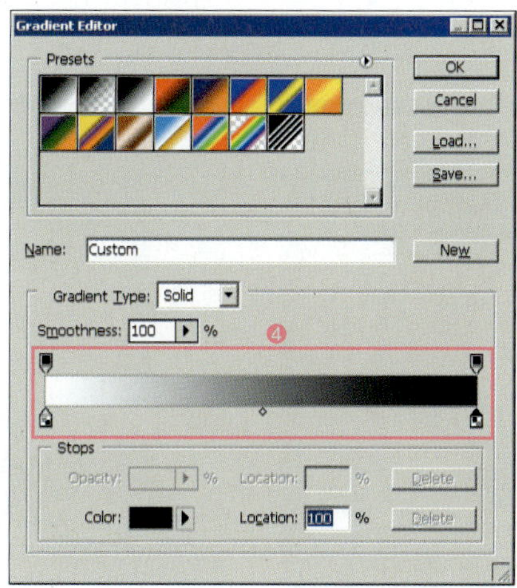

10 왼쪽 아래 흰색 페인트통을 클릭한 후 'Stops' 항목의 'Location' 입력 상자에 '70'을 입력합니다.

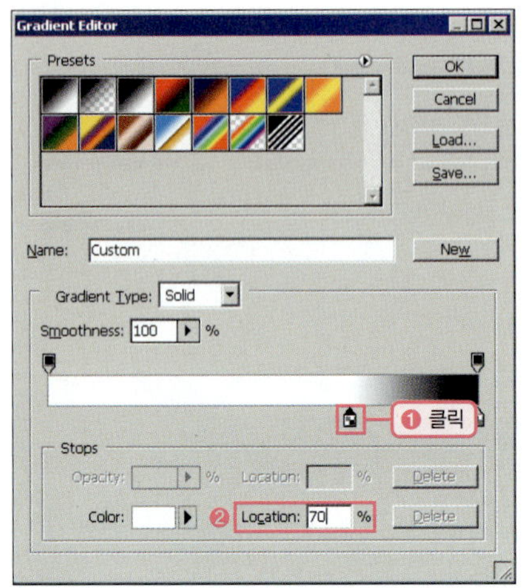

11 흰색 페인트통과 검은색 페인트통 사이의 삼각형을 클릭하고 'Stops' 항목의 'Location' 입력 상자에 '60'을 입력합니다. 슬라이드 바의 설정이 완료되었으면 'OK' 버튼을 클릭합니다.

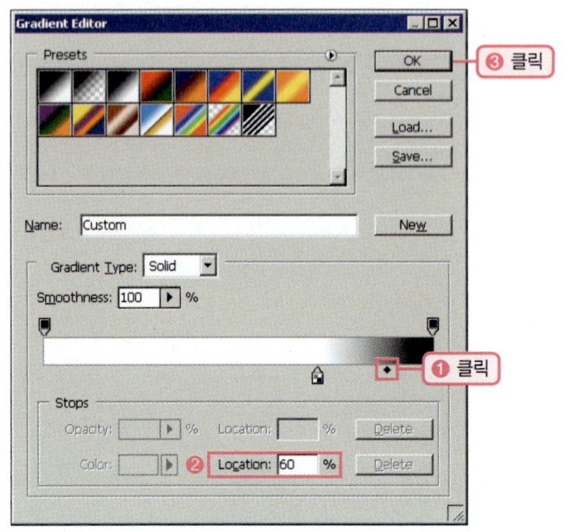

12 하늘 이미지의 오른쪽 끝에서 왼쪽으로 마우스를 드래그하면 하늘에 투명 그러데이션이 적용되는 것을 확인할 수 있습니다.

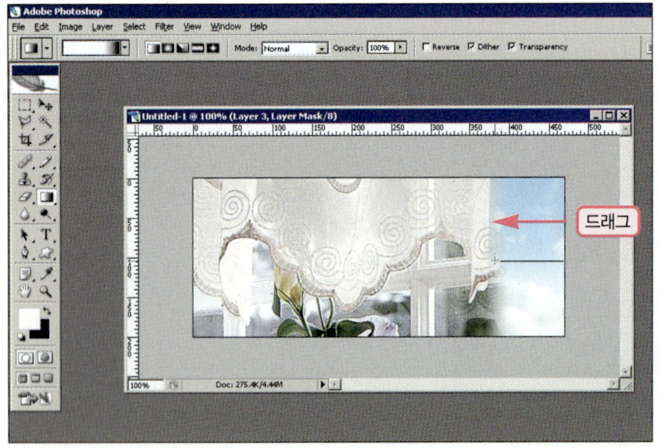

13 이제 텍스트를 입력할 차례입니다. 툴 박스에서 문자 툴을 선택하고 '#ffffff' 색상으로 '햇살을 담아내는 봄 커튼 모음전'을 입력합니다. '햇살을…' 레이어의 블렌딩 모드를 'Overlay'로 바꿔 배경이 비치도록 합니다.

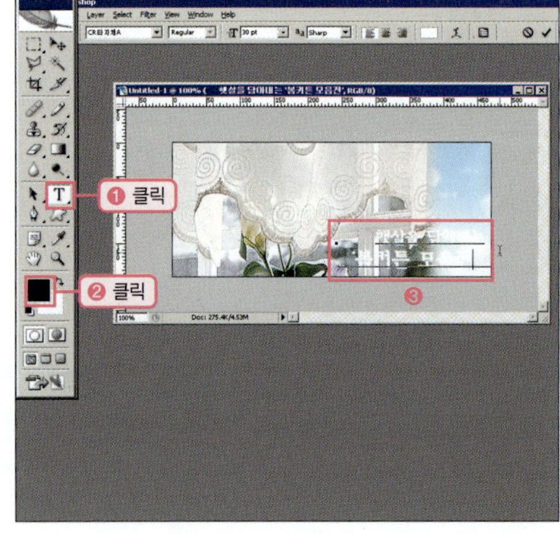

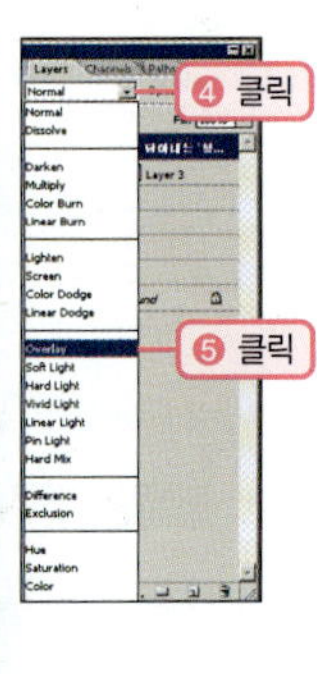

Hot Sauce

검은색에서 흰색의 그레이디언트가 적용되어야 하지만, 마스크 효과로 인해 불투명에서 투명한 이미지의 변화로 나타나는 것입니다. 레이어 마스크에서 검은색은 투명한 속성을, 흰색은 불투명한 속성을 가집니다.

14 텍스트가 흰색이라 배경에 묻혀서 잘 보이지 않으므로 글자에 테두리를 만들어보겠습니다. 레이어 팔레트에서 'Add a layer style'을 클릭한 후 스타일 중에서 'Stroke'를 선택합니다.

15 'Layer Style' 대화상자가 나타나면 'Size : 2', 'Color : #a8d1ec'를 선택하고 'OK' 버튼을 클릭합니다.

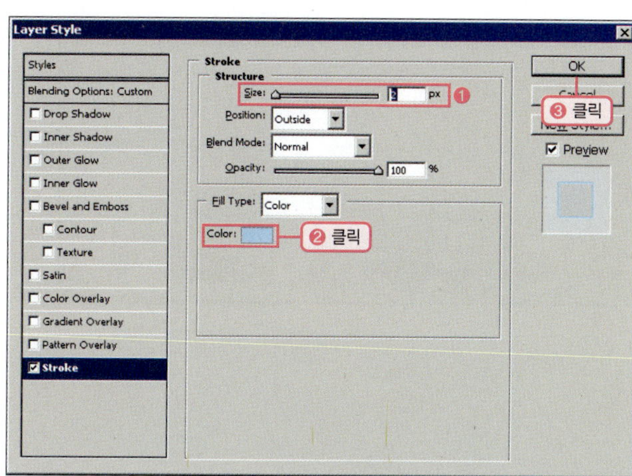

16 이번에는 글자에 그림자 효과를 적용해 보겠습니다. '햇살을…' 레이어의 아래쪽에 'Effect'를 더블클릭하면 'Layer Style' 대화상자가 나타납니다. 'Drop Shadow'를 선택한 후 세부 옵션을 다음과 같이 설정합니다. 그런 다음 'OK' 버튼을 클릭합니다.

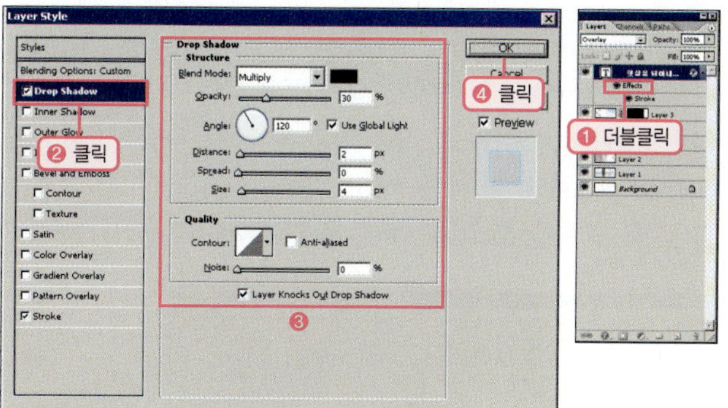

17 글자에 '스트로크'와 '그림자' 두 가지 스타일이 동시에 적용된 것을 확인할 수 있습니다.

18 마지막으로 하늘에서 햇빛이 눈부시게 빛나는 효과를 연출해 보겠습니다. 하늘 이미지인 'Layer 3' 레이어를 선택한 상태에서 'Filter' 메뉴의 'Render-Lens Flare'를 클릭합니다.

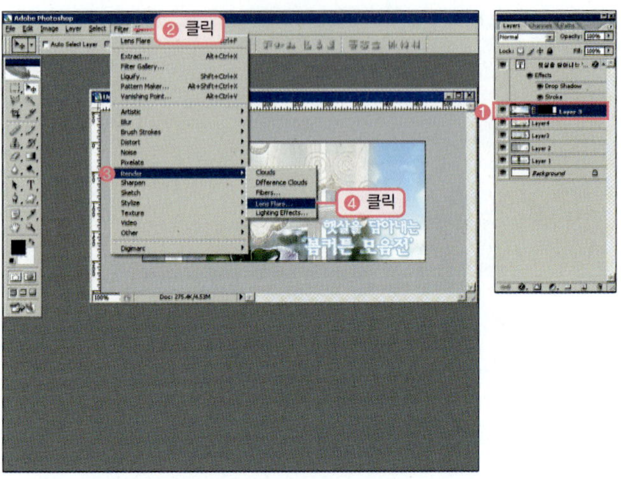

19 'Lens Flare' 대화상자가 나타나면 'Flare Center' 항목에서 십자가 표시를 마우스로 드래그하여 원하는 위치로 이동합니다. 그런 다음 '105mm prime'에 체크 표시를 하고 'Brightness' 항목에는 '100'을 입력한 후 'OK' 버튼을 클릭합니다.

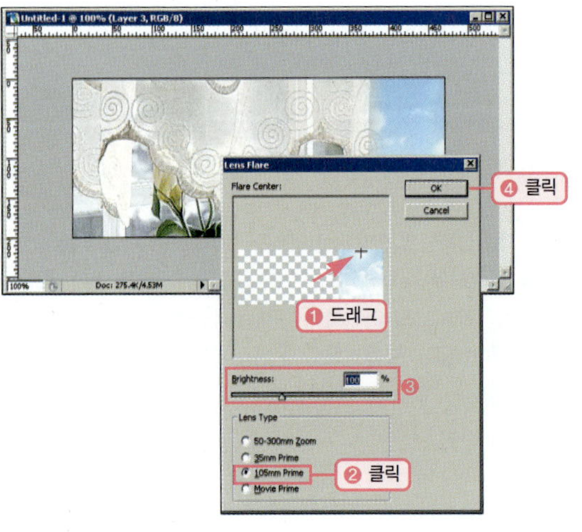

20 이제 'Layer1~Layer4'까지 4개의 이미지를 각각 저장하는 일만 남았습니다. 'Layer2~Layer4'의 눈 아이콘만 꺼놓은 상태에서 키보드의 Ctrl +S를 누릅니다.

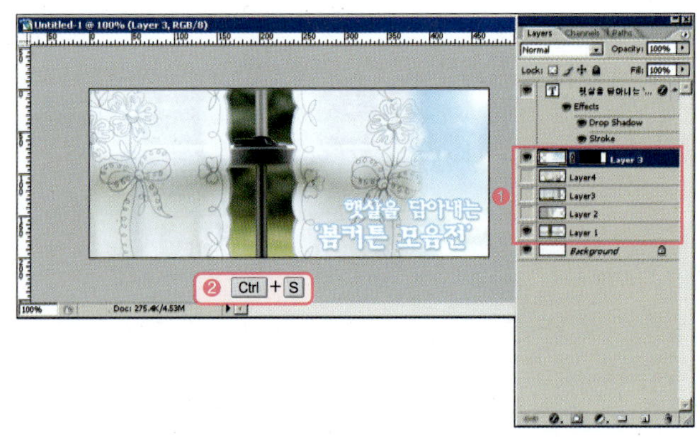

21 'Save As' 대화상자가 나타나면 파일 형식을 'JPEG'로 선택하고, 파일명은 'ban1'로 지정한 후 '저장' 버튼을 클릭합니다.

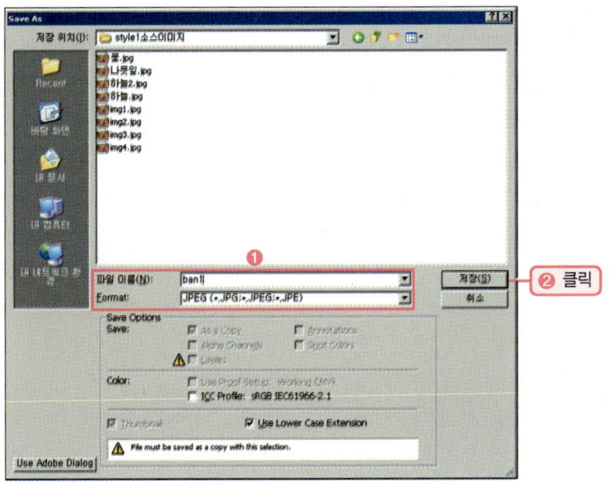

22 이번에는 'Layer 2'의 눈 아이콘만 켜고 'ban2.jpg' 파일로 저장합니다.

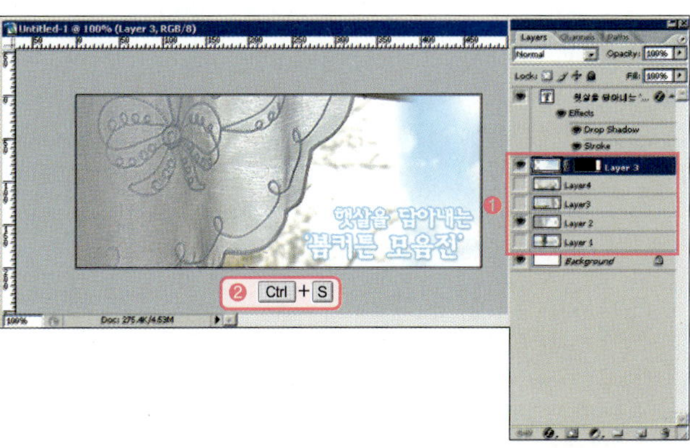

Hot Sauce

같은 방법으로 나머지 2개의 이미지도 파일명을 'ban3.jpg', 'ban4.jpg'로 지정하여 저장합니다.

Design Master | 'JPEG Options' 설정

이미지를 JPEG 파일 형식으로 저장할 때는 퀄리티를 조절할 수 있습니다. 퀄리티는 '12'가 최대치이고, 퀄리티가 높을수록 파일의 용량도 커집니다. 일반적으로 수치를 '10'으로 저장하면 웹용으로 사용하기에 무리가 없습니다.

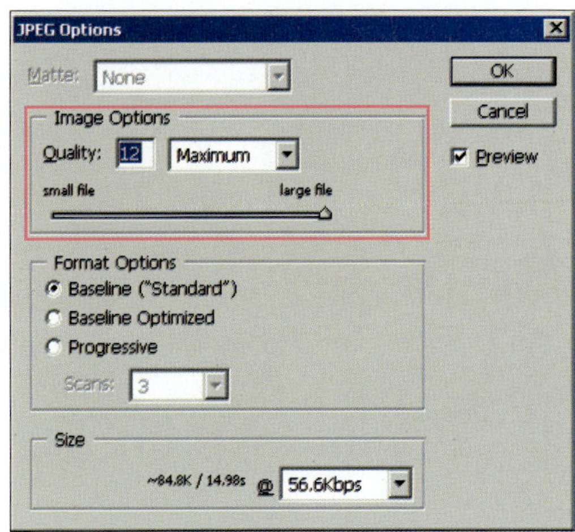

23 키보드의 Ctrl + O 를 눌러 앞에서 '부록 CD-Story 04' 폴더의 '스타일1메인_상단과좌측.psd' 파일을 불러옵니다.

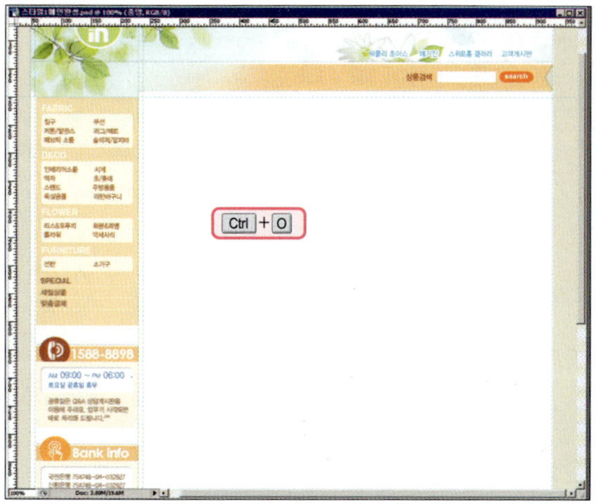

24 레이어 팔레트에서 'Create a new group' 버튼을 클릭한 후 새 레이어 그룹의 이름을 '중앙' 으로 바꿉니다.

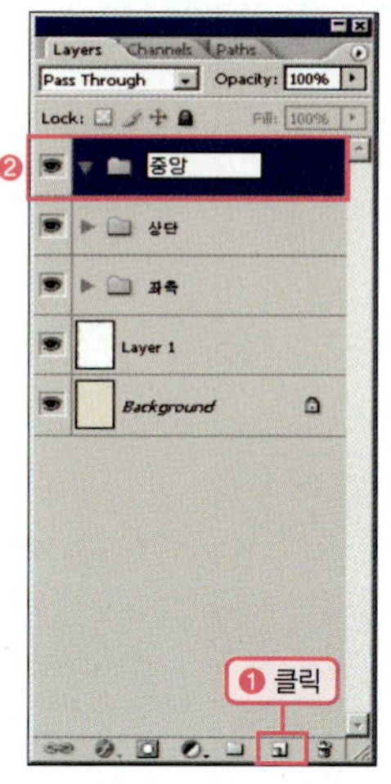

25 자, 지금까지 메인 페이지 중앙의 플래시 메인 배너에 사용할 4개의 이미지를 만들어보았습니다. 플래시 효과는 나중에 '메이크샵 관리자' 에서 적용할 수 있으므로 우선 하나의 이미지를 넣어서 자리만 잡아두면 됩니다. 'ban1.jpg' 이미지를 작업 화면으로 드래그 합니다. 이때 이미지가 중앙 가이드라인에서 아래로 '10px', 왼쪽 가이드라인에서 '10px' 떨어진 지점에 위치하도록 합니다.

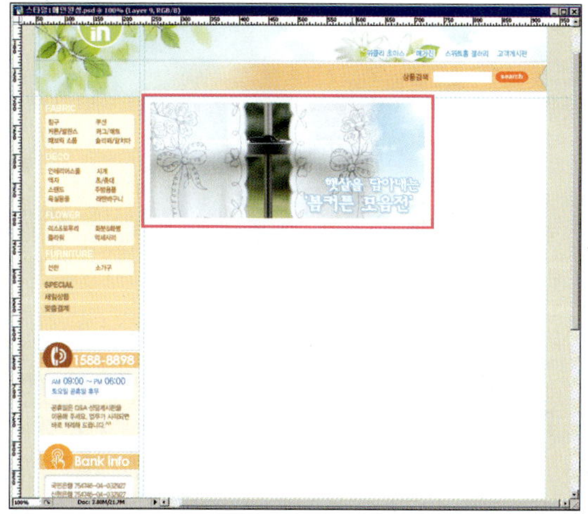

Shopping Mall Sense

33

[메이크샵] 메인 페이지의 중앙 디자인 완성하기

♥ 메인 배너에 흐르는 텍스트 만들기

01 새 레이어를 추가하고 툴 박스에서 둥근 사각형 셰이프 툴을 선택합니다. 그런 다음 옵션 바에서 'Fill pixels'를 선택한 후 'Radius' 항목에 '8'을 입력합니다.

02 '#93bfd5' 색상으로 '가로 : 470px', '세로 : 30px'의 사각형을 그립니다.

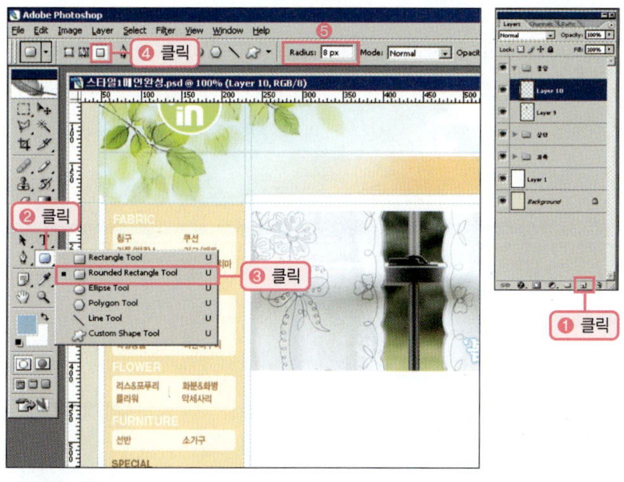

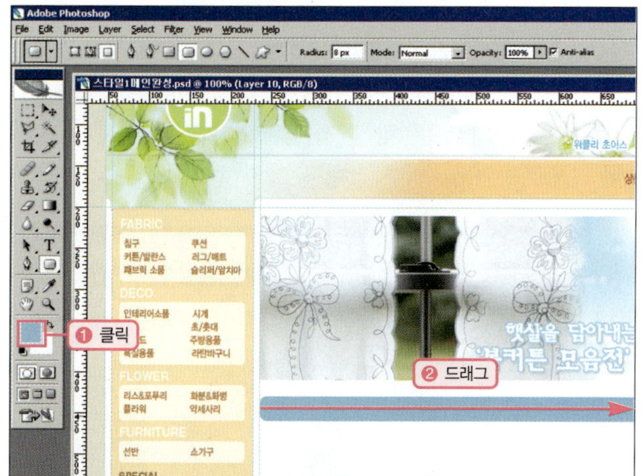

03 문자 툴을 선택하여 다음과 같이 'Hit Item…'을 입력한 후 글자 레이어의 투명도를 '30%'로 조절합니다.

04 Ctrl + E 를 눌러서 'Layer 10'과 'Hit Item' 글자 레이어를 병합합니다.

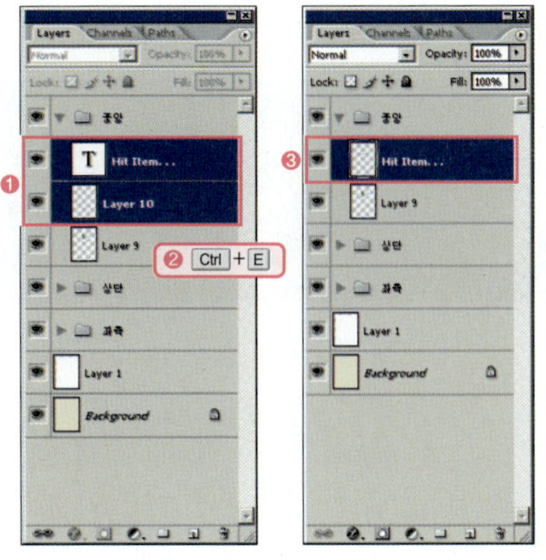

메인 배너의 태그 클라우드 만들기

01 새로운 레이어를 추가하고 툴 박스에서 둥근 사각형 셰이프 툴을 선택합니다. 옵션 바의 설정은 이전 상태 그대로 둔 채 '#ffffff' 색상으로 '가로 : 196 px', '세로 : 26px'의 사각형을 그립니다.

02 레이어 팔레트에서 'Add a layer style'을 클릭한 후 단축 메뉴가 나타나면 'Stroke'를 선택합니다.

03 'Layer Style' 대화상자가 나타나면 'Size : 2', 'Color : #93bfd5'로 지정하고 'OK' 버튼을 클릭합니다.

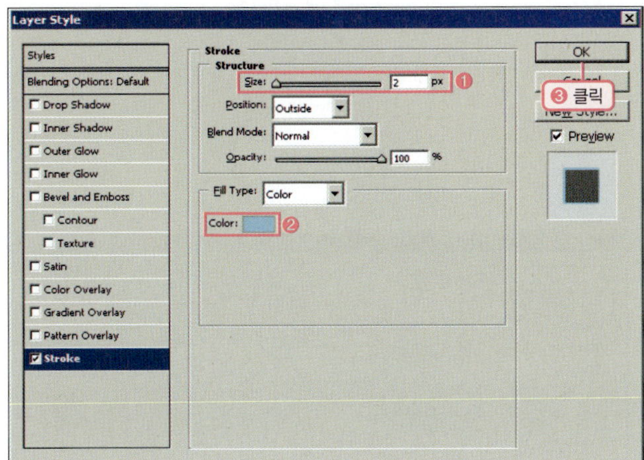

04 툴 박스의 문자 툴을 선택하여 다음과 같이 'KEYword…' 텍스트를 입력합니다. 그런 다음 'KEY word…' 텍스트의 투명도를 '30%'로 조절합니다.

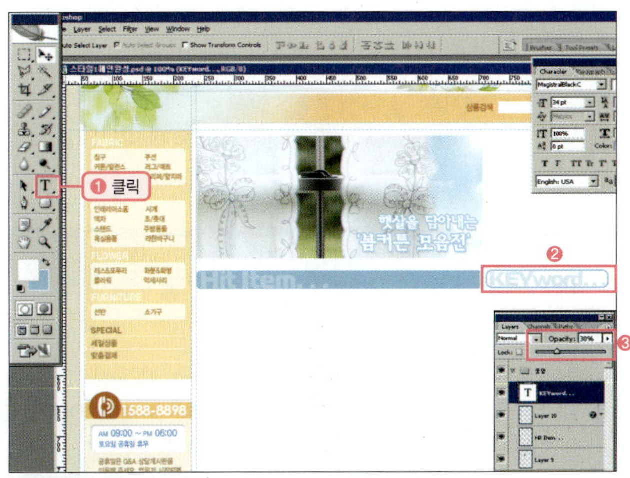

05 Ctrl+E를 눌러서 'Layer 10'과 'KEYword…' 레이어를 병합합니다.

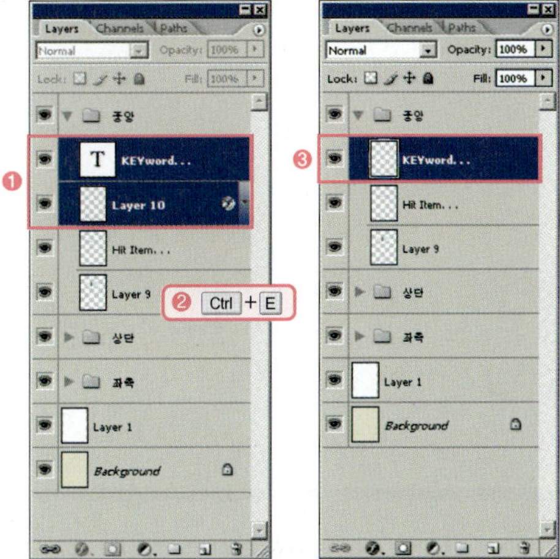

01 새로운 레이어를 추가하고 툴 박스에서 둥근 사각형 셰이프 툴을 선택합니다. 옵션 바의 설정은 이전 상태 그대로 둔 채 '#ffffff' 색상으로 '가로 : 198 px', '세로 : 22px'의 사각형을 그립니다. 그런 다음 레이어 팔레트에서 'Add a layer style'을 클릭한 후 'Stroke'를 선택합니다.

02 'Layer Style' 대화상자가 나타나면 'Size : 1', 'Color : #f9d08b'로 지정하고 'OK' 버튼을 클릭합니다.

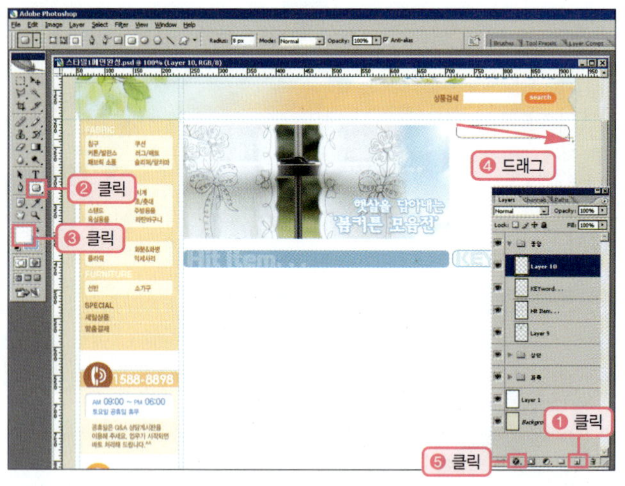

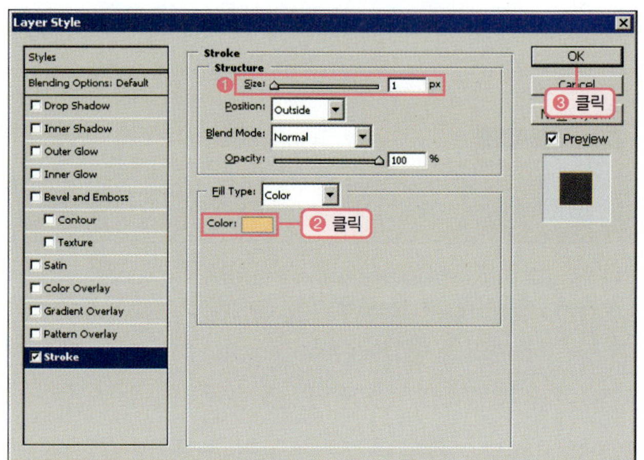

03 Ctrl + O 를 누른 후 부록 CD의 'Story 04-style1 소스이미지' 폴더에서 '공지아이콘.psd' 파일을 불러옵니다. 그런 다음 작업 창으로 드래그합니다.

04 레이어 팔레트의 'Add a layer style'을 클릭한 후 단축 메뉴에서 'Drop Shadow'를 선택합니다. 'Layer Style' 대화상자가 나타나면 옵션을 다음과 같이 설정하고 'OK' 버튼을 클릭합니다.

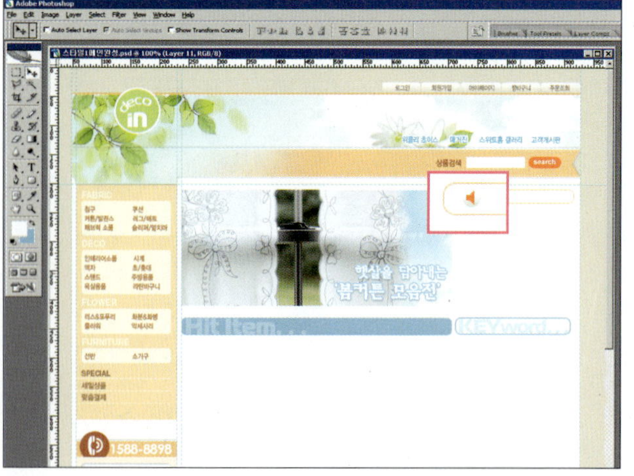

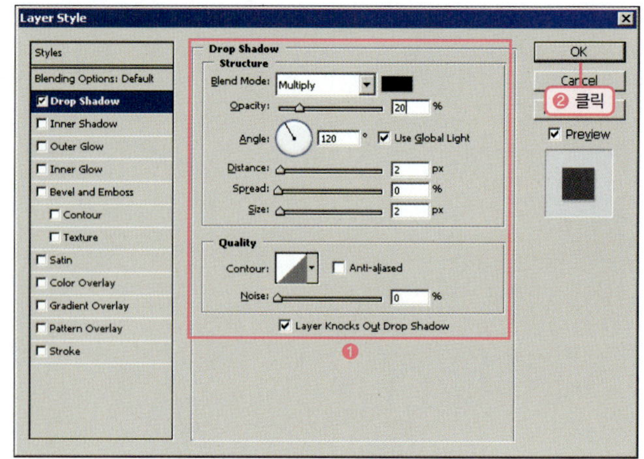

05 툴 박스에서 문자 툴을 선택하여 '#f38948' 색 상으로 'NEWS & NOTICE' 텍스트를 입력합 니다.

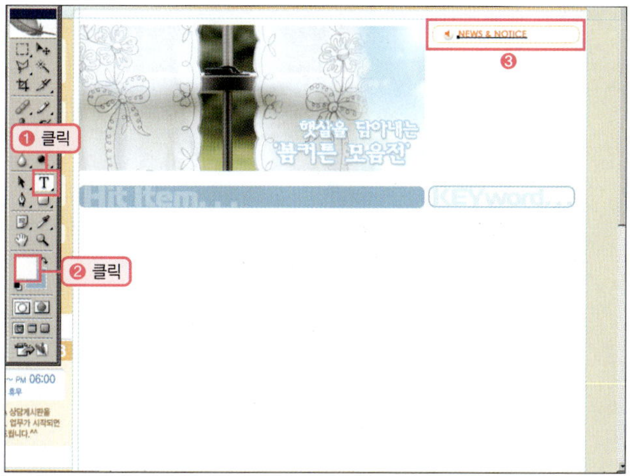

06 'Layer 10', 'Layer 11', 'NEWS&EVENT' 글 자 레이어를 선택하고 Ctrl + E 를 눌러서 모두 병합합니다.

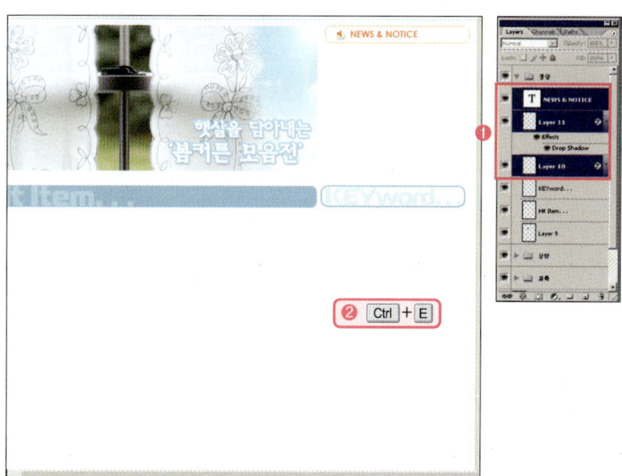

♥ 쇼핑몰 내의 다른 페이지로 이동하는 배너 만들기

01 새로운 레이어를 추가하고 툴 박스에서 둥근 사 각형 셰이프 툴을 선택합니다. 옵션 바의 설정은 이전 상태 그대로 둔 채 '#ffffff' 색상으로 '가로 : 198 px', '세로 : 70px'의 사각형을 그립니다.

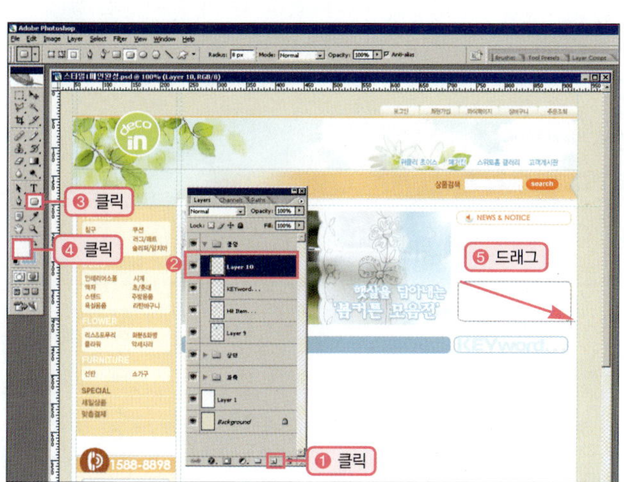

02 키보드의 Ctrl 을 누른 상태에서 'Layer 10'의 섬 네일을 마우스로 클릭합니다. 앞서 그린 사각형 이 선택 영역으로 지정되면, 툴 박스에서 사각형 선택 툴 을 클릭합니다.

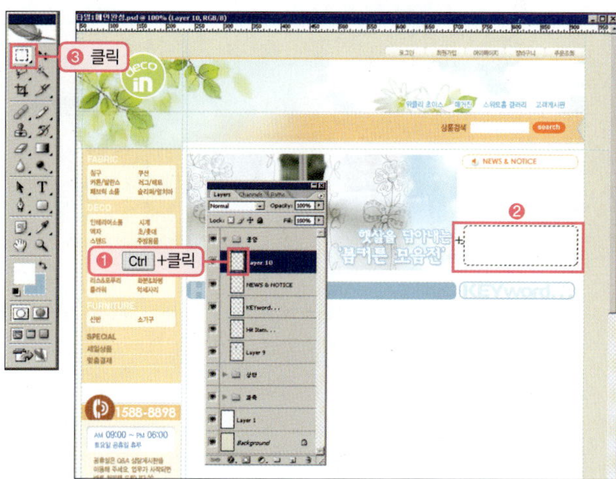

03 Alt 를 누른 상태에서 사각형의 아래쪽 3/4을 드래그하면 드래그한 영역이 선택 영역에서 제외되는 것을 알 수 있습니다.

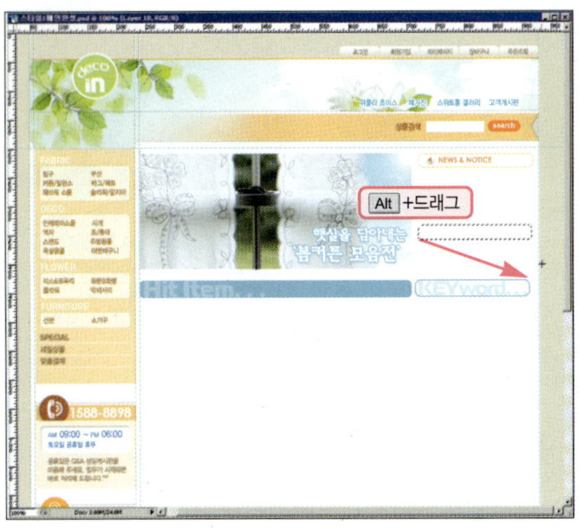

04 선택한 영역을 '#ebeedd' 색상으로 채우고, Ctrl +D 를 눌러서 선택 영역을 해제합니다.

05 레이어 팔레트의 'Add a layer style'을 클릭한 후 단축 메뉴가 나타나면 'Stroke'를 선택합니다.

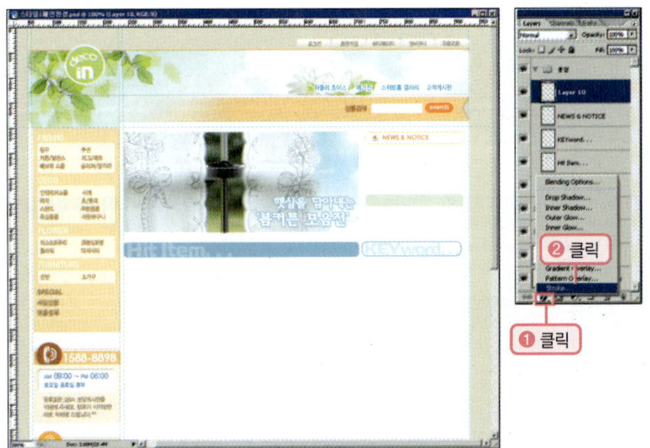

06 'Layer Style' 대화상자가 나타나면 'Size : 1', 'Color : #cadfa7'로 지정하고 'OK' 버튼을 클릭합니다.

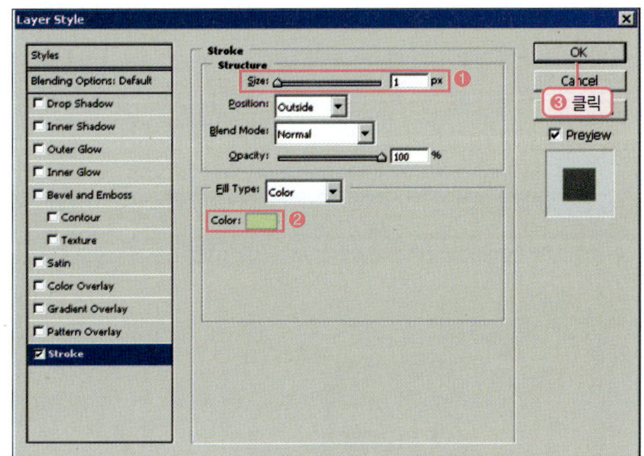

07 문자 툴을 이용하여 '데코인 제안' 텍스트는 '#8ec63f' 색상으로, '인테리어 쇼핑' 텍스트는 '#ffffff' 색상으로 입력합니다.

08 '데코인 제안' 글자 레이어의 아래쪽에 새로운 레이어를 추가합니다. 그런 다음 사각형 선택 툴을 이용하여 '인테리어 쇼핑' 텍스트의 배경 영역을 선택하고, '#8ec63f' 색상으로 채웁니다. 작업이 완료되면 Ctrl + D 를 눌러서 선택 영역을 해제하세요.

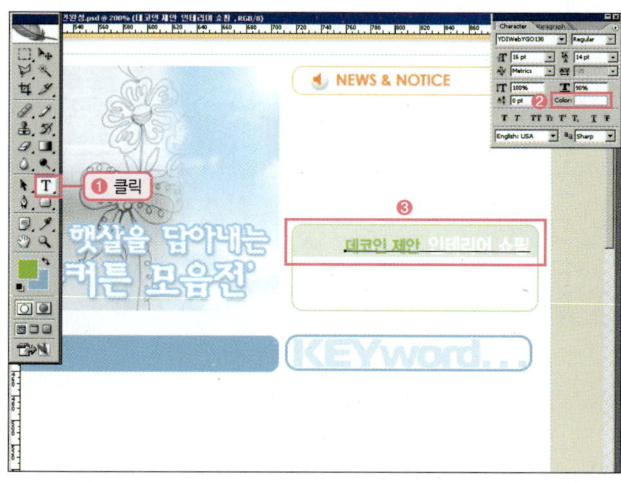

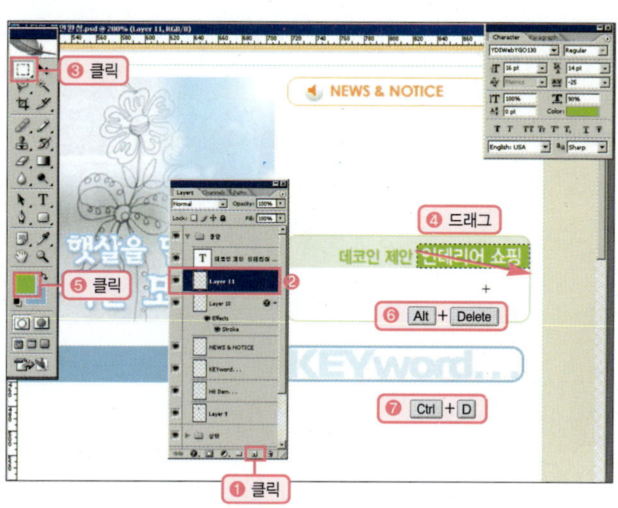

'인테리어 쇼핑' 텍스트는 '2포인트' 더 크게 입력합니다.

09 문자 툴을 이용하여 '#f38948' 색상으로 다음과 같이 '매거진 위클리 초이스' 텍스트를 두 줄로 입력합니다.

10 'File' 메뉴의 'Open'을 클릭하여 부록 CD의 'Story 04-style1소스이미지' 폴더에서 '배너아이콘.psd' 파일을 불러옵니다.

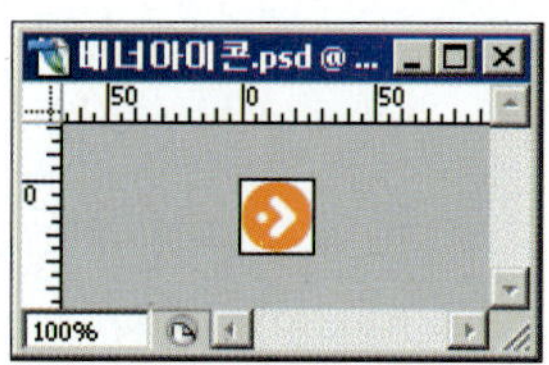

11 불러온 ‘배너아이콘.psd’ 파일을 작업 화면으로 드래그합니다. 그런 다음 Ctrl + J 를 눌러서 아이콘을 복사하고, 2개의 아이콘을 적당한 위치로 이동합니다.

12 새로운 레이어를 추가합니다. 연필 툴을 이용하여 ‘#8ec63f’ 색으로 ‘매거진’과 ‘위클리 초이스’ 사이에 ‘1px’ 세로 점을 찍습니다.

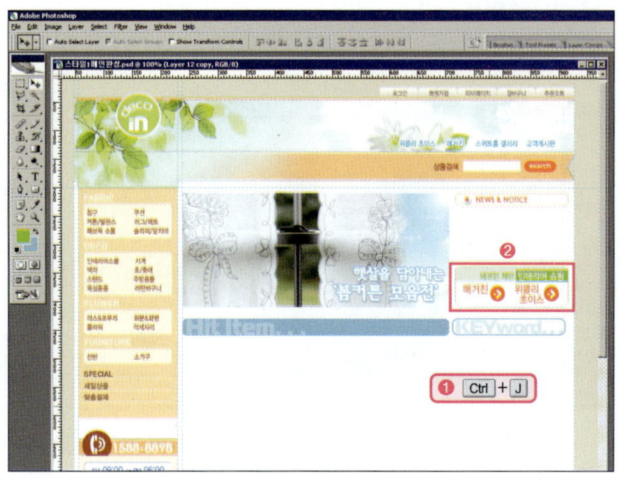

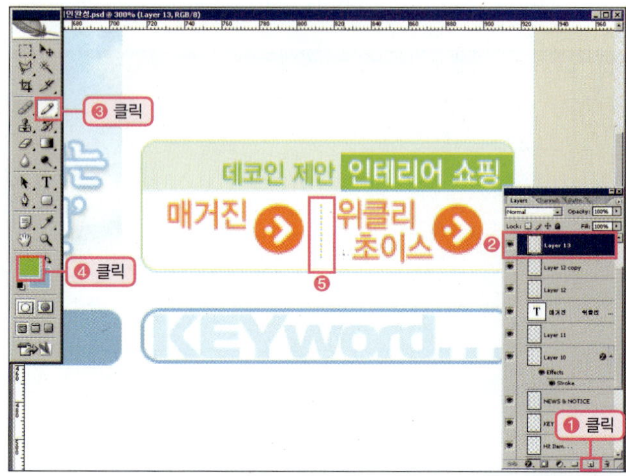

13 이제 배너 관련 레이어들을 모두 선택한 후 Ctrl + E 를 눌러서 하나의 레이어로 병합합니다.

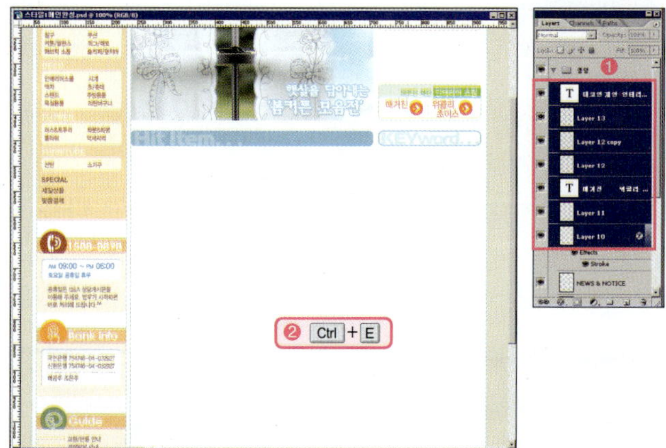

신상품/인기 상품 타이틀 배너 만들기

01 새로운 레이어를 추가하고 툴 박스에서 둥근 사각형 셰이프 툴을 선택합니다. 옵션 바의 설정은 이전 상태 그대로 둔 채 '#ffffff' 색상으로 '가로 : 660 px', '세로 : 22px'의 사각형을 그립니다.

02 레이어 팔레트의 'Add a layer style'을 클릭한 후 단축 메뉴에서 'Stroke'를 선택합니다. 'Layer Style' 대화상자가 나타나면 'Size : 2', 'Color : #fec144' 로 지정하고 'OK' 버튼을 클릭합니다.

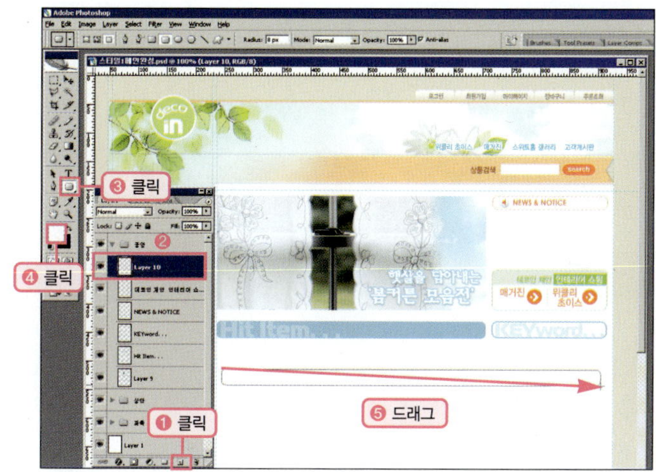

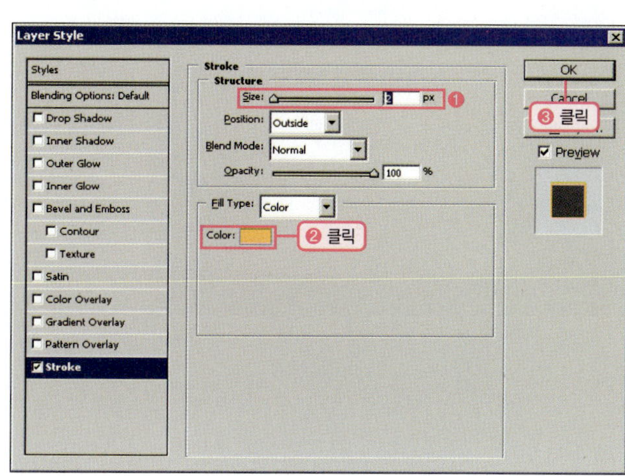

03 Ctrl + J 를 눌러서 레이어를 복사하고 다음과 같이 적당한 간격으로 배치합니다.

04 문자 툴을 이용하여 '#fec144' 색상으로 'New Item…'과 'Hot Item…'을 입력하고, 투명도를 '30%'로 설정합니다.

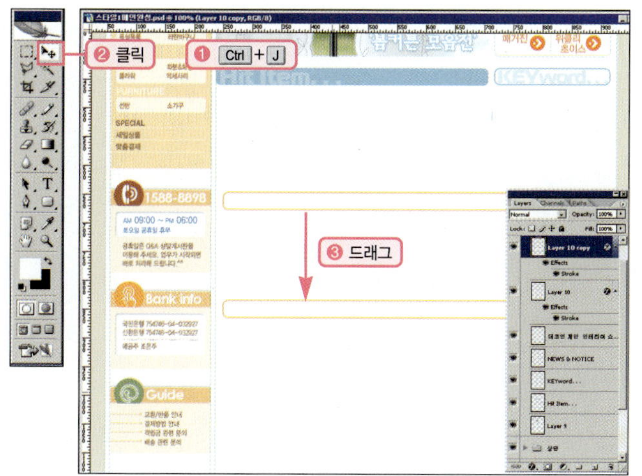

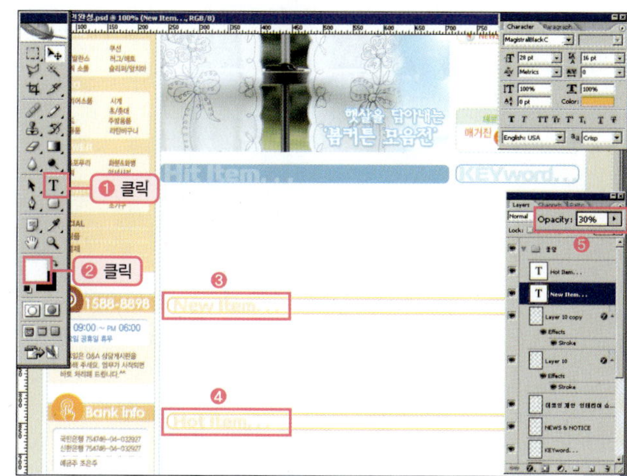

05 'Layer 1'을 선택한 상태에서 사각형 선택 툴로 작업 화면의 아래쪽에 선택 영역을 지정합니다.

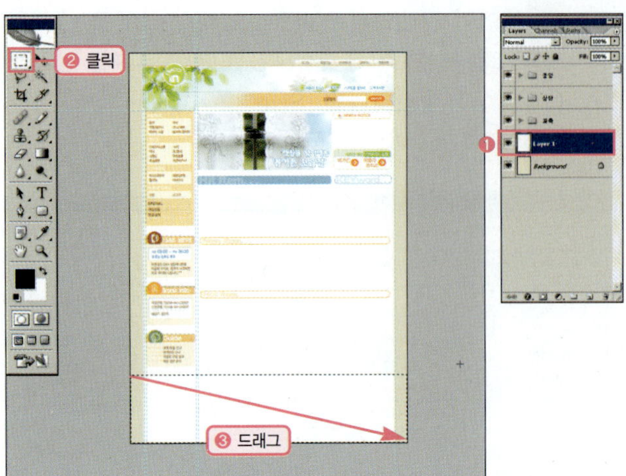

06 Delete 를 눌러서 선택 영역을 제거합니다.

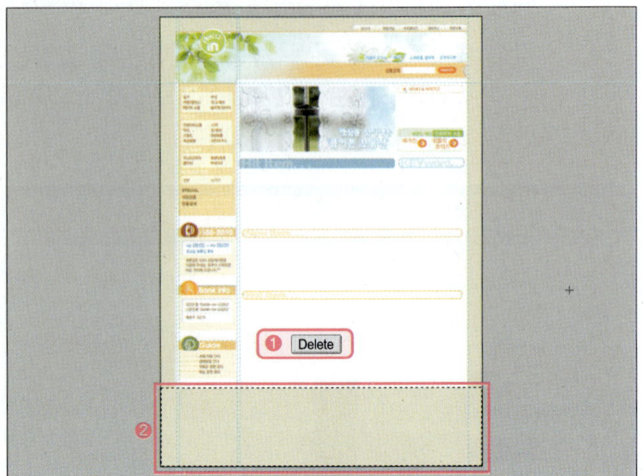

Shopping Mall Sense

34

[메이크샵] 메인 페이지의 하단 디자인하기

01 레이어 팔레트의 'Creat a new group' 버튼을 클릭하여 새로운 그룹을 만들고, 이름을 '하단' 으로 바꿉니다.

02 새로운 레이어를 추가하고 툴 박스에서 사각형 선택 툴을 클릭합니다. 옵션 바의 설정은 이전 상태 그대로 둔 채 '가로 : 880px', '세로 : 125px'의 사 각형 선택 영역을 지정한 후 '#ffffff' 색상으로 채웁니 다. Ctrl + D 를 눌러서 선택 영역을 해제합니다.

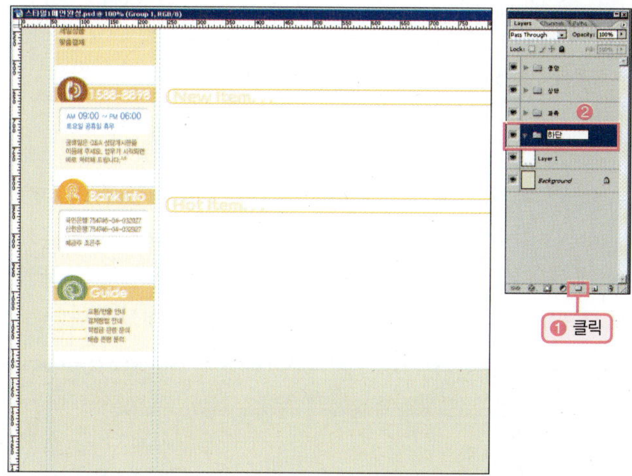

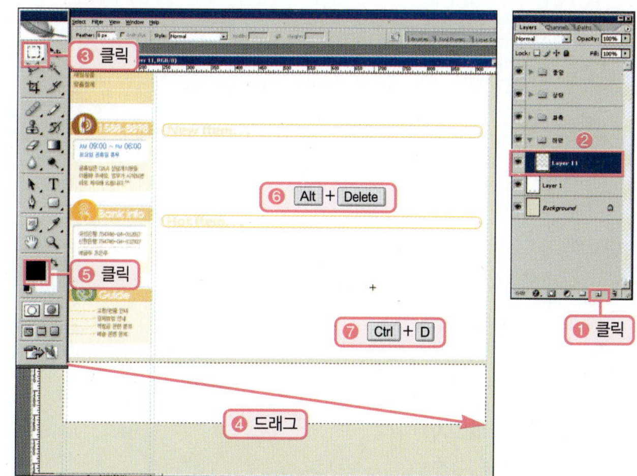

03 새로 만든 사각형의 위쪽에 '가로 : 880px', '세 로 : 4px'의 사각형 선택 영역을 지정하고, '#fbd 28d' 색상으로 채웁니다.

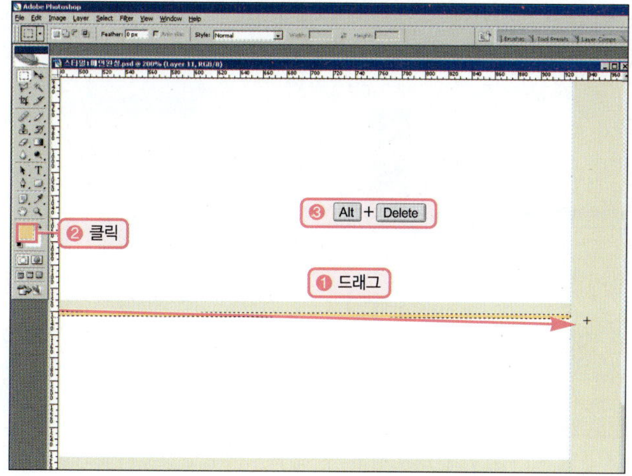

04 같은 방법으로 아래쪽에도 다음과 같이 똑같은 바를 만듭니다.

06 Ctrl+N을 눌러서 새로운 임시 작업 창을 만들고, 서로 연결된 3개의 로고 레이어들을 임시 작업 창으로 드래그합니다.

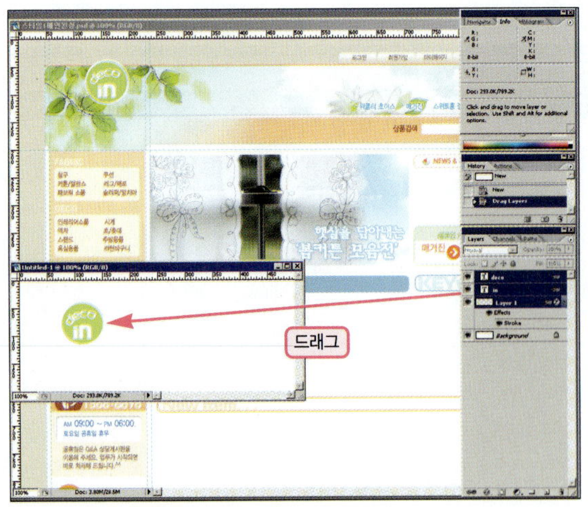

05 '상단' 레이어 그룹에서 '▶' 화살표를 클릭하여 종속 레이어들을 나타나도록 한 후 로고에 해당하는 세 개의 레이어를 동시 선택합니다. 그런 다음 레이어 팔레트 아래쪽의 'Link layers'를 클릭하여 세 개의 레이어들을 링크로 연결합니다.

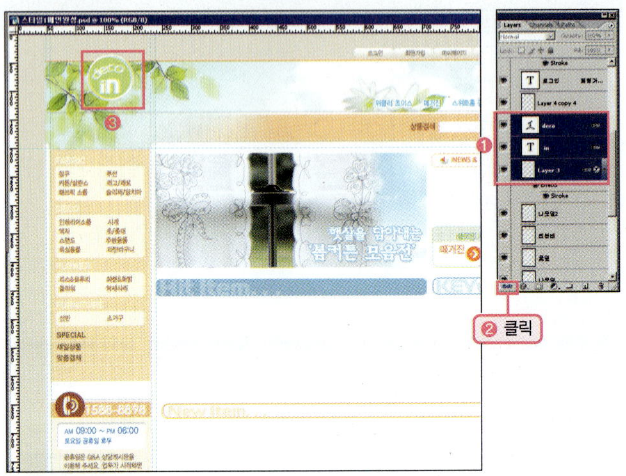

07 다시 기존 작업 창에서 '상단' 레이어 그룹의 '▼' 화살표를 클릭하여 종속 레이어를 감춥니다. 그런 다음 '하단' 레이어 그룹을 선택한 후 임시 작업 창의 로고 관련 레이어들을 원래 작업 창으로 드래그합니다.

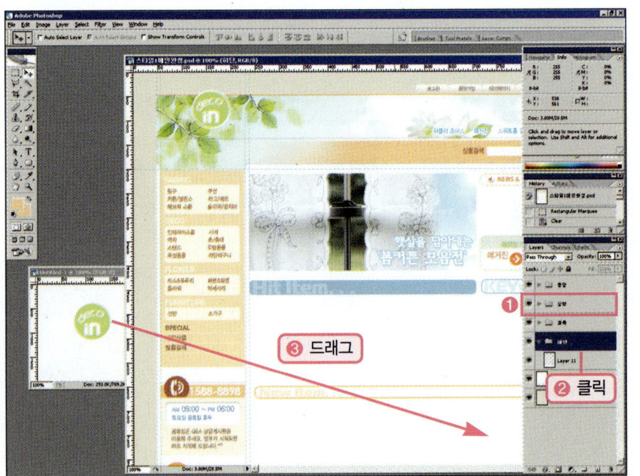

툴 박스의 이동 툴을 선택한 상태에서 작업을 진행합니다.

08 이동 툴을 이용하여 로고 이미지를 다음의 위치로 이동합니다. 로고와 관련된 세 개의 이미지에는 링크가 설정되어 있기 때문에 세 개의 레이어가 동시에 움직이는 것을 알 수 있습니다.

09 문자 툴을 이용하여 '#726257' 색상으로 다음과 같이 하단 메뉴와 회사 정보를 입력합니다.

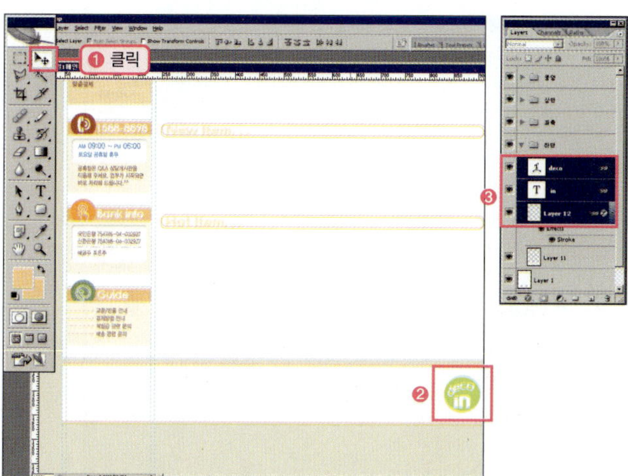

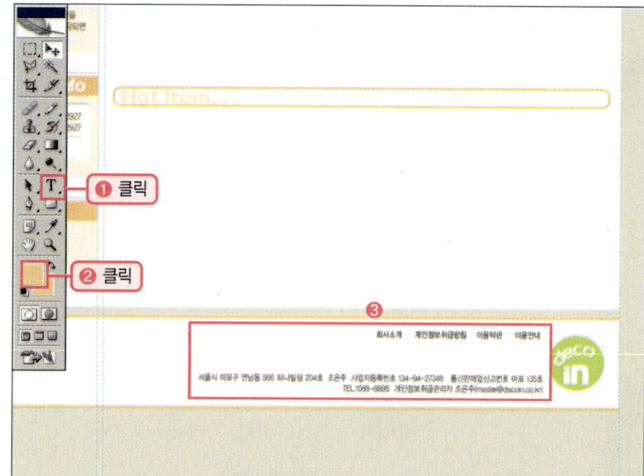

> **Hot Sauce**
>
> 임시로 만든 작업 창은 저장하지 않고 그냥 닫습니다.

10 부록 CD의 'Story 04-style1소스이미지' 폴더에서 '보증마크.jpg' 파일을 불러옵니다.

11 불러온 '보증마크.jpg' 파일을 작업 화면으로 드래그합니다.

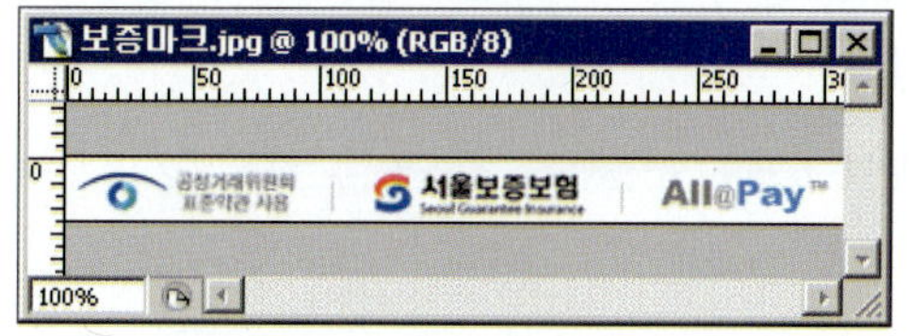

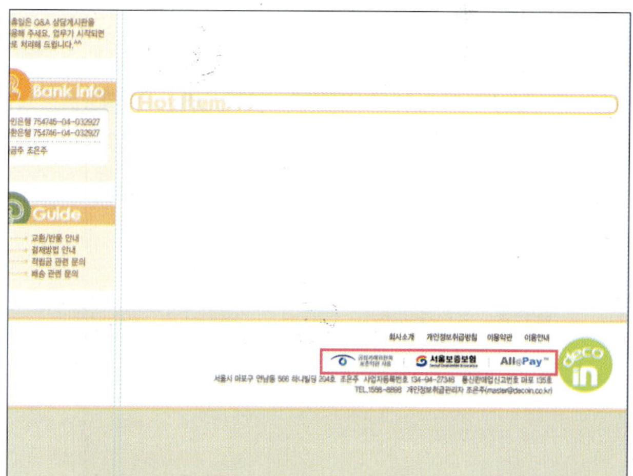

> **Hot Sauce**
>
> 독자님들이 자신의 쇼핑몰을 구축할 때는 실제로 해당되는 회사의 로고만 써야 된다는 것을 반드시 명심하세요.

12 툴 박스의 연필 툴을 선택한 후 사이즈는 '1px'
로 지정합니다.

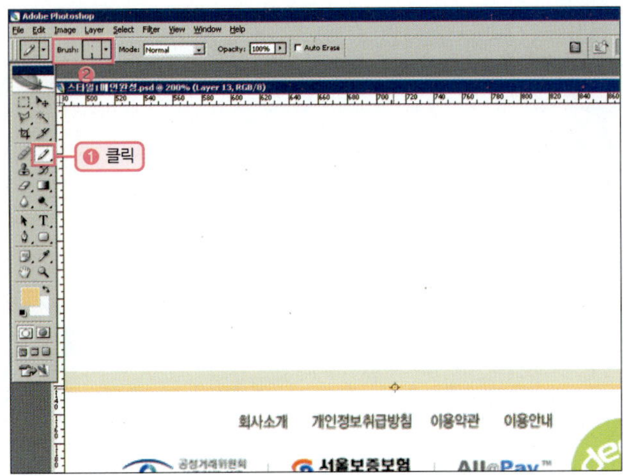

13 Alt 를 누르고 있으면 연필 툴이 스포이드 툴로
바뀌는데, Alt 를 누른 상태에서 '4px' 높이의
바를 클릭하여 전경색의 색상을 바와 같은 색으로 바꿉
니다.

Hot Sauce

Alt 에서 손을 떼면 다시 연필 툴로 바뀌는 것을 알 수 있습니다.

14 이제 레이어 팔레트에서 새로운 레이어를 추가한
후 연필 툴로 다음의 위치에 '1px' 선을 긋습니다.

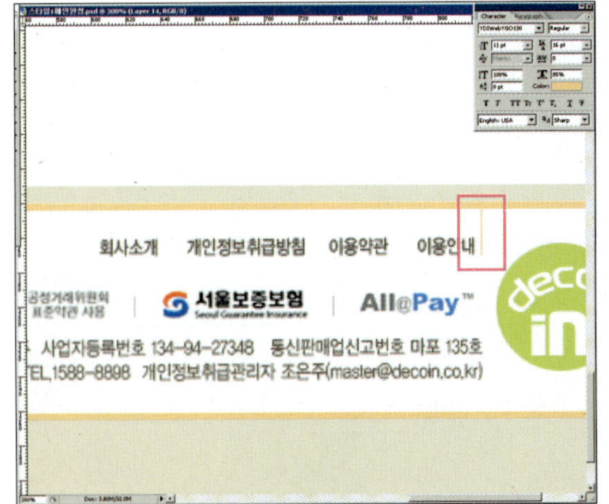

15 이동 툴을 선택하고 Alt + Shift 를 누른 상태에서
'1px' 선을 왼쪽으로 드래그하면 선이 수평 복
사됩니다. 다음과 같이 하단 메뉴의 뒤쪽에 차례대로 선
을 복사합니다.

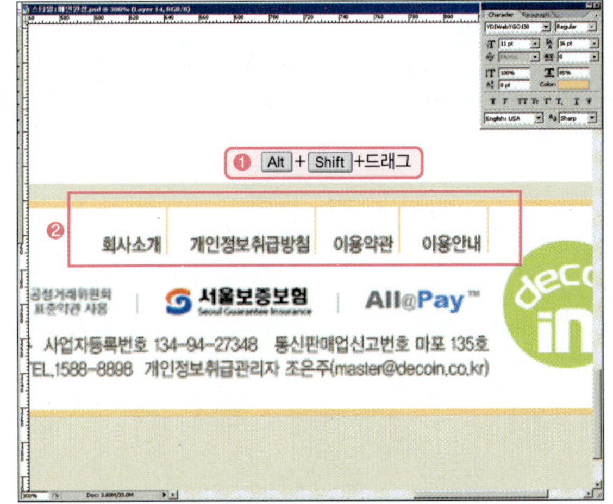

16 이제 Ctrl + E 를 눌러서 보증마크 레이어부터 복
사한 '1px' 선 레이어들을 모두 병합합니다.

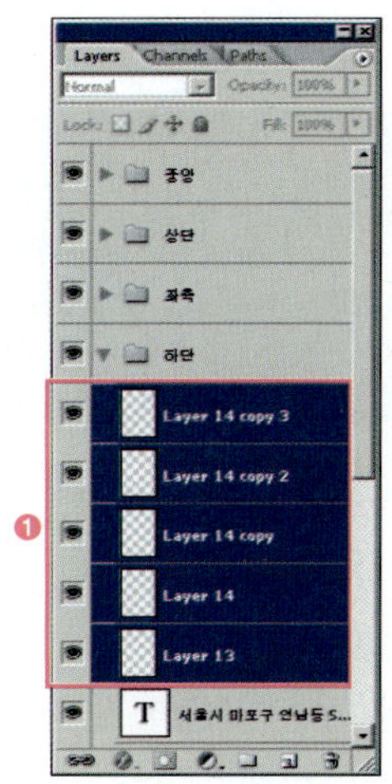

17 자르기 툴을 이용하여 전체 이미지에서 필요 없
는 아래쪽 배경 부분을 잘라냅니다.

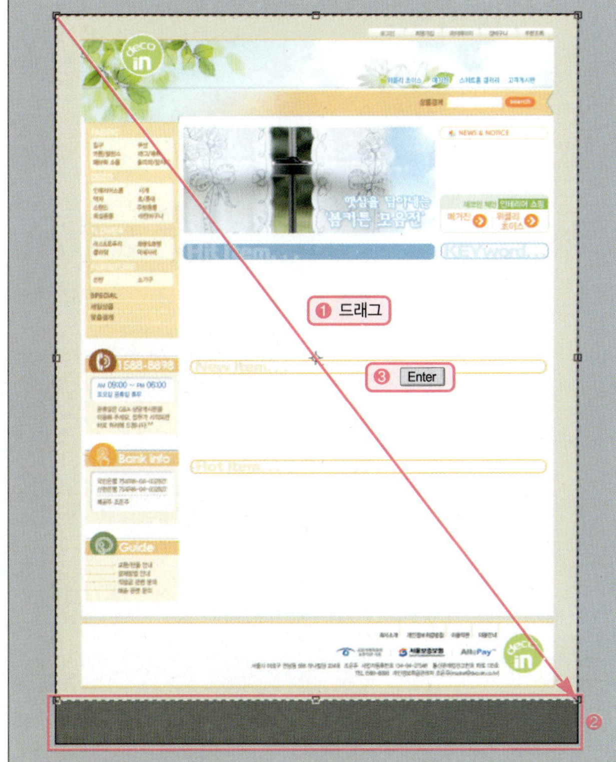

18 자! 드디어 편안하고 자연스러운 스타일을 콘셉
트로 하는 홈인테리어용품 쇼핑몰의 메인 페이
지 디자인이 완성되었습니다.

Hot Sauce

자르기 툴을 이용하여 남기고 싶은 영역을 드래그합니다. 그런 다
음 선택 영역을 더블클릭하거나 키보드의 Enter 를 누르면 불필요
한 부분을 간단하게 삭제할 수 있습니다.

Hot Sauce

완성된 메인 페이지 디자인은 '부록 CD-Story 04' 폴더의 '스타
일1메인완성.psd' 파일입니다.

35 [메이크샵] 상품의 설명이 담긴 상세 페이지 디자인하기

▶▶▶ 앞서 메인 페이지 디자인을 만들어보았습니다. 이제부터는 상품의 설명이 담긴 상세 페이지를 이미지로 제작해 보겠습니다. 상품 설명 페이지에는 제품 설명, 색상별 소개, 디테일 사진, 배송 정보 등이 포함됩니다.

♥ 상품 설명 이미지 꾸미기

♥ 상품 설명 이미지 꾸미기

01 Ctrl + N 을 눌러서 'Name : 스타일1상품설명', 'Width : 650px', 'Heigth : 2300px'의 새로운 파일을 만듭니다.

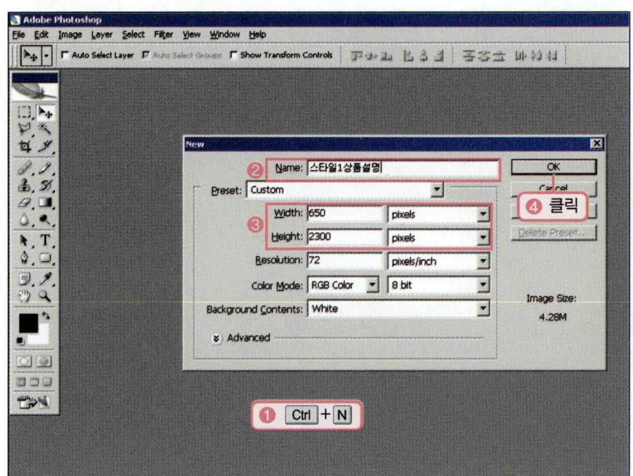

02 다시 Ctrl + O 를 눌러서 '부록 CD-Story 04-style1소스이미지' 폴더에서 '침대시트1.jpg~침대시트4.jpg' 파일을 불러옵니다.

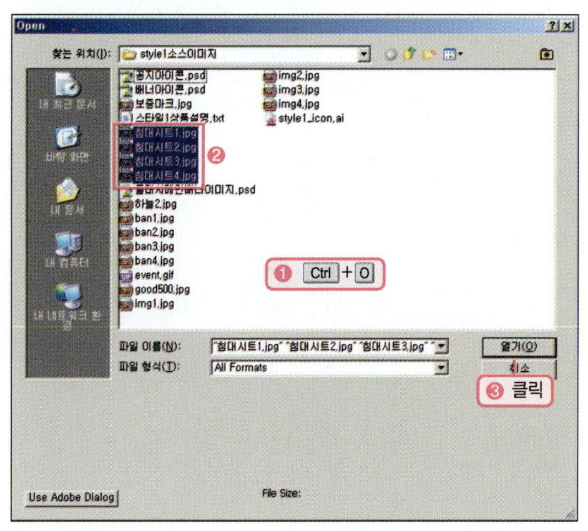

03 불러온 이미지들을 모두 작업 화면으로 드래그한 후 이동 툴을 이용하여 다음과 같이 배치합니다.

04 불러온 이미지 중에서 가장 큰 이미지의 레이어를 선택한 후 Ctrl + J 를 눌러 레이어를 복사합니다. 복사한 레이어는 가장 위쪽 이미지의 뒤에 위치하도록 레이어 순서를 바꿉니다.

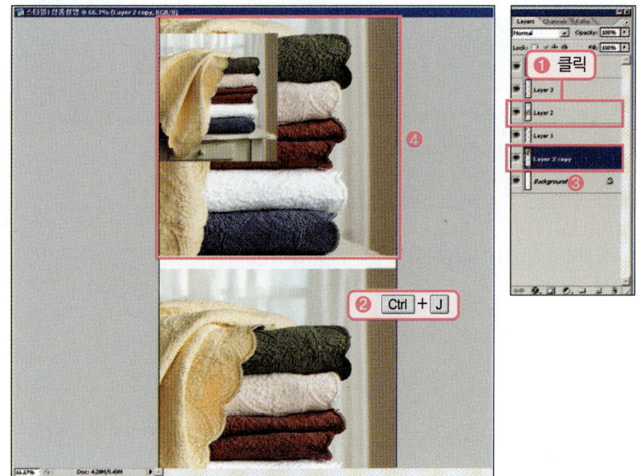

Hot Sauce

불러온 이미지들을 작업 화면으로 드래그할 때 어떤 파일부터 드래그했는가에 따라 책에서 설명하는 레이어 이름과 다를 수도 있습니다.

05 복사한 레이어를 선택한 상태에서 'Edit' 메뉴의 'Transform-Flip Horizontal'을 클릭하여 이미지를 좌우로 반전합니다.

06 Ctrl+J를 두 번 눌러서 이미지를 좌우로 반전한 'Layer 2' 레이어를 2개 복사합니다. 복사한 2개의 레이어 중 'Layer 2 copy 3' 레이어의 눈 아이콘을 끕니다.

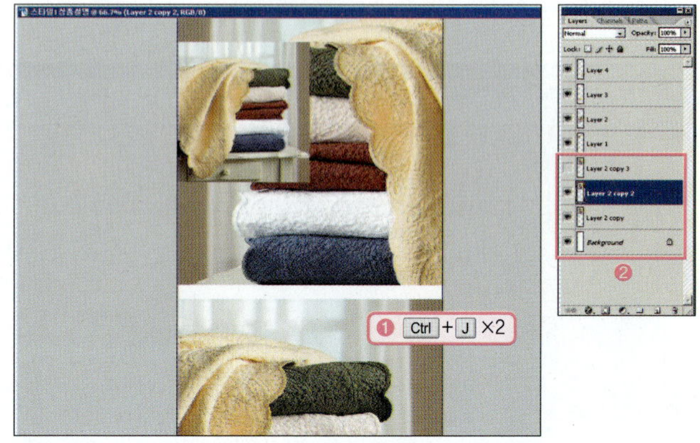

07 'Layer 2 copy 2' 레이어를 선택한 상태에서 'Filter' 메뉴의 'Blur-Gaussian Blur'를 클릭합니다.

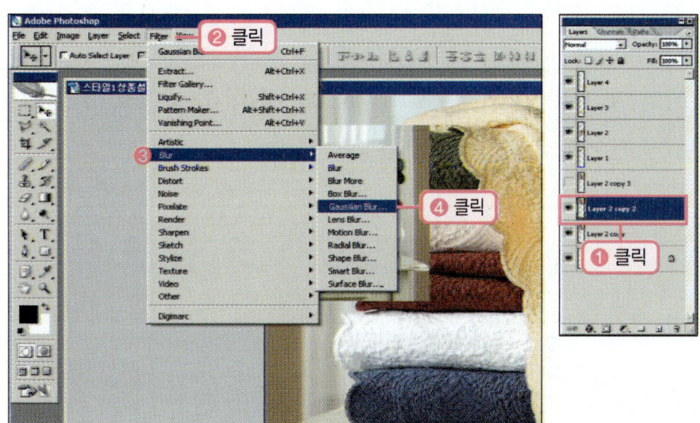

08 'Gaussian Blur' 대화상자가 나타나면 'Radius' 항목에 '5'를 입력한 후 'OK' 버튼을 클릭합니다.

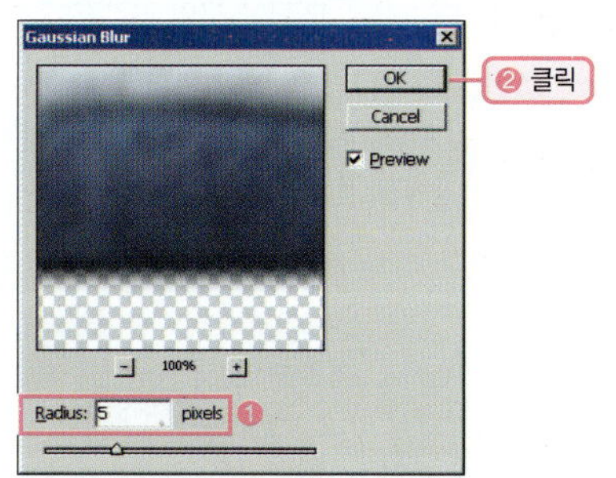

09 레이어의 블렌딩 모드를 'Soft Light'로 바꾸고, 'Opacity'를 '70%'로 설정합니다.

10 'Layer 2 copy 3' 레이어의 눈 아이콘을 켜고, 'Filter' 메뉴의 'Blur-Gaussian Blur'를 클릭합니다.

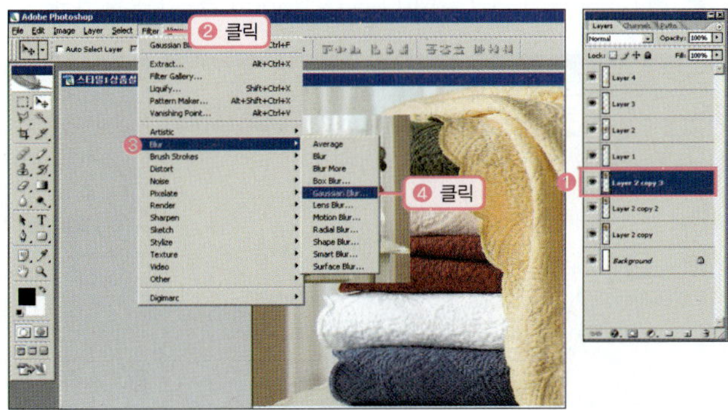

11 'Gaussian Blur' 대화상자가 나타나면 'Radius' 항목에 '2'를 입력한 후 'OK' 버튼을 클릭합니다.

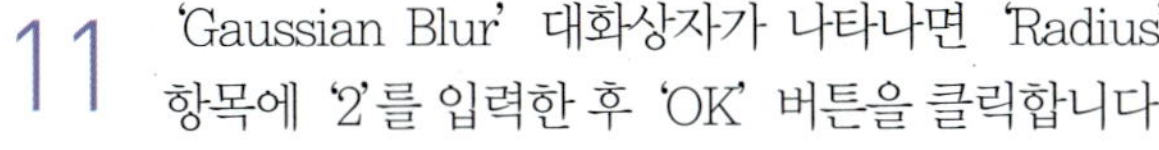

12 레이어의 블렌딩 모드를 'Screen'으로 바꾸고, 'Opacity'를 '40%'로 설정합니다.

13 원래의 이미지보다 화사해진 것을 확인할 수 있습니다.

14 'Layer 2 copy', 'Layer 2 copy2', 'Layer 2 copy3' 세 개 레이어를 모두 선택한 후 Ctrl + E 를 눌러서 하나로 병합합니다.

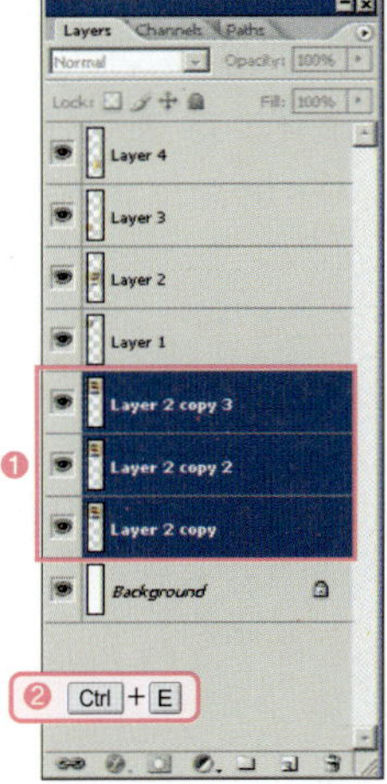

15 레이어의 투명도를 '40%'로 조절합니다.

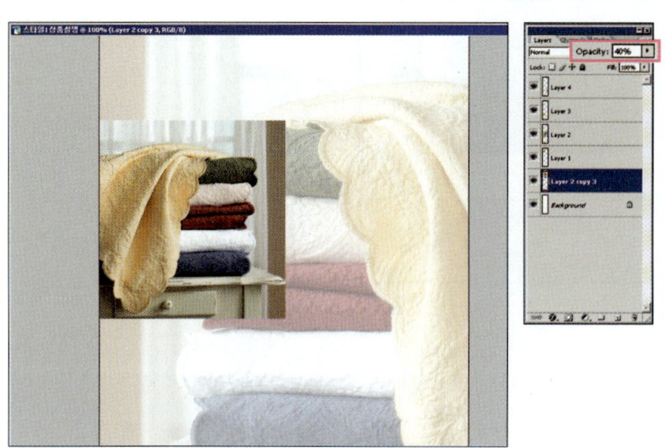

16 새로운 레이어를 추가한 후 툴 박스에서 브러시 툴을 선택합니다. 그런 다음 상단 옵션 바에서 '▼'를 클릭하여 'Brush Preset Picker'를 열고, 다시 '▶'를 클릭하여 'Dry Media Brushes'를 선택합니다.

17 현재의 브러시 세트를 선택한 브러시 세트로 바꾸겠냐고 묻는 경고 상자가 나타나면 'OK' 버튼을 클릭합니다.

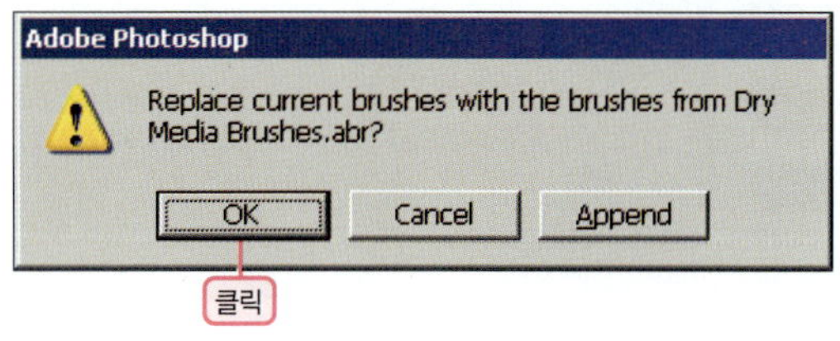

18 바뀐 브러시 리스트에서 'Heavy smear Wax Crayon'을 선택합니다.

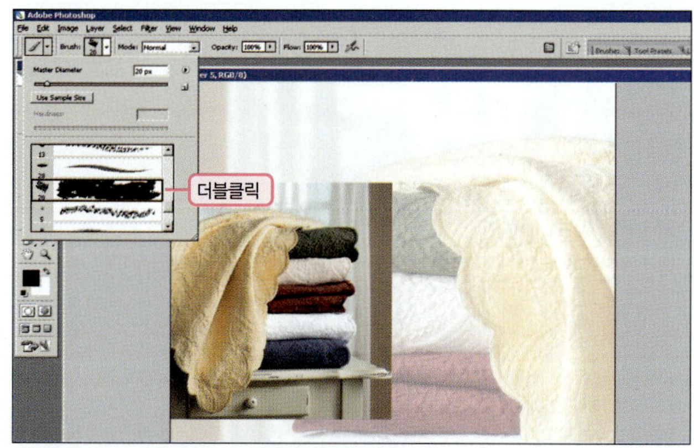

19 상단 옵션 바의 'Opacity' 항목에 '60%'를 입력하고, 툴 박스의 전경색을 '#ffffff'로 지정합니다.

20 브러시를 문지르거나 콕콕 찍어서 다음과 같이 자연스럽게 붓터치를 넣어줍니다.

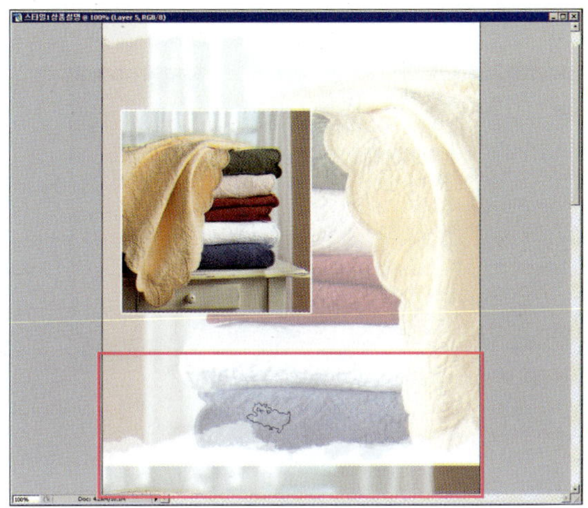

21 작은 침대시트 이미지인 'Layer 1'을 선택하고, 레이어 팔레트의 'Add a layer style'을 클릭한 후 스타일 중에서 'Stroke'를 선택합니다. 'Layer Style' 대화상자가 나타나면 'Size' 항목에 '3px'을 입력하고 'Color'는 '#ffffff'로 지정한 후 'OK' 버튼을 클릭합니다.

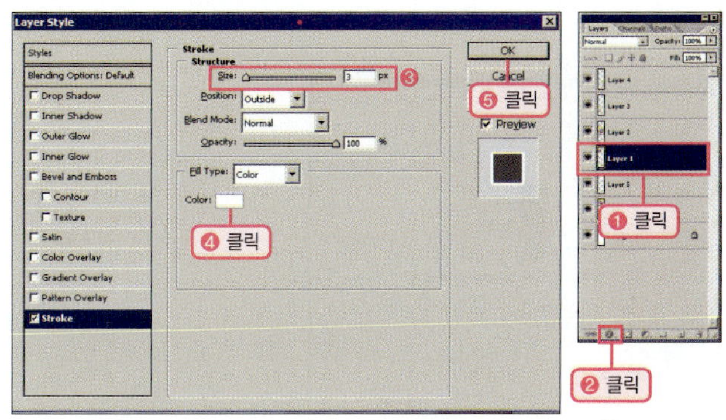

'Color' 항목의 색상은 자신이 원하는 색을 임의대로 지정하면 됩니다. 책에서는 흰색으로 지정했습니다.

22 문자 툴을 이용하여 제목은 '#ce7e2f' 색상으로, 설명은 '#754c23' 색상으로 알맞은 내용을 입력합니다. 입력할 상품 설명은 '부록 CD-Story 04-style1 소스이미지' 폴더의 '스타일1상품설명.txt' 파일을 참고하세요.

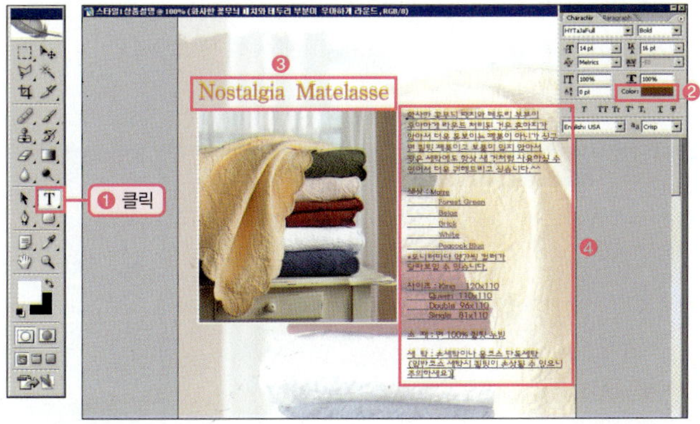

23 이번에는 다음과 같이 이미지에 색상 이름을 입력합니다. 이때 글자가 잘 보이도록 어두운 배경에는 '#ffffff' 색상으로, 밝은 배경에는 '#754c23' 색상으로 입력합니다.

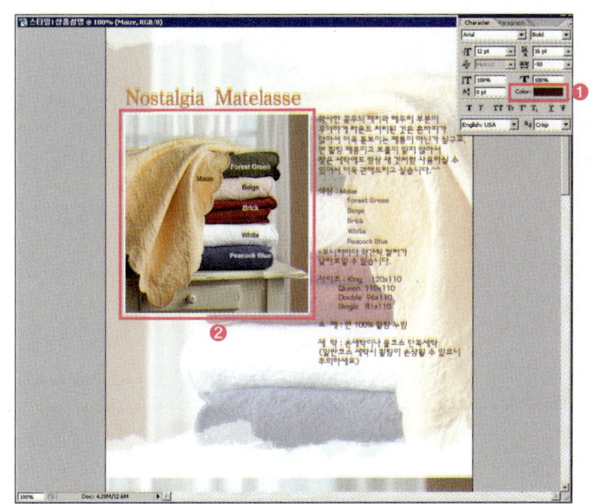

Hot Sauce

글자 속성 창의 옵션을 조절하여 글자의 간격과 크기를 보기 좋게 만듭니다.

01 'File' 메뉴의 'Open'을 클릭하여 부록 CD의 'Story 04' 폴더에서 '스타일1메인완성.psd' 파일을 불러옵니다.

02 레이어 팔레트에서 '좌측' 레이어 그룹을 열고, '고객센터배경 copy2' 레이어를 클릭합니다. 그런 다음 사각형 선택 툴로 영역을 다음과 같이 지정한 후 Ctrl + C 를 눌러서 복사합니다. 이제 '스타일1메인완성.psd' 파일을 닫습니다.

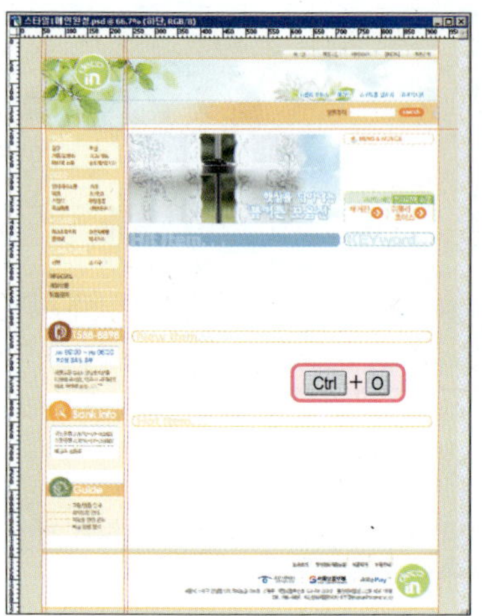

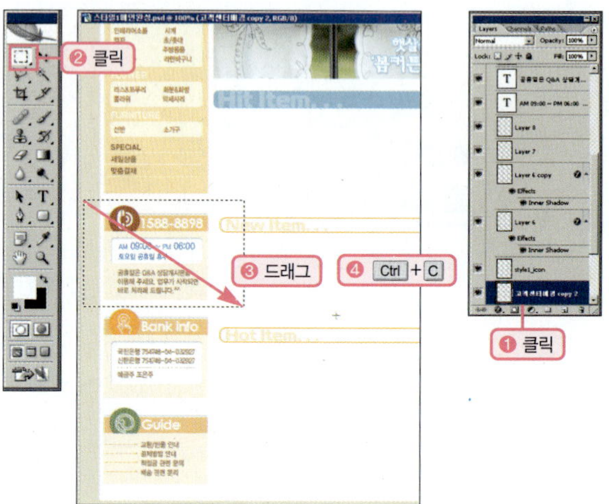

03 다시 '스타일1상품설명' 파일의 작업 화면으로 이동하여 스크롤바를 아래쪽으로 드래그하고, Ctrl + V 를 눌러서 복사한 이미지를 붙여 넣습니다.

Hot Sauce

파일을 저장할 것인가를 묻는 창이 나타나면 'No' 버튼을 클릭합니다.

04 붙여 넣은 이미지를 백그라운드 바로 위의 위치로 이동합니다. 그런 다음 Ctrl + E 를 눌러서 'Background' 레이어와 'Layer 6' 레이어를 하나로 병합합니다.

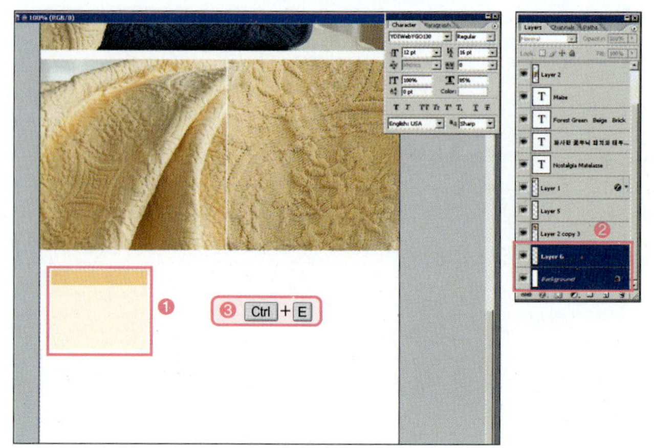

Hot Sauce

붙여 넣은 이미지가 작업 화면에 나타나지 않을 경우에는 레이어 팔레트에서 새로 생긴 'Layer 6' 레이어를 가장 위쪽으로 이동합니다.

05 사각형 선택 툴로 박스 이미지의 영역을 다음과 같이 정확하게 지정합니다.

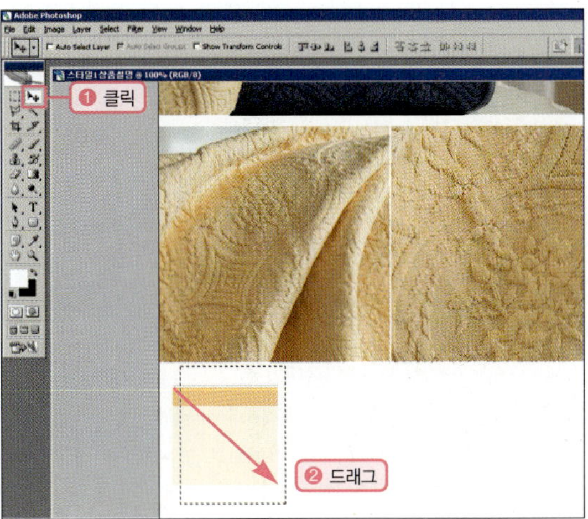

06 이동 툴을 선택하고 Alt + Shift 를 누른 상태에서 선택 영역을 오른쪽으로 드래그하여 수평 복사합니다. 이때 이미지에 공백이 생기지 않도록 같은 작업을 여러 번 반복하여 다음과 같이 만듭니다.

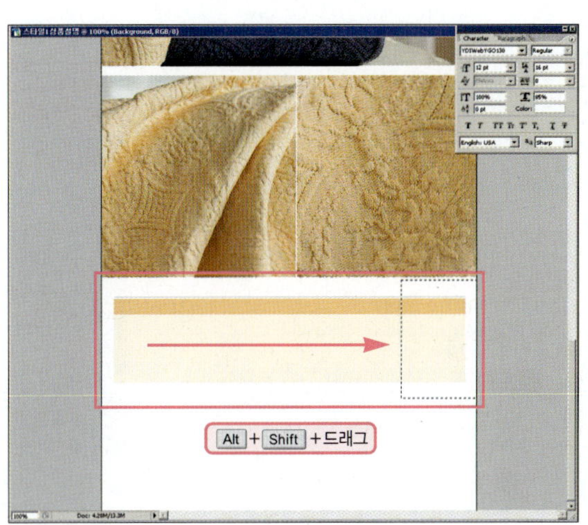

07 윈도우 탐색기에서 부록 CD의 'Story 04-style 1소스이미지' 폴더로 이동한 후 '스타일1상품설명.txt' 파일을 엽니다.

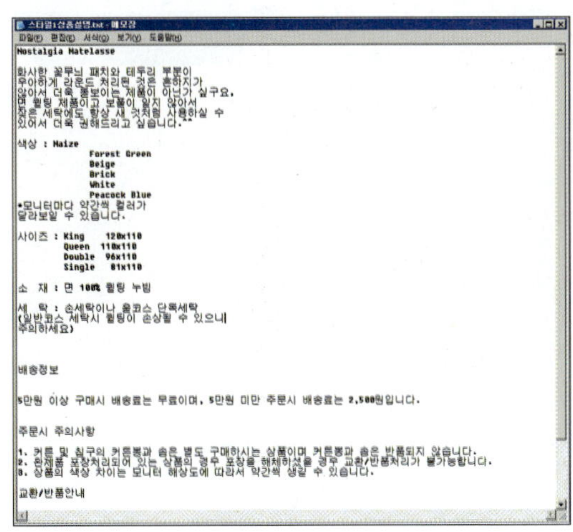

08 상품 설명 텍스트 중에서 배송 안내 부분을 모두 선택한 후 복사합니다.

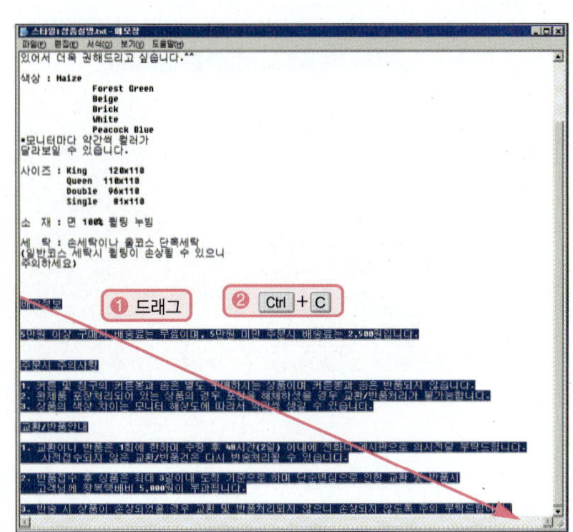

09 다시 포토샵의 작업 화면으로 이동하여 툴 박스에서 문자 툴을 선택합니다. 그런 다음 글자가 들어갈 부분을 클릭하고 Ctrl + V 를 눌러서 복사한 텍스트를 붙여 넣습니다.

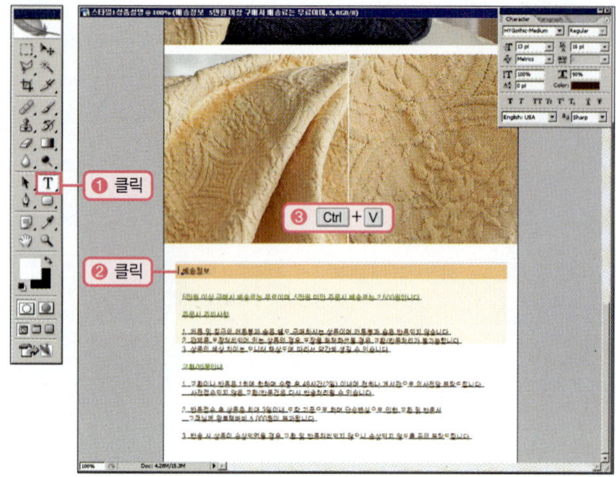

10 'Background' 레이어를 클릭한 후 사각형 선택 툴로 배송 정보와 관련된 텍스트들이 모두 포함되도록 영역을 지정합니다. 그런 다음 지정한 영역을 '#fef6e3' 색상으로 채웁니다.

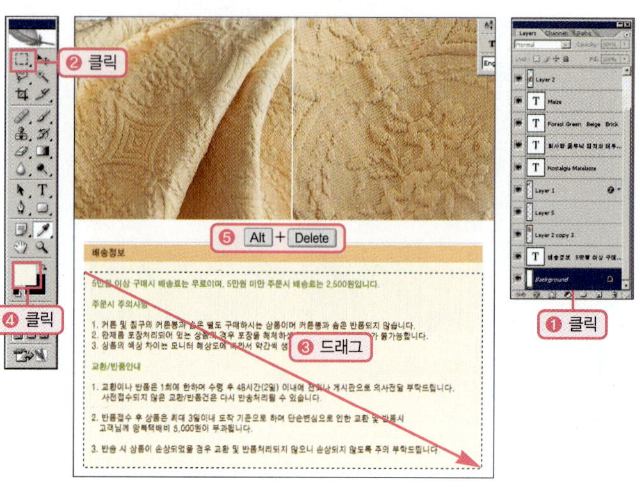

11 툴 박스의 커스텀 셰이프 툴을 선택합니다.

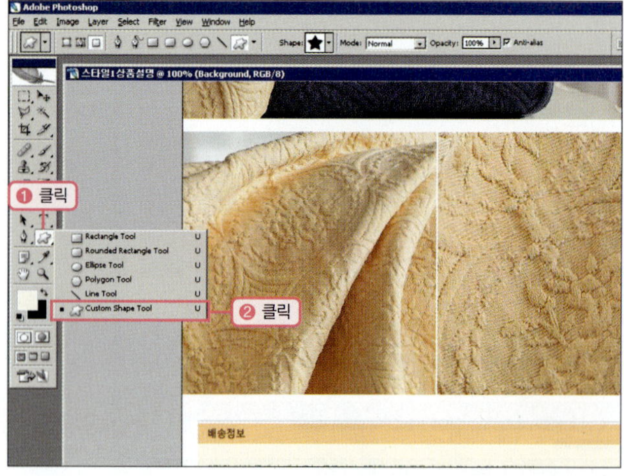

12 옵션 바에서 'Shape' 항목의 '▼'를 클릭하여 '네 잎 클로버 셰이프'를 선택합니다.

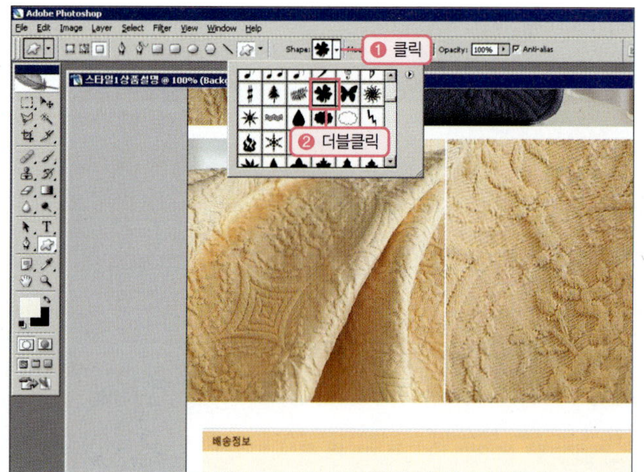

13 전경색을 '#f2e5c6'로 지정하고 배송 안내 텍스트의 오른쪽 하단에 큼직하게 네잎 클로버를 그려 넣습니다.

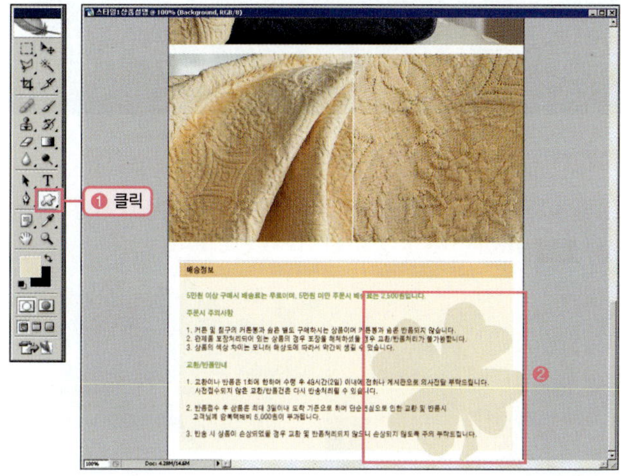

14 네잎 클로버 모양에서 배송 안내 박스를 벗어나는 부분은 사각형 선택 툴로 영역을 지정한 후 Delete 를 눌러서 깨끗하게 정리합니다.

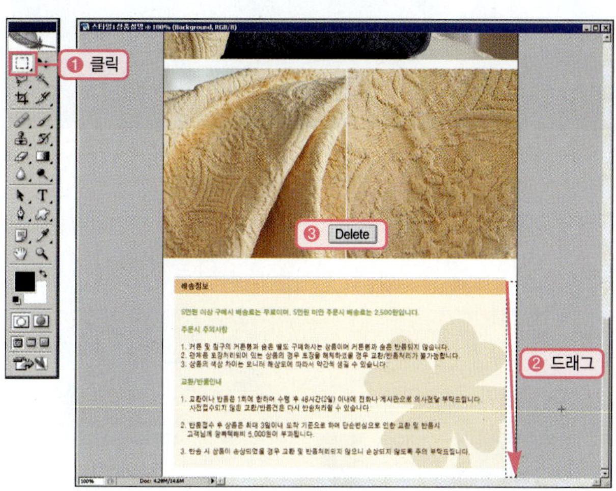

15 툴 박스의 둥근 사각형 셰이프 툴을 선택하고, '#ffffff' 색상으로 초록색 글자 배경에 다음과 같이 사각형 박스를 그려 넣습니다.

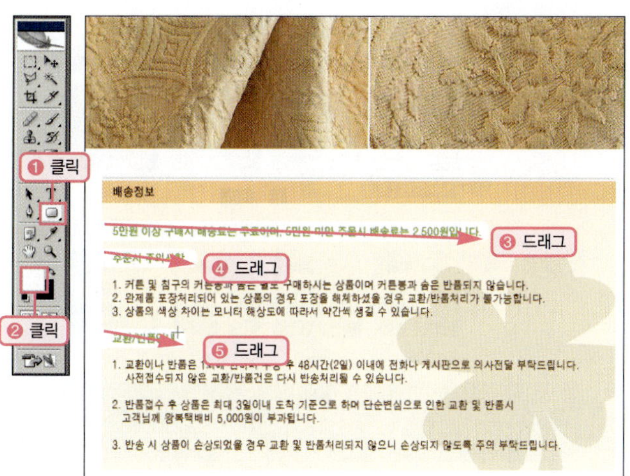

16 이로써 상품 설명이 담긴 상세 페이지 디자인이 완성되었습니다. Ctrl + S 를 눌러 파일을 저장합니다.

[메이크샵] 메인 페이지 이미지를 분할하고 저장하기

01 부록 CD의 'Story 04' 폴더에서 '스타일1메인 완성_코딩용.psd' 파일을 불러옵니다.

02 '파일명' 레이어의 눈 아이콘을 켜면 해당 영역 의 파일명을 확인할 수 있습니다.

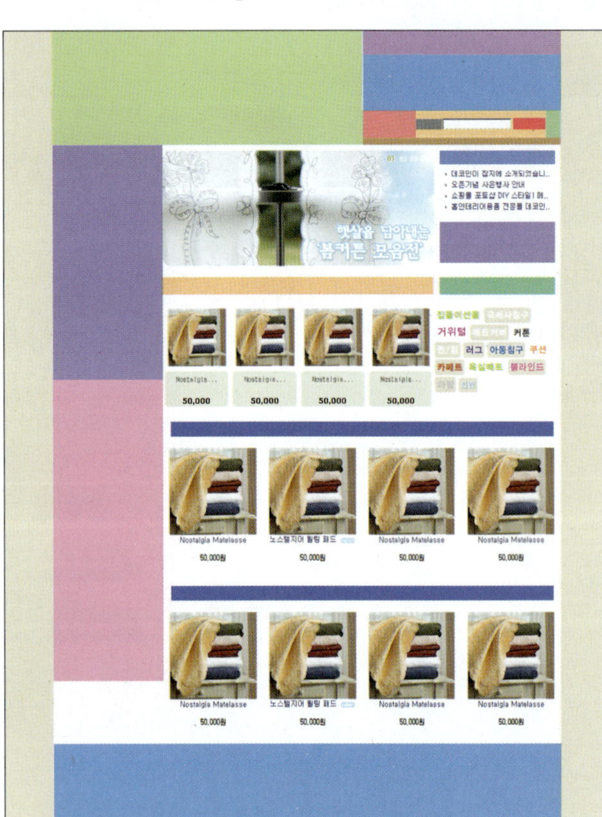

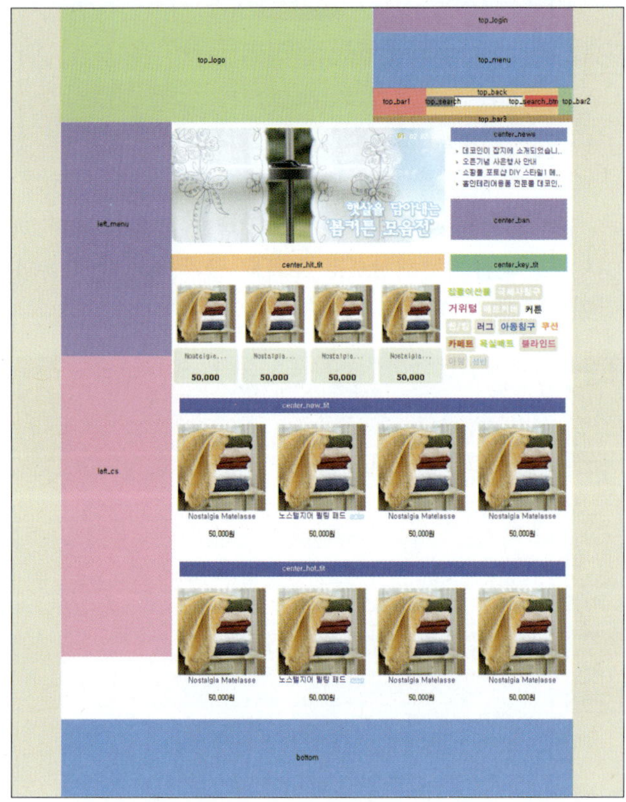

03 '슬라이스' 레이어를 선택한 상태에서 툴 박스의 마술봉 툴을 클릭합니다. 그런 다음 상단의 'top_logo' 박스를 클릭합니다.

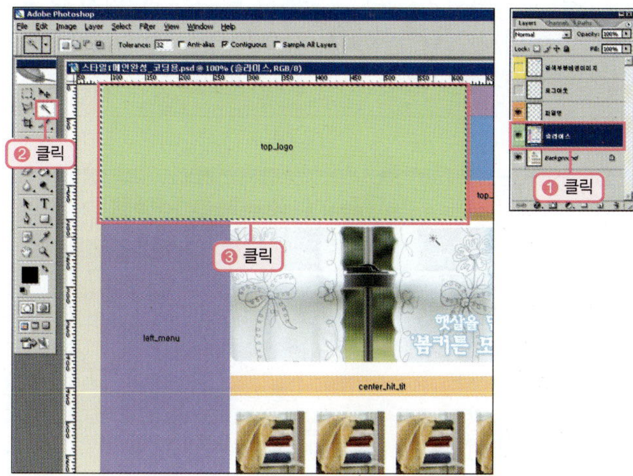

04 'top_logo' 박스가 선택 영역으로 지정되면 'Background' 레이어를 클릭하고, Ctrl + C 를 눌러서 복사합니다.

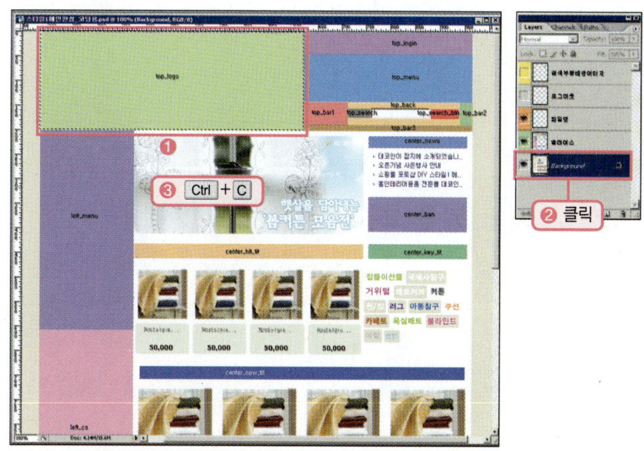

반드시 'Background' 레이어를 선택해야 'Background' 레이어에 그려진 로고 이미지가 복사됩니다.

05 Ctrl + N 을 누르면 바로 전에 복사한 이미지의 '가로', '세로' 크기가 자동으로 입력된 'New' 대화상자가 나타납니다. 확인 후 'OK' 버튼을 클릭합니다.

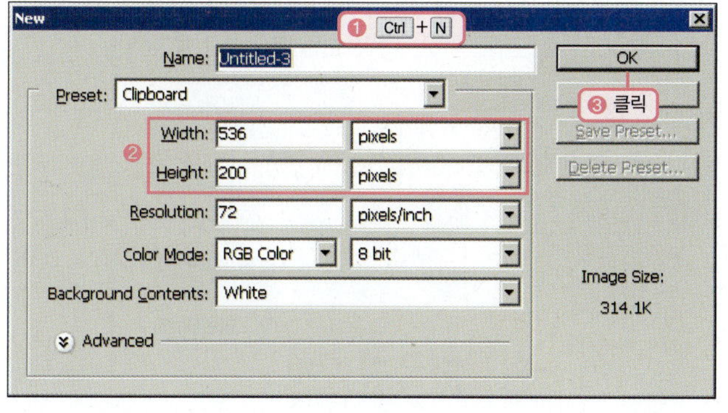

06 Ctrl + V 를 눌러서 새 작업 창에 로고 이미지를 붙여 넣습니다. Ctrl + S 를 눌러서 새 작업 창을 'top_logo.jpg' 파일명으로 저장합니다.

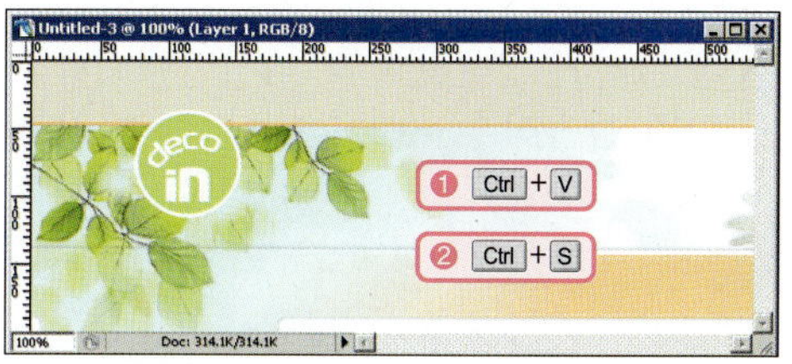

07 같은 방법을 이용하여 'top_login' 영역은 'top_login.gif' 파일명으로 저장합니다.

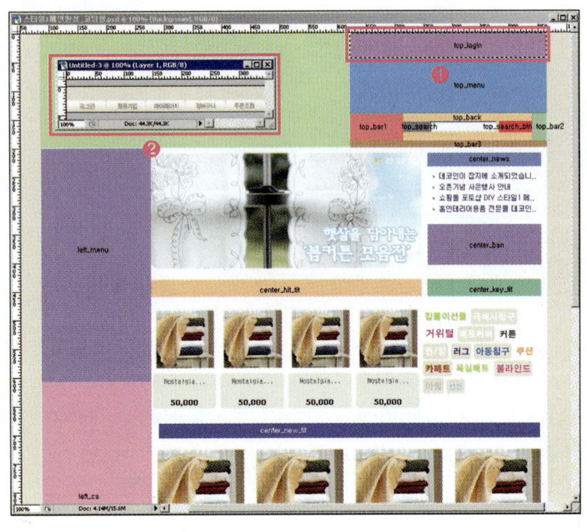

새 작업 창은 psd 파일로 저장하지 않아도 됩니다.

09 Ctrl + N 을 눌러 새 창을 만들고, 다시 Ctrl + V 를 눌러서 복사한 로그아웃 이미지를 붙여 넣습니다. 그런 다음 'top-logout.gif' 파일명으로 저장합니다.

이미지를 'gif' 파일 형식으로 저장할 때는 레이어를 병합할 것인가 묻는 경고 상자가 나타납니다. 여기에서 'OK' 버튼을 클릭하여 레이어를 병합한 후 저장하면 됩니다.

08 회원이 쇼핑몰에 로그인을 하면 '로그인' 버튼이 '로그아웃' 버튼으로 바뀌어야 하기 때문에 로그아웃용 이미지도 만들어야 합니다. 레이어 팔레트의 '로그아웃' 레이어를 선택한 상태에서 눈 아이콘을 켜면 로그아웃 이미지가 나타납니다. '로그아웃' 레이어가 선택된 상태에서 Ctrl + C 를 눌러서 로그아웃 이미지를 복사합니다.

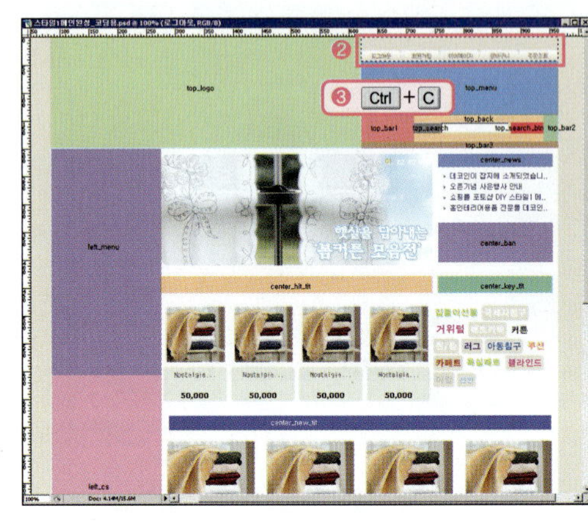

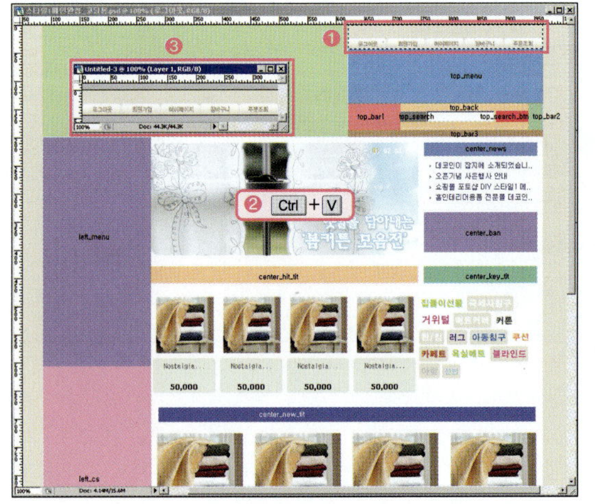

10 '검색부분배경이미지' 레이어의 눈 아이콘을 켜서 나타나도록 하고, 새 작업 창에 'top_back.gif' 파일명으로 저장합니다.

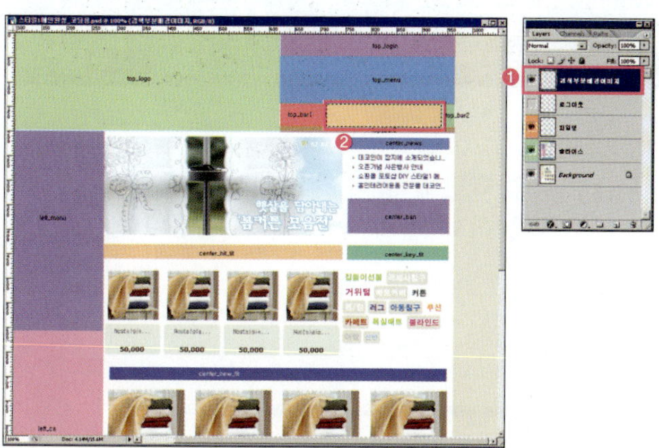

11 나머지 이미지들도 '슬라이스' 레이어에 구분된 파일명과 똑같은 이름으로 모두 저장합니다. 이때 'top_logo'와 'top_munu'만 'jpg' 파일 포맷으로 저장하고, 나머지는 'gif' 형식으로 저장합니다.

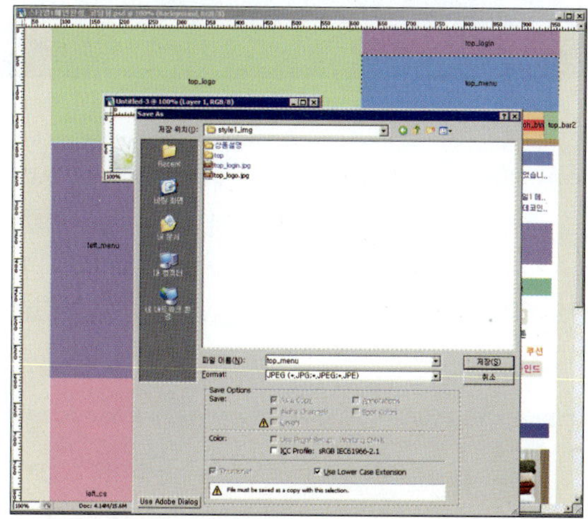

Hot Sauce

앞서 우리는 메인 페이지에 검색 버튼을 만들어두었습니다. 검색어 입력 창은 따로 디자인을 하는 것이 아니고, 검색 관련 HTML 소스를 넣으면 자동으로 만들어집니다. 하지만 검색어 입력 창의 배경이 되는 리본 도트 바는 따로 저장했다가 사용해야 합니다.

Hot Sauce

부록 CD의 'Story 04-style1_img' 폴더로 이동하면 각각 저장한 파일들을 확인할 수 있습니다.

[메이크샵] 상품 설명 페이지 이미지를 분할하고 저장하기

01 이번에는 상품 설명 페이지의 이미지들을 분할하고 저장할 차례입니다. 부록 CD의 'Story 04' 폴더에서 '스타일1상품설명.psd' 파일을 불러옵니다. 레이어 팔레트에서 모든 레이어를 'Background' 레이어로 병합합니다.

02 작업 화면에 '룰러'가 보이지 않는다면 Ctrl + R 을 눌러서 '룰러'가 표시되도록 합니다.

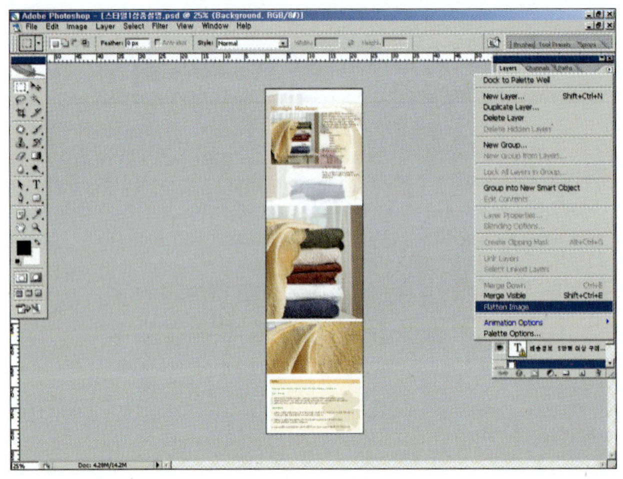

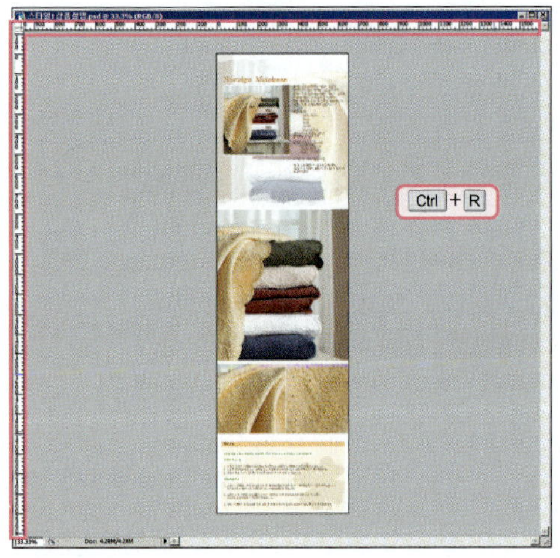

03 위쪽 '룰러'에서 마우스로 드래그하여 이미지 분할의 기준이 될 가이드라인을 그립니다.

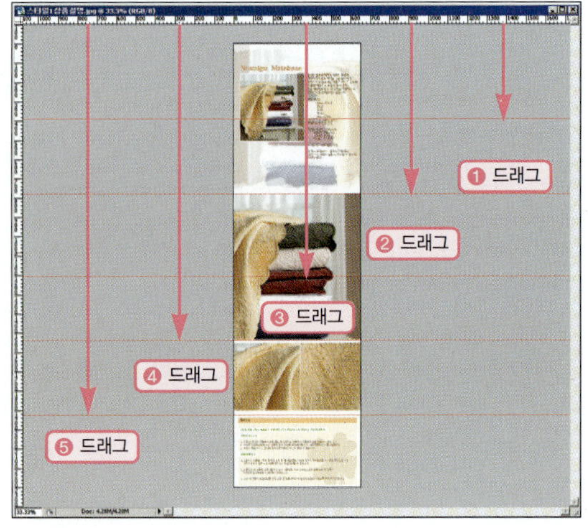

04 툴 박스에서 분할 툴을 선택하고 옵션 바에서 'Slices From Guides' 버튼을 클릭합니다.

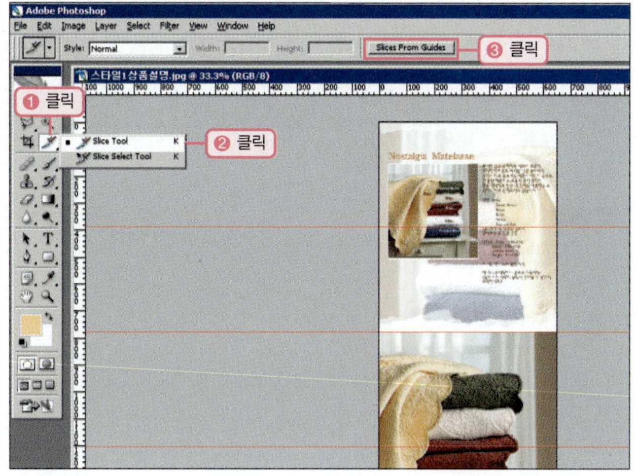

05 가이드라인대로 이미지가 분할되는 것을 확인할 수 있습니다.

06 'File' 메뉴의 'Save for Web'을 클릭합니다.

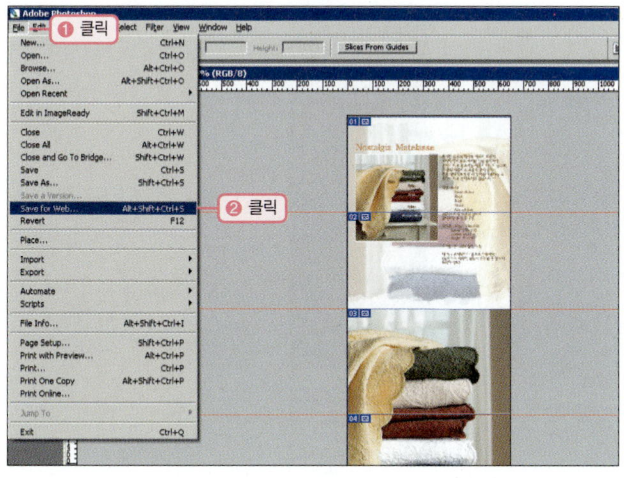

07 옵션 바에서 'Slice Select Tool'을 클릭하고, 마우스로 드래그하여 '01~05' 분할 이미지를 선택합니다. 그런 다음 오른쪽의 저장 옵션에서 'JPEG', 'Very High'를 선택한 후 'Save' 버튼을 클릭합니다.

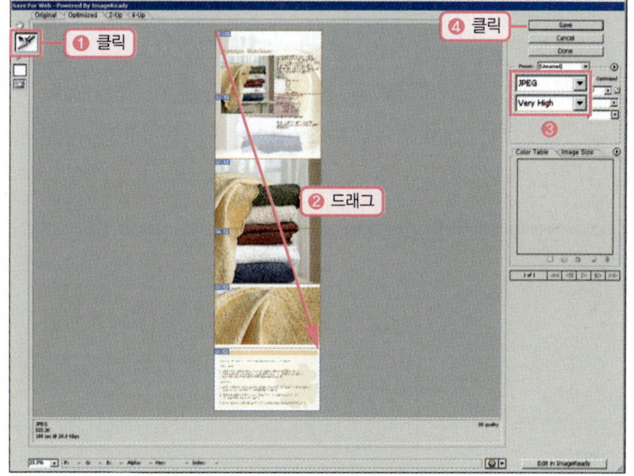

Design Master | 메이크샵의 파일 업로드 용량 제한

예제에서 가이드라인을 이미지의 경계대로 깔끔하게 그리지 않은 이유는 메이크샵의 파일 업로드 용량에 제한이 있기 때문입니다. 메이크샵에서는 기본 FTP 서비스를 이용할 경우 '150kb'를 초과하는 파일을 업로드하는 것이 불가능합니다. 만약 '150kb'가 넘는 이미지를 업로드하려면 별도의 유료 FTP 서비스를 신청해야 합니다.

08 'Save Optimized As' 대화상자가 나타나면 저장할 폴더로 이동하고, '파일 이름 : good1.html', '파일 형식 : HTML and Images(*.html)', 'Slices : Selected Slices'를 선택한 후 '저장' 버튼을 클릭합니다.

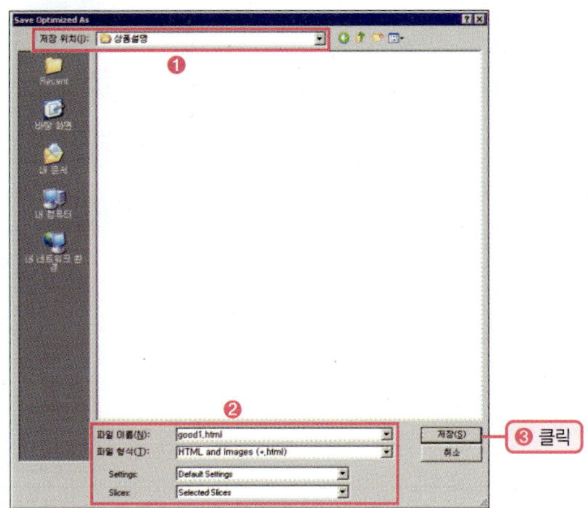

09 윈도우 탐색기에서 파일을 저장한 폴더로 이동하면 분할 저장된 이미지들이 포함된 'images' 폴더와 'good1.html' 문서가 만들어진 것을 확인할 수 있습니다.

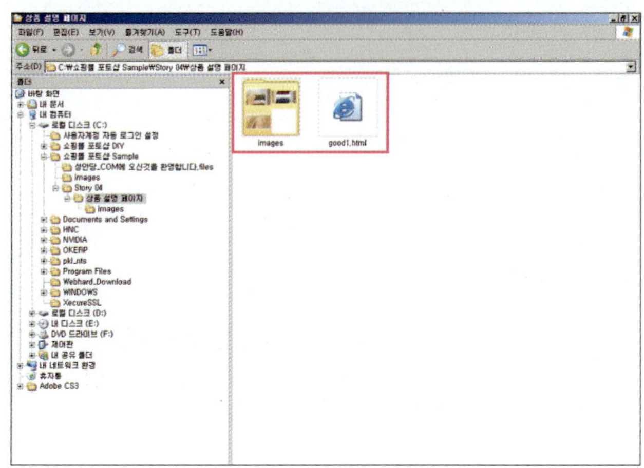

10 'images' 폴더를 살펴보면 'spacer.gif' 파일이 저장된 것을 알 수 있는데, 이것은 분할한 이미지 중 가장 마지막 부분의 배송 안내 이미지를 선택하지 않고 저장했기 때문입니다. 배송 안내 부분은 색상이 단순하여 굳이 'jpg'가 아닌 'gif'로 저장해도 되기 때문에 한꺼번에 저장하지 않았습니다. 만약 용량에 여유가 있다면 모든 이미지를 선택한 후 'jpg' 파일로 한꺼번에 저장해도 상관없습니다.

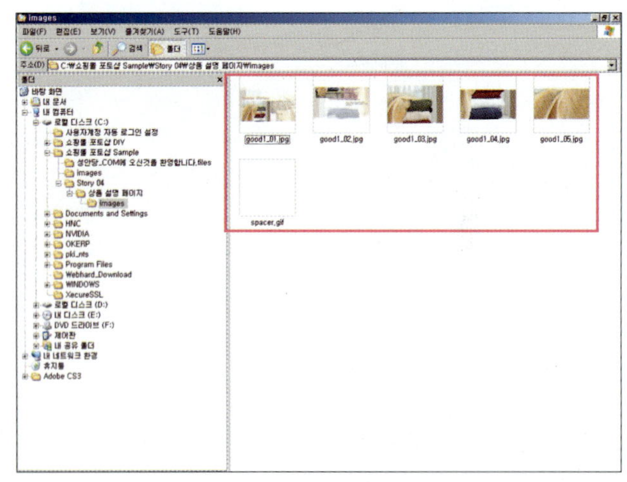

11 마지막으로 자르기 툴을 이용하여 배송 안내 부분을 잘라냅니다. 그런 다음 'File' 메뉴의 'Save As'를 클릭하여 'dele_info.gif' 파일명으로 저장합니다.

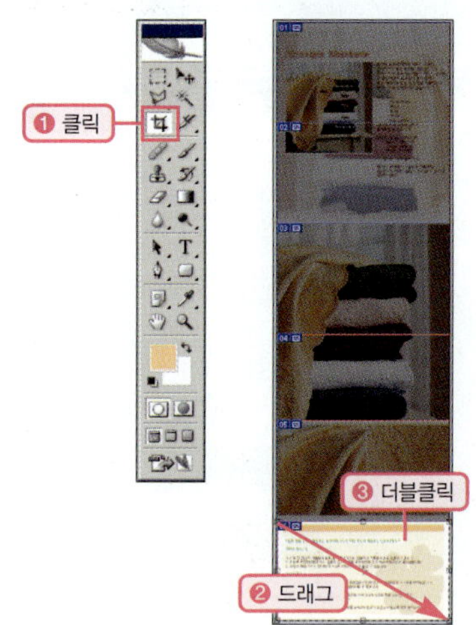

Hot Sauce

부록 CD의 'Story 04-상품설명' 폴더로 이동하면 각각 저장한 파일들을 확인할 수 있습니다.

38 Shopping Mall Sense

[메이크샵] 홈인테리어용품 쇼핑몰 HTML 코딩하기 1

▶▶▶ 지금까지 홈인테리어 쇼핑몰의 메인 페이지, 서브 페이지 디자인을 이미지로 만들고, 조각조 각 분할해 두었습니다. 이제부터는 드림위버를 이용하여 조각 낸 이미지들을 HTML 파일로 코딩하여 쇼핑몰을 완성해 보겠습니다.

♥ 상단 영역의 메인 메뉴 코딩하기

01 드림위버를 실행하고, 'Create New' 항목의 'HTML'을 클릭합니다.

02 새로운 작업 창이 나타나는데, 드림위버에서는 'Code', 'Split', 'Design' 세 가지 모드 중 하나를 선택하여 작업할 수 있습니다. 이 중 'Code'와 'Design' 모드를 동시에 확인할 수 있는 'Split' 모드에서 작업을 진행하겠습니다.

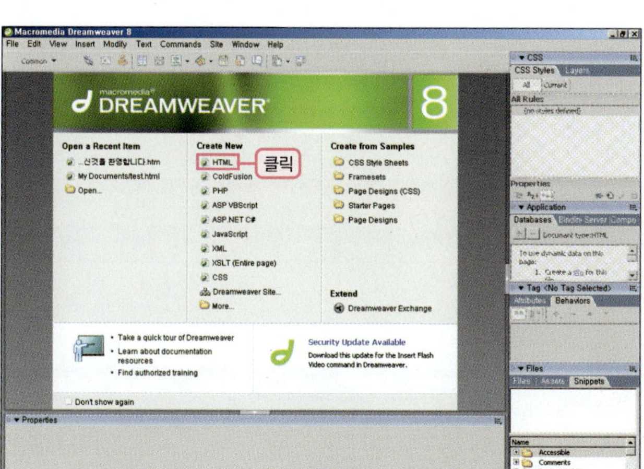

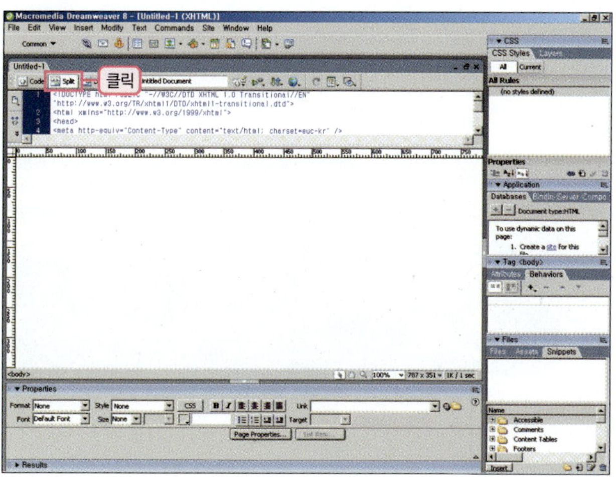

03 'Code' 모드에 마우스 포인터를 위치한 후 Ctrl +A를 눌러서 기본으로 입력되어 있는 소스를 모두 선택합니다. 그런 다음 Delete 를 눌러서 기본 소스를 모두 지웁니다.

04 'Design' 모드에 마우스 포인터를 위치하고, 'Common' 메뉴 바에서 '테이블 삽입' 아이콘을 클릭합니다. 'Table' 대화상자가 나타나면 'Rows : 4', 'Columns : 4', 'Table width : 880', '단위 : pixels'로 지정한 후 'OK' 버튼을 클릭합니다.

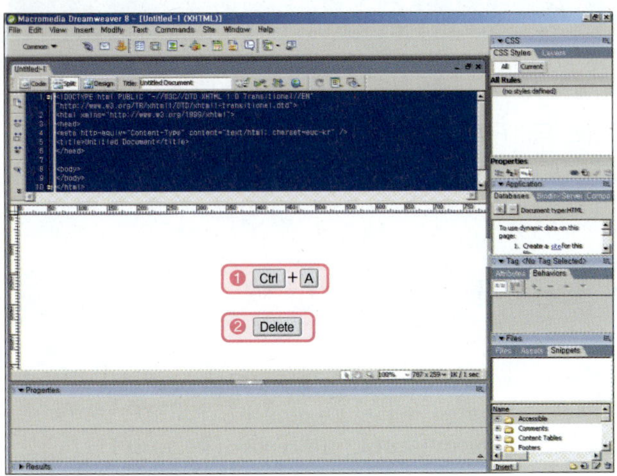

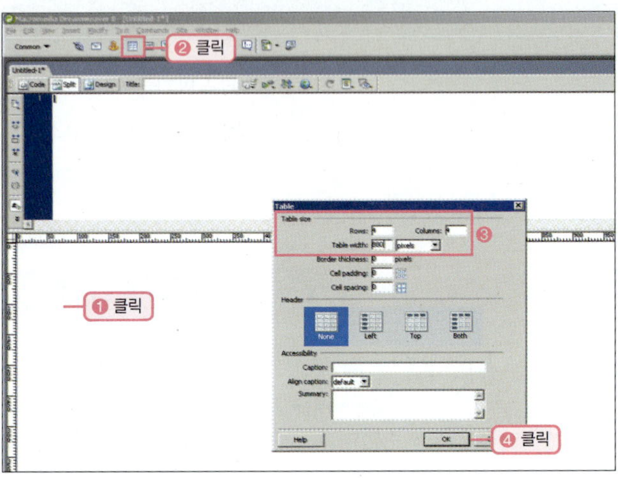

05 표가 만들어지면 마우스로 드래그하여 다음과 같이 1행 1열~1행 4열의 4개 셀을 모두 선택합니다. 그런 다음 'Properties' 창의 'Merges selected cells using spans' 버튼을 클릭하여 선택한 셀을 병합합니다.

06 병합한 셀을 마우스로 클릭하고, 'Common' 메뉴 바에서 '이미지 삽입' 아이콘을 클릭합니다. 'Select Image Source' 대화상자가 나타나면 부록 CD의 'top_logo.jpg' 파일을 선택한 후 'OK' 버튼을 클릭합니다.

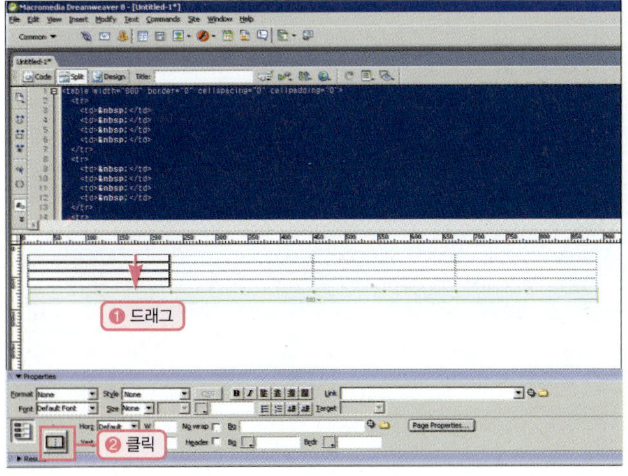

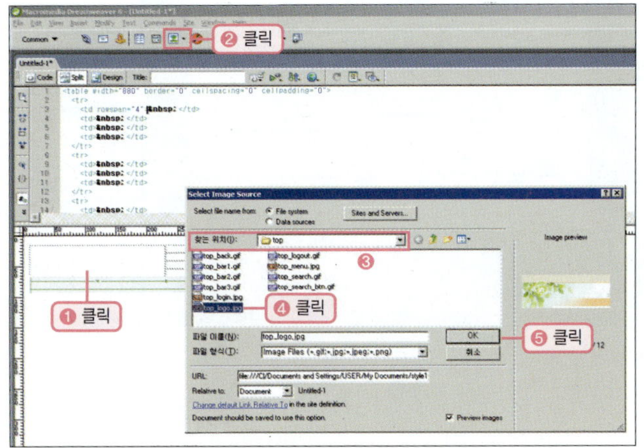

Hot Sauce

메인 페이지 상단의 예제 이미지는 '부록 CD-Story 04-style1_img -top' 폴더에서 불러오면 됩니다.

07 드림위버에서 처음 작업을 할 때는 사이트를 정의하는 과정을 거치게 되는데, 여기에서는 특별히 따로 지정하고 작업할 것이 아니기 때문에 경고 상자가 나타나면 '아니오'와 'OK' 버튼을 차례대로 클릭합니다.

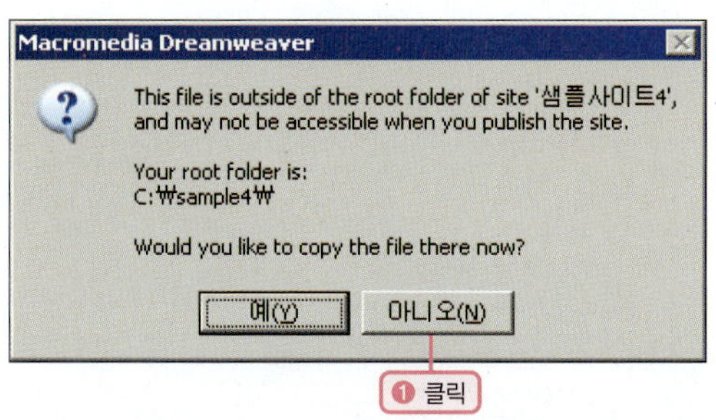

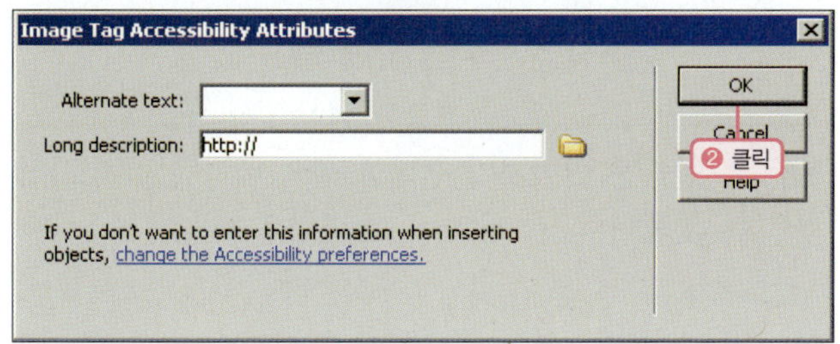

08 불러온 이미지가 선택한 셀 안에 나타나는 것을 알 수 있습니다.

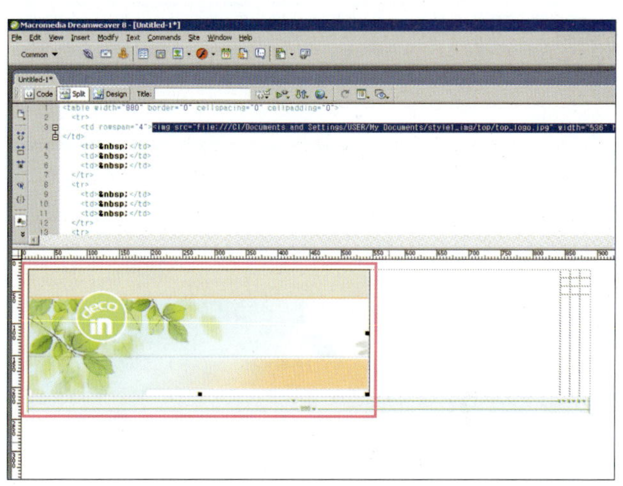

09 같은 방법을 이용하여 이번에는 표에서 1열의 3개 셀을 드래그한 후 병합합니다. 그런 다음 'top_login.gif' 파일을 삽입합니다.

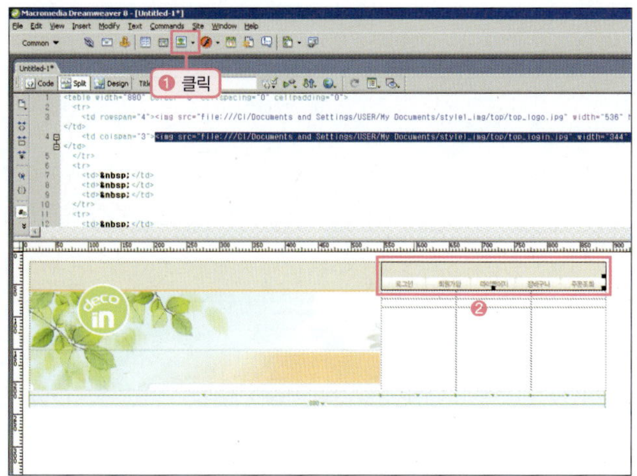

10 이번에는 2열 3개 셀을 병합하고, 'top_menu.jpg' 파일을 삽입합니다.

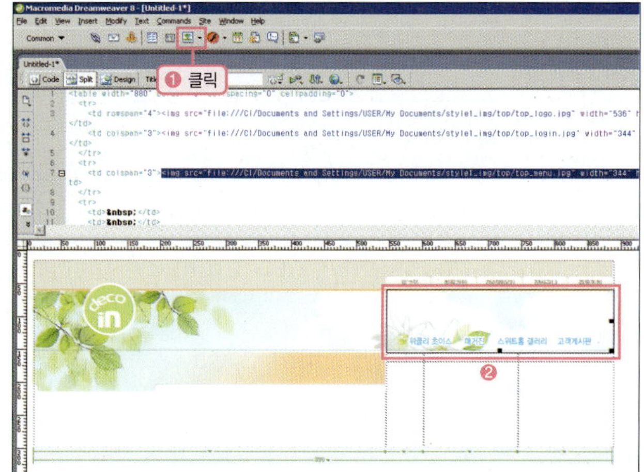

11 다시 3열의 2행에는 'top_bar1.gif' 파일을 삽입합니다.

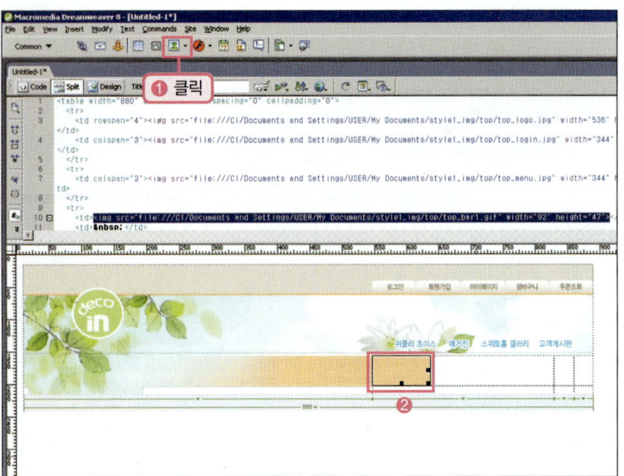

12 3열 3행을 마우스로 클릭하고, 'Properties' 창에서 'W : 226', 'H : 47'을 입력합니다. 그런 다음 'Bg' 항목의 '파일 브라우저' 아이콘을 클릭합니다.

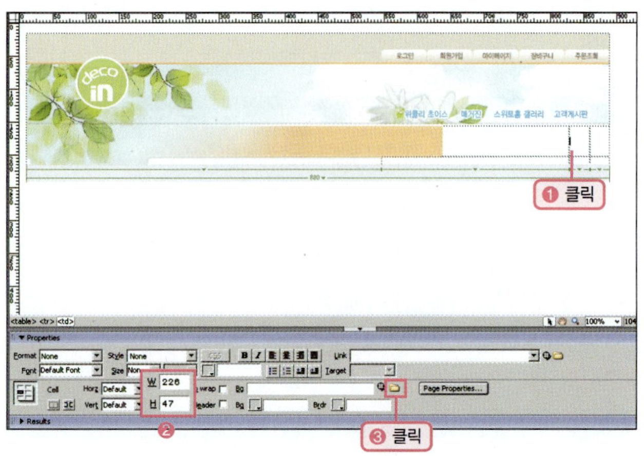

13 'Select Image Source' 대화상자가 나타나면 'top_back.gif' 파일을 선택한 후 'OK' 버튼을 클릭합니다.

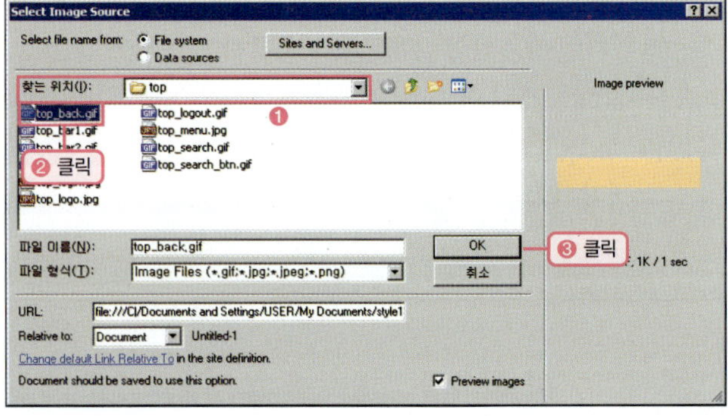

14 불러온 이미지가 선택한 셀의 배경 이미지로 삽입됩니다.

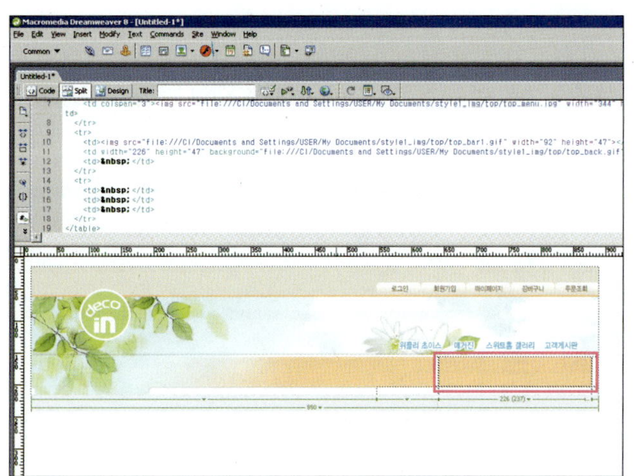

15 3열 4행에는 'top_bar2.gif' 파일을 삽입합니다.

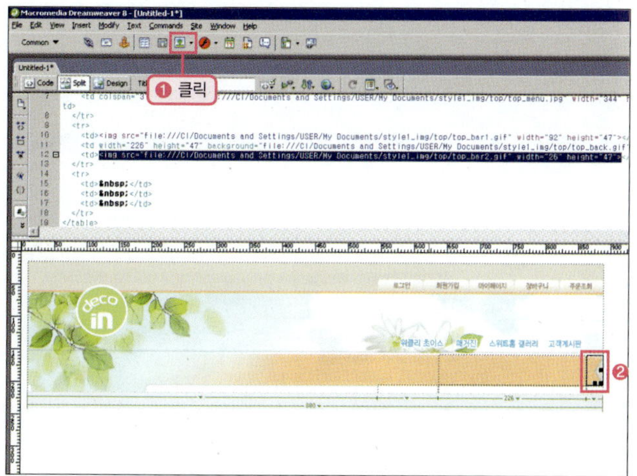

16 4열의 2행, 3행, 4행을 모두 선택한 후 'Properties' 창에서 '셀 병합' 아이콘을 클릭합니다. 그런 다음 'top_bar3.gif' 파일을 삽입합니다.

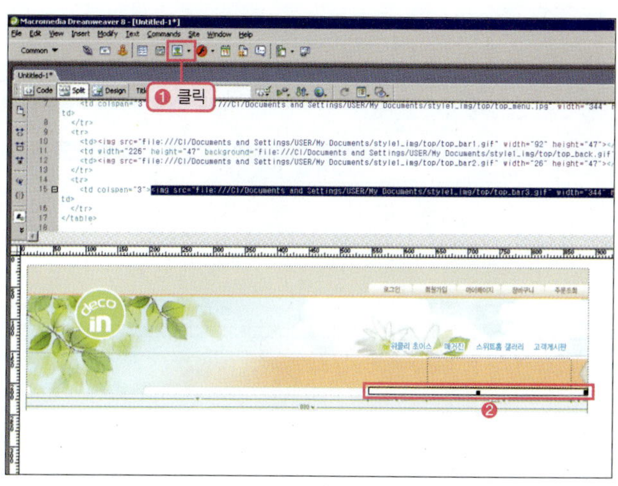

17 앞서 이미지를 배경으로 삽입했던 3행 3열을 선택하고, 'Common' 메뉴 바의 '테이블 삽입' 아이콘을 클릭합니다.

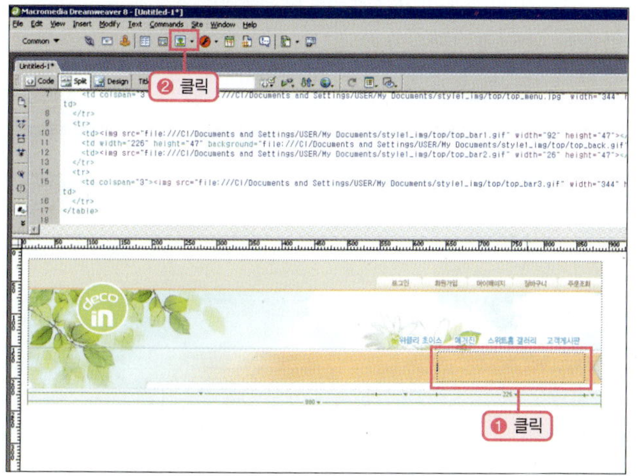

18 'Table' 대화상자가 나타나면 'Rows : 1', 'Columns : 3', 'Table width : 100', '단위 : percent'로 지정한 후 'OK' 버튼을 클릭합니다.

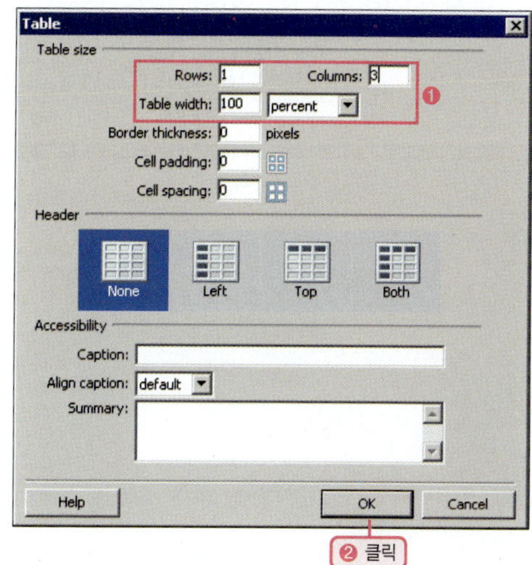

19 셀 안에 1행 3열의 작은 테이블이 만들어졌습니다.

20 새로 만든 작은 테이블의 첫 번째 셀 안에 마우스 포인터를 위치하고 'Common' 메뉴 바에서 '이미지 삽입' 아이콘을 클릭합니다. 'Select Image Source' 대화상자가 나타나면 'top_search.gif' 파일을 선택한 후 'OK' 버튼을 클릭합니다.

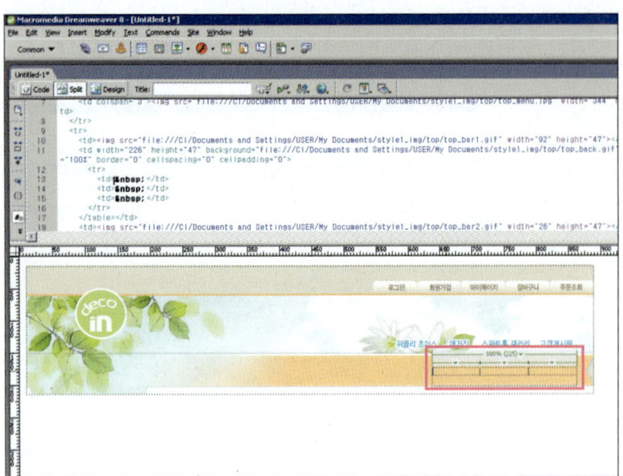

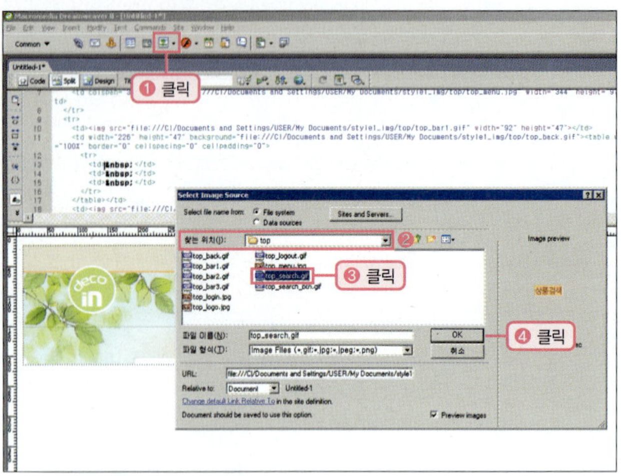

21 불러온 이미지가 작은 테이블의 셀 안에 나타납니다. 이미지가 삽입된 셀의 여백을 마우스로 클릭하고, 'Properties' 창에서 'W' 항목에 '46'을 입력하여 셀이 이미지의 크기와 딱 맞도록 조절합니다.

22 작은 테이블의 1행 3열에 마우스 포인터를 위치하고, 'Common' 메뉴 바에서 '이미지 삽입' 아이콘을 클릭합니다.

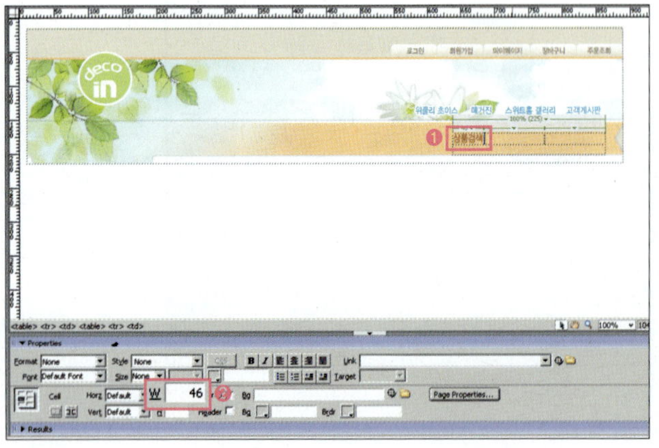

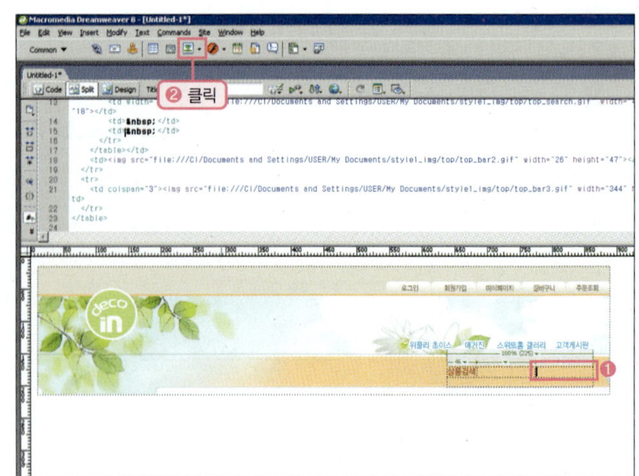

23 'top_search_btn.gif' 파일을 불러온 후 셀의 여백을 클릭합니다. 그런 다음 'Properties' 창의 'W' 항목에 '57'을 입력하여 셀과 이미지의 크기를 딱 맞춥니다.

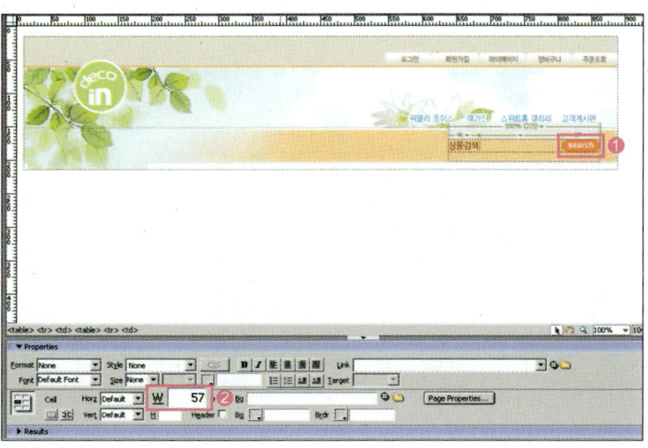

24 이번에는 작은 테이블의 1행 2열을 선택합니다. 'Code' 창을 살펴보면 마우스 포인터가 깜박이는 부분이 있는데, ' '를 지웁니다.

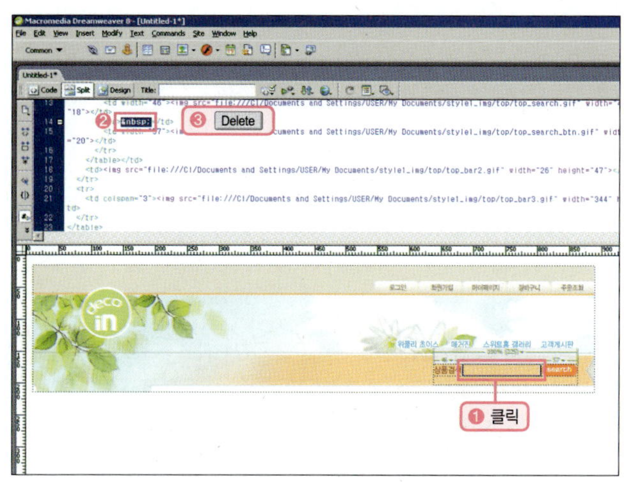

25 ' '를 지운 자리에 '<input name=search size=18 onKeyDown="CheckKey_search( )">'를 입력한 후 다시 'Design' 창에서 검색 상자 셀의 여백을 클릭합니다. 그런 다음 'Properties' 창의 'Horz' 항목에서 'Center'를 선택합니다.

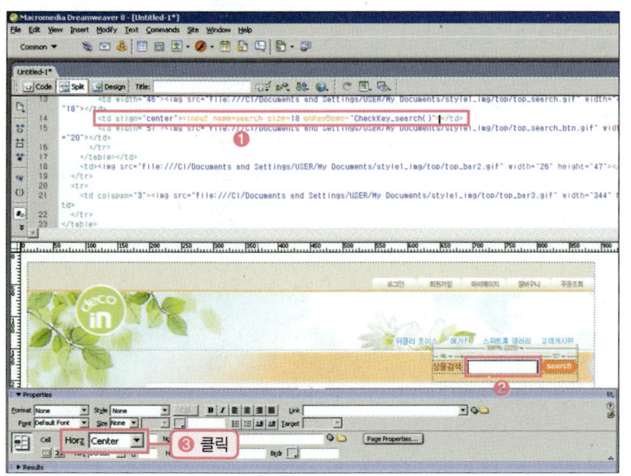

26 'Design' 창에서 'top_login.gif' 파일을 선택하고, Delete 를 눌러서 삭제합니다.

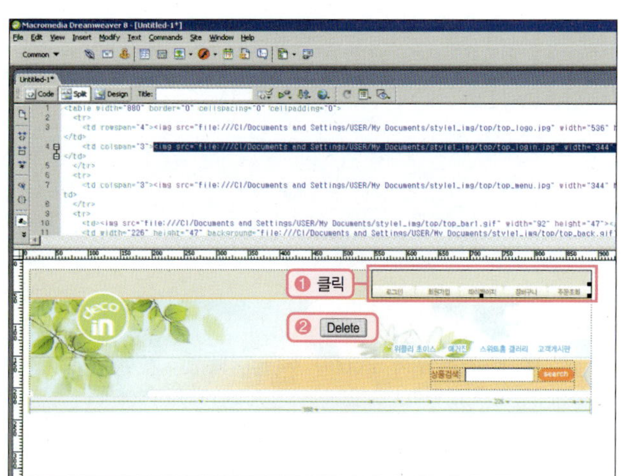

27 'top_login.gif' 파일을 삭제한 자리에 '[LOGIN TYPEZ]' 텍스트를 입력합니다. 그런 다음 'Properties' 창의 'H' 항목에 '44'를 입력합니다.

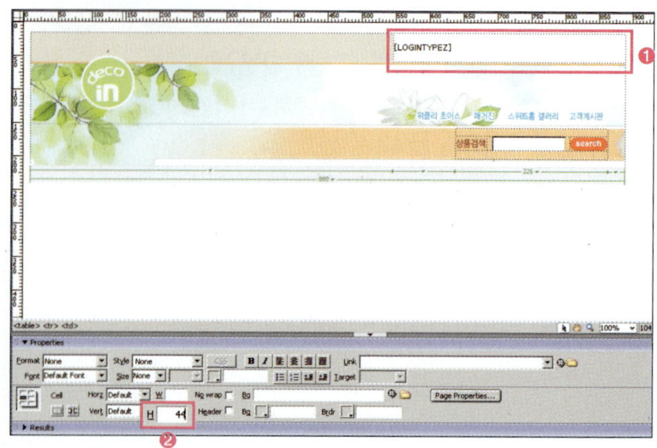

♥ 이미지 맵을 이용한 링크 설정과 경로 코딩하기

01 'top_logo.jpg' 파일을 선택하고, 'Properties' 창의 'Map' 항목에 'homemap'을 입력합니다. 그런 다음 원형 핫스폿 툴을 클릭합니다.

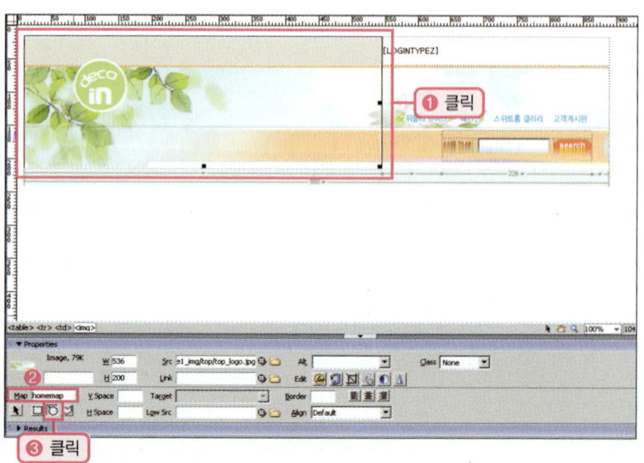

02 'top_logo.jpg' 이미지에서 다음과 같이 '로고' 영역을 드래그하여 선택한 후 'Properties' 창의 'Link' 항목에 'http://www.decoin.co.kr'을 입력합니다.

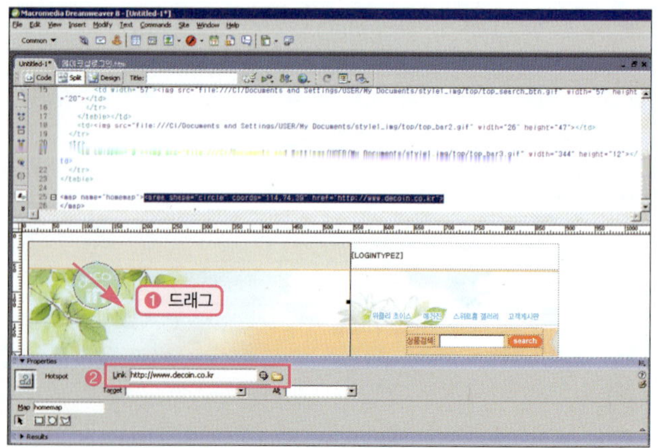

Hot Sauce

'로고'를 클릭하면 메인 페이지로 연결되도록 링크를 설정하는 과정입니다.

Hot Sauce

'Properties' 창에서 포인터 핫스폿 툴(☝)을 이용하면 지정한 핫스폿 영역의 위치를 이동할 수 있습니다.

03 이렇게 하이퍼링크를 설정하면 링크가 설정된 영역의 테두리에 기본적으로 실선이 표시됩니다. 실선이 표시되지 않도록 하기 위해서는 따로 태그를 추가해야 합니다. 'Code' 창에서 링크로 설정한 주소의 뒷부분에 'onFocus="this.blur( )"'를 입력합니다.

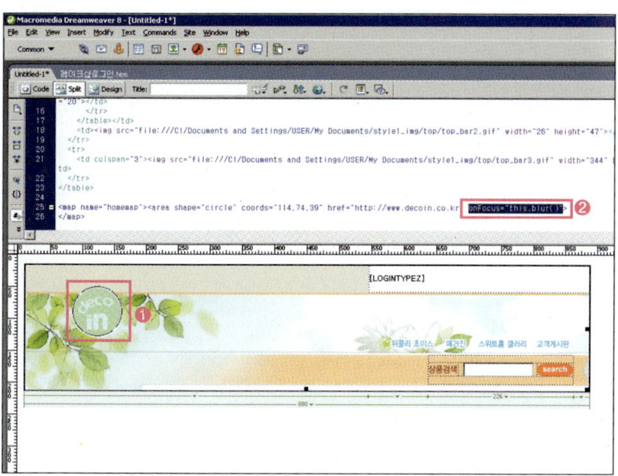

04 이번에는 위쪽 메인 메뉴에 이미지 맵을 이용하여 링크를 설정해 보겠습니다. 'top_menu.jpg' 이미지를 클릭합니다.

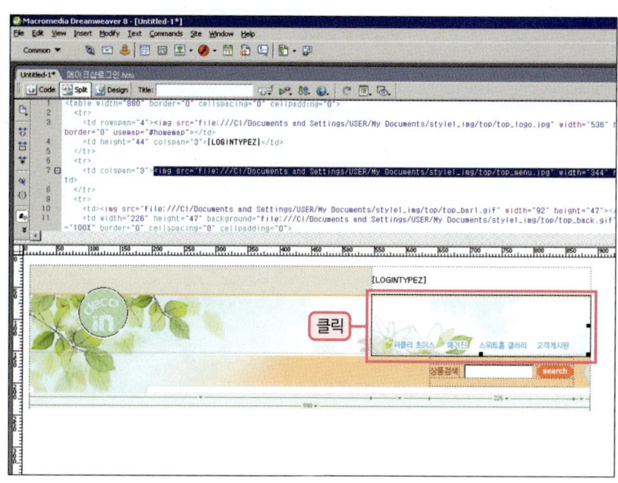

05 'Properties' 창의 'Map' 항목에 'topmenum'을 입력합니다. 그런 다음 사각형 핫스폿 툴을 이용하여 'top_menu.jpg' 이미지에서 각 메뉴에 해당하는 부분을 선택 영역으로 지정합니다.

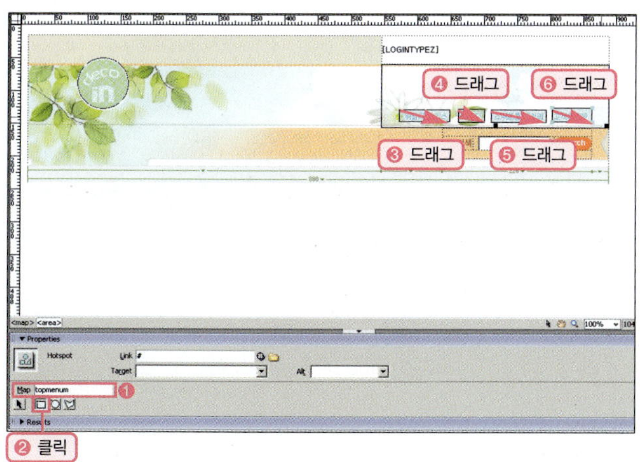

06 'Properties' 창에서 포인터 핫스폿 툴을 선택합니다. 그런 다음 각 스폿 영역을 클릭하여 'Properties' 창의 'Link' 항목에 각 메뉴마다 해당 메뉴의 페이지 주소를 입력합니다.

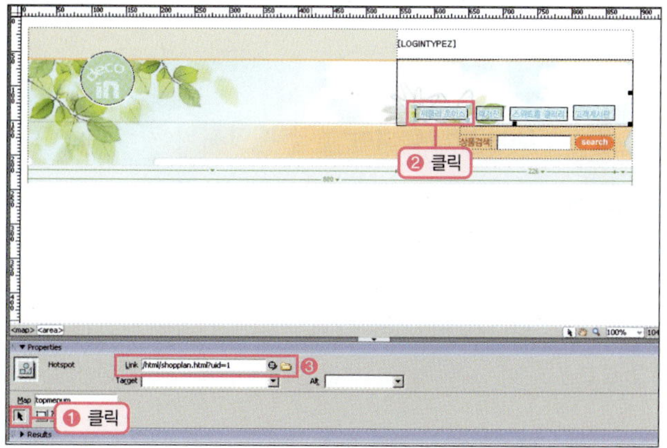

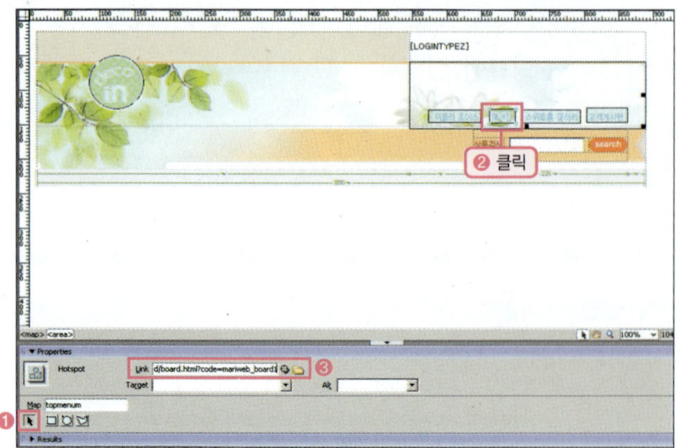

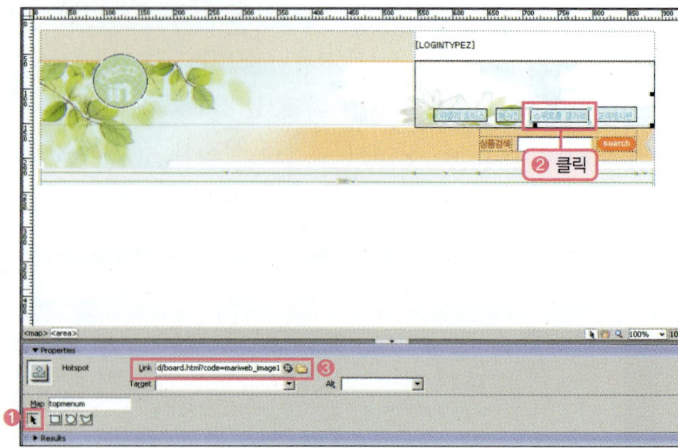

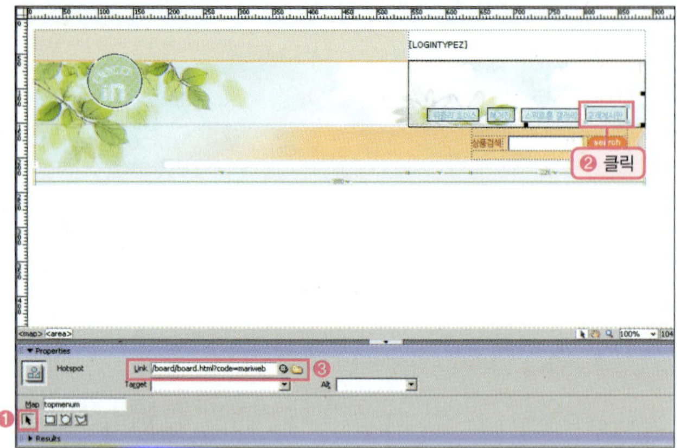

Design Master | 각 페이지의 링크 주소는 어떻게 알 수 있나요?

메이크샵 쇼핑몰 관리자에서는 게시판과 상세 페이지의 링크 주소를 확인할 수 있습니다. 그러므로 여기에서 하이퍼 링크를 설정할 페이지의 주소를 복사하여 사용하면 됩니다.

07 'top_search_btn.gif' 파일을 선택하고, 하단
에 있는 'Properties' 창의 'Link' 항목에 '[SE
ARCH]'를 입력합니다.

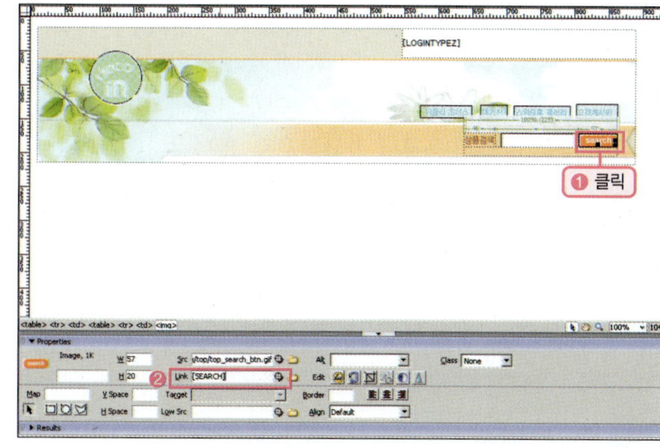

08 'Code' 창에서 검색 폼 테이블의 소스에 다음과 같이 '[SEARCHFORM]' 과 '[SEARCHENDFORM]'을 각
각 입력합니다.

```
<table width="100%" border="0" cellspacing="0" cellpadding="0">
    <tr> [SEARCHFORM]
        <td width="46"><img src="/design/mariweb/img/top_search.gif" width="46" height="18"></td>
        <td align="center"><input name=search size=18 onKeyDown="topCheckKey_search()"></td>
        <td width="57"><a href=[SEARCH]><img src="/design/mariweb/img/top_search_btn.gif" width=
"57" height="20" border="0"></a></td>
    [SEARCHENDFORM] </tr>
    </table>
```

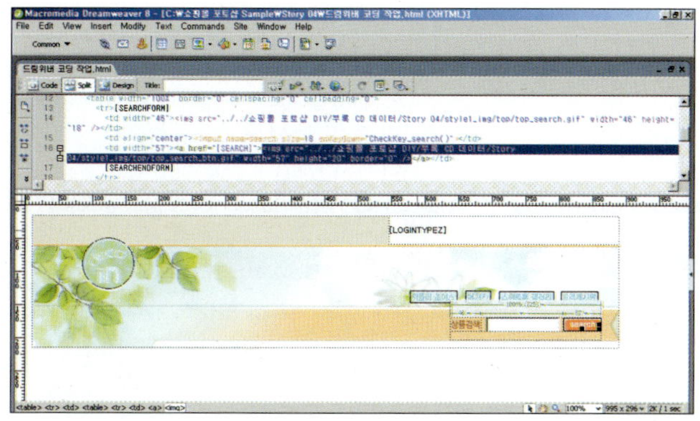

Hot Sauce

'Code' 창에 나타난 현재의 이미지 경로는 여러분이 이미지들을
어느 폴더에 저장했는가에 따라 달라지므로 책의 경로와 다를 수도
있습니다.

09 웹 사이트를 만들 때 가장 기본이지만 가장 많이 실수하는 것이 이미지의 경로 설정입니다. HTML에 포함되는 모든 이미지의 경로는 웹에서 인식할 수 있는 경로로 바꿔야 인터넷에서 정상적으로 표시됩니다. 'Code' 창에서 이미지 경로 중 'file:///C|/Documents and Settings/USER/My Documents/style1_img/top'을 드래그한 후 Ctrl + C 를 눌러서 복사합니다.

10 'Edit' 메뉴의 'Find and Replace'를 클릭합니다.

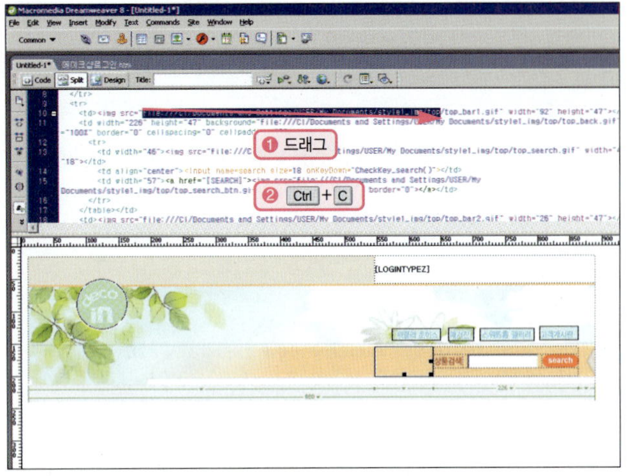

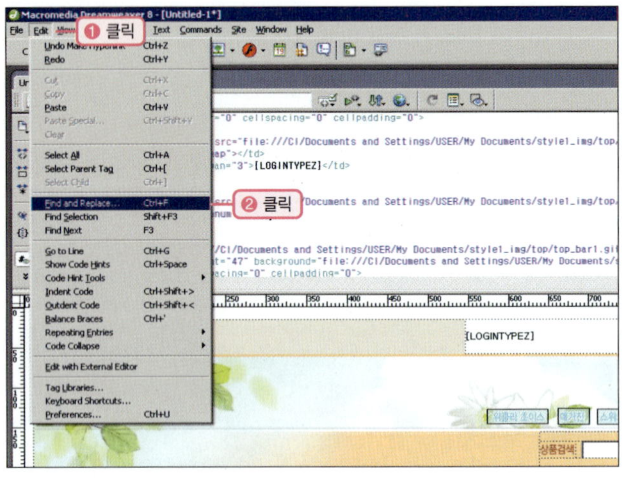

Hot Sauce

이미지의 경로 중 파일명만 남기고 수정할 부분을 복사하면 됩니다.

Design Master | 이미지의 경로 확인은 이렇게 하세요!

작업이 모두 완료되면 메이크샵 쇼핑몰 FTP의 'img' 폴더에 작업한 이미지들을 업로드하게 됩니다. 이때 이미지들의 업로드 경로는 기본적으로 '/design/mariweb(자신의 상점 ID)/img/업로드하는 파일명'이 됩니다.

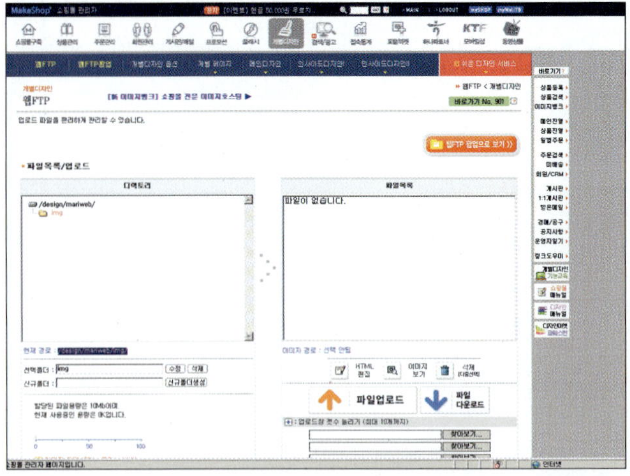

11 'Find and Replace' 대화상자가 나타나면 'Find' 입력 상자에 마우스 포인터를 위치한 후 Ctrl + V 를 눌러서 복사한 소스를 붙여 넣습니다. 그런 다음 'Replace' 입력 상자에는 웹 경로인 '/design/mariweb(자신의 상점 ID)/img'를 입력하고, 'Replace All' 버튼을 클릭합니다.

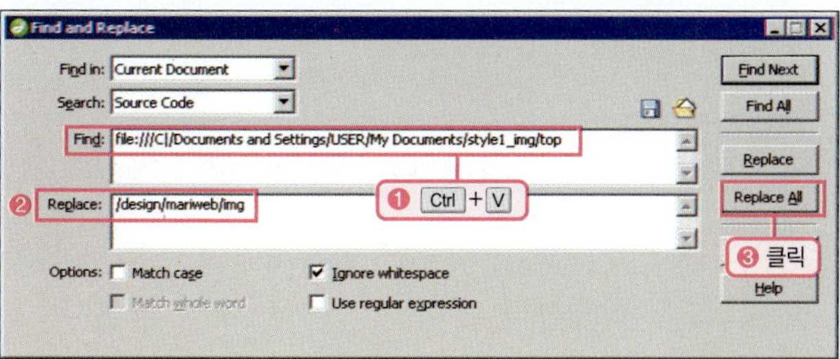

Hot Sauce

웹 경로 중 'mariweb' 부분에는 자신의 상점 ID를 입력하면 됩니다.

12 모든 이미지의 경로가 한꺼번에 바뀌는 것을 알 수 있습니다. 'Results'를 클릭하여 창을 닫습니다.

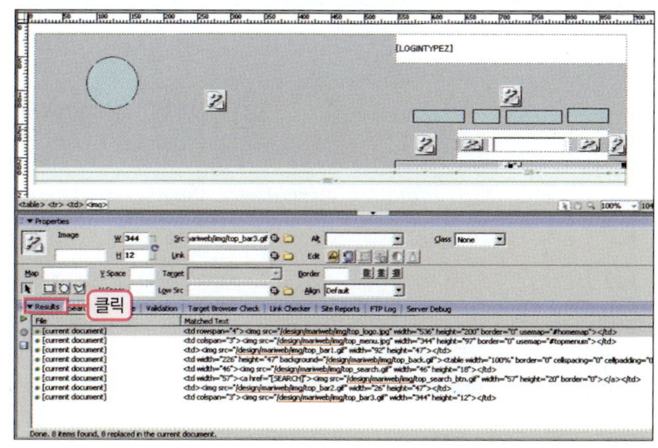

Hot Sauce

파일의 경로를 모두 웹상의 위치로 바꾸었기 때문에 이미지가 정상적으로 표시되지 않습니다. 나중에 필요한 파일을 웹상에 업로드하면 정상적으로 확인할 수 있습니다.

13 'File' 메뉴의 'Save As'를 클릭합니다.

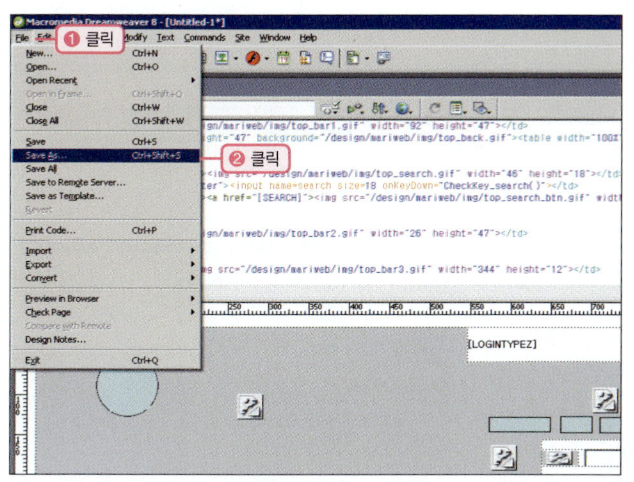

14 'Save As' 대화상자가 나타나면 지금까지 작업한 파일을 적당한 위치에 'style1_top.html'로 저장합니다.

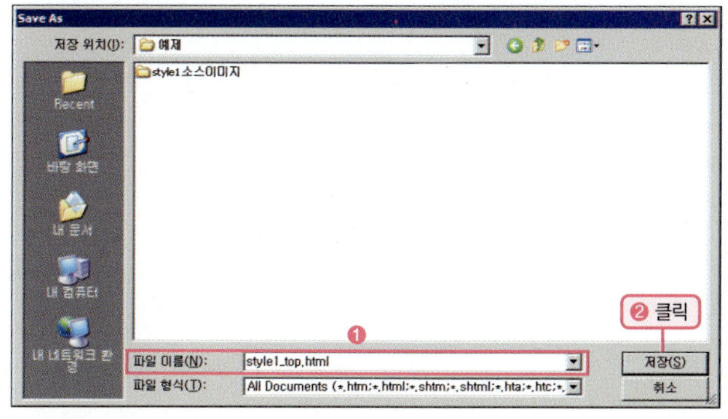

Hot Sauce

완성된 HTML은 '부록 CD-Story 04-style1_html' 폴더의 'style1 top.html' 파일입니다.

39

[메이크샵] 홈인테리어용품 쇼핑몰 HTML 코딩하기 2

♥ 로그인과 로그아웃 영역 코딩하기

01 이제부터 쇼핑몰에 로그인했을 때와 로그인하기 전 두 가지 형태의 이미지를 코딩해 보겠습니다. 드림위버를 실행한 후 `Ctrl` + `N` 을 눌러서 새로운 HTML 파일을 만듭니다.

02 새로운 HTML 파일이 만들어지면 기본 소스를 모두 삭제합니다.

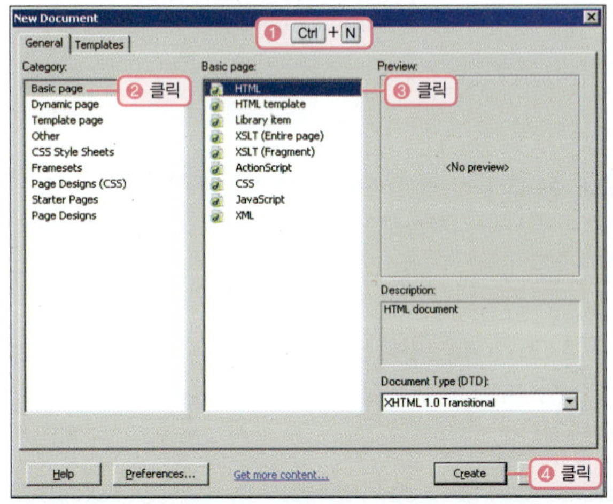

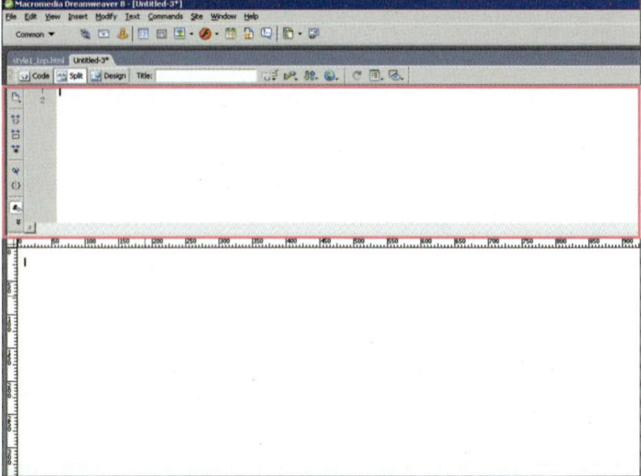

03 'Design' 창에 마우스 포인터를 위치하고 'Common' 메뉴 바에서 '이미지 삽입' 아이콘을 클릭합니다. 'Select Image Source' 대화상자가 나타나면 부록 CD의 'Story 04-style1_img-top' 폴더에서 'top_login.gif' 파일을 선택한 후 'OK' 버튼을 클릭합니다.

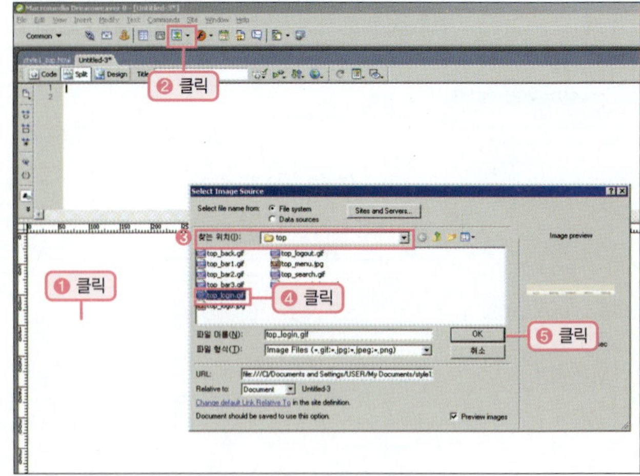

04 불러온 이미지를 선택한 후 'Properties' 창의 'Map' 항목에 'loginm'을 입력합니다. 그런 다음 사각형 핫스폿 툴을 이용하여 각 메뉴에 다음과 같이 핫스폿 영역을 지정합니다.

05 포인터 핫스폿 툴을 이용하여 각 메뉴를 선택하고 'Properties' 창의 'Link' 항목에 다음의 링크 주소를 차례대로 입력합니다.

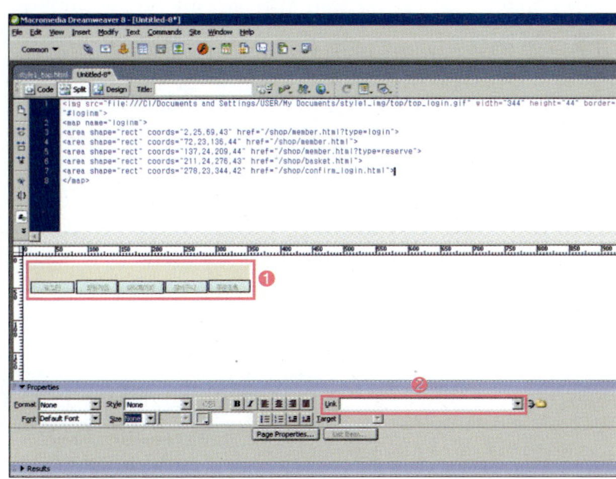

로그인 : /shop/member.html?type=login
회원가입 : /shop/member.html
마이페이지 : /shop/member.html?type=reserve

장바구니 : /shop/basket.html
주문조회 : /shop/confirm_login.html

06 'Edit' 메뉴의 'Find and Replace'를 클릭하여 파일 경로를 웹상의 경로로 바꿉니다.

07 이미지를 클릭하여 선택한 후 'Properties' 창의 'Align' 항목을 'Absolute Middle'로 지정합니다. 그런 다음 'File' 메뉴의 'Save as'를 클릭하여 'style1_top_login.html'로 저장합니다.

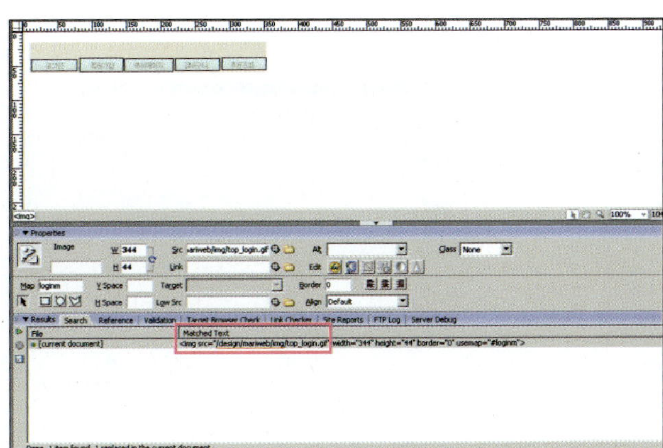

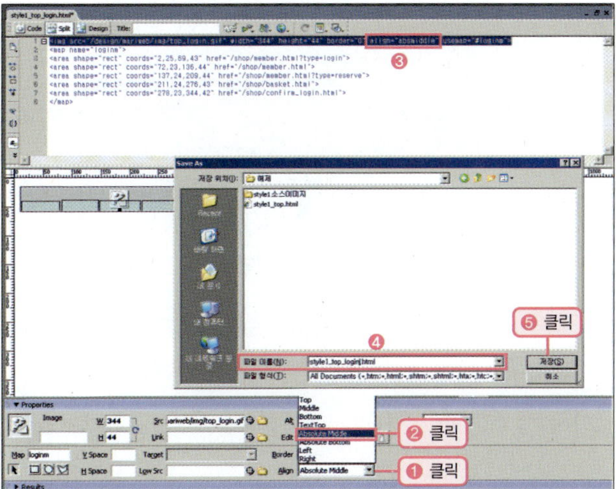

Hot Sauce

'부록 CD-Story 04-style1_html' 폴더의 'style1_top_login.html'을 클릭하면 완성된 파일을 확인할 수 있습니다.

08 같은 방법을 이용하여 로그아웃 HTML도 만듭니다. 단, 로그아웃 버튼의 링크는 반드시 [LOGOUT] 으로 입력합니다. 로그아웃 HTML 작업이 완료되면 'style1 _top_logout.html'로 저장하는데, '부록CD-Story 04- style1_html' 폴더의 'style1_top_logout.html' 파일을 참고하면 됩니다.

Hot Sauce

로그아웃 HTML을 만들 때도 'Edit' 메뉴의 'Find and Replace' 를 클릭하여 웹상의 경로로 바꾸는 과정을 절대 잊으면 안 됩니다.

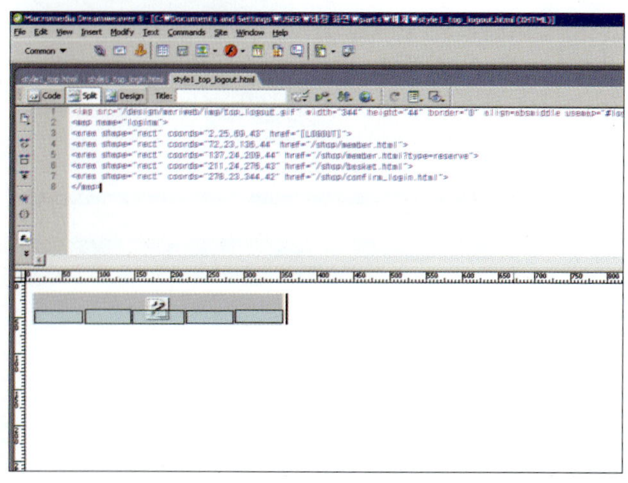

💜 메인 페이지의 왼쪽 메뉴 코딩하기

01 이제 왼쪽 메뉴 부분의 HTML 코딩을 하겠습니다. 새로운 HTML 파일을 만들고, 기본 소스를 모두 삭제합니다. 그런 다음 'Common' 메뉴 바의 '테이블 삽입' 아이콘을 클릭합니다. 'Table' 대화상자가 나타나면 'Rows : 2', 'Columns : 1', 'Table width : 190', '단위 : pixels'로 지정한 후 'OK' 버튼을 클릭합니다.

02 표가 만들어지면 1열의 셀 안에 마우스 포인터를 위치하고, 'Common' 메뉴 바에서 '이미지 삽입' 아이콘을 클릭합니다. 'Select Image Source' 대화상자가 나타나면 부록 CD의 'Story 04-style1_img -left' 폴더에서 'left_menu.gif' 파일을 선택한 후 'OK' 버튼을 클릭합니다.

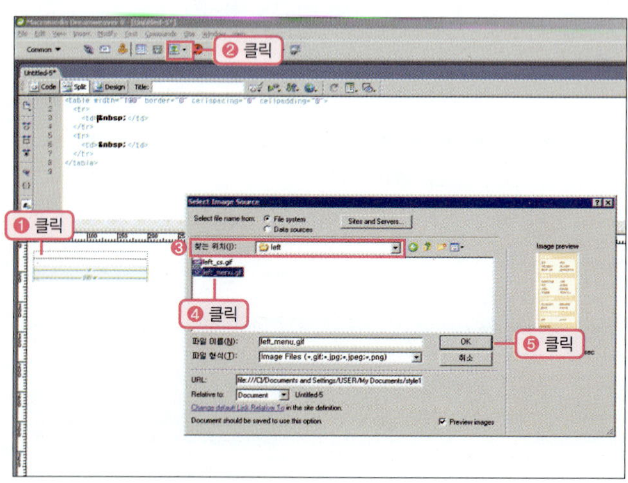

03 첫 번째 셀에 이미지가 나타나는 것을 확인한 후 같은 방법으로 2열의 셀에는 'left_cs.gif' 파일을 불러옵니다.

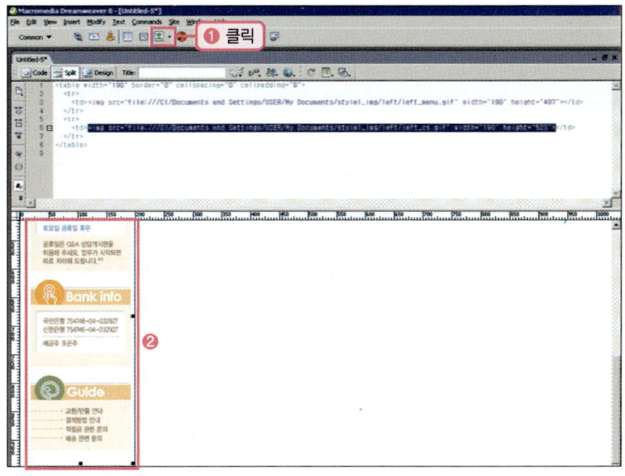

04 1열의 'left_menu.gif' 이미지를 선택하고, 'Properties' 창의 'Map' 항목에 'menum'을 입력합니다. 그런 다음 사각형 핫스폿 툴을 이용하여 다음과 같이 메뉴마다 핫스폿 영역을 지정합니다.

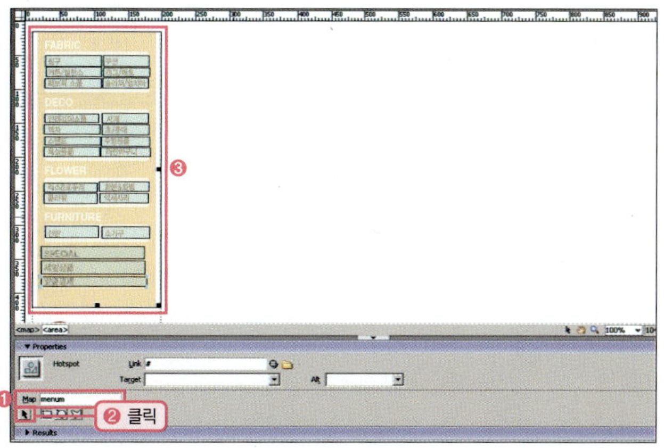

05 첫 번째 핫스폿부터 클릭하여 'Properties' 창의 'Link' 항목에 '/shop/shopbrand.html?xcode=001&type=O'를 입력합니다.

06 같은 방법을 이용하여 나머지 메뉴들도 링크를 설정합니다. 이때 링크 주소는 '쿠션 : /shop/shopbrand.html?xcode=002&type=O', '커튼/발란스 : /shop/shopbrand.html?xcode=003&type=O'처럼 'xcode'의 숫자가 하나씩 올라가는 것으로 설정하면 됩니다.

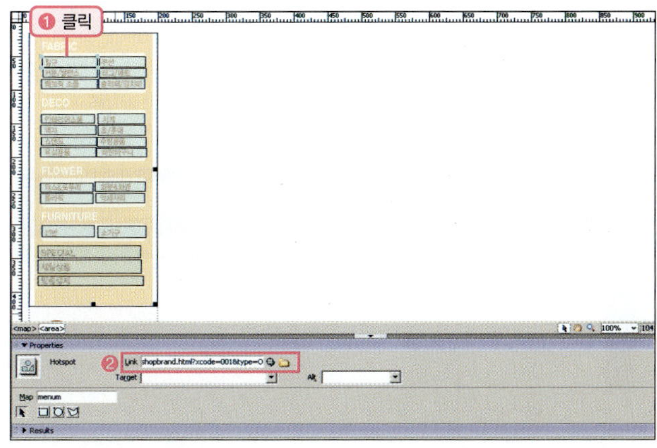

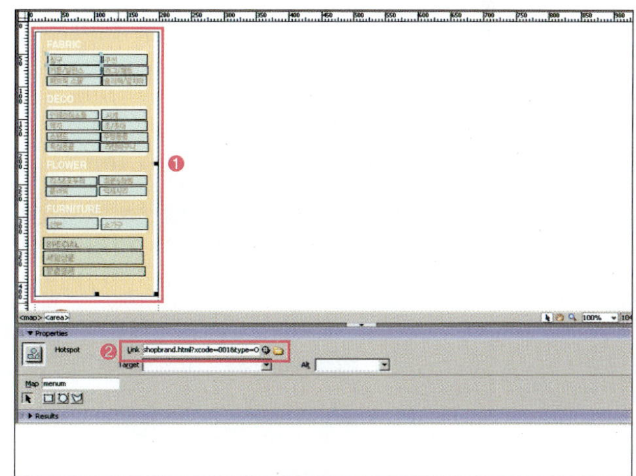

Hot Sauce

쇼핑몰 관리자에서 상품 카테고리를 등록하면 페이지 주소가 생성되는데, 각 상품의 링크 주소는 이것을 복사해서 사용하면 됩니다.

07 이번에는 2열의 'left_cs.gif' 이미지를 선택하고, 'Properties' 창의 'Map' 항목에 'guidem'을 입력합니다. 그런 다음 사각형 핫스폿 툴을 이용하여 고객센터 배너 부분에 다음과 같이 핫스폿 영역을 지정합니다. 'Properties' 창에서 'Link' 항목에 '/html/info.html'을 입력합니다.

08 'Edit' 메뉴의 'Find and Replace'를 클릭하여 이미지 경로를 웹상의 경로로 바꿉니다. 작업이 완료되면 'File' 메뉴의 'Save as'를 클릭하여 'style1_left.html'로 저장합니다.

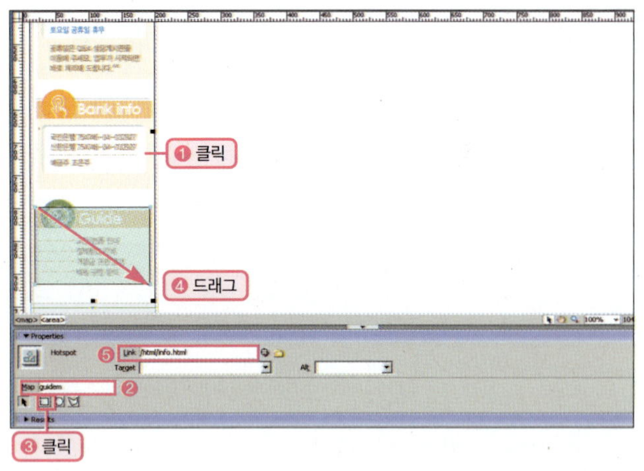

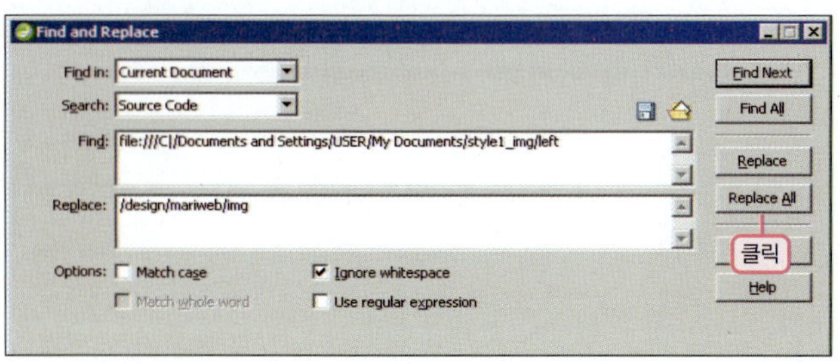

Hot Sauce

'부록 CD-Story 04-style1_html' 폴더의 'style1_left.html'을 클릭하면 완성된 파일을 확인할 수 있습니다.

♥ 메인 페이지의 중앙 코딩하기

01 이제 메인 페이지의 중앙을 코딩할 차례입니다. 새로운 HTML 파일을 만들고, 기본 소스를 삭제한 후 'Common' 메뉴 바에서 '테이블 삽입' 아이콘을 클릭하여 'Rows : 10', 'Columns : 2', 'Table width : 690', '단위 : pixel'의 표를 만듭니다.

02 1열 1행과 1열 2행을 선택한 후 'Properties' 창에서 '셀 병합' 아이콘을 클릭하여 셀을 병합합니다.

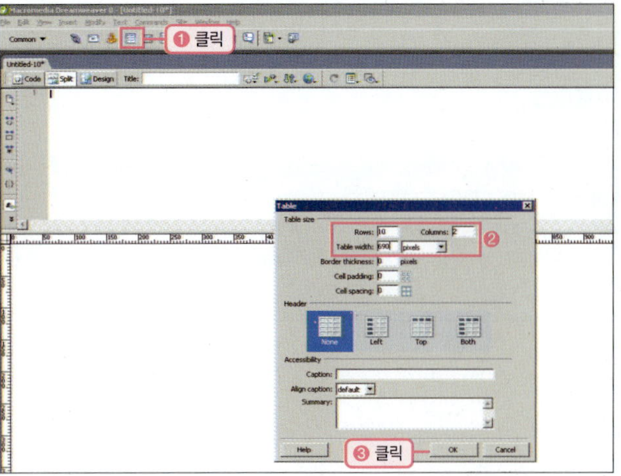

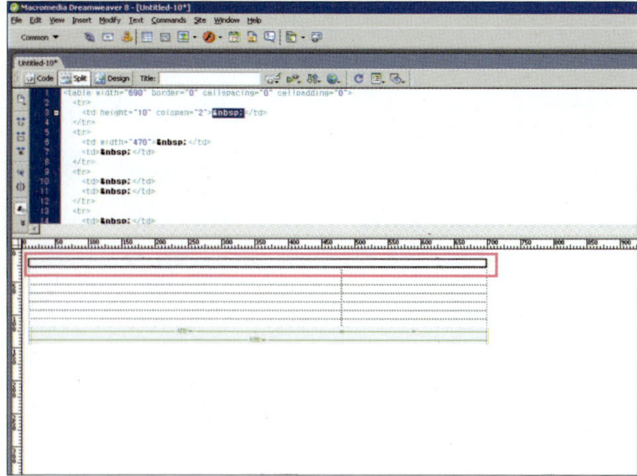

03 'Properties' 창의 'H' 항목에 '10'을 입력하고, 'Code' 창에서 공백을 나타내는 ' ' 태그를 삭제합니다.

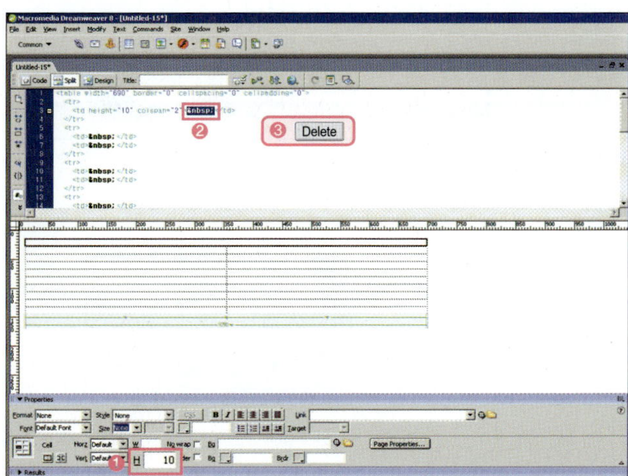

05 2열 1행에 마우스 포인터를 위치하고 'Properties' 창에서 'Vert'를 'Top'으로 지정합니다. 그런 다음 'W : 470', 'H : 200'으로 설정하고, 셀 안에 '[SHOPINTRO]'를 입력합니다.

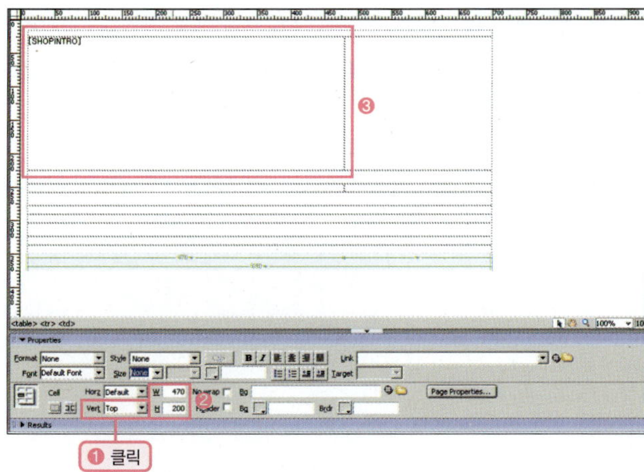

Hot Sauce

병합한 모든 셀에서 ' ' 태그를 삭제합니다.

04 같은 방법을 이용하여 다음과 같은 형태로 셀을 병합하고 각각의 높이를 지정합니다.

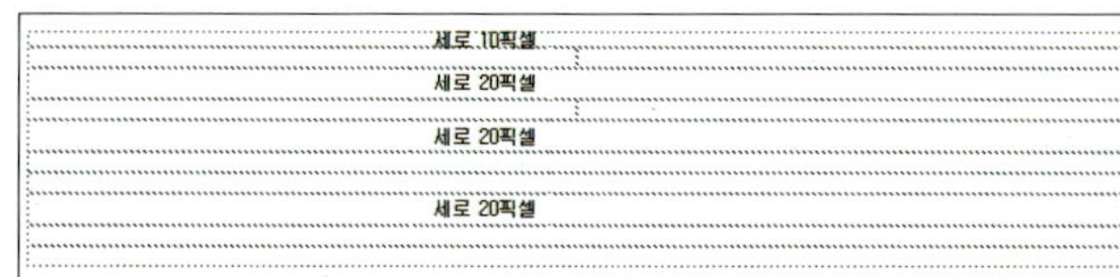


```html
<table width="690" border="0" cellspacing="0" cellpadding="0">
  <tr>
    <td height="10" colspan="2"></td>
  </tr>
  <tr>
    <td> </td>
    <td> </td>
  </tr>
  <tr>
    <td height="20" colspan="2"></td>
  </tr>
  <tr>
    <td> </td>
    <td> </td>
  </tr>
  <tr>
    <td height="20" colspan="2"></td>
  </tr>
  <tr>
    <td colspan="2"> </td>
  </tr>
  <tr>
    <td colspan="2"> </td>
  </tr>
  <tr>
    <td height="20" colspan="2"></td>
  </tr>
  <tr>
    <td colspan="2"> </td>
  </tr>
  <tr>
    <td colspan="2"> </td>
  </tr>
</table>
```

06 같은 방법을 이용하여 2열 2행에도 'Vert'를 'Top'으로 지정합니다.

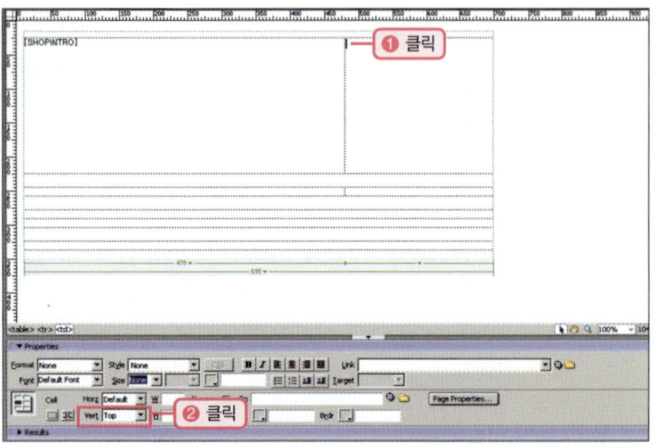

07 이 상태에서 'Common' 메뉴 바의 '테이블 삽입' 아이콘을 클릭합니다. 'Table' 대화상자가 나타나면 'Rows : 10', 'Columns : 2', 'Table width : 100%'의 작은 테이블을 삽입합니다.

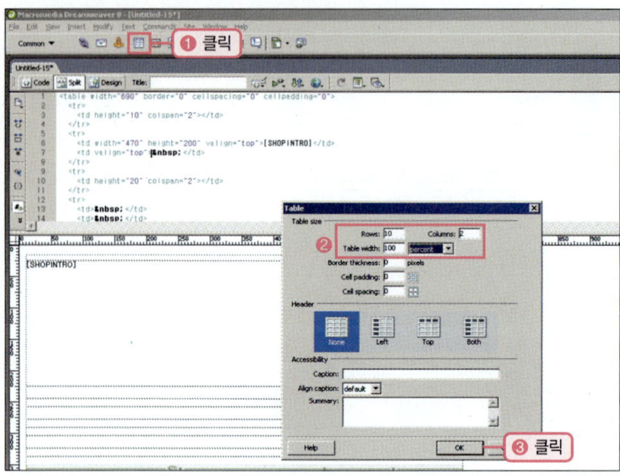

08 작은 테이블의 1열 1행과 1열 2행을 병합합니다. 그런 다음 'Properties' 창의 'Horz' 항목에서 'Center'를 선택합니다.

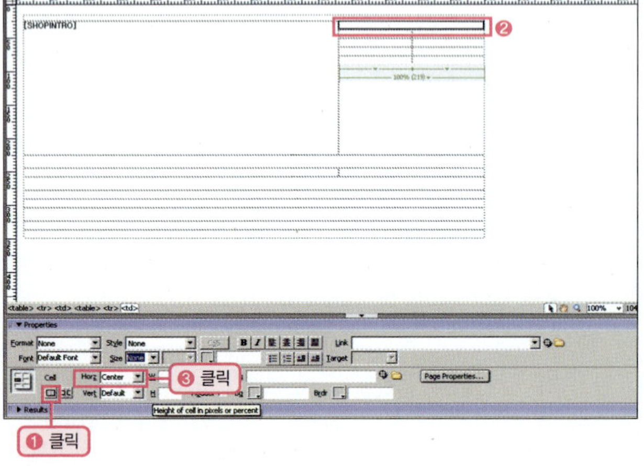

09 'Common' 메뉴 바의 '이미지 삽입' 아이콘을 클릭하여 'center_news.gif' 이미지를 삽입합니다.

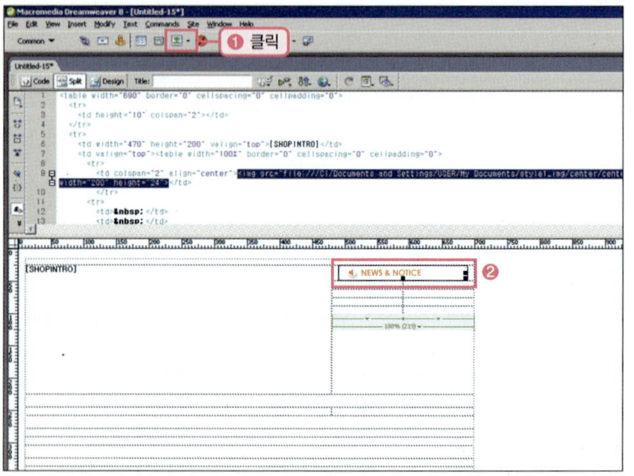

Hot Sauce

예제 파일은 '부록 CD-Story 04-style1_img-center' 폴더에서 불러오면 됩니다.

10 작은 테이블의 2열 1행과 2열 2행을 병합한 후 'Properties' 창에서 'H' 항목에 '10'을 입력합니다.

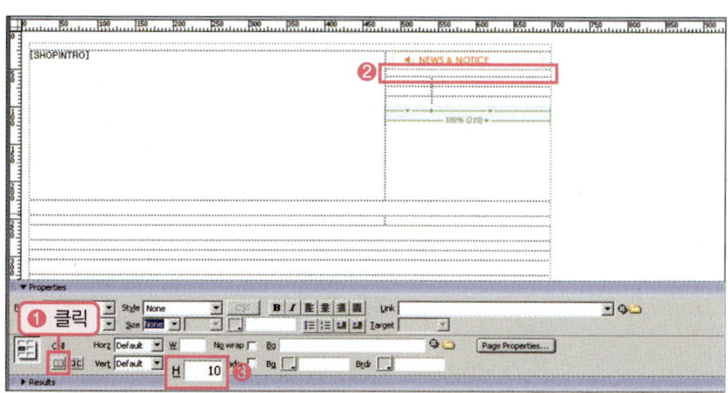

이때 'Code' 창에서 공백 태그 ' '는 삭제합니다.

12 작은 테이블의 3열 2행에는 '[NEWSEVENT5N5N2_28]'를 입력한 후 'Properties' 창의 'Vertz' 항목을 'Top'으로 지정합니다. 그런 다음 'H' 항목에 '80'을 입력합니다.

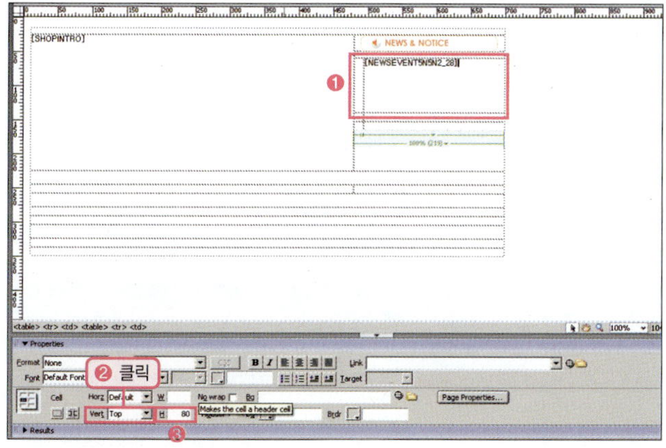

'[NEWSEVENT5N5N2_28]'는 공지 사항 게시판을 메인 화면에 출력하는 메이크샵의 변수입니다.

11 작은 테이블의 3열 1행에 마우스 포인터를 위치하고, 'Properties' 창에서 'W' 항목에 '10'을 입력합니다. 마찬가지로 'Code' 창에서 공백 태그 ' '는 삭제합니다.

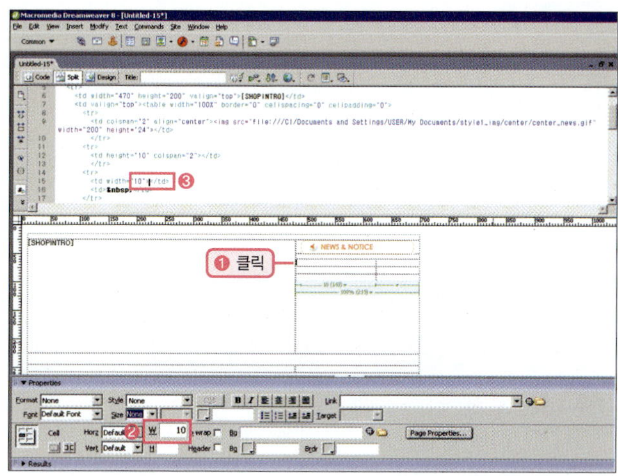

13 작은 테이블의 4열 1행과 4열 2행을 병합하고, 'Properties' 창의 'H' 항목에 '10'을 입력합니다. 여기에서도 'Code' 창의 공백 태그 ' '는 삭제합니다.

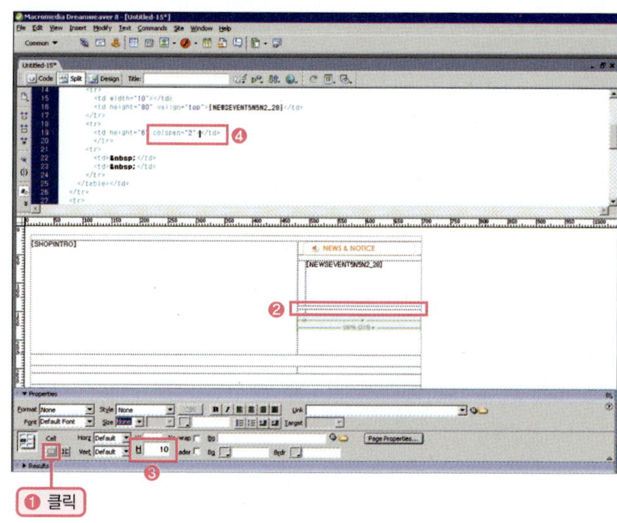

14 작은 테이블의 5열 1행과 5열 2행을 병합하고, 'Properties' 창의 'Horz' 항목은 'Center'로 지정합니다.

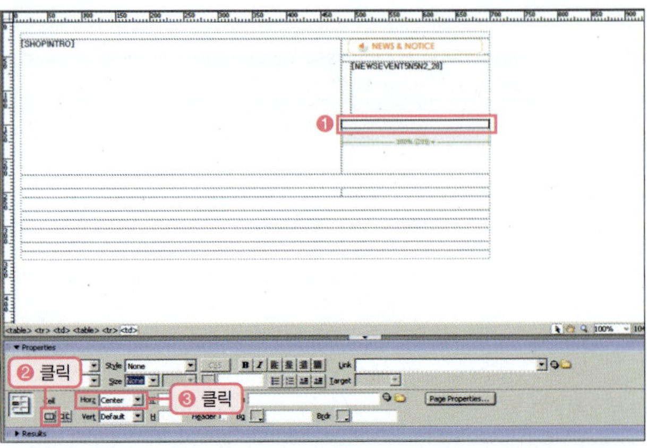

15 'Common' 메뉴 바의 '이미지 삽입' 아이콘을 클릭하여 'center_ban.gif' 이미지를 삽입합니다.

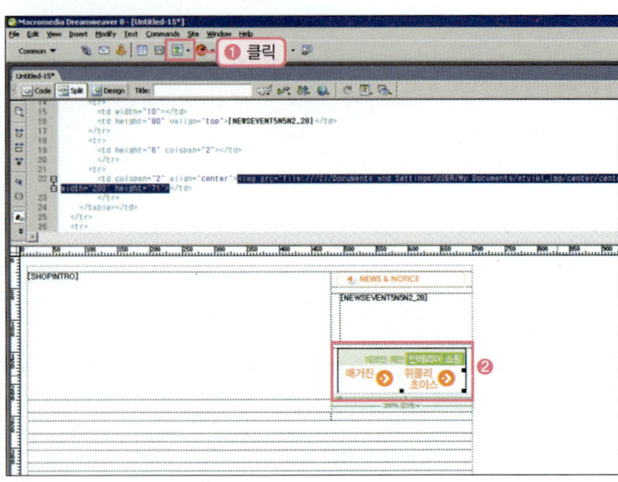

16 큰 테이블의 4열 1행과 4열 2행에 각각 '[MOVE FLASH]'와 '[TAGCLOUD]'를 입력합니다.

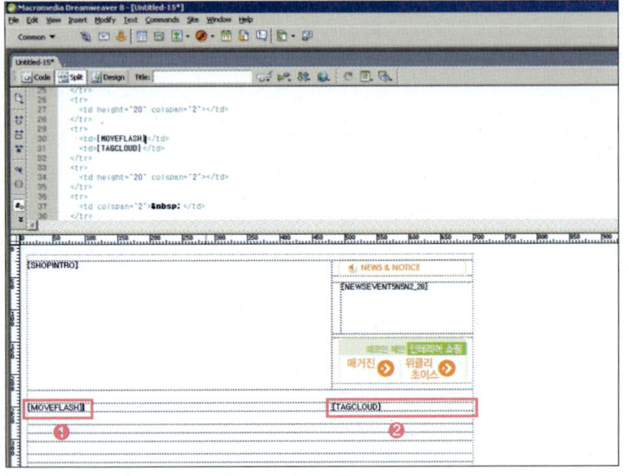

17 큰 테이블의 6열에 마우스 포인터를 위치하고 'Properties' 창의 'H' 항목에 '46'을 입력합니다. 그런 다음 'Horz' 항목은 'Center', 'Vert' 항목은 'Top'으로 지정합니다.

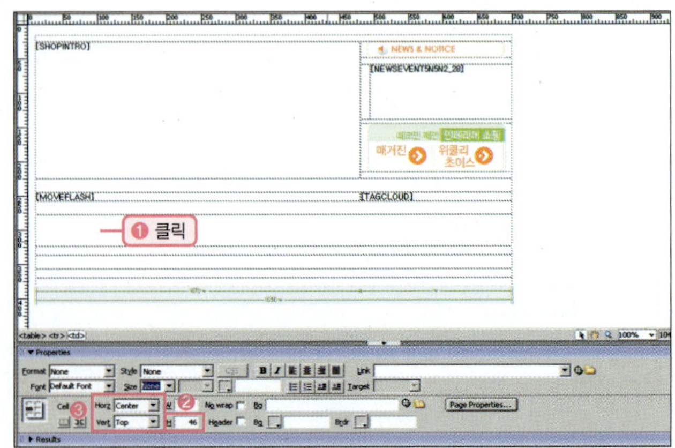

18 'Common' 메뉴 바에서 '이미지 삽입' 아이콘을 클릭하여 'center_new_tit.gif' 이미지를 불러 옵니다.

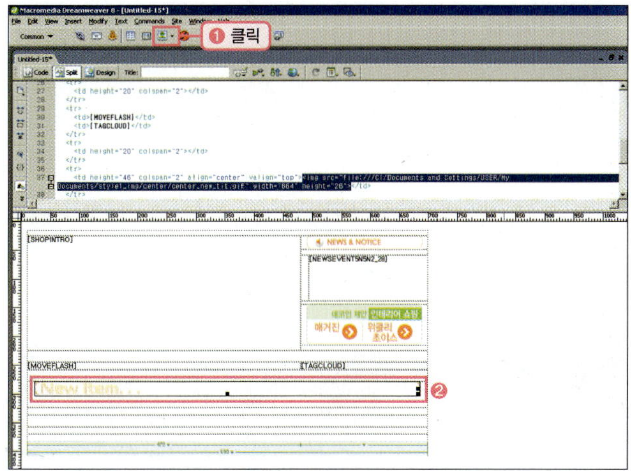

19 큰 테이블의 7열에 마우스 포인터를 위치합니다. 'Properties' 창에서 'Horz' 항목을 'Center'로 지정한 후 '[NEWZNNNN_20]'을 입력합니다.

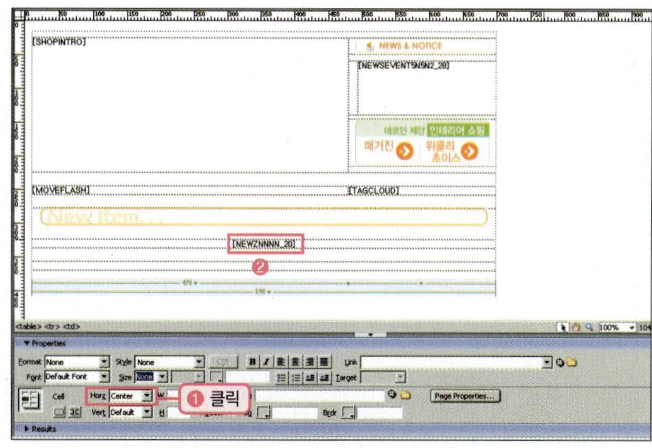

'[NEWZNNNN_20]'은 등록한 상품 중에서 메인 화면 신상품 코너에 지정한 상품들을 노출시켜 주는 메이크샵의 변수입니다.

20 큰 테이블의 9열에 마우스 포인터를 위치하고, 'Properties' 창에서 'H' 항목에 '46'을 입력합니다. 그런 다음 'Horz' 항목은 'Center', 'Vert' 항목은 'Top'으로 지정합니다.

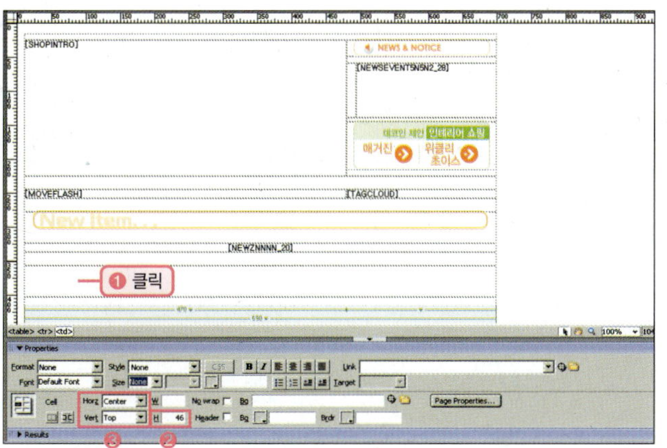

21 'Common' 메뉴 바의 '이미지 삽입' 아이콘을 클릭하여 'center_hot_tit.gif' 이미지를 삽입합니다.

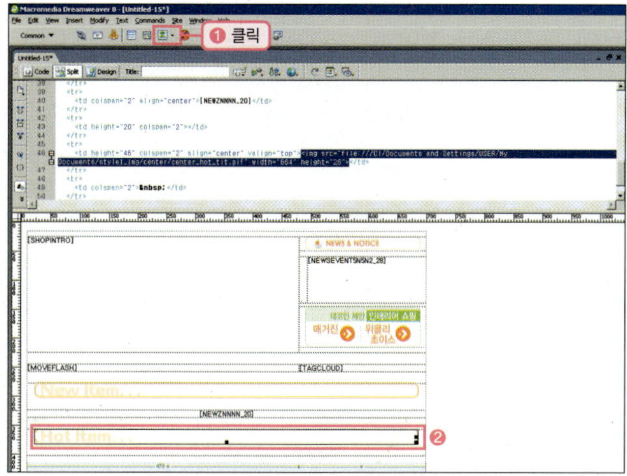

22 큰 테이블의 10열에 마우스 포인터를 위치하고, 'Properties' 창에서 'Horz' 항목에 'Center'로 지정합니다. 그런 다음 '[CHUCHUNZNNNN_20]'을 입력합니다.

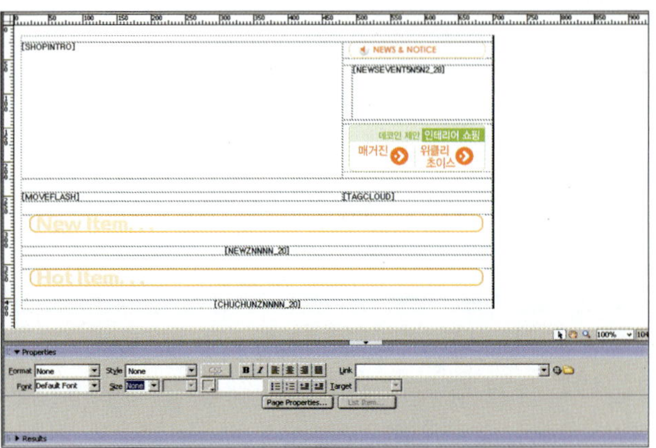

23 'center_ban.gif'를 선택하고 'Properties' 창의 'Map' 항목에 'banm'을 입력합니다. 사각형 스폿 툴을 이용하여 2개의 핫스폿 영역을 지정합니다.

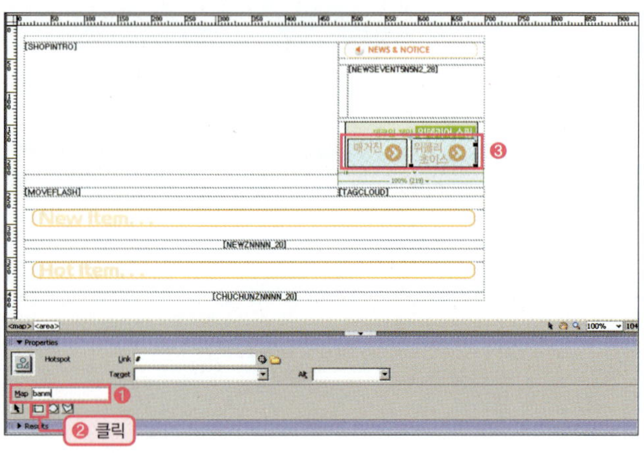

24 포인터 핫스폿 툴로 두 개의 스폿 영역을 각각 선택한 후 'Properties' 창의 'Link' 항목에 '/board/board.html?code=mariweb(자신의 상점 ID)_board1'과 '/html/shopplan.html?uid=1'을 차례대로 입력합니다.

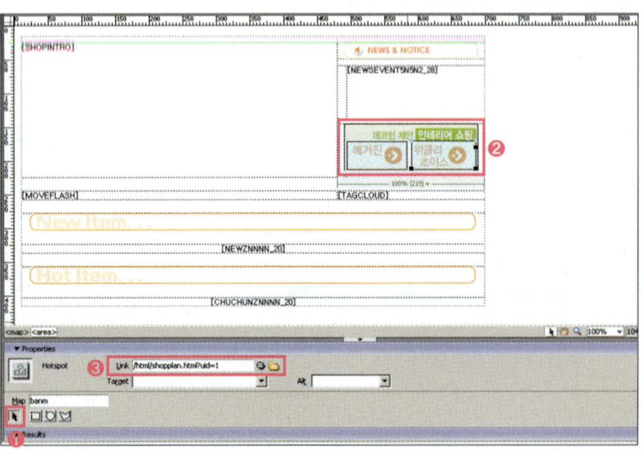

25 Ctrl+F를 누르면 'Find and Replace' 대화상자가 나타나는데, 여기에서 이미지의 경로를 모두 '/design/mariweb(자신의 상점 ID)/img/'로 바꿉니다.

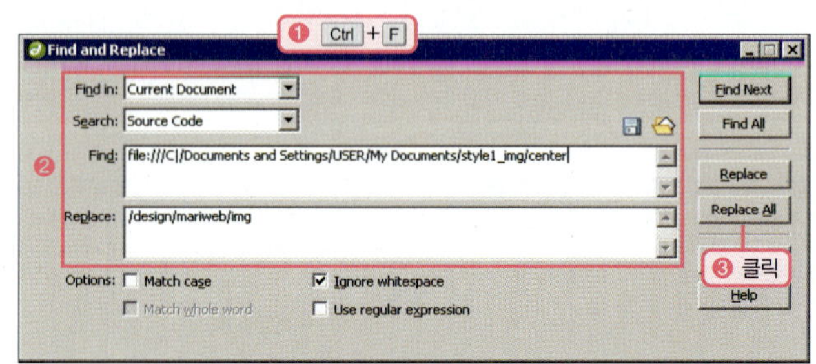

Hot Sauce

쇼핑몰 관리자에서 게시판을 생성하면 게시판의 링크 주소를 알 수 있는데, 이것을 복사해 'Link' 항목에 넣으면 됩니다.

26 Ctrl + Shift + S 를 눌러서 작업한 파일을 'style1 _center.html'로 저장합니다.

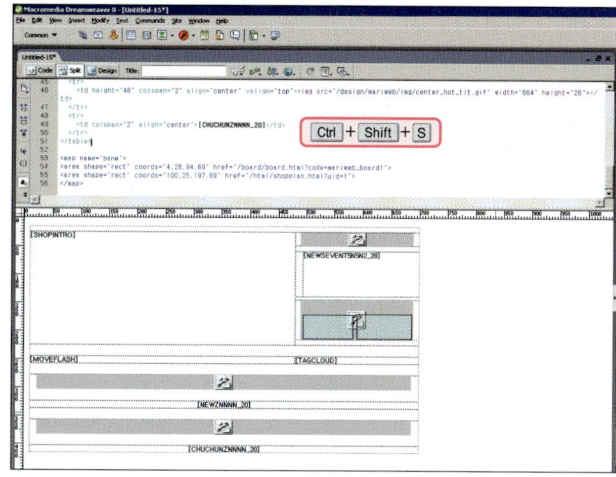

♥ 메인 페이지의 하단 코딩하기

01 이제 마지막으로 페이지의 하단 영역을 코딩하겠습니다. 새로운 HTML 파일을 만들고, 기본 소스를 삭제한 후 'Common' 메뉴 바에서 '테이블 삽입' 아이콘을 클릭하여 'Rows : 1', 'Columns : 1', 'Table width : 880', '단위 : pixels'의 표를 만듭니다.

02 셀 안에 마우스 포인터를 위치한 후 'Common' 메뉴 바의 '이미지 삽입' 아이콘을 클릭하여 'bottom.gif' 파일을 삽입합니다.

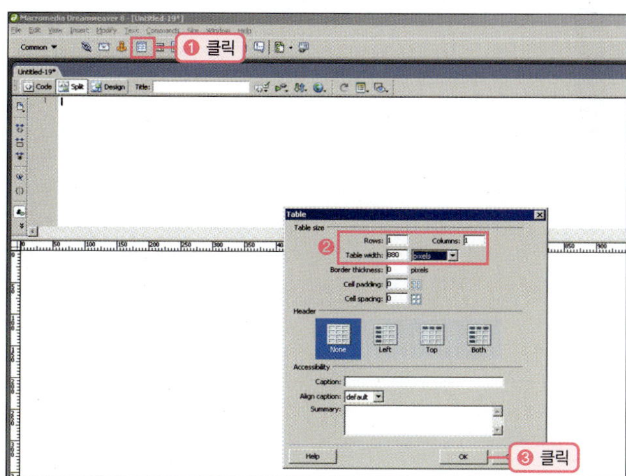

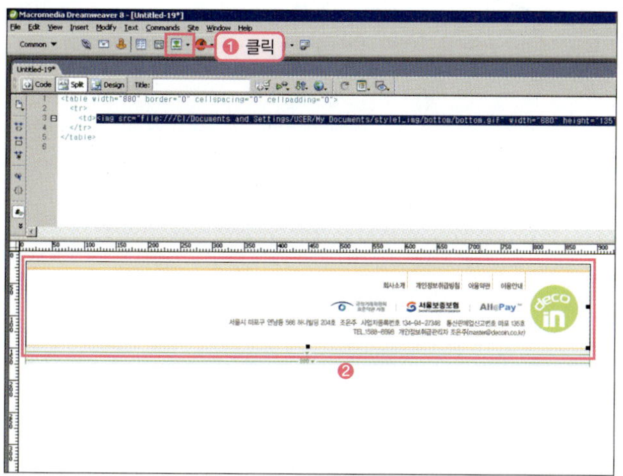

03 'bottom.gif' 이미지를 선택하고 'Properties' 창의 'Map' 항목에 'bottom'을 입력합니다. 그런 다음 사각형 스폿 툴을 이용하여 각 메뉴에 핫스폿 영역을 지정합니다.

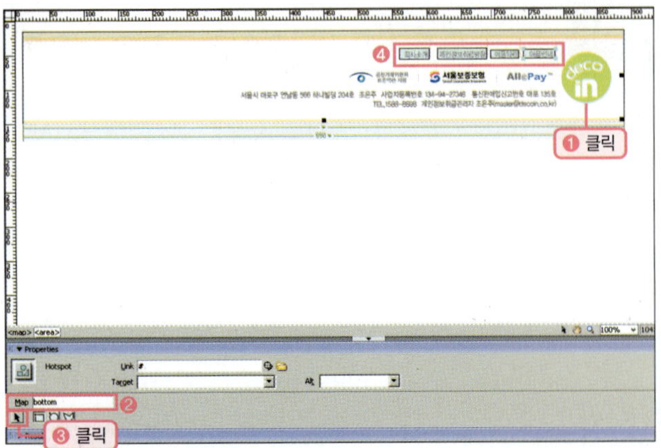

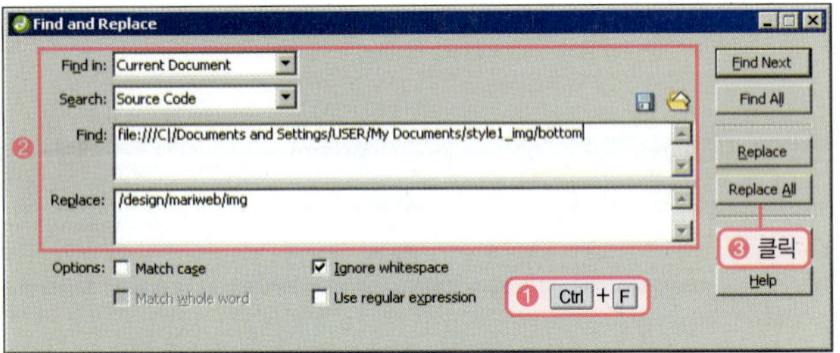

04 각 스폿 영역을 클릭하여 'Properties' 창의 'Link' 항목에 '[COMPANY]', 'JavaScript: bottom_privacy( )', '[CONTRACT]', '[USEINFO]'를 차례대로 입력합니다.

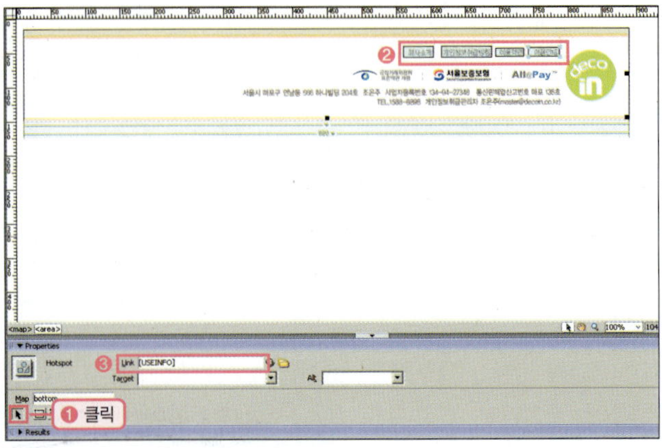

05 Ctrl + F 를 눌러서 'Find and Replace' 대화상자가 나타나면 이미지 경로를 모두 '/design/mariweb(자신의 상점 ID)/img/ 로 바꿉니다.

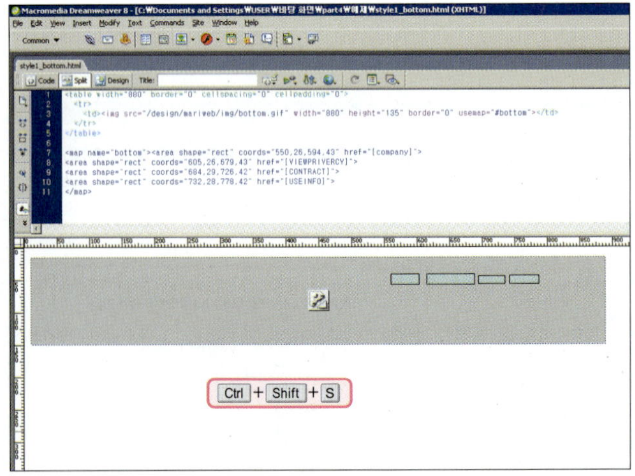

06 Ctrl + Shift + S 를 눌러서 작업한 파일을 'style1_bottom.html'로 저장합니다.

Shopping Mall Sense

40

[메이크샵] 관리자에서 디자인 적용하고, 상품 등록하기

▶▶▶ 메이크샵 관리자에서 작업할 순서는 다음과 같습니다.

① 쇼핑몰 화면 설정
② 이미지 업로드
③ 상품 분류 생성
④ 상품 등록
⑤ 플래시 설정
⑥ 메인 화면 각 영역별 소스 입력

♥ 쇼핑몰 화면 설정하기

01 메이크샵(http://www.makeshop.co.kr) 사이트에서 쇼핑몰 관리자로 로그인하여 관리자 페이지로 이동합니다.

02 관리자 페이지로 이동하면 왼쪽의 세부 메뉴 중에서 '쇼핑몰 기본 정보 설정' 분류의 '메인/상품 화면 설정'을 클릭합니다.

Hot Sauce

자신의 상점 관리자용 아이디와 비밀번호를 입력하여 로그인합니다.

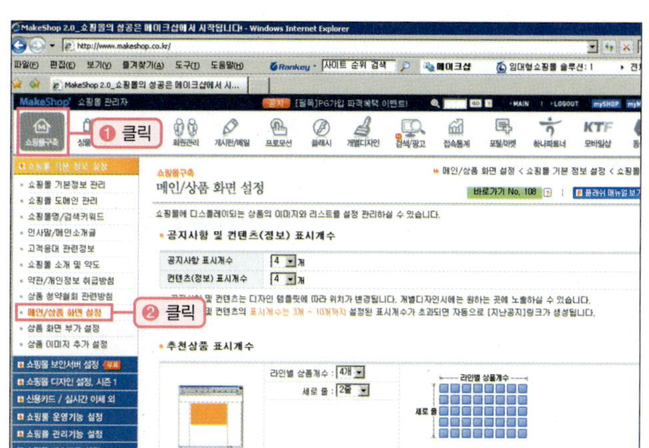

Hot Sauce

메이크샵에서는 쇼핑몰 디자인 설정 기능의 업그레이드가 지속적으로 이루어집니다. 만약 책의 따라 하기와 실제 메뉴가 조금씩 다를 경우에는 해당 기능의 위치를 메이크샵 고객센터로 문의하면 됩니다.

• 전화 : 02-2026-2300
• 이메일 : help@makeshop.co.kr

03 '메인/상품 화면 설정' 페이지가 나타나면 다음과 같이 설정한 후 '설정하기' 버튼을 클릭합니다.

04 이번에는 '쇼핑몰 디자인설정. 시즌 1' 분류의 '쇼핑몰 배경 설정/복사방지' 메뉴를 클릭합니다. '배경색', '중앙화면 미적용'을 차례대로 선택합니다.

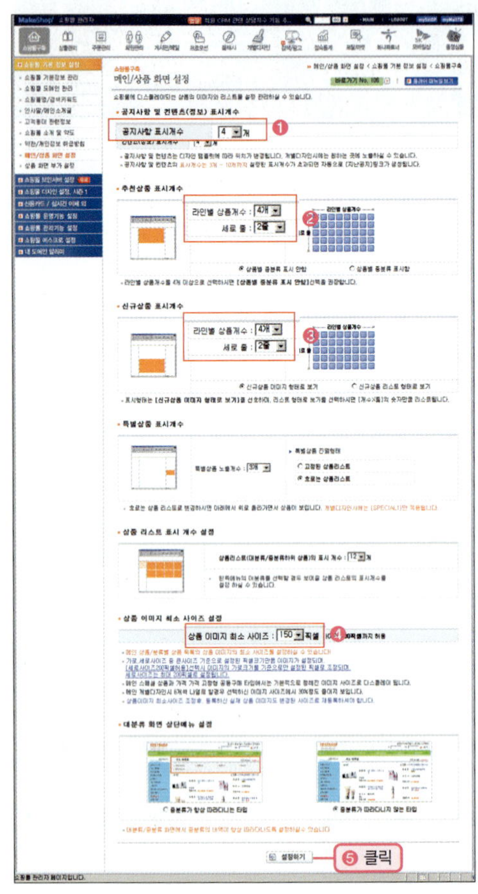

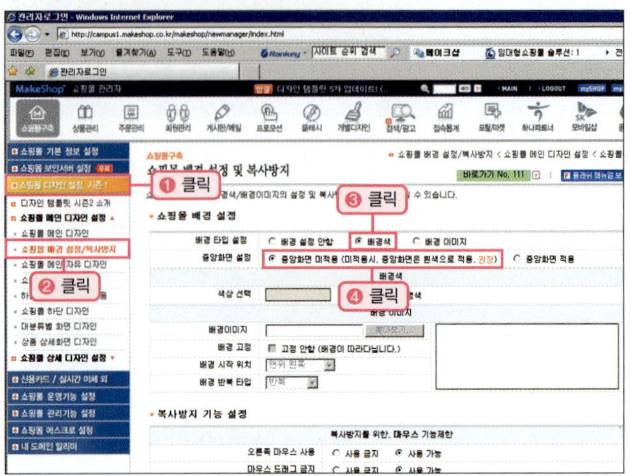

06 '쇼핑몰 운영기능 설정' 분류의 '쇼핑몰 메인 타입설정' 메뉴를 선택합니다. '쇼핑몰 프레임타입 설정' 항목은 '원프레임 타입(주소고정)', '쇼핑몰 정렬타입 설정' 항목은 '가운데 정렬'을 선택한 후 '확인' 버튼을 클릭합니다.

05 색상 선택의 '색상표'를 클릭하여 'EBE5CD'를 입력한 후 '입력' 버튼과 '저장하기' 버튼을 차례대로 클릭합니다.

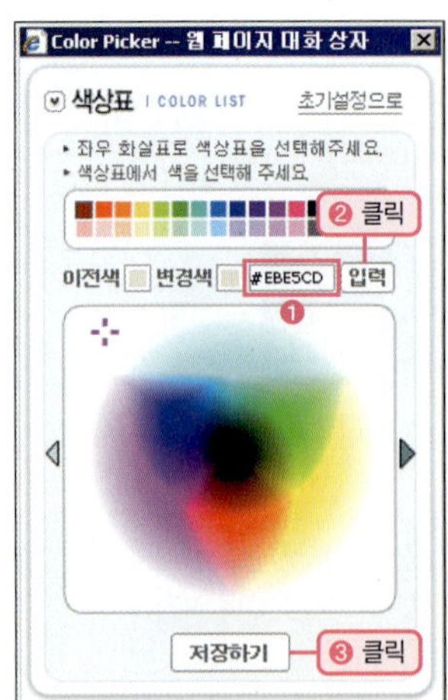

Hot Sauce

콘텐츠 복사 방지 기능은 쇼핑몰 구축이 모두 완료된 후에 설정하는 것이 좋습니다.

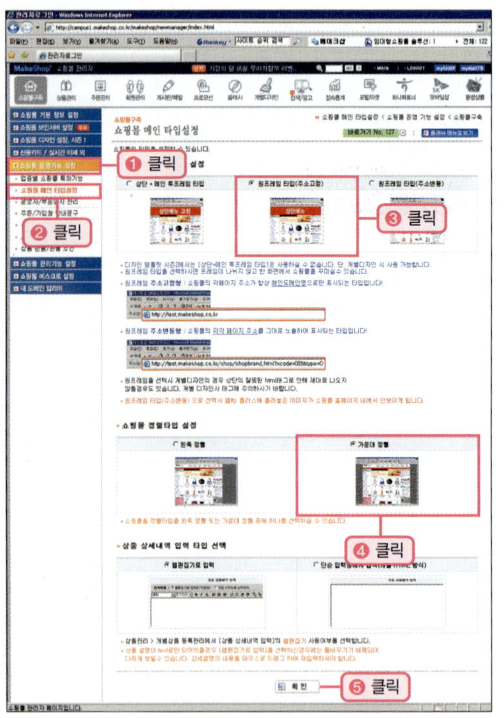

♥ 이미지 업로드하기

01 이제 모든 이미지를 웹에 업로드해 보겠습니다. 관리자 페이지 위쪽의 '개별디자인' 메뉴를 클릭하면 웹 FTP 페이지로 이동합니다. 기본으로 생성되어 있는 '/design/mariweb(자신의 상점 ID)/img/' 폴더에 저장해 둔 이미지들을 업로드해 보겠습니다. 왼쪽 디렉토리에서 'img' 폴더를 클릭합니다.

02 파일 목록 아래 ⊞ 아이콘을 클릭하여 업로드 창을 10개 만듭니다.

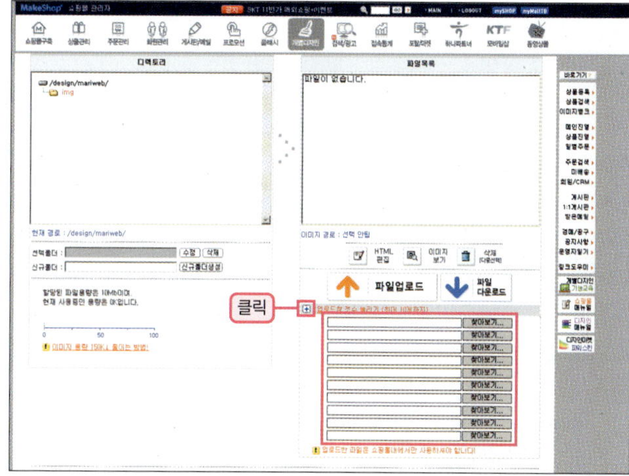

03 '찾아보기' 버튼을 클릭하여 저장해 둔 이미지들을 하나씩 엽니다. 10개를 모두 지정하면 '파일 업로드' 버튼을 클릭하여 '/design/mariweb(자신의 상점 ID)/img(디렉토리)' 폴더에 파일을 업로드합니다.

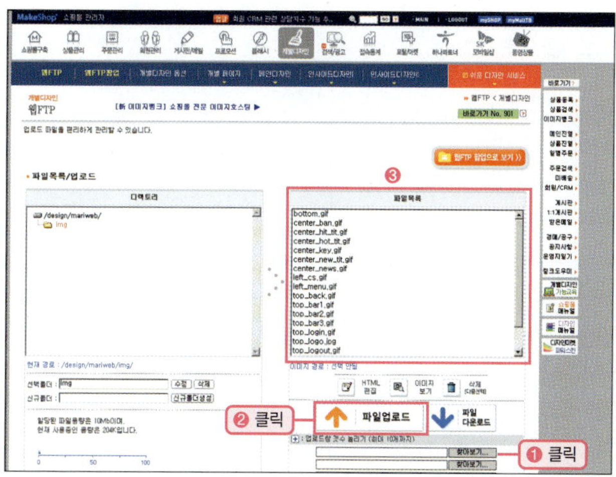

04 상품 설명에 사용할 이미지는 새 폴더를 생성하여 업로드해 보겠습니다. 루트 폴더인 '/design/mariweb(자신의 상점 ID)/'을 클릭합니다. 그런 다음 '신규 폴더' 입력 상자에 'good'를 입력하고 '신규폴더생성' 버튼을 클릭합니다.

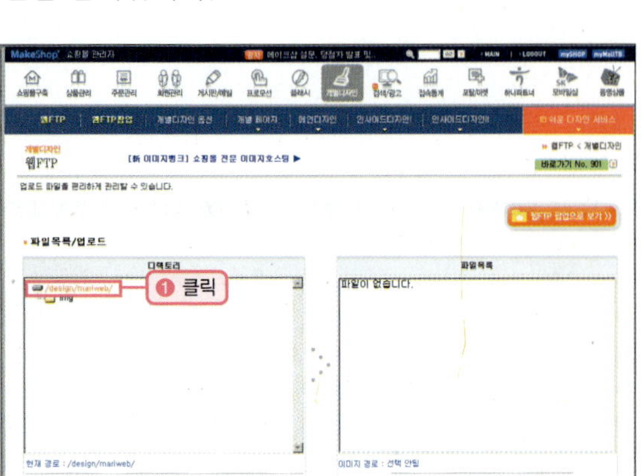

Hot Sauce

디렉토리를 등록할 것인가를 묻는 경고 상자가 나타나면 '확인' 버튼을 클릭합니다.

06 다시 아이콘을 클릭하여 업로드 창 개수를 늘리고, '찾아보기' 버튼을 클릭하여 'good1_01.jpg~good1_05.jpg' 이미지 파일을 모두 선택합니다.

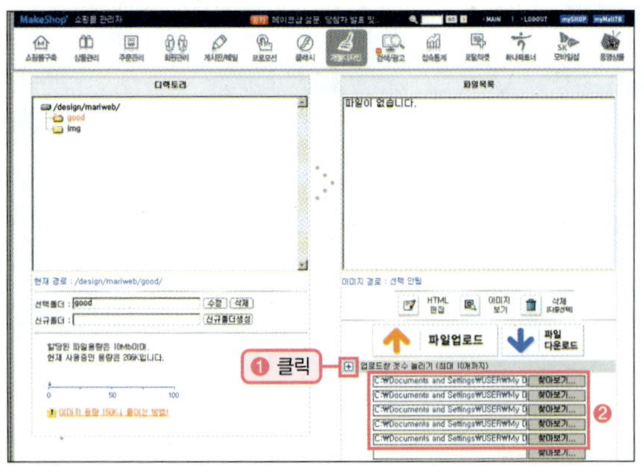

Hot Sauce

'부록 CD-Story 04-상품설명-images' 폴더에서 예제 파일을 선택하면 됩니다.

05 루트 폴더에 'good' 폴더가 생성된 것을 확인할 수 있습니다.

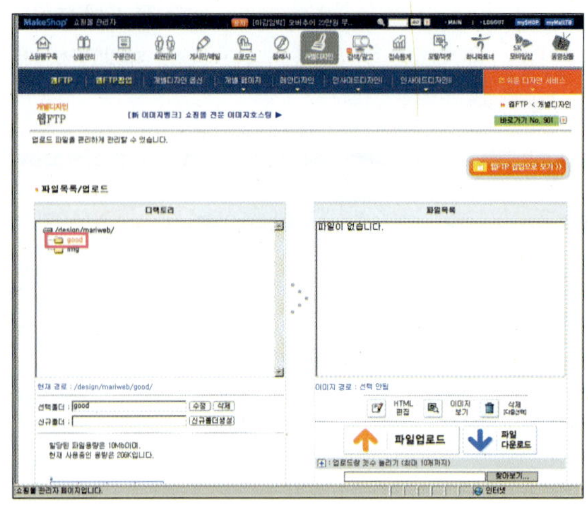

07 '파일 업로드' 버튼을 클릭하여 선택한 이미지를 모두 업로드합니다.

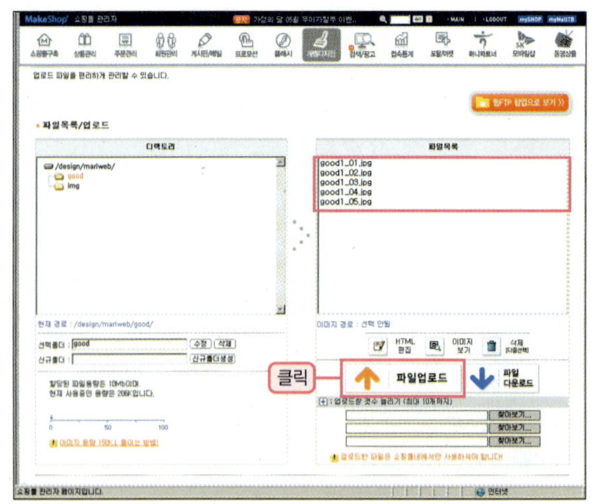

♥ 상품 분류 생성하기

01 이번에는 상품 분류를 생성해 보겠습니다. '상품 관리-판매상품 기본관리-대분류 등록/수정/삭제'를 클릭합니다. '상품 대분류 신규 등록/관리' 화면에서 다음과 같이 지정한 후 '추가/저장' 화살표 버튼을 클릭합니다.

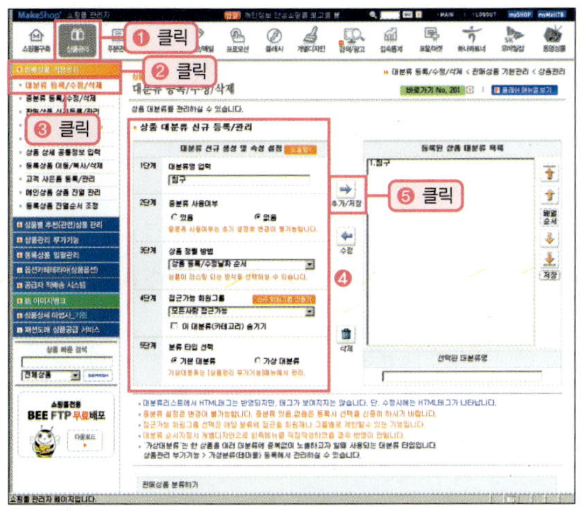

02 '등록된 상품 대분류 목록' 항목에 지정한 상품 분류가 등록된 것을 알 수 있습니다. 같은 방법을 이용하여 필요한 상품 분류를 모두 등록합니다.

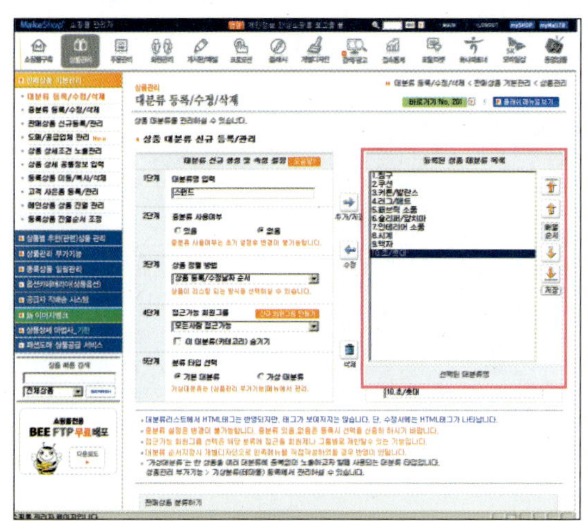

Hot Sauce

상품 분류는 목록 상자 옆의 상하 화살표를 클릭하여 배열 순서를 바꿀 수 있습니다.

03 상품 분류 설정이 완료되면 상품 설명의 아래쪽에 공통으로 노출되는 상세 정보를 등록해 보겠습니다. '판매상품 기본관리' 메뉴에서 '상품 상세 공통 정보 입력'을 선택합니다. 그런 다음 '공통정보 설정 여부' 항목에서 '공통정보 사용함'을 선택합니다.

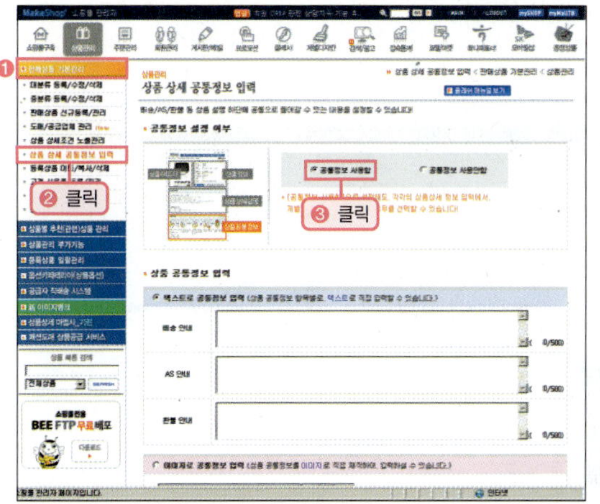

04 '상품 공통정보 입력' 항목에서는 '이미지로 공통정보 입력'을 선택한 후 '찾아보기' 버튼을 클릭합니다. '파일 선택' 대화상자가 나타나면 부록 CD의 'Story 04-상품설명-images' 폴더로 이동하여 'dele_info.gif'를 불러옵니다.

05 페이지 아래쪽의 '저장하기' 버튼을 클릭하여 설정을 마무리합니다. 이때 등록할 것인가를 묻는 경고 상자가 나타나면 '확인' 버튼을 클릭합니다.

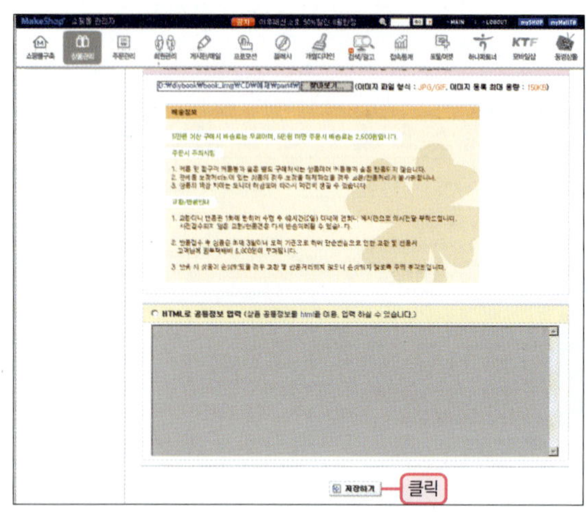

❤ 상품 분류에 맞게 상품 등록하기

01 이제 상품 분류에 맞게 상품을 등록해 보겠습니다. '상품관리-판매상품 기본관리-판매상품 신규등록/관리'를 클릭합니다. '1단계 상품 대분류 선택'에서 '1.침구'를 선택합니다.

02 '상품기본정보 등록' 항목에 다음과 같이 알맞은 정보를 입력합니다. 그런 다음 '상품기본정보 등록' 항목의 '큰 이미지'에서 '찾아보기' 버튼을 클릭합니다. '파일 선택' 대화상자가 나타나면 부록 CD의 'Story 04-상품설명-images' 폴더로 이동하여 'good500.jpg'를 불러옵니다. 이때 '큰 이미지로 중간/작은 이미지 자동생성'에 체크 표시를 합니다.

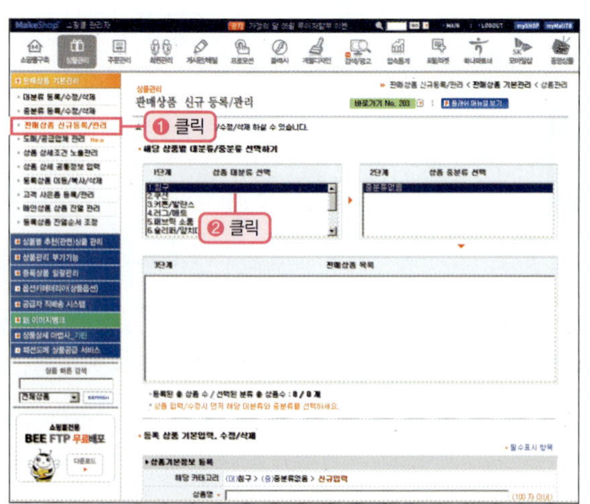

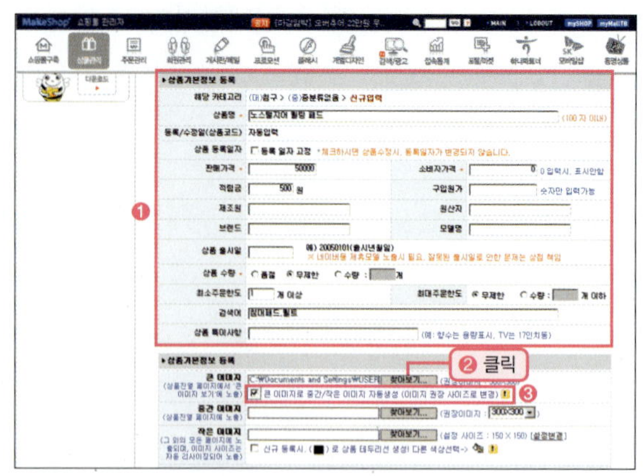

03 '상품 상세정보 등록' 항목의 '이미지 삽입' 아이콘을 클릭합니다.

04 '이미지 입력' 창이 나타나면 다시 '웹FTP 찾기' 버튼을 클릭합니다. '파일 관리' 대화상자가 나타나는데, 'good' 폴더를 클릭하여 'good_01.jpg' 파일을 선택한 후 '입력' 버튼을 클릭합니다.

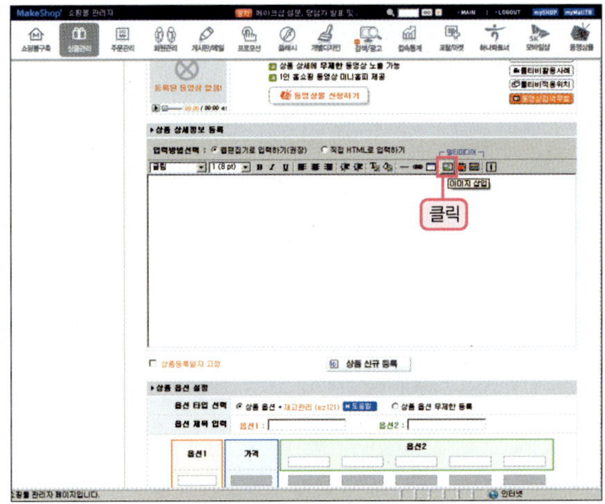

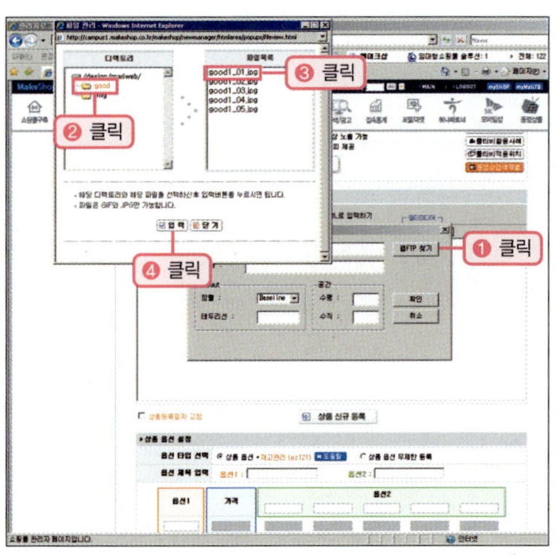

05 '이미지 입력' 대화상자를 살펴보면 '이미지 URL' 항목에 선택한 이미지의 경로가 입력된 것을 확인할 수 있습니다. '확인' 버튼을 클릭하면 상품 설명에 이미지가 삽입됩니다.

06 삽입된 이미지의 오른쪽에 마우스 포인터를 위치한 후 Enter 를 누릅니다. 그런 다음 다시 '이미지 삽입' 아이콘을 클릭하여 'good_02.jpg' 파일을 삽입합니다.

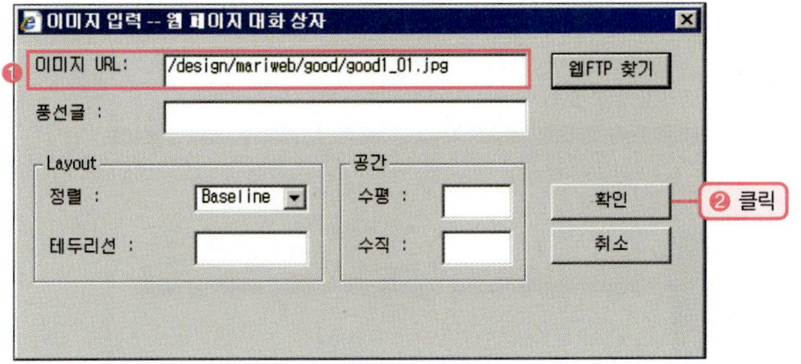

07 같은 방법을 이용하여 'good_03.jpg', 'good_04.jpg', 'good_05.jpg' 이미지를 모두 삽입합니다.

08 이제 상품의 옵션을 입력할 차례입니다. '상품 옵션 설정' 항목에서 '옵션1'에는 색상 정보, '옵션2'에는 사이즈 정보를 입력합니다.

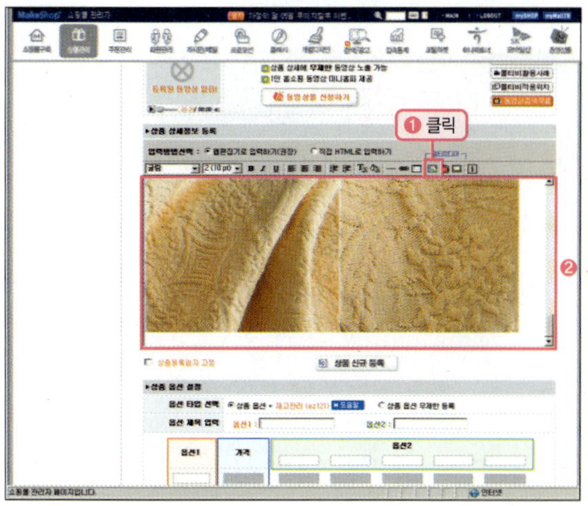

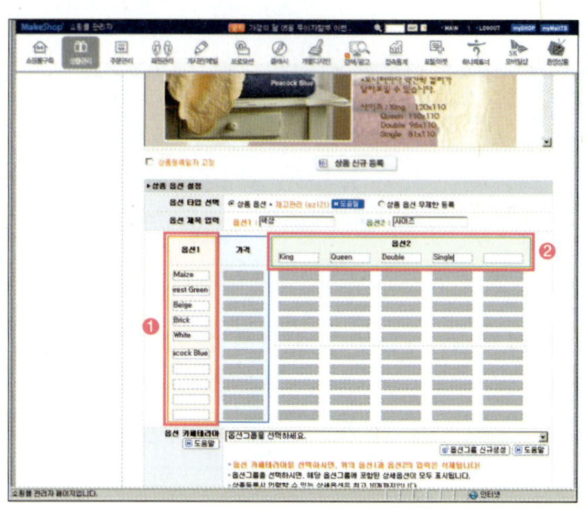

09 '상품 아이콘 설정' 항목과 '상품 특별 설정' 항목에서 아이콘 디자인, 상품 진열 여부 등을 다음과 같이 설정한 후 '상품 신규 등록' 버튼을 클릭합니다.

10 '침구' 분류에 해당 상품이 등록된 것을 확인할 수 있습니다. '진열상품 바로가기' 버튼을 클릭합니다.

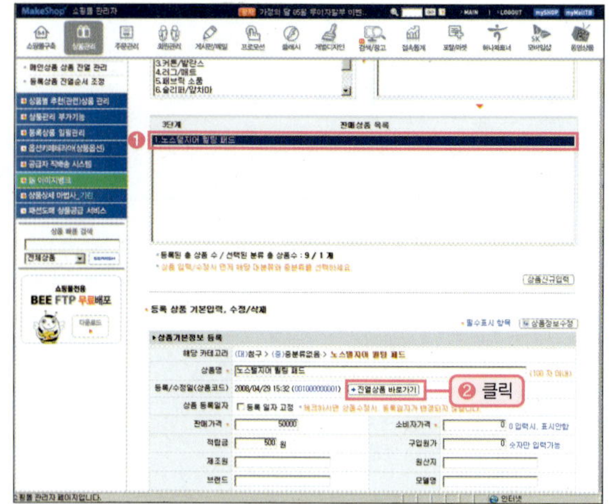

11 인터넷 익스플로러가 실행되면서 등록된 상품의 상품 정보 페이지가 나타납니다.

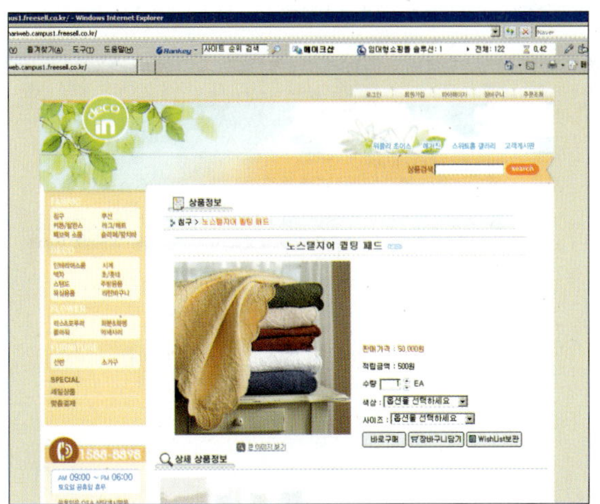

12 상품 정보 페이지의 아래쪽에는 공통으로 노출되는 배송 안내도 나타나는 것을 확인할 수 있습니다.

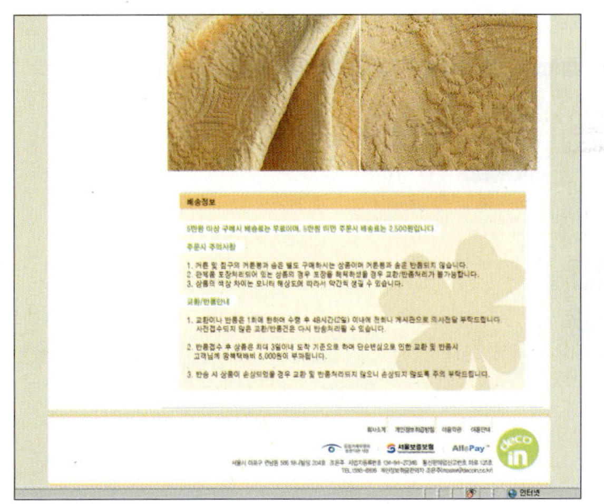

♥ 메인 페이지의 플래시 효과 설정하기

01 이번에는 메인 페이지에 들어갈 플래시 효과를 설정하겠습니다. '플래시' 메뉴의 '흐르는 플래시-흐르는 메인상품 설정/관리'를 클릭한 후 '흐르는 메인 상품 옵션'을 다음과 같이 설정합니다. '상품타이틀설정' 항목에서 '이미지 형식'을 선택하고 '찾아보기' 버튼을 클릭합니다.

02 '파일 선택' 대화상자가 나타나면 부록 CD의 'Story 04-style1_img-center' 폴더로 이동하여 'center_hit_tit.gif'를 불러옵니다.

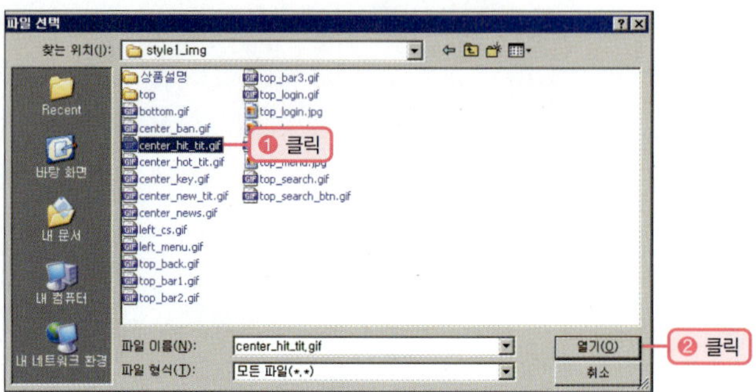

03 메인 페이지의 흐르는 플래시 효과는 상품을 미리 등록해 두어야 설정이 가능합니다. 미리 등록한 상품 중에서 각 분류별로 한 개씩을 지정한 후 '메인 상품에 노출' 버튼을 클릭합니다.

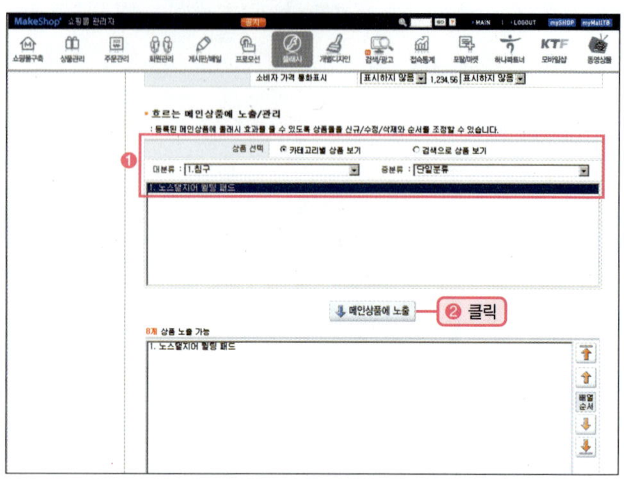

04 흐르는 플래시 효과를 적용할 8개의 상품을 지정하고 '흐르는 메인상품에 저장' 버튼을 클릭합니다.

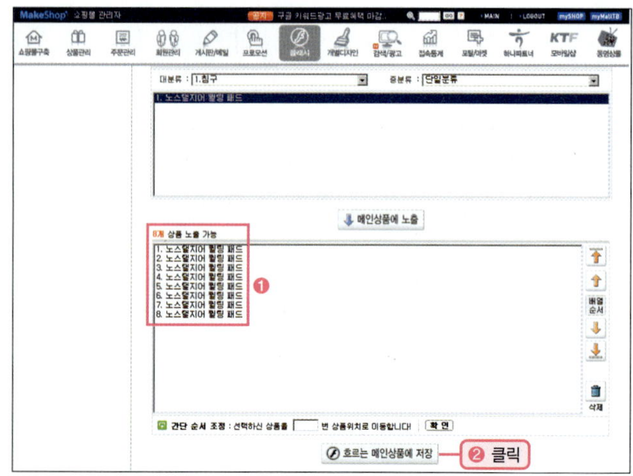

♥ 태그 클라우드 설정하기

01 이번에는 태그 클라우드를 설정하겠습니다. '플래시' 메뉴의 '태그클라우드-태그클라우드 설정/관리'를 클릭합니다. '태그 클라우드 옵션 설정' 항목에서 태그의 글자 크기와 글자색, 배경색 사용 여부를 다음과 같이 설정합니다.

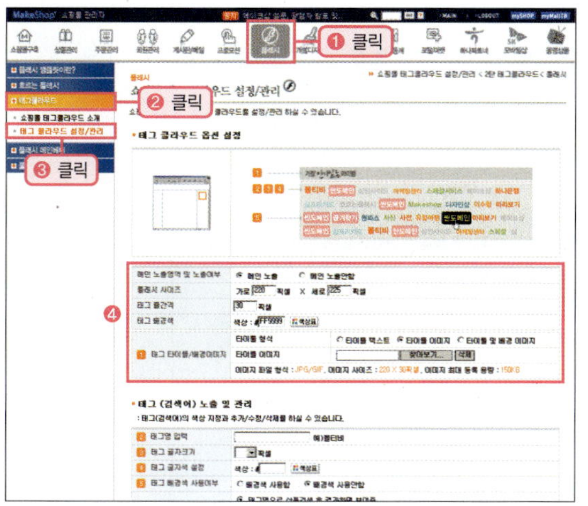

02 '태그 클라우드 옵션 설정' 페이지에서 '타이틀 형식'은 '타이틀 이미지'로 선택하고 '찾아보기' 버튼을 클릭합니다. '파일 선택' 대화상자가 나타나면 부록 CD의 'Story 04-style1_img-center' 폴더로 이동하여 'center_key.gif'를 선택합니다.

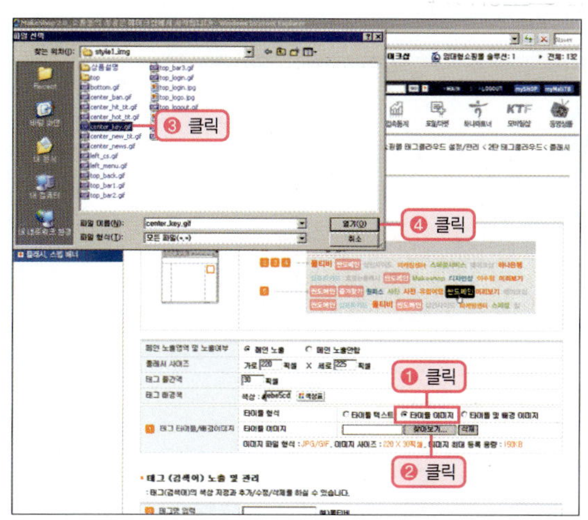

03 태그명, 글자 크기, 글자색, 배경색 사용 여부, 태그 링크를 설정한 후 '태그 추가' 버튼을 누르면 태그가 추가됩니다.

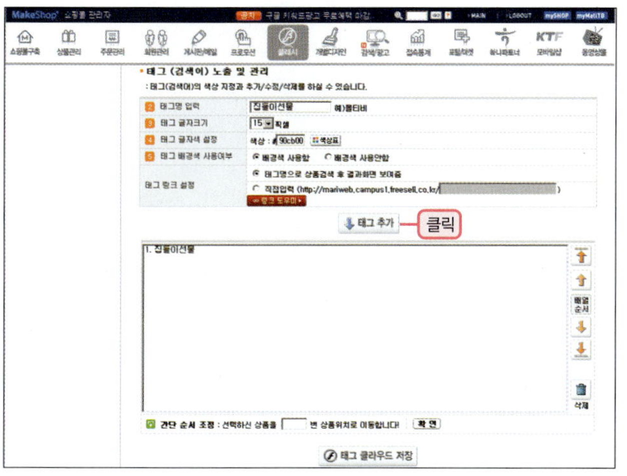

04 같은 방법을 이용하여 다음과 같이 태그(검색어)를 모두 지정합니다. 그런 다음 '태그 클라우드 저장' 버튼을 클릭합니다.

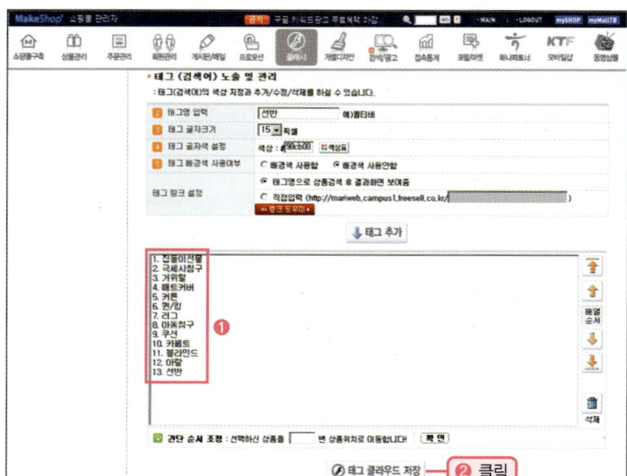

01 '플래시' 메뉴의 '플래시 메인배너–플래시 메인 배너 설정/관리'를 클릭합니다. 그런 다음 '플래시 메인배너 노출 및 관리' 항목을 다음과 같이 설정합니다. 메인 배너는 총 5개의 이미지를 등록하는 것이 가능한데, 앞서 만들어두었던 'ban1.jpg~ban4.jpg' 파일을 차례대로 등록합니다.

02 각 이미지 배너의 링크 설정 옆에 있는 '링크 도우미' 버튼을 클릭하면 '링크 도우미' 창이 나타납니다. 여기서는 분류, 상품, 게시판, 개별페이지, 기획전, 기타 항목을 선택하여 링크 주소를 지정할 수 있습니다.

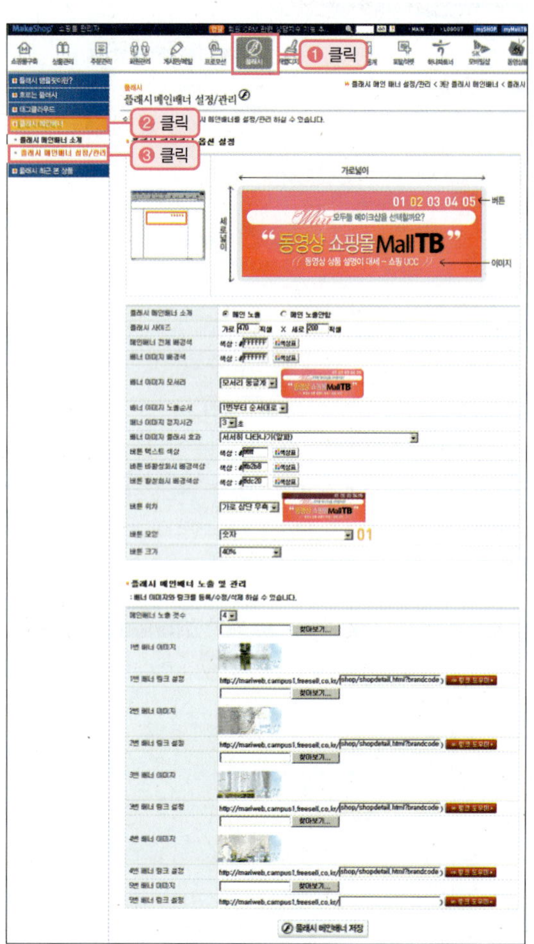

Design Master | 한 번에 한 개의 이미지 등록하기

4개의 이미지를 한꺼번에 등록하려고 할 경우 업로드 파일 제한 용량인 '150kb'를 초과해 업로드가 불가능할 때가 많습니다. 그러므로 이미지를 업로드할 때는 파일을 하나씩 업로드하는 것이 좋습니다.

41 $\mathcal{Shopping\ Mall\ Sense}$

[메이크샵] 메인 페이지의 각 영역별 HTML 등록하기

01 드림위버를 실행한 후 `Ctrl`+`O`를 눌러서 'style1 _top.html' 파일을 불러옵니다. 그런 다음 'Code' 창에 마우스 포인터를 위치하고 `Ctrl`+`A`와 `Ctrl`+`C`를 차례대로 눌러 전체 소스를 복사합니다.

02 메이크샵 관리자에서 '개별디자인' 메뉴의 '메 인디자인-상단메뉴 관리'를 클릭합니다.

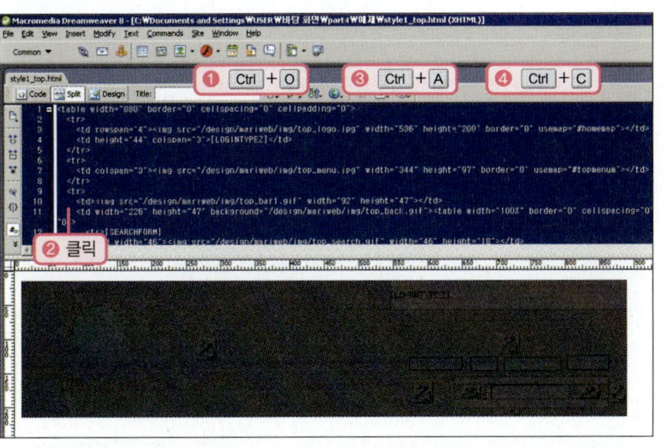

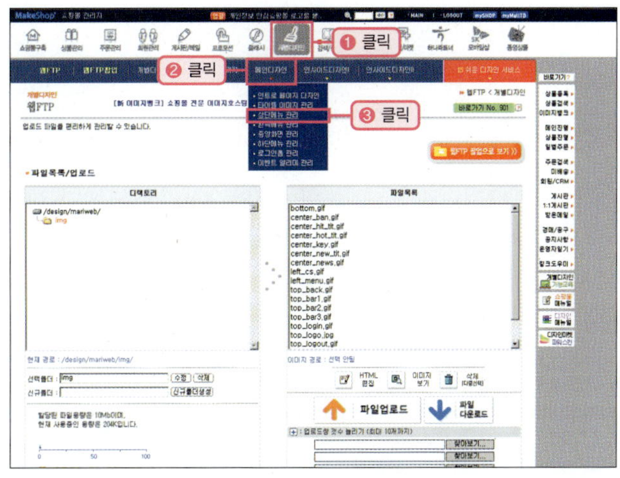

Hot Sauce

부록 CD의 'Story 04-style1_html' 폴더에서 예제 파일을 불러오 면 됩니다.

03 '상단 메뉴 작업' 페이지가 나타나면 소스 입력 창에 마우스 포인터를 위치한 후 `Ctrl`+`V`를 눌 러서 복사한 소스를 붙여 넣습니다. 이때 상단 메뉴의 높 이는 '200'을 입력하고 소스 입력 창 아래의 '확인' 버 튼을 클릭합니다.

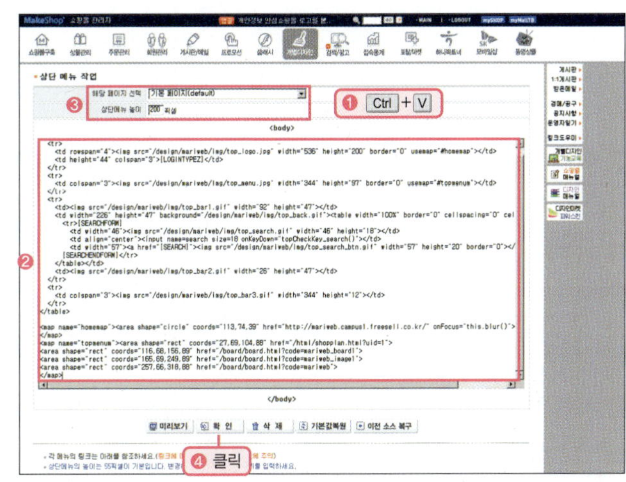

04 같은 방법을 이용하여 '개별디자인' 메뉴의 '메인디자인-왼쪽메뉴 관리'를 클릭합니다. 그런 다음 'style1_left.html' 파일의 소스를 붙여 넣습니다.

05 '개별디자인' 메뉴의 '메인디자인-중앙화면 관리'를 클릭하여 'style1_center.html' 파일 소스를 붙여 넣습니다. 이때 왼쪽 메뉴와 메인 페이지 사이의 공백 없애기에 체크 표시를 합니다.

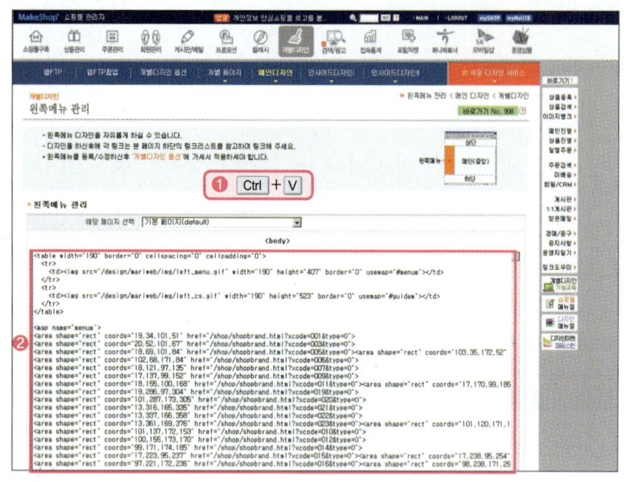

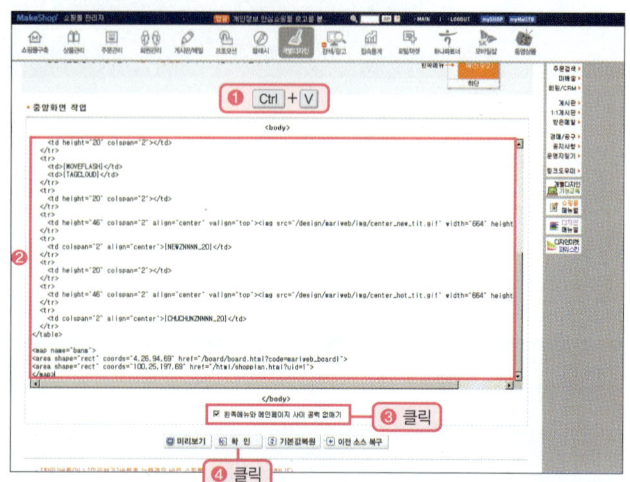

06 '개별디자인' 메뉴의 '메인디자인-하단메뉴 관리'를 클릭하여 'style1_bottom.html' 파일 소스를 붙여 넣습니다. 이때 '왼쪽 메뉴 포함 쇼핑몰 하단'을 선택합니다.

07 '개별디자인' 메뉴의 '메인디자인-로그인폼 관리'를 클릭하여 'style1_top_login.html' 파일 소스를 '로그인 디자인 관리'에 붙여 넣습니다. 그런 다음 'style1_top_logout.html' 파일의 소스는 '로그아웃 디자인 관리'에 붙여넣기 합니다.

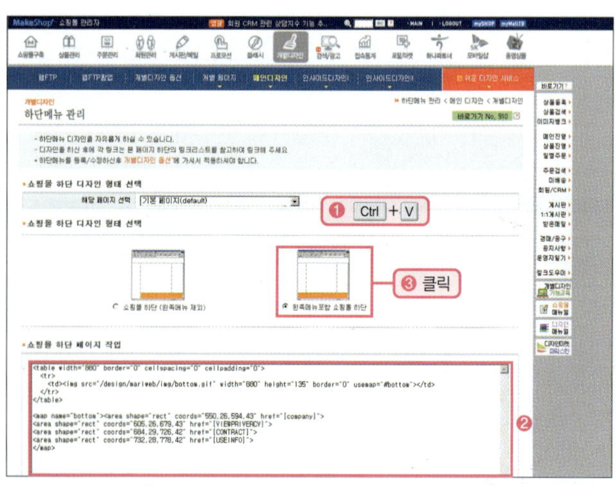

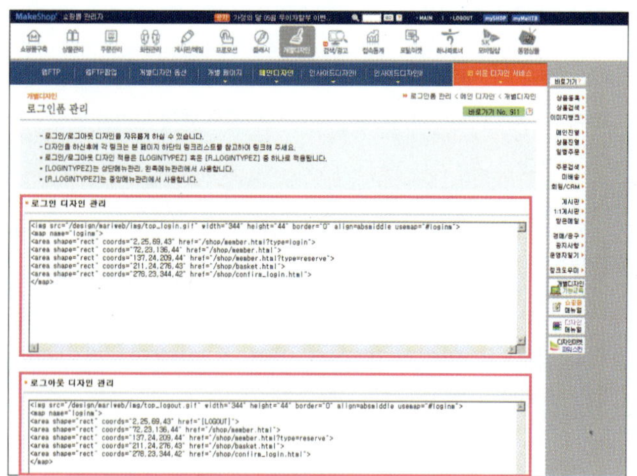

08 각 부분별 소스 입력이 완료되었으면 '개별디자인' 메뉴의 '개별디자인 옵션'을 클릭하여 다음과 같이 선택합니다.

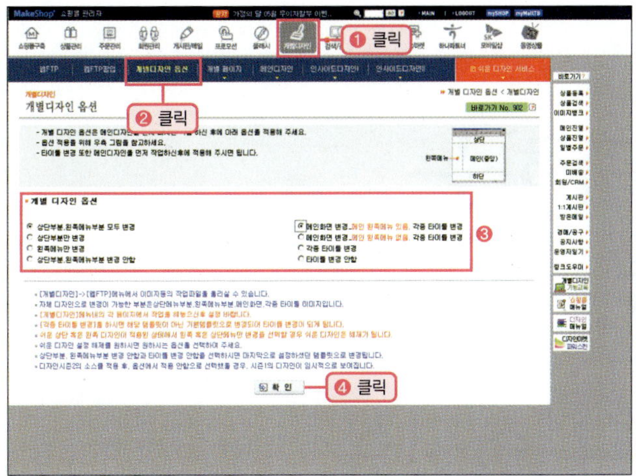

09 관리자 화면 우측 상단의 'mySHOP' 버튼을 클릭하면 쇼핑몰의 메인 페이지 구축이 완성된 것을 확인할 수 있습니다.

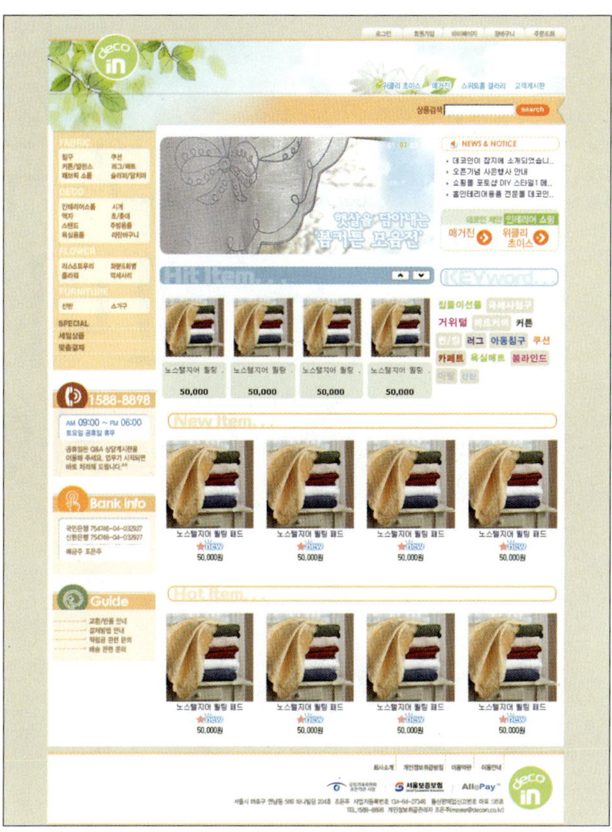

.Hot Sauce
- -

여러분이 구축한 메인 페이지는 책의 화면과 다를 수도 있습니다. 쇼핑몰 관리자 상품관리 메뉴의 '판매상품 기본관리–메인상품 상품진열관리'에서 메인에 노출될 상품을 지정해야 메인에 상품이 노출됩니다.

cafe24로 구축하는
트렌디한
스타일의 쇼핑몰

Story
05

Story 05에서는 쇼핑몰 솔루션 업체 중 앞서 배운 메이크샵과 더불어 높은 인지도를 가지고 있는 'cafe24'의 솔루션을 이용하여 여성 의류 쇼핑몰을 만들어보겠습니다. 여성 의류는 전체 쇼핑몰 중 무척 큰 시장을 형성하고 있기 때문에 그만큼 경쟁도 치열합니다. 하지만 이 책만 잘 따라 하면 공부도 하고 공짜로 멋진 여성 의류 쇼핑몰을 하나 얻을 수 있으니 일석이조겠죠?

♥ 스타일 분석하기

[1단계] 천생연분 아이템

cafe24를 통해 제작할 쇼핑몰은 전체 쇼핑몰 중에서 시장 규모가 매우 크고, 신규 창업자도 가장 많은 분야인 여성 의류 쇼핑몰입니다. 이런 쇼핑몰은 운영자와 방문자가 모두 젊은 여성이기 때문에 쇼핑몰의 레이아웃도 일반적인 스타일에서 벗어나 젊은 감각의 색상, 스타일, 이미지를 많이 사용하게 됩니다. 쇼핑몰 디자인에도 유행이 있는데, 최근 눈에 띄는 트렌디한 스타일은 개인 블로그 느낌의 디자인, 손글씨와 손그림, 직접 스케치한 듯한 이미지 등의 요소를 사용하는 쇼핑몰입니다.

[2단계] 천생연분 컬러 배색

트렌디한 패션 쇼핑몰은 특정 색상을 이용하여 분위기에 초점을 맞추기보다 기존 쇼핑몰과 다른 스타일리시한 느낌을 줄 수 있어야 합니다. 전체적인 색상은 운영자의 취향, 판매하는 의류의 스타일을 고려하여 선택하겠지만 최근 패션 쇼핑몰에서 많이 사용하는 색상은 화사한 파스텔톤, 톤다운된 파스텔톤, 화이트와 블랙 위주의 모노톤입니다.

[3단계] 샘플 사이트

▲ 난닝구(http://naning9.com)

▲ 로로(http://roro.com)

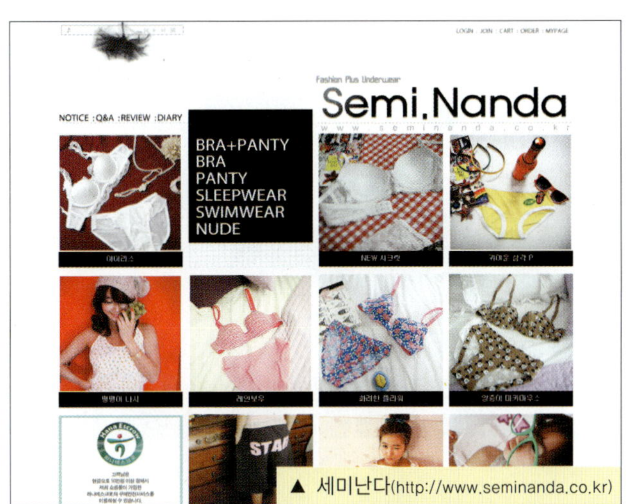

▲ 세미난다(http://www.seminanda.co.kr)

▲ 바가지머리(http://bagazimuri.com)

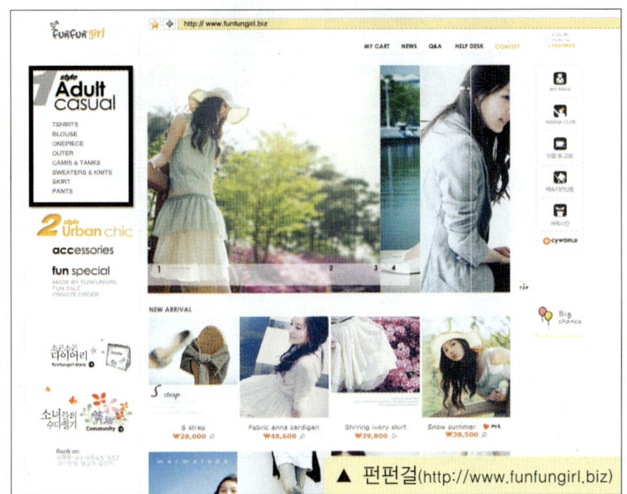

▲ 펀펀걸(http://www.funfungirl.biz)

▲ 핑키걸(http://pinkygirl.co.kr)

[1단계] 사용할 쇼핑몰 솔루션

트렌디한 패션 쇼핑몰 운영자는 대부분 젊은 사람들이고, cafe24의 무료 쇼핑몰 솔루션을 사용하는 상점들이 매우 많습니다. cafe24 쇼핑몰 솔루션은 디자인 구현이 자유롭다는 장점이 있지만, 이 장점을 최대한 활용하려면 HTML에 대한 지식이 더 많이 필요합니다. 따라서 '메이크샵'에서처럼 100% 맞춤 제작을 하기보다 무료 디자인 중 하나를 선택한 후 이를 적절히 수정하여 쇼핑몰을 구축하는 것이 좋습니다.

[2단계] 메인 페이지 디자인

상품 분류를 왼쪽이 아닌 상단에 배치하여 전체적으로 상품 사진과 설명 중심의 쇼핑몰을 구축해 보려고 합니다. cafe24에 쇼핑몰 신청을 하면 무료로 제공해 주는 디자인 중 '사이트나와'를 수정하여 차별화된 쇼핑몰로 만들어볼 것입니다.

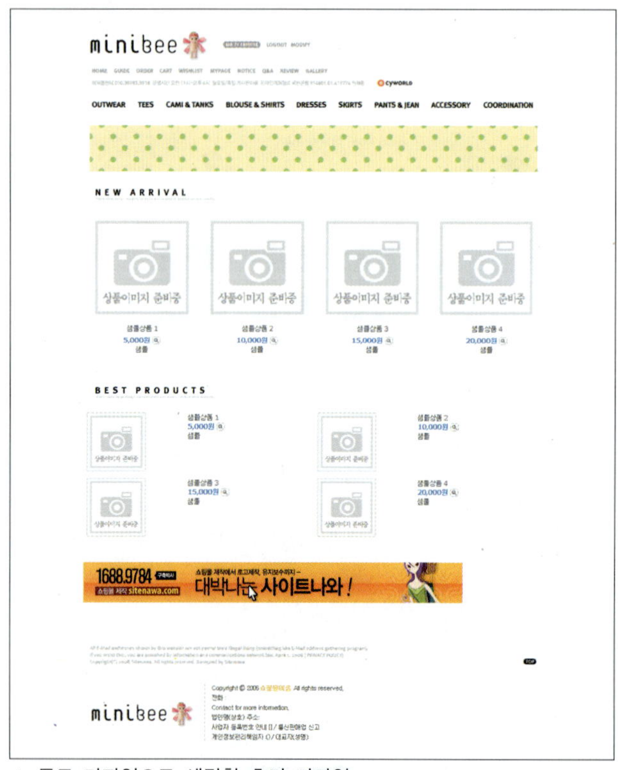

▲ 무료 디자인으로 세팅한 초기 디자인

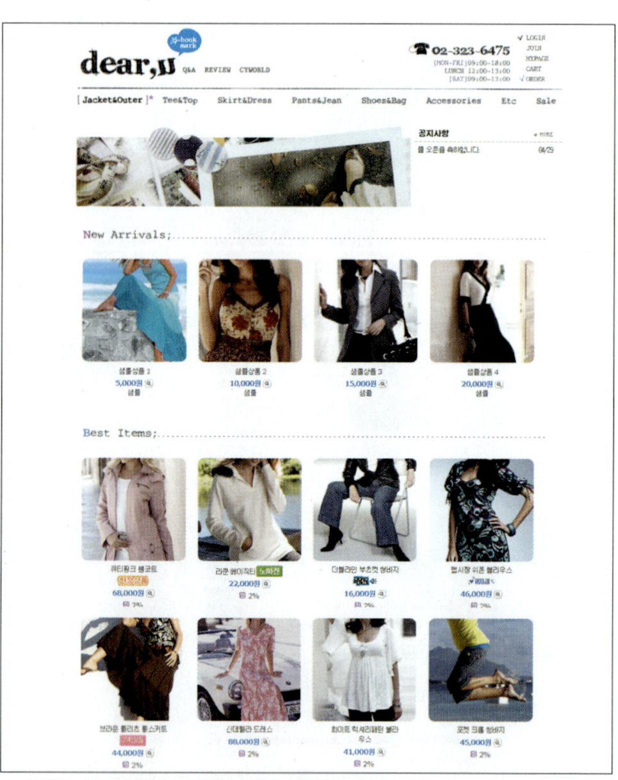

▲ 맞춤 디자인으로 개조한 완성 디자인

Hot Sauce

완성된 cafe24 쇼핑몰의 인터넷 주소는 'http://mariweb.cafe24.com' 입니다.

[3단계] 쇼핑몰 메인 페이지 기획

① 로고

상호는 귀엽고 친근한 느낌의 '디어유', 도메인은 'dearu.co.kr' 입니다.

② 상품 분류

상품 단일 분류
JACKET & OUTER
TEE & TOP
SKIRT & DRESS
PANTS & JEAN
SHOES & BAG
ACCESSORIES
ETC
SALE

③ 톱 메뉴

Q&A, REVIEW 게시판, CYWORLD 링크 버튼으로 구성합니다.

④ 신상품, 인기 상품 선정

메인에 자동 노출되는 상품 리스트를 '신상품'과 '인기 상품' 두 가지 섹션으로 구분합니다.

⑤ 고객센터 정보

고객 상담 전화번호와 업무 시간 안내가 적힌 배너는 화면 상단의 우측에 넣고, 계좌번호 안내는 화면 하단에 넣습니다.

⑥ 쇼핑몰 사업자 정보

쇼핑몰 하단에 위치하는 사업자 관련 정보도 쇼핑몰 디자인에서 빼놓을 수 없는 부분입니다. 사업자 관련 정보 중 필수 항목이 누락되면 검색엔진 등록이나 신용카드 결제 시스템 신청을 거절당할 수도 있습니다.

♥ 무료 디자인 신청과 세팅하기

01 cafe24 홈페이지(http://echosting.cafe24.com)에 로그인한 후 '쇼핑몰 신청' 메뉴를 클릭합니다.

Hot Sauce

cafe24 쇼핑몰의 호스팅 서비스는 무료입니다. 그러나 1개월 동안 로그인하지 않으면 아이디가 휴면 상태가 되고, 3개월 동안 로그인하지 않으면 아이디가 삭제됩니다.

Design Master | cafe24에 회원 가입하기

cafe24 홈페이지에서 '실명 인증', '정보 입력', '약관 동의' 과정을 거치면 간단하게 회원에 가입할 수 있습니다.

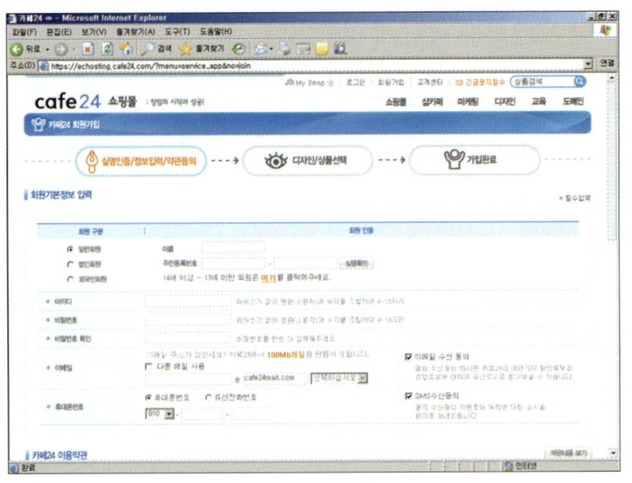

02 무료로 제공하는 레이아웃 디자인의 카테고리가 나타나는데, '패션/의류' 분류 중 '사이트나와' 를 선택합니다.

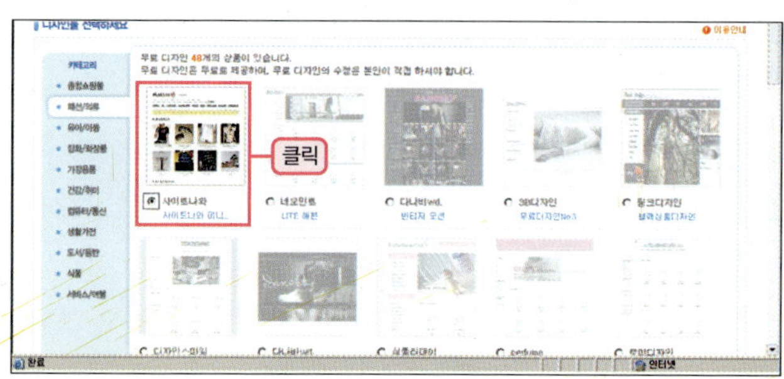

각 디자인에 마우스 포인터를 위치한 후 '새창보기'를 클릭하면 선택한 디자인의 샘플 사이트를 확인할 수 있습니다.

04 간단하게 무료 쇼핑몰 신청이 완료되었습니다. cafe24에서 쇼핑몰 세팅을 처리해 줄 때까지 기다립니다.

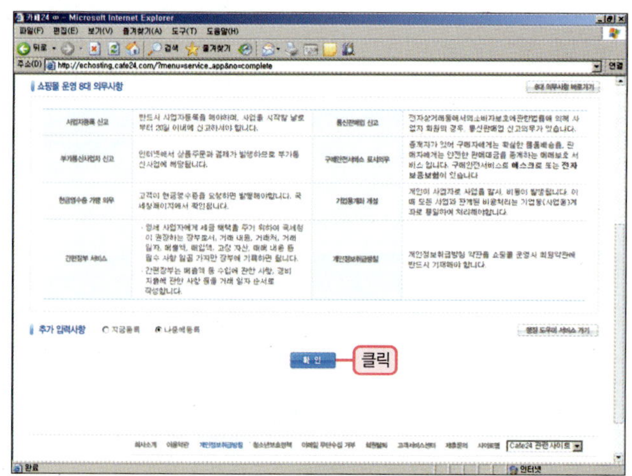

cafe24에서 쇼핑몰 세팅을 완료할 때까지 걸리는 시간은 일반적으로 30분 내외입니다. 단, 세팅 완료 시간은 cafe24의 내부 사정에 따라 달라질 수 있습니다.

03 스크롤바를 아래쪽으로 이동하여 '등록안함' 탭을 선택한 후 '다음단계로' 버튼을 클릭합니다.

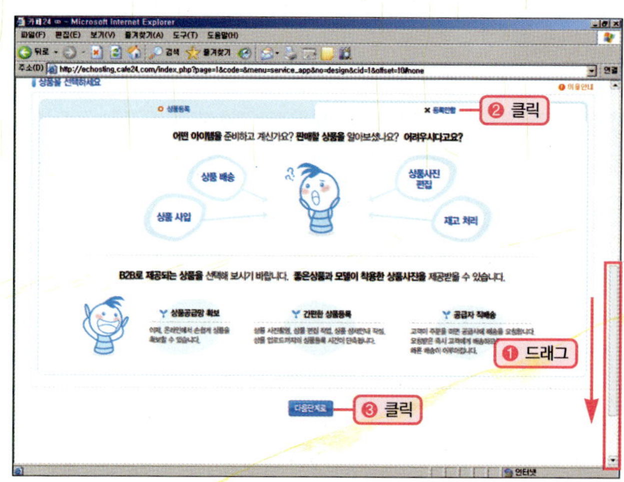

05 세팅 완료 후 무료 도메인(자신의 상점 ID.cafe24.com)을 인터넷 주소 창에 입력하면 기본 쇼핑몰을 확인할 수 있습니다. 쇼핑몰을 구축할 동안 메인 페이지와 관리자 페이지(echosting.cafe24.com/shop)에 자주 접속해야 하므로 두 개의 사이트를 즐겨찾기에 등록해 두세요.

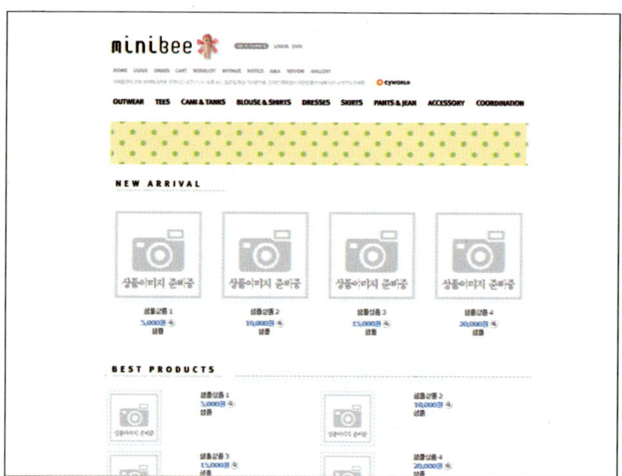

01 cafe24에 로그인한 후 '쇼핑몰 관리자 바로가기'를 클릭합니다.

02 쇼핑몰 관리자로 로그인할 수 있는 페이지 창이 나타나면 자신의 '상점아이디'와 '비밀번호'를 입력한 후 '로그인' 버튼을 클릭합니다.

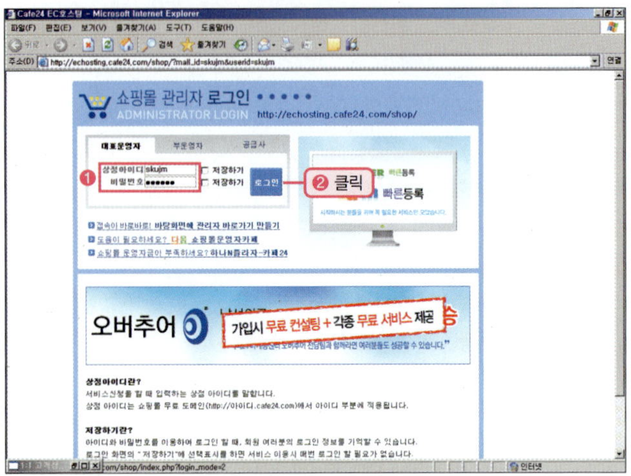

쇼핑몰 관리자로 로그인할 때 '저장하기'에 체크 표시를 해두면 매번 아이디와 비밀번호를 입력할 필요가 없어서 편리합니다. 단, 공동으로 사용하는 컴퓨터이거나 100% 자신만이 관리하는 컴퓨터가 아닐 경우에는 개인 정보가 유출될 가능성이 있으므로 '저장하기'에 체크 표시를 하지 않는 것이 좋습니다.

03 관리자 페이지에서 '디자인관리-HTML 디자인 설정' 메뉴를 클릭하면 쇼핑몰의 각 페이지 리스트가 나타나는데, 페이지들이 기능/유형별로 분류되어 있는 것을 알 수 있습니다. 여기에서 각 페이지를 클릭하면 해당 페이지의 디자인이 나타나고, 전체 레이아웃 코딩과 모듈 배치 등을 수정하여 페이지 레이아웃을 바꿀 수 있습니다.

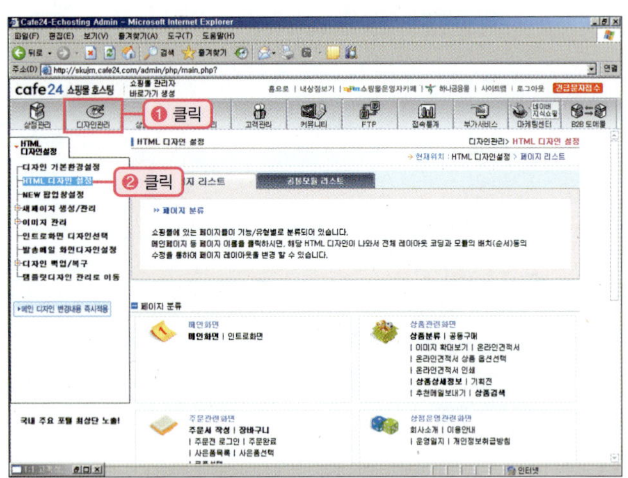

04 '공통모듈 리스트' 탭을 클릭하면 모든 페이지에 공통으로 사용되는 모듈이 나열되어 있습니다. 여기에서 디자인 수정을 하면 모든 페이지에 수정한 사항이 적용됩니다.

05 다시 '페이지 리스트'로 이동하여 '메인화면'을 클릭하면 다음과 같이 메인 페이지의 구조, 배경, 모듈의 위치, 사용 여부를 수정하는 페이지가 나타납니다.

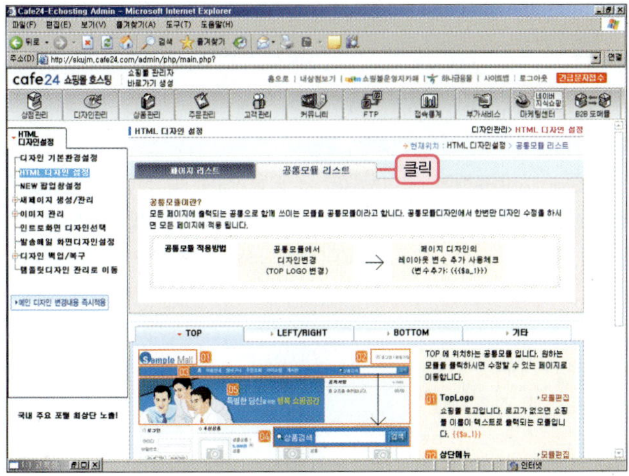

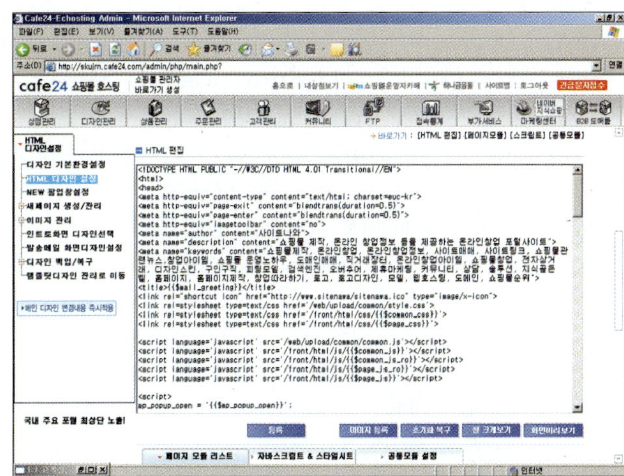

06 부록 CD의 'Story 05-style2_html' 폴더로 이동한 후 '사이트나와메인.txt' 파일을 불러옵니다. 그런 다음 소스 전체를 복사하고 관리자의 기존 메인 화면 소스 대신 붙여 넣습니다.

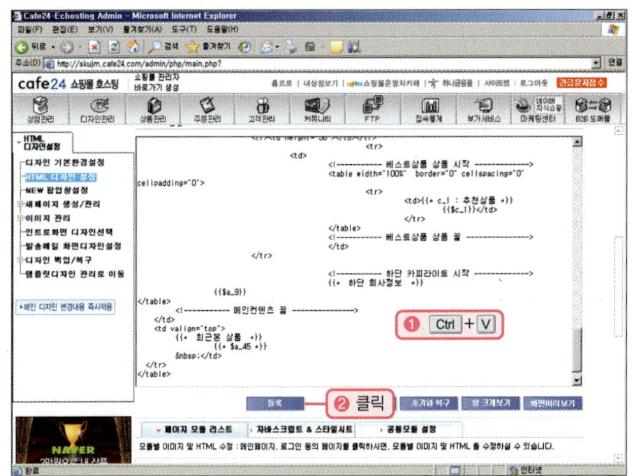

Design Master | 모듈과 공통 모듈

cafe24 솔루션에서의 모듈이란 한 페이지를 구성하는 단위를 말하며, 페이지 모듈이라고도 합니다. 예를 들어 메인 페이지는 추천 상품, 중앙 기본 배너 등 많은 모듈로 구성되는데, 이것들의 용도나 기능은 각각 다르지만 모두 모듈이라고 부릅니다. 모든 페이지에 공통으로 포함되는 '공통 모듈'은 한 페이지에서만 수정하면 모든 페이지에 동일하게 적용됩니다.

```
<!DOCTYPE HTML PUBLIC "-//W3C//DTD HTML 4.01 Transitional//EN">
<html>
<head>
<meta http-equiv="content-type" content="text/html; charset=euc-kr">
<meta http-equiv="page-exit" content="blendtrans(duration=0.5)">
<meta http-equiv="page-enter" content="blendtrans(duration=0.5)">
<meta http-equiv="imagetoolbar" content="no">
<meta name="author" content="사이트나와">
<meta name="description" content="쇼핑몰 제작, 온라인 창업정보 등을 제공하는 온라인창업 포털사이트">
<meta name="keywords" content="쇼핑몰제작, 온라인창업, 온라인창업정보, 사이트매매, 사이트링크, 쇼핑몰관련뉴스, 창업아이템, 쇼핑몰 운영노하우, 도매인매매, 직거래장터, 온라인창업아이템, 쇼핑몰창업, 전자상거래, 디자인스킨, 구인구직, 피팅모델, 검색엔진, 오버추어, 제휴마케팅, 커뮤니티, 상담, 솔루션, 지식골든벨, 홈페이지, 홈페이지제작, 창업따라하기, 로고, 로고디자인, 모델, 웹호스팅, 도메인, 쇼핑몰순위">
<title>{{$mall_greeting}}</title>
<link rel="shortcut icon" href="http://www.sitenawa/sitenawa.ico" type="image/x-icon">
<link rel=stylesheet type=text/css href='/web/upload/common/style.css'>
<link rel=stylesheet type=text/css href='/front/html/css/{{$common_css}}'>
<link rel=stylesheet type=text/css href='/front/html/css/{{$page_css}}'>

<script language='javascript' src='/web/upload/common/common.js'></script>
<script language='javascript' src='/front/html/js/{{$common_js}}'></script>
<script language='javascript' src='/front/html/js/{{$common_js_ro}}'></script>
<script language='javascript' src='/front/html/js/{{$page_js_ro}}'></script>
<script language='javascript' src='/front/html/js/{{$page_js}}'></script>

<script>
mp_popup_open = '{{$mp_popup_open}}';
{{literal}}
if( mp_popup_open == "T" )
{{
{{/literal}}
notice_popup( '{{$mp_popup_open}}', '{{$mp_width}}', '{{$mp_height}}', '{{$mp_left_p}}', '{{$mp_top_p}}', '{{$mp_scrollbars}}' );
{{literal}}
}}
{{/literal}}
</script>

<style type="text/css">
<!--
body {
margin-left: 0px;
```

```
margin-top: 0px;

margin-right: 0px;

margin-bottom: 0px;

background-color: #FFFFFF;

}

-->

</style>

</head>


<body topmargin="0" leftmargin="0">
<table width="100%" border="0" cellspacing="0" cellpadding="0" style="table-layout:fixed">
<tr>
<td> </td>
<td width="780" valign="top">


<!----------- 메인 콘텐츠 시작 ------------->
<table width="100%" border="0" cellspacing="0" cellpadding="0">
<tr><td height="30"></td></tr>
<tr><td>


<!----------- 로고 시작 ------------->
<table width="100%" border="0" cellspacing="0" cellpadding="0">
<tr>
<td width="240">{{$a_1}}</td>
<td width="5"></td>
<td>{{$a_6}}</td>
<td width="200"> </td>
</tr>
</table>
<!----------- 로고 끝 ---------------->


</td></tr>
<tr><td>


<!----------- ★★★ 헤더 시작 ★★★ ------------->
{{*   상단 메뉴 /검색 창 A형 (a_32 공통모듈)포함 : 이 모듈은 반드시 사용된다.*}}
                {{$a_33}}
<!----------- ★★★ 헤더 끝 ★★★ ------------->


</td>
</tr>
<tr>
```

```
<td>

<!---------- 메인 비주얼 시작 ------------->
<table width="100%"  border="0" cellspacing="0" cellpadding="0">
<tr>
<td width="10"><img src="/web/upload/img/space.gif" width="10" border="0"></td>
<td height="80" align="center" background="/web/upload/img/bg_dotpattern.gif"></td>
<td width="10"><img src="/web/upload/img/space.gif" width="10" border="0"></td>
</tr>
</table>
<!---------- 메인 비주얼 끝 ---------------->

</td>
</tr>
<tr><td height="20"></td></tr>
<tr>
<td>

<!---------- 신상품 상품 시작 --
<table width="100%"  border="0
<tr>
<td>{{* c_4 : 신상품 *}}
{{$c_4}}</td>
</tr>
</table>
<!---------- 신상품 상품 끝 ---------------->

</td>
</tr>
<tr><td height="30"></td></tr>
<tr>
<td>

<!---------- 베스트 상품 상품 시작 ------------->
<table width="100%"  border="0" cellspacing="0" cellpadding="0">
<tr>
<td>{{* c_1 : 추천상품 *}}
{{$c_1}}</td>
</tr>
</table>
<!---------- 베스트 상품 상품 끝 ---------------->
```

[수정 내용]

```
<!---------- 상단 이미지와 게시판 시작 ------------->
<table width="100%"  border="0" cellspacing="0" cellpadding="0">
<tr>
<td>{{$a_7}}</td>
</tr>
</table>
<!----------상단 이미지와 게시판 끝 ---------------->
```

Hot Sauce

메인 비주얼 소스를 삭제하고 상단 이미지와
게시판 소스를 입력합니다.

```
</td>
</tr>
<tr><td align="center">{{$c_7}}</td></tr>

<!---------- 하단 카피라이트 시작 ------------>
{{*  하단 회사정보  *}}
{{$a_9}}
</table>

<!---------- 메인 콘텐츠 끝 --------------->
</td>
<td valign="top">
{{*  최근 본 상품  *}}
{{* $a_45 *}}
 </td>
</tr>
</table>

</body>
</html>
```


Hot Sauce

수정 완료한 소스는 '사이트나와메인.txt' 파일을 참조하세요.

07 '상품관리-메인상품 진열관리' 메뉴를 클릭합니다. '메인 상품 선택' 항목에서 '메인신상품'을 선택하고, '상품진열개수'는 4단 가로형 2개로 지정한 후 '설정완료' 버튼을 클릭합니다.

08 다시 '메인 상품 선택' 항목에서 '메인추천'을 클릭하고 4단 가로형 2개로 선택합니다. 그런 다음 '설정완료' 버튼을 클릭합니다. 이때 세로 줄 수는 30개까지 선택이 가능합니다.

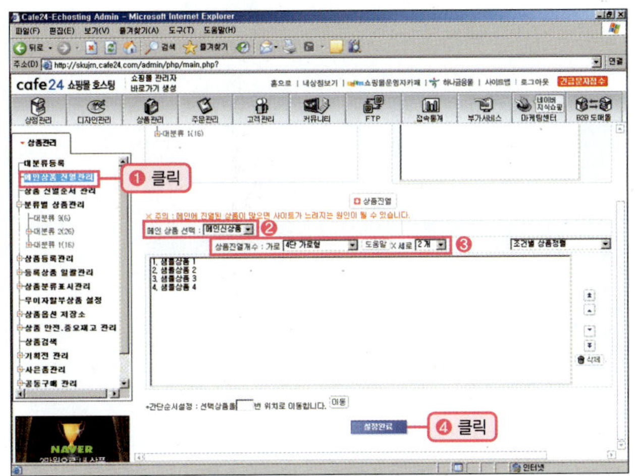

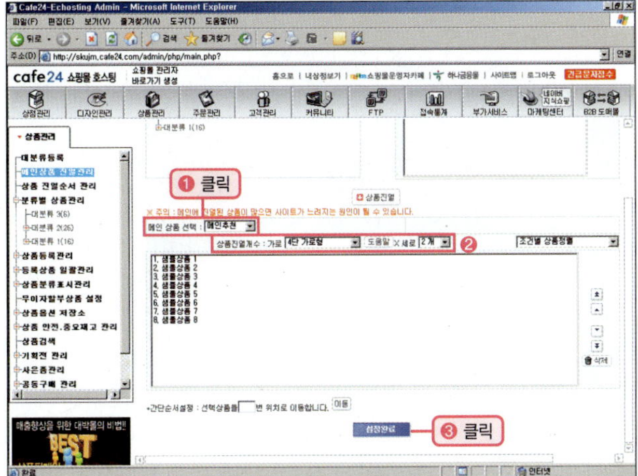

09 설정이 완료되면 '내상점보기' 메뉴를 클릭합니다.

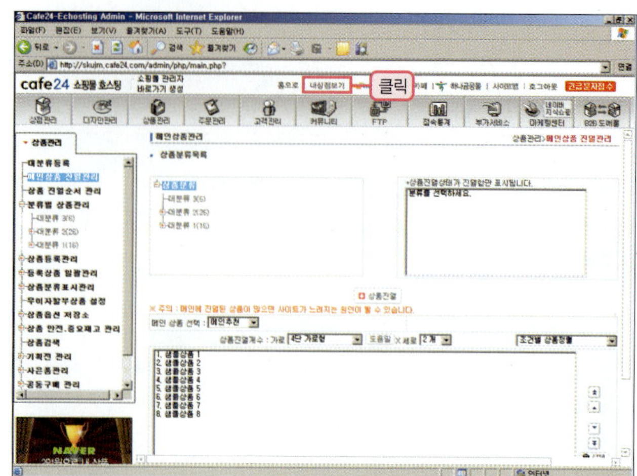

10 설정을 수정한 대로 메인 페이지의 디자인이 약간 바뀐 것을 알 수 있습니다.

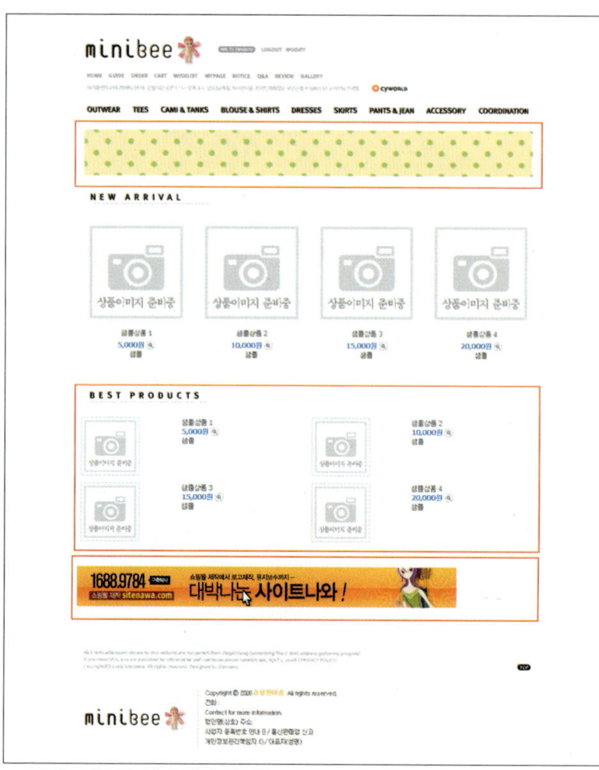

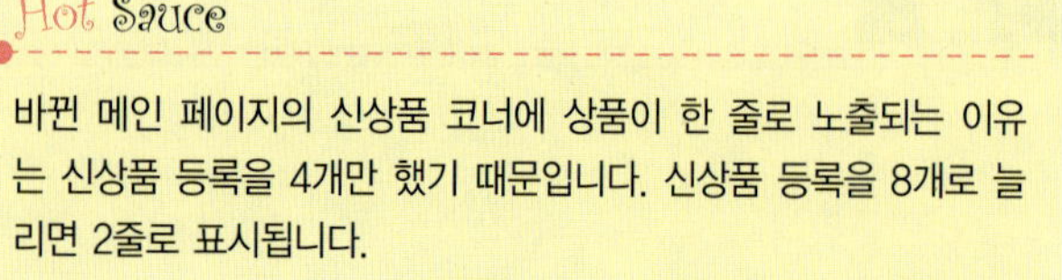

▲ 메인 페이지 디자인 수정 전

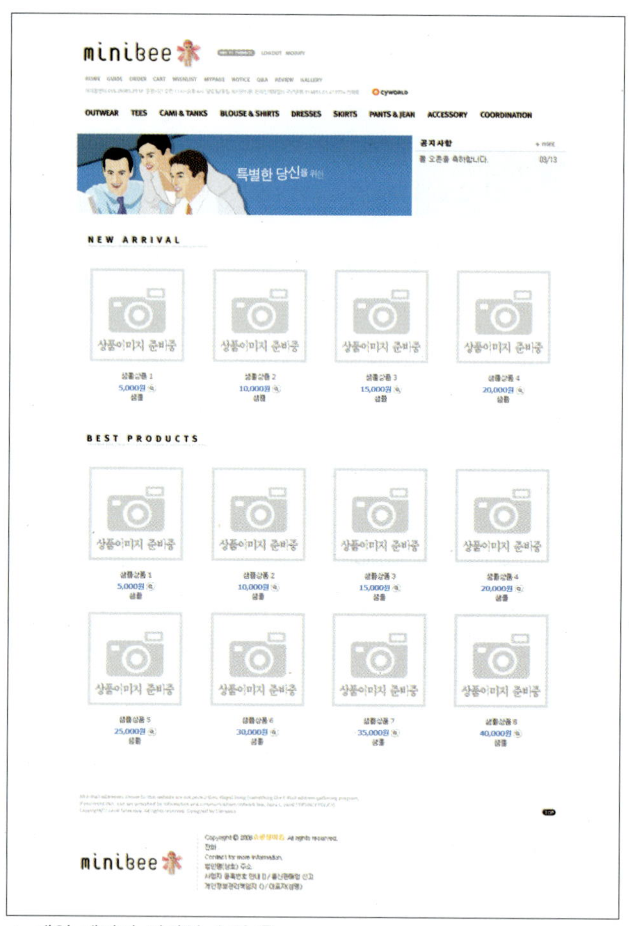

▲ 메인 페이지 디자인 수정 후

폰트 다운로드하고 설치하기

쇼핑몰 디자인에서 폰트의 중요성은 아무리 강조해도 지나치지 않습니다. 이번 cafe24 쇼핑몰 디자인에서는 독특한 스타일의 무료 폰트를 몇 개 다운로드하여 사용해 보겠습니다.

01 폰트 사이트인 'www.dafont.com'에 접속하여 키워드 입력란에 'stalker'를 입력합니다. 그런 다음 'search' 버튼을 클릭합니다.

02 검색한 폰트를 다운로드할 수 있는 페이지가 나타나면 'Download' 버튼을 클릭합니다.

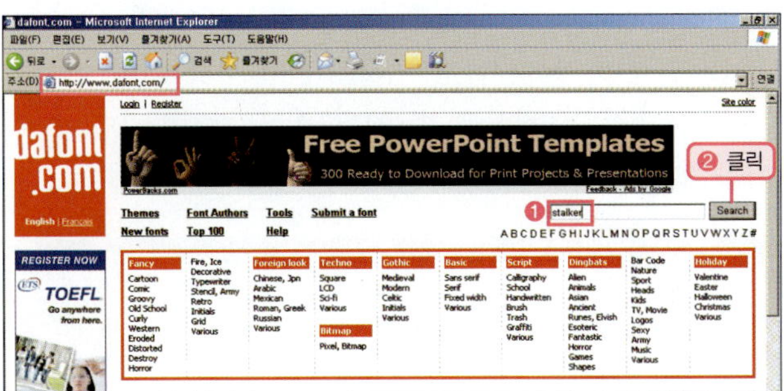

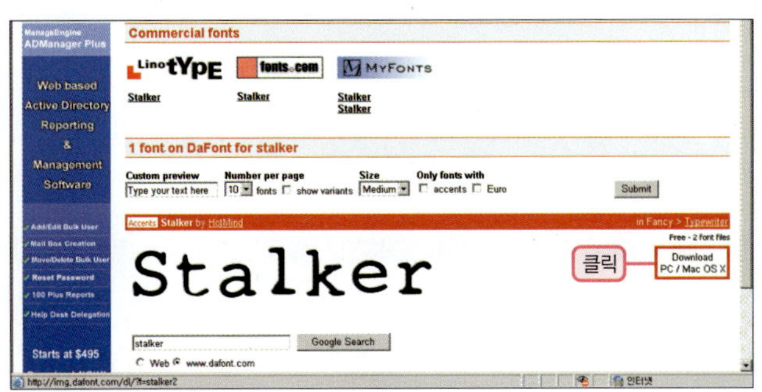

03 '다른 이름으로 저장' 대화상자에서 폰트를 저장할 경로를 지정한 후 '확인' 버튼을 클릭하여 압축 파일을 다운로드합니다. 같은 방법을 이용하여 'king', 'karabinE', '[ank]*', 'dymo' 폰트를 차례대로 자신의 컴퓨터에 다운로드합니다.

04 다운로드한 폰트 파일의 압축을 풀고, 마우스 오른쪽 버튼으로 클릭하여 파일 형식이 '.ttf'인 파일들을 모두 복사합니다.

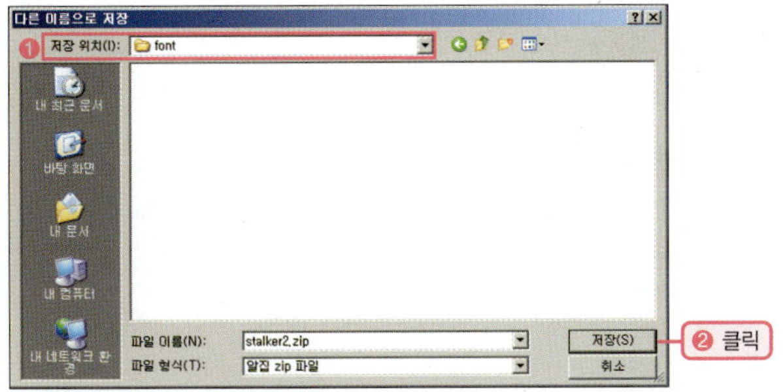

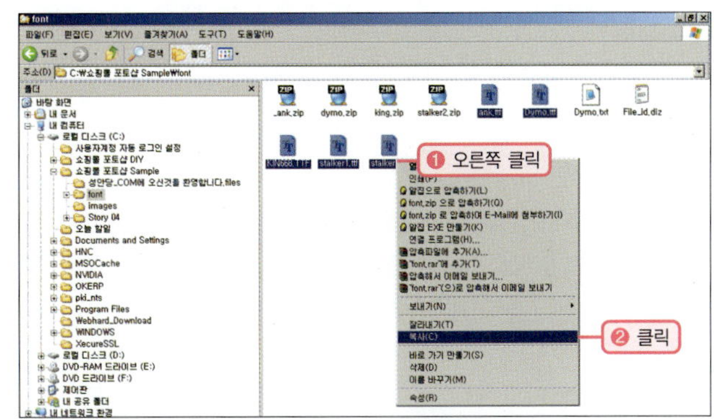

05 복사한 폰트 파일을 'C 드라이브-WINDOWS-Fonts' 폴더에 붙여 넣으면 폰트가 간단하게 자신의 컴퓨터에 설치됩니다.

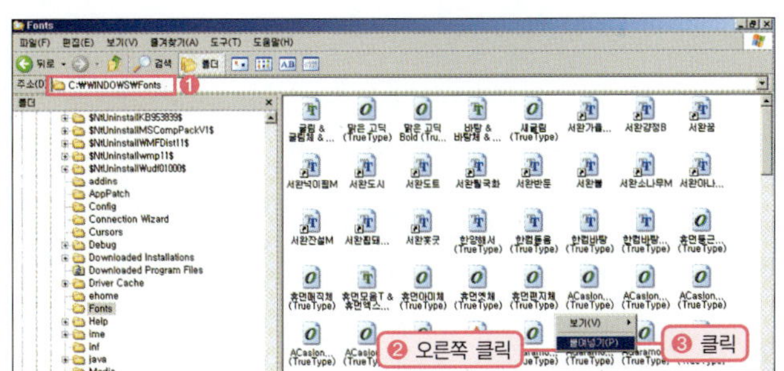

Shopping Mall Sense
[cafe24] 메인 페이지의 상단 디자인 1
－로고, 고객센터, 상품 메뉴

♥ 로고 만들기

01 포토샵을 실행한 후 `Ctrl`+`N`을 눌러서 'Name : 스타일2메인', 'Width : 1000px', 'Height : 1600px'의 새 파일을 만듭니다.

02 새 파일에 '가로 : 840px'의 사각 선택 영역을 만들고, 좌우로 가이드라인을 지정합니다. 그런 다음 `Ctrl`+`D`를 눌러서 사각형 선택 영역을 해제합니다.

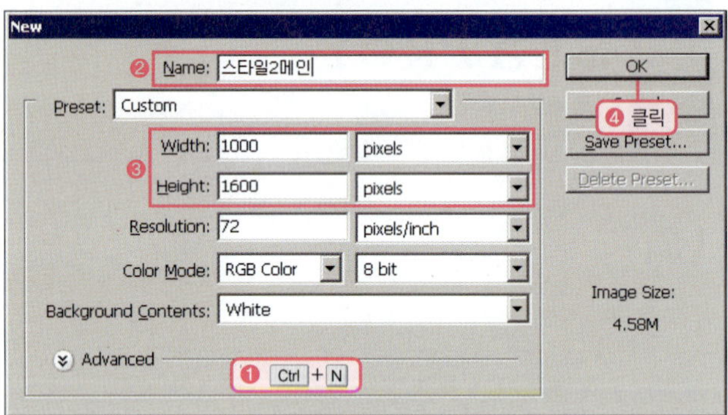

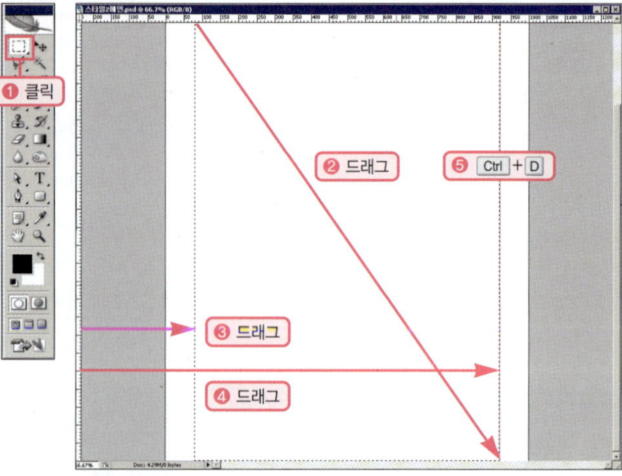

03 레이어 팔레트에서 'Creat a new group' 버튼을 클릭하여 새 레이어 그룹을 만듭니다. 레이어 그룹의 이름 'Group1'을 '상단'으로 바꿉니다.

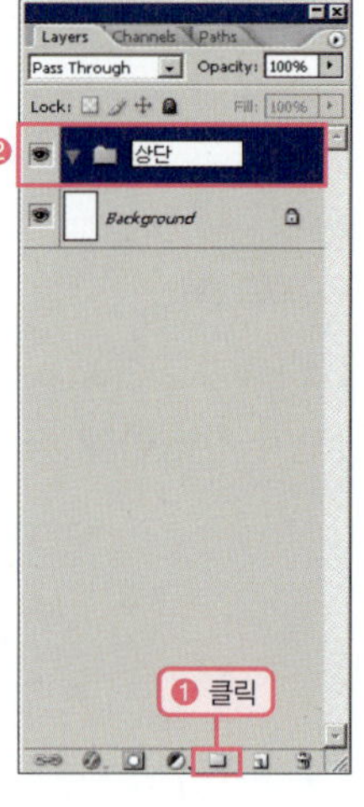

04 작업 화면의 위쪽에서 '50px' 정도 아래에 '폰트 : karabinE', '색상 : #000000'으로 'dear,u'를 입력합니다. 이때 키보드의 Caps Lock 를 누른 상태에서 'u'를 입력하여 좌우로 반전시킵니다.

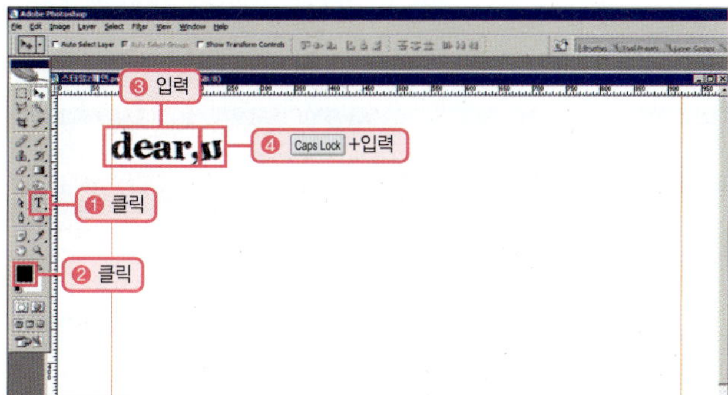

05 Ctrl + O 를 누른 후 부록 CD의 'Story 05-style 2소스이미지' 폴더에서 '즐겨찾기.psd', '전화기.psd' 파일을 차례대로 불러옵니다.

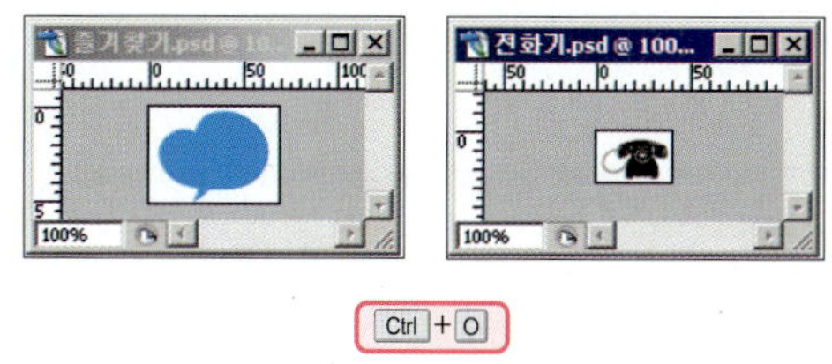

Hot Sauce

'karabinE' 폰트는 기본적으로 소문자 입력만 가능합니다. 그러나 키보드에서 Caps Lock 을 눌러 대문자 모드로 바꾼 상태에서는 좌우가 반전된 글자를 입력할 수 있습니다. 'karabinE' 폰트의 이런 특징을 잘 살리면 재미있는 타이포 디자인을 할 수 있죠. 단, 형태의 특성상 가독성이 떨어지는 알파벳의 경우에는 좌우 반전을 피하는 것이 좋습니다.

06 불러온 이미지를 작업 화면으로 드래그하고 다음과 같이 배치합니다. 레이어의 이름을 각각 '하트'와 '전화기'로 바꿉니다.

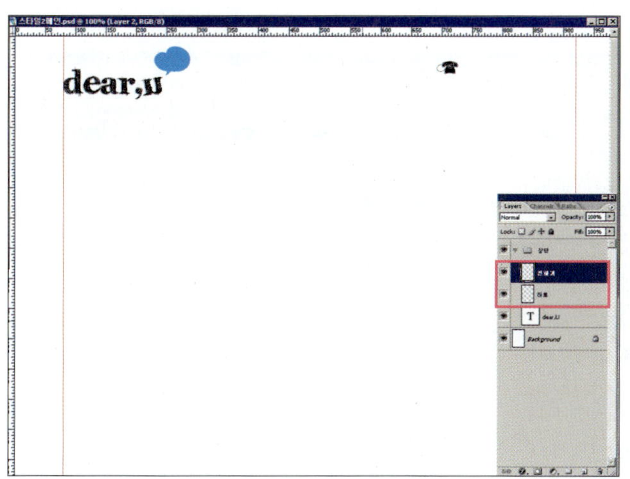

07 툴 박스의 브러시 툴을 선택하고, 상단의 옵션 바에서 '66px : (Dry Brush Tip Light Flow)'를 더블클릭합니다.

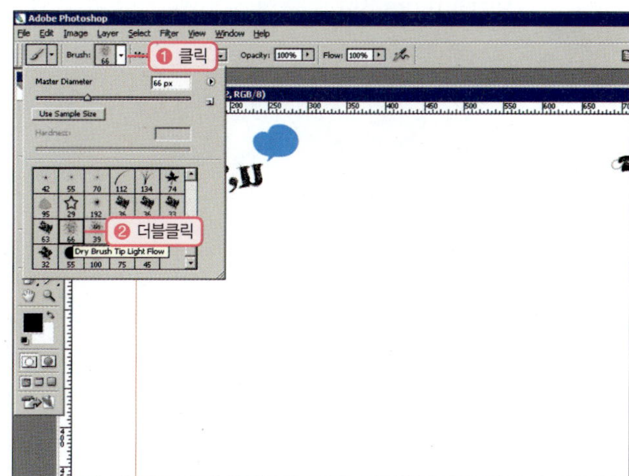

 전경색을 검은색으로 지정하고, 새 레이어를 추가하여 이름을 '상단라인'으로 바꿉니다. 그런 다음 키보드의 [를 여러 번 눌러서 브러시 크기를 '7px'로 작게 만든 후 다음과 같이 '840px' 폭의 선을 그립니다. 이때 선의 위치는 작업 화면의 가장 위에서 약 '120px' 아래쪽에 맞추면 됩니다.

 '하트' 레이어 위에 새로운 레이어를 추가하고, 이름을 '별'로 바꿉니다. 그런 다음 전경색은 '#ffffff', 브러시 크기를 '9'로 지정한 후 다음의 위치에 손으로 그린 듯한 별을 그립니다.

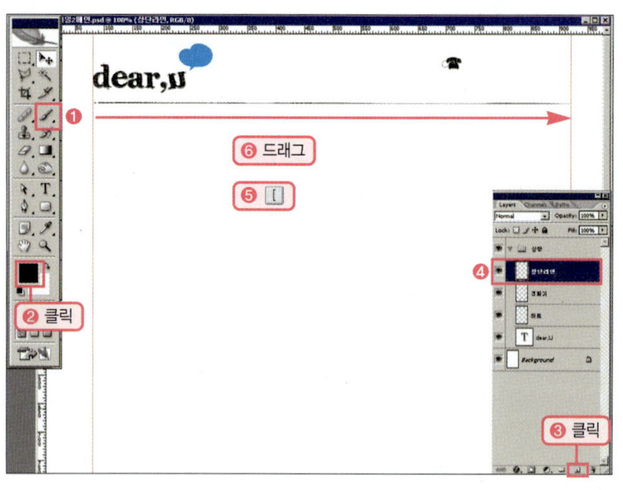

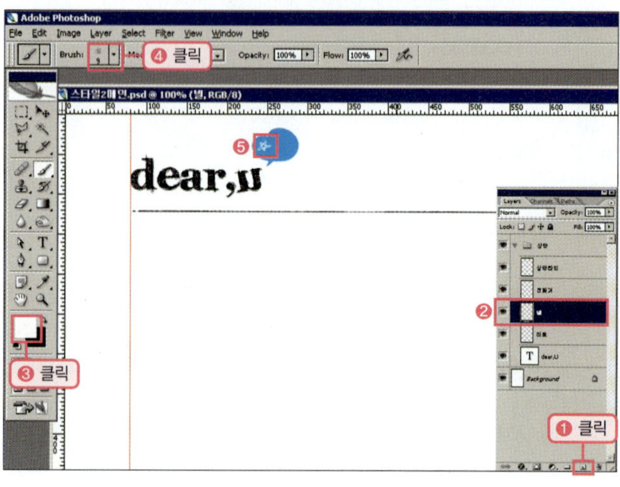

Hot Sauce

Shift 를 누른 상태에서 3~4회 좌우로 반복해 드래그하면 선명한 수평선을 그릴 수 있습니다

Design Master | 브러시의 표시 형식 선택하기

브러시의 종류는 작은 섬네일로 표시할 수도 있고 스트로크 섬네일로 표시할 수도 있는데, 브러시 옵션 상자의 '▶'를 클릭하면 표시 방식을 선택할 수 있습니다.

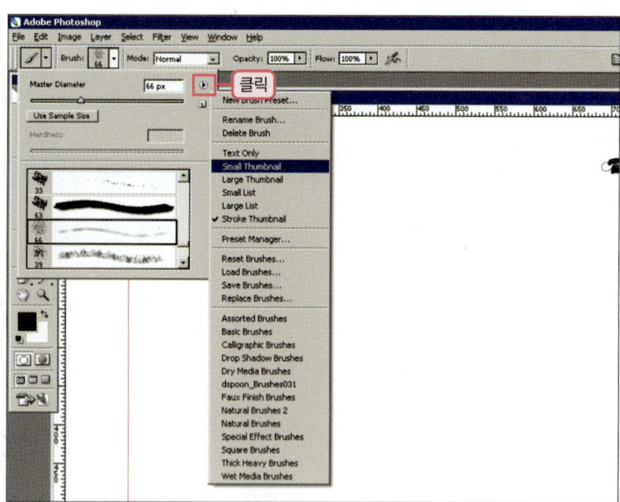

10 툴 박스의 문자 툴을 선택하고, 다음의 위치에 'King' 폰트로 'bookmark' 텍스트를 입력합니다. 다시 '#666666' 색상으로 로고 옆에 'Q&A', 'REVIEW', 'CYWORLD'를 차례대로 입력합니다.

11 마우스 포인터를 메뉴에 위치했을 때 텍스트의 색상이 바뀌도록 해보겠습니다. Ctrl + J 를 눌러서 메뉴 텍스트 레이어를 복사한 후 '#009ee0'으로 색상을 바꿉니다. 이때 기본 메뉴 텍스트와 헷갈리지 않도록 복사한 레이어의 이름을 'Q&A롤오버'로 바꿉니다.

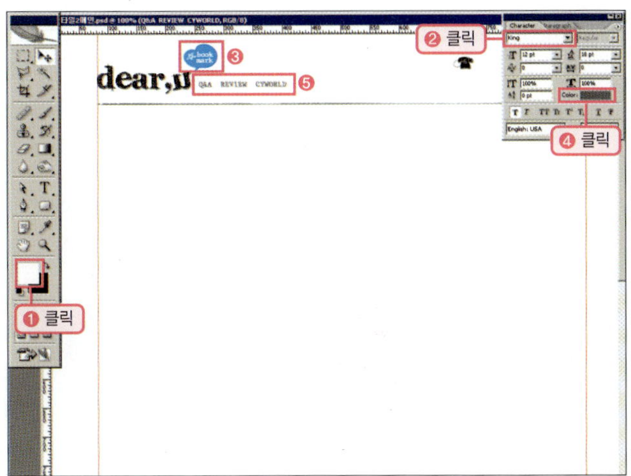

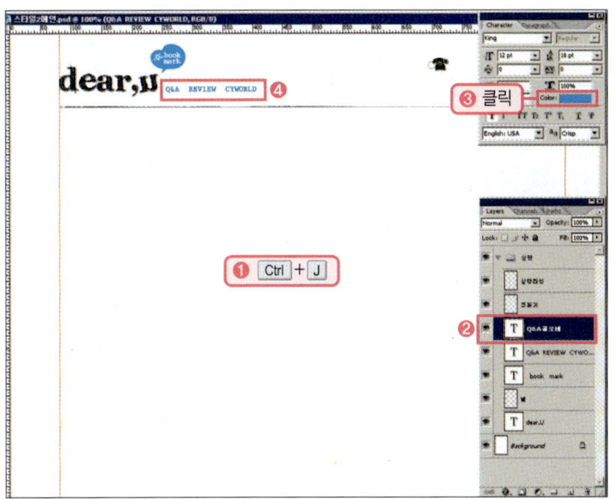

♥ 고객센터 간단하게 디자인하기

01 우측 상단에 다음과 같이 연락처 정보와 간단한 메뉴를 입력합니다. 예제에서는 텍스트의 색상을 '#333333'과 '#855fa8'로 지정하여 입력했습니다.

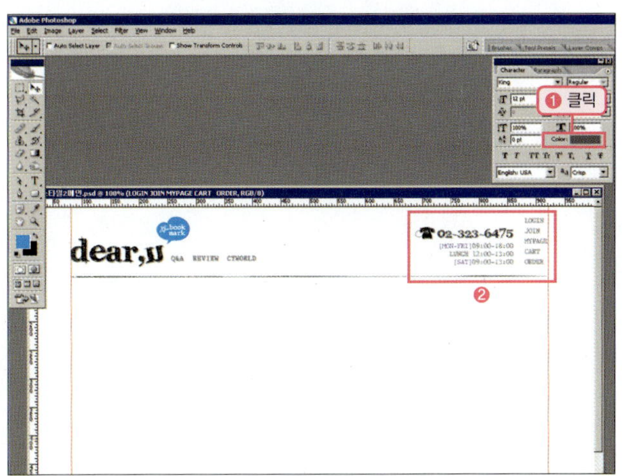

02 새로운 레이어를 추가합니다. 브러시 툴을 클릭한 후 상단 옵션 바에서 '3px : 하드 라운드 브러시'를 선택합니다. 키보드의 []를 한 번 눌러서 '2px' 브러시로 줄인 다음 '#6ba4d6' 색상을 이용하여 다음과 같이 새 레이어에 체크 표시를 그립니다.

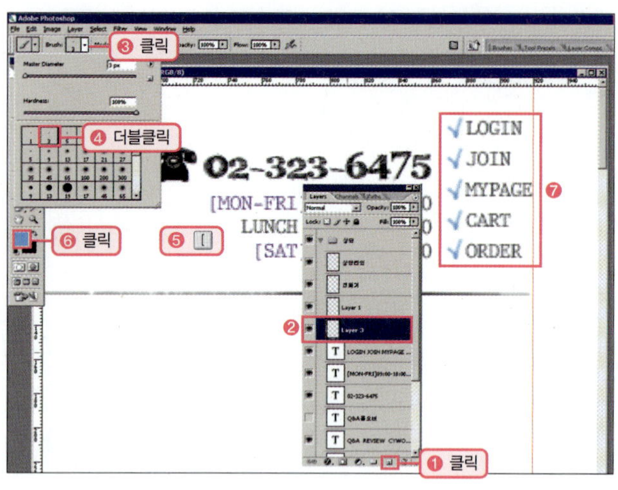

03 'LOGIN JOIN…' 글자 레이어가 선택된 상태에서 Ctrl + J를 눌러 복사합니다. 그런 다음 다시 Ctrl + E를 눌러서 복사한 레이어와 체크 표시가 그려진 레이어를 병합합니다.

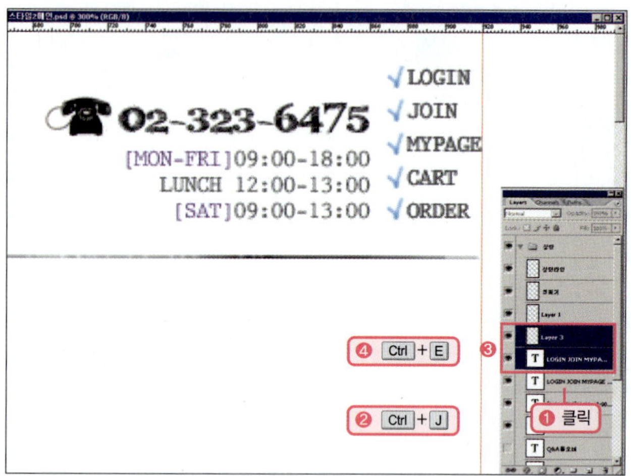

04 병합한 레이어의 이름을 '로그인롤오버'로 바꿉니다.

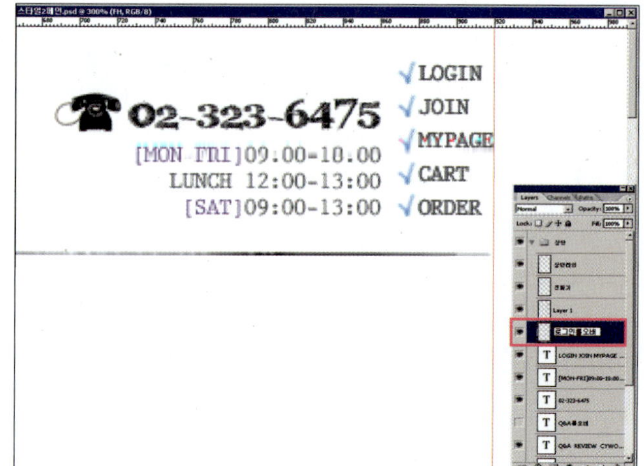

01 툴 박스에서 문자 툴을 선택한 후 '색상 : #6666 66', '폰트 : stalker2'로 상품 메뉴를 입력합니다.

02 Ctrl + J 를 눌러서 메뉴 텍스트를 입력한 레이어를 복사하고, 글자 색상을 '#000000'으로 바꿉니다.

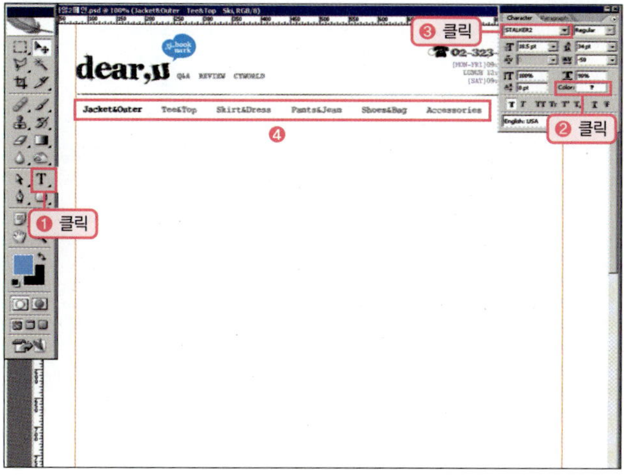

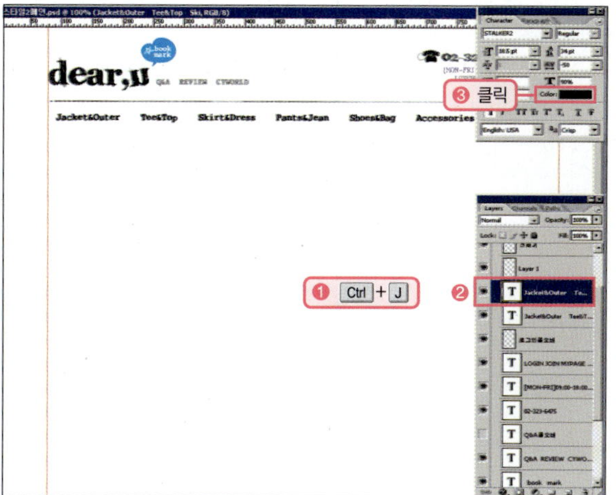

Hot Sauce

예제에서는 상품 메뉴 텍스트로 'Jacket&Outer', 'Tee&Top', 'Skirt&Dress', 'Pants&Jean', 'Shoes&Bag', 'Accessories', 'Etc', 'Sale'을 입력했습니다.

03 '색상 : #a863a8', '폰트 : [ank]*'로 롤오버했을 때 나타날 '[ ]*'을 메뉴마다 입력합니다.

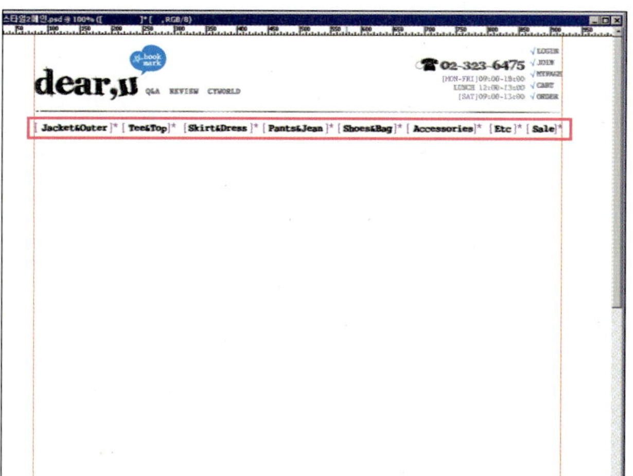

04 복사한 상품 메뉴 레이어와 롤오버 했을 때 나타날 괄호 모양 레이어를 병합한 후 이름을 '상품분류롤오버'로 바꿉니다. 병합한 '상품분류롤오버' 레이어는 눈 아이콘을 클릭하여 보이지 않도록 합니다.

05 작업 창에서 '최소화' 버튼을 클릭하여 '스타일2메인.psd' 작업 화면을 잠시 숨겨둡니다.

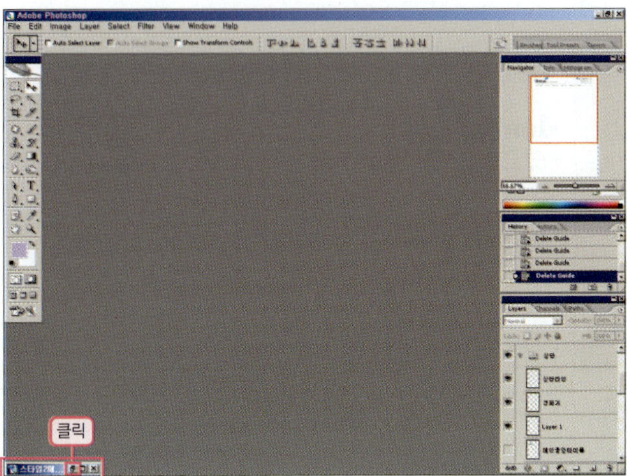

Design Master | 글자의 간격을 미세하게 조절하기

글자의 속성 때문에 간격의 미세 조정이 어려울 경우 글자 레이어를 일반 레이어로 바꾼 후 조절하면 됩니다.

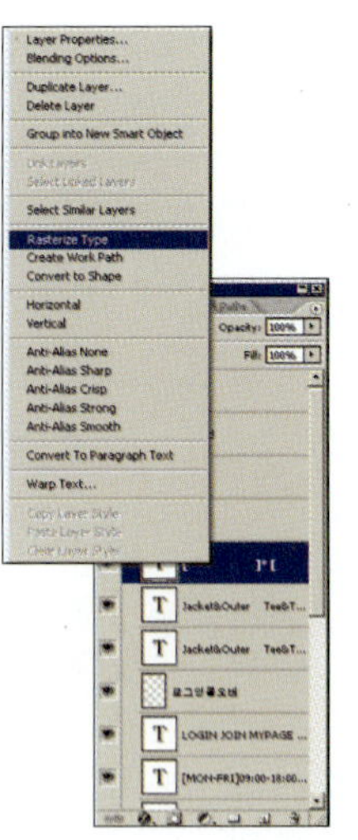

Shopping Mall Sense
45

[cafe24] 메인 페이지
상단 디자인 2-타이틀 이미지

♥ 타이틀 이미지 만들기

01 GIF 애니메이션을 이용하여 메인 페이지 상단에 장면이 전환되는 타이틀 이미지를 만들어보겠습니다. Ctrl+N을 눌러서 'Name : 메인중앙타이틀', 'Width : 577px', 'Height : 140px'의 새 파일을 만듭니다.

02 부록 CD의 'Story 05-스타일2소스이미지' 폴더에서 'pat.jpg' 파일을 불러옵니다. 이 패턴을 타이틀 이미지의 배경으로 사용하기 위해 포토샵에 하나의 패턴으로 등록해 보겠습니다. Ctrl+A를 눌러 불러온 패턴 이미지 전체를 선택합니다.

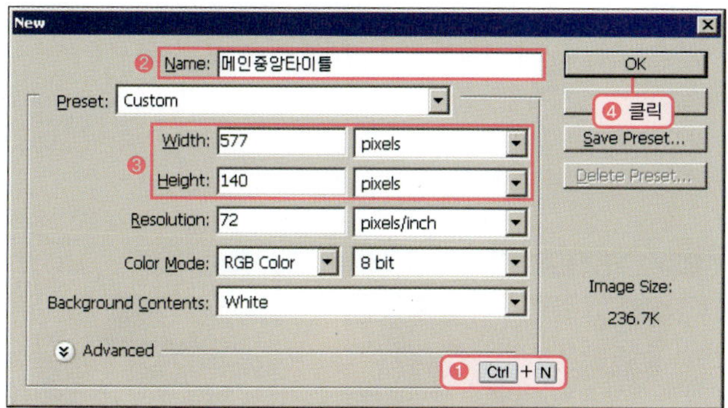

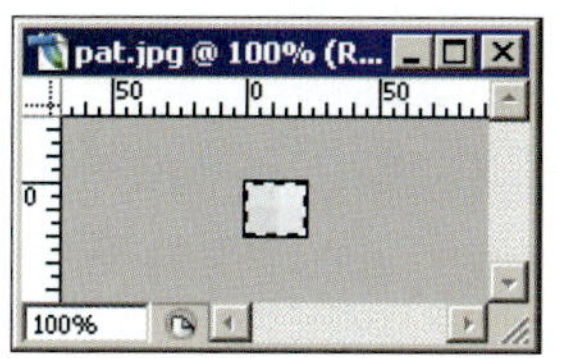

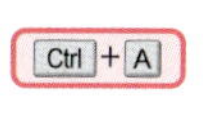

03 'Edit' 메뉴의 'Define pattern'을 클릭합니다. 'Pattern Name' 대화상자가 나타나는데, 적당한 이름을 입력한 후 'OK' 버튼을 클릭하여 선택한 이미지를 패턴으로 등록합니다. '닫기' 버튼을 클릭하여 'pat.jpg' 파일 창을 닫습니다.

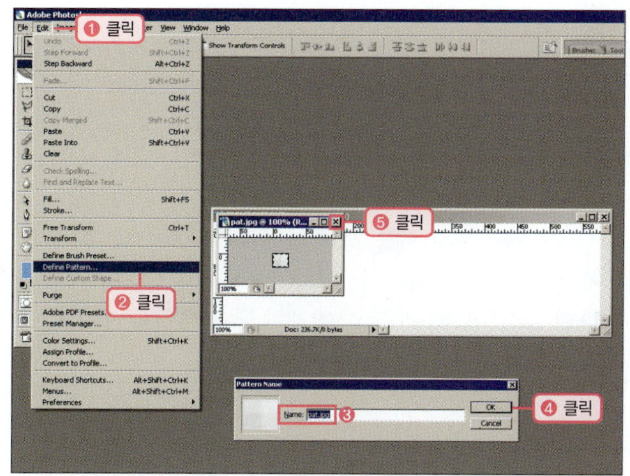

04 '메인중앙타이틀' 창을 선택한 상태에서 'Edit' 메뉴의 'Fill'을 선택합니다.

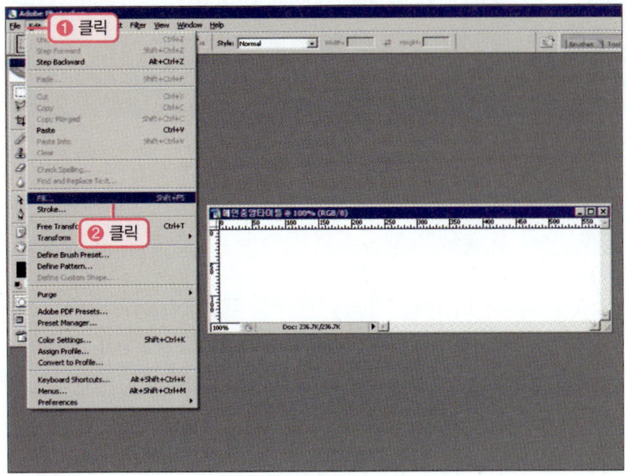

05 'Fill' 대화상자가 나타나면 'Use : Pattern', 'Custom Pattern : pat.jpg'로 지정한 후 'OK' 버튼을 클릭합니다.

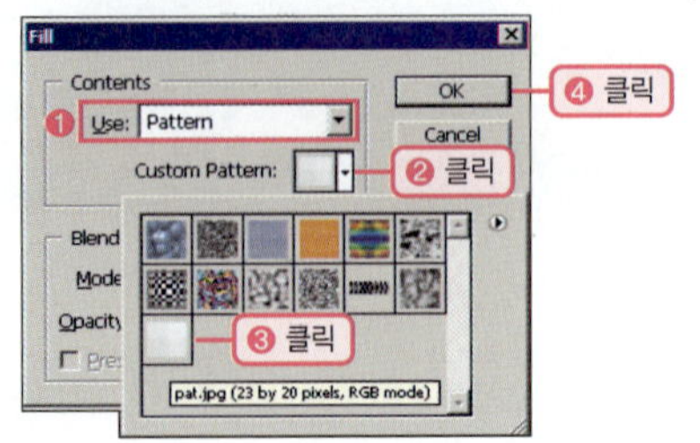

06 'Background' 레이어가 선택한 패턴으로 채워진 것을 알 수 있습니다. 다음과 같이 위쪽부터 폭 '20px'의 사각형 선택 영역을 지정하고 흰색으로 채웁니다. 그런 다음 Ctrl + D 를 눌러서 선택 영역을 해제합니다.

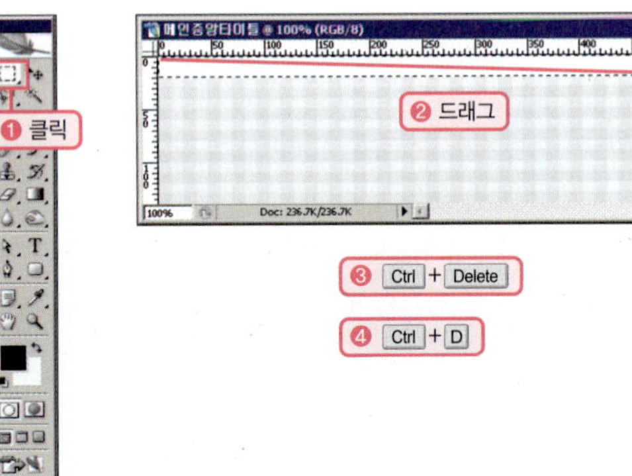

07 부록 CD의 'Story 05-style2소스이미지' 폴더에서 '타이틀배경.jpg' 파일을 불러옵니다.

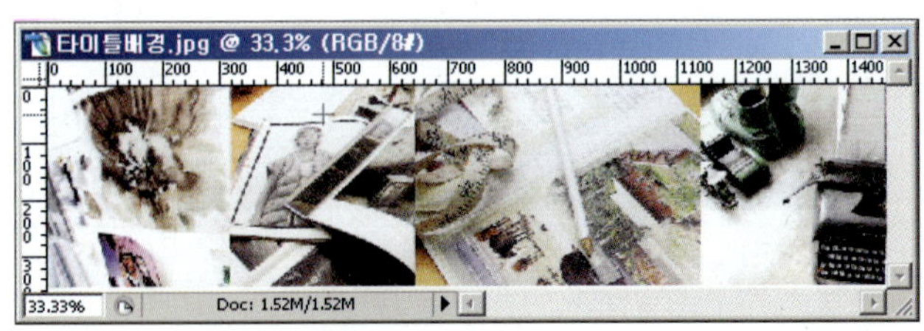

08 불러온 파일을 작업 화면으로 드래그한 후 Ctrl + T 를 누릅니다. '자유 변형 바운딩 박스'가 나타나면 Alt + Shift 를 누른 상태에서 조절점을 안쪽으로 드래그하여 이미지의 크기를 가로, 세로 정비율로 줄입니다.

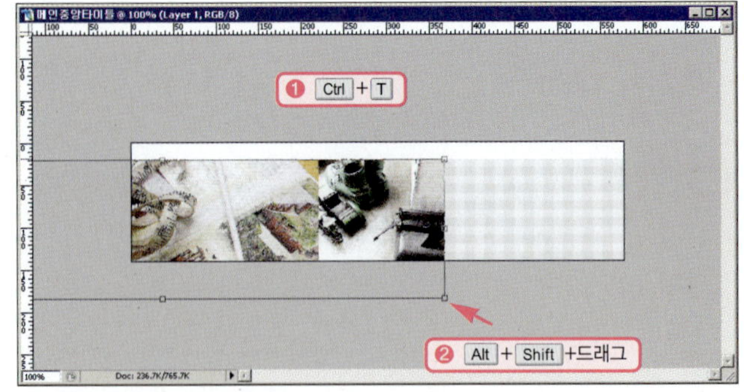

09 이미지를 다음과 같이 배치하고, [Enter]를 눌러서 자유 변형을 완료합니다.

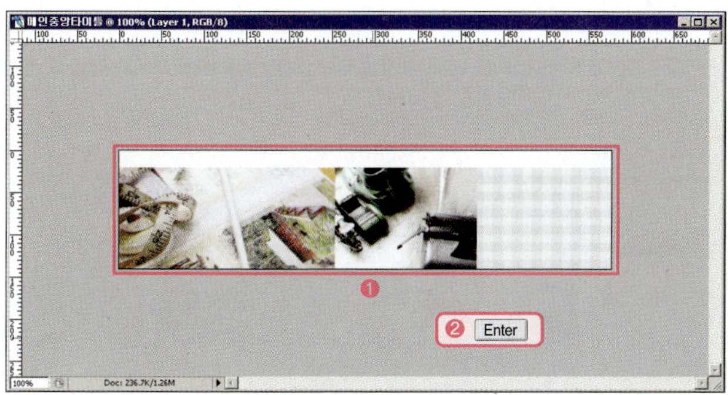

10 이번에는 부록 CD의 'Story 05-style2소스이미지' 폴더에서 '사진프레임.psd' 파일을 불러온 후 같은 방법을 이용하여 다음과 같이 배치합니다.

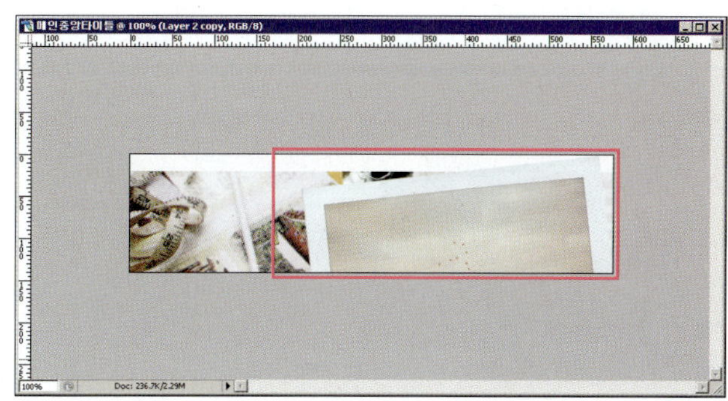

11 다시 부록 CD의 'Story 05-style2소스이미지' 폴더에서 '사진2종.psd' 파일을 불러옵니다. 풍선이 포함된 이미지와 손이 포함된 이미지가 나타나는데, 두 개의 이미지를 모두 작업 화면으로 드래그합니다.

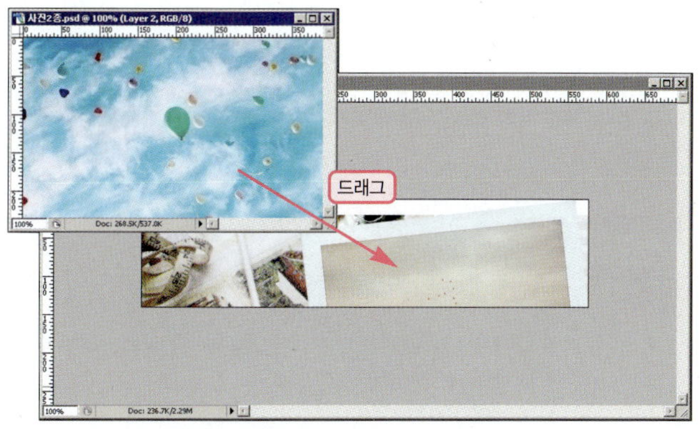

12 풍선 레이어는 눈 아이콘을 클릭하여 꺼두고, 손 레이어를 선택한 상태에서 [Ctrl]+[T]를 누릅니다. 바운딩 박스가 나타나면 조절점을 드래그하여 크기를 줄인 후 사진 프레임과 기울어진 정도를 맞추고 [Enter]를 누릅니다.

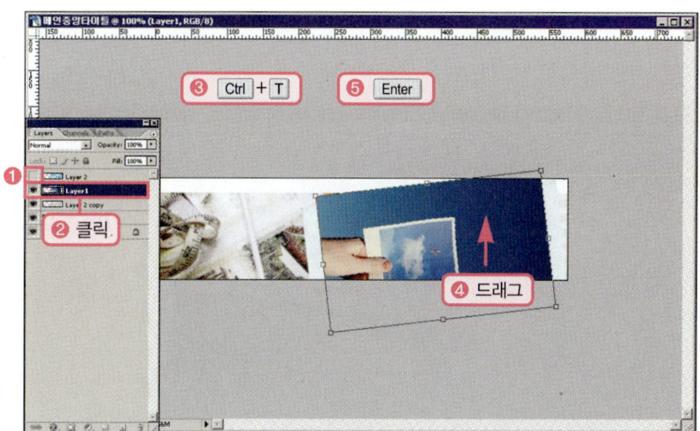

13 이번에는 손 레이어의 눈 아이콘을 잠시 끄고, 툴박스에서 다각형 올가미 툴을 선택합니다. 다음과 같이 사진 프레임의 안쪽 선을 따라서 선택 영역을 지정합니다.

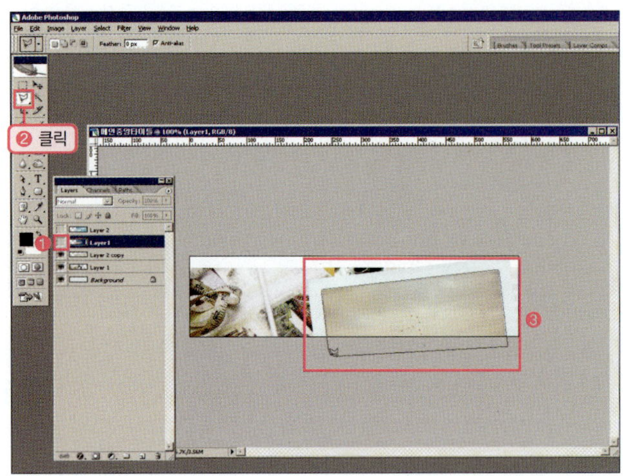

14 이 상태에서 손 레이어의 눈 아이콘을 클릭하여 다시 나타나도록 합니다. 그런 다음 Ctrl + Shift + I 를 눌러서 선택 영역을 반전한 후 Delete 를 누릅니다.

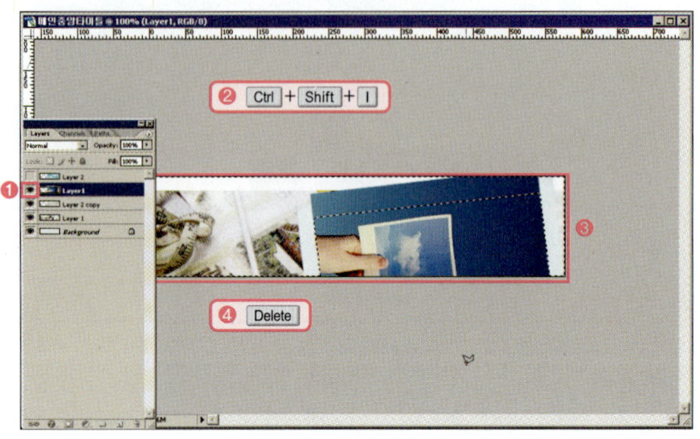

15 Ctrl + D 를 눌러서 선택 영역을 해제합니다.

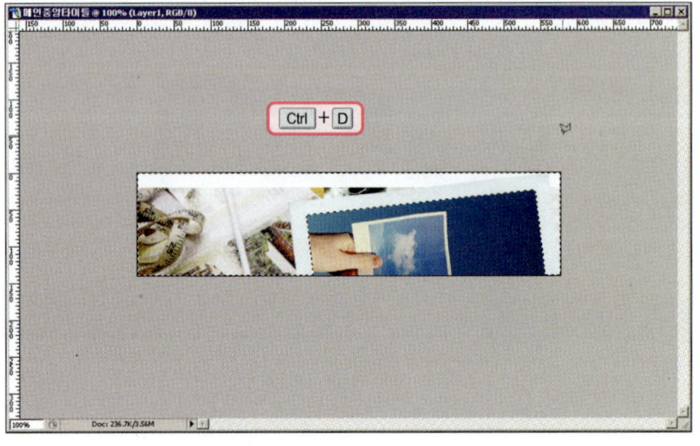

16 이번에는 풍선 레이어의 눈 아이콘을 클릭하여 나타나도록 하고, Ctrl + T 를 눌러서 이미지를 회전시킵니다. 회전이 완료되면 Enter 를 누릅니다.

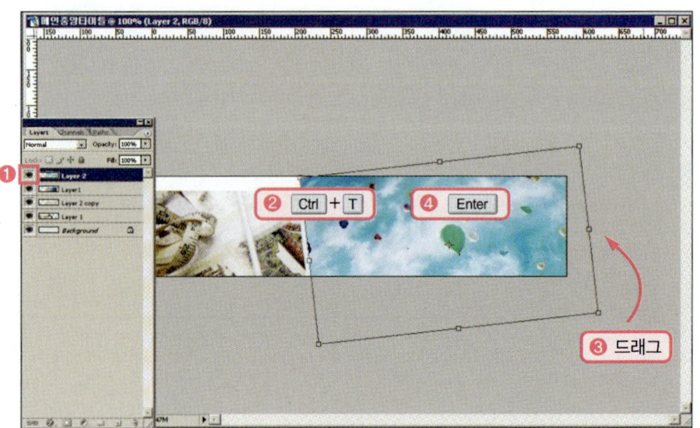

17 풍선 레이어를 선택하고, Ctrl 을 누른 상태에서 손 레이어의 섬네일을 클릭하면 손 레이어의 이미지가 선택 영역으로 지정됩니다.

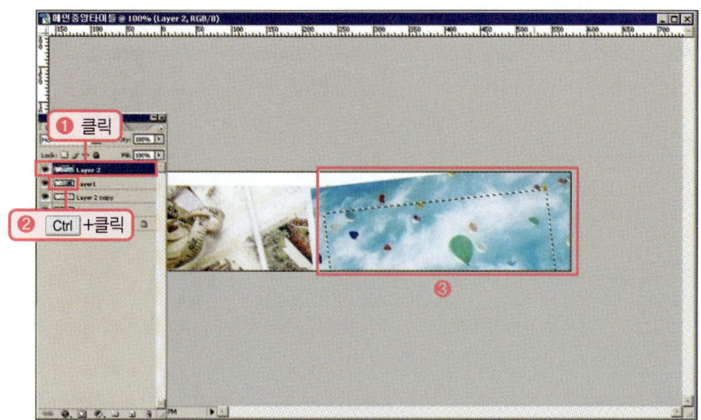

18 키보드의 Ctrl + Shift + I 를 눌러서 선택 영역을 반전시킨 후 Delete 를 누릅니다. 선택 영역을 해제합니다.

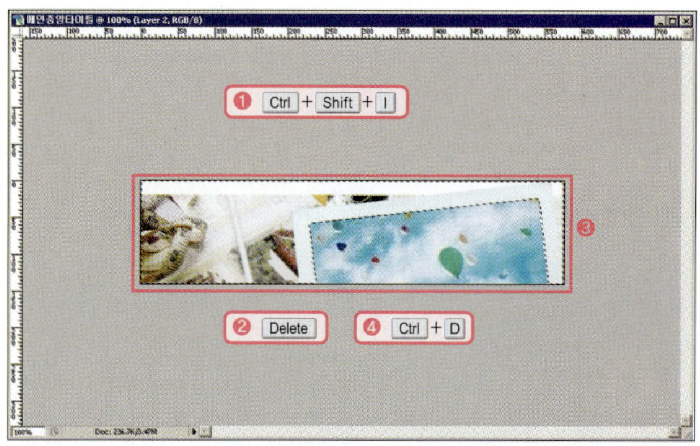

19 풍선 레이어를 선택한 상태에서 레이어 팔레트의 'Add a layer style'을 클릭합니다. 단축 메뉴가 나타나면 스타일 종류 중에서 'Inner Shadow'를 선택합니다.

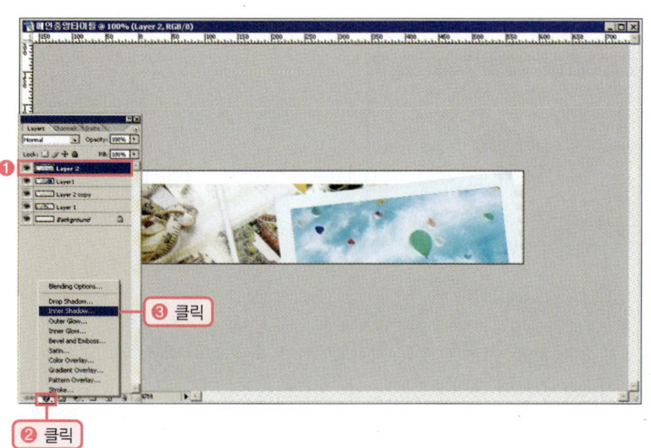

20 'Layer Style' 대화상자에서 'Opacity : 25', 'Distance : 1', 'Size : 3'으로 지정한 후 'OK' 버튼을 클릭합니다. 폴라로이드 사진처럼 이미지가 프레임보다 약간 안쪽으로 들어간 듯한 효과가 연출된 것을 확인할 수 있습니다.

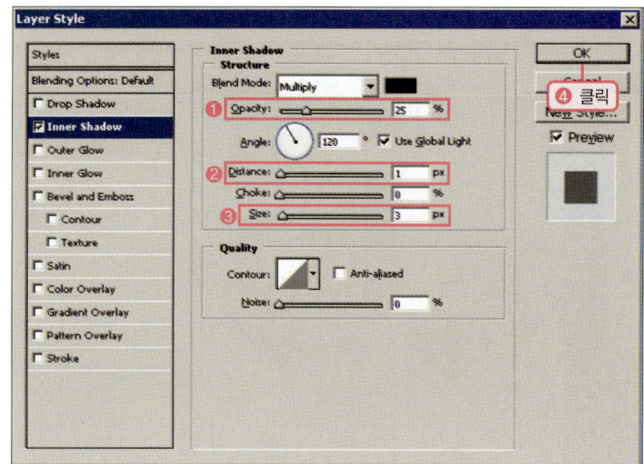

21 풍선 레이어의 ‘*f*’ 아이콘을 마우스 오른쪽 버튼으로 클릭하고, 단축 메뉴에서 ‘Copy Layer Style’을 선택합니다.

22 손 레이어를 마우스 오른쪽 버튼으로 클릭하여 ‘Paster Layer Style’을 선택하면, 풍선 레이어에 적용한 효과가 손 레이어에도 똑같이 복사된 것을 확인할 수 있습니다.

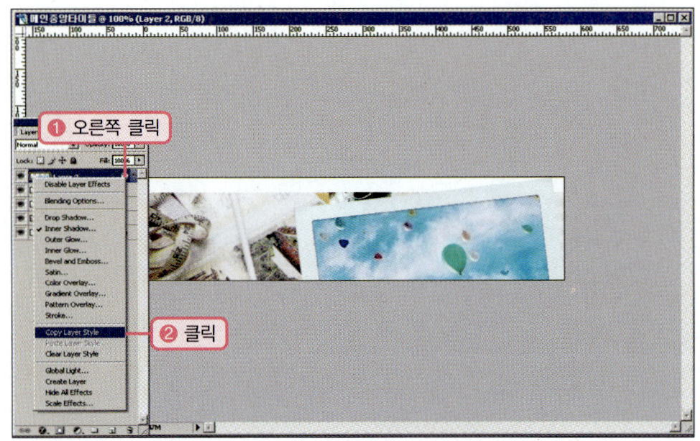

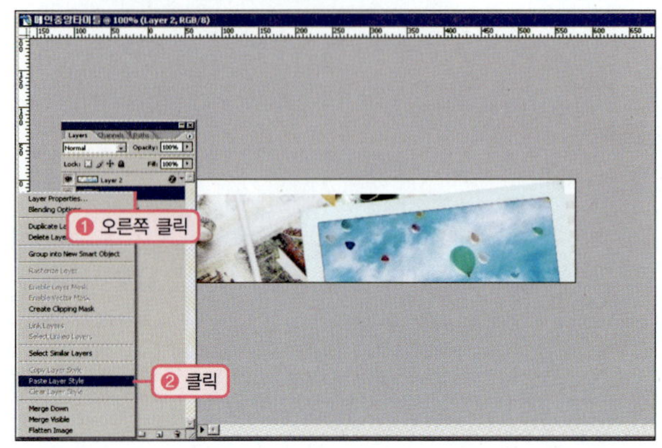

23 부록 CD의 ‘Story 05-style2소스이미지’ 폴더에서 ‘원형.jpg’ 파일을 불러옵니다. 불러온 이미지에서 3개의 원형만 사용할 것입니다. 툴 박스의 원형 선택 툴을 선택하고, 상단 옵션 바에서 ‘Add to Selection’을 클릭합니다.

24 Shift 를 누른 상태에서 마우스로 드래그하여 정원을 그립니다. 같은 방법으로 다음과 같이 3개의 정원을 그립니다.

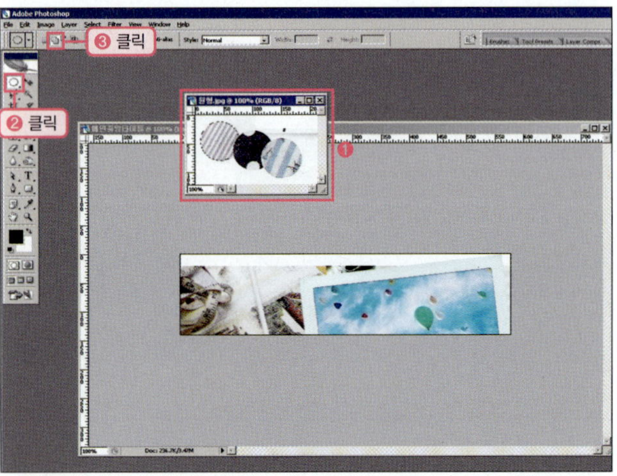

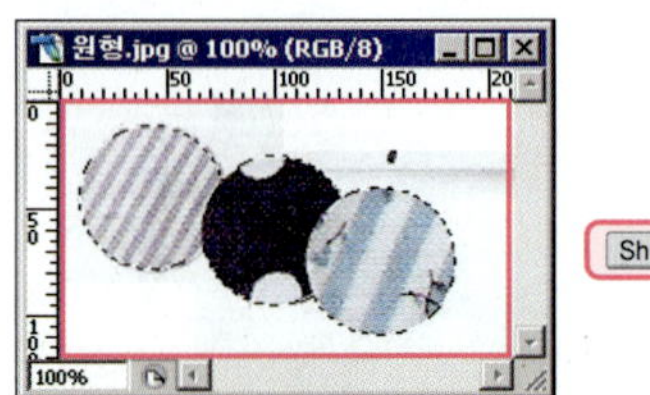

Hot Sauce

지정된 선택 영역을 이동해야 할 경우 키보드의 방향키를 누르면 간단하게 선택 영역을 이동할 수 있습니다.

Hot Sauce

‘Add to Selection’ 옵션을 선택했기 때문에 먼저 지정한 선택 영역이 사라지지 않고 추가로 영역을 지정할 수 있습니다.

25 3개의 원을 선택 영역으로 지정한 상태에서 Ctrl +C를 눌러 복사합니다. 그런 다음 메인 중앙 타이틀 파일의 작업 창에서 Ctrl+V를 눌러 복사한 3개의 원을 붙여 넣습니다.

26 평면적인 원에서 버튼 느낌이 나도록 레이어 스타일을 적용해 보겠습니다. 레이어 팔레트의 'Add a layer style'을 클릭하고, 스타일 중에서 'Drop Shadow'를 선택합니다.

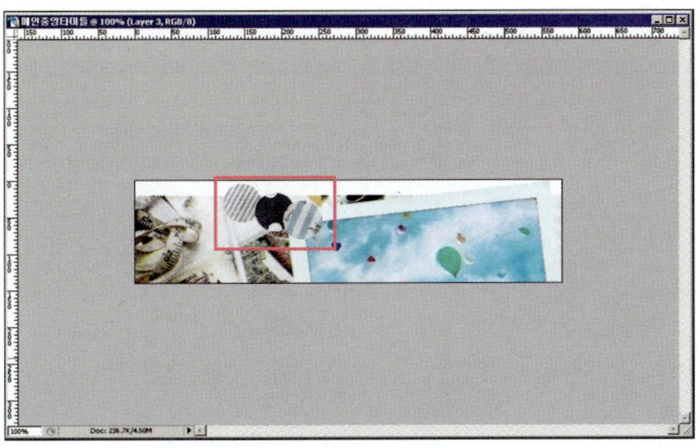

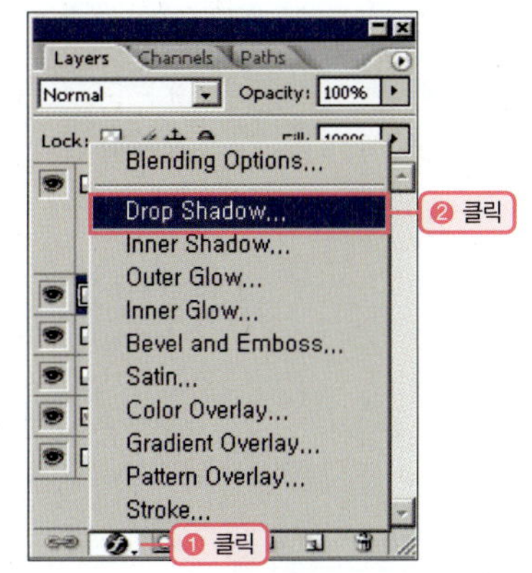

27 'Layer Style' 대화상자가 나타나면 'Opacity : 25', 'Distance : 3', 'Size : 3'으로 지정한 후 'OK' 버튼을 클릭합니다.

28 다시 버튼 레이어의 'Effects'를 더블클릭합니다. 다시 'Layer Style' 대화상자가 나타나면 왼쪽 효과에서 'Inner Glow'를 선택합니다. 그런 다음 옵션을 'Opacity : 30', '색상 : #ffffff', 'Size : 10'으로 설정한 후 'OK' 버튼을 클릭합니다.

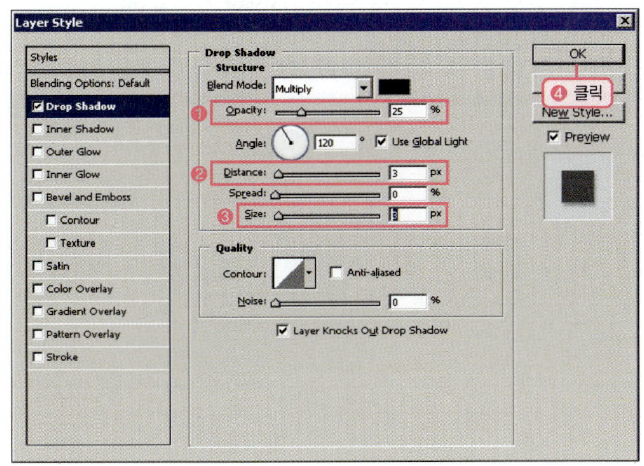

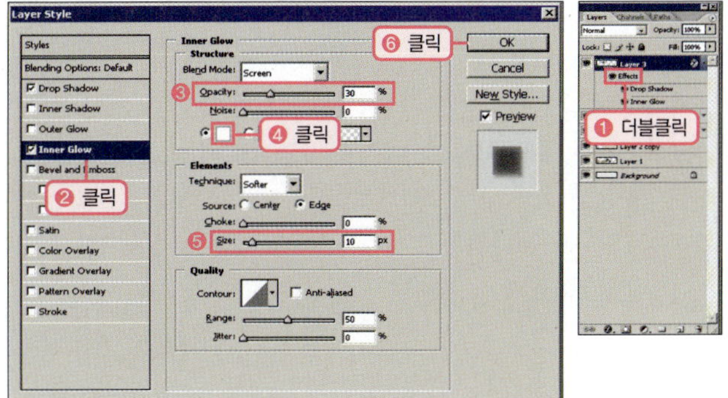

Design Master | 선택 영역을 원하는 위치에 정확히 지정하기

선택 툴로 원을 그릴 때 Shift 를 누른 상태에서 마우스로 드래그하면 원하는 위치에 정원을 그릴 수 있습니다. 처음에는 조금 어려울 수도 있지만 선택 영역을 지정한 후에 이동하는 것보다 아예 처음부터 정확한 위치에 영역을 지정하는 것이 훨씬 더 편리합니다.

29 마지막으로 스트로크 효과를 적용해 보겠습니다. 버튼 레이어의 'Effects'를 더블클릭합니다. 'Layer Style' 대화상자가 나타나면 왼쪽 효과에서 'Stroke'를 클릭하고 'Size : 1', '색상 : #cccccc'로 지정한 후 'OK' 버튼을 클릭합니다.

30 툴 박스에서 번 툴을 클릭하고, 상단 옵션 바에서 브러시 종류를 '65px : Soft Round'로 선택합니다. 그런 다음 'Exposure'는 '40'으로 지정합니다.

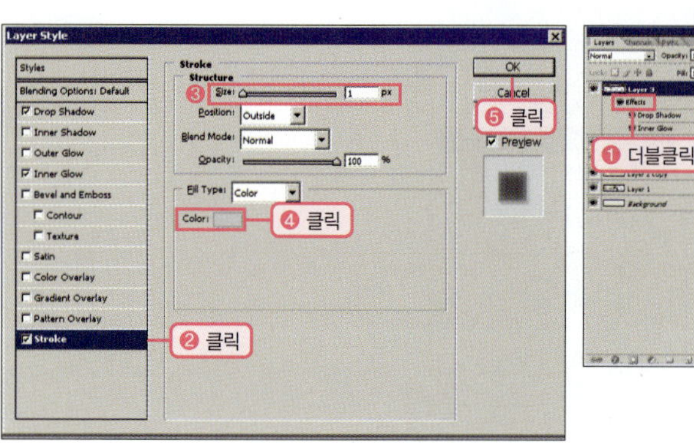

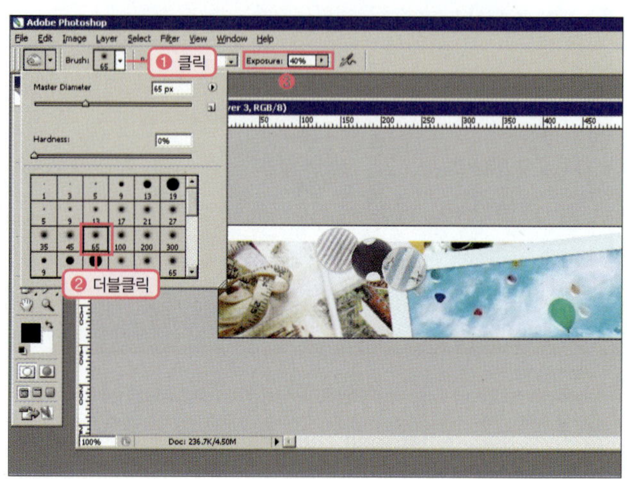

부록 CD의 'Story 05' 폴더에서 '스타일2메인중앙타이틀.psd' 파일을 불러오면 완성한 타이틀 이미지 디자인을 확인할 수 있습니다.

31 키보드의 [를 두 번 눌러서 브러시 크기를 줄이고, 3개 버튼 이미지의 가운데 부분을 마우스로 톡톡 찍어줍니다. 가운데 부분이 살짝 어두워지면서 입체감이 한층 살아나는 것을 알 수 있습니다. 이렇게 해서 버튼 느낌의 이미지가 완성되었습니다.

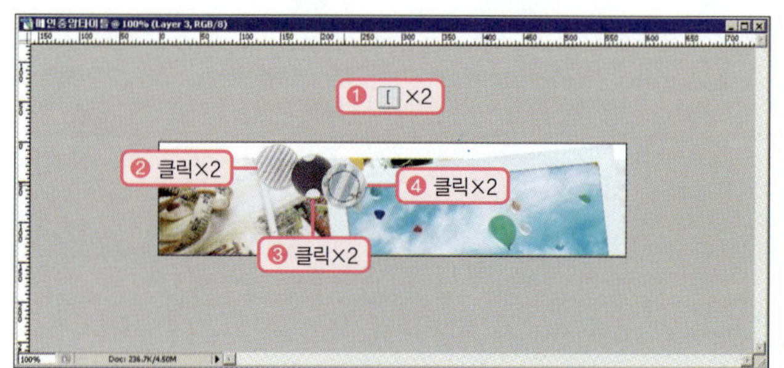

레이어 팔레트에서 버튼 레이어를 선택한 후 작업해야 효과가 적용됩니다.

♥ 타이틀 이미지 디자인을 GIF 애니메이션으로 만들기

01 이제 두 개의 사진 이미지가 교차하도록 GIF 애니메이션으로 만들어보겠습니다. 툴 박스 아래쪽의 'Edit in ImageReady' 버튼을 클릭합니다.

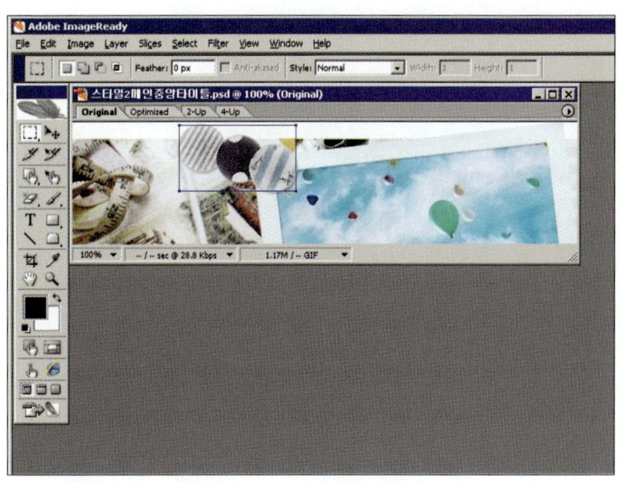

02 이미지 레디가 실행되면서 작업 중이던 파일이 이미지 레디에도 자동으로 나타나는 것을 알 수 있습니다.

이미지에 실선으로 테두리가 표시되는 것은 현재 그 레이어가 선택되었기 때문입니다. 레이어 팔레트에서 여백 부분을 클릭하면 테두리가 사라집니다.

03 애니메이션 팔레트를 열기 위해 'Window' 메뉴의 'Animation'을 클릭합니다.

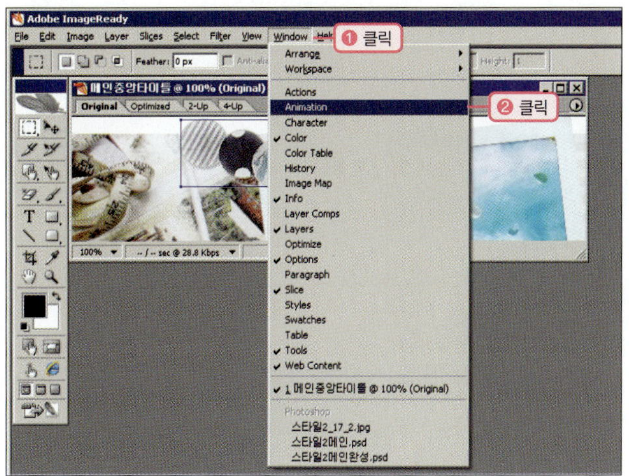

04 '1번 프레임'을 선택한 상태에서 레이어 팔레트의 풍선 레이어 눈 아이콘을 클릭하여 보이지 않도록 합니다. 애니메이션 팔레트의 'Duplicates current frame' 버튼을 클릭하면 '1번 프레임'이 '2번 프레임'에 그대로 복사됩니다.

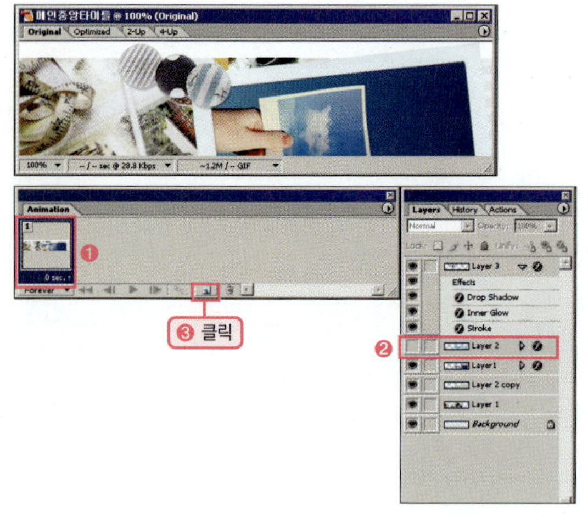

05 '2번 프레임'을 선택한 상태에서 풍선 레이어는 보이게 하고, 손 레이어는 보이지 않도록 합니다.

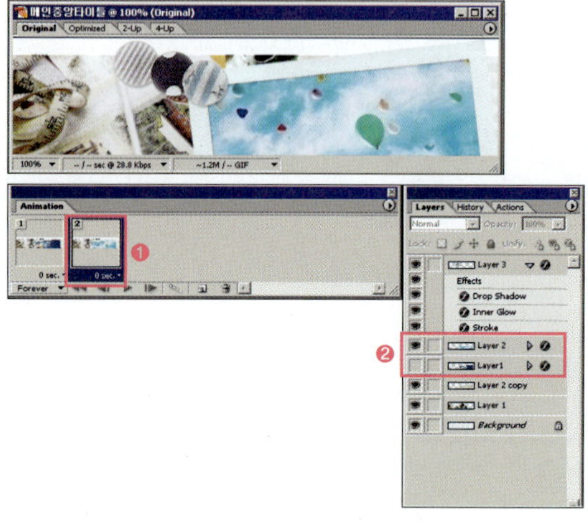

'1번 프레임'을 선택하면 손 이미지만 보이고, '2번 프레임'을 선택하면 풍선 이미지만 보이도록 설정했습니다.

06 '1번 프레임'을 선택한 후 애니메이션 팔레트에서 'Tween' 버튼을 클릭합니다. 'Tween' 대화상자가 나타나면 'Tween with : Next Frame', 'Frames to Add : 5'로 지정하고, 'OK' 버튼을 클릭합니다.

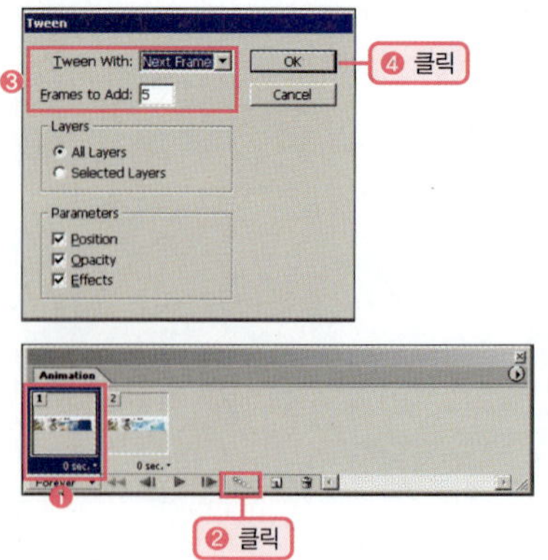

07 간단하게 5개의 새로운 프레임이 생긴 것을 알 수 있습니다.

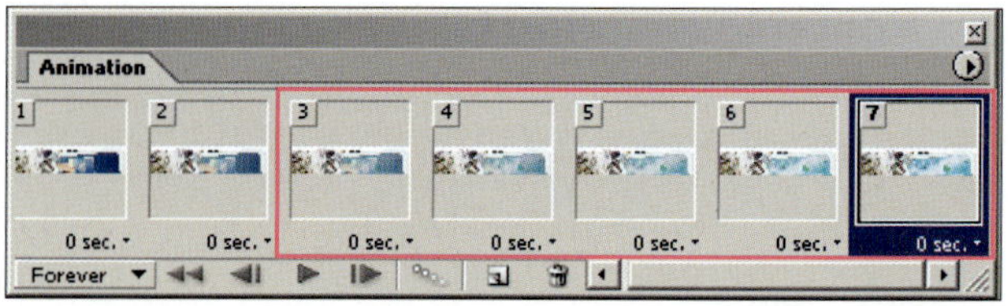

Hot Sauce
이미지레디에서 'Window' 메뉴의 'Workspace-Default Palette Locations'를 클릭하면 팔레트의 위치를 기본값으로 되돌릴 수 있습니다.

08 이번에는 '7번 프레임'을 선택한 후 애니메이션 팔레트에서 'Tween' 버튼을 클릭합니다. 'Tween' 대화상자가 나타나면 'Tween with : First Frame', 'Frames to Add : 5'로 지정하고 'OK' 버튼을 클릭합니다.

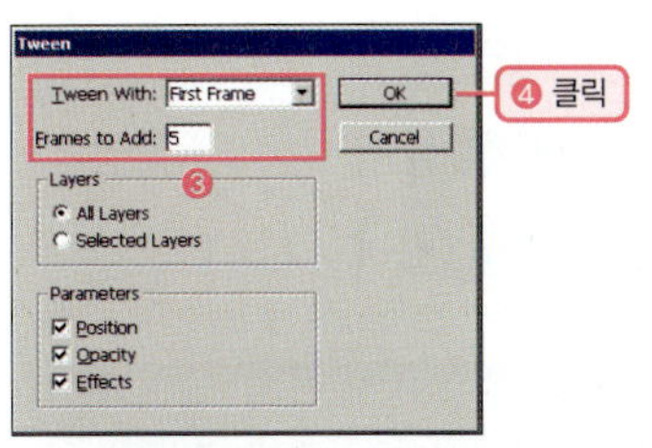

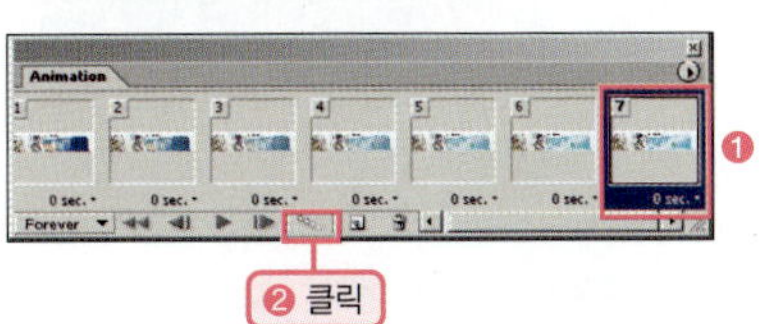

09 '7번 프레임' 뒤에도 5개의 프레임이 생긴 것을 알 수 있습니다.

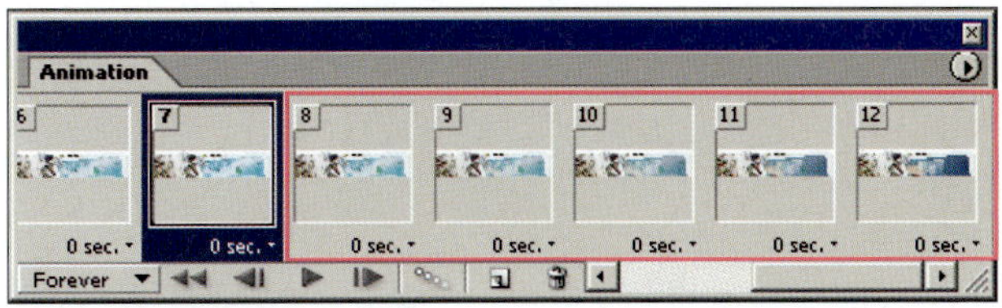

10 Ctrl 을 누른 상태에서 '1번 프레임'과 '7번 프레임'을 클릭하여 선택하고, '0sec.'를 마우스 오른쪽 버튼으로 클릭합니다.

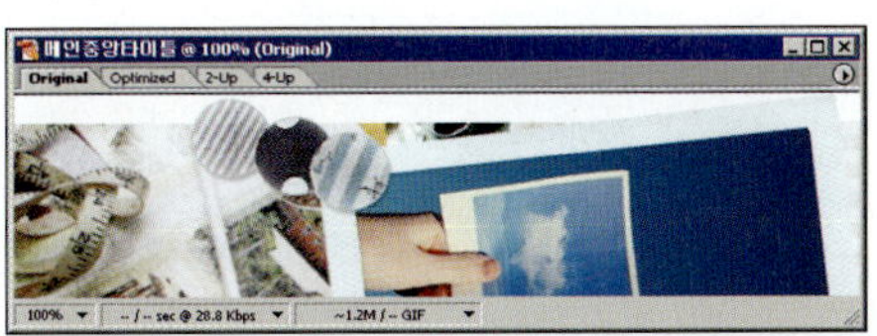

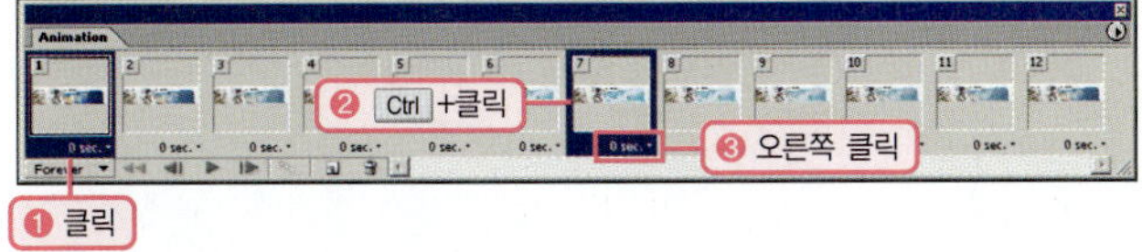

11 단축 메뉴가 나타나면 재생 시간 '1.0'을 선택합니다.

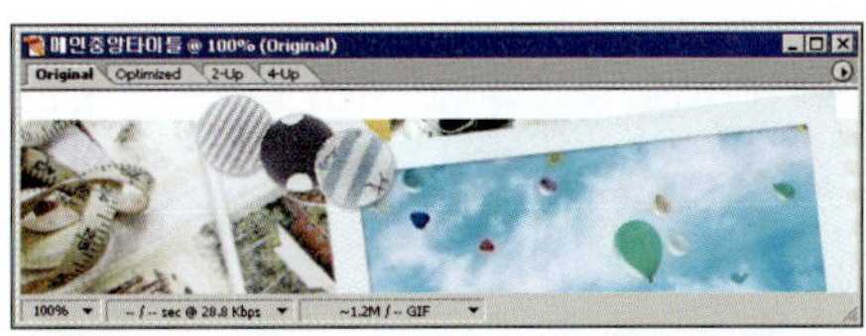

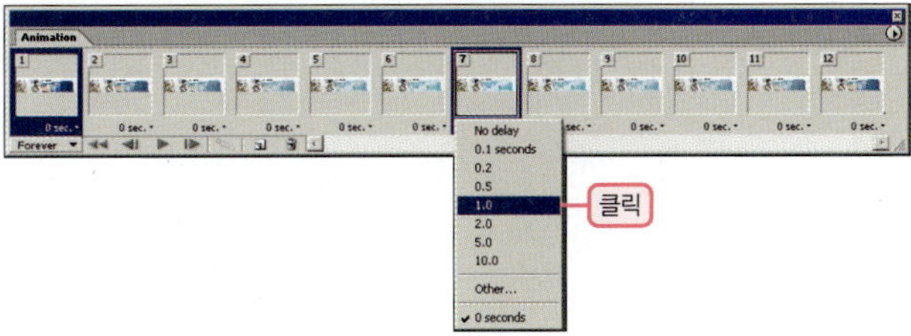

12 같은 방법을 이용하여 '2~6번 프레임', '8~12 번 프레임'은 재생 시간을 '0.1'로 설정합니다. 이제 애니메이션 팔레트에서 '▶'를 클릭하면 애니메이 션이 재생되는 것을 알 수 있습니다.

13 '1번 프레임'과 '7번 프레임'의 재생 시간을 '1.5'초로 바꾸고 싶을 경우 '■'를 클릭하여 재 생을 멈춥니다. 그런 다음 '1번 프레임'과 '7번 프레임' 을 동시에 선택한 후 '1sec' 부분을 마우스 오른쪽 버튼 으로 클릭하고, 단축 메뉴에서 'other'를 선택합니다.

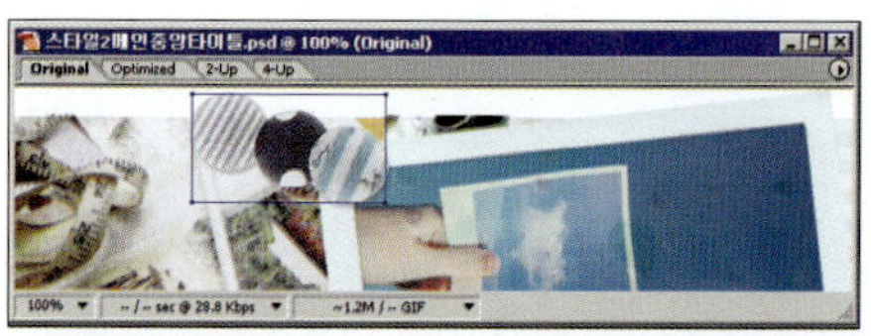

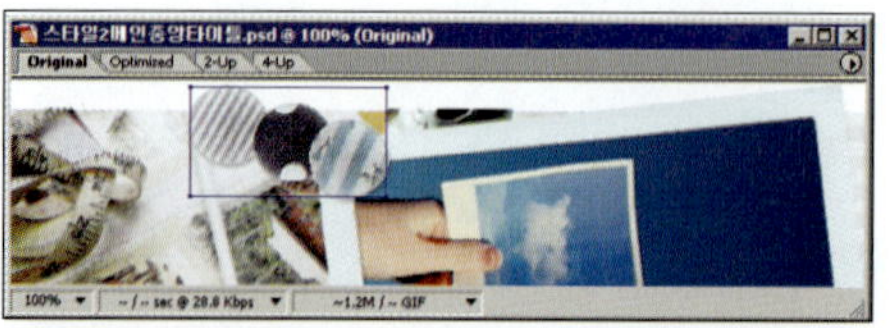

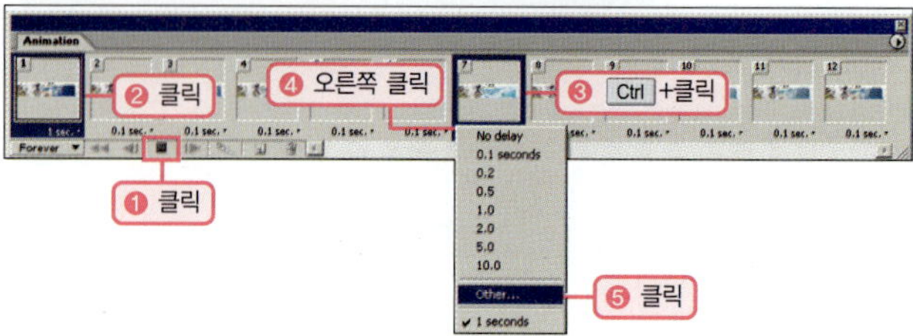

14 'Set Frame Delay' 대화상자가 나타나면 '1.5' 를 입력하고 'OK' 버튼을 클릭합니다.

15 다시 애니메이션을 확인한 후 'File' 메뉴의 'Save Optimized As' 버튼을 클릭합니다.

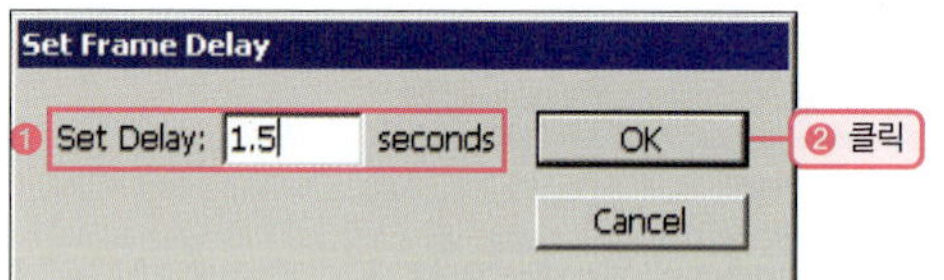

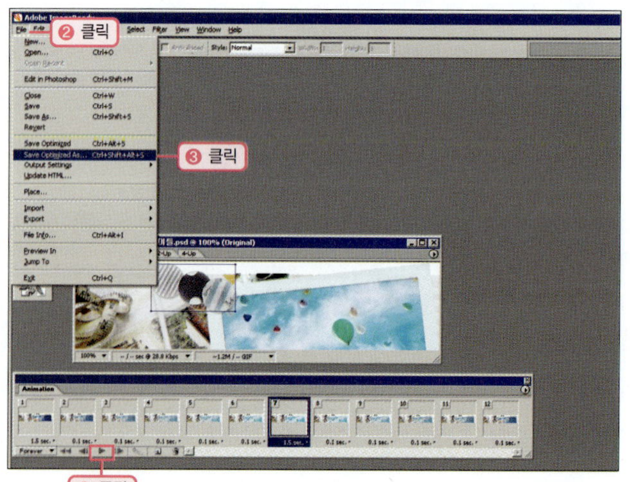

16 'Save Optimized As' 대화상자가 나타나면 적당한 폴더에 'mainimg.gif' 파일로 저장해 둡니다.

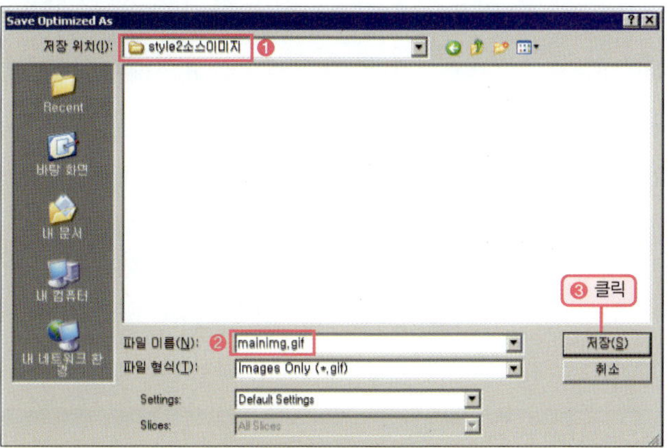

> **Hot Sauce**
>
> 이미지 레디 툴 박스의 아래쪽에서 'Edit in Photoshop' 버튼을 클릭하면 포토샵으로 되돌아 갈 수 있습니다.

18 '스타일2메인.psd' 파일을 열고 Ctrl + V 를 눌러서 디자인할 자리를 잡아둡니다.

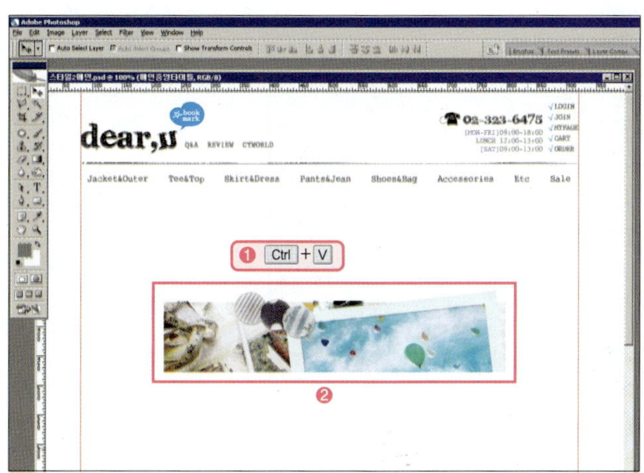

17 다시 포토샵으로 이동하여 '메인중앙타이틀.psd' 파일을 저장하고, 레이어를 모두 병합합니다. 그런 다음 Ctrl + A , Ctrl + C 를 차례대로 눌러서 이미지를 복사합니다.

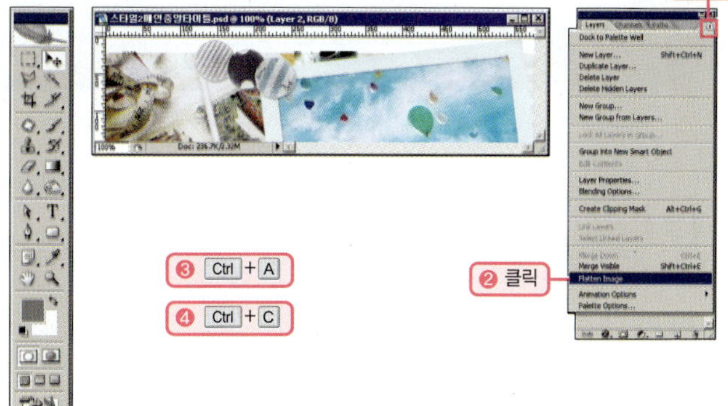

> **Hot Sauce**
>
> 나중에 GIF 애니메이션을 수정하고 싶을 경우에는 레이어가 모두 분리된 원본 파일이 필요하므로 레이어를 병합하기 전에 반드시 PSD 파일을 저장합니다.

19 타이틀 이미지를 다음과 같이 적당한 자리에 배치합니다. 오른쪽 여백은 나중에 게시판을 넣을 자리입니다. 자~, 이제 상단 디자인의 작업이 모두 끝났습니다.

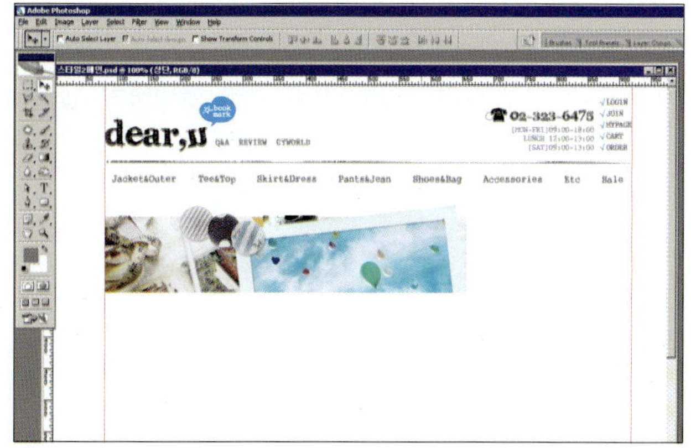

> **Hot Sauce**
>
> 작업이 모두 완료되면 레이어 그룹의 '▲'를 클릭하여 관련 레이어들을 깔끔하게 숨겨두세요.

01 이번에는 메인 페이지에 노출되는 상품 리스트의 타이틀 이미지를 만들어보겠습니다. '폰트 : stalker2', '색상'은 '#a863a8', '#666666'을 사용하여 다음과 같이 'New Arrivals', 'Best Items' 타이틀 텍스트를 입력합니다.

02 텍스트 옆에 점선을 이용하여 바를 만들 것입니다. 새 레이어를 추가하고 전경색을 '#a863a8'로 지정합니다. 그런 다음 툴 박스의 브러시 툴을 클릭한 후 상단 옵션 바에서 '▼'를 클릭하여 'Hard Round 3px Brush'를 선택합니다.

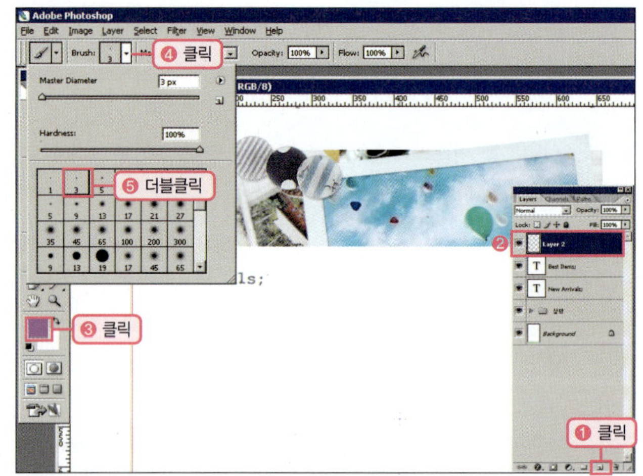

03 상단 옵션 바의 'Brushes' 탭을 클릭하여 'Dual Brush'를 선택합니다. 그런 다음 'Mode : Multiply', 'Spacing : 226%', 'Count : 5'로 지정합니다.

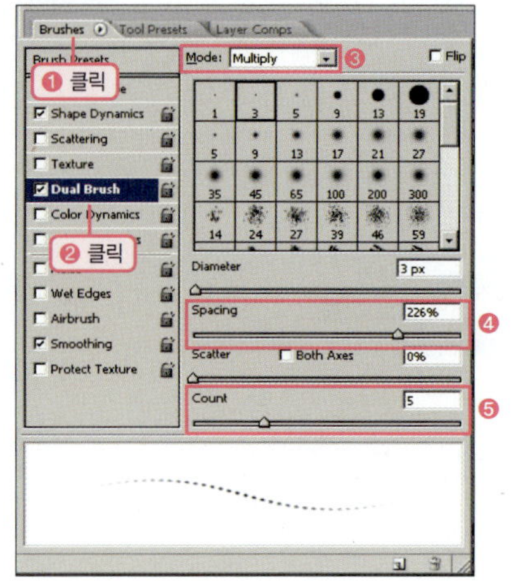

04 다시 'Brush Tip Shape'를 선택하여 'Round ness : 12%', 'Spacing : 25%'로 지정합니다.

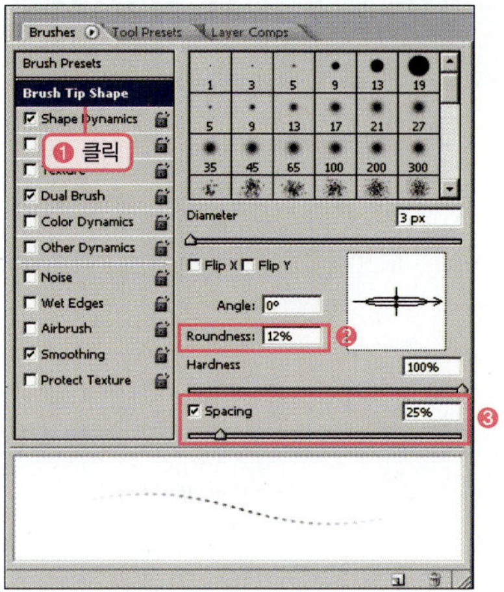

05 Shift 를 누른 상태에서 마우스로 드래그하여 타이틀 텍스트 옆에 점으로 된 수평선을 그립니다. 다음과 같이 두 개의 타이틀 텍스트 옆에 수평선을 그려 주세요.

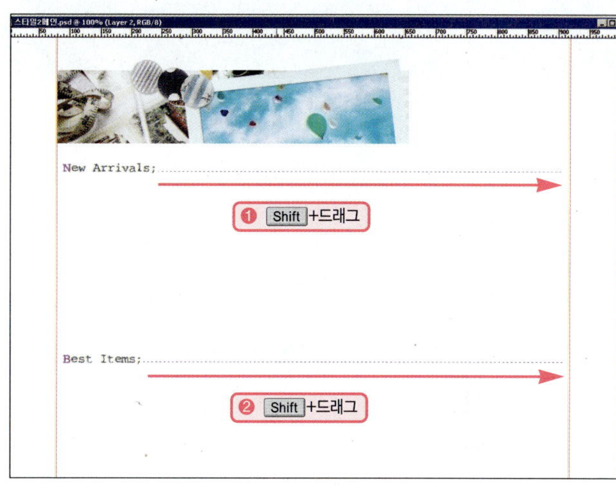

Shopping Mall Sense

[cafe24] 메인 페이지의 하단 디자인하기

01 이제 메인 페이지의 하단 디자인을 해보겠습니다. 레이어 팔레트에서 'Creat a new group' 버튼을 클릭하여 새로운 레이어 그룹을 만들고, 이름을 '하단'으로 바꿉니다.

02 '상단' 레이어 그룹의 '▶'를 클릭하여 하위 레이어를 표시합니다. '상단라인' 레이어를 선택하고 Ctrl + J 를 눌러서 레이어를 복사합니다.

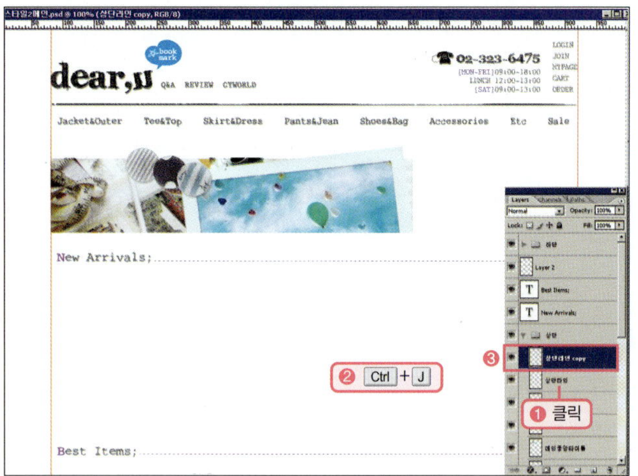

03 복사한 '상단라인 copy' 레이어를 '하단' 레이어 그룹으로 드래그합니다.

04 '상단라인 copy' 레이어가 '하단' 레이어 그룹으로 이동되었습니다.

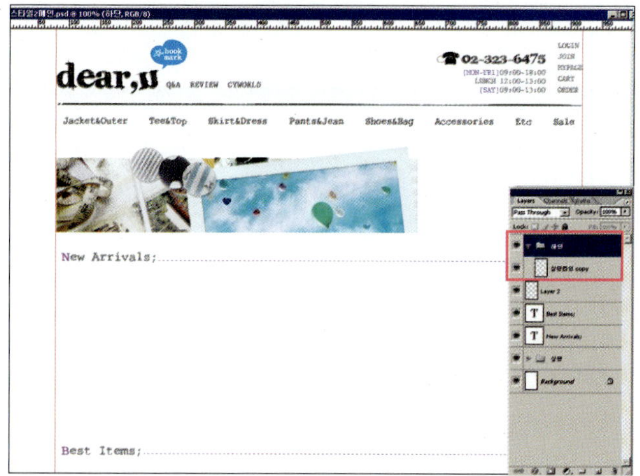

05 툴 박스의 이동 툴을 이용하여 복사한 상단 라인 바를 아래쪽으로 이동합니다.

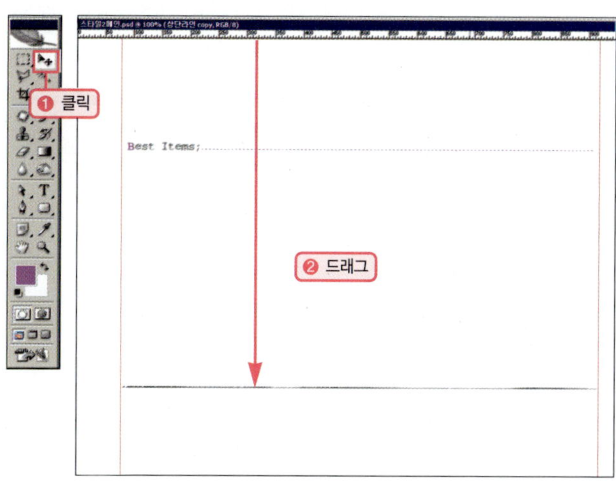

06 같은 방법으로 '상단' 레이어 그룹의 'dear,u' 로고를 복사하여 '하단' 레이어 그룹으로 드래그한 후 다음과 같이 배치합니다.

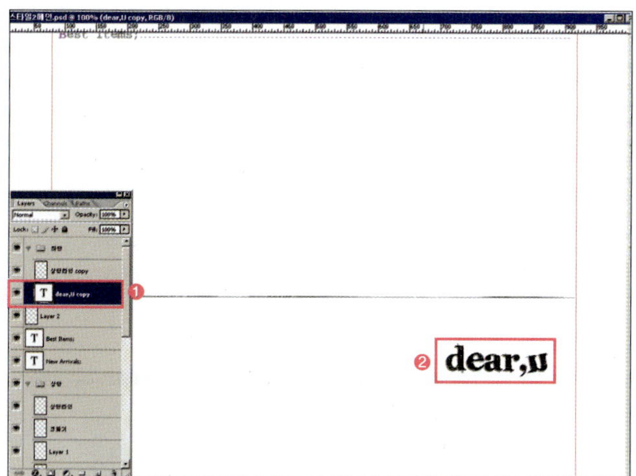

07 새 레이어를 추가하고 툴 박스에서 펜 툴을 선택하여 풍선 모양으로 패스 라인을 그립니다.

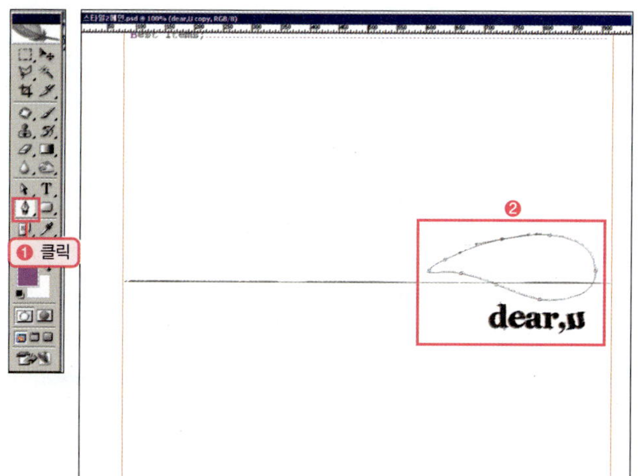

Hot Sauce

펜 툴을 이용하여 패스 라인을 그리는 방법은 부록 CD의 동영상 강좌에서 자세하게 설명했습니다. 동영상 강좌를 확인해 보면 이 책의 예제에서 사용하는 패스 라인을 그리는 방법도 포함되어 있습니다.

08 전경색을 '#333333'으로 지정하고, 툴 박스의 브러시 툴을 선택한 후 '브러시 옵션'과 'Brushes' 탭 설정은 화면 중앙 타이틀 점선을 그릴 때와 똑같이 설정합니다.

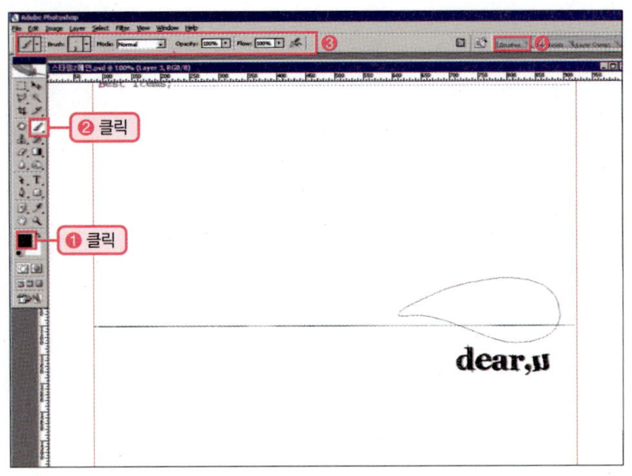

09 패스 팔레트로 이동하여 'Work Path'를 마우스 오른쪽 버튼으로 클릭합니다. 단축 메뉴가 나타나면 'Stroke Path'를 선택합니다.

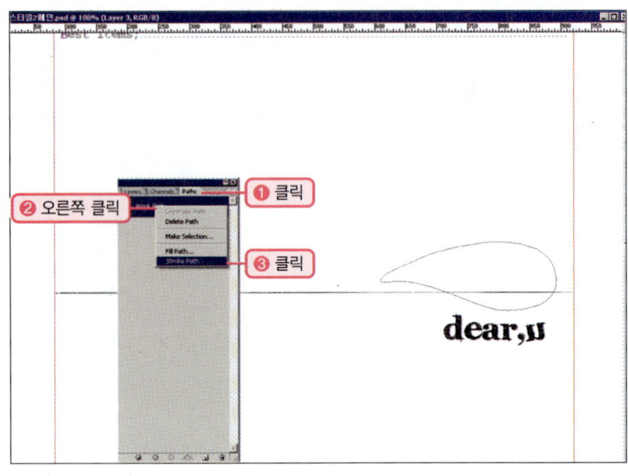

10 'Stroke Path' 대화상자가 나타나면 'Tool'을 'Brush'로 지정한 후 'OK' 버튼을 클릭합니다. 이제 새 레이어에 점선으로 된 말풍선이 그려진 것을 확인할 수 있습니다.

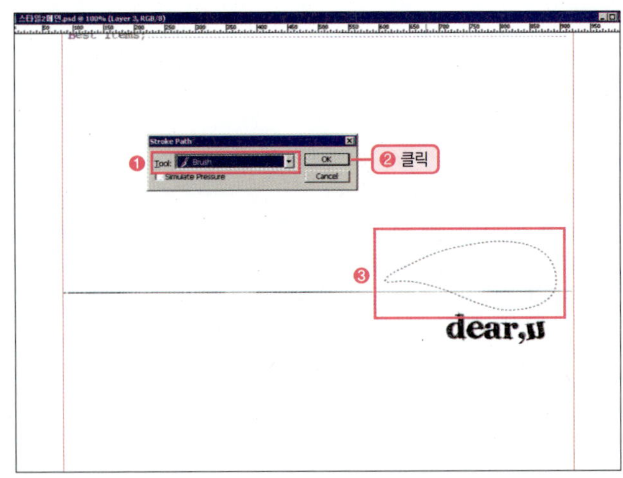

11 다시 패스 팔레트로 이동하여 'Work Path'를 마우스 오른쪽 버튼으로 클릭하고, 단축 메뉴에서 'Make Selection'을 선택하여 패스 라인을 선택 영역으로 지정합니다.

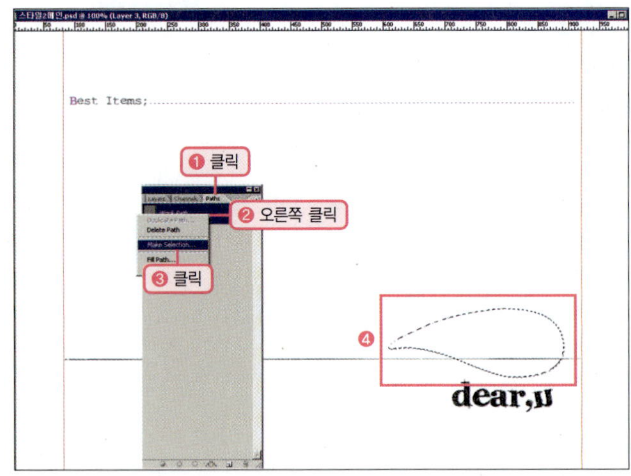

12 이 상태에서 레이어 팔레트로 이동합니다. 'Layer 3'이 선택된 것을 확인한 후 'Select' 메뉴의 'Modify-Contract'를 클릭합니다.

13 'Contract Selection' 대화상자가 나타나면 'Contract By' 항목에 '6'을 입력하고 'OK' 버튼을 클릭합니다.

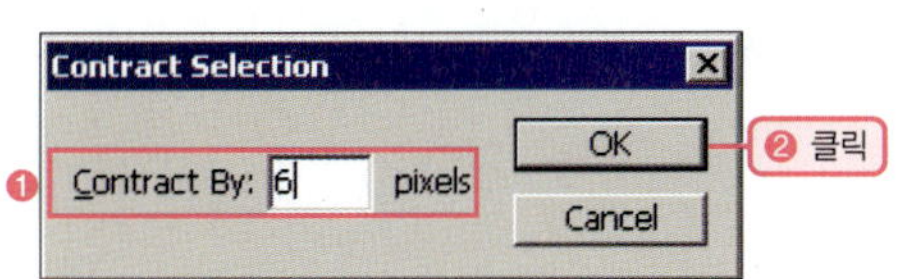

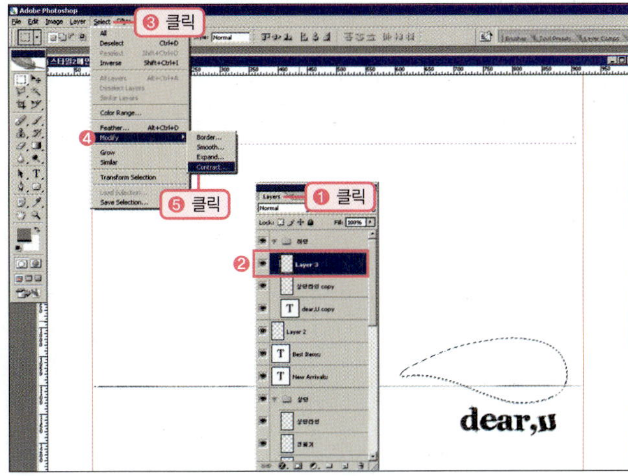

14 점선 말풍선보다 '6px' 작은 선택 영역이 지정되는데, 이 상태에서 'Edit' 메뉴의 'Fill'을 클릭합니다.

15 'Fill' 대화상자가 나타나면 'Custom Pattern' 항목의 단축 메뉴를 클릭하여 상단 디자인에서 사용했던 패턴을 선택하고 'OK' 버튼을 클릭합니다.

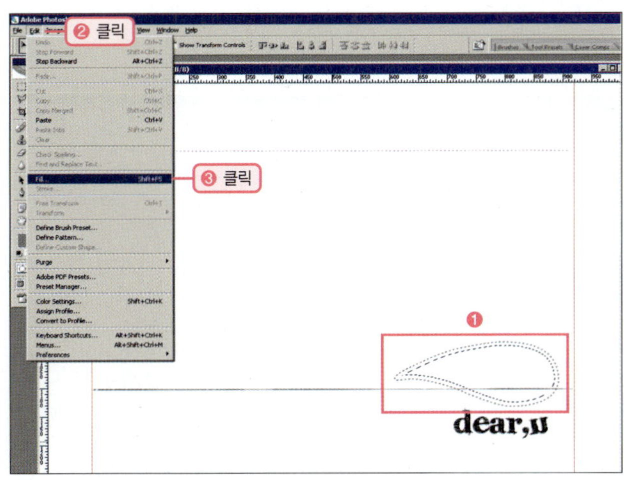

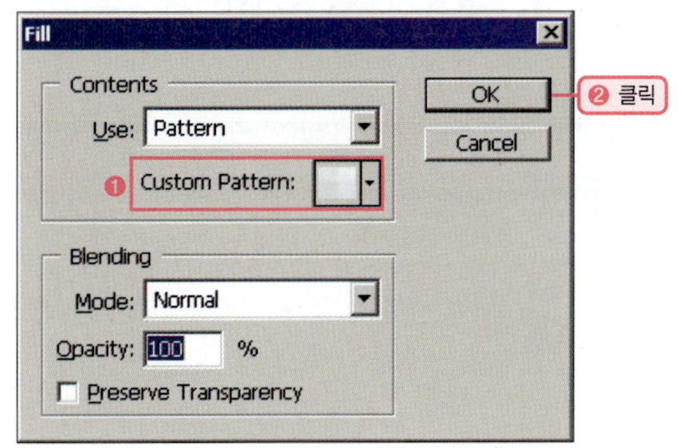

16 선택 영역이 지정한 패턴으로 채워진 것을 확인할 수 있습니다. Ctrl + D 를 눌러서 선택 영역을 해제합니다.

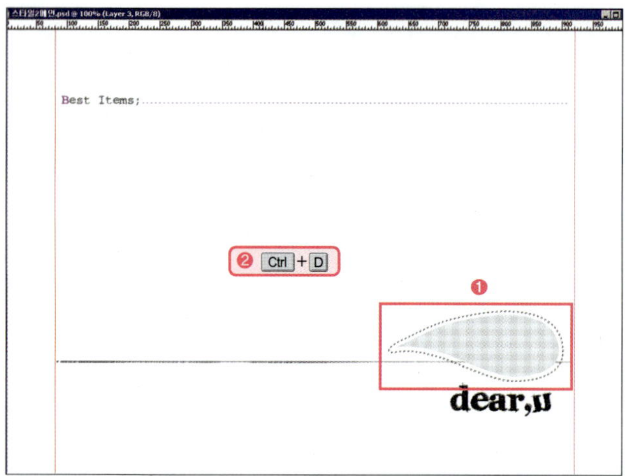

17 부록 CD의 'Story 05-style2소스이미지' 폴더에서 '얼룩말.jpg' 파일을 불러온 후 작업 창으로 드래그합니다.

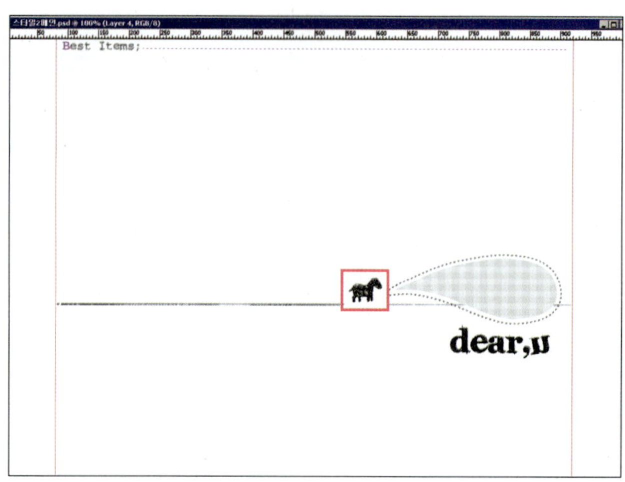

18 마술봉 툴을 선택한 후 옵션 바에서 'Tolerance'는 '32', 'Anti-alias'는 체크 표시를 해제합니다. 그런 다음 얼룩말 이미지의 바깥쪽 흰색 배경을 클릭하고, Delete 를 눌러서 흰색 여백을 제거합니다. Ctrl + D 를 눌러서 영역 선택을 해제하세요.

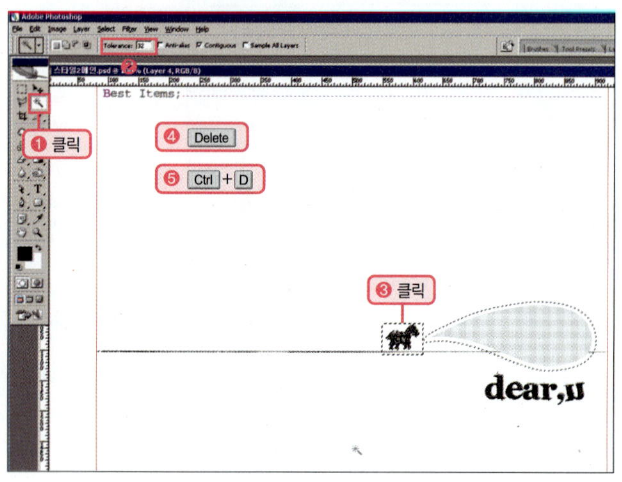

19 툴 박스의 문자 툴을 이용하여 하단 메뉴는 '#666666', 회사 정보는 '#999999' 색상으로 다음과 같이 알맞은 텍스트를 입력합니다.

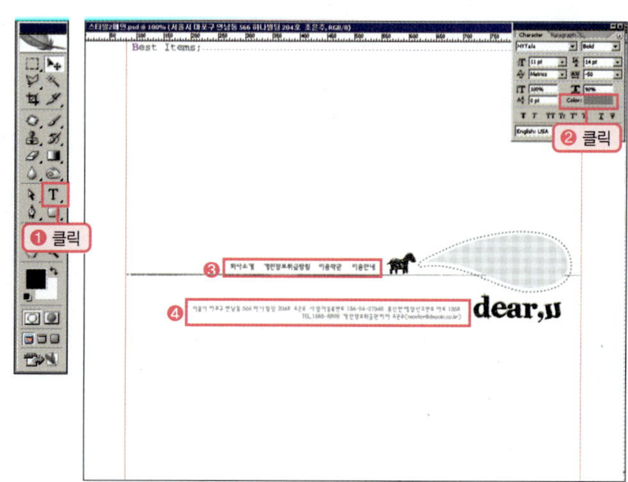

20 부록 CD의 'Story 05-style2소스이미지' 폴더에서 '하단보증마크.jpg', '탑.jpg' 파일을 불러온 후 작업 창으로 드래그하여 다음과 같이 배치합니다.

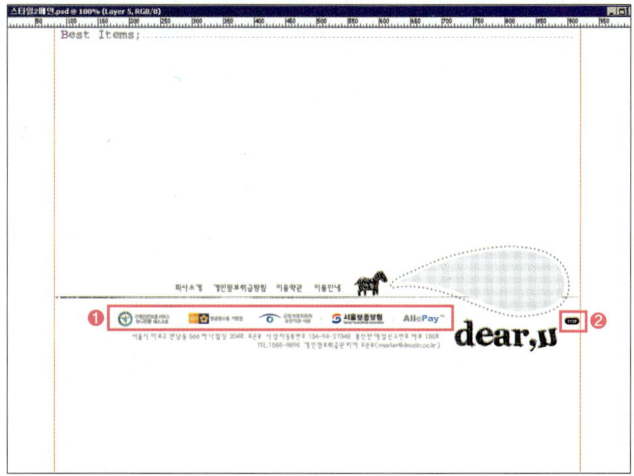

21 툴 박스에서 문자 툴을 클릭하여 '#666666' 과 '#f26d7d' 색상으로 무통장 입금 계좌 정보를 입력합니다.

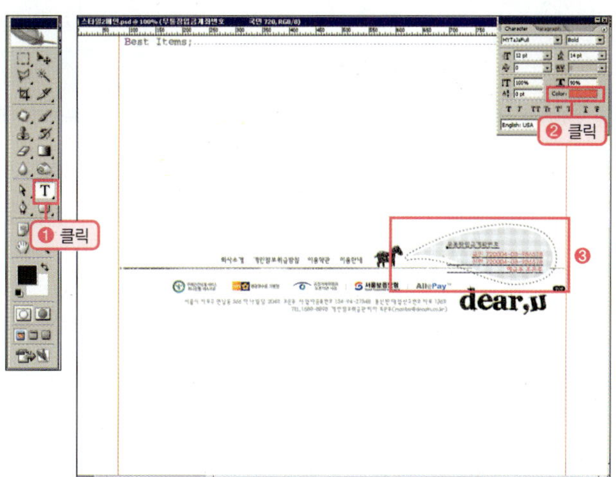

자신의 쇼핑몰을 만들 때는 반드시 실제로 사용 중인 보증 마크만 넣어야 합니다.

22 마지막으로 '상단라인 copy' 레이어를 선택하고, 사각형 선택 툴로 다음과 같이 영역을 지정합니다.

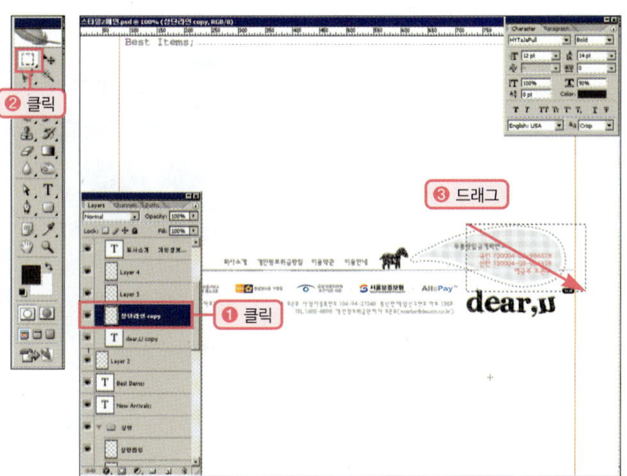

23 사각형으로 선택 영역이 지정된 상태에서 Delete 를 누르고, 다시 Ctrl + D 를 눌러서 선택 영역을 해제합니다.

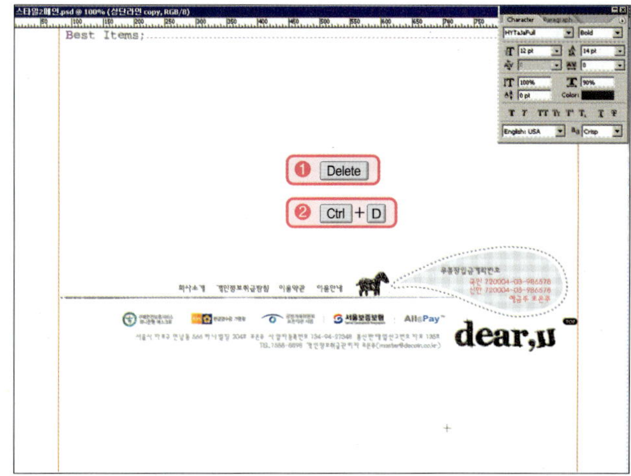

48

[cafe24] 상품 설명 페이지 디자인하기

▶▶▶ 여기에서는 상세 페이지의 상품 설명 부분을 이미지로 제작해 보겠습니다. 완성된 상품 설명 이미지는 다음과 같습니다. 상품 설명에는 제품 설명, 색상별 소개, 디테일 사진, 배송 정보 등이 포함됩니다.

01 `Ctrl`+`N`을 눌러서 'Name : 스타일2상품설명', 'Width : 740px', 'Height : 3200px'의 새 파일을 만듭니다.

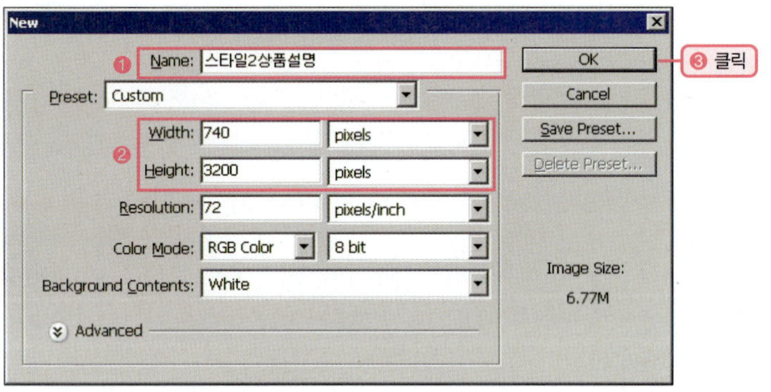

02 앞서 작업한 '스타일2메인화면.psd' 파일에서 바 이미지를 복사한 후 새로 만든 파일에 붙여 넣습니다.

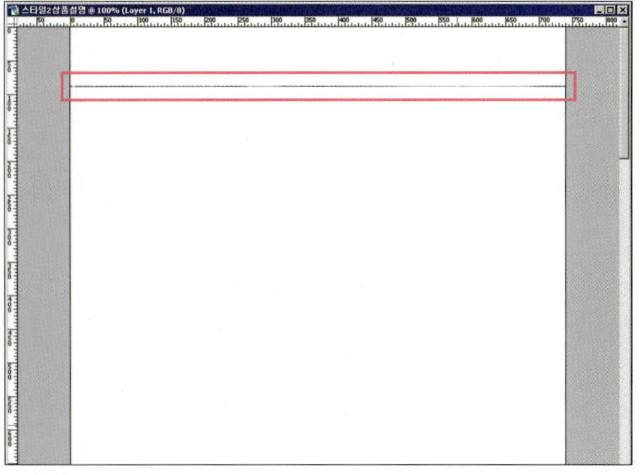

03 바 이미지를 다음과 같이 배치하고, `Ctrl`+`T`를 눌러서 가로 폭을 '740px'로 줄입니다.

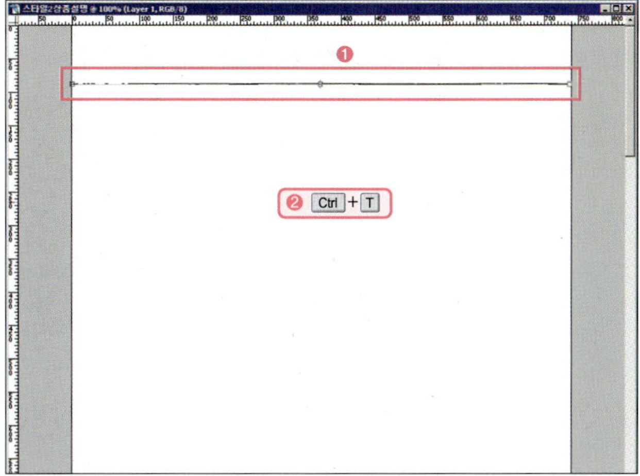

04 툴 박스의 문자 툴을 선택한 후 'KarabinE' 폰트를 이용하여 'dear,u collection'을 입력합니다.

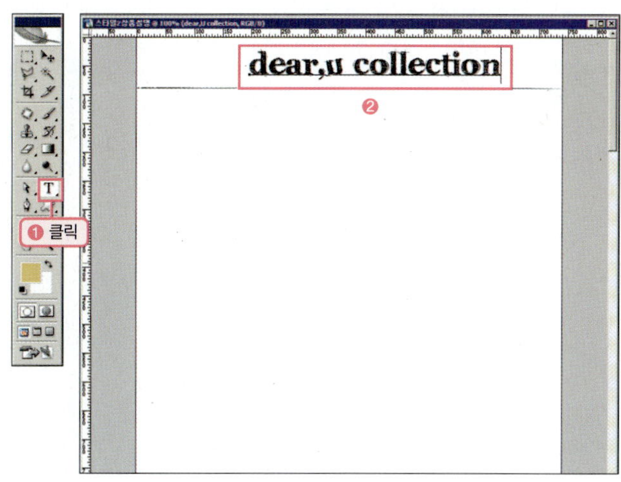

05 부록 CD의 'Story 05-style2소스이미지' 폴더에서 '상품설명타이틀.jpg' 파일을 불러온 후 작업 창으로 드래그합니다.

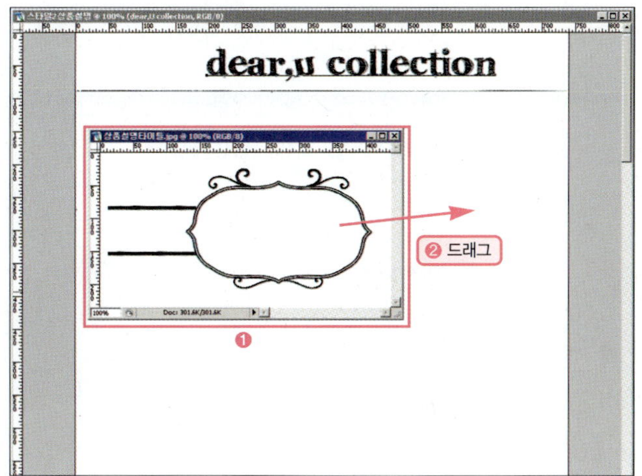

06 `Ctrl`+`T`를 눌러서 불러온 이미지의 크기를 알맞게 줄이고 다음의 위치로 이동합니다. 그런 다음 '폰트 : KarabinE', '색상 : #333333'으로 'showroom'을 입력하세요.

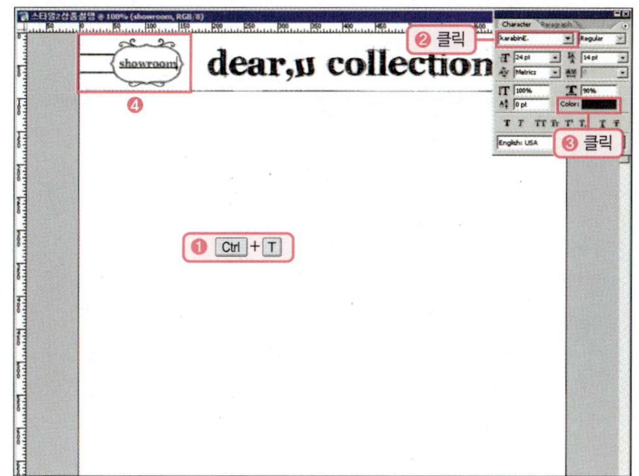

07 부록 CD의 'Story 05-style2소스이미지' 폴더
에서 'pat2.jpg' 파일을 불러온 다음 Ctrl + A
를 눌러서 이미지 전체 영역을 선택합니다.

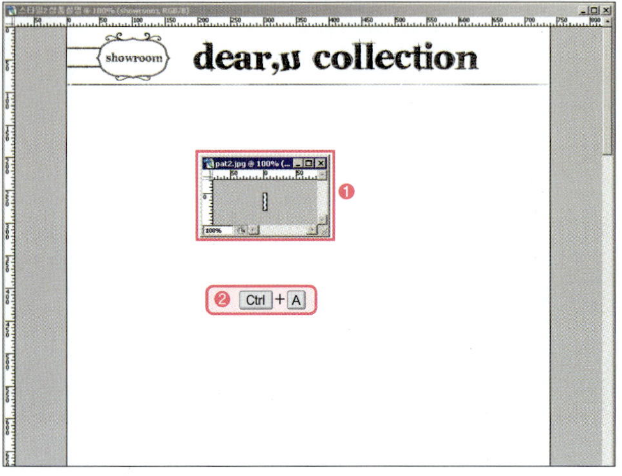

08 'Edit' 메뉴의 'Define Pattern'을 클릭합니다.
'Pattern Name' 대화상자가 나타나면 이름을
그대로 두고 'OK' 버튼을 클릭합니다.

09 다시 작업 창으로 돌아와서 새 레이어를 추가하
고 'Edit' 메뉴의 'Fill'을 클릭합니다. 'Fill' 대
화상자가 나타나면 'Custom Pattern' 항목에서 방금
패턴으로 등록한 'pat2.jpg'를 선택한 후 'OK' 버튼을
클릭합니다.

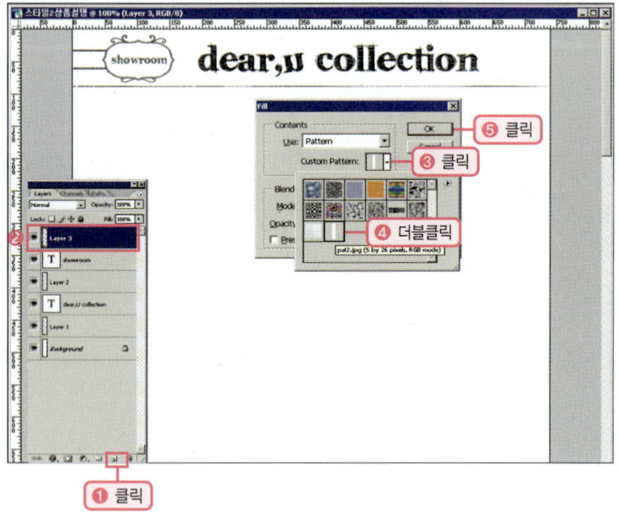

10 새 레이어가 노트줄 패턴으로 채워진 것을 알 수
있습니다. 새 레이어를 'Background' 레이어
바로 위쪽으로 이동하고, 이동 툴을 이용하여 노트줄이
타이틀 아래쪽부터 나타나도록 배치합니다.

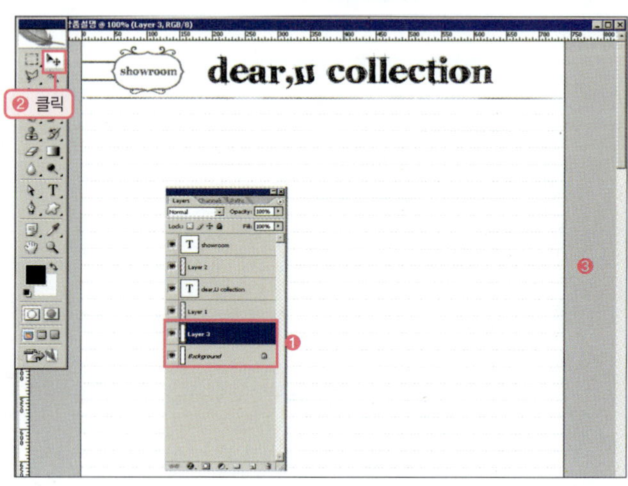

11 부록 CD의 'Story 05-style2소스이미지' 폴더에서 'good1.jpg', 'good2.jpg', 'good4.jpg', 'good3.psd' 파일을 모두 불러옵니다. 그런 다음 작업 창으로 드래그합니다.

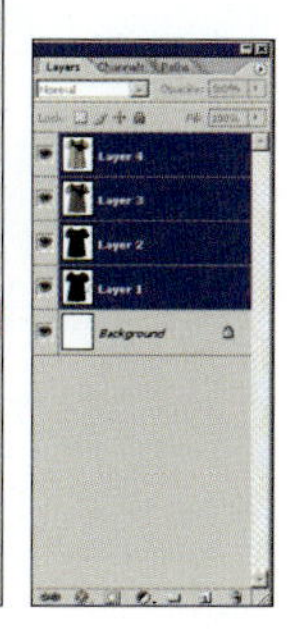

12 불러온 이미지들을 다음과 같이 배치합니다.

Hot **Sauce**

'good3.psd'는 4개의 레이어로 이루어져 있는데, 레이어를 모두 선택한 후 작업 중인 파일로 드래그하면 편리합니다.

---

13 원단 섬네일은 해당 의류의 옆에 각각 배치하겠습니다. 툴 박스의 마술봉 툴을 선택하여 여백 부분을 클릭한 후 Delete 를 누릅니다.

14 사각형 선택 툴로 각 섬네일을 선택하고, 이동 툴로 바꿔서 각 원단을 일치하는 의류 옆에 배치합니다.

15 문자 툴을 이용하여 각 원단 섬네일의 위쪽에 다음과 같이 'black', 'black dot', 'beige dot', 'brown'을 입력합니다.

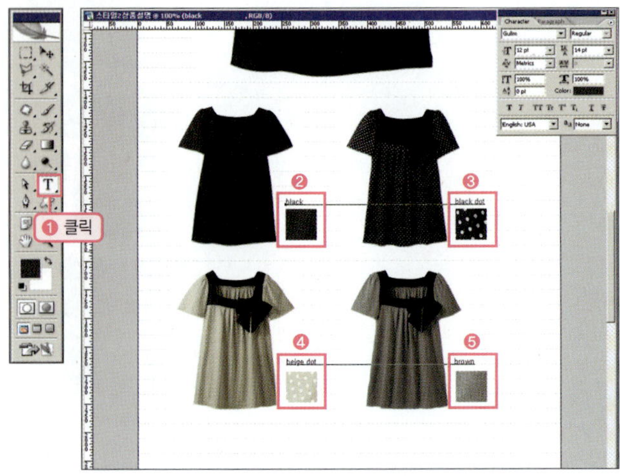

16 상품 사진 레이어와 글자 레이어를 모두 선택한 후 Ctrl + E 를 눌러서 하나의 레이어로 병합합니다. 병합한 레이어의 이름은 '사진'으로 바꾸세요.

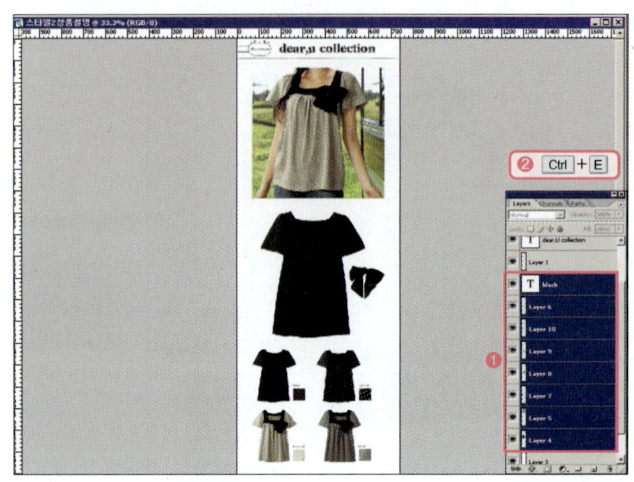

17 새 레이어를 추가하고 전경색을 '#e5e5e5'로 지정합니다. 툴 박스에서 둥근 사각형 셰이프 툴을 클릭하고, 상단 옵션 바에서 'Fill Pixels'를 선택한 후 'Radius' 항목에 '6'을 입력합니다. 그런 다음 다음과 같이 상품 사진 아래쪽에 '가로 : 57px', '세로 : 133px'의 모서리가 둥근 사각형을 그립니다.

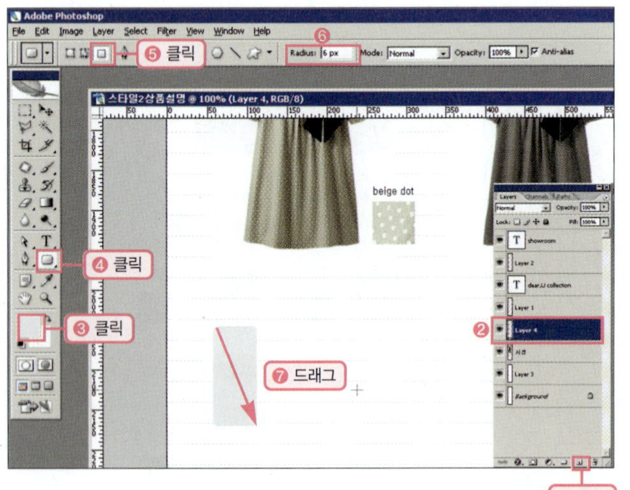

18 다시 새 레이어를 추가하고, '가로 : 70px', '세로 : 30px'의 사각형을 하나 더 그립니다.

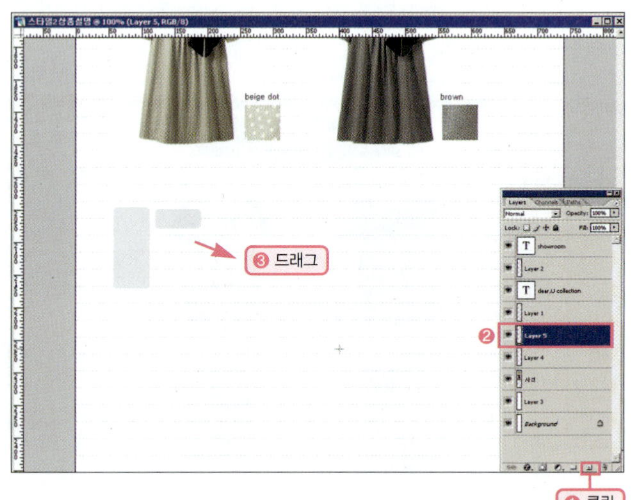

19 Ctrl 을 누른 상태에서 방금 그린 사각형 레이어의 섬네일을 클릭하면 선택 영역으로 지정됩니다. 이때 Alt + Shift 를 누른 상태에서 이동 툴로 선택 영역을 오른쪽으로 드래그하여 수평 위치에 복사합니다. 같은 방법을 이용하여 총 6개의 사각형을 만들고, Ctrl + D 를 눌러서 선택 영역을 해제합니다.

20 Ctrl 을 누른 상태에서 6개의 사각형이 그려진 레이어의 섬네일을 클릭하여 선택 영역으로 지정합니다. 그런 다음 Alt + Shift 를 누른 상태에서 이동 툴로 선택 영역을 아래쪽으로 드래그하여 수직 위치에 복사합니다. 같은 방법으로 총 4열의 사각형을 만듭니다.

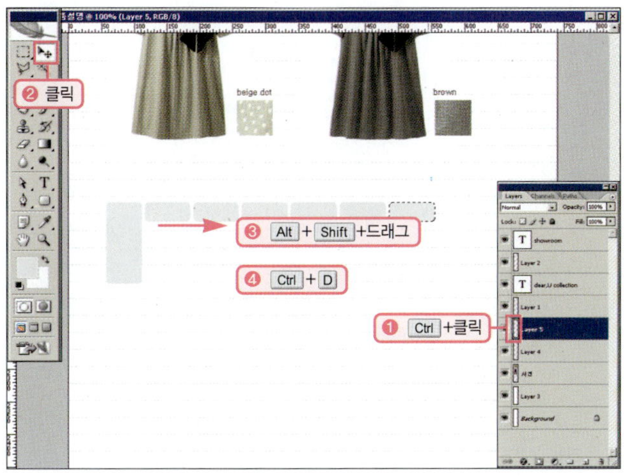

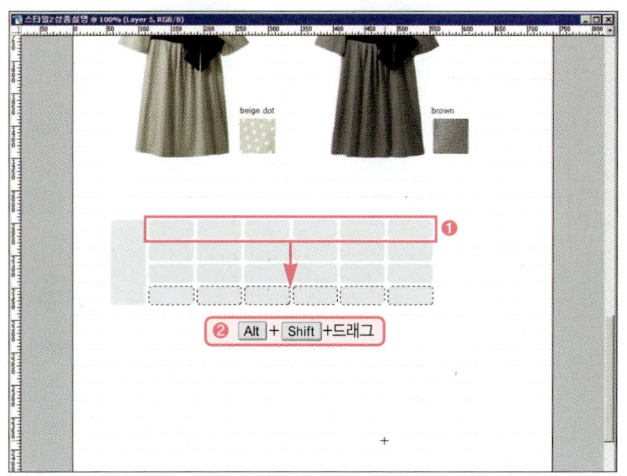

21 사각형 레이어를 모두 선택한 후 Ctrl + E 를 눌러서 하나의 레이어로 병합합니다.

22 이동 툴을 이용하여 사각형을 작업 창의 가운데로 이동합니다.

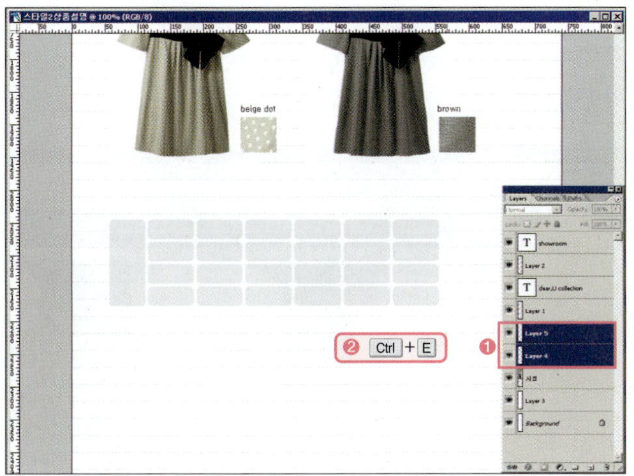

23 이번에는 툴 박스의 사각형 셰이프 툴로 사각형으로 만든 표 아래쪽에 '세로 : 50px'의 사각형 박스를 그립니다.

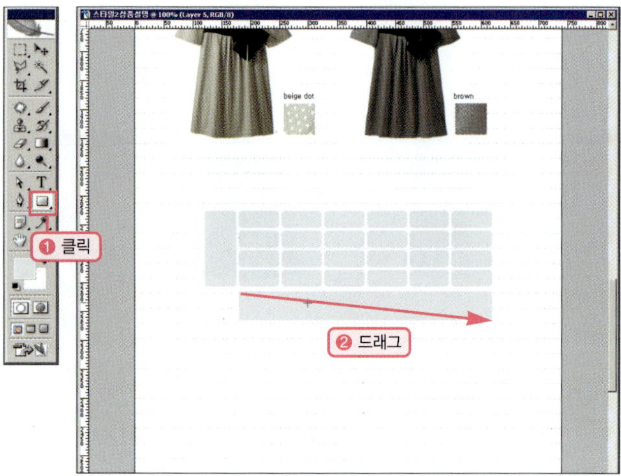

24 툴 박스의 문자 툴을 클릭하여 다음과 같이 사이즈 정보와 참고 문구를 입력합니다.

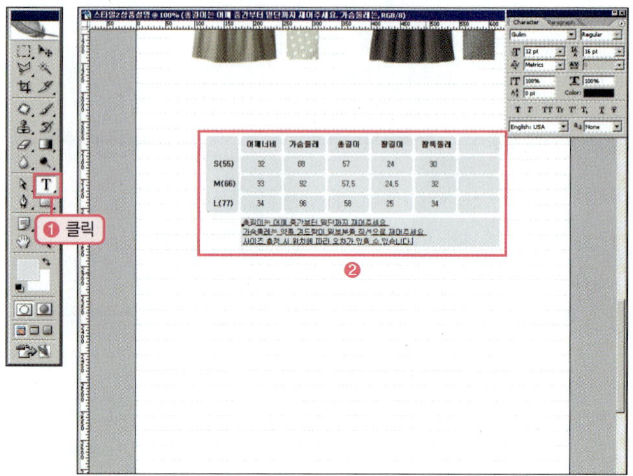

25 표의 우측 상단에 다음과 같이 '(단위:cm)' 텍스트를 입력하고, 침고 문구를 입력한 사각형 박스에 연필 툴을 이용하여 흰색 선을 그립니다. 이때 연필 툴의 크기는 '1px'로 지정하면 됩니다.

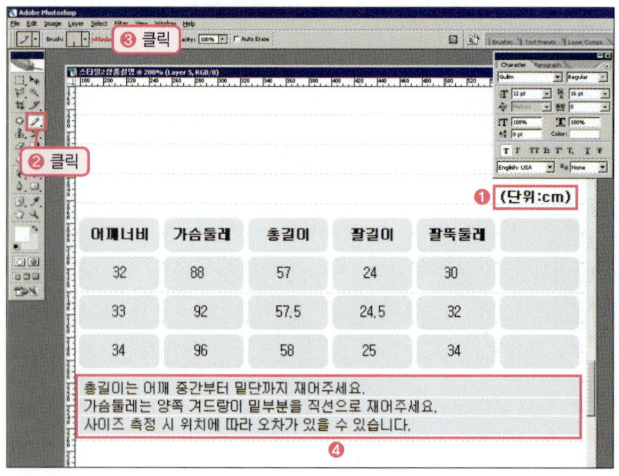

어깨너비	가슴둘레	총길이	팔길이	팔뚝둘레
32	88	57	24	30
33	92	57.5	24.5	32
34	96	58	25	34

26 사진 레이어 위에 새 레이어를 추가한 후 툴 박스의 둥근 사각형 셰이프 툴을 선택합니다. 상단 옵션 바에서 'Paths'를 선택하고, 'Radius' 항목에 '10'을 입력합니다.

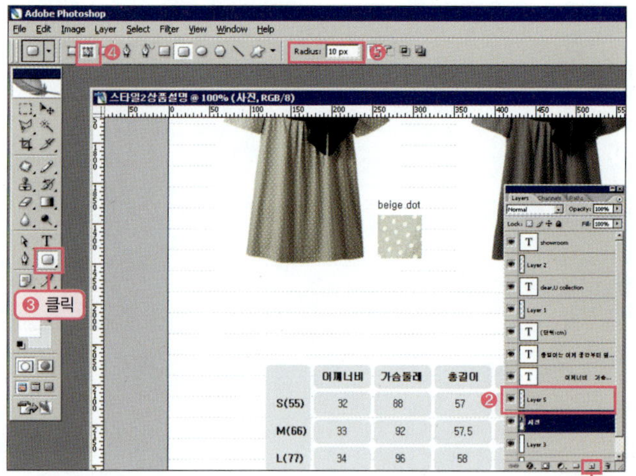

27 둥근 사각형 셰이프 툴로 표 주위에 사각형 패스를 그립니다. 패스 팔레트로 이동하여 'Load path as a selection' 버튼을 클릭합니다.

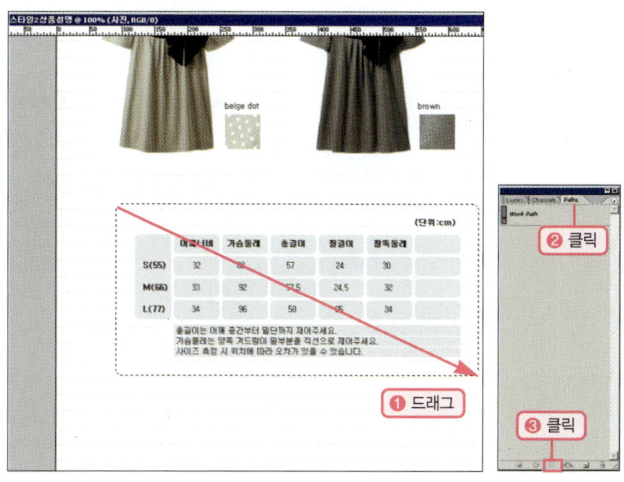

28 선택 영역을 '#ffffff' 색상으로 채우고 Ctrl + D 를 눌러서 선택을 해제합니다.

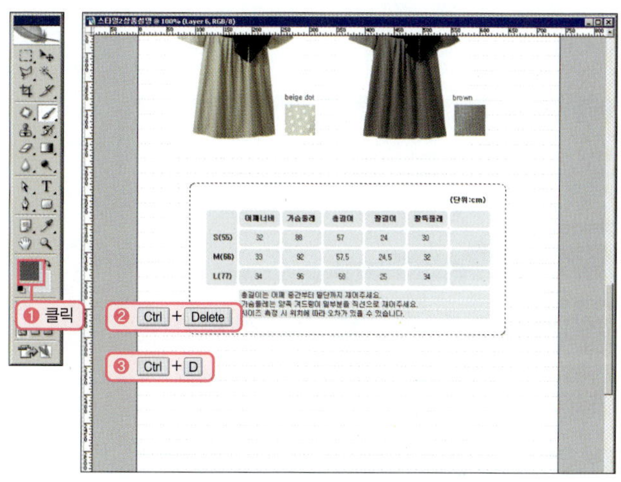

29 다시 전경색을 '#666666'으로 지정하고, 브러시 툴을 선택합니다. 상단의 옵션은 앞서 점선 라인을 그릴 때의 설정과 같은 것을 확인합니다.

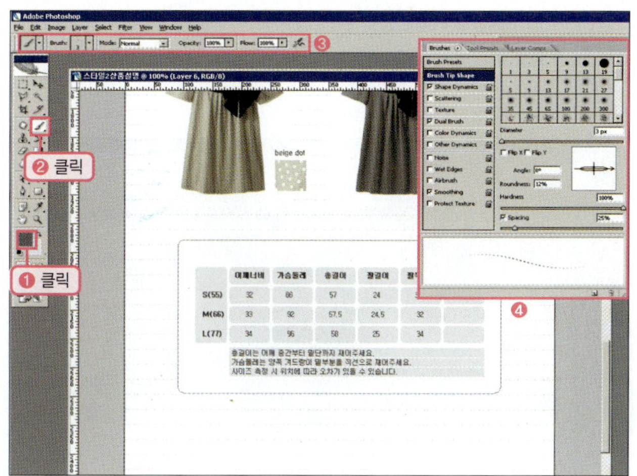

30 패스 팔레트에서 'Work Path'를 선택한 후 'Stroke path with brush' 버튼을 클릭합니다. 그런 다음 패스 팔레트의 여백을 마우스로 클릭하면 점선 박스가 생긴 것을 확인할 수 있습니다.

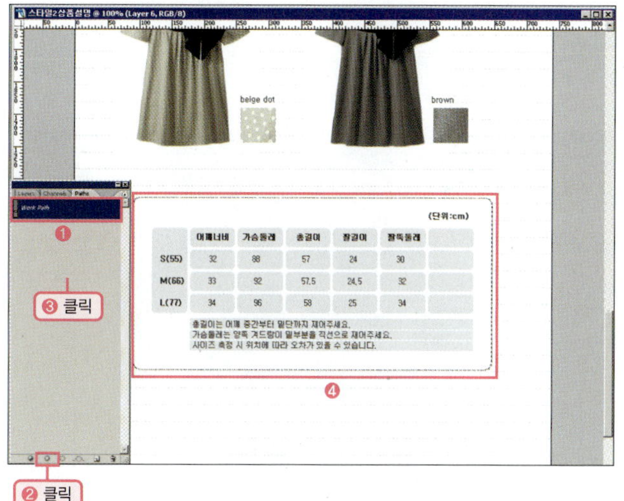

31 윈도우 탐색기를 실행하고, 부록 CD의 'Story 05-style2소스이미지' 폴더에서 '스타일2상품설명.txt' 파일을 더블클릭합니다. 텍스트 파일이 열리면 배송 안내 부분을 복사합니다.

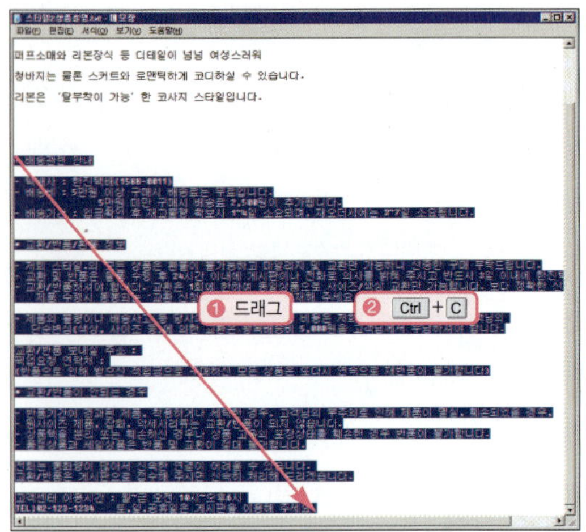

32 다시 포토샵에서 레이어 팔레트로 이동합니다. 문자 툴을 선택한 후 작업 화면을 클릭하고 Ctrl +V를 눌러서 복사한 텍스트를 붙여 넣습니다. 그런 다음 타이틀과 중요한 문구는 폰트 색상을 바꾸어 보기 좋게 수정합니다.

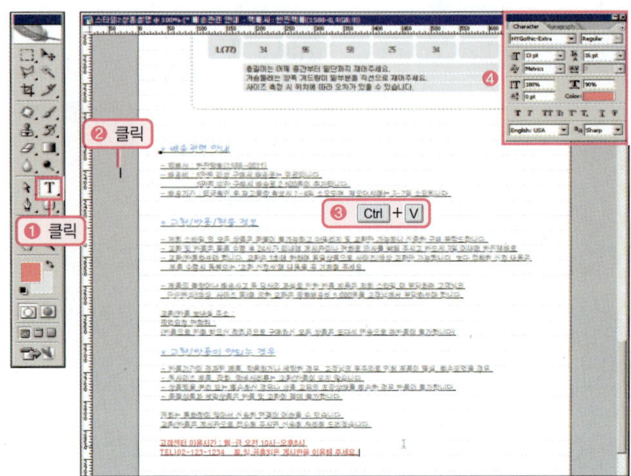

33 레이어 팔레트의 가장 위쪽에 새 레이어를 추가하고, 툴 박스에서 사각형 셰이프 툴을 선택합니다. '#f5989d' 색상으로 '가로 : 160px', '세로 : 25px'의 사각형을 그립니다.

34 툴 박스의 올가미 툴을 클릭합니다. 옵션 바에서 'Feather'는 '0', 'Anti-alias'에 체크 표시를 한 후 다음과 같이 사각형의 왼쪽 끝을 불규칙하게 선택합니다. 그런 다음 Delete를 눌러서 선택 영역을 제거합니다.

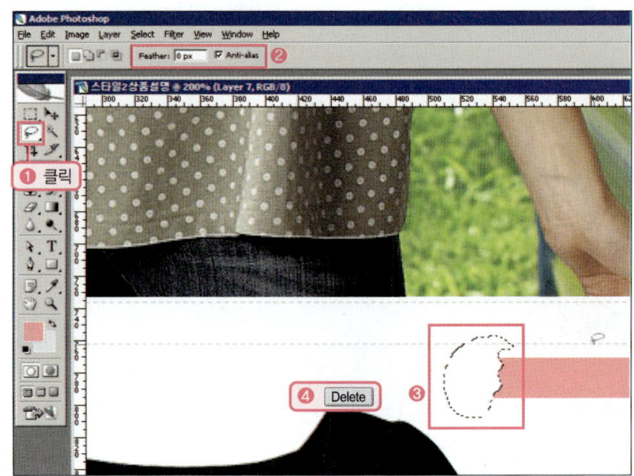

사각형 셰이프 툴의 상단 옵션 바에서 'Fill pixels' 버튼을 선택한 후 사각형을 그려야 색상이 채워집니다.

374

35 찢어진 종이 느낌의 이미지가 만들어졌는데, 여기에 그림자 효과를 넣어서 입체감을 살려보겠습니다. 선택 영역을 해제하고, 레이어 팔레트의 'Add a layer style'을 클릭한 후 단축 메뉴에서 'Drop Shadow'를 선택합니다.

36 'Layer Style' 대화상자가 나타나면 'Opacity : 25', 'Angle : 50', 'Distance : 3', 'Size : 3'으로 지정하고 'OK' 버튼을 클릭합니다.

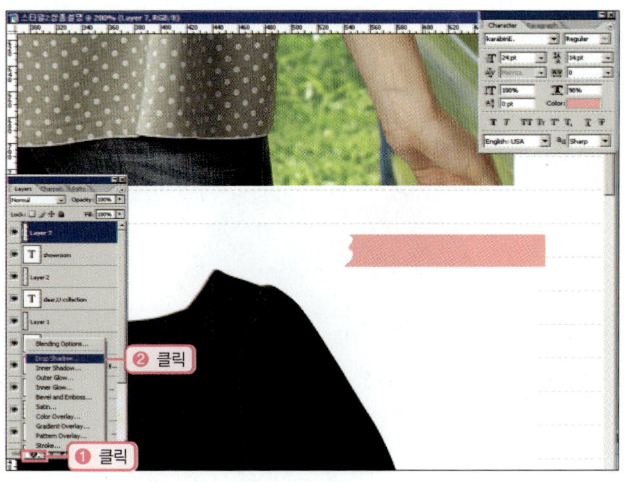

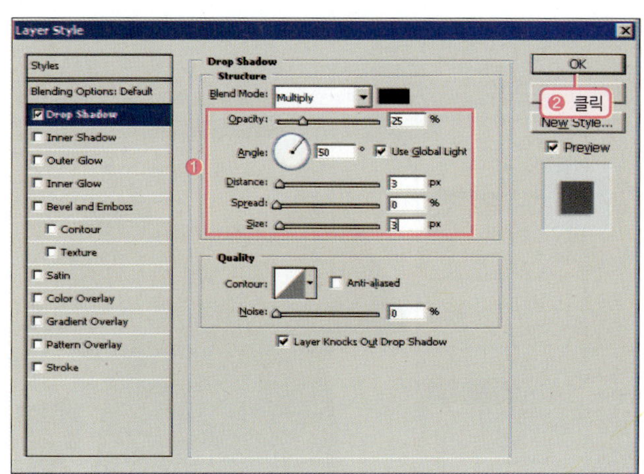

37 툴 박스의 문자 툴을 선택한 후 '폰트 : dymo', '색상 : #ffffff'로 'DETAIL VIEW' 텍스트를 입력합니다.

38 찢어진 종이 배경과 'DETAIL VIEW' 텍스트를 3개 복사하여 다음과 같이 배치하고, 복사한 레이어의 텍스트를 각각 'COLOR VIEW', 'SIZE INFO', 'NOTICE !!'로 바꿉니다.

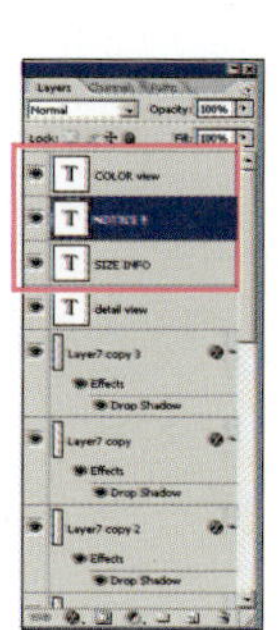

39 마지막으로 사진 레이어 위에 새 레이어를 추가하고, 전경색을 '#f5989d'로 지정합니다. 브러시 툴을 클릭하고, 상단의 옵션은 앞서 점선 라인을 그릴 때의 설정과 동일한 것을 확인합니다. 그런 다음 돼지 꼬리 모양의 선을 그립니다.

40 이제 문자 툴을 선택한 후 '#f26d7d' 색상으로 '탈부착 가능한 리본!^^' 텍스트를 입력합니다.

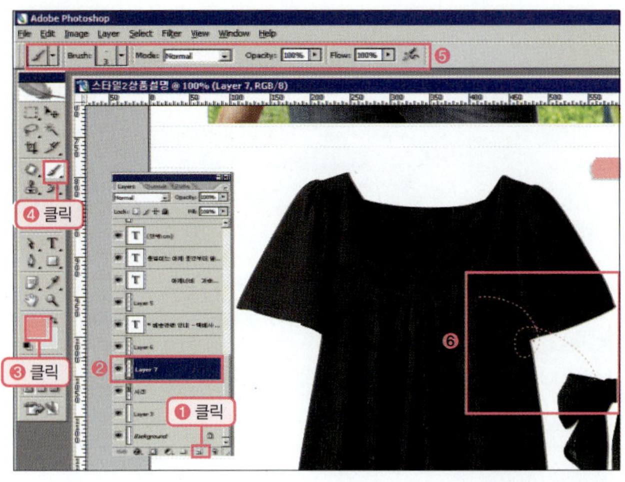

41 상품 설명 페이지 디자인이 완료되었습니다. Ctrl + S 를 눌러 작업한 파일을 저장합니다.

Shopping Mall Sense

49

[cafe24] 여성 의류 쇼핑몰 HTML 코딩하기

💜 **기본 이미지의 분할과 저장하기**

01 저장해 두었던 '스타일2메인완성.psd' 파일을 불러옵니다.

02 '스타일2메인완성.psd' 파일을 살펴보면 'Q&A 롤오버', '로그인롤오버', '상품분류롤오버' 레이어의 눈 아이콘이 꺼져 있는 것을 알 수 있습니다. 레이어 팔레트에서 '▶'를 클릭한 후 단축 메뉴가 나타나면 'Merge Visable'을 선택합니다.

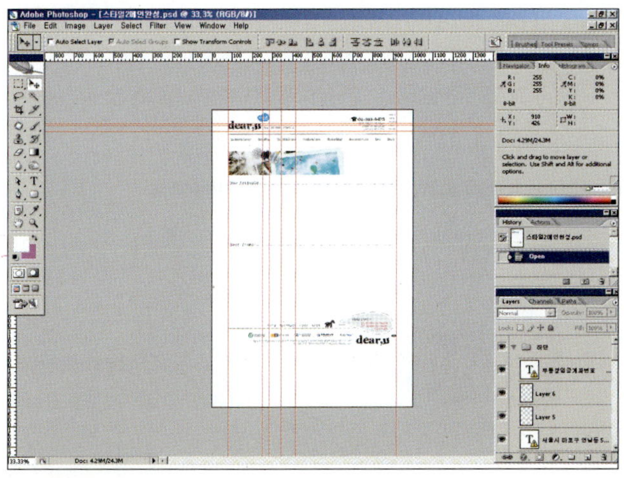

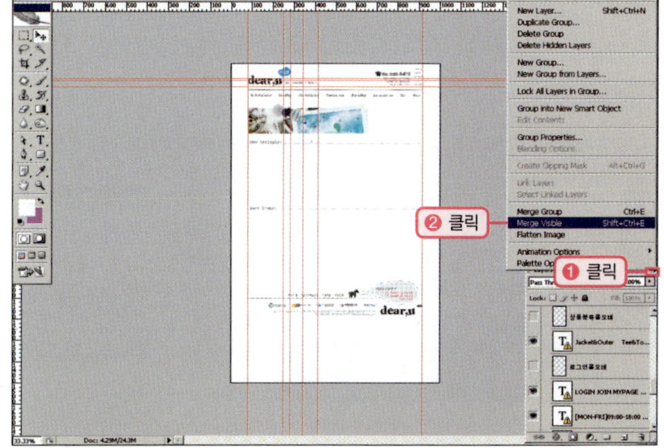

Hot Sauce

부록 CD의 'Story 05' 폴더에서 '스타일2메인완성.psd' 파일을 불러와서 사용해도 됩니다.

Hot Sauce

'View' 메뉴의 'Show-Guides'를 클릭하면 가이드라인을 보이거나 감출 수 있습니다.

03 눈 아이콘이 꺼져 있는 롤오버 관련 3개의 레이어를 빼고, 나머지 레이어는 모두 병합되었습니다.

04 이미지를 분할할 영역별로 컬러 박스 표시를 한 파일은 '부록 CD-Story 05' 폴더의 '스타일2메인완성_코딩용.psd' 파일입니다. Ctrl + O 를 눌러서 '스타일2메인완성_코딩용.psd' 파일을 불러옵니다.

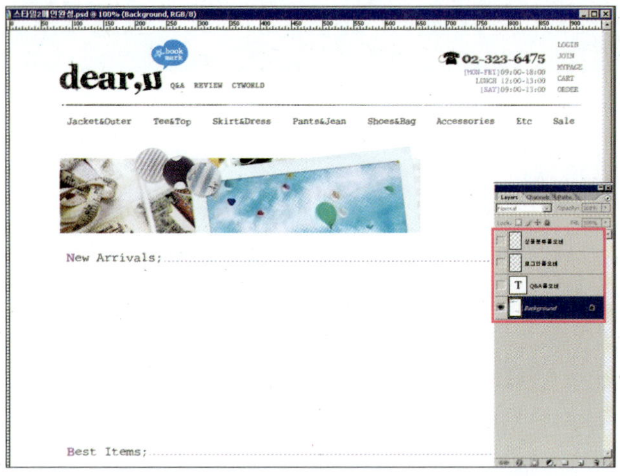

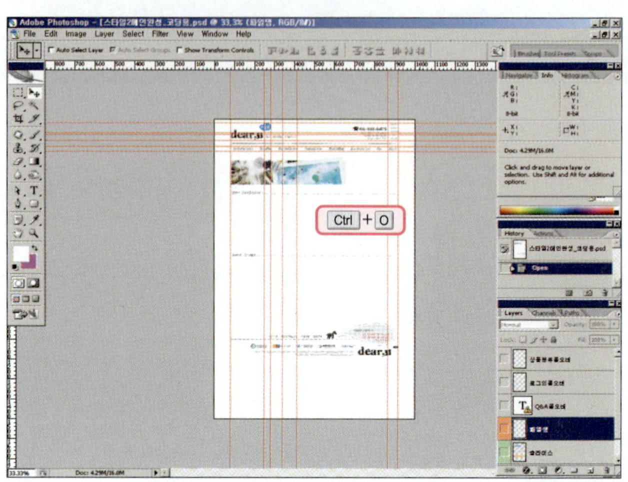

05 '슬라이스' 레이어의 눈 아이콘을 클릭해 켜고, 마술봉 툴을 이용하여 로고 위치의 영역을 클릭합니다.

06 '슬라이스' 레이어의 눈 아이콘을 다시 클릭해 끄고, 'Background' 레이어를 클릭한 후 Ctrl + C 를 눌러서 선택 영역을 복사합니다.

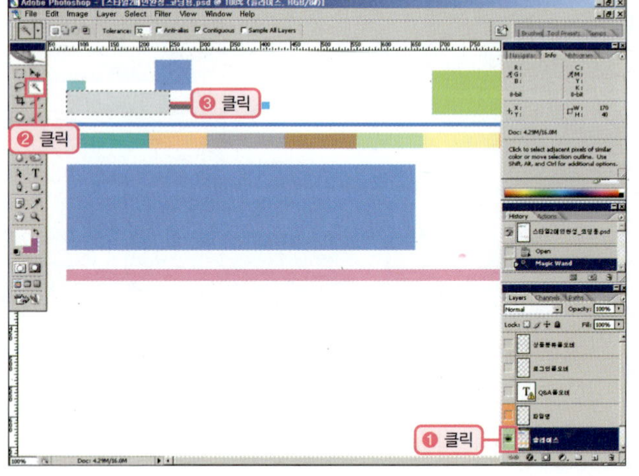

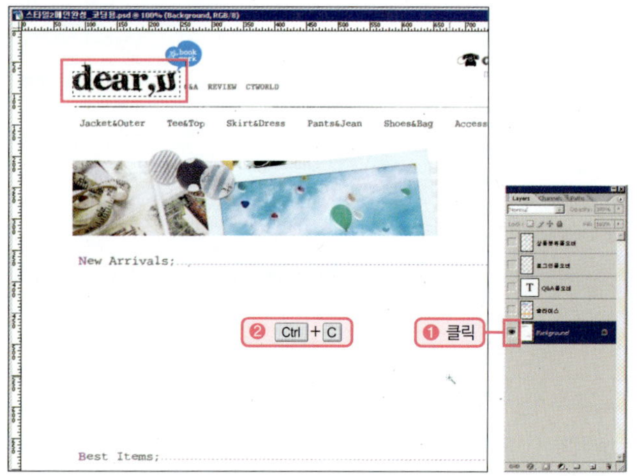

07 Ctrl+N을 눌러서 새 파일을 만들고, 다시 Ctrl +V를 눌러서 복사한 로고를 붙여 넣습니다.

08 Ctrl+S를 눌러서 새 파일을 'logo.gif'로 저장합니다.

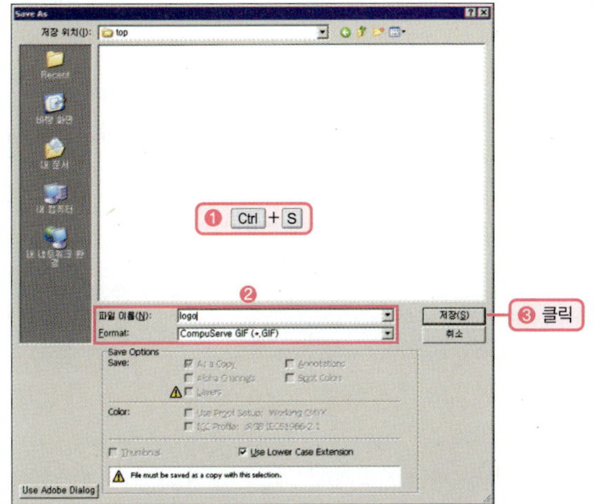

09 같은 방법을 이용하여 우선 롤오버가 아닌 각 이미지 조각을 'gif' 파일로 저장합니다. 각 이미지의 저장 이름은 '스타일2메인완성_코딩용.psd'의 파일명 레이어에서 확인하면 됩니다.

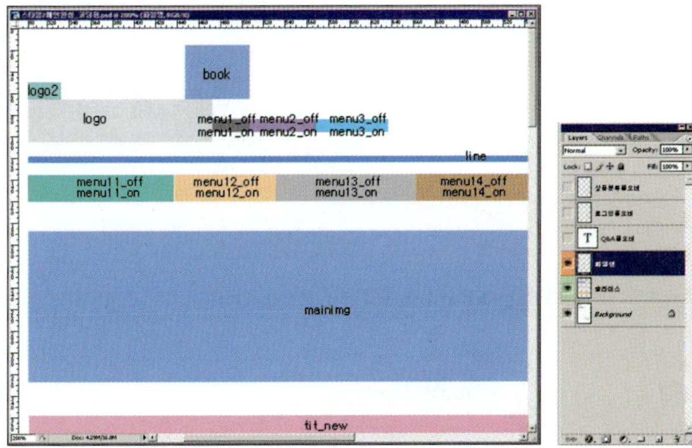

♥ 롤오버 버튼 이미지 저장하기

01 이번에는 롤오버 버튼에 사용할 이미지들을 저장해 보겠습니다. 먼저 'Background' 레이어의 'Q&A', 'REVIEW', 'CYWORLD' 이미지는 앞서 했던 것과 같은 방법을 이용하여 'menu1_off.gif', 'menu2_off.gif', 'menu3_off.gif' 파일명으로 각각 저장합니다.

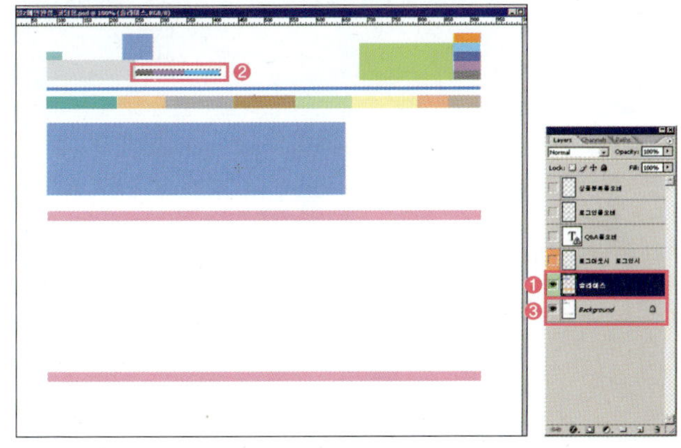

02 이번에는 각 버튼들의 롤오버 이미지를 저장해야 합니다. '슬라이스' 레이어를 선택한 상태에서 'Q&A', 'REVIEW', 'CYWORLD' 영역을 모두 마술봉 툴로 선택합니다. 그런 다음 새 레이어를 추가합니다.

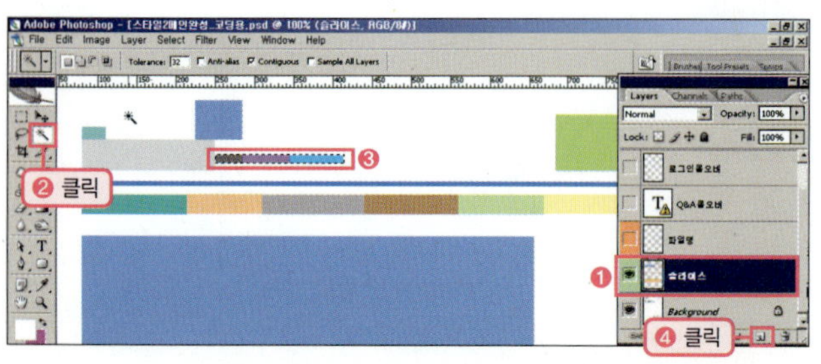

03 마술봉 툴로 지정한 영역을 흰색으로 채우고, 새로 만든 'Layer1' 레이어와 'Q&A 롤오버 레이어'를 병합합니다.

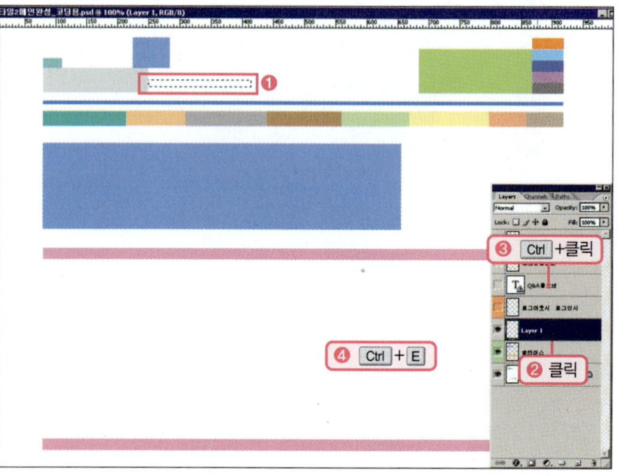

04 이 상태에서 'Q&A', 'REVIEW', 'CYWORLD' 영역을 각각 'menu1_on.gif', 'menu2_on.gif', 'menu3_on.gif' 파일로 저장합니다.

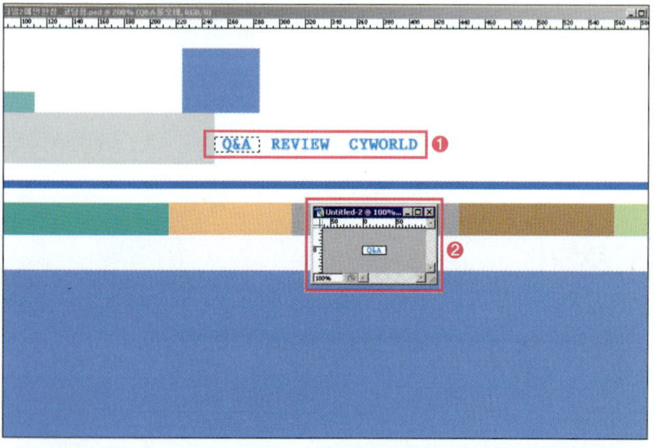

05 같은 방법을 이용하여 'LOGIN', 'JOIN', 'MY PAGE', 'CART', 'ORDER'도 파일명에 'off'와 'on'을 포함하여 한 쌍으로 저장합니다. 또한 8개의 상품 메뉴 버튼도 각각 한 쌍으로 저장합니다.

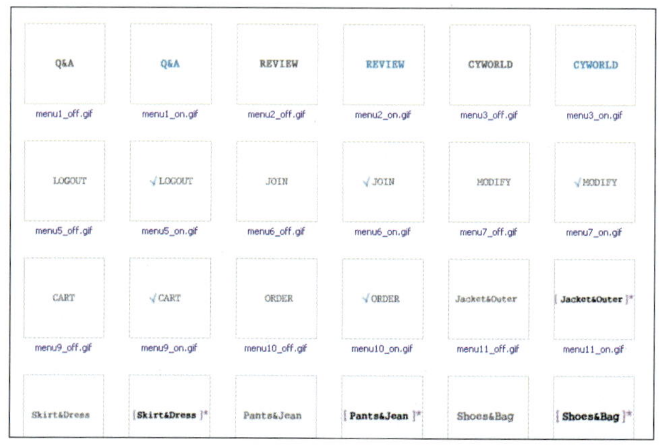

Design Master | 롤오버 버튼의 이미지 저장하기

롤오버 버튼을 만들기 위해서는 각 버튼마다 2개의 이미지가 필요합니다. 기본 상태의 이미지와 마우스를 롤오버했을 때 나타날 이미지가 한 쌍을 이뤄야 하기 때문이죠. 이때 두 이미지의 크기는 같아야 합니다. 또한 한 쌍인 이미지의 파일명은 일관성 있게 정하는 것이 좋습니다. 책에서는 일반 상태의 이미지 파일명에 '_off', 마우스를 업로드했을 때 파일명에 '_on'을 포함하여 저장했습니다.

06 롤오버 버튼 중에서 가장 중요한 것은 '로그인'과 '로그아웃' 버튼일 것입니다. 회원이 로그인을 하기 전에는 기본으로 '로그인'과 '회원 가입' 버튼이 표시되고, 로그인했을 때는 같은 자리에 '로그아웃'과 '정보 수정' 버튼이 표시되어야 합니다. 여기에서는 회원이 로그인하기 전에는 'LOGIN'과 'JOIN', 로그인 후에는 'LOGOUT'과 'MODIFY' 버튼이 나타나도록 이미지를 만들어보겠습니다.

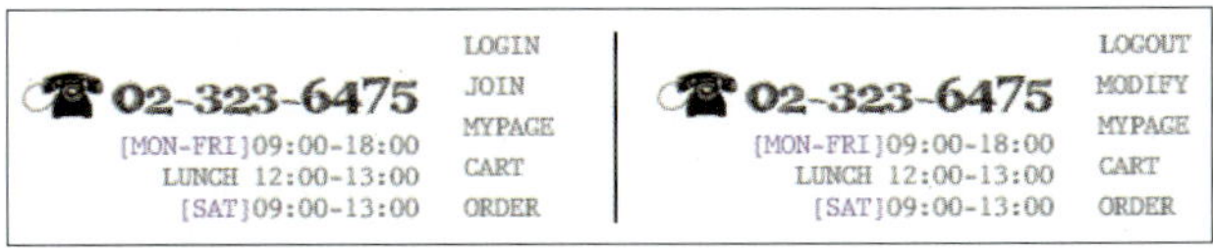

▲ 로그인 전   ▲ 로그인 후

07 로그인 버튼을 저장해 둔 'menu4_off.gif' 파일을 불러옵니다. 그런 다음 'Image' 메뉴의 'Mode\-RGB Color'를 클릭합니다.

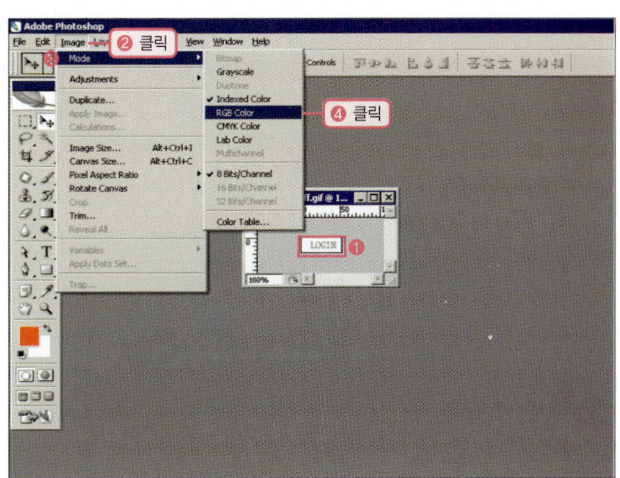

'GIF' 파일이 'Indexed Color' 형식일 때는 수정할 수 없기 때문에 'RGB Color'로 바꾸는 것입니다.

08 툴 박스에서 문자 툴을 클릭한 후 'LOGIN'과 똑같은 폰트, 색상으로 'LOGOUT'을 입력합니다. 이때 'LOGIN' 글자는 사각형 선택 툴로 선택하고, 흰색으로 채워 지웁니다.

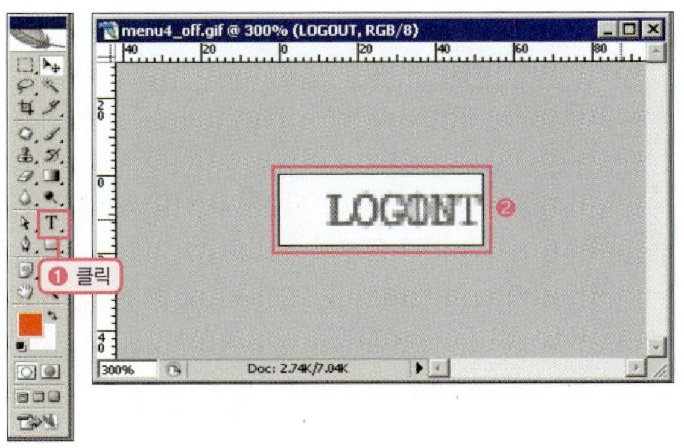

09 'LOGOUT' 글자만 보이는 상태에서 Ctrl + S 를 눌러 'menu5_off.gif'로 저장합니다.

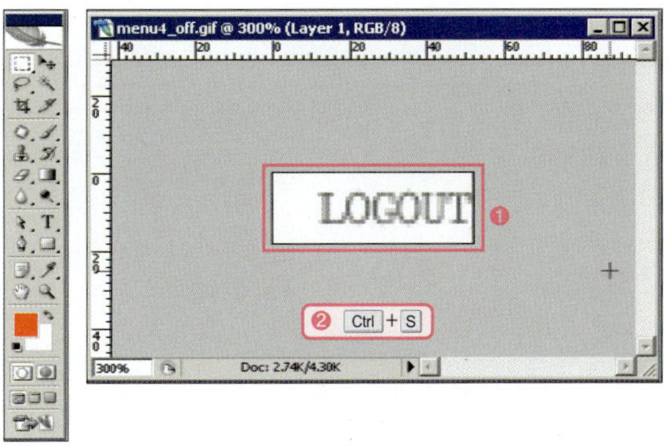

10 'menu4_off.gif' 파일에서 '닫기' 버튼을 클릭
   하면 파일 저장 여부를 묻는 경고 상자가 나타나
는데, 'No' 버튼을 클릭하여 파일을 닫습니다.

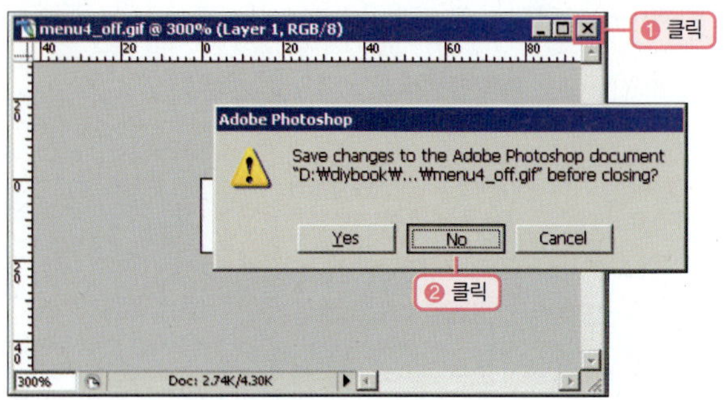

11 이번에는 'menu4_on.gif' 파일을 불러옵니다.
   'menu4_off.gif'에서 했던 것과 같은 방법을 이
용하여 'RGB Color' 모드로 바꾸고, 'LOGOUT'을 입
력하여 'menu5_on.gif'로 저장합니다.

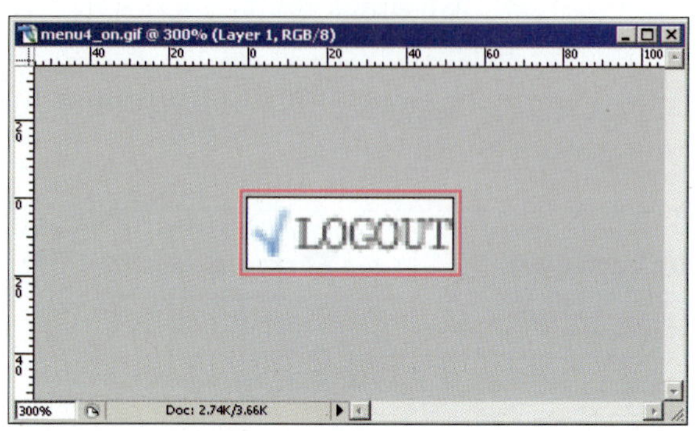

12 고객이 로그인을 하면 'JOIN' 버튼이 'MODIFY'
   로 바뀌도록 만들어야 합니다. 'menu6_off.gif'
파일을 불러옵니다. 앞서 했던 것과 똑같은 방법을 이용하
여 'RGB Color' 모드로 바꾸고, 'MODIFY'를 입력한 후
'JOIN'은 지웁니다. 그런 다음 Ctrl + S 를 눌러 'menu7
_off.gif'로 저장합니다.

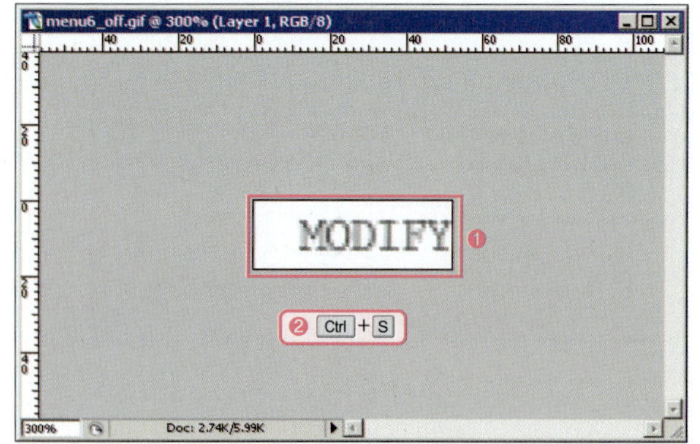

13 마지막으로 'menu6_on.gif' 파일을 불러옵니
   다. 마찬가지로 'RGB Color' 모드로 바꾸고,
'MODIFY'를 입력한 후 'JOIN'은 지웁니다. 이 파일은
'menu7_on.gif'로 저장합니다.

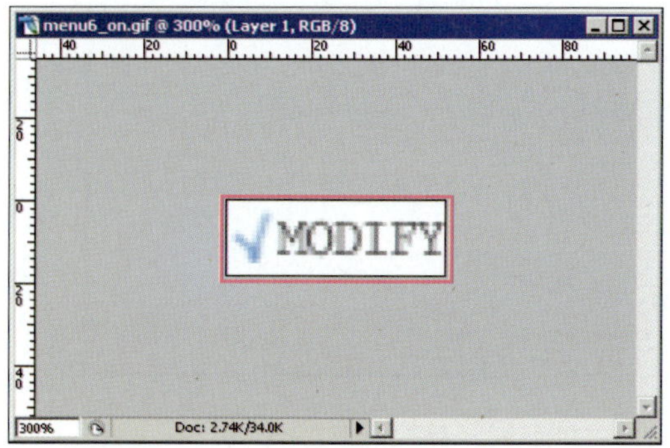

♥ 메인 페이지의 상단 영역 코딩하기

01 드림위버를 실행하고, 'Create New' 항목의 'HTML'을 클릭합니다.

02 작업 창이 나타나면 'Code'와 'Design' 모드를 동시에 확인할 수 있는 'Split' 모드를 선택합니다.

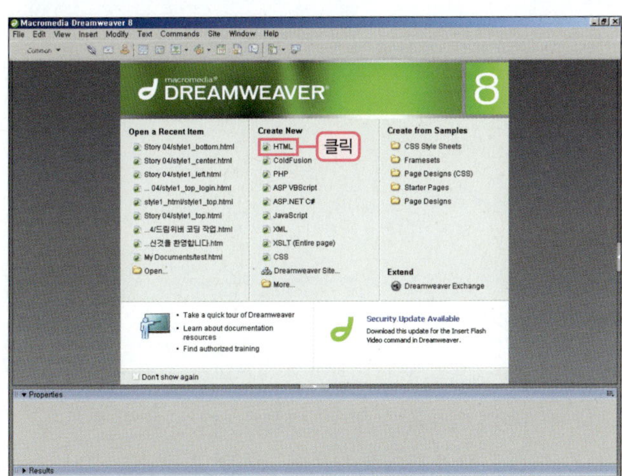

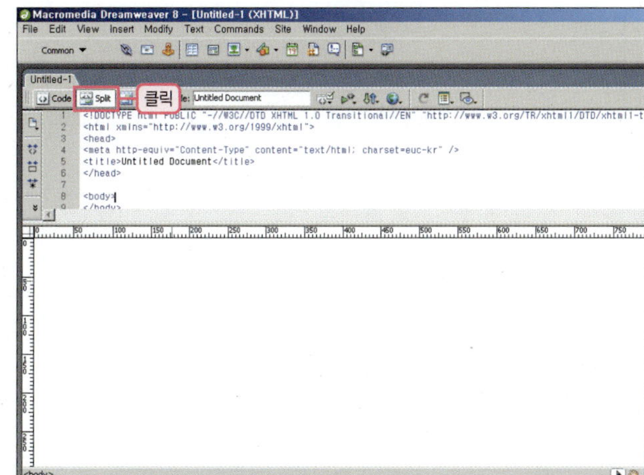

03 'Code' 창에 마우스 포인터를 위치한 후 Ctrl +A 를 눌러서 기본으로 입력되어 있는 소스를 모두 선택합니다. 그런 다음 Delete 를 눌러서 기본 소스를 모두 지웁니다.

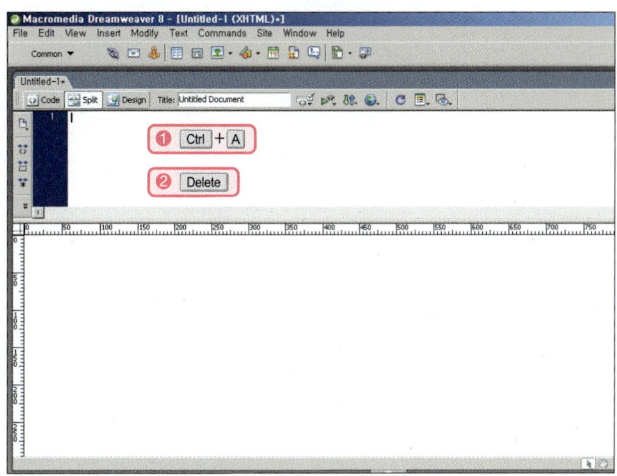

04 'Design' 창에 마우스 포인터를 위치하고, 'Common' 메뉴 바에서 '테이블 삽입' 아이콘을 클릭합니다. 'Table' 대화상자가 나타나면 'Rows : 4', 'Columns : 4', 'Table width : 840', '단위 : pixels'로 지정한 후 'OK' 버튼을 클릭합니다.

05 마우스로 드래그하여 다음과 같이 1행 1열~1행 4열의 4개 셀을 모두 선택합니다. 그런 다음 'Properties' 창의 '셀 병합' 버튼을 클릭하여 선택한 셀을 병합한 후 'H' 항목에 '15'를 입력합니다.

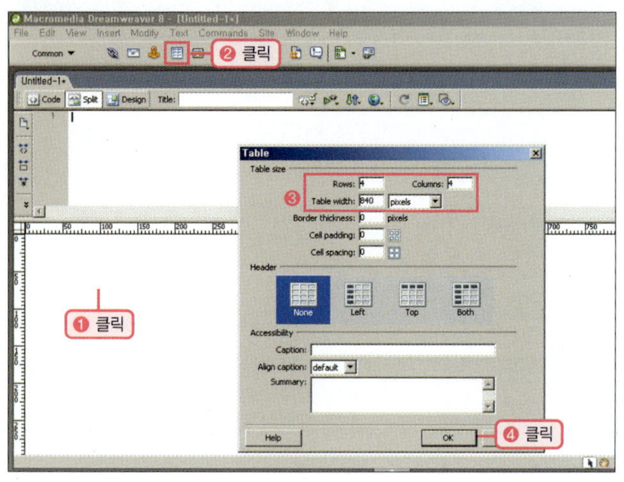

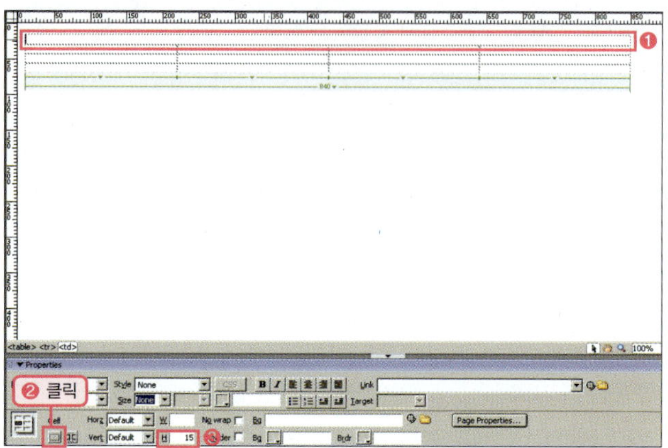

Design Master | 페이지의 가장 위쪽으로 점프하는 'Top' 기능

쇼핑몰에서 상품 설명이 아래쪽으로 길어질 경우 고객이 다시 상단 메뉴를 클릭하려면 스크롤바를 위쪽으로 한참 이동해야 합니다. 이런 불편함을 덜어주기 위해 일반적으로 페이지의 아래쪽에 'Top' 버튼을 삽입하여 이 버튼을 클릭하면 페이지의 가장 위쪽으로 이동할 수 있도록 합니다. 'Code' 작업 창에서 다음의 소스를 수정하면 간단하게 'Top' 기능을 삽입할 수 있습니다.

[기존 코드]

```
<tr>
<td height="15" colspan="4"> </td>
  </tr>
```

[수정 후]

```
<tr>
  <td height=" 15" colspan=" 4" valign=" top" ><a name=" top" ><img src= "/web/upload/img/space.gif" width="1" height="1" border="0"></a></td>
  </tr>
```

06 2열 2행의 셀 안에 마우스 포인터를 위치합니다. 'Properties' 창의 'W' 항목에 '270'을 입력합니다.

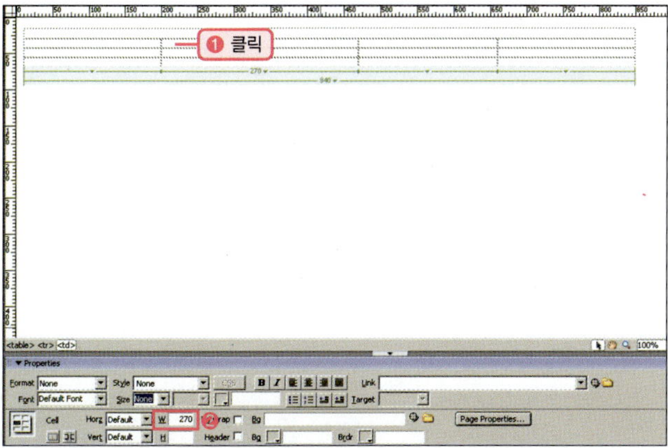

07 2열 3행의 셀 안에 마우스 포인터를 위치합니다. 'Properties' 창에서 'W : 183', 'H : 90', 'Vert : Bottom'으로 지정합니다.

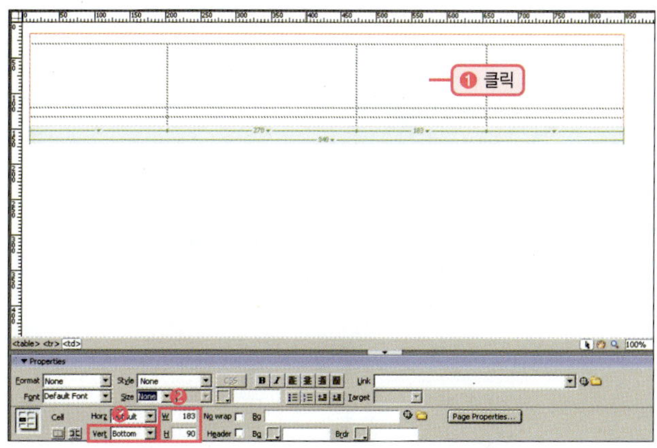

08 'Common' 메뉴 바에서 '이미지 삽입' 아이콘을 클릭하여 부록 CD의 'Story 05-style2_img' 폴더에서 'cs.gif' 이미지를 삽입합니다.

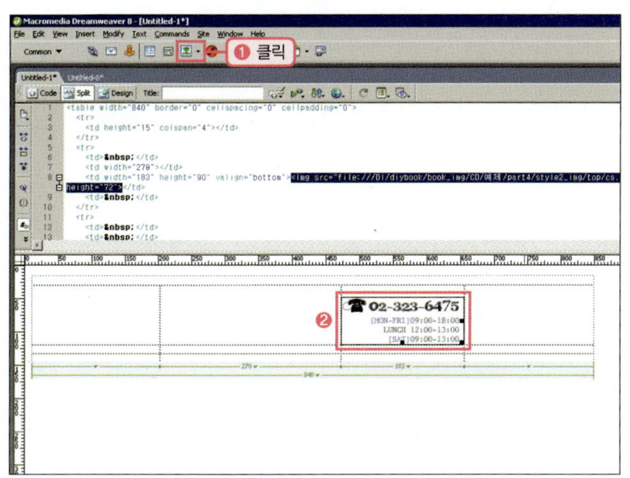

09 2열 1행의 셀 안에 마우스 포인터를 위치하고, 'Properties' 창의 'W' 항목에 '335'를 입력합니다.

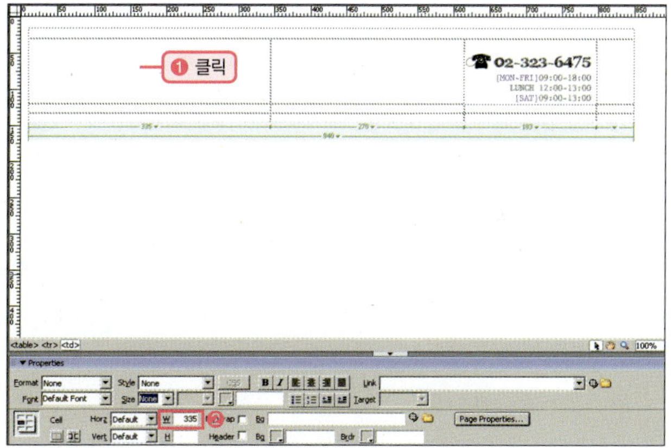

10 'Common' 메뉴 바에서 '테이블 삽입' 아이콘
을 클릭합니다. 'Table' 대화상자가 나타나면
'Rows : 2', 'Columns : 1', 'Table width : 100', '단
위 : percent'로 지정한 후 'OK' 버튼을 클릭합니다.

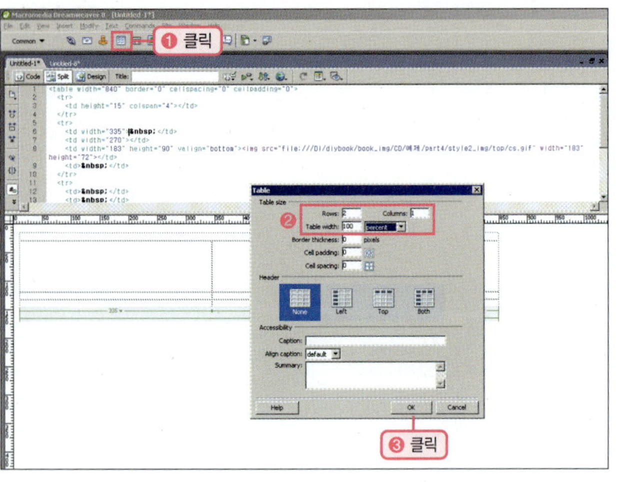

11 새 테이블의 1열 'H'는 '50', 2열 'H'는 '40'으
로 지정합니다.

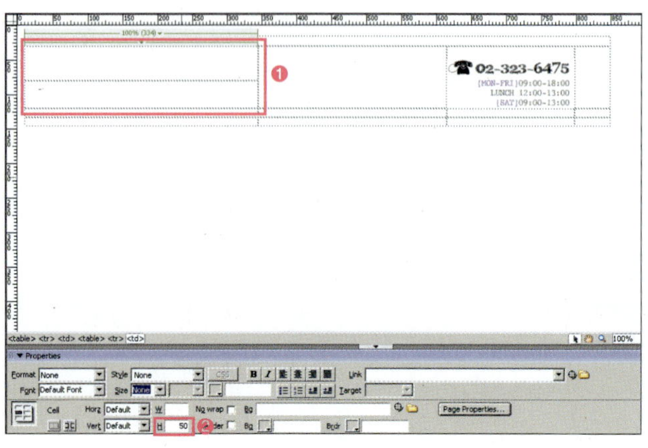

12 새 테이블의 1열에 마우스 포인터를 위치하고
'Properties' 창에서 '셀 분리' 버튼을 클릭합니
다. 'Split Cell' 대화상자가 나타나면 셀을 2행으로 분
리하기 위해 다음과 같이 설정한 후 'OK' 버튼을 클릭합
니다.

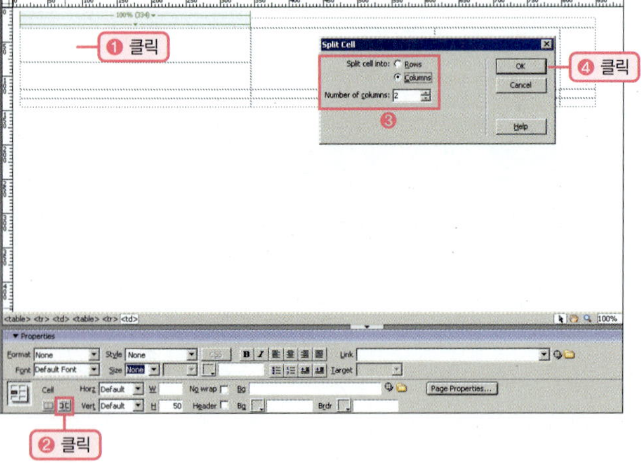

13 셀이 두 개의 행으로 분리되면 1행에 마우스 포
인터를 위치합니다. 그런 다음 'Properties' 창
에서 'W : 45', 'Vert : Bottom'으로 지정합니다.

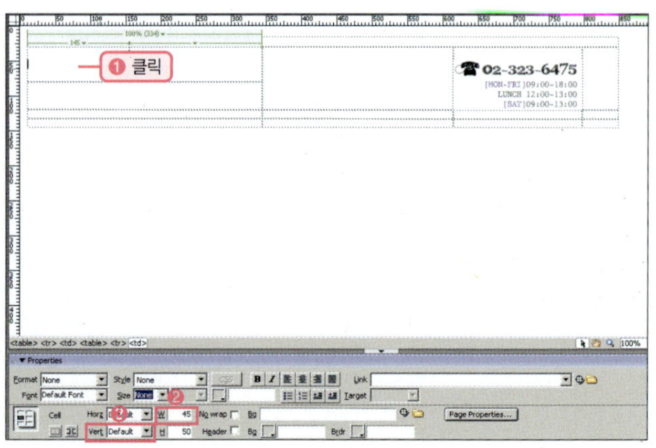

14 여기에 부록 CD의 'Story 05-style2_img' 폴더에서 'logo2.gif' 이미지를 불러와 삽입합니다.

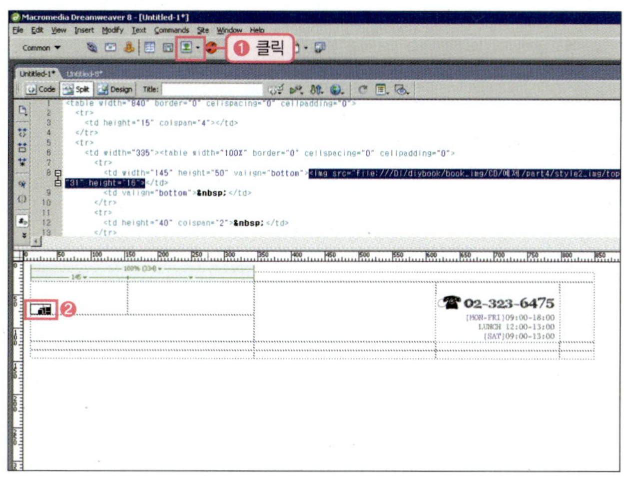

15 이번에는 분리된 셀의 2행에 마우스 포인터를 위치하고, 'Properties' 창에서 'Vert : Bottom'으로 지정합니다. 그런 다음 부록 CD의 'Story 05-style2_img' 폴더에서 'book.gif' 이미지를 불러와 삽입합니다.

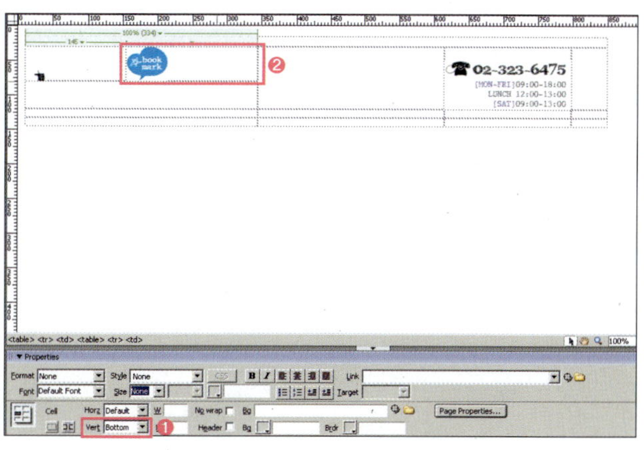

16 불러온 'book.gif'를 선택한 상태에서 'Code' 작업 창을 살펴보면 'book.gif' 이미지 삽입 소스를 확인할 수 있습니다. 소스를 다음과 같이 수정합니다.

```
<a href="javascript://" onClick="window.external.
AddFavorite('http://www.dearu.co.kr', '당신만을 위한 기다림*^^* 여
성 의류 디어유')" onFocus="this.blur();"><img src=
"file:///D|/diybook/book_img/CD/예제/Story05/
style2_img/top/book.gif" width="60" height=
"50" border="0"></a>
```

Hot Sauce

고객이 'book.gif' 이미지를 클릭하면 쇼핑몰이 즐겨찾기에 등록되는 소스입니다. 파일이 저장된 위치에 따라 이미지의 경로는 책과 다르게 표시될 수 있습니다.

17 새로 만든 테이블의 2열에 마우스 포인터를 위치하고, 'Common' 메뉴 바에서 '테이블 삽입' 아이콘을 클릭합니다. 'Table' 대화상자가 나타나면 'Rows : 3', 'Columns : 4', 'Table width : 100', '단위 : percent'로 지정한 후 'OK' 버튼을 클릭합니다.

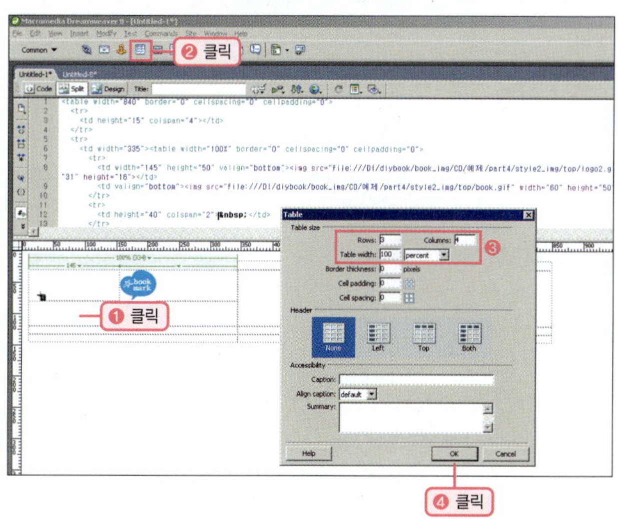

18 새로 만든 테이블의 1열을 모두 선택하여 병합 합니다.

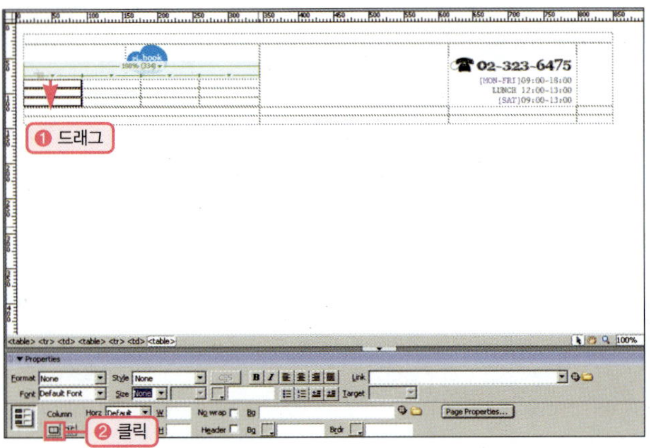

19 병합한 셀에 마우스 포인터를 위치합니다. '이미 지 삽입' 아이콘을 클릭하여 부록 CD의 'Story 05-style2_img' 폴더에서 'logo.gif' 이미지를 불러와 삽입합니다.

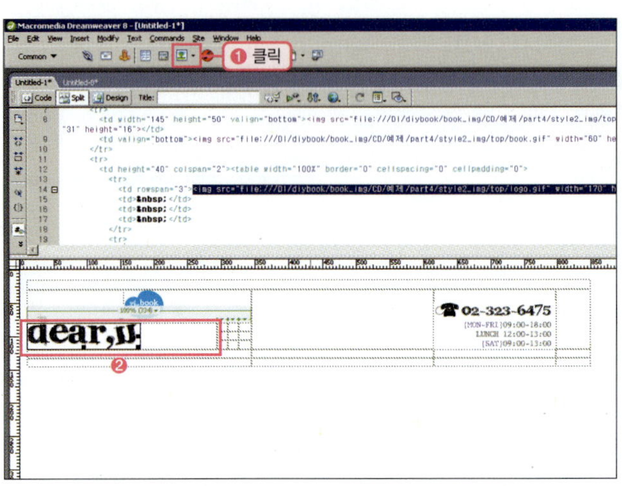

20 같은 방법을 이용하여 2열 2~4행에 'menu1 _off.gif', 'menu2_off.gif', 'menu3_off.gif', 이미지를 각각 삽입합니다.

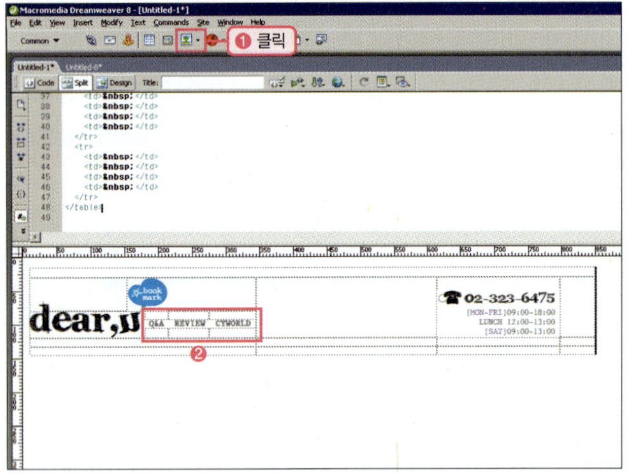

21 삽입한 3개의 이미지 소스를 각각 선택한 후 다 음의 소스를 추가합니다.

```
<img src="/web/upload/img/menu1_off.gif" width
="35" height="16" border="0" onMouseOver="img
_change(this,'on')" onMouseOut="img_change
(this,'off')">
```

22 버튼 위쪽의 셀 3개를 병합하고 'Properties' 창에서 'H'를 '19'로 설정합니다.

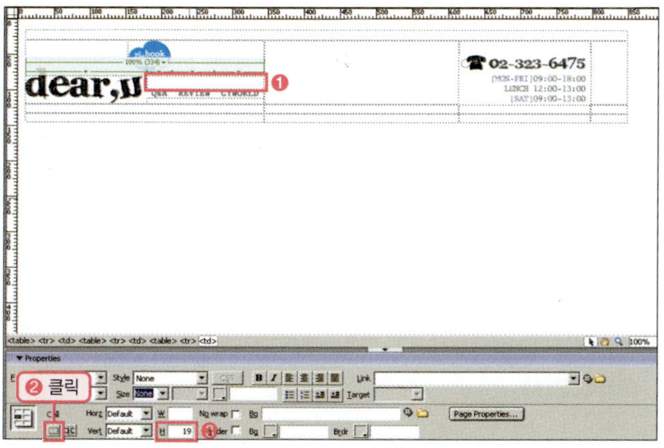

23 아래쪽 셀 3개도 병합하고, 이번에는 'H'를 '9'로 지정합니다. 'Code' 모드에서 ' '를 삭제합니다.

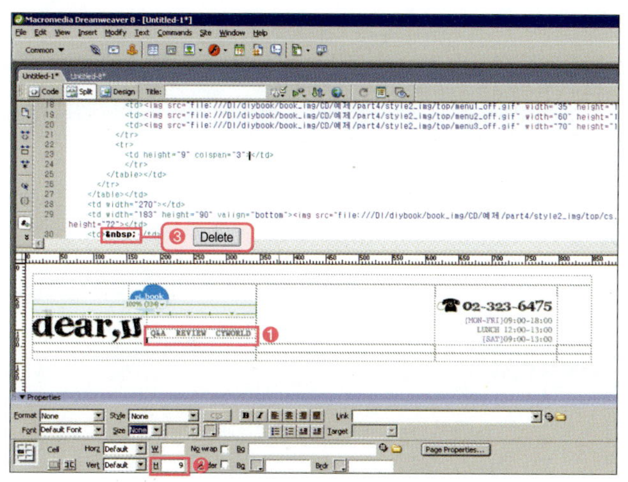

24 제일 바깥쪽 큰 테이블의 2열 4행에 마우스 포인터를 위치시키고, 'Common' 메뉴 바에서 '테이블 삽입' 아이콘을 클릭합니다. 'Table' 대화상자가 나타나면 'Rows : 4', 'Columns : 1', 'Table width : 100', '단위 : percent'로 지정한 후 'OK' 버튼을 클릭합니다.

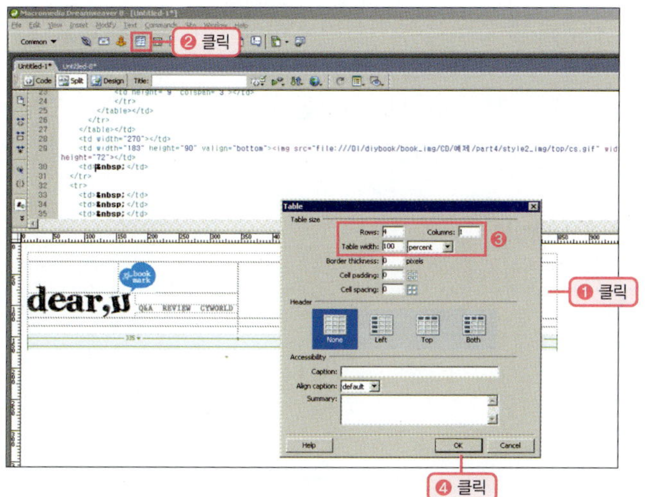

25 새로운 표에서 첫 번째 셀의 높이를 '36'으로 지정합니다.

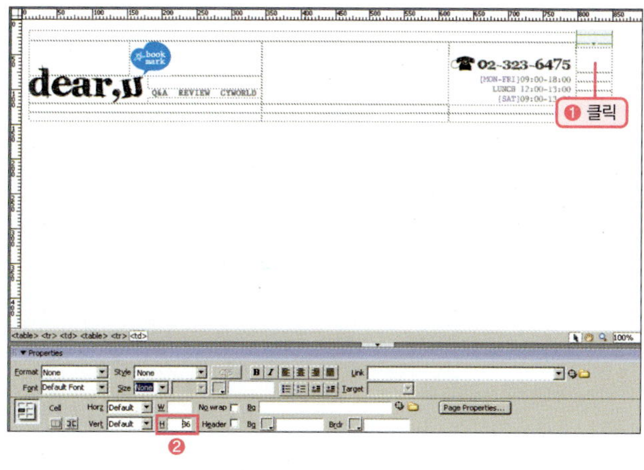

26 첫 번째 셀에 '{{$a_6_u1}}'를 입력합니다.

27 아래쪽 3개의 셀에는 각각 'menu8_off.gif', 'menu9_off.gif', 'menu10_off.gif' 이미지를 삽입합니다. 그런 다음 'Properties' 창에서 'Horz : Right'로 지정합니다.

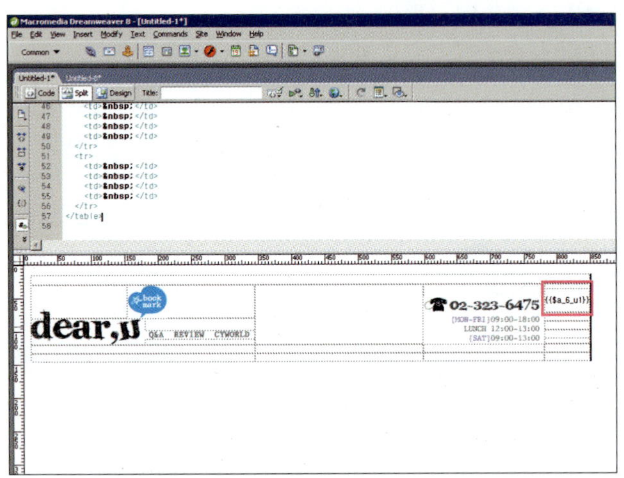

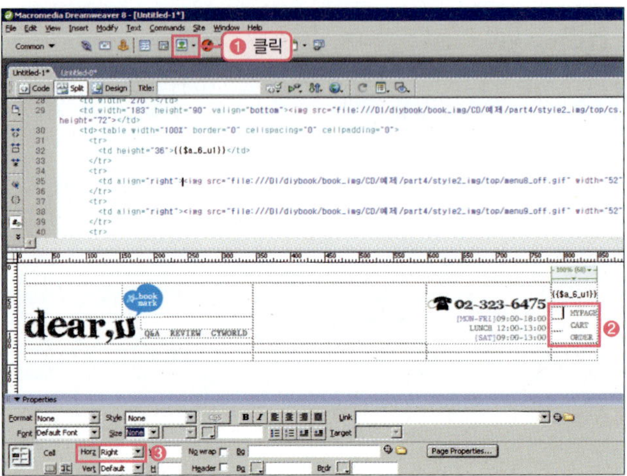

Hot Sauce

'{{$a_6_u1}}'는 '로그인', '로그아웃'이 입력되는 모듈을 의미합니다.

Hot Sauce

예제는 부록 CD의 'Story 05-style2_img' 폴더에서 불러오면 됩니다.

28 삽입한 3개의 이미지에 다음의 롤오버 소스를 각각 추가합니다.

```
<img src="/web/upload/img/menu8_off.gif" width
="52" height="18" border="0" onMouseOver="img
_change(this,'on')" onMouseOut="img_change
(this,'off')">
```

29 바깥쪽 큰 테이블의 3열 셀을 모두 선택한 후 하나로 병합합니다. 'Properties' 창에서 'Vert : Middle', 'H : 30'으로 지정합니다.

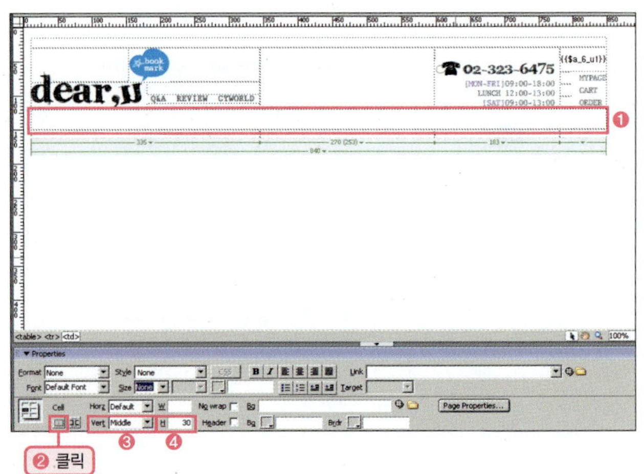

30 '이미지 삽입' 아이콘을 클릭하고, 부록 CD의 'Story 05-style2_img' 폴더에서 'line.gif' 이미지를 삽입합니다.

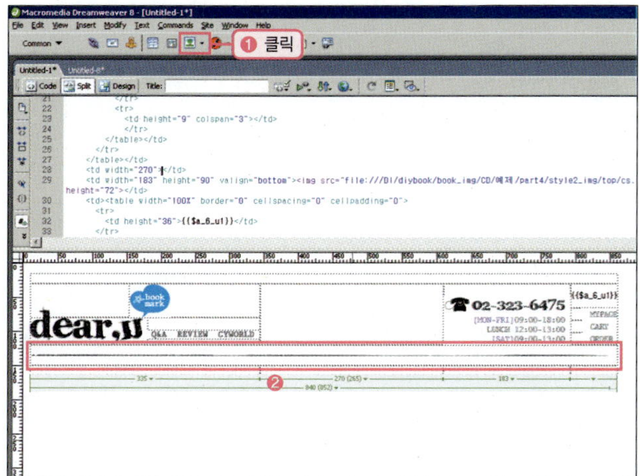

31 같은 방법을 이용하여 4열의 셀을 병합합니다. 그런 다음 'Properties' 창에서 'Vert : Top', 'H : 50' 으로 지정합니다.

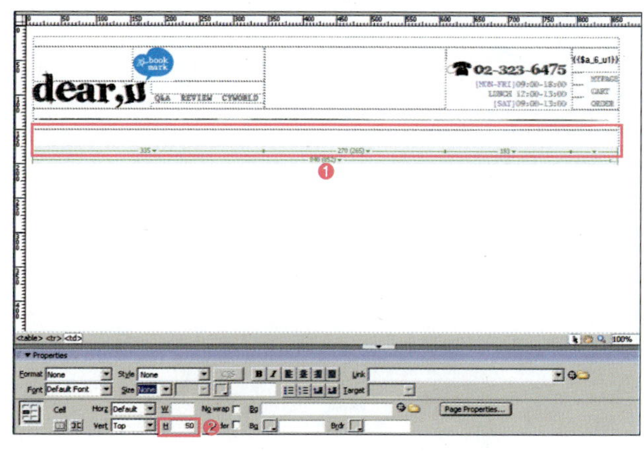

32 '이미지 삽입' 아이콘을 클릭한 후 부록 CD의 'Story 05-style2_img' 폴더로 이동하여 'menu 11_off.gif~menu18_off.gif' 까지 이미지를 차례대로 삽입합니다.

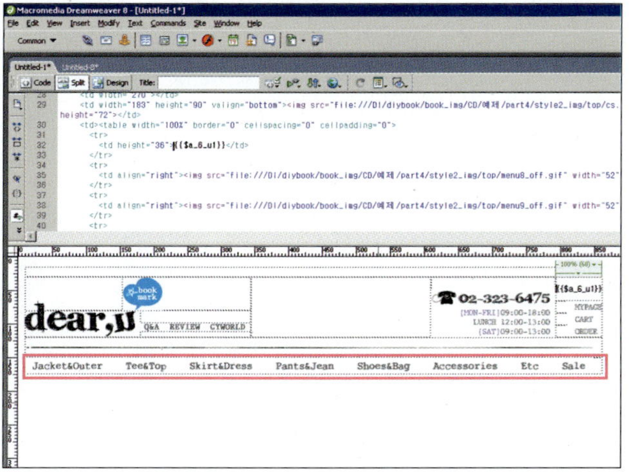

33 삽입한 8개의 이미지에 각각 다음의 소스를 추가합니다.

```
<img src="/web/upload/img/ menu11_off.gif" width=
"135" height="25" border="0" onMouseOver=
"img_change(this,'on')" onMouseOut="img_change
(this,'off')">
```

34 이제는 버튼에 하이퍼 링크를 설정할 차례입니다. 로고 이미지를 클릭하고 'Properties' 창에서 'Link' 항목에 '/'를 입력합니다.

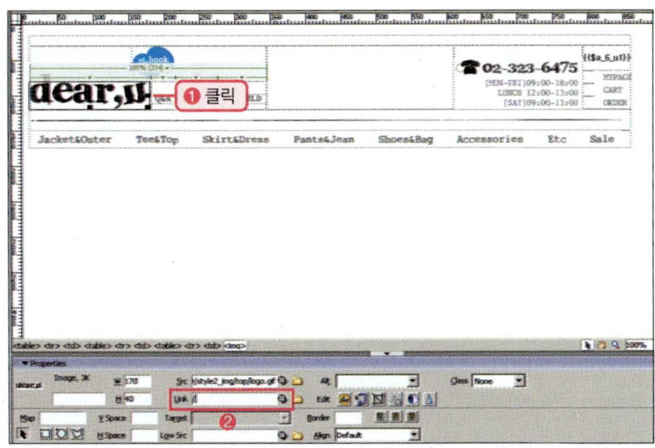

35 Q&A 이미지를 클릭하고 'Properties' 창에서 'Link' 항목에 '/front/php/b/board_list.php?board_no=6'을 입력합니다.

36 다음의 링크 소스를 참고하여 나머지 메뉴에도 하이퍼링크를 설정합니다. 단, 싸이월드 링크는 새 창으로 나타나야 하기 때문에 'Properties' 창에서 'Target'을 '_blank'로 지정합니다.

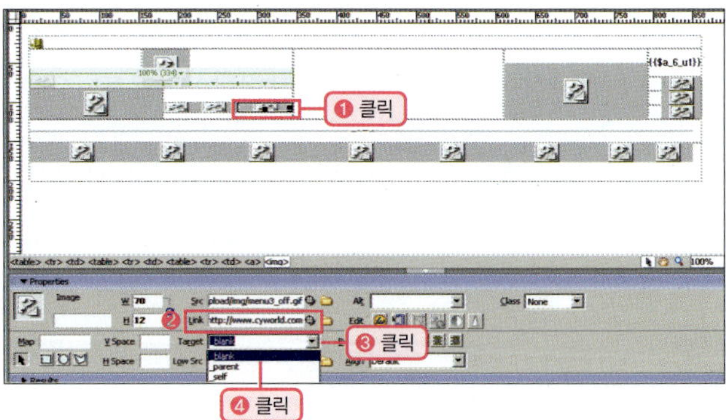

Q&A	/front/php/b/board_list.php?board_no=6
REVIEW	/front/php/b/board_list.php?board_no=4
CYWORLD	http://www.cyworld.com
MYPAGE	/front/php/myshop/myshop.php
CART	/front/php/basket.php
ORDER	front/php/myshop/myshop_orders.php
상품 분류	자신이 상품을 등록하는 위치에 따라 링크 주소가 달라질 수 있습니다.

37 Ctrl + F 를 누릅니다. 'Find and Replace' 대화
상자가 나타나면 'Find' 항목에 현재의 이미지 경
로를 입력하고, 'Replace' 항목에는 FTP에 업로드했을
때의 이미지 경로 '/web/upload/img'를 입력합니다. 그
런 다음 'Replace All' 버튼을 클릭하면 모든 이미지 파
일의 경로가 바뀌는 것을 알 수 있습니다.

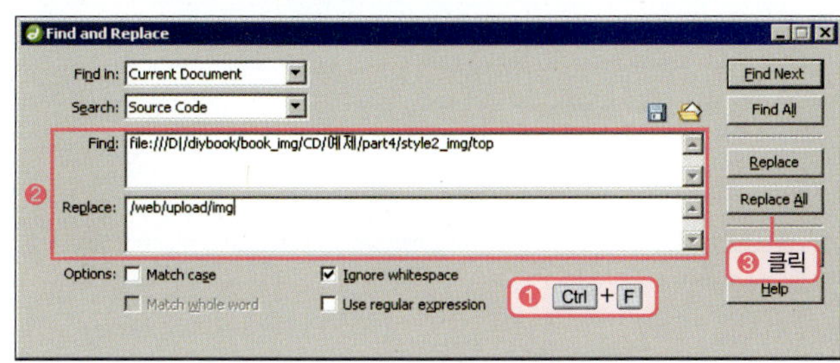

38 'File' 메뉴의 'Save as'를 클릭하여 '스타일2
메인화면_상단.html'로 저장합니다.

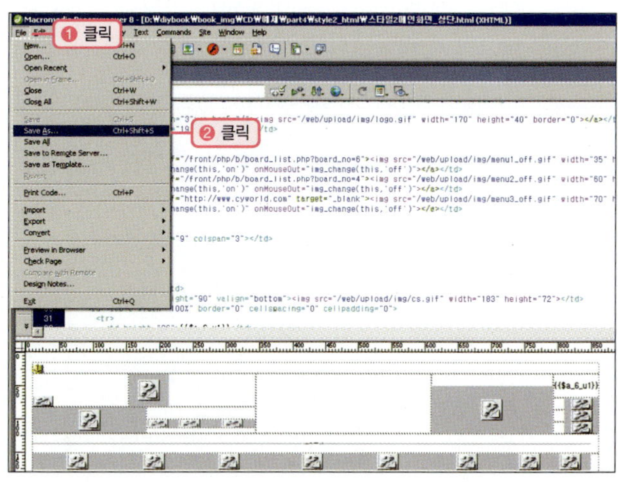

완성된 HTML은 '부록 CD-Story 05-style2_html' 폴더의 '스타
일2메인화면_상단.html' 파일입니다.

♥ 로그인 관련 모듈 코딩하기

01 이제 로그인 관련 모듈의 HTML을 만들어야 하
는데, 먼저 로그인 후의 HTML을 만들어보겠습
니다. 새 HTML 파일을 만들고, 기본 소스를 모두 삭제
합니다.

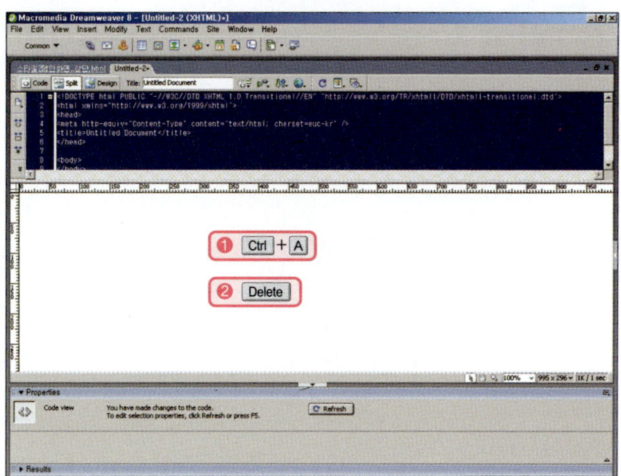

02 'Common' 메뉴 바에서 '테이블 삽입' 아이콘을 클릭하여 'Rows : 2', 'Columns : 1', 'Table width : 100', '단위는 : percent'로 지정합니다. 그런 다음 'OK' 버튼을 클릭합니다.

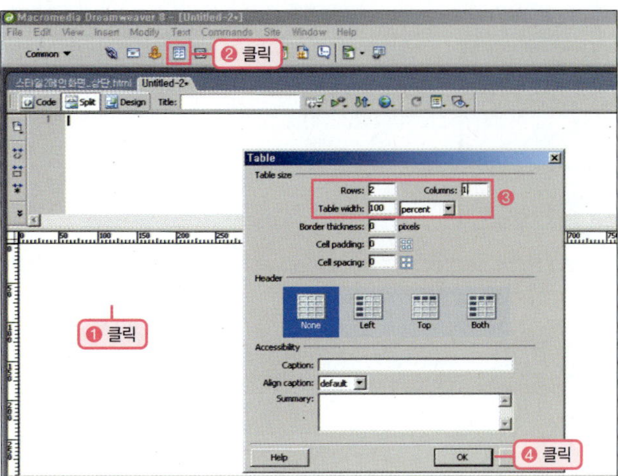

03 'Common' 메뉴 바에서 '이미지 삽입' 아이콘을 클릭해 1열에 'menu5_off.gif' 이미지를 삽입하고, 2열에 'menu7_off.gif' 이미지를 삽입합니다.

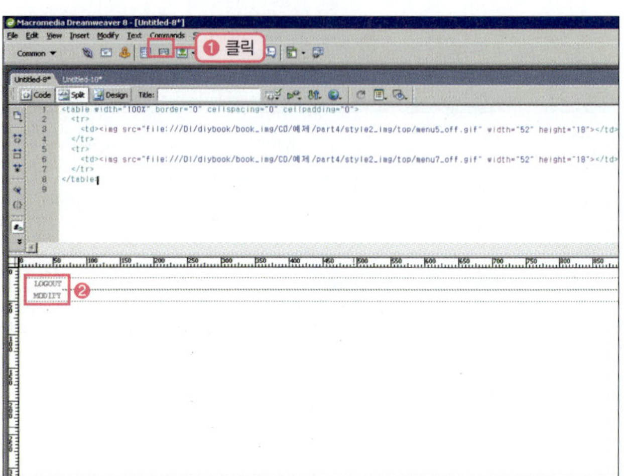

Hot Sauce

예제는 부록 CD의 'Story 05-style2_img' 폴더에서 불러오면 됩니다.

04 삽입한 두 개의 이미지에 각각 롤오버 관련 소스를 추가합니다.

```
<img src="file:///D|/diybook/book_img/CD/예제
/Story 05/style2_img/top/menu5_off.gif" width=
"52" height="18" border="0" onMouseOver=
"img_change(this,'on')" onMouseOut="img_change
(this,'off')">
```

05 Ctrl + F 를 누릅니다. 'Find and Replace' 대화 상자가 나타나면 'Find' 항목에 현재의 이미지 경로를 입력하고, 'Replace' 항목에는 FTP에 업로드했을 때의 이미지 경로 '/web/upload/img'를 입력한 후 'Replace All' 버튼을 클릭합니다.

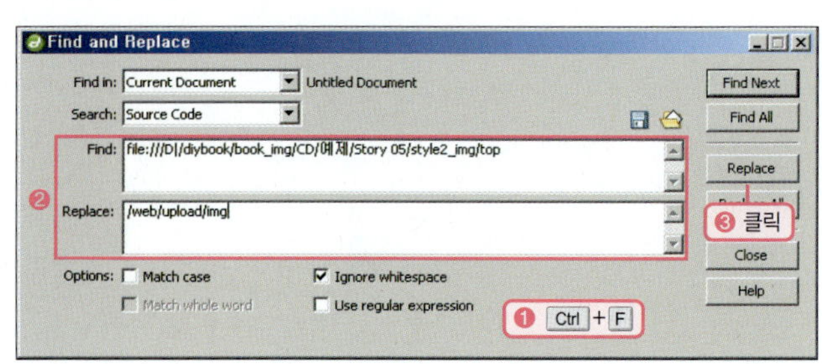

06 이번에는 로그인 전의 HTML을 만들어보겠습니다. 앞서 만든 로그인 후의 HTML 소스를 모두 마우스로 드래그한 다음 키보드의 Ctrl + C 를 눌러 복사합니다.

07 코드 입력 창에서 Enter 를 눌러 빈 공간을 만들고, 복사한 소스를 붙여 넣습니다. 붙여 넣은 소스에서 이미지 파일 이름을 'menu4_off.gif'와 'menu6_off.gif'로 각각 바꿉니다. 그런 다음 '스타일2_로그인모듈.html'로 저장합니다.

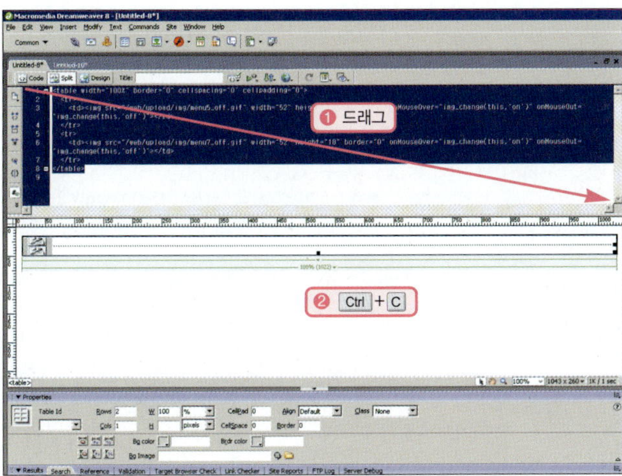

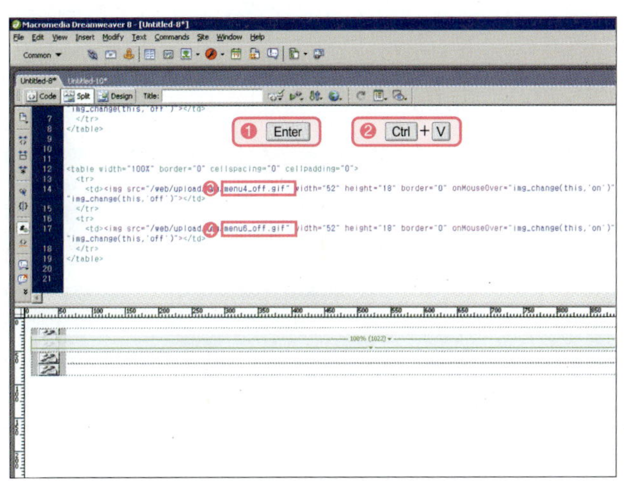

08 다음의 링크 소스를 참고하여 각 버튼에 하이퍼링크를 설정합니다.

09 'File' 메뉴의 'Save As'를 클릭하여 '스타일2_로그인모듈.html' 파일로 저장합니다.

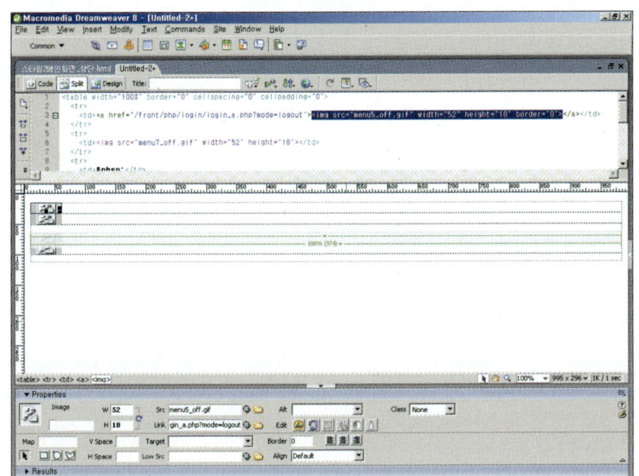

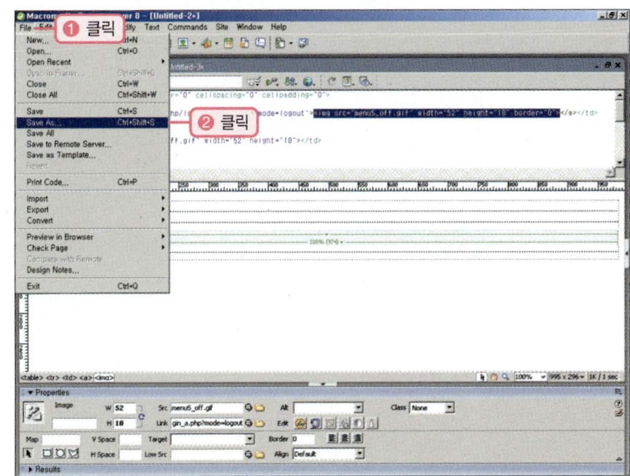

LOGOUT	/front/php/login/login_a.php?mode=logout
MODIFY	/front/php/c/member_regist_f.php
LOGIN	/front/php/login/login_f.php
JOIN	/front/php/c/member_regist_f.php

Hot Sauce

완성된 HTML은 '부록 CD-Story 05-style2_html' 폴더의 '스타일2로그인모듈.html' 파일입니다.

01 페이지 하단 부분의 HTML을 만들어보겠습니다. 새 HTML 파일을 만들고, 기본 소스를 모두 삭제합니다. 'Common' 메뉴 바에서 '테이블 삽입' 아이콘을 클릭하여 'Rows : 1', 'Columns : 1', 'Table width : 840', '단위는 : pixels'로 지정합니다. 'OK' 버튼을 클릭합니다.

02 새 테이블의 셀 안에 마우스 포인터를 위치한 후 부록 CD의 'Story 05-style2_img' 폴더로 이동하여 'bottom.gif' 이미지를 삽입합니다.

03 삽입된 이미지에서 'top' 부분을 사각 스폿 툴로 드래그합니다. 그런 다음 'Properties' 창에서 'Link : #top', 'Map : bom'으로 지정합니다.

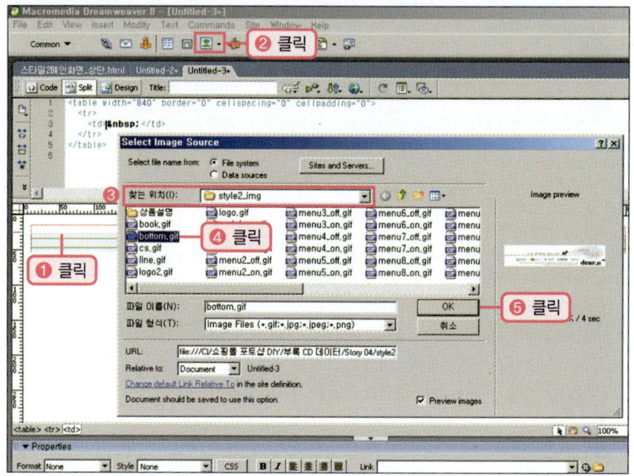

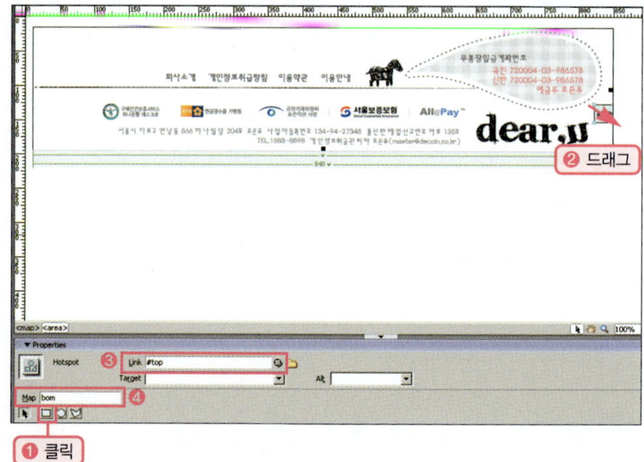

04 같은 방법을 이용하여 하단의 4개 메뉴도 사각 스폿 툴로 영역을 지정하고, 다음의 링크 소스를 참고하여 각 버튼에 하이퍼링크를 설정합니다.

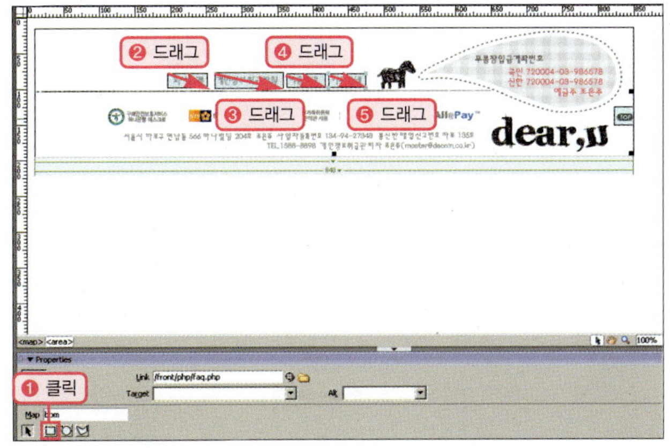

회사 소개	/front/php/com_intro.php
개인정보 취급 방침	/front/php/c/member_regist_f.php
이용 약관	/front/php/member_agree.php
이용 안내	/front/php/faq.php

05 'Code' 창에서 <table> 앞과 </table> 뒤에 다음과 같이 한 쌍의 <tr><td>, </td></tr> 소스를 추가합니다.

```
<tr>
   <td>
      <table width="100%" border="0" cellspacing="0" cellpadding="0">
   <tr>
      <td><img src="/web/upload/img/bottom.gif" width="840" height="181" border="0" usemap="#bom"></td>
   </tr>
</table>
   </td>
</tr>

<map name="bom">
<area shape="rect" coords="812,111,840,138" href="#top">
<area shape="rect" coords="185,63,242,84" href="/front/php/com_intro.php">
<area shape="rect" coords="252,62,348,85" href="/front/php/privacy_agree.php">
<area shape="rect" coords="352,64,408,84" href="/front/php/member_agree.php">
<area shape="rect" coords="412,64,465,84" href="/front/php/faq.php">
</map>
```

Hot Sauce

이미지 경로를 웹상의 경로로 바꾼 상태의 소스입니다.

06 Ctrl+F를 누릅니다. 'Find and Replace' 대화 상자가 나타나면 'Find' 항목에는 현재의 이미지 경로, 'Replace' 항목에는 '/web/upload/img'를 입력합니다. 그런 다음 'Replace All' 버튼을 클릭합니다.

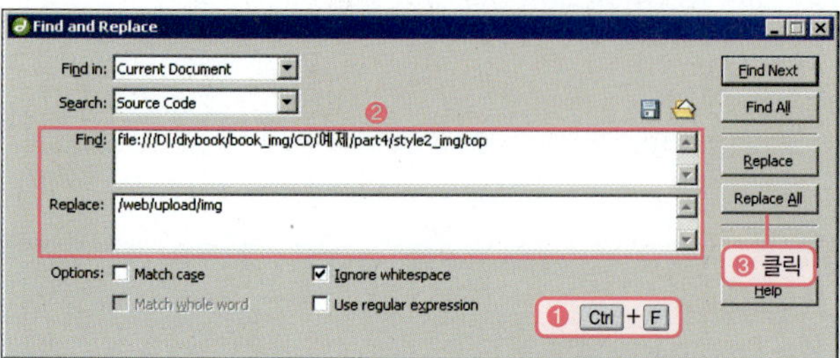

07 'File' 메뉴의 'Save As'를 클릭하여 '스타일2 메인화면_하단.html'로 저장합니다.

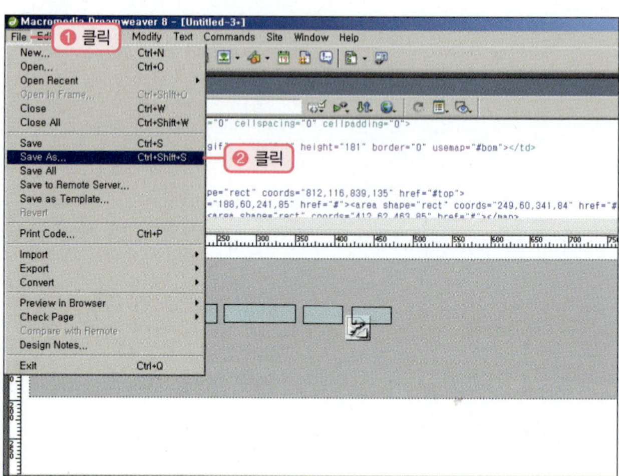

완성된 HTML은 '부록 CD-Story 05-style2_html' 폴더의 '스타일2메인화면_하단.html' 파일입니다.

Shopping Mall Sense

51

[cafe24] 관리자에서 디자인 적용하고, 상품 등록하기

▶▶▶ cafe24 관리자에서 작업할 순서는 다음과 같습니다.

① 이미지 업로드
② 상품 등록
③ 자바 스크립트 수정
④ 메인 화면 소스 변경
⑤ 상단 소스 변경
⑥ 하단 소스 변경
⑦ 화면 상단/신상품/추천 상품 타이틀 이미지 등록

♡ 이미지 업로드하기

01 cafe24 쇼핑몰 관리자에 접속하여 'FTP-웹 FTP' 메뉴를 클릭합니다. '로그인(FTP 연결)' 대화상자가 나타나면 '아이디'와 '암호'를 입력합니다. 그런 다음 '연결' 버튼을 클릭합니다.

02 FTP가 연결되면 '/web/uproad' 폴더로 이동한 후 '새 폴더' 버튼을 클릭하여 'good' 폴더를 만듭니다.

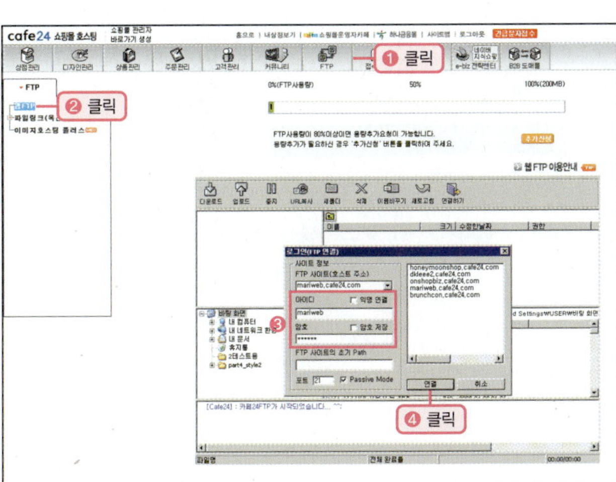

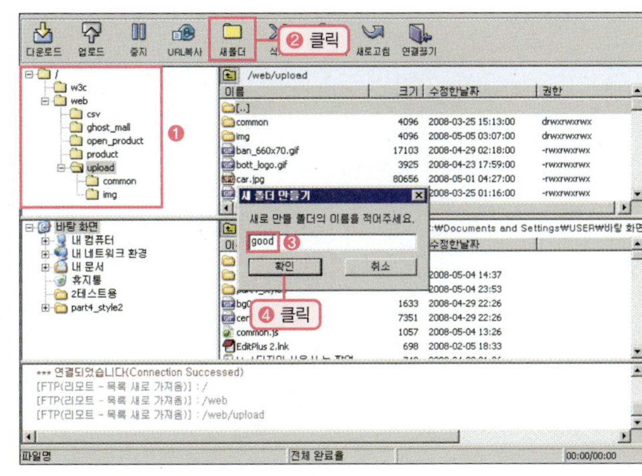

03 'good' 폴더에는 상품 상세 페이지와 관련된 파일들을 모두 업로드합니다.

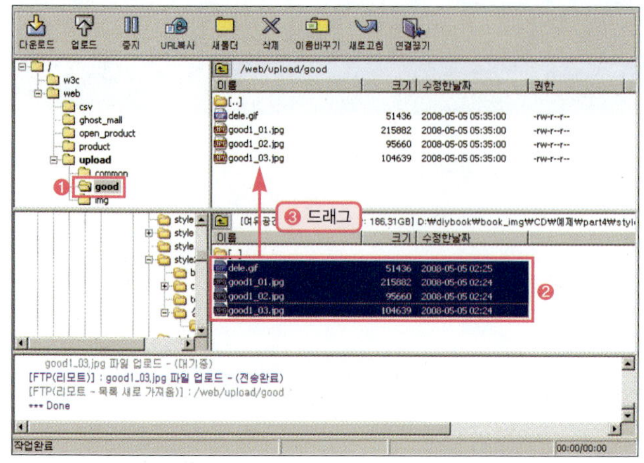

04 기본적으로 만들어져 있는 '/web/uproad/img' 폴더에는 메인 페이지와 관련된 파일들을 모두 업로드합니다.

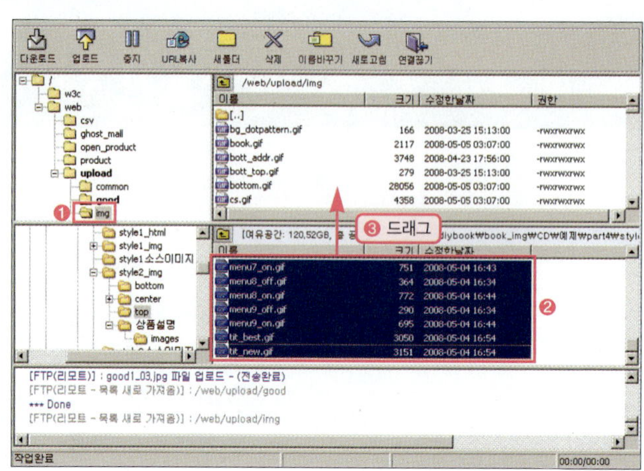

책에서는 '부록 CD-Story 05-style2_img-상품설명-images' 폴더의 파일들을 업로드했습니다.

05 파일 업로드가 끝난 후에는 FTP 상단의 '연결 끊기' 버튼을 클릭하여 FTP를 종료합니다.

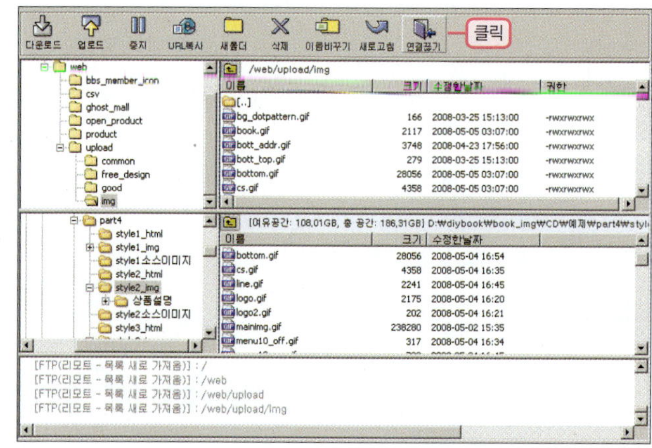

♥ 상품 등록하기

01 cafe24 쇼핑몰 관리자에서 '상품관리-대분류 등록' 메뉴를 차례대로 클릭합니다. 그런 다음 '분류구분' 항목에서 '자체 분류기준 사용'을 선택하고, '자체분류명'에 분류명을 입력합니다. '등록' 버튼을 클릭합니다.

02 '티&탑' 분류를 선택하고, 화면 오른쪽 상단의 '상품관리'를 클릭합니다. 다시 '상품신규등록' 버튼을 클릭합니다.

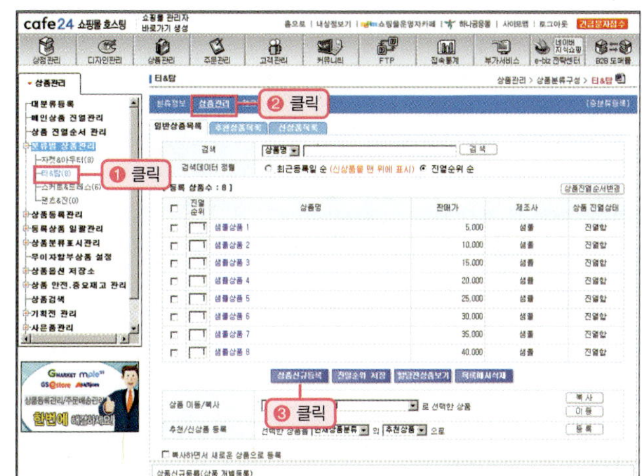

예제에서는 상품을 '자켓&아우터', '티&탑', '스커트&드레스', '팬츠&진' 등으로 구분했습니다.

03 '상품 등록' 창이 나타나면 각 항목에 알맞은 필수 정보를 입력합니다.

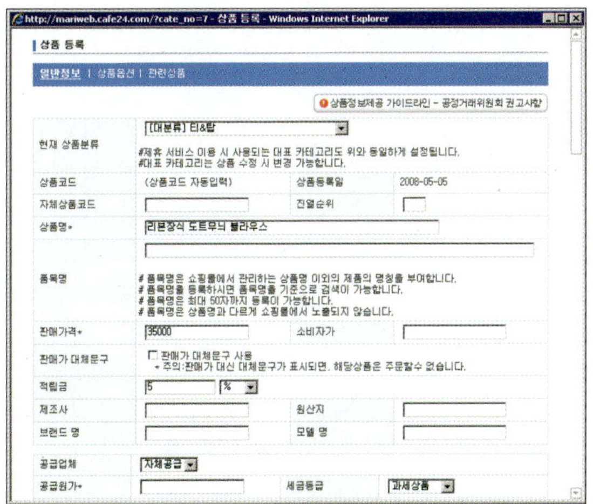

04 상품 설명 등록을 위해서 '상품설명' 항목의 'FTP' 버튼을 클릭합니다.

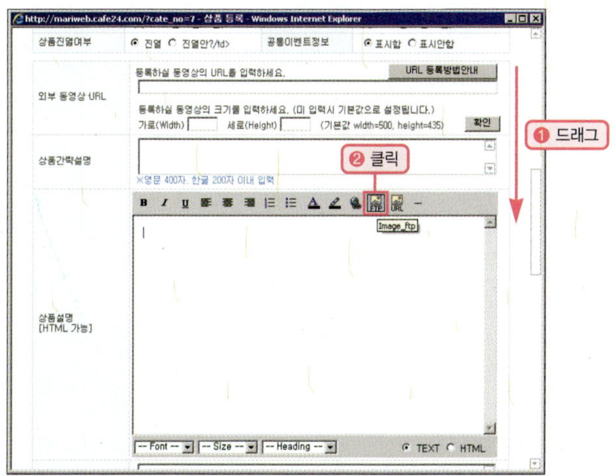

05 'FTP' 창이 나타나면 업로드의 'good' 폴더에서 'good1_01.gif' 파일을 선택하고, '이미지적용' 버튼을 클릭합니다. 같은 방법을 이용하여 'good1_02.gif', 'good1_03.gif', 'dele.gif' 순서로 이미지를 적용하고, '창닫기' 버튼을 클릭합니다.

06 상품 설명 입력 창에 첫 번째 이미지가 삽입되었습니다. 마우스 포인터를 이미지의 가장 아래쪽으로 이동한 후 다시 'FTP' 버튼을 클릭합니다.

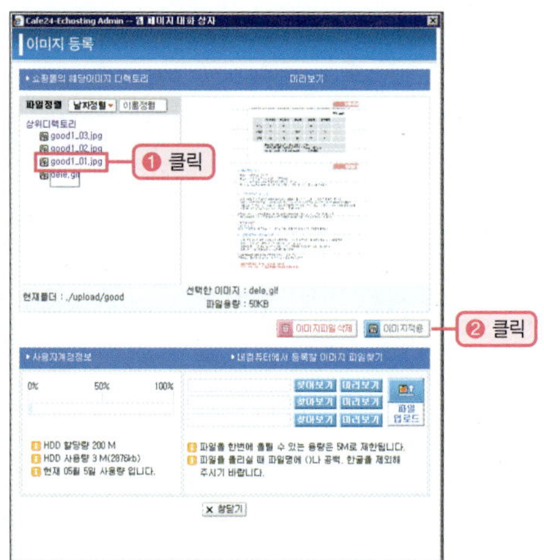

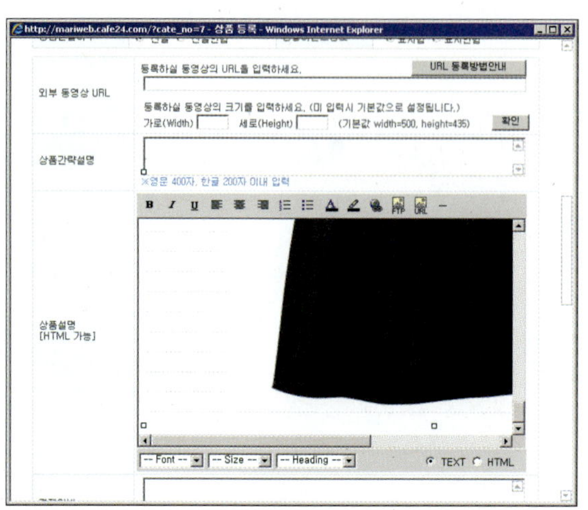

07 'FTP' 창이 나타나면 같은 방법을 이용하여 'good1_02.jpg', 'good1_03.jpg', 'dele.gif' 파일을 차례대로 삽입합니다.

08 상품 설명 입력 창 하단의 'HTML' 라디오 버튼을 선택하면 삽입된 이미지들을 HTML 형식으로도 확인할 수 있습니다.

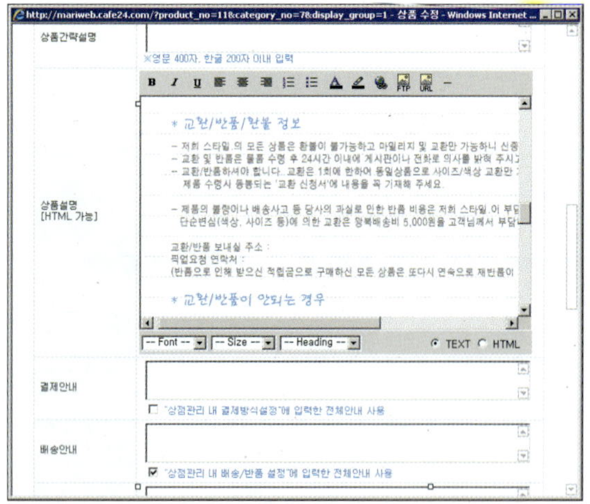

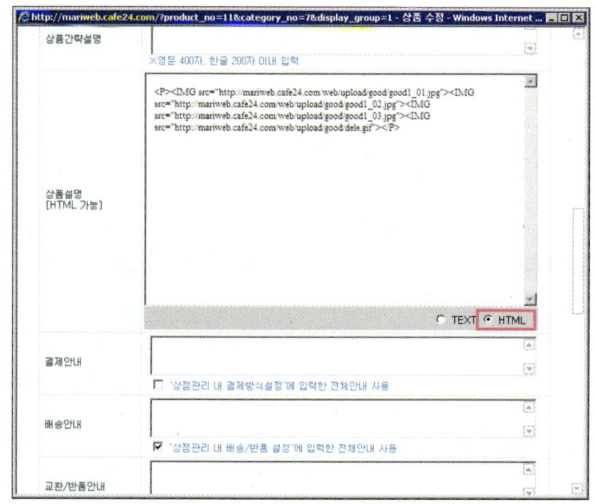

cafe24 쇼핑몰 관리자에서 '상점관리-상점기본정보-쇼핑몰이용안내' 메뉴로 이동하면 주문안내, 배송안내 등의 정보를 모든 상품에 공통으로 적용되도록 텍스트를 입력하거나 이미지를 첨부할 수 있습니다.

09 상품 설명에서 업로드한 'dele.gif' 파일에 결제나 배송 관련 내용이 포함되어 있으므로, '결제안내', '배송안내', '교환/반품안내', '서비스문의안내' 항목의 체크 표시를 해제하세요.

10 '이미지등록' 항목에서 '찾아보기' 버튼을 클릭합니다.

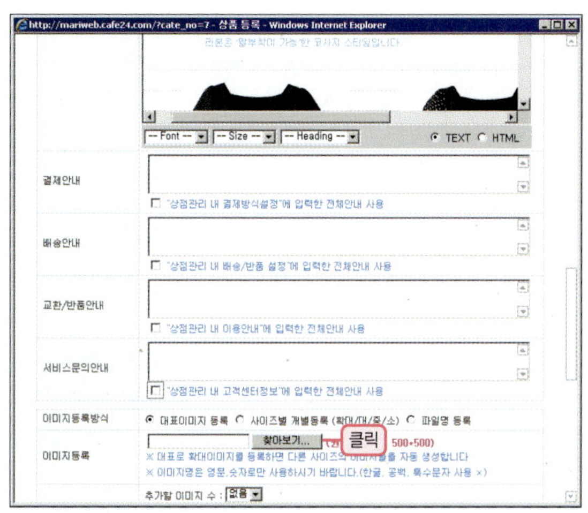

11 '파일 선택' 대화상자가 나타나면 부록 CD의 'Story 05-style2소스이미지' 폴더에서 'good 500.jpg' 파일을 클릭합니다.

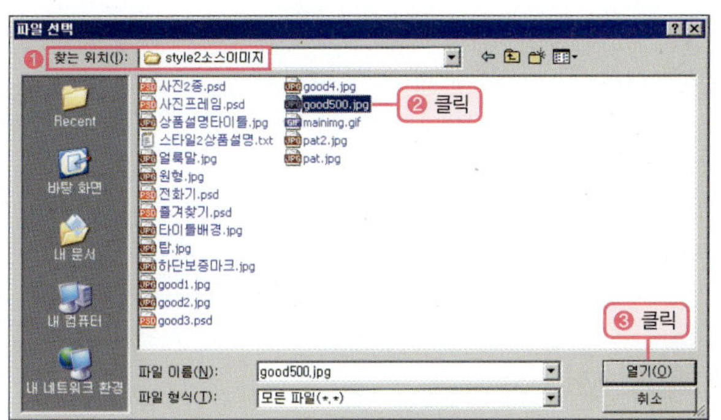

12 상품 정보 입력이 끝났으면 '상품 등록' 창 하단의 '등록' 버튼을 클릭합니다.

01 cafe24 쇼핑몰 관리자에서 '디자인관리 HTML 디자인 설정' 메뉴를 차례대로 클릭합니다. 그런 다음 '페이지 리스트'에서 '메인화면'을 클릭합니다.

02 'HTML 편집' 입력 상자의 아래쪽에 '자바스크립트&스타일시트' 탭을 클릭한 후 'common. js' 항목의 '편집' 버튼을 클릭합니다.

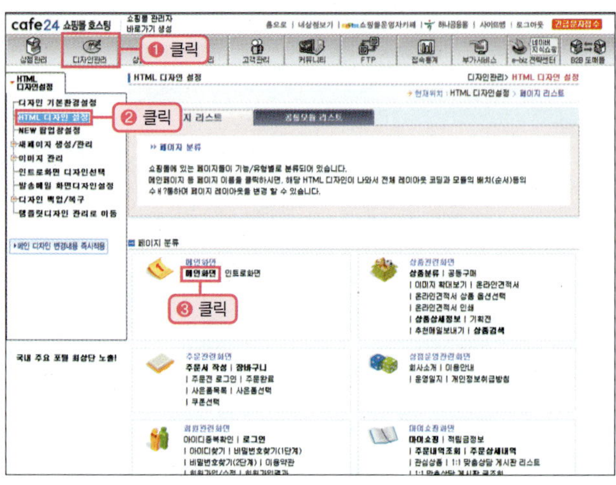

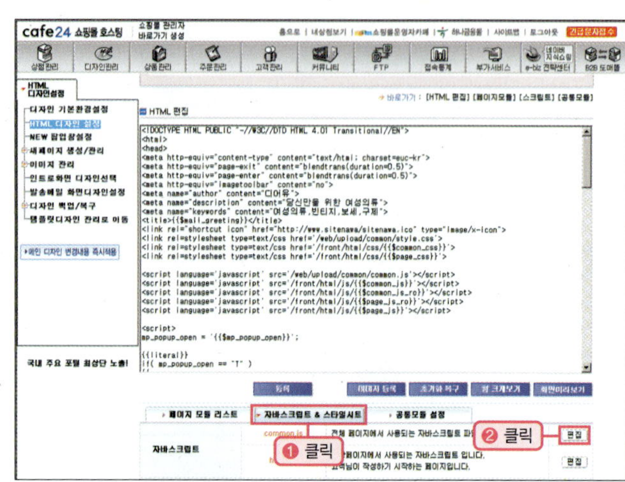

03 소스 입력 창의 가장 위쪽에 다음의 스크립트 소스를 추가한 후 '등록' 버튼을 클릭합니다.

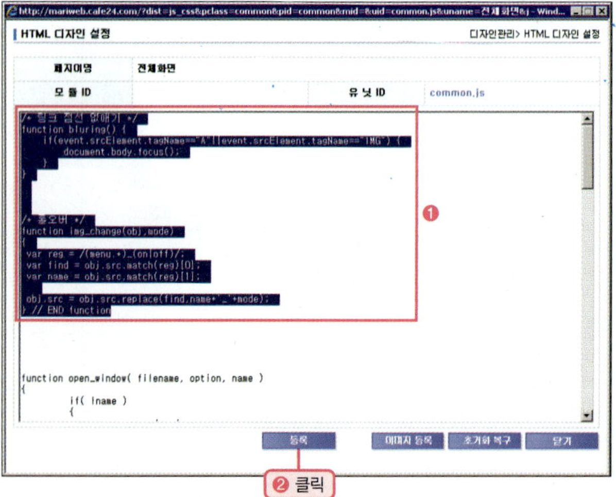


```javascript
/* 링크 점선 없애기 */
function bluring() {
        if(event.srcElement.tagName==" A"
||event.srcElement.tagName=="IMG") {
        document.body.focus();
    }
}


/* 롤오버 */
function img_change(obj,mode)
{
  var reg = /(menu.+)_(on|off)/;
  var find = obj.src.match(reg)[0];
  var name = obj.src.match(reg)[1];

  obj.src = obj.src.replace(find,name+'_'+mode);
} // END function
```

♥ 메인 화면의 소스 수정하기

01 메인 화면의 HTML 소스를 부록 CD의 'Story 05-style2_html' 폴더에 들어 있는 '스타일2 메인화면.html'의 소스로 대체한 후 '등록' 버튼을 클릭합니다.

02 스크롤바를 아래쪽으로 이동하여 '공통모듈 설정' 탭을 선택하고, '상단메뉴'와 '상단이미지' 만 '사용'으로 설정을 바꿉니다. 그런 다음 공통 모듈 중에서 '상단메뉴'의 '편집' 버튼을 클릭합니다.

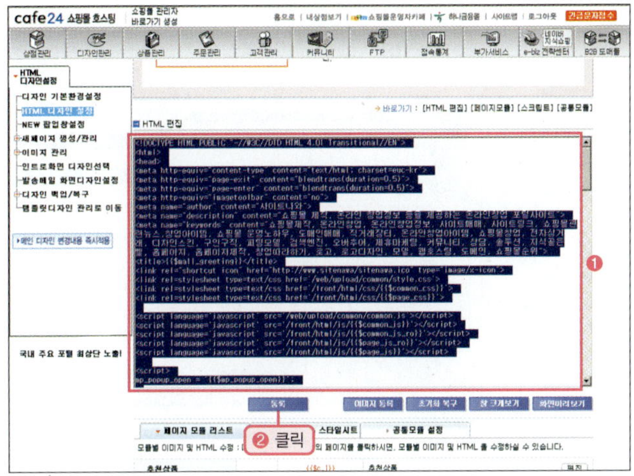

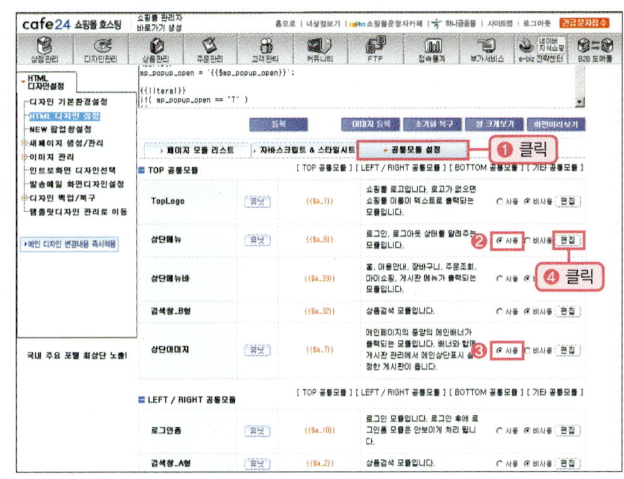

♥ 상단과 하단 소스 수정하기

01 'HTML 편집' 탭을 클릭합니다.

02 기존 소스를 부록 CD의 'Story 05-style2_ html' 폴더에 들어 있는 '스타일2메인화면_상 단.html'의 소스로 대체한 후 '등록' 버튼을 클릭합니다.

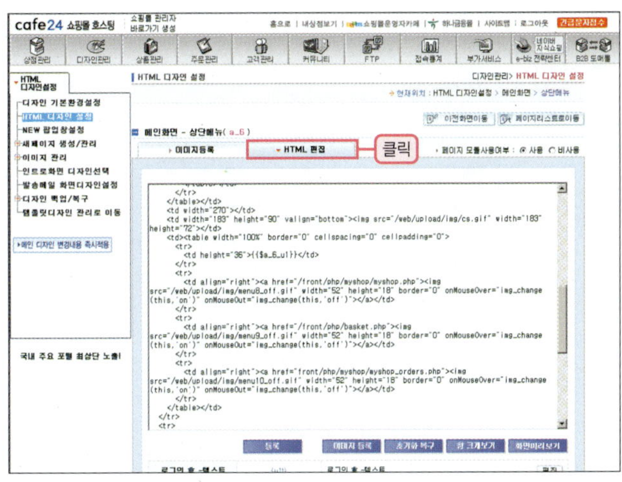

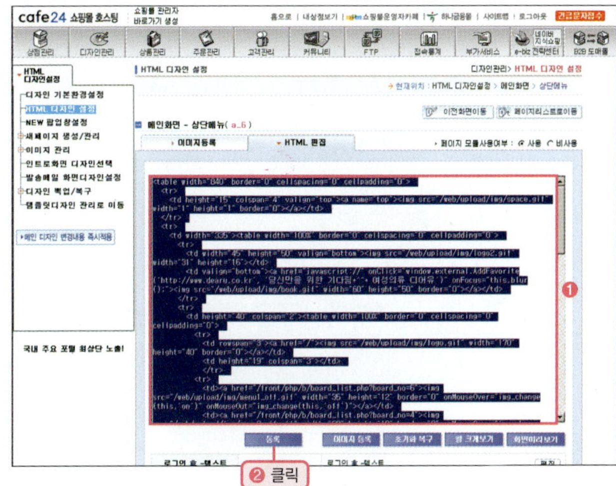

03 하단의 유닛 중에서 '로그인 후-이미지' 항목의 '편집' 버튼을 클릭합니다. 소스 입력 창이 나타나면 '부록 CD-Story 05-style2_html' 폴더의 '스타일2_로그인모듈.html' 위쪽 테이블 소스로 대체한 후 '등록' 버튼을 클릭합니다.

04 이번에는 하단의 유닛 중에서 '로그인 전-이미지' 항목의 '편집' 버튼을 클릭합니다. 같은 방법을 이용하여 '부록 CD-Story 05-style2_html' 폴더에 들어 있는 '스타일2_로그인모듈.html' 파일의 아래쪽 테이블 소스로 대체합니다.

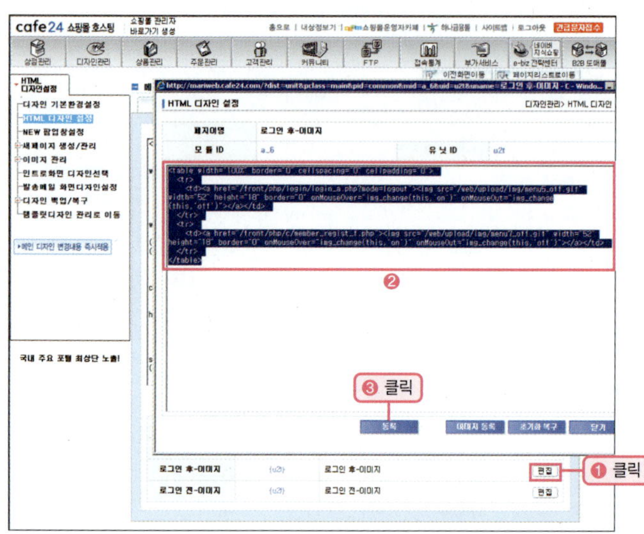

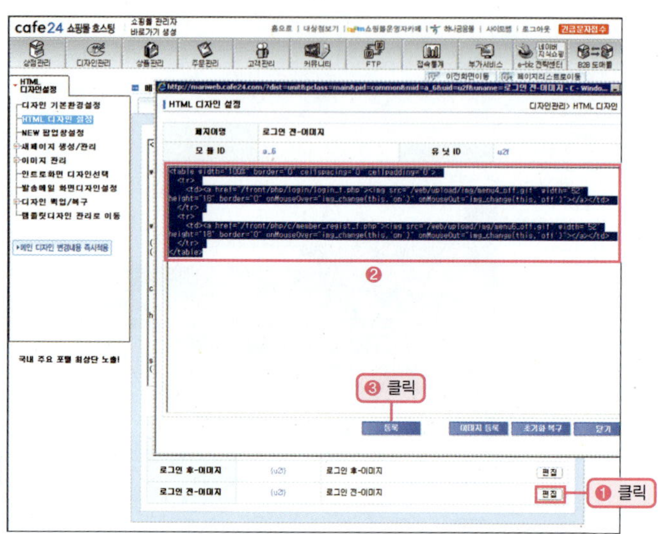

05 화면 상단 오른쪽의 '이전화면이동' 버튼을 클릭합니다.

06 페이지 하단 공통 모듈 중에서 BOTTOM 공통 모듈에 속해 있는 '하단회사정보' 항목의 '편집' 버튼을 클릭합니다.

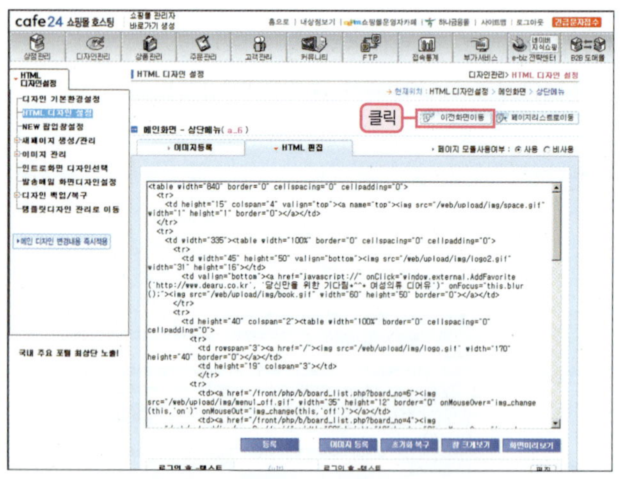

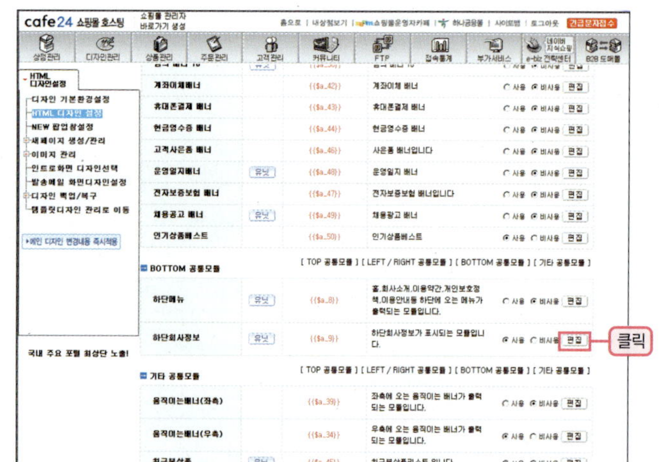

07 'HTML 편집' 탭을 선택하고, '부록 CD-
Story 05-style2_html' 폴더의 '스타일2메인
화면_하단.html' 소스로 대체합니다.

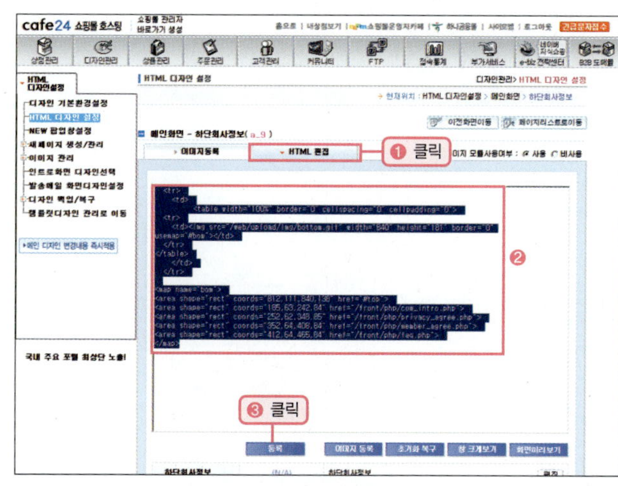

♥ 화면 상단/신상품/추천 상품 타이틀 이미지 등록하기

01 cafe24 쇼핑몰 관리자에서 '디자인관리-이미
지관리-화면상단이미지' 메뉴를 차례대로 클릭
합니다. '상단 게시판이 있는 경우' 항목의 '찾아보기'
버튼을 클릭합니다.

02 '파일 선택' 대화상자가 나타나면 부록 CD의
'Story 05-style2소스이미지' 폴더에서 'main
img.gif' 파일을 선택하고 '열기' 버튼을 클릭합니다.

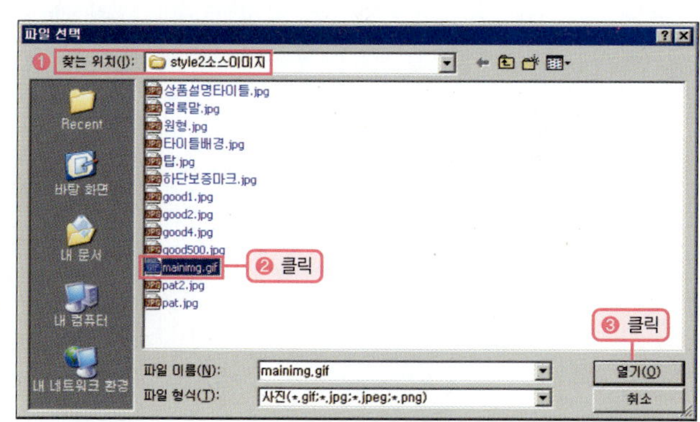

03 이미지 지정 후 스크롤바를 가장 아래쪽으로 이동하여 '적용' 버튼을 클릭합니다.

04 다시 cafe24 쇼핑몰 관리자에서 '디자인관리-이미지관리-타이틀이미지' 메뉴를 차례대로 클릭합니다. 그런 다음 '추천상품' 항목의 '찾아보기' 버튼을 클릭합니다. '파일 선택' 대화상자가 나타나면 부록 CD의 'Story 05-style2_img' 폴더로 이동하여 'tit_best.gif' 파일을 선택한 후 '열기' 버튼을 클릭합니다.

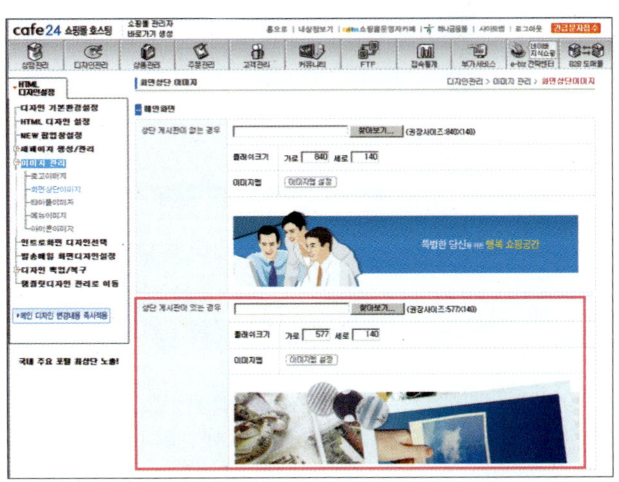

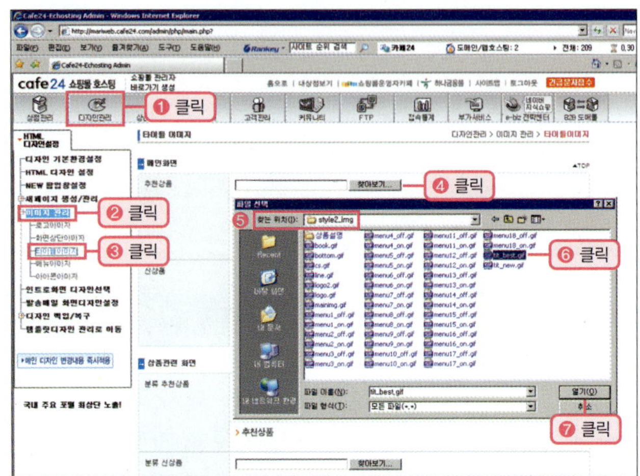

05 같은 방법을 이용하여 신상품 타이틀 이미지에는 'tit_new.gif' 파일을 지정합니다. 그런 다음 스크롤바를 가장 아래쪽으로 이동하여 '적용' 버튼을 클릭합니다.

06 마지막으로 게시판의 여백을 흰색으로 바꿔보겠습니다. '디자인관리-HTML 디자인 설정'의 메인 화면을 클릭한 후 스크롤바를 아래쪽으로 이동하여 '공통모듈 설정' 탭을 클릭합니다.

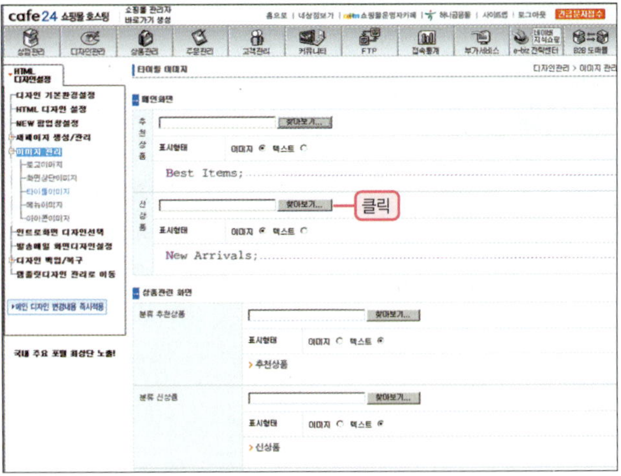

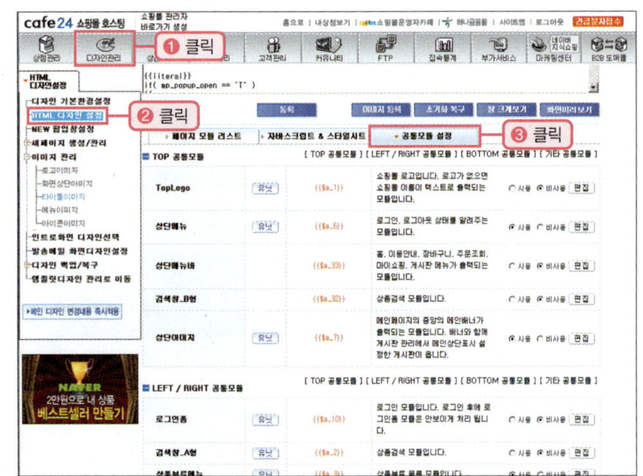

07 '상단이미지' 항목의 '유닛' 버튼을 클릭한 후 단축 메뉴가 나타나면 '상단이미지옆 게시판'을 선택합니다.

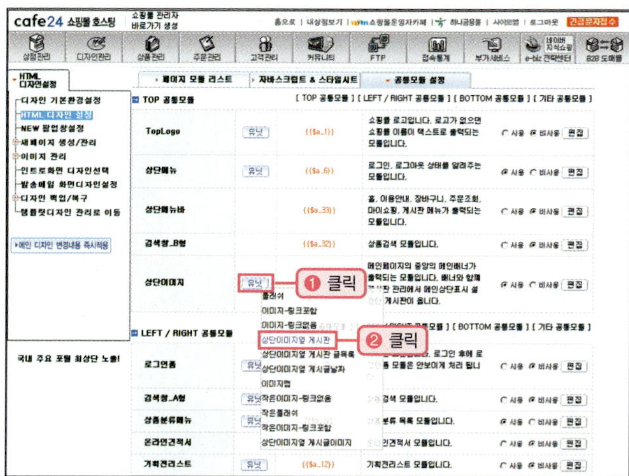

08 '소스 입력' 창이 나타나면 다음과 같이 '{{$tab _array.a_7.th_bgcolor}}'를 '#ffffff'로 수정한 후 '등록' 버튼을 클릭합니다.

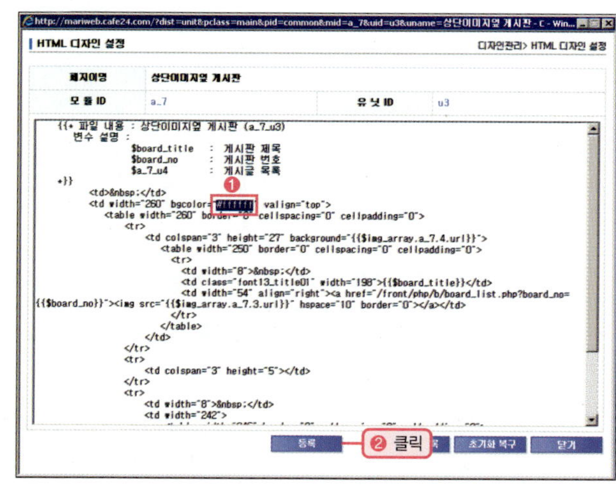

09 자~, 드디어 cafe24의 솔루션을 이용하여 여성 의류 쇼핑몰을 만드는 작업이 완료되었습니다. 관리자 페이지에서 '내상점보기'를 클릭합니다.

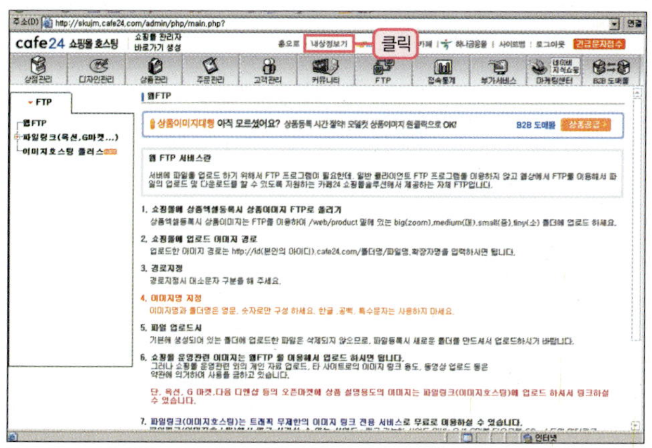

10 완성된 여성 의류 쇼핑몰이 나타나는 것을 확인할 수 있습니다.

후이즈몰로 구축하는
깔끔하고 모던한
스타일의 쇼핑몰

Story 06

앞서 우리는 메이크샵의 쇼핑몰 솔루션으로 '홈인테리어용품 쇼핑몰', cafe24 쇼핑몰 솔루션으로 '여성 의류 쇼핑몰'을 구축해 보았습니다. 이 2개의 쇼핑몰을 만들면서 쇼핑몰 솔루션을 활용하여 쇼핑몰을 구축한다는 것이 어떤 건지 개념과 방법을 알게 되었을 것입니다. Story 06에서는 또 하나의 대표 쇼핑몰 솔루션 업체인 후이즈몰의 서비스를 이용하여 깔끔하고 모던한 스타일의 '노트북용품 쇼핑몰'을 만들어볼 것입니다. 이 책의 핵심은 Story 04, Story 05, Story 06이라고 해도 과언이 아닌데, 이제 마지막 하나 남았으니 집중해서 잘 따라 해보세요.

♥ 스타일 분석하기

[1단계] 천생연분 아이템

깔끔한 색상과 레이아웃으로 디자인한 쇼핑몰에서는 어떤 아이템을 판매하더라도
잘 어울립니다. 일반적으로 가전/컴퓨터·디자인 소품·레저 스포츠·화장품·자동차
용품 등 많은 상품을 메인 페이지에 소개하는 쇼핑몰들이 깔끔하고 모던한 느낌으로
사이트를 구축하는 경우가 많습니다.

[2단계] 천생연분 컬러 배색

블랙, 그레이, 화이트와 같은 무채색을 바탕으로 하
면서 레드, 블루, 옐로, 그린 등을 포인트로 배색하면
깔끔하고 모던한 느낌의 스타일이 됩니다. 판매하는
아이템의 성격에 따라서 포인트 컬러만 잘 맞춰 선정
하면 되기 때문에 그리 까다로울 것 없는 컬러 배색
입니다.

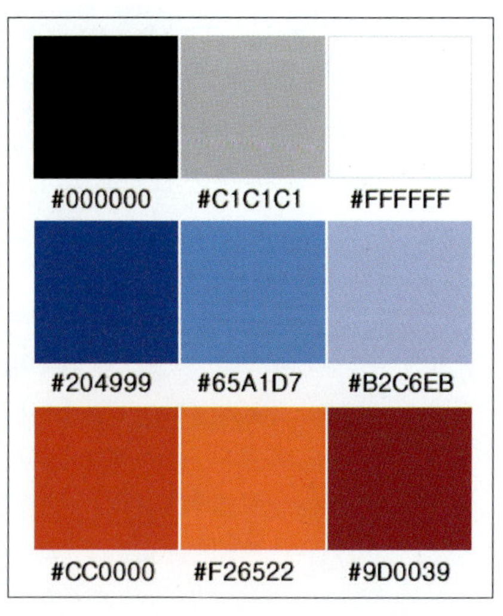

[3단계] 샘플 사이트

▲ 텐바이텐(http://www.10x10.co.kr)

▲ 체리야(http://cherrya.com)

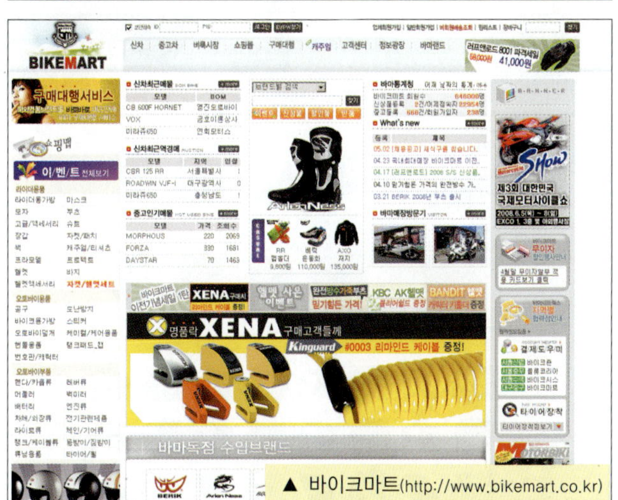

▲ 바이크마트(http://www.bikemart.co.kr)

▲ 트래블메이트(http://travelmate.co.kr)

▲ 토탈선글라스(http://www.totalsun.co.kr)

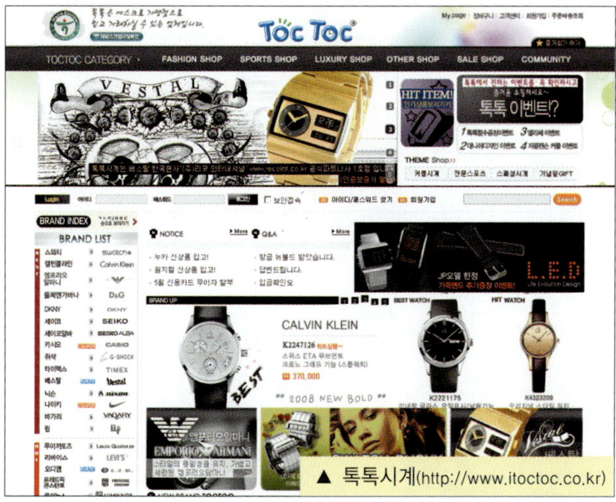

▲ 톡톡시계(http://www.itoctoc.co.kr)

[1단계] 사용할 쇼핑몰 솔루션

깔끔하고 모던한 스타일의 쇼핑몰을 만들기 위해 이용할 솔루션은 후이즈몰입니다.
후이즈몰은 규모 있는 쇼핑몰을 만들 때 유리하고, 자유로운 레이아웃과 디자인 확장
성에 큰 장점이 있습니다.
후이즈몰에서도 플래시 상품 노출 콘텐츠를 제공하는데, 이를 활용하여 메인 페이지
에 다량의 상품을 짜임새 있게 노출시켜 보겠습니다.

[2단계] 메인 페이지 디자인

이번에는 노트북 관련 상품을 판매하는 쇼핑몰을 만들
것입니다. 20~30대 남성이 주고객이므로 깔끔하고 모
던한 분위기를 연출하기 위해 색상은 블랙, 레드, 블루
를 사용했으며, 활동적인 느낌이 들도록 사선 라인으
로 상단 이미지를 연출했습니다.

> **Hot Sauce**
>
> 완성된 후이즈몰 쇼핑몰의 인터넷 주소는 'http://onshop.whois
> mall.com' 입니다.

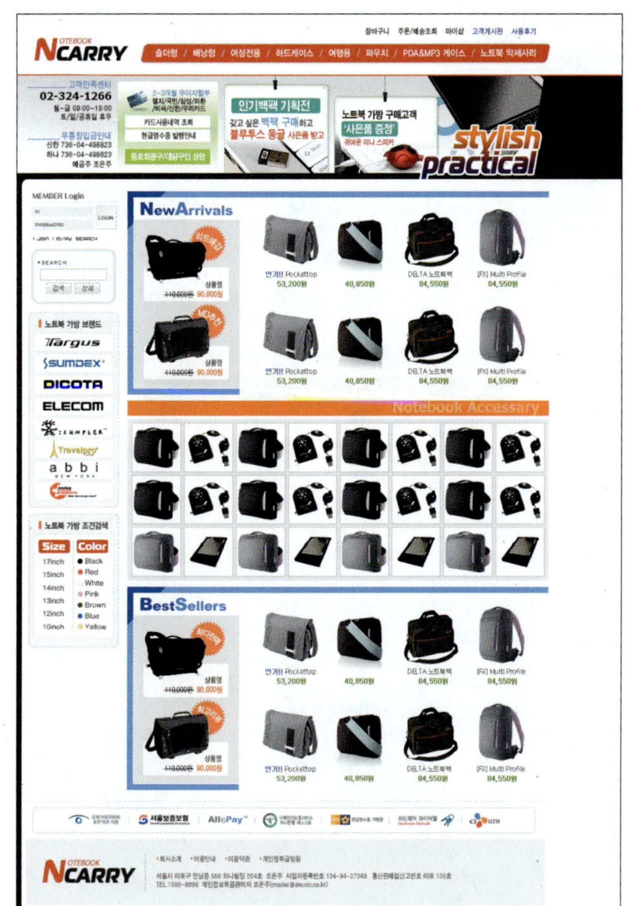

[3단계] 쇼핑몰 메인 페이지 기획

① 로고

상호는 '엔캐리', 도메인은 'ncarry.co.kr' 입니다. 상호의 의미는 노트북 캐리의 줄임말입니다.

② 상품 분류

기본적인 상품 분류 체계는 대분류와 중분류 2단계입니다. 아이템의 특성상 워낙 자잘한 상품들이 많고, 상품 분류가 고객의 상품 구매 편의성과 밀접한 관련이 있기 때문에 아이템 성격별 분류를 기준으로 하여 이를 대분류, 중분류로 나눕니다. 이와 함께 노트북 가방도 브랜드별, 모니터 사이즈별, 색상별로 상품을 분류하여 최대한 다양한 조건에서 상품 노출을 하도록 합니다.

• 기본 상품 분류(상단)

대분류	중분류
숄더형	10인치 이하, 12인치, 14인치, 15인치, 17인치
배낭형	13인치 이하, 14인치, 15인치, 17인치
여성 전용	숄더형, 배낭형, 파우치
하드케이스	
여행용	
파우치	9~11인치, 12인치, 13인치, 14인치, 15인치, 17인치
PDA&MP3 케이스	PDA 케이스, MP3 케이스
노트북 액세서리	키스킨, 키패드, 키보드, 보안기, 받침대, 잠금장치, 쿨러/방열판, 기타

• 노트북 가방 가상 분류(좌측)

브랜드별	모니터 크기별	색상별
Targus	10인치 이하	Black
SUMDEX	12인치	Red
DICOTA	13인치	White
ELECOM	14인치	Pink
CRUMPLER	15인치	Brown
TRAVELPRO	17인치	Blue
ABBI		Yellow

③ 메인 화면 상단 타이틀 이미지

이번 쇼핑몰 디자인에서는 메인 화면 상단 타이틀 이미지 위치에 사은 이벤트 배너, 공지 사항, 고객센터 배너를 넣어서 공간 활용을 효율적으로 해보겠습니다.

④ 플래시 상품 배너

한정된 쇼핑몰 메인 화면에 최대한 상품 노출을 많이 하기 위한 디자인으로, 24개 혹은 30개의 상품을 모자이크 형식으로 나열하여 꾸밀 수 있습니다. 또한 쇼핑몰 등록 상품과 연동하여 쉽고 간편하게 삽입할 수 있습니다.

⑤ 신상품, 인기 상품 선정

메인에 자동 노출되는 상품 리스트를 '신상품'과 '인기 상품' 두 가지 섹션으로 구분하여 노출합니다.

⑥ 쇼핑몰 사업자 정보

다시 한 번 말하지만 쇼핑몰의 아래쪽에 들어가는 사업자 관련 정보들도 쇼핑몰 디자인에서 빼놓을 수 없는 부분입니다. 꼭 넣어야 하는 사업자 정보가 누락되면 검색엔진 등록이나 신용카드 결제 시스템을 연동할 때 신청이 거절될 수도 있으므로 주의해야 합니다.

53 Shopping Mall Sense

[후이즈몰] 메인 페이지 상단 디자인하기 1
–로고, 상품 분류, 톱 메뉴

▶▶▶ 메인 페이지 디자인에 사용할 주요 색상

#000000 / #2c2c2d / #f3f3f3 / #cc0000 / #204999 / #65a1d7 / #f26521

♥ 텍스트 로고 만들기

01 포토샵을 실행한 후 Ctrl + N 을 눌러서 'Name : 스타일3메인', 'Width : 1000px', 'Height : 1600px'의 새 파일을 만듭니다.

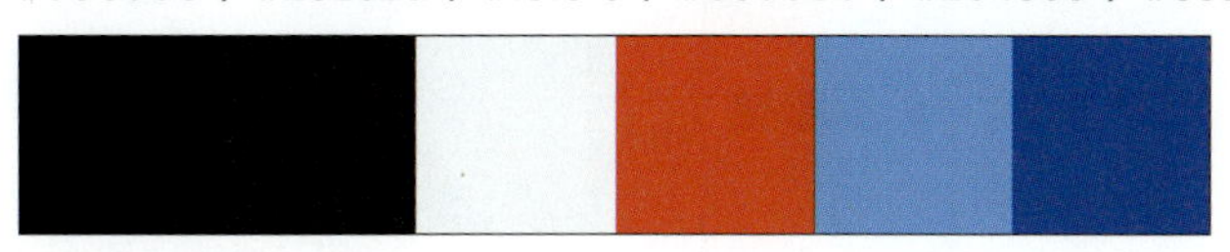

02 메인 화면의 왼쪽을 기준으로 '180px'과 '880px', 상단 높이 '100px' 위치에 각각 가이드라인을 지정합니다.

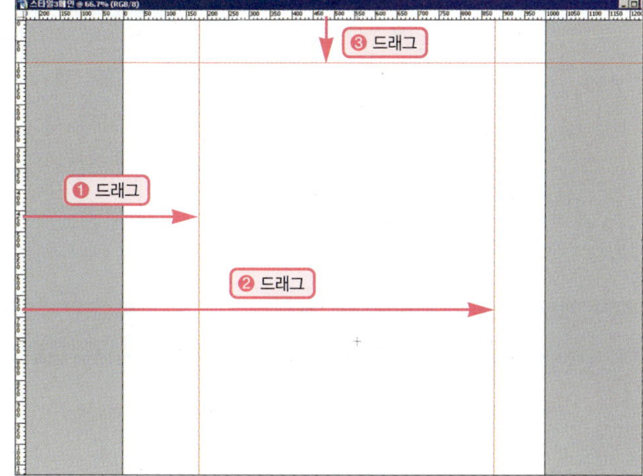

Hot Sauce

메인 화면의 실제 가로 폭은 '880px'이지만, 화면 상단에 검은색 박스가 들어가는 왼쪽 정렬 사이트로 만들 것이므로 오른쪽 여백도 보이도록 작업 창을 '1000px'로 만들었습니다. 따라서 실제 메인 화면의 가로 폭, 좌측 메뉴, 상단 메뉴의 크기에 맞게 가이드라인을 지정한 후 작업을 하는 것이 편리합니다.

03 레이어 팔레트의 'Create a new group' 버튼을 클릭하여 새 레이어 그룹을 만들고, 이름을 '상단'으로 바꿉니다. 툴 박스에서 문자 툴을 클릭한 후 'NCARRY' 텍스트를 다음과 같이 입력합니다.

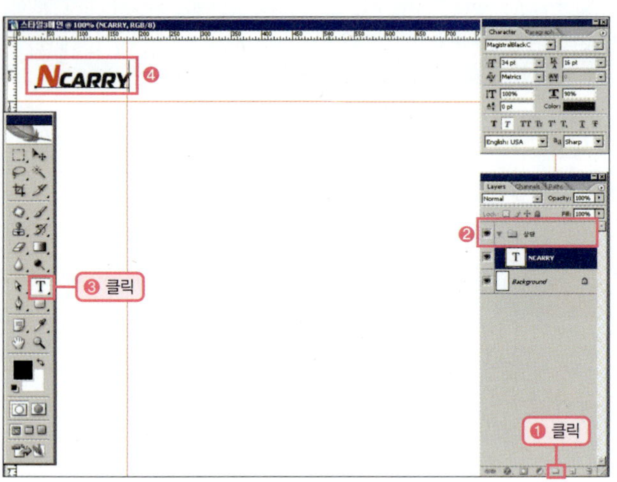

04 글자색을 '#cc0000'으로 지정하고, 다음의 위치에 'OTEBOOK' 텍스트를 입력합니다.

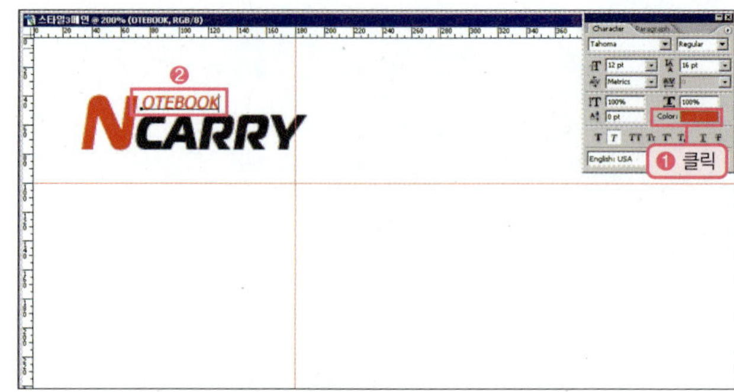

'N' 글자의 색상은 '#cc0000', 'CARRY' 글자의 색상은 '#333333'으로 지정합니다. 글자의 크기는 'N'을 'CARRY'보다 '10px' 이상 크게 하고, 세로 비율을 '110%' 정도로 조절해서 길쭉하게 만듭니다. 그런 다음 글자가 기울어지도록 'Faux Italic' 버튼을 클릭합니다.

♥ 상품 분류와 톱 메뉴 만들기

01 'Create a new layer' 버튼을 클릭하여 새 레이어를 추가한 후 툴 박스에서 둥근 사각형 셰이프 툴을 선택합니다. 옵션 바에서 'Fill pixels'를 클릭하고, 'Radius' 항목에 '6'을 입력합니다. 그런 다음 로고 옆에 '가로 : 670px', '세로 : 30px'의 박스를 그립니다.

02 Ctrl + T 를 누르고 자유 변형 바운딩 박스가 나타나면, 옵션 바에서 'H' 항목에 '-13'을 입력합니다. 자유 변형이 완료되면 Enter 를 누릅니다.

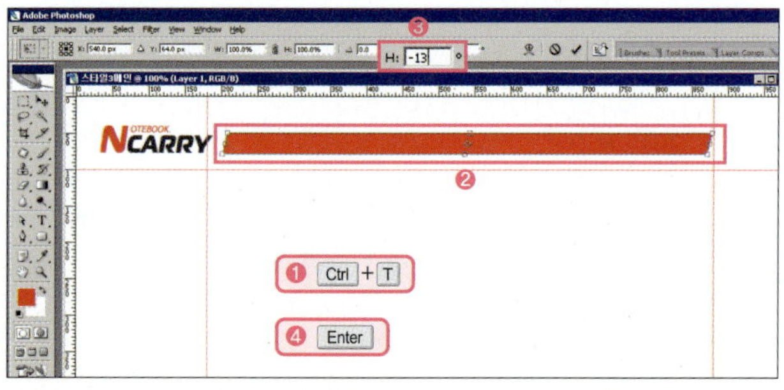

이때 빨간색 메뉴 바는 위에서부터 '50px' 아래쪽에 위치하도록 배치합니다.

03 Ctrl 을 누른 상태에서 빨간색 사각형 레이어의 섬네일을 마우스로 클릭하면 선택 영역이 지정 됩니다.

04 빨간색 메뉴 바 레이어와 'OTEBOOK' 레이어 사이에 새 레이어를 추가한 후 '#000000' 색 상으로 채웁니다. Ctrl + D 를 눌러서 선택 영역을 해제 합니다.

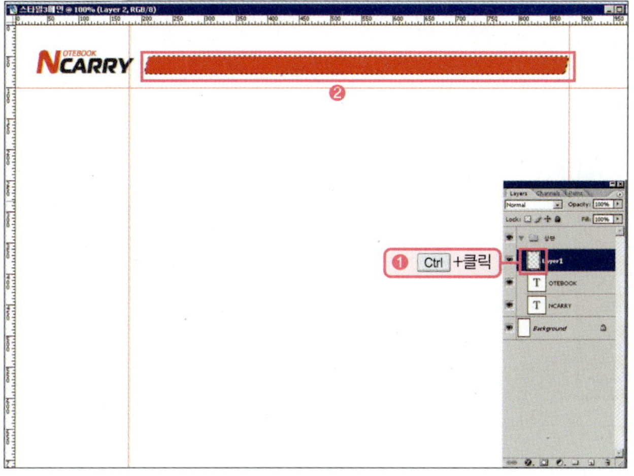

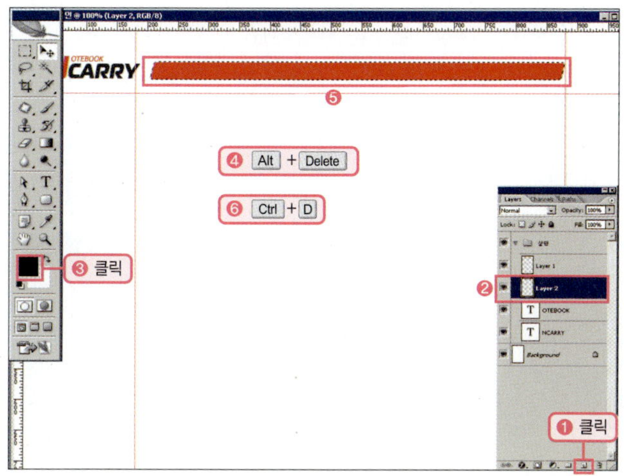

키보드의 Alt + Delete 를 눌러서 전경색 채우기를 해도 레이어의 위치가 'Layer 1' 보다 아래쪽에 있기 때문에 'Layer 1' 의 색상이 표시됩니다.

05 'Filter' 메뉴의 'Blur-Gaussian Blur' 를 클 릭합니다.

06 'Gaussian Blur' 대화상자가 나타나면 'Radius' 항목에 '2' 를 입력한 후 'OK' 버튼을 클릭합니다.

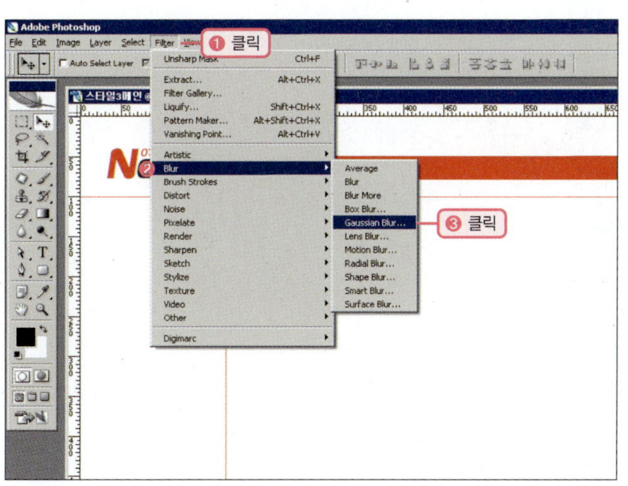

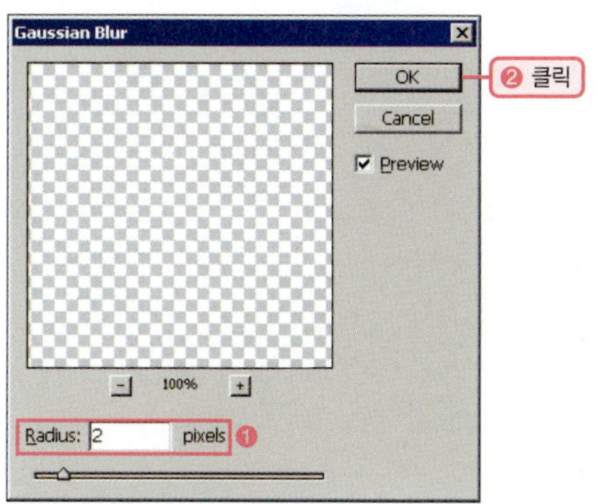

07 검은색 사각형이 흐릿하게 나타나는 것을 알 수 있습니다. 이 레이어의 투명도를 '40%'로 조절하세요.

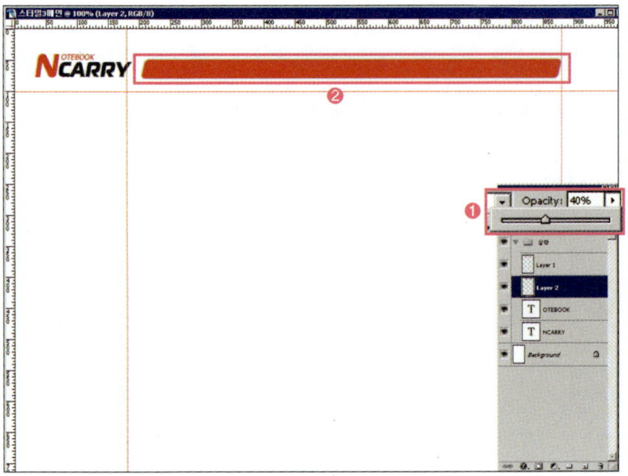

08 빨간색 메뉴 바 레이어를 선택한 상태에서 문자 툴을 이용하여 다음과 같이 상품 분류 텍스트를 입력합니다.

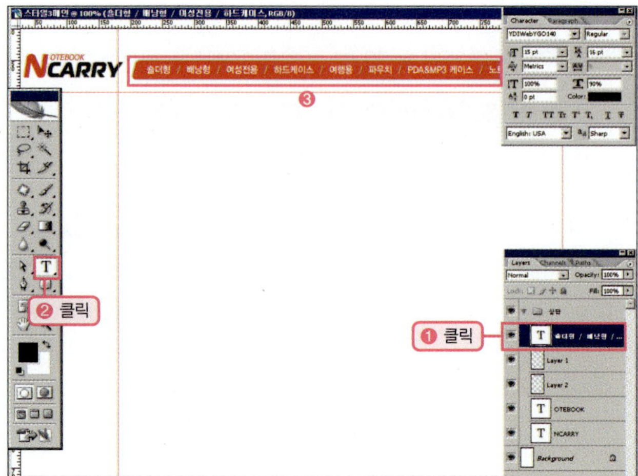

09 이번에는 톱 메뉴인 '장바구니', '주문/배송조회', '마이샵', '고객 게시판', '사용 후기'를 적당한 간격으로 입력합니다.

54 Shopping Mall Sense
[후이즈몰] 메인 페이지 상단 디자인하기 2
–메인 이미지 꾸미기

♥ 메인 이미지 디자인하기

01 새 레이어를 추가한 후 위쪽 가이드라인부터 '높이 : 172px'의 사각 선택 영역을 지정하고 '#000000' 색상으로 채웁니다. 그런 다음 Ctrl + D 를 눌러서 선택 영역을 해제합니다.

02 같은 방법으로 검은색 사각형 위쪽으로는 '높이 : 2px', '색상 : #cc0000'의 영역을 만들고, 아래쪽으로는 '높이 : 72px', '색상 : #2c2c2d'의 영역을 만듭니다.

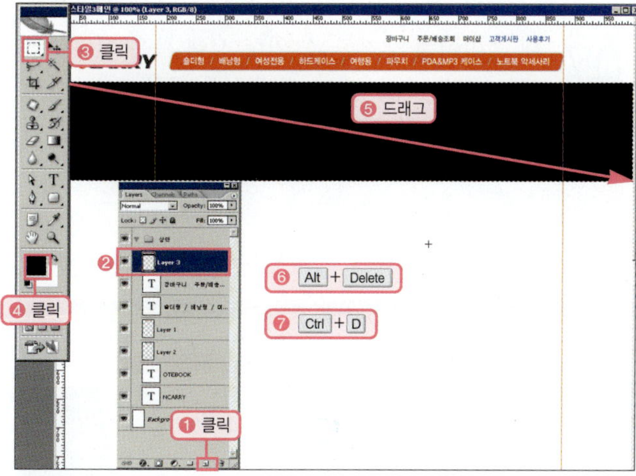

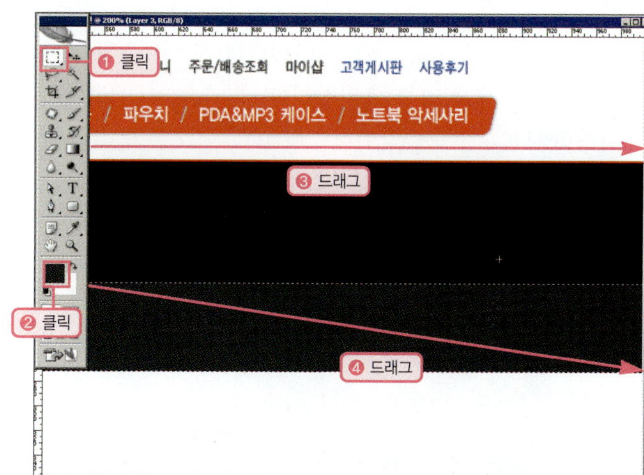

03 전경색을 '#ffffff'로 지정하고, 새 레이어를 추가한 후 둥근 사각형 셰이프 툴을 클릭합니다. 옵션 바에서 'Fill pixels'를 선택하고, 'Radius' 항목에 '10'을 입력합니다. 그런 다음 '가로'는 작업 파일의 가로 폭과 거의 비슷하게, '세로 : 160px'의 사각형을 그립니다.

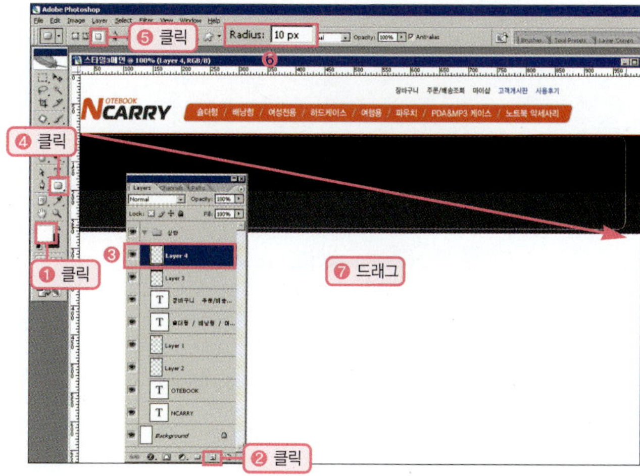

04 `Ctrl`+`T`를 누르면 자유 변형 바운딩 박스가 나타나는데, 옵션 바에서 'H' 항목에 '-10'을 입력하여 사각형의 모양을 다음과 같이 만듭니다.

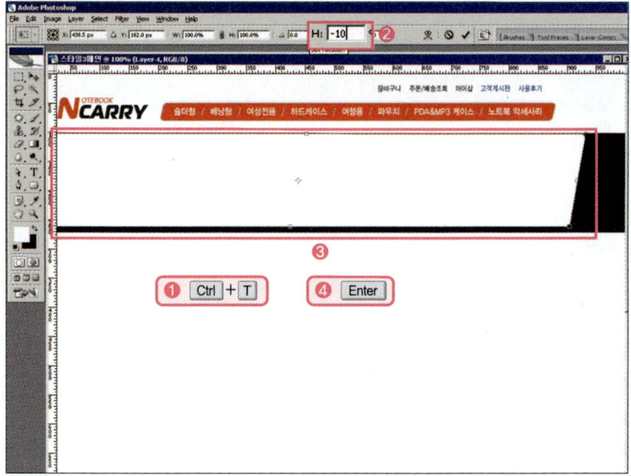

05 전경색을 '#dbdce0'로 지정하고, 레이어 팔레트의 'Add a layer style'을 클릭한 후 'Gradient Overlay'를 선택합니다.

06 'Layer Style' 대화상자가 나타나면 그레이디언트 색상 바를 클릭합니다. 'Gradient Editor' 대화상자에서 '왼쪽 슬라이더 : #ffffff', '오른쪽 슬라이더 : #dbdce0'으로 지정합니다. 그런 다음 'OK' 버튼을 클릭하여 'Layer Style'과 'Gradient Editor' 대화상자를 모두 닫습니다.

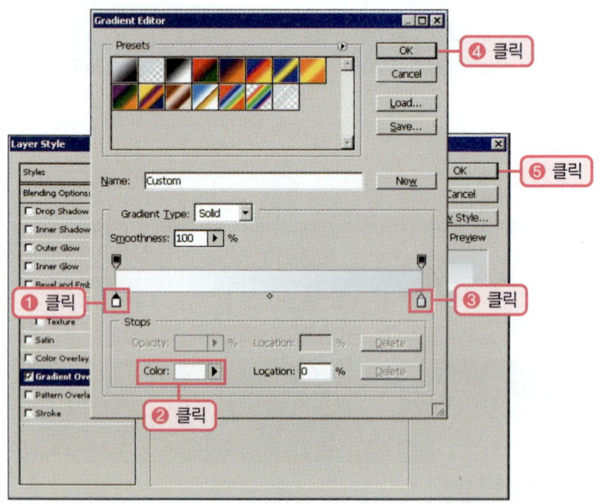

07 새 레이어를 추가한 후 원형 선택 툴을 이용하여 지름 '66px'의 선택 영역을 지정합니다. 선택 영역을 '#68b6d5' 색상으로 채우고, `Ctrl`+`D`를 눌러서 선택 영역을 해제합니다.

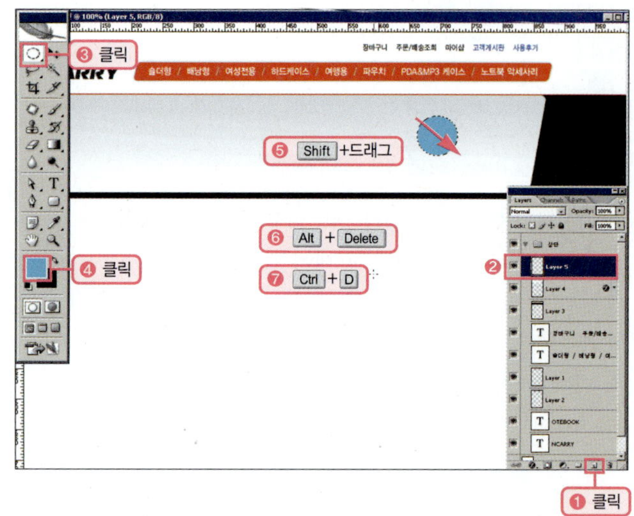

08 이번에는 큰 원의 가운데에 지름 '38px'의 작은 원 선택 영역을 지정한 후 Delete 를 누릅니다.

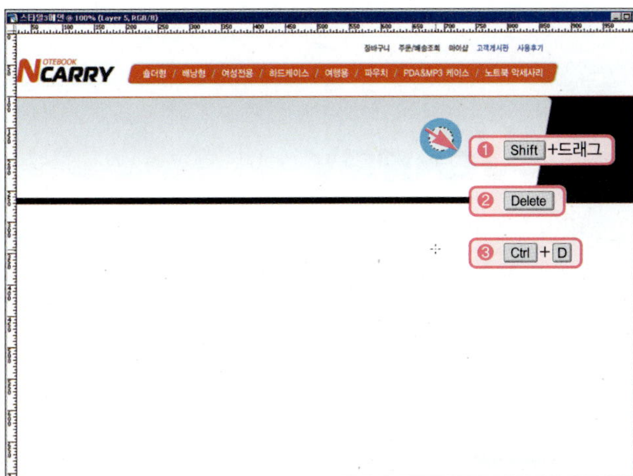

09 새 레이어를 추가한 후 같은 방법을 이용하여 '지름 : 40px', '색상 : #b2c6eb'의 큰 원에 '지름 : 22px'의 작은 구멍이 뚫린 링을 그립니다.

10 두 번째 만든 원형인 'Layer 6'을 선택한 상태에서 Ctrl + J 를 눌러 레이어를 복사합니다. 그런 다음 복사한 레이어의 투명도를 '70%'로 조절하고 다음의 위치로 이동합니다.

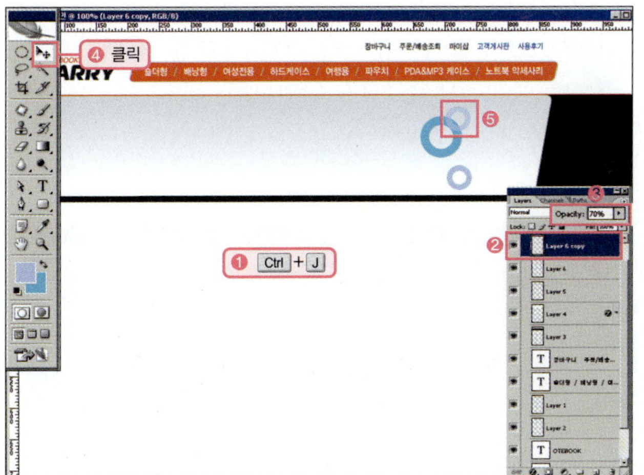

11 'Layer 5', 'Layer 6', 'Layer 6 copy' 세 개 레이어를 동시에 선택한 후 레이어 팔레트에서 'Link layers' 아이콘을 클릭하여 선택한 레이어들을 서로 연결합니다.

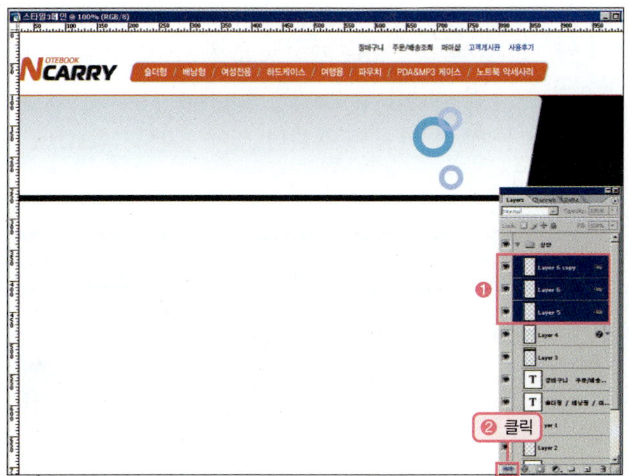

12 로고 아래쪽에 연락처, 영업 시간, 입금 계좌 등의 정보를 자신에 맞게 입력하고 오른쪽 정렬합니다.

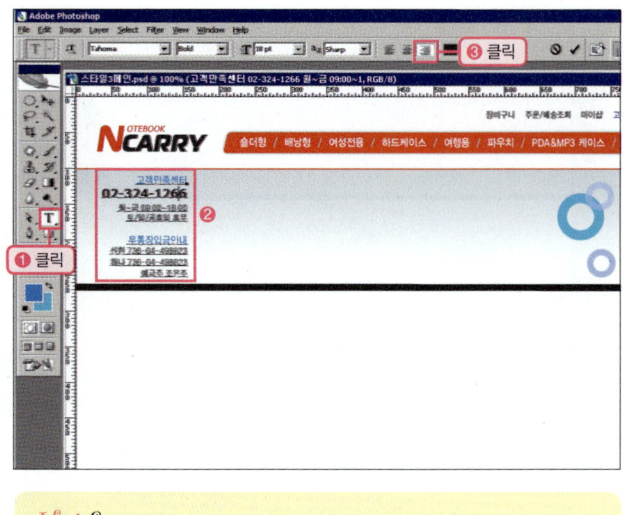

Hot Sauce

글자 크기, 줄 간격은 임의대로 조절합니다.

14 전경색을 '#ffffff' 로 지정하고 새 레이어를 추가한 후 둥근 사각형 셰이프 툴을 선택합니다. 옵션 바에서 'Fill pixels' 를 클릭하고, 'Radius' 항목에 '5' 를 입력합니다. 그런 다음 고객센터 옆에 '가로 : 170px', '세로 : 230px' 의 사각형을 그립니다.

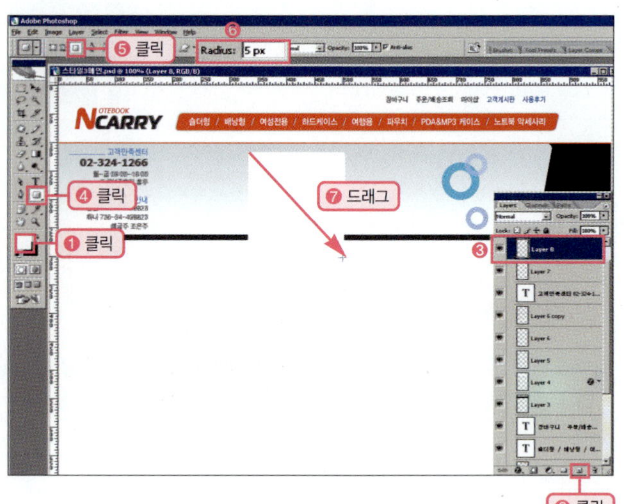

13 타이틀 글자는 '#448cca', 내용은 '#333333' 색상을 지정했습니다. 타이틀 앞에는 연필 툴을 이용하여 타이틀과 같은 색상으로 '1px' 선을 그립니다.

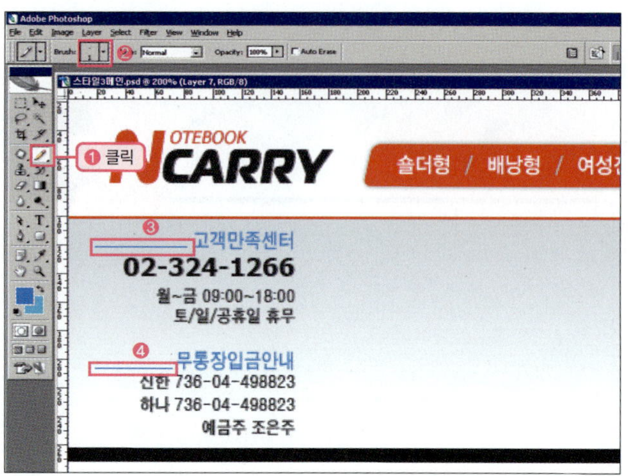

Hot Sauce

텍스트 레이어가 선택된 상태에서는 연필 툴로 선을 그릴 수 없습니다. 그러므로 새로운 레이어를 추가한 후 작업합니다.

15 레이어 팔레트의 'Add a layer style' 을 클릭하고, 스타일 중에서 'Stroke' 를 선택합니다. 'Layer Style' 대화상자가 나타나면 'Size : 1', 'Color : #99cc99' 로 지정합니다.

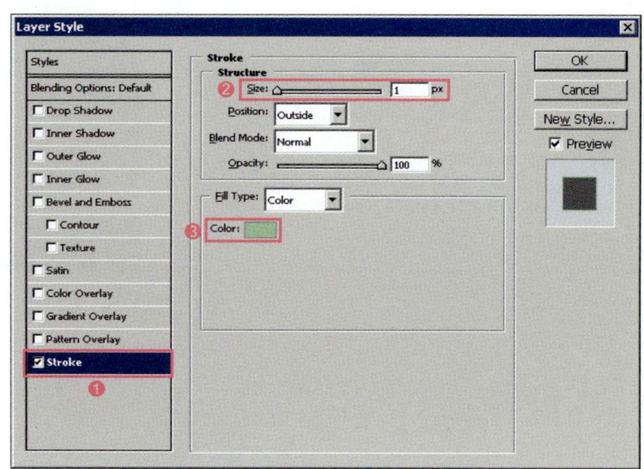

16 다시 'Layer Style' 대화상자의 왼쪽 메뉴에서 'Inner Glow'를 클릭합니다. 그런 다음 'Blend Mode : Normal', 'Opacity : 50', '색상 : #ccffcc', 'Size : 10'으로 지정합니다.

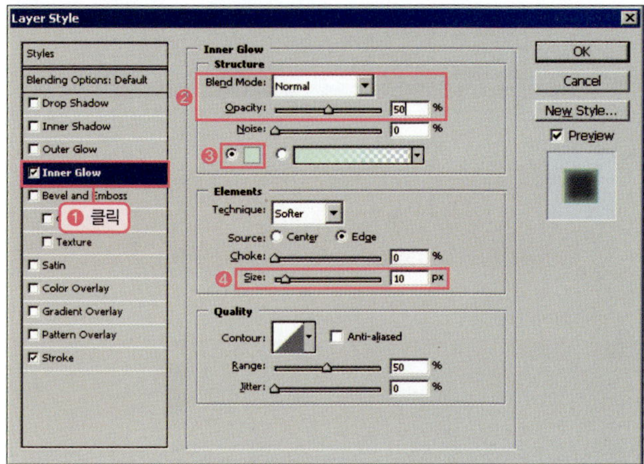

17 'Drop Shadow'를 클릭합니다. 'Opacity : 25', 'Angle : -150', 'Distance : 2', 'Size : 4'로 지정한 후 'Use Global Light' 항목의 체크 표시를 해제합니다. 이제 'OK' 버튼을 클릭하여 설정을 완료합니다.

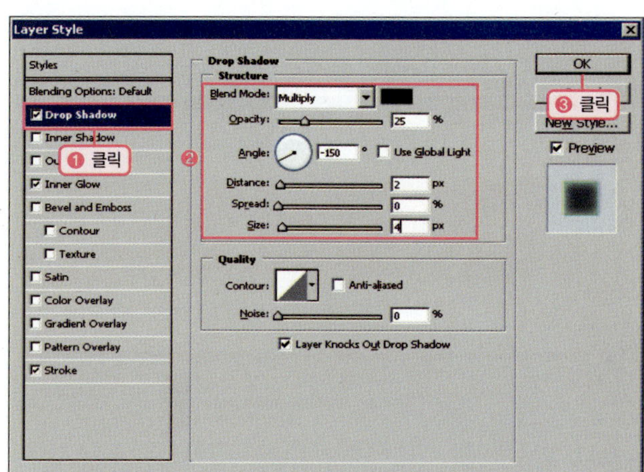

18 새 레이어를 추가하고 사각형 선택 툴을 이용하여 '가로 : 8px', '세로 : 16px', '색상 : #333333'의 직사각형을 그립니다. 그런 다음 Ctrl + T 를 누릅니다.

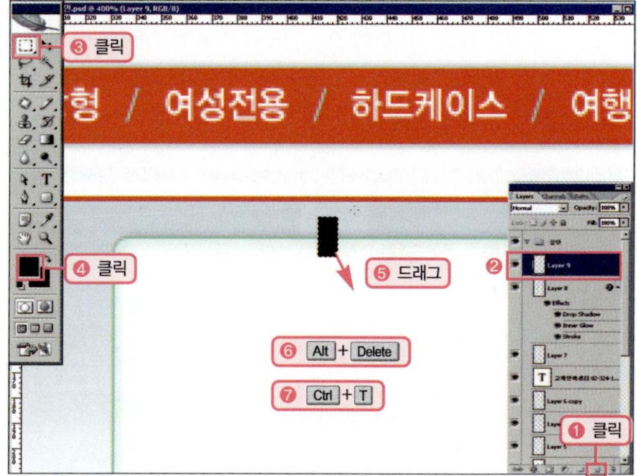

Design Master | Drop Shadow의 Use Global Light

'Use Global Light' 항목에 체크 표시가 되어 있고, 작업 중인 파일의 레이어에 'Drop Shadow' 효과가 여러 개 적용되어 있을 경우에는 가장 먼저 설정한 앵글 값으로 통일됩니다. 그러므로 드롭 섀도 효과를 각각 다른 각도로 적용하고 싶다면 'Use Global Light'의 체크 표시를 해제하면 됩니다.

19 자유 변형 바운딩 박스가 나타나면 Ctrl 을 누른 상태에서 오른쪽 아래 모서리를 왼쪽으로 드래그합니다. 이때 옵션 바의 'H' 항목이 '-4.5'가 될 때까지 드래그합니다.

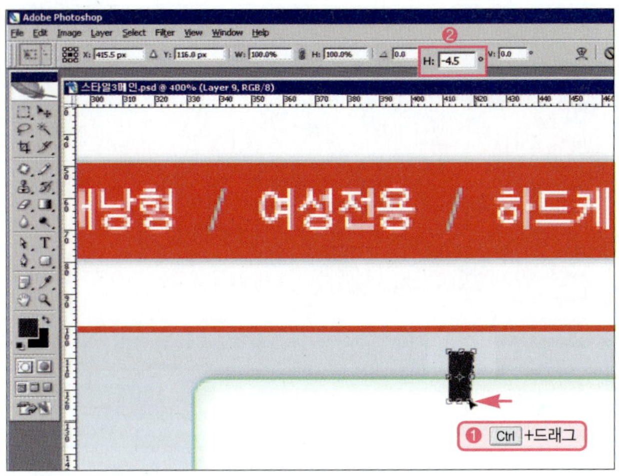

20 이번에는 Ctrl 을 누른 상태에서 왼쪽 아래 모서리를 오른쪽으로 드래그합니다. 이때는 옵션 바의 'H' 항목이 '4.5'가 될 때까지 드래그합니다. 이렇게 사다리꼴 모양으로 만든 후 Enter 를 누릅니다.

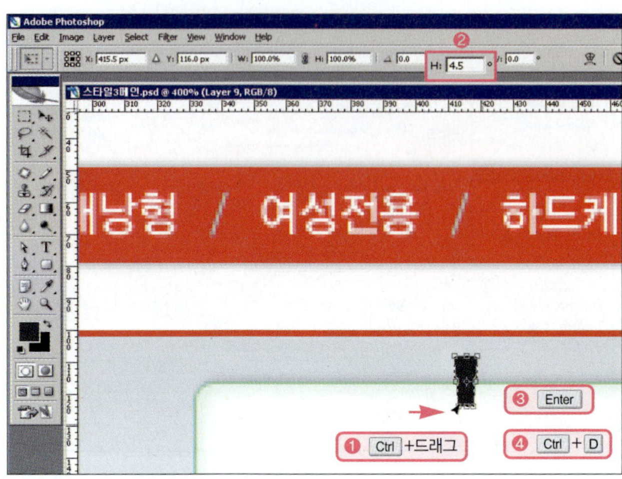

21 연필 툴을 이용하여 사다리꼴 사각형의 가운데에 흰색으로 '1px' 점을 찍고, '#808080' 색상으로 '1px' 선을 그립니다.

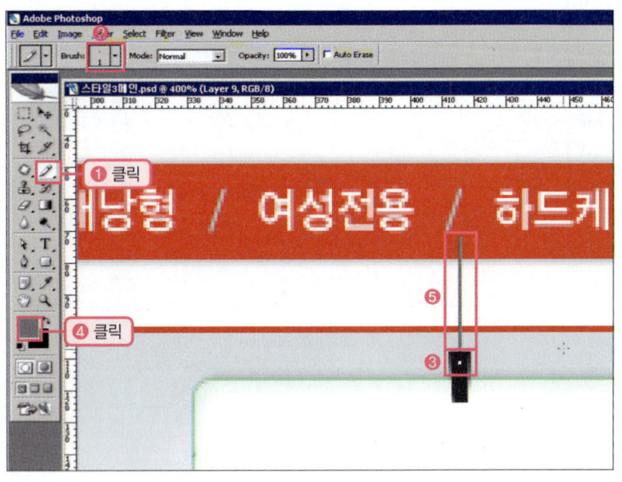

22 'Layer 8'과 'Layer 9'를 동시에 선택한 후 Ctrl + E 를 눌러서 하나의 레이어로 병합합니다.

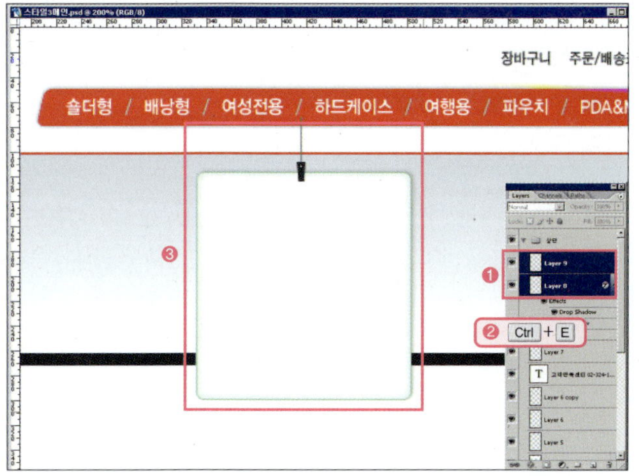

23 Ctrl + J 를 눌러서 병합한 레이어를 복사합니다. 그런 다음 두 개의 이미지를 다음과 같이 배치합니다.

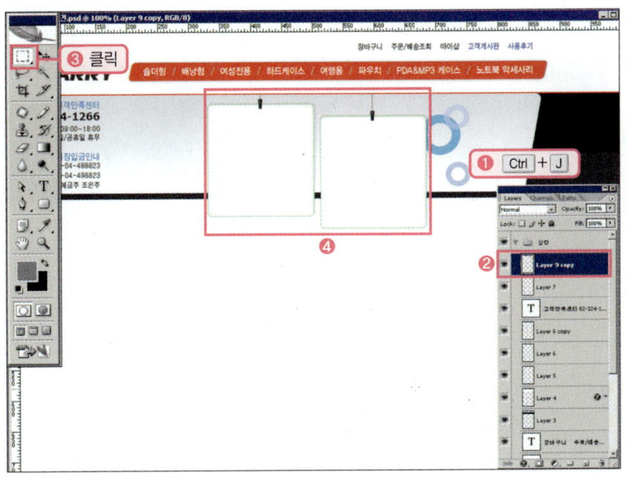

24 다시 두 개의 레이어를 병합하고, 박스의 위쪽과 아래쪽을 선택 영역으로 지정한 후 삭제하여 다음과 같이 정리합니다.

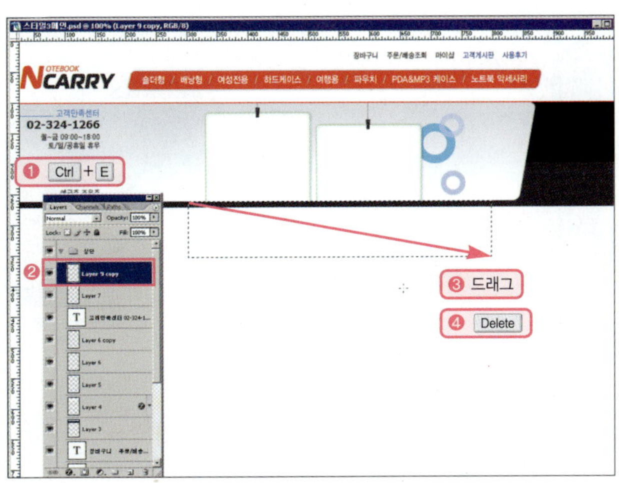

25 부록 CD의 'Story 06-style3소스이미지' 폴더에서 '노트북.jpg' 파일을 불러온 후 작업 화면으로 드래그합니다.

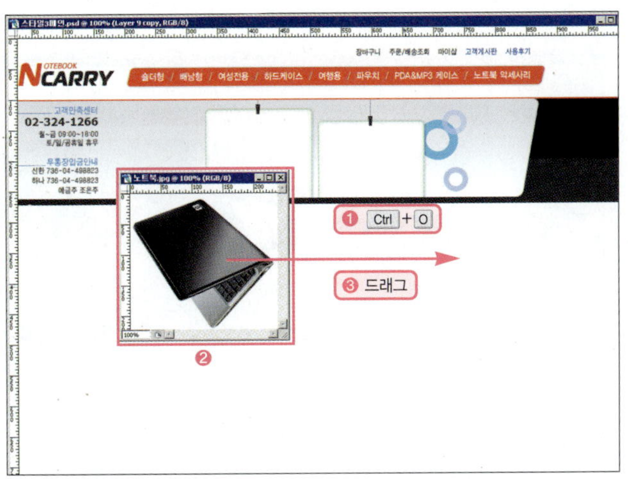

26 마술봉 툴을 선택하고 옵션 바에서 'Tolerance : 32', 'Anti-alias' 항목에 체크 표시가 된 것을 확인합니다. 그런 다음 불러온 노트북 이미지의 흰색 여백 부분을 클릭한 후 Delete 를 눌러서 선택 영역을 제거합니다.

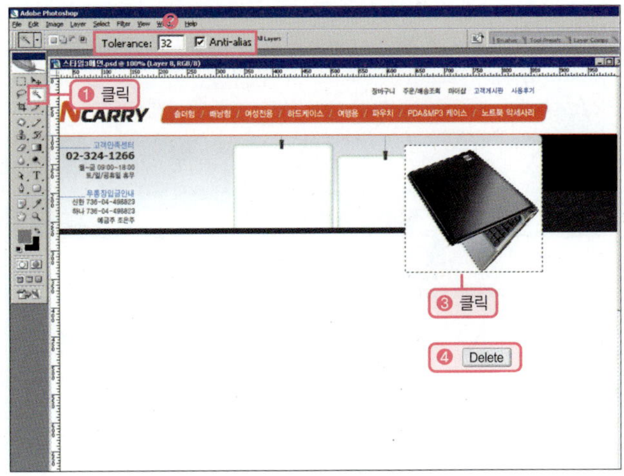

27 선택 영역을 해제하고, 노트북 이미지를 다음의 위치로 이동합니다. `Ctrl`을 누른 상태에서 중앙 화면의 배경인 'Layer 4'의 섬네일을 클릭합니다.

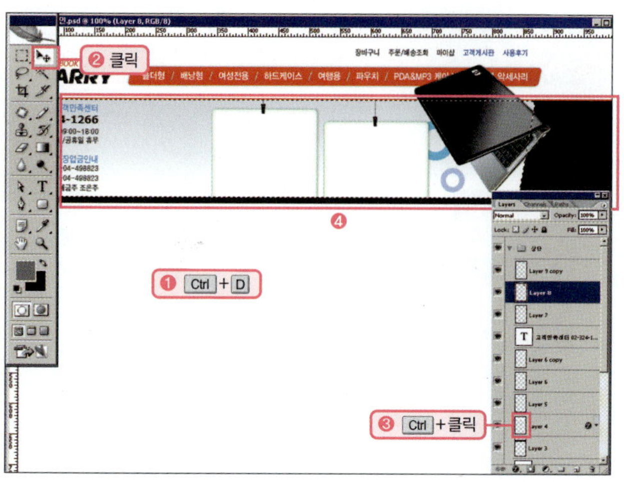

28 `Shift`+`Ctrl`+`I`를 눌러서 선택 영역을 반전시킨 후 `Delete`를 누릅니다.

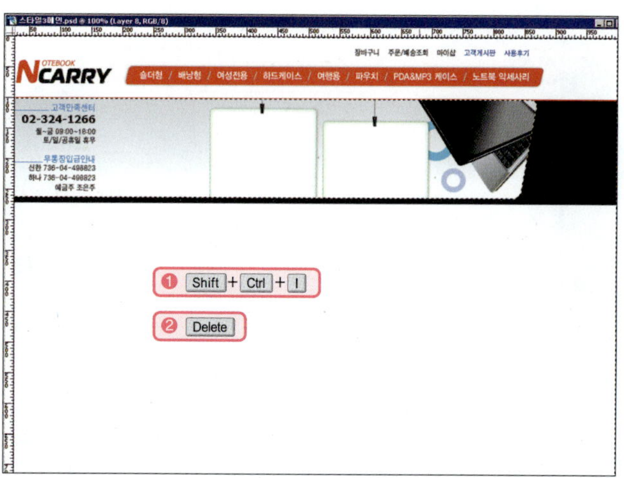

29 부록 CD의 'Story 06-style3소스이미지' 폴더에서 '스피커.jpg'와 '블루투스.jpg' 파일을 불러옵니다. 그런 다음 작업 화면으로 드래그합니다.

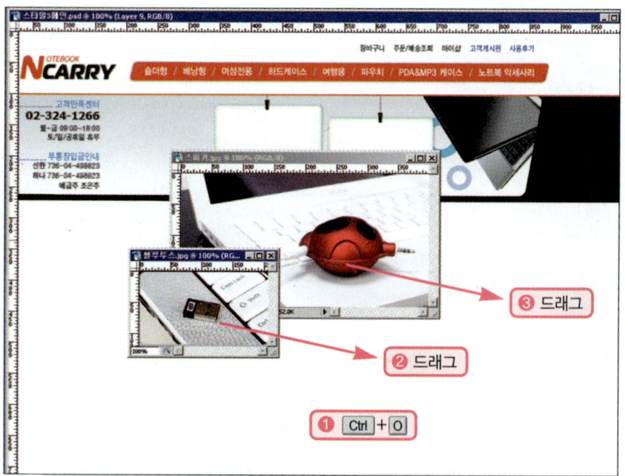

30 블루투스 레이어를 선택하고, `Ctrl`+`T`를 누르면 자유 변형 바운딩 박스가 나타납니다. `Alt`와 `Shift`를 누른 상태에서 마우스로 바운딩 박스의 모서리를 안쪽으로 드래그하여 이미지가 박스 안에 위치하도록 크기를 조절합니다. 같은 방법으로 스피커 이미지도 크기를 조절합니다.

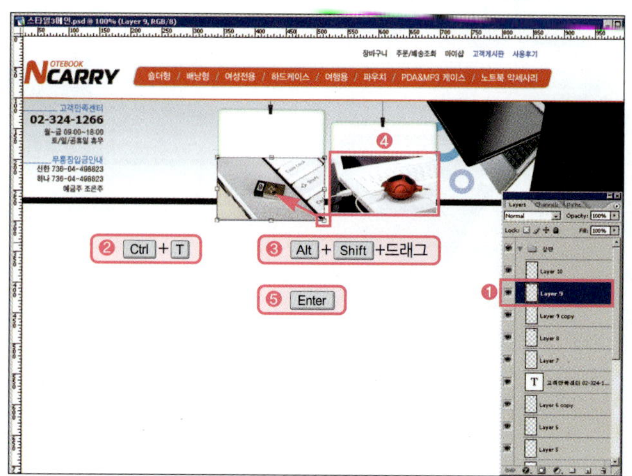

31 사각형 선택 툴로 다음과 같이 이미지의 상단 부분을 넉넉하게 선택합니다. 그런 다음 'Select' 메뉴의 'Feather'를 클릭하여 'Feather' 값을 '8'로 지정합니다.

32 블루투스와 스피커 이미지의 박스를 벗어나는 불필요한 부분은 Delete 를 눌러서 깔끔하게 정리합니다.

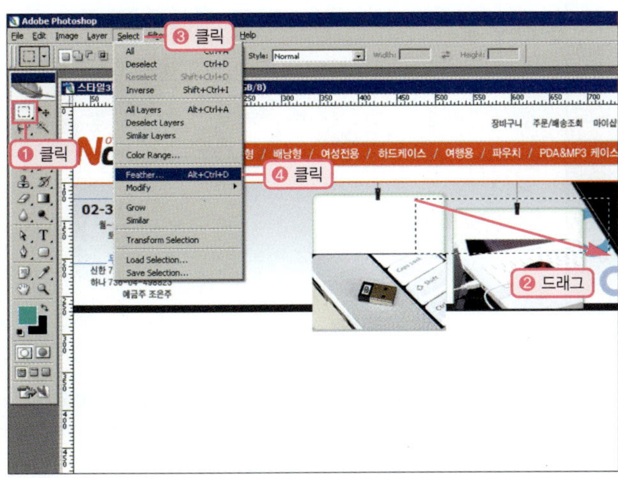

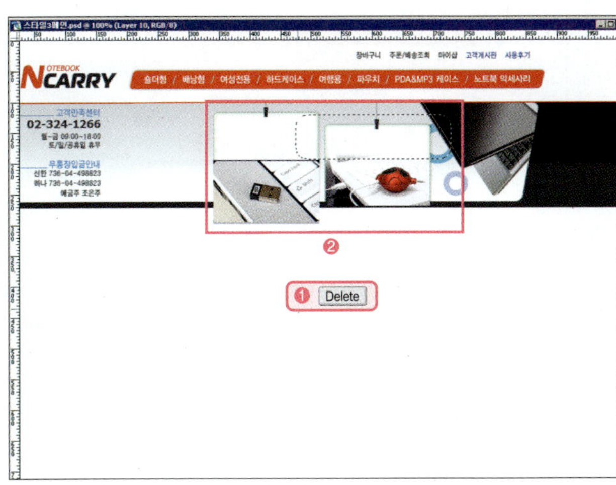

33 다음의 위치에 광고 문구를 입력합니다. 이때 글자의 색상은 '#3399cc' (진회색), '#cc0000' (빨간색), '#333333' (파란색)을 적절히 사용합니다.

34 전경색을 '#00a99d'로 지정하고, 글자 레이어의 아래쪽에 새 레이어를 추가한 후 둥근 사각형 셰이프 툴을 선택합니다. 그런 다음 옵션 바에서 'Fill pixels'를 클릭하고, 'Radius' 항목에 '4'를 입력합니다. '인기 백팩 기획전' 글자에 '가로 : 150px', '세로 : 25px'의 초록색 사각형을 그립니다.

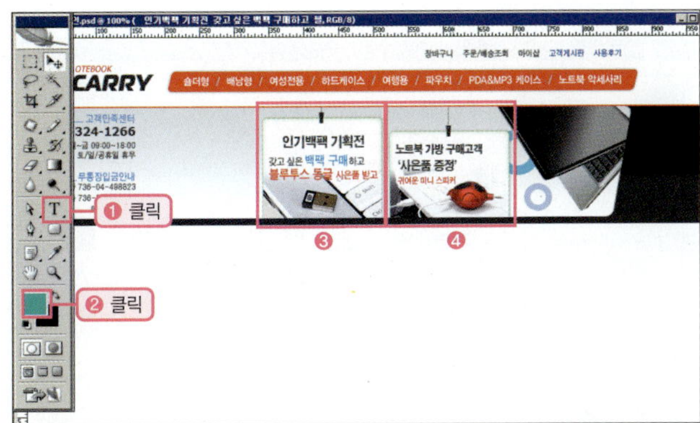

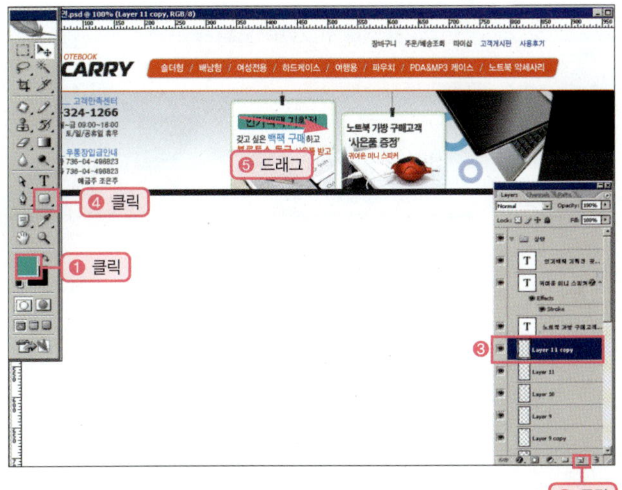

Hot Sauce

책에서 예제로 입력한 텍스트는 다음과 같습니다.
'인기백팩 기획전/갖고 싶은 백팩 구매하고/블루투스 동글 사은품 받고'
'노트북 가방 구매고객/사은품 증정/귀여운 미니 스피커'

35 Ctrl+J를 눌러서 초록색 사각형을 복사하고, 복사한 사각형을 '사은품 증정' 글자로 이동한 후 글자에 맞도록 가로 폭을 줄입니다.

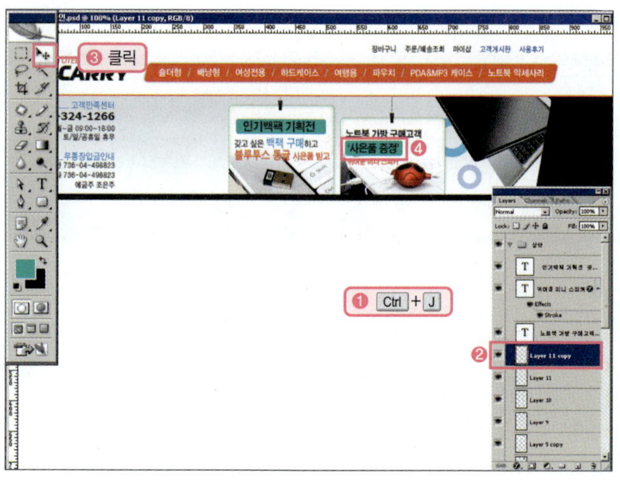

36 초록색 박스 배경의 문구가 잘 보이도록 '인기 백팩 기획전' 글자와 '사은품 증정' 글자의 색상을 '#ffffff' 로 바꿉니다.

Hot Sauce

Ctrl+T를 눌러서 사각형의 가로 폭을 조절하면 됩니다.

37 다음의 위치에 'stylish practical' 텍스트를 두 줄로 입력합니다.

38 레이어 팔레트의 'Add a layer style'을 클릭한 후 스타일 중에서 'Stroke'를 선택합니다. 'Layer Style' 대화상자가 나타나면 'Size : 3', 'Color : #ffffff' 를 선택합니다.

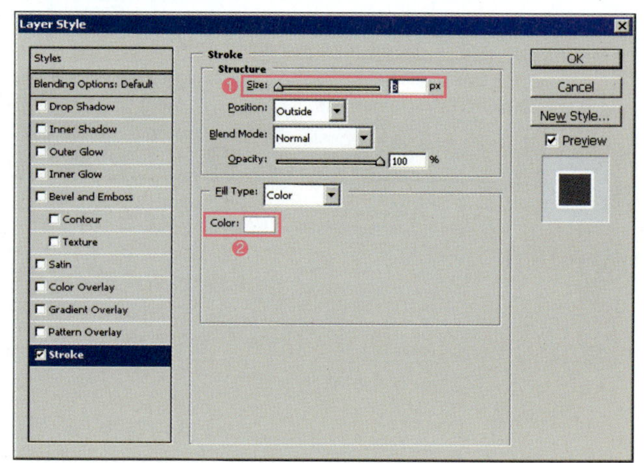

Hot Sauce

나중에 'Gradient Overlay' 효과를 글자에 적용할 것이므로 색상 선택은 임의로 지정하면 됩니다.

39 다시 'Layer Style' 대화상자의 왼쪽 메뉴에서 'Gradient Overlay'를 선택합니다. 여기서 그 레이디언트 색상 바를 클릭합니다.

40 'Gradient Editor' 대화상자가 나타나면 'Presets' 항목에서 'Violet, Orange'를 선택합니다. 그런 다음 슬라이드 바 아래쪽의 좌우 페인트통을 각각 반대 방향으로 드래그하여 좌우 색상을 바꾸고, 'OK' 버튼을 클릭합니다. 'Layer Style' 대화상자에서도 'OK' 버튼을 클릭하여 설정을 완료합니다.

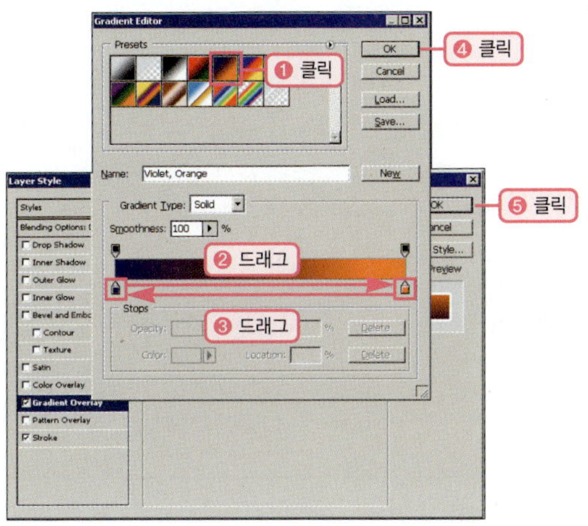

메인 이미지에 결재 관련 정보 만들기

01 새 레이어를 추가하고 둥근 사각형 셰이프 툴을 클릭합니다. 옵션 바에서 'Fill Pixels'를 선택하고, 'Radius' 항목에 '4'를 입력한 후 '가로 : 165px'의 사각형을 그립니다.

02 사각형 선택 툴을 이용하여 끝 선 아래로 넘치는 부분의 영역을 지정한 후 Delete 를 눌러서 삭제합니다. 선택 영역을 해제합니다.

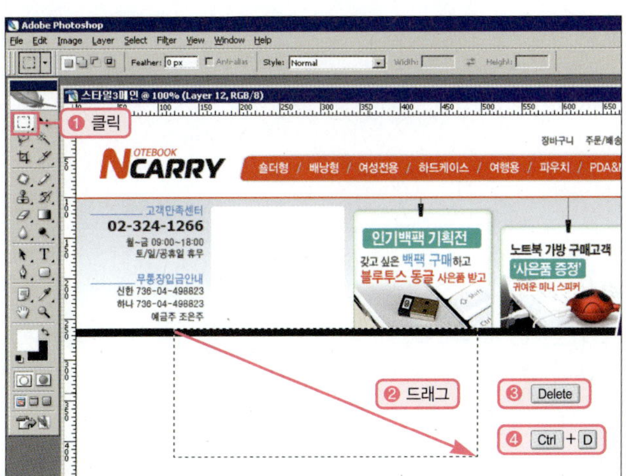

03 레이어 팔레트의 'Add a layer style'을 클릭해 'Layer Style' 대화상자가 나타나면 'Gradient Overlay'를 선택합니다. 'Style' 항목은 'Reflected'로 설정하고 그레이디언트 색상 바를 클릭합니다.

04 'Gradient Editor' 대화상자가 나타나면 슬라이더 바를 클릭하여 왼쪽 색상은 '#c4df9c', 오른쪽 색상은 '#ffffff'로 지정한 후 'OK' 버튼을 클릭합니다. 'Layer Style' 대화상자에서도 'OK' 버튼을 클릭하여 설정을 마칩니다.

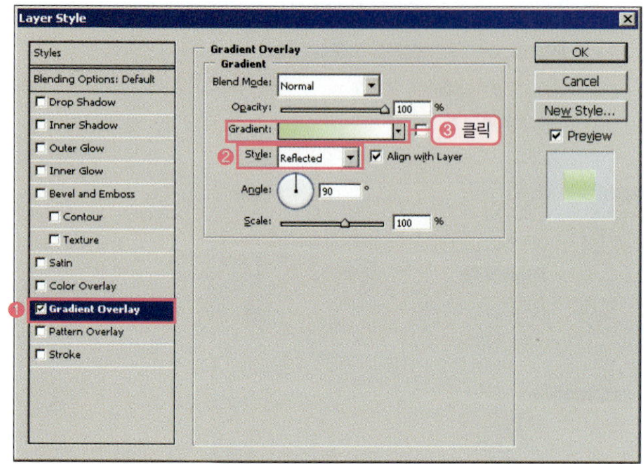

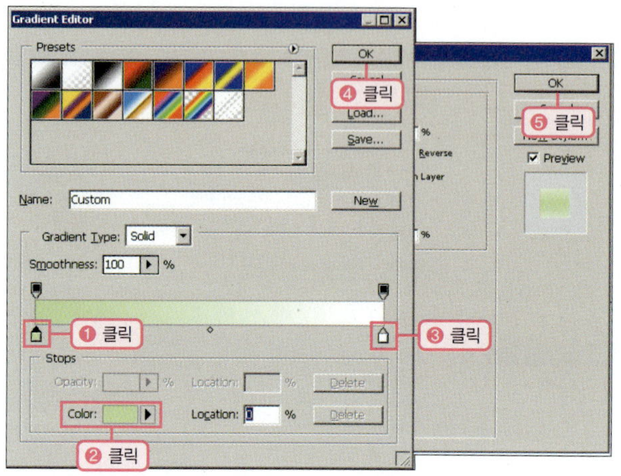

05 부록 CD의 'Story 06-style3소스이미지' 폴더에서 '카드.psd' 파일을 불러옵니다. 그런 다음 작업 화면으로 드래그합니다.

06 카드 레이어의 아래쪽에 새 레이어를 추가하고, 원형 선택 툴을 선택합니다. 옵션 바에서 'Feather' 항목에 '3'을 입력한 후 카드 밑에 작은 타원을 그립니다.

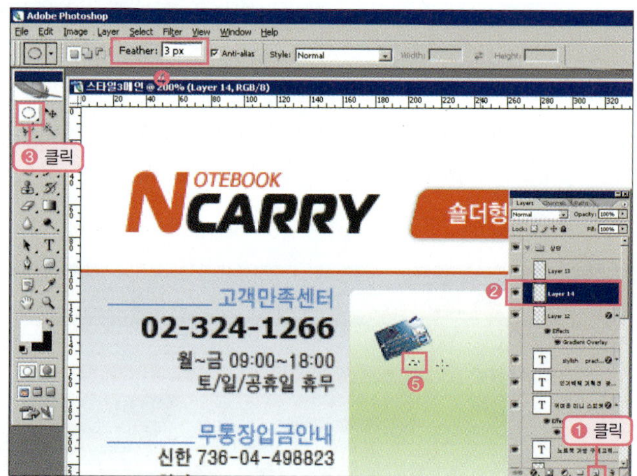

Hot Sauce

'카드.psd' 파일을 작업 창으로 드래그할 때는 카드 이미지 레이어를 선택한 상태에서 드래그해야 합니다.

Hot Sauce

페더 값이 적용되기 때문에 원을 너무 작게 그리면 경고 상자가 나타나면서 타원 선택 영역이 지정되지 않습니다. 그러므로 원을 그릴 때는 페더 값보다 크게 그려야 합니다.

07 선택 영역을 '#000000' 색상으로 채우고, 카드 그림자가 가로로 긴 타원이 되도록 `Ctrl`+`T`를 눌러 가로로 늘립니다. 크기 변형을 마친 후에는 `Enter`를 누른 후 레이어의 투명도를 '50%'로 조절합니다.

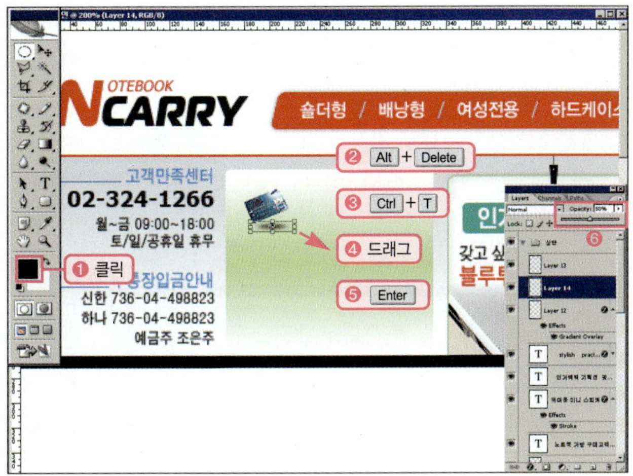

08 문자 툴을 클릭한 후 '#333333' 색상을 이용하여 카드 이미지 옆에 '2~3개월 무이자할부 엘지/국민/삼성/외환/비씨/신한/우리카드' 텍스트를 입력합니다. 그런 다음 '2~3개월 무이자할부'만 '#448ccb' 색상으로 바꾸고, 글자도 '1 포인트' 크게 조절합니다.

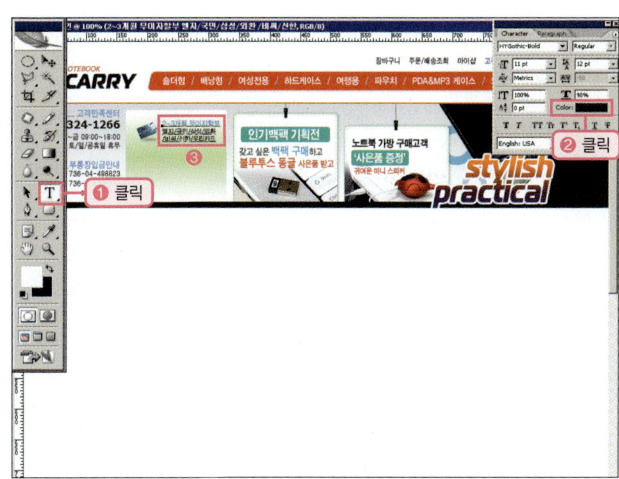

09 새 레이어를 추가하고, 전경색을 '#ffffff'로 바꿉니다. 사각형 셰이프 툴을 이용하여 '가로 : 140px', '세로 : 20px'의 흰색 사각형을 그립니다.

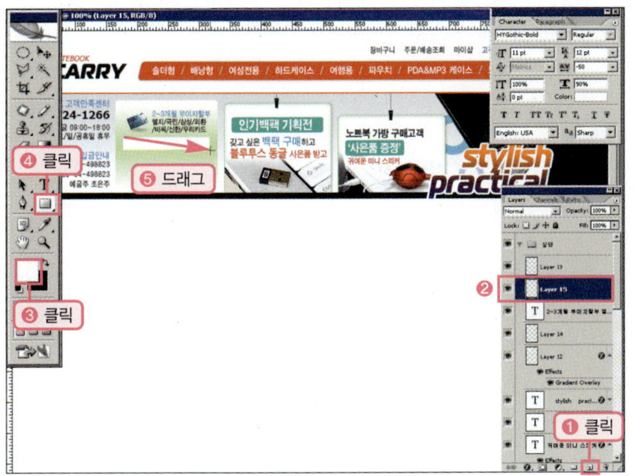

10 `Ctrl`+`J`를 눌러서 사각형을 2개 더 복사한 후 가장 마지막 사각형은 '세로 : 25px', '색상 : #99cc33'으로 바꿉니다.

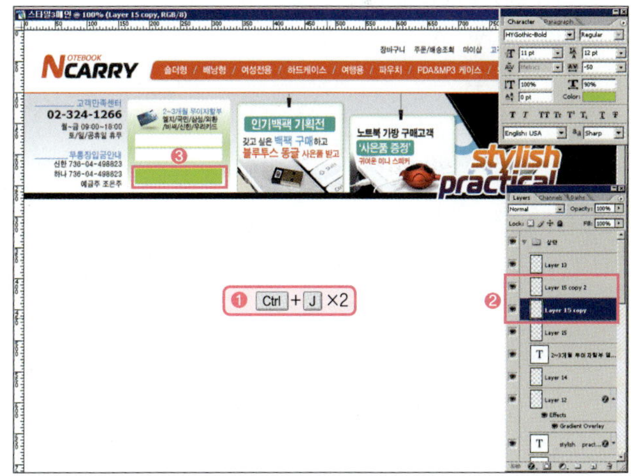

11 문자 툴을 클릭하고, '#333333' 색상으로 다음과 같이 '카드사용내역 조회', '현금영수증 발행 안내'를 가운데 정렬하여 입력합니다. 그런 다음 '동호회 공구/대량구입 상담' 텍스트는 '#ffffff' 색상으로 다른 레이어에 입력합니다.

12 새 레이어를 추가한 후 연필 툴을 클릭합니다. '#ffffff' 색상으로 '1px' 선을 다음의 위치에 그립니다.

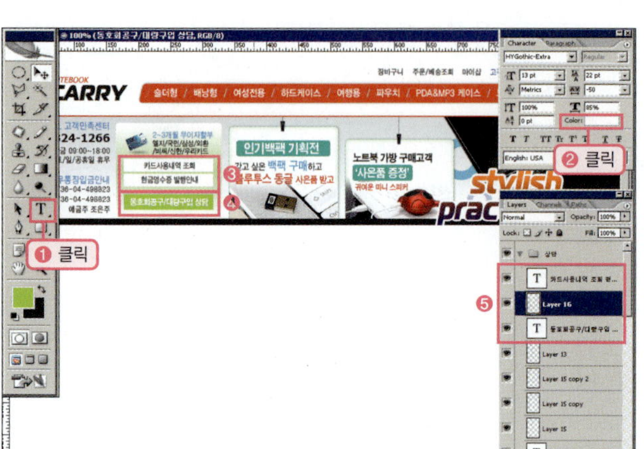

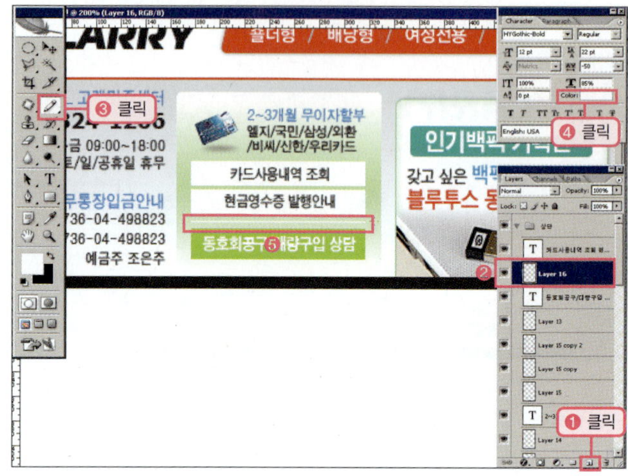

13 자, 이렇게 해서 상단 디자인이 완료되었습니다.

55 Shopping Mall Sense

[후이즈몰] 메인 페이지의 좌측 디자인하기

♥ 판매 상품의 브랜드 표시 디자인하기

01 '상단' 레이어의 '▼'를 클릭하여 하위 레이어들을 깔끔하게 감춥니다. 그런 다음 'Creat a new group' 버튼을 클릭하여 새 레이어 그룹을 만들고, 이름을 '좌측'으로 바꿉니다.

02 새 레이어를 추가하고, 사각형 선택 툴로 화면의 왼쪽에서부터 '가로 : 20px'의 긴 사각형 영역을 지정합니다. 선택 영역은 '#2c2c2d' 색상으로 채웁니다.

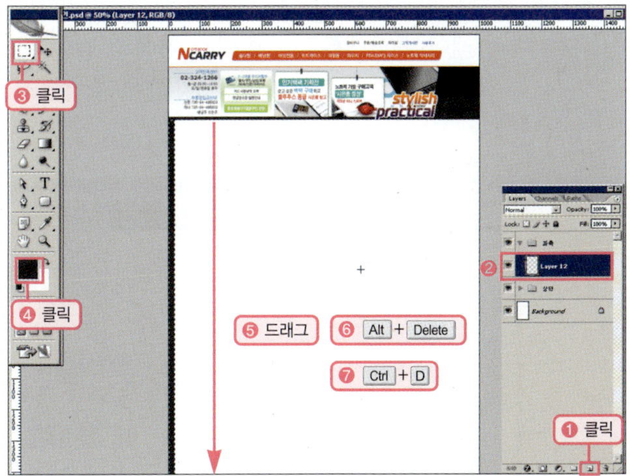

03 둥근 사각형 셰이프 툴을 선택하고 옵션 바에서 'Paths'를 클릭합니다. 'Radius' 항목에 '10'을 입력한 후 다음과 같이 둥근 사각형 패스를 그립니다.

Hot Sauce

둥근 사각형 영역은 왼쪽 끝 '8px' 지점부터 시작하는데, 정확히 이 지점부터 시작하기가 어려울 경우에는 먼저 그려 놓고 이동하는 방법이 있습니다. 툴 박스의 패스 셀렉션 툴을 선택한 후 선택 영역을 클릭하고, 키보드의 화살표를 누르는 방법으로 왼쪽에서 '8px'만큼 이동하면 됩니다.

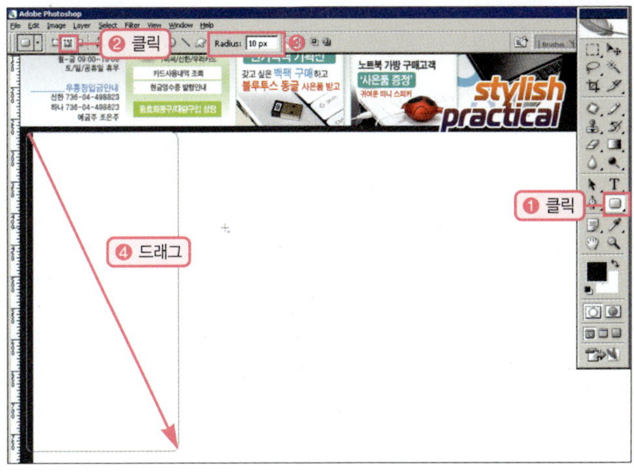

04 'Paths' 탭을 클릭하여 패스 팔레트로 이동한 후 'Load path as a selection' 버튼을 클릭합니다.

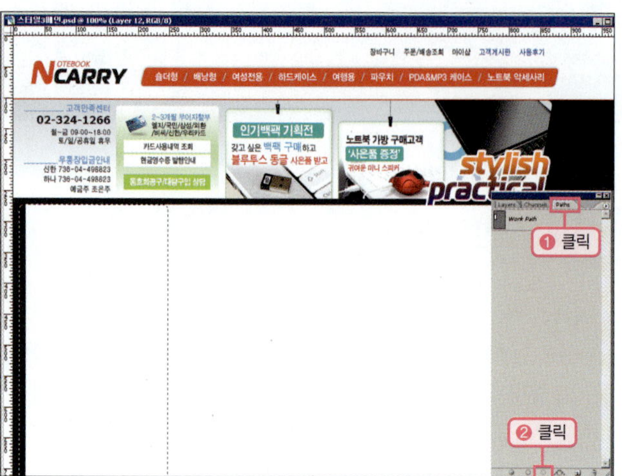

05 패스 세이프가 선택 영역으로 전환되면 Delete 를 눌러서 제거합니다.

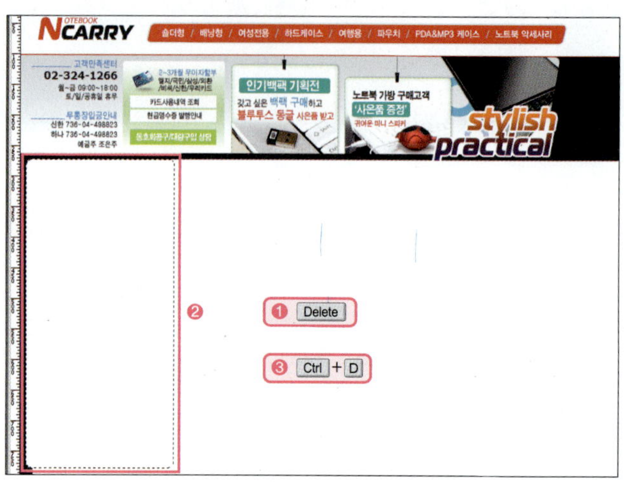

06 다시 레이어 팔레트로 돌아와서 다음과 같이 작업 파일의 끝까지 선택 영역을 지정한 후 Delete 를 누릅니다.

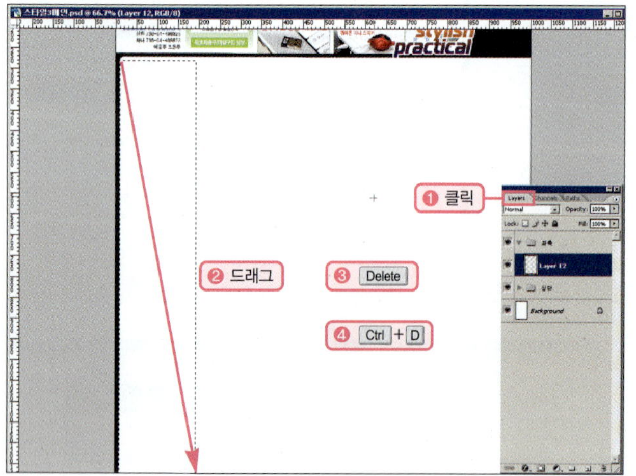

07 왼쪽 메뉴가 시작되는 지점에서부터 '210px' 아래쪽에 가이드라인을 지정하고, 새 레이어를 추가합니다.

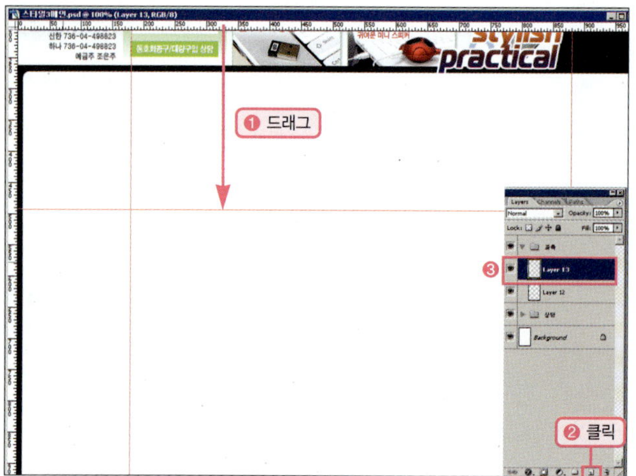

08 전경색을 '#f3f3f3'으로 지정하고, 둥근 사각형 셰이프 툴을 선택합니다. 옵션 바에서 'Fill Pixels'를 클릭하고, 'Radius' 항목에 '6'을 입력합니다. 그런 다음 가이드라인에 맞추어 '가로 : 147px', '세로 : 320px'의 둥근 사각형을 그립니다.

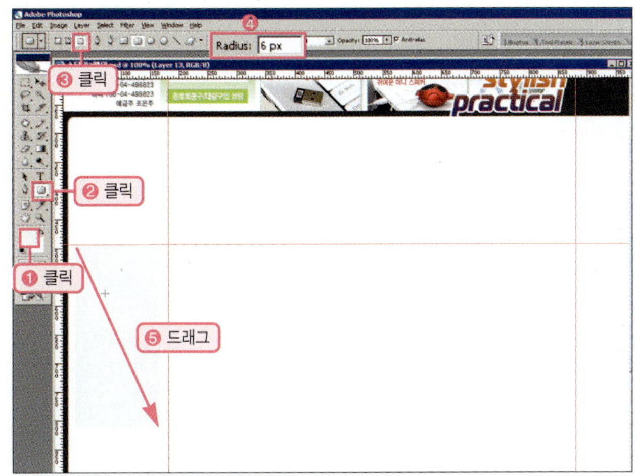

09 레이어 팔레트에서 'Add a layer style'을 클릭하고, 레이어 스타일 중에서 'Stroke'를 선택합니다. 'Layer Style' 대화상자가 나타나면 'Size : 1', '색상 : #d5d5d5'로 지정한 후 'OK' 버튼을 클릭합니다.

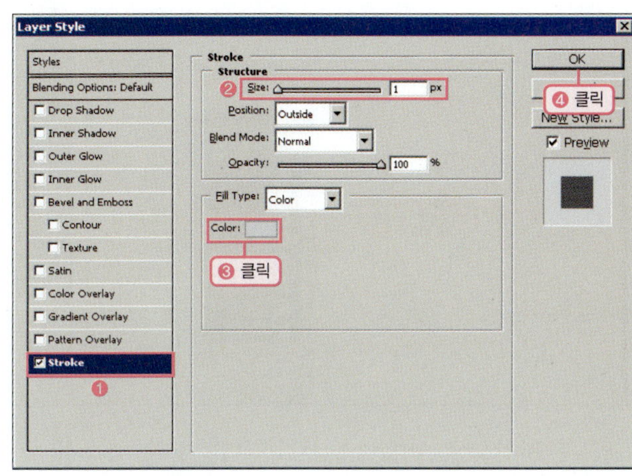

10 전경색을 '#ffffff'로 지정하고, 새 레이어를 추가한 후 옵션 바에서 'Radius'를 '4'로 수정합니다. 그런 다음 '가로 : 130px', '세로 : 30px'의 사각형을 그립니다.

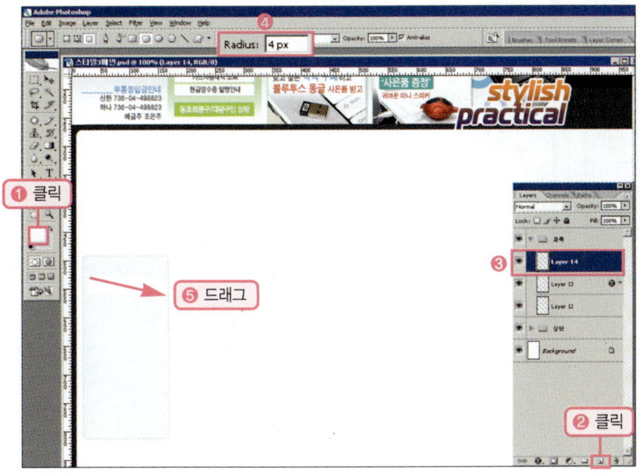

11 레이어 팔레트의 'Add a layer style'을 클릭한 후 스타일 중에서 'Stroke'를 선택합니다. 'Layer Style' 대화상자가 나타나면 'Size : 1', '색상 : #e6e6e6'으로 지정하고, 'OK' 버튼을 클릭합니다.

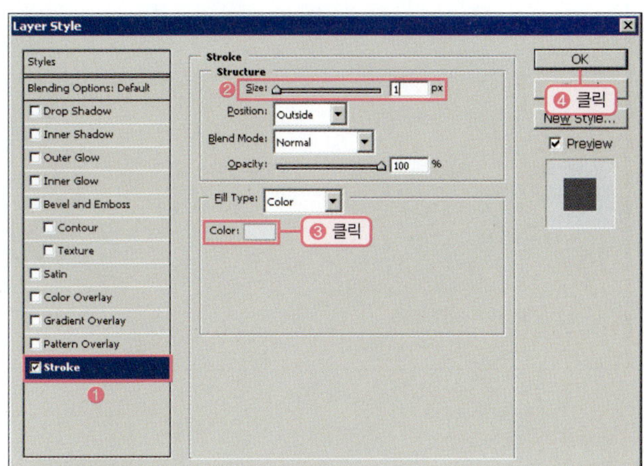

12 `Ctrl`+`J`를 눌러서 사각형 레이어를 총 8개 만듭니다. 복사한 레이어들을 '5px' 간격으로 정렬한 후 모두 병합합니다.

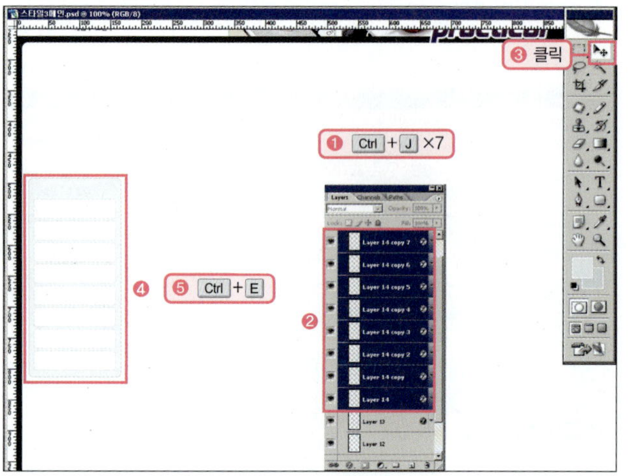

13 부록 CD의 'Story 06-style3소스이미지' 폴더에서 '브랜드.psd' 파일을 불러옵니다. 그런 다음 작업 화면으로 드래그하고, 다음과 같이 배치합니다.

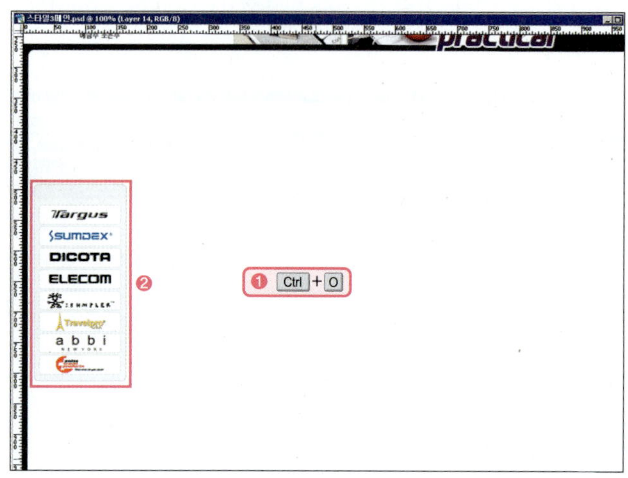

14 전경색을 '#f26522'로 바꾸고, 둥근 사각형 셰이프 툴을 이용하여 '가로 : 5px', '세로 : 14px'의 아이콘을 그립니다.

15 툴 박스의 문자 툴을 선택한 후 '#333333' 색상으로 '노트북 가방 브랜드' 텍스트를 입력합니다.

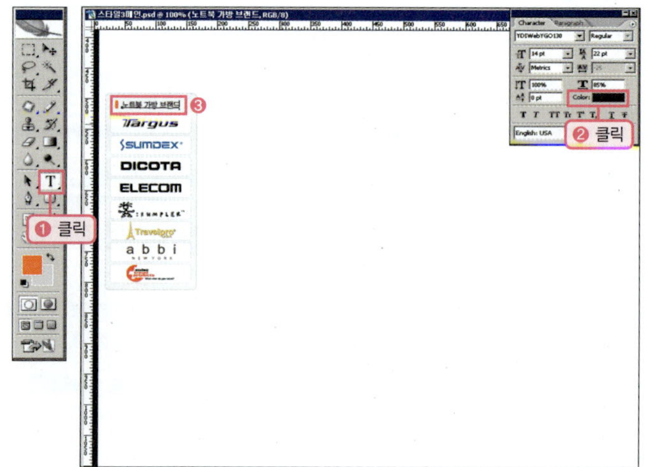

16 연회색 배경 박스와 오렌지색 아이콘 레이어를 병합하면 브랜드 레이어의 위쪽에 위치하기 때문에 이미지들이 가려집니다. 이럴 때는 위쪽의 레이어를 브랜드 레이어 아래쪽으로 드래그하면 됩니다.

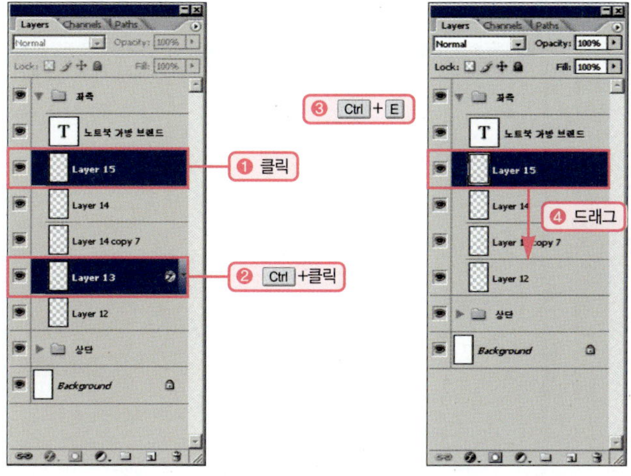
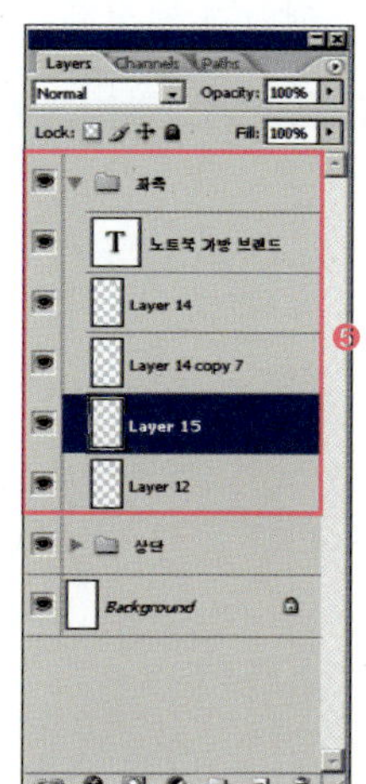

♥ 판매 상품의 조건 검색 메뉴 디자인하기

01 `Ctrl`+`J`를 눌러서 병합한 'Layer 15' 레이어를 복사한 후 '10px' 아래쪽으로 이동합니다.

02 사각형 선택 툴로 사각형의 아래쪽을 선택합니다. 그런 다음 이동 툴로 바꾸고 `Shift`를 누른 상태에서 `↑`를 여러 번 눌러 높이를 '220px'로 줄입니다.

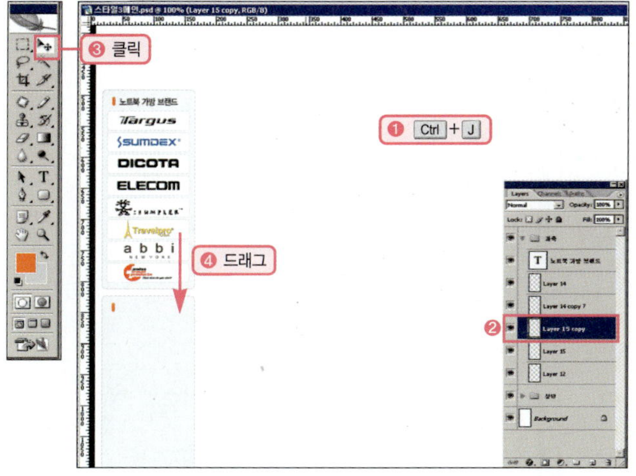
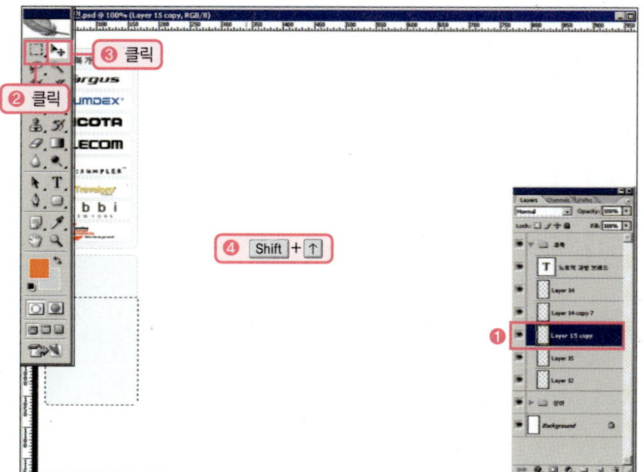

03 노트북 가방 브랜드 레이어를 선택한 상태에서 Ctrl + J를 눌러서 복사하고, 제목을 '노트북 가방 조건검색' 으로 바꾼 후 다음의 위치로 이동합니다.

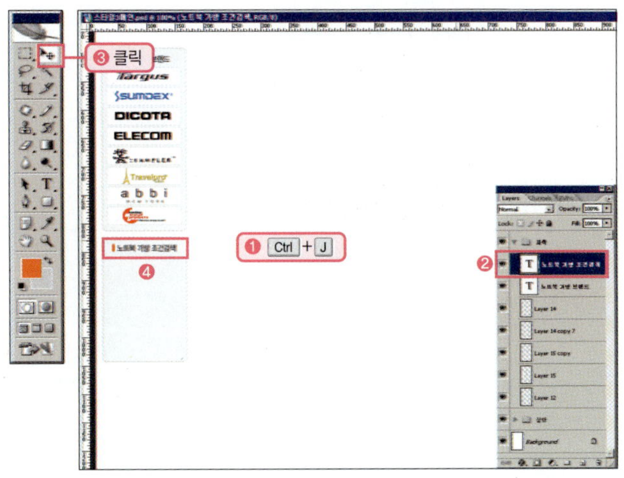

04 흰색 배경 박스 레이어를 클릭하고, 사각형 선택 툴을 이용하여 가장 아래쪽의 흰색 배경 박스를 드래그합니다.

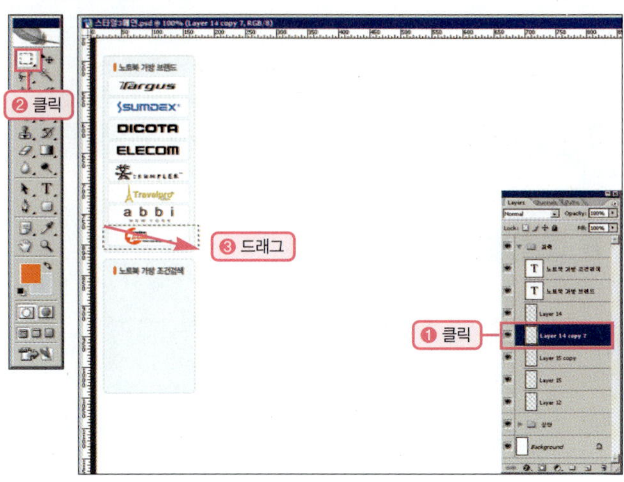

05 툴 박스에서 이동 툴로 바꾸고, Alt + Shift를 누른 상태에서 선택 영역을 아래쪽으로 드래그하여 복사합니다. Ctrl + D를 눌러서 선택 영역을 해제합니다.

06 다시 사각형 선택 툴로 복사한 박스의 아래쪽을 선택한 후 이동 툴로 바꾸어 다음과 같이 아래쪽으로 이동합니다.

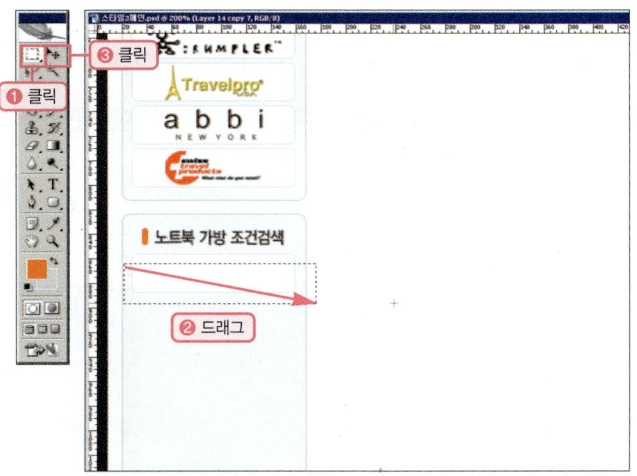

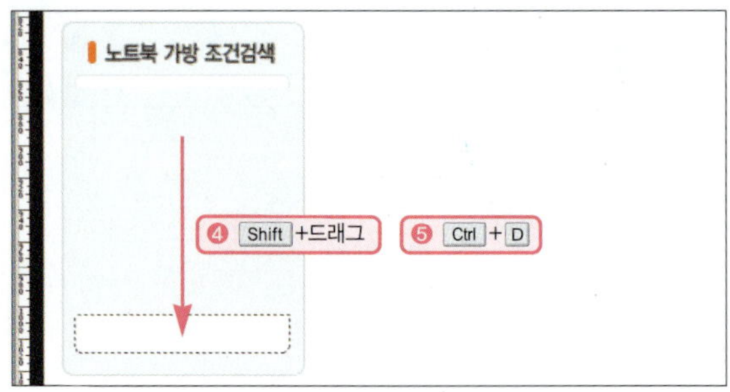

07 사각형 선택 툴로 복사할 흰색 영역을 지정합니다. 그런 다음 Alt + Shift 를 누른 상태에서 위쪽으로 드래그하여 다음과 같이 만듭니다.

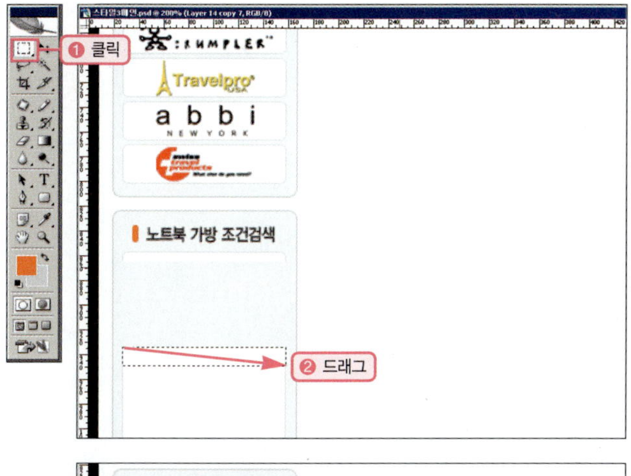

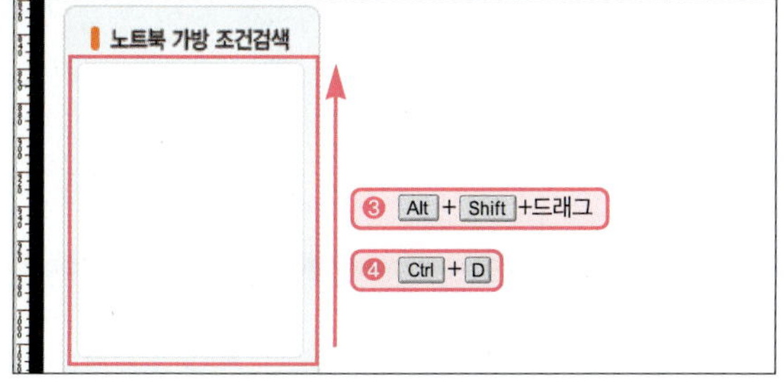

08 전경색을 '#cc0000'로 지정하고, 새 레이어를 추가합니다. 둥근 사각형 셰이프 툴을 이용하여 '가로 : 52px', '세로 : 25px'의 사각형을 다음의 위치에 그립니다.

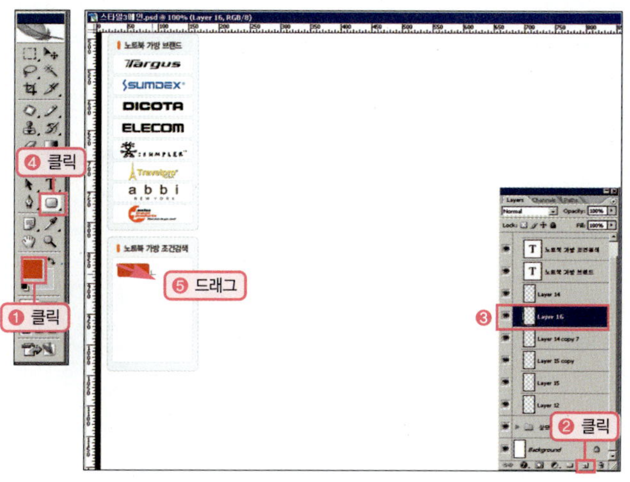

09 Ctrl + J 를 눌러서 레이어를 복사한 후 다음의 위치로 이동합니다.

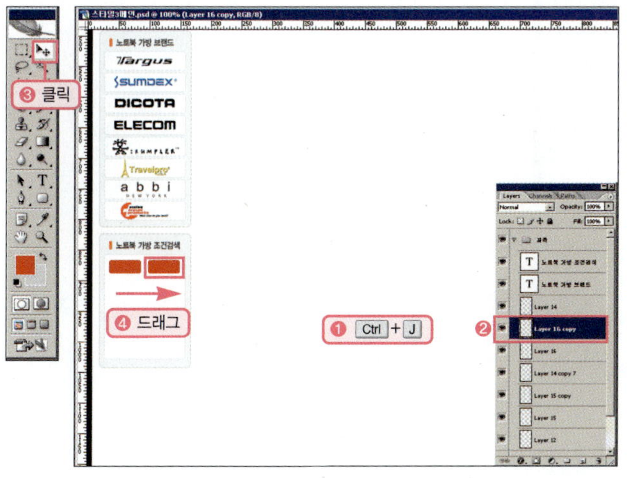

10 전경색을 '#d5d5d5'로 지정하고, 새 레이어를 추가합니다. 툴 박스의 연필 툴을 이용하여 다음과 같이 '1px' 세로 라인을 그립니다.

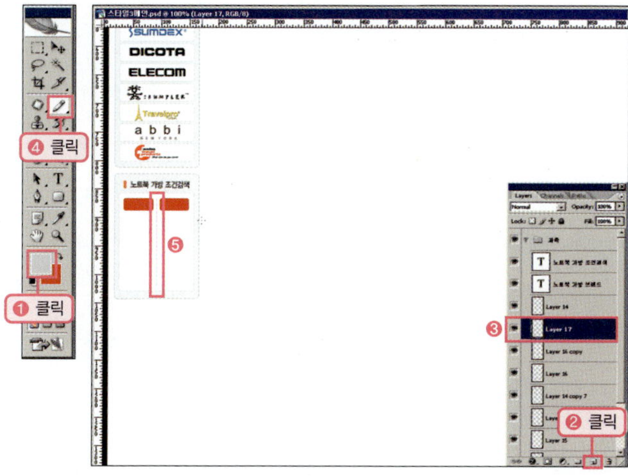

11 'Layer 16', 'Layer 16 copy', 'Layer 17'를 선택한 뒤 `Ctrl`+`E`를 눌러 세 개의 레이어를 병합합니다.

12 문자 툴을 선택하고, 색상을 '#ffffff'로 지정한 후 'Size'와 'Color' 텍스트를 빨간색 박스 안에 입력합니다.

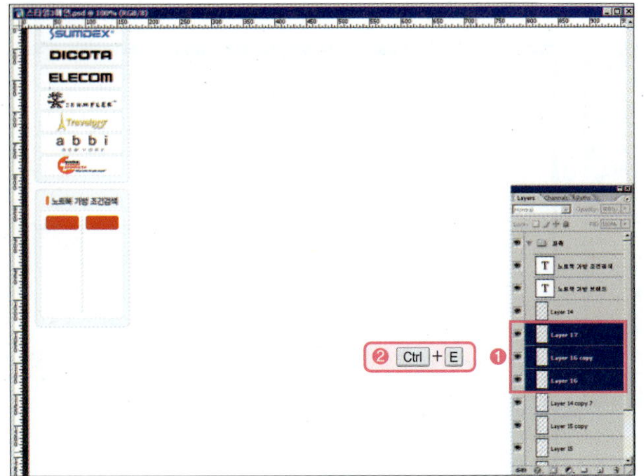

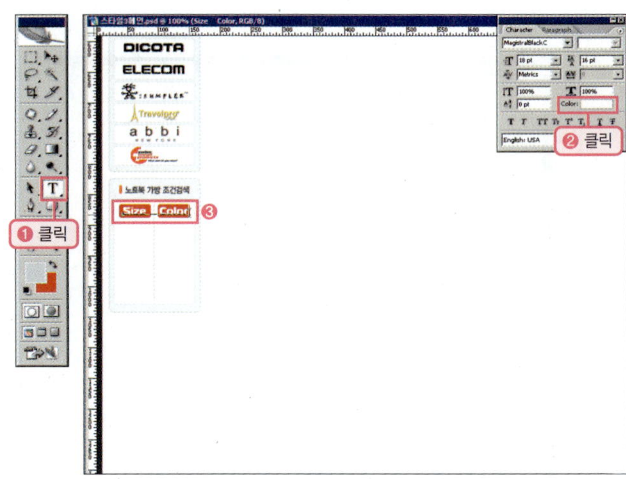

13 이번에는 텍스트 색상을 '#333333'으로 바꾸어 인치 분류와 색상 분류를 각각 입력합니다.

14 새 레이어를 추가하고, 원형 선택 툴을 선택합니다. 그런 다음 'Black' 텍스트 옆에 '지름 8px'의 정원 선택 영역을 지정한 후 '#000000' 색상으로 채웁니다.

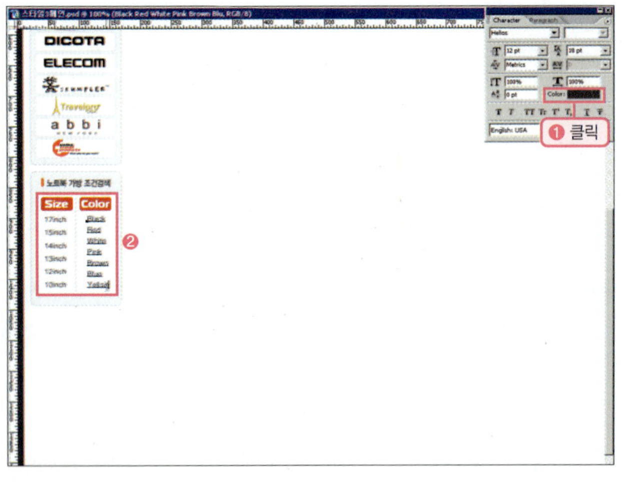

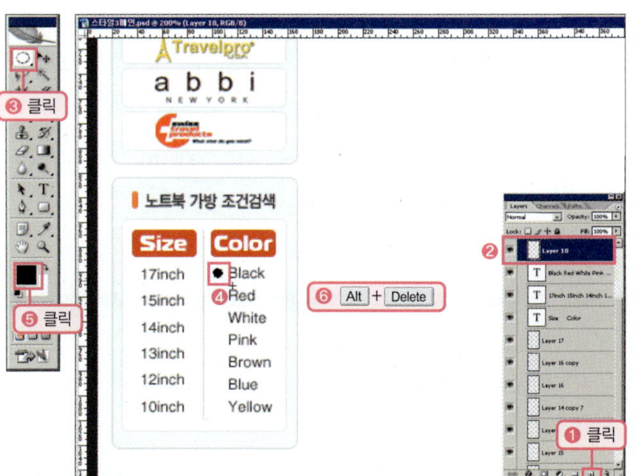

---

15 같은 방법을 이용하여 각 색상명에 알맞은 색의 정원을 그려 넣습니다.

16 레이어 팔레트의 'Add a layer style'을 클릭하고, 스타일 중에서 'Stroke'를 선택합니다. 'Layer Style' 대화상자가 나타나면 'Size : 1', 'Color : #e1e1e1'로 지정합니다.

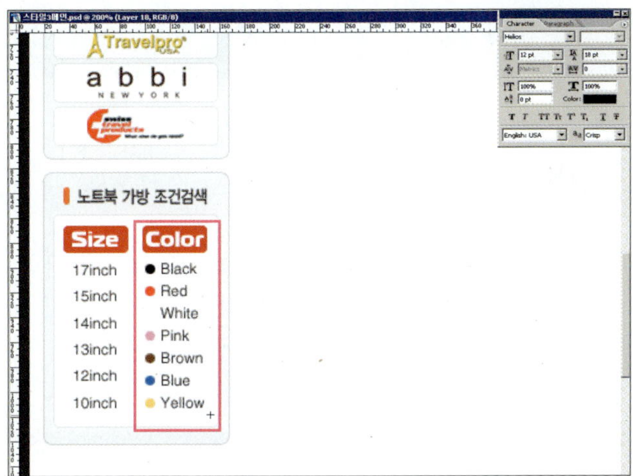

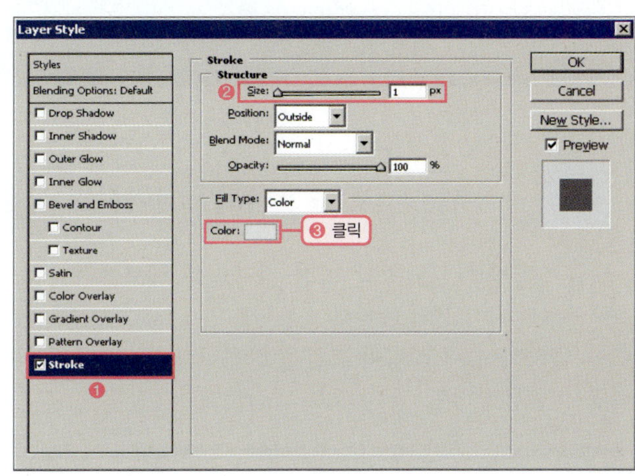

17 왼쪽의 레이어 스타일 종류 중에서 'Drop Shadow'를 클릭합니다. 'Opacity : 25', 'Angle : 120', 'Distance : 1', 'Size : 2'로 지정한 후 'Use Global Light' 항목의 체크 표시를 해제합니다. 그런 다음 'OK' 버튼을 클릭합니다.

18 원형에 입체감이 더해진 것을 확인할 수 있습니다. '좌측' 레이어 그룹의 '▼'를 클릭하여 펼쳐진 하위 레이어를 숨깁니다.

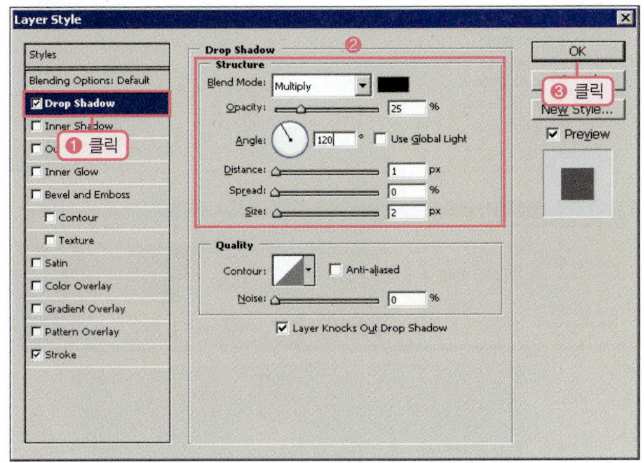

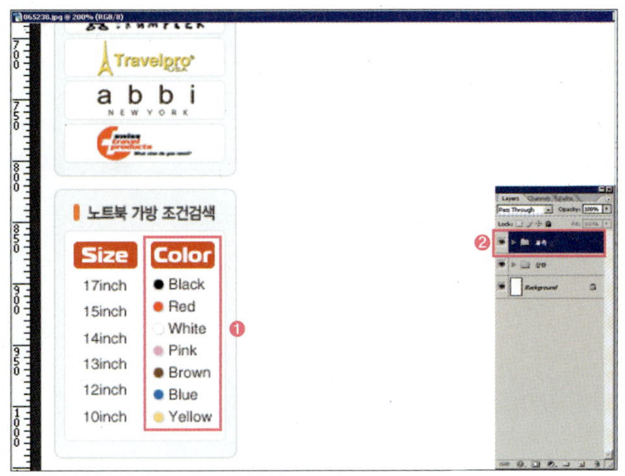

♥ 메인 페이지의 중앙에 신상품 표시하기

01 이제부터는 중앙 화면 디자인을 해보겠습니다. 레이어 팔레트에서 'Create a new group' 버튼을 클릭하여 새 레이어 그룹을 만듭니다. 그런 다음 이름을 더블클릭하여 '중앙'으로 바꿉니다.

02 Ctrl + ;를 눌러서 가이드라인을 표시합니다. 새 레이어를 추가하고 전경색을 '#65a1d7'로 지정한 후 둥근 사각형 셰이프 툴을 선택합니다.

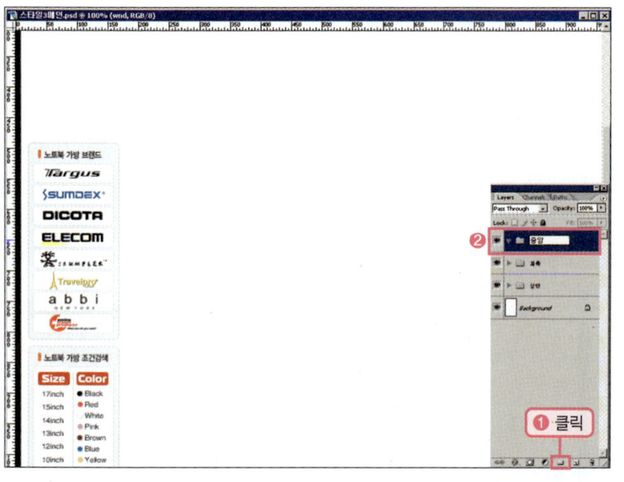

03 '가로 : 697px', '세로 : 335px'의 사각형을 작업 창의 중앙에 그립니다.

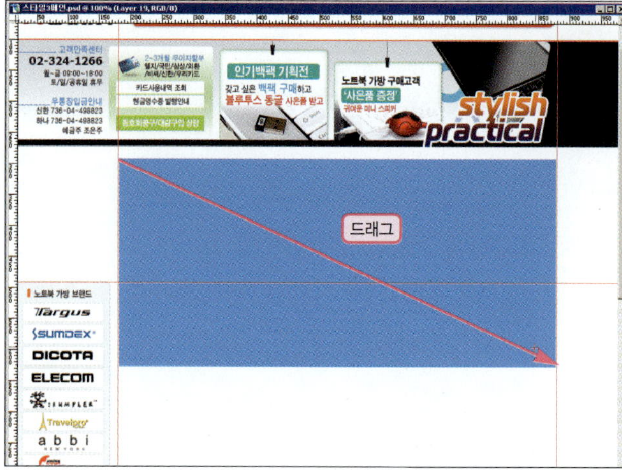

예제에서는 상단 이미지가 끝나는 부분에서 '20px' 아래쪽 지점부터 그렸습니다.

04 새 레이어를 추가하고 가로, 세로 '64px'의 정사각형 영역을 지정한 후 '#204999' 색상으로 채웁니다. 그런 다음 Ctrl + D 를 눌러서 선택 영역을 해제합니다.

05 다각형 올가미 툴을 이용하여 다음과 같이 선택 영역을 지정하고 Delete 를 누릅니다.

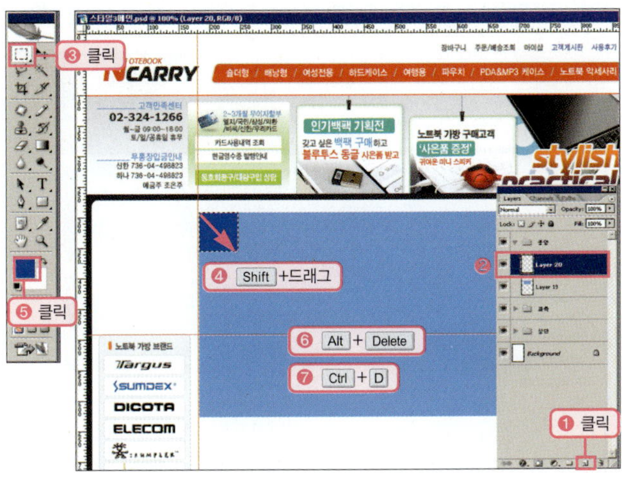

06 사각형 레이어와 삼각형 레이어인 'Layer 19', 'Layer 20'을 동시에 선택한 후 Ctrl + E 를 눌러서 병합합니다.

07 Ctrl 을 누른 상태에서 'Layer 20' 레이어의 섬네일을 클릭하여 선택 영역을 지정합니다.

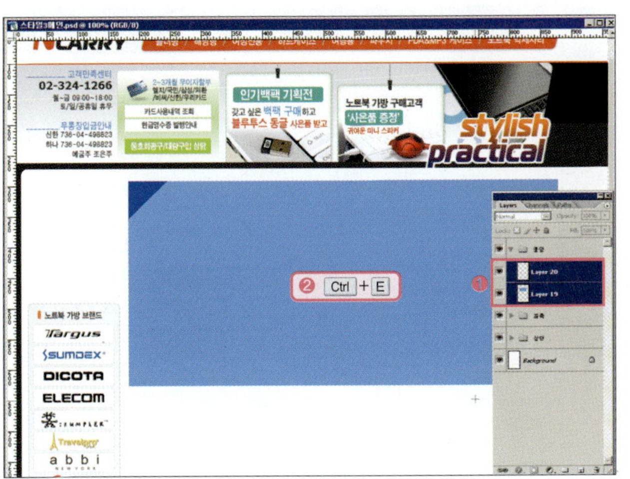

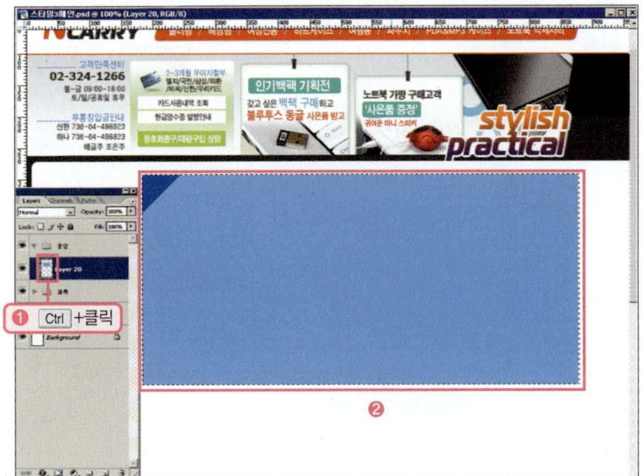

08 'Select' 메뉴의 'Modify-Contract'를 클릭합니다. 'Contract Selection' 대화상자가 나타나면 'Contract By' 항목에 '10'을 입력하고 'OK' 버튼을 클릭합니다.

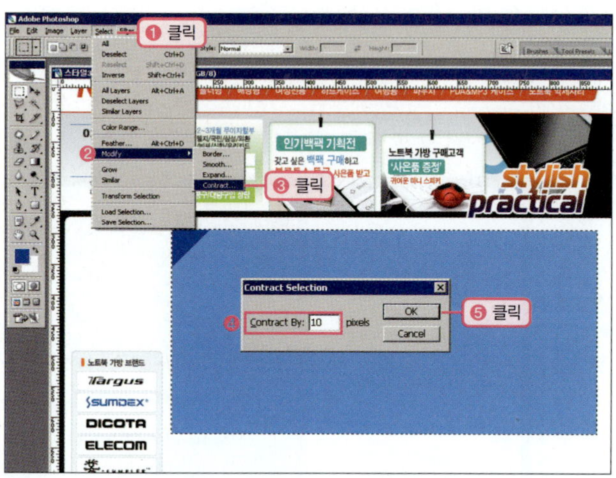

09 선택 영역이 '10px' 줄어든 것을 알 수 있습니다. Delete 를 눌러서 선택 영역을 제거합니다.

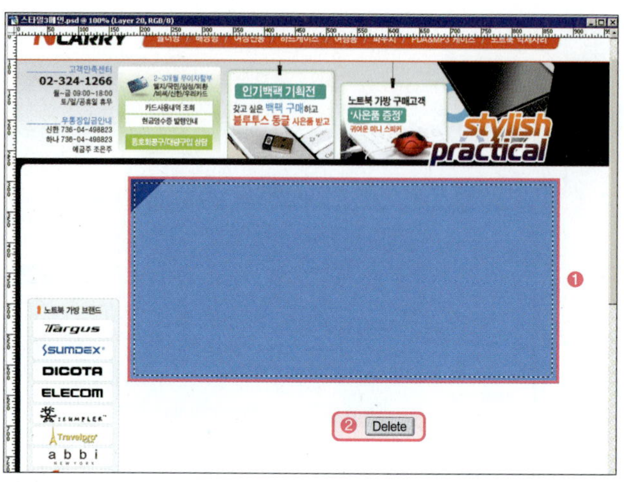

10 Ctrl + D 를 눌러서 선택 영역을 해제하면 테두리만 남은 것을 알 수 있습니다.

11 사각형 선택 툴을 이용하여 왼쪽에서부터 '185 px'까지만 남겨두고 다음과 같이 선택 영역을 지정한 후 Delete 를 누릅니다.

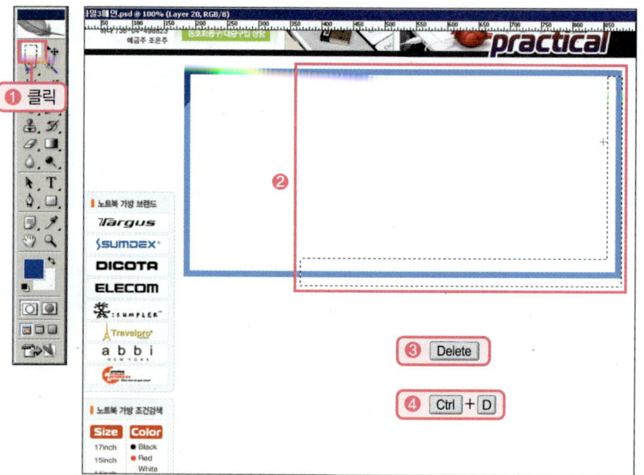

> **Hot Sauce**
>
> 사각형 선택 툴로 2개 이상의 다중 영역을 선택하고 싶은 경우에는 Shift 를 누른 상태에서 영역을 드래그하면 됩니다.

12 이번에는 테두리의 안쪽에 '가로 : 174px', '세로 : 277px'의 사각형 선택 영역을 지정하고, '#e6e6e6' 색상으로 채웁니다. 그런 다음 선택 영역을 해제합니다.

13 부록 CD의 'Story 06-style3소스이미지' 폴더에서 '플래시.jpg' 파일을 불러옵니다. 작업 화면으로 드래그한 후 테두리에서 '40px' 아래쪽에 배치합니다.

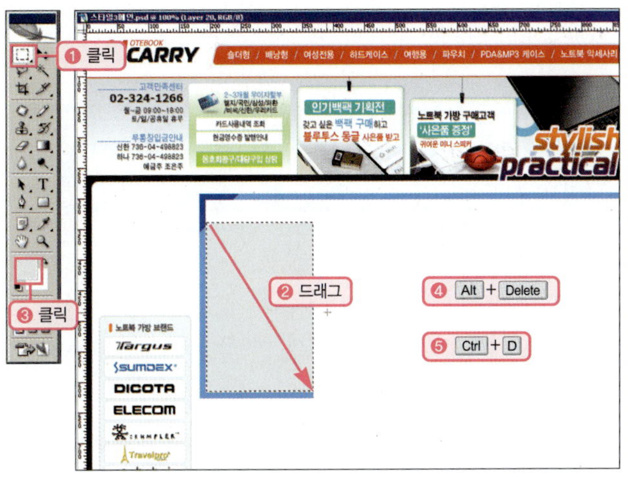

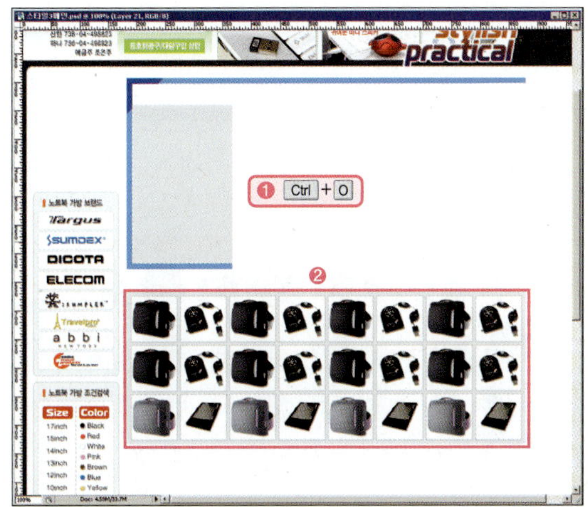

14 전경색을 '#ff6600'으로 지정하고, 사각형 세이프 툴을 선택합니다. 아래쪽 플래시 이미지와 '5px' 간격을 두고 '가로 : 695px', '세로 : 25px'의 사각형을 그립니다.

01 Ctrl+J를 눌러서 테두리만 남은 이미지 레이어인 'Layer 20'을 복사합니다. 그런 다음 이동 툴을 이용해 복사한 테두리를 플래시 이미지의 '10px' 아래쪽으로 이동합니다.

02 문자 툴을 이용하여 다음의 위치에 'New Arrivals'를 입력합니다. 이때 'New' 텍스트는 '#204999' 색상으로, 'Arrivals' 텍스트는 '#458ac7' 색상으로 입력합니다.

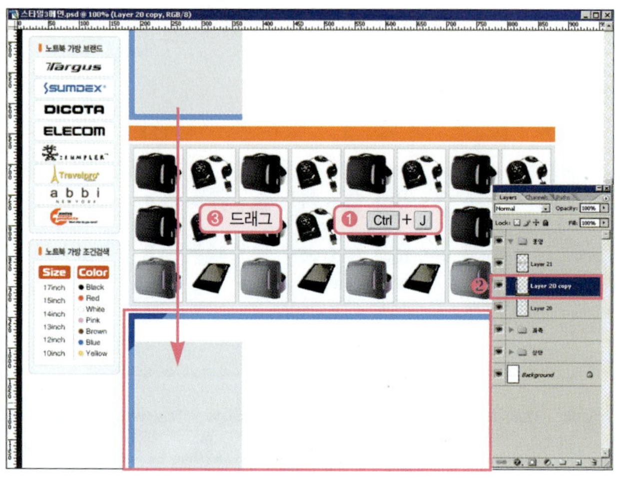

03 Ctrl+J를 눌러서 'New Arrivals' 텍스트 레이어를 복사한 후 다음의 위치로 이동합니다. 그런 다음 글자를 'Best Sellers'로 바꿉니다.

04 부록 CD의 'Story 06-style3소스이미지' 폴더에서 '메인노트북가방.psd' 파일을 불러옵니다. 불러온 이미지를 작업 화면으로 드래그한 후 'New Arrivals' 텍스트 아래쪽에 배치합니다.

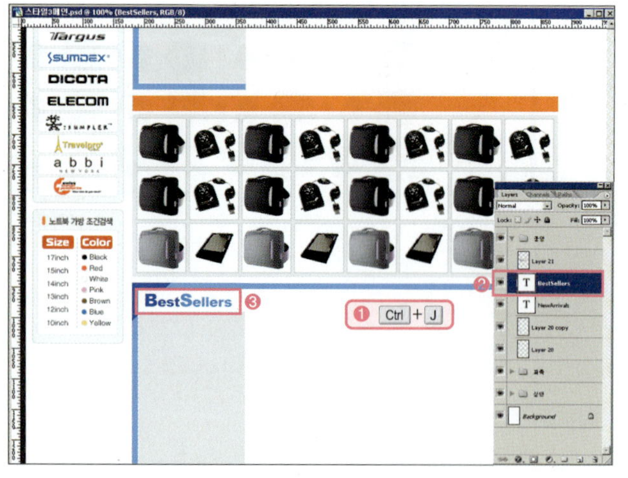

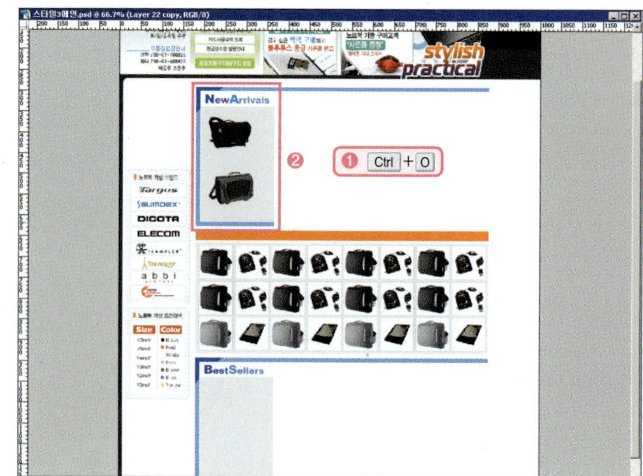

05 Ctrl+J를 눌러서 노트북 가방 이미지를 복사하고, 이동 툴을 이용하여 'Best Sellers' 텍스트 아래쪽으로 이동합니다.

06 노트북 가방 레이어 아래쪽에 새 레이어를 추가하고, 전경색을 '#ffffff'로 지정합니다. 둥근 사각형 셰이프 툴을 선택한 후 옵션 바에서 'Radius' 항목에 '4'를 입력하여 '가로 : 140px', '세로 : 55px'의 사각형을 그립니다.

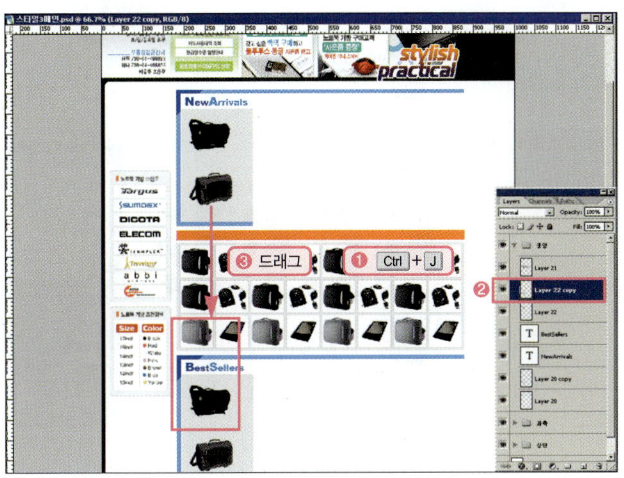

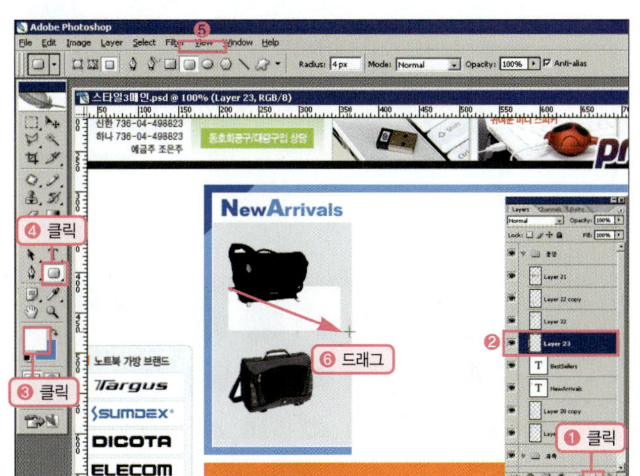

07 Ctrl+J를 3번 눌러서 사각형을 세 개 더 복사하고, 다음과 같이 각각 배치합니다. 그런 다음 4개의 사각형 레이어를 모두 선택한 후 Ctrl+E를 눌러서 병합합니다.

08 전경색을 '#ff6633'으로 지정하고, 커스텀 셰이프 툴을 클릭합니다. 옵션 바에서 'Fill pixels'를 클릭한 후 'Shape' 항목의 '▼'를 클릭하여 'Seal'을 선택합니다.

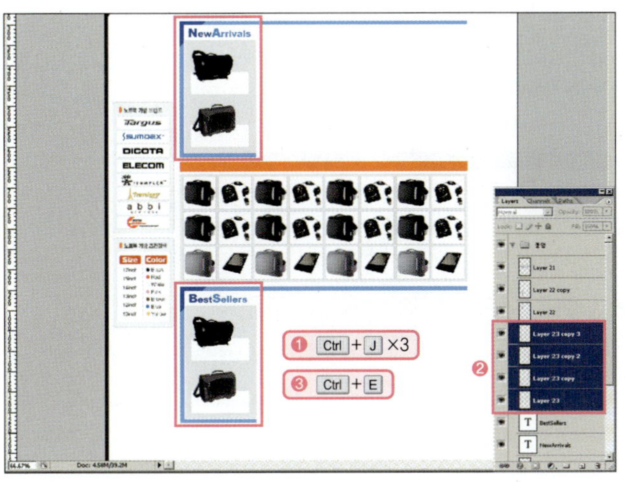

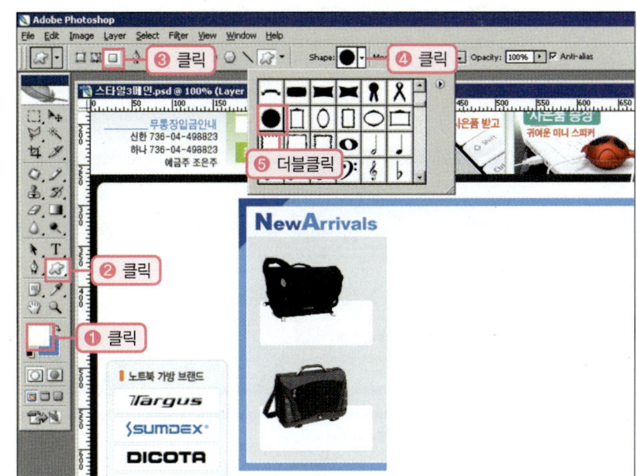

09 새 레이어를 추가하고, 다음의 위치에 지름 '60px'의 'Seal'을 그립니다.

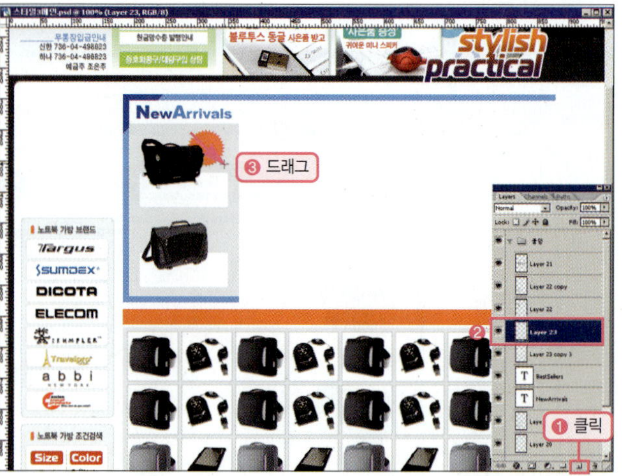

11 'Seal' 안에 '#ffffff' 색상으로 '히트예감' 텍스트를 입력하고, 글자를 선택한 상태에서 옵션 바의 'Create Wraped Text' 아이콘을 클릭합니다.

10 Ctrl + J 를 눌러서 앞서 만든 'Seal' 레이어를 3개 더 복사하고, 다음과 같이 배치합니다. 그런 다음 Ctrl + E 를 눌러서 모든 'Seal' 레이어를 하나로 병합합니다.

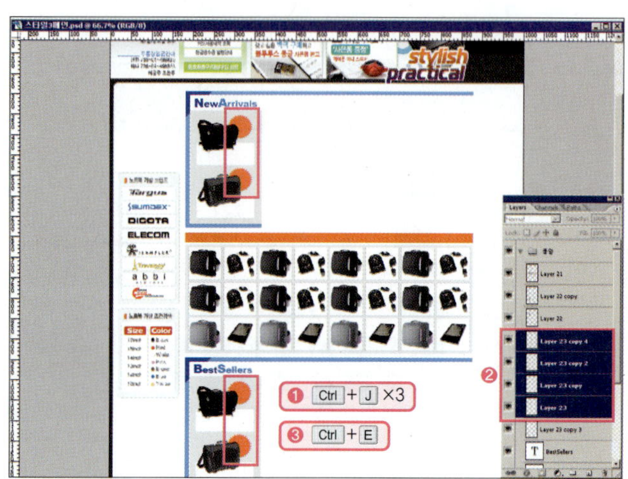

12 'Wraped Text' 대화상자가 나타나면 'Style' 항목의 드롭다운 버튼을 클릭하여 'Arc'를 선택합니다. 그런 다음 'Bend' 항목에 '+30'을 입력한 후 'OK' 버튼을 클릭합니다.

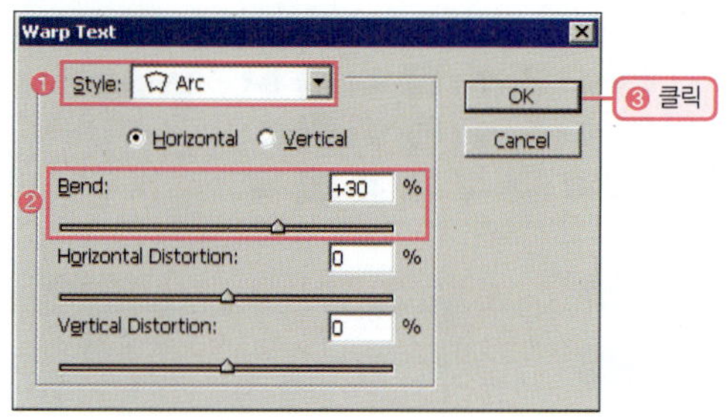

13 Ctrl + T를 누릅니다. 자유 변형 바운딩 박스가 나타나면 Ctrl 을 누른 상태에서 오른쪽 위의 조절점을 아래쪽으로 드래그하여 글자를 다음과 같이 회전 시킵니다.

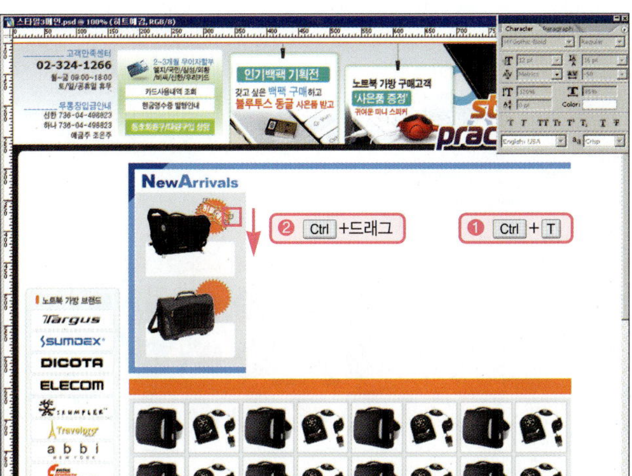

키보드의 Enter 를 누르면 자유 변형 바운딩 박스가 사라집니다.

15 가방 이미지 아래 흰색 사각형 박스에 상품명과 가격을 '#333333' 색상으로 입력합니다. 판매 가격은 눈에 잘 띄도록 '#ff6633' 색상으로 바꾸고, 문자 툴 설정 상자에서 'Faux Bold'를 클릭하여 글자를 굵게 만듭니다.

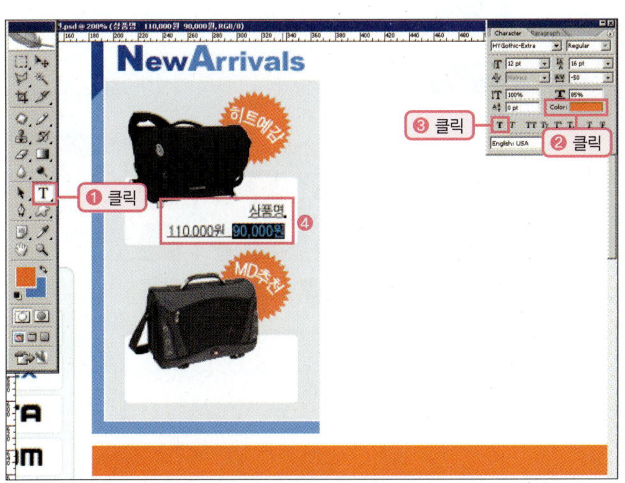

14 히트 예감 레이어를 3개 더 복사하여 다음과 같이 배치하고, 각각 'MD추천', '최다판매', '최고리뷰'로 글자를 바꿉니다.

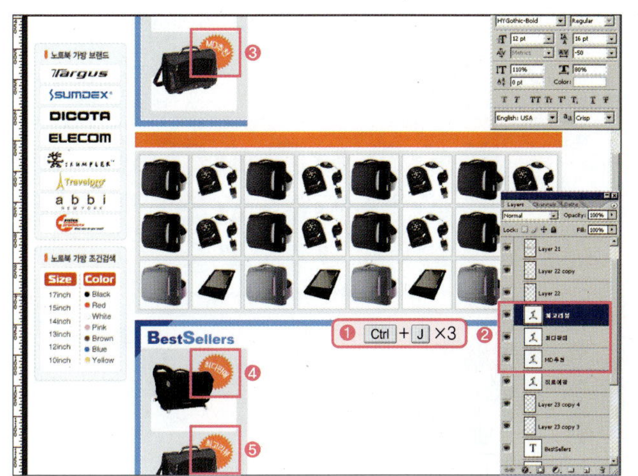

16 새 레이어를 추가하고 연필 툴을 선택해 상품 정가의 가운데를 '색상 : #333333', '두께 : 1px' 선으로 긋습니다.

키보드의 Shift 를 누른 상태에서 드래그하면 수평선을 그릴 수 있습니다.

17 앞서 만든 텍스트와 선, 두 개의 레이어를 선택한 후 Ctrl + E 를 눌러서 병합합니다. 다시 Ctrl + J 를 눌러서 병합한 레이어를 3개 복사하고, 이동 툴을 이용하여 다음과 같이 배치합니다.

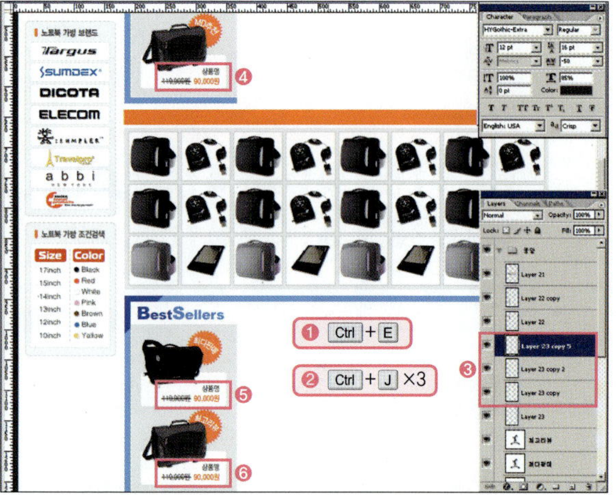

18 오렌지색 바에 '#ffffff' 색상으로 'Notebook Accessary'를 입력하고, 레이어의 투명도를 '40%'로 조절합니다.

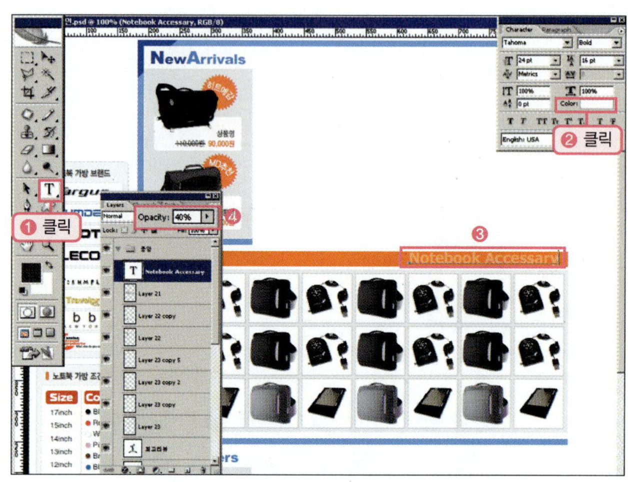

19 레이어 팔레트에서 '중앙' 레이어 그룹의 '▼'를 클릭하여 하위 레이어들을 숨깁니다. 이로써 메인 페이지의 중앙 디자인이 모두 완성되었습니다.

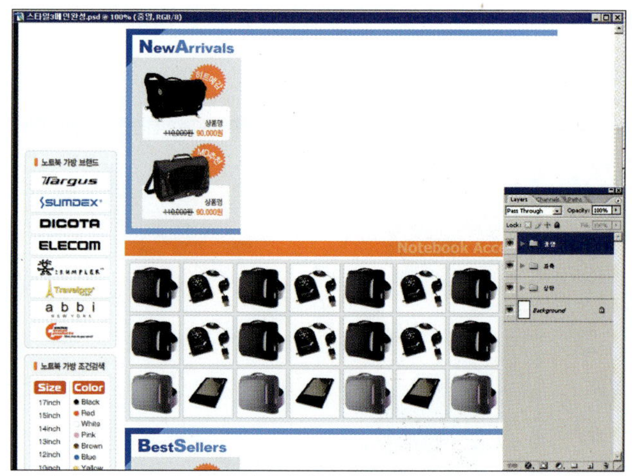

Shopping Mall Sense

57

[후이즈몰] 메인 페이지 하단 디자인하기

01 'Create a new group' 버튼을 클릭하여 새 레이어 그룹을 만듭니다. 그런 다음 이름을 더블클릭하여 '하단'으로 바꿉니다.

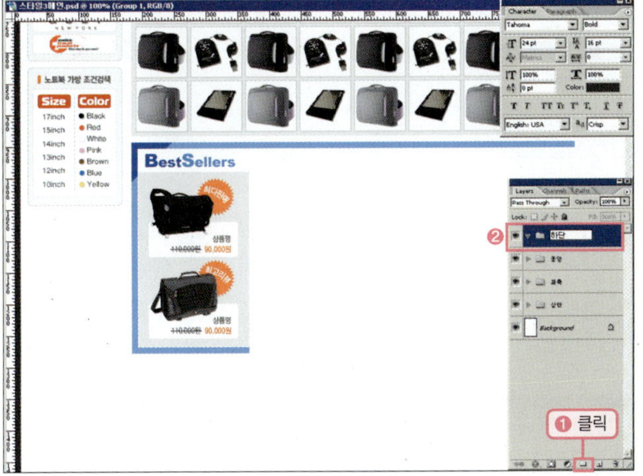

02 새 레이어를 추가하고, 전경색을 '#b4b4b4'로 지정합니다. 툴 박스의 연필 툴을 이용하여 '2px' 간격으로 점을 5개 찍습니다.

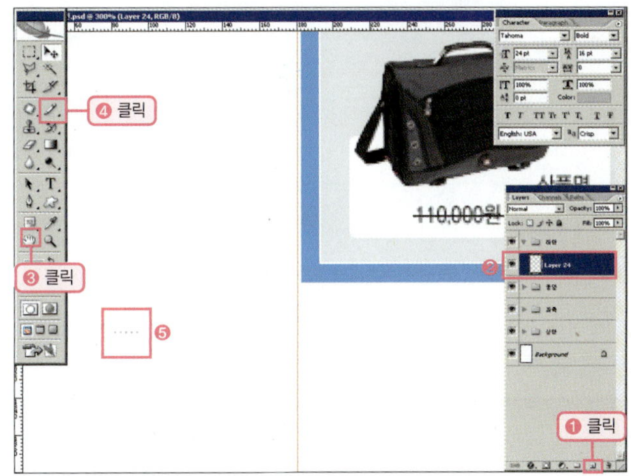

03 점 레이어를 복사해 나란히 배치합니다. 그런 다음 2개의 점 레이어를 병합합니다.

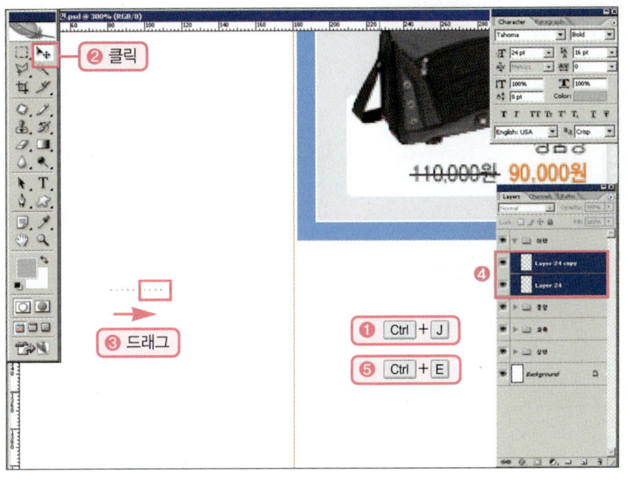

04 다시 병합한 레이어를 복사한 후 옆으로 이동하는 방법을 이용하여 '880px' 지점까지 점선을 만듭니다.

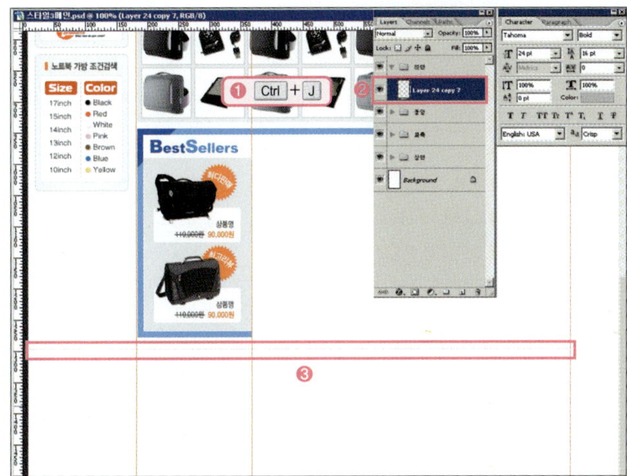

05 새 레이어를 추가하고, 전경색을 '#ffffff'로 지정합니다. 둥근 사각형 셰이프 툴을 이용하여 '가로 : 830px', '세로 : 40px'의 둥근 사각형을 그립니다.

06 레이어 팔레트의 'Add a layer style'을 클릭하고, 스타일 중에서 'Stroke'를 선택합니다. 'Layer Style' 대화상자가 나타나면 'Size : 1', 'Color : #cccccc'를 선택한 후 'OK' 버튼을 클릭합니다.

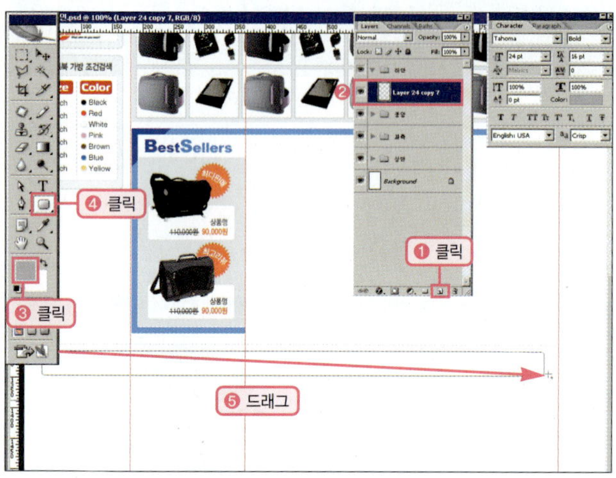

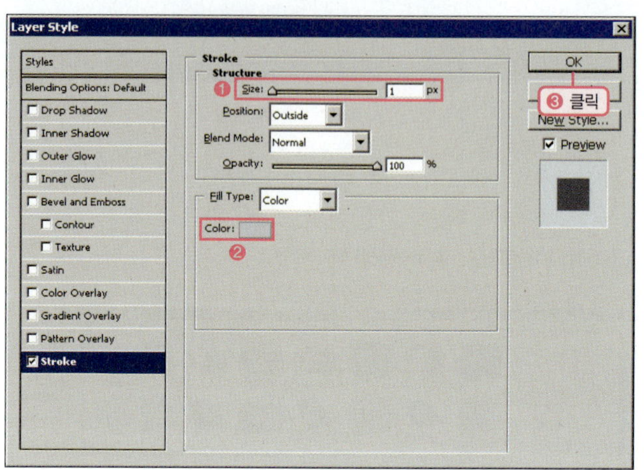

07 부록 CD의 'Story 06-style3소스이미지' 폴더에서 '보증마크.jpg' 파일을 불러옵니다. 작업 화면으로 드래그한 후 다음과 같이 배치합니다.

08 새 레이어를 추가하고 전경색을 '#efefef'로 지정합니다. 둥근 사각형 셰이프 툴을 이용하여 이번에는 '가로 : 860px', '세로 : 120px'의 사각형을 그립니다.

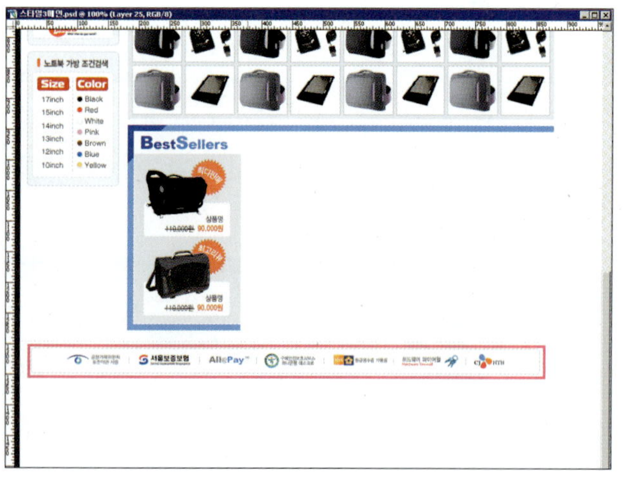

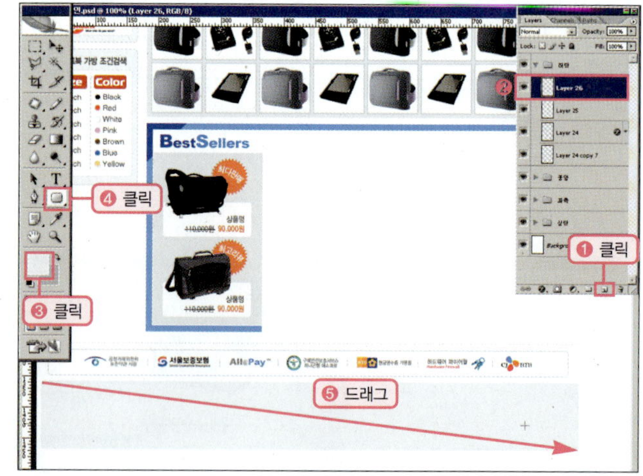

09 로고 이미지는 메인 페이지의 하단에도 넣는 것이 좋습니다. 상단에 위치한 로고 이미지는 2개의 레이어로 분리되어 있는데, 병합하지 않은 상태에서 다른 레이어 그룹으로 이동하려면 많이 번거롭습니다. 이럴 경우 임의의 새 파일을 만들어서 링크를 설정한 로고 레이어 2개를 드래그한 후 다시 한 번 작업 화면으로 드래그하면 됩니다.

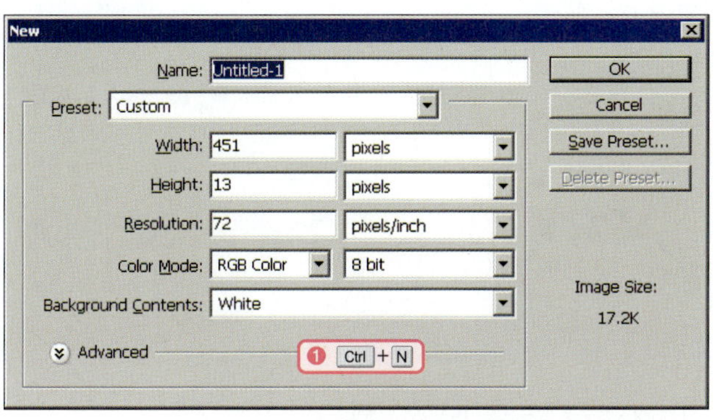

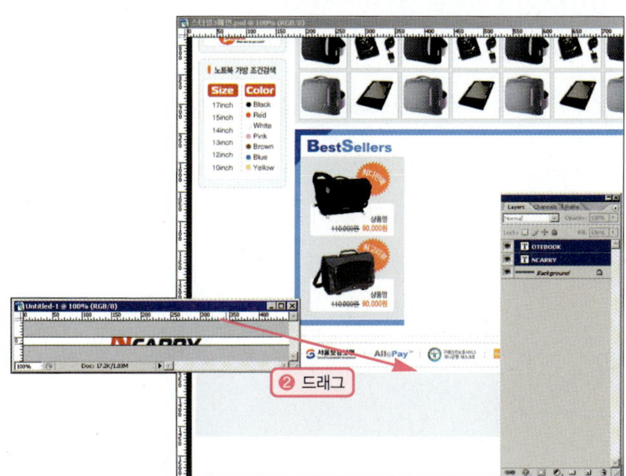

10 툴 박스에서 문자 툴을 선택하여 하단 메뉴와 회사 정보를 알맞게 입력합니다.

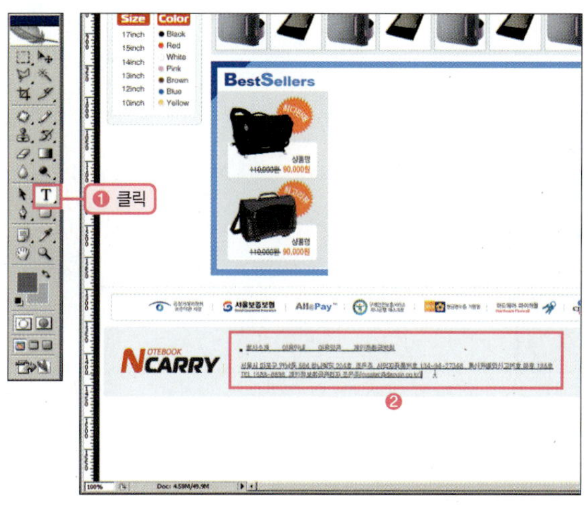

11 새 레이어를 추가하고, 전경색을 '#f26522'로 지정합니다. 그런 다음 연필 툴을 이용하여 다음과 같이 삼각형 아이콘을 그립니다.

12 Ctrl + J 를 눌러서 삼각형 아이콘 레이어를 3개 복사한 후 각 메뉴 앞에 배치합니다. 그런 다음 삼각형 아이콘 레이어 4개를 동시에 선택하고, Ctrl + E 를 눌러서 병합합니다.

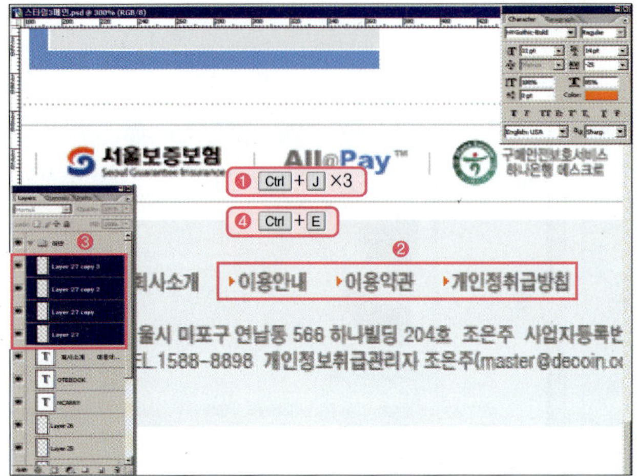

13 이제 마지막으로 전경색을 '#c1c1c1'로 지정하고, 연필 툴을 이용하여 로고와 회사 정보 사이에 '1px' 라인을 그립니다. 자~, 이렇게 해서 하단 디자인까지 모두 완성되었습니다.

58

Shopping Mall Sense

[후이즈몰] 상품 설명 페이지 디자인하기

▶▶▶ 브랜드 상품을 판매할 경우에는 해당 기업에서 만든 제품 설명과 사진을 그대로 사용하는 경우가 많습니다. 그런데 여기에 직접 찍은 상품 사진과 설명을 추가하면 똑같은 상품을 판매하는 다른 쇼핑몰과 차별화할 수 있겠죠. 이번에는 브랜드 상품의 기본 제품 설명에 직접 찍은 사진을 추가하여 상품 설명 페이지를 꾸며보겠습니다.

01 부록 CD의 'Story 06-style3소스이미지' 폴더에서 'good1.jpg~good4.jpg' 파일을 모두 불러옵니다.

02 배경색을 '#ffffff'로 지정하고, 'good4.jpg' 파일의 제목 표시줄을 마우스 오른쪽 버튼으로 클릭합니다. 단축 메뉴가 나타나면 'Canvas Size'를 선택합니다.

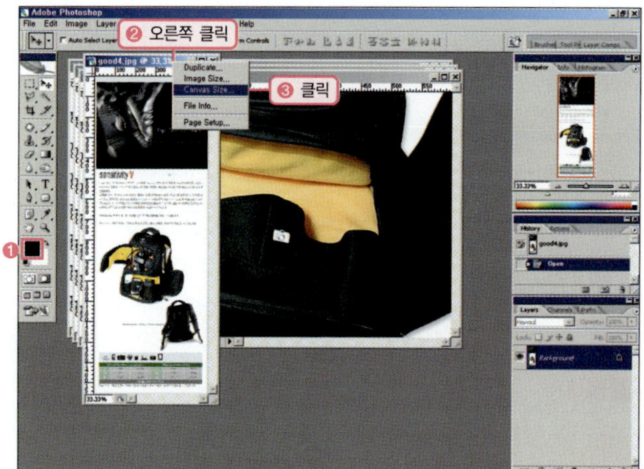

Hot Sauce

'good4.jpg' 파일에 'good1.jpg~good3.jpg'의 이미지를 삽입하여 상품 설명 페이지를 만들어보겠습니다.

03 'Canvas Size' 대화상자가 나타나면 'Height' 항목에 '2800'을 입력하고, 'Anchor' 항목에서 '↑'를 클릭한 후 'OK' 버튼을 클릭합니다.

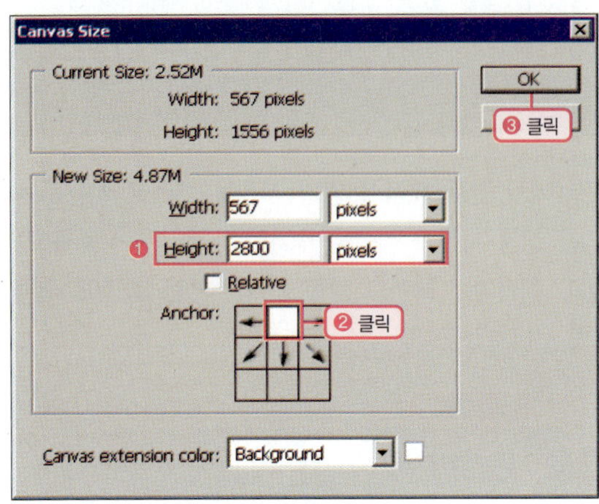

04 흰색 배경이 '2800px' 길이로 늘어난 것을 확인할 수 있습니다.

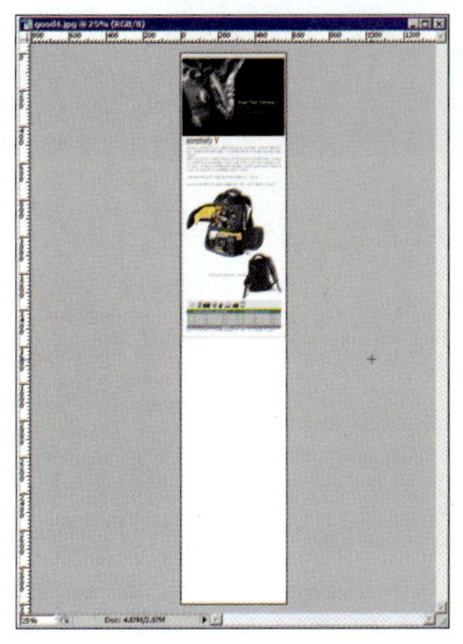

05 사각형 선택 툴을 이용하여 상품 사진 아래쪽의 표 부분을 선택하고, 다시 이동 툴로 바꾸어 아래쪽으로 이동합니다. Ctrl + D 를 눌러서 선택 영역을 해제합니다.

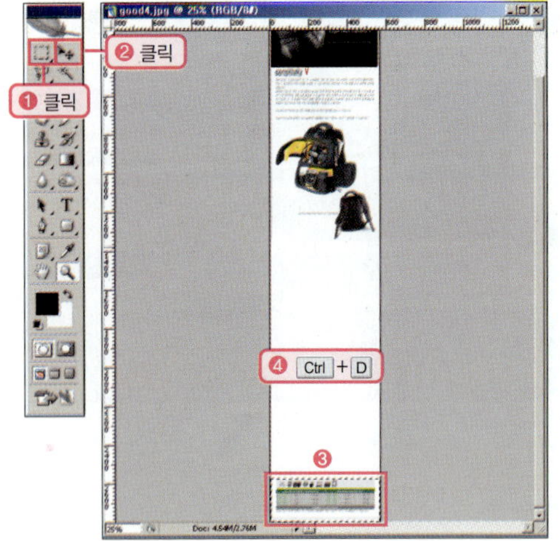

06 좌우 끝의 회색을 복사하기 위하여 다음과 같이 사각형 영역을 선택합니다.

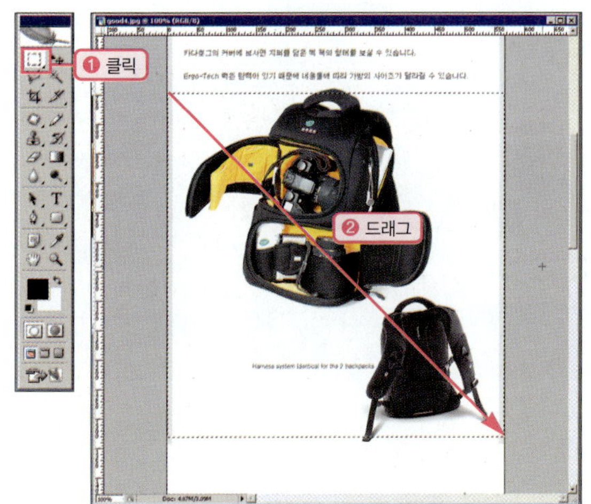

07 양쪽의 라인만 복사할 것이므로 가운데 상품 사진 부분을 제외시켜야겠죠. Alt 를 누른 상태에서 제외시킬 부분을 드래그하면 선택한 부분만 제외되는 것을 알 수 있습니다.

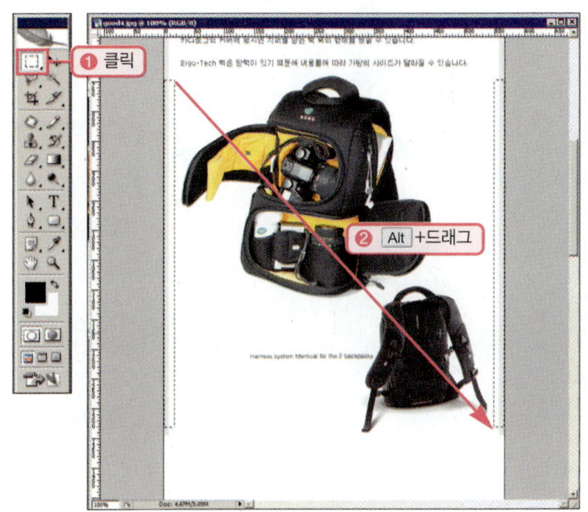

08 툴 박스의 이동 툴을 클릭하고, Alt + Shift 를 누른 상태에서 선택 영역을 아래쪽으로 드래그하면 간단하게 복사됩니다. 같은 작업을 반복하여 회색 라인을 아래쪽 끝까지 복사합니다. 복사가 완료되면 선택 영역을 해제합니다.

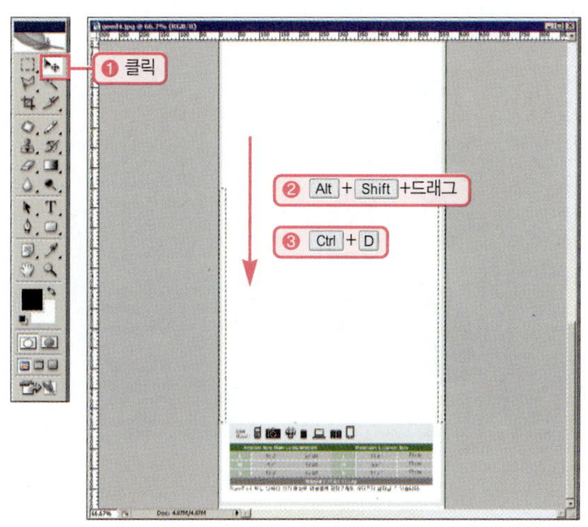

09 'good1.jpg~good3.jpg' 파일을 작업 창으로 드래그하고, 배경을 제외한 3개의 레이어를 모두 선택한 후 Ctrl + T 를 누릅니다.

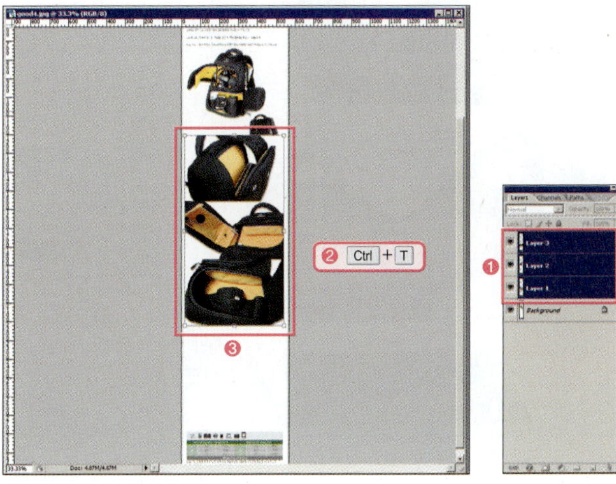

10 자유 변형 바운딩 박스가 나타나면 Shift 를 누른 상태에서 조절점을 안쪽으로 드래그하여 가로, 세로 같은 비율로 크기를 줄입니다.

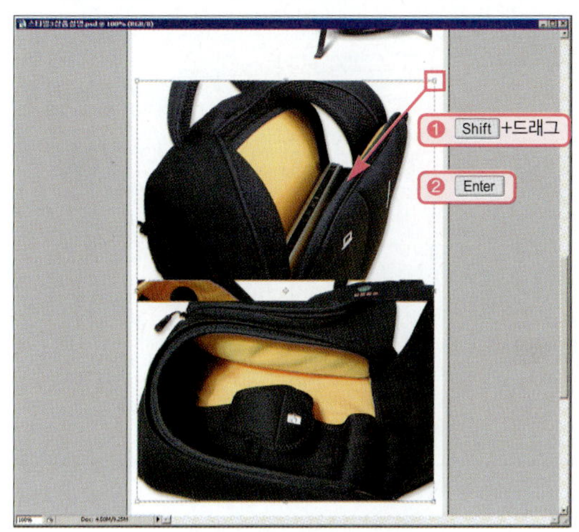

11 'good1.jpg', 'good2.jpg', 'good3.jpg' 이미지를 다음과 같이 순서대로 정렬합니다.

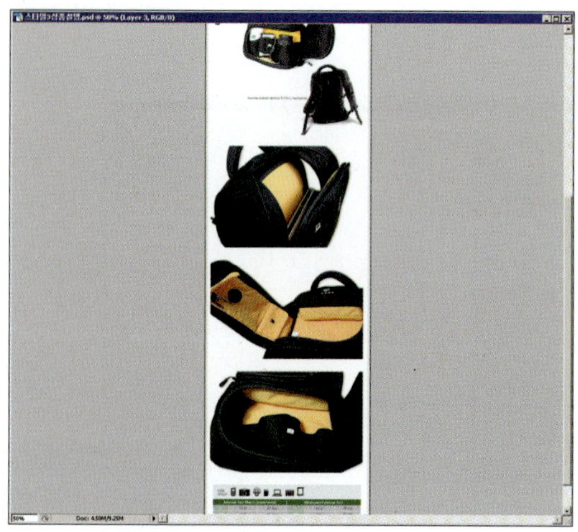

12 'Layer 1'을 선택하고, 'Add a layer style'을 클릭합니다. 단축 메뉴가 나타나면 'Stroke'를 선택합니다.

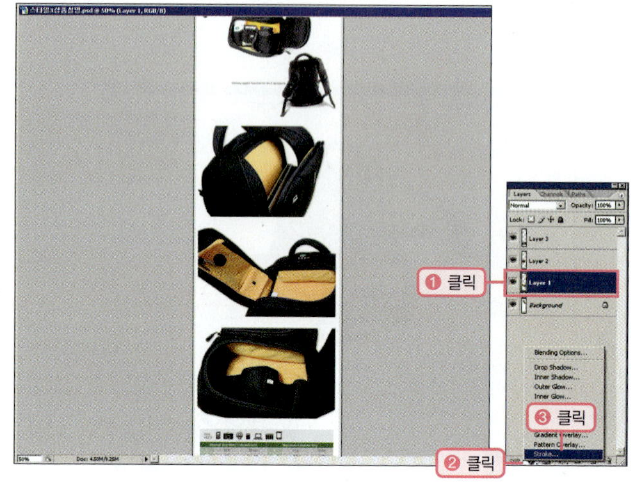

13 'Layer Style' 대화상자가 나타나면 'Size : 1', 'Color : #cccccc'로 지정한 후 'OK' 버튼을 클릭합니다.

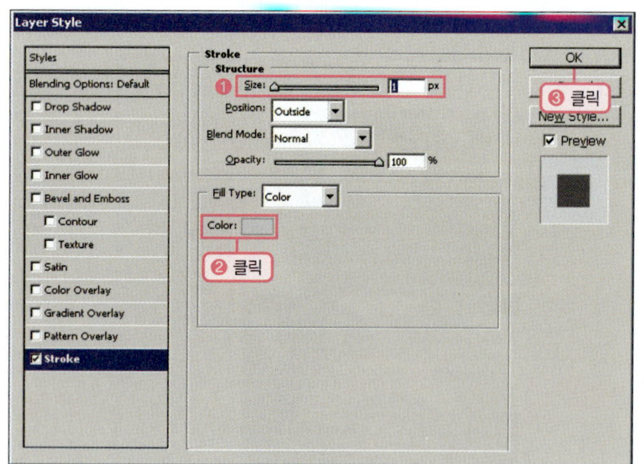

14 'Layer 1'을 마우스 오른쪽 버튼으로 클릭하고, 단축 메뉴에서 'Copy Layer Style'을 선택합니다. 그런 다음 'Layer 2'를 마우스 오른쪽 버튼으로 클릭하여 'Paste Layer Style'을 선택합니다.

15 'Layer 1'에 적용한 'Stroke' 레이어 스타일이 'Layer 2'에도 적용된 것을 확인할 수 있습니다. 같은 방법을 이용하여 나머지 상품 사진 레이어에도 'Stroke' 레이어 스타일을 적용합니다.

16 'File' 메뉴의 'Save As'를 클릭하여 '스타일3상품설명.psd' 파일로 저장합니다.

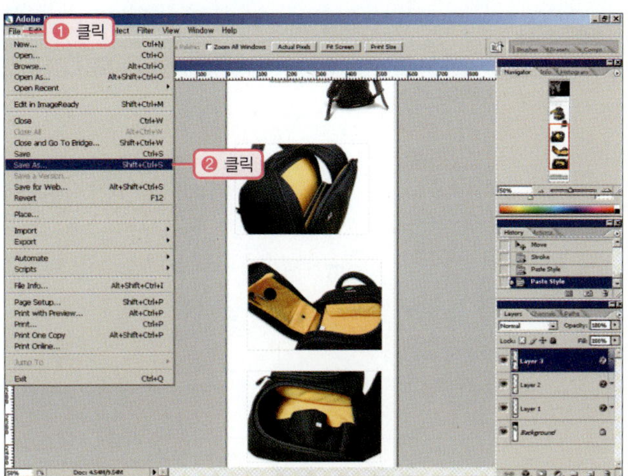

Hot Sauce

완성된 예제는 '부록 CD-Story 06' 폴더의 '스타일3상품설명.psd' 파일입니다.

[후이즈몰] 노트북용품 쇼핑몰의 이미지 분할과 저장하기

♥ 메인 페이지의 이미지 분할과 저장하기

01 부록 CD의 'Story 06' 폴더에서 '스타일3메인 완성_코딩용.psd' 파일을 불러옵니다.

02 '슬라이스' 레이어의 눈 아이콘을 켜면 다양한 색상의 이미지 분할용 박스가 나타나고, '파일명' 레이어의 눈 아이콘을 켜면 해당 영역에 파일명이 표시됩니다.

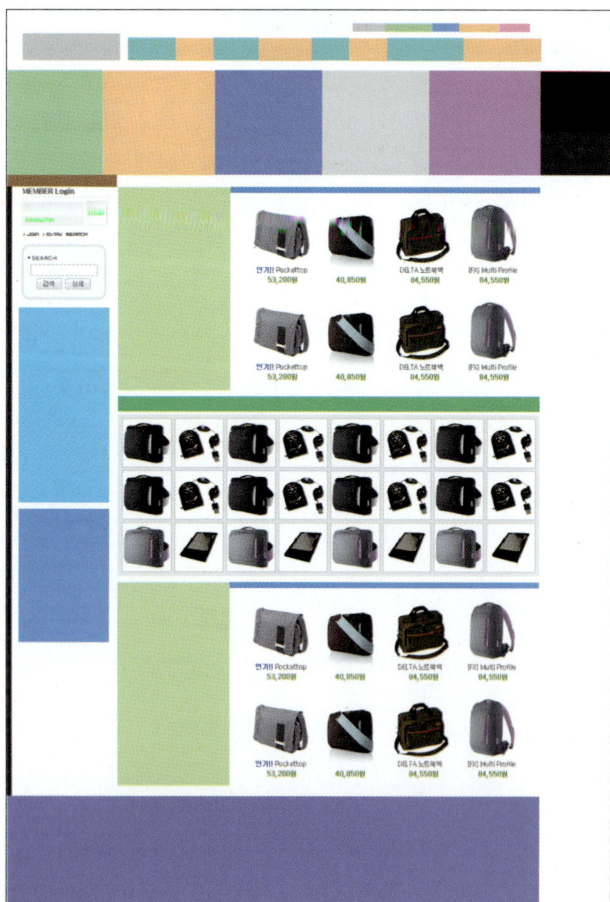

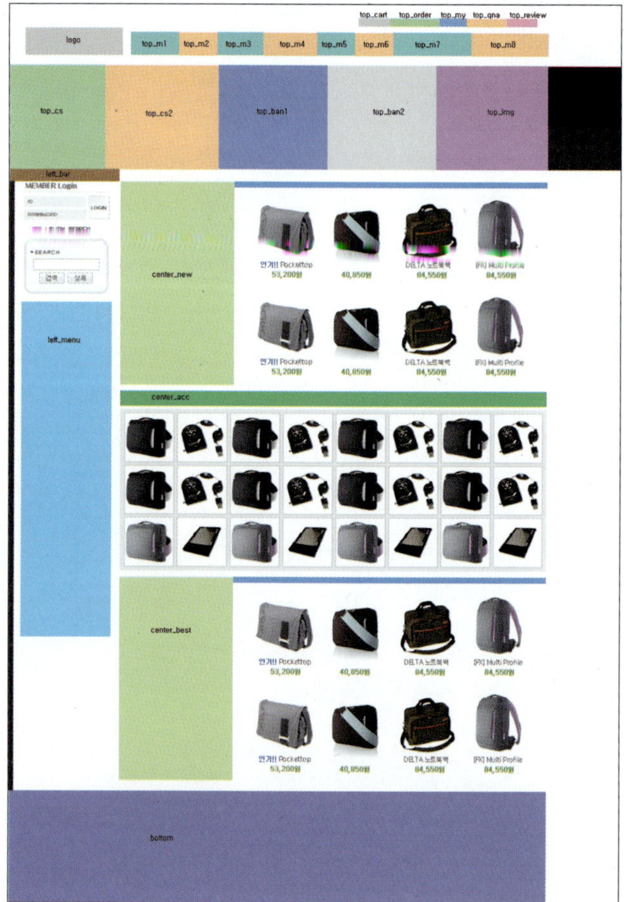

03 '슬라이스' 레이어를 클릭하고, 툴 박스에서 마술봉 툴을 선택한 후 상단의 'logo' 박스를 클릭합니다.

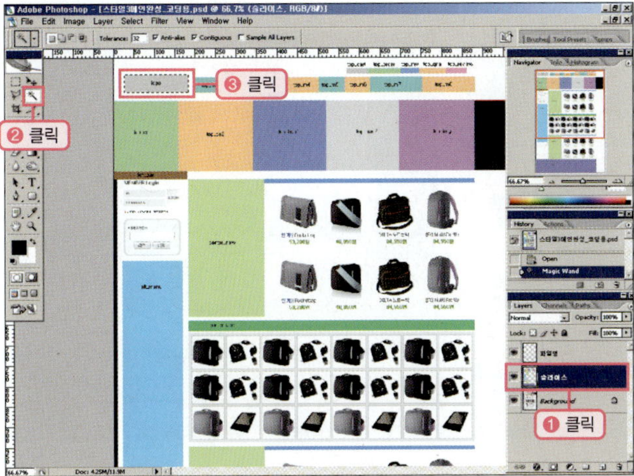

키보드의 Ctrl + ; 를 누르면 가이드라인을 표시하거나 감출 수 있습니다.

05 Ctrl + N 을 누르면 'New' 대화상자가 나타나는데, 가로와 세로 사이즈가 앞서 복사한 이미지와 똑같은 크기로 지정되어 있는 것을 알 수 있습니다. 'OK' 버튼을 클릭합니다.

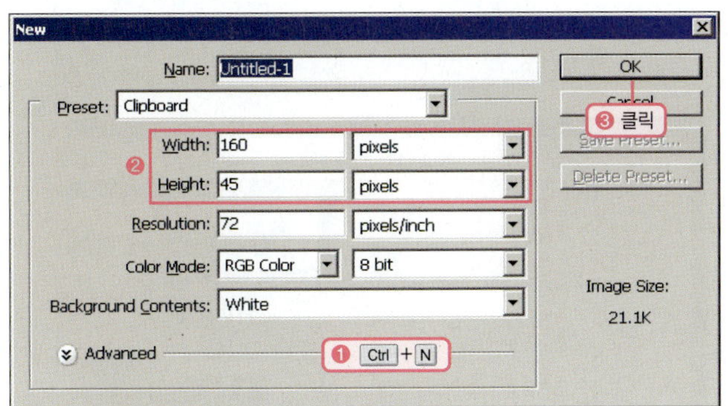

04 'logo' 박스를 선택한 상태에서 'Background' 레이어를 클릭하고 Ctrl + C 를 누릅니다.

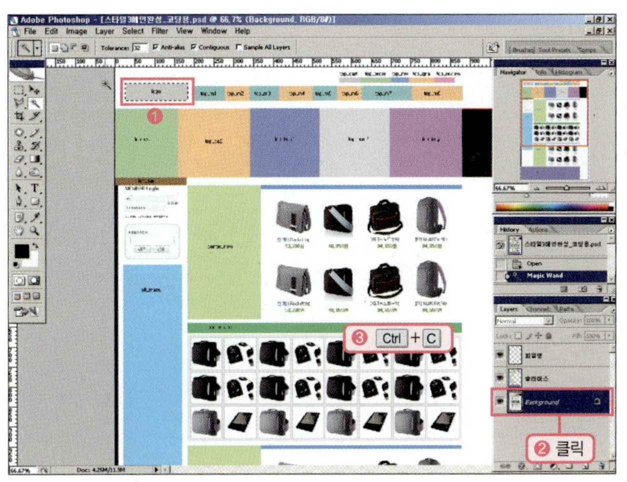

로고 이미지가 'Background' 레이어에 포함되어 있기 때문에 반드시 'Background' 레이어를 선택한 상태에서 복사해야 합니다.

06 새 창이 만들어지면 Ctrl + V 를 눌러서 로고 이미지를 붙여 넣습니다.

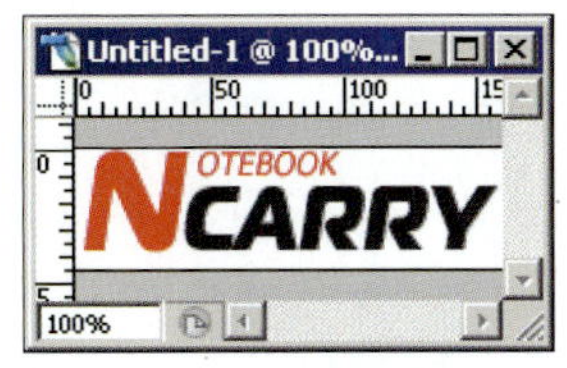

Ctrl + V

07 `Ctrl` + `S` 를 눌러서 'logo.gif' 파일로 저장합니다.

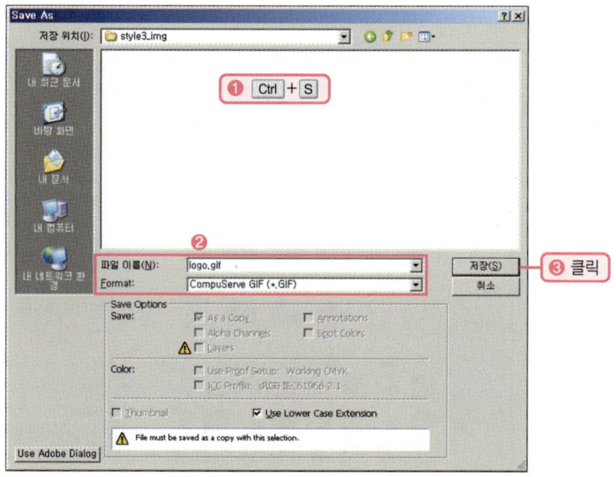

08 같은 방법을 이용하여 모든 이미지를 각각의 파일로 저장합니다.

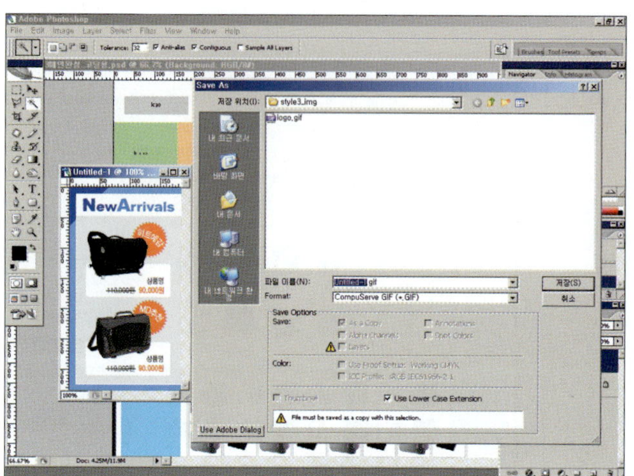

새 파일은 PSD로 저장하지 않아도 됩니다.

09 '슬라이스' 레이어의 이미지들을 모두 각각 저장 완료하면, 배경 패턴으로 사용할 이미지를 저장해야 합니다. 이번 쇼핑몰은 페이지의 상단에 검은색 배경이 들어가죠. 다음과 같이 검은색 부분을 '가로 : 1px' 너비만큼 선택하여 'backpat.gif' 파일로 저장합니다.

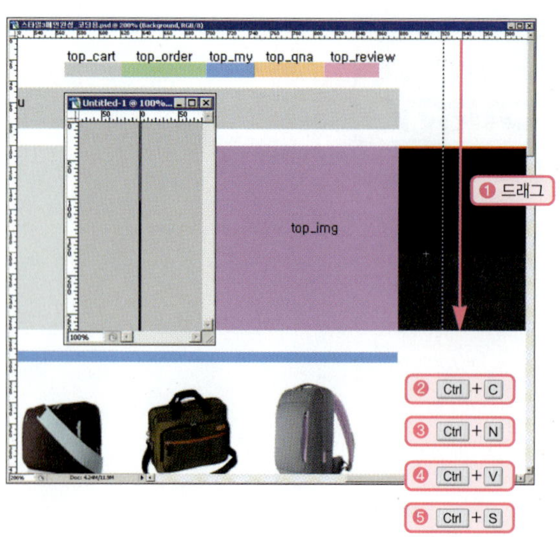

10 이번에는 좌측 메뉴에 사용할 패턴 이미지를 저장하겠습니다. 같은 방법을 이용하여 '가로 : 180px', '세로 : 1px'의 영역을 'left_line.gif'로 저장합니다.

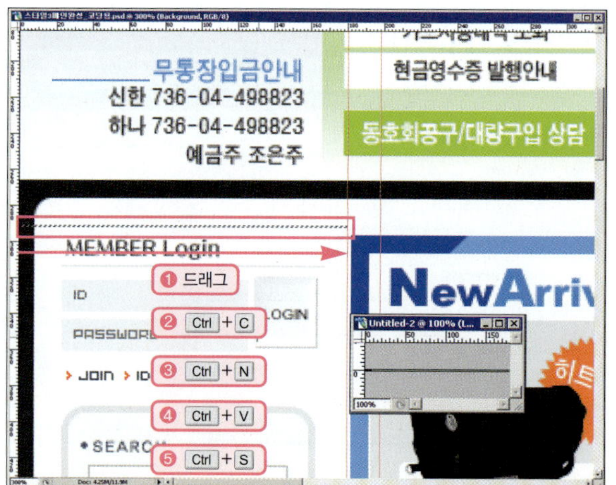

분할하여 저장한 예제 이미지들은 부록 CD의 'Story 06-style3_img' 폴더에서 확인할 수 있습니다.

상품 설명 페이지의 이미지 분할과 저장하기

01 부록 CD의 'Story 06' 폴더에서 '스타일3상품 설명.psd' 파일을 불러옵니다. Ctrl + ; 을 눌러서 미리 지정해 둔 가이드라인을 표시합니다.

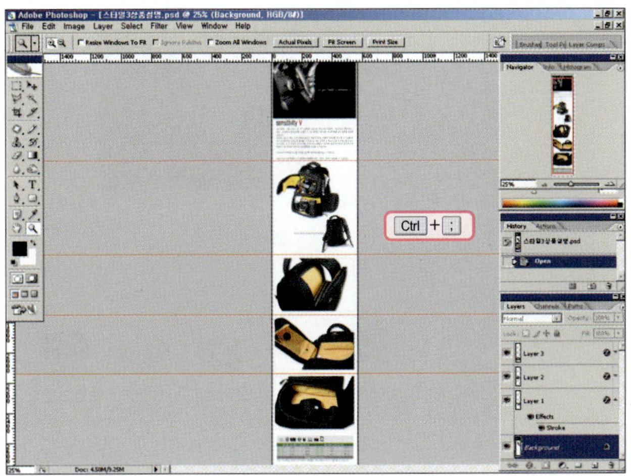

02 툴 박스의 분할 툴을 선택한 후 옵션 바에서 'Slice From Guides'를 클릭하면 가이드라인 구분대로 이미지가 분할됩니다.

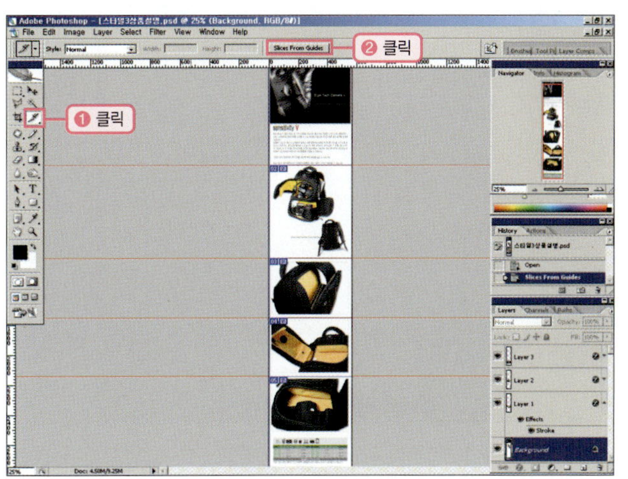

03 'File' 메뉴의 'Save for Web'을 클릭합니다.

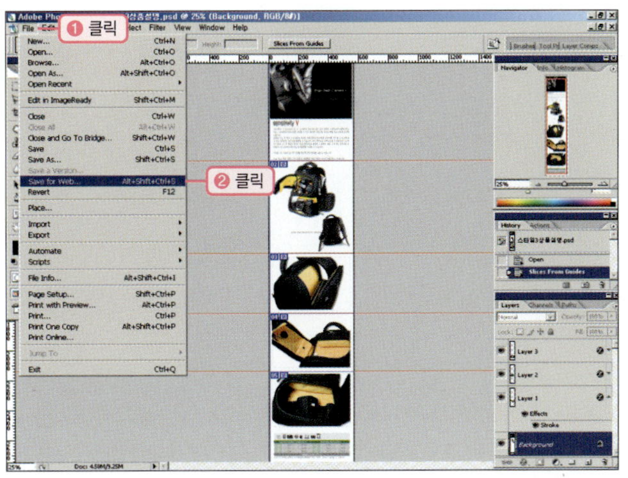

04 'Save for Web' 옵션 창이 나타나면 'JPEG', 'Very High'를 선택하고, 'Save' 버튼을 클릭합니다.

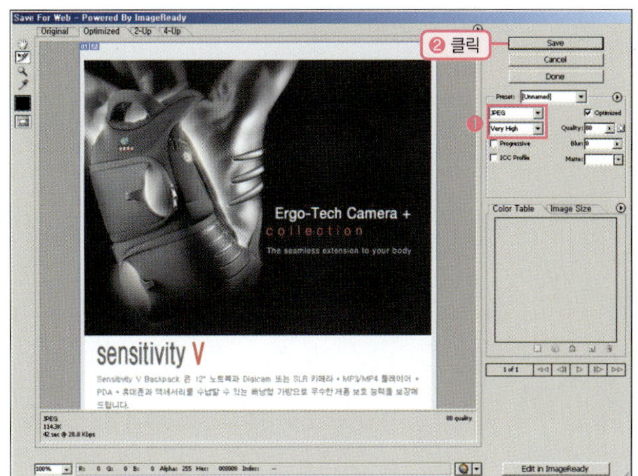

05 'Save Optimized As' 대화상자에서 파일을 저장할 폴더로 이동한 후 '파일 이름 : good1.jpg', '파일 형식 : Images Only(*.jpg)', 'Slices : All Slices' 로 지정하여 저장합니다.

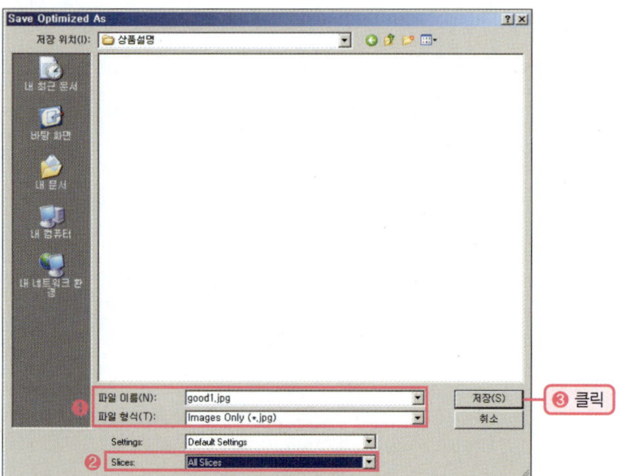

파일 이름에 대한 경고 상자가 나타나면 'OK' 버튼을 클릭하면 됩니다.

06 윈도우 탐색기를 실행합니다. 파일을 저장한 폴더로 이동해 보면 'good_01.jpg~good_05.jpg' 파일이 만들어진 것을 확인할 수 있습니다.

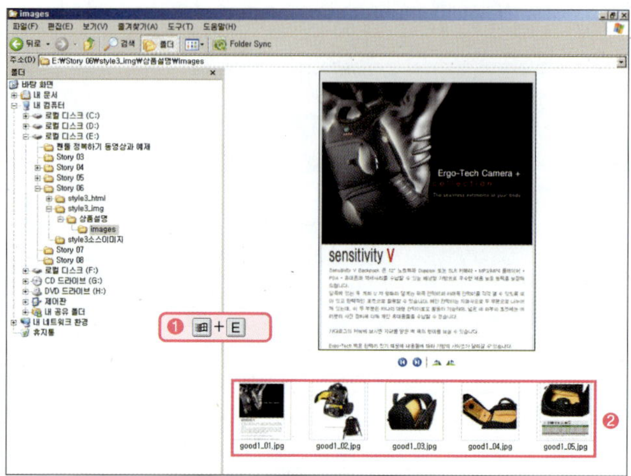

1. ⊞+E 를 누르면 윈도우 탐색기가 실행됩니다.

2. 완성된 예제 이미지는 부록 CD의 'Story 06-style3_img-상품설명-images' 폴더에서 확인할 수 있습니다.

Shopping Mall Sense
60

[후이즈몰] 노트북용품 쇼핑몰의 HTML 코딩하기

♥ 상단 영역 코딩하기

01 드림위버를 실행하고, 'Create New' 항목의 'HTML'을 클릭합니다.

02 새 HTML 작업 창이 나타나면 'Code'와 'Design' 모드를 동시에 확인할 수 있는 'Split' 모드를 선택합니다.

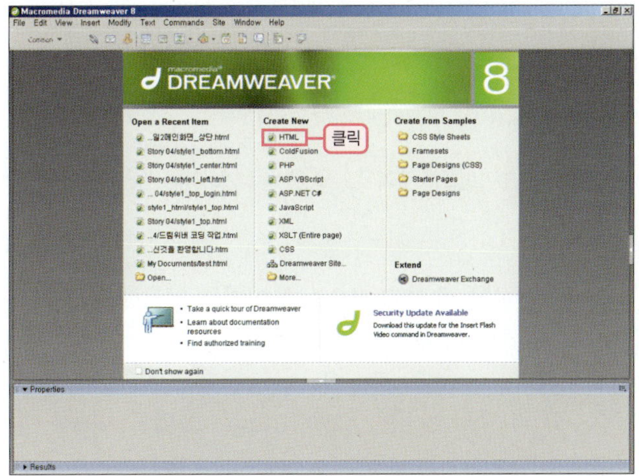

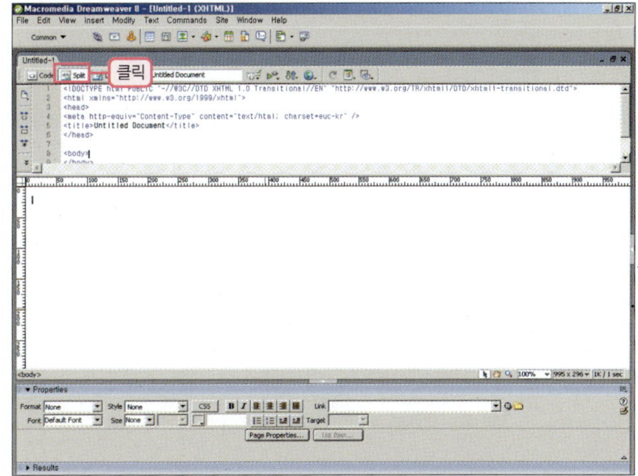

03 'Code' 창에 마우스 포인터를 위치한 후 Ctrl +A 를 눌러서 기본으로 입력되어 있는 소스를 모두 선택합니다. 그런 다음 Delete 를 눌러서 기본 소스를 모두 지웁니다.

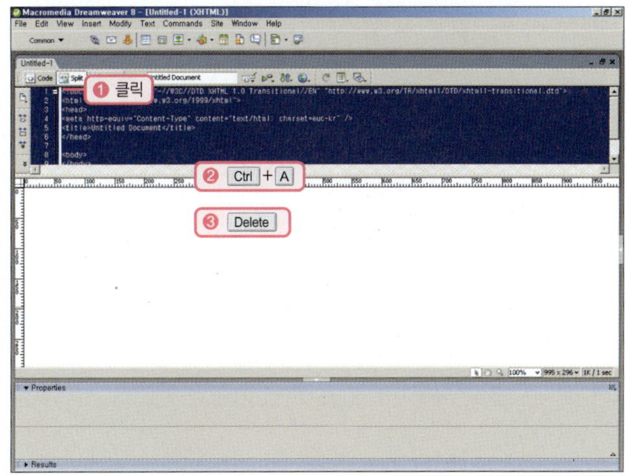

04 'Design' 창에 마우스 포인터를 위치하고, 'Common' 메뉴 바에서 '테이블 삽입' 아이콘을 클릭합니다. 'Table' 대화상자가 나타나면 'Rows : 4', 'Columns : 4', 'Table width : 880', '단위 : pixels'로 지정한 후 'OK' 버튼을 클릭합니다.

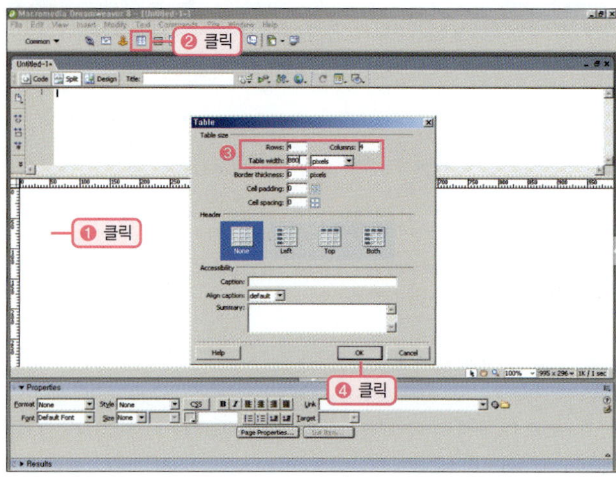

06 1열 1행과 2열 1행을 드래그하여 선택한 후 'Properties' 창에서 '셀 병합' 아이콘을 클릭합니다. 선택한 셀이 병합되면 'Horz : Right', 'Vert : Bottom', 'W : 185'로 지정합니다.

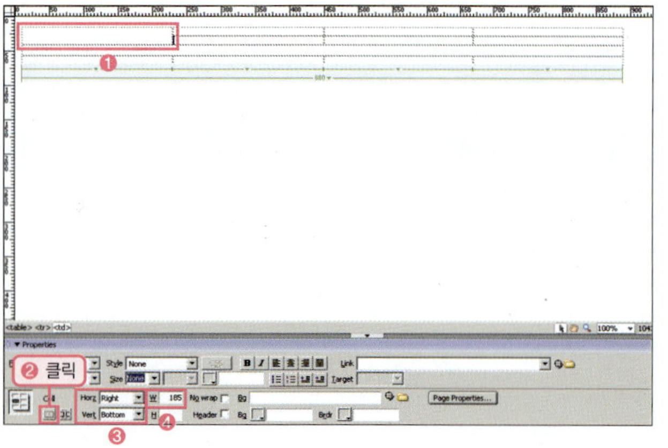

05 마우스로 드래그하여 다음과 같이 3열의 4개 셀을 모두 선택합니다. 그런 다음 'Properties' 창의 '셀 병합' 아이콘을 클릭하여 선택한 셀을 병합한 후 'H' 항목에 '20'을 입력합니다.

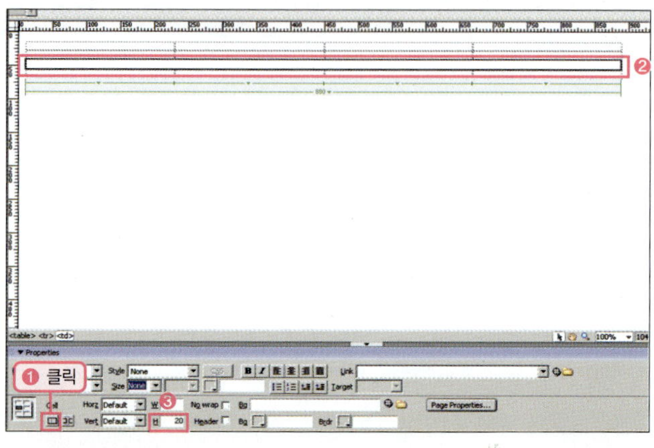

Hot Sauce

'Code' 창에서 병합한 셀의 소스 중 공백을 의미하는 ' '를 삭제하세요.

07 병합한 셀 안에 마우스 포인터를 위치하고, 'Common' 메뉴 바에서 '이미지 삽입' 아이콘을 클릭합니다. 'Select Image Sauce' 대화상자가 나타나면 부록 CD의 'Story 06-Style3_img' 폴더로 이동하여 'logo.gif'를 삽입합니다.

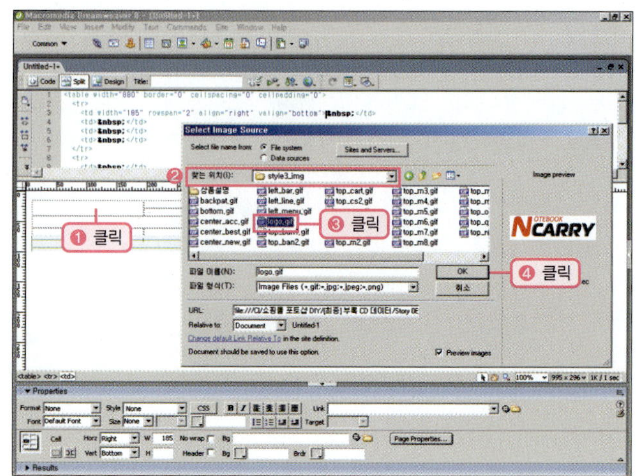

08 삽입한 로고 옆의 1열과 2열 셀을 병합하고, 'W' 항목에 '13'을 입력합니다.

09 1열 3행에 마우스 포인터를 위치하고, 하단에 있는 'Properties' 창에서 'Horz : Right', 'W : 663', 'H : 46'으로 지정합니다.

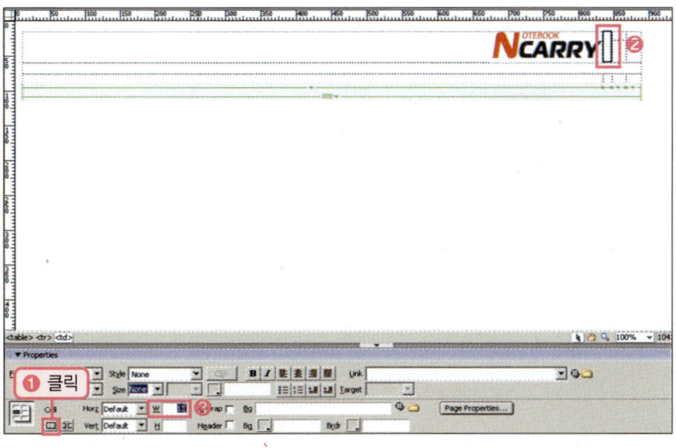

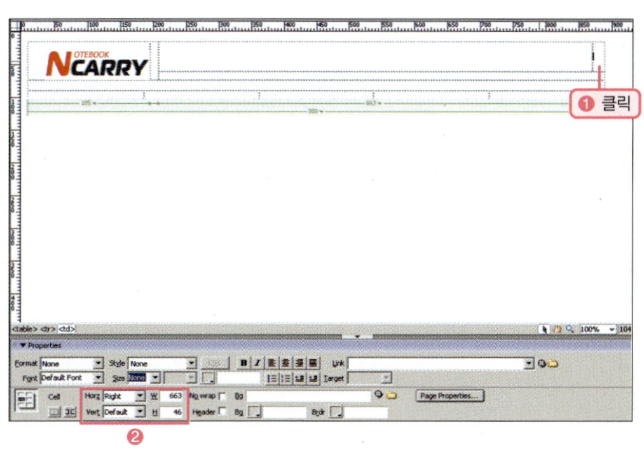

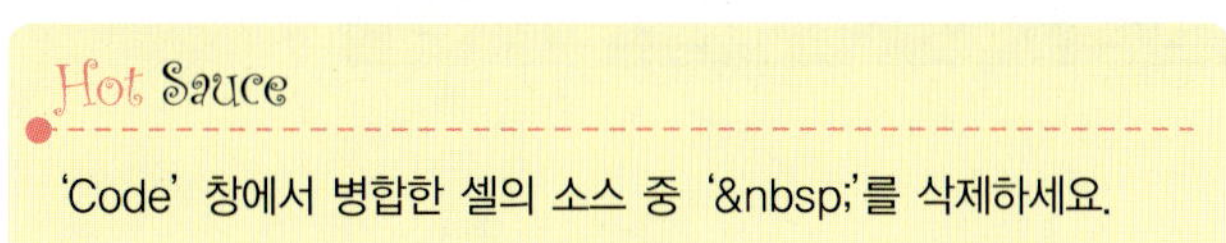

Hot Sauce

'Code' 창에서 병합한 셀의 소스 중 ' '를 삭제하세요.

10 'Common' 메뉴 바의 '이미지 삽입' 아이콘을 클릭합니다. '부록 CD-Story 06-style3_img' 폴더의 'top_cart.gif'를 삽입합니다.

11 마우스 포인터를 'top_cart.gif' 이미지의 오른쪽에 위치한 상태에서 'Common' 메뉴 바의 '이미지 삽입' 아이콘을 클릭합니다. 그런 다음 'top_order.gif', 'top_my.gif', 'top_qna.gif', 'top_review.gif'를 차례대로 삽입합니다.

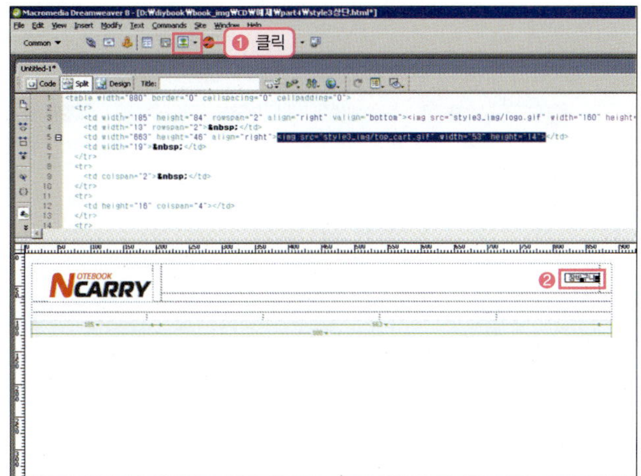

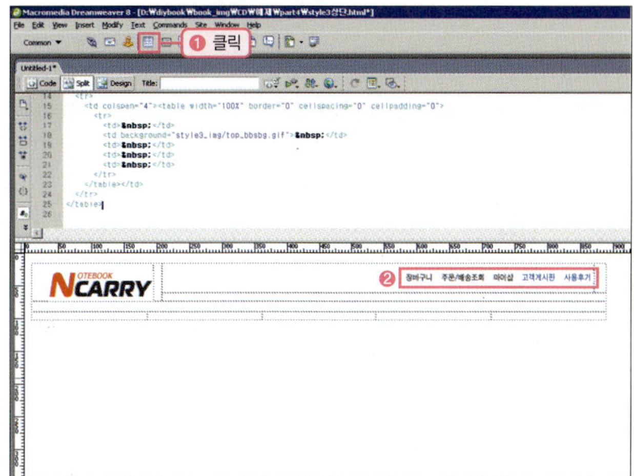

12 다시 2열의 셀 2개를 병합한 후 'Common' 메뉴 바에서 '테이블 삽입' 아이콘을 클릭합니다.

13 'Table' 대화상자가 나타나면 'Rows : 1', 'Columns : 8', 'Table width : 100%'로 지정하고, 'OK' 버튼을 클릭합니다.

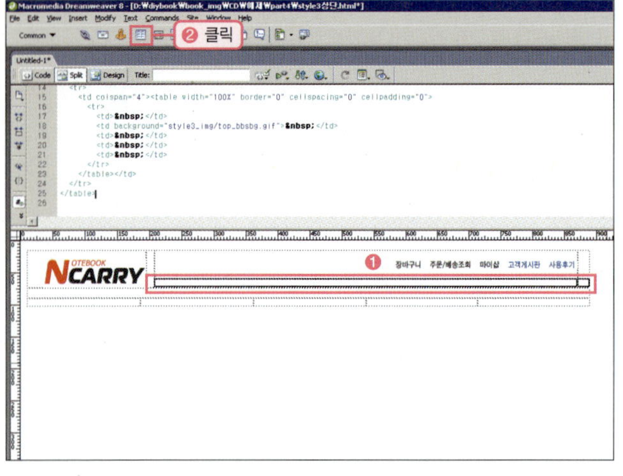

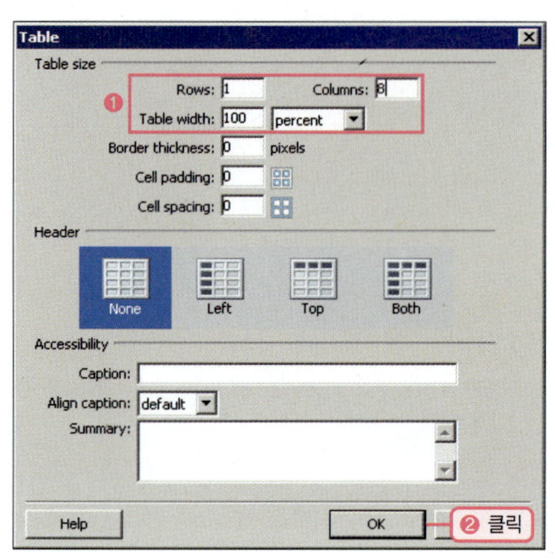

Hot Sauce

마우스 포인터가 셀 안에 위치한 상태에서 '테이블 삽입' 아이콘을 클릭해야 합니다.

14 새로 만든 표의 첫 번째 셀 안에 마우스 포인터를 위치합니다. 그런 다음 'Common' 메뉴 바의 '이미지 삽입' 아이콘을 클릭하여 '부록 CD-Story 06-style3_img' 폴더의 'top_m1.gif'를 삽입합니다.

15 같은 방법을 이용하여 다음과 같이 'top_m2.gif ~top_m8.gif' 이미지를 삽입합니다.

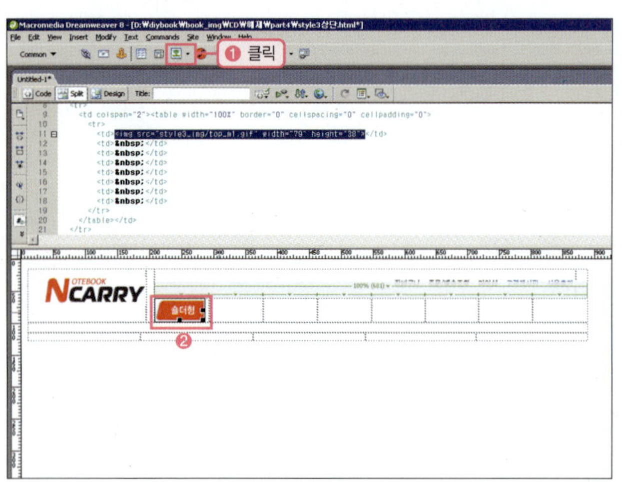

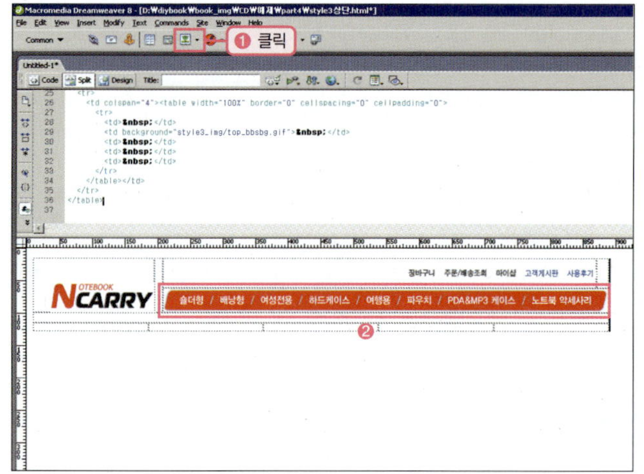

16 가장 아래쪽 열의 4개 셀을 병합합니다. 그런 다음 'Common' 메뉴 바에서 '테이블 삽입' 아이콘을 클릭합니다.

17 'Table' 대화상자가 나타나면 'Rows : 1', 'Columns : 5', 'Table width : 100%'로 지정하고, 'OK' 버튼을 클릭합니다.

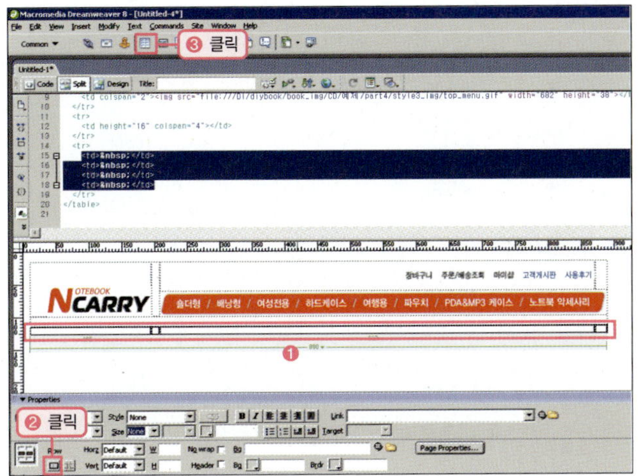

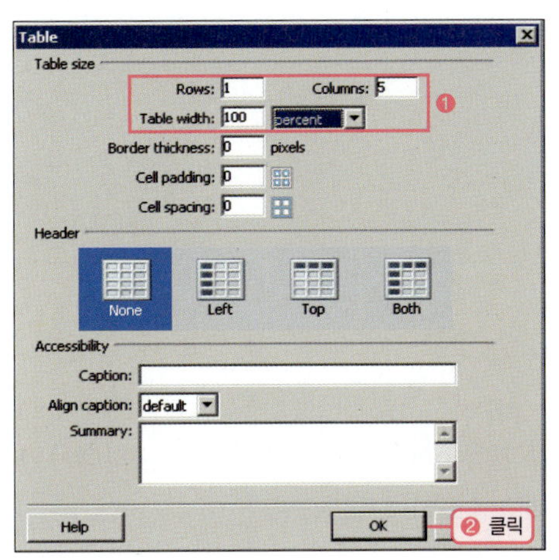

18 새로 만든 표의 각 셀에 'top_cs.gif', 'top_cs2.gif', 'top_ban1.gif', 'top_ban2.gif', 'top_img.gif' 이미지를 삽입합니다.

19 이제 각 이미지에 링크를 설정할 차례입니다. 'logo.gif' 이미지를 클릭한 후 'Properties' 창의 'Link' 항목에 '{{$TLink.IHome}}'를 입력하여 링크를 설정합니다.

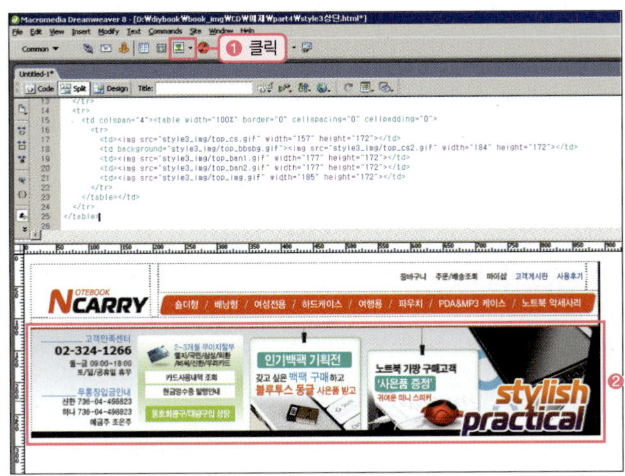

쇼핑몰의 상점 화면 디자인에서 각 요소를 클릭하면 페이지 변수나 특정 변수의 명칭이 오른쪽에 표시됩니다. 링크 주소는 이 변수를 입력하면 됩니다.

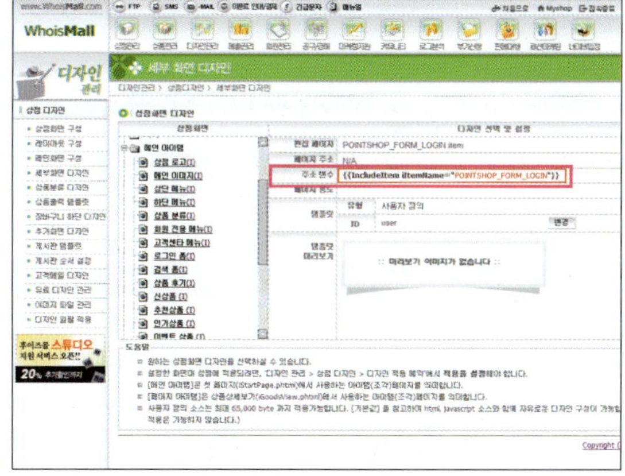

각 상품 분류의 링크 주소는 상품 분류 관리에서 분류 속성 아래쪽에 표시되어 있습니다.

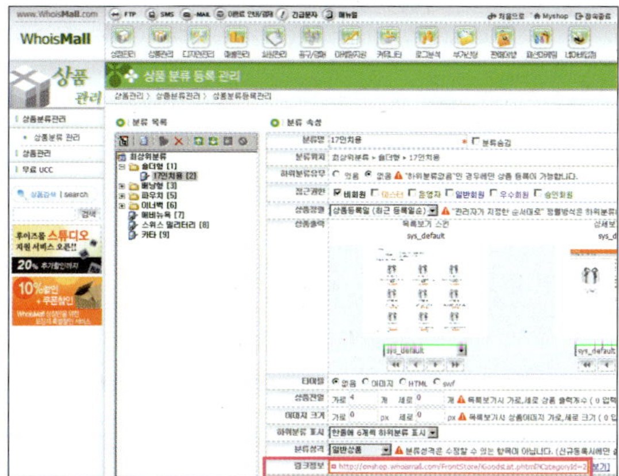

게시판의 경우 '커뮤니티-게시판관리'의 '속성관리' 버튼을 클릭하면 각 게시판의 링크 주소를 알 수 있습니다.

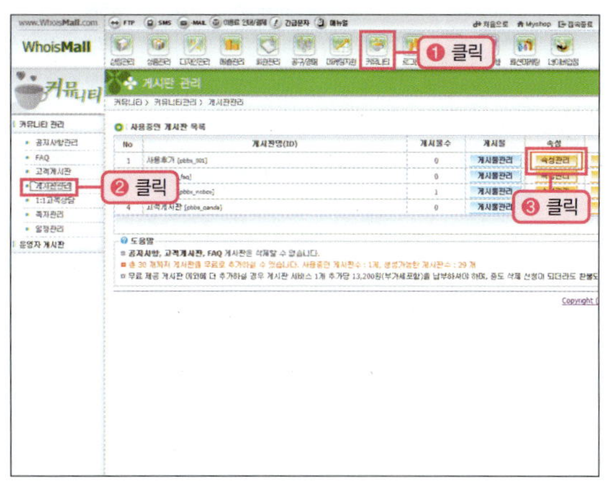

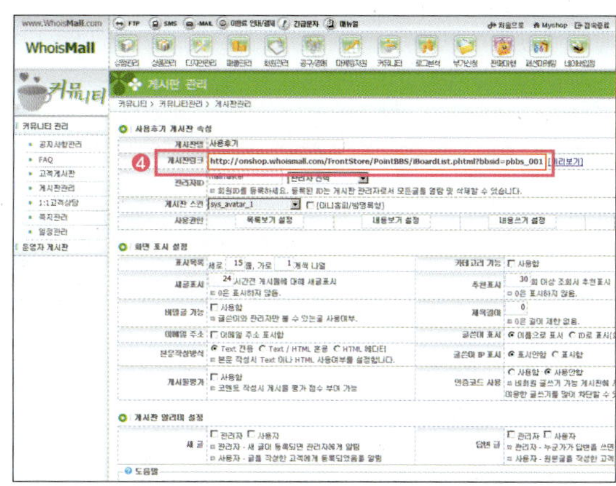

20 같은 방법을 이용하여 모든 이미지에 링크를 설정합니다.

이미지	링크 주소
장바구니	{{$TLink.ICartView}}
주문/배송조회	{{$TLink.IOrderCheck}}
마이샵	{{$TLink.IMyPage}}
고객게시판	http://onshop.whoismall.com/FrontStore/PointBBS/iBoardList.phtml?bbsid=pbbs_qanda
사용후기	http://onshop.whoismall.com/FrontStore/PointBBS/iBoardList.phtml?bbsid=pbbs_001

21 이번에는 드림위버의 '비헤이비어' 기능을 이용하여 1차 상품 분류에 마우스를 업로드했을 때 2차 분류가 나타나도록 만들어보겠습니다. 우선 작업 중인 파일을 'File' 메뉴의 'Save as'를 클릭하여 '스타일3상단.html' 파일로 저장합니다.

22 첫 번째 메뉴인 '숄더형' 이미지를 클릭하고, 'Tag' 패널의 'Behaviors' 탭에서 '+' 버튼을 선택합니다. 단축 메뉴가 나타나면 'Show Pop-Up Menu'를 클릭합니다.

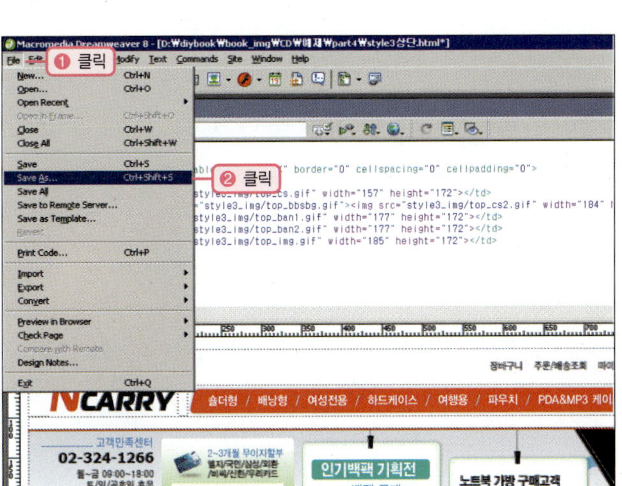

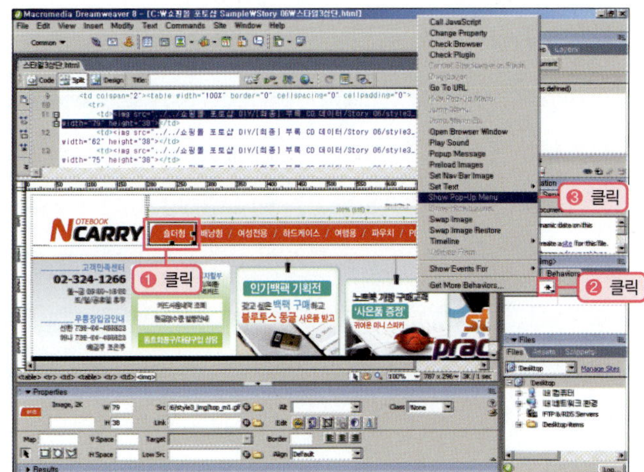

23 'Show Pop-Up Menu' 대화상자가 나타나면 'Contents' 탭에서 'Text : 17인치용', 'Link : http://onshop.whoismall.com/FrontStore/iGoodsList.phtml?iCategoryId=2'로 설정합니다. 그런 다음 '+' 버튼을 클릭하면 아래쪽에 설정한 내용이 추가되는 것을 알 수 있습니다.

24 같은 방법을 이용하여 '15인치용', '14인치용', '13인치용', '12인치용', '10인치 이하'도 추가합니다.

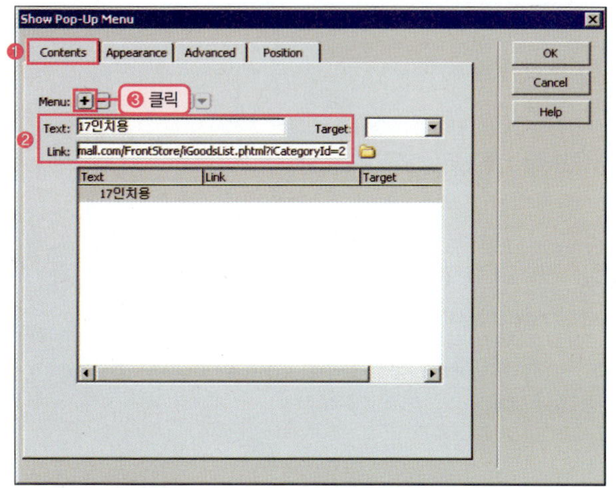
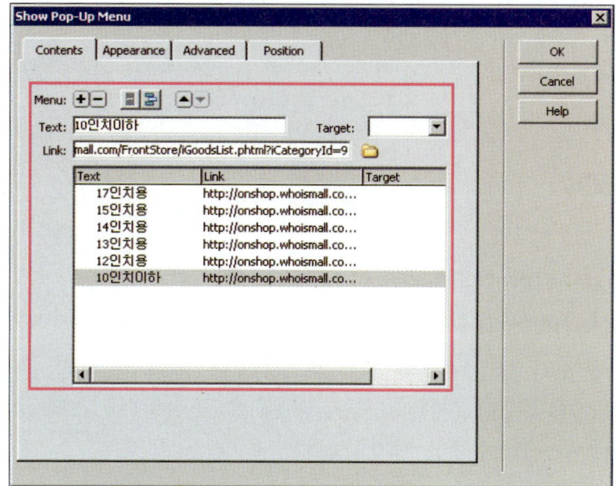

이미지	링크 주소
17인치용	http://onshop.whoismall.com/FrontStore/iGoodsList.phtml?iCategoryId=2
15인치용	http://onshop.whoismall.com/FrontStore/iGoodsList.phtml?iCategoryId=5
14인치용	http://onshop.whoismall.com/FrontStore/iGoodsList.phtml?iCategoryId=6
13인치용	http://onshop.whoismall.com/FrontStore/iGoodsList.phtml?iCategoryId=7
12인치용	http://onshop.whoismall.com/FrontStore/iGoodsList.phtml?iCategoryId=8
10인치이하	http://onshop.whoismall.com/FrontStore/iGoodsList.phtml?iCategoryId=9

Hot Sauce

쇼핑몰 관리자에서 상품 분류를 미리 생성해 두어야 쇼핑몰 상품 분류의 링크 주소를 정확하게 알 수 있습니다. 실제로는 자신의 링크 주소와 책의 예제 링크 주소가 다르므로 이 점을 잊지 마세요.

25 설정이 모두 완료되면 'Apperance' 탭으로 이동합니다. 드롭다운 버튼을 클릭하여 'Horizontal menu'를 선택한 후 'Up state' 항목은 'Text : #666666', 'Over state' 항목은 'Text: #cc0000', 'Cell : #ffffff'로 지정합니다.

26 'Advanced' 탭을 클릭하여 'Cell padding : 3', 'Menu delay : 1000'을 입력합니다.

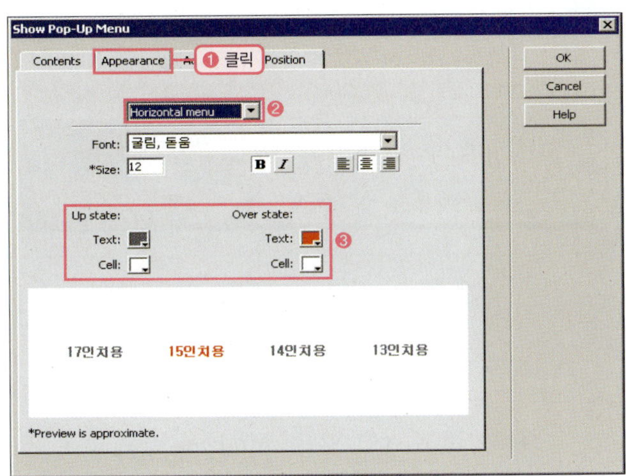

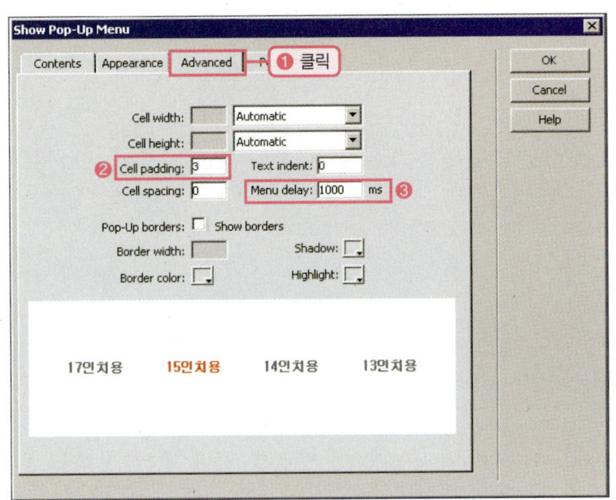

27 'Position' 탭으로 이동해 'Menu position' 항목에서 두 번째 아이콘을 클릭하고, 'Y' 좌표에 '38'을 입력합니다. 그런 다음 체크 박스에 체크 표시를 한 후 'OK' 버튼을 클릭합니다.

28 'Behaviors' 패널에 'onMouseOut'과 'onMouse Over' 비헤이비어가 추가된 것을 확인할 수 있습니다.

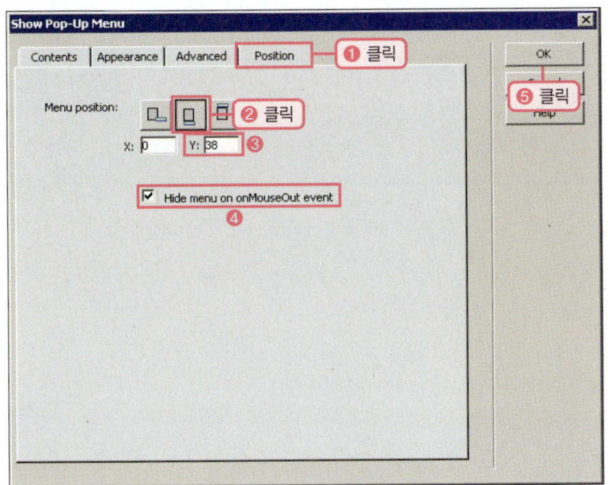

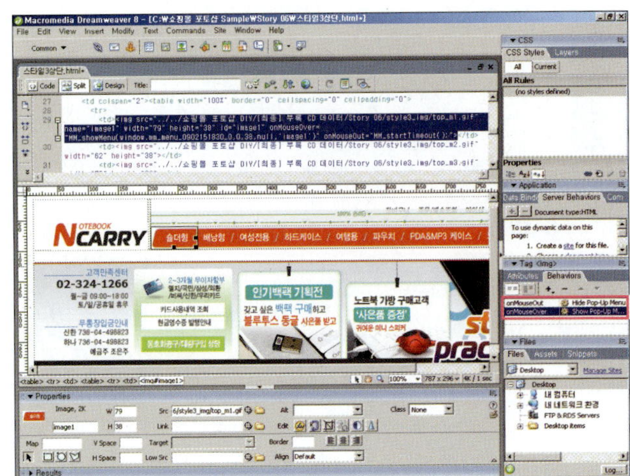

29 'Code' 창을 살펴보면 '<script language="Java Script" src="mm_menu.js"></script>' 소스가 있는데, 팝업 메뉴가 정상적으로 작동하기 위해서는 HTML 파일에 종속하여 생성된 'mm_menu.js' 파일도 쇼핑몰 FTP에 업로드해야 합니다. 나중에 쇼핑몰 관리자에서 'shop-Images' 폴더에 업로드할 것이므로 js 파일의 경로를 다음과 같이 수정해 둡니다.

[기존 소스]

```
<script  language="JavaScript"  src="mm_menu.js">
</script>
```

[수정 후]

```
<script  language="JavaScript"  src="/shop/Images/mm_
menu.js"></script>
```

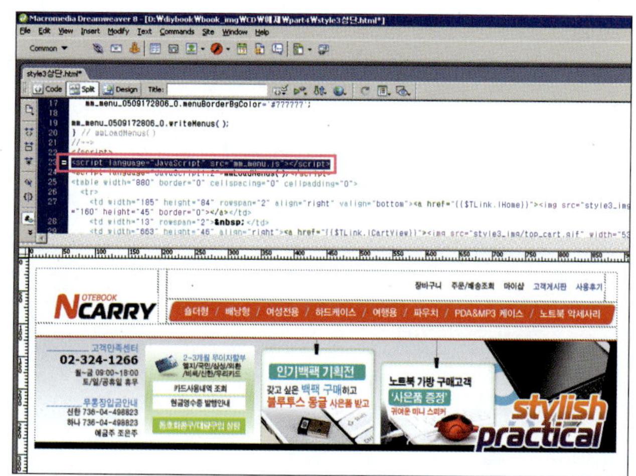

30 이제 이미지 파일의 경로를 웹에 맞는 경로로 모두 바꿔야 합니다. 작업 화면에서 아무 이미지나 하나 선택하고, 'Code' 창에서 선택한 이미지의 현재 경로를 복사합니다.

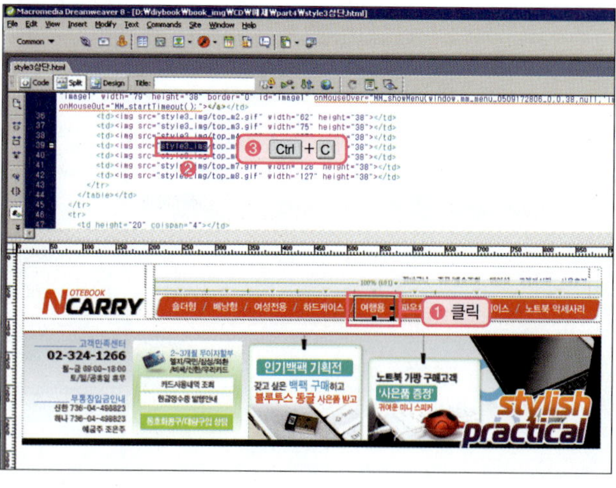

31 Ctrl + F 를 누릅니다. 'Find and Replace' 대화상자가 나타나면 복사해 둔 현재 경로를 상단 입력란에 붙여 넣고, 하단 입력란에는 이를 대체할 웹상의 경로를 입력한 후 'Replace All' 버튼을 클릭합니다.

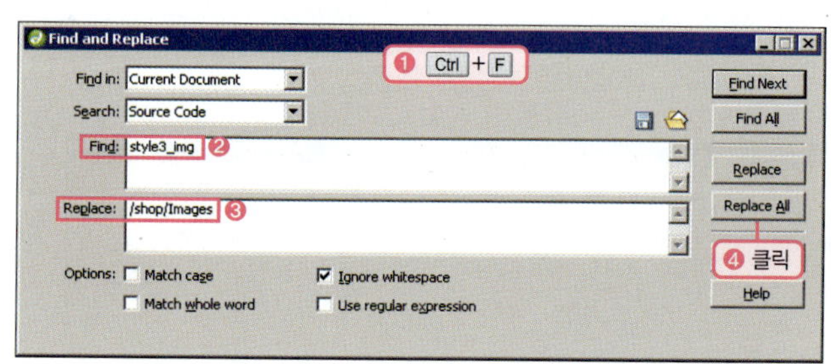

32 이미지들의 경로가 모두 바뀌면 'Properties' 창에서 'Refresh' 버튼을 클릭합니다.

33 Ctrl + S 를 눌러서 작업한 파일을 저장합니다.

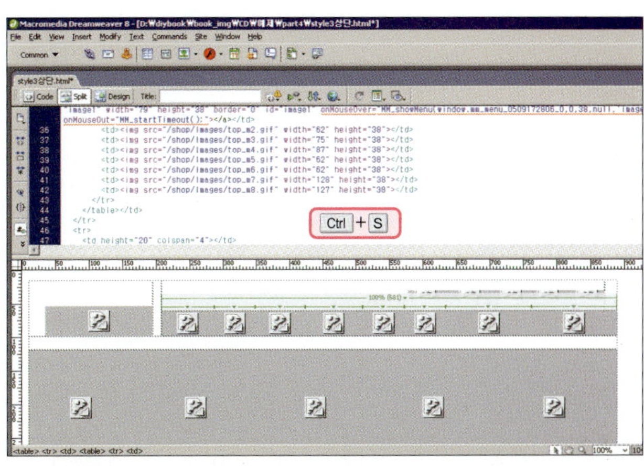

Hot Sauce

완성된 HTML은 '부록 CD-Story 06-style3_html' 폴더의 '스타일3상단.html' 파일입니다.

♥ 좌측 영역 코딩하기

01 이번에는 메인 페이지의 좌측 영역을 코딩하겠습니다. 새 HTML 파일을 만들고, 기본 소스를 모두 삭제합니다.

02 'Common' 메뉴 바에서 '테이블 삽입' 아이콘을 클릭하고, 'Rows : 1', 'Columns : 1', 'Table width : 172'의 표를 만듭니다. 이때 단위는 'pixels'로 지정합니다.

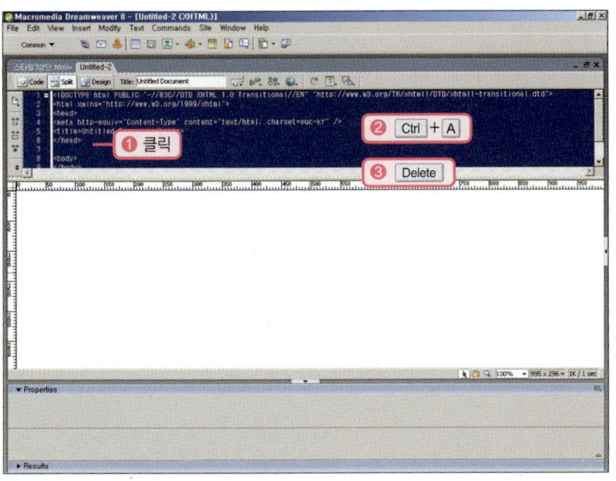

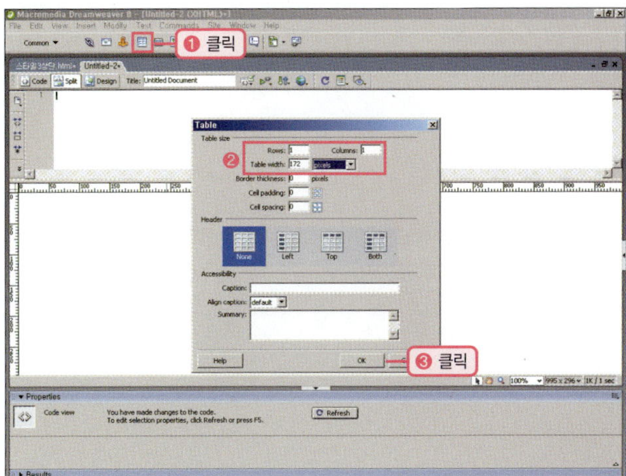

03 'Properties' 창에서 'Horz : Center', 'Vert : Middle', 'H : 580'으로 지정합니다.

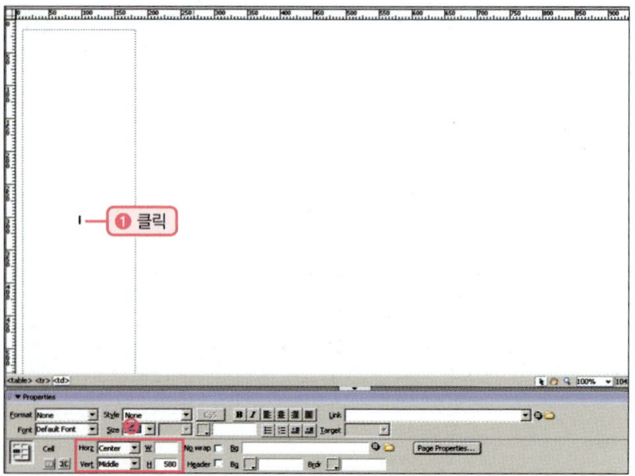

04 'Common' 메뉴 바의 '이미지 삽입' 아이콘을 클릭한 후 부록 CD의 'Story 06-style3_img' 폴더에서 'left_menu.gif'를 삽입합니다.

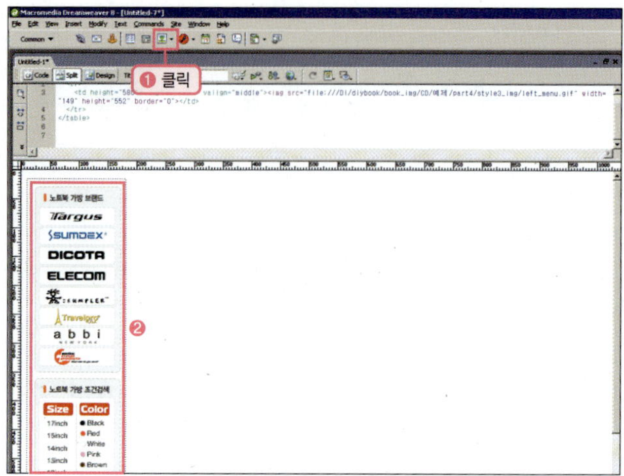

05 'Properties' 창의 'Map' 항목에 'leftmap'을 입력합니다. 사각형 스폿 툴을 클릭하고, 좌측 메뉴 중 가장 첫 번째인 'Targus'를 마우스로 드래그하여 이미지 맵으로 지정합니다. 이때 'Properties' 창의 'Link' 항목에는 해당 메뉴를 클릭했을 때 이동할 링크 주소도 입력합니다.

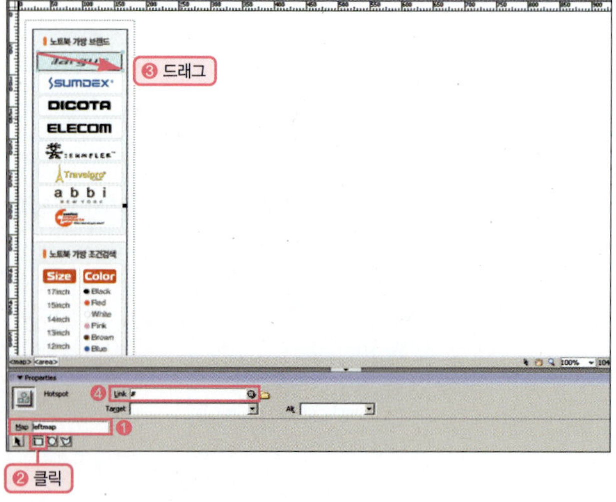

06 같은 방법을 이용하여 모든 메뉴에 이미지 맵과 링크를 설정합니다.

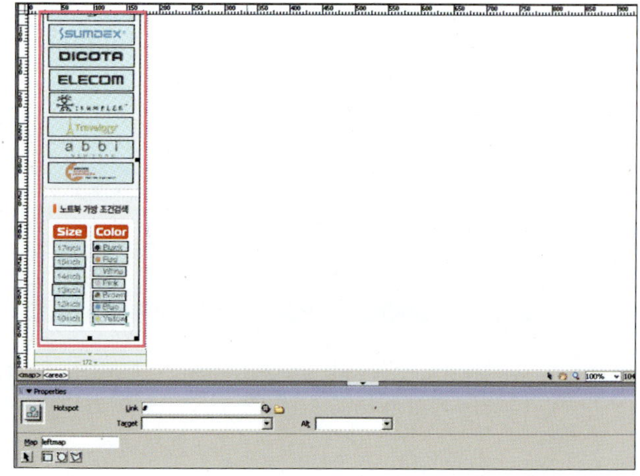

07 이미지가 1개로 이루어져 있기 때문에 굳이 'Find and Replace' 기능을 사용할 필요가 없습니다. 'Code' 모드에서 삽입한 이미지의 경로를 '/shop/Images /left_menu.gif'로 바꾸면 되는데, 작업한 파일은 '스타일3좌측.html'로 저장합니다.

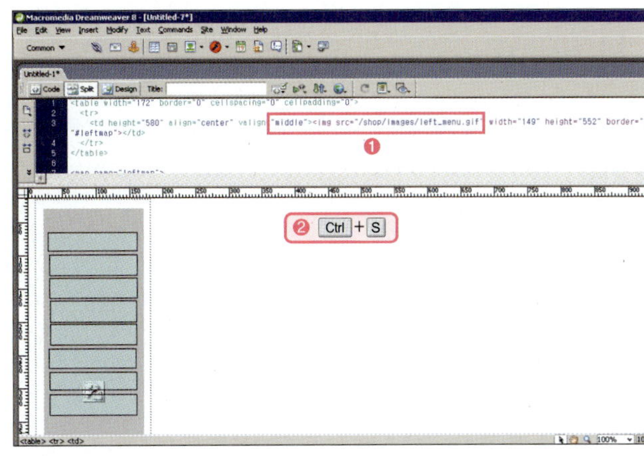

Hot Sauce

완성된 HTML은 '부록 CD-Story 06-style3_html' 폴더의 '스타일3좌측.html' 파일입니다.

♥ 중앙 영역 코딩하기

01 이번에는 메인 페이지의 좌측 영역을 코딩하겠습니다. 새 HTML 파일을 만들고, 기본 소스를 모두 삭제합니다. 그런 다음 '테이블 삽입' 아이콘을 클릭하여 'Rows : 3', 'Columns : 4', 'Table width : 100'의 표를 만듭니다. 이때 단위는 'percent'로 지정합니다.

02 1~3열의 1행을 병합하고, 'Properties' 창에서 'W' 항목에 '2'를 입력합니다.

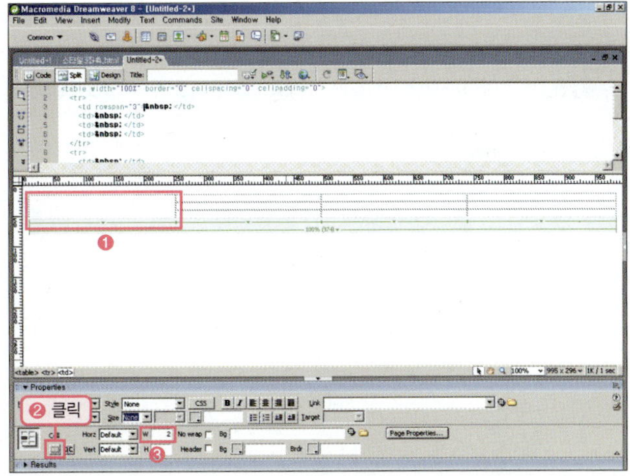

Hot Sauce

'Code' 창의 소스 중에서 병합한 셀의 ' '를 삭제하세요.

03 다시 1~3열의 마지막 행을 병합하고, 'Properties' 창에서 'W' 항목에 '1'을 입력합니다.

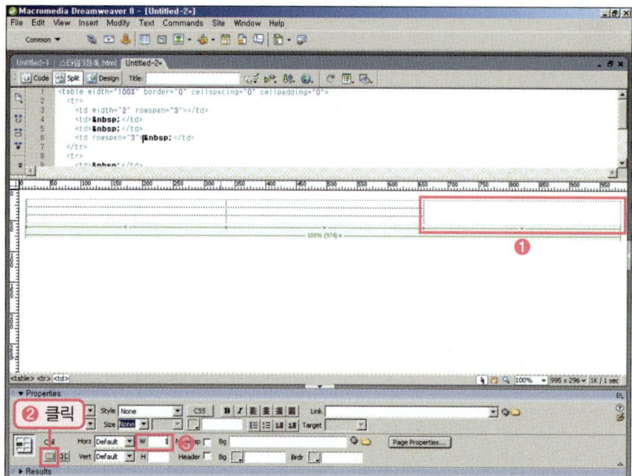

Hot Sauce

'Code' 창의 소스 중에서 병합한 셀의 ' '를 삭제하세요.

04 1열의 2행, 3행을 병합하고, 'Properties' 창에서 'H' 항목에 '20'을 입력합니다.

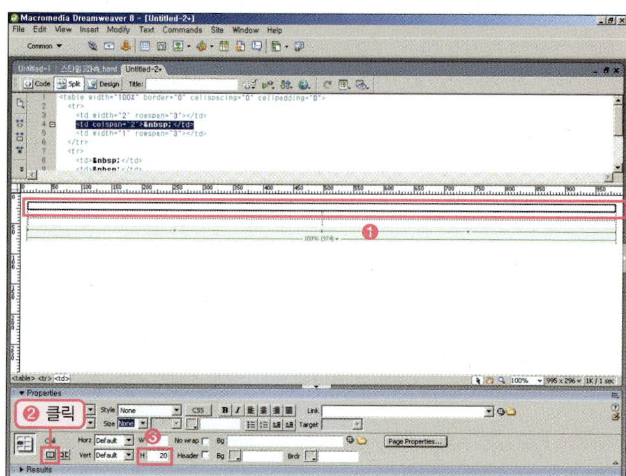

Hot Sauce

'Code' 창의 소스 중에서 병합한 셀의 ' '를 삭제하세요.

05 3열의 2행, 3행을 병합하고, 'Properties' 창에서 'H' 항목에 '10'을 입력합니다.

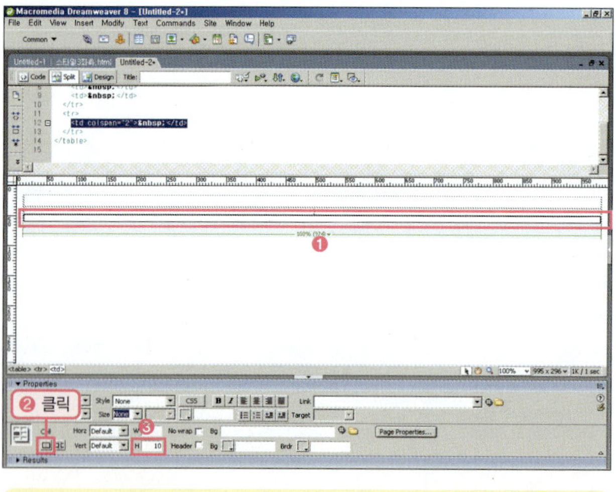

Hot Sauce

'Code' 창의 소스 중에서 병합한 셀의 ' '를 삭제하세요.

06 2열 2행에 마우스 포인터를 위치하고, 'Properties' 창에서 'W' 항목에 '185'를 입력합니다.

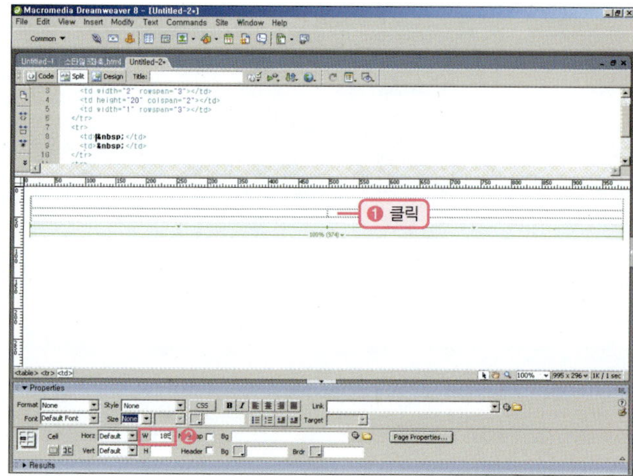

07 'Common' 메뉴 바의 '이미지 삽입' 아이콘을 클릭하여 '부록 CD-Story 06-style3_img' 폴더에서 'center_new.gif'를 삽입합니다.

08 이미지가 삽입되면 오른쪽 옆 셀을 클릭하고, 'Properties' 창에서 'Vert' 항목을 'Top'으로 지정합니다. 그런 다음 '테이블 삽입' 아이콘을 클릭합니다.

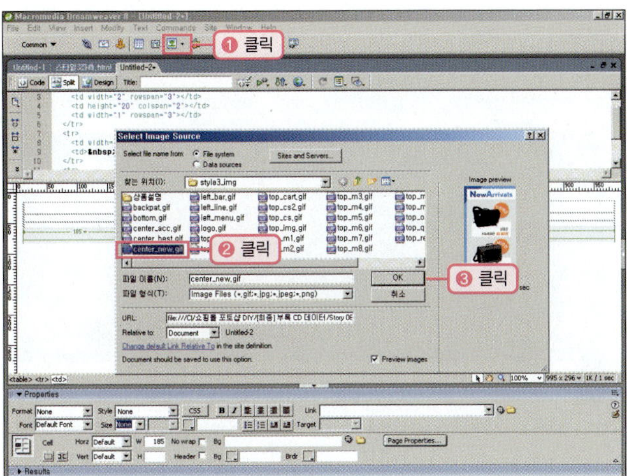

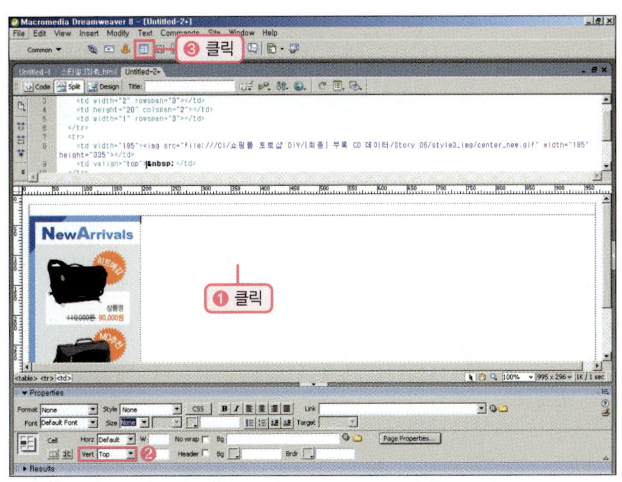

09 'Table' 대화상자가 나타나면 'Rows : 3', 'Columns : 1', 'Table width : 100'의 표를 만듭니다. 이때 단위는 'percent'를 지정합니다.

10 새로 만든 테이블의 첫 번째 셀에 마우스 포인터를 위치하고, 'Properties' 창에서 'H : 10', 'Bg : #65a1d7'로 지정합니다.

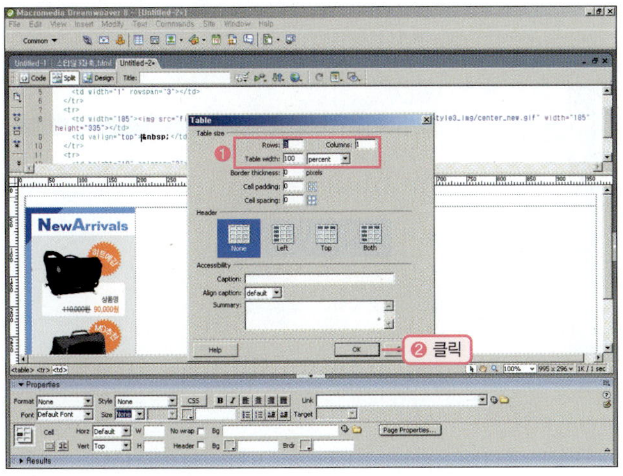

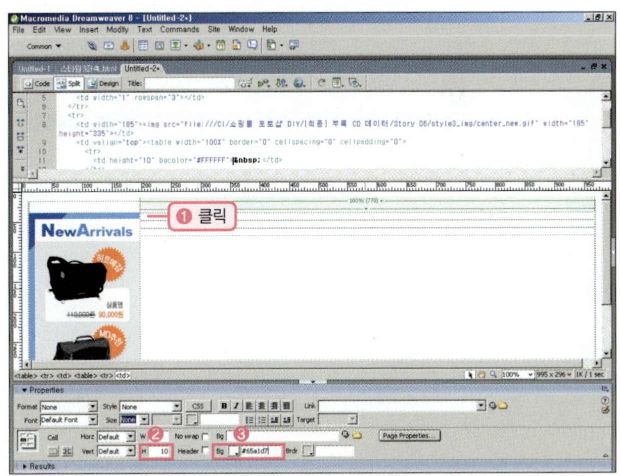

Hot Sauce

'Code' 창의 소스 중에서 셀의 ' '를 삭제하세요.

11 새로 만든 테이블의 3열을 선택한 후 'Code' 창에서 ' '를 삭제합니다. 그런 다음 ' '를 삭제한 위치에 '{{IncludeItem iItemName="POINTSHOP_ITEM_GOODSLIST" iCategoryType=1}}' 을 입력합니다.

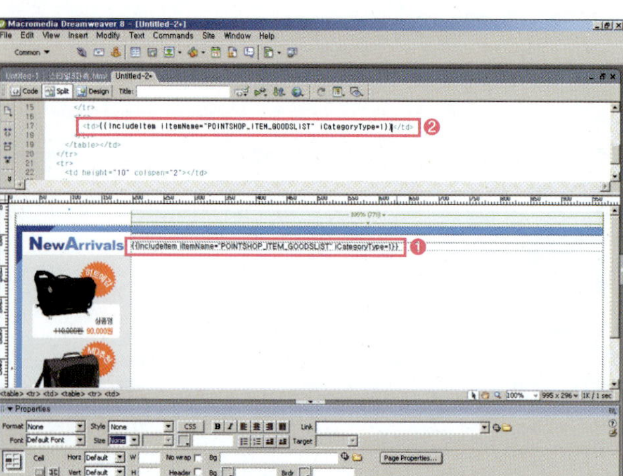

12 'Code' 탭을 클릭하여 작업 화면에 HTML 소스만 표시되도록 합니다. Ctrl + A 를 눌러서 전체 소스를 선택하고, 다시 Ctrl + C 를 눌러 복사합니다.

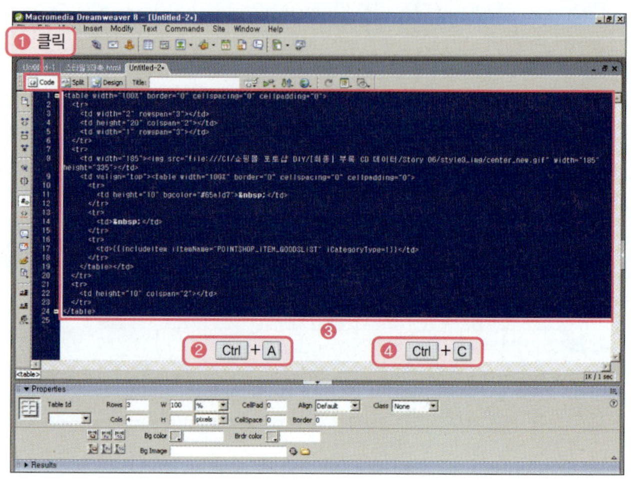

13 붙여 넣을 소스를 구분하기 쉽게 두 줄 정도 공백을 만들고, Ctrl + V 를 눌러서 붙여넣기 합니다.

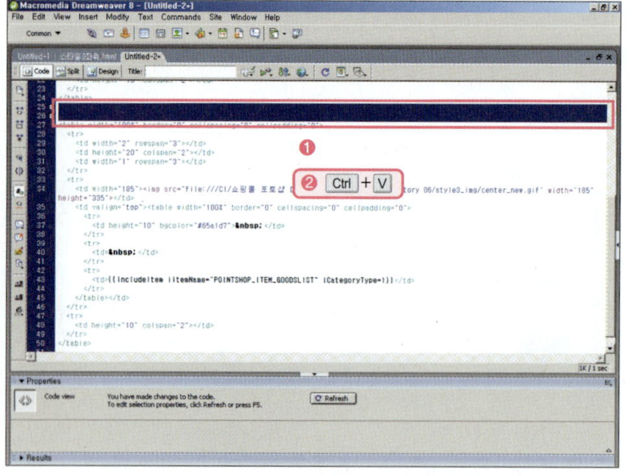

14 두 개의 테이블 소스 사이에 다음의 테이블 소스를 입력합니다.

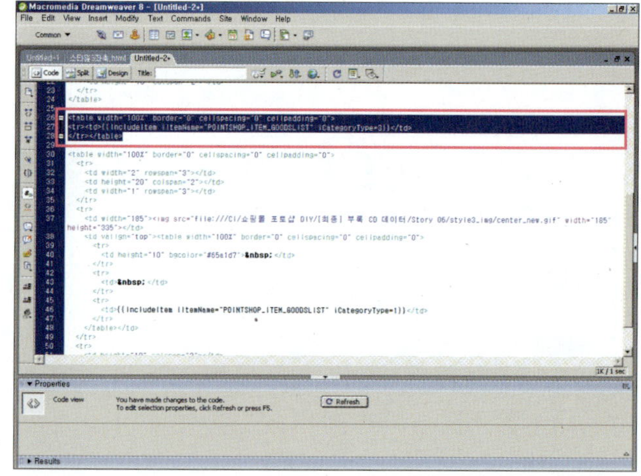

```
<table width="100%" border="0" cellspacing="0"
cell
padding="0">
<tr><td>{{IncludeItem iItemName="POINTSHOP_ITEM_
GOODSLIST" iCategoryType=3}}</td>
</tr></table>
```

15 복사한 테이블 소스에서 '20→10', 'new→ best', '1→2'로 수정합니다.

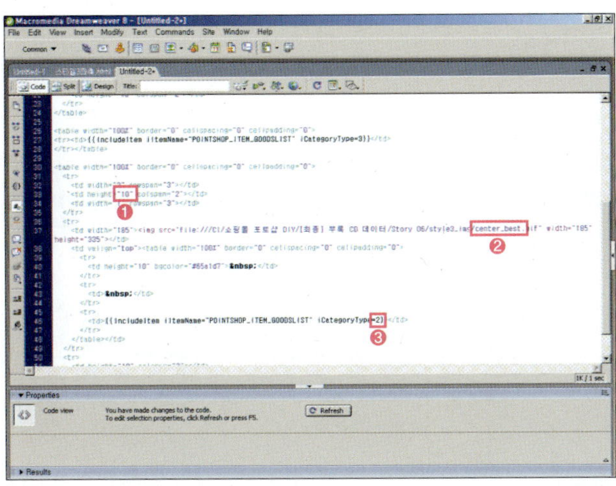

16 다시 'Split' 탭을 클릭한 후 'center_new' 이미지를 선택합니다. 그런 다음 'Properties' 창의 'Map' 항목에 'newmap'을 입력하고, 사각형 스폿 툴을 이용하여 다음과 같이 스폿 영역을 지정합니다.

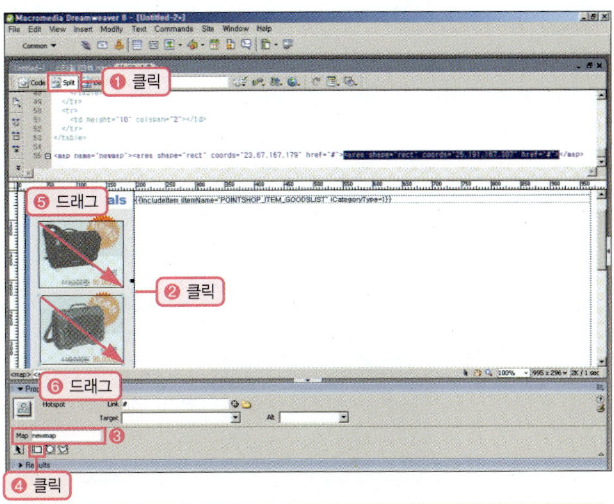

Hot Sauce

'Link' 항목에는 해당 상품을 클릭했을 때 이동할 상세 페이지 주소를 입력하면 됩니다.

17 이번에는 'center_best' 이미지를 클릭하고, 'Properties' 창의 'Map' 항목에 'bestmap'을 입력합니다. 사각형 스폿 툴을 이용하여 각각 스폿 영역을 지정한 후 'Link' 항목에는 해당 상품의 상세 페이지 주소를 입력합니다.

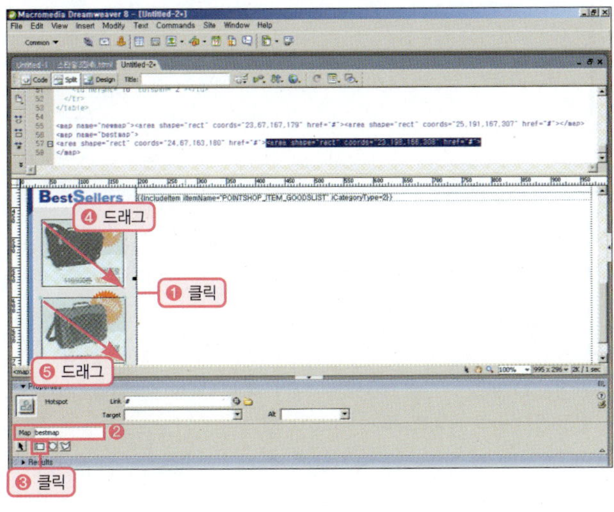

18 두 이미지의 경로를 각각 '/shop/Images/center _new.gif'와 '/shop/Images/center_best.gif' 로 수정하고, '스타일3중앙.html' 파일로 저장합니다.

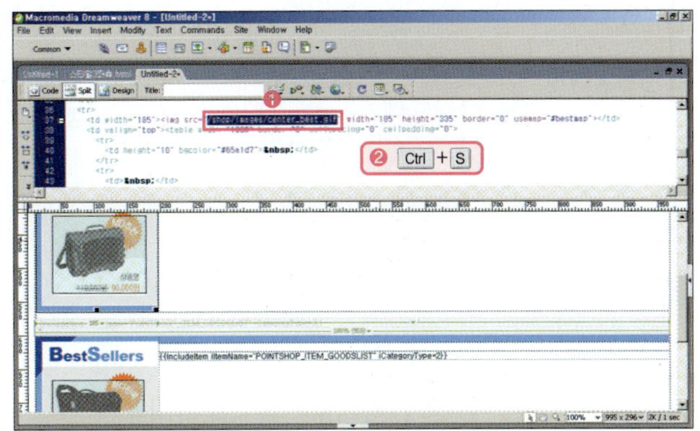

Hot Sauce

완성된 HTML은 '부록 CD-Story 06-style3_html' 폴더의 '스타일3중앙.html' 파일입니다.

01 이제 마지막으로 하단 영역을 코딩하겠습니다. 새 HTML 파일을 만들고, 기본 소스를 모두 삭제합니다. 그런 다음 '테이블 삽입' 아이콘을 클릭하여 'Rows : 1', 'Columns : 1', 'Table width : 880'의 표를 만듭니다. 이때 단위는 'pixels'로 지정합니다.

02 셀 안에 마우스 포인터를 위치하고, '이미지 삽입' 아이콘을 클릭합니다. 그런 다음 부록 CD의 'Story 06-style3_img' 폴더에서 'bottom.gif'를 삽입합니다.

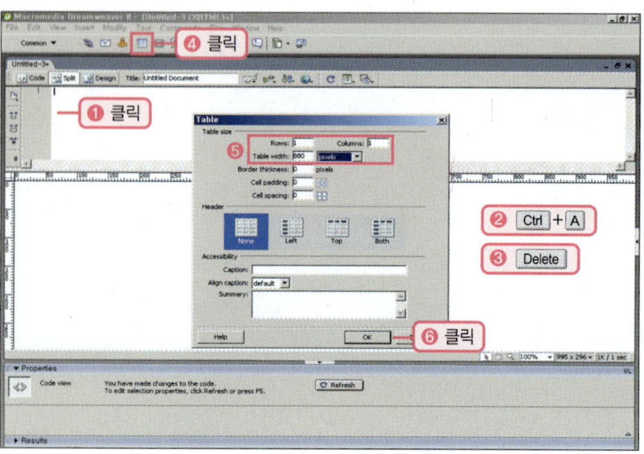

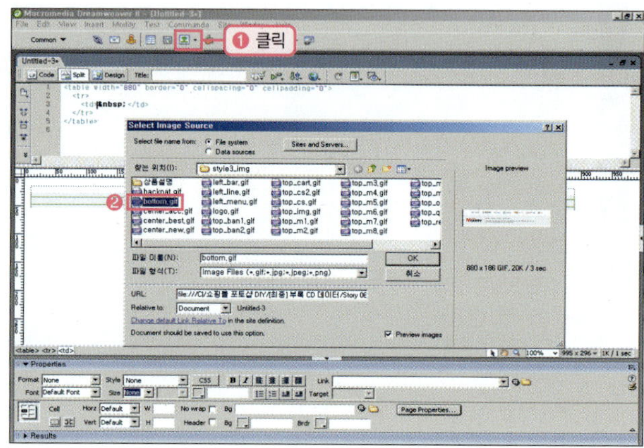

03 불러온 이미지를 선택한 상태에서 'Properties' 창의 'Map' 항목에 'bomap'을 입력합니다. 사각형 스폿 툴을 이용하여 다음과 같이 각 메뉴마다 이미지 맵을 지정합니다. 이때 'Link' 항목에는 해당 상품의 상세 페이지 주소를 입력하면 됩니다.

04 이미지의 경로를 '/shop/Images/bottom.gif'로 수정하고, '스타일3하단.html' 파일로 저장합니다.

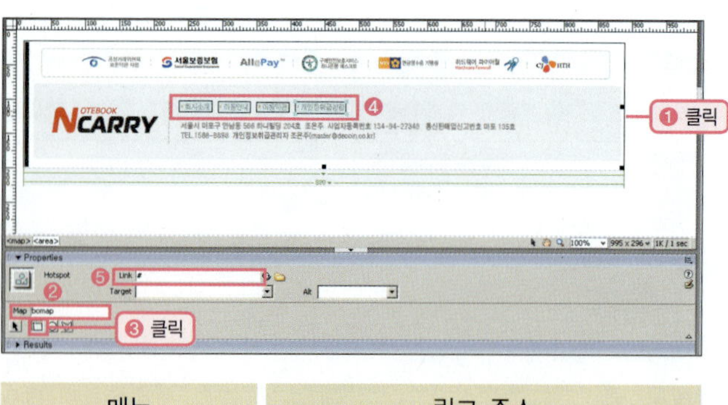

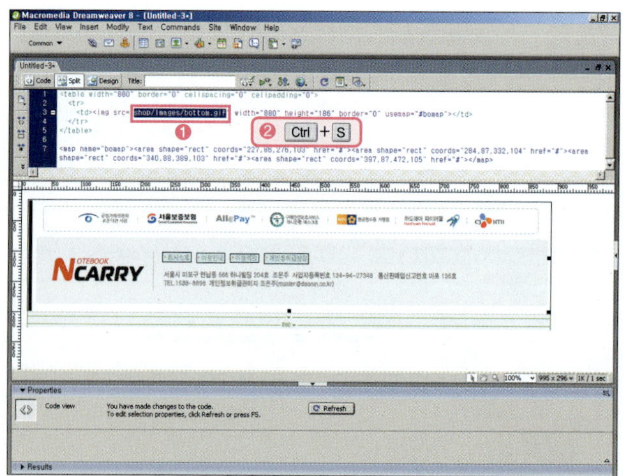

메뉴	링크 주소
회사소개	{{$TLink.IStoreInfo}}
이용안내	{{$TLink.IUserUsage}}
이용약관	{{$TLink.IUserAgree}}
개인정보취급방침	{{$TLink.IUserPrivacy}}

Hot Sauce

완성된 HTML은 '부록 CD-Story 06-style3_html' 폴더의 '스타일3하단.html' 파일입니다.

Shopping Mall Sense 61

[후이즈몰] 관리자에서 디자인 적용하고, 상품 등록하기

♥ 이미지 업로드하기

01 웹 브라우저를 실행하고, 후이즈몰로 이동한 후 로그인합니다.

02 상점 관리자에서 'FTP' 버튼을 클릭하면 FTP 창이 나타납니다. 여기에서 'shop' 폴더를 더블 클릭합니다.

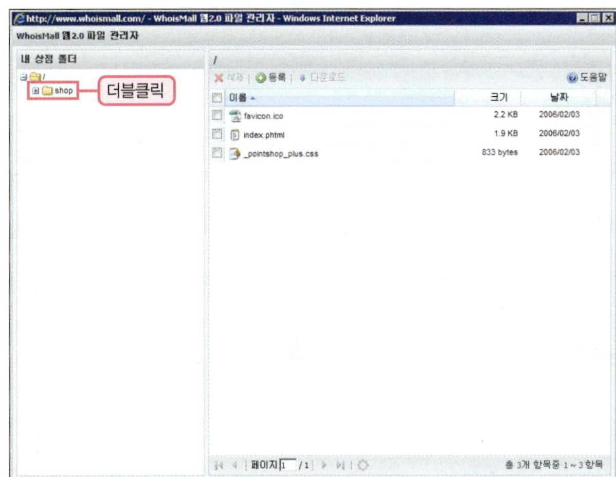

03 'shop' 폴더에서 'Imges' 폴더를 선택하고 우측 상단의 '등록' 버튼을 클릭합니다.

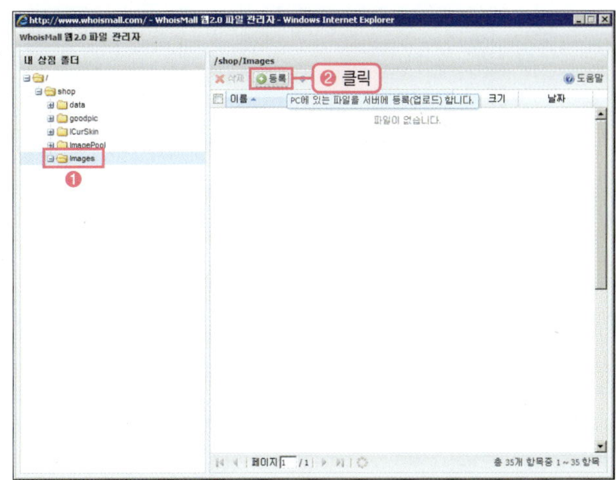

04 '파일 관리자' 창이 나타나면 '파일선택' 버튼을 클릭합니다.

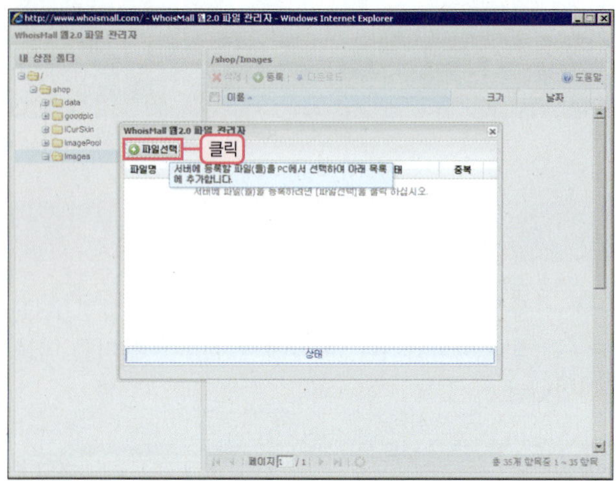

05 '부록 CD-Story 06-style3_img' 폴더에서 '상품 설명' 폴더를 제외한 나머지 이미지 파일들을 모두 선택하고 '열기' 버튼을 클릭합니다.

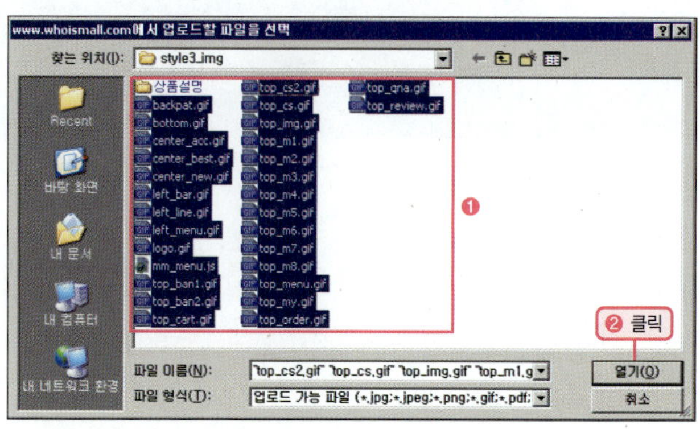

06 '파일 관리자' 창에 지정한 파일들이 모두 나타나는 것을 확인한 후 '업로드 시작' 버튼을 클릭합니다.

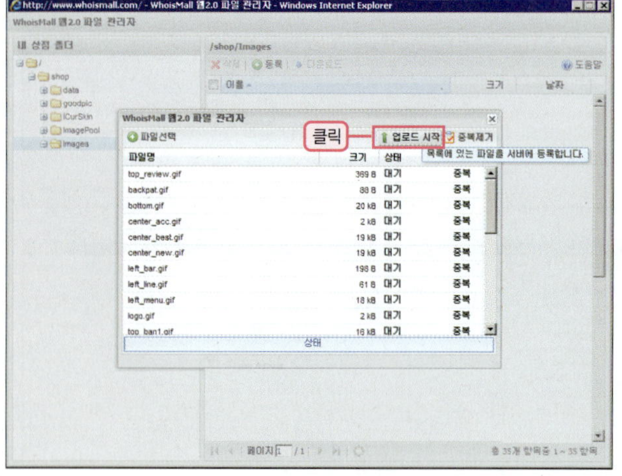

07 FTP의 'shop-Images' 폴더에 이미지들이 모두 업로드되었습니다. '닫기' 버튼을 클릭하여 창을 닫습니다.

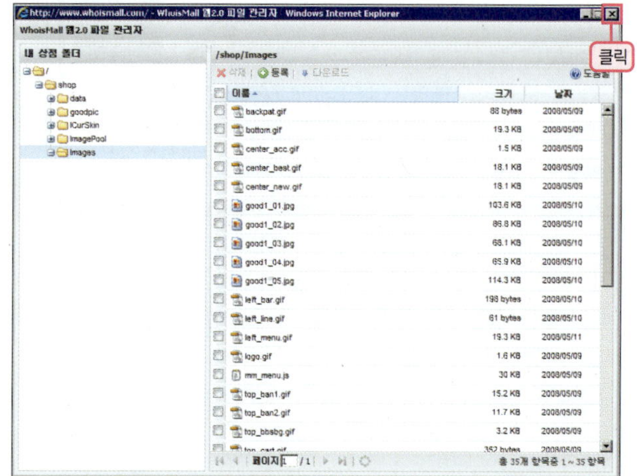

💙 상품 분류 생성과 상품 등록하기

01 후이즈몰의 관리자 페이지에서 '상품관리–상품분류관리'를 차례대로 클릭합니다.

02 '상품 분류 등록 관리' 페이지가 나타나면 '분류 목록'에서 '최상위 분류'를 클릭하고 분류 속성을 설정합니다. '분류명'은 '솔더형', '하위분류 유무'는 '있음'으로 설정한 후 '등록' 버튼을 클릭합니다.

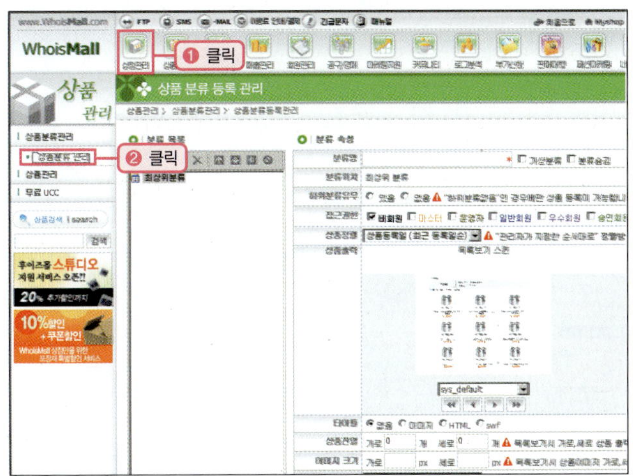

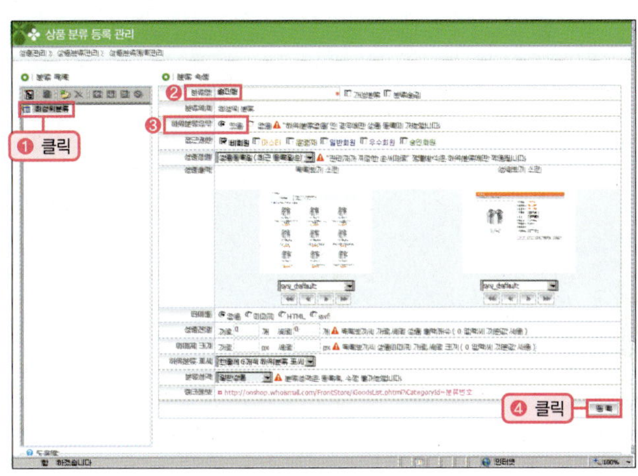

03 최상위 분류 트리에 '솔더형' 대분류가 생성된 것을 확인할 수 있습니다. '신규등록' 버튼을 클릭합니다.

04 '솔더형' 대분류에 하위 분류를 등록할 수 있는 페이지가 나타납니다. 솔더형의 2차 분류인 '17인치용'을 입력한 후 '하위분류 유무'는 '없음'을 선택합니다. 그런 다음 '등록' 버튼을 클릭합니다.

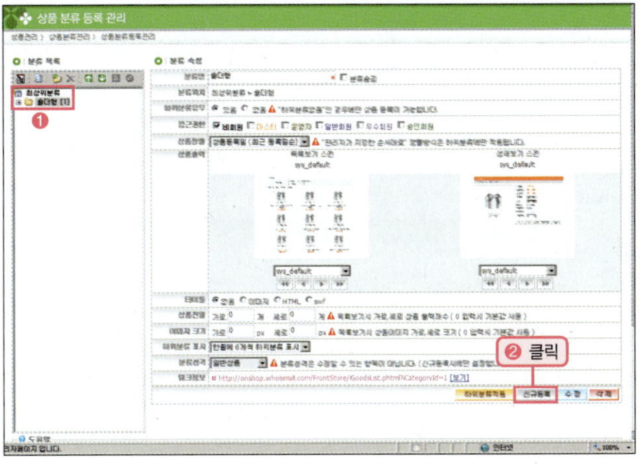

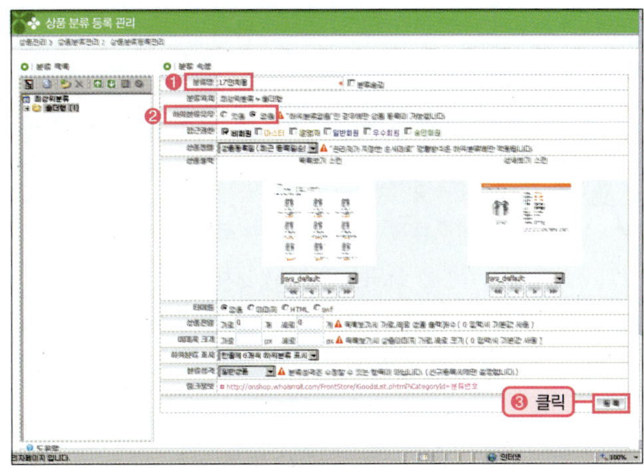

05 이제 상품을 등록해 보겠습니다. '상품관리–상품관리–상품등록관리' 메뉴를 차례대로 클릭합니다. '분류 목록'에서 '숄더형'을 클릭한 후 '17인치용'을 더블클릭하면 아래쪽에 '상품정보 등록/수정' 항목이 나타납니다.

06 필수 정보인 상품명과 판매가를 입력합니다.

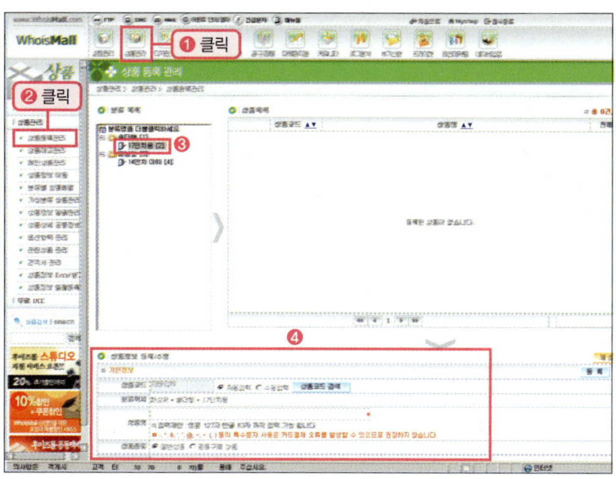

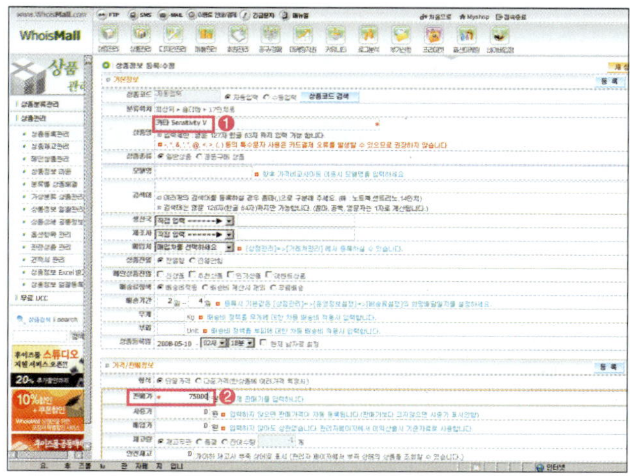

07 스크롤바를 아래쪽으로 이동하여 '상세설명정보' 항목에서 '이미지 라이브러리' 버튼을 클릭합니다.

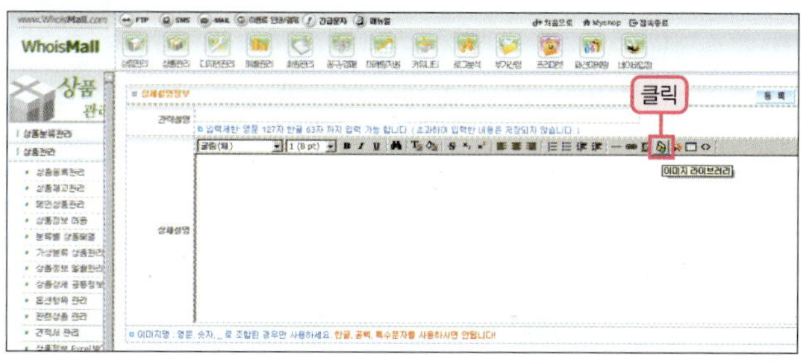

Design Master | 대분류, 중분류, 가상 분류 등록

• 대분류와 중분류 등록

1차 대분류를 등록할 때는 좌측의 '상품분류관리' 버튼을 클릭하면 되고, 2차 하위 분류를 등록할 때는 대분류명을 더블클릭한 후 하단의 '신규등록' 버튼을 클릭하면 됩니다.

• 가상 분류 등록

가상 분류는 상품의 최상위 분류를 등록할 때 '가상분류' 항목을 선택하고 등록하면 됩니다.

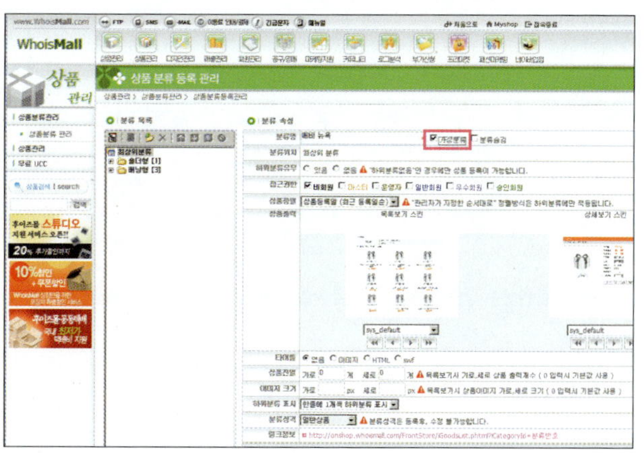

08 '이미지 삽입' 대화상자가 나타나면 '찾기' 버튼을 클릭합니다.

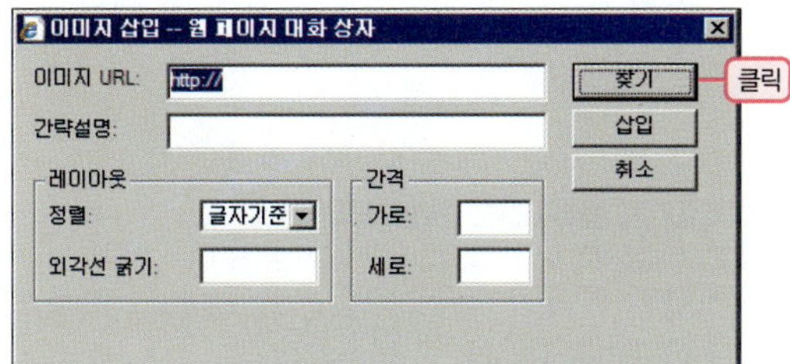

09 다시 '이미지파일 선택' 창이 나타나면 하단 좌측의 '등록' 버튼을 클릭합니다.

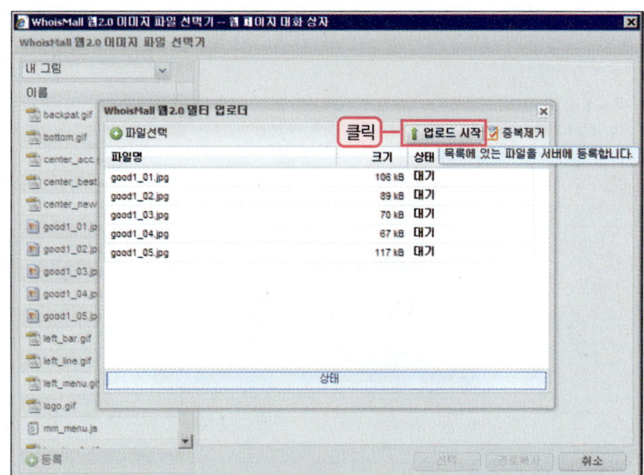

10 업로드할 파일을 선택할 수 있는 대화상자가 나타납니다. '부록 CD-Story 06-style3_img-상품설명' 폴더로 이동하여 상품 설명용 이미지 파일을 모두 선택하고 '열기' 버튼을 클릭합니다.

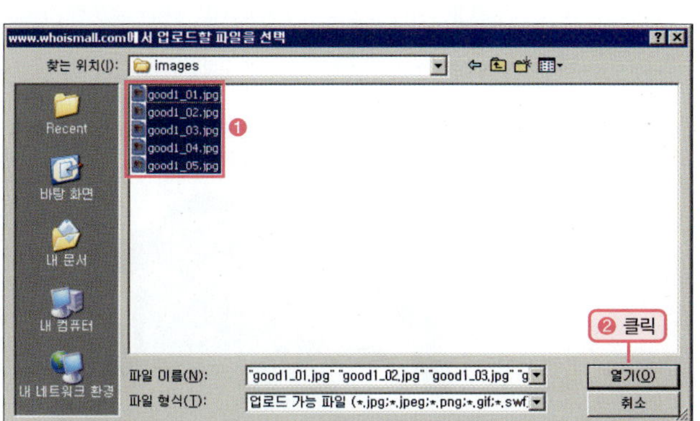

11 멀티 업로더 창에 지정한 파일들이 나타나면 '업로드 시작' 버튼을 클릭합니다.

12 이미지 파일 선택기의 좌측 파일 리스트에서 'good1_01.jpg~good1_05.jpg' 파일이 업로드된 것을 확인할 수 있습니다. 그중 'good1_01.jpg' 파일을 클릭하면 오른쪽 화면에 이미지가 미리 보기 되는데, 이 상태에서 하단의 '선택' 버튼을 클릭합니다.

13 '이미지 삽입' 대화상자가 나타나는데, 이미지 URL에 삽입할 이미지의 경로가 설정되어 있는 것을 확인할 수 있습니다. '삽입' 버튼을 클릭하세요.

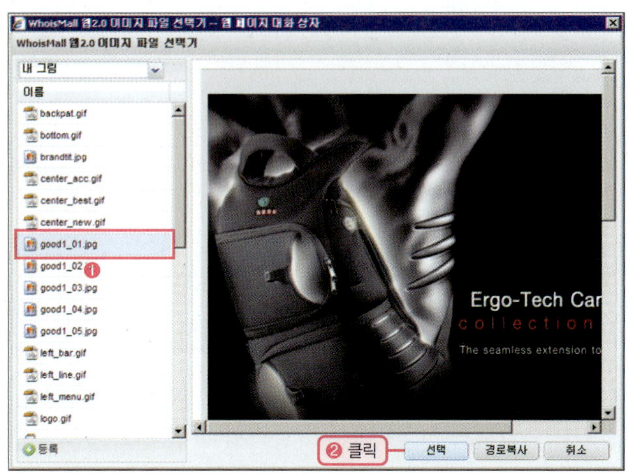

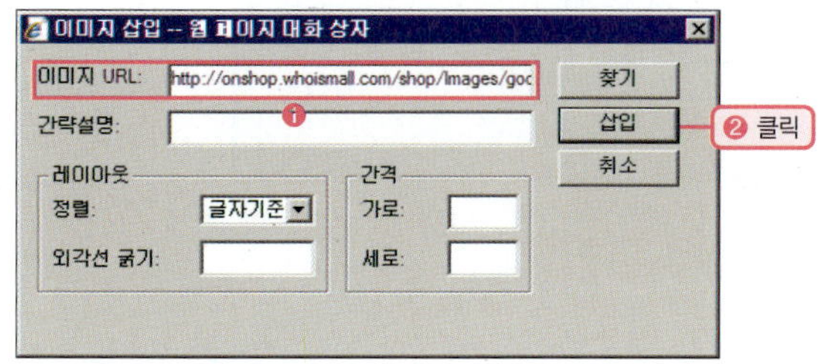

14 첫 번째 이미지가 상세 설명에 삽입되었습니다. 다시 '이미지 삽입' 버튼을 클릭한 후 '이미지 삽입' 대화상자에서 '찾기' 버튼을 클릭합니다.

15 파일 리스트에서 'good1_02.jpg' 파일을 선택한 후 '선택' 버튼을 클릭합니다.

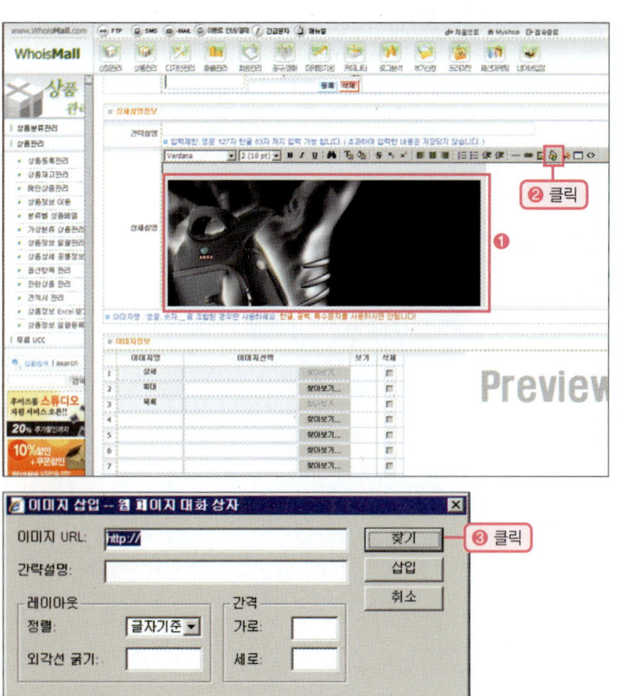

16 이미지 URL에 삽입할 두 번째 이미지의 경로가 설정되어 있는 것을 확인할 수 있습니다. '삽입' 버튼을 클릭하세요. 같은 방법을 이용하여 'good1_05.jpg' 파일까지 모두 상세 설명에 삽입합니다.

17 '상세설명정보' 입력 상자 오른쪽 위의 'html 소스로 보기' 버튼을 클릭하면 HTML 소스로 전환됩니다.

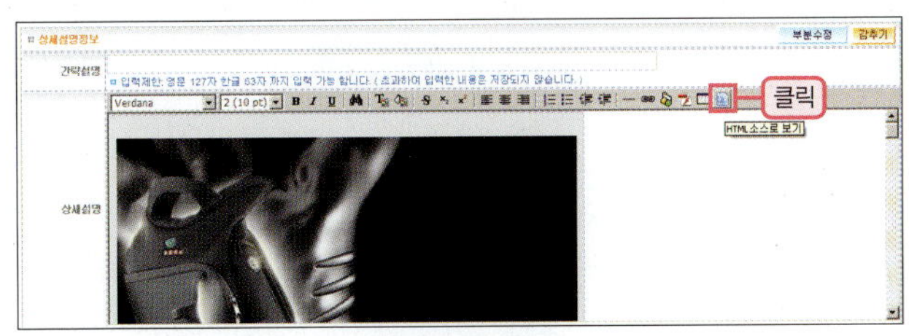

18 다음과 같이 각 이미지 삽입 소스 사이에 '<br>' 태그를 추가합니다.

19 더욱 우수한 상품 사진을 노출하기 위해 '상세/확대/목록 이미지 자동등록'의 체크 표시를 해제합니다. '찾아보기' 버튼을 클릭하여 부록 CD의 'Story 06-style3소스 이미지' 폴더에서 'good300.jpg', 'good500.jpg', 'good100.jpg' 파일을 각각 지정한 후 '등록' 버튼을 클릭하면 상품 등록이 완료됩니다.

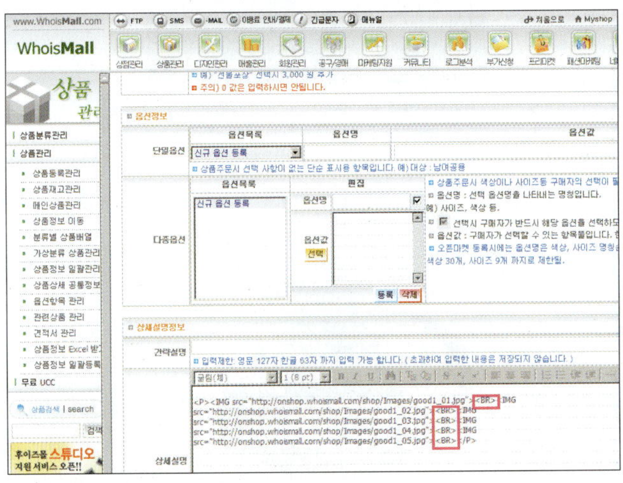

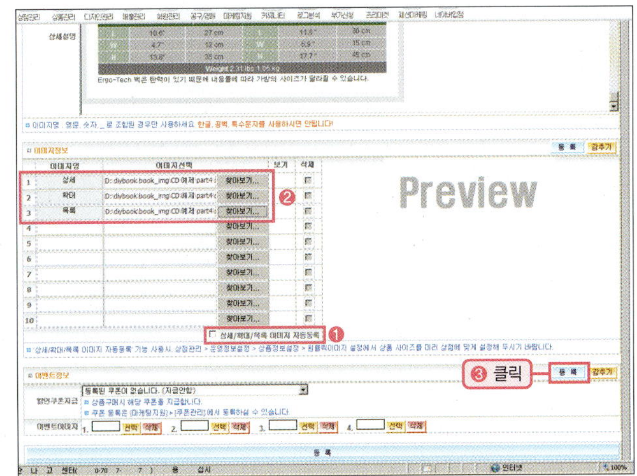

페이지 상단으로 이동하여 등록된 상품 코드를 클릭하면 해당 상품의 상세 페이지를 확인할 수 있습니다.

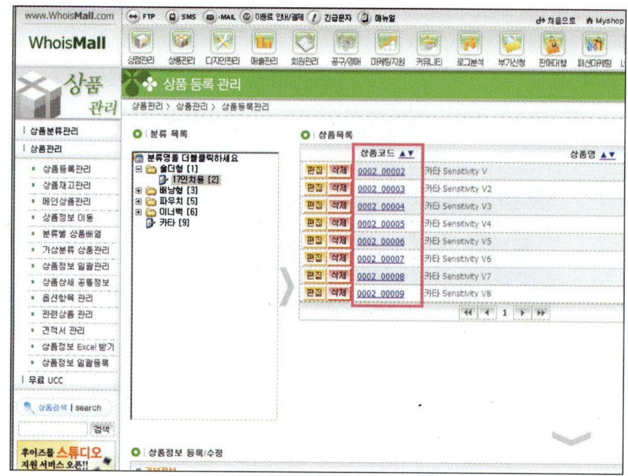

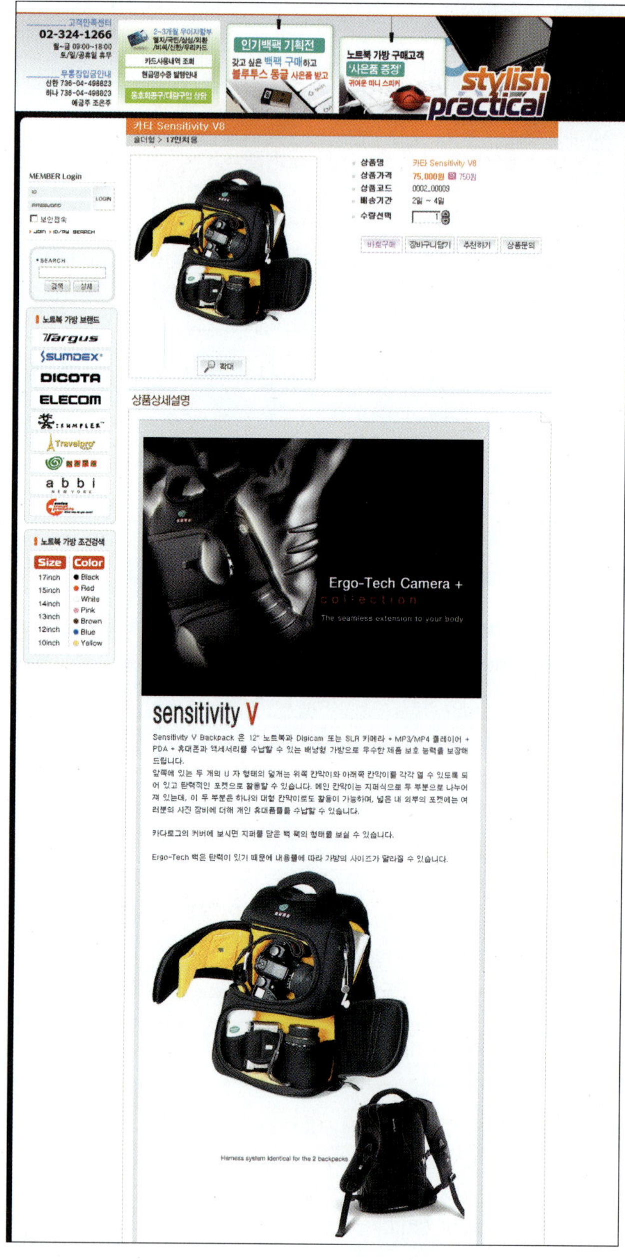

Shopping Mall Sense

62

[후이즈몰] 쇼핑몰의
영역별 소스 수정하기

♥ 상점 화면 구성하기

01 후이즈몰 쇼핑몰 관리자에 접속하여 '디자인관리-상점화면 구성' 메뉴를 클릭합니다. 그런 다음 프레임은 '노 프레임', 페이지 정렬은 '좌측 정렬', 배경 꾸밈 방법은 '배경 이미지'로 선택합니다.

02 '이미지' 항목의 '찾아보기' 버튼을 클릭하여 '부록 CD-Story 06-style3_img' 폴더에서 'backpat.gif'를 불러옵니다. 이때 '스크롤' 항목의 체크 표시는 해제하고 '위치 : 맨위 왼쪽', '출력방법 : 수평 반복'으로 지정한 후 설정 페이지 가장 아래쪽의 '적용' 버튼을 클릭합니다.

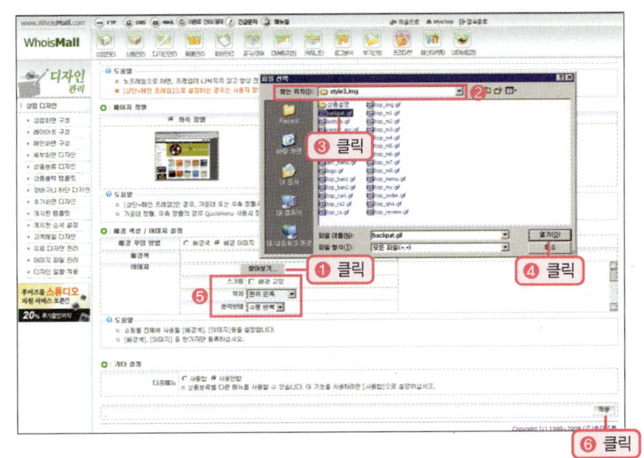

01 후이즈몰 쇼핑몰 관리자에서 '디자인관리-레이아웃 구성'을 클릭합니다.

02 레이아웃 템플릿 중 'sys_default_4'를 선택하고, '도움말' 항목에서 '다운로드 받기'를 클릭합니다. '파일 다운로드' 대화상자가 나타나면 '저장' 버튼을 클릭하여 원본 소스를 다운로드합니다.

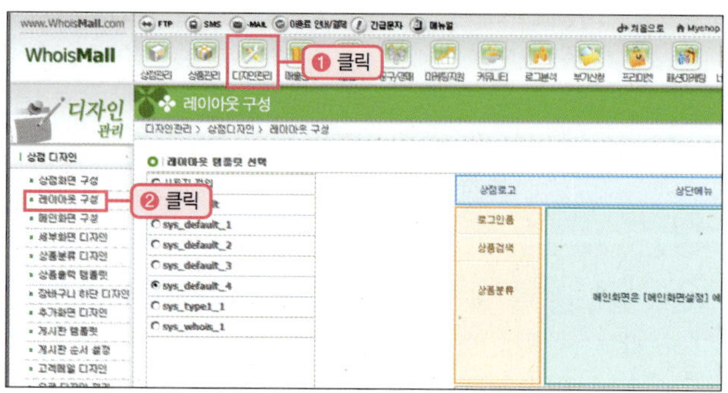

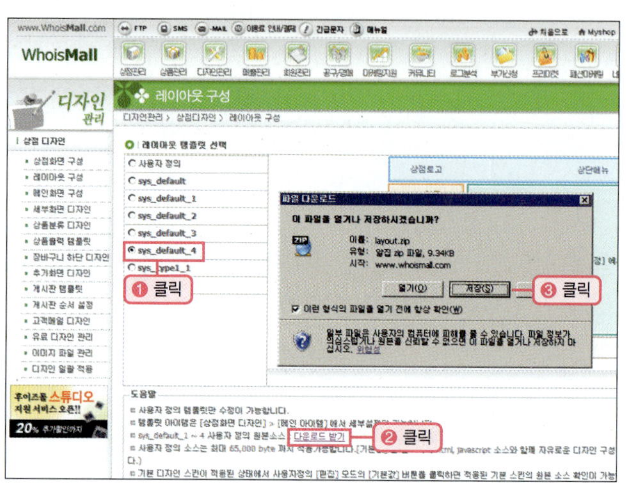

Hot Sauce

여러 유형의 템플릿 중에서 우리가 구축할 메인 페이지와 가장 가까운 구성은 'sys_default_4'입니다. 하지만 기본 템플릿은 각 영역들의 크기가 정해져 있기 때문에 소스를 다운로드해 우리에게 필요한 규격으로 수정하는 방법을 사용해야 합니다.

03 다운로드한 'layout.zip' 파일의 압축을 풀고, '레이아웃-sys_default_4.txt' 파일을 더블클릭합니다. 메모장이 실행되면서 소스가 나타나면 Ctrl +A를 눌러서 전체 선택한 후 다시 Ctrl +C를 눌러 선택한 소스를 복사합니다.

04 드림위버를 실행하여 새 HTML 파일을 만든 후 'Code' 창의 기본 소스를 모두 삭제합니다. 그런 다음 Ctrl +V를 눌러서 복사한 소스를 붙여 넣습니다.

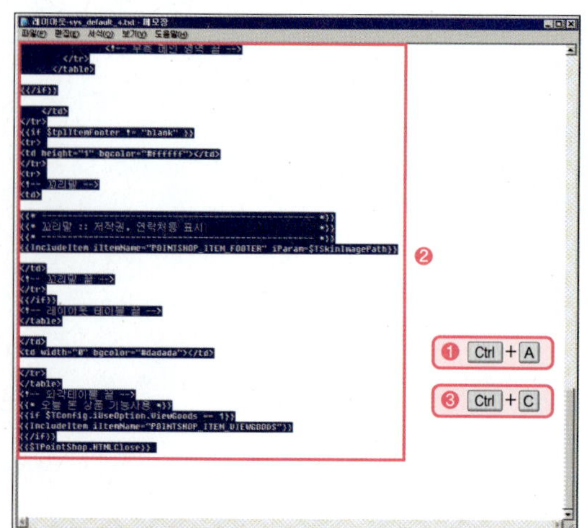

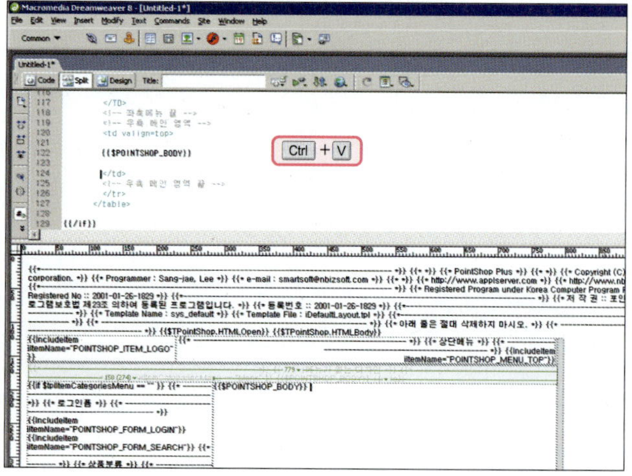

05 드림위버 작업 화면의 '디자인 뷰' 하단 탭에서 두 번째 테이블 탭을 선택하고, Ctrl + X 를 눌러 잘라냅니다.

06 두 개의 빈 셀을 드래그하여 선택한 후 'Properties' 창에서 '셀 병합' 버튼을 클릭합니다.

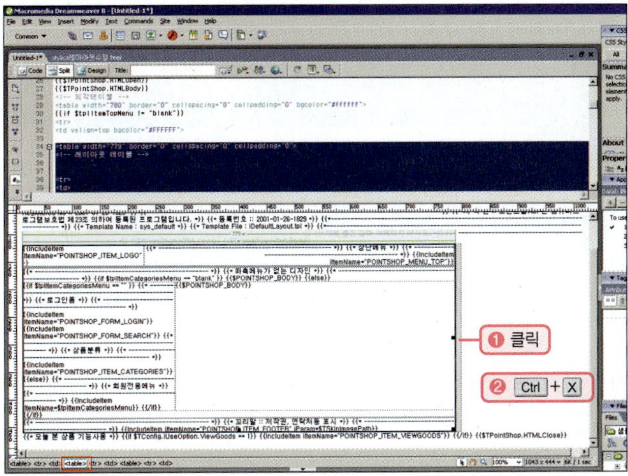

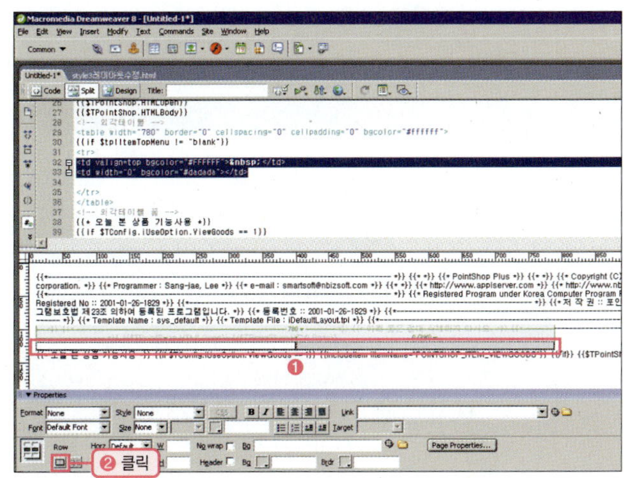

07 병합된 셀 안에 마우스 포인터를 위치한 상태에서 Ctrl + V 를 눌러 잘라냈던 소스를 붙여 넣습니다.

08 첫 번째 셀의 로고 변수를 삭제합니다.

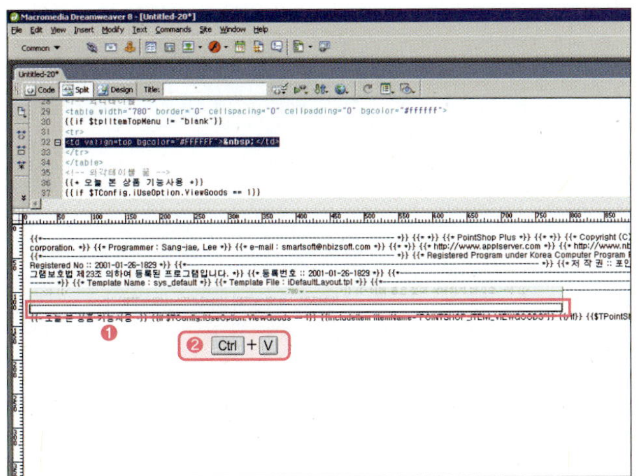

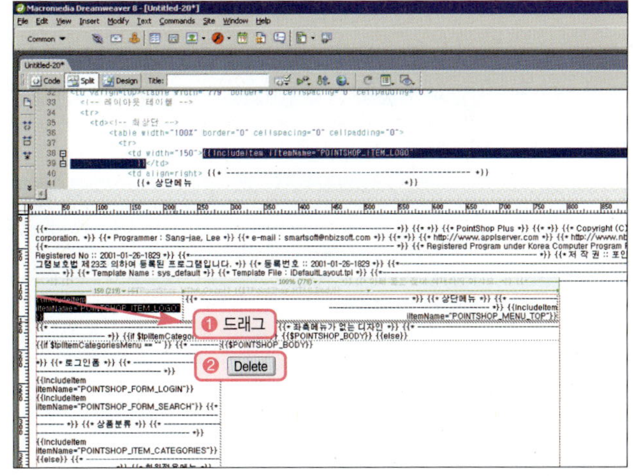

09 다음과 같이 세 개의 셀을 병합합니다.

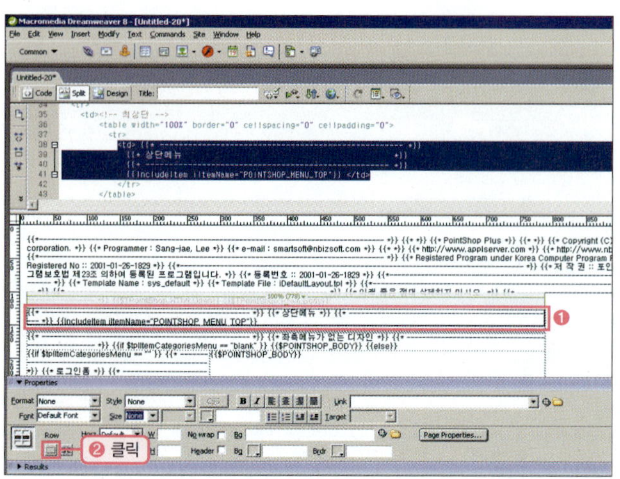

10 'Code' 창에서 상단 메뉴가 끝나는 지점의 소스를 삭제합니다.

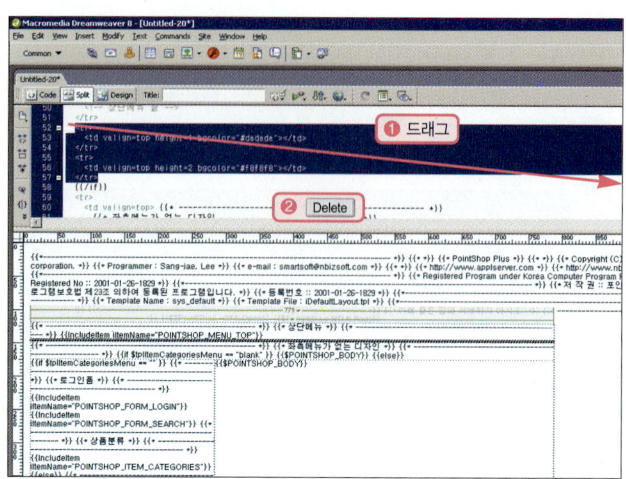

11 좌측 메뉴 셀 안의 소스를 드래그하여 모두 선택하고, Ctrl + X 를 눌러서 잘라냅니다.

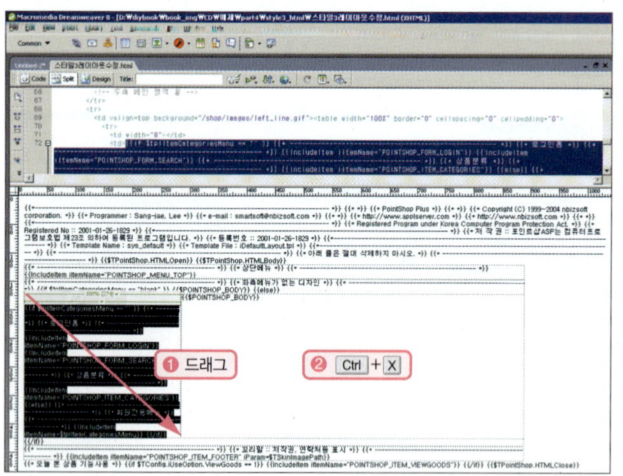

12 'Properties' 창에서 'W' 항목에는 '180'을 입력하고, 'Background 이미지 찾기' 버튼을 클릭합니다. 'Select Image Source' 대화상자가 나타나면 부록 CD의 'Story 06-style3_img' 폴더에서 'left_line.gif' 파일을 불러옵니다.

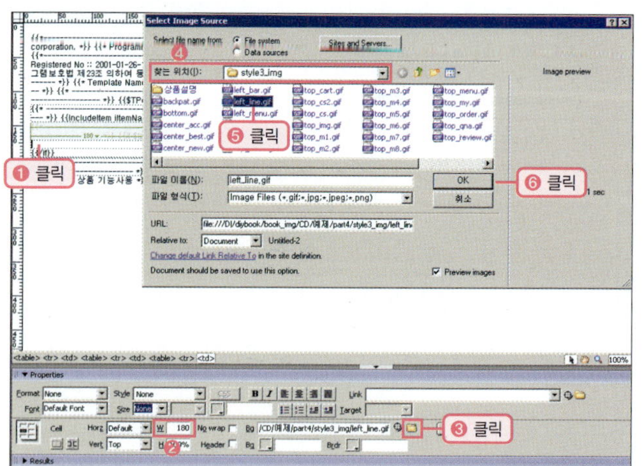

13 'Properties' 창에서 '셀 분할' 버튼을 클릭합니다. 'Split Cell' 대화상자가 나타나면 셀을 2열로 분할하기 위해 다음과 같이 설정하고 'OK' 버튼을 클릭합니다.

14 1열에 마우스 포인터를 위치하고, 'Properties' 창의 'H' 항목에 '20'을 입력합니다. 그런 다음 'Common' 메뉴 바에서 '이미지 삽입' 아이콘을 클릭합니다. 'Select Image Source' 대화상자가 나타나면 '부록 CD-Story 06-style3_img' 폴더의 'left_bar.gif'를 불러옵니다.

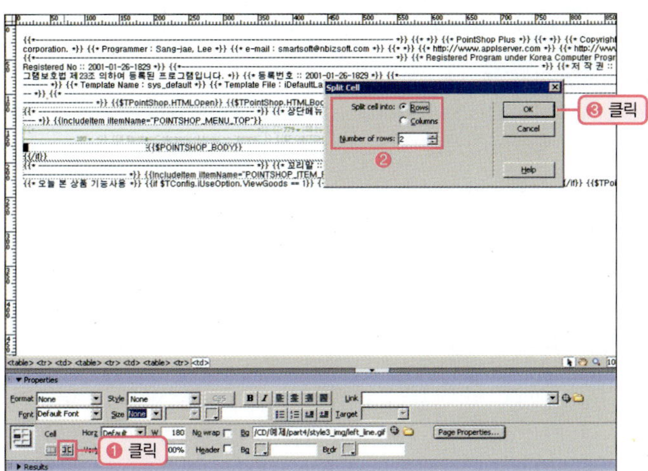

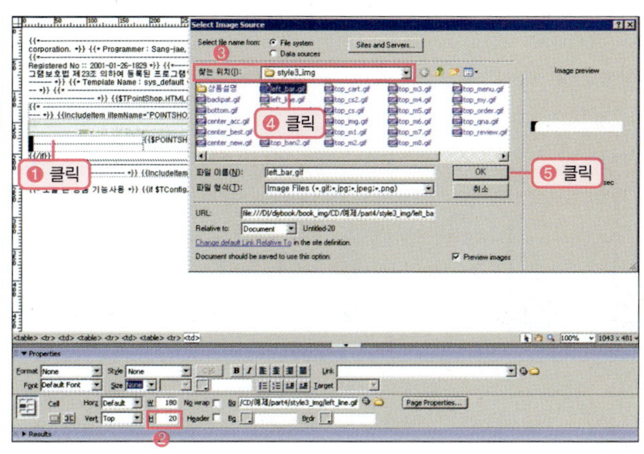

15 이번에는 2열에 마우스 포인터를 위치하고, 'Common' 메뉴 바의 '테이블 삽입' 아이콘을 클릭합니다. 'Table' 대화상자가 나타나면 'Rows : 1', 'Columns : 2', 'Table width : 100percent'로 지정한 후 'OK' 버튼을 클릭합니다.

16 새로 삽입한 테이블의 첫 번째 셀에 마우스 포인터를 위치하고, 'Properties' 창의 'W' 항목에 '8'을 입력합니다. 이때 'Code' 창에서 ' '는 삭제합니다.

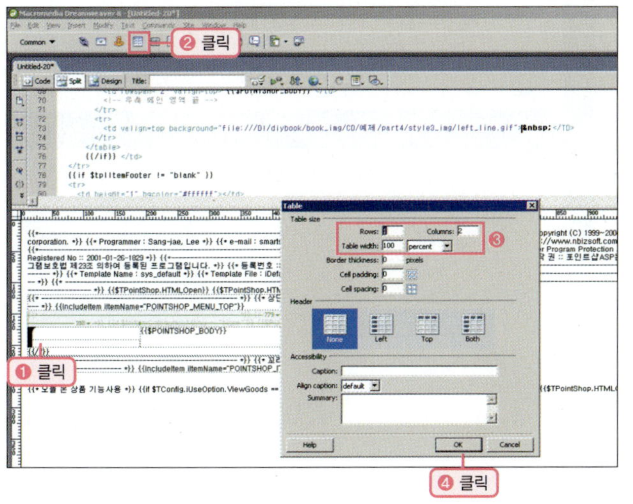

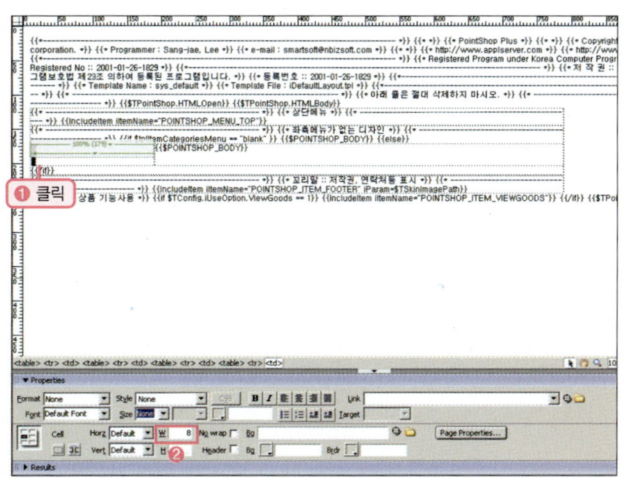

17 새로 삽입한 테이블의 두 번째 셀에 마우스 포인터를 위치하고, `Ctrl`+`V`를 눌러 앞서 잘라냈던 좌측 메뉴 소스를 붙여 넣습니다.

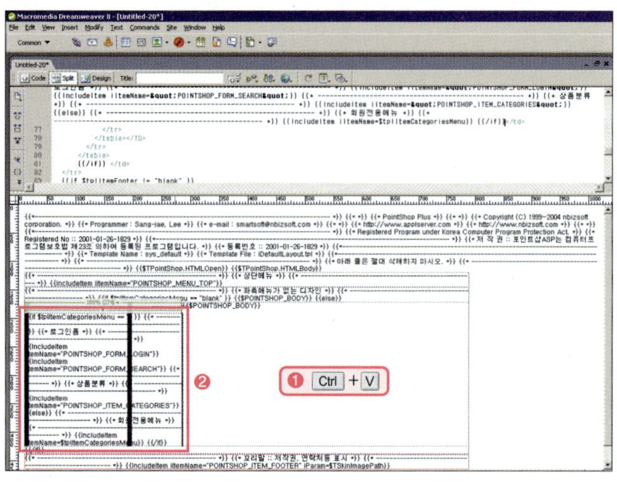

18 하단 영역 바로 위쪽의 불필요한 라인을 없애기 위해 다음의 소스를 삭제합니다.

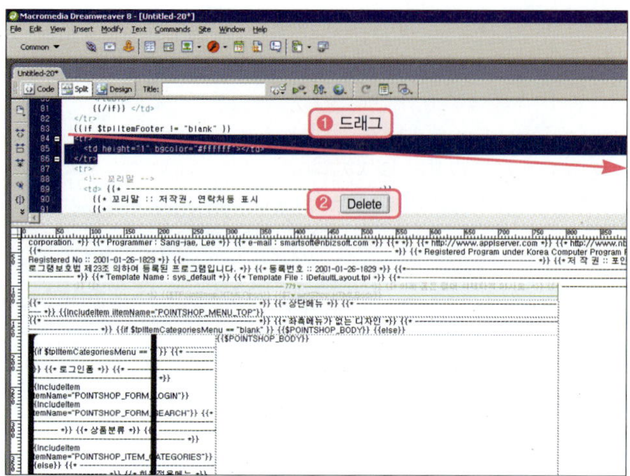

```
{{if $tplItemCategoriesMenu == "" }} {{* -----
--------------------------------------------
*}} {{* 로그인폼 *}} {{* ------------------
-------------------------------- *}} {{Include
Item iItemName="POINTSHOP_FORM_LOGIN"}} {{In
cludeItem iItemName="POINTSHOP_FORM_SEARCH"}} {{*
----------------------------------------
---------- *}} {{* 상품분류 *}} {{* -----------
----------------------------------- *}}
{{IncludeItem iItemName="POINTSHOP_ITEM_CATE
GORIES"}} {{else}} {{* ---------------------
-------------------------- *}} {{* 회원전용메뉴
*}} {{* ---------------------------------
----------------- *}} {{IncludeItem iItemName
=$tplItemCategoriesMenu}} {{/if}}
```

19 ‘Code’ 탭을 클릭하여 전체 화면을 소스 창으로 전환하고, 상단 영역과 중앙 영역 사이에 불필요한 공간을 만드는 다음의 소스를 삭제합니다.

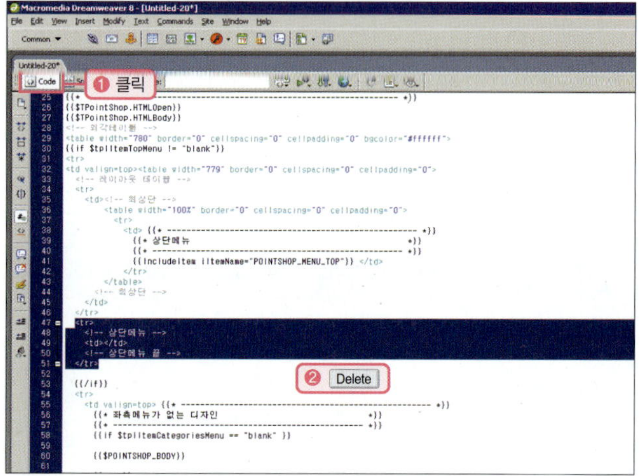

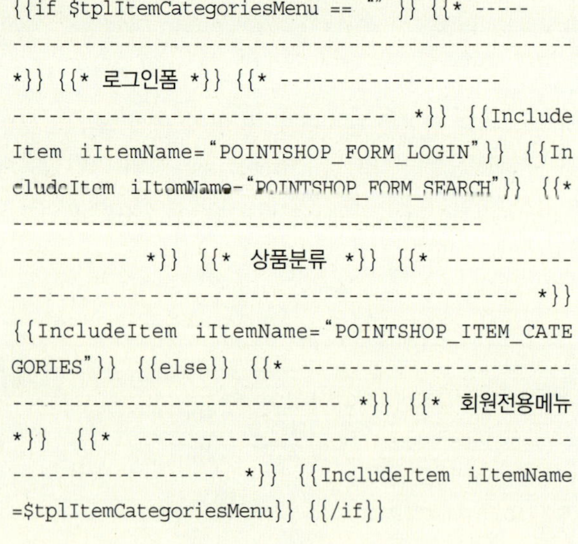

Hot Sauce

붙여 넣은 소스와 원본 소스가 다른 경우가 있을 수 있는데, 원본 소스와 다르면 에러가 나기 때문에 잘 확인해 봐야 합니다.

20 테이블의 가로 폭은 '880px'로 수정합니다.

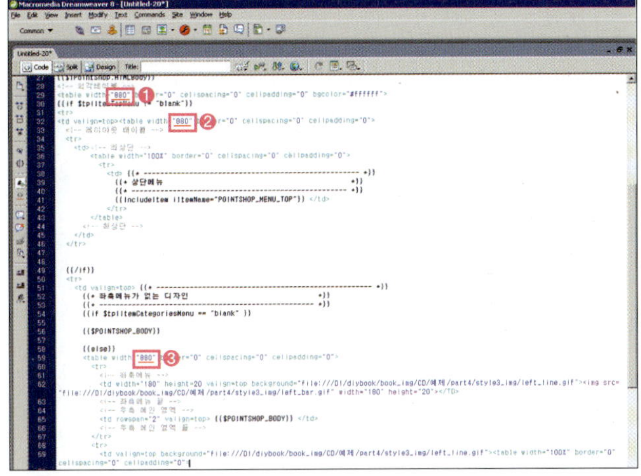

21 모든 이미지 파일의 경로를 '/shop/Images/파일이름'으로 바꿉니다.

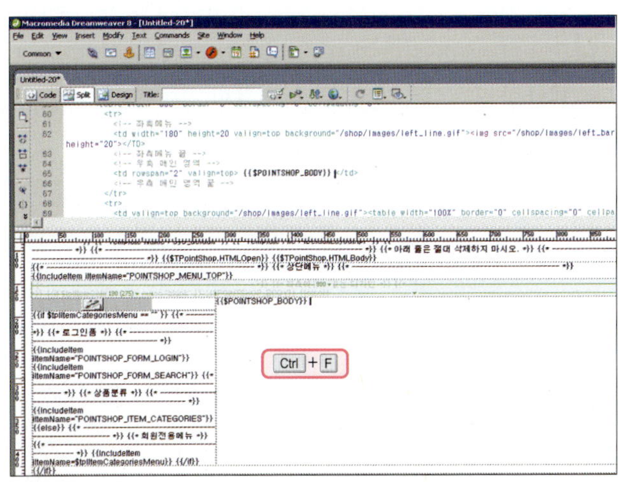

Hot Sauce

수정한 레이아웃 소스 파일은 '부록 CD-Story 06-style3_html' 폴더에 '스타일3레이아웃수정.html' 파일을 참조하면 됩니다.

22 후이즈몰 쇼핑몰 관리자 페이지에서 '디자인관리-레이아웃 구성' 메뉴를 차례대로 클릭합니다. 그런 다음 레이아웃 템플릿 중 '사용자 정의'를 선택하고, '편집' 버튼을 클릭합니다.

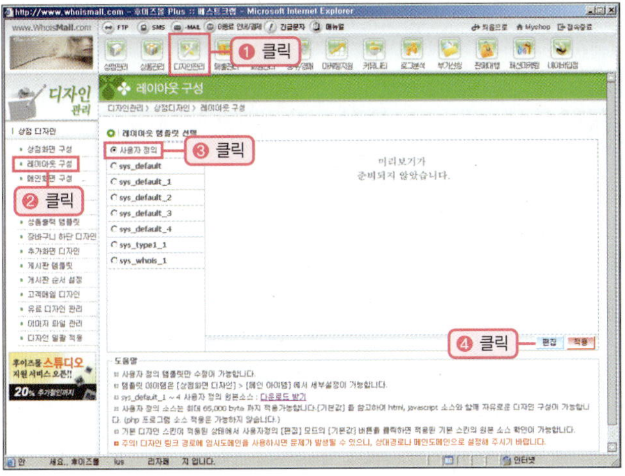

23 '레이아웃 사용자 정의 디자인' 입력 상자에 수정을 완료한 '스타일3레이아웃수정.html' 파일의 소스를 복사하여 붙여 넣고, '적용' 버튼을 클릭합니다.

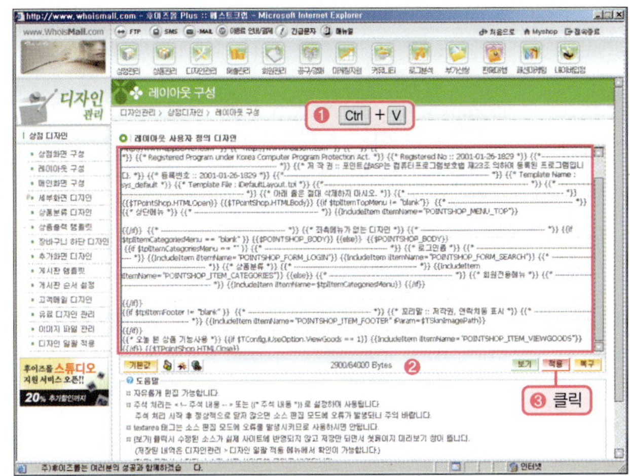

01 후이즈몰 쇼핑몰 관리자 페이지에서 '디자인관리–메인화면 구성' 메뉴를 차례대로 클릭합니다. 템플릿 중 '사용자 정의'를 선택한 후 '편집' 버튼을 클릭합니다.

02 '메인화면 사용자 정의 디자인' 입력 상자에 '스타일3중앙.html' 파일의 소스를 복사하여 붙여 넣습니다. 그런 다음 '기본 레이아웃을 사용함' 체크 박스에 체크 표시를 한 후 '적용' 버튼을 클릭합니다.

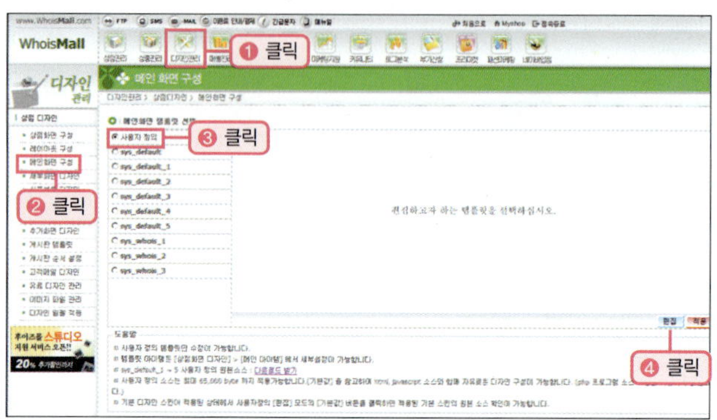

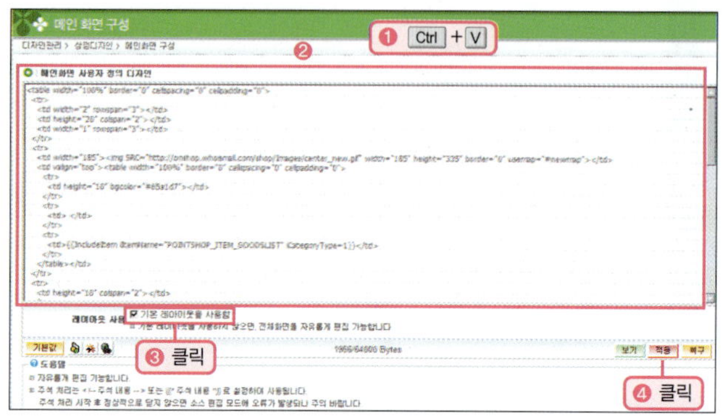

03 다시 '디자인관리–상점 디자인–세부화면 디자인' 메뉴를 클릭합니다. '상점화면' 항목에서 '메인 아이템–상단 메뉴'를 선택하고, '변경' 버튼을 클릭하세요.

04 상단 메뉴에 대한 화면 구성을 수정할 수 있는 창이 나타나면 '디자인 구분' 항목에서 '사용자 정의(직접 디자인)'을 선택합니다. 그런 다음 입력 상자에 '스타일3상단.html' 파일의 소스를 복사하여 붙여 넣고 '적용' 버튼을 클릭합니다.

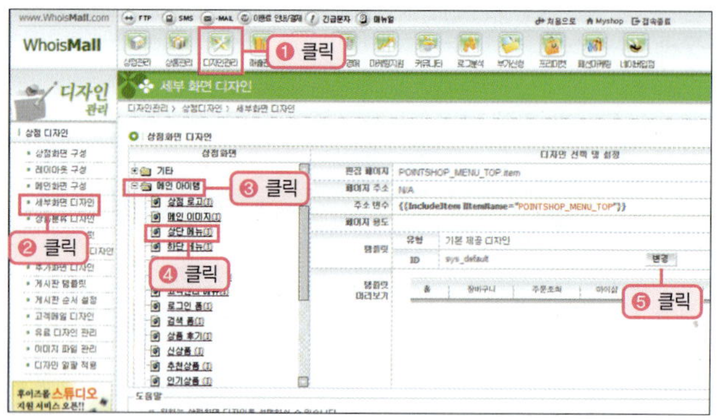

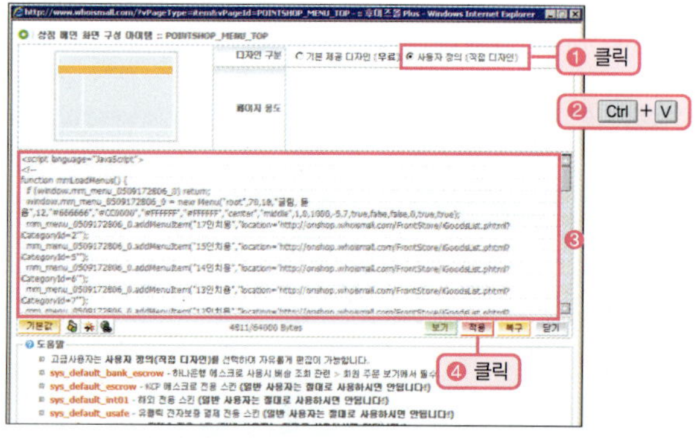

05 이번에는 '메인 아이템–하단메뉴' 메뉴를 선택하고, '변경' 버튼을 클릭합니다.

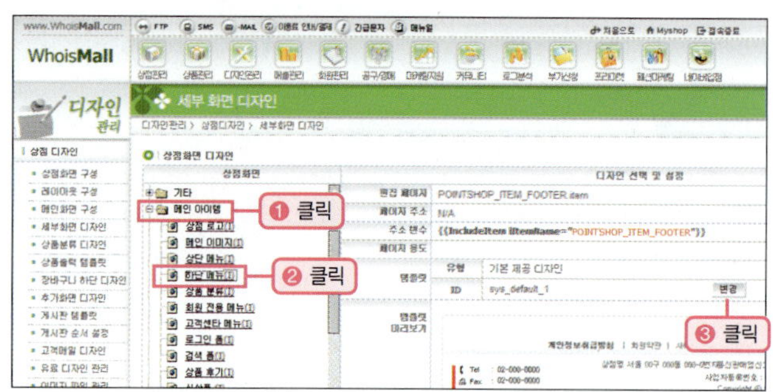

06 '디자인 구분' 항목에서 '사용자 정의(직접 디자인)'을 선택합니다. 앞서 상단 디자인과 같은 방법으로 '스타일3하단.html' 파일의 소스를 복사하여 붙여 넣고 '적용' 버튼을 클릭합니다.

07 이번에는 '메인 아이템—상품분류' 메뉴를 선택하고, '변경' 버튼을 클릭하세요.

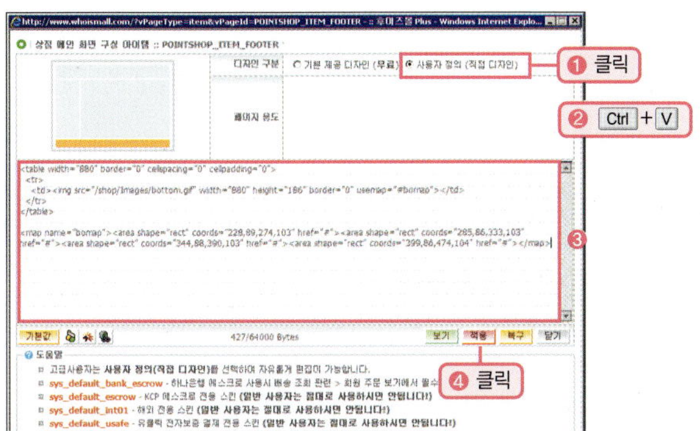

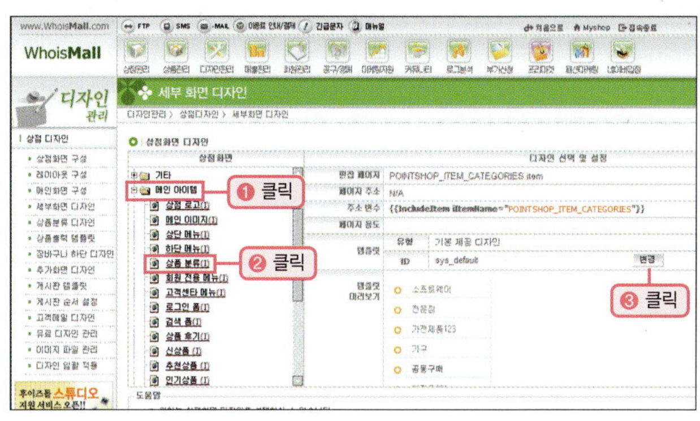

08 '디자인 구분' 항목에서 '사용자 정의(직접 디자인)'를 선택합니다. '스타일3좌측.html' 파일의 소스를 복사하여 붙여 넣고 '적용' 버튼을 클릭합니다.

09 쇼핑몰의 메인 화면에 노출될 신상품, 추천 상품, 인기 상품 타이틀이 디자인한 대로 나타나도록 수정해 보겠습니다. '메인 아이템—신상품' 메뉴를 선택합니다. 현재는 기본 디자인으로 세팅되어 있는 것을 확인하고, '변경' 버튼을 클릭합니다.

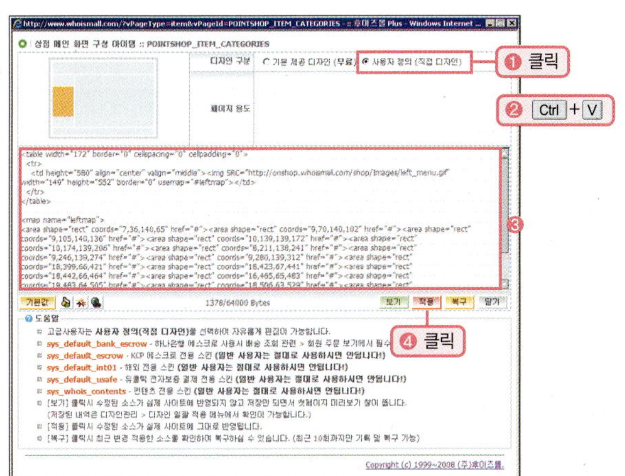

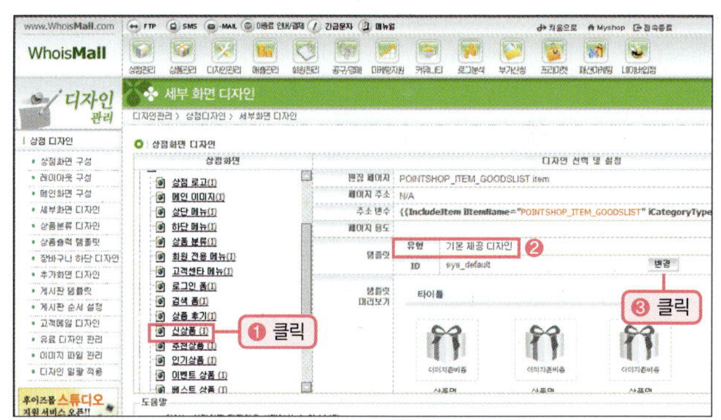

10 '템플릿 목록'에서 'sys_whois_3'을 선택합니다. '상품분류 종류 및 출력 상품수 : 신상품', '가로 : 4', '세로 : 2'로 지정한 후 '적용' 버튼을 클릭합니다.

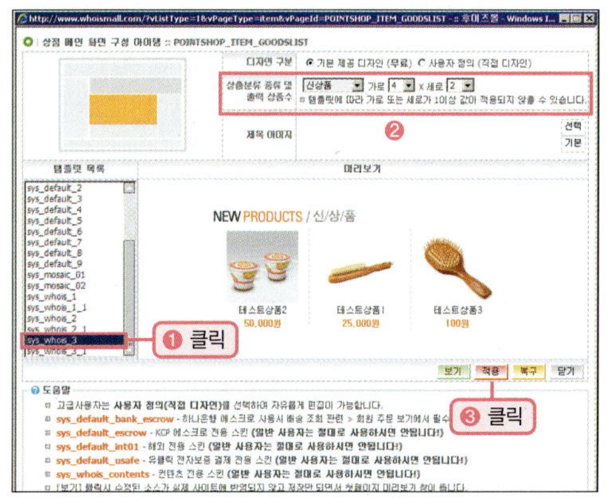

11 이제 다시 '디자인 구분' 항목에서 '사용자 정의(직접 디자인)'를 선택합니다. 그런 다음 '기본값' 버튼을 클릭하면 현재 선택된 공통 스킨의 소스가 입력 창에 나타납니다.

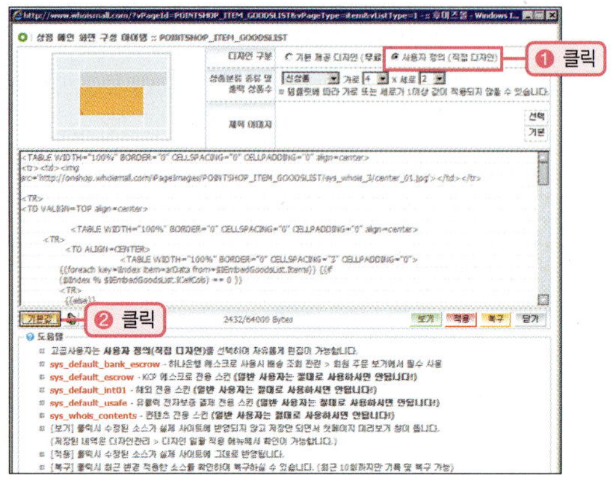

12 기본 소스에서 타이틀 이미지는 필요가 없으므로 타이틀 이미지 소스를 삭제한 후 '적용' 버튼을 클릭합니다.

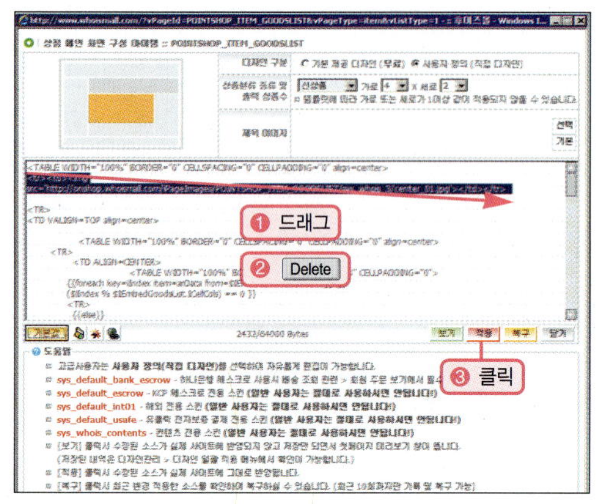

13 '메인 아이템-추천상품'도 같은 방식으로 소스를 수정합니다.

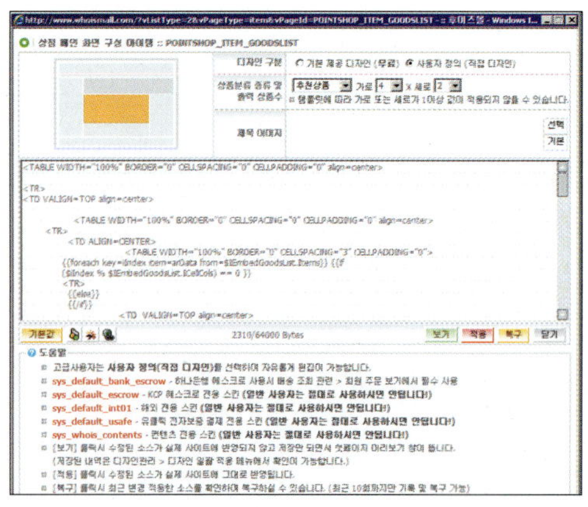

14 다시 '메인 아이템-인기상품' 메뉴를 선택하고 '변경' 버튼을 클릭합니다.

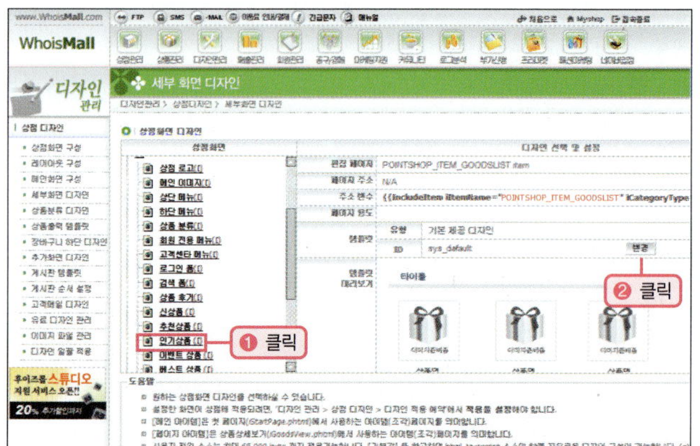

15 '템플릿 목록'에서 'sys_mosaic_02' 템플릿을 선택하고, '상품분류 종류 및 출력 상품수 : 인기상품', '가로 : 8', '세로 : 3'으로 지정합니다. 그런 다음 '적용' 버튼을 클릭합니다.

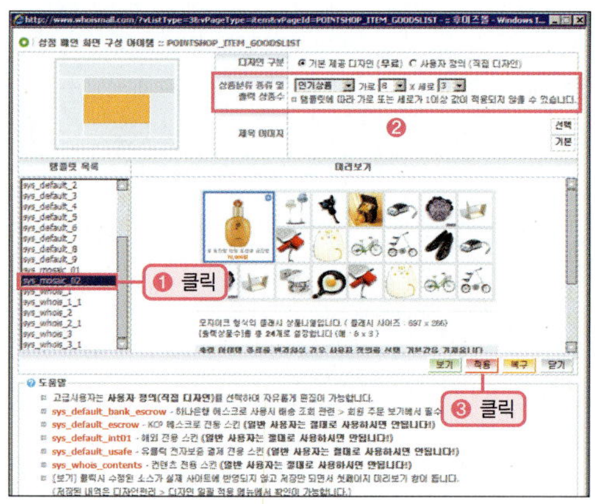

16 다시 '디자인 구분' 항목에서 '사용자 정의(직접 디자인)'를 선택하고, '기본값' 버튼을 클릭합니다. 현재 선택된 공용 스킨으로 내용을 변경할 것인가를 묻는 대화상자가 나타나는데, '확인' 버튼을 클릭합니다.

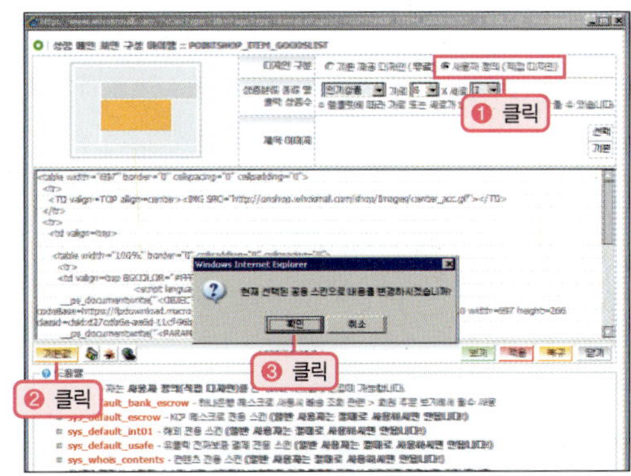

17 입력 상자에서 타이틀 이미지 삽입 소스를 바꾸고, 'style padding' 소스 부분을 삭제합니다. 수정이 완료되면 '적용' 버튼을 클릭하세요.

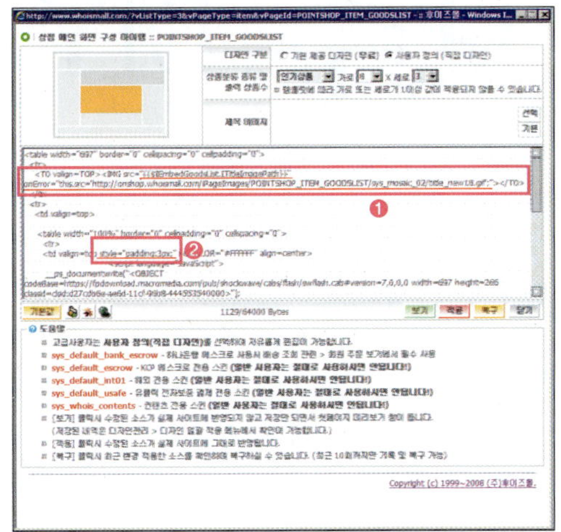

▲ 변경 전 소스

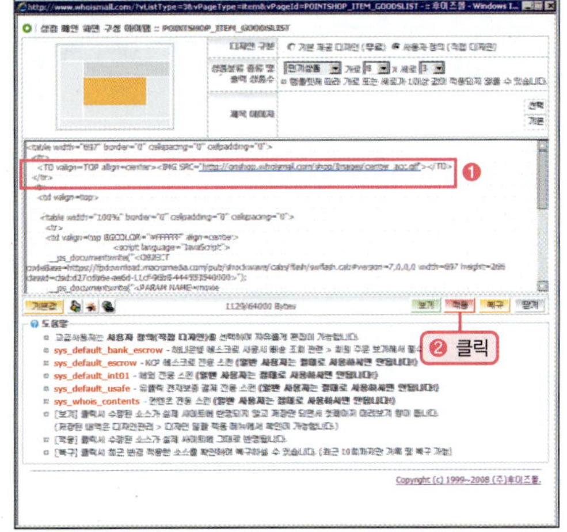

▲ 변경 후 소스

18 자~, 이제 후이즈몰 솔루션을 활용하여 깔끔하고 모던한 스타일의 쇼핑몰을 완성했습니다. 관리자 페이지 우측 상단의 'Myshop' 메뉴를 클릭합니다.

19 노트북용품 쇼핑몰의 메인 페이지가 나타나는 것을 확인할 수 있습니다.

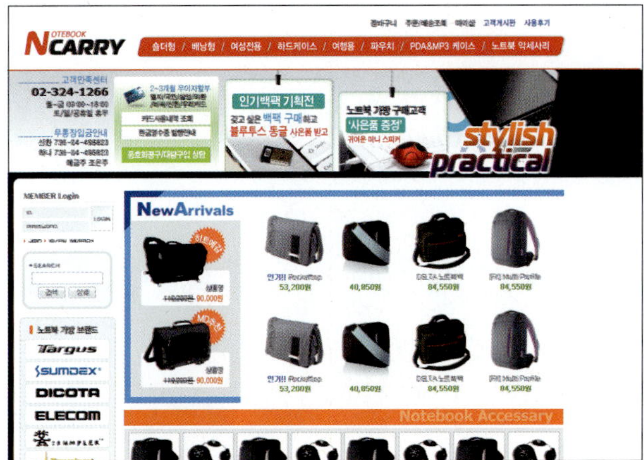

구축보다 더 중요한
쇼핑몰 유지 보수 DIY

Story
07

지금까지 우리는 쇼핑몰 디자인의 기본부터 시작해서 국내 3대 쇼핑몰 솔루션 업체의 서비스를 이용하여 최근 쇼핑몰 트렌드에 맞는 다양한 스타일의 쇼핑몰을 만들어보았습니다. 쇼핑몰은 만드는 것도 중요하지만, 관리하는 게 몇 배는 더 힘든 일입니다. Story 07에서는 완성된 쇼핑몰에 메뉴, 버튼, 팝업 창, 할인 쿠폰 등의 디자인을 수정하여 쇼핑몰을 늘 새롭게 유지하는 방법에 대해 배워보겠습니다.

Shopping Mall Sense

63

쇼핑몰 메인 페이지의 메뉴 수정하기

♥ 간단하게 메뉴 수정하기

01 웹 브라우저를 실행한 후 Story 06에서 후이즈몰 솔루션을 이용하여 만든 노트북용품 쇼핑몰 (http://onshop.whoismall.com)에 접속합니다.

02 페이지 상단의 상품 분류 중 특정 메뉴의 분류명과 링크 주소를 수정해 보겠습니다. 먼저 이미지부터 수정해야 하는데, 수정할 이미지를 마우스 오른쪽 버튼으로 클릭한 후 단축 메뉴에서 '다른 이름으로 저장'을 클릭합니다. '그림 저장' 대화상자가 나타나면 파일 이름은 그대로 둔 채 '저장' 버튼을 클릭합니다.

Hot Sauce

노트북용품 쇼핑몰에 접속하면 책에서 수정한 메뉴가 이미 적용된 홈페이지를 확인할 수 있습니다. 메뉴 수정을 어떻게 하는지 방법을 배우는 것이므로 임의대로 다른 메뉴를 예제로 하여 따라 하면 됩니다.

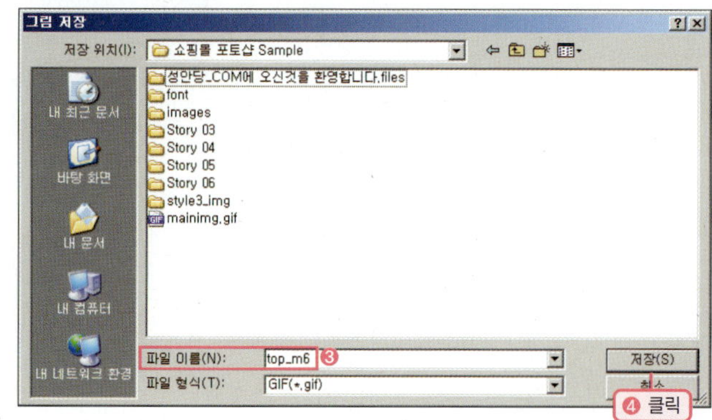

03 수정할 파일을 포토샵에서 불러옵니다. 'Image' 메뉴의 'Mode-RGB Color'를 선택합니다.

04 레이어 팔레트를 살펴보면 'Index' 레이어가 'Layer 1'로 바뀌었고, 작업 파일 제목 표시줄의 컬러 모드도 'RGB' 형식으로 바뀐 것을 확인할 수 있습니다.

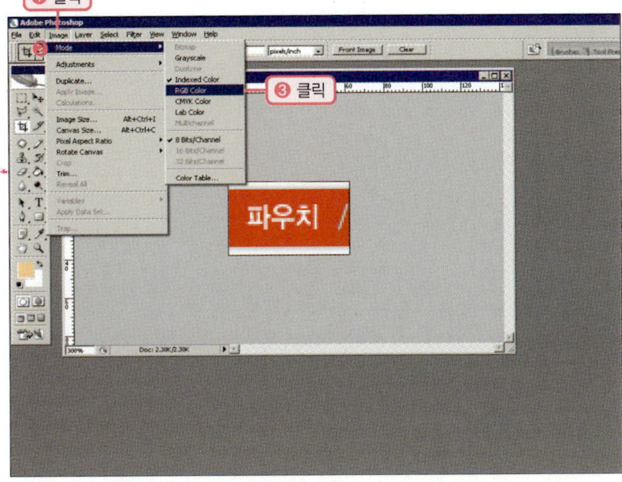

Hot Sauce

'jpg' 파일은 곧바로 수정이 가능하지만, 'gif' 파일은 'Indexed Color'를 'RGB Color'로 바꾸어야 수정을 할 수 있습니다.

05 툴 박스의 문자 툴을 선택한 후 같은 색상, 폰트로 기존 글자에 겹쳐서 '이너백' 텍스트를 입력합니다.

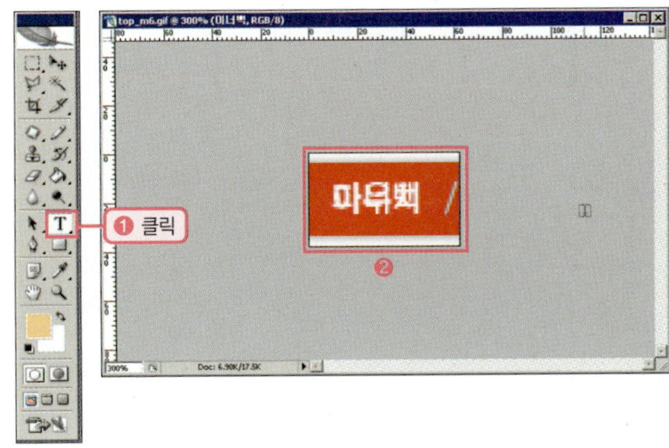

Hot Sauce

글자의 색상은 '#ffffff'로 지정하면 됩니다.

Design Master 쇼핑몰에서 이미지를 수정하는 3가지 방법

① 기존에 저장해 둔 파일을 불러와서 수정합니다.

② 쇼핑몰에서 수정할 이미지를 마우스 오른쪽 버튼으로 클릭한 후 저장하여 수정합니다.

③ 쇼핑몰 데이터가 업로드되어 있는 FTP에 접속하여 해당 파일을 다운로드한 후 수정합니다. 이때 수정할 파일이 위치한 경로, 파일명 등을 확인하고 싶을 때는 쇼핑몰 페이지에서 해당 파일을 마우스 오른쪽 버튼으로 클릭하고 '속성'을 선택하면 됩니다.

06 'Layer 1'을 선택하고, 다음과 같이 사각형 영역으로 지정합니다.

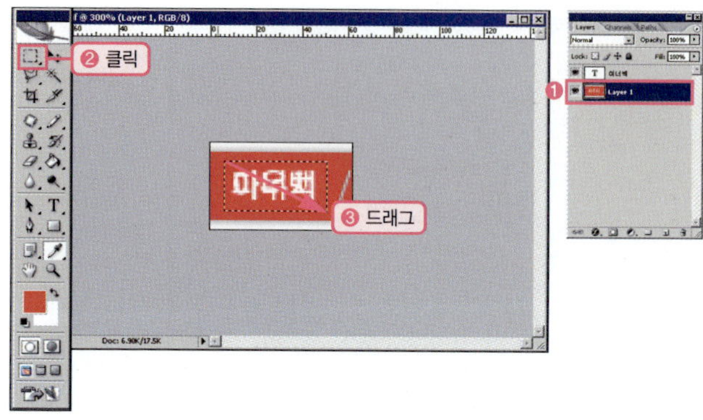

07 스포이드 툴을 이용하여 빨간색 배경을 클릭하면 전경색이 빨간색으로 바뀝니다. 이 상태에서 Alt + Delete 를 눌러 선택 영역을 전경색으로 채웁니다. 그런 다음 Ctrl + D 를 눌러서 선택 영역을 해제합니다.

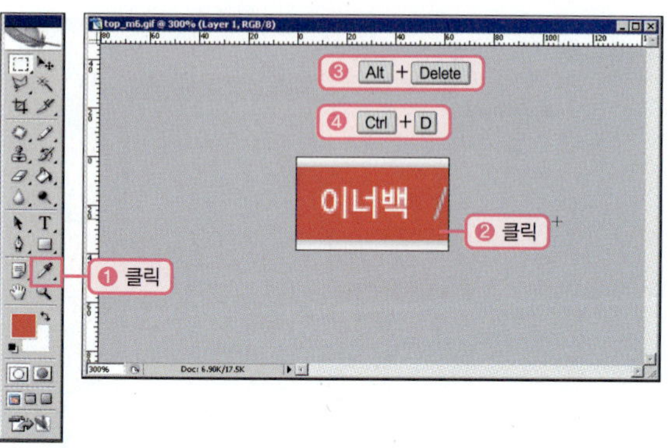

08 Ctrl + S 를 누릅니다. 'Save As' 대화상자가 나타나면 '파일 이름'과 'Format' 항목을 기존과 똑같이 지정한 후 '저장' 버튼을 클릭합니다.

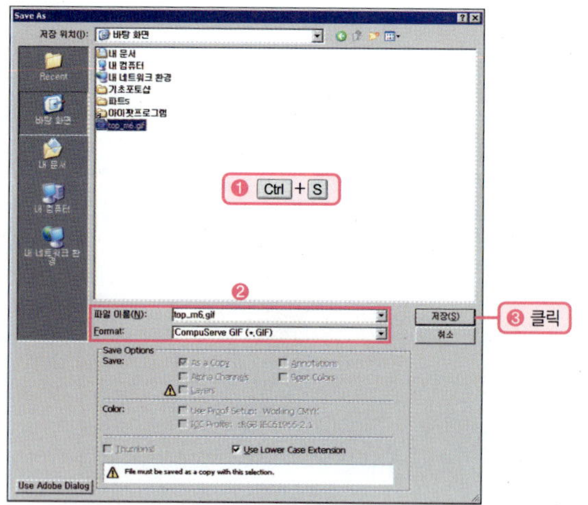

09 기존 파일을 바꿀 것인가를 묻는 경고 상자가 나타나는데, '예' 버튼을 클릭합니다.

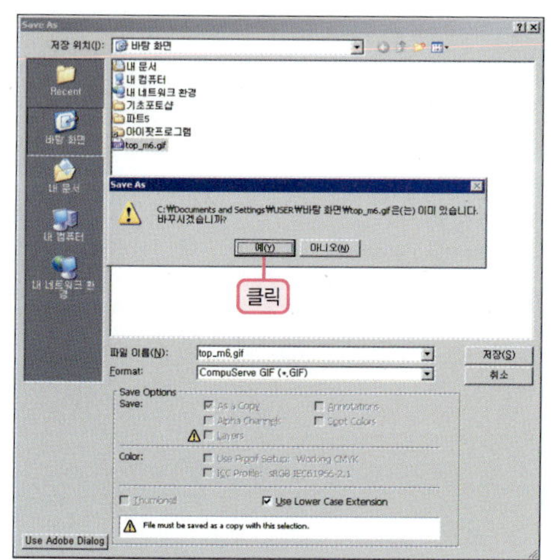

♥ 수정한 파일 대체하기

01 후이즈몰 쇼핑몰 관리자에 접속하여 좌측 상단의 'FTP' 버튼을 클릭합니다. 후이즈몰의 파일 관리자 창이 나타나면 수정할 파일이 위치한 'shop-Images' 폴더로 이동한 후 '등록' 버튼을 클릭합니다.

02 파일 관리자 창에서 '파일선택' 버튼을 클릭하고, 수정 완료한 'top_m6.gif' 파일을 선택한 후 '열기' 버튼을 클릭합니다.

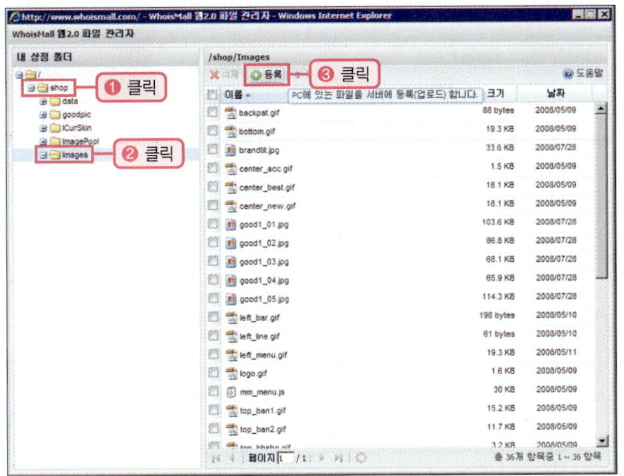

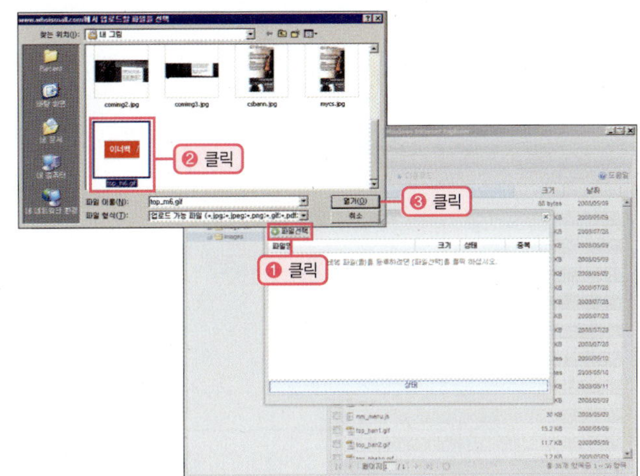

03 수정 완료한 파일이 리스트에 나타나면 우측 상단의 '업로드 시작' 버튼을 클릭합니다. 그런 다음 '파일 관리자' 창을 닫습니다.

04 후이즈몰 쇼핑몰 관리자 페이지에서 '디자인관리-세부화면 디자인' 메뉴를 클릭합니다. '세부 화면 디자인' 페이지가 나타나면 '상점화면' 항목에서 '메인 아이템-상단 메뉴'를 선택한 후 '변경' 버튼을 클릭합니다.

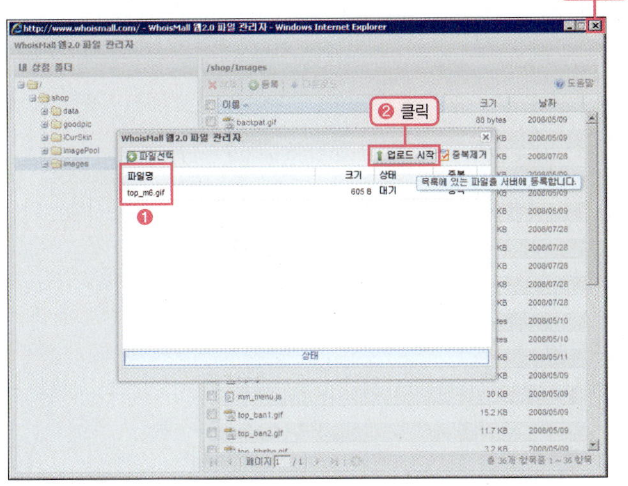

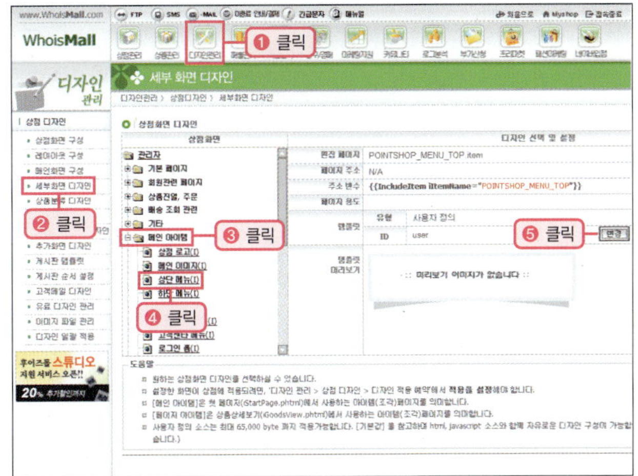

05 화면 구성을 수정할 수 있는 창이 나타나면 소스를 다음과 같이 수정하고, '적용' 버튼을 클릭합니다.

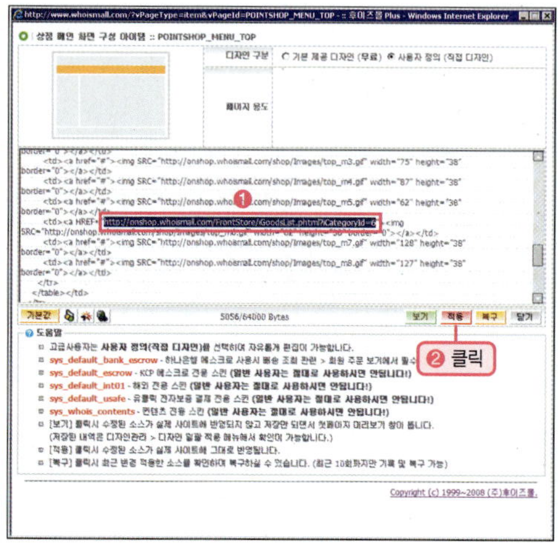

[기존 소스]

```
<td><a HREF="http://onshop.whoismall.com/FrontStore/iGoodsList.phtml?iCategoryId=5"><img SRC="http://onshop.whoismall.com/shop/Images/top_m6.gif" width="62"height="38" border="0"></a></td>
```

[수정 후]

```
<td><a HREF="http://onshop.whoismall.com/FrontStore/iGoodsList.phtml?iCategoryId=6"><img SRC="http://onshop.whoismall.com/shop/Images/top_m6.gif" width="62"height="38" border="0"></a></td>
```

06 쇼핑몰 메인 페이지를 살펴보면 기존의 이미지가 수정한 이미지로 바뀌었고, 메뉴를 클릭해 보면 링크 주소도 바뀐 것을 확인할 수 있습니다. 쇼핑몰에서 이미지와 링크를 수정해야 할 경우에는 이런 방법을 사용하면 편리합니다.

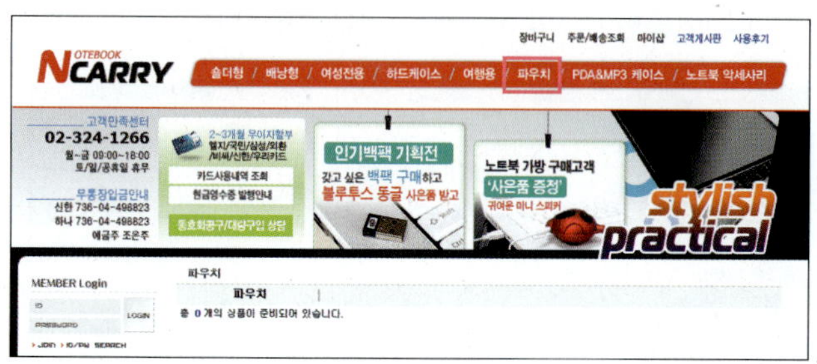

▲ 메뉴 수정 전

▲ 메뉴 수정 후

Shopping Mall Sense

64

이미지 맵 영역과 링크 수정하기

♥ 새로운 메뉴 항목 추가하기

01 후이즈몰로 만든 노트북용품 쇼핑몰의 좌측에 노트북 가방 브랜드별 카테고리가 있습니다. 만약 새 브랜드를 판매하게 되었다면 어떻게 추가를 해야 할까요? 먼저 포토샵을 실행하고 수정할 이미지 파일을 불러옵니다.

02 'gif' 형식의 파일이므로 이미지의 컬러 형식을 'RGB'로 바꾸기 위해 'Image' 메뉴의 'Mode-RGB Color'를 클릭합니다.

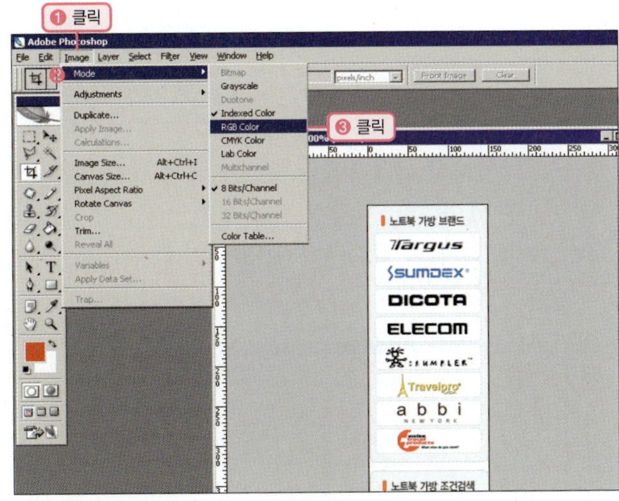

Hot Sauce

노트북용품 쇼핑몰(http://onshop.whoismall.com)에는 이미 수정한 이미지가 나타나므로 '부록 CD-Story 07' 폴더의 'left_menu.gif' 파일을 불러와서 따라 하면 됩니다.

03 작업 창의 제목 표시줄을 마우스 오른쪽 버튼으로 클릭합니다. 그런 다음 단축 메뉴에서 'Canvas Size'를 선택합니다.

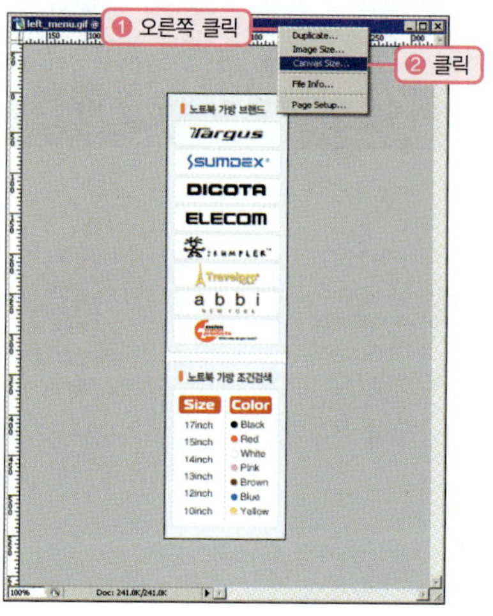

04 'Canvas Size' 대화상자가 나타나면 'Anchor' 항목에서 '↑'를 클릭하고, 'Height' 항목에 '600'을 입력한 후 'OK' 버튼을 클릭합니다.

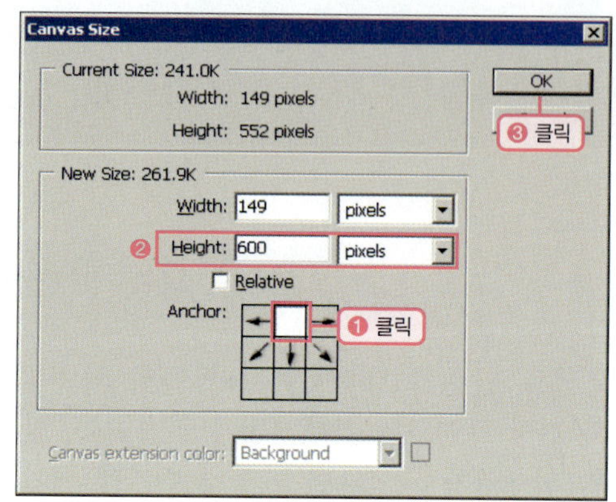

05 이미지의 아래쪽에 투명한 여백이 생긴 것을 알 수 있습니다. 사각형 선택 툴을 이용하여 'abbi new york' 브랜드 박스부터 여백의 바로 위까지 선택 영역으로 지정합니다.

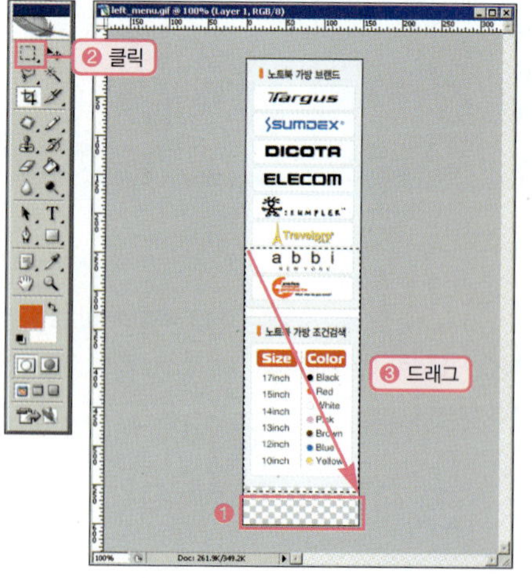

06 툴 박스에서 이동 툴을 선택하고, Alt + Shift 를 누른 상태에서 선택 영역을 아래로 드래그하여 복사합니다. 그런 다음 Ctrl + D 를 눌러서 선택 영역을 해제합니다.

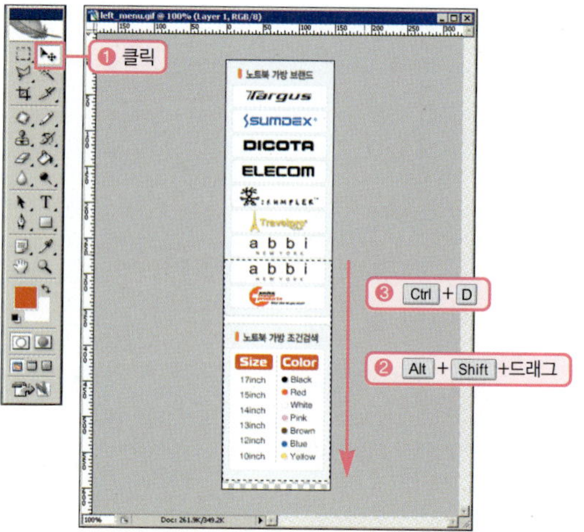

07 Ctrl + O 를 누른 후 부록 CD의 'Story 07' 폴더에서 '브랜드추가.jpg' 파일을 불러옵니다. 불러온 파일을 작업 창으로 드래그합니다.

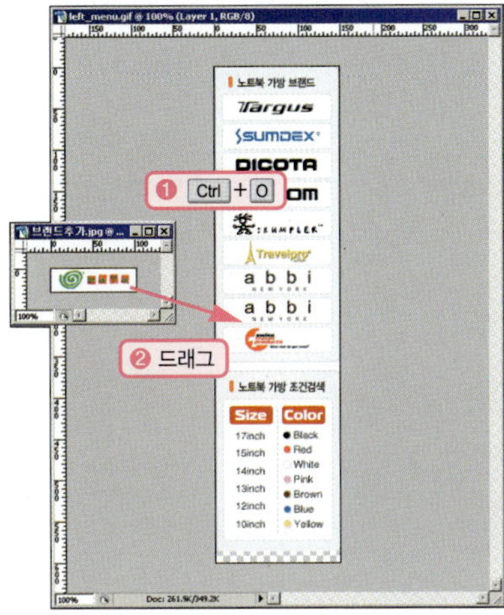

08 '브랜드추가.jpg' 파일을 복사한 'abbi new york' 위치로 이동합니다.

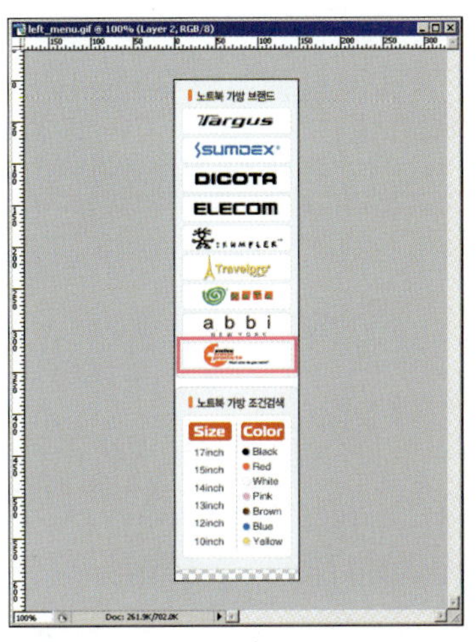

09 자르기 툴을 이용하여 가장 아래쪽의 불필요한 여백만 남기고 선택합니다. 그런 다음 Enter 를 눌러서 여백을 삭제합니다.

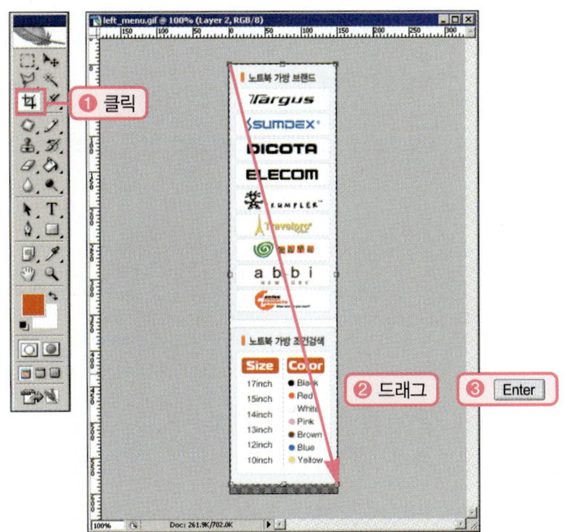

10 Ctrl + S 를 눌러서 수정한 파일을 기존의 'left_menu.gif'에 덮어씌웁니다.

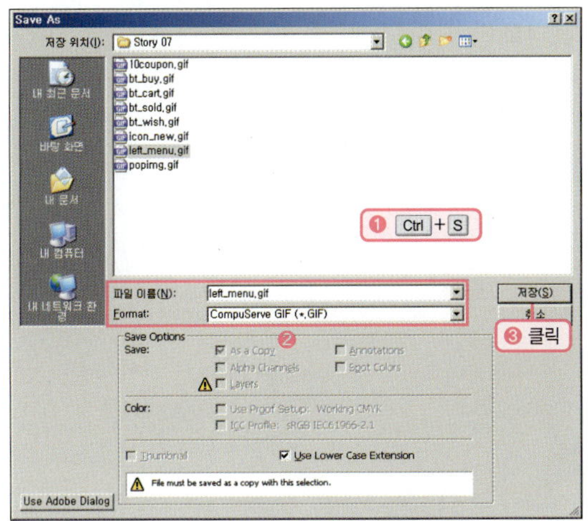

01 드림위버를 실행한 후 '스타일3좌측.html' 파일을 불러옵니다. 'Design' 창에서 'left_menu.gif' 이미지를 마우스로 클릭하고, 'Properties' 창의 'H' 항목을 '588'로 수정합니다.

02 이미지 맵 위에 새로운 브랜드가 추가된 것을 알 수 있습니다. 아래에서 두 번째 이미지 맵을 클릭한 후 'Properties' 창에서 링크 주소를 바꿉니다.

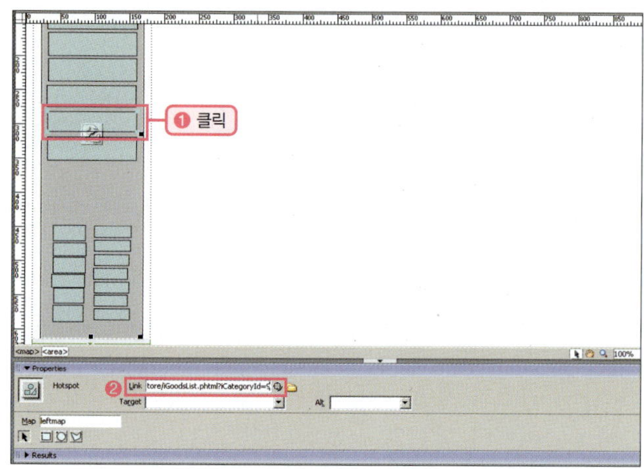

03 가장 아래 이미지 맵을 클릭하여 링크 주소를 살펴보면 끝이 숫자 '8'인데, 이것을 '7'로 바꿉니다.

04 사각형 핫스폿 툴을 이용하여 새로운 이미지 맵을 지정합니다. 새롭게 지정한 이미지 맵의 링크 주소는 다음과 같이 설정합니다.

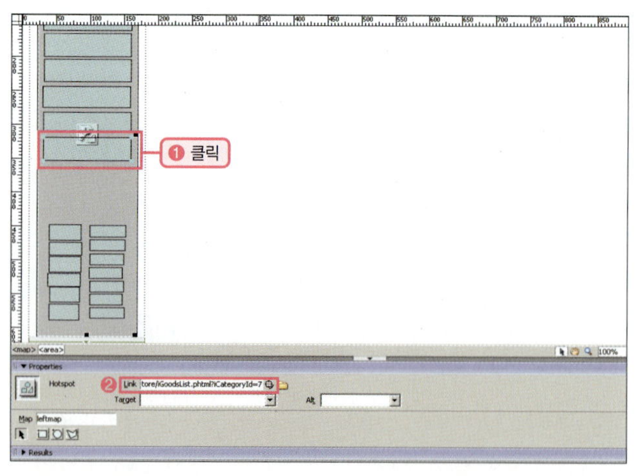

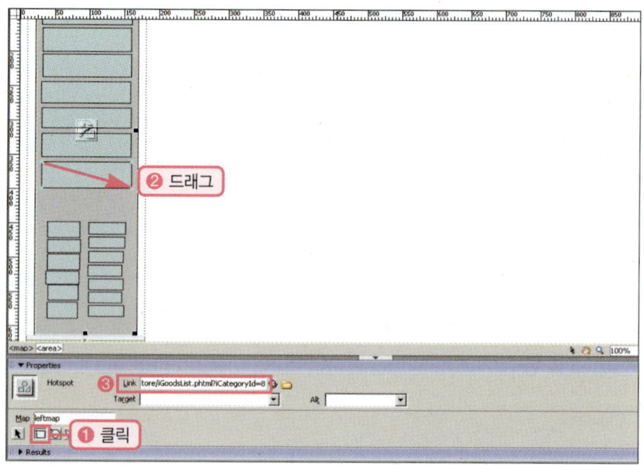

[링크 주소]

```
http://onshop.whoismall.com/FrontStore/iGoodsList
.phtml?iCategoryId=8
```

Hot Sauce

새로 추가된 '카타' 브랜드의 링크는 기존 주소에서 '7'만 '9'로 바꾸면 됩니다.

05 소스 수정이 끝나면 'Code' 창에서 Ctrl + A 를 눌러 전체 소스를 선택합니다. 그런 다음 다시 Ctrl + C 를 눌러 전체 소스를 복사합니다.

06 후이즈몰 쇼핑몰 관리자에서 FTP에 접속하고, 'shop/Images' 폴더에 수정한 'left_menu.gif' 파일을 업로드합니다. 이때 기존 파일에 덮어씌웁니다.

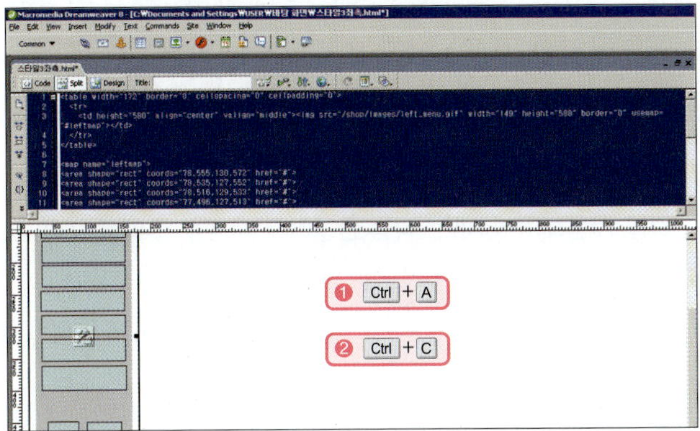

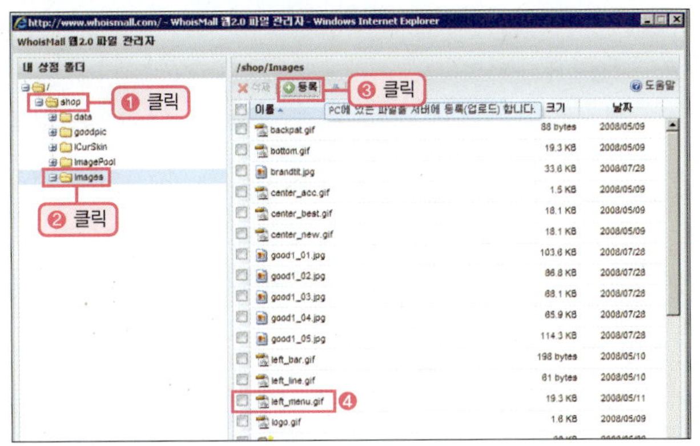

07 '디자인관리–세부화면 디자인' 메뉴를 클릭하고, '상점화면 디자인' 중에서 '메인 아이템–상품분류'를 선택합니다. 그런 다음 '변경' 버튼을 클릭합니다.

08 '상품 분류 소스' 창이 나타나면 기존의 소스를 모두 삭제합니다. Ctrl + V 를 눌러 복사해 둔 수정 소스를 붙여 넣고, '적용' 버튼을 클릭합니다.

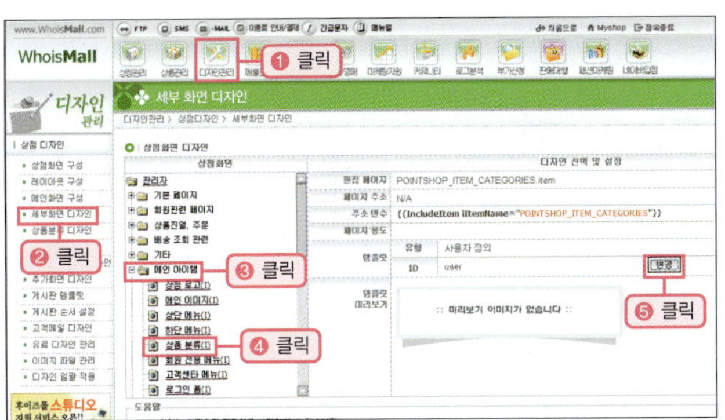

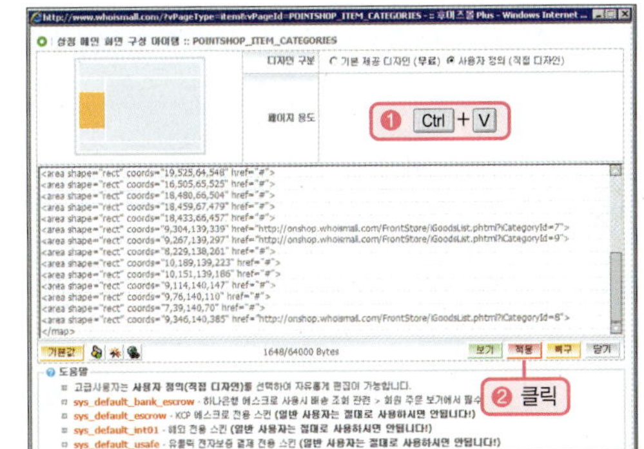

09 웹 브라우저를 실행한 후 다시 노트북용품 쇼핑몰(http://onshop.whoismall.com)의 메인 페이지에 접속해 보면 브랜드가 추가된 것을 확인할 수 있습니다.

 **Hot Sauce**

완성된 예제는 '부록 CD-Story 07' 폴더의 '스타일3좌측수정.html' 파일입니다.

눈에 띄는 판촉 아이콘 만들기

▶▶▶ 상품 목록에서 판촉 아이콘이 붙은 상품은 고객들의 눈에 더 띄겠죠? 판촉 아이콘은 쇼핑몰 관리자에서 기본으로 제공하는 것을 사용해도 되지만, 직접 만들어서 사용할 수도 있습니다. 여기에서는 판촉 아이콘을 직접 만들어보겠습니다.

♥ 눈에 띄는 이벤트 아이콘 직접 만들기

01 포토샵에서 Ctrl + N 을 눌러 'Width : 55px', 'Height : 25px', 'Background Contents : Transparent'의 새 파일을 만듭니다.

02 툴 박스에서 커스텀 셰이프 툴을 선택하고, 전경 색을 '#ff9999'로 지정합니다. 옵션 바에서 'Fill pixels'를 선택한 후 'Shape'의 '▼'를 클릭합니다. 셰이프 스타일 중에서 별 모양을 선택합니다.

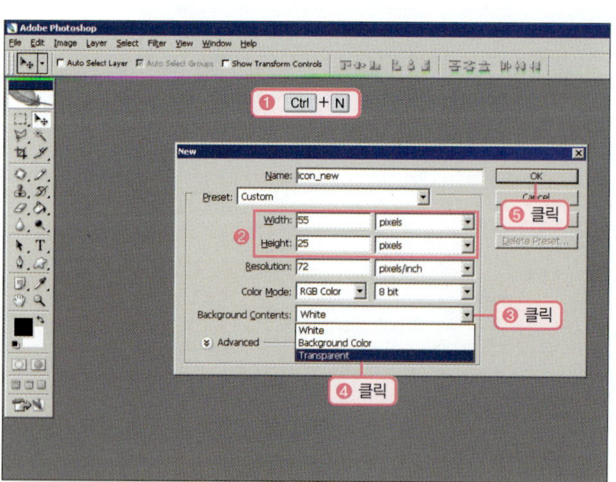

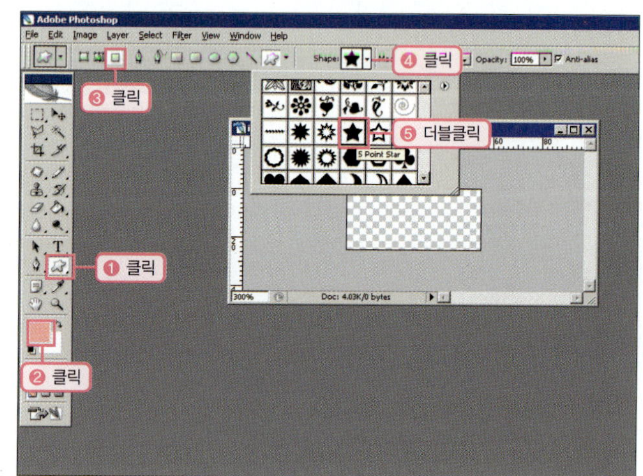

판촉 아이콘은 무작정 큰 것보다 적당한 크기로 만드는 것이 보기에도 좋고, 더 눈에 띕니다.

03 작업 화면에 다음과 같이 별을 그립니다.

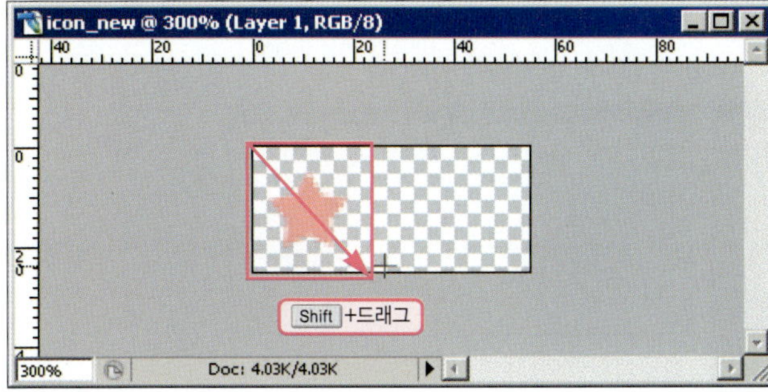

04 문자 툴을 클릭하고, '#ffffff' 색상으로 'new' 텍스트를 입력합니다.

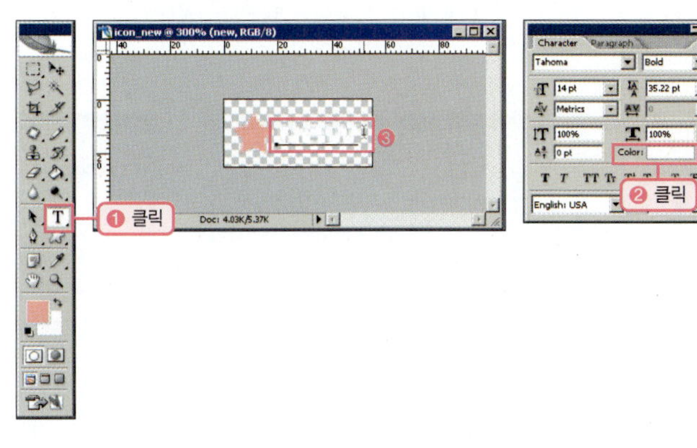

05 레이어 팔레트에서 'Add a layer style' 버튼을 클릭한 후 단축 메뉴가 나타나면 'Outer Glow' 를 선택합니다.

06 'Layer Style' 대화상자가 나타나는데 'Blend Mode : Normal', 'Opacity : 100', 'Color : #0099ff'로 지정하고 'OK' 버튼을 클릭합니다.

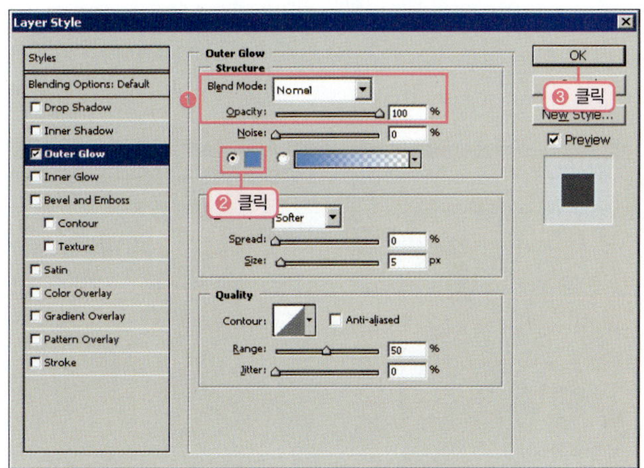

07 새 레이어를 추가하고, 전경색을 '#448cca'로 지정합니다. 브러시 툴을 선택한 후 브러시 크기를 '1'로 설정한 상태에서 'new' 텍스트 위에 선을 3개 그립니다.

08 툴 박스에서 '이미지레디' 버튼을 클릭합니다.

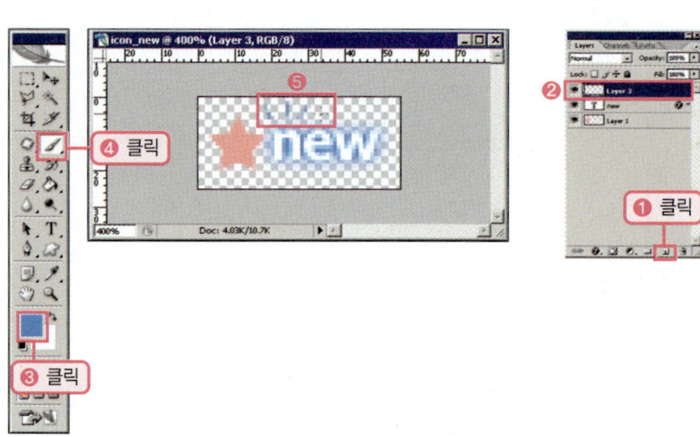

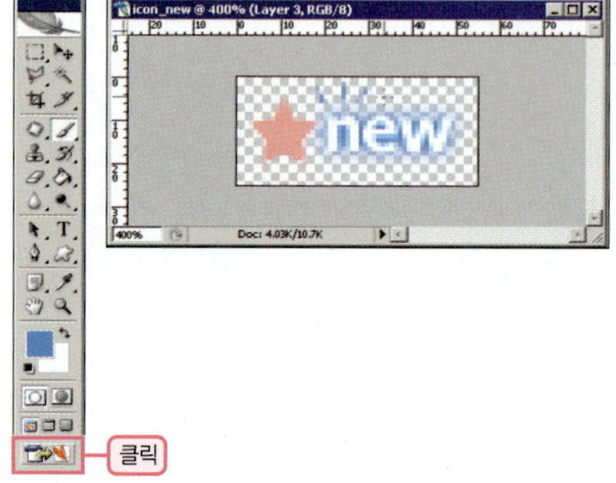

09 이미지레디가 실행되면 'Window' 메뉴의 'Animation'을 클릭합니다.

10 애니메이션 팔레트에서 '새 프레임 추가' 버튼을 클릭합니다. '2 프레임'을 선택한 상태에서 'Layer 1'의 투명도를 '70%'로 설정하고, 'Layer 3'의 눈 아이콘을 끕니다.

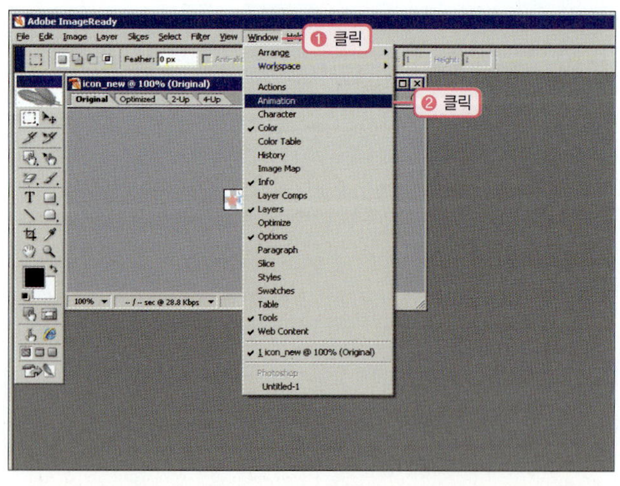

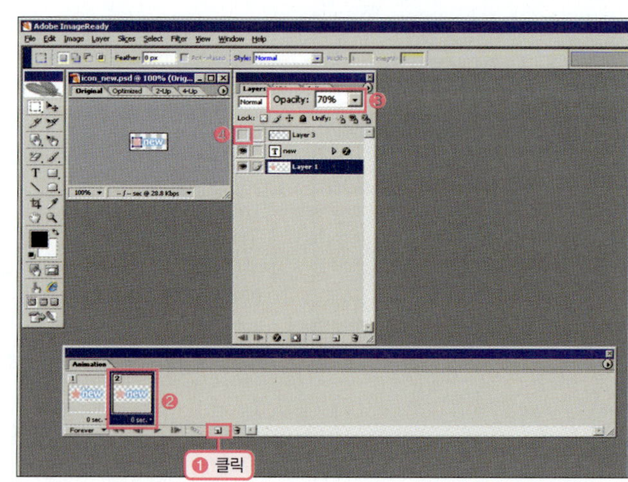

Hot Sauce

이미 애니메이션 팔레트가 나타나 있는 경우에는 'Window' 메뉴의 'Animation'을 클릭하지 않아도 됩니다.

11 '1~2 프레임'을 모두 선택한 후 재생 시간을 마우스 오른쪽 버튼으로 클릭하여 '0.5'를 선택합니다.

12 '▶' 버튼을 클릭하면 '1 프레임'과 '2 프레임'이 각각 '0.5'초씩 반복 재생되는 것을 확인할 수 있습니다. '■' 버튼을 클릭하여 정지합니다.

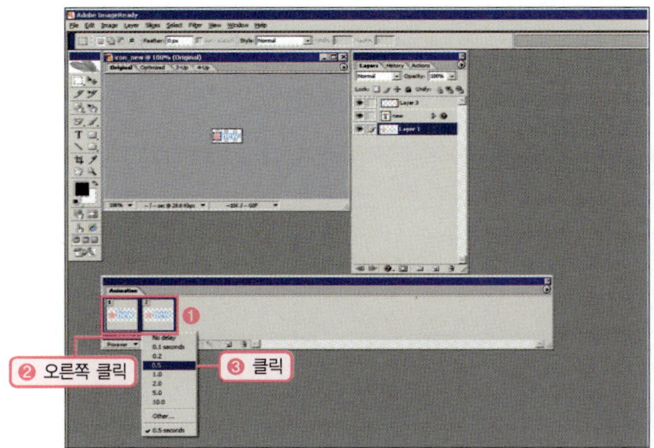

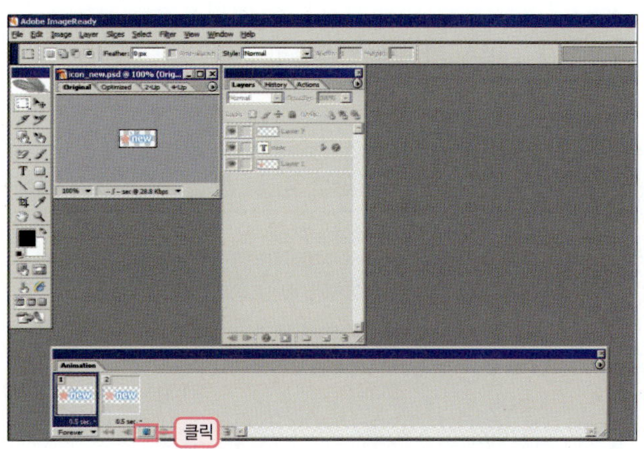

13 'File' 메뉴의 'Save Optimized As'를 클릭하여 'icon_new.gif'로 저장합니다.

14 이미지레디 툴 박스 아래쪽의 '포토샵 이동' 버튼을 클릭합니다.

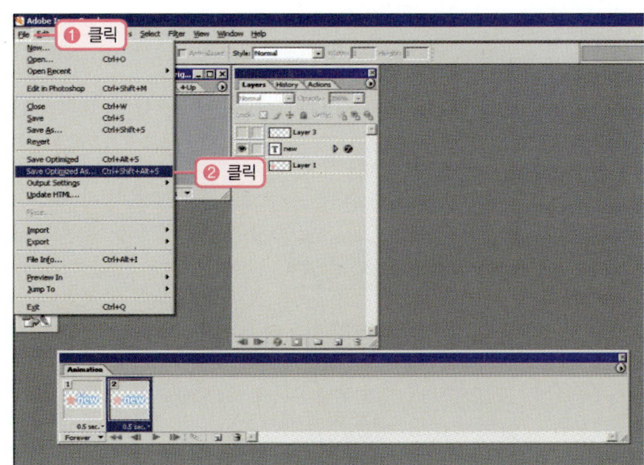

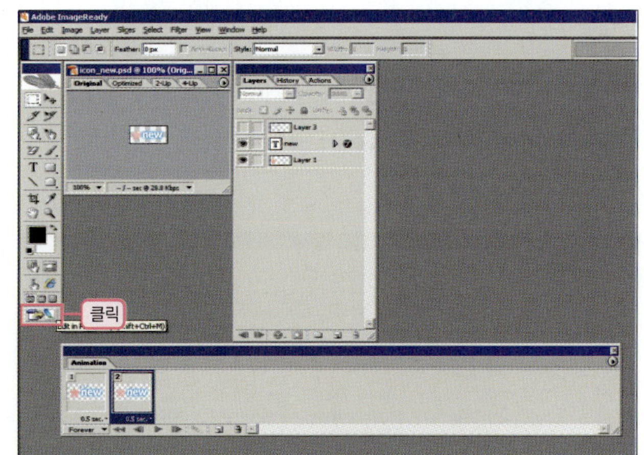

15 다시 포토샵으로 이동하면 Shift + Ctrl + S 를 눌러서 레이어가 살아 있는 원본 'psd' 파일을 'icon_new.psd'로 저장합니다.

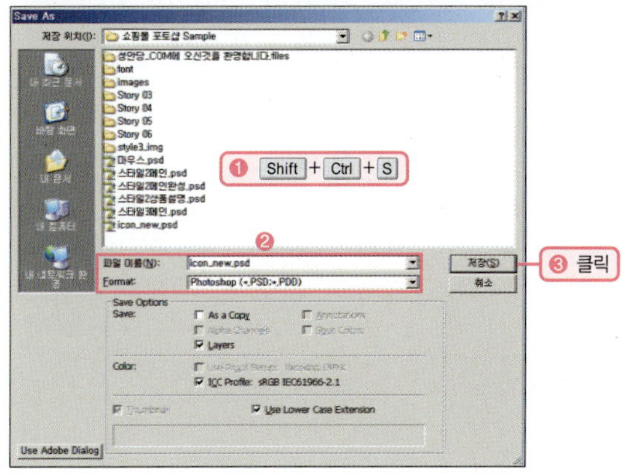

Hot Sauce

나중에 애니메이션을 수정해야 할 경우에는 레이어가 살아 있는 원본 파일이 필요하기 때문에 PSD 파일로 저장하는 것이 좋습니다.

01 이번에는 메이크샵으로 구축한 쇼핑몰에 아이콘을 적용해 보겠습니다. 웹 브라우저를 실행한 후 메이크샵 쇼핑몰 관리자에 접속합니다.

02 '상품관리–판매상품 기본관리–판매상품 신규 등록/관리' 메뉴를 차례대로 클릭합니다. 그런 다음 상품 분류는 '1단계 : 침구', '3단계 : 노스탤지어 퀼팅 패드'로 선택합니다.

03 스크롤바를 가장 아래쪽으로 이동하여 '상품 아이콘 설정' 항목에서 '내 아이콘 등록/수정' 버튼을 클릭합니다.

04 '내 아이콘 등록/수정' 창이 나타나면 '찾아보기' 버튼을 클릭합니다.

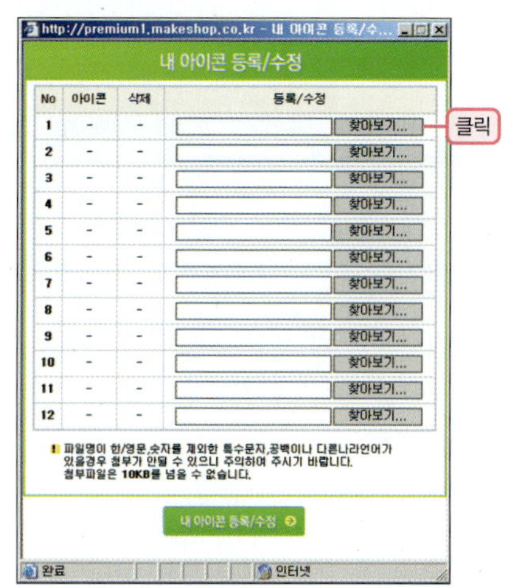

05 '파일 선택' 대화상자가 나타나면 앞서 만든 'icon_new.gif' 파일을 선택한 후 '열기' 버튼을 클릭합니다.

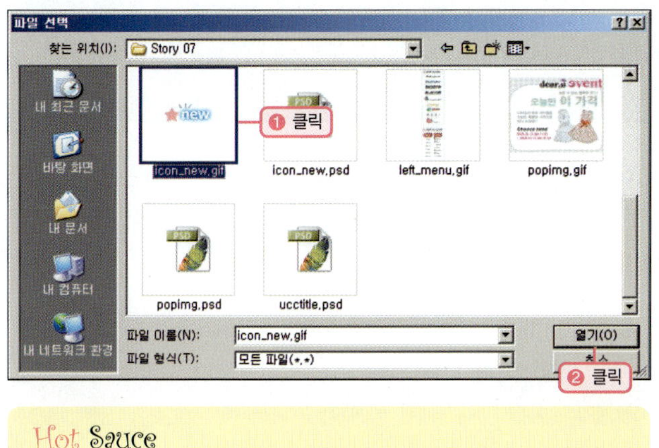

Hot Sauce

부록 CD의 'Story 07' 폴더에서 'icon_new.gif' 파일을 불러와도 됩니다.

07 '내 아이콘' 항목에 직접 등록한 아이콘이 표시되는 것을 알 수 있습니다. 사용할 아이콘에 체크 표시를 하고, '수정하기' 버튼을 클릭합니다.

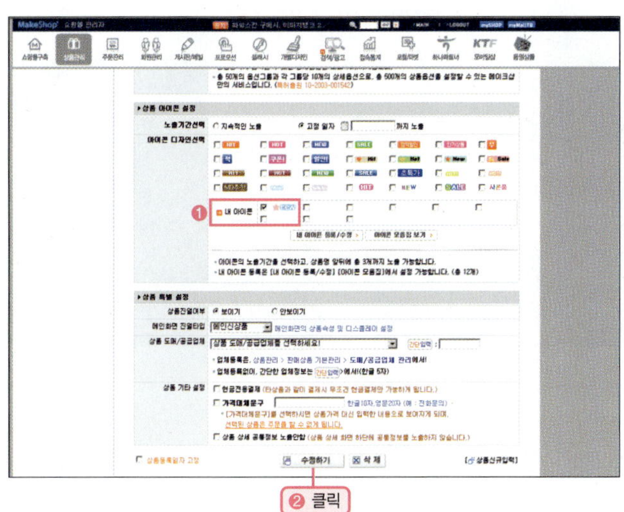

06 총 12개의 아이콘을 등록하는 것이 가능한데, 선택이 완료되면 '내 아이콘 등록/수정' 버튼을 클릭합니다.

08 웹 브라우저를 실행하여 'http://mariweb.campus1.freesell.co.kr'로 이동하면 쇼핑몰 메인 페이지에 직접 만든 아이콘이 나타나는 것을 확인할 수 있습니다.

66

공지 사항과 이벤트에 적합한 팝업 창 만들기

▶▶▶ 쇼핑몰을 운영할 때 중요한 공지 사항이나 각종 이벤트는 팝업 창을 통해 알리는 것이 효과적입니다. 따라서 팝업 창을 만들고 적용하는 방법은 쇼핑몰 운영자가 필수적으로 알고 있어야 할 기본 관리 기술 중 하나입니다.

♥ 쇼핑몰에 어울리는 팝업 창 디자인하기

01 포토샵에서 Ctrl + N 을 눌러 'Name : popimg', 'Width : 400px', 'Height : 324px'의 새 파일을 만듭니다.

02 문자 툴을 클릭한 후 'karabinE' 폰트로 'dear, u event'를 입력합니다. 이때 'dear,u'의 색상은 '#000000', 'event'의 색상은 '#ff0066'으로 지정합니다.

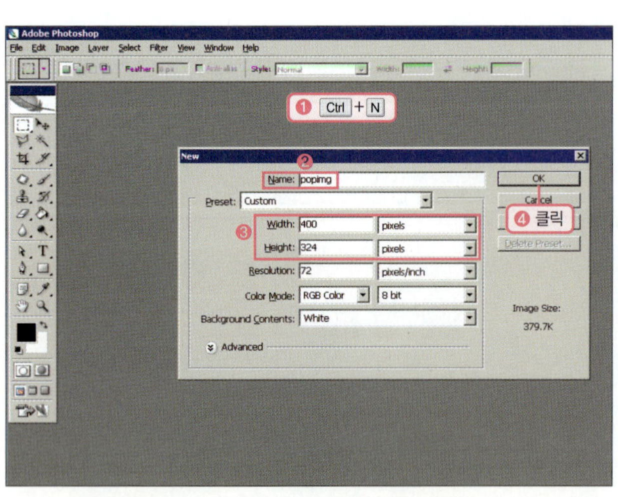

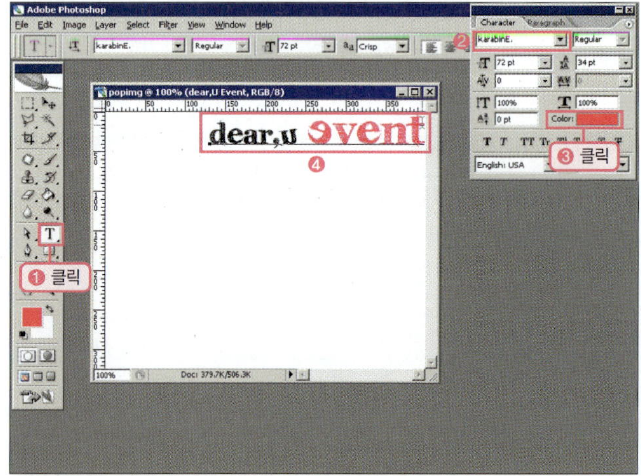

Hot Sauce

'Background Contents' 항목은 'White'로 지정합니다.

Hot Sauce

cafe24로 구축한 쇼핑몰에 팝업 창을 만들어 삽입해 보겠습니다.

03 'Background' 레이어를 선택하고, 'Edit' 메뉴의 'Fill'을 클릭합니다.

04 'Fill' 대화상자가 나타나면 'Use' 항목은 'Pattern'으로 지정하고, '▼'를 클릭하여 Story 05에서 만들어두었던 'pat.jpg' 체크 패턴을 선택합니다. 그런 다음 'OK' 버튼을 클릭합니다.

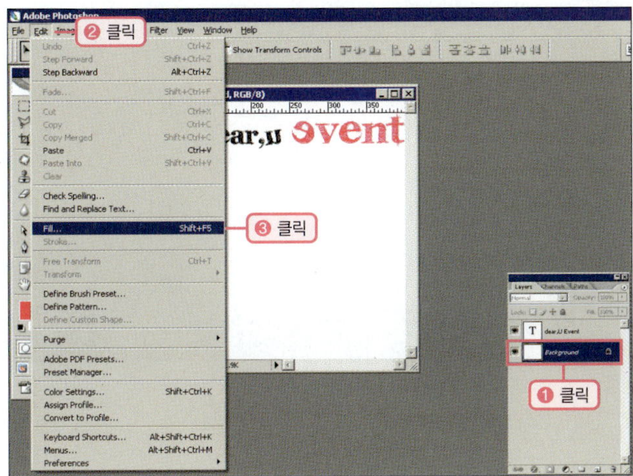

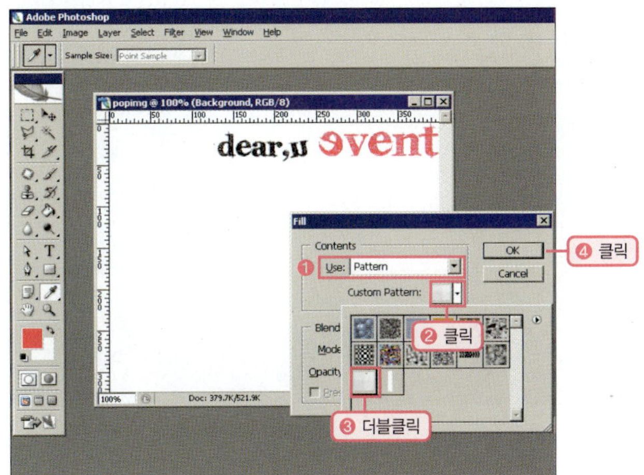

05 'Background' 레이어가 선택한 체크 패턴으로 채워진 것을 확인할 수 있습니다.

06 'Background' 레이어 위쪽에 새 레이어를 추가하고, 커스텀 셰이프 툴을 클릭한 후 옵션 바에서 'Fill Pixels'를 선택합니다. 다시 옵션 바에서 'Shape' 항목의 '▼'를 클릭하여 'Crown1'을 선택합니다.

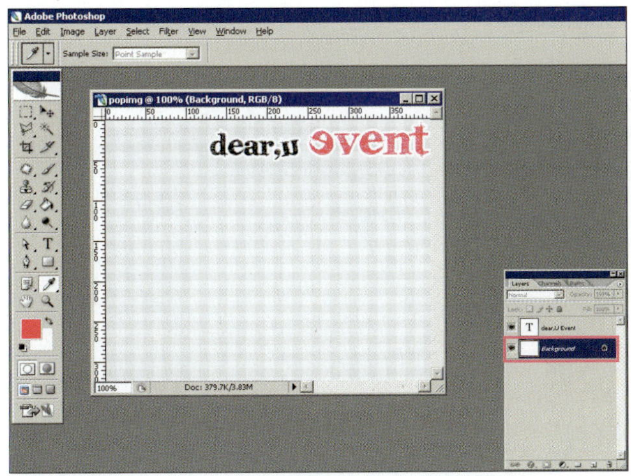

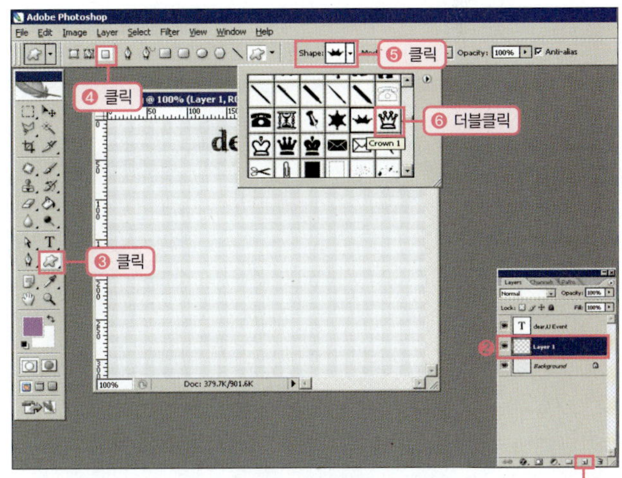

07 ‘u’ 텍스트 위쪽에 다음과 같이 작은 왕관을 그립니다.

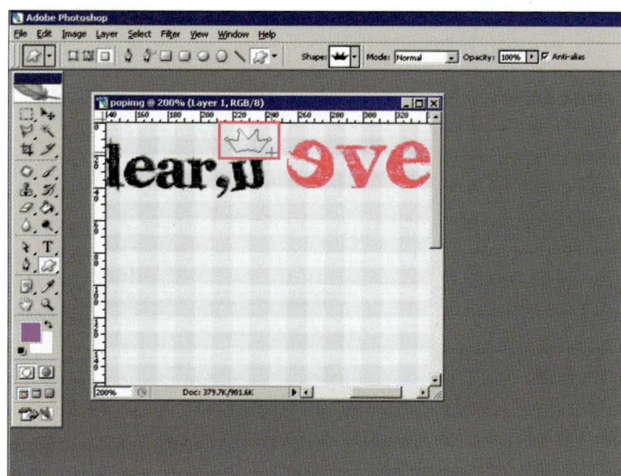

08 `Ctrl`+`T`를 눌러서 자유 변형 바운딩 박스가 나타나면 왕관을 아래쪽으로 비스듬히 회전합니다.

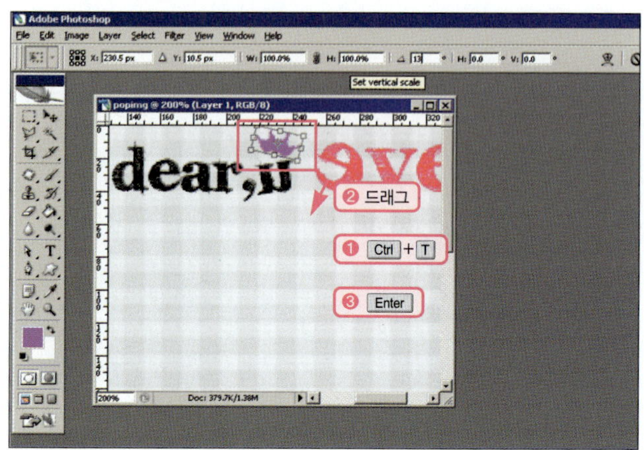

09 펜 툴을 이용하여 손으로 그린 느낌이 나는 사각형 패스를 그립니다.

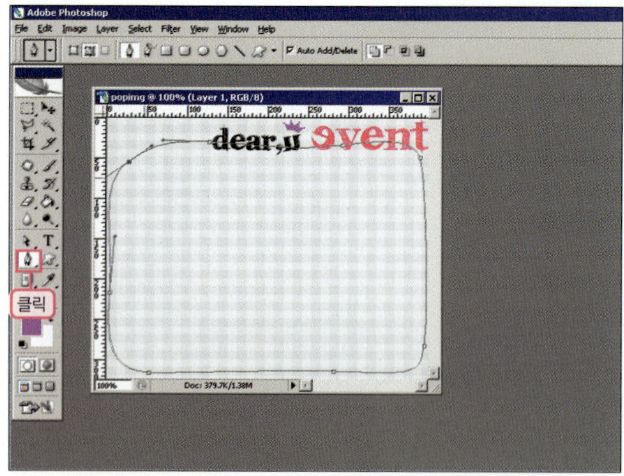

10 브러시 툴을 클릭하고, 옵션 바에서 ‘Brush’의 ‘▼’를 클릭하여 ‘Hard Rounded 3 pixels’를 선택합니다. 이때 ‘Master Diameter’ 항목에는 ‘2’를 입력합니다.

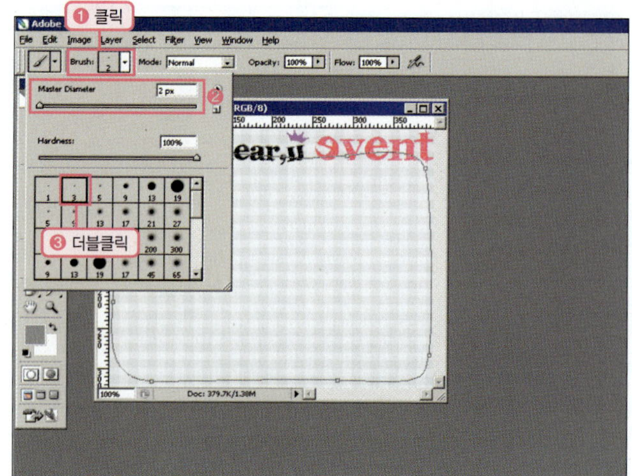

11 옵션 바에서 'Brushes' 탭을 클릭한 후 'Dual Brush'에 체크 표시를 합니다. 'Diameter : 5', 'Spacing : 200', 'Count : 1'로 지정합니다.

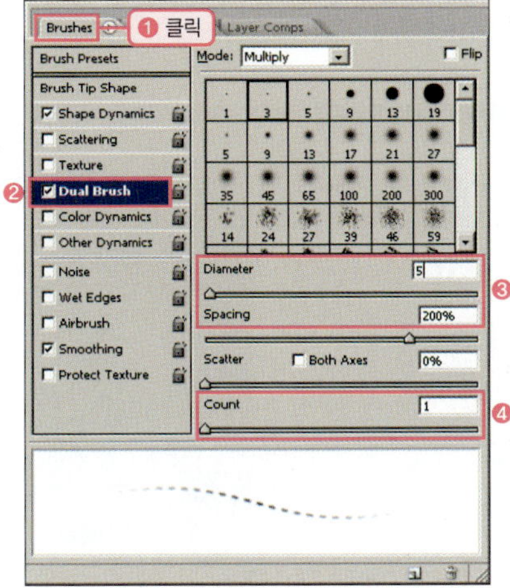

12 'Paths' 팔레트로 이동하여 'Work Path'를 마우스 오른쪽 버튼으로 클릭합니다. 단축 메뉴가 나타나면 'Stroke path'를 선택합니다.

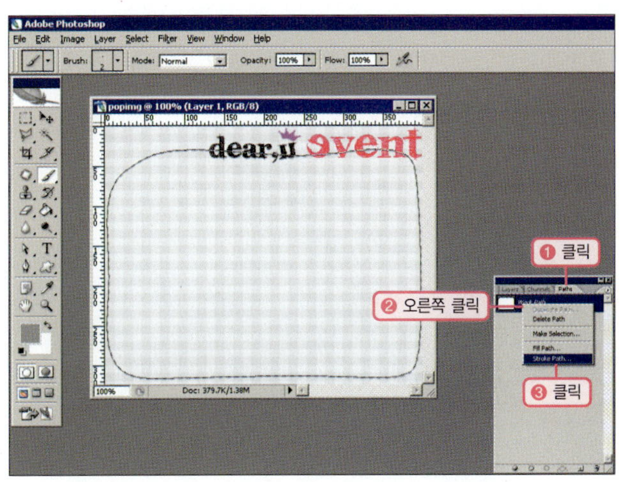

13 'Stroke Path' 대화상자가 나타나면 'Tool' 항목에서 'Brush'를 선택한 후 'OK' 버튼을 클릭합니다.

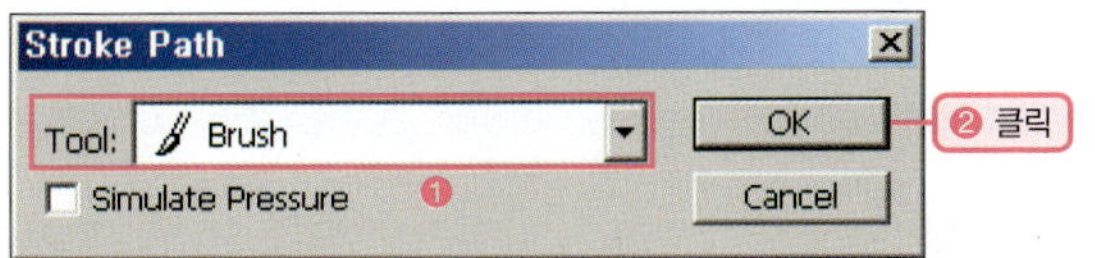

14 설정한 브러시 스타일로 점선 라인이 그려지는 것을 알 수 있습니다. 이번에는 'Work Path'를 마우스 오른쪽 버튼으로 클릭한 후 'Make Selection'을 선택합니다.

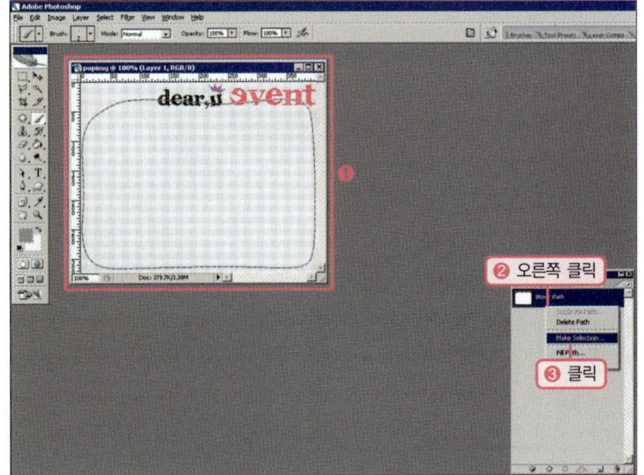

15 'Make Selection' 대화상자에서 'OK' 버튼을 클릭합니다.

16 패스 라인이 선택 영역으로 지정되면 이 상태에서 레이어 팔레트를 클릭합니다. 'Select' 메뉴의 'Modify-Contract'를 클릭하고, 'Contract Selection' 대화상자에서 'Contract by' 항목에 '4'를 입력한 후 'OK' 버튼을 클릭합니다.

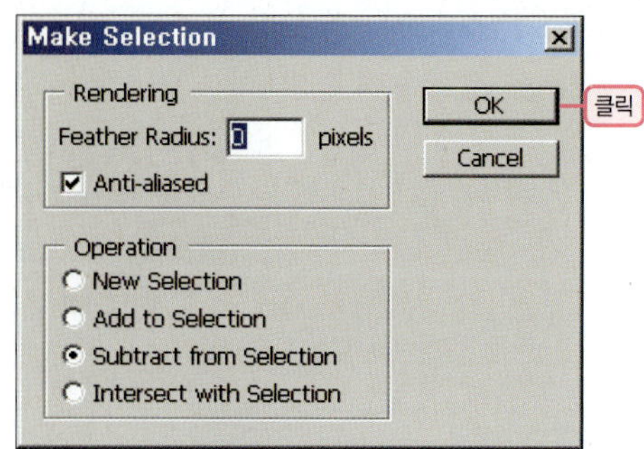

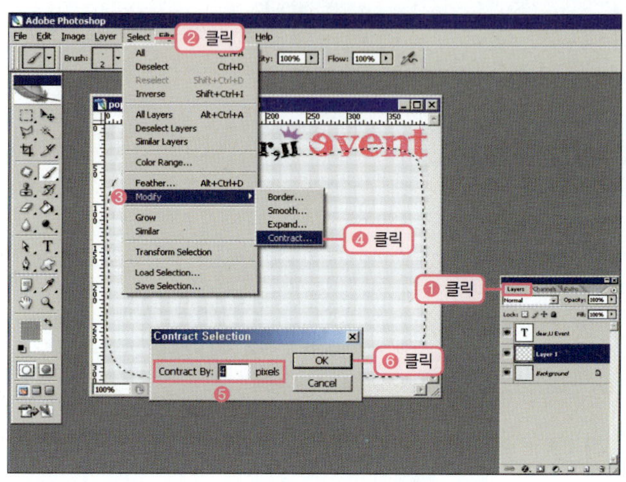

17 '4px' 작아진 선택 영역을 배경색인 '#ffffff' 색상으로 채우고, Ctrl + D 를 눌러서 선택 영역을 해제합니다.

18 'dear,u' 글자 레이어를 선택한 상태에서 'Add a layer style'를 클릭합니다. 레이어 스타일 중에서 'Stroke'를 선택합니다.

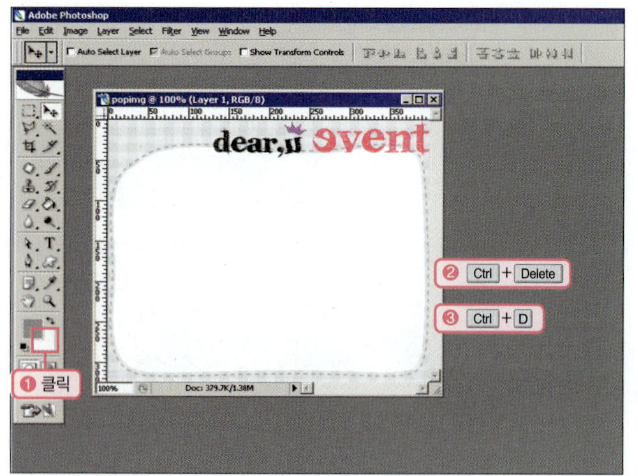

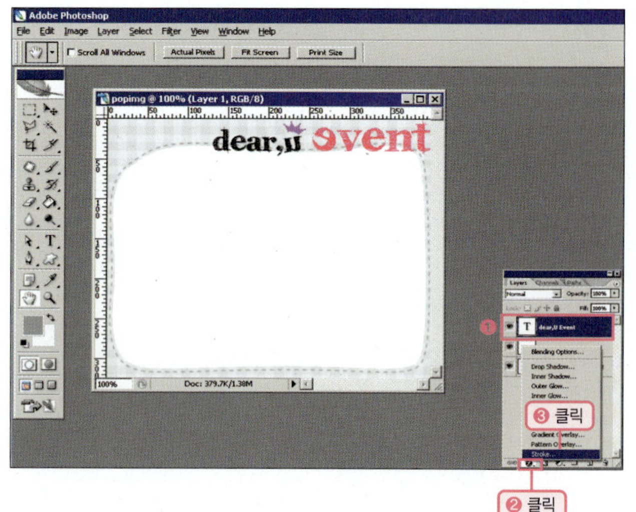

19 'Layer Style' 대화상자가 나타나면 'Size : 3', 'Color : #ffffff'로 지정한 후 'OK' 버튼을 클릭합니다.

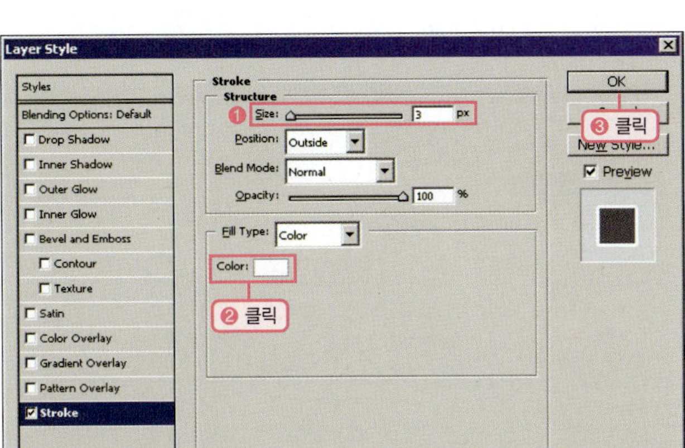

20 문자 툴을 클릭하고, 3개의 레이어에 문구를 분리하여 입력합니다.

21 '오늘만 이 가격' 레이어를 선택한 상태에서 'Add a layer style'를 클릭합니다. 레이어 스타일 중에서 'Gradient Overlay'를 선택한 후 'Layer Style' 대화상자가 나타나면 'Gradient' 항목의 '▼'를 클릭합니다.

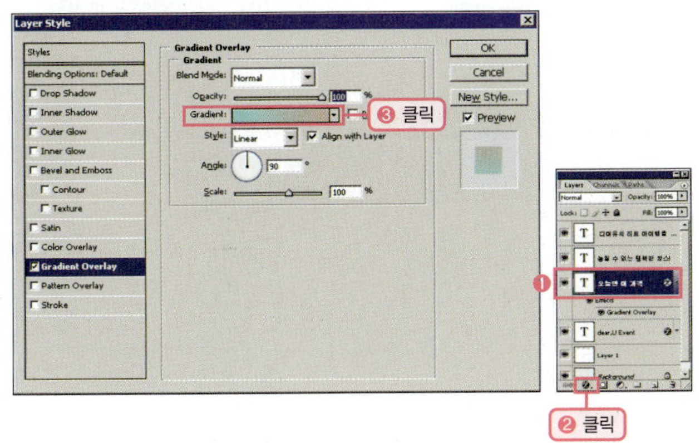

22 'Gradient Editor' 대화상자가 나타나면 슬라이더 바 왼쪽의 페인트통 색상은 '#7accc8', 오른쪽 페인트통 색상은 '#c7b299'로 지정한 후 'OK' 버튼을 클릭합니다.

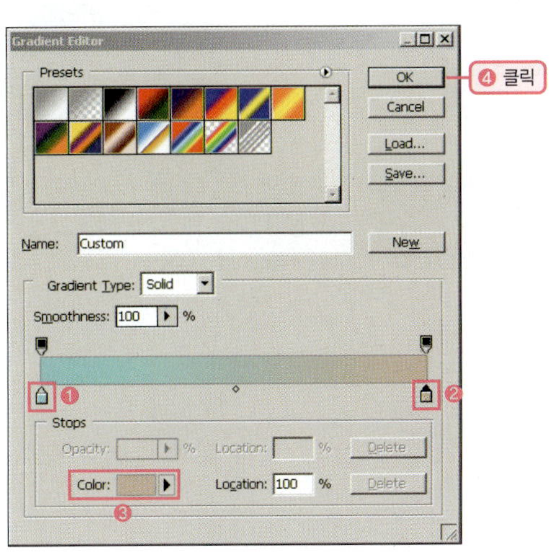

23 다시 'Layer Style' 대화상자에서 스타일 종류 중 'Stroke'를 선택합니다. 오른쪽 설정 화면에서 'Size : 3', 'Color : #ffffff' 로 지정하세요.

24 마지막으로 'Layer Style' 대화상자에서 스타일 종류 중 'Drop Shadow'를 선택합니다. 오른쪽 설정 화면에서 'Opacity : 30', 'Distance : 5', 'Size : 5'를 입력하고 'OK' 버튼을 클릭합니다.

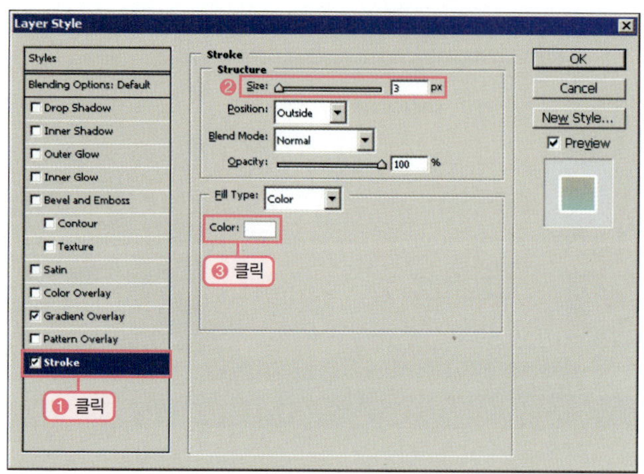

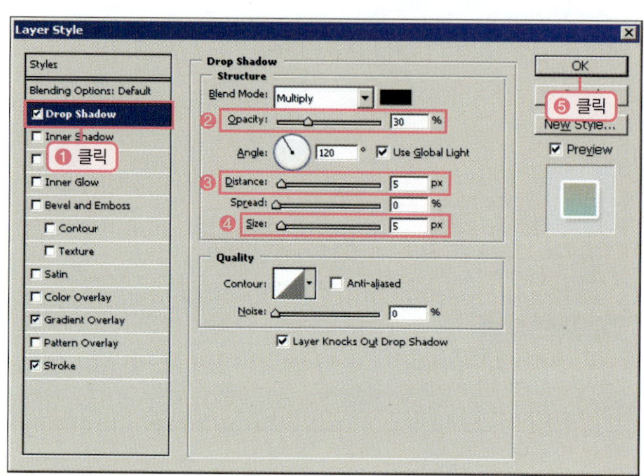

25 '디어유의 히트 아이템…' 레이어를 클릭하여 날짜 안내 텍스트의 색상을 '#ed145a'로 바꿉니다. 그런 다음 문자 툴 옵션 설정 상자에서 'Underline'을 선택합니다.

26 Ctrl + O 를 누른 후 부록 CD의 'Story 07' 폴더에서 '원피스.psd' 파일을 불러옵니다.

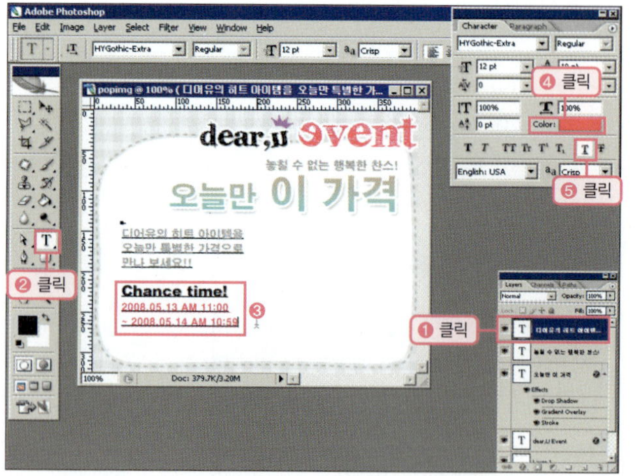

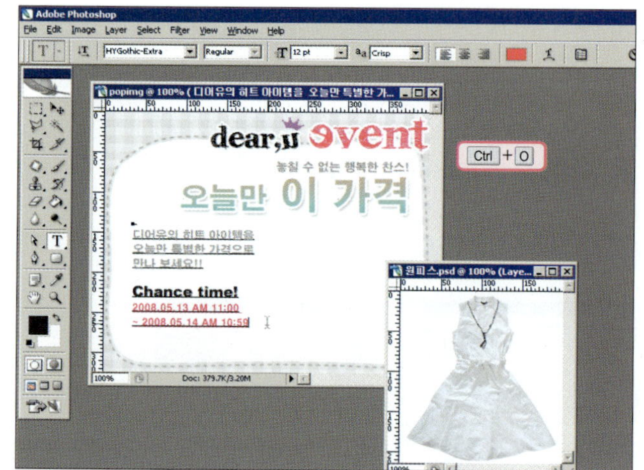

27 '원피스.psd' 파일에서 두 개의 레이어를 작업 화면으로 드래그합니다. 이때 두 개의 레이어가 글자 레이어 아래쪽에 위치하도록 배치하세요.

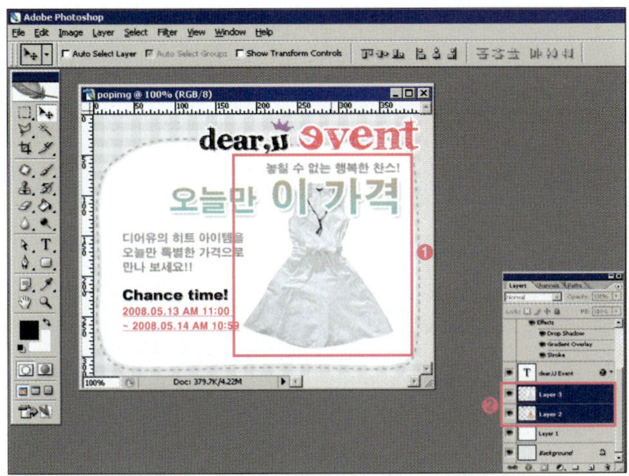

28 흰색 원피스 레이어를 선택하고, Ctrl+T를 눌러 이미지를 약간 줄인 후 왼쪽으로 회전시킵니다. 변형이 완료되면 Enter를 누르세요.

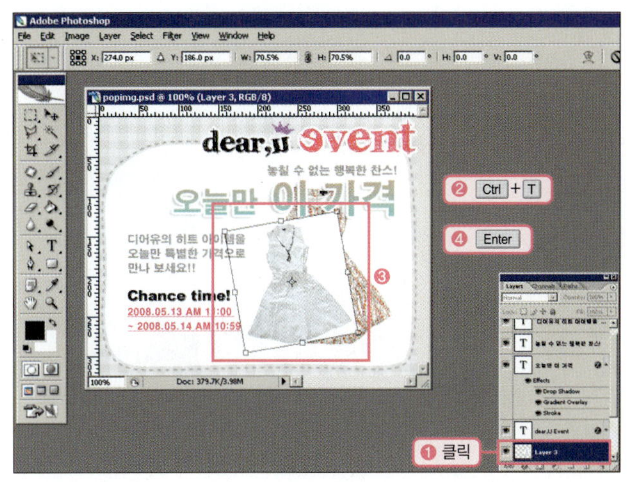

29 마술봉 툴을 선택하고, 옵션 바에서 'Tolerance' 항목에 '0'을 입력한 후 'Anti-alias'에 체크 표시를 합니다. 그런 다음 흰색 원피스 레이어를 선택한 상태에서 여백을 마술봉 툴로 클릭하고, Delete를 눌러 삭제합니다.

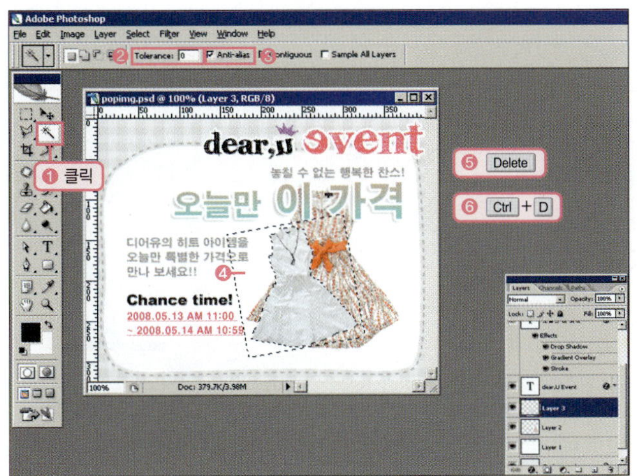

30 꽃무늬 원피스 레이어를 선택하고, Ctrl+T를 눌러 이미지를 약간 줄인 후 오른쪽으로 회전시킵니다. 변형이 완료되면 Enter를 누르세요.

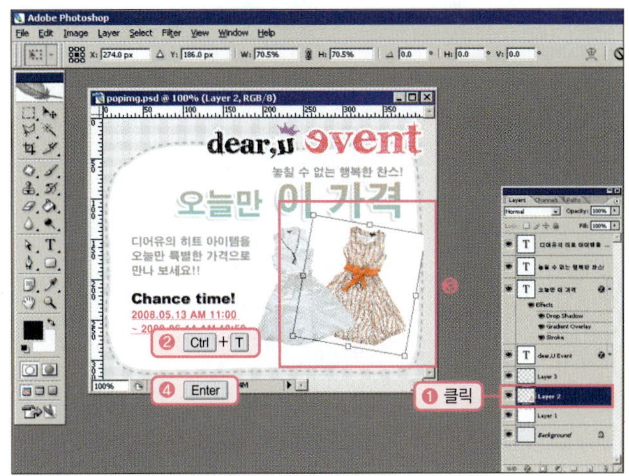

31 꽃무늬 원피스 레이어를 선택한 상태에서 여백을 마술봉 툴로 클릭합니다. 여백이 선택 영역으로 지정되면 Delete 를 눌러 삭제합니다.

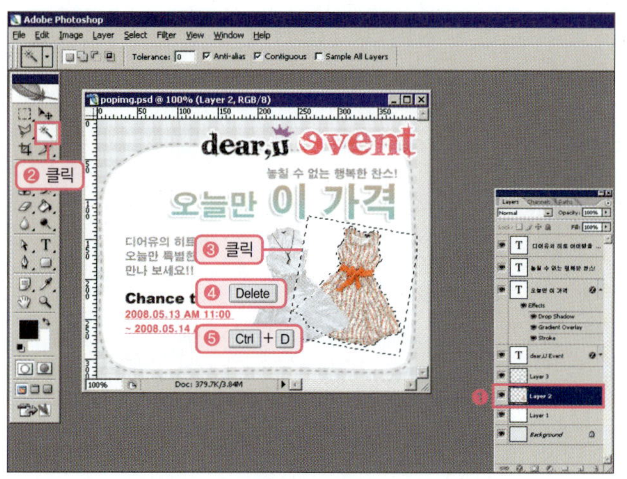

32 꽃무늬 원피스 레이어를 선택한 상태에서 레이어 팔레트의 'Add a layer style'을 클릭하고, 단축 메뉴가 나타나면 'Drop Shadow'를 선택합니다.

33 'Layer Style' 대화상자에서 'Opacity : 15', 'Angle : 120', 'Distance : 4', 'Size : 4'를 입력한 후 'OK' 버튼을 클릭합니다.

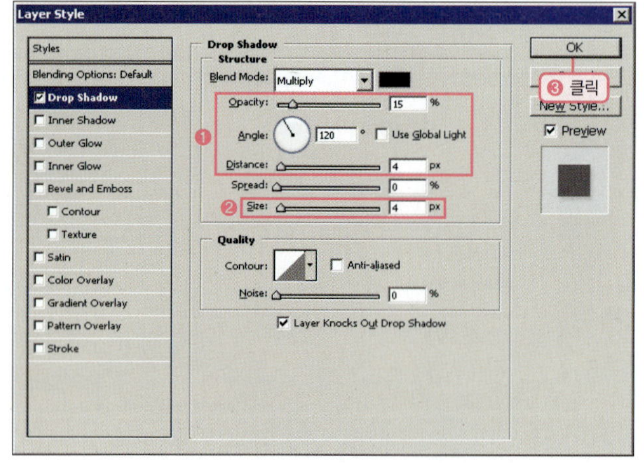

34 꽃무늬 원피스 레이어에 그림자 효과가 적용된 것을 알 수 있습니다. 같은 효과를 흰색 원피스 레이어에도 적용하기 위해 꽃무늬 원피스 레이어를 마우스 오른쪽 버튼으로 클릭한 후 'Copy Layer Style'을 선택하세요.

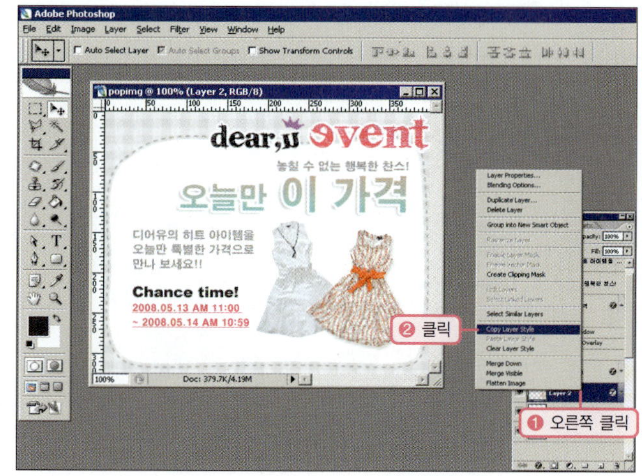

35 흰색 원피스 레이어를 마우스 오른쪽 버튼으로 클릭하고 'Paste Layer Style'을 선택하면 간단하게 흰색 원피스에도 똑같은 그림자 효과가 적용됩니다.

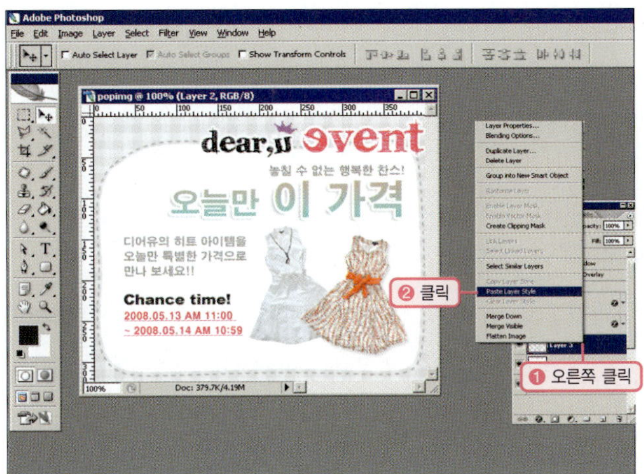

36 팝업 이미지가 모두 완성되었습니다. 추후에 문구나 이미지를 수정하기 위해서는 'PSD' 파일이 필요하므로, Shift + Ctrl + S 를 눌러 'popimg.psd' 파일로 저장합니다.

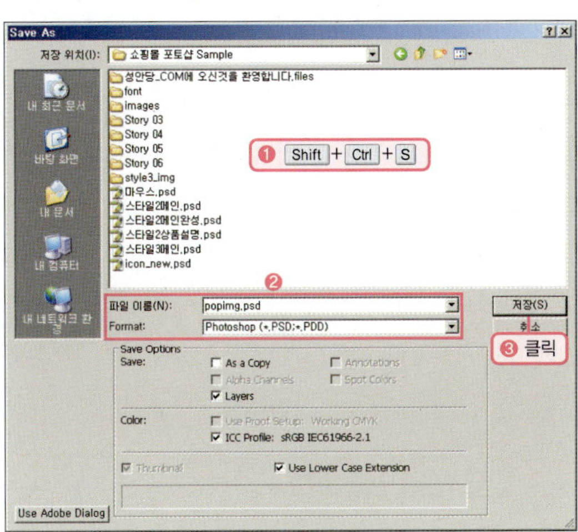

완성된 예제는 '부록 CD-Story 07' 폴더의 'popimg.psd', 'popimg.gif' 파일입니다.

37 다시 한 번 Shift + Ctrl + S 를 눌러서 쇼핑몰에 사용하기 위해 'popimg.gif' 파일로도 저장합니다.

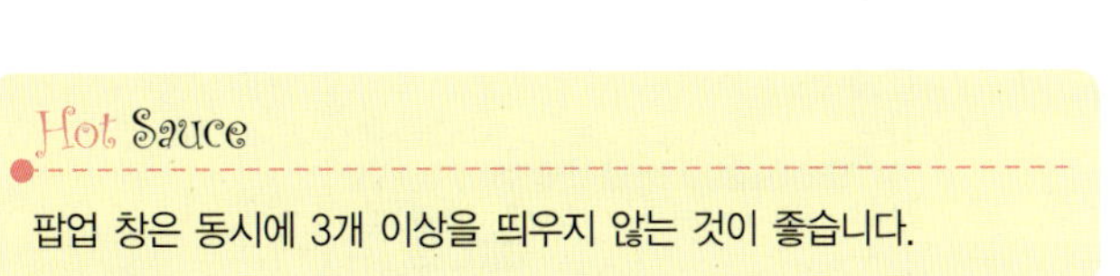

팝업 창은 동시에 3개 이상을 띄우지 않는 것이 좋습니다.

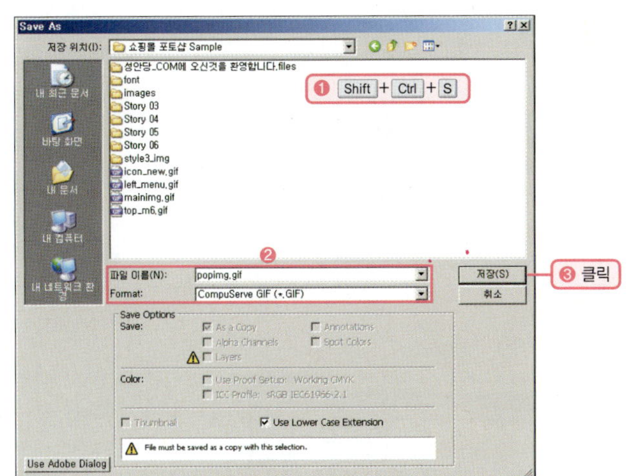

♥ **cafe24에서 팝업 창 등록하기**

01 웹 브라우저를 실행한 후 cafe24의 쇼핑몰 관리자에 접속합니다. '디자인관리-NEW 팝업창 설정' 메뉴를 차례대로 선택하고, '신규등록' 버튼을 클릭합니다.

02 팝업 창의 게시 기간과 창 크기를 설정하고 '이미지' 아이콘을 클릭합니다.

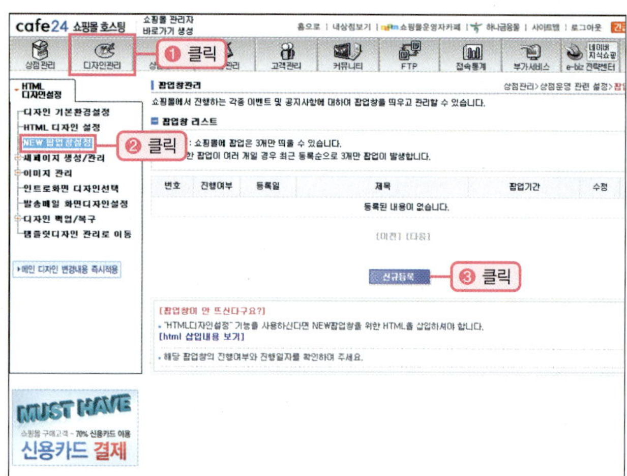

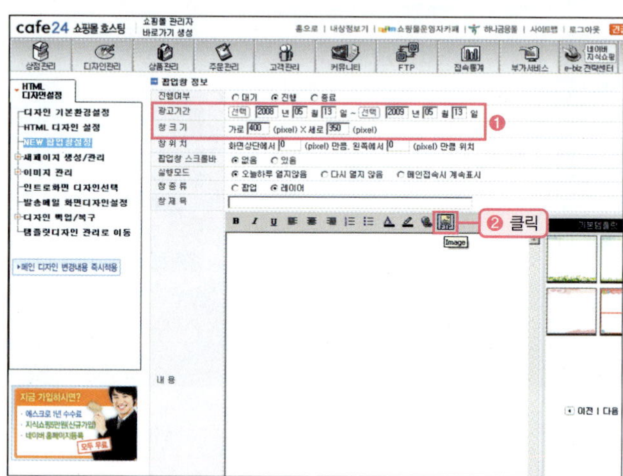

03 '이미지 등록' 창이 나타나면 'upload' 폴더를 선택하고, '찾아보기' 버튼을 클릭합니다.

04 '파일 선택' 대화상자가 나타나면 'popimg.gif' 파일을 선택하고, '열기' 버튼을 클릭합니다. 그런 다음 다시 이미지 등록 창에서 '파일 업로드' 버튼을 클릭하세요.

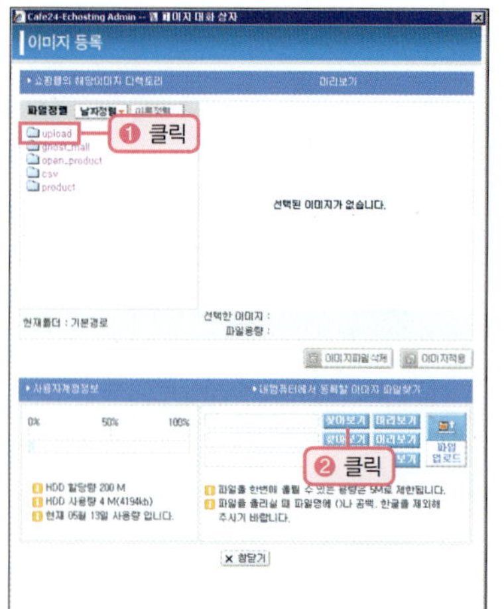

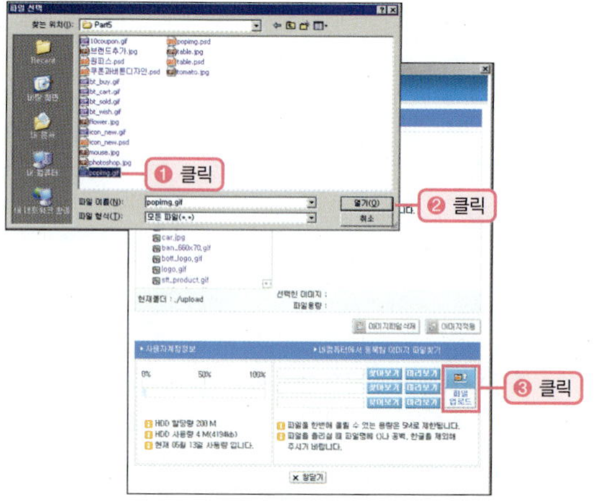

Hot Sauce

부록 CD의 'Story 07' 폴더에서 'popimg.gif' 파일을 불러와도 됩니다.

05 'upload' 폴더에 'popimg.gif' 파일이 업로드
된 것을 확인할 수 있습니다. 'popimg.gif' 파
일을 선택한 상태에서 '이미지 적용'과 '창닫기' 버튼을
차례대로 클릭합니다.

06 '팝업 창 정보'에 선택한 이미지가 추가된 것을
확인할 수 있습니다. 이제 스크롤바를 아래쪽으
로 이동하여 '확인' 버튼을 클릭하세요.

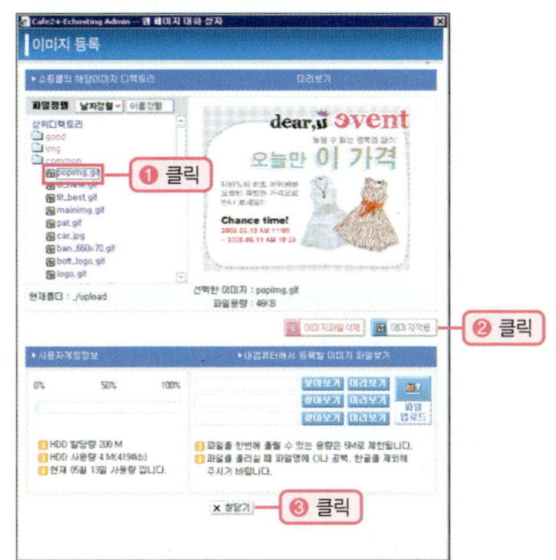

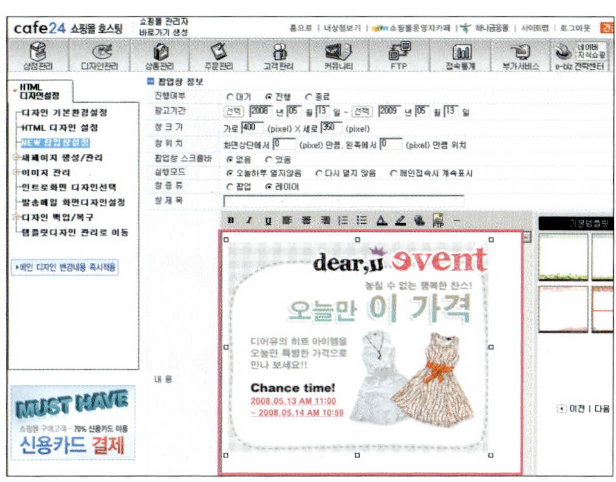

07 쇼핑몰로 접속하여 팝업 창을 확인하기 전에 한 가지 더 해야 할 것이 있습니다. HTML 디자인을 사용할 때
NEW 팝업 창 시스템을 정상적으로 사용하기 위해서는 메인 화면 HTML 소스의 일부분을 다음과 같이 수정
해야 합니다.

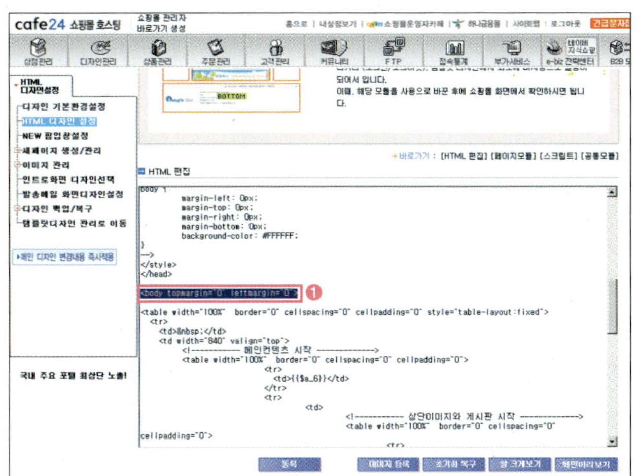

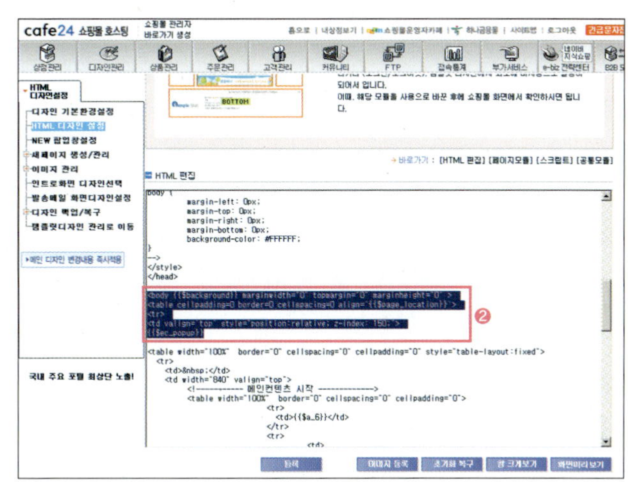

변경할 소스의 위치는 'HTML 디자인 설정-메인화면-메인화면'이
고, 소스에서 'style' 태그, '{{$ec_popup}}'만 추가하면 됩니다.

[기존 소스]

```
<body {{$background}} marginwidth="0" topmargin="0" marginheight="0">
<table cellpadding=0 border=0 cellspacing=0 align='{{$page_location}}'>
<tr>
<td valign='top'>
```

[수정 후]

```
<body {{$background}} marginwidth="0" topmargin="0" marginheight="0">
<table cellpadding=0 border=0 cellspacing=0 align='{{$page_location}}'>
<tr>
<td valign='top' style="position:relative; z-index: 150;">
{{$ec_popup}}
```

08 웹 브라우저를 실행한 후 여성 의류 쇼핑몰 (http://mariweb.cafe24.com)에 접속하면 등록한 팝업 창이 나타나는 것을 확인할 수 있습니다.

Design Master | 'html 삽입내용 보기'를 클릭하여 기존 소스 수정하기

수정할 팝업 창 소스는 처음부터 하나하나 입력하지 않아도 됩니다. 'NEW 팝업 창 설정' 페이지 아래쪽으로 스크롤바를 이동하면 '[html 삽입내용 보기]'가 있는데, 이 메뉴를 클릭하면 복사할 소스가 새 창에 나타납니다.

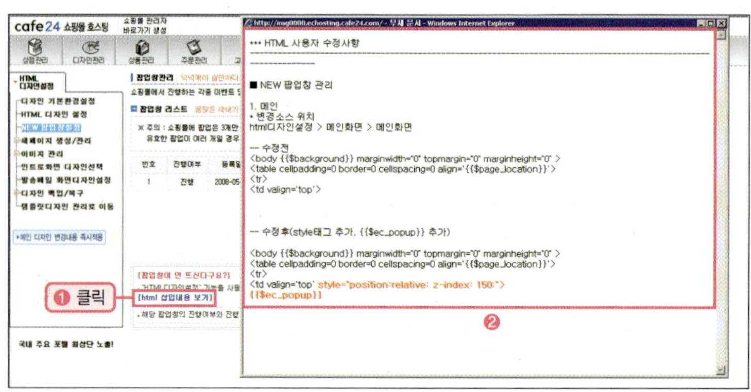

Shopping Mall Sense

67

고객을 다시 찾게 하는
할인 쿠폰 만들기

▶▶▶ 쇼핑몰을 운영할 때 상품 가격의 일정 금액을 할인하거나 적립하는 이벤트를 활용하면 고객 관리에 도움이 됩니다. 쇼핑몰 솔루션 서비스에는 기본으로 제공하는 할인 쿠폰 이미지가 있지만 솔직히 디자인이 그리 좋지는 않죠. 여기에서는 자신이 직접 할인 쿠폰 이미지를 만들어서 등록하는 방법에 대해 알아보겠습니다.

01 '메이크샵'으로 구축한 쇼핑몰을 예제로 하여 할인 쿠폰을 만들어보겠습니다.

02 웹 브라우저를 실행한 후 홈인테리어용품 쇼핑몰(http://mariweb.campus1.freesell.co.kr)로 이동합니다. 메인 페이지에서 메인 진열 상품을 클릭합니다.

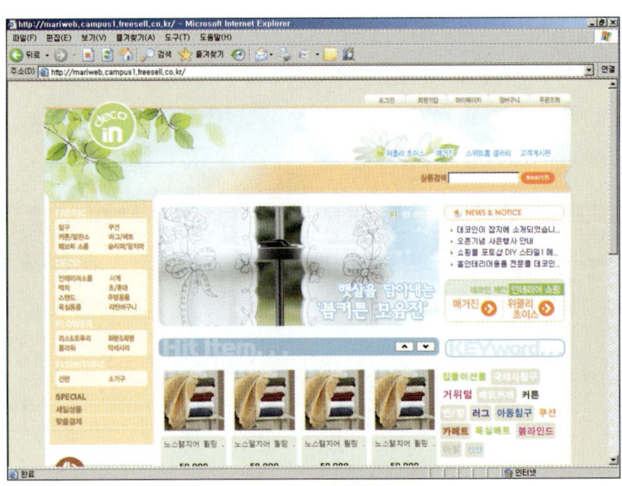

Hot Sauce

메이크샵의 자유 제작 할인 쿠폰 이미지는 '파일 형식 : GIF', '가로 : 350px', '세로 : 150px', '최대 용량 : 150KB'에 맞춰 제작해야 합니다.

Hot Sauce

홈인테리어용품 쇼핑몰에는 책의 예제 결과가 이미 적용되어 있으므로 자신에게 알맞게 따라 하면 됩니다.

03 선택한 상품의 상세 페이지로 이동하면 키보드의 `Print Screen Sys Rq`를 눌러서 현재 보이는 인터넷 브라우저 화면을 캡처합니다.

Hot Sauce

할인 쿠폰 디자인을 할 때 쿠폰을 삽입할 웹 페이지 화면을 배경으로 두고 디자인하면 전체적인 디자인 밸런스를 맞추기가 쉽습니다.

05 새로운 작업 화면에서 `Ctrl`+`V`를 누르면 캡처한 화면이 그대로 나타납니다.

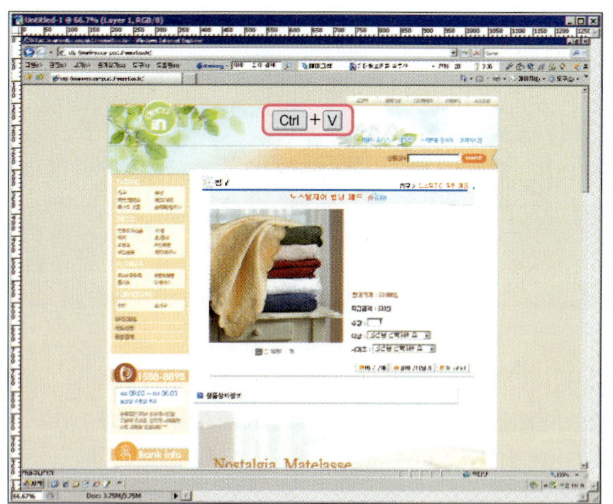

04 포토샵을 실행하여 `Ctrl`+`N`을 누릅니다. 'New' 대화상자가 나타나는데, 앞서 캡처한 화면의 크기가 자동으로 지정되어 있는 것을 확인한 후 'OK' 버튼을 클릭합니다.

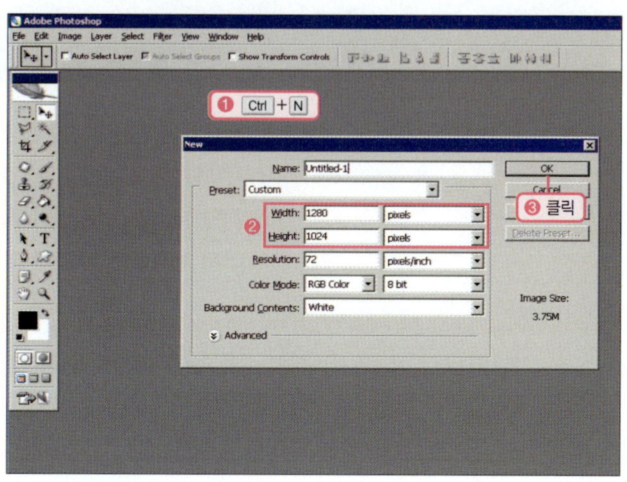

06 툴 박스의 사각형 셰이프 툴을 클릭하고, 옵션 바에서 'Paths'를 선택합니다. 그런 다음 레이어 팔레트에서 새 레이어를 추가한 후 '가로 : 320px', '세로 : 120px'의 사각형 셰이프를 그립니다.

Hot Sauce

할인 쿠폰은 일반적으로 상품 정보의 아래쪽에 배치하지만, 디자인 작업을 하는 동안 보기에 편리하도록 상품 정보 위쪽에 만들겠습니다.

07 브러시 툴을 선택하고, 옵션 바에서 'Brush' 항목의 '▼'를 클릭합니다. 단축 메뉴가 나타나면 두 번째 브러시를 선택한 후 'Master Diameter'를 '2'로 설정합니다.

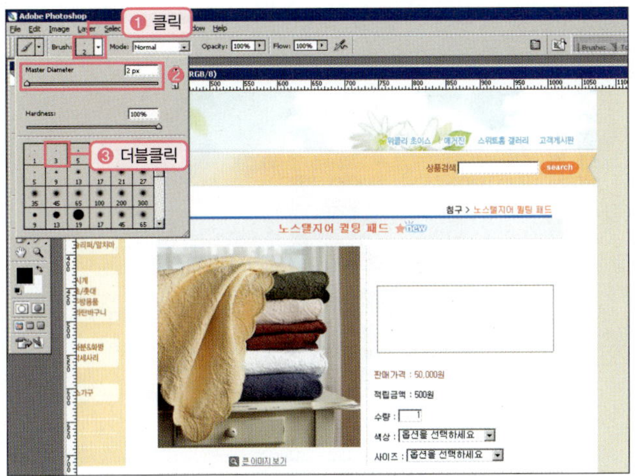

08 다시 옵션 바의 오른쪽에 있는 'Brushes' 탭을 클릭하여 'Dual Brush'를 선택합니다. 오른쪽 설정 화면에서 'Diameter : 6', 'Spacing : 200', 'Count : 5'로 지정합니다.

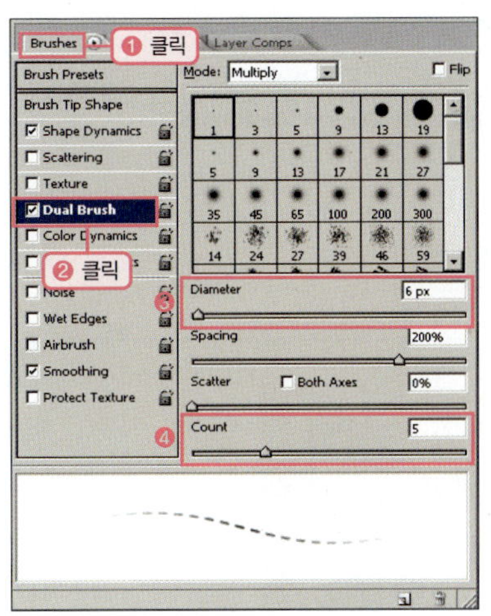

09 전경색을 '#f9d08b'로 지정하고, 'Paths' 팔레트로 이동합니다. 'Paths' 팔레트의 'Stroke path with brush'를 클릭합니다.

10 이번에는 'Paths' 팔레트의 'Load path as a selection' 버튼을 클릭합니다. 사각형 셰이프가 선택 영역으로 지정됩니다.

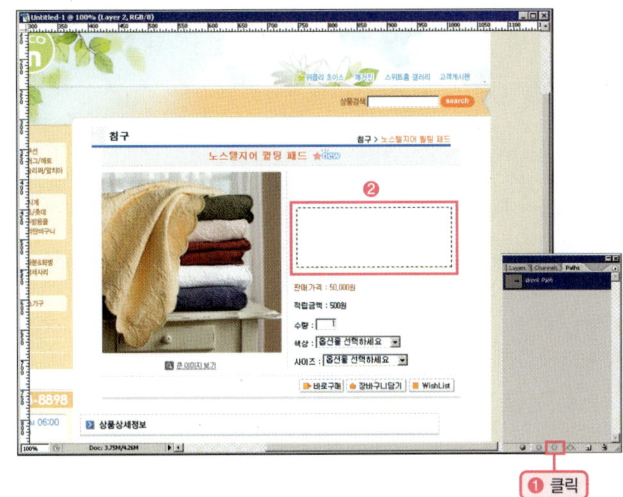

11 이 상태에서 레이어 팔레트로 이동하고, 'Select' 메뉴의 'Modify-Contract'를 클릭합니다. 'Contract' 대화상자가 나타나면 'Contract by' 항목에 '4'를 입력하고, 'OK' 버튼을 클릭합니다.

12 작아진 사각형 안을 '#e1f2ec' 색상으로 채웁니다.

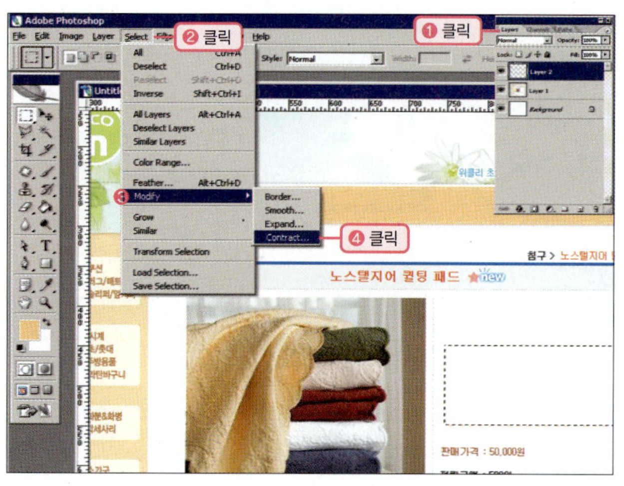

13 사각형 선택 툴을 클릭하고, 옵션 바에서 'Subtract from selection'을 선택합니다. 사각형의 아랫부분을 드래그하면 다음과 같이 사각형에서 드래그하지 않은 부분만 선택 영역으로 남는 것을 알 수 있습니다. 선택된 영역을 '#c5e367' 색상으로 채우고, Ctrl + D 를 눌러서 선택 영역을 해제합니다.

Hot Sauce

'Subtract from selection' 옵션은 사용자가 드래그한 부분을 선택 영역에서 제외시키는 기능입니다.

Design Master | 선택 영역이 해제되지 않아요!

선택 툴의 옵션 중 'Subtract from selection'이 선택되어 있을 경우에는 Ctrl + D 를 눌러도 선택 영역이 해제되지 않는 경우가 있습니다. 이럴 때는 당황하지 말고, 'New selection' 아이콘을 클릭하면 됩니다.

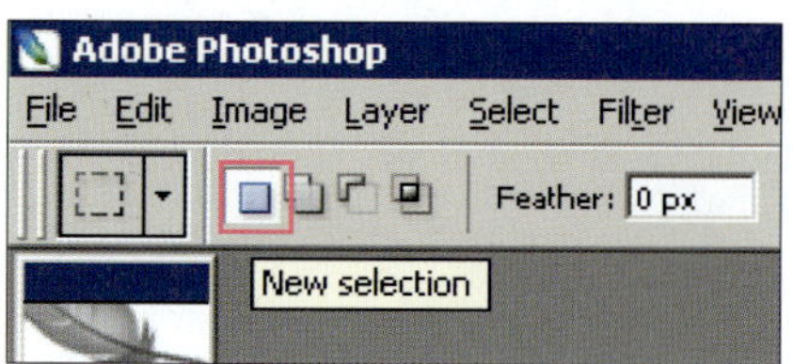

14 'Layer 1'을 선택한 상태에서 원형 선택 툴을 클릭하여 다음과 같이 로고 부분을 선택 영역으로 지정합니다. 그런 다음 Ctrl + C 를 눌러서 복사합니다.

Hot Sauce

원을 그릴 때 키보드의 Shift 를 누른 채 드래그하면 정원을 그릴 수 있습니다.

16 'Layer 2'를 선택한 상태에서 마술봉 툴을 이용하여 상단 영역을 클릭합니다. 그런 다음 Shift 를 누른 상태에서 하단 영역을 클릭하면 박스 전체가 선택 영역으로 지정됩니다.

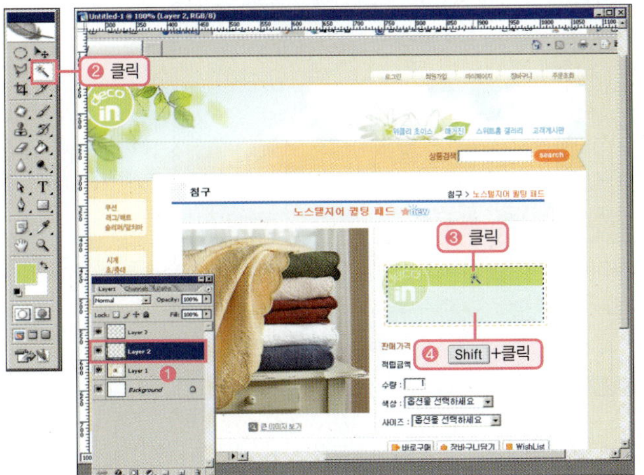

15 Ctrl + V 를 눌러서 새 레이어에 로고를 붙여 넣습니다. 레이어의 투명도를 '40%'로 조절한 후 복사한 로고 레이어의 위치를 다음과 같이 이동합니다.

Hot Sauce

메이크샵 관리자에서 할인 쿠폰을 등록하는 방법은 뒤에서 배울 버튼 교체 작업과 함께 살펴보겠습니다.

17 이 상태에서 복사한 로고 레이어를 클릭하고, Ctrl + Shift + I 를 눌러 선택 영역을 반전시킨 후 Delete 를 누릅니다.

18 선택 영역을 해제하고, 문자 툴을 선택하여 '#ffffff' 색상으로 '온라인 할인쿠폰', '#4ab5d9' 색상으로 '10%'를 입력합니다.

19 쿠폰 이미지를 선택 영역으로 지정하고, 'Edit' 메뉴의 'Copy Merged'를 클릭합니다.

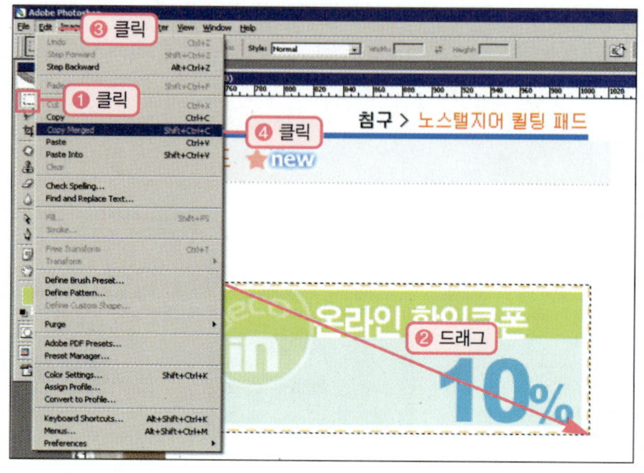

20 Ctrl + N 을 눌러서 새 파일을 만들고, 다시 Ctrl + V 를 누릅니다. 원본 작업 파일에서 선택된 레이어와 상관없이 우리 눈에 보이는 전체 이미지가 복사된 것을 확인할 수 있습니다.

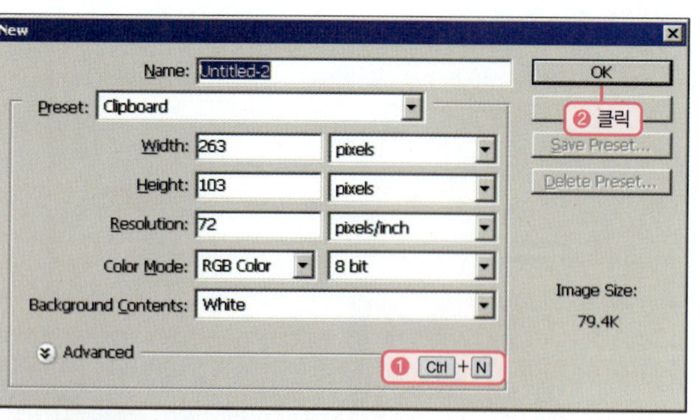

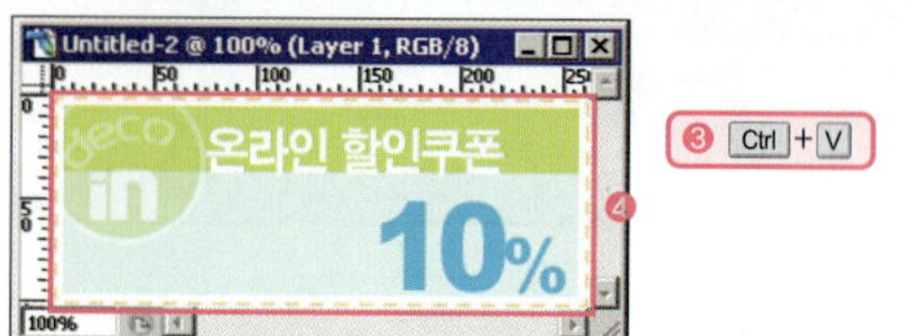

21 Ctrl + S 를 눌러서 '10coupon.gif'로 저장합니다.

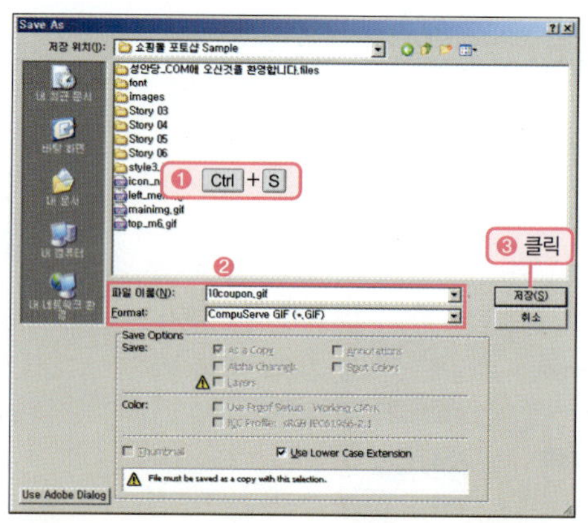

68 Shopping Mall Sense

장바구니/바로구매 버튼 디자인하기

▶▶▶ 쇼핑몰 솔루션에서 기본으로 제공하는 버튼들은 직접 디자인한 쇼핑몰과 어울리지 않는 경우가 많습니다. 이번에는 버튼을 쇼핑몰의 전체적인 느낌과 잘 어울리도록 수정해서 등록해 보겠습니다.

♥ 쇼핑몰과 어울리는 버튼을 직접 디자인하기

01 앞서 작업하던 파일에서 계속 연결하여 진행해 보겠습니다. 새 버튼이 추가될 공간을 확보하기 위해 'Layer 1'을 클릭한 상태에서 다음과 같이 사각형 선택 영역을 지정합니다. 그런 다음 선택 영역을 흰색으로 채우고, 선택 영역을 해제합니다.

02 전경색을 '#ed7136'으로 지정하고, 둥근 사각형 셰이프 툴을 클릭합니다. 옵션 바에서 'Fill pixels'를 선택한 후 'Radius' 항목에는 '4'를 입력합니다. 이제 새로운 레이어를 추가하고 '가로 : 90px', '세로 : 30px'의 오렌지색 사각형을 그립니다.

Hot Sauce

전경색 채우기의 단축키는 Alt + Delete 이고, 배경색 채우기의 단축키는 Ctrl + Delete 입니다.

03 Ctrl 을 누른 상태에서 'Layer 4'의 섬네일을 클릭합니다. 이 상태에서 새 레이어를 추가하고, 선택 영역을 '#c5e367' 색상으로 채웁니다.

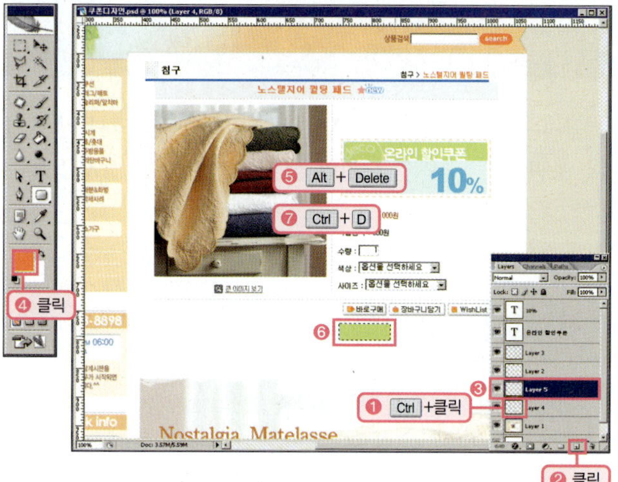

04 이동 툴을 이용하여 옆으로 이동한 후 가로 길이를 '10px' 줄입니다. Ctrl + J 를 두 번 눌러서 연두색 버튼을 두 개 더 만들고, 각 버튼의 위치는 다음과 같이 배치합니다.

오렌지색 바로구매 버튼보다 연두색 '장바구니', '위시리스트', '품절' 버튼을 더 짧게 만듭니다.

05 아래쪽의 '품절' 버튼은 약간 다른 디자인으로 만들어보겠습니다. 아래쪽 사각형 레이어를 선택하고, 레이어 팔레트에서 'Add a layer style'을 클릭한 후 레이어 스타일 중에서 'Color Overlay'를 선택합니다.

06 'Layer Style' 대화상자가 나타나면 'Blend Mode' 항목의 색상을 '#ffffff'로 지정합니다.

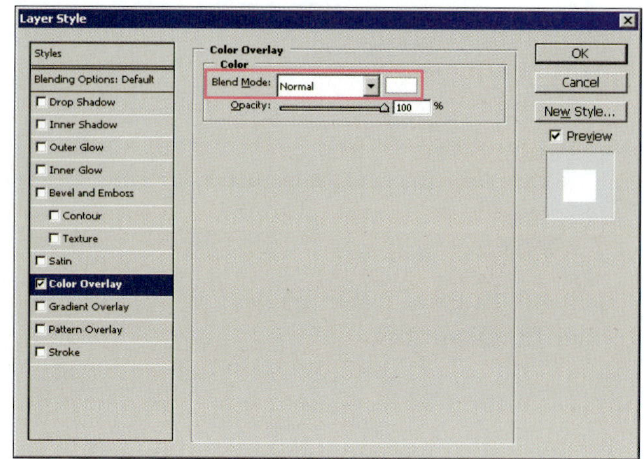

07 이번에는 'Layer Style' 대화상자에서 'Stroke' 메뉴를 클릭합니다. 그런 다음 'Size : 2', 'Position : Inside', 'Color : #c5e367'로 지정하고, 'OK' 버튼을 클릭합니다.

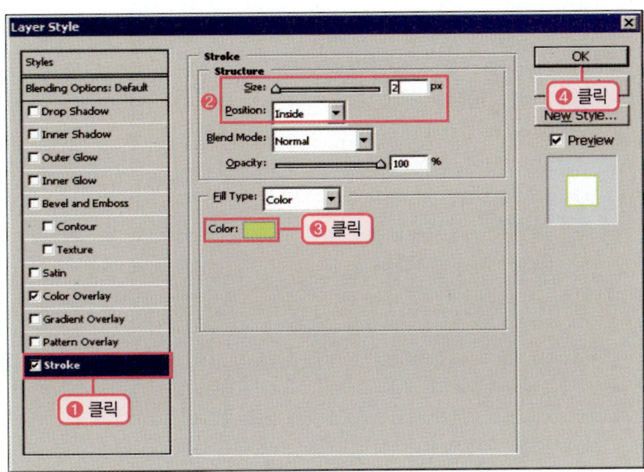

08 흰색 바탕에 연두색 테두리의 '품절' 버튼이 만들어졌습니다.

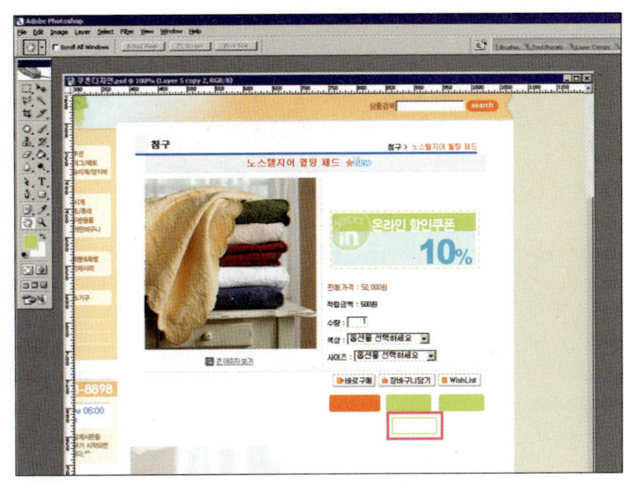

09 문자 툴을 선택한 후 '#ffffff' 색상으로 'Buy now', 'cart', 'wish' 텍스트를 입력합니다. 그런 다음 다시 '#c5e367' 색상으로 'Sold out!'을 입력합니다.

10 각 버튼 이미지를 선택 영역으로 지정하고, 'Copy Merged'의 단축키인 Ctrl + Shift + C 를 눌러서 복사합니다.

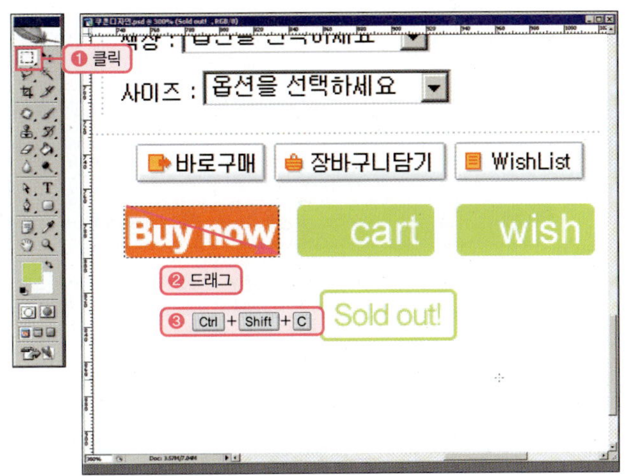

11 Ctrl + N 을 눌러서 새 파일을 만들고, 다시 Ctrl + V 를 눌러서 복사한 버튼 이미지를 붙여 넣습니다.

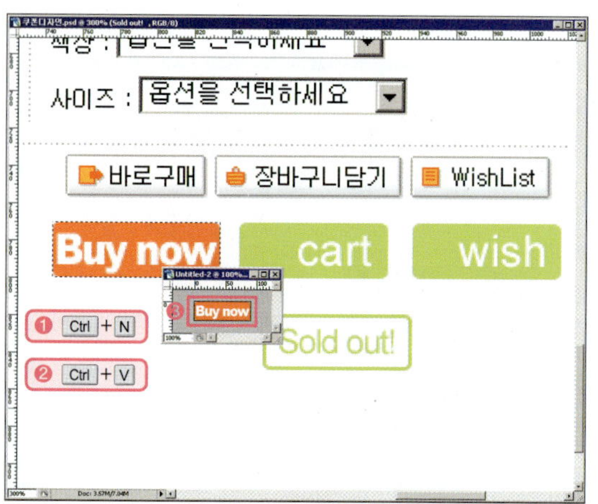

12 Ctrl + S 를 눌러서 4개의 버튼 이미지를 각각 'bt_buy.gif', 'bt_cart.gif', 'bt_wish.gif', 'bt_sold.gif' 파일로 저장합니다.

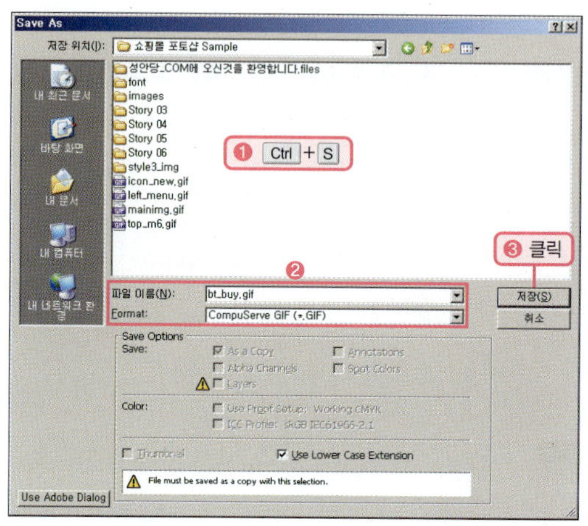

♥ 직접 만든 버튼 디자인 적용하기

01 이제 웹 브라우저를 실행하여 메이크샵 쇼핑몰 관리자로 로그인합니다.

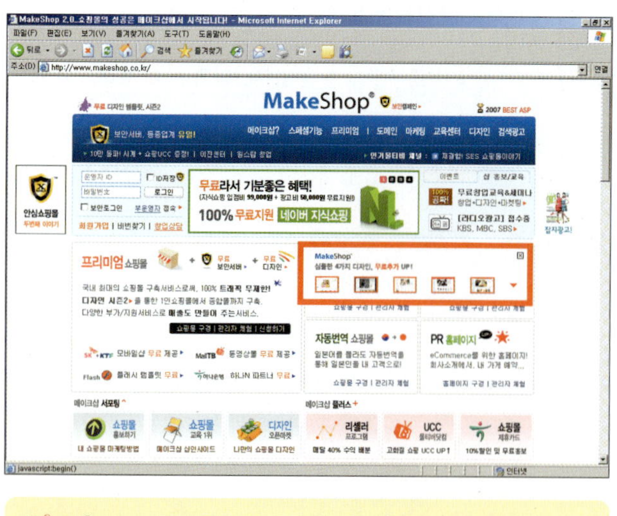

예제 이미지는 부록 CD의 'Story 07' 폴더에서 불러오면 됩니다.

02 '개별디자인' 버튼을 클릭하면 'FTP' 페이지가 나타나는데, '디렉토리' 항목에서 'img' 폴더를 클릭합니다. 그런 다음 '파일목록' 항목에서 '찾아보기' 버튼을 클릭하여 버튼 이미지 'bt_buy.gif', 'bt_cart.gif', 'bt_wish.gif', 'bt_sold.gif'를 각각 선택합니다. 이제 '파일업로드' 버튼을 클릭하여 선택한 파일들을 업로드합니다.

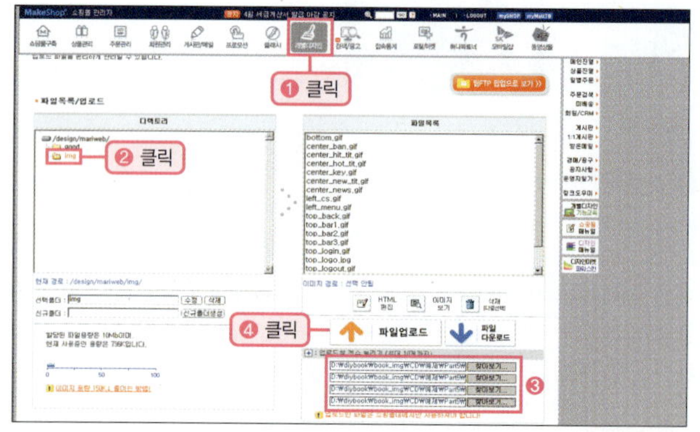

버튼의 이미지 경로는 '/design/mariweb(자신의 상점 ID)/img/'입니다.

03 '개별디자인-인사이드디자인I-상품상세화면 관리' 메뉴를 차례대로 클릭합니다. 그런 다음 '상품 상세 페이지 선택' 항목에서 '모든 분류페이지'를 선택하고, 소스 입력 창 아래쪽의 '기본값복원' 버튼을 클릭하면 기본 소스가 입력 창에 나타납니다. 이 소스를 모두 선택한 후 Ctrl + C 를 눌러서 복사합니다.

04 드림위버를 실행하고, Ctrl + N 을 눌러서 새 파일을 만듭니다.

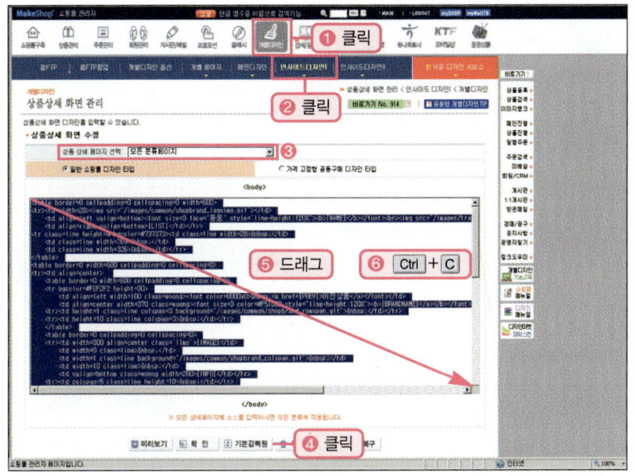

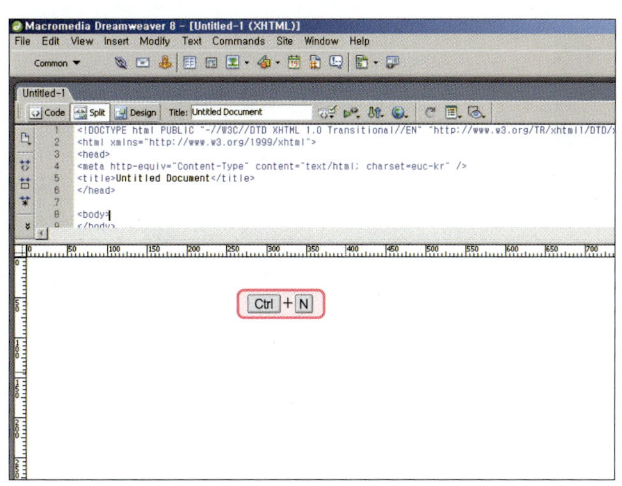

05 기존 소스를 모두 삭제한 후 Ctrl + V 를 눌러서 복사해 둔 소스를 붙여 넣습니다. 이때 소스 중 '[COUPON]'은 삭제합니다.

06 'Code' 창에서 '[INFO]' 소스 뒤에 '
[COUPONIMAGE]
'을 삽입합니다.

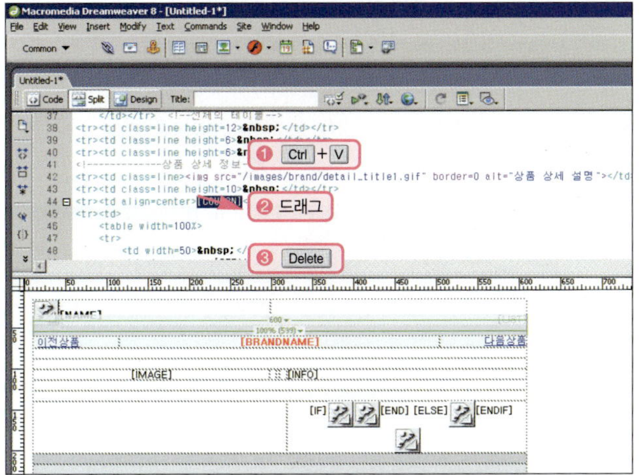

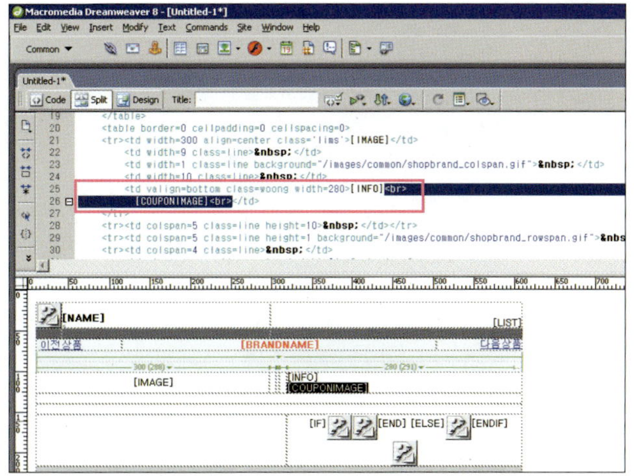

Hot Sauce

'[COUPONIMAGE]' 변수를 입력하는 것은 쿠폰 설명을 빼고 이미지만 깔끔하게 출력하기 위해서입니다.

07 'Design' 창에서 다음의 이미지를 클릭하고, 다시 'Code' 창에서 블록으로 선택된 소스를 다음과 같이 수정합니다.

08 같은 방법으로 나머지 3개의 이미지도 다음과 같이 소스를 수정합니다. 이때 4개의 버튼 순서가 바로구매, 장바구니, 품절, 위시리스트라는 것을 잊지 말아야 합니다.

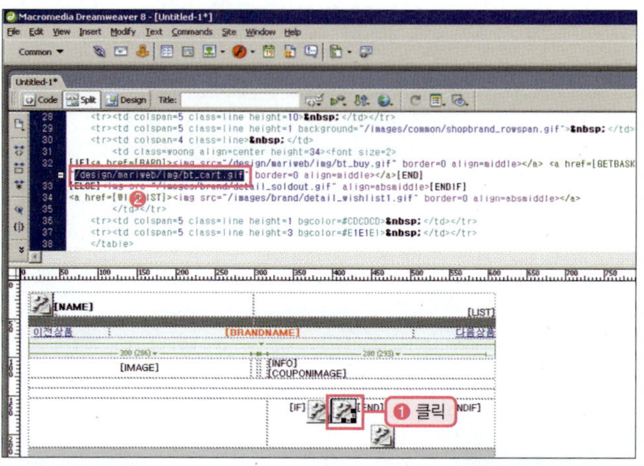

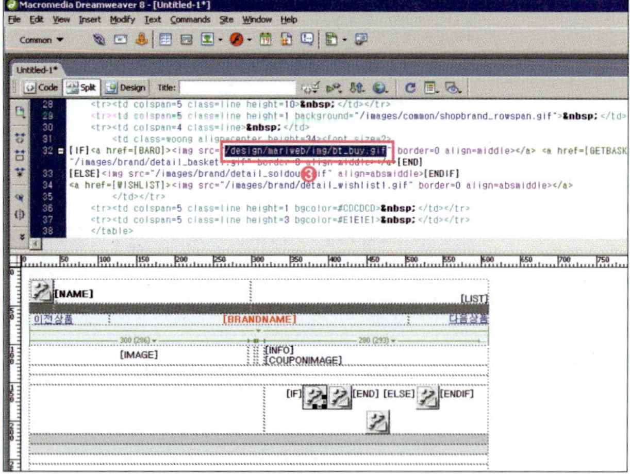

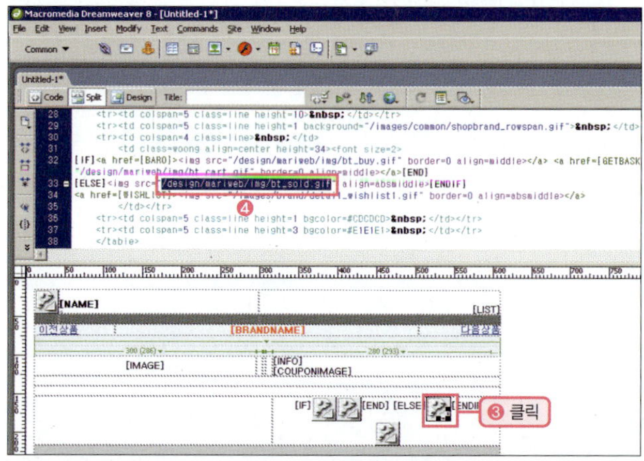

● 장바구니

/images/brand/detail_basket1.gif →
/design/mariweb/img/bt_cart.gif

● 품절

/images/brand/detail_soldout.gif →
/design/mariweb/img/bt_sold.gif

● 위시리스트

/images/brand/detail_wishlist1.gif →
/design/mariweb/img/bt_wish.gif

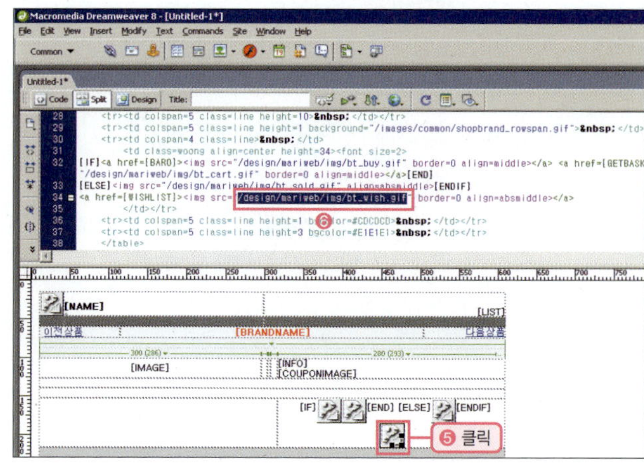

09 'Code' 창에서 다음의 소스를 드래그하여 선택한 후 Ctrl + X 를 눌러 잘라냅니다.

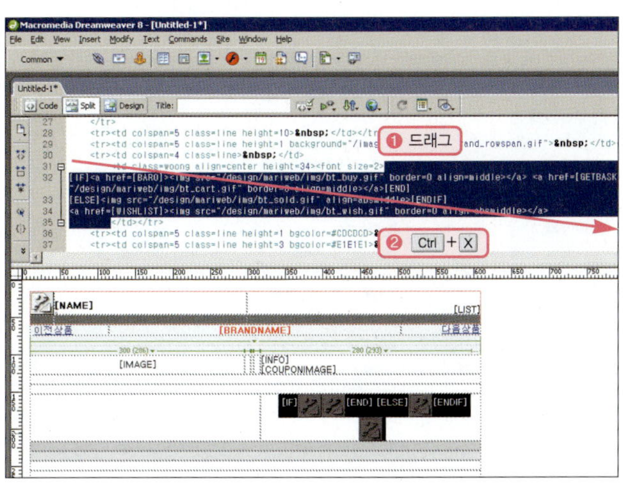

10 잘라낸 소스는 Ctrl + V 를 눌러서 '[COUPON IMAGE]
' 뒤쪽에 붙여 넣습니다.

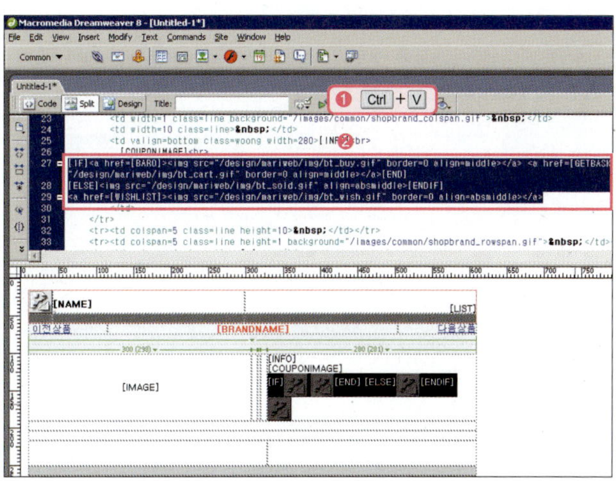

```
[IF]<a href=[BARO]><img src="/design/mariweb/img/bt_buy.gif" border=0 align=middle></a> <a
href=[GETBASKET]><img src="/design/mariweb/img/bt_cart.gif" border=0 align=middle></a>[END]
[ELSE]<img src="/design/mariweb/img/bt_sold.gif" align=absmiddle>[ENDIF]
<a href=[WISHLIST]><img src="/design/mariweb/img/bt_wish.gif" border=0 align=absmiddle></a>
```

11 전체 소스를 선택한 후 Ctrl + C 를 눌러서 복사합니다.

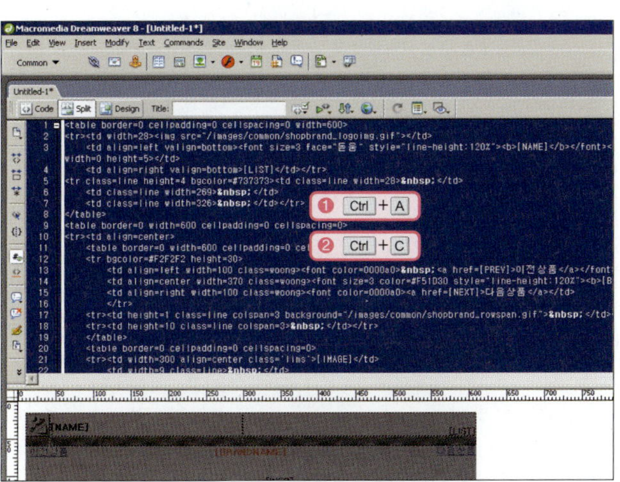

12 다시 메이크샵 쇼핑몰 관리자의 '인사이드디자인I-상품상세화면 관리' 메뉴로 이동합니다. 그런 다음 기존 소스를 모두 삭제한 후 Ctrl + V 를 눌러 드림위버에서 수정한 소스를 붙여 넣습니다. 모두 완료되면 '확인' 버튼을 클릭하세요.

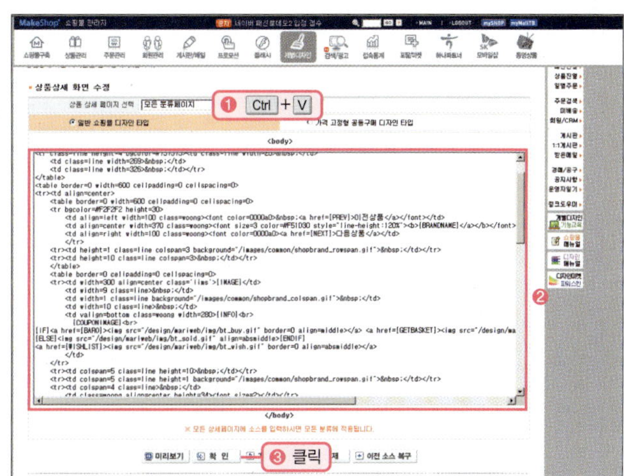

13 이제 제작한 쿠폰을 등록하기만 하면 됩니다. '프로모션–왕대박 쿠폰 발행서비스–새로운 쿠폰 만들기' 메뉴를 차례대로 클릭합니다.

14 쿠폰 기본 정보를 입력하는 페이지가 나타나면 다음과 같이 설정합니다.

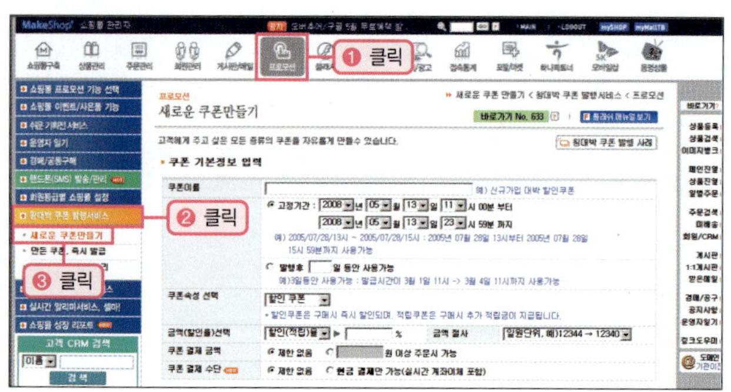

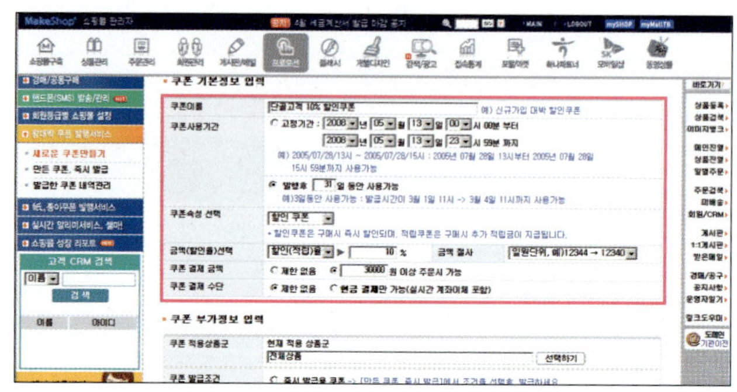

15 '쿠폰 이미지 설정' 항목에서 '자유제작 이미지 등록'을 선택합니다. 그런 다음 '찾아보기' 버튼을 클릭하여 '파일 선택' 대화상자가 나타나면 '10coupon.gif' 파일을 선택합니다.

16 '쿠폰생성' 버튼을 클릭하면 등록할 쿠폰의 정보를 확인하는 창이 나타나는데, 모든 내용을 확인하고 '확인' 버튼을 클릭합니다.

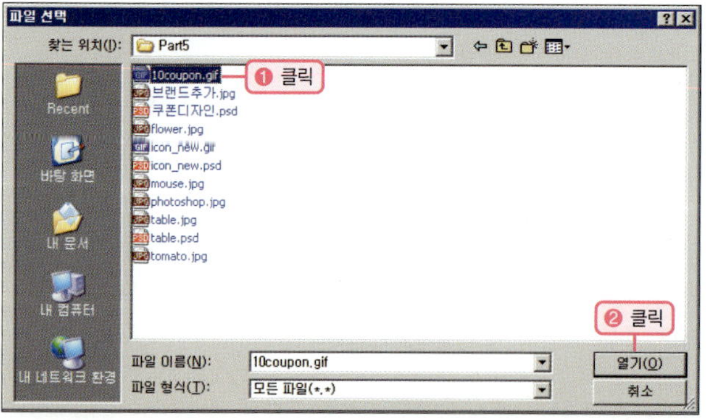

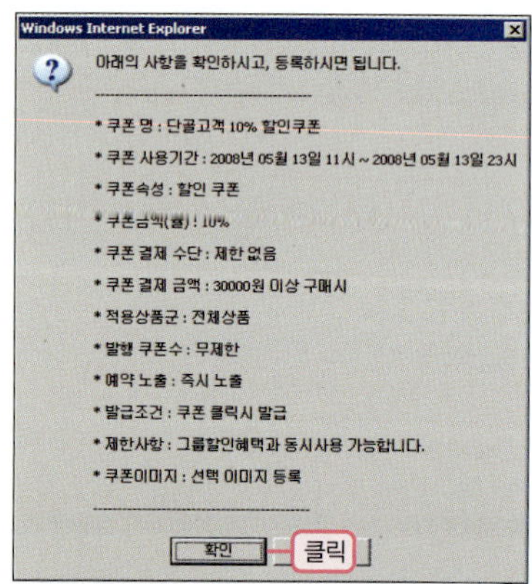

Hot Sauce

메이크샵에서는 등록한 할인 쿠폰을 수정하는 것이 불가능하므로 만약 쿠폰의 내용을 수정하려면 삭제 후 다시 등록해야 합니다.

Hot Sauce

부록 CD의 'Story 07' 폴더에서 '10coupon.gif' 파일을 선택해도 됩니다.

17 웹 브라우저를 실행한 후 데코인 쇼핑몰(http://mariweb.campus1.freesell.co.kr)로 이동합니다. 쿠폰 이미지가 정상적으로 표시되고, 새로 만든 버튼들이 쇼핑몰의 전체적인 디자인과 잘 조화되는 것을 확인할 수 있습니다.

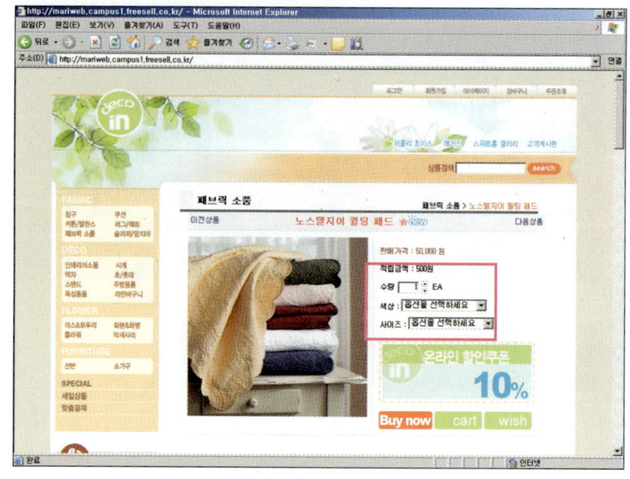

Shopping Mall Sense

69

스크롤바의 색상을
쇼핑몰 분위기에 맞춰 바꾸기

▶▶▶ 웹 서핑을 하다 보면 간혹 인터넷 브라우저의 스크롤바가 밋밋한 회색이 아니라 사이트 분위기와 잘 어울리도록 꾸며진 것을 볼 수 있습니다. 별거 아니라고 생각하고 지나칠 수도 있지만, 고객들에게 세심한 부분까지 정성을 기울인 흔적을 보여줄 수 있기 때문에 한번 시도해 볼 만합니다.

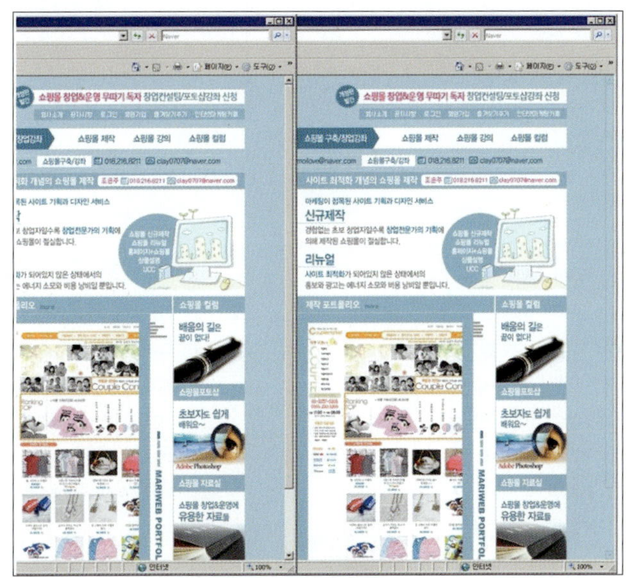

01 스크롤바는 사용자가 원하는 색상으로 지정할 수 있는데, 스크롤바의 색상 변경 소스는 다음과 같습니다.

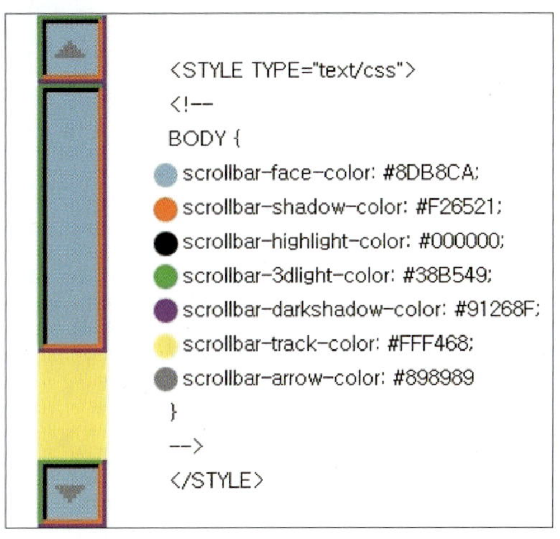

```
<STYLE TYPE="text/css">

<!--

BODY {

    scrollbar-face-color: #8DB8CA;

    scrollbar-shadow-color: #F26521;

    scrollbar-highlight-color: #000000;

    scrollbar-3dlight-color: #38B549;

    scrollbar-darkshadow-color: #91268F;

    scrollbar-track-color: #FFF468;

    scrollbar-arrow-color: #898989

}

-->

</STYLE>
```

02 사이트 배경에 색상이 들어간 경우에는 소스를 다음과 같이 설정합니다.

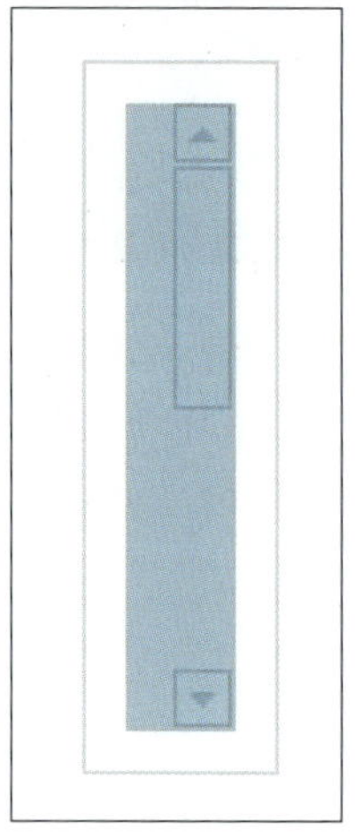

```
<STYLE TYPE="text/css">
<!--
BODY {
  scrollbar-face-color: #8DB8CA;
  scrollbar-shadow-color: #F26521;
  scrollbar-highlight-color: #000000;
  scrollbar-3dlight-color: #38B549;
  scrollbar-darkshadow-color: #91268F;
  scrollbar-track-color: #FFF468;
  scrollbar-arrow-color: #898989
}
-->
</STYLE>
```

03 사이트 배경이 흰색인 경우 소스를 다음과 같이 설정합니다.

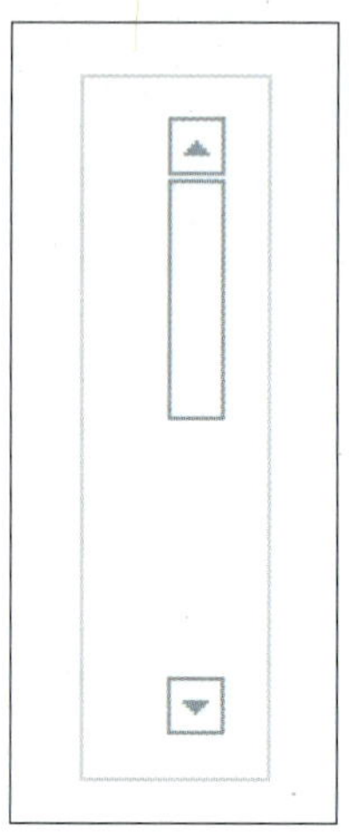

```
<STYLE TYPE="text/css">
<!--
BODY {
  scrollbar-face-color: #FFFFFF;
  scrollbar-shadow-color: #8DB8CA;
  scrollbar-highlight-color: #FFFFFF;
  scrollbar-3dlight-color: #8DB8CA;
  scrollbar-darkshadow-color: #FFFFFF;
  scrollbar-track-color: #FFFFFF;
  scrollbar-arrow-color: #8DB8CA
}
-->
</STYLE>
```

Hot Sauce

스크롤바의 색상 변경 스크립트 소스는 쇼핑몰의 모든 페이지에 적용해야 합니다. 이를 위해서는 공통 영역의 소스에 색상 변경 스크립트 소스를 삽입해야겠죠? 따라서 상단 메뉴나 하단 메뉴의 HTML에 삽입하는 것이 가장 일반적인 방법입니다.

04 웹 브라우저를 실행한 후 후이즈몰 관리자 페이지로 이동합니다. '디자인관리–세부화면 디자인' 메뉴를 클릭하고, '상점화면' 항목에서 '메인 아이템–상단 메뉴'를 클릭합니다. 그런 다음 '변경' 버튼을 클릭합니다.

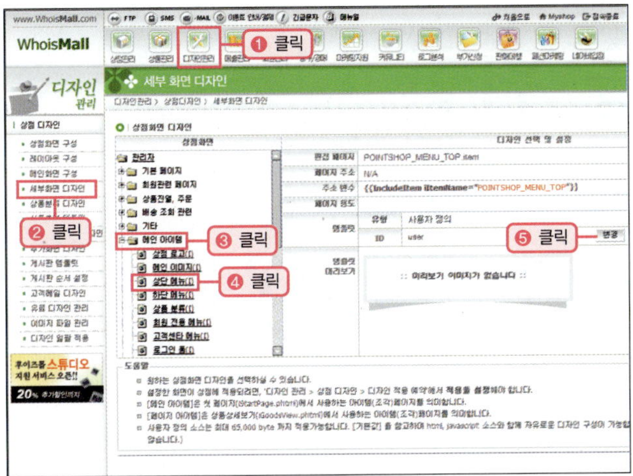

05 '소스 입력' 창이 나타나면 가장 위쪽에 다음의 스크립트 소스를 추가하고 '적용' 버튼을 클릭합니다.

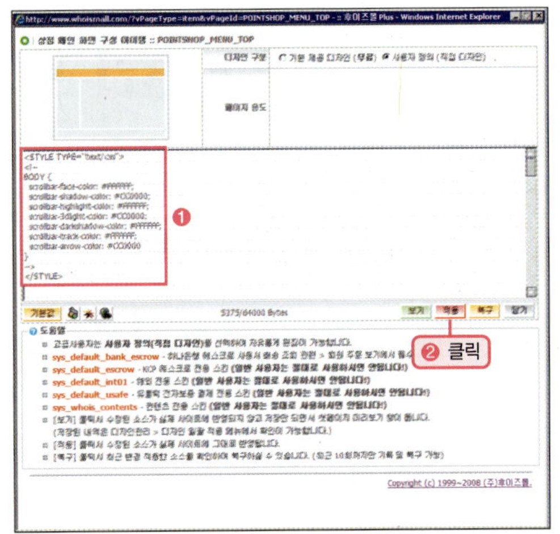

06 웹 브라우저를 실행한 후 쇼핑몰로 이동하면 다음과 같이 간단하게 스크롤바의 디자인이 바뀐 것을 확인할 수 있습니다.

▲ 스크롤바의 색상 변경 전

▲ 스크롤바의 색상 변경 후

```
<STYLE TYPE="text/css">
<!--
BODY {
    scrollbar-face-color: #FFFFFF;
    scrollbar-shadow-color: #CC0000;
    scrollbar-highlight-color: #FFFFFF;
    scrollbar-3dlight-color: #CC0000;
    scrollbar-darkshadow-color: #FFFFFF;
    scrollbar-track-color: #FFFFFF;
    scrollbar-arrow-color: #CC0000
}
-->
</STYLE>
```

쇼핑몰을 위한
아주 특별한 프로그램,
그리고 UCC와 블로그

Story 08

쇼핑몰을 만들거나 운영할 때 시간과 노력을 절감해 주는 프로그램들을 잘 활용하면 작업 효율을 높일 수 있습니다. Story 08에서는 쇼핑몰 구축과 보수에 활용할 수 있는 유용한 프로그램들에 대해 간단히 살펴보고, 동영상 UCC 타이틀 이미지를 만들어보겠습니다. 또한 최근에 각광받고 있는 블로그 마케팅을 위해 블로그 스킨을 직접 디자인하여 적용하는 방법에 대해서도 배워보겠습니다.

70 강력한 국산 사진 편집 프로그램 포토스케이프

▶▶▶ 포토스케이프는 사용에 아무런 제한이 없는 프리웨어인데, 간단한 사진 편집 작업을 할 때 유용하게 쓸 수 있습니다. 포토샵의 강력한 기능에 비할 수는 없지만 이미지 편집, 색상 추출, 화면 캡처, GIF 애니메이션 제작 등 다양한 작업을 할 수 있습니다. 또한 직관적인 인터페이스로 초보자들도 쉽게 사용할 수 있고, 용량도 무척 가볍습니다. 포토스케이프는 공식 사이트인 http://photoscape.co.kr에서 무료로 다운로드할 수 있습니다.

♥ 포토스케이프의 주요 기능

· **사진 뷰어** : 폴더의 사진을 한눈에 보기, 슬라이드 쇼

· **사진 편집** : 크기 조절, 밝기 조절, 색상 조절, 역광 보정, 액자, 말풍선, 모자이크, 글쓰기, 그림 그리기, 자르기, 필터, 적목 보정, 뽀샤시

· **일괄 편집** : 여러 장을 한 번에 변환하는 일괄 처리하기

· **페이지** : 여러 장을 템플릿 한 장으로 만들기

· **이어붙이기** : 아래로, 옆으로, 바둑판으로 여러 장을 한 장으로 이어붙이기

· **GIF 애니메이션** : 움직이는 GIF 사진으로 만들기

· **인쇄** : 증명사진, 명함사진, 여권사진이나 섬네일 인쇄하기

· **화면 캡처** : 화면을 캡처해서 편집, 저장하기

· **색상 검출** : 사진이나 웹상의 화면을 확대해서 색상을 알아내는 색상 검출하기

· **이름 변환** : 사진 이름 일괄 변환하기

· **RAW 변환** : RAW 파일을 JPG 파일로 일괄 변환하기

· **얼굴 검색** : 인터넷에서 동일하거나 비슷한 얼굴을 검색하기

· **사진 북마크** : 사진 전문 즐겨찾기

♥ 포토스케이프의 주요 기능 사용하기

다음은 포토스케이프의 실행 화면입니다. '사진편집' 메뉴를 클릭하면 사진에 다양
한 효과를 설정하고, 크기 조절도 할 수 있는 화면으로 이동합니다.

포토스케이프의 메뉴는 매우 직관적이어서 사용하기가 쉽습니다. 간단하게 몇 가지
주요 기능을 살펴보겠습니다.

뽀샤시 효과

뽀샤시의 강도를 지정하여 화사한 색감의 사진을 만들 수 있습니다.

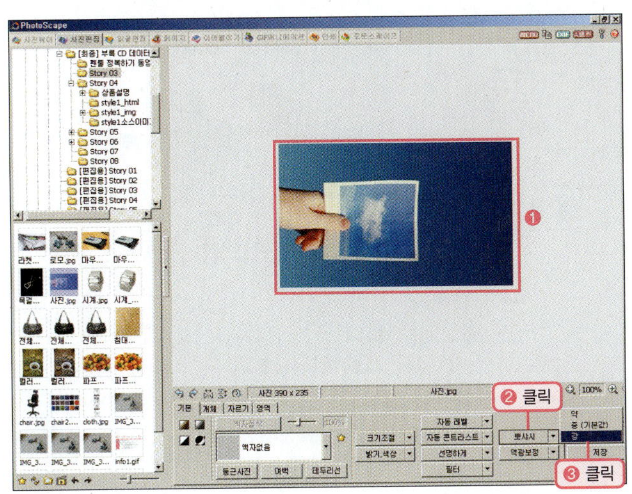

▲ Before

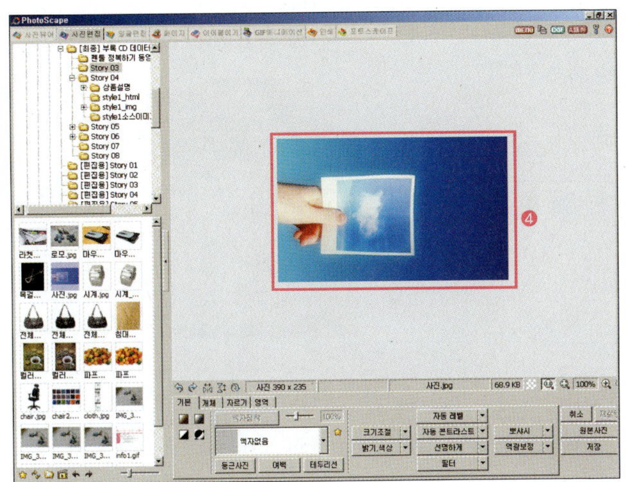

▲ After

선명도

이미지를 선명하게 보여주고 싶은 디테일 사진일 경우에는 선명도를 높일 수도 있습니다.

액자/테두리

다양한 디자인의 액자와 테두리를 선택할 수 있습니다.

필터

20여 가지의 필터를 사용할 수 있습니다. 특히 포토샵에서 비네팅 효과나 오래된 사진 필터 효과를 구현하기 위해서는 복잡한 단계를 거쳐야 하지만, 포토스케이프에서 간단하게 적용할 수 있습니다.

01 포토샵에서 Ctrl + N 을 눌러 'Name : ucctitle', 'Width : 400px', 'Height : 300px' 의 새 파일을 만듭니다.

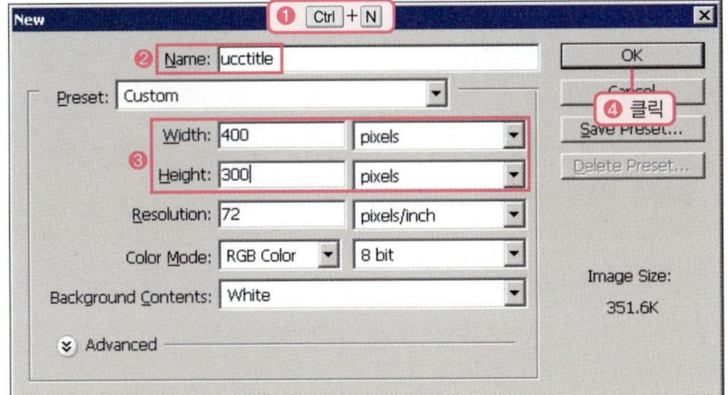

쇼핑몰용 동영상 UCC의 업로드 규격은 대부분 '가로 : 400px', '세로 : 300px' 내외입니다.

03 불러온 두 이미지를 작업 중인 파일로 드래그한 후 다음과 같이 정렬합니다.

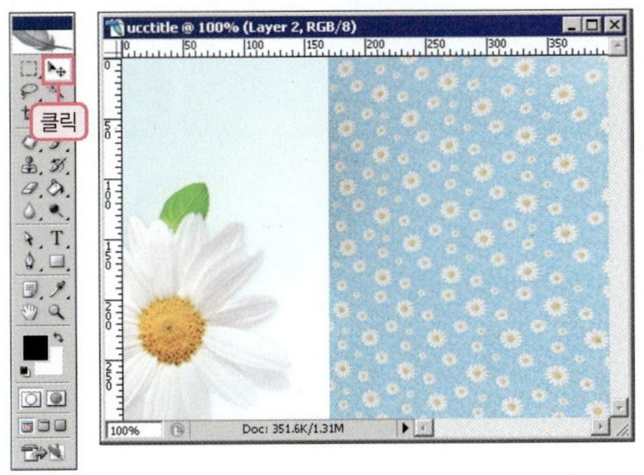

02 Ctrl + O 를 눌러서 부록 CD의 'Story 08' 폴더에서 '꽃.jpg' 파일과 '벽지.jpg' 파일을 불러옵니다.

04 툴 박스의 펜 툴을 클릭하여 곡선을 그립니다.

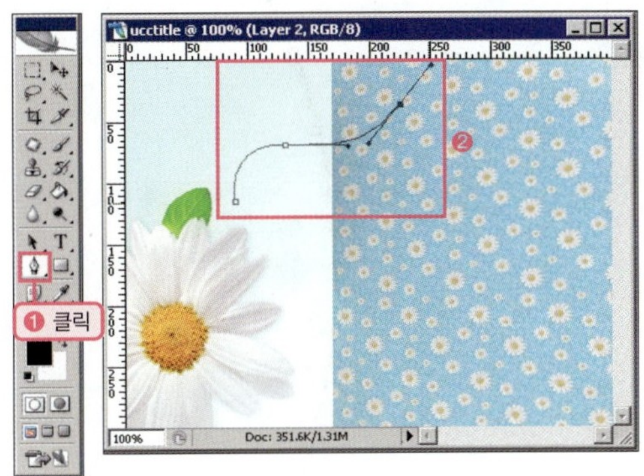

펜 툴을 이용하여 패스를 그리는 방법은 부록 CD의 '펜 툴 정복하기' 동영상 강좌를 통해 자세히 배울 수 있습니다.

05 툴 박스의 문자 툴을 선택하고, 곡선이 시작된 지점을 클릭하여 '#85b6be' 색상으로 'decoin decoindecoindecoin…' 를 입력합니다.

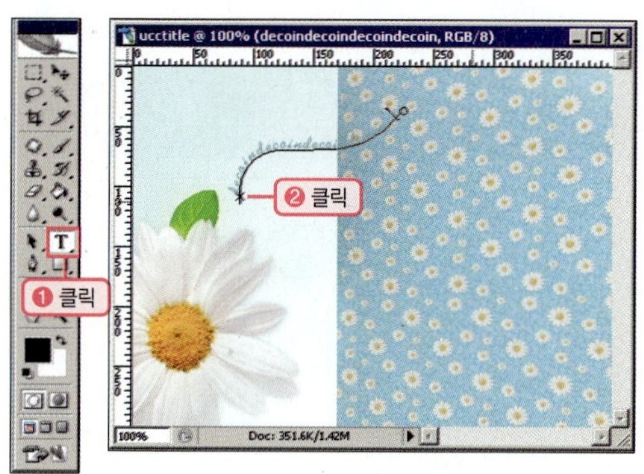

06 레이어 팔레트에서 'Add a layer style' 버튼을 클릭하고, 레이어 스타일 중에서 'Outer Glow' 를 선택합니다.

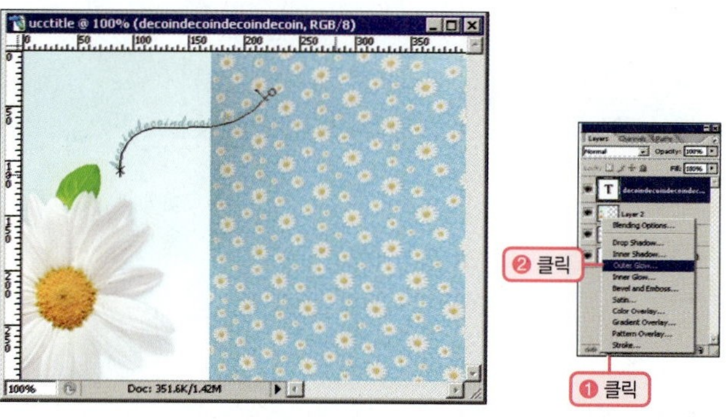

반드시 곡선이 시작된 지점을 클릭해야 펜 툴로 그린 선을 따라서 글자를 입력할 수 있습니다.

글자는 의미 전달이 아니라 디자인 요소로 활용하는 것이므로 아무 렇게나 자신이 원하는 문구를 입력해도 됩니다.

07 'Layer Style' 대화상자가 나타나면 기본 설정 을 그대로 둔 채 'OK' 버튼을 클릭합니다.

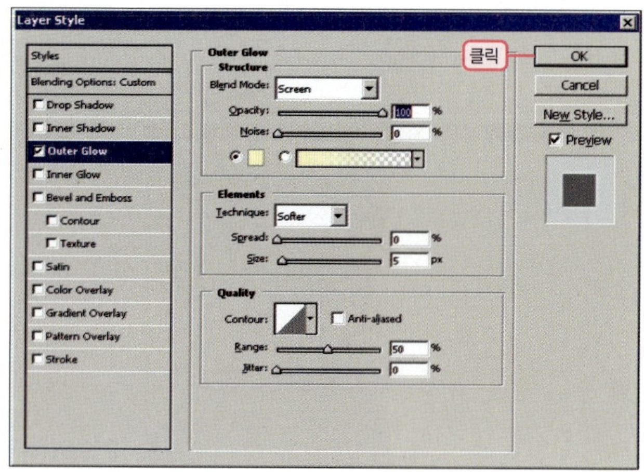

08 Ctrl + J 를 눌러서 글자 레이어를 복사합니다. 복사한 글자를 다음과 같이 이동하고, Ctrl + T 를 눌러서 자유 변형 바운딩 박스를 표시합니다. 그런 다음 모서리를 드래그하여 적당한 각도로 조절합니다.

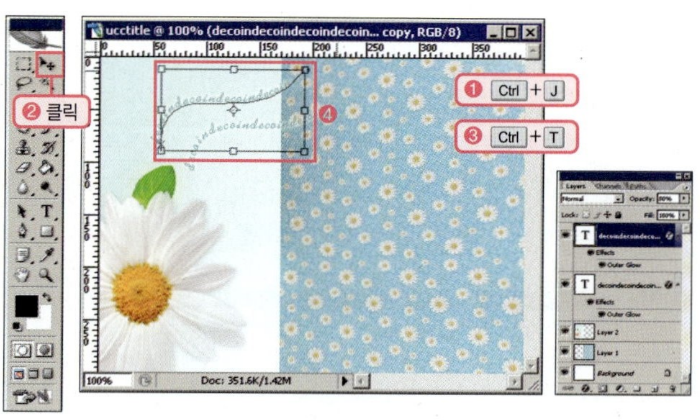

09 펜 툴을 이용하여 패스 라인을 수정하면 글자도 함께 움직이는데, 아래쪽 곡선과 어울리도록 자연스럽게 수정합니다.

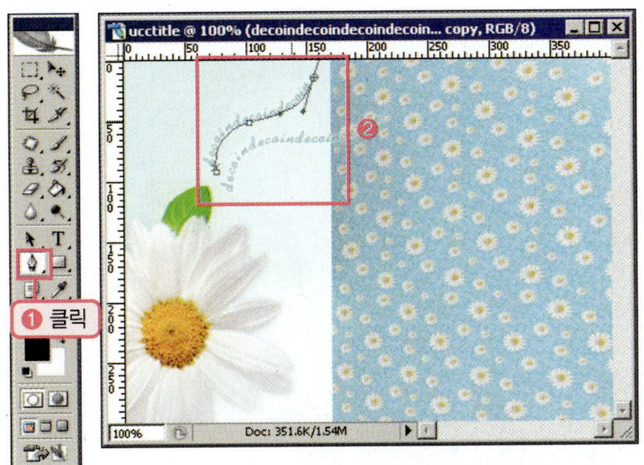

10 복제한 글자 레이어의 글자들을 모두 드래그하여 선택한 후 크기를 2포인트 정도 줄입니다. 그런 다음 레이어의 투명도는 '60%'로 조절합니다.

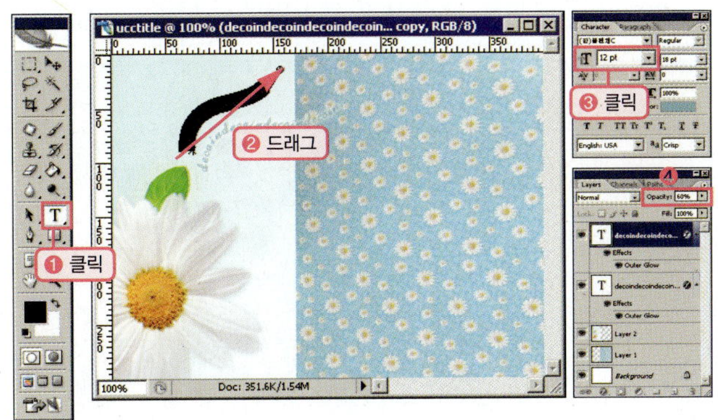

11 전경색을 '#f6fcfc'로 지정하고, 사각형 세이프 툴을 선택합니다. 옵션 바에서 'Fill Pixels'가 선택된 것을 확인한 후 새 레이어를 추가합니다.

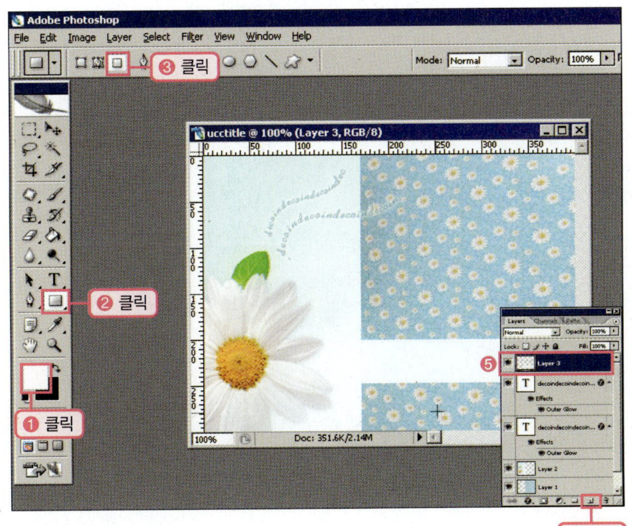

12 다음의 위치에 '세로 : 47px'의 사각형을 그리고, 사각형 레이어의 투명도를 '60%'로 조절합니다.

13 웹 브라우저를 실행한 후 홈인테리어용품 쇼핑몰(http://mariweb.campus1.freesell.co.kr)로 이동합니다. 메인 페이지의 아래쪽으로 스크롤바를 드래그한 후 키보드의 Print Screen Sys Rq 를 눌러서 현재 화면을 캡처합니다.

14 다시 포토샵으로 이동한 후 Ctrl + N 을 눌러서 새 파일을 만들고, 캡처한 화면을 붙여 넣습니다.

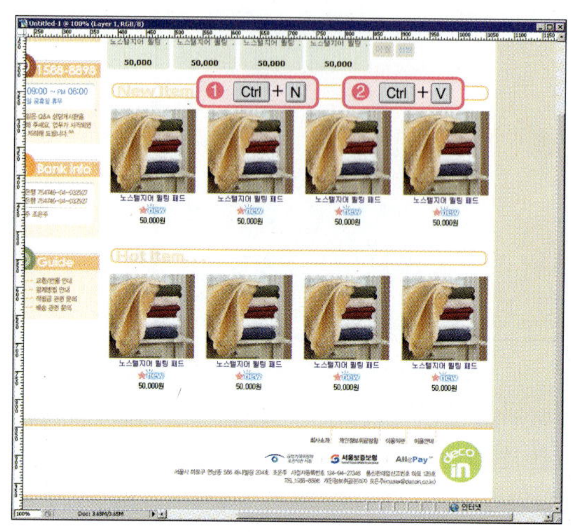

15 원형 선택 툴을 이용하여 로고를 선택하고, Ctrl + C 를 눌러서 복사합니다.

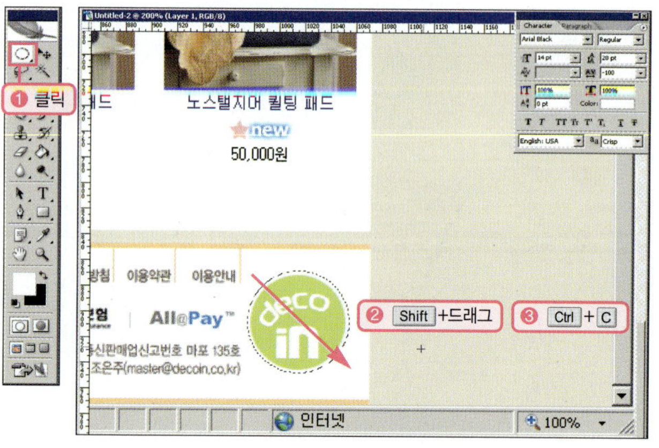

16 다시 작업 화면으로 이동한 후 Ctrl + V 를 눌러서 복사한 로고를 붙여 넣습니다.

Hot Sauce

캡처한 파일은 저장하지 않고 닫아도 됩니다.

Hot Sauce

원을 그릴 때 Shift 를 누른 채 드래그하면 정원을 그릴 수 있습니다.

17 Ctrl 을 누른 상태에서 로고 레이어의 섬네일을 클릭하고, 로고 레이어의 아래쪽에 새 레이어를 추가합니다. 새 레이어가 선택된 상태에서 선택 영역을 배경색인 '#000000' 색상으로 채웁니다.

18 키보드의 Ctrl + D 를 눌러서 선택 영역을 해제하고, 'Filter' 메뉴의 'Blur-Gaussian Blur'를 클릭합니다.

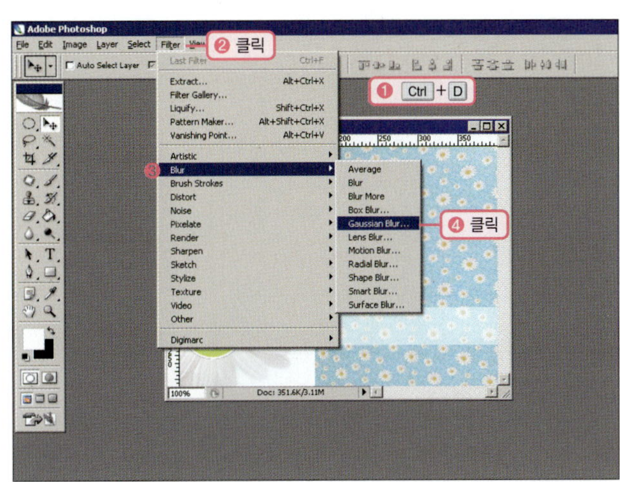

19 'Gaussian Blur' 대화상자가 나타나면 'Radius' 항목에 '2.0'을 입력하고, 'OK' 버튼을 클릭합니다.

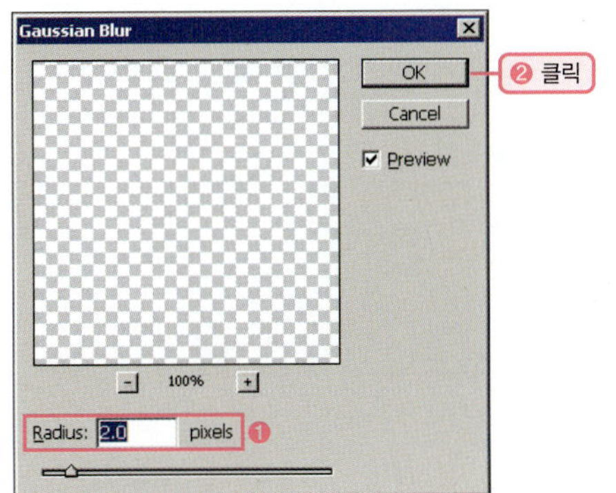

20 레이어의 투명도를 '25%'로 조절하면 로고가 꽃의 수술처럼 보이는 효과가 연출되는 것을 확인할 수 있습니다.

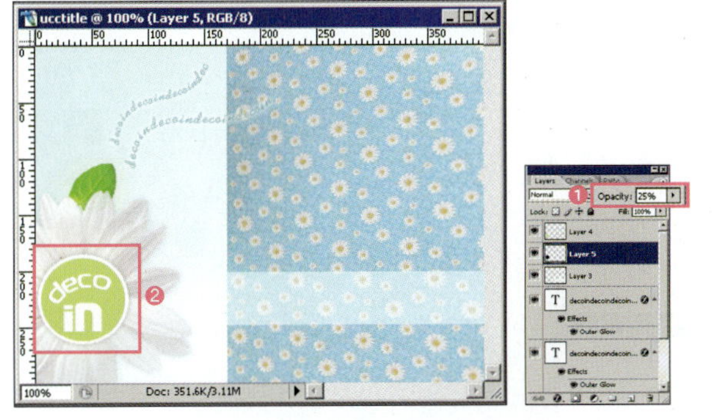

21 문자 툴을 이용하여 'Interior UCC' 텍스트를 두 줄로 입력합니다. 이때 'Interior'는 '#c8e3e9' 색상으로, 'UCC'는 '#ffffff' 색상으로 입력하고, 글자의 크기를 적당히 조절합니다.

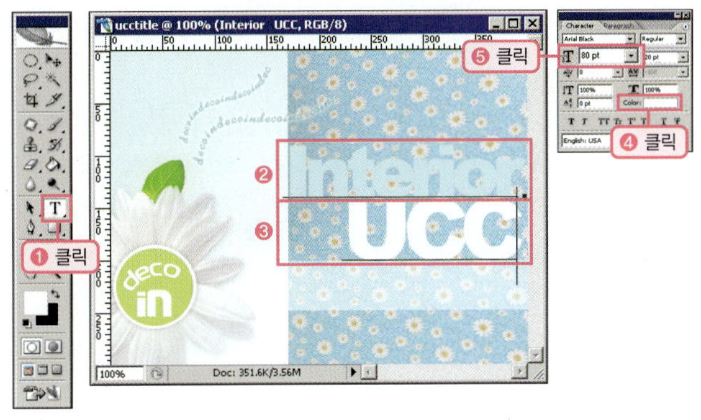

22 입력한 글자들을 오른쪽 정렬하고, 'Interior UCC' 레이어의 '블렌드 모드'를 'Overlay'로 바꿉니다.

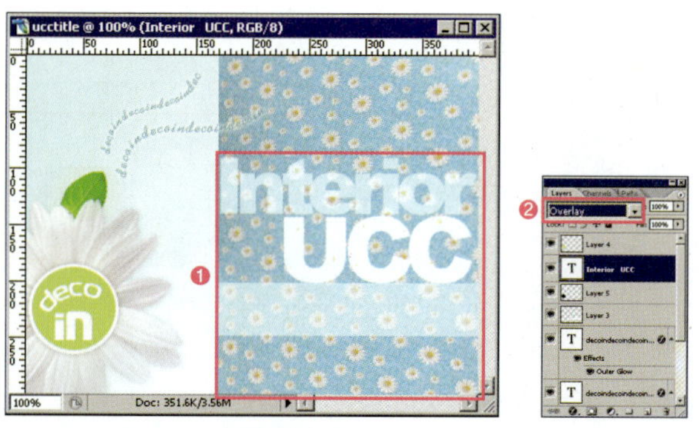

23 이번에는 '자연이 숨쉬는 집' 텍스트를 두 줄로 입력합니다. 이때 '자연'의 색상은 '#8dc63f', '숨쉬는'의 색상은 '#c7b299', '집'의 색상은 '#4fb9d2' 로 입력합니다.

24 레이어 팔레트의 'Add a layer style' 버튼을 클릭한 후 스타일 중에서 'Stroke'를 선택합니다. 'Layer Style' 대화상자가 나타나면 'Size : 3', 'Color : #ffffff'로 지정한 후 'OK' 버튼을 클릭합니다.

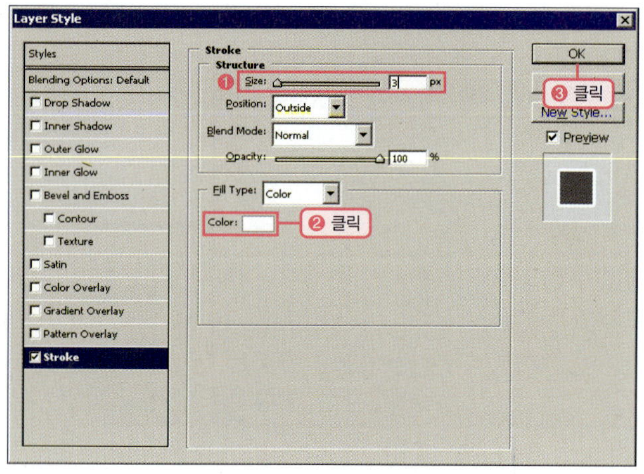

25 툴 박스에서 문자 툴을 클릭하고, 작업 창의 오른쪽 아래에 'www.decoin.co.kr' 텍스트를 '#ffffff' 색상으로 입력합니다.

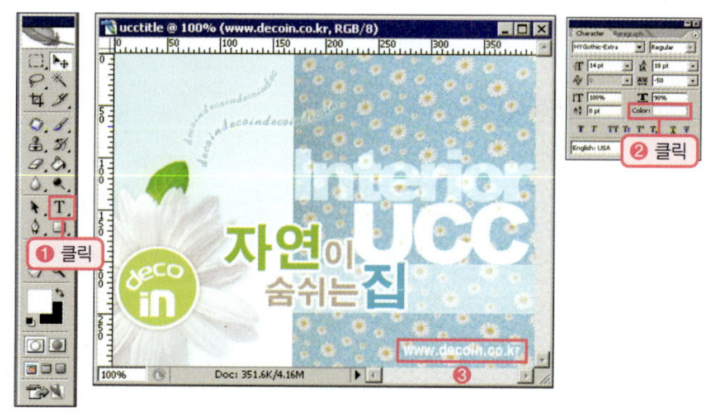

26 글자가 꽃무늬에 묻혀서 잘 보이지 않죠? 레이어 팔레트의 'Add layer style'을 클릭하고, 레이어 스타일 중에서 'Stroke'를 선택합니다. 'Layer Style' 대화상자가 나타나면 'Size : 3', 'Color : #a5cddd'로 지정한 후 'OK' 버튼을 클릭합니다.

27 자~, 이렇게 해서 동영상 타이틀 이미지 제작이 완료되었습니다.

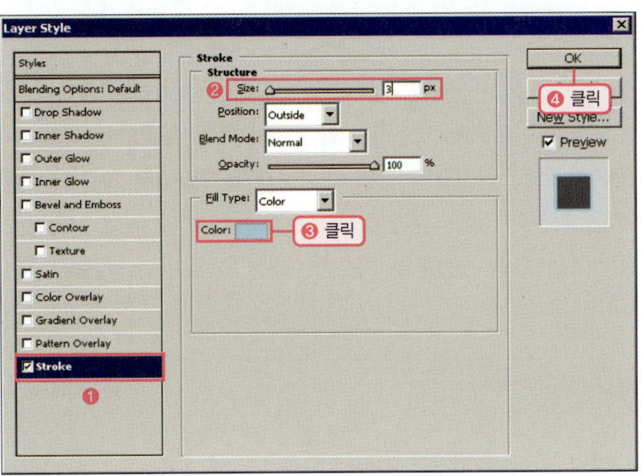

Design Master | 동영상 편집은 쉽고 간단하게!

동영상 편집 전문 프로그램으로는 어도비 사의 '프리미어'가 가장 널리 알려져 있습니다. 하지만 포토샵을 배우기도 벅찬 형편에 복잡한 프리미어까지 익히려면 스트레스가 엄청나겠죠? 동영상 UCC는 잘 만들어서 프로의 냄새를 풍기는 것도 좋지만, 약간 부족한 듯한 것이 오히려 친근하게 느껴질 수도 있습니다.

쇼핑몰 UCC용 동영상 편집은 불필요한 프레임의 삭제, 간단한 효과, 타이틀과 엔딩 크레딧 삽입, 자막 삽입 정도의 기능만 사용해도 충분합니다. '매직원(http://magicone.co.kr)' 프로그램을 이용하면 동영상을 간단하게 편집할 수 있습니다.

72 Shopping Mall Sense

마케팅을 위한 블로그 스킨 디자인하기

▶▶▶ 요즘은 번거롭게 홈페이지를 만드는 것보다 간단한 블로그를 이용하는 사람들이 많습니다. 블로그는 네이버, 다음과 같은 포털 사이트에서 제공하는 블로그와 독립 블로그로 나눌 수 있는데, 포털 사이트 블로그 중에서 가장 활성화된 것이 네이버 블로그입니다. 여기에서는 네이버 블로그의 중앙 메인 스킨을 자신이 직접 디자인하고, 적용하는 방법에 대해 알아보겠습니다. Story 05에서 만들었던 여성 의류 쇼핑몰과 비슷한 '패션'을 주제로 한 블로그의 중앙 메인 스킨을 만들어보죠.

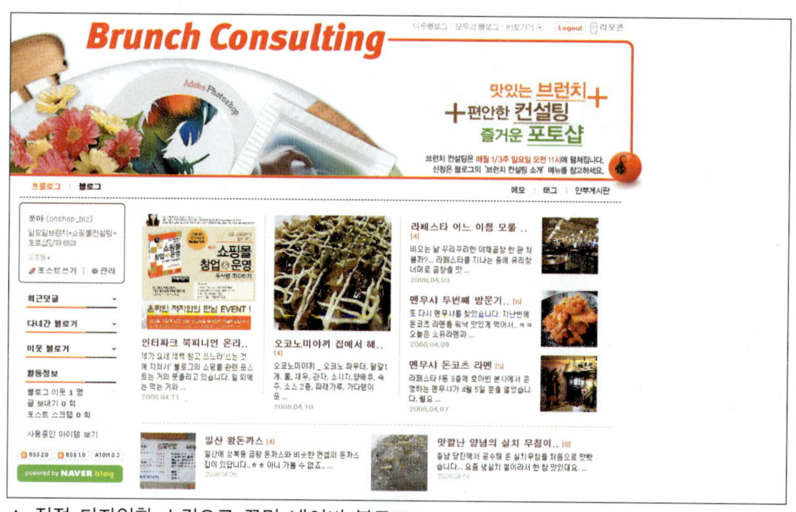

▲ 직접 디자인한 스킨으로 꾸민 네이버 블로그

블로그 스킨 직접 디자인하기

01 포토샵에서 Ctrl+N을 누릅니다. 'New' 대화상자가 나타나면 'Name : blogtitle', 'Width : 1280px', 'Height : 500px'의 새 파일을 만듭니다.

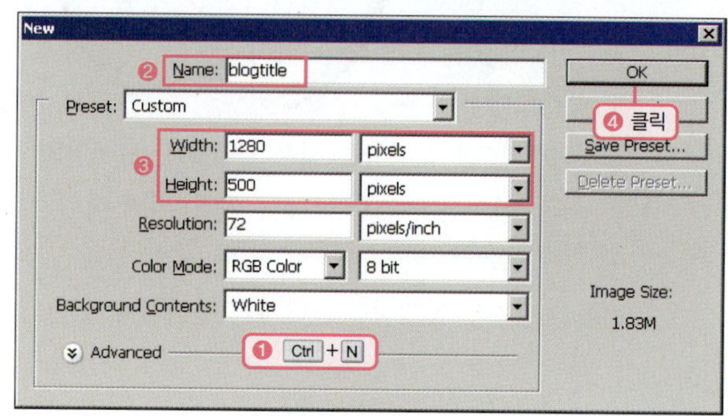

02 Shift + F5 를 누릅니다. 'Fill' 대화상자가 나타나면 'Use' 항목은 'Pattern'으로 선택합니다. 그런 다음 'Custom Pattern'의 '▼'를 클릭하여 Story 05에서 여성 의류 쇼핑몰을 만들 때 등록했던 체크 패턴을 선택한 후 'OK' 버튼을 클릭합니다.

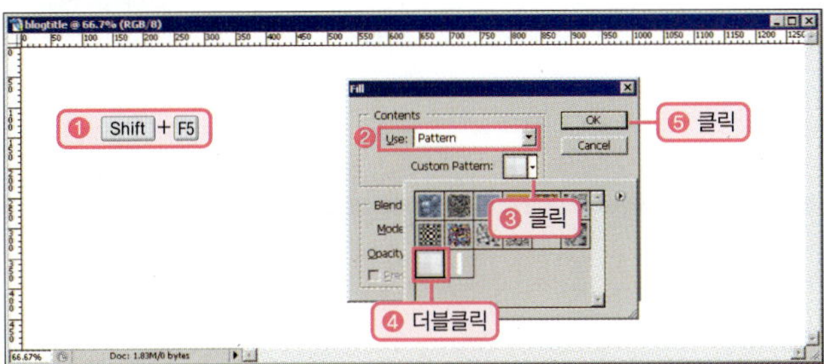

03 툴 박스의 둥근 사각형 셰이프 툴을 클릭하고, 옵션 바에서 'Fill Pixels'를 선택합니다. 그런 다음 'Radius' 항목에는 '10'을 입력합니다. 레이어 팔레트에서 새 레이어를 추가하고, '#f4c9d3' 색상으로 '가로 : 966px', '세로 : 180px'의 사각형을 그립니다.

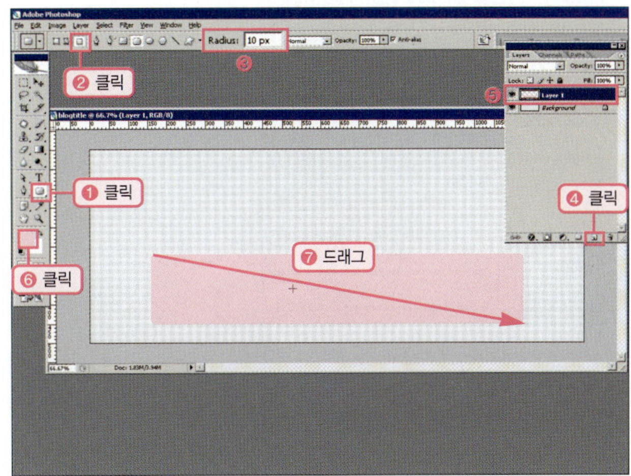

04 이번에는 상단 옵션 바에서 'Paths'를 클릭하고, 앞서 그린 것보다 '8px' 작은 사각형 패스 라인을 그립니다.

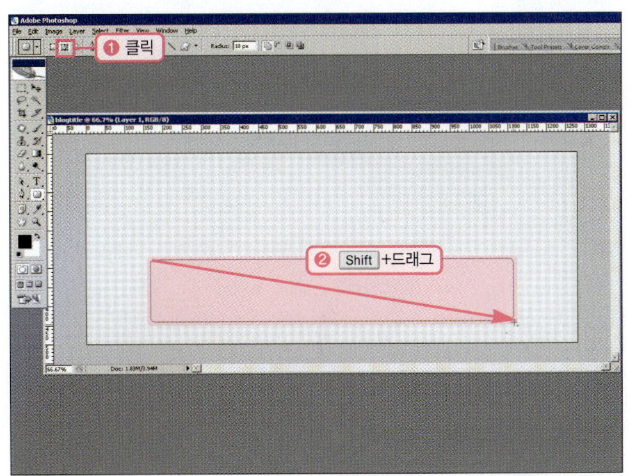

05 전경색을 '#603913' 색상으로 지정하고, 브러시 툴을 클릭합니다. 옵션 바에서 'Hard Rounded 1pixel' 브러시를 선택합니다.

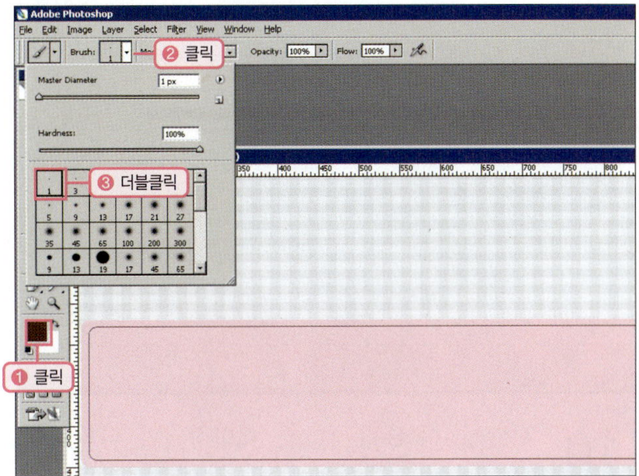

06 'Brushes' 탭을 클릭하고, 'Brush Presets' 항목에서 'Dual Brush'를 선택합니다. 그런 다음 옵션 값 입력 상자에서 'Diamenter : 5', 'Spacing : 200', 'Count : 5'를 입력합니다.

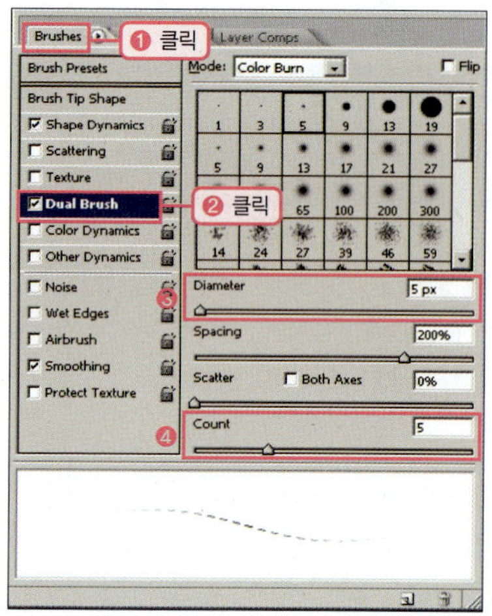

07 새 레이어를 추가하고, 'Paths' 팔레트로 이동하여 'Stroke path with brush' 버튼을 클릭합니다. 현재 설정된 점선 브러시로 패스 라인이 그려진 것을 확인할 수 있습니다.

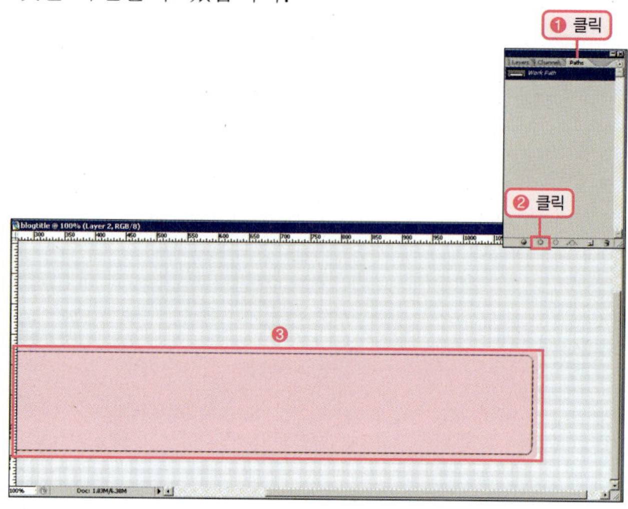

08 이 상태에서 'Paths' 팔레트의 'Load path as a selection' 버튼을 클릭하면 패스 라인이 선택 영역으로 전환됩니다.

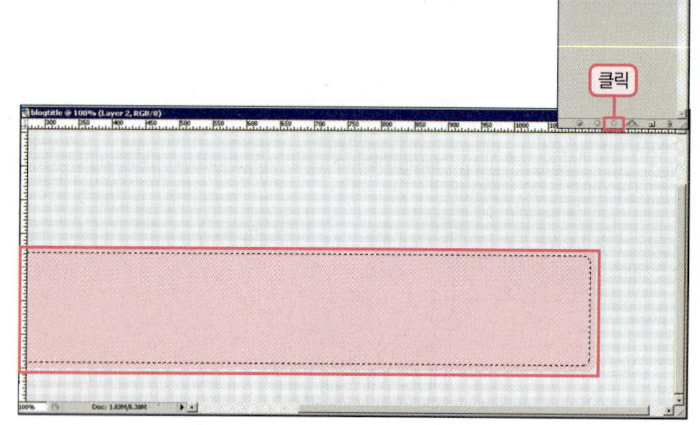

09 다시 레이어 팔레트로 이동한 후 'Select' 메뉴의 'Modify-Contract'를 선택합니다.

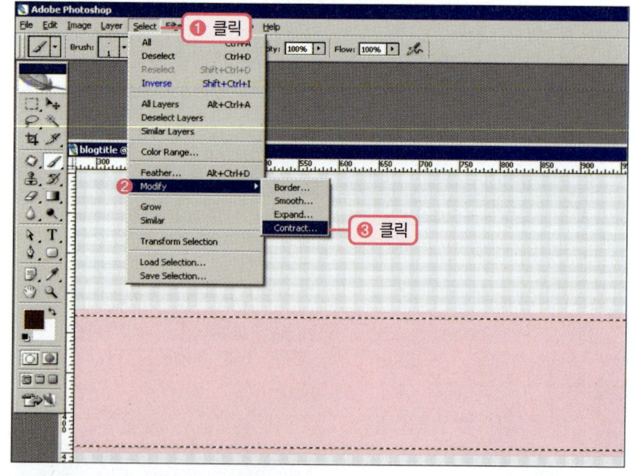

10 'Contract Selection' 대화상자가 나타나면 'Contract By' 항목에 '4'를 입력하고, 'OK' 버튼을 클릭합니다.

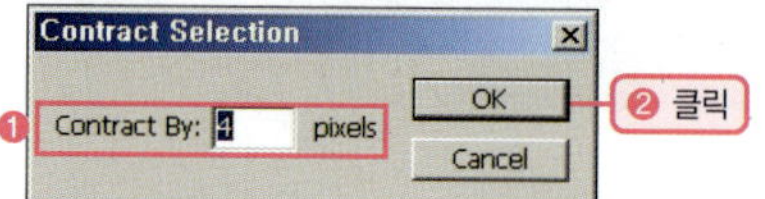

11 '4px' 좁아진 선택 영역을 '#603913' 색상으로 채웁니다.

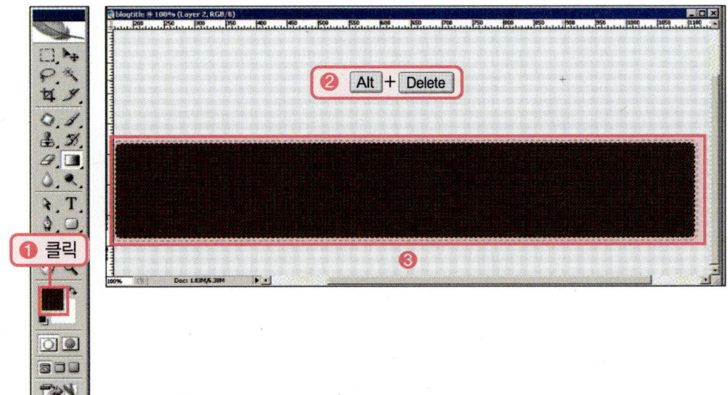

12 다시 'Select' 메뉴의 'Modify-Contract'를 클릭합니다. 'Contract Selection' 대화상자가 나타나면 이번에는 'Contract By' 항목에 '1'을 입력한 후 'OK' 버튼을 클릭합니다.

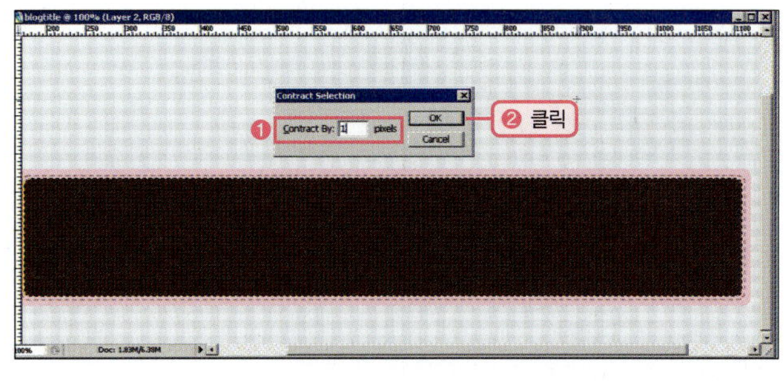

13 Delete 를 눌러서 선택 영역을 제거합니다.

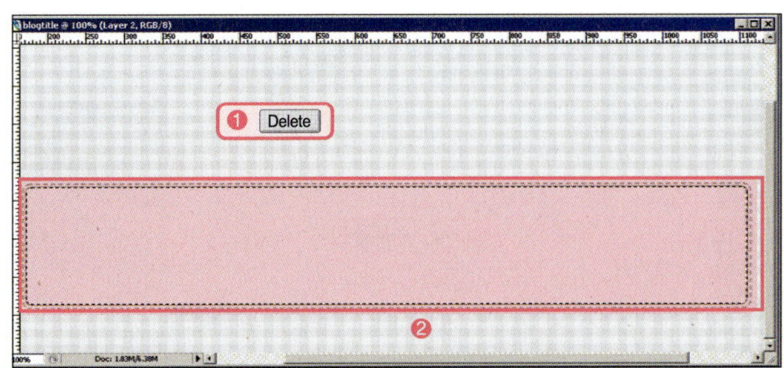

14 영역이 선택된 상태에서 한 번 더 'Select' 메뉴의 'Modify-Contract'를 클릭하고, 'Contract Selection' 대화상자가 나타나면 'Contract By' 항목을 '2'로 설정합니다.

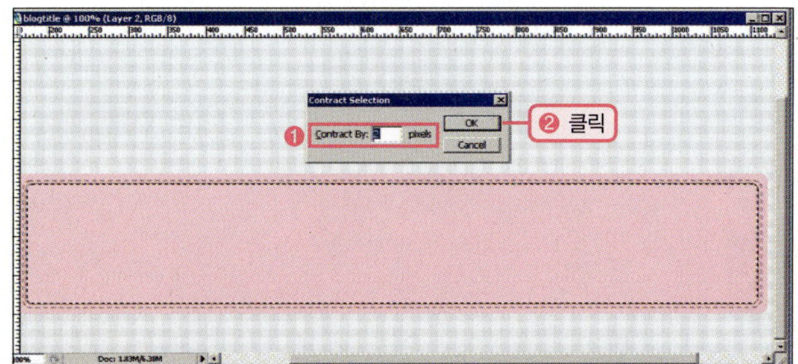

15 툴 박스의 그레이디언트 툴을 선택하고, 옵션 바에서 '그레이디언트 색상 편집' 아이콘을 클릭합니다.

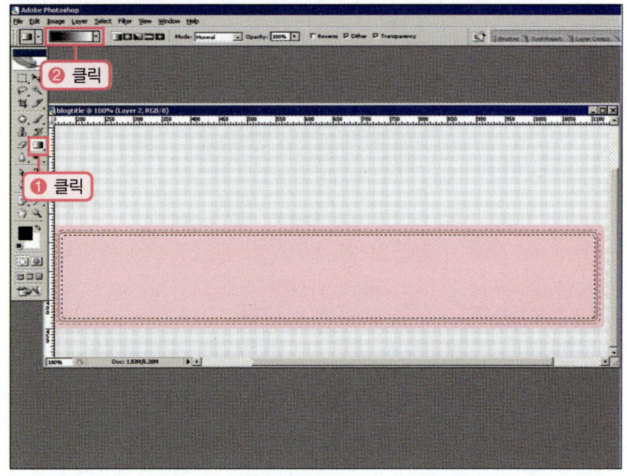

16 'Gradient Editor' 대화상자가 나타나면 슬라이더에서 왼쪽 아래의 페인트통 색상은 '#fffdf3', 오른쪽 아래의 페인트통 색상은 '#f7e3e8'로 지정하고 'OK' 버튼을 클릭합니다.

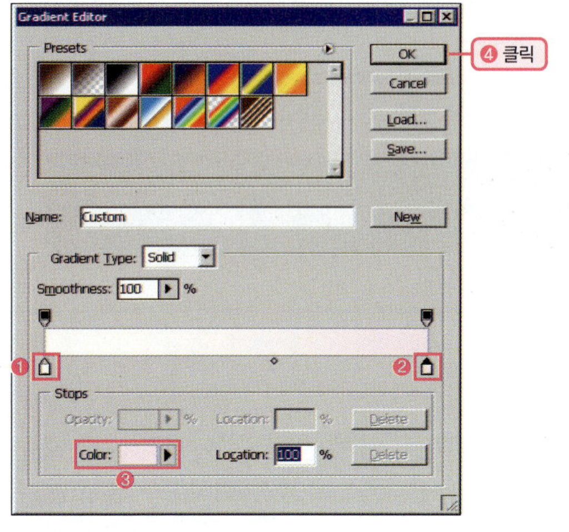

17 다음과 같이 비스듬한 방향으로 마우스를 드래그하여 선택 영역 안을 그레이디언트 색상으로 채웁니다.

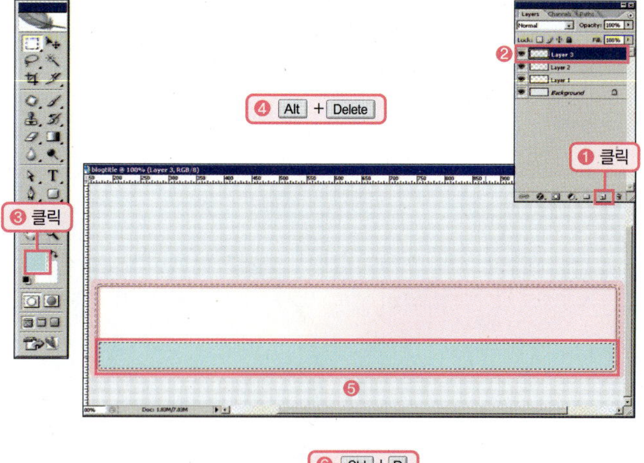

18 사각형 선택 툴을 클릭하고, Alt 를 누른 상태에서 위쪽 선택 영역을 드래그하여 다음과 같이 아래쪽만 선택 영역으로 남깁니다.

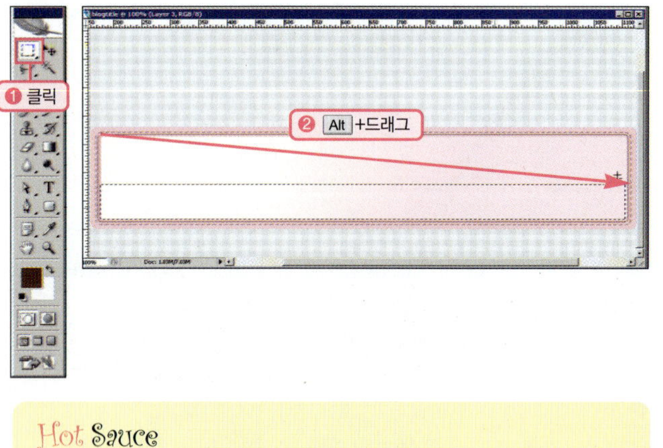

19 레이어 팔레트에서 새 레이어를 추가한 후 선택 영역을 '#bee4e1' 색상으로 채웁니다. 그런 다음 Ctrl + D 를 눌러서 선택 영역을 해제합니다.

20 `Ctrl`+`O`를 눌러서 '부록 CD-Story 08' 폴더 의 '레이스.jpg' 파일을 불러옵니다. 불러온 레 이스 이미지를 작업 화면으로 드래그합니다.

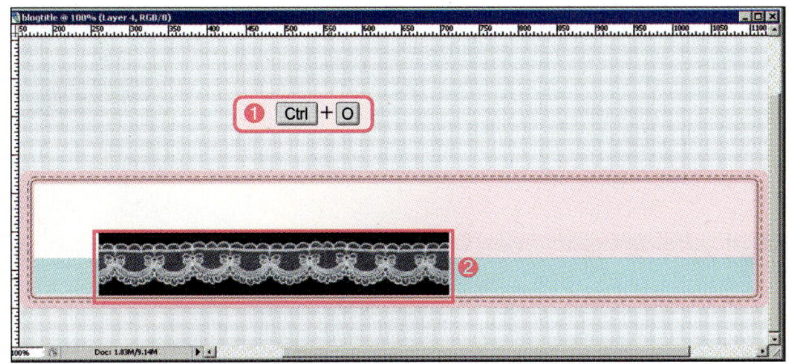

21 툴 박스의 마술봉 툴을 클릭하고, 'Anti alias' 에 체크 표시를 한 후 옵션 바에서 'Tolerance' 항목에 '32'를 입력합니다. 레이스 이미지의 위아래 검 은색 부분을 클릭하고 `Delete`를 누릅니다.

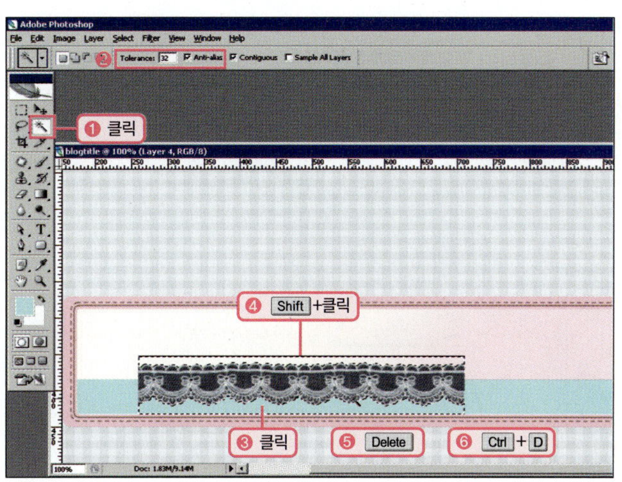

22 레이스 레이어의 '블렌딩 모드'를 'Screen'으로 바꾸고, 투명도를 '75%'로 조절합니다.

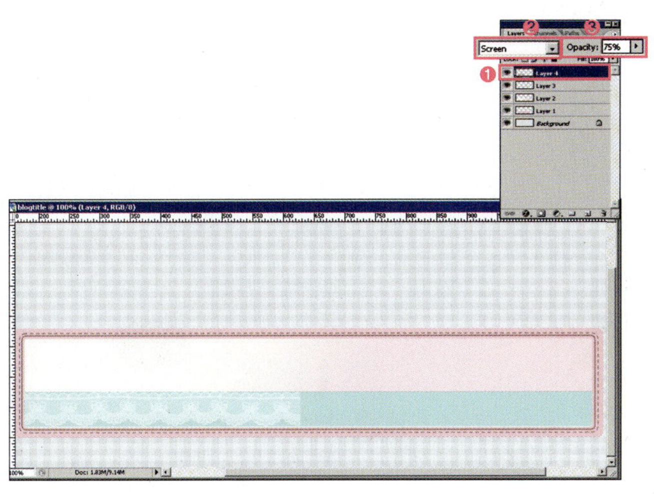

23 'Filter' 메뉴의 'Sharpen-Sharpen'을 클릭 하면 레이스가 좀 더 선명해지는 것을 알 수 있 습니다.

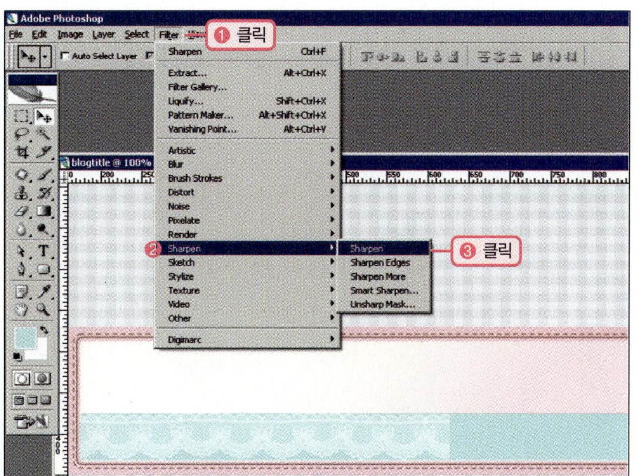

24 'Filter' 메뉴를 클릭해 보면 가장 위쪽에 최근 적용한 'Sharpen' 필터가 표시되는 것을 알 수 있습니다. 'Sharpen'을 클릭하여 효과를 한 번 더 적용합니다.

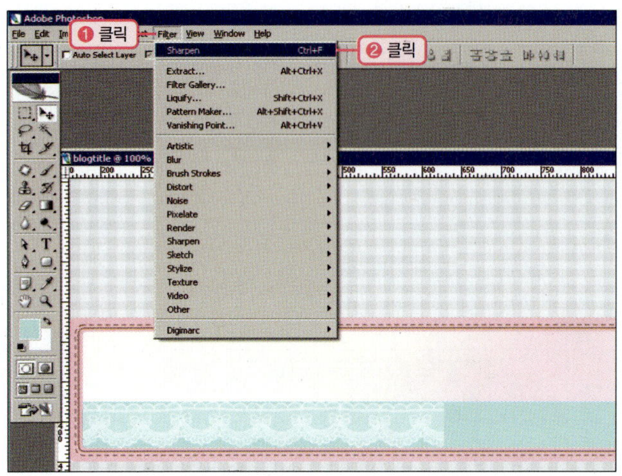

25 Ctrl + J 를 두 번 눌러서 레이스 레이어를 복사한 후 이동 툴을 이용하여 옆쪽으로 이동합니다.

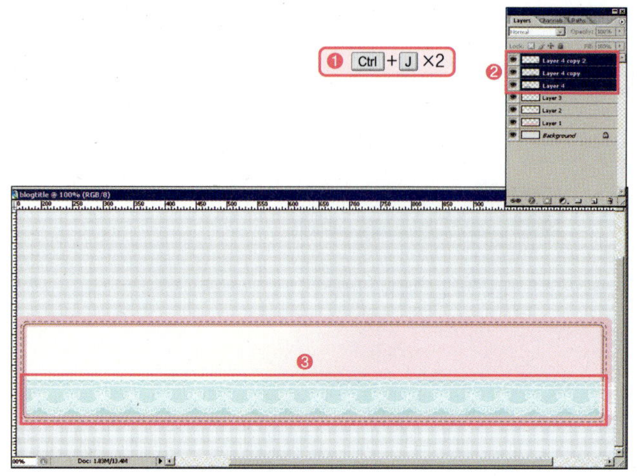

26 다음과 같이 긴 레이스 띠가 만들어지면 넘치는 부분을 선택 영역으로 지정한 후 Delete 를 눌러서 정리합니다.

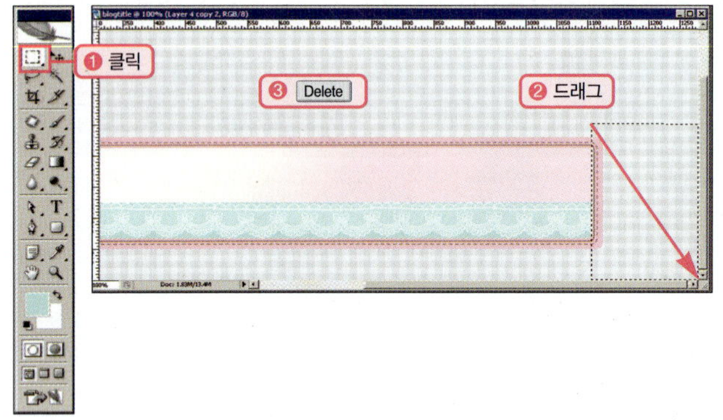

27 새 레이어를 추가하고, 툴 박스의 원형 선택 툴을 이용하여 '가로 : 147px', '세로 : 96px'의 타원 영역을 지정합니다. 이때 선택한 원을 '#603913' 색상으로 채웁니다.

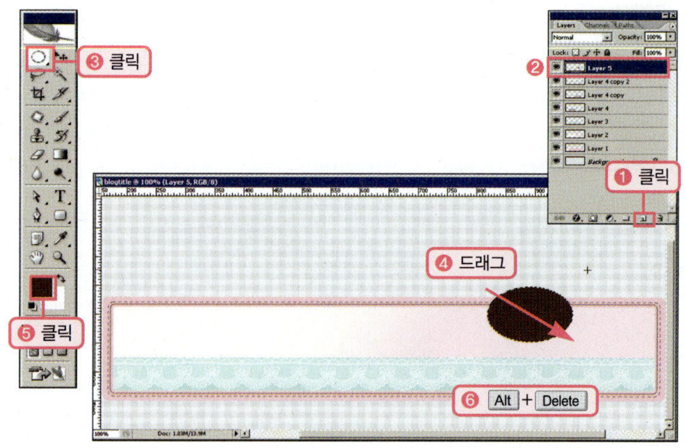

28 'Select' 메뉴의 'Modify-Contract'를 클릭합니다.

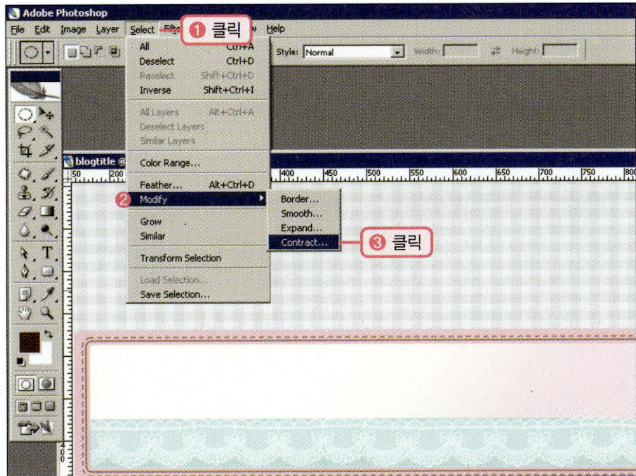

29 'Contract Selection' 대화상자가 나타나면 'Contract By' 항목에 '1'을 입력한 후 'OK' 버튼을 클릭합니다.

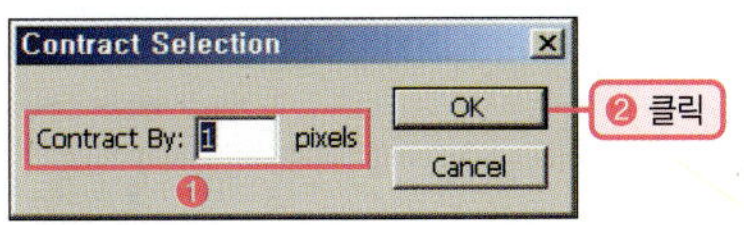

30 Delete 를 눌러서 선택 영역을 제거합니다.

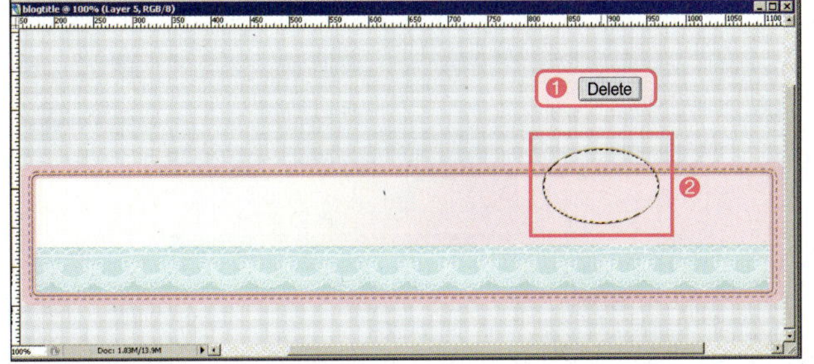

31 'Layer 5' 레이어를 복사하고, 'Image' 메뉴의 'Adjustments-Desaturate'를 클릭합니다.

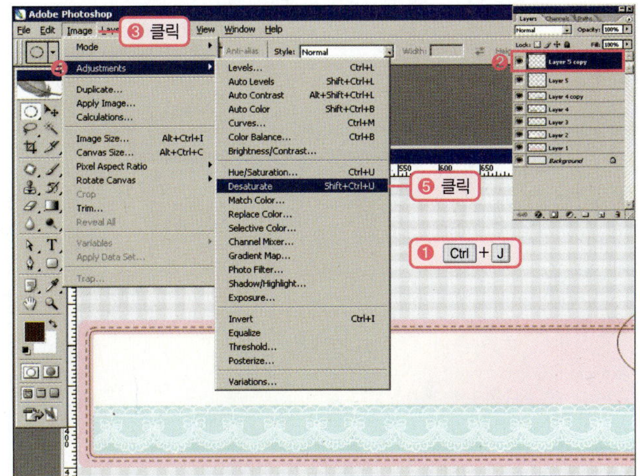

32 복사한 레이어의 원은 채도가 제거되어 회색의 원이 되었습니다. 'Layer 5 copy' 레이어의 투명도를 '40%'로 조절하고, 이동 툴을 이용하여 위치도 갈색 원과 약간 엇갈리게 배치하세요.

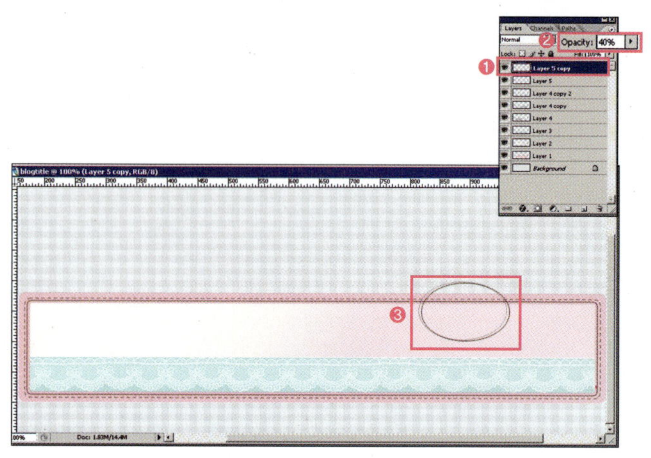

33 이 상태에서 Ctrl+J를 눌러 회색 원을 한 번 더 복사합니다. 그런 다음 세 개의 원이 서로 엇갈리도록 위치를 조절합니다.

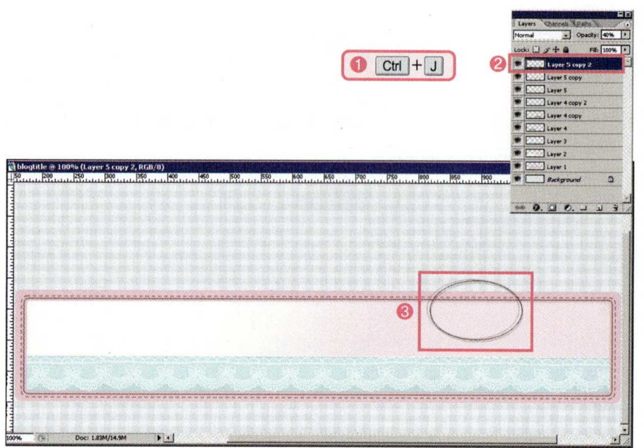

34 가장 처음에 그린 갈색 원 'Layer 5' 레이어를 선택합니다. 마술봉 툴을 이용하여 원 내부를 클릭한 후 '#ffffff' 색상으로 채웁니다.

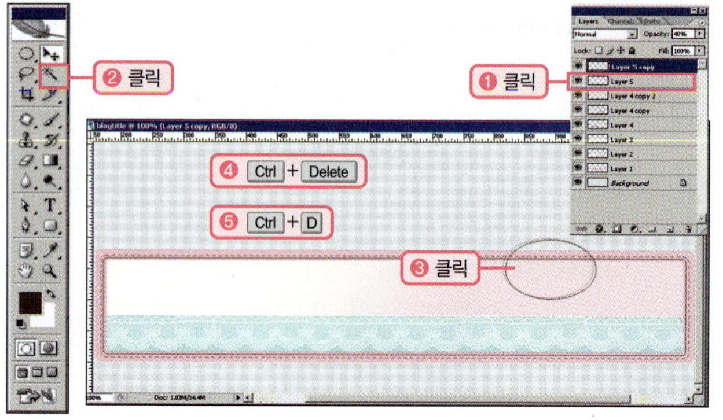

35 새 레이어를 추가하고, 툴 박스에서 브러시 툴을 클릭합니다. 그런 다음 옵션 바에서 '▼'을 클릭하여 'Rough Round Bristle' 브러시를 선택합니다.

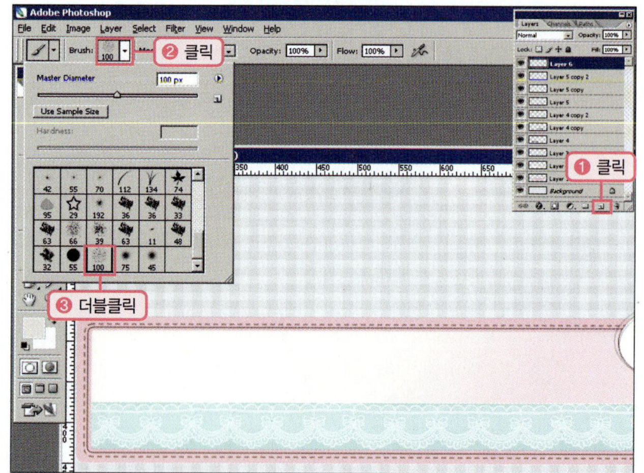

36 키보드의 `[` 를 3번 눌러서 브러시 크기를 줄이고, '#f2ece7' 색상으로 원 안에 자연스러운 붓터치를 합니다.

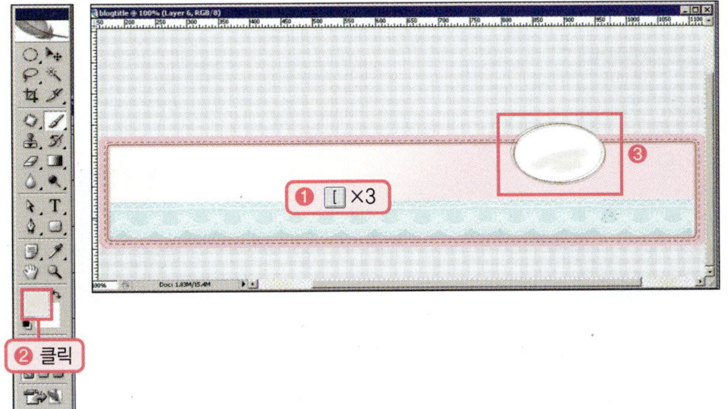

37 문자 툴을 클릭한 후 '#7dd1ca' 색상으로 원 안에 'welcome' 텍스트를 입력합니다.

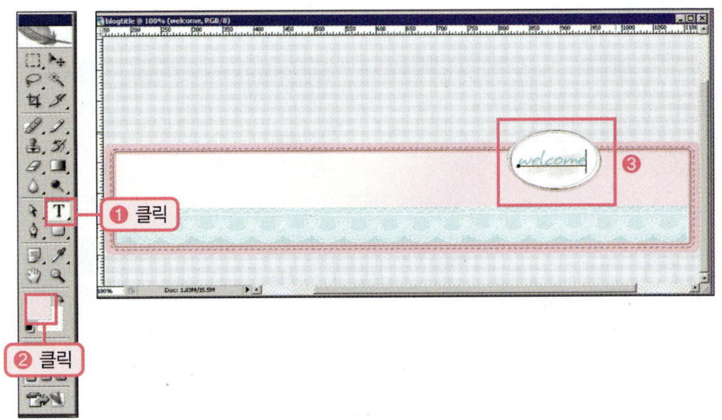

38 `Ctrl`+`T` 를 누르면 자유 변형 바운딩 박스가 나타납니다. 모서리 조절점을 드래그하여 다음과 같이 회전한 후 `Enter` 를 누릅니다.

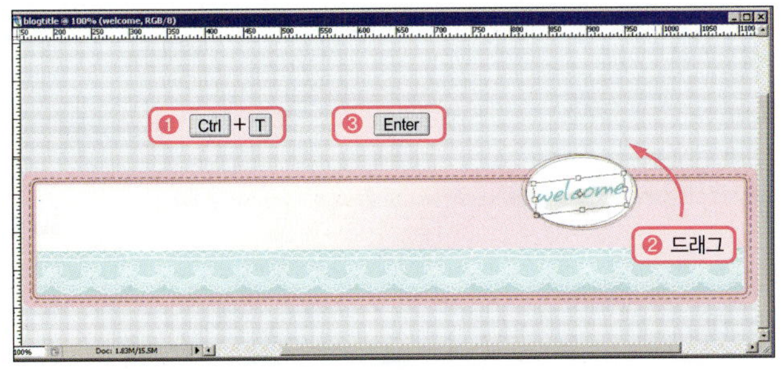

39 'karabinE' 폰트를 이용하여 'dear,u' 텍스트를 입력합니다. 그런 다음 레이어 팔레트에서 'Add a layer style'를 클릭하고 레이어 스타일 중에서 'Stroke'를 선택합니다.

40 'Layer Style' 대화상자가 나타나면 'Size : 8', 'Color : #ffffff'로 지정합니다.

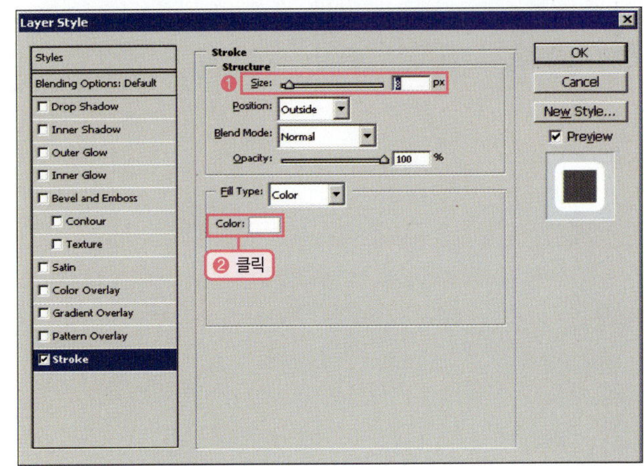

41 이번에는 'Layer Style' 대화상자의 'Drop Shadow' 스타일 메뉴를 클릭하여 'Opacity : 35', 'Angle : 90', 'Distance : 10', 'Size : 10'으로 지정한 후 'OK' 버튼을 클릭합니다.

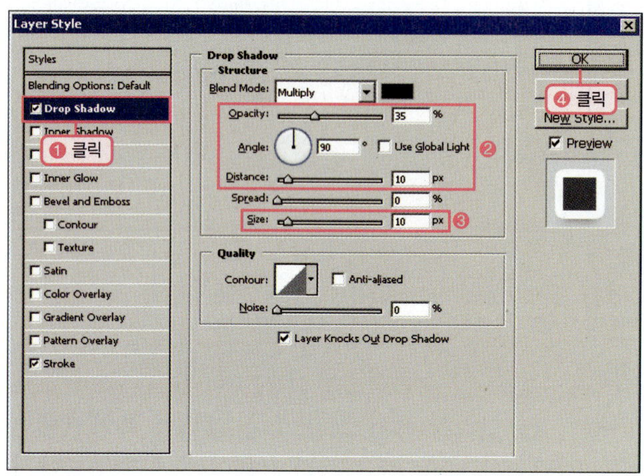

42 분홍색 그레이디언트 사각형이 그려진 레이어를 선택합니다.

43 Ctrl + O를 눌러 부록 CD의 'Story 08' 폴더에서 '블로그장식.psd' 파일을 불러옵니다.

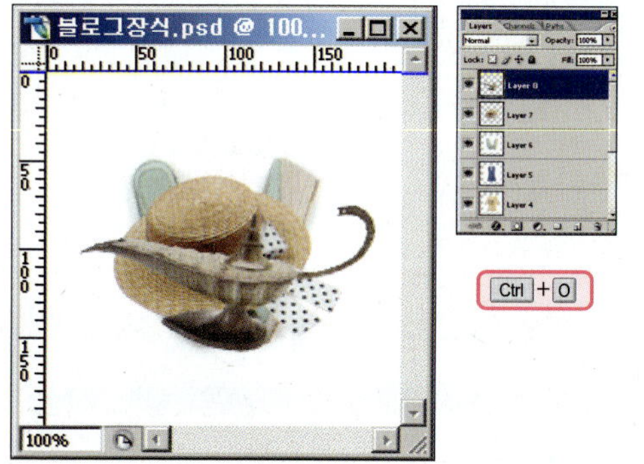

44 '블로그장식.psd' 파일의 모든 레이어를 작업 화면으로 드래그한 후 다음과 같이 자유롭게 배치합니다.

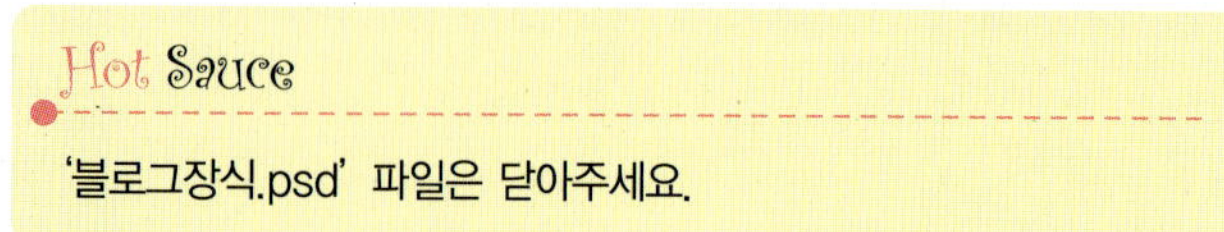

Hot Sauce

'블로그장식.psd' 파일은 닫아주세요.

45 레이어 팔레트에서 'Add a layer style' 버튼을 클릭하고 레이어 스타일 중에서 'Stroke'를 선택합니다. 'Layer Style' 대화상자에서 'Size : 3', 'Color : #ffffff'의 'Stroke' 스타일을 적용합니다.

46 '램프' 이미지에는 'Outer Glow' 스타일을 적용하는데, 옵션은 기본값 설정에 'Size'만 '10'으로 바꾼 후 'OK' 버튼을 클릭합니다.

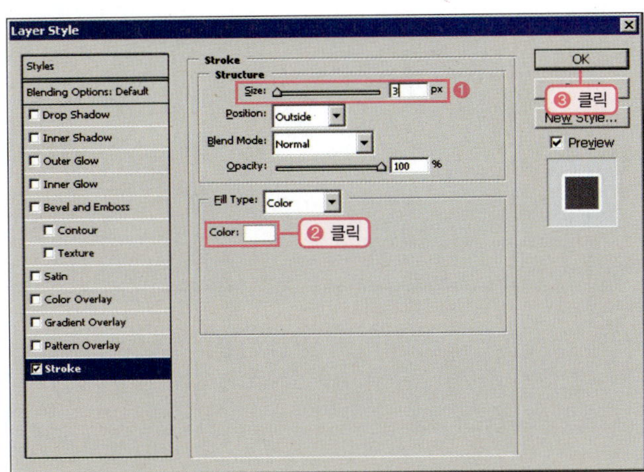

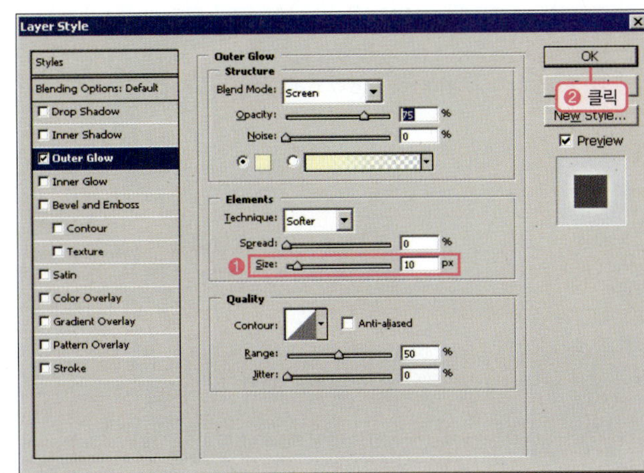

47 툴 박스에서 문자 툴을 클릭하고, '#7accc8' 색상으로 '쪼아의 옷짱 프로젝트' 텍스트를 입력합니다.

48 새 레이어를 추가한 후 '#f4c9d3' 색상으로 'ㅋ'을 입력합니다. 추가한 'ㅋ' 레이어를 복사하고, Ctrl+T를 눌러 복사한 'ㅋ'의 각도를 다음과 같이 회전합니다.

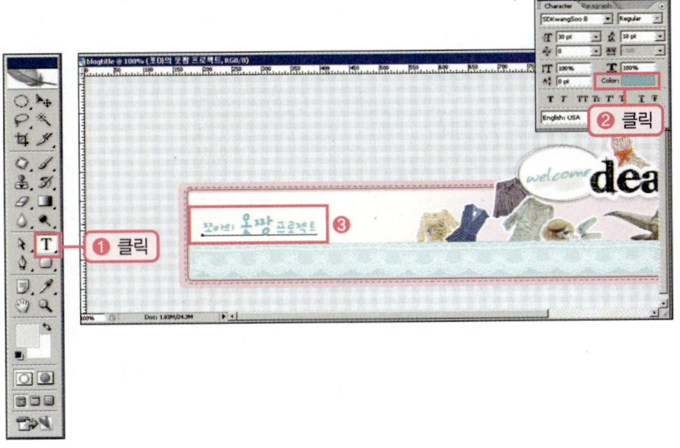

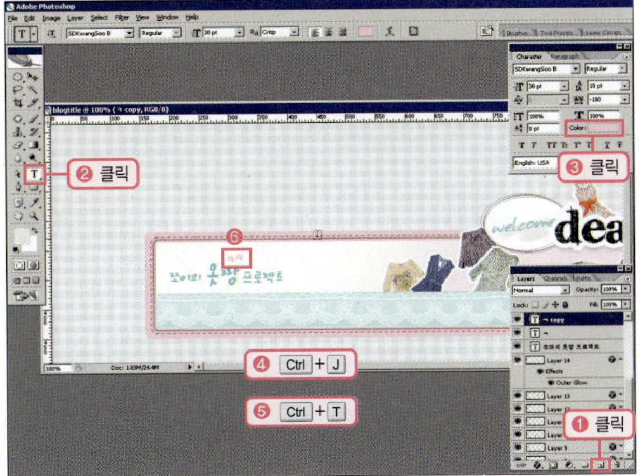

49 다시 새 레이어를 추가하고, '#f26d7d' 색상으로 'I♥Vintage' 텍스트를 입력합니다.

50 이번에는 아래쪽에 '#7accc8' 색상으로 'I still miss you even the very monent I'm looking at you' 텍스트를 입력합니다.

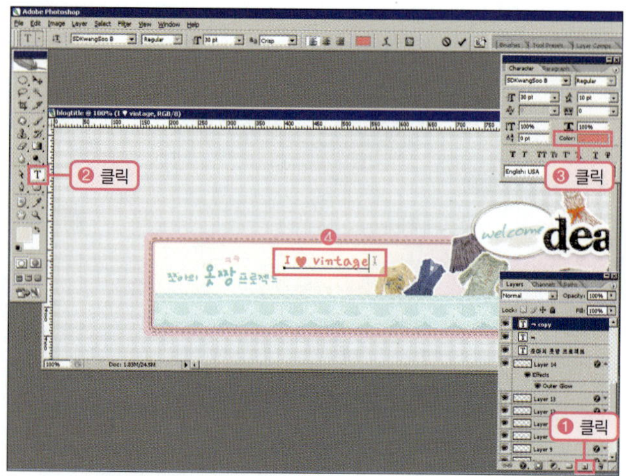

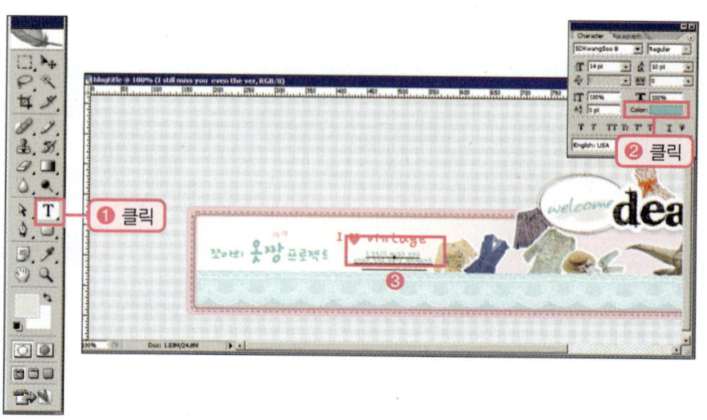

51 레이어 팔레트에서 'Add a layer style'을 클릭하고 스타일 중에서 'Stroke'를 선택합니다. 'Layer Style' 대화상자에서 'Size : 3', 'Color : #ffffff'로 지정한 후 'OK' 버튼을 클릭합니다. 'I ♥ vintage' 레이어에도 동일한 레이어 스타일을 적용합니다.

52 툴 박스의 커스텀 셰이프 툴을 클릭하고, 옵션 바에서 'Fill Pixels'를 선택한 후 'Shape' 항목에서는 구름 모양 말풍선을 선택합니다.

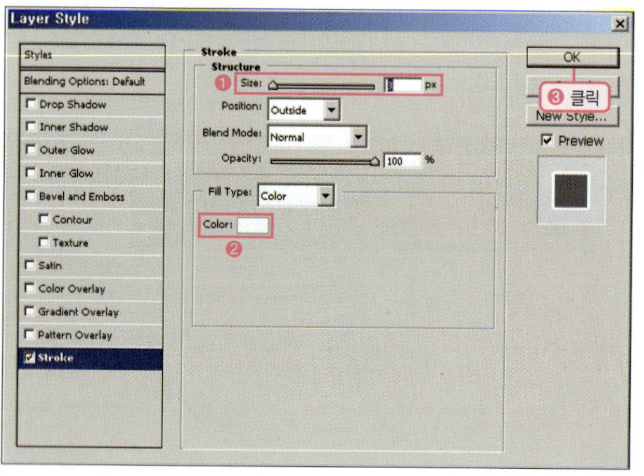

53 분홍색 그레이디언트 사각형 레이어의 위쪽에 새로운 레이어를 추가하고, 전경색을 '#fbf5cf' 색상으로 지정합니다. 그런 다음 말풍선 셰이프를 그립니다.

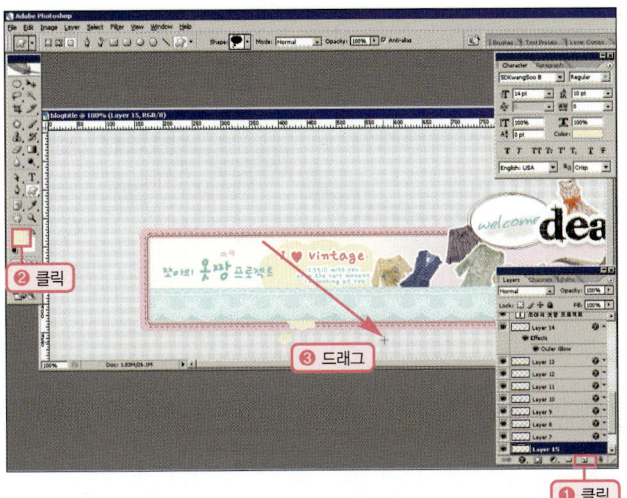

54 사각형 선택 툴로 두 개의 작은 말풍선을 선택한 후 다시 이동 툴을 이용하여 다음의 위치로 이동합니다.

55 새 레이어를 추가하고, 지름 '18px'의 정원 선택 영역을 지정합니다. 그런 다음 '#eef583'과 '#d7db91' 색상으로 중간 중간 점무늬를 만듭니다.

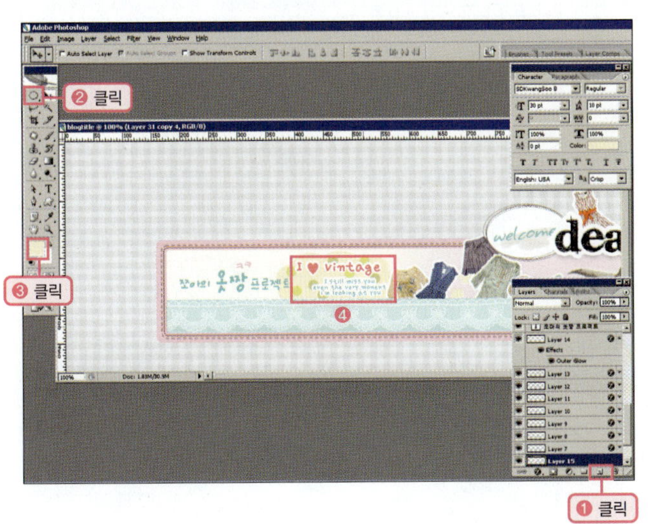

56 'welcome' 레이어를 클릭합니다. Ctrl+O를 눌러 부록 CD의 'Story 08' 폴더에서 '리본.jpg' 파일을 불러옵니다.

57 불러온 '리본.jpg' 파일을 작업 화면으로 드래그합니다. 그런 다음 마술봉 툴로 흰 여백을 클릭한 후 Delete 를 눌러서 선택 영역을 제거합니다. 다시 Ctrl + D 를 눌러서 선택 영역을 해제하세요.

58 이제 Ctrl + T 를 눌러서 다음과 같이 이미지를 약간 회전시키고, 크기도 줄입니다. 이로써 블로그의 메인 스킨으로 사용할 디자인이 모두 완성되었습니다.

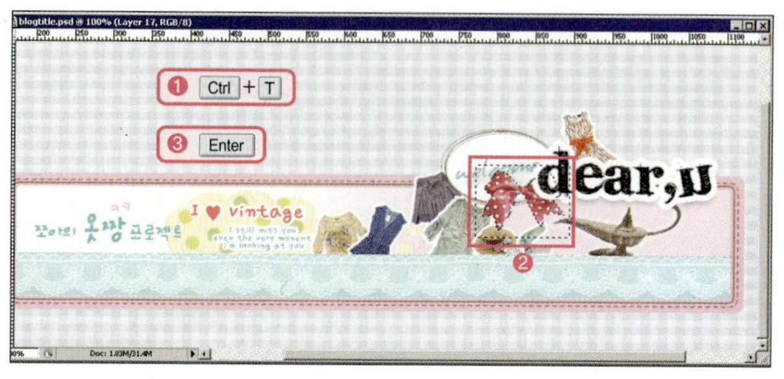

♥ 네이버 블로그에 직접 만든 스킨 적용하기

01 이제 실제로 블로그에 스킨을 적용해 보겠습니다. 'Background' 레이어의 눈 아이콘을 끕니다.

02 사각형 선택 툴을 이용하여 '가로 : 966px', '세로 : 300px'의 선택 영역을 지정합니다. 그런 다음 Ctrl + Shift + C 를 눌러서 레이어에 상관없이 눈에 보이는 이미지 전체를 복사합니다.

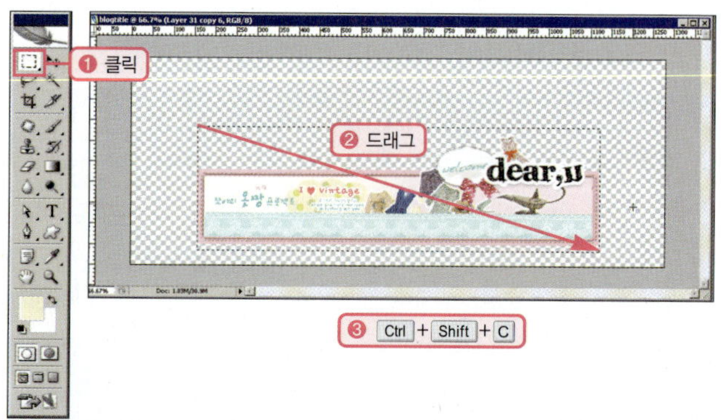

03 Ctrl + N 을 누릅니다. 'New' 대화상자가 나타나면 'Background Contents'를 'Transparent'로 지정하고, 'OK' 버튼을 클릭합니다.

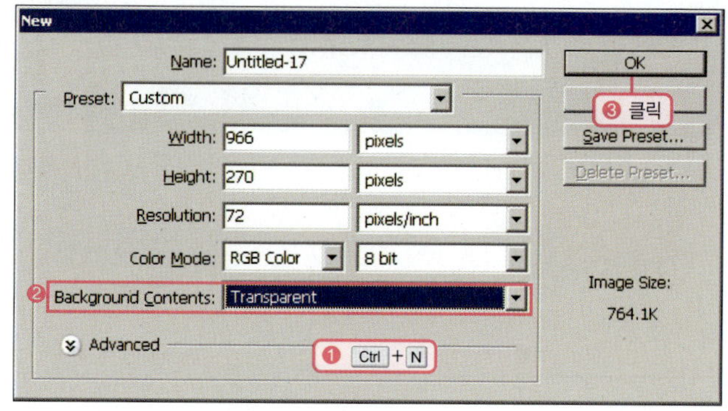

04 새 창이 나타나면 Ctrl + V 를 눌러서 복사한 이 미지를 붙여 넣습니다.

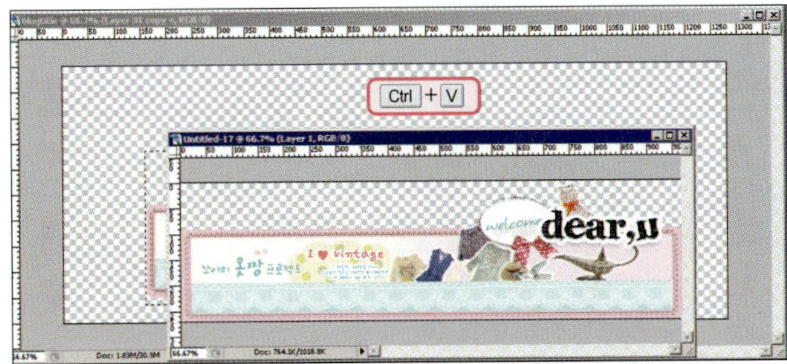

05 새 창의 제목 표시줄을 마우스 오른쪽 버튼으로 클릭한 후 단축 메뉴에서 'Canvas Size'를 선택합니다.

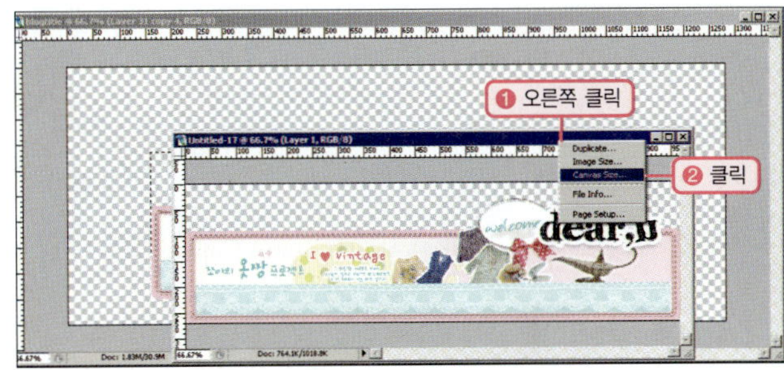

06 'Canvas Size' 대화상자가 나타나면 'Height' 항목에 '300'을 입력하여 파일의 상하 여백을 만듭니다.

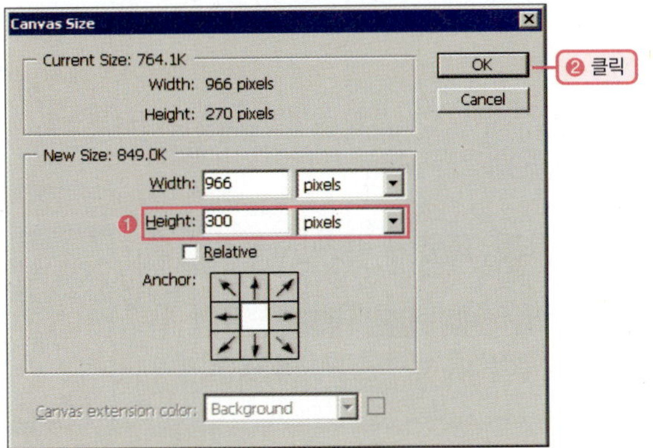

07 키보드의 Ctrl + Shift + S 를 눌러서 'blogtitle. gif'로 저장합니다.

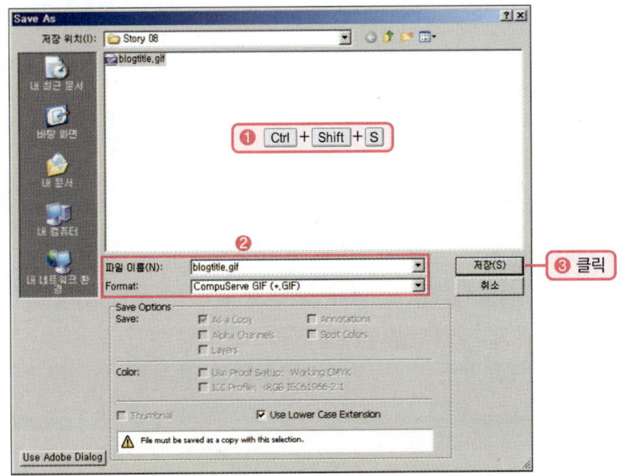

Hot Sauce

상단 여백은 블로그의 네이버 메뉴가 들어갈 자리이고, 하단 여백은 블로그 메뉴와 적당한 간격을 만들기 위해서입니다.

Hot Sauce

'jpg' 파일 형식으로 저장하면 배경을 투명하게 저장할 수 없으므로 반드시 'gif' 파일 형식으로 저장해야 합니다.

08 네이버 블로그에서 디자인 변경을 위해 '리모콘' 메뉴를 클릭합니다.

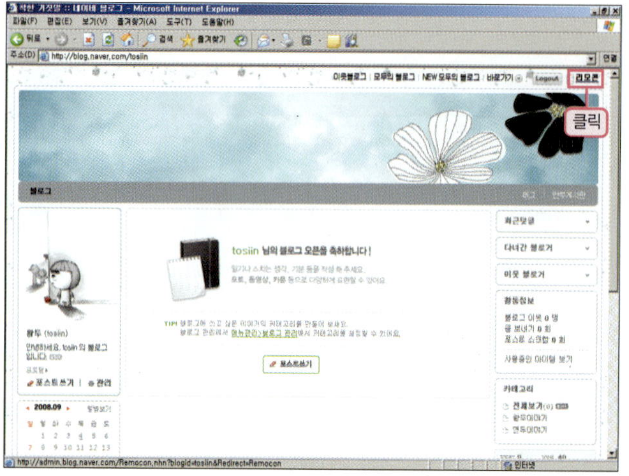

09 '리모콘' 창에서 '스킨배경'을 클릭합니다. '스킨배경' 창이 나타나면 '직접등록' 탭을 클릭한 후 '상단영역' 항목에서 '삭제' 버튼을 클릭합니다.

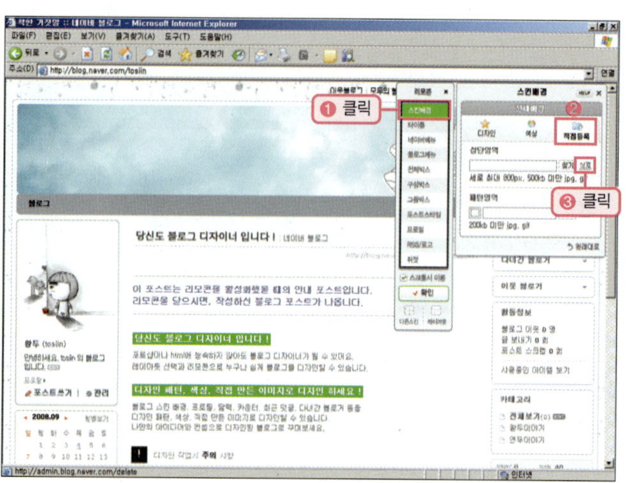

Hot Sauce

완성된 예제는 '부록 CD-Story 08' 폴더의 'blogtitle.gif' 파일입니다.

Hot Sauce

블로그의 기본 스킨인 '하늘' 이미지가 적용되어 있을 경우에는 기본 스킨이 삭제됩니다.

10 '패턴영역'의 '찾기' 버튼을 클릭합니다. '이미지 첨부' 창이 나타나면 다시 '찾아보기' 버튼을 클릭합니다.

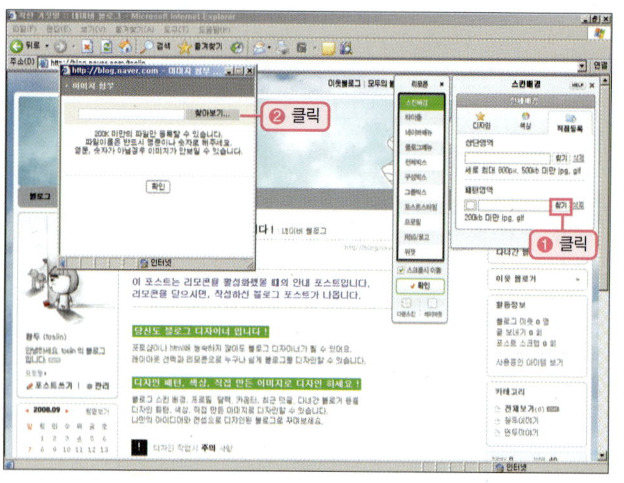

11 '파일 선택' 대화상자가 나타나면 부록 CD의 'Story 05-style2소스이미지' 폴더에서 'pat.jpg' 파일을 클릭하고 '열기' 버튼을 클릭합니다.

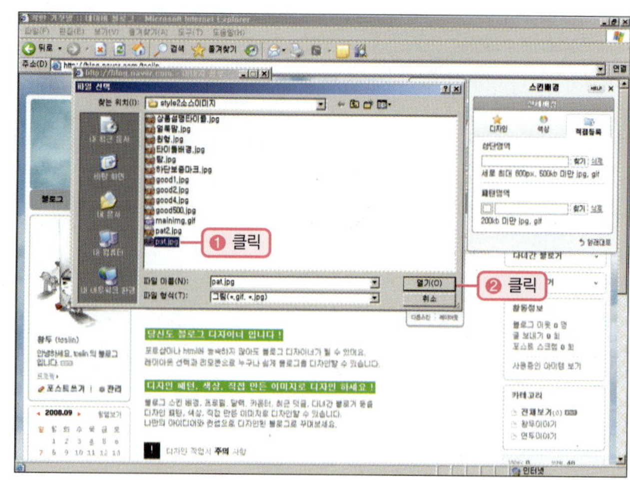

12 '이미지 첨부' 창의 '확인' 버튼을 클릭하면 블로그 배경이 선택한 체크무늬로 바뀌는 것을 알 수 있습니다.

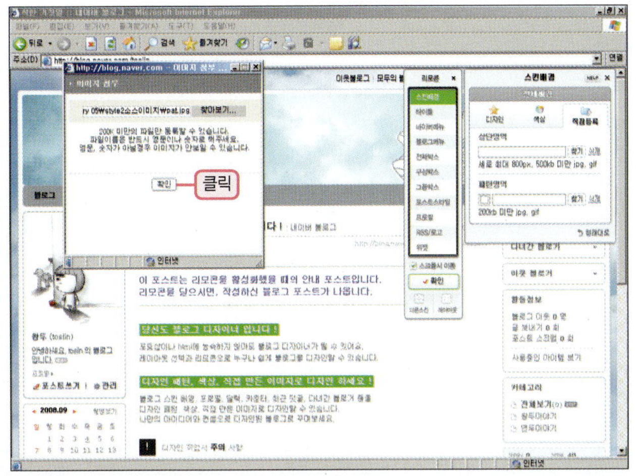

13 이번에는 '리모콘' 창에서 '타이틀' 메뉴를 클릭합니다. '타이틀' 창이 나타나면 '높이' 항목에 '300'을 입력한 후 '적용' 버튼을 클릭합니다.

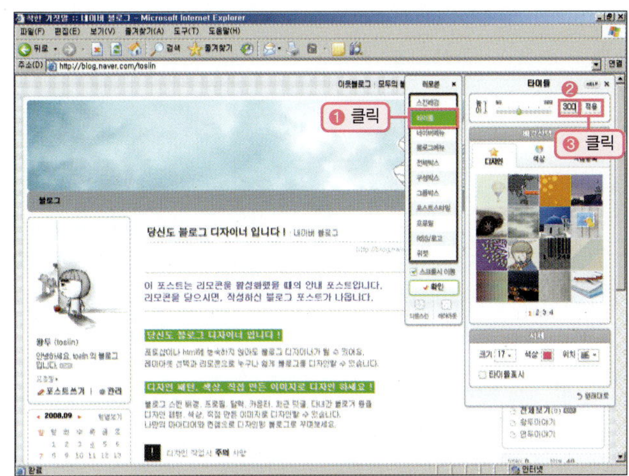

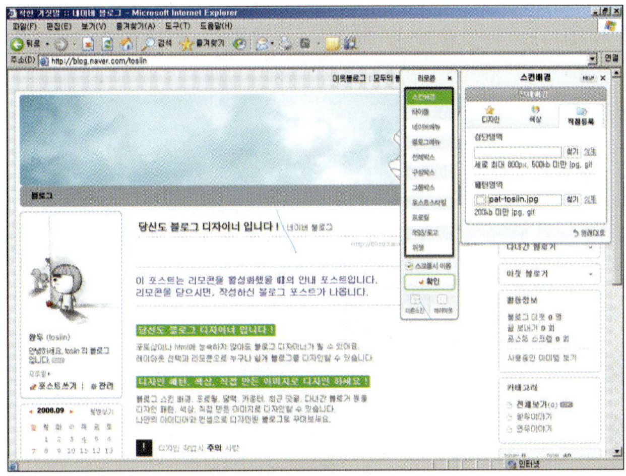

14 '배경선택' 항목에서 '직접등록' 탭을 클릭합니다. '찾기' 버튼을 클릭하면 '이미지 첨부' 창이 나타나는데, 여기서 다시 '찾아보기' 버튼을 클릭합니다. '파일 선택' 대화상자가 나타나면 부록 CD의 'Story 08' 폴더에서 'blogtitle.gif' 파일을 선택하고, '열기' 버튼을 클릭합니다. 마지막으로 이미지 첨부 창의 '확인' 버튼을 클릭하세요.

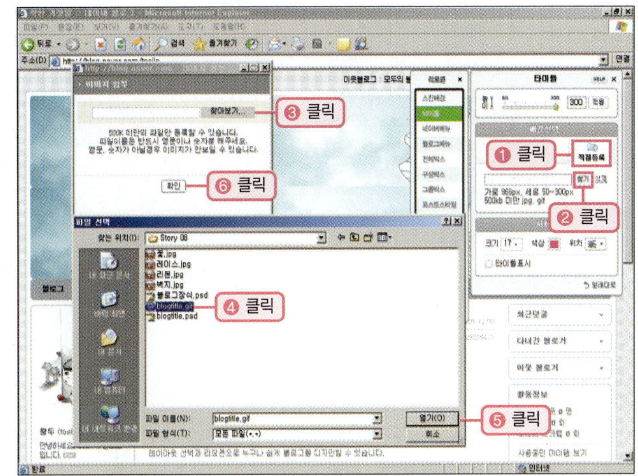

15 이번에는 '서체' 항목에서 '타이틀표시' 체크 박스의 체크 표시를 해제합니다.

16 '리모콘' 창에서 '전체박스'를 클릭한 후 '전체박스' 창의 '사용하지 않음' 체크 박스에 체크 표시를 합니다.

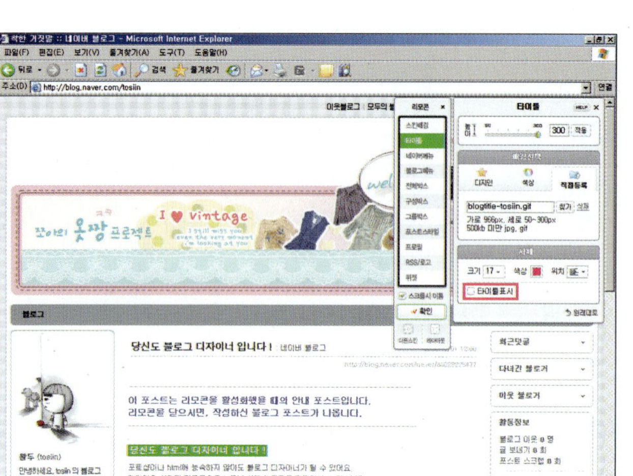

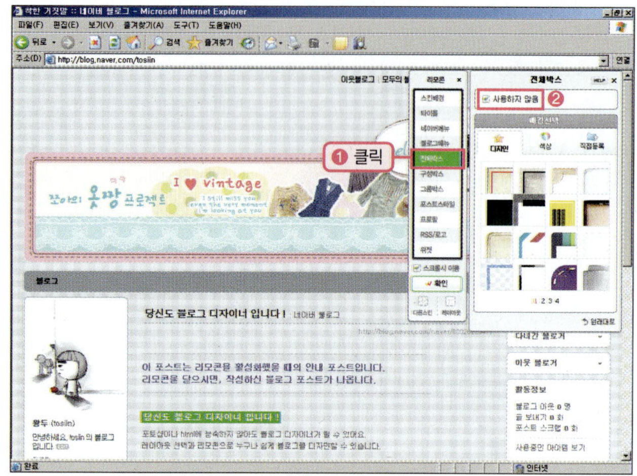

17 '리모콘' 창에서 '블로그메뉴', '그룹박스', '포스트스타일' 등의 메뉴를 차례대로 클릭하여 어울리는 디자인을 선택합니다.

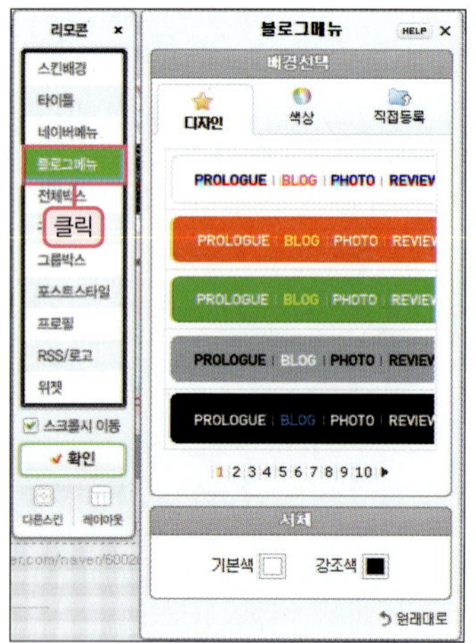

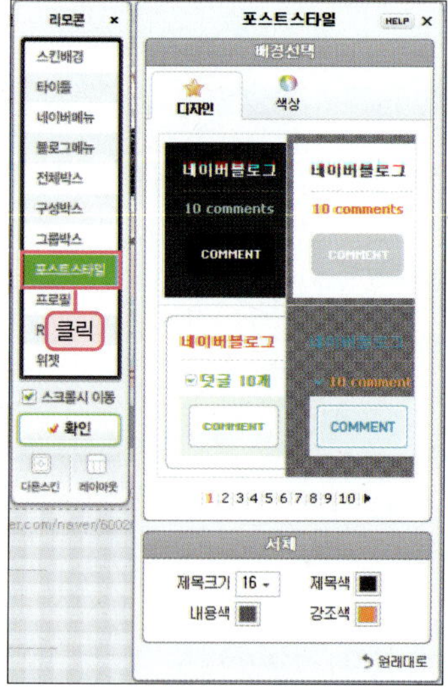

18 모든 디자인 설정이 완료되면 '확인' 버튼을 클릭합니다.

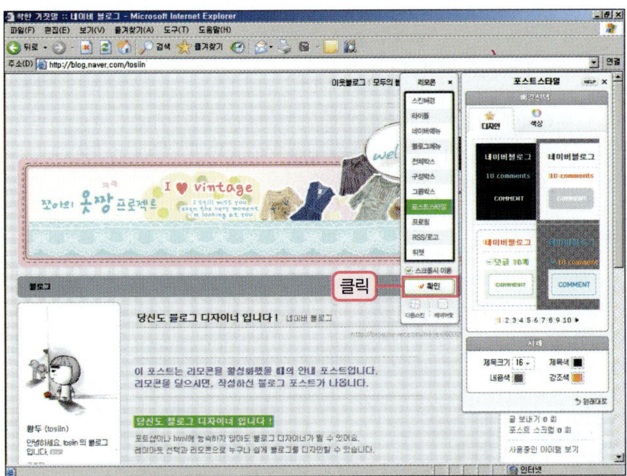

19 자~, 이제 블로그의 맞춤 디자인이 완성되었습니다.

cafe24™ 쇼핑몰 솔루션을 통해 30만여 명이 창업에 성공하셨습니다.

아낌없이 제공합니다

트래픽·게시판·하드용량 모두 무제한

트래픽·게시판 등 운영에 꼭 필요한 서비스를 쇼핑몰 운영자분께 제한없이 무료로 제공합니다.
신바람 나는 창업! 카페24에서 만날 수 있습니다.

전문적입니다

상품도매공급·오픈마켓통합관리·디자인센터

쇼핑몰창업의 모든 것. 필요한 부분을 전문창업 도우미가 짚어 드립니다.
똑 소리 나는 창업! 카페24에서 가능합니다.

실속있습니다

월호스팅·월사용료·초기가입비 모두 무료

비용은 줄이고! 매출은 높이고! 합리적인 쇼핑몰 솔루션을 무료로 제공합니다.
부담없는 창업! 카페24에서 만날 수 있습니다.

언제나 운영자와 함께 합니다

다음운영자카페·교육센터·창업컨설팅

부족했던 운영노하우를 채워드립니다.
힘이 되는 창업! 카페24 창업도우미와 함께 하실 수 있습니다.